문동균 한국사
기출은 문동균

intro 머리말

안녕하십니까.
최고의 수험 적합성을 지향하는 문동균입니다.

한국사의 성패는 기출 학습에서 갈린다!!

공무원 한국사 시험 문제의 90% 이상이 기존에 출제된 주제들이 반복 출제된다. 이 사실만으로도 기출의 중요성은 더 설명할 필요가 없을 것이다. 100% 같은 문제는 출제되지 않지만 이미 출제된 사료나 지문은 재구성되어 새로운 문제로 탄생한다. 따라서 기출 문제의 의미는 단순히 과거에 국한된 정보가 아니라 향후 출제 방향을 제시하는 이정표임과 동시에 가장 확실한 선행 학습인 것이다.

기출을 뛰어넘는 모의고사는 없다!!

기출 문제집의 분량에 대한 부담감 또는 경쟁자들보다 더 많은 종류의 학습 과정을 소화해야 한다는 불안감에 기출 문제 풀이를 소홀히 하는 수험생들이 적지 않다. 심지어 "기출을 다 보기에는 시간이 부족한데 모의고사로 대체해도 될까요?"라는 질문을 하는 수험생들도 있는 것이 현실이다. 이 질문에 대해 본 강사는 이렇게 답한다. "왜 원본을 두고 의역본(파생본)에서 합격의 열쇠를 찾으려고 하십니까."라고 말이다. 물론 '모의고사가 필요 없다'라는 말은 아니다. 모의고사가 기출보다 우선될 수 없다는 것이다. 모의고사도 결국 기출을 기반으로 변형한 것이기 때문이다. 따라서 기출은 향후 가장 출제 유력한 모의고사이기도 하다.

왜 1000제인가?

최근 공무원 한국사 시험의 기출 문제를 분석해 보면 대체로 난이도는 평이했고, 변별력 있는 한 두 문제가 합격의 성패를 결정지었다. 이러한 출제 경향에 대비하기 위해 문항 수를 줄여 회독 때 효율성을 높이면서도 고득점을 위해 주요 문제나 주제를 빠지지 않고 채우기 위한 노력이 필요했다. 이를 위해 선정한 기출 학습 범위가 1000제였고 2025년 시험에서 정답률이 낮았던 반구대 암각화(2025 국가직 9급), 유길준 인물사(2025 국가직 9급), 대한광복회(2025 국가직 9급), 유네스코 세계문화유산(2025 지방직 9급) 등의 문제가 '기출은 문동균'을 통해 대비가 가능했던 것은 이런 노력의 결과물이었다.

고난도 문제 적중에 우연은 없다!!

고난도 문제를 대비하기 위해서는 무작정 내용만 늘린다고 해결되는 것이 아니라 "기출에 기반한 합리적 예측"이 필요하다. 이 예측은 수험생의 몫이 아니라 강사의 몫이다. 합격의 당락을 결정지었던 반구대 암각화(2025 국가직 9급), 유길준 인물사(2025 국가직 9급), 대한광복회(2025 국가직 9급), 유네스코 세계문화유산(2025 지방직 9급), 미륵사지 석탑(2024 국가직 9급), 시일야방성대곡(2024 국가직 9급), 병자호란(2024 국가직 9급), 조선어연구회(2024 국가직 9급), 근우회(2024 지방직 9급), 법주사 팔상전(2024 지방직 9급), 대한국 국제 시기(2024 지방직 9급), 박지원의 한전론(2022 국가직), 국민 대표 회의 사료(2021 국가직 9급), 구제도감 (2020 국가직 9급), 의약서 순서 문제(2019 지방직 9급), 시정전시과(2019 국가직 9급) 등은 기출 문제를 포함한 한국사 능력 검정 시험, 7차 국정 및 8종 검정 교과서, 그 외 다양한 공신력 있는 자료의 분석을 통한 본 강사의 합리적 예측이 적중한 사례이다.

기출을 독학하겠다는 생각은 버리자!!

이론을 나름 여러 번 회독하며 어느 정도 실력을 갖추었다고 판단했는데 막상 기출 문제를 접하고 본인의 실력에 실망하는 수험생들이 많다. 특히 분명히 알고 있는 내용임에도 해설을 보고 나서야 이해가 되는 경험을 누구나 한번은 겪었을 것이다. 이것은 본인이 잘못 학습한 것이 아니라 학습한 내용을 문제에 적용하는 훈련이 되어 있지 않았기 때문이다. 그럼 해설을 보고 이해가 되었으면 그것으로 충분한 것일까? 그렇지 않다. 같은 문제라도 정답에 접근하는 시각은 개개인의 학습 역량에 국한될 수밖에 없다. 즉 아는 만큼만 보인다는 것이다. 비교 우위를 선점하려면 강사의 시각을 배워야 한다. 최근 출제자들은 하나의 사료 또는 주제에 대해 다각적으로 접근하는 문제로 변별력을 높이고 있다. 따라서 고난이도 변형 문제에 대비하기 위해서는 강의를 통해 강사가 문제를 바라보는 시각을 배우는 것이 매우 중요하다.

글을 마치며......

한국사는 정직한 과목입니다. 그 어느 과목보다도 노력한 만큼 그 효과를 빠르게 볼 수 있는 과목입니다. 더 나아가 수험에 적합한 방향만 설정하면 단기간에도 충분히 고득점을 얻을 수 있는 전략 과목입니다. 자신감을 가지십시오. 반드시 해내실 수 있습니다. 저 문동균이 합격을 향한 여러분의 긴 여정에 든든한 페이스메이커가 되겠습니다. 함께 달려서 꼭 합격합시다.

파이팅!

2025년 8월

문동균

structure
구성과 특징

주제 054 | 02 중세의 사회
고려의 신분 제도

대표 기출
주제별 대표 기출 문제를 통해
최신 출제 경향 제시

Check 대표 기출 1

01 0293 [2016. 지방직 9급] 회독 ○○○

다음 ㉠의 주민에 대한 설명으로 옳은 것은?

> 고려 시기에 ㉠ 은(는) 금, 은, 구리, 쇠 등 광산물을 채취하거나 도자기, 종이, 차 등 특정한 물품을 생산하여 국가에 공물로 바쳤다.

① 군현민과 같은 양인이지만 사회적 차별을 받았다.
② 죄를 지으면 형벌로 귀향을 시키는 처벌을 받았다.
③ 지방 호족 출신으로 지방 행정의 실무를 담당하였다.
④ 재산으로 간주되어 매매·상속·증여의 대상이 되었다.

Check 대표 기출 2

02 0294 [2021. 국가직 9급] 회독 ○○○

고려 시대 향리에 대한 설명으로 옳은 것만을 모두 고르면?

> ㄱ. 부호장 이하의 향리는 사심관의 감독을 받았다.
> ㄴ. 상층 향리는 과거로 중앙 관직에 진출할 수 있었다.
> ㄷ. 일부 향리의 자제들은 기인으로 선발되어 개경으로 보내졌다.
> ㄹ. 속현의 행정 실무는 향리가 담당하였다.

① ㄱ
② ㄱ, ㄴ
③ ㄴ, ㄷ, ㄹ
④ ㄱ, ㄴ, ㄷ, ㄹ

출제자의 눈
출제 경향 및 학습 방향 제시

출제자의 눈
고려 신분제도의 전반적인 내용을 묻는 [ ]을 묻는 단순 지식형 문제로부터 각 신분의 개별적 특징을 묻는 문제가 주로 출제된다. 특히 향리, 특수 행정 구역(향·부곡·소) 주민, 중류층에 대한 내용이 출제 빈도가 높다.

SOLUTION 난이도 상 중 하

자료분석 특정 물품을 생산해 국가에 공물로 바친다는 내용을 통해 ㉠이 특수 행정구역인 '소(所)'임을 알 수 있다. 향·부곡이 신라 때부터 존재했던 것과는 달리 소는 고려 시대에 들어서 처음 발생했다. 이는 국가에서 필요로 하는 공물을 생...

정답해설
옳은 지문에 대한 자세한 설명

정답해설 ① 고려 시대 양인 피지배층은 농민과 상인, 수공업자, 향... 등 특수 지역의 주민으로 이루어졌다. 군현에 거주하는 농민이 양인... 구성하였고, 이들은 백정이라 불리며 국가에 전세와 공납, 역을 부담... 부곡·소 등 특수 지역 주민도 국역을 지는 양인이었지만 군현민에 비해... 위가 낮았다. 이들은 다른 지역으로 거주지를 옮길 수 없었고, 과거에...

SOLUTION 난이도 상 중 하

정답해설 ㄱ. 사심관 제도는 중앙의 고관들로 하여금 자기 출신지의 사심관으로 임명하여 지방을 통제하도록 한 제도이다. 사심관은 부호장 이하의 향리를 임명할 수 있었으며, 향리 감독, 풍속 교정 등의 임무 뿐만 아니라 그 지방의 치안에 대한 연대 책임을 지도록 하였다.
ㄴ. 고려 시대 상층 향리는 과거를 통해 중앙 관직에 진출할 수 있었다. 고려 시대 상층 향리는 호장, 부호장이 되어 지방 행정을 장악하였다. 이들은 과거 응시에 제한이 없어 과거를 통해 중앙 관리로 진출하였다. 특히 고려 말 신진 사대부는 향리 출신이 많았다.
ㄷ. 기인 제도는 지방 호족(향리)의 자제를 인질로 삼아 수도(개경)에 두고 출신지의 일에 대한 고문 역할을 하게 한 제도이다.
ㄹ. 향리는 지방의 토착 세력이자 속현과 특수 행정 구역의 실질적 운영을 담당하는 세력으로 영향력을 행사하였다.

정답 ④ 한정판 045p, 기본서 244p

심화개념
심화 학습을 통한
고난도 문제 대비

심화개념 귀향형
고려 시대 귀향형은 본관으로 돌려보내는 형벌이었다. 귀향형은 관료...종의 우대 조치로 보기도 하지만 비교적 무거운 형벌에 속하였다. 이...

심화개념 귀향형
고려 시대 귀향형은 본관으로 돌려보내는 형벌이었다. 귀향형은 관료 귀족의 일종의 우대 조치로 보기도 하지만 비교적 무거운 형벌에 속하였다. 이는 귀향형을 받은 죄인이 관리의 신분을 잃고 국가에서 인정해 준 토지에 대한 권리를 잃기 때문이다. 고려는 관직을 기준으로 전시과와 녹봉 등 각종 혜택을 지급하였기 때문에 관직을 얻을 수 있는 중앙 정계에서 분리된다는 것은 큰 형벌이었다.

추가 기출 사료

향리
> 신라 말 모든 읍(邑)의 토인(土人)으로 그 읍을 다스리고 호령하는 자가 있었는데, 고려가 후삼국을 통일한 이후에 직호를 내리고 토인에게 해당 지방의 일과 백성들을 다스리게 하였으니 이를 일러 호장이라 하였다.
> ー『연조귀감』ー

판서노트와 기본서 연계
판서노트와 기본서 페이지를
수록해 효율적 학습 가능

정답 ① 한정판 045p, 기본서 245p

172 PART 3 중세 사회의 발전

03 0295 [2022. 법원직 9급]

밑줄 친 '이들'에 대한 설명으로 가장 옳은 것은?

> 이들의 첫 벼슬은 후단사이며, 두 번째 오르면 병사(兵史)·창사(倉史)가 되고, 세 번째 오르면 주·부·군·현의 사(史)가 되며, 네 번째 오르면 부병정(副兵正)·부창정(副倉正)이 되며, 다섯 번째 오르면 부호정(副戶正)이 되고, 여섯 번째 오르면 호정이 되며, 일곱 번째 오르면 병정·창정이 되고, 여덟 번째 오르면 부호장이 되고, 아홉 번째 오르면 호장(戶長)이 된다.
> - 『고려사』 -

① 자손이 음서의 혜택을 받았다.
② 속현의 조세와 공물의 징수, 노역 징발 등을 담당하였다.
③ 수군, 조례, 역졸, 조졸 등으로 칠반천역이라고도 불렸다.
④ 수령의 행정 실무를 보좌하는 세습적인 아전으로 활동하였다.

04 0296 [2022. 소방직]

㉠ ~ ㉣에 대한 설명으로 옳지 않은 것은?

〈고려의 다양한 사회직 지위〉

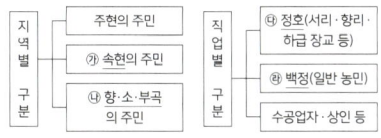

① ㉢는 국가로부터 토지를 지급받았다.
② ㉠와 ㉡에는 수령이 파견되지 않았다.
③ ㉢는 ㉣와 달리 지역으로 ...
④ ㉡의 주민은 ...

자료분석 자료의 밑줄 친 '이들'은 고려 시대의 향리이다. 자료의 출처가 『고려사』라는 점과 호장, 부호장 등의 호칭을 통해 이를 알 수 있다.

오답피하기 ① 5품 이상 고위 관료의 자손이 음서의 혜택을 받았다.
③ 신량역천은 양인 중에서 천역을 담당하는 계층으로 칠반천역이라고 하여 일에 종사한 일곱 가지 부류를 가리켰다.

함정피하기 홍문관은 사헌부, 사간원과 함께 삼사에 속하는 기관이지만 사헌부, 사간원과 달리 서경권을 가지고 있지 않았다는 것에 주의해야 한다.

핵심개념 고려 시대의 향리

상층 향리	• 호족 출신 • 지방 세력 중 과거 합격률 가장 높음 • 호장·부호장을 대대로 배출 • 지방의 실질적 지배층 • 호장(향리직 우두머리)은 부호장과 함께 해당 고을의 ...
하층 향리	말단 행정직, 행정 실무 담당

추가 기출 사료
향리
> 신라 말 모든 읍(邑)의 토인(土人)으로 그 읍을 다스리고 호령하였는데, 고려가 후삼국을 통일한 이후에 직호를 내리고 토인으로 지방의 일과 백성들을 다스리게 하였으니 이를 일러 호장이라 하였다.

단어해석 • 직역(職役): 직분에 따라 하는 일로, 관직이나 군인 등 국가 공공업무에 종사하는 것을 의미한다.

정답 ②

contents
목차

PART 1 선사 시대의 문화와 국가의 형성

Chapter 1
선사 시대의 전개
- 001 구석기 시대 ········· 012
- 002 신석기 시대 ········· 014
- 003 청동기의 수용과 보급 ········· 017
- 004 철기의 사용 ········· 020

Chapter 2
국가의 형성
- 005 단군과 고조선 ········· 022
- 006 위만 조선 ········· 024
- 007 고조선의 8조법(고조선의 사회) ········· 026
- 008 부여 ········· 027
- 009 고구려 ········· 030
- 010 옥저·동예 ········· 033
- 011 삼한(마한·변한·진한) ········· 036

PART 2 고대 사회의 발전

Chapter 1
고대의 정치
- 012 고대 국가의 성립과 기틀 ········· 040
- 013 가야 연맹 ········· 042
- 014 백제의 발전과 전성기 ········· 045
- 015 고구려의 발전과 전성기 ········· 047
- 016 백제의 위기와 중흥 ········· 052
- 017 신라의 발전 ········· 054
- 018 금석문 ········· 057
- 019 삼국간의 항쟁 ········· 059
- 020 6세기 말 ~ 7세기의 정세 ········· 063
- 021 신라의 삼국 통일 ········· 067
- 022 신라 중대의 정치 ········· 071
- 023 신라 말기의 정치 변동과 호족 세력의 성장 ········· 075
- 024 발해의 건국과 발전 ········· 078
- 025 고대 국가의 통치 체제 ········· 085

Chapter 2
고대의 사회
- 026 삼국의 사회 모습 ········· 089
- 027 남북국의 사회 모습 ········· 092

Chapter 3
고대의 경제
- 028 삼국 시대의 경제 ········· 093
- 029 통일 신라의 민정문서 ········· 094
- 030 통일 신라의 토지 제도 ········· 096
- 031 통일 신라의 경제(통합형) ········· 098

Chapter 4
고대의 문화
- 032 삼국의 불교와 도교 ········· 101
- 033 통일 신라의 불교 ········· 103
- 034 역사 편찬과 유학의 보급 ········· 107
- 035 고대의 고분과 고분 벽화 ········· 109
- 036 고대의 건축·탑·불상·공예 등 ········· 113
- 037 고대 문화의 일본 전파 ········· 116

PART 3 중세 사회의 발전

Chapter 1
중세의 정치
- 038 후삼국의 성립과 민족의 재통일 ... 120
- 039 태조의 정책 ... 123
- 040 광종의 개혁정치 ... 126
- 041 성종의 개혁정치 ... 129
- 042 고려의 중앙 통치 체제 ... 132
- 043 고려의 통치 제도: 지방, 군사 ... 136
- 044 고려 전기의 대외 관계 ... 139
- 045 현종 이후~무신 정변 이전의 왕대사 ... 144
- 046 이자겸의 난과 묘청의 서경천도운동 ... 148
- 047 무신 집권기 ... 150
- 048 무신 집권기의 사회상 ... 154
- 049 몽골과의 항쟁 ... 158
- 050 삼별초의 항쟁 ... 161
- 051 원의 내정 간섭과 원 간섭기의 개혁 정치 ... 162
- 052 공민왕의 개혁 정치 ... 166
- 053 홍건적과 왜구의 침입 ... 170

Chapter 2
중세의 사회
- 054 고려의 신분 제도 ... 172
- 055 고려 지배 세력의 변화 ... 176
- 056 고려의 가족 제도 및 여성의 지위 ... 178
- 057 고려의 사회 기타 ... 180

Chapter 3
중세의 경제
- 058 고려의 토지 제도 ... 184
- 059 수취 제도와 경제 생활 ... 189
- 060 화폐 주조와 대외 무역 ... 190

Chapter 4
중세의 문화
- 061 유학의 발달 및 관리 등용 제도 ... 192
- 062 역사서의 편찬 ... 196
- 063 고려의 불교 ... 200
- 064 대장경의 조판 ... 208
- 065 도교와 풍수지리설 ... 210
- 066 과학 기술의 발달(인쇄술, 천문학, 의학 등) ... 211
- 067 식담, 불상, 건축, 공예, 문학 ... 212

PART 4 근세 사회의 발달

Chapter 1
근세의 정치
- 068 고려의 멸망과 조선의 건국 ... 220
- 069 조선 초기 왕의 업적(태종~성종) ... 223
- 070 중앙 정치 조직 ... 233
- 071 지방 행정과 군사 제도 ... 236
- 072 조선 전기의 대외관계 ... 238
- 073 사화의 발생과 조광조의 개혁 정치 ... 240
- 074 붕당 정치의 전개 ... 245
- 075 임진왜란(1592~1598) ... 248
- 076 광해군의 정책 ... 253
- 077 호란의 발발과 북벌운동 ... 255
- 078 예송논쟁 ... 258

Chapter 2
근세의 사회
- 079 조선의 신분제 ... 261
- 080 향촌 사회의 모습과 사회 정책 ... 263
- 081 예학과 족보의 보급 및 가족 제도 ... 264
- 082 서원과 향약 ... 266

Chapter 3
근세의 경제
- 083 과전법의 시행과 변화 ... 267
- 084 경제 정책과 16세기 수취 체제의 문란 ... 270
- 085 조선 전기의 농업 기술 ... 271
- 086 조선 전기의 상업 ... 273

Chapter 4
근세의 문화
- 087 교육 제도와 과거 제도 ... 274
- 088 한글 창제 및 조선왕조실록 ... 278
- 089 역사서의 편찬 ... 280
- 090 서적 편찬(지도, 지리서, 법전 등) ... 281
- 091 조선 전기 성리학의 발달 및 조선 후기 호락 논쟁 ... 285
- 092 조선 전기의 과학 기술 ... 291
- 093 조선 전기의 문예 ... 294

contents 목차

PART 5 근대 사회의 태동

Chapter 1
근대 태동기의 정치
- 094 통치 체제 및 군사 제도의 변화 ········ 298
- 095 붕당 정치의 변질 ········ 302
- 096 영조의 정책과 탕평 정치 ········ 306
- 097 정조의 탕평 정치 ········ 311
- 098 세도 정치기 ········ 315

Chapter 2
근대 태동기의 사회
- 099 신분제의 동요 ········ 316
- 100 중간 계층의 신분 상승 운동 ········ 318
- 101 가족 제도의 변화와 혼인 ········ 320
- 102 향촌 질서의 변화 ········ 321
- 103 사회 불안 심화, 천주교와 동학의 확산 ········ 323
- 104 세도 정치기 농민 봉기 ········ 326

Chapter 3
근대 태동기의 경제
- 105 수취 체제의 개편 ········ 329
- 106 양반 지주 및 농민 경제의 변화 ········ 334
- 107 상품 화폐 경제의 발달 ········ 337

Chapter 4
근대 태동기의 문화
- 108 양명학의 수용 ········ 340
- 109 실학의 등장과 발달 ········ 341
- 110 국학 연구의 확대 ········ 349
- 111 과학 기술의 발달 ········ 352
- 112 조선 후기의 문예 ········ 353

PART 6 근대 사회의 전개

Chapter 1
외세의 침략적 접근과 개항
- 113 흥선대원군의 대내 정책 ········ 360
- 114 흥선대원군의 대외 정책 ········ 363
- 115 강화도 조약 ········ 367
- 116 외국과의 조약과 사절단의 파견 ········ 369

Chapter 2
개화 정책의 추진과 반발
- 117 개화파의 형성 및 분화 ········ 372
- 118 위정척사 운동 ········ 373
- 119 임오군란(1882. 6.) ········ 376
- 120 갑신정변(1884. 10.) ········ 378
- 121 갑신정변(1884) 이후의 정세 ········ 381

Chapter 3
동학 농민 운동과 갑오개혁
- 122 동학 농민 운동의 전개 ········ 384
- 123 갑오개혁 ········ 389

Chapter 4
러시아 VS 일본 대립기
- 124 청·일 전쟁 이후의 정세와 을미개혁 ········ 393
- 125 독립 협회의 활동(1896~1898) ········ 395
- 126 대한 제국(1897~1910)과 광무개혁 ········ 399
- 127 각 개혁안의 공통점과 순서 문제 ········ 404

Chapter 5
일본 독주기
- 128 항일 의병 운동의 전개 ········ 405
- 129 애국 계몽 운동 단체의 활동 ········ 409
- 130 간도와 독도 ········ 413

Chapter 6
개항 이후의 경제와 사회
- 131 개항 이후 외세의 경제 침탈 ········ 415
- 132 화폐 정리 사업과 국채 보상 운동 ········ 419
- 133 사회 구조와 의식의 변화 ········ 423

Chapter 7
근대 문물의 수용과 근대 문화의 형성
- 134 근대 문물의 수용과 언론 활동 ········ 424
- 135 근대 교육과 국학 연구 및 문예와 종교 ········ 429

PART 7 민족 독립 운동의 전개

Chapter 1
일제의 침략과 민족의 수난
- 136 일제의 국권 침탈 과정 ········ 434
- 137 1910년대 무단 통치기 ········ 439
- 138 1920년대 문화 통치기 ········ 442
- 139 1930년대 이후 민족 말살 통치기 ········ 446

Chapter 2
3·1 운동과 대한민국 임시 정부
- 140 1910년대 국내외 독립운동 ········ 450
- 141 3·1 운동(1919) ········ 456
- 142 임시정부의 수립과 상해 임시 정부의 활동 ········ 460
- 143 충칭 임시 정부의 활동(1940~1945) ········ 463

Chapter 3
무장 독립 전쟁의 전개
- 144 의열단과 한인 애국단 ········ 468
- 145 1920년대 이후 만주 지역의 항일 무장투쟁 ········ 473
- 146 1930년대 중반 이후 민족 연합 전선의 형성 노력 및 무장 투쟁 ········ 477

Chapter 4
사회·경제적 민족 운동
- 147 사회적 민족 운동의 전개 ········ 480
- 148 1920년대 항일 학생 운동 ········ 481
- 149 민족 협동 전선 운동(민족 유일당 운동) ········ 484
- 150 실력 양성 운동의 전개 ········ 488

Chapter 5
민족 문화 수호 운동
- 151 식민지 교육 정책과 식민사관 ········ 491
- 152 일제 강점기 한국사 연구 ········ 492
- 153 일제 강점기 사회·문화 ········ 497

PART 8 현대 사회의 발전

Chapter 1
광복과 대한민국의 수립
- 154 광복 직전 한국에 대한 국제적 논의 ········ 502
- 155 광복 직후 정치 단체 활동과 정치 상황 ········ 503
- 156 모스크바 3국 외상 회의와 제1차 미소 공동 위원회 개최 ········ 505
- 157 좌우 합작운동 ········ 507
- 158 해방 전후 인물 ········ 509
- 159 해방 이후 건국 과정 ········ 513
- 160 5·10 총선거와 대한민국 정부 수립 ········ 517
- 161 제헌 국회 통과 법안(반민족 행위 처벌법과 농지 개혁) ········ 519
- 162 북한 정권의 수립과 6·25 전쟁 및 대남도발 ········ 521

Chapter 2
민주주의의 시련과 발전
- 163 이승만 정부(제1공화국, 1948~1960) ········ 524
- 164 4·19 혁명과 장면 내각의 성립(1960) ········ 526
- 165 박정희 정부(제3공화국, 1963~1972) ········ 528
- 166 유신 체제(제4공화국)의 성립(1972) ········ 530
- 167 전두환 정부(제5공화국, 1981~1988) ········ 533
- 168 제6공화국(1988~) ········ 537

Chapter 3
통일 정책과 평화 통일의 과제
- 169 남한의 통일 정책 ········ 539

Chapter 4
경제 성장과 사회·문화의 변화
- 170 광복 이후 및 이승만 정부 시기의 경제 ········ 544
- 171 1960~1970년대의 경제 ········ 546
- 172 1980년대 이후의 경제 모습 및 교육 정책의 변화 ········ 548

Chapter 5
지역사·유네스코 유산
- 173 지역사 ········ 550
- 174 유네스코 유산 및 기타 ········ 555

PART 1

선사 시대의 문화와 국가의 형성

CHAPTER 01   선사 시대의 전개

CHAPTER 02   국가의 형성

주제 **001**

01 | 선사 시대의 전개

구석기 시대

Check 대표 기출 1

01 0001 [2020. 국가직 9급]   회독 ○○○

(가) 시기의 생활상에 대한 설명으로 옳은 것은?

> 1935년 두만강 가의 함경북도 종성군 동관진에서 한반도 최초로 (가) 시대 유물인 석기와 골각기 등이 발견되었다. 발견 당시 일본에서는 (가) 시대 유물이 출토되지 않은 상황이었다.

① 반달 돌칼을 이용하여 벼를 수확하였다.
② 넓적한 돌 갈판에 옥수수를 갈아서 먹었다.
③ 사냥이나 물고기잡이 등을 통해 식량을 얻었다.
④ 영혼 숭배 사상이 있어 사람이 죽으면 흙 그릇 안에 매장하였다.

SOLUTION   난이도 상 중 하

출제자의 눈 구석기 시대는 연천 전곡리, 공주 석장리, 함북 종성 동관진 등 대표적인 유적지를 제시하고 그 시대의 생활 모습을 묻는 문제가 전형적이다. 유적지별로 발견 유물을 자세하게 암기하지는 않더라도 어느 시대의 대표적인 유적지인지는 반드시 암기해야 한다.

자료분석 (가)에 해당하는 시기는 구석기 시대이다. 함북 종성 동관진 유적은 한반도 최초(1933년)로 발견된 구석기 유적지이다.

정답해설 ③ 구석기인은 주먹도끼·찍개 등의 뗀석기와 동물의 뼈나 뿔로 만든 도구를 사용하였고, 열매를 채집하거나 물고기잡이(어로), 짐승을 사냥하며 생활하였다.

오답피하기 ① 곡식의 이삭을 추수할 때 사용된 농기구인 반달 돌칼을 이용해 벼를 수확한 것은 청동기 시대이다.
② 갈돌과 갈판은 신석기 시대에 사용된 간석기로 나무 열매나 곡물의 껍질을 벗기거나 가루로 만드는 도구이다.
④ 신석기 시대에는 사람이 죽어도 영혼은 없어지지 않는다고 생각하여 영혼 숭배와 조상 숭배가 나타났고, 사람이 죽으면 흙 그릇 안에 매장하기도 하였다.

핵심개념 구석기 시대

시기	약 70만 년 전 ~ 1만 년 전
도구 (뗀석기)	사냥용 : 찍개, 팔매돌, 슴베찌르개, 주먹도끼 조리용 : 긁개, 밀개, 자르개
경제	수렵(사냥), 채집, 어로
사회	평등한 공동체적 생활
주거	이동 생활(동굴, 막집, 바위그늘)

정답 ③ 한정판 006p, 기본서 022p

Check 대표 기출 2

02 0002 [2023. 지방직 9급]   회독 ○○○

밑줄 친 '주먹도끼'가 사용된 시대에 대한 설명으로 옳은 것은?

> 이 유적은 경기도 연천군 한탄강 언저리에 넓게 위치하고 있다. 이곳에서 아슐리안 계통의 주먹도끼가 다량으로 출토되어 더욱 많은 관심이 집중되었다. 이곳에서 발견된 주먹도끼는 그 존재 유무로 유럽과 동아시아 문화가 나뉘어진다고 한 모비우스의 학설을 무너뜨리는 결정적 증거가 되었다.

① 동굴이나 바위 그늘, 강가의 막집 등에서 살았다.
② 내부에 화덕이 있는 움집이 일반적인 주거 형태였다.
③ 토기를 만들어 음식을 조리하거나 식량을 저장하였다.
④ 구릉에 마을을 형성하고 그 주변에 도랑을 파고 목책을 둘렀다.

SOLUTION   난이도 상 중 하

자료분석 주먹도끼는 구석기 시대의 대표적인 뗀석기 도구이다. 경기 연천 전곡리는 구석기 전기의 대표적 유적지로, 동아시아 최초로 아슐리안형 주먹도끼가 발견되었다.

정답해설 ① 구석기 시대 사람들은 동굴이나 바위 그늘에서 살거나 강가에 막집을 짓고 살았다.

오답피하기 ② 신석기 시대부터 정착 생활을 하면서 움집을 만들어 거주했다. 신석기 시대의 움집 바닥은 원형이나 모서리가 둥근 사각형이었고, 가운데에는 불씨를 보관하거나 취사와 난방을 하기 위한 화덕이 놓여 있었다.
③ 신석기 시대부터 토기를 만들어 음식을 조리하거나 식량을 저장하였다.
④ 청동기 시대에는 외부의 침입을 막기 위해 목책이나 환호, 망루 등의 방어 시설을 만들었다.

심화개념 아슐리안형 주먹도끼

1977년까지 고고학계에서는 세계 구석기 문화를 아슐리안 주먹도끼 문화와 찍개 문화로 나누고 있었다. 약 1백 40만 년 전에 아프리카에서 처음 만들어진 아슐리안 주먹도끼가 유럽, 서아시아, 인도 등에서 발견되고, 동아시아에서는 찍개만 나왔기 때문이다. 그런데 미국 캘리포니아 빅터 밸리 대학에서 고고학을 공부하다가, 미 공군에 입대하여 동두천에서 근무하고 있던 그렉 보웬이 1978년 한탄강 유원지에서 아슐리안형 주먹도끼를 발견하게 되었다. 전곡리 유적에서 출토된 아슐리안형 주먹도끼들은 1970년대 말까지 동아시아와 아프리카 및 유럽의 구석기문화를 찍개와 주먹도끼 문화권으로 구분하였던 모비우스의 학설에 배치되는 중요한 증거였다.

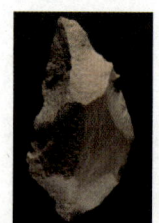
▲ 아슐리안형 주먹도끼
(연천 전곡리 출토)

정답 ① 한정판 005p, 기본서 022p

03 0003 [2020. 소방간부후보]

밑줄 친 '이 시대'의 생활 모습으로 옳은 것은?

> 공주 석장리와 연천 전곡리 유적에서는 이 시대에 제작된 유물들이 출토되었다. 당시 인류는 밀개와 찌르개 등 쓰임새가 정해진 도구를 주로 사용한 것으로 보인다.

① 명도전을 사용하였다.
② 소를 이용하여 밭을 갈았다.
③ 대표적인 도구로 주먹도끼를 제작하였다.
④ 많은 인력을 동원하여 고인돌을 만들었다.
⑤ 빗살무늬 토기를 만들어 식량을 보관하였다.

04 0004 [2017. 지방직 9급]

한반도 선사 시대에 대한 설명으로 옳지 않은 것은?

① 구석기 시대 전기에는 주먹도끼와 슴베찌르개 등이 사용되었다.
② 신석기 시대 집터는 대부분 움집으로 바닥은 원형이나 모서리가 둥근 사각형이다.
③ 신석기 시대 사람들은 조개류를 많이 먹었으며, 때로는 장식으로 이용하기도 하였다.
④ 청동기 시대의 전형적인 유물로는 비파형 동검·붉은 간토기·반달돌칼·홈자귀 등이 있다.

SOLUTION

자료분석 자료는 구석기 시대에 대한 내용이다. 경기 연천 전곡리는 구석기 전기의 대표적 유적지로, 동아시아 최초로 아슐리안형 주먹도끼가 발견되었다.

정답해설 ③ 구석기 시대 사람들은 돌을 깨뜨려 만든 뗀석기로 사냥과 채집을 하며 살았다. 처음에는 주먹도끼나 찍개같이 하나의 큰 석기가 여러 가지 용도로 사용되는 경우가 많았으나 점차 석기를 다듬는 기술이 발전하면서 긁개나 밀개같이 하나의 석기가 하나의 용도로 사용되었다.

오답피하기 ① 명도전은 중국 춘추 전국 시대에 연나라와 제나라, 조나라에서 사용한 칼 모양의 청동 화폐로, 철기 시대 유적지에서 발견된다.
② 소를 이용하여 농사를 지은 것은 철기 시대이다.
④ 고인돌은 청동기 시대의 대표적 무덤 양식이다.
⑤ 빗살무늬 토기는 신석기 시대의 대표적 토기이다.

심화개념 구석기 주요 유적지

유적지	주요 내용
경기 연천 전곡리	• 동아시아 최초 아슐리안형 주먹도끼 발굴, 1978년 미군 병사 보웬이 처음 확인, 모비우스 학설 반박
충북 단양 도담리 금굴	• 우리나라에서 가장 오래된 구석기 유적지(약 70만년 전)
함북 웅기 굴포리	• 북한 최초 구석기 발굴 유적(1960~1964년 발굴), 네모꼴의 막집자리
충북 제천 점말 동굴	• 사람의 얼굴을 새긴 털코뿔이의 앞발뼈 출토 (1973~1980)
평남 덕천 승리산 동굴	• 덕천인 : 인류 화석 발굴 → 슬기사람의 빗장뼈와 어금니 2개 • 승리산인 : 슬기슬기사람의 아래턱뼈
평양 역포 대현동	• 역포인 : 슬기사람, 7~8세 아이의 머리뼈
함북 종성 동관진(온성 강안리)	• 한반도 최초 구석기 유적 발견(1933, 일제 강점기에 발견), 동물 화석(털코끼리) 출토, 석기와 골각기 출토
충남 공주 석장리	• 남한 최초 발굴(1964) → 우리나라 구석기 시대 존재 증명
충북 청원 두루봉 흥수굴	• 흥수아이(슬기슬기사람, 5~7세 아이의 완전한 뼈 발굴), 장례 풍습 확인(국화꽃 성분 검출)
평양 만달리 동굴	• 만달인 : 25~30세 남자의 머리뼈, 아래턱뼈

정답 ③

SOLUTION

정답해설 ② 신석기 시대의 사람들은 4~5명 정도의 가족이 거주할 수 있는 규모의 움집을 짓고 살았으며, 중앙에는 취사와 난방을 위한 화덕을 두었다.
③ 신석기 시대에는 농경이 이루어지면서 사냥이나 어로의 비중이 줄어들었으나 여전히 식량을 얻는 주요 수단이었다. 여러 종류의 생선 뼈, 조개, 동물 뼈가 발견되는 조개더미 유적은 당시 사람들의 식생활 모습을 잘 보여준다.
④ 청동기 시대에는 비파형 동검, 민무늬토기, 붉은 간토기, 미송리식 토기, 반달돌칼 등의 도구를 사용했다.

오답피하기 ① 주먹도끼는 구석기 시대 전기의 도구지만 슴베찌르개는 구석기 시대 후기(전기 X)의 대표적 도구이다. 슴베찌르개는 창끝에 붙여 사냥 도구로 사용했다.

핵심개념 구석기 시대의 도구(주먹도끼, 슴베찌르개)

주먹도끼	짐승을 사냥하고 가죽을 벗기며, 땅을 파서 풀이나 나무뿌리를 캐는 등 여러 용도에 사용하는 만능 석기
슴베찌르개	주로 구석기 시대 후기에 사용되었으며, 슴베(자루 속에 박히는 부분)가 달린 찌르개로서, 창의 기능을 함

▲ 주먹도끼 ▲ 찍개 ▲ 밀개 ▲ 긁개 ▲ 슴베찌르개

정답 ①

주제 002

01 | 선사 시대의 전개
신석기 시대

Check 대표 기출 1

01 0005 [2025. 지방직 9급] 회독 ○○○

신석기시대에 대한 설명으로 옳은 것만을 모두 고르면?

> ㄱ. 갈돌과 갈판을 사용하여 곡물이나 열매를 갈았다.
> ㄴ. 반달돌칼을 사용하여 농작물을 수확하였다.
> ㄷ. 뼈바늘을 사용하여 옷이나 그물을 만들었다.
> ㄹ. 벼농사를 널리 짓게 되었다.

① ㄱ, ㄷ　　② ㄱ, ㄹ
③ ㄴ, ㄷ　　④ ㄴ, ㄹ

Check 대표 기출 2

02 0006 [2021. 국가직 9급] 회독 ○○○

신석기 시대 유적과 유물을 바르게 연결한 것만을 모두 고르면?

> ㄱ. 양양 오산리 유적 — 덧무늬토기
> ㄴ. 서울 암사동 유적 — 빗살무늬토기
> ㄷ. 공주 석장리 유적 — 미송리식토기
> ㄹ. 부산 동삼동 유적 — 아슐리안형 주먹도끼

① ㄱ, ㄴ　　② ㄱ, ㄹ
③ ㄴ, ㄷ　　④ ㄷ, ㄹ

SOLUTION 난이도 상 중 하

출제자의 눈 선사 시대에서 가장 출제 비중이 높은 단원은 신석기 시대이다. 신석기 시대에 새로 나타난 도구 및 사회 모습(특히 농경과 목축의 시작)에 주목하면서 타 시대와 구분하는 문제에 대비하자.

정답해설 ㄱ. 신석기 시대에는 갈돌과 갈판을 사용하여 곡물이나 열매를 갈았다. 갈돌과 갈판은 한 조를 이루며, 돌로 만들어진 갈판 위에 갈돌을 놓고, 상하 또는 좌우로 움직여 사용한다. 맷돌과 비슷한 원리로, 도토리 등의 나무 열매나 곡물 껍질을 벗기거나 갈아서 가루를 만드는 도구이다.
ㄷ. 신석기 시대에는 원시적인 수공업 생산도 이루어졌는데, 가락바퀴나 뼈바늘이 출토되는 것으로 보아 옷이나 그물을 만들었음을 알 수 있다.

오답피하기 ㄴ. 반달돌칼을 사용하여 농작물을 수확한 시기는 청동기 시대이다.
ㄹ. 벼농사는 청동기 시대에 시작되어 점차 확산되어 갔고, 철기 시대에 널리 짓게 되었다.

핵심개념 신석기 시대

시기	B.C. 8천 년 전 or 1만 년 전
도구	• 간석기 : 돌괭이, 돌삽, 돌보습, 돌낫, 돌도끼, 농경굴지구, 갈돌·갈판 • 토기 : 이른 민무늬 토기, 덧무늬 토기, 눌러찍기무늬(압인문) 토기, 빗살무늬 토기
경제	• 농경과 목축 시작, 수렵·채집·어로 • 원시 수공업 : 가락바퀴(방추차), 뼈바늘 출토 → 옷, 그물 제작·사용
사회	• 여전히 평등 사회 • 족외혼 : 씨족사회 → 부족사회로 확대 • 원시 신앙 발생(애니미즘, 샤머니즘, 토테미즘 등)
주거	• 정착 생활 시작(강가, 바닷가) • 움집 : 원형·모서리가 둥근 방형, 가운데 화덕 위치, 반지하식 가옥

정답 ① 한정판 005p, 기본서 026p

SOLUTION 난이도 상 중 하

정답해설 ㄱ. 강원 양양 오산리 유적은 신석기 시대의 유적지로, 흙으로 빚어 구운 사람의 얼굴, 덧무늬 토기 등이 출토되었다.
ㄴ. 서울 암사동 유적지는 우리나라의 대표적인 신석기 시대 유적지로, 빗살무늬 토기, 간석기, 돌도끼 등이 출토되었다.

오답피하기 ㄷ. 공주 석장리 유적은 대표적인 구석기 시대 유적지이며, 미송리식 토기는 청동기 시대의 대표적 유물이다.
ㄹ. 부산 동삼동 유적은 신석기 시대 유적지이지만, 아슐리안형 주먹도끼는 구석기 시대의 대표적 유물이다(연천 전곡리에서 발굴).

핵심개념 신석기 주요 유적지

유적지	주요 내용
제주 한경 고산리	• 우리나라에서 가장 오래된 신석기 유적지
강원 양양 오산리	• 기원전 6,000년, 백두산 계통의 흑요석 출토 • 흙으로 빚어 구운 사람의 얼굴, 덧무늬 토기 출토
강원 양양 지경리	• 신석기 시대 집터(움집) 유적, 동그란 모양의 바닥과 중앙에 화덕자리 발견
부산 동삼동	• 남해안 일대에서 가장 규모가 큰 패총 발견 • 일본 조몬 토기, 일본산 흑요석제 석기 출토 → 일본과의 교역의 근거
서울 암사동	• 우리나라의 대표적인 신석기 유적지(국내 최대 신석기 마을 유적) • 여러 기의 집터에서 빗살무늬토기, 간석기, 돌도끼, 돌화살촉 등 출토
황해 봉산 지탑리	• 신석기 시대 ~ 초기 철기 시대의 움집터 발견 • 탄화된 곡물(조·피)의 출토 → 잡곡을 경작하는 원시적 농경 시작

정답 ① 한정판 006p, 기본서 029p

03 0007 [2021. 법원직 9급]

다음 유물들이 대표하는 시기의 사회 모습으로 가장 옳은 것은?

① 처음으로 농경이 시작되었다.
② 권력을 가진 지배자가 등장하였다.
③ 뗀석기를 주로 이용하였다.
④ 주로 동굴에 거주하거나 막집에 살았다.

04 0008 [2016. 지방직 9급]

밑줄 친 '이 토기'가 주로 사용되었던 시대에 대한 설명으로 옳은 것은?

> 이 토기는 팽이처럼 밑이 뾰족하거나 둥글고, 표면에 빗살처럼 생긴 무늬가 새겨져 있다. 곡식을 담는 데 많이 이용된 이 토기는 전국 각지에서 출토되고 있는데, 대표적 유적지는 서울 암사동, 봉산 지탑리 등이다.

① 농경과 정착 생활이 이루어졌다.
② 고인돌이나 돌널무덤을 만들었다.
③ 빈부의 격차가 나타나고 계급이 발생하였다.
④ 군장이 부족의 풍요와 안녕을 기원하는 제사를 지냈다.

SOLUTION (03)

자료분석 사진은 신석기 시대의 유물인 가락바퀴와 갈돌·갈판이다. 신석기 시대에는 가락바퀴와 뼈바늘로 옷과 그물을 만들었고, 곡식이나 열매를 가는 데 사용하던 도구인 갈돌과 갈판을 이용해 도토리 등을 갈아 먹었다.

정답해설 ① 신석기 시대에는 농경과 목축으로 식량을 생산하는 단계에 들어섰다. 이에 따라 정착 생활을 비롯해 인류 생활에 여러 변화가 나타났다.

오답피하기 ② 권력을 가진 지배자는 청동기 시대에 등장하였다. 신석기 시대는 평등사회였다.
③ 뗀석기는 구석기 시대에 사용하였다. 신석기 시대에는 간석기를 이용하였다.
④ 주로 동굴이나 막집에 거주한 것은 구석기 시대이다. 신석기 시대에는 움집에서 거주하였다.

정답 ① 한정판 005p, 기본서 026p

SOLUTION (04)

자료분석 자료에서 설명하는 토기는 우리나라 신석기 시대의 대표적 토기인 빗살무늬 토기이다. 빗살무늬 토기가 출토된 대표적인 유적은 서울 암사동, 평양 남경, 김해 수가리 등으로, 대부분 강가나 바닷가에 자리 잡고 있다. 빗살무늬 토기는 도토리나 달걀 모양의 뾰족한 밑 또는 둥근 밑 모양을 하고 있으며, 크기도 다양하다.

정답해설 ① 신석기 시대에는 농경과 정착 생활이 이루어졌으며 움집을 짓고 거주했다.

오답피하기 ② 고인돌과 돌널무덤은 청동기 시대의 대표적 무덤 양식이다.
③ 빈부 격차와 계급은 청동기 시대에 발생했다. 신석기 시대는 연장자나 경험이 많은 자가 부족을 이끌어가는 평등사회였다.
④ 지배자인 군장이 등장한 것은 청동기 시대이다. 군장은 정치적 지배자인 동시에 제사를 담당하기도 하였다. 청동기 시대 지배자인 군장은 지배자의 권위를 드러내는 청동으로 만든 다양한 상징물이나 의례용 도구를 착용하였다.

핵심개념 서울 암사동 유적 빗살무늬토기

서울특별시 암사동 집터 유적에서 출토된 토기로, 우리나라 신석기 시대를 대표하는 유물이다. 암사동 유적 출토 빗살무늬 토기는 입구 부분, 몸통, 다박 부분에 각기 서로 다른 문양을 그렸다. 바닥은 뾰족하고, 토기의 가로 폭보다 세로가 긴 길쭉한 모양이며, 적갈색을 띤다. 토기의 아래 부분에는 두 개의 구멍이 있는데, 이는 깨진 토기를 임시로 수리하여 사용했던 흔적으로 추정된다.

▲ 빗살무늬 토기

정답 ① 한정판 005p, 기본서 026p

05 [2014. 지방직 9급]

다음 유물이 만들어진 시대의 사회상으로 옳은 것은?

- 충북 청주 산성동 출토 가락바퀴
- 경남 통영 연대도 출토 치레걸이
- 인천 옹진 소야도 출토 조개 껍데기 가면
- 강원 양양 오산리 출토 사람 얼굴 조각상

① 한자의 전래로 붓이 사용되었다.
② 무덤은 일반적으로 고인돌이 사용되었다.
③ 조, 피 등을 재배하는 농경이 시작되었다.
④ 반량전, 오수전 등의 중국 화폐가 사용되었다.

06 [2014. 지방직 7급]

선사 시대의 사회 생활상에 대한 설명으로 옳은 것은?

① 지상 가옥을 짓고 살았던 사람들은 청동제 농기구를 사용함으로써 농업 생산력을 한층 발전시켰다.
② 신석기 시대 후기 사람들은 가축을 기르기 시작하였으며, 벼농사를 지어 쌀을 주식으로 사용하였다.
③ 빗살무늬 토기를 주로 사용하였던 사람들은 농사에서는 반달 돌칼, 전쟁에서는 세형 동검을 이용하였다.
④ 연천 전곡리의 구석기인들은 외날찍개, 주먹도끼 등을 이용하여 식량을 구하고 무리를 지어 살았다.

SOLUTION

자료분석 가락바퀴(원시 수공업, 직조생활), 조개껍데기 가면(인천 옹진 소야도, 부산 동삼동 출토) 등은 신석기 시대의 대표 유물이다.

정답해설 ③ 신석기 시대에는 조, 피, 수수 등의 밭 작물을 재배하는 초기 농경이 시작되었다.

오답피하기 ① 한자의 전래로 붓이 사용된 것은 철기 시대로, 경남 창원 다호리 유적에서 발견되었다.
② 고인돌은 청동기 시대의 대표적 무덤 양식이다. 무게가 수십 톤 이상인 덮개돌을 채석하여 운반하고 무덤에 설치하기까지에는 많은 인력이 필요하였는데, 이는 청동기 시대 지배층이 가진 정치권력과 경제력을 잘 반영해 주고 있다.
④ 반량전, 오수전 등의 중국 화폐는 철기 시대에 사용되었다. 이는 중국과의 활발한 교류 사실을 보여준다.

핵심개념 신석기 시대의 예술품

▲ 치레걸이 (통영 연대도)　▲ 조개껍데기 가면 (인천 옹진 소야도)　▲ 흙으로 빚은 얼굴상 (양양 오산리)

정답 ③ 한정판 005p, 기본서 026p

SOLUTION

정답해설 ④ 연천 전곡리는 아슐리안형 주먹도끼가 발견된 대표적 구석기 시대 유적지이다. 구석기 시대에는 주먹도끼나 찍개, 팔매돌 등을 사냥 도구로 사용했다.

오답피하기 ① 움집이 점차 지상 가옥으로 바뀌어 간 것은 청동기 시대이다. 청동은 재료가 귀했기 때문에 청동기 시대에도 여전히 농기구는 간석기를 사용했다.
② 신석기 시대에는 조, 피, 수수 등을 경작하기 시작했다. 벼농사가 이루어진 것은 청동기 시대부터이다.
③ 빗살무늬 토기는 신석기 시대의 대표적 토기이다. 반달돌칼은 청동기 시대의 농기구이며, 세형 동검은 초기 철기 시대의 유물이다.

정답 ④ 한정판 007p, 기본서 030p

주제 **003**

01 | 선사 시대의 전개

청동기의 수용과 보급

Check 대표 기출 1

01 0011 [2023. 국가직 9급] 회독 ○○○

다음 유물이 사용된 시대에 대한 설명으로 옳은 것은?

> 미송리식 토기, 팽이형 토기, 붉은 간 토기

① 비파형 동검이 사용되었다.
② 오수전 등의 화폐가 사용되었다.
③ 아슐리안형 주먹도끼가 사용되었다.
④ 철이 많이 생산되어 낙랑과 왜에 수출되었다.

SOLUTION 난이도 상 중 하

출제자의 눈 청동기 시대에 계급과 사유 재산제가 발생하면서 변화된 모습과 이 시대의 대표적 유물을 이전 시대와 구분하는 문제가 전형적이다. 최근 반구천 암각화 등재와 함께 암각화 관련 문제가 출제된 것도 특징이다.

자료분석 자료는 청동기 시대의 유물을 나타낸 것이다. 청동기 시대에는 미송리식 토기, 민무늬 토기, 붉은 간 토기, 팽이형 토기 등을 사용하였다.

정답해설 ① 비파형 동검은 청동기 시대에 제작된 청동검으로, 요령(랴오닝) 지방에서 많이 출토되어 요령식 동검이라고도 불린다.

오답피하기 ② 우리나라 철기 시대 유적에서는 중국 춘추 전국 시대의 연과 제에서 사용한 명도전과 함께 진의 반량전, 한의 오수전, 신나라의 왕망전이 출토되어 당시 중국과 활발하게 교류한 것을 알 수 있다.
③ 아슐리안형 주먹도끼는 구석기 시대의 도구이다. 주로 아프리카, 유럽, 중동, 인도, 자바 등에서 발견된 도구로, 미국 고고학자 모비우스는 전기 구석기 시대를 아프리카·유럽의 주먹도끼 문화권과 아시아의 찍개 문화권으로 구분하였다. 그러나 1978년 경기도 연천군 전곡리에서 아슐리안형 주먹도끼가 발견되어 모비우스 학설이 깨지게 되었다.
④ 철을 생산하기 시작한 것은 철기 시대 들어서이다. 우리나라의 초기 국가 중 변한에서는 철이 많이 생산되어 낙랑, 왜 등에 수출하였다.

핵심개념 청동기 시대의 토기

▲ 미송리식 토기

▲ 민무늬 토기

▲ 붉은 간 토기

▲ 송국리형 토기

정답 ① 한정판 007p, 기본서 030p

Check 대표 기출 2

02 0012 [2019. 계리직] 회독 ○○○

(가), (나)의 유물·유적을 사용하였던 사회에 대한 설명으로 가장 적절한 것을 〈보기〉에서 모두 고른 것은?

(가)   (나)

보기
ㄱ. (가) - 농경과 목축이 생활에서 차지하는 비중이 점차 높아졌다.
ㄴ. (가) - 주먹도끼, 슴베찌르개, 뚜르개, 찍개 등의 석기를 사용하였다.
ㄷ. (나) - 한반도에서는 주로 강가나 바닷가에 마을을 이루고 살았다.
ㄹ. (나) - 전문 장인이 출현하고 사유 재산 제도와 계급이 나타나게 되었다.

① ㄱ, ㄴ ② ㄴ, ㄷ ③ ㄷ, ㄹ ④ ㄱ, ㄹ

SOLUTION 난이도 상 중 하

자료분석 (가)는 신석기 시대의 빗살무늬 토기, (나)는 청동기 시대의 탁자식 고인돌 모습이다.

정답해설 ㄱ. 신석기 시대에는 농경과 목축이 시작되었으며 점차 생활에서 차지하는 비중이 높아졌다.
ㄹ. 청동기 시대에는 청동기 제작과 관련된 전문 장인이 출현하였다. 또한 농경의 발달로 잉여 생산물이 생기고 사유 재산제와 계급이 발생하여 빈부의 격차가 나타났다.

오답피하기 ㄴ. 주먹도끼, 슴베찌르개, 뚜르개, 찍개 등의 석기를 사용한 것은 구석기 시대이다.
ㄷ. 강가나 바닷가에 마을을 이루고 살았던 것은 신석기 시대이다. 청동기 시대 한반도에서는 주로 뒤에는 산이 있고 앞에는 하천이 흐르는 배산임수 지역에 집을 짓고 살았다.

정답 ④ 한정판 007p, 기본서 030p

03 [2025. 국가직 9급]

다음 설명에 해당하는 문화유산은?

> 고래 잡는 사람, 호랑이, 사슴, 물을 뿜고 있는 고래, 작살이 꽂혀 있는 고래 등이 바위에 묘사되어 있다. 당시 이 지역 사람들의 생활 모습과 신앙, 예술 세계를 이해하는 데 중요한 자료이며 국보로 지정되어 있다.

① 고령 장기리 암각화
② 황해 안악 3호분 행렬도
③ 경주 천마총 장니 천마도
④ 울주 대곡리 반구대 암각화

04 [2019. 국가직 9급]

청동기 시대의 유적과 유물에 대한 설명으로 옳은 것은?

① 연천 전곡리에서는 사냥도구인 주먹도끼가 출토되었다.
② 창원 다호리에서는 문자를 적는 붓이 출토되었다.
③ 강화 부근리에서는 탁자식 고인돌이 발견되었다.
④ 서울 암사동에서는 곡물을 담는 빗살무늬 토기가 나왔다.

SOLUTION (03)

자료분석 자료에 해당하는 문화유산은 울주 대곡리 반구대 암각화(바위 그림)이다.

정답해설 ④ 울주 대곡리 반구대 암각화에는 거북, 사슴, 호랑이, 새 등의 동물과 작살이 꽂힌 고래를 비롯한 여러 종류의 고래, 그물에 걸린 동물, 우리 안의 동물 등이 새겨져 있다. 이것은 사냥과 고기잡이의 성공과 풍성한 수확을 비는 것으로 보인다.

오답피하기 ① 고령 양전동(장기리) 알터 바위그림(고령 장기리 암각화)은 동심원, 십자형, 삼각형 등의 기하학 무늬가 새겨져 있다. 동심원은 태양을 상징하는 것으로, 이 바위그림 유적은 다른 지역의 청동기 시대 농업 사회에서 보이는 태양 숭배와 같이 풍요로운 생산을 비는 제사 터와 같은 의미를 지니고 있다.
② 안악 3호분의 행렬도는 북한 황해도 안악군에 위치한 고구려 시기의 고분 벽화이다.
③ 신라의 돌무지덧널무덤인 천마총에서 발견된 천마도는 자작나무 껍질을 겹쳐서 만든 말의 배 가리개에 천마를 그린 것이다(천마도는 벽화가 아님).

핵심개념 반구천의 암각화
국보 「울주 대곡리 반구대 암각화」와 「울주 천전리 명문과 암각화」를 포함하는 단일 유산으로, 2025년 유네스코 세계 문화유산에 등재되었다.

정답 ④ 한정판 007p, 기본서 037p

SOLUTION (04)

정답해설 ③ 강화 부근리는 탁자식 고인돌이 분포하고 있는 청동기 시대 유적지로, 고창·화순과 함께 세계문화유산으로 지정되어 있다.

오답피하기 ① 연천 전곡리는 아슐리안형 주먹도끼가 발견된 구석기 시대 유적지이다.
② 창원 다호리는 철기 시대 유적지이다. 경남 창원 다호리 유적에서 나온 붓은 당시에 이미 한자를 쓰고 있었음을 말해 준다.
④ 빗살무늬 토기가 출토된 서울 암사동 유적은 신석기 시대 유적지이다.
※ 각 유적지에서의 발견 내용은 모두 옳은 내용이다.

심화개념 인천 강화 부근리 북방식(탁자식) 고인돌

강화 부근리에는 40여기의 고인돌이 산재하는데, 그 중 강화 부근리 고인돌의 규모가 가장 크다. 북방식 혹은 탁자식 고인돌의 형태이다. 전체 높이는 2.6m이고, 덮개돌은 길이 6.5m, 너비 5.2m, 두께 1.2m의 화강암으로 되어 있다. 1964년 사적 제137호로 지정되었다.

정답 ③ 한정판 007p, 기본서 030p

05 0015 [2018. 법원직] 회독 ○○○

다음 유적이 형성된 시기에 대한 설명으로 가장 옳은 것은?

① 최초의 예술품이 나타났다.
② 처음으로 농경이 시작되었다.
③ 사유재산과 계급이 발생하였다.
④ 씨족들이 모여서 부족 사회를 이루었다.

06 0016 [2016. 국가직 7급] 회독 ○○○

청동기 시대의 생활상에 대한 설명으로 옳은 것은?

① 정교하고 날카로운 간돌검을 사용하였다.
② 빗살무늬 토기에 도토리 등을 저장하였다.
③ 유적으로는 상원 검은모루, 공주 석장리 등이 있다.
④ 주먹도끼, 찍개 등 돌로 된 사냥 도구를 만들었다.

SOLUTION   난이도 상 중 하

자료분석 사진은 고령 양전동(장기리) 알터 바위그림 모습이다. 동심원(태양 숭배)과 삼각형 등 기하학적 무늬를 통해 이를 알 수 있다. 이 암각화는 청동기 시대에 조성된 것으로 추정된다.

정답해설 ③ 청동기 시대에는 농경의 발달로 잉여 생산물이 생겨나고 사유 재산제와 계급이 발생하였다.

오답피하기 ① 청동기 시대에 최초로 예술품이 나타난 것은 아니다. 구석기 시대에도 석회암이나 동물의 뼈 등을 이용해 조각품을 만들었다.
② 처음으로 농경이 시작된 것은 신석기 시대이다.
④ 씨족들이 모여 부족 사회를 이룬 것은 신석기 시대이다.

핵심개념 청동기 시대 바위그림(암각화)

▲ 고령 양전동(장기리) 알터 바위 그림   ▲ 울주 반구대 암각화

정답 ③ 한정판 007p, 기본서 030p

SOLUTION   난이도 상 중 하

정답해설 ① 간돌검은 돌을 갈아 만든 단검으로, 청동기 시대를 대표하는 석기이다. 연해주와 일본 규슈 지역에 국한되어 분포하고, 중국이나 시베리아 지역에서는 볼 수 없는 것이어서 우리나라의 특징적인 석기이다.

오답피하기 ② 빗살무늬 토기는 신석기 시대의 대표적 토기이다. 청동기 시대에는 민무늬 토기, 미송리식 토기, 붉은 간토기 등을 사용했다.
③ 상원 검은모루 동굴과 공주 석장리는 구석기 시대의 대표적 유적지들이다. 청동기 시대의 유적지는 여주 흔암리와 부여 송국리가 대표적이다.
④ 주먹도끼와 찍개는 구석기 시대의 사냥 도구이다.

핵심개념 청동기 시대

시기	· B.C. 2000년경 ~ B.C. 1500년경에 시작
도구	· 청동기 - 비파형 동검(요령식 동검, 무기·의식용) - 거친무늬 거울(조문경, 장신구) · 농기구(간석기) : 반달돌칼(곡식 추수용), 바퀴날 도끼, 홈자귀, 돌괭이, 돌도끼(청동제 농기구X) · 토기 - 덧띠 새김무늬 토기, 미송리식 토기, 민무늬 토기 - 붉은 간 토기, 부여 송국리형 토기 등
경제	농경의 발달 : 벼농사 시작(but 조, 보리, 콩, 수수 등 밭농사 중심)
사회	· 사유 재산제로 인한 계급 분화 → 권력과 경제력을 갖춘 지배 계급(군장=족장) 등장 → 군장 국가의 형성 · 남녀의 역할 분화 : 남성은 전쟁과 같은 바깥일, 여성은 주로 집안일 담당 → 부계 중심 사회 · 청동기 제작 관련 전문 장인 출현, 선민사상을 내세워 주변 지역 정복 활동
주거	· 산간·구릉 지형(배산임수)에 취락 형성 · 움집 - 형태 : 직사각형(장방형), 지상 가옥화, 주춧돌 사용 - 화덕의 위치 : 한쪽 벽으로 이동 - 저장구덩 : 따로 설치하거나 한쪽 벽면을 밖으로 돌출시킴 · 주거용 외에 창고, 공동 작업장, 집회소, 공공 의식 장소 등도 만듦 · 마을 주위에 목책이나 환호 등의 방어 시설 조성
무덤	고인돌, 돌무지무덤, 돌널무덤

정답 ① 한정판 007p, 기본서 030p

주제 004

01 | 선사 시대의 전개
철기의 사용

Check 대표 기출 1

01 0017 [2014. 경찰간부후보] 회독 ○○○

우리나라 초기 철기 시대의 상황으로 가장 옳지 않은 것은?

① 지배층의 무덤으로 고인돌이 축조되기 시작하였다.
② 청동기문화도 더욱 발달하여 잔무늬거울 등이 제작되었다.
③ 민무늬토기 외에 덧띠토기, 검은간토기 등이 사용되었다.
④ 중국으로부터 철기와 함께 명도전, 반량전 등이 유입되었다.

Check 대표 기출 2

02 0018 [2017. 기상직 9급] 회독 ○○○

(가), (나) 무덤이 주로 제작된 시기에 대한 설명으로 옳은 것을 〈보기〉에서 고른 것은?

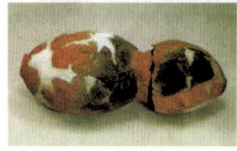
(가)

(나)

― 보기 ―
㉠ (가): 농경과 목축이 시작되었다.
㉡ (가): 철제 농기구를 사용하였다.
㉢ (나): 계급이 없는 평등 사회였다.
㉣ (나): 반달 돌칼로 농작물을 수확하였다.

① ㉠, ㉢   ② ㉠, ㉣
③ ㉡, ㉢   ④ ㉡, ㉣

SOLUTION 난이도 상 중 하

출제자의 눈 초기 철기 시대의 단독 출제 비중은 낮으나 구석기, 신석기, 청동기 시대의 모습을 묻는 문제에 오답 지문으로 빈출된다. 특히 초기 철기 시대 중국과의 교류를 보여주는 유물에 대한 내용이 빈출되고 있다.

정답해설 ② 철기 시대에는 청동기 문화가 더욱 발전하면서 비파형 동검은 세형동검으로, 거친무늬 거울은 잔무늬 거울로 변화되었다.
③ 철기 시대에는 민무늬 토기 이외에 입술 단면에 덧띠를 붙인 덧띠 토기, 검은 간 토기 등도 사용했다.
④ 철기 시대 유적에서는 중국 춘추 전국 시대의 연과 제에서 사용한 명도전과 함께 진의 반량전, 한의 오수전이 출토되었다.

오답피하기 ① 지배층의 무덤인 고인돌이 축조되기 시작한 것은 청동기 시대이다. 초기 철기 시대의 대표적 무덤으로는 널무덤과 독무덤이 있다.

정답 ① 한정판 007p, 기본서 033p

SOLUTION 난이도 상 중 하

자료분석 (가)는 철기 시대의 독무덤(옹관묘), (나)는 청동기 시대의 고인돌(탁자식)이다.

정답해설 ㉡ 철기 시대에는 철제 농기구의 사용으로 농업 생산력이 향상되었다.
㉣ 반달 돌칼은 청동기 시대의 대표적 농기구로, 곡식을 수확할 때 사용되었다.

오답피하기 ㉠ 농경과 목축은 신석기 시대에 시작되었다.
㉢ 청동기 시대에는 잉여 생산물의 분배와 사유화로 인해 빈부 격차와 계급이 발생했다.

핵심개념 철기 시대

시기	B.C. 5C 경

도구, 경제	• 철기
	  - 중국의 전국시대 유이민으로부터 전래
	  - 철제 무기 사용 → 정복전쟁 심화 → 연맹왕국 등장
	  - 철제 농기구 사용 → 농업 생산력↑
	• 청동기(의기화 및 독자화)
	  - 세형동검(한국식 동검)
	  - 잔무늬 거울(세문경)
	• 토기 : 민무늬 토기, 덧띠 토기, 검은 간 토기 등

사회	• 중국과의 교류
	  - 한자 사용 : 붓 출토(창원 다호리 유적)
	  - 중국 화폐 출토 : 명도전, 오수전, 반량전, 왕망전

주거	• 지상식 주거, 부뚜막(온돌 사용) 등장 • 반움집, 귀틀집
무덤	널무덤, 독무덤 등

정답 ④ 한정판 007p, 기본서 033p

03 [2017. 사회복지직 9급]

다음의 유적지에 대한 설명으로 가장 옳은 것은?

① 사천 늑도 유적에서 반량이라는 글자가 새겨진 청동 화폐가 출토되었다.
② 부산 동삼동 패총에서는 주춧돌을 사용한 지상가옥이 발견되었다.
③ 단양 수양개에서 발견된 아이의 뼈를 흥수아이라 부른다.
④ 울주 반구대에는 사각형 또는 방패 모양의 그림이 주로 새겨져 있다.

04 [2015. 법원직 9급]

다음 중 한반도에서 청동기 문화가 독자적으로 발전했음을 보여주는 유물은?

①  ②

③ 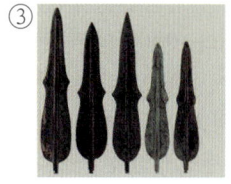 ④

SOLUTION

정답해설 ① 늑도 유적은 경남 사천 늑도동에 위치한 청동기 시대 말기에서 철기 시대에 걸친 집터 및 무덤 유적이다. 이곳은 조개무지와 독무덤, 반량전 등이 발견되었다. 반량전은 진시황이 문자와 도량형을 본떠 만든 것으로, 중국과의 교류 사실을 보여주는 유물이다.

오답피하기 ② 부산 동삼동 패총은 신석기 시대 유적지이며, 주춧돌을 사용한 집터는 청동기 시대에 나타난다.
③ 흥수아이는 청원 두루봉 동굴에서 발견되었다. 단양 수양개 유적은 구석기 시대 유적지로 대단위의 석기 제작소와 물고기가 새겨진 예술품 등이 출토되었다.
④ 울주 반구대에서는 거북, 사슴, 호랑이 등의 동물과 작살이 꽂힌 고래를 비롯해 여러 종류의 동물 그림이 나타난다. 동심원이나 삼각형 등 기하학적 무늬가 새겨진 것은 고령 양전동 알터 바위 그림이다.

정답 ① 한정판 007p, 기본서 033p

SOLUTION

정답해설 ② 청동 제품을 제작하는 틀인 거푸집으로, 우리나라에서 청동기를 직접 제작했다는 것을 보여준다.

오답피하기 ① 중국 춘추 전국 시대 연과 제에서 사용한 명도전이라는 화폐로, 중국과의 교류 사실을 보여준다.
③ 비파형 동검으로, 요령(랴오닝) 지방에서 많이 출토되어 요령식 동검이라고도 불린다.
④ 중국 진나라에서 사용한 반량전으로, 중국과의 교류 사실을 보여준다.

핵심개념 명도전과 반량전

명도전	중국 춘추 전국 시대에 연나라와 제나라, 조나라에서 사용한 청동 화폐
반량전	중국 진에서 사용한 청동 화폐

▲ 명도전   ▲ 반량전

정답 ② 한정판 007p, 기본서 033p

주제 005

02 | 국가의 형성
단군과 고조선

Check 대표 기출 1

01 0021 [2021. 법원직 9급] 회독 ○○○

밑줄 친 ㉠~㉣에 대한 해석으로 적절하지 않은 것은?

> 옛날 ㉠환인의 아들 환웅이 천부인 3개와 3,000명의 무리를 이끌고 태백산 신단수 밑에 내려왔는데, 이 곳을 신시라 하였다. 그는 ㉡풍백, 우사, 운사로 하여금 인간의 360여 가지의 일을 주관하게 하였는데 그 중에서 곡식, 생명, 질병, 형벌, 선악 등 다섯 가지 일이 가장 중요한 것이었다. 이로써 인간 세상을 교화시키고 인간을 널리 이롭게 하였다. 이 때 ㉢곰과 호랑이가 사람이 되기를 원하므로 환웅은 쑥과 마늘을 주고 …… 곰은 금기를 지켜 21일 만에 여자로 태어났고 환웅과 혼인하여 아들을 낳았다. 이가 곧 ㉣단군왕검이었다.

① ㉠ - 천손사상으로 부족의 우월성을 과시했다.
② ㉡ - 고조선의 농경 사회 모습이 반영되어 있다.
③ ㉢ - 특정 동물을 수호신으로 여기는 샤머니즘이 존재했다.
④ ㉣ - 정치적 지배자와 제사장이 일치된 사회였음을 알 수 있다.

SOLUTION 난이도 상 중 하

자료분석 자료는 고조선의 건국 설화 내용이다.

정답해설 ① 고조선 건국 설화에서 환웅은 하늘의 자손(천손)임을 내세워 자기 부족의 우월성을 과시하였다.
② 환웅이 인간 세상에 내려올 때 거느렸던 풍백(風伯)·우사(雨師)·운사(雲師)는 농경과 밀접한 관련이 있는 날씨를 관장하는 존재로, 고조선의 농경 사회 모습이 반영되어 있다.
④ 단군은 제사장, 왕검은 정치적 지배자를 뜻하는 말로 고조선이 제정일치(祭政一致) 사회임을 알 수 있다.

오답피하기 ③ 특정 동물을 수호신으로 여기는 원시 신앙은 샤머니즘이 아닌 토테미즘이다. 샤머니즘은 인간과 영혼, 하늘을 연결시켜 주는 존재인 무당과 그 주술을 믿는 것이다.

핵심개념 단군 이야기에 비친 사회상

선민사상	환웅이 하늘의 자손임을 내세워 자기 부족의 우월성 과시
농경 사회	풍백, 우사, 운사가 바람, 비, 구름 등 농경에 관계되는 것을 주관
사유재산 성립과 계급의 분화	사유 재산의 성립과 계급의 분화에 따라 지배 계급은 농사와 형벌 등 사회 생활을 주도함
홍익인간 이념	지배층은 '널리 인간을 이롭게 한다'는 홍익인간의 통치 이념을 내세워 자신의 권위를 세움.
토테미즘	곰을 숭배하는 부족은 환웅 부족과 연합하여 고조선을 형성하였으나, 호랑이를 숭배하는 부족은 연합에서 배제
제정일치	단군왕검의 단군은 제사장, 왕검은 정치적 지배자를 의미

정답 ③ 한정판 008p, 기본서 040p

Check 대표 기출 2

02 0022 [2018. 국가직 7급] 회독 ○○○

㉠ 나라에 대한 설명으로 옳은 것은?

> 주나라가 쇠약해지자 연나라가 스스로 왕을 칭하고 동쪽으로 침략하려 하였다. (㉠)의 후(侯) 역시 스스로 왕을 칭하고 군사를 일으켜 연나라를 공격하려 하였는데, 대부인 예(禮)가 간하여 중지하였다.

① 전연의 공격을 받아 심한 타격을 받았다.
② 매년 10월 무천이라는 제천행사를 열었다.
③ 박·석·김씨가 왕위를 교대로 계승하였다.
④ 8조의 법을 제정하였는데 세 조항만 전해진다.

SOLUTION 난이도 상 중 하

출제자의 눈 고조선에 대해 기록한 서적의 종류를 묻는 단편적인 문제부터 단군 이야기의 의미, 고조선의 발전 과정을 묻는 순서 문제, 단군의 고조선과 위만 왕조의 고조선을 구분하는 문제가 전형적이다.

자료분석 자료의 ㉠에 해당하는 나라는 고조선이다. 중국 사서(삼국지 위서 동이전)의 기록에 따르면 '연나라가 스스로 높여 왕이라 칭하고 동쪽으로 침략하려는 것을 보고, 조선후도 역시 스스로 왕호를 칭하고 군사를 일으켜 연나라를 역격(逆擊)하여 주 왕실을 받들려 하였는데, 그의 대부 예가 간하므로 중지하였다.'는 기록이 등장한다.

정답해설 ④ 고조선은 8조법을 제정하였는데 현재는 한서 지리지에 세 조항만이 전해지고 있다. 이를 통해 생명과 노동력 중시, 사유재산 보호, 계급 사회 등 당시의 사회 모습을 유추할 수 있다.

오답피하기 ① 고구려는 4세기 고국원왕 때에 선비족인 전연 모용황의 침공으로 수도가 함락되고, 미천왕의 무덤을 탈취했으며, 5만 명이 포로로 끌려가는 위기를 맞기도 하였다.
② 매년 10월에 무천이라는 제천 행사를 행한 나라는 동예이다.
③ 신라는 진한 소국의 하나인 사로국에서 출발하였는데, 경주 지역의 토착민 집단과 유이민 집단이 결합하여 건국되었다(기원전 57). 이후 동해안으로 들어온 석탈해 집단이 등장하면서 박, 석, 김의 3성이 교대로 왕위를 차지하였다.

정답 ④ 한정판 008p, 기본서 041p

03 0023 [2017. 경찰간부후보]

고조선의 성립 사실을 역사적으로 반영하고 있는 단군신화에 대한 설명으로 가장 옳지 않은 것은?

① 풍백, 우사, 운사 등을 두어 바람, 비, 구름 등 농경과 관계되는 것을 주관하는 내용이 들어 있다.
② 널리 인간을 이롭게 한다는 내용을 포함하고 있다.
③ 「삼국유사」에는 고조선의 건국 연대가 '여고동시(與高同時)'로 기록되어 있다.
④ 단군신화가 기록된 책으로는 「동국이상국집」, 「제왕운기」, 「세종실록지리지」 등이 있다.

SOLUTION

정답해설 ① 환웅은 풍백, 우사, 운사로 하여금 인간의 360여 가지의 일을 주관하게 하였다. 이들은 농경과 밀접한 관련이 있는 날씨를 관장하는 존재로, 고조선의 농경 사회 모습이 반영되어 있다.
② 단군신화에는 널리 인간을 이롭게 한다는 홍익인간의 건국이념이 포함되어 있다.
③ 『삼국유사』에는 고조선의 건국 연대와 관련해 다음과 같은 기록이 등장한다.

> 『위서(魏書)』에 이르기를, "지금으로부터 2천여 년 전에 단군왕검이 있어 아사달에 도읍을 정하고 나라를 세워 국호를 조선이라 칭하였으니 이는 요(堯) 임금과 같은 시기(여고동시, 與高同時)였다." —『삼국유사』-

오답피하기 ④ 이규보의 문집인 『동국이상국집』에는 단군신화가 실려 있지 않다. 단군신화가 수록된 문헌으로는 『삼국유사』, 『제왕운기』, 『세종실록지리지』, 『응제시주』, 『동국여지승람』 등이 있다.

핵심개념 고조선 관련 사료

시대			문헌명
고려	충렬왕		삼국유사(일연)
			제왕운기(이승휴)
조선	15c	단종	세종실록지리지
		세조	응제시주
		성종	동국여지승람
			동국통감
	16c	중종	신증동국여지승람
			표제음주동국사략

정답 ④ 한정판 008p, 기본서 040p

04 0024 [2017. 기상직 7급]

다음 밑줄 친 '이 나라'의 세력범위를 짐작할 수 있는 유물을 〈보기〉에서 고른 것은?

> 진(秦)이 천하를 병합하고 장성을 쌓아 요동에 이르렀을 때, 이 나라에서는 '부'가 왕으로 즉위하였다. …(중략)… '부'가 죽자, 그 아들 '준'이 즉위하였다. — 위략 -

보기

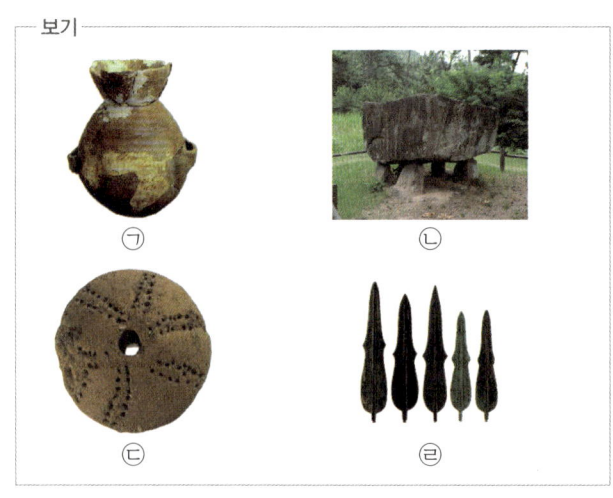

㉠   ㉡
㉢   ㉣

① ㉠, ㉡   ② ㉡, ㉢
③ ㉢, ㉣   ④ ㉠, ㉣

SOLUTION

자료분석 부왕, 준왕은 고조선(단군 조선)의 국왕들이다. 고조선은 기원전 3세기경 부왕, 준왕과 같은 강력한 왕이 등장하여 왕위를 세습(부자 상속)하였다.

정답해설 ④ 단군 조선의 세력 범위를 알 수 있는 유물은 북방식(탁자식) 고인돌, 비파형 동검(㉣), 거친무늬 거울(조문경), 미송리식 토기(㉠) 등이 있다.

오답피하기 ㉡ 남방식(바둑판식) 고인돌이다. 남방식 고인돌은 땅 아래에 주검을 넣고 그 위에 받침돌을 두고 덮개돌을 올려놓은 것으로, 주로 전라도, 경상도 등 한강 이남 지역에 분포되어 있다.
㉢ 가락바퀴는 실을 만들 때 사용했던 도구로, 신석기 시대부터 사용되었다. 실을 감는 도구인 '가락'을 끼워 사용했기 때문에 가락바퀴라고 부르며, 가락의 다른 이름인 방추를 붙여 '방추차'라고도 한다.

핵심개념 단군 조선

건국	· 기원전 2333년 · 청동기 문화를 바탕으로 성립
기원전 4세기경	요서 지방을 경계로 중국의 연과 대립할 정도로 강성 → 기원전 3세기 초 연나라 장수 진개의 침략을 받아 서쪽 땅을 잃고 쇠퇴
기원전 3세기경	· 부왕, 준왕과 같은 강력한 왕 등장 → 왕위 세습 · 상, 대부, 장군 등의 관직을 둠
기원전 2세기경	· 중국의 진·한 교체기에 위만의 고조선 입국 · 위만은 준왕의 신임을 받아 서쪽 변경 수비 담당

정답 ④ 한정판 008p, 기본서 039p

주제 006

02 | 국가의 형성

위만 조선

Check 대표 기출 1

01 0025 [2016. 법원직 9급] 회독 ○○○

(가), (나) 사이의 시기에 고조선에서 있었던 사실로 가장 옳은 것은?

> (가) 노관이 한을 배반하고 흉노로 도망한 뒤, 연나라 사람 위만도 망명하여 오랑캐 복장을 하고 동쪽으로 패수를 건너 준에게 항복하였다. - 「위략」 -
>
> (나) 원봉 3년 여름(B.C.108), 니계상 삼이 사람을 시켜서 조선왕 우거를 죽이고 항복했다. …… 이로써 드디어 조선을 평정하고 사군을 삼았다. - 「사기 조선전」 -

① 비파형 동검이 제작되기 시작하였다.
② 중국 연(燕)의 침략으로 요서 지역을 잃었다.
③ 8조에 불과하던 법 조항이 60여 조로 늘어났다.
④ 중국의 한과 한반도 남부의 진국 사이에서 중계 무역을 하였다.

Check 대표 기출 2

02 0026 [2016. 국가직 9급] 회독 ○○○

(가)와 (나) 시기 고조선에 대한 〈보기〉의 설명으로 옳은 것만을 고른 것은?

기원전 2333년	기원전 194년	기원전 108년
(가)	(나)	
단군의 등장	위만의 집권	왕검성 함락

보기
ㄱ. (가) - 왕 아래 대부, 박사 등의 직책이 있었다.
ㄴ. (가) - 고조선 지역에 한(漢)의 창해군이 설치되었다.
ㄷ. (나) - 철기 문화를 본격적으로 수용하며, 중계무역의 이득을 취하였다.
ㄹ. (나) - 비파형동검과 고인돌의 분포를 통하여 통치 지역을 알 수 있다.

① ㄱ, ㄷ   ② ㄱ, ㄹ
③ ㄴ, ㄷ   ④ ㄴ, ㄹ

SOLUTION 난이도 상 **중** 하

출제자의 눈 위만의 집권을 기점으로 전과 후의 사실을 구분해야 한다. 최근에는 단군 조선 시기의 사실, 위만 조선 시기의 사실, 고조선 멸망 후의 사실을 구분하는 문제가 출제되고 있다.

자료분석 (가)는 기원전 2세기에 위만이 고조선으로 망명한 사실을 보여주는 사료이고, (나)는 기원전 108년 고조선의 멸망을 보여주는 사료이다. 따라서 위만 조선 시기의 사실을 묻는 문제이다.

정답해설 ④ 위만 조선은 지리적인 이점을 이용하여 동방의 예나 남방의 진이 직접 중국의 한과 교역하는 것을 막고, 중계 무역의 이득을 독점하려 하였다.

오답피하기 ① 비파형 동검이 제작되기 시작한 것은 청동기 시대이다. 위만 조선은 철기 문화를 본격적으로 수용하였다(위만 조선 시기는 철기 시대에 해당).
② 고조선은 위만 망명 이전인 기원전 3세기 초에 연나라 장수 진개의 침략을 받아 서쪽 땅을 상실하였다.
③ 고조선이 멸망하고 한의 군현이 설치된 후의 사실이다. 한 군현 설치 후 억압과 수탈이 가해지자 토착민들은 이를 피하여 이주하거나 단결하여 한 군현에 대항하였다. 이에 한 군현은 엄한 율령을 시행하여 자신들의 생명과 재산을 보호하려 하였다. 그리하여 법의 조항이 60여 개 조로 증가하였고 풍속도 각박해졌다.

정답 ④ 한정판 008p, 기본서 042p

SOLUTION 난이도 상 **중** 하

자료분석 자료의 (가) 시기는 고조선(단군 조선) 성립부터 위만 왕조의 고조선(위만 조선) 성립 이전까지에 해당되고, (나) 시기는 위만 왕조의 고조선(위만 조선)의 성립부터 멸망까지를 가리킨다.

정답해설 ㄱ. (가) 시기 고조선은 기원전 3세기경에 부왕, 준왕 같은 강력한 왕이 등장하여 왕위의 부자 세습이 이루어졌으며, 왕 아래 대부, 박사 등의 관직을 두었다. 대부와 박사의 존재는 고조선이 연을 공격하려 할 때 '대부 예(禮)가 간하여 중지했다'는 기록이나 위만이 고조선으로 망명해 왔을 때 준왕이 그를 박사로 임명한 것을 통해 알 수 있다.
ㄷ. (나) 시기 위만 조선은 철기 문화를 본격적으로 수용하였다. 철기의 사용은 농업과 무기 생산을 중심으로 한 수공업을 더욱 융성하게 하였고, 그에 따라 상업과 무역도 발달하였다.

오답피하기 ㄴ. (나) 시기의 사건이다. 한 무제는 위만 조선에 대한 견제와 압박을 꾀하여오던 중, 기원전 128년에 예맥의 군장 남려 등이 28만 인의 호적을 가지고 투항하여 오자 창해군을 설치하였다.
ㄹ. 비파형 동검과 고인돌의 분포를 통하여 통치 지역을 알 수 있었던 시기는 (가) 시기이다. 비파형 동검과 고인돌은 청동기 시대의 유물·유적이며, (나) 시기는 철기 시대에 해당한다.

정답 ① 한정판 008p, 기본서 042p

03 0027 [2014. 경찰간부후보]

(가)가 세운 왕조 때의 상황으로 가장 옳지 않은 것은?

> (가) 은(는) 고조선에 들어올 때 상투를 틀고 조선인의 옷을 입었다. 왕이 된 뒤에도 나라 이름을 그대로 조선이라 하였고, 그의 정권에는 토착민 출신으로 높은 지위에 오른 자가 많았다.

① 상·장군·대신 등으로 관직이 분화되어 있었다.
② 중계 무역의 이득을 독점하여 중국 왕조와 대립하였다.
③ 철기 문화가 본격적으로 수용되어 철제 무기와 농기구가 제작되었다.
④ 연나라 장수 진개의 침략을 받아 서쪽 땅을 잃고 쇠약해지기 시작하였다.

SOLUTION

자료분석 (가)는 위만이고, 자료는 위만 조선이 고조선을 계승한 근거를 보여주는 내용이다. 진·한 교체기에 유이민 집단이 이주해 왔는데 그중에서 위만은 1,000여 명의 무리를 이끌고 고조선으로 들어왔다. 위만은 준왕의 신임을 얻어 서쪽 변경 수비 임무를 맡았다. 그는 그곳에 거주하는 이주민 세력을 통솔하면서 자신의 세력을 확대해 나갔다. 그 후, 위만은 수도인 왕검성에 쳐들어가 준왕을 몰아내고 스스로 왕이 되었다(기원전 194).

정답해설 ① 고조선은 위만 집권 이전부터 상, 대부, 장군, 박사 등의 관직이 존재했으며, 위만 조선에서도 이와 같은 관직이 나타난다.
② 위만 조선은 한반도 남부 진과 중국 한 사이의 중계 무역을 통해 부를 축적했다. 이는 중국 왕조(한)와의 대립을 불러왔으며, 결국 한의 침입을 받게 되었다.
③ 우리나라에서는 기원전 5세기경부터 철기를 사용했으나 본격적으로 철기를 수용한 것은 위만 집권 이후이다.

오답피하기 ④ 연나라 장수 진개의 침입을 받아 서쪽 영토를 상실한 것은 위만 집권 이전 단군조선 시기의 일이다. 고조선은 기원전 4세기경 요서 지방을 경계로 전국 7웅의 연나라와 대립할 만큼 강성하였으나 기원전 3세기에 연 장수 진개의 공격으로 요동 지방을 잃고(서쪽 영토 2,000리) 수도를 평양으로 천도하였다.
※ 위만은 중국 진·한 교체기에 고조선으로 망명한 인물이기 때문에 위만 조선 시기 중국 왕조는 한나라만 등장한다.

핵심개념 위만 조선

성립 (기원전 194)	위만이 수도인 왕검성에 쳐들어가 준왕을 몰아내고 왕위 차지
발전	• 철기 문화의 본격적 수용(처음 수용X) • 활발한 정복 사업 → 진번·임둔 정복 • 중계 무역 이익 독점('예'와 '진'의 '한'과의 직접 교역 차단) • 관직 정비 : 왕, 태자, 비왕(裨王), 상(相), 대신, 경(卿), 장군 등
멸망 (기원전 108)	• 한(漢) 무제의 침략 • 고조선은 1차의 접전(패수)에서 대승을 거둠 • 위만의 손자 우거왕은 약 1년에 걸쳐 한에 대항 • 지배층의 내분 → 왕검성이 함락되어 멸망

정답 ④ 한정판 008p, 기본서 042p

주제 007

02 | 국가의 형성
고조선의 8조법(고조선의 사회)

Check 대표 기출 1

01 0028 [2024. 지방직 9급] 회독 ○○○

다음과 같은 법이 있었던 국가에 대한 설명으로 옳지 않은 것은?

> • 사람을 죽이면 즉시 사형에 처한다.
> • 남에게 상처를 입히면 곡식으로 배상한다.
> • 남의 물건을 훔친 자는 그 집의 노비로 삼는데, 스스로 죄를 면제받고자 하는 자는 50만을 내야 한다.

① 동맹이라는 제천 행사가 있었다.
② 상, 대부, 장군 등의 관직을 두었다.
③ 위만이 준왕을 몰아내고 왕이 되었다.
④ 중국의 한과 한반도 남부 사이에서 중계무역을 하였다.

Check 대표 기출 2

02 0029 [2012. 기상청 9급] 회독 ○○○

다음은 8조법의 일부이다. 이를 토대로 당시 사회의 모습에 대한 설명으로 바른 것을 〈보기〉에서 고르면?

> '사람을 죽인 자는 즉시 죽이고, 남에게 상처를 입힌 자는 곡식으로 갚는다. 도둑질을 한 자는 노비로 삼는다. 용서를 받고자 하는 자는 한 사람마다 50만 전을 내야 한다.…… 여자는 모두 정조를 지키고 신용이 있어 음란하고 편벽된 짓을 하지 않았다.'
> – 「한서」 –

보기
㉠ 인간의 생명을 경시하였다.
㉡ 형벌과 노비가 발생하였다.
㉢ 가부장적 사회의 특성이 있었다.
㉣ 재산의 사유가 이루어지지 못하였다.

① ㉠, ㉡
② ㉠, ㉢
③ ㉡, ㉢
④ ㉡, ㉣

SOLUTION 난이도 상 중 하

출제자의 눈 8조법을 사료로 제시하고 고조선에 대해 묻는 문제가 전형적이다. 부여를 비롯한 초기 국가의 특징이 오답 보기로 출제되기 때문에 초기 국가 내용과 함께 학습하는 것이 효과적이다.

자료분석 자료는 고조선의 8조법이다. 현재는 한서 지리지에 세 조항만이 전해지고 있는데 이를 통해 생명과 노동력 중시, 사유재산 보호, 계급 사회 등 당시의 사회 모습을 유추할 수 있다.

정답해설 ② 고조선에서는 기원전 3세기경에 부왕, 준왕 같은 강력한 왕이 등장하여 왕위를 세습하였으며, 그 밑에 상, 대부, 장군 등의 관직을 두었다.
③ 위만은 준왕의 신임을 얻어 서쪽 변경 수비 임무를 맡았다. 그는 그곳에 거주하는 이주민 세력을 통솔하면서 자신의 세력을 확대해 나갔다. 그 후, 위만은 수도인 왕검성에 쳐들어가 준왕을 몰아내고 스스로 왕이 되었다(기원전 194).
④ 위만 조선은 지리적인 이점을 이용하여 동방의 예나 남방의 진이 직접 중국의 한과 교역하는 것을 막고, 중계 무역의 이득을 독점하려 하였다.

오답피하기 ① 고구려에서는 10월에 추수 감사제인 동맹이라는 제천 행사를 성대하게 치르고, 아울러 왕과 신하들이 국동대혈에 모여 함께 제사를 지냈다.

심화개념 상(相) 관직의 영향력

• 국가 통치에 큰 영향력 행사
• 직접 별도의 영역과 주민을 다스림
• 국왕과 국가 중대사 논의

정답 ① 한정판 008p, 기본서 044p

SOLUTION 난이도 상 중 하

자료분석 자료는 한서 지리지에 있는 고조선의 8조법에 대한 내용이다. 현재는 3개 조항만이 전해지고 있다.

정답해설 ㉡ '도둑질한 자는 노비로 삼는다.'는 내용을 통해 형벌과 노비가 존재했음을 알 수 있다.
㉢ '여자는 모두 정조를 지키고'라는 내용을 통해 가부장적 사회의 특성이 있었음을 알 수 있다.

오답피하기 ㉠ '사람을 죽인 자는 즉시 죽인다.'는 내용을 통해 인간의 생명을 중시했음을 알 수 있다.
㉣ '도둑질'이라는 표현을 통해 사유 재산을 인정했음을 알 수 있다.

핵심개념 8조법 요약

조항	의미
사람을 죽인 자는 즉시 죽인다.	생명·노동력 중시
남에게 상처를 입힌 자는 곡식으로 갚는다.	농경 사회
도둑질을 한 자는 노비로 삼되, 용서받고자 하는 자는 50만 전을 내야 한다.	사유 재산 중시, 계급 사회, 노비제 발생, 화폐 사용

정답 ③ 한정판 008p, 기본서 044p

주제 008

02 | 국가의 형성
부여

Check | 대표 기출 1

01 0030 [2021. 지방직 9급] 회독 ○○○

다음에 해당하는 나라에 대한 설명으로 옳은 것은?

> • 은력(殷曆) 정월에 지내는 제천행사는 나라에서 여는 대회로, 날마다 먹고 마시고 노래하고 춤추는데, 이를 영고라 하였다. 이때 형옥을 중단하고 죄수를 풀어주었다.
> • 국내에 있을 때의 의복은 흰색을 숭상하며, 흰 베로 만든 큰 소매 달린 도포와 바지를 입고 가죽신을 신는다. 외국에 나갈 때는 비단옷 · 수 놓은 옷 · 모직옷을 즐겨 입는다.
> — 『삼국지』 위서 동이전 —

① 사람이 죽으면 뼈만 추려 가족 공동 무덤인 목곽에 안치하였다.
② 읍군이나 삼로라고 불린 군장이 자기 영역을 다스렸다.
③ 가축 이름을 딴 마가, 우가, 저가, 구가 등이 있었다.
④ 천신을 섬기는 제사장인 천군이 있었다.

Check | 대표 기출 2

02 0031 [2015. 지방직 7급] 회독 ○○○

다음 자료에 해당하는 나라에 대한 설명으로 옳지 않은 것은?

> 구릉과 넓은 못이 많아서 동이 지역 중에서 가장 넓고 평탄한 곳이다. 토질은 오곡을 가꾸기에는 알맞지만, 과일은 생산되지 않았다. 사람들 체격이 매우 크고, 성품이 강직하고 용맹하며, 근엄하고 후덕하여 다른 나라를 노략질하지 않았다.

① 읍군, 삼로 등의 관직이 있어서 하호를 통치하였다.
② 왕이 죽으면 많은 사람을 껴묻거리와 함께 묻는 순장의 풍습이 있었다.
③ 수해나 한해로 오곡이 잘 익지 않으면 그 책임을 왕에게 묻기도 하였다.
④ 전쟁이 일어났을 때에 제천 의식을 행하고 소, 발굽으로 길흉을 점치기도 하였다.

SOLUTION 난이도 상 중 하

출제자의 눈 사료를 제시하고 각 국가의 정치, 경제, 사회·문화를 구분하는 문제가 전형적이다. 최근에는 사료의 내용을 그대로 발췌하여 문제화함으로써 변별력을 높이고 있어 사료의 내용을 꼼꼼히 살펴야 한다. 부여는 초기 국가들 중 출제 비중이 가장 높고 장례 문화에서의 얼음 사용이나 옥갑 등 심화 내용도 출제되고 있다.

자료분석 자료는 부여와 관련된 사료이다. 영고라는 제천행사를 지낸 것과 흰 옷을 숭상한 것을 통해 이를 알 수 있다.

정답해설 ③ 부여에는 왕 아래에 가축의 이름을 딴 마가, 우가, 저가, 구가가 있었으며, 이들 가(加)는 저마다 따로 행정 구획인 사출도를 다스리고 있어서, 왕이 직접 통치하는 중앙과 합쳐 5부를 이루었다.

오답피하기 ① 가족 공동 무덤은 옥저의 풍습이다.
② 읍군, 삼로 등이 통치한 나라는 옥저와 동예이다.
④ 삼한에서는 정치적 지배자인 군장 외에 소도에서 농경과 종교에 대한 의례를 주관하는 천군이 존재했다.

단어해설 • 은력 정월(殷曆正月) : 은력(殷曆)은 은나라 때 달력을 지칭하는데, 은력 정월은 지금의 음력 12월에 해당한다.

정답 ③ 한정판 009p, 기본서 045p

SOLUTION 난이도 상 중 하

자료분석 부여와 관련된 『삼국지』 위서 동이전의 내용이다. 부여는 넓은 평야지대가 나타나지만 낮은 기온 등으로 인해 과일 생산에는 부적합한 지역이었다.

정답해설 ② 부여에서는 왕이 죽으면 많은 사람을 껴묻거리와 함께 묻는 순장의 풍습이 있었다. 기록에 따르면 '부여에서 순장을 할 때 많을 때는 백명 가량이나 된다.'라고 전한다.
③ 부여는 5부족 연맹왕국으로 왕이 존재하긴 했으나 왕권이 강하지 못하여 흉년이 들면 그 책임을 왕에게 물었다. 그러나 왕이 나온 대표 부족의 세력은 매우 강해서 궁궐, 감옥, 성책, 창고 등의 시설을 갖추고 있었다.
④ 부여는 전쟁이 일어났을 때에는 제천 의식을 행하고, 소를 죽여 그 굽으로 길흉을 점치기도 했다(우제점법).

오답피하기 ① 읍군, 삼로 등이 하호를 통치한 것은 옥저와 동예이다. 부여는 마가, 우가, 저가, 구가의 4부족장이 사출도를 다스렸다.

정답 ① 한정판 009p, 기본서 045p

03 0032 [2025. 지방직 9급]

(가) 나라에 대한 설명으로 옳은 것은?

> 옛 (가) 의 풍속에는 비가 오는 것이 고르지 않아 곡식이 익지 않으면, 문득 왕에게 그 잘못을 돌려 "마땅히 바꾸어야 한다." 또는 "마땅히 죽여야 한다."라고 말하였다.
> — 『삼국지』 위서 동이전 —

① 읍락의 우두머리들이 스스로 '삼로(三老)'라고 불렀다.
② 마가(馬加)와 우가(牛加) 등 가축의 이름을 딴 관리가 있었다.
③ 사람이 질병으로 죽으면 살던 집을 버리고 다시 새집을 지었다.
④ 다른 읍락의 산천을 침범하면 노비와 소, 말 등으로 배상하게 하였다.

SOLUTION 난이도 상 중 하

자료분석 자료는 부여에 대한 기록이다. 부여의 가(加)들은 왕을 추대하기도 하고, 수해나 한해를 입어 오곡이 잘 익지 않으면 그 책임을 왕에게 묻기도 하였다. 그러나 왕이 나온 대표 부족의 세력은 매우 강해서 궁궐, 감옥, 성책, 창고 등의 시설을 갖추고 있었다.

정답해설 ② 부여에는 왕 아래에 가축의 이름을 딴 마가, 우가, 저가, 구가와 대사자, 사자 등의 관리가 있었다.

오답피하기 ① 옥저와 동예의 읍락에는 읍군이나 삼로라는 군장이 있어서 자기 부족을 다스렸으나, 이들은 큰 정치 세력을 형성하지는 못하였다.
③ 동예에서는 병을 앓거나 사람이 죽으면 옛집을 버리고 새 집을 지어 살았다.
④ 동예에서는 각 부족의 영역을 함부로 침범하지 못하게 하였으며, 만약 다른 부족의 생활권을 침범하였을 경우에는 책화라 하여 노비와 소, 말로 변상하게 하였다.

핵심개념 부여

위치	만주 송화강 유역 평야 지대
정치	• 5부족 연맹체 : 중앙(왕) + 마가·우가·저가·구가 → 사출도 • 1세기 초에 이미 왕호 사용 • 흉년, 재해 발생시 왕에게 책임을 물음
경제	• 농경·목축 발달(반농반목) • 특산물 : 말, 주옥(적옥), 모피
사회·문화	• 형사취수제, 우제점법(복) • 흰 옷 숭상, 은력 사용 • 장례 풍습 : 순장, 후장, 여름에 사람이 죽으면 얼음을 넣어 장사, 국왕의 장례에 옥갑(玉匣) 사용 • 4조목(법률)
제천행사	영고(12월)
쇠퇴 및 멸망	• 3세기 말 선비족의 침략으로 쇠퇴 • 5세기 말 고구려에 편입(494, 문자왕)

정답 ② 한정판 009p, 기본서 045p

---

04 0033 [2025. 서울시 9급 1차]

〈보기〉의 나라에 대한 설명으로 가장 옳지 않은 것은?

> ─ 보기 ─
> 그 나라 사람들은 정주 생활을 하며, 궁실과 창고 및 감옥이 있다. 산릉(山陵)과 넓은 연못이 많아서 동이 지역에서는 가장 넓고 평탄하다. 토질은 5곡(穀)이 자라기에는 적당하지만 5과(果)는 나지 않는다. …… 그 나라의 옛 풍속에는 가뭄이나 장마가 계속되어 5곡이 영글지 않으면 그 허물을 왕에게 돌려 '왕을 마땅히 바꾸어야 한다'라고 하거나 '죽여야 한다'라고 하였다.

① 12월에 영고라는 제천 행사를 열었다.
② 집마다 부경이라는 작은 창고가 있었다.
③ 도둑질한 자에게 12배로 배상하게 하였다.
④ 여러 가(加)들이 별도로 사출도를 주관하였다.

SOLUTION 난이도 상 중 하

자료분석 자료는 부여에 대한 사료이다. 부여의 부족장인 가(加)들은 왕을 추대하였으며, 수해·한해로 농사 피해 시 왕에게 책임을 묻기도 하였다.

정답해설 ① 부여에서는 영고라는 제천 행사가 12월에 열렸다. 이것은 수렵 사회의 전통을 보여주는 것으로, 이때에는 하늘에 제사를 지내고 노래와 춤을 즐겼으며, 죄수를 풀어주기도 하였다.
③ 부여에서는 남의 물건을 훔쳤을 때에는 물건 값의 12배를 배상하게 하였다(1책 12법).
④ 부여에는 왕 아래에 가축의 이름을 딴 마가, 우가, 저가, 구가가 있었으며, 이들 가(加)는 저마다 따로 행정 구획인 사출도를 다스렸다.

오답피하기 ② 고구려는 농토가 부족하였기 때문에 정복 활동을 통해 지배층은 집집마다 부경이라는 창고를 가지고 피정복민에게서 획득한 곡식을 저장하였다.

심화개념 사출도

> 부여의 지방 자치 조직으로, '가(加)'라고 부른 부여의 최고 지배 세력은 본래부터 지배해오던 읍락과는 별도로 사방으로 뻗은 교통로를 각기 장악하고 그 주변 읍락의 수백에서 수천에 이르는 민호를 지배하였다.
>
> > 나라에는 임금이 있었다. 모두 여섯 가지 가축 이름으로 관직명을 정하였는데, 마가(馬加)·우가(牛加)·저가(猪加)·구가(狗加)·대사(大使)·대사자(大使者)·사자(使者)였다. …… 이 여러 가는 별도로 사출도(四出道)를 다스렸는데, 큰 곳은 수천 집, 작은 곳은 수백 집이었다.
> > — 『삼국지』 위서 동이전 —

정답 ② 한정판 009p, 기본서 045p

05 [2019. 지방직 9급]

(가), (나) 국가에 대한 설명으로 옳은 것은?

> (가) 그 나라의 혼인풍속에 여자의 나이가 열 살이 되면 서로 혼인을 약속하고, 신랑 집에서는 (그 여자를) 맞이하여 장성하도록 길러 아내로 삼는다. (여자가) 성인이 되면 다시 친정으로 돌아가게 한다. 여자의 친정에서는 돈을 요구하는데, (신랑 집에서) 돈을 지불한 후 다시 신랑 집으로 돌아온다.
>
> (나) 은력(殷曆) 정월에 하늘에 제사를 지내며 나라에서 대회를 열어 연일 마시고 먹고 노래하고 춤추는데, 영고(迎鼓)라고 한다. 이때 형옥(刑獄)을 중단하여 죄수를 풀어 주었다.

① (가) - 무천이라는 제천행사가 있었다.
② (가) - 계루부 집단이 권력을 장악하였다.
③ (나) - 사출도라는 구역이 있었다.
④ (나) - 철이 많이 생산되어 낙랑과 왜에 수출하였다.

06 [2016. 서울시 9급]

다음 자료와 관련된 나라에 대한 설명으로 가장 옳지 않은 것은?

> • 풍속에 장마와 가뭄이 연이어 오곡이 익지 않을 때, 그때마다 왕에게 허물을 돌려 '왕을 마땅히 바꾸어야 한다.'라거나 혹은 '왕은 마땅히 죽어야 한다.' 라고 하였다.
> • 정월에 지내는 제천 행사는 국중 대회로 날마다 마시고 먹고 노래하고 춤추는데 그 이름은 영고라 한다.
> - 「삼국지」, 위서 동이전 -

① 쑹화강 유역의 평야 지대에서 성장하였다.
② 왕 아래 가축의 이름을 딴 여러 가(加)들이 있었다.
③ 왕이 죽으면 노비 등을 함께 묻는 순장의 풍습이 있었다.
④ 국력이 쇠퇴하여 광개토 대왕 때 고구려에 완전 병합되었다.

주제 009

02 | 국가의 형성

고구려

Check 대표 기출 1

01 0036 [2020. 지방직 7급] 회독 ○○○

다음에 해당하는 나라에 대한 설명으로 옳은 것은?

> 큰 산과 깊은 골짜기가 많고 평원과 연못이 없다. 사람들이 계곡을 따라 사는데 골짜기 물을 식수로 마셨다. 좋은 농경지가 없어서 부지런히 농사를 지어도 배를 채우기가 부족하다. 사람들의 성품은 흉악하고 급하며 노략질하기를 좋아하였다.
> - 『삼국지』 -

① 민며느리제라는 독특한 혼인 풍습이 있었다.
② 왕 아래에 가축의 이름을 딴 마가, 우가, 저가 등의 관리가 있었다.
③ 10월에 제천 행사를 성대하게 치르고, 국동대혈에 모여 제사를 지냈다.
④ 다른 부족의 생활권을 침범하면, 책화라 하여 노비와 소, 말로 변상하게 하였다.

Check 대표 기출 2

02 0037 [2022. 법원직 9급] 회독 ○○○

(가) 국가에 대한 설명으로 가장 옳은 것은?

> [(가)]에서는 본래 소노부에서 왕이 나왔으나 점점 미약해져서 지금은 계루부에서 왕위를 차지하고 있다. 절노부는 대대로 왕실과 혼인을 하였으므로 그 대인은 고추가(古鄒加)의 칭호를 더하였다. 모든 대가(大加)들은 스스로 사자·조의·선인을 두었는데, 그 명단을 모두 왕에게 보고하여야 한다. …… 감옥은 없고 범죄자가 있으면 제가들이 모여서 평의하여 사형에 처하고 처자는 몰수하여 노비로 삼는다.
> - 『삼국지』, 위서 동이전 -

① 혼인 풍속으로 서옥제가 있었다.
② 신성 지역인 소도가 존재하였다.
③ 영고라고 하는 제천 행사를 개최하였다.
④ 읍락의 경계를 중시하여 책화라는 풍습이 있었다.

SOLUTION 난이도 상 중 하

출제자의 눈 고구려는 단독 문제로도 출제되지만 특징이 다른 국가의 오답 보기로도 출제된다. 제가 회의, 서옥제, 동맹(10월), 부경(약탈경제), 5부족 연맹체, 상가·고추가·사자·조의·선인, 1책 12법, 형사취수제 등 고구려의 핵심 키워드를 숙지하고 타 국가와의 차이점을 구분할 수 있어야 한다.

자료분석 자료는 고구려에 대한 내용이다. 고구려는 압록강의 지류인 동가강 유역의 졸본(환인) 지방에 자리 잡았다. 그러나 이 지역은 대부분 큰 산과 깊은 계곡으로 된 산악 지대여서 농토가 부족하여 힘써 일을 하여도 양식이 부족하였다. 농토가 부족하였기 때문에 정복 활동을 통해 지배층은 집집마다 부경이라는 창고를 가지고 피정복민에게서 획득한 곡식을 저장하였다(약탈 경제).

정답해설 ③ 고구려는 10월에 추수 감사제인 동맹을 성대하게 치르고, 왕과 신하들이 국동대혈에 모여 함께 제사를 지냈다.

오답피하기 ① 민며느리제는 여자가 어렸을 때 남자 집에서 성장 후 남자가 예물을 치르고 혼인하는 풍습으로, 옥저의 혼인 풍습이다. 고구려는 결혼을 하면 신랑이 처가에 머물며 자식이 장성한 다음 본가로 돌아오는 서옥제가 행해졌다.
② 부여에 대한 설명이다. 부여에는 왕 아래에 가축의 이름을 딴 마가, 우가, 저가, 구가가 있었으며, 이들 가(加)는 저마다 따로 행정 구획인 사출도를 다스렸다.
④ 동예는 산천을 중시하여 산과 내마다 구분이 있어 함부로 들어가지 않았으며 만약 다른 부족의 영역을 침범하면 노비나 소, 말로 배상하는 책화라는 풍습이 있었다.

정답 ③ 한정판 009p, 기본서 047p

SOLUTION 난이도 상 중 하

자료분석 자료의 (가)에 해당하는 나라는 고구려이다. 고구려는 계루부, 절노부, 소노부(연노부), 순노부, 관노부 등 5부족 연맹을 토대로 발전하였다. 초기에는 소노부(전 왕족)가 주도하였으나, 이후 계루부(주몽 세력, 부여 계통) 고씨가 주도하게 되었다.

정답해설 ① 고구려는 결혼을 하면 신랑이 처가에 머물며 자식이 장성한 다음 본가로 돌아오는 서옥제가 행해졌다.

오답피하기 ② 삼한에는 신성 지역으로 소도가 있었는데, 이곳에서 천군이 농경과 종교에 대한 의례를 주관하였다.
③ 영고는 부여의 제천 행사이다. 고구려는 매년 10월에 추수감사제인 동맹을 치렀으며, 왕과 신하들이 국동대혈에 모여 제사를 지냈다.
④ 동예는 산천을 중시하여 산과 내마다 구분이 있어 함부로 들어가지 않았다. 만약 다른 부족의 영역을 침범하면 노비나 소, 말로 배상해야 하는 책화라는 풍습이 있었다.

핵심개념 고구려 키워드

- 5부족 연맹체(계루부, 절노부, 순노부, 관노부, 소노부)
- 상가·고추가·사자·조의·선인, 좌식자
- 제가 회의, 서옥제
- 조상신 숭배(유화부인), 동맹(10월), 국동대혈(수혈)
- 맥궁(특산물), 부경(약탈경제)
- 1책 12법, 형사취수제

정답 ① 한정판 009p, 기본서 047p

03 [2017. 지방직 9급]

(가), (나)의 특징을 가진 국가에 대한 설명으로 옳은 것은?

> (가) 옷은 흰색을 숭상하며, 흰 베로 만든 큰 소매 달린 도포와 바지를 입고 가죽신을 신는다.
> (나) 부여의 별종(別種)이라 하는데, 말이나 풍속 따위는 부여와 많이 같지만 기질이나 옷차림이 다르다.
> － 『삼국지』 －

① (가) - 혼인 풍속으로 민며느리제가 있었다.
② (나) - 제사장인 천군이 다스리는 소도가 있었다.
③ (가) - 남의 물건을 훔쳤을 때는 12배로 배상하게 하였다.
④ (나) - 단궁이라는 활과 과하마·반어피 등이 유명하였다.

04 [2017. 지방직 9급 추가채용]

다음 자료에 해당하는 나라에 대한 설명으로 옳지 않은 것은?

> • 대가(大家)들은 농사를 짓지 않고, 앉아서 먹는 자[坐食者]가 1만여 명이나 된다. 하호가 멀리서 쌀, 곡물, 물고기, 소금을 져서 날라 공급한다.
> • 큰 창고가 없고 집집마다 작은 창고가 있어 부경(桴京) 이라고 부른다.
> － 삼국지 －

① 전쟁에 나갈 때 우제점(牛蹄占)을 쳐서 승패를 예측했다.
② 거처의 좌우에 큰 집을 지어 귀신을 제사하고, 영성과 사직에도 제사했다.
③ 금, 은의 폐물로써 후하게 장례를 치렀으며 돌무지무덤(적석총)을 만들었다.
④ 신랑은 처가 쪽에 머물며 자식이 장성한 다음에야 부인을 데리고 본가로 돌아왔다.

SOLUTION

자료분석 옷은 흰 색을 숭상한다는 내용으로 보아 (가)는 부여이고, (나)는 부여의 별종이라는 내용을 통해 고구려임을 알 수 있다.

정답해설 ③ 부여에는 남의 물건을 훔치면 12배로 배상하는 1책 12법이 존재했다. 1책 12법은 고구려에도 있었다.

오답피하기 ① 민며느리제는 여자가 어렸을 때 남자 집에 가서 성장한 후에 남자가 예물을 치르고 혼인하는 풍습으로, 옥저에서 볼 수 있었다. 부여는 형이 죽으면 아우가 형수와 결혼하는 형사취수혼이 나타났다.
② 천군과 소도는 삼한에서 나타나는 모습이다. 삼한에는 정치적 지배자 외에 제사장인 천군이 있었다. 또한 신성 지역으로 소도가 있었는데, 이곳에서 천군은 농경과 종교에 대한 의례를 주관하였다. 천군이 주관하는 소도는 군장의 세력이 미치지 못하는 곳으로, 죄인이 도망을 하여 이곳에 숨으면 잡아가지 못하였다. 이러한 제사장의 존재에서 고대 신앙의 변화와 제정의 분리를 엿볼 수 있다.
④ 단궁, 과하마, 반어피 등은 동예의 특산물이다.

정답 ③ 한정판 009p, 기본서 047p

SOLUTION

자료분석 좌식자가 1만여 명이나 된다는 내용과 집집마다 부경이라는 창고를 두었다는 내용을 통해 고구려에 대한 사료임을 알 수 있다.

정답해설 ① 전쟁을 나갈 때 우제점을 쳐서 승패를 예측한 나라는 부여지만 『위략』을 인용한 『한원』, 『태평어람』 등에 '고구려에서도 부여와 같은 점복의 풍습이 있었다.'는 내용이 등장한다.
② 『삼국지』 위지 동이전에는 고구려의 풍속에 대해 다음과 같은 내용이 등장한다. '그들의 습속에 음식은 아껴먹고 궁실(宮室)은 잘 지어 치장한다. 거처하는 좌우에 큰 집을 짓고 귀신에게 제사지낸다. 또 영성(靈星)과 사직(社稷)에도 제사를 지낸다. 그 나라 사람들은 성질이 흉악하고 급하며, 노략질하기를 좋아한다.'
③ 고구려에서는 혼인 때부터 수의를 마련하고, 장례 때에는 금은, 돈, 폐백 같은 것을 후하게 썼다(후장의 풍습). 고구려 지배층은 돌무지무덤을 조성하고 그 앞에 소나무와 잣나무를 심기도 하였다.
④ 고구려는 결혼을 하면 신랑이 처가에 머물며 자식이 장성한 다음 본가로 돌아오는 서옥제가 행해졌다.

정답 정답 없음. 한정판 009p, 기본서 047p

05 [2012. 국가직 9급]

다음과 같은 혼인 풍습이 있었던 나라의 사회상으로 옳지 않은 것은?

> 혼인하는 풍속을 보면, 구두로 약속이 정해지면 신부집에서 본채 뒤에 작은 별채를 짓는데, 이를 서옥(壻屋)이라 한다. 해가 저물 무렵, 신랑이 신부집 문 밖에 와서 이름을 밝히고 꿇어앉아 절하며 안에 들어가 신부와 잘 수 있도록 요청한다. 이렇게 두세 번 청하면 신부의 부모가 별채에 들어가 자도록 허락한다. …… 자식을 낳아 장성하면 신부를 데리고 자기 집으로 간다.

① 건국 시조인 주몽과 그 어머니 유화부인을 조상신으로 섬겨 제사를 지냈다.
② 남의 부족의 영역을 침범하면 소나 말 등으로 변상하는 책화라는 풍습이 있었다.
③ 왕 아래에 상가, 고추가 등의 대가들이 있었으며, 각기 사자, 조의, 선인 등 관리를 거느렸다.
④ 10월에 동맹이라는 제천 행사를 치르고, 아울러 왕과 신하들이 국동대혈에 모여 함께 제사를 지냈다.

SOLUTION

자료분석 자료는 고구려의 혼인 풍습인 서옥제에 대한 설명이다. 서옥제는 남자가 자식을 낳고 자식이 장성할 때까지 처가에 살면서 노동력을 제공하는 풍속이다.

정답해설 ① 고구려는 건국 시조인 주몽과 그 어머니 유화부인을 조상신으로 섬겼으며, 매년 10월에 동맹이라는 제천 행사를 열었다.
③ 고구려는 부여와 마찬가지로 5부족 연맹체였다. 왕 아래에는 상가, 고추가 등의 대가들이 있었고, 이들은 각각 사자, 조의, 선인 등의 관리를 거느렸다.
④ 고구려는 10월에 동맹이라는 제천 행사를 지냈다. 부여는 12월(영고), 동예는 10월(무천), 삼한은 5월과 10월에 제천 행사를 지냈다.

오답피하기 ② 동예는 산천을 중시하여 산과 내마다 구분이 있어 함부로 들어가지 않았다. 만약 다른 부족의 영역을 침범하면 노비나 소, 말로 배상해야 하는 책화라는 풍습이 있었다.

정답 ② 한정판 009p, 기본서 047p

핵심개념 고구려

위치	• 졸본 산간지역(압록강 지류 동가강) • 졸본성 → 국내성 천도(1c 유리왕)
정치	• 5부족 연맹체, 부여의 별종 • 1세기 초에 이미 왕호 사용 • 왕 아래 상가, 고추가 등 대가 존재 • 제가회의 : 가(加, 부족장)들의 회의
경제	• 약탈 경제 → 부경(약탈물 보관 창고) • 특산물 : 맥궁
사회·문화	• 서옥제(노동력 중시, 모계사회 유습) • 1책 12법, 형사취수제 • 점복 : 부여의 우제점복과 비슷 • 혼인 때부터 수의 마련, 장례 때에 금·은, 돈, 폐백을 후하게 사용(후장) • 돌무지무덤 조성 : 무덤 앞에 소나무와 잣나무를 심기도 함
제천행사	동맹(10월)

주제 010

02 | 국가의 형성

옥저 · 동예

Check | 대표 기출 1

01 0041 [2022. 국가직 9급] 회독 ○○○

다음 풍습이 있었던 나라에 대한 설명으로 옳은 것은?

> • 가족이 죽으면 시체를 가매장하였다가 나중에 그 뼈를 추려서 가족 공동 무덤인 커다란 목곽에 안치하였다.
> • 목곽 입구에는 죽은 자가 먹을 양식으로 쌀을 담은 항아리를 매달아 놓기도 하였다.
>
> - 『삼국지』 위서 동이전 -

① 민며느리제라는 혼인 풍습이 있었다.
② 제가가 별도로 사출도를 다스렸다.
③ 소도라는 신성 구역이 존재하였다.
④ 무천이라는 제천행사를 열었다.

Check | 대표 기출 2

02 0042 [2019. 국가직 7급] 회독 ○○○

㉠ 나라에 대한 설명으로 옳은 것은?

> ㉠ 에는 대군장이 없고, 후(侯)·읍군·삼로 등이 있어서 하호를 통치하였다. ㉠ 의 풍습은 산천을 중요시하여 산과 하천마다 구분이 있어 함부로 들어가지 못하였다.

① 중대한 범죄자는 제가(諸加) 회의를 통해 처벌하였다.
② 단궁, 과하마, 반어피가 많이 생산되었다.
③ 민며느리제라는 혼인 풍속이 있었다.
④ 영고라는 제천 행사가 있었다.

SOLUTION 난이도 하

출제자의 눈 옥저는 민며느리제와 가족 공동 무덤의 풍습, 동예는 책화, 특산물(단궁, 과하마, 반어피), 제천 행사 무천이 빈출 주제이다. 군장의 명칭(읍군, 삼로)이 키워드로 출제되기 때문에 삼한의 군장 명칭(신지, 읍차)과 구분해서 학습해야 한다.

자료분석 자료는 옥저의 사회 풍습(가족공동무덤)을 나타낸 것이다. 옥저에서는 가족이 죽으면 시체를 가매장하였다가 나중에 그 뼈를 추려서 가족 공동 무덤인 커다란 목곽에 안치하였다(골장제, 세골장, 두벌 묻기). 목곽 입구에는 죽은 자의 양식으로 쌀을 담은 항아리를 매달아 놓기도 하였다.

정답해설 ① 민며느리제는 옥저의 사회 풍습으로, 여자가 어렸을 때 남자 집에 가서 성장한 후에 남자가 예물을 치르고 혼인하는 풍습이다.

오답피하기 ② 부여에서는 왕이 중앙을 다스리고, 마가, 우가, 저가, 구가라는 4부족장이 지방을 다스렸다. 가(加)는 지방 행정 구역인 사출도를 다스리고 있었는데, 사출도는 왕이 다스리는 중앙과 함께 5부를 이루었다.
③ 삼한은 군장의 세력이 미치지 못하는 소도라는 별읍이 존재했다. 이를 통해 삼한이 제정분리 사회였음을 알 수 있다.
④ 동예는 10월에 무천이라는 제천행사를 지냈다.

정답 ① 한정판 009p, 기본서 049p

SOLUTION 난이도 하

자료분석 ㉠에 해당하는 나라는 동예이다. '읍군, 삼로 등이 하호를 통치했다'는 것과 '산과 하천마다 구분이 있어 함부로 들어가지 못하였다(책화)'라는 내용을 통해 이를 알 수 있다.

정답해설 ② 동예는 명주와 삼베를 짜는 방직 기술이 발달했으며, 특산물로는 단궁이라는 활과 키가 작은 말인 과하마, 바다표범 가죽인 반어피 등이 유명했다.

오답피하기 ① 제가 회의는 고구려의 귀족 회의이다. 고구려에서는 중대한 범죄자가 있으면 제가 회의를 통하여 사형에 처하고, 그 가족을 노비로 삼았다.
③ 민며느리제는 옥저의 혼인 풍습이다. 이 제도는 어린 딸을 남자 집으로 보내 그 집안의 일을 거들게 하고, 딸이 시집갈 때 친정에서 대가를 받고 혼인을 시키는 풍습이다. 동예는 족외혼을 엄격하게 지켰다.
④ 영고는 12월에 치러진 부여의 제천 행사 명칭이다. 동예는 10월에 무천이라는 제천행사를 지냈다.

정답 ② 한정판 009p, 기본서 050p

03 0043 [2021. 법원직 9급]

밑줄 친 '나라'에 대한 설명으로 가장 옳은 것은?

> 이 나라는 남쪽으로는 진한과 북쪽으로는 고구려·옥저와 맞닿아 있고, 동쪽으로는 큰 바다에 닿았으니 오늘날 조선 동쪽이 모두 그 지역이다. 호수는 2만이다. …… 대군장이 없고 한 시대 이래로 후·읍군·삼로라는 관직이 있어 하호를 다스렸다.
> – 『삼국지』 위서 동이전 –

① 1세기 초 왕호를 사용하였다.
② 민며느리제라는 혼인 풍습이 있었다.
③ 목지국의 지배자가 왕으로 추대되었다.
④ 해마다 무천이라는 제천 행사를 열었다.

04 0044 [2021. 경찰간부후보]

다음 (가), (나) 국가에 대한 설명으로 옳은 것은?

> (가) 토지는 비옥하며 산을 등지고 바다를 향해 있어 오곡이 잘 자라고 농사짓기에 적합하다. 혼인하는 풍속에 여자의 나이가 10세가 되기 전에 혼인 약속을 하고 신랑집에서는 맞이하여 장성하도록 길러 아내로 삼는다.
> (나) 대군장이 없고 후·읍군·삼로의 관직이 있어서 하호를 통치하였다. 산천을 중요시하여 산과 내마다 각기 구분이 있어 함부로 들어가지 않는다. 동성끼리는 결혼하지 않는다.
> – 삼국지 위서 동이전 –

① (가) – 신지, 읍차 등의 지배자가 있었다.
② (나) – 제사장인 천군과 신성 지역인 소도가 있었다.
③ (가) – 단궁, 과하마, 반어피 등의 특산물이 생산되었다.
④ (나) – 사람이 죽으면 옛집을 버리고 다시 새 집을 지어 산다.

SOLUTION

자료분석 자료의 밑줄 친 '나라'는 동예이다. '북쪽으로 고구려·옥저와 맞닿아 있었다'는 것과 '대군왕이 없고 후·읍군·삼로 등이 하호를 다스렸다.'는 내용을 통해 이를 알 수 있다.

정답해설 ④ 동예는 해마다 10월에 무천이라는 제천 행사를 지냈다.

오답피하기 ① 1세기 초 왕호를 사용한 나라는 부여와 고구려이다. 동예는 왕이 없는 군장 국가 단계에서 멸망하였다.
② 민며느리제는 옥저의 혼인 풍속으로, 여자가 어렸을 때 남자 집에 가서 성장한 후에 남자가 예물을 치르고 혼인하는 제도이다. 동예는 다른 씨족에서 결혼 상대를 구하는 족외혼을 엄격하게 지켰다.
③ 목지국의 지배자가 왕으로 추대된 나라는 삼한이다. 삼한 중 마한의 세력이 가장 컸으며, 마한을 이루고 있는 소국의 하나인 목지국의 지배자가 마한왕 또는 진왕으로 추대되어 삼한 전체의 주도 세력이 되었다.

핵심개념 여러 나라의 위치

정답 ④ 한정판 009p, 기본서 050p

SOLUTION

자료분석 (가)는 옥저의 민며느리제, (나)는 동예의 책화와 족외혼 풍습에 대한 내용이다.

정답해설 ④ 동예 사람들은 꺼리는 것이 많아서 큰 병을 앓거나 사람이 죽으면 옛집을 버리고 새로 집을 지어 살았다.

오답피하기 ① 신지, 읍차는 삼한의 군장 명칭이다.
② 삼한에는 정치적 지배자 외에 제사장인 천군이 있었다. 또한 신성 지역으로 소도가 있었는데, 이곳에서 천군은 농경과 종교에 대한 의례를 주관하였다.
③ 단궁, 과하마, 반어피 등의 특산물이 풍부했던 나라는 동예이다.

핵심개념 옥저와 동예

구분	옥저	동예
위치	함경도 동해안 (고구려 개마대산 동쪽)	강원도 북부 동해안
정치	· 후, 읍군, 삼로라는 군장이 부족 통치 · 연맹 왕국으로 성장하지 못함	
경제	· 어물과 소금, 해산물 풍부 · 토지가 비옥하고 농사가 잘됨 · 고구려에 공납을 바침	· 토지 비옥, 해산물 풍부 · 명주와 삼베를 짜는 등 방직 기술 발달 · 특산물 : 단궁, 과하마, 반어피
풍속	· 민며느리제 · 가족 공동묘제	· 족외혼, 책화 · 제천 행사: 무천(10월)

정답 ④ 한정판 009p, 기본서 049p

05 0045 [2020. 지방직 9급]

밑줄 친 '이 나라'에서 볼 수 있는 모습으로 적절한 것은?

> 이 나라는 대군왕이 없으며, 읍락에는 각각 대를 잇는 장수(長帥)가 있다. …… 이 나라의 토질은 비옥하며, 산을 등지고 바다를 향해 있어 오곡이 잘 자라며 농사짓기에 적합하다. 사람들의 성질은 질박하고, 정직하며 굳세고 용감하다. 소나 말이 적고, 창을 잘 다루며 보전(步戰)을 잘한다. 음식, 주거, 의복, 예절은 고구려와 흡사하다. 그들은 장사를 지낼 적에는 큰 나무 곽(槨)을 만드는데 길이가 십여 장(丈)이나 되며 한쪽 머리를 열어 놓아 문을 만든다.
> - 『삼국지』 위서 동이전 -

① 민며느리를 받아들이는 읍군
② 위만에게 한나라의 침입을 알리는 장군
③ 5월에 씨를 뿌리고 하늘에 제사를 지내는 천군
④ 국가의 중요한 일을 논의하고 있는 마가와 우가

06 0046 [2017. 국가직 9급]

다음 자료에 나타난 나라에 대한 설명으로 옳은 것은?

> 해마다 10월이면 하늘에 제사를 지내는데, 밤낮으로 술을 마시고 노래 부르며 춤을 추니 이를 무천이라 한다. 또 호랑이를 신(神)으로 여겨 제사지낸다. 읍락을 함부로 침범하면 노비와 소, 말로 변상하는데, 이를 책화라 한다.

① 후·읍군·삼로 등이 하호를 통치하였다.
② 국읍마다 천신에 대한 제사를 주관하는 천군이 있었다.
③ 사람이 죽으면 가매장한 다음 뼈만 추려 목곽에 안치하였다.
④ 아이가 출생하면 돌로 머리를 눌러 납작하게 하는 풍습이 있었다.

SOLUTION (05)

자료분석 자료의 밑줄 친 '이 나라'는 옥저이다. 대군왕이 없다는 것과 장사를 지낼 적에는 큰 나무 곽(槨)을 만든다는 내용 등을 통해 이를 알 수 있다.

정답해설 ① 민며느리제는 옥저의 혼인 풍습으로, 여자가 어렸을 때 남자 집에 가서 성장한 후에 남자가 예물을 치르고 혼인하는 풍습이다.

오답피하기 ② 위만은 고조선(위만 조선)의 인물이다.
③ 삼한에서는 해마다 씨를 뿌리고 난 뒤인 5월(수릿날)과 가을 곡식을 거두어들이는 10월에 계절제를 열어 하늘에 제사를 지냈다.
④ 왕 아래에 가축의 이름을 딴 마가, 우가, 저가, 구가의 군장이 존재했던 나라는 부여이다. 가(加)는 지방 행정 구역인 사출도를 다스리고 있었는데, 사출도는 왕이 다스리는 중앙과 함께 5부를 이루었다.

정답 ① 한정판 009p, 기본서 049p

SOLUTION (06)

자료분석 10월에 무천(제천 행사)을 지내고, 책화의 풍습이 존재했던 나라는 동예이다. 동예에서는 각 부족의 영역을 함부로 침범하지 못하게 하였으며, 만약 다른 부족의 생활권을 침범하였을 경우에는 책화라 하여 노비와 소, 말로 변상하게 하였다.

정답해설 ① 동예는 옥저와 같이 왕이 없었으며, 후, 읍군, 삼로 등의 관직이 있어서 하호를 통치하였다.

오답피하기 ② 삼한에서는 정치적 지배자인 군장 외에 소도에서 농경과 종교에 대한 의례를 주관하는 천군이 존재했다.
③ 사람이 죽으면 가매장한 다음 뼈만 추려 목곽에 안치한 것은 옥저의 가족 공동 무덤 풍습이다.
④ 삼한(진한과 변한)에서는 아이가 출생하면 돌로 머리를 눌러 납작하게 하는 편두와 문신 문화가 존재했다.

심화개념 삼한의 편두와 문신 문화

> 어린아이가 출생하면 곧 돌로 그 머리를 눌러서 납작하게 만들려 하기 때문에 지금 진한(辰韓) 사람의 머리는 모두 납작하다. 왜(倭)와 가까운 지역이므로 남녀가 문신을 하기도 한다.
> - 『삼국지』 「위서」 동이전 -

정답 ① 한정판 009p, 기본서 050p

주제 011

02 | 국가의 형성
삼한(마한·변한·진한)

Check 대표 기출 1

01 0047 [2017. 국가직 9급 추가채용] 회독 ○○○

밑줄 친 '이 나라'에 대한 설명으로 옳은 것은?

> 이 나라는 서쪽에 자리 잡고 있다. 그 민인은 토착하여 곡식을 심고 누에치기와 뽕나무를 가꿀 줄 알며 면포를 만든다. 각기 장수(長帥)가 있어 큰 세력을 지닌 이는 스스로 신지(臣智)라 하고 그 다음은 읍차(邑借)라 한다. - 삼국지 -

① 남의 물건을 훔친 자는 12배의 배상을 하게 하였다.
② 집집마다 부경이라는 창고를 두었다.
③ 특산물인 단궁, 과하마, 반어피 등을 수출하였다.
④ 파종한 5월과 추수한 10월에는 제의를 행하였다.

Check 대표 기출 2

02 0048 [2019. 소방간부] 회독 ○○○

다음 사료가 설명하는 나라에 대한 설명으로 옳은 것은?

> 귀신을 믿기 때문에 국읍(國邑)에 각각 한 사람 씩을 세워서 천신에 대한 제사를 주관하게 하였는데, 이를 천군이라고 부른다. 또 여러 나라에는 각기 별읍(別邑)이 있으니 그것을 소도라고 한다. 큰 나무를 세우고 방울과 북을 매달아 놓고 귀신을 섬긴다. 도망하여 그 안에 들어온 사람은 누구든 돌려보내지 아니하였다. - 「삼국지」, 위서 동이전 -

① 혼인 풍속으로 민며느리제가 있었다.
② 해마다 10월에는 무천이라는 제천 행사를 열었다.
③ 세력의 크기에 따라 신지·읍차 등 정치적 지배자가 있었다.
④ 중대한 범죄자가 있으면 제가들이 회의를 열어 사형에 처했다.
⑤ 왕 아래 가축의 이름을 딴 마가·우가·저가·구가 등의 관리가 있었다.

SOLUTION 난이도 상 중 하

출제자의 눈 삼한은 다른 초기 국가들에 비해 출제 주제가 단순하며 5월제와 10월제, 제정분리 사회의 특징, 변한의 철 생산이 빈출 주제이다. 특히 제정분리 사회의 특징을 보여주는 천군, 소도 관련 내용의 출제 비중이 높다.

자료분석 자료의 '신지', '읍차' 등의 내용을 통해 삼한과 관련된 사료임을 알 수 있다. 삼한의 지배자 중 세력이 큰 자는 신지·견지 등으로, 작은 자는 부례·읍차 등으로 불렸다.

정답해설 ④ 삼한에서는 해마다 씨를 뿌리고 난 뒤인 5월의 수릿날과 곡식을 거두어들이는 10월에 계절제를 열어 하늘에 제사를 지냈다. 이러한 제천 행사 때에는 온 나라 사람이 모여서 날마다 술과 음식을 마련하여 노래를 부르고 춤을 추며 즐겼다.

오답피하기 ① 남의 물건을 훔치면 12배로 배상하는 1책 12법은 부여와 고구려에 있었던 법률이다.
② 고구려는 농토가 부족했기 때문에 정복 활동을 통해 지배층은 집집마다 부경이라는 창고를 가지고 피정복민에게서 획득한 곡식을 저장했다.
③ 동예의 특산물로는 단궁이라는 활과 키가 작은 말인 과하마, 바다표범 가죽인 반어피 등이 유명했다.

정답 ④ 한정판 009p, 기본서 051p

SOLUTION 난이도 상 중 하

자료분석 자료는 삼한과 관련된 사료 내용이다. 삼한에서는 제사장인 천군이 소도에서 농경과 종교에 대한 의례를 주관하였다.

정답해설 ③ 삼한의 소국은 신지·견지(대군장), 읍차·부례(소군장) 등의 군장들이 다스렸다.

오답피하기 ① 민며느리제는 옥저의 혼인 풍속으로 딸을 남자 집으로 보내 그 집안의 일을 거들게 하고, 딸이 시집갈 때 친정에서 대가를 받고 혼인시키는 풍습이다.
② 무천은 동예의 제천 행사이다. 삼한은 5월(수릿날)과 10월(계절제)에 제천 행사를 지냈다.
④ 제가 회의를 통해 중범죄자를 처벌한 나라는 고구려이다.
⑤ 부여는 왕이 중앙을 다스리고, 마가, 우가, 저가, 구가라는 4부족장이 지방을 다스렸다.

정답 ③ 한정판 009p, 기본서 051p

03 0049 [2024. 법원직]

(가) 국가에 대한 설명으로 가장 옳은 것은?

> [(가)]에는 각각 우두머리가 있어서 세력이 강대한 사람은 스스로 신지라 하고, 그 다음은 읍차라 하였다. … 귀신을 믿기 때문에 국읍에 각각 한 사람씩 세워 천신의 제사를 주관하게 하는데, 이를 천군이라 부른다.
> — 『삼국지』「위서 동이전」 —

① 무천이라는 제천행사가 있었다.
② 화백회의에서 중요한 일을 결정하였다.
③ 여러 개의 소국으로 구성된 연맹체였다.
④ 사출도라 불리는 독자적인 영역이 있었다.

SOLUTION

자료분석 자료의 (가)에 해당하는 나라는 삼한이다. 삼한의 지배자 중에서 세력이 큰 것은 신지·견지, 작은 것은 읍차·부례 등으로 불렸는데 정치적 지배자 외에 제사장인 천군이 있었다. 천군은 신성 지역인 소도에서 농경과 종교에 대한 의례를 주관하였다.

정답해설 ③ 한반도 남부에는 마한, 진한, 변한의 연맹체들이 있었다. 마한은 54개 소국, 진한과 변한은 각각 12개 소국으로 이루어졌다. 삼한 중 마한의 세력이 가장 컸으며, 마한을 이루고 있는 소국의 하나인 목지국의 지배자가 마한왕 또는 진왕으로 추대되어 삼한 전체의 주도 세력이 되었다.

오답피하기 ① 동예에서 해마다 10월에 무천이라는 제천 행사를 지냈다. 삼한에서는 해마다 씨를 뿌리고 난 뒤인 5월(수릿날)과 가을 곡식을 거두어들이는 10월에 계절제를 열어 하늘에 제사를 지냈다.
② 화백 회의는 신라의 귀족 회의이다. 씨족 사회의 촌락 회의에서 유래한 화백 회의는 국가 중대사를 귀족들의 만장일치로 결정하였다.
④ 부여에는 왕 아래에 가축의 이름을 딴 마가, 우가, 저가, 구가가 있었으며, 이들 가(加)는 저마다 따로 행정 구획인 사출도를 다스렸다.

추가 기출 사료

삼한의 제천 행사

> 해마다 5월이면 씨뿌리기를 마치고 귀신에게 제사를 지낸다. 떼를 지어 모여서 노래와 춤을 즐긴다. 술 마시고 노는데 밤낮을 가리지 않는다. …… 10월에 농사일을 마치고 나서도 이렇게 한다.
> — 『삼국지』,「위서」, 동이전 —

핵심개념 삼한

위치	• 마한 : 경기·충청·전라도 지역(천안·익산·나주 중심) • 변한 : 김해·마산 지역 • 진한 : 대구·경주 지역
구성	마한(54국), 변한(12국), 진한(12국)
정치	• 마한의 목지국 지배자(마한왕, 진왕)가 전체 주도 • 신지·견지(대족장), 읍차·부례(소족장)
경제	• 농경 발달(저수지 축조 : 김제 벽골제, 밀양 수산제, 제천 의림지, 상주 공검지, 의성 대제지) • 변한의 철 생산 → 낙랑·왜 수출
사회 풍습	• 제사장 천군이 소도에서 제사 주관(제정 분리) • 두레(공동 노동 조직), 문신과 편두
제천 행사	수릿날(5월), 계절제(10월)

정답 ③ 한정판 009p, 기본서 051p

2026 문동균 한국사 기출은 문동균

PART 2

고대 사회의 발전

CHAPTER 01	고대의 정치
CHAPTER 02	고대의 사회
CHAPTER 03	고대의 경제
CHAPTER 04	고대의 문화

주제 012

01 | 고대의 정치

고대 국가의 성립과 기틀

Check 대표 기출 1

01 0050 [2021. 국가직 9급] 회독 ○○○

다음 시가를 지은 왕의 재위 기간에 있었던 사실은?

> 펄펄 나는 저 꾀꼬리 / 암수 서로 정답구나
> 외로울사 이 내 몸은 / 뉘와 더불어 돌아가랴

① 진대법을 시행하였다.
② 낙랑군을 축출하였다.
③ 졸본에서 국내성으로 천도하였다.
④ 율령을 반포하여 중앙 집권 체제를 강화하였다.

Check 대표 기출 2

02 0051 [2013. 서울시 7급] 회독 ○○○

고대 국가의 성립 과정에 대한 설명으로 옳지 않은 것은?

① 부자 상속의 왕위 계승 확립은 백제보다 고구려가 빨랐다.
② 통치체제의 효율적인 유지를 위해 삼국은 모두 율령을 반포하였다.
③ 고구려가 한사군을 축출할 무렵 신라는 우산국을 정벌하였다.
④ 고조선과 부여, 가야는 연맹체 국가 단계에서 멸망하였다.
⑤ 백제의 고이왕은 목지국을 병합하여 마한의 중심 세력이 되었다.

SOLUTION 난이도 상 중 하

자료분석 자료는 고구려 유리왕이 지은 황조가이다.

정답해설 ③ 고구려는 유리왕 때 졸본성에서 국내성으로 도읍을 옮겼다(A. D. 3).

오답피하기 ① 2세기 후반 고국천왕은 을파소를 국상으로 임명하여 농민 생활의 안정을 위해 춘대추납 제도인 진대법을 실시하였다.
② 고구려 미천왕은 313년 낙랑군을 축출하였다.
④ 고구려 소수림왕은 373년 율령을 반포하고 통치 제도를 정비하였다.

심화개념 유리왕 설화

> 유리가 집에 와 어머니에게 묻기를 "내 아버지는 누구입니까."라고 하자 어머니가 유리가 어리다고 여겨 "네게는 딱히 아버지가 없다."고 하니 유리가 말했다. "사람에게 아버지가 없다면 무슨 면목으로 남을 대합니까." 하며 스스로 목을 찌르려고 하였다. 어머니가 크게 놀라 "아까 한 말은 놀리느라 한 말이었다. 네 아버지는 하느님의 손자이고 하백의 외손이시다. …… 네 아버지가 떠나시며 이렇게 말씀하셨다. '내가 일곱 고개, 일곱 골짜기, 일곱 돌 위에 물건을 감추어 두었다. 이것을 찾아낼 수 있어야 내 아들이다.'라고." 유리가 …… (거기에서) 부러진 칼 한 도막을 얻어 크게 기뻐하였다. 고구려로 달아나 칼 한 도막을 받들어 왕에게 올리니 왕이 가지고 있던 부러진 칼 한 도막을 꺼내 서로 맞추어 보았다. 피가 나면서 이어져 온전한 칼 한 자루가 되니 왕이 유리에게 말하였다. "네가 참으로 나의 아들이라면 무슨 신성을 지닌 바가 있느냐?" 유리가 말이 끝나자마자 몸을 날려 솟아올라 창을 타고 햇빛을 가려 신통한 이적을 보이니 왕이 크게 기뻐하며 태자로 삼았다.
> — 동명왕편 —

정답 ③ 한정판 012p, 기본서 060p

SOLUTION 난이도 상 중 하

출제자의 눈 특정 국왕이 단독 문제로 출제될 경우 주로 내물마립간이 출제되는데 2021년 황조가와 연계한 고난도 문제가 출제되었다. 문학 작품과 연계한 고난도 문제가 출제될 때가 있는데 20년 경찰 1차 시험에서는 조선 시대 윤선도의 오우가를 제시하고 그가 속한 붕당(남인)에 대한 문제, 20년 국회직에서는 정철의 관동별곡을 제시하고 서인에 대해 묻는 문제가 출제되었으며, 17년 국가직 7급에서는 안민가를 제시하고 경덕왕 대의 사실을 묻는 문제도 출제되었다.

정답해설 ① 고구려는 2세기 고국천왕 때, 백제는 4세기 근초고왕 때 왕위의 부자 상속제가 확립되었다.
② 고구려는 소수림왕, 백제는 고이왕, 신라는 법흥왕 때 율령을 반포하였다.
④ 고조선과 부여, 가야는 연맹체 국가 단계에서 멸망했으며, 고구려, 백제, 신라만이 중앙 집권 국가 단계로 발전했다.
⑤ 3세기 고이왕은 목지국을 병합하여 한강 유역을 완전히 장악하였다.

오답피하기 ③ 고구려는 4세기 초반 미천왕 때 낙랑군(313)과 대방군(314)을 축출하여 압록강 중류 지역을 벗어나 대동강 유역을 확보함으로써 남쪽으로 진출할 수 있는 발판을 마련하였다. 신라의 지증왕이 이사부로 하여금 우산국을 정벌하게 한 것은 6세기 초의 일이다.

정답 ③ 한정판 010p, 기본서 058p

03 0052 [2021. 소방간부후보]

밑줄 친 '노객'에 대한 설명으로 옳은 것은?

> 영락 9년 기해에 백잔이 맹세를 저버리고 왜와 화통하였다. 왕은 평양으로 행차하여 내려갔다. 그러자 신라왕이 사신을 보내어 왕에게 고하기를, "왜인이 나라 경내에 가득 차 성지를 부수고 노객으로 하여금 왜의 민(民)으로 삼으려 하니, 이에 왕께 귀의하여 구원을 요청합니다."라고 하였다.

① 병부를 설치하였다.
② 황룡사를 창건하였다.
③ 나제 동맹을 체결하였다.
④ 국호를 신라로 변경하였다.
⑤ 마립간이라는 칭호를 처음 사용하였다.

SOLUTION

자료분석 자료는 광개토 대왕릉비의 비문 내용으로, 밑줄 친 '노객'은 신라 내물 마립간이다. 이는 신라가 광개토 대왕의 도움을 받아 왜군을 물리친 것(400년의 사건)과 관련된 사료이다. 고구려 광개토 대왕은 신라 내물 마립간의 구원 요청을 받아 백제, 가야, 왜의 연합 세력을 낙동강 중·하류 지역까지 추격하여 섬멸하였다.

정답해설 ⑤ 내물 마립간은 대군장을 의미하는 마립간을 왕호로 사용하였다.

오답피하기 ① 법흥왕은 병부를 설치하여 직접 병권을 장악하였고, 건원이라는 독자적인 연호를 사용하였다.
② 황룡사는 진흥왕 대에 창건되었다(황룡사 9층 목탑은 선덕여왕 대에 건립).
③ 나제 동맹은 고구려의 남진 정책에 대항하기 위해 백제 비유왕과 신라 눌지마립간 사이에 체결되었다(433).
④ 지증왕은 503년 국호를 사로국에서 신라로 바꾸었다.

핵심개념 내물마립간(356~402)

- 진한 지역 거의 차지
- 김씨 왕위 세습(형제 상속)
- 왕호를 마립간으로 개칭
- 전진과 수교
- 왜구 격퇴(400) : 광개토대왕의 지원 → 근거 : 광개토대왕릉비, 호우명 그릇 (415, 장수왕 3년)

정답 ⑤ 한정판 014p, 기본서 062p

주제 013

01 | 고대의 정치

가야 연맹

Check 대표 기출 1

01 0053 [2021. 지방직 9급] 회독 ○○○

(가) 나라에 대한 설명으로 옳은 것은?

> 북쪽 구지에서 이상한 소리로 부르는 것이 있었다. … (중략) … 구간(九干)들은 이 말을 따라 모두 기뻐하면서 노래하고 춤을 추었다. 자줏빛 줄이 하늘에서 드리워져서 땅에 닿았다. 그 줄이 내려온 곳을 따라가 붉은 보자기에 싸인 금으로 만든 상자를 발견하고 열어보니, 해처럼 둥근 황금알 여섯 개가 있었다. 알 여섯이 모두 변하여 어린아이가 되었다. … (중략) … 가장 큰 알에서 태어난 수로(首露)가 왕위에 올라 (가) 를/을 세웠다.
> - 『삼국유사』 -

① 해상 교역을 통해 우수한 철을 수출하였다.
② 박, 석, 김씨가 교대로 왕위를 계승하였다.
③ 경당을 설치하여 학문과 무예를 가르쳤다.
④ 정사암 회의를 통해 재상을 선발하였다.

Check 대표 기출 2

02 0054 [2020. 지방직 9급] 회독 ○○○

밑줄 친 '이 나라'에 대한 설명으로 옳은 것은?

> 이 나라는 삼한의 종족이며, 지금의 고령에 있었다. 건원 원년(479)에 그 국왕 하지(荷知)는 사신을 보내 남제에 공물을 바쳤다. 남제에서는 국왕 하지에게 "보국장군 본국왕"을 제수하였다.

① 관산성 전투에서 국왕이 전사하였다.
② 울릉도를 정복해서 영토로 편입하였다.
③ 호남 동부 지역까지 세력을 확장하였다.
④ 신라를 도와 낙동강 유역에 진출한 왜를 격파하였다.

SOLUTION 난이도 상 중 하

자료분석 자료의 밑줄 친 '이 나라'는 대가야이다. 지금의 고령에 있었다는 내용과 남제(남조의 제나라)에 공물을 바쳤다는 내용을 통해 이를 알 수 있다.

정답해설 ③ 대가야를 중심으로 한 후기 가야 연맹은 소백산맥 너머 호남 동부 지역까지 영역을 확장하였으며, 중국 남조의 제(남제)에 조공하기도 하고 신라를 공격한 고구려 군대를 백제와 함께 물리치기도 하였다.

오답피하기 ① 백제의 성왕이 신라를 공격하다가 관산성 전투에서 전사하였다 (554).
② 신라는 지증왕 대인 512년 이사부가 우산국(울릉도)을 정복하였다.
④ 고구려 광개토 대왕이 원군을 파견해 신라에 침입한 왜군을 물리쳐 주었다 (400년의 사건).

핵심개념 가야 연맹의 위치

SOLUTION 난이도 상 중 하

출제자의 눈 최근 시험에서는 가야 고분군의 세계문화유산 등재와 맞물려 가야의 출제 비중이 높아지고 있다. 특히 대가야 중심의 후기 가야 연맹 관련 문제는 심화 내용까지 출제되고 있어 전기 가야 연맹과 비교해서 특징을 정확하게 숙지해야 한다.

자료분석 자료의 (가)에 해당하는 나라는 금관가야이다. 사료는 『삼국유사』에 실려 있는 「가락국기」의 내용으로 금관가야를 건국한 김수로왕 이야기(금관가야의 건국 이야기)에 대한 내용이다.

정답해설 ① 금관가야는 낙동강 하류에 있어 해상 활동에 유리하였을 뿐만 아니라 질이 좋은 철도 생산하였다. 철은 무기나 농기구를 만드는 데 사용되었고, 덩이쇠는 화폐처럼 사용되기도 하였다. 금관가야는 풍부하게 생산된 철을 낙랑군과 왜에 수출하였다.

오답피하기 ② 박, 석, 김 3성이 교대로 왕위를 계승한 것은 신라의 초기 모습이다. 신라는 진한 소국의 하나인 사로국에서 출발하였는데, 경주 지역의 토착민 집단과 유이민 집단이 결합하여 건국되었다(기원전 57). 이후 동해안으로 들어온 석탈해 집단이 등장하면서 박, 석, 김의 3성이 교대로 왕위를 차지하였다.
③ 경당은 고구려의 사립 교육 기관으로, 평양 천도 이후 지방에 설립되었다.
④ 정사암 회의는 재상의 선출 등 국가의 주요 사항을 의논하고 결정하던 백제의 귀족 회의이다.

정답 ① 한정판 011p, 기본서 063p

정답 ③ 한정판 011p, 기본서 064p

03 [2024. 법원직]

(가) 국가에 대한 설명으로 가장 옳지 않은 것은?

> 김해·고령 등 (가) 고분군 7곳, 유네스코 세계 문화 유산 됐다.
>
> **유네스코 "고대 문명의 주요 증거"**
>
> 한반도 남부에 남아 있는 유적 7곳을 묶은 고분군이 유네스코 세계 문화 유산 됐다. … (가) 은/는 기원 전후부터 562년까지 주로 낙동강 유역을 중심으로 번성한 작은 나라들의 총칭이다.
>
> - 2023. 9. 18. ○○ 일보 -

① 낙동강 하류의 변한 지역에서 성장하였다.
② 철기를 활발히 생산하여 주변국에 수출하였다.
③ 골품에 따라 관등이나 관직 승진에 제한이 있었다.
④ 금관가야를 중심으로 전기 가야 연맹이 결성되었다.

04 [2019. 기상직 9급]

다음 자료와 관련된 국가에 대한 설명으로 옳은 것은?

> "저는 아유타국의 공주로 성은 허이고 이름은 황옥이며 나이는 16살입니다. 본국에 있을 때 금년 5월에 부왕과 모후께서 저에게 말씀하시기를, '우리가 어젯밤 꿈에 함께 황천을 뵈었는데, 황천은 가락국의 왕 수로라는 자는 하늘이 내려보내서 왕위에 오르게 하였으니 곧 신령스럽고 성스러운 것이 이 사람이다. 또 나라를 새로 다스림에 있어 아직 배필을 정하지 못했으니 경들은 공주를 보내서 그 배필을 삼게 하라 하고, 말을 마치자 하늘로 올라갔다. 꿈을 깬 뒤에도 황천의 말이 아직도 귓가에 그대로 남아 있으니, 너는 이 자리에서 곧 부모를 작별하고 그곳을 향해 떠나라'라고 하였습니다. 저는 배를 타고 멀리 증조를 찾고, 하늘로 가서 반도를 찾아 이제 아름다운 모습으로 용안을 가까이 하게 되었습니다."

① 신라 진흥왕의 공격으로 멸망하였다.
② 국동대혈에서 하늘에 제사를 지냈다.
③ 22담로에 왕족을 파견하여 지방을 통제하였다.
④ 낙랑과 왜를 연결하는 중계 무역이 발달하였다.

SOLUTION (03)

자료분석 자료의 (가)에 해당하는 나라는 가야이다. 2023년 가야의 7개 고분군(대성동·말이산·옥전·지산동·송학동·유곡리와 두락리·교동과 송현동 고분군)이 그 역사적 가치를 인정받아 유네스코 세계문화유산 목록에 등재됐다.

정답해설 ①, ④ 낙동강 하류의 변한 지역에서는 철기 문화를 토대로 농업 생산력이 증대되었고 점진적인 사회 통합을 거쳐 2세기 이후 여러 정치 집단이 나타났다. 3세기경에는 이들 사이의 통합이 한 단계 더 발전하여 김해의 금관가야가 중심이 되어 연맹왕국으로 발전하였다. 이를 전기 가야 연맹이라고 한다.
② 가야는 질이 좋은 철을 생산하였다. 철은 무기나 농기구를 만드는 데 사용되었고, 덩이쇠는 화폐처럼 사용되기도 하였다. 금관가야는 풍부하게 생산된 철을 낙랑군과 왜에 수출하였다.

오답피하기 ③ 신라의 골품제에 대한 설명이다. 골품은 개인의 사회 활동과 정치 활동의 범위까지 엄격히 제한한 제도로 관등 승진의 상한선은 골품에 따라 정해져 있었다.

정답 ③ 한정판 011p, 기본서 063p

SOLUTION (04)

자료분석 자료는 금관가야의 시조 수로왕의 왕비 허황옥(허황후)에 관한 설화이다. 『삼국유사』의 「가락국기」에 따르면 본래 인도의 아유타국의 공주인데 부왕(父王)과 왕후가 꿈에 상제(上帝)의 명을 받아 공주를 가락국 수로왕의 배필이 되게 하였다고 한다.

정답해설 ④ 금관가야는 풍부한 철과 해상 교통을 이용하여 낙랑과 왜의 규슈 지방을 연결하는 중계 무역이 발달하였다.

오답피하기 ① 562년 신라 진흥왕의 공격으로 멸망한 것은 대가야이다. 금관가야는 법흥왕에 의해 멸망하였다(532).
② 고구려는 10월에 추수 감사제인 동맹을 성대하게 치르고, 왕과 신하들이 국동대혈에 모여 함께 제사를 지냈다.
③ 백제 무령왕은 지방의 22담로에 왕족을 파견하여 지방에 대한 통제를 강화하였다.

정답 ④ 한정판 011p, 기본서 063p

05 0057 [2017. 국가직 7급]

밑줄 친 '이 나라'에 대한 설명으로 옳지 않은 것은?

> 시조는 이진아시왕이다. 그로부터 도설지왕까지 대략 16대 520년이다. 최치원이 지은 석이정전을 살펴보면, 가야산신 정견모주가 천신 이비가지에게 감응되어 이 나라 왕 뇌질주일과 금관국왕 뇌질청예 두 사람을 낳았는데, 뇌질주일은 곧 이진아시왕의 별칭이고 뇌질청예는 수로왕의 별칭이라고 한다.
> - 신증동국여지승람 -

① 5세기 후반부터 급성장해 가야의 주도 세력이 되었다.
② 고령의 지산동 고분군을 대표적 문화유산으로 남겼다.
③ 시조는 아유타국에서 온 공주와 혼인을 하였다고 전한다.
④ 전성기에는 지금의 전라북도 일부 지역까지 세력을 확장하였다.

06 0058 [2017. 지방직 7급]

밑줄 친 '가라(가야)국'에 대한 설명으로 옳은 것은?

> 진흥왕이 이찬 이사부에게 명하여 가라(가야라고도 한다)국을 공격하도록 하였다. 이때 사다함은 나이 15, 6세였음에도 종군하기를 청하였다. 왕이 나이가 아직 어리다 하여 허락하지 않았으나, 여러 번 진심으로 청하고 뜻이 확고하였으므로 드디어 귀당 비장으로 삼았다. … 그 나라 사람들이 뜻밖에 군사가 쳐들어오는 것을 보고 놀라 막지 못하였으므로 대군이 승세를 타고 마침내 그 나라를 멸망시켰다.
> - 「삼국사기」 -

① 시조는 수로왕이며 구지봉 전설이 있다.
② 나라가 망할 즈음 우륵이 가야금을 가지고 신라로 들어갔다.
③ 낙동강 하류에 도읍하고 해상 교역을 중계하였다.
④ 국주(國主) 김구해가 항복하자 신라왕이 본국을 식읍으로 주었다.

주제 014

01 | 고대의 정치
백제의 발전과 전성기

Check | **대표 기출 1**

01 0059 [2021. 법원직 9급]   회독○○○

이 시기 백제왕의 업적으로 옳은 것을 〈보기〉에서 모두 고른 것은?

보기
ㄱ. 남으로 마한을 통합하였다.
ㄴ. 왕위의 부자 상속이 확립되었다.
ㄷ. 중앙 관청을 22부로 확대하였다.
ㄹ. 좌평 제도와 관등제를 마련하였다.

① ㄱ, ㄴ   ② ㄱ, ㄹ
③ ㄴ, ㄷ   ④ ㄷ, ㄹ

SOLUTION   난이도 상 중 하

출제자의 눈 특정 사건을 기준으로 시기를 구분해서 시기별 모습을 묻는 문제나 왕의 업적을 묻는 문제가 주로 출제된다. 이 주제의 왕의 업적 중에서는 근초고왕과 관련된 문제가 가장 출제 빈도가 높지만 고이왕 관련 문제도 종종 출제되고 있다.

자료분석 지도는 백제 근초고왕 대의 해외 진출 모습(요서·산둥·규슈 지방 진출)을 나타낸 것이다. 근초고왕은 수군을 정비하여 중국의 요서 지방으로 진출하였고, 이어서 산둥 지방과 일본의 규슈 지방에까지 진출하는 등 활발한 대외 활동을 벌였다.

정답해설 ㄱ. 근초고왕은 남으로는 마한을 통합하고, 북으로는 고구려 평양을 공격하여 고국원왕을 전사시켰다(371).
ㄴ. 백제는 4세기 근초고왕 때 왕위의 부자 상속제가 확립되었다.

오답피하기 ㄷ. 백제 성왕은 중앙 관청을 22부로 확대 정비하고, 수도를 5부로 지방을 5방으로 정비하였다.
ㄹ. 백제 고이왕은 좌평 제도를 마련하고 관등제를 정비하는 등 중앙 집권 국가의 토대를 형성하였다.

정답 ① 한정판 013p, 기본서 069p

Check | **대표 기출 2**

02 0060 [2019. 서울시 9급]   회독○○○

〈보기〉에서 백제의 발전 과정을 순서대로 바르게 나열한 것은?

보기
ㄱ. 6좌평제와 16관등제 및 백관의 공복을 제정하였다.
ㄴ. 고구려의 평양성을 공격하였다.
ㄷ. 지방에 22담로를 설치하였다.
ㄹ. 불교를 받아들여 통치 이념을 정비하였다.

① ㄱ → ㄴ → ㄷ → ㄹ
② ㄱ → ㄴ → ㄹ → ㄷ
③ ㄴ → ㄹ → ㄷ → ㄱ
④ ㄹ → ㄴ → ㄷ → ㄱ

SOLUTION   난이도 상 중 하

정답해설 ㄱ. 3세기에 고이왕은 관등제 정비(6좌평 16관등제)·관복제 도입·율령 반포 등 지배 체제를 정비하여 중앙 집권 국가의 토대를 형성하였다.
ㄴ. 4세기에 근초고왕은 평양성을 공격하여 고구려의 고국원왕을 전사시켰다(371).
ㄹ. 백제는 4세기 침류왕 때 동진에서 온 마라난타에 의해 불교가 전래되어 공인되었다(384).
ㄷ. 6세기 무령왕 때에는 지방에 22담로를 설치하고 왕족을 파견하여 지방에 대한 통제를 강화하였다.

핵심개념 근초고왕의 업적

- 평양성 전투 → 고국원왕 전사
- 마한 세력 정복
- 가야 지역에 대한 지배권 행사
- 요서·산둥 및 일본 규슈 지방 진출
- 왕위 부자 상속
- 고흥 『서기』 편찬(375)
- 아직기(일본 태자에게 한자 교육)·왕인(천자문·논어 전파 및 교육) 일본 파견

정답 ② 한정판 013p, 기본서 069p

추가 기출 사료

평양성 전투(고국원왕의 전사)

근초고왕 26년(371) 겨울에 왕이 태자와 함께 정예군 3만 명을 거느리고 고구려에 침입하여 평양성을 공격하였다. 고구려 왕 사유(斯由)가 필사적으로 항전하다가 유시(流矢)에 맞아 숨졌다.
- 『삼국사기』 -

01 고대의 정치   045

03 [2017. 교행 9급]

(가)~(라) 시기에 해당하는 백제 역사에 대한 설명으로 옳은 것을 〈보기〉에서 고른 것은?

260년	371년	475년	554년	660년
(가)	(나)	(다)	(라)	
관등 제정	평양성 공격	웅진 천도	관산성 전투	사비성 함락

─ 보기 ─
㉠ (가) - 마라난타가 불교를 전하였다.
㉡ (나) - 신라의 눌지왕과 동맹을 맺었다.
㉢ (다) - 지방의 22담로에 왕족을 파견하였다.
㉣ (라) - 국호가 남부여로 개칭되었다.

① ㉠, ㉡
② ㉠, ㉣
③ ㉡, ㉢
④ ㉢, ㉣

04 [2016. 국가직 9급]

(가)~(라)의 시기에 해당하는 백제 역사에 대한 설명으로 옳지 않은 것은?

기원전 18년	475년	538년	660년	665년
(가)	(나)	(다)	(라)	
건국	웅진 천도	사비 천도	사비성 함락	문무왕과 회맹

① (가) - 관등제를 정비하고 공복제를 도입하는 등 국가 통치 체제의 근간을 마련하였다.
② (나) - 남쪽의 마한 잔여 세력을 정복하고, 수군을 정비하여 요서 지방까지 진출하였다.
③ (다) - 신라와 연합하여 한강 유역 일부 지역을 수복했으나 얼마 후 신라에게 빼앗겼다.
④ (라) - 복신과 도침 등이 주류성에서 군사를 일으켜 사비성의 당나라 군대를 공격하였다.

SOLUTION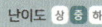

자료분석 백제의 관등 제정은 3세기 고이왕 때, 백제의 고구려 평양성 공격은 4세기 근초고왕 때, 백제의 웅진 천도는 5세기 문주왕 때, 관산성 전투는 6세기 성왕 때, 사비성 함락은 7세기 의자왕 때의 일이다.

정답해설 ㉡ 비유왕이 고구려의 남진 정책에 대항해 신라 눌지왕과 나제 동맹을 체결한 것은 433년 (나) 시기이다.
㉢ (다) 시기 무령왕(501~523) 때 지방의 22담로에 왕족을 파견함으로써 지방에 대한 통제를 강화했다.

오답피하기 ㉠ 중국 남조 동진의 마라난타가 백제에 불교를 전한 것은 침류왕(384~385) 시기로 (나)에 해당된다.
㉣ (다) 시기 성왕은 대외 진출이 쉬운 사비(부여)로 천도하고(538), 국호를 남부여로 고치면서 중흥을 꾀하였다.

정답 ③ 한정판 013p, 기본서 069p

SOLUTION

자료분석 (가)는 백제의 한성 시기, (나)는 웅진 시기, (다)는 사비 시기, (라)는 멸망 이후 부흥 운동 시기이다.

정답해설 ① 3세기에 고이왕은 6좌평의 관제를 마련하고 관리의 복색을 제정하는 등 지배 체제를 정비하여 중앙 집권적 고대 국가의 면모를 갖추었다.
③ 성왕은 대외 진출에 유리한 사비로 천도하고, 신라의 진흥왕과 고구려를 협공하여 한강 유역을 일시적으로 수복했으나 진흥왕의 배신으로 한강 유역을 빼앗겼다(553). 이에 성왕은 한강 유역을 탈환하고자 신라를 공격하였으나 관산성 전투에서 전사하였다(554).
④ 660년 사비성 함락으로 백제가 멸망한 후 곳곳에서 부흥 운동이 일어났다. 왕족 복신과 승려 도침은 왜에 가 있던 왕자 부여풍을 왕으로 추대하고 주류성을 중심으로 군사를 일으켜 사비성을 공격하기도 하였다. 그러나 나·당 연합군의 공격과 지도층의 내분으로 백제 부흥 운동은 실패하였다.

오답피하기 ② 마한을 통합하고 수군을 정비하여 요서에 진출한 것은 4세기 후반 근초고왕으로, (가) 시기에 해당하는 사실이다.

핵심개념 고이왕(234~286)

- 왕위 형제 상속
- 6좌평 16관등제
- 율령 반포 · 관복제(자·비·청)
- 한강 유역 완전 장악
- 낙랑, 대방, 말갈을 밀어내면서 영토 확장
- 남당 설치

정답 ② 한정판 013p, 기본서 069p

주제 015

01 | 고대의 정치
고구려의 발전과 전성기

Check 대표 기출 1

01 0063 [2018. 지방직 7급] 회독 ○○○

고구려와 중국의 관계를 사건이 발생한 순으로 바르게 나열한 것은?

> ㄱ. 유주자사 관구검이 쳐들어와 환도성을 함락하자 왕은 옥저 쪽으로 도망하였다.
> ㄴ. 고구려가 요동의 서안평을 공격해 차지하고, 낙랑군을 한반도에서 몰아내었다.
> ㄷ. 모용황이 고구려를 침략하여 궁실을 불사르고 5만여 명을 포로로 붙잡아 갔다.
> ㄹ. 고구려가 후연을 공격하여 요동으로 진출하고, 동북쪽으로는 숙신을 복속시켰다.

① ㄱ→ㄴ→ㄷ→ㄹ
② ㄱ→ㄷ→ㄴ→ㄹ
③ ㄴ→ㄷ→ㄹ→ㄱ
④ ㄴ→ㄹ→ㄷ→ㄱ

Check 대표 기출 2

02 0064 [2022. 국가직 9급] 회독 ○○○

밑줄 친 '이 왕'에 대한 설명으로 옳은 것은?

> 백제 개로왕은 장기와 바둑을 좋아하였는데, 도림이 고하기를 "제가 젊어서부터 바둑을 배워 꽤 묘한 수를 알게 되었으니 개로왕께 알려드리기를 원합니다."라고 하였다. …(중략)… 개로왕이 (도림의 말을 듣고) 나라 사람을 징발하여 흙을 쪄서 성(城)을 쌓고 그 안에는 궁실, 누각, 정자를 지으니 모두가 웅장하고 화려하였다. 이로 말미암아 창고가 비고 백성이 곤궁하니, 나라의 위태로움이 알을 쌓아 놓은 것보다 더 심하게 되었다. 그제야 도림이 도망을 쳐 와서 그 실정을 고하니 이 왕이 기뻐하여 백제를 치려고 장수에게 군사를 나누어 주었다. - 『삼국사기』 -

① 평양으로 도읍을 천도하였다.
② 진대법을 처음으로 시행하였다.
③ 낙랑군을 점령하고 한 군현 세력을 몰아내었다.
④ 신라에 침입한 왜군을 낙동강 유역에서 물리쳤다.

SOLUTION 난이도 상 중 하

출제자의 눈 고구려는 백제, 신라에 비해 사건의 순서를 나열하는 문제가 자주 출제된다. 그래서 국왕 각각의 업적뿐만 아니라 각 국왕의 순서를 정확하게 암기해야 한다. 단독 문제로는 장수왕과 광개토 대왕의 출제 비중이 높으며, 소수림왕이나 고국천왕도 종종 출제된다.

정답해설 ㄱ. 관구검의 침입을 받은 것은 동천왕(227~248)대의 일이다. 동천왕은 요동 진출로를 놓고 위(魏)나라를 선제공격했으나 유주자사 관구검의 침입을 받아 환도성이 함락되는 등 위기를 겪었다.
ㄴ. 서안평 공격과 낙랑군 축출은 미천왕(300~331)대의 일이다. 미천왕은 311년 요동 서안평을 점령하기도 했으며, 313년과 314년에는 낙랑군과 대방군을 축출하였다.
ㄷ. 모용황의 침입을 받은 것은 고국원왕(331~371)대의 일이다. 고구려는 342년 기습 공격을 감행해 온 전연 모용황의 침략을 받았다. 당시 고구려는 수도가 함락·파괴되고 선왕의 시신 및 왕모 주씨가 인질로 잡혀가는 등 일대 국난을 당하였다.
ㄹ. 후연 공격과 숙신 복속 등은 광개토 대왕(391~413)대의 일이다. 광개토 대왕은 후연과 거란을 격파하여 요동을 포함한 만주 지역에서 지배권을 확대하였고, 남으로는 백제를 압박하고 신라에 침입한 왜를 격퇴하였다.

정답 ① 한정판 012p, 기본서 068p

SOLUTION 난이도 상 중 하

자료분석 밑줄 친 '이 왕'은 고구려의 장수왕이다. 고구려의 승려 도림은 장수왕의 밀사로 백제에 들어가 장기와 바둑을 좋아하던 개로왕의 신임을 얻게 되었다. 이후 도림의 권유에 따라 개로왕은 백성을 징발하여 성을 쌓고 궁실, 누각 등을 웅장하고 화려하게 짓는 등 토목 공사를 크게 일으켰다. 이로 말미암아 백제의 국가 재정이 흔들리고 백성이 곤궁하게 되었다. 밀사로서 백제에서 수행하였던 임무가 이루어진 후에 도림은 고구려로 돌아왔고, 장수왕이 475년에 백제를 공격하여 한성을 함락하였다.

정답해설 ① 고구려 장수왕은 427년에 도읍을 국내성에서 평양으로 옮기고, 적극적으로 남하 정책을 추진하였다.

오답피하기 ② 2세기 후반 고구려의 고국천왕은 을파소를 국상으로 임명하여 농민 생활의 안정을 위해 춘대추납 제도인 진대법을 실시하였다.
③ 4세기 고구려 미천왕 때의 일이다. 미천왕은 서안평을 점령(311)하고 낙랑군(313)과 대방군(314)을 축출하였다.
④ 400년 광개토 대왕 때의 일이다. 신라·왜·가야 사이의 세력 경쟁에 개입하여 신라에 침입한 왜를 격퇴함으로써 한반도 남부에까지 영향력을 끼쳤다.

정답 ① 한정판 012p, 기본서 071p

03   0065   [2025. 지방직 9급]

(가) 시기에 일어난 고구려 관련 사건은?

태학 설립 → (가) → 평양 천도

① 동옥저를 정벌하였다.
② 전연의 침입으로 도성이 함락되었다.
③ 후연을 격파하고 요동지역을 차지하였다.
④ 백제의 수도 한성을 함락하고 개로왕을 살해하였다.

SOLUTION

자료분석   자료의 태학 설립은 4세기 소수림왕 때인 372년, 고구려의 평양 천도는 5세기 장수왕 때인 427년의 일이다.

정답해설   ③ 고구려는 (가) 시기 광개토 대왕(재위 391~413) 때 후연을 격파하고 요동 지역을 차지하였다.

오답피하기   ① 동옥저를 정벌한 것은 1세기 태조왕 때의 사실이다.
② 고구려는 고국원왕 때인 342년 기습 공격을 감행해 온 전연 모용황의 침략을 받았다. 당시 고구려는 수도가 함락·파괴되고 선왕의 시신 및 왕모 주씨가 인질로 잡혀가는 등 일대 국난을 당하였다.
④ 고구려는 평양 천도 이후인 475년 장수왕 때 백제의 수도 한성을 함락하고 개로왕을 살해하였다.

핵심개념   고구려의 발전

태조왕 (53~146)	• 계루부 고씨 왕위 독점 세습 • 왕위 형제 상속 • (동)옥저 복속, 동예 공격
고국천왕 (179~197)	• 5부 개편(부족적 → 행정적), 왕위 부자상속 • 진대법 실시(춘대추납, 194)
동천왕 (227~248)	• 서안평 공격 → 위 관구검의 침입 → 환도성 함락 • 중국 오와 수교(위 견제)
미천왕 (300~331)	• 서안평 점령(311) • 낙랑·대방군 축출(313·314)
고국원왕 (331~371)	• 선비족 전연(모용황) 침입 → 수도(환도성) 함락(342) • 백제 근초고왕의 침입 → 평양성에서 전사(371)
소수림왕 (371~384)	• 중국 전진과 수교 • 불교 공인(372), 태학 설립(372), 율령 반포(373)
광개토대왕 (담덕, 391~413)	• '영락' 연호 사용 • 후연(요동)·비려·숙신 정벌 • 백제(아신왕) 공격(396) → 한강 이북 진출 • 신라(내물왕)를 지원해 왜구 격퇴(400)

정답 ③   한정판 012p, 기본서 070p

---

04   0066   [2024. 법원직]

밑줄 친 '왕'에 대한 설명으로 가장 옳은 것은?

> 신라가 사신을 보내 왕에게 말하기를 "왜인이 그 국경에 가득 차 성을 부수었으니, 노객은 백성된 자로서 왕에게 귀의하여 분부를 청합니다."라고 하였다. … 10년(400)에 보병과 기병 5만을 보내 (신라를) 구원하게 하였다.

① 태학을 설립하고 율령을 반포하였다.
② 마한을 병합하고 평양을 공격하였다.
③ 마립간이라는 왕호를 처음 사용하였다.
④ 요동을 포함한 만주 일대를 장악하였다.

SOLUTION

자료분석   자료의 밑줄 친 '왕'은 고구려 광개토 대왕이다. 그는 신라 내물 마립간의 구원 요청을 받아 5만의 군사를 보내 신라에 침입한 왜를 물리치고 한반도 남부에까지 영향력을 행사하였다.

정답해설   ④ 광개토 대왕은 후연과 거란을 격파하여 요동을 포함한 만주 지역에서 지배권을 확대하였고, 남으로는 백제를 압박하고 신라에 침입한 왜를 격퇴하였다.

오답피하기   ① 고구려 소수림왕은 불교 공인(372), 태학 설립(372), 율령 반포(373) 등을 통해 중앙 집권 체제를 강화하였다.
② 백제 근초고왕은 남으로 마한 지역을 병합하고, 북으로는 고구려의 평양성을 공격하였다.
③ 신라는 4세기 무렵 내물 마립간 때 김씨에 의한 왕위 계승권이 확립되었고, 왕의 칭호를 이사금에서 대군장을 뜻하는 마립간으로 바꾸었다.

심화개념   광개토 대왕릉비

장수왕이 광개토 대왕의 업적을 기리기 위해 건립(414, 장수왕 2년)하였다. 광개토 대왕릉비(호태왕비)에는 고구려 특유의 웅장한 필체로 총 44행 1,775자의 문자가 새겨져 있다. 비문의 내용은 다음과 같이 세 부분으로 구성되어 있는데 추모왕(주몽)의 건국 신화와 함께 광개토 대왕이 북으로는 요동, 남으로는 백제 및 신라와 가야 지역까지 진출하여 백제와 신라로부터 조공을 받았다는 내용이 있다. 이를 통해 고구려의 팽창 정책과 천하관을 파악할 수 있다.
• 1부: 고구려 건국 설화, 비의 건립 배경이 새겨져 있다.
• 2부: 광개토 대왕의 업적이 새겨져 있다(396·400년 사건).
• 3부: 광개토 대왕의 무덤을 지키는 수묘인 관련 내용(구민+신민)이 새겨져 있다.

정답 ④   한정판 012p, 기본서 070p

05 [2023. 국가직 9급]

밑줄 친 '왕'에 대한 설명으로 옳은 것은?

> 16년 겨울 10월, 왕이 질양(質陽)으로 사냥을 갔다가 길에 앉아 우는 자를 보았다. 왕이 말하기를 "아! 내가 백성의 부모가 되어 백성들이 이 지경에 이르게 하였으니 나의 죄로다." …(중략)… 그리고 관리들에게 명하여 매년 봄 3월부터 가을 7월까지 관청의 곡식을 내어 백성들의 식구 수에 따라 차등있게 빌려주었다가, 10월에 이르러 상환하게 하는 것을 법규로 정하였다.
> — 『삼국사기』 —

① 낙랑군을 축출하였다.
② 진대법을 시행하였다.
③ 백제의 침입으로 전사하였다.
④ 영락이라는 독자적인 연호를 사용하였다.

06 [2019. 지방직 9급]

(나) 시기에 발생한 사건으로 옳은 것은?

> (가) 백제왕이 병력 3만 명을 거느리고 평양성을 공격해 왔다. 왕이 출병하여 막다가 날아오는 화살에 맞아 서거하였다.
>
> ⇩
>
> (나)
>
> ⇩
>
> (다) 왕이 보병과 기병 5만 명을 보내 신라를 구원하게 하였다. (고구려군이) 남거성을 통해 신라성에 이르렀는데 그곳에 왜가 가득하였다. 관군이 도착하자 왜적이 퇴각하였다.

① 태학을 설립하고 율령을 반포하였다.
② 평양으로 도읍을 옮기고 한성을 함락하였다.
③ 관구검이 이끄는 위나라 군대의 침략을 받았다.
④ 왕이 직접 말갈 병사를 거느리고 요서 지방을 공격하였다.

SOLUTION (05)

자료분석 자료의 밑줄 친 '왕'은 고구려 고국천왕으로, 진대법 실시의 배경과 관련된 사료이다.

정답해설 ② 진대법은 고구려 고국천왕 때(194) 국상 을파소가 시행한 것으로, 흉년이나 춘궁기에 국가가 농민에게 양식을 빌려주었다가 수확기에 갚도록 하여, 자영 소농민들을 보호하고 귀족의 노예로 전락하는 것을 방지하기 위한 빈민 구제 제도였다(춘대 추납 제도).

오답피하기 ① 고구려 미천왕은 낙랑군(313)·대방군(314)을 완전히 몰아내고 압록강 중류 지역을 벗어나 대동강 유역을 확보함으로써 남쪽으로 진출할 수 있는 발판을 마련하였다.
③ 고구려 고국원왕은 백제 근초고왕의 침입으로 평양성 전투에서 전사(371)하였다.
④ 고구려 광개토 대왕은 '영락(永樂)'이라는 연호를 사용하여 강력한 왕권과 자주성을 나타내었다.

핵심개념 고국천왕(179~197)의 국상 을파소 등용

> 왕이 교(敎)를 내려, "귀천(貴賤)을 막론하고 진실로 국상을 따르지 않는 자는 씨족을 멸할 것이다!"라고 말하였다. 을파소가 물러나와 사람들에게 말하기를, "때를 만나지 못한 즉 은둔하고 때를 만난 즉 벼슬하는 것이 선비의 떳떳한 도리인데, 오늘 임금께서 나를 대우해 주시는 뜻이 깊으니, 어찌 예전의 은둔을 다시 생각할 수 있으리오."라고 하였다. 이에 정성을 다하여 나라의 일을 받듦으로써 정교(政敎)를 밝히고, 상벌을 신중하게 하니, 인민이 평안하여 안팎이 무사하였다.
> — 『삼국사기』 —

정답 ②

SOLUTION (06)

자료분석 (가)는 백제 근초고왕의 평양성 공격으로 고구려원왕이 전사(371)한 사실을 보여주는 내용이고, (다)는 고구려 광개토 대왕의 고구려 군대가 신라에 침입한 왜구를 격퇴(400)한 사실을 보여주는 사료이다.

정답해설 ① (나) 시기 고구려 소수림왕은 불교 공인(372), 태학 설립(372), 율령 반포(373) 등을 통해 중앙 집권 체제를 강화하였다.

오답피하기 ② 평양으로 천도하고(427) 한성을 함락한 것(475)은 (다) 이후 장수왕 대의 일이다.
③ 관구검이 이끄는 위나라 군대의 침략을 받은 것은 (가) 이전 동천왕 때인 246년의 일이다.
④ 말갈 병사들과 함께 요서 지방을 공격한 것은 (다) 이후 영양왕 때인 598년의 일이다.

정답 ①

07 [2019. 경찰 2차]

다음 밑줄 친 고구려왕의 재위기간에 발생한 사건으로 옳지 않은 것을 〈보기〉에서 모두 고른 것은?

> 고구려왕 거련(巨連)이 군사 3만 명을 거느리고 와서 한성을 포위하였다. 임금이 성문을 닫고 나가 싸우지 못하였다. [중략] 임금은 상황이 어렵게 되자 어찌할 바를 모르다가 기병 수십 명을 거느리고 성문을 나가 서쪽으로 달아났는데, 고구려 병사가 추격하여 임금을 살해하였다.

보기
㉠ 후연을 격파하여 요동 지역을 확보했다.
㉡ 도읍지를 국내성에서 평양으로 옮겼다.
㉢ 부여를 복속하여 고구려 최대 영토를 확보했다.
㉣ 영락이라는 독자적인 연호를 사용했다.

① ㉠, ㉡, ㉢
② ㉠, ㉡, ㉣
③ ㉠, ㉢, ㉣
④ ㉡, ㉢, ㉣

SOLUTION

자료분석 자료의 밑줄 친 '고구려왕 거련'은 **장수왕**을 의미한다. 한성을 포위해 임금(개로왕)을 살해했다는 내용을 통해 이를 알 수 있다. 장수왕은 475년 백제의 수도 한성을 함락시키고 개로왕을 살해하였다.

정답해설 ㉡ 장수왕은 427년 국내성에서 평양으로 천도하고 남진 정책을 실시하였다.

오답피하기 ㉠ 후연을 격파하고 요동 지역을 확보한 것은 광개토 대왕의 업적이다.
㉢ 부여를 완전히 복속시키고(494) 고구려 최대 영토를 확보한 것은 문자왕이다.
㉣ 영락이라는 독자적인 연호를 사용한 것은 광개토 대왕이다.

핵심개념 장수왕의 업적

- 남북조 동시 다면 외교
- 평양 천도(427) → 남진 정책
- 백제 한성 함락(475) → 백제 개로왕 전사
- 흥안령 일대 지두우 분할 점령
- 한강 전 지역 및 죽령~남양만을 연결하는 영토 확보
- 북연왕 풍홍을 둘러싸고 북위 및 송과 갈등

정답 ③ 한정판 012p, 기본서 071p

---

08 [2018. 국가직 9급]

밑줄 친 ㉠의 결과에 해당하는 사실로 옳은 것은?

> (영락) 6년 병신(丙申)에 왕이 직접 수군을 이끌고 백제를 토벌하였다. (백제왕이) 우리 왕에게 항복하면서 "지금 이후로는 영원히 노객(奴客)이 되겠습니다."라고 맹세하였다. …(중략)…
> ㉠10년 경자(庚子)에 왕이 보병과 기병 5만 명을 보내어 신라를 구원하게 하였다.

① 고구려가 신라 내정 간섭을 강화하였다.
② 백제가 고구려의 평양성을 공격하였다.
③ 신라가 관산성 전투에서 백제 성왕을 살해하였다.
④ 금관가야가 가야 지역의 중심 세력으로 대두하였다.

SOLUTION

자료분석 자료는 광개토 대왕릉비의 일부로, ㉠은 광개토 대왕이 원군을 파견해 신라에 침입한 왜군을 물리쳐 준 내용이다(400년의 사건).

정답해설 ① 신라 영역을 침입해 온 왜를 물리치는 과정에서 고구려 광개토 대왕의 군대가 신라를 지원하고, 신라에 주둔하기도 하였다. 이를 계기로 신라는 고구려의 정치적 간섭을 받기도 하였으나, 한편으로는 고구려를 통해 중국의 문물을 받아들이면서 성장하였다.

오답피하기 ② 백제가 고구려의 평양성을 공격한 것은 광개토 대왕 이전 고국원왕(백제 근초고왕) 대의 일이다. 당시 고구려는 고국원왕이 전사하는 피해를 입었다(371).
③ 신라가 백제를 배신하고 한강 하류 지역을 차지하자 백제 성왕은 신라를 공격하였다. 하지만 성왕은 신라 군대의 반격으로 관산성 전투에서 전사하고 말았다(554).
④ 신라를 구원하기 위해 출병한 고구려 군대와의 충돌로 금관가야는 쇠퇴하게 되었고, 이후 대가야가 가야 연맹을 주도하게 되었다.

심화개념 호우명 그릇

> 호우명 그릇은 광복 후 우리나라 사람이 발굴·조사한 최초의 고분인 경주 호우총에서 출토되었다. 그릇의 밑바닥에는 '乙卯年 國岡上 廣開土地好太王 壺杆十(을묘년 국강상 광개토지호태왕 호우십)'이라는 글씨가 새겨져 있다. 글씨체가 광개토 대왕릉비와 유사하며 광개토 대왕의 사후 415년(장수왕 3)에 신라 사신이 고구려에서 받아온 것으로 추측하고 있다. 신라의 무덤에서 발견된 것으로 보아 고구려와 신라의 밀접한 관계를 알 수 있는 소중한 유물이다.

정답 ① 한정판 012p, 기본서 070p

09 0071 [2018. 법원직]

다음 자료의 시기에 해당하는 상황으로 옳은 것을 〈보기〉에서 모두 고른 것은?

> 고려대왕 상왕공과 신라 매금은 세세토록 형제같이 지내기를 원하며 수천(守天)하기 위해 동으로 …… 동이 매금의 옷을 내려 주었다.

─ 보기 ─
㉠ 중국에서 남북조가 대립하였다.
㉡ 고구려는 남하 정책을 추진하였다.
㉢ 백제는 수도를 사비로 천도하였다.
㉣ 신라는 왕호를 중국식으로 바꾸었다.

① ㉠, ㉡
② ㉡, ㉢
③ ㉢, ㉣
④ ㉠, ㉢

SOLUTION   난이도 상 중 하

자료분석 자료는 장수왕 때 건립된 충주(중원) 고구려비의 비문 내용 중 일부이다. 장수왕의 재위 기간은 413~491년이었다.

정답해설 ㉠ 장수왕 시기 중국은 남조와 북조가 대립하는 남북조 시대였다. 장수왕은 두 세력을 조종하는 외교 정책(동시 다면 외교)으로 중국을 견제하였다.
㉡ 장수왕은 국내성에서 평양으로 도읍을 옮기고(427) 적극적인 남하 정책을 추진하였다.

오답피하기 ㉢ 장수왕의 공격으로 한성이 함락된 백제는 웅진(사비 X)으로 천도하였다(475). 사비 천도는 백제 중흥을 꾀한 성왕 시기의 일이다(538).
㉣ 신라가 왕호를 중국식으로 바꾼 것은 지증왕 때이다(503).

핵심개념 중원(충주) 고구려비

- 한반도에 있는 유일한 고구려 비석
- 5세기 고구려와 신라의 관계 유추
- 5세기 장수왕 때 한강 유역(남한강 유역 진출) 확보 입증
- 신라토내당주(新羅土內幢主): 고구려군이 신라의 영토에 주둔하며 영향력 행사
- 고모루성(古牟婁城), 대사자(大使者) 등 당시의 지명과 관직명 기록
- 신라 왕을 동이(東夷) 매금(寐錦)이라 부르고, 의복을 하사한 의식 거행

정답 ① 한정판 012p, 기본서 071p

주제 016

01 | 고대의 정치

백제의 위기와 중흥

Check 대표 기출 1

01 0072 [2020. 법원직 9급] 회독 ○○○

(가) 왕 재위 시기 업적으로 가장 옳은 것은?

> ☐(가)☐ 왕이 관산성을 공격하였다. 각간 우덕과 이찬 탐지 등이 맞서 싸웠으나 전세가 불리하였다. 신주의 김무력이 주의 군사를 이끌고 나가서 교전하였는데, 비장인 산년산군(충북 보은)의 고간 도도가 급히 쳐서 ☐(가)☐ 왕을 죽였다.
> — 삼국사기 신라본기 —

① 나·제 동맹을 체결하였다.
② 22담로에 왕족을 파견하였다.
③ 화랑도를 국가적 조직으로 개편하였다.
④ 국호를 남부여로 바꾸었다.

Check 대표 기출 2

02 0073 [2020. 지방직 7급] 회독 ○○○

밑줄 친 '왕'의 재위 기간에 있었던 사실로 옳은 것은?

> 영동대장군인 백제 사마왕은 나이가 62세 되는 계묘년 5월 임진일인 7일에 돌아가셨다. 을사년 8월 갑신일인 12일에 안장하여 대묘에 올려 모시며, 기록하기를 이처럼 한다.

① 16등급의 관등을 마련하고, 공복을 제정하였다.
② 수도는 5부, 지방은 5방으로 나누어 정비하였다.
③ 왕족을 파견하여 지방에 대한 통제를 강화하였다.
④ 남으로 마한을 통합하고, 북으로 고구려 평양성을 공격하였다.

SOLUTION 난이도 상 중 하

출제자의 눈 무령왕이나 성왕의 업적을 묻는 문제가 전형적이다. 무령왕의 경우에는 무령왕릉, 성왕의 경우에는 관산성 전투와 관련된 자료가 자주 등장한다.

자료분석 자료의 (가)는 백제 성왕으로, 554년 관산성 전투에서 성왕이 전사한 상황을 나타낸 것이다. 성왕은 백제의 숙원인 고구려에 빼앗긴 한강 유역 탈환 작업에 나섰다. 551년 백제군을 주축으로 해 신라군(진흥왕)과 가야군으로 이루어진 연합군이 구성되어 고구려 지역으로 북진하였다. 백제군이 먼저 고구려의 남평양(지금의 서울)을 공격·격파함으로써 기선을 제압했고 결국 고구려군을 패주시켰다. 그 결과 백제는 한강 하류의 6군을 회복했고 신라는 한강 상류의 10군을 차지하게 되었다. 그러나 신라 진흥왕의 배신으로 553년에 한강 하류 유역을 신라에 빼앗기게 되었으며, 이에 대한 보복에 나선 성왕은 신라를 공격하다 관산성(옥천) 전투에서 전사하였다(554).

정답해설 ④ 백제 성왕은 대외 진출이 쉬운 사비(부여)로 천도하고(538), 국호를 남부여로 고치면서 중흥을 꾀하였다.

오답피하기 ① 백제 비유왕은 고구려 장수왕의 남진 정책에 대항하기 위해 신라의 눌지마립간과 나·제 동맹을 체결하였다(433).
② 백제 무령왕은 지방의 22담로에 왕족을 파견하여 지방에 대한 통제를 강화하였다.
③ 신라 진흥왕 때 화랑도를 국가적 조직으로 개편하였다.

정답 ④ 한정판 013p, 기본서 074p

SOLUTION 난이도 상 중 하

자료분석 자료는 무령왕릉 지석의 내용으로 지석에 기록된 '백제 사마왕(百濟斯麻王)'이란 명문에 의해 이 무덤이 무령왕릉임을 알 수 있다. 무령왕의 이름은 사마(斯摩, 斯麻) 또는 융(隆)이다.

정답해설 ③ 백제 무령왕은 지방의 22담로에 왕족을 파견하여 지방에 대한 통제를 강화하였다.

오답피하기 ① 백제는 3세기 고이왕 때 6좌평과 16관등제를 시행하였고, 관등에 따라 관복의 색을 달리하는 등 지배 체제를 정비하였다.
② 백제 성왕은 중앙 관청을 22부로 확대 정비하고, 수도를 5부로 지방을 5방으로 정비하였다.
④ 백제는 근초고왕 때 남으로 마한 지역을 병합하고, 북으로는 고구려의 평양성을 공격하였다.

핵심개념 무령왕릉 지석

무령왕릉은 공주 송산리 고분군에 위치한 백제의 무령왕 부부의 무덤이다. 지석에 기록된 '백제사마왕(百濟斯麻王)'이란 명문에 의해 이 무덤이 무령왕릉임을 알게 되었다. 무령왕릉 지석은 왕과 왕비의 장례를 지낼 때 땅의 신에게 묘소로 쓸 땅을 사들인다는 문서(매지권)로, 백제에 도교가 유행하였음을 알 수 있다.

▲ 무령왕릉 지석

정답 ③ 한정판 013p, 기본서 074p

03 [2021. 소방간부후보]

(가) 왕의 업적으로 옳은 것은?

> 1971년 7월 6일 공주시 송산리 고분군 배수로 공사 과정에서 벽돌 무덤 하나가 발견되었다. 무덤 입구는 벽돌과 백회로 빈틈 없이 막혀 있어 도굴꾼의 손이 전혀 닿지 않은 채 수많은 껴묻거리와 함께 고스란히 세상 빛을 보았다. 무덤 입구의 지석에는 (가) 와/과 왕비를 대묘로 안장했다는 내용이 해서체로 새겨져 있었다.

① 『서기』를 편찬하였다.
② 미륵사를 창건하였다.
③ 22담로에 왕족을 파견하였다.
④ 국호를 남부여로 변경하였다.
⑤ 신라와 혼인 동맹을 체결하였다.

04 [2013. 지방직 9급]

(가)와 (나) 사이의 시기에 있었던 사실로 옳은 것은?

> (가) 동성왕은 신라에 사신을 보내 혼인을 청하였는데, 신라의 왕이 이벌찬 비지(比智)의 딸을 시집 보냈다.
> (나) 왕은 신라를 습격하기 위하여 친히 보병과 기병 50명을 거느리고 밤에 구천(狗川)에 이르렀는데, 신라의 복병이 나타나 그들과 싸우다가 살해되었다.

① 도읍을 금강 유역의 웅진으로 옮겼다.
② 장수왕의 공격을 받아 한성이 함락되었다.
③ 국호를 남부여로 고치고 중흥을 꾀하였다.
④ 동진으로부터 불교를 수용하여 공인하였다.

SOLUTION

자료분석 자료의 (가)에 해당하는 인물은 무령왕이다. 무령왕릉은 완전한 형태로 발견되어 무덤의 주인공을 알 수 있는 최초의 왕릉이며, 금관·금팔찌·금귀고리 등 세공품, 도자기·철기 등이 출토되었다.

정답해설 ③ 무령왕은 22담로에 왕족을 파견해 지방 통제를 강화했으며, 중국 남조의 양과 활발하게 교류했다.

오답피하기 ① 박사 고흥에게 『서기』를 편찬하게 한 것은 근초고왕이다.
② 익산에 미륵사를 창건한 것은 백제 무왕이다.
④ 성왕은 사비 천도(538) 직후 국호를 일시적으로 '남부여'로 개칭하였다.
⑤ 백제 동성왕은 신라와의 동맹 관계를 강화하기 위해 혼인 동맹을 맺었다(493).

핵심개념 백제 무령왕(501~523, 사마왕)

- 중국 남조의 양나라와 수교
- 무령왕릉(벽돌무덤) : 남조의 영향
- 고구려·말갈 연합군 격퇴(507)
- 영산강 유역 정비
- 섬진강 유역 차지 : 대가야 억압
- 22담로 설치 및 왕족 파견 : 지방에 대한 통제력 강화
- 단양이·고안무 일본 파견 : 유학 전파

정답 ③

SOLUTION

자료분석 (가)는 493년 백제 동성왕과 신라 소지마립간 사이에 체결된 결혼 동맹에 대한 내용이고, (나)는 554년 백제 성왕이 관산성 전투에서 전사한 내용이다.

정답해설 ③ 538년 성왕 때 사비로 천도하고 국호를 남부여로 고쳐 중흥을 꾀하였다.

오답피하기 ① 백제 문주왕이 웅진(공주)으로 천도한 것은 (가) 이전인 475년의 일이다.
② 백제는 (가) 이전인 475년 장수왕의 공격으로 한성이 함락되고 개로왕이 전사하였다. 이후 개로왕의 아들인 문주왕이 왕위를 이어 받았다.
④ (가) 이전인 384년 침류왕이 동진에서 온 승려 마라난타를 통해 전래된 불교를 공인하였다.

핵심개념 백제 성왕(523~554, 명농)

- 사비 천도(538), 국호 남부여
- 22부 설치 : 중앙 관청 확대 정비
- 수도 5부, 지방 5방 정비
- 불교 진흥 : 전륜성왕, 미륵 자처, 겸익 등용, 일본에 불교 전파(노리사치계)
- 한강 하류 수복(551)
- 나제 동맹 결렬(553) : 진흥왕의 배신으로 한강 하류를 신라에게 빼앗김
- 관산성(옥천) 전투(554) : 백제·대가야·왜의 연합군 vs 신라 → 신라 승 → 성왕 전사

정답 ③

주제 017 — 01 | 고대의 정치
신라의 발전

Check 대표 기출 1

01 0076 [2022. 지방직 9급] 회독 ○○○

다음 사건이 있었던 시기의 신라 국왕에 대한 설명으로 옳은 것은?

> 이찬 이사부가 하슬라주 군주가 되어, '우산국 사람이 우매하고 사나워서 위엄으로 복종시키기는 어려우니 계책을 써서 굴복시키는 것이 좋겠다.'라고 생각하였다. 이에 나무로 사자 모형을 많이 만들어 배에 나누어 싣고 우산국 해안에 이르러, 속임수로 통고하기를 "만약에 너희가 항복하지 않는다면 곧바로 이 맹수들을 풀어 너희를 짓밟아 죽이겠다."라고 하였다. 그 나라 사람이 두려워 즉시 항복하였다.

① 독서삼품과를 실시하였다.
② 국호를 '신라'로 확정하였다.
③ 관료전을 지급하고 녹읍을 폐지하였다.
④ 장문휴를 보내 당의 등주를 공격하였다.

Check 대표 기출 2

02 0077 [2025. 지방직 9급] 회독 ○○○

밑줄 친 '국왕'의 업적으로 옳지 않은 것은?

> 이차돈이 국왕에게 아뢰기를 "신이 거짓으로 왕명을 전하였다고 문책하여 신의 머리를 베시면 만민이 모두 굴복하고 감히 왕명을 어기지 못할 것입니다."라고 하였다. … (중략) … 옥리(獄吏)가 이차돈의 머리를 베니 하얀 젖이 한 길이나 솟았다.

① 율령을 반포하고 상대등을 설치하였다.
② 병부를 설치하고 금관가야를 병합하였다.
③ '건원'이라는 독자적인 연호를 사용하였다.
④ 국호를 '신라'로 정하고 우산국을 정벌하였다.

SOLUTION 난이도 상 중 하

출제자의 눈 사료를 제시하고 국왕의 업적 또는 재위 기간의 사실을 묻는 문제가 전형적이다. 지증왕, 법흥왕, 진흥왕이 모두 출제 빈도가 높은 편인데 최근에는 특히 지증왕에 대한 출제 빈도가 높아지고 있다.

자료분석 자료는 신라 지증왕 대의 우산국 정복(512)과 관련된 사료이다. 지증왕 때인 512년에 신라는 우산국(지금의 울릉도)을 점령하였다. 원래 우산국은 지리적인 이유로 신라에 항복하지 않고 있었으며, 주민들이 사나워서 정복하기 어려웠다. 이에 이사부는 지략으로 항복시킬 수 있다고 생각하여 나무로 사자(獅子)를 많이 만들어 전선에 가득 싣고 그 나라 해안을 내왕하면서 항복하지 않으면 맹수를 풀어 밟아 죽이겠다고 위협해 그들을 마침내 항복시켰다.

정답해설 ② 6세기 초 지증왕은 국호를 '신라'로 정하고, 왕의 칭호를 '마립간'에서 중국식인 '왕'으로 바꾸었다. 또한 지방 제도도 정비하여 점령한 지역에 지방관을 파견하였다.

오답피하기 ① 독서삼품과는 신라 원성왕 4년(788)에 실시된 제도이다. 이 제도는 국학의 학생들을 독서능력에 따라 상·중·하로 구분하고 이를 관리 임용에 참고한 것이다.
③ 신문왕은 문무 관리에게 관료전을 지급(687)하고 녹읍을 폐지(689)하였다. 이는 귀족들의 경제적 기반을 약화시키기 위한 조치였다.
④ 발해 무왕은 장문휴 장군을 보내 산둥반도의 등주를 선제 공격하게 하였다(732).

정답 ② 한정판 014p, 기본서 076p

SOLUTION 난이도 상 중 하

자료분석 자료의 밑줄 친 '국왕'은 신라 법흥왕이다. 법흥왕 때에는 이차돈의 순교로 불교가 공인되었다.

정답해설 ① 신라의 법흥왕은 율령을 반포하고 17관등제와 공복제를 마련하여 중앙 집권적인 통치 조직을 갖추어 나갔다. 또한 상대등을 설치하여 국정을 총괄하는 재상의 역할을 부여하였다.
② 법흥왕은 병부를 설치하여 군권을 장악하였고, 532년에는 금관가야를 병합하였다.
③ 법흥왕 때에는 건원이라는 독자적인 연호를 사용하여 자주 국가로서의 위상을 높였다.

오답피하기 ④ 국호를 신라로 정하고 우산국을 정벌(512)한 왕은 신라의 지증왕이다.

정답 ④ 한정판 014p, 기본서 077p

추가 기출 사료
법흥왕의 상대등 설치

> 왕이 이찬 철부를 상대등으로 삼아 나라의 일을 총괄하게 하였다. 상대등이라는 관직은 이때 처음 생겼으니, 지금의 재상과 같다.

03 0078 [2021. 국가직 9급]

(가) 시기에 신라에서 있었던 사실은?

고구려의 침입으로 한성이 함락되자, 수도를 웅진으로 옮겼다.
⇩
(가)
⇩
성왕은 사비로 도읍을 옮겼다.

① 대가야를 정복하였다.
② 황초령 순수비를 세웠다.
③ 거칠부가 『국사』를 편찬하였다.
④ 이차돈의 순교를 계기로 불교가 공인되었다.

04 0079 [2021. 계리직]

신라의 발전 과정에 대한 사실들을 시대순으로 바르게 나열한 것은?

ㄱ. 고령의 대가야를 병합하여 영토를 확장하였다.
ㄴ. 호국의 염원을 담아 황룡사 9층 목탑을 세웠다.
ㄷ. 행정기관인 병부(兵部)를 설치하여 왕권을 강화하였다.
ㄹ. 주군현(州郡縣)의 제도를 정하고 실직주(悉直州)를 두었다.

① ㄷ-ㄹ-ㄱ-ㄴ
② ㄷ-ㄹ-ㄴ-ㄱ
③ ㄹ-ㄷ-ㄱ-ㄴ
④ ㄹ-ㄷ-ㄴ-ㄱ

SOLUTION (03)

자료분석 웅진 천도는 문주왕 때인 475년, 사비 천도는 성왕 때인 538년의 일이다.

정답해설 ④ 신라는 법흥왕 대인 527년 이차돈의 순교를 계기로 불교를 공인하였다.

오답피하기 ① 신라는 진흥왕 대인 562년 고령의 대가야를 정복하였다.
② 황초령비는 신라 진흥왕 대인 568년에 건립되었다.
③ 신라는 진흥왕 대인 545년 이사부가 역사서 편찬을 건의하자 왕이 이를 받아들여 거칠부 등에게 『국사』를 편찬하도록 하였다.

심화개념 법흥왕 때의 주요 사건 순서 정리

| 병부 설치(517) → 율령 반포 및 백관의 공복 제정(520) → 대가야와 결혼 동맹(522) → 불교 공인(527) → 상대등 설치(531) → 금관가야 정복(532) → 연호 건원 사용(536) |

정답 ④ 한정판 014p, 기본서 077p

SOLUTION (04)

정답해설 ㄹ. 신라는 지증왕 대에 주·군을 정비하고 현재의 강원도 삼척 지역에 실직주(군주로 이사부 파견)를 두었다.
ㄷ. 법흥왕은 상대등과 병부의 설치, 율령 반포, 17관등제 완비, 공복의 제정 등을 통하여 통치 질서를 확립하였다.
ㄱ. 고령 지역의 대가야를 정복한 것은 진흥왕 대인 562년의 일이다.
ㄴ. 황룡사 9층 목탑은 643년 선덕여왕 때 자장 율사의 건의로 만들어졌다.

핵심개념 신라의 발전 과정

내물마립간	• 김씨의 왕위 세습 확립, 왕호 변경(이사금 → 마립간) • 고구려 광개토 대왕의 도움을 받아 신라를 침입한 백제·가야·왜 연합 세력 격퇴
눌지마립간	백제 비유왕과 나·제 동맹 체결(고구려 장수왕의 남진 정책에 대항)
지증왕	• 순장 금지 및 우경 실시(502) • 국호 변경 : 사로국 → 신라(503), 왕호 변경 : 마립간 → 왕(중국식) • 상복법(喪服法) 제정(504), 주군제 실시[주에 군주(軍主) 파견(505)] • 동시전(시장 감독 관청) 설치(509) • 이사부의 우산국(울릉도) 복속(512)
법흥왕	• 율령 반포, 17 관등제, 관리의 공복 제정 • 골품제 정비, 병부와 상대등 설치 • 대가야(이뇌왕)와 결혼동맹(522), 불교 공인(527) • 금관가야 병합(532), 독자적 연호(건원) 사용(536)
진흥왕	• 화랑도를 국가적 조직으로 개편 • 황룡사·흥륜사 건립 • 고구려 승려 혜량을 국통(승통)으로 임명 • 거칠부 『국사』 편찬(545) • 백제 성왕과 연합 → 한강 상류 확보(551), 단양 적성비 건립(551) • 백제가 회복한 한강 하류 확보(553) → 북한산비 건립(555 or 568년 이후 추정) • 창녕비 건립(561) → 대가야 정복(562) • 고구려 공격(함경도 진출) → 황초령비·마운령비(568) • 연호 사용 : 개국, 대창, 홍제 • 품주 설치(재정 담당 관청)
선덕여왕	분황사와 영묘사 창건, 첨성대 축조, 황룡사 9층 목탑 건립

정답 ③ 한정판 014p, 기본서 077p

05 [2020. 지방직 9급]

밑줄 친 '왕'의 재위 기간에 있었던 사실로 옳은 것은?

> 이찬 이사부가 왕에게 "국사라는 것은 임금과 신하들의 선악을 기록하여, 좋고 나쁜 것을 만대 후손들에게 보여 주는 것입니다. 이를 책으로 편찬해 놓지 않는다면 후손들이 무엇을 보고 알겠습니까?"라고 아뢰었다. 왕이 깊이 동감하고 대아찬 거칠부 등에게 명하여 선비들을 널리 모아 그들로 하여금 역사를 편찬하게 하였다.
> ─「삼국사기」─

① 정전 지급
② 국학 설치
③ 첨성대 건립
④ 북한산 순수비 건립

06 [2019. 서울시 사회복지직]

〈보기〉의 밑줄 친 '왕' 대에 이루어진 내용을 옳게 고른 것은?

─ 보기 ─
> 재위 19년에는 금관국주인 김구해가 비와 세 아들을 데리고 와 항복하자 왕은 예로써 대접하고 상등(上等)의 벼슬을 주었으며, 23년에는 처음으로 연호를 칭하여 건원(建元) 원년이라 하였다.

ㄱ. 국호를 사로국에서 '신라'로, 왕호를 마립간에서 '왕'으로 고쳤다.
ㄴ. 왕은 연호를 고쳐 '개국(開國)'이라 하였으며 국사를 편찬토록 하였다.
ㄷ. 왕호를 '성법흥대왕'이라 쓰기도 하였다.
ㄹ. '신라육부'가 새겨진 울진봉평신라비가 세워졌다.
ㅁ. 연호를 '인평(仁平)'으로 고쳤으며 분황사와 영묘사를 창건하였다.

① ㄱ, ㄴ
② ㄴ, ㄷ
③ ㄷ, ㄹ
④ ㄹ, ㅁ

SOLUTION (05)

자료분석 자료의 밑줄 친 '왕'에 해당하는 인물은 신라 진흥왕이다. 이사부의 건의를 받아들여 『국사』를 편찬했다는 내용을 통해 이를 알 수 있다.

정답해설 ④ 진흥왕은 한강 하류를 차지하고 555년(or 568년 이후 추정) 북한산 순수비를 건립하였다.

오답피하기 ① 백성들에게 정전을 지급한 것은 통일 신라 성덕왕 때(722)이다. 성덕왕은 민생을 안정시키고 농민에 대한 토지 지배력을 강화하기 위하여 백성들에게 정전을 지급하였다.
② 국학은 통일 신라의 교육 기관으로 신문왕 2년(682)에 설립되었다. 신문왕은 유교 정치 이념의 확립을 위하여 유학 사상을 강조하고, 유학 교육을 위한 국학을 설립하였다.
③ 첨성대는 신라에서 천문을 관측하던 건물로, 선덕여왕 대에 건립되었다.

심화개념 이사부

505년	지증왕 때 실직주 군주
512년	지증왕 때 우산국 복속
541년	진흥왕 때 병부령에 임명됨
545년	진흥왕 때 국사 편찬의 필요성 역설
562년	대가야 정복에 공헌

정답 ④ 한정판 014p, 기본서 078p

SOLUTION (06)

자료분석 자료의 밑줄 친 '왕'은 신라의 법흥왕으로, 532년 금관가야가 신라 법흥왕에 의해 멸망한 사실을 보여준다.

정답해설 ㄷ. 울주 천전리서석 을묘명에는 법흥왕을 성법흥대왕(聖法興大王)이라고 높여 부르고 있는데, 여기의 을묘년은 법흥왕 22년(535)에 해당하므로 법흥왕은 살아 있을 때에 이미 성법흥대왕으로 불리었음을 알 수 있다.
ㄹ. 울진봉평 신라비는 524년(법흥왕 11)에 세워진 신라의 비석으로 신라 6부의 존재와 법흥왕 때 율령이 반포되었음을 보여준다.

오답피하기 ㄱ. 국호를 사로국에서 '신라'로, 왕호를 마립간에서 '왕'으로 고친 왕은 지증왕이다.
ㄴ. 진흥왕 때 개국, 대창, 홍제라는 연호를 사용하고, 거칠부로 하여금 『국사』를 편찬하게 하였다. 법흥왕 때에는 건원이라는 연호를 사용하였다.
ㅁ. 신라 선덕여왕 때 인평이라는 연호를 사용하고, 경주에 분황사와 영묘사가 창건되었다.

정답 ③ 한정판 014p, 기본서 077p

주제 018 — 01 | 고대의 정치

금석문

Check 대표 기출 1

01 0082 [2023. 지방직 9급] 회독 ○○○

다음 문화재와 이를 통해 알 수 있는 내용의 연결이 옳지 않은 것은?

① 사택지적비 – 백제가 영산강 유역까지 영역을 확장하였다.
② 임신서기석 – 신라에서 청년들이 유교 경전을 공부하였다.
③ 충주 고구려비 – 고구려가 5세기에 남한강 유역까지 진출하였다.
④ 호우명 그릇 – 5세기 초 고구려와 신라가 밀접한 관계를 맺고 있었다.

Check 대표 기출 2

02 0083 [2019. 서울시 7급 2차] 회독 ○○○

삼국 시대 문화유산에 대한 설명으로 가장 옳지 않은 것은?

① 광개토 대왕릉비를 통해 고구려의 독자적인 천하관을 알 수 있다.
② 단양 신라 적성비에서 신라의 중앙 집권 체제를 이해할 수 있다.
③ 사택지적비에서 백제의 한문학 수준을 이해할 수 있다.
④ 호우총의 청동 그릇을 통해 고구려가 신라의 영향력 아래에 있었음을 알 수 있다.

SOLUTION 난이도 상 중 하

출제자의 눈 삼국 중 신라 진흥왕 때의 비석, 고구려의 광개토 대왕릉비와 충주 고구려비, 백제 사택지적비가 가장 출제 빈도가 높다. 특히 충주 고구려비(중원 고구려비)의 경우 한능검에서는 세부적인 내용까지 다루는 경우가 많아 공무원 시험에서도 그에 대한 대비가 필요하다.

정답해설 ② 임신서기석은 신라의 두 화랑이 나라에 충성할 것을 다짐하며 3년 내에 『시경』, 『서경』, 『예기』, 『춘추』 등을 공부할 것을 맹세한 내용을 새긴 것으로, 유교 경전 학습과 충성심을 알 수 있다.
③ 충주 고구려비(중원 고구려비)는 장수왕 때 건립된 것으로 추정되는 비석으로, 위치로 보아 고구려가 남한강 상류 충주 지역까지 진출했음을 알 수 있다. 국내에 남아 있는 유일한 고구려 비석이기도 하다.
④ 경주 호우총에서 발견된 호우명 그릇의 밑받침에는 '을묘년국강상광개토지호태왕호우십(乙卯年國岡上廣開土地好太王壺十)'이라는 문구가 새겨져 있다. 이는 고구려 광개토 대왕의 제사를 지낼 때 쓰던 제기로 추정되며 5세기 초 신라와 고구려의 관계를 추정해 볼 수 있게 한다.

오답피하기 ① 사택지적비에는 의자왕 때 대좌평을 지낸 사택지적이 관직에서 물러나 세월의 덧없음과 인생무상을 탄식하는 내용이 담겨 있어 당시 백제가 도교에 대한 이해가 깊었음을 알 수 있다.

정답 ① 한정판 015p, 기본서 153p

SOLUTION 난이도 상 중 하

정답해설 ① 광개토 대왕릉비에는 추모왕이 천제(天帝)와 하백(河伯)의 혈통을 이어 고구려를 세웠다는 사실을 강조하고, 이러한 추모왕의 혈통을 이어받아 황천(皇天)과 사해(四海)까지 광개토왕의 은택과 무위가 미쳤다고 서술되어 있다. 여기서 사해란 특정한 공간이 아니라 고구려를 중심으로 한 세계를 의미한다. 고구려의 왕은 천손(天孫)으로 세계의 지배자였다고 본 것이다. 이러한 점 등에서 광개토왕 비문에는 고구려 중심의 천하관이 잘 반영되어 있다고 할 수 있다.
② 진흥왕 때 세워진 단양 신라 적성비에는 10인의 중앙고관의 이름이 나오고 신라 율령제도의 발달을 이해하는 데에도 많은 새로운 것을 알려주고 있다. 이를 통해서 신라의 중앙 집권 체제를 이해할 수 있다.
③ 사택지적비는 의자왕 때의 대신 사택지적이 남긴 비석으로 비문은 사륙변려체(四六駢儷體) 문장이고, 글자체는 웅건한 구양순체로 쓰여 있어, 백제 한문학의 높은 수준을 알 수 있다.

오답피하기 ④ 경주 호우총에서 발굴된 호우명 그릇 바닥에는 '을묘년 국강상 광개토지호태왕 호우십'이라는 글씨가 새겨져 있어 신라가 고구려의 영향력 아래에 있었음을 알 수 있다.

정답 ④ 한정판 015p, 기본서 078p

03 [2014. 지방직 9급]

삼국 시대 금석문 자료에 대한 설명으로 옳지 않은 것은?

① 호우총 출토 청동 호우의 존재를 통해 신라와 고구려 관계를 살펴볼 수 있다.
② 사택지적비를 통해 당시 백제가 도가(道家)에 대한 이해를 하고 있었음을 알 수 있다.
③ 울진 봉평리 신라비를 통해 신라가 동해안의 북쪽 방면으로 세력을 확장하였음을 알 수 있다.
④ 충주 고구려비(중원 고구려비)를 통해 신라가 고구려에게 자신을 '동이(東夷)'라고 낮추어 표현했음을 알 수 있다.

SOLUTION

난이도 상 중 하

정답해설 ① 신라의 무덤인 호우총에서는 "을묘년 국강상 광개토지호태왕 호우십"이란 명문이 새겨진 청동 그릇이 발견되었다. 이것은 413년에 사망한 광개토대왕의 3년상 행사(을묘년, 415)에 쓰였던 제사 용기로 추정되는데, 이를 통해 5세기에 고구려가 신라에 영향력을 행사하였음을 알 수 있다.
② 사택지적비에는 의자왕 때 대좌평을 지낸 사택지적이 관직에서 물러나 세월의 덧없음과 인생무상을 탄식하는 내용이 담겨 있어 당시 백제가 도교에 대한 이해가 깊었음을 알 수 있다.
③ 울진 봉평비는 법흥왕 때 영토가 동북 방면으로 확대되어가는 과정에서 울진 지역에서 일어난 반란을 수습하고 관련자들을 노인법(奴人法)을 적용하여 처벌한 사건을 기록한 것이다. 노인법과 죄인을 처벌하는 장형(杖刑)을 통해 당시 율령이 반포되었다는 것을 알 수 있으며, 왕이 6부의 귀족들과 합의하여 국정을 운영하였음을 보여준다.

오답피하기 ④ 중원(충주) 고구려비에는 고구려 장수왕이 동이 매금(東夷 寐錦)에게 의복을 하사하였다는 기록이 있다. 신라 스스로가 아니라 고구려가 신라를 동이 매금이라 낮춰 부른 것이며, 이를 통해 고구려가 세계의 중심이라고 여기는 고구려인들의 천하관을 알 수 있다.

심화개념 사택지적비

> 1948년 백제의 마지막 수도였던 충청남도 부여군에서 발견되었다. 충청남도 유형문화재 제101호로 지정되었으며, 현재 국립부여박물관에 보관되어 있다. 문자를 제대로 확인할 수 있는 유일한 백제 석비(石碑)로, 사택지적이 654년(의자왕 14)에 글을 쓰고 세운 것이다. 사택지적은 백제 후기의 최고 귀족 가문 중 하나인 사택씨 출신으로, 의자왕 대 최고위직인 대좌평을 역임했던 인물이다. 비문은 사택지적이 말년에 이르러 지난날의 영광과 세월의 덧없음을 한탄하여, 불교에 귀의하고 사찰을 건립했다는 내용을 담고 있다.

정답 ④ 한정판 015p, 기본서 077p

주제 019 | 01 고대의 정치

삼국간의 항쟁

Check 대표 기출 1

01 0085 [2020. 국가직 7급]   회독 ○○○

(가)~(라) 시기에 있었던 사실로 옳은 것은?

(가)	(나)	(다)	(라)
고구려 진대법 시행	백제 불교 공인	신라 율령 반포	고구려 살수대첩	백제 주류성 함락

① (가) - 신라가 대가야를 병합하였다.
② (나) - 고구려가 한반도에서 낙랑군을 축출하였다.
③ (다) - 백제가 사비로 천도하였다.
④ (라) - 신라가 북한산에 순수비를 세웠다.

Check 대표 기출 2

02 0086 [2025. 국가직 9급]   회독 ○○○

(가), (나) 사이 시기에 있었던 사실로 옳은 것은?

> (가) 왕이 보병과 기병 5만 명을 보내 신라를 구원하게 하였고, 이에 왜군이 퇴각하였다.
> (나) 백제 왕이 가야와 함께 관산성을 공격하였다. 신주군주 김무력이 나아가 교전을 벌였고, 비장인 도도가 백제 왕을 죽였다.

① 고구려가 낙랑군을 몰아냈다.
② 신라가 금관가야를 병합하였다.
③ 고구려가 안시성에서 당군을 물리쳤다.
④ 백제가 평양성에서 고국원왕을 전사시켰다.

SOLUTION   난이도 상 중 하

자료분석 고구려의 진대법 시행은 194년(고국천왕), 백제의 불교 공인은 384년(침류왕), 신라의 율령 반포는 520년(법흥왕), 고구려의 살수 대첩은 612년(영양왕), 백제 주류성 함락은 663년의 사건이다.

정답해설 ③ 백제가 수도를 사비로 천도한 것은 6세기(538) 성왕 때이다.

오답피하기 ① 신라가 대가야를 병합한 것은 (다) 시기인 562년(진흥왕)이다.
② 고구려가 한반도에서 낙랑군을 축출한 것은 (가) 시기인 313년(미천왕)이다.
④ 신라가 북한산에 순수비를 건립한 것은 (다) 시기인 555년(or 568년 추정, 진흥왕)이다.

심화개념 백제 주류성 함락(663, 문무왕 3)

> 663년 나·당 연합군은 주류성을 함락시켰다. 주류성 함락 후 나·당 연합군은 임존성 공격에 나섰다. 그러나 거센 저항에 한 달이 넘도록 성을 함락시키지 못하고 후퇴하였다. 이 때 임존성에 있던 흑치상지는 당군에 항복했다. 흑치상지는 당의 군사와 군량을 받아서 임존성 공격의 선봉에 섰다. 그리고 당의 유인궤의 군대가 뒤따라 들어가 임존성을 함락시켰다. 임존성에서 마지막까지 항거하던 지수신은 고구려로 달아났다.

정답 ③ 한정판 014p, 기본서 078p

SOLUTION   난이도 상 중 하

출제자의 눈 삼국에서 일어난 사건들의 전후 순서를 나열하는 문제가 주로 출제된다. 백제 성왕 대를 전후한 사건이 자주 출제되기 때문에 진흥왕 대의 사건들과 함께 알아두는 것이 중요하다.

자료분석 (가)는 광개토대왕이 군대를 보내 신라에 침입한 왜를 격퇴한 400년의 사건이다.
(나)는 554년 관산성 전투에서 백제 성왕이 신라에게 패하고 전사한 사실을 보여준다.

정답해설 ② 신라는 532년 법흥왕 때 금관가야를 병합하였다.

오답피하기 ① 고구려가 낙랑군을 한반도에서 몰아낸 것은 4세기 고구려 미천왕 때(313)의 일이다.
③ 고구려가 안시성에서 당군을 물리친 안시성 전투는 645년의 일이다.
④ 고구려는 평양성 전투에서 백제 근초고왕에게 패하였으며, 고국원왕은 전사하고 말았다(371).

정답 ② 한정판 014p, 기본서 077p

03 [2024. 서울시 9급 2차]

〈보기〉의 사건을 시간 순으로 바르게 나열한 것은?

---보기---

ㄱ. 장수왕은 백제의 수도 한성을 점령한 후 한강 유역을 차지하였다.
ㄴ. 진흥왕은 고구려와 백제를 모두 공격하여 한강 유역을 차지하였다.
ㄷ. 근초고왕은 마한의 여러 소국을 복속시키고 고구려의 평양성을 공격하였다.
ㄹ. 가야 연맹은 중앙 집권 국가로 발전하지 못하였고, 마지막으로 대가야가 신라에 병합됨으로써 해체되었다.

① ㄱ-ㄴ-ㄷ-ㄹ
② ㄴ-ㄷ-ㄹ-ㄱ
③ ㄷ-ㄱ-ㄴ-ㄹ
④ ㄹ-ㄷ-ㄱ-ㄴ

04 [2023. 국가직 9급]

다음 사건을 시기순으로 바르게 나열한 것은?

(가) 신라의 우산국 복속
(나) 고구려의 서안평 점령
(다) 백제의 대야성 점령
(라) 신라의 금관가야 병합

① (가) → (나) → (다) → (라)
② (가) → (라) → (나) → (다)
③ (나) → (가) → (라) → (다)
④ (나) → (다) → (가) → (라)

SOLUTION 03

정답해설 ㄷ. 4세기 후반 백제 근초고왕은 마한의 소국들을 정복하여 남해안까지 진출하였고, 고구려를 공격하여 황해도 일대를 차지하기도 하였다. 한편, 가야와 외교 관계를 맺어 왜로 가는 교통로를 확보하였고, 이를 토대로 중국의 동진, 왜의 규슈 지방과 교류하면서 중국-백제-왜를 잇는 해상 교역망을 확보하였다.
ㄱ. 고구려는 5세기 장수왕 때 수도를 평양으로 옮기고(427) 남진 정책을 추진하였다. 이에 백제와 신라가 나·제 동맹(433)을 맺어 맞섰지만, 고구려는 백제의 수도 한성을 함락하고(475) 한강 유역을 차지하였다.
ㄴ. 6세기에 진흥왕은 백제와 연합하여 고구려를 쳐 한강 상류 지역을 차지하였고(551), 다시 백제를 공격하여 한강 하류 지역마저 차지하였다(553).
ㄹ. 대가야는 섬진강 하류와 소백산맥 서쪽까지 세력권을 확대하기도 하였으나, 결국 562년 신라(진흥왕)에 병합되었다.

심화개념 진흥왕의 한강 하류 지역 확보

551년에 백제군을 주축으로 해 신라군(진흥왕)과 가야군으로 이루어진 연합군이 구성되어 고구려 지역으로 북진하였다. 백제군이 먼저 고구려의 남평양(지금의 서울)을 공격, 격파함으로써 기선을 제압했고 결국 고구려군을 패주시켰다. 그 결과 백제는 한강 하류의 6군을 회복했고 신라는 한강 상류의 10군을 차지하게 되었다. 그러나 신라의 진흥왕의 배신으로 553년에 한강 하류 유역을 신라에 빼앗기게 되었으며, 이에 대한 보복으로 백제 성왕은 신라를 공격하다 관산성(옥천) 전투에서 전사하였다(554).

정답 ③ 한정판 014p, 기본서 078p

SOLUTION 04

정답해설 (나) 고구려는 4세기 미천왕 때 서안평을 점령(311)하고 낙랑군(313)과 대방군(314)을 축출하였다.
(가) 신라의 이사부가 우산국을 정벌한 것은 6세기 지증왕 때인 512년의 일이다.
(라) 신라가 금관가야를 병합한 것은 6세기 법흥왕 때인 532년의 일이다.
(다) 642년에 백제의 의자왕은 선덕여왕의 신라를 침공하여 미후 등 40여 성을 함락하였고 이어서 장군 윤충을 보내 신라의 대야성을 함락시켰다.

정답 ③ 한정판 013p, 기본서 077p

05 [2022. 지방직 9급]

다음 사건을 시기순으로 바르게 나열한 것은?

(가) 신라의 한강 유역 확보
(나) 관산성 전투
(다) 백제의 웅진 천도
(라) 고구려의 평양 천도

① (가) → (라) → (나) → (다)
② (나) → (다) → (가) → (라)
③ (다) → (나) → (가) → (라)
④ (라) → (다) → (가) → (나)

06 [2017. 기상직 7급]

다음 사료들을 시기 순서대로 나열한 것은?

(가) 내신 좌평을 두어 왕명 출납을, 내두 좌평은 물자와 창고를, …… 병관 좌평은 지방의 군사에 관한 일을 각각 맡게 하였다.

(나) 영락 6년 병신에 왕은 몸소 수군을 이끌고 백잔을 토벌하였다. 군대가 소굴에 이르러 남으로 일팔성 등을 공격하여 취하니 백잔은 의로움에 복종하지 않고 감히 맞아 싸우는지라.

(다) 동옥저를 정벌하여 그 땅을 취하고 성읍을 만들며 국경을 개척하였는데, 동으로는 창해에 이르고 남으로는 살수에 이르렀다.

(라) 왕이 즉위한 갑신년에 인도 승려 마라난타가 동진에서 오니, 그를 맞이하여 궁중에 두고 예로써 공경했다. 이듬해 을유에 한산주에 절을 짓고 승려 10명을 두었으니 이것이 백제 불법의 시초이다.

① (가) - (다) - (나) - (라)
② (가) - (다) - (라) - (나)
③ (다) - (가) - (라) - (나)
④ (다) - (가) - (나) - (라)

07 [2017. 서울시 7급]

다음 삼국 시대 대외 관계와 관련된 사료를 순서대로 바르게 나열한 것은?

> ㉠ 10월 왕(백제)이 정병 3만 명을 거느리고 고구려 평양성을 침공하였다.
> ㉡ 왕(고구려) 10년 보병과 기병 5만 명을 파견하여 신라를 구원하게 하였다.
> ㉢ 9월 왕(고구려)이 군사 3만 명을 이끌고 백제에 침략하여 한성을 함락시켰다.
> ㉣ 백제왕 모대가 사신을 보내 혼인을 청하매, 신라왕은 이찬 비지의 딸을 보냈다.

① ㉠-㉡-㉢-㉣
② ㉠-㉡-㉣-㉢
③ ㉡-㉠-㉢-㉣
④ ㉡-㉠-㉣-㉢

08 [2016. 지방직 9급]

다음 사실들을 시기 순으로 바르게 나열한 것은?

> ㉠ 고구려 - 살수에서 수 양제의 군대를 격파하였다.
> ㉡ 백제 - 사비로 도읍을 옮기고 국호를 남부여로 고쳤다.
> ㉢ 신라 - 율령을 반포하고 백관의 공복을 제정하였다.
> ㉣ 가야 - 고령 지역의 대가야가 신라의 공격으로 멸망하였다.

① ㉡→㉢→㉣→㉠
② ㉡→㉣→㉢→㉠
③ ㉢→㉡→㉣→㉠
④ ㉢→㉣→㉠→㉡

SOLUTION

정답해설 ㉠ 4세기 백제 근초고왕은 고구려의 평양성을 공격해 고국원왕을 전사시켰다(371).
㉡ 고구려의 광개토 대왕은 신라와 왜·가야 사이의 세력 경쟁에 개입하여 신라에 침입한 왜군을 격퇴하였다(400).
㉢ 고구려 장수왕은 백제의 수도 한성을 함락시키고 개로왕을 죽였다(475).
㉣ 백제 동성왕(모대)은 신라 소지 마립간과의 결혼 동맹을 통해 고구려에 대항하였다(493).

정답 ① 한정판 013p, 기본서 075p

SOLUTION

정답해설 ㉢ 신라 법흥왕 때의 사실이다. 법흥왕은 520년 율령을 반포하고 귀족을 관료로 등급화하는 17관등 및 백관의 공복을 제정하였다.
㉡ 백제 성왕 때의 사실이다. 성왕은 538년 대외 진출에 유리한 사비로 천도하고, 부여 계승 의식을 내세우며 국호를 남부여로 개칭하였다.
㉣ 대가야는 신라 진흥왕의 침입으로 562년에 멸망하였다. 백제에 협력했던 관산성 전투에서 신라에 패한 이후 가야 연맹은 급속히 쇠퇴하였고, 신라 진흥왕 때의 공격으로 멸망하였다.
㉠ 살수에서 수 양제의 군대를 격파한 살수 대첩은 612년 고구려 영양왕 때의 사실이다. 수가 고구려를 침략하려는 야욕을 보이자, 고구려는 전략적 요충지인 요서 지방을 선제공격하여 이를 견제하였다. 이에 수 문제는 고구려를 침공했으나 성과 없이 물러났고, 이어 양제가 약 113만 명의 대군을 이끌고 다시 침략하였다. 이때 을지문덕이 평양으로 직접 쳐들어오려는 수의 30만 군대를 청천강 부근에서 궤멸시키면서 대승을 거두었다(살수 대첩).

정답 ③ 한정판 014p, 기본서 079p

주제 020

01 | 고대의 정치

6세기 말 ~ 7세기의 정세

Check 대표 기출 1

01 0093 [2020. 법원직 9급]   회독 ○○○

밑줄 친 '왕'의 활동으로 가장 옳은 것은?

> 대야성의 패전에서 도독 품석의 아내도 죽었는데, 그녀는 춘추의 딸이었다. …… 왕에게 나아가 아뢰기를, "신이 고구려에 가서 군사를 청해 원수를 갚고 싶습니다."라고 하니 왕이 허락했다.
> - 「삼국사기」 -

① 단양 적성비를 세웠다.
② 황룡사 9층 목탑을 건립하였다.
③ 고구려 부흥 운동을 지원하였다.
④ 이차돈의 순교를 계기로 불교를 공인하였다.

Check 대표 기출 2

02 0094 [2021. 지방직 9급]   회독 ○○○

밑줄 친 '그'에 대한 설명으로 옳은 것은?

> 그가 왕에게 아뢰었다. "삼교는 솥의 발과 같아서 하나라도 없어서는 안 됩니다. 지금 유교와 불교는 모두 흥하는데 도교는 아직 번성하지 않으니, 소위 천하의 도술(道術)을 갖추었다고 할 수 없습니다. 엎드려 청하오니 당에 사신을 보내 도교를 구해와서 나라 사람들을 가르치게 하소서."
> - 「삼국사기」 -

① 당나라와 동맹을 체결하였다.
② 천리장성의 축조를 맡아 수행하였다.
③ 수나라의 군대를 살수에서 격퇴하였다.
④ 남진 정책을 추진하여 한성을 점령하였다.

SOLUTION   난이도 상 중 하

출제자의 눈 최근에는 변별력을 높이기 위해 기존에 출제빈도가 낮았던 7세기의 왕들이 업적 및 대외 관계를 중심으로 출제되고 있다. 특히 백제 무왕(미륵사)과 선덕여왕(황룡사 9층 목탑과 첨성대)은 문화사와 연계된 문제가 출제되고 있다.

자료분석 자료의 밑줄 친 '왕'은 신라의 선덕여왕이다. 자료는 선덕여왕 때인 642년에 신라가 백제 의자왕의 군대(윤충)에게 대야성을 빼앗기고, 위기에 처하자 김춘추가 고구려에 군사를 청하고자 선덕여왕에게 아뢰는 내용이다.

정답해설 ② 선덕여왕 대에 자장의 건의에 따라 황룡사 9층 목탑이 건립되었다.

오답피하기 ① 단양 적성비(551)는 신라 진흥왕 때 고구려 영토인 적성 지역을 점령한 후에 세운 비석으로 진흥왕의 한강 상류 진출을 입증한다.
③ 백제와 고구려 멸망 후 당이 한반도 전체를 지배하려 하자, 신라 문무왕은 고구려 부흥 운동을 지원하는 한편, 당과의 전쟁을 시작하였다.
④ 이차돈의 순교를 계기로 불교를 공인한 것은 신라 법흥왕이다(527).

핵심개념 선덕여왕(632~647, 연호 '인평')

- 백제(의자왕)의 공격 → 40여 성을 비롯한 대야성 함락(642) → 김춘추가 고구려(보장왕, 연개소문)를 찾아가 도움 요청 → 억류되었다가 탈출
- 비담(상대등)·염종의 난(647)
- 분황사, 분황사 모전석탑 건립
- 영묘사 창건, 통도사 창건(자장)
- 첨성대 축조, 황룡사 9층 목탑 건립
- 3대 예언 : 꽃, 개구리, 죽음

정답 ② 한정판 016p, 기본서 083p

SOLUTION   난이도 상 중 하

출제자의 눈 최근 연개소문의 인물사 문제가 빈출되고 있다. 특히 본 문제처럼 연개소문의 도교 장려책과 관련된 사료들이 주목받고 있다. 아래의 핵심개념 연개소문 인물사를 통해서 앞으로 출제될 수 있는 문제에 대비하자.

자료분석 자료의 밑줄 친 '그'에 해당하는 인물은 연개소문이다. 643년 보장왕 때 연개소문의 건의로 당 태종으로부터 숙달 등 도사 8인과 도덕경을 얻어왔다.

정답해설 ② 연개소문은 천리장성 공사를 감독하면서 요동의 군사력을 장악한 뒤 정변을 일으켜, 영류왕과 자신을 반대하는 대신들을 죽이고 보장왕을 세우는 동시에 스스로 대막리지가 되었다(642).

오답피하기 ① 당에 건너가 나당 동맹을 체결(648)한 인물은 김춘추이다.
③ 살수대첩(612)에서 수나라 군대를 격퇴한 인물은 을지문덕이다.
④ 남진 정책을 추진하여 백제의 수도 한성을 함락한 것은 고구려 장수왕이다.

핵심개념 연개소문(?~666)

- 동부대인이었던 아버지 사망 후 그 직을 계승
- 천리장성 축조 최고 감독자
- 642년 정변을 일으켜 영류왕을 시해하고 보장왕 옹립 → 스스로 막리지가 됨
- 642년 신라 김춘추의 원군 요청 거절
- 643년 당나라에 사신을 보내어 숙달(叔達) 등 8명의 도사를 맞아들이고 도교 육성
- 도교 장려책 : 기존 불교 사찰을 도교 사원으로 바꾸고 전국의 명산대천에 도교식 제천 실시

정답 ② 한정판 016p, 기본서 153p

03 [2021. 국회직]

다음 불탑을 건립한 왕의 재위 기간 중에 일어난 역사적 사건으로 옳은 것은?

> 이 탑을 건립한 목적은 이웃 나라들의 침략을 막고 나라가 태평해지기를 빌기 위한 것이었다. 이 탑은 금동장육존상, 천사옥대와 함께 나라의 세 가지 보물로 인식되었다.

① 대야성 상실로 신라가 위기를 맞이하였다.
② 불국토의 이상을 표현한 불국사를 세웠다.
③ 견훤이 경주를 습격하여 경애왕을 살해하였다.
④ 거란과 세 차례에 걸친 전쟁을 겪었다.
⑤ 몽골이 침략하자 강화도로 천도하였다.

SOLUTION

자료분석 자료에서 설명하는 탑은 신라 선덕여왕 때 건립된 황룡사 9층 목탑이다. 신라삼보(三寶)는 신라 왕실의 권위와 호국을 상징하는 보물로, 진흥왕 대에 만들어진 황룡사장륙(존)상, 진평왕이 하늘의 천사로부터 받았다는 허리띠인 천사옥대, 그리고 선덕여왕 대에 만들어진 황룡사 9층 목탑을 말한다.

정답해설 ① 신라는 선덕여왕 때인 642년에 백제 의자왕의 공격으로 대야성(경남 합천)을 비롯한 서쪽 40여 개의 성을 잃었다. 이에 신라는 김춘추를 고구려로 보내 백제 공격을 위한 군사 지원을 요청하였다. 그러나 김춘추를 만난 고구려 보장왕은 진흥왕 때 신라가 점령한 한강 상류 지역(죽령 이북)을 반환하면 신라를 도와주겠다고 답했고, 이를 거절한 김춘추는 감옥에 갇혔다가 지략을 발휘하여 탈출하였다.

오답피하기 ② 불국사는 통일신라 경덕왕 대인 751년 김대성의 발원으로 창건하였다(완공은 혜공왕 대에 이루어졌다.). 불국사는 신라인들이 생각하는 불국토의 이상을 표현한 사원 건축물로, 법화경의 사바세계, 무량수경의 극락세계, 화엄경의 연화장 세계를 형상화하였다.
③ 견훤은 927년 상주를 공격하고 영천을 습격했다. 이어 경주로 진격해 포석정에서 경애왕을 살해하고, 왕의 족제인 김부(경순왕)를 왕으로 삼았다. 당시 이 소식을 듣고 온 왕건은 공산 전투에서 크게 패하기도 했다.
④ 거란의 1차 침입은 고려 성종 때인 993년, 2차 침입은 고려 현종 때인 1010년, 3차 침입은 고려 현종 때인 1018년에 일어났다. 거란의 3차 침입 때는 강감찬이 귀주대첩에서 거란군을 격퇴하기도 했다.
⑤ 강화 천도는 고려 고종 대인 1232년에 있었던 사건이다. 당시 집권자인 최우는 몽골과의 항전을 위해 강화 천도를 단행하였다.

정답 ① 한정판 016p, 기본서 083p

04 [2019. 서울시 7급 1차]

〈보기〉의 시와 관련된 전쟁에 대한 설명으로 가장 옳은 것은?

> 보기
> 귀신같은 전술은 천문을 꿰뚫었고
> 묘한 전략은 지리를 통달했구나.
> 전쟁에서 이겨 공이 이미 높아졌으니,
> 만족함을 알고 그만함이 어떠하겠는가.

① 동천왕 때 일어난 전쟁이다.
② 살수에서 고구려군이 크게 승리하였다.
③ 당 태종이 직접 군대를 이끌고 침략을 감행하였다.
④ 왜군 3만 명이 원군으로 참전하였으나 백강 전투에서 크게 패배하였다.

SOLUTION

자료분석 자료는 612년 수 양제의 고구려 침입 당시 을지문덕이 수의 장군 우중문에게 보낸 시(여수장우중문시)의 일부이다. 을지문덕은 우중문이 30만 별동대로 침공해 왔을 때 이 시로 조롱하였다.

정답해설 ② 수 양제는 113만이 넘는 대군을 이끌고 고구려를 공격했으나 요동성에서 고구려군의 저항에 막혔다. 이에 우중문 등에게 30만 명의 별동대를 이끌고 고구려의 수도 평양을 공격하게 하였다. 이때 고구려의 을지문덕은 평양으로 가는 길목의 식량을 없애고, 평양 근처까지 왔다가 퇴각하는 수의 군대를 살수(지금의 청천강)에서 크게 물리쳤다(살수대첩, 612).

오답피하기 ① 고구려와 수의 전쟁은 고구려 영양왕 때 일어났다.
③ 수 양제(당 태종 X)가 군대를 이끌고 침략을 감행하였다.
④ 백강 전투(663)는 백제 멸망 이후 백제 부흥 운동 과정에서 있었던 사건으로, 살수대첩과는 관련이 없다.

정답 ② 한정판 016p, 기본서 081p

05 [2015. 서울시 7급]

㉠~㉣ 시기에 있었던 역사적 사실로 옳은 것은?

475년	532년	612년	654년	668년
	㉠	㉡	㉢	㉣
백제 웅진 천도	금관가야 멸망	살수 대첩	무열왕 즉위	고구려 멸망

① ㉠ - 고구려가 도읍을 평양으로 옮겼다.
② ㉡ - 백제가 역사서인 「서기」를 편찬하였다.
③ ㉢ - 황룡사 9층탑이 건립되었다.
④ ㉣ - 상대등 비담이 반란을 일으켰다.

06 [2015. 법원직 9급]

(가), (나) 시기의 사이에 있었던 사실을 〈보기〉에서 고른 것은?

(가) 을지문덕은 평양으로 직접 쳐들어오려는 수의 30만 대군을 청천강 부근에서 궤멸시키며 대승을 거두었다.
(나) 당 태종은 10만 명의 군대를 이끌고 고구려를 침략하였다. 고구려는 요동성을 비롯한 여러 성을 빼앗기고 곤경에 처하였으나, 안시성 전투에서 승리하여 당군을 물리쳤다.

— 보기 —
㉠ 연개소문이 정변을 일으켜 권력을 장악하였다.
㉡ 고구려는 요동 지방에 천리장성을 쌓기 시작하였다.
㉢ 고구려는 말갈 세력과 손잡고 요서를 먼저 공격하였다.
㉣ 장군 온달이 죽령 이북의 땅을 되찾고 신라를 압박하였다.

① ㉠, ㉡ ② ㉠, ㉢
③ ㉡, ㉢ ④ ㉢, ㉣

07 [2015. 경찰간부후보]

밑줄 친 그에 대한 설명으로 옳지 않은 것은?

> 당태종이 붉은색, 자주색, 흰색의 3색의 모란꽃 그림과 그 씨 3되를 보내왔다. 그는 꽃 그림을 보고 "이 꽃은 절대로 향기가 없을 것이다."라고 말했다. 이에 씨를 뜰에 심어 그 꽃이 피어 떨어지기를 기다리니 과연 그 말과 같았다.

① 신라의 최초의 여왕이다.
② 첨성대를 건립하여 천체를 관측하였다.
③ 자장의 요청으로 황룡사 9층탑을 세웠다.
④ 중국의 의관을 착용하고 아홀(牙笏)을 갖게 하였다.

08 [2014. 경찰간부후보]

밑줄 친 '그'에 대한 설명으로 가장 옳지 않은 것은?

> 동부대인 대대로가 사망하자, 아들인 그가 마땅히 그 뒤를 이어야 할 것이지만, 나라 사람들이 성품이 잔인하고 포악하다 하여 미워하였기 때문에 뒤를 잇지 못하게 되었다. 그가 머리를 조아리며 여러 사람들에게 사죄하고 그 직위를 임시로 맡기를 청하면서, 만약 옳지 않은 행위를 하면 폐하여도 후회하지 않겠다고 하였다. 여러 사람들이 불쌍히 여겨 마침내 그 직에 오를 것을 허락하였다.

① 천리장성 수축을 주관하였다.
② 당으로부터 도교를 수입하여 장려하였다.
③ 남진 정책을 추진하여 한강 유역을 차지하였다.
④ 신라를 공격하지 말라는 당의 요구를 거부하였다.

SOLUTION (07)

자료분석 자료의 밑줄 친 '그'는 선덕여왕으로, 당태종이 선덕여왕(재위 632~647)에게 보낸 모란꽃 그림에 대한 일화이다. 당시 선덕여왕은 모란꽃 그림에 나비가 없는 것을 통해 꽃에 향기가 없을 것이라고 예측했다. 이는 선덕여왕의 지혜를 보여주는 일화로 유명하다.

정답해설 ① 선덕여왕은 진평왕의 맏딸로, 632년 진평왕이 죽자 그 뒤를 이어 신라 최초의 여왕이 되었다. 진평왕의 가계(家系)에 남자 혈족이 존재하지 않아 선덕여왕이 왕위에 오르게 된 것이다.
② 『삼국유사』에는 첨성대가 세워진 것을 선덕여왕 때의 일로 기록하고 있다. 첨성대는 현존하는 동양 최고(最古)의 천체 관측기구이다.
③ 선덕여왕은 645년 자장의 요청을 받아들여 황룡사 9층탑을 세웠다.

오답피하기 ④ 중국의 의관을 착용하고 진골로서 관직에 있는 자는 아홀을 들게 한 것은 진덕여왕 때의 일이다(650).

단어해석 ・아홀 : 아홀은 상아로 만든 홀(笏)이다. 홀은 관리가 공식 행사 등에서 손에 들던 얇은 판을 말한다. 상아를 비롯하여 상수리나무나 벚나무 등의 목재가 사용되었다.

심화개념 선덕여왕의 3가지 지혜

> 여왕은 인물됨이 관대하고 인자하며 총명하고 민첩하였다. 당나라 황제가 모란꽃 그림과 꽃씨를 보내오니 여왕이 말하기를, "이 꽃은 매우 아름다우나 꽃에 벌과 나비가 없으니 반드시 향기가 없을 것입니다." 하였는데 그 씨를 심으니 과연 그러하였다. 또 하루는 옥문지(玉門池)에 많은 두꺼비가 모이자 여왕이 말하기를, "두꺼비는 군대의 형상이다. 내가 서남쪽에 옥문곡(玉門谷)이 있다는 것을 들었는데 생각건대 이웃 나라의 군사가 그 골짜기에 이른 것 같다." 하고 장수에게 명하여 수색하게 하니 과연 백제 병사가 주둔하고 있어서 급습하여 격살하였다. 또한 죽을 날을 예언하였는데 과연 기약한 날에 이르러 징험하니 세상에서는 여왕이 세 가지 앞일을 알고 있다고 하였다.
> – 조선역대사략 –

정답 ④ 한정판 016p, 기본서 083p

SOLUTION (08)

자료분석 자료의 밑줄 친 '그'는 연개소문이다. 『신당서』에는 동부대인(東部大人) 대대로의 아들이라고 전하며, 『삼국사기』에는 아버지가 죽자 개소문이 그 자리를 이어받으려 하니 나라 사람들이 그를 미워하여 어렵게 뒤를 이었다는 이야기가 실려 있다.

정답해설 ① 연개소문은 천리장성 공사를 감독하면서 요동의 군사력을 장악한 뒤 정변을 일으켜, 영류왕과 자신을 반대하는 대신들을 죽이고 보장왕을 세우는 동시에 스스로 대막리지가 되었다(642).
② 연개소문은 귀족과 연결된 불교 세력을 억압하기 위해 당으로부터 도교를 수입하여 장려하는 정책을 펼치기도 하였다.
④ 연개소문은 신라에 대한 공격을 중지하라는 당의 요구를 거절하고, 사신을 투옥시켰다. 이에 당 태종은 연개소문의 국왕 살해를 문책한다는 구실을 내세워 공격하기에 이르렀다.

오답피하기 ③ 남진 정책은 장수왕 대의 정책이다. 장수왕은 427년에 평양성으로 천도한 후, 475년에 백제의 수도 한성을 함락하고 한강 전 지역을 포함하여 죽령 일대에서 남양만을 연결하는 선까지 그 판도를 넓혔다. 고구려의 한강 유역 진출은 중원 고구려비에 잘 나타나 있다.

정답 ③ 한정판 016p, 기본서 081p

주제 021

01 | 고대의 정치

신라의 삼국 통일

Check 대표 기출 1

01 0101 [2018. 지방직 9급] 회독 ○○○

(가) 시기에 해당되는 사실로 옳은 것만을 〈보기〉에서 모두 고르면?

```
문무왕이 왕위에 올랐다.
        ⇩
       (가)
        ⇩
신라가 기벌포에서 당의 수군을 격파하였다.
```

보기
㉠ 신라가 안승을 고구려왕에 봉했다.
㉡ 당나라가 신라를 계림대도독부로 삼았다.
㉢ 신라가 황산벌 전투에서 백제군을 무찔렀다.
㉣ 보장왕이 요동 지역에서 고구려 부흥을 꾀했다.

① ㉠, ㉡   ② ㉠, ㉢   ③ ㉡, ㉣   ④ ㉢, ㉣

Check 대표 기출 2

02 0102 [2017. 서울시 9급] 회독 ○○○

삼국 통일 과정에서 나타난 사건을 순서대로 바르게 나열한 것은?

(가) 나·당 연합군이 평양성을 함락시켰다.
(나) 신라가 매소성에서 당군을 크게 물리쳤다.
(다) 계백의 저항에도 불구하고 사비성이 함락되었다.
(라) 백제·왜 연합군이 나·당 연합군과 백강에서 전투를 벌였다.

① (나) - (가) - (다) - (라)
② (나) - (다) - (가) - (라)
③ (다) - (라) - (가) - (나)
④ (라) - (다) - (가) - (나)

SOLUTION 난이도 상 중 하

출제자의 눈 주로 순서 문제가 출제되는 주제이기 때문에 삼국 통일 과정에서의 굵직한 역사적 사건들을 시기 순으로 배열할 수 있어야 한다. 김유신 인물사 문제가 고난도 문제로 출제되기도 해 관련 일화를 숙지할 필요가 있다.

자료분석 문무왕은 661년 왕위에 올랐으며, 기벌포 전투는 676년의 사건이다. 676년(문무왕 16)에 신라는 금강 하구의 기벌포에서 당의 수군을 섬멸하였다.

정답해설 ㉠ 안승은 670년 고구려 부흥 운동을 일으킨 검모잠에 의하여 추대되어 한성(지금의 황해도 재령 부근)에서 왕으로 즉위했으며, 674년(문무왕 14)에는 신라에 의해 보덕국왕에 봉해졌다.
㉡ 663년(문무왕 3) 당나라는 신라에 계림대도독부를 설치하고 문무왕을 계림주대도독으로 임명하는 등, 노골적으로 신라를 그들의 예속하에 두려고 하였다.

오답피하기 ㉢ 황산벌 전투는 660년 황산벌에서 계백이 이끄는 백제군과 김유신이 이끄는 신라군이 벌인 전투이다.
㉣ 보장왕은 기벌포 전투 이후인 677년 요동 지방 전체를 지배하는 요동도독 조선군왕(遼東都督朝鮮郡王)에 임명되어 당나라에 잡혀간 많은 고구려인들을 데리고 요동으로 돌아왔다. 이것은 당나라가 한반도 포기에 따른 요동 지역의 동요를 막기 위해 취한 조처였으나, 요동으로 돌아온 보장왕은 오히려 고구려 유민을 규합하고 말갈과 내통해 고구려 부흥을 도모하였다. 그러나 이러한 사실이 발각되어 681년 공주(사천성 공협)로 유배되었으며, 682년경 사망하였다.

정답 ① 한정판 017p, 기본서 086p

SOLUTION 난이도 상 중 하

정답해설 (다) 나·당 연합군은 고구려 공격에 앞서 백제를 공격했다. 황산벌에서 계백이 결사대를 조직해 저항했으나 결국 패배했고, 사비성이 함락되면서 백제는 멸망하고 말았다(660).
(라) 왜 수군이 백제 부흥군을 지원하기 위해 백강 입구까지 왔으나 백강 전투(금강)에서 패배하여 쫓겨 갔다(663).
(가) 고구려는 거듭된 전쟁으로 국력의 소모가 심했고, 연개소문이 죽은 뒤 지배층의 권력 쟁탈전으로 국론이 분열되어 있었다. 결국 고구려는 나·당 연합군의 공격으로 평양성이 함락되면서 멸망하고 말았다(668).
(나) 당은 고구려 멸망 이후 한반도 전체를 지배하려는 야욕을 보였다. 이에 신라는 당과의 전쟁에 나섰고 남침해 오던 당의 20만 대군을 매소성에서 격파하여 나·당 전쟁의 주도권을 장악했다(675).

핵심개념 백강 전투(663)

> 나·당 연합군이 백강으로 가서 육군과 모여서 동시에 주류성으로 가다가 백강 어귀에서 왜국 군사를 만나 네 번 싸워서 다 이기고 그들의 배 4백 척을 불태우니 연기와 불꽃이 하늘을 찌르고 바닷물이 붉어졌다.
> — 『삼국사기』 —

백제의 오랜 동맹국이었던 왜는 백제 부흥군을 돕기 위해 2만 7천여 명의 대군을 보냈다. 백제 부흥군과 왜의 연합군은 백강 어귀에서 나·당 연합군과 격전을 벌였으나 나당 연합군에 크게 패하였고, 부여풍도 보검 한 자루만 남긴 채 행방불명되었다고 한다.

정답 ③ 한정판 017p, 기본서 086p

03 0103 [2023. 국가직 9급]

다음 전투 이후에 일어난 사건으로 옳은 것만을 모두 고르면?

> 이근행이 군사 20만 명의 대군을 이끌고 매소성(買肖城)에 머물렀다. 우리 군사가 공격하여 달아나게 하고 전마 30,380필을 얻었는데, 남겨놓은 병장기도 그 정도 되었다.
> - 『삼국사기』 -

보기
ㄱ. 웅진도독부가 설치되었다.
ㄴ. 김흠돌이 반란을 일으켰다.
ㄷ. 교육 기관인 국학이 설립되었다.
ㄹ. 복신과 도침이 부여풍과 함께 백제 부흥 운동을 일으켰다.

① ㄱ, ㄴ ② ㄱ, ㄹ
③ ㄴ, ㄷ ④ ㄷ, ㄹ

04 0104 [2022. 지방직 9급]

밑줄 친 '그'에 대한 설명으로 옳은 것은?

> 이날 소정방이 부총관 김인문 등과 함께 기벌포에 도착하여 백제 군사와 마주쳤다. …(중략)… 소정방이 신라군이 늦게 왔다는 이유로 군문에서 신라 독군 김문영의 목을 베고자 하니, 그가 군사들 앞에 나아가 "황산 전투를 보지도 않고 늦게 온 것을 이유로 우리를 죄주려 하는구나. 죄도 없이 치욕을 당할 수는 없으니, 결단코 먼저 당나라 군사와 결전을 한 후에 백제를 쳐야겠다."라고 말하였다.

① 살수에서 수의 군대를 물리쳤다.
② 김춘추의 신라 왕위 계승을 지원하였다.
③ 청해진을 설치하고 해상 무역을 전개하였다.
④ 대가야를 정벌하여 낙동강 유역을 확보하였다.

SOLUTION (03)

자료분석 자료는 675년 매소성 전투에 대한 내용이다. 675년 신라는 남침해 오던 당의 20만 대군을 매소성에서 격파하여 나·당 전쟁의 주도권을 장악하였다.

정답해설 ㄴ. 김흠돌의 난은 681년 신문왕 때 일어났다. 신문왕은 김흠돌 모역 사건을 계기로 귀족 세력을 숙청하고 정치 세력을 다시 편성하였다.
ㄷ. 국학은 신문왕 2년인 682년에 설치되었다. 신라는 신문왕 때 유학 교육을 위한 국학을 설치하여 유교 경전을 가르쳤다.

오답피하기 ㄱ. 웅진도독부는 당나라가 백제를 멸망시킨 후, 옛 백제 지역을 통치하기 위해 설치한 관청으로 660년에 설치되었다.
ㄹ. 백제 멸망(660) 이후 백제 유민들은 곳곳에서 부흥 운동을 일으켰다. 왕족 복신과 승려 도침은 왜에 가 있던 왕자 부여풍을 왕으로 추대하고 주류성을 거점으로 군사를 일으켰다. 663년 백제의 오랜 동맹국이었던 왜는 백제 부흥군을 돕기 위해 27,000여 명의 대군을 보냈다. 백제 부흥군과 왜의 연합군은 백강 어귀에서 나·당 연합군과 격전을 벌였으나 나·당 연합군에게 크게 패하였고, 부여풍도 보검 한 자루만 남긴 채 행방불명되었다고 한다.

정답 ③ 한정판 017p, 기본서 088p

SOLUTION (04)

자료분석 자료의 밑줄 친 '그'에 해당하는 인물은 김유신이다. 백제 정벌에 나선 신라와 당나라는 기벌포에서 합류하기로 했으나 계백과의 황산벌 전투로 인해 김유신의 신라군이 기일을 제대로 지키지 못하게 되었다. 이에 당나라 군대를 이끌고 있던 소정방은 기일을 지키지 못한 책임을 신라독군 김문영에게 지워 그를 참(斬)하겠다고 문책하였다. 자료는 그에 대한 김유신의 반발 모습을 나타낸 사료이다. 결국 이 사건은 김유신의 울분에 동조한 신라군이 격앙되자 소정방의 우장(右將) 동보량이 만류하며 무마되었다.

정답해설 ② 김유신은 신라의 삼국 통일에 중추적인 역할을 했으며, 김춘추의 부인이 그의 누이이기도 하다. 진덕여왕이 죽고 당시 상대등이었던 알천과 김춘추가 왕위를 놓고 경쟁하는 과정에서 김춘추의 중요한 지지세력 중의 하나였다. 『삼국사기』 신라본기에서는 귀족회의에서 왕에 추대된 알천이 굳이 사양하고 대신 김춘추를 추천하여, 김춘추가 세 번 사양한 다음 부득이 즉위했다고 설명하고 있다.

오답피하기 ① 을지문덕이 수 양제의 군대를 살수에서 크게 격파하였다(612, 살수대첩).
③ 청해진은 828년(흥덕왕 3) 장보고가 지금의 전라남도 완도에 설치한 해군기지이다.
④ 대가야가 신라에 의해 병합된 시기는 6세기 진흥왕 때이다.

정답 ② 한정판 017p, 기본서 085p

05 0105 [2020. 국가직 9급]

(가) 인물에 대한 설명으로 옳은 것은?

> 김춘추가 당나라에 들어가 군사 20만을 요청해 얻고 돌아와서 (가) 을/를 보며 말하기를, "죽고 사는 것이 하늘의 뜻에 달렸는데, 살아 돌아와 다시 공과 만나게 되니 얼마나 다행한 일입니까?"라고 하였다. 이에 (가) 이/가 대답하기를, "저는 나라의 위엄과 신령함에 의지하여 두 차례 백제와 크게 싸워 20성을 빼앗고 3만여 명을 죽이거나 사로잡았습니다. 그리고 품석 부부의 유골이 고향으로 되돌아왔으니 천행입니다."라고 하였다.
>
> — 「삼국사기」 —

① 황산벌에서 백제군을 물리쳤다.
② 화랑이 지켜야 할 세속오계를 제시하였다.
③ 진덕여왕의 뒤를 이어 신라왕으로 즉위하였다.
④ 당에서 숙위 활동을 하다가 부대총관이 되어 신라로 돌아왔다.

06 0106 [2020. 국가직 9급]

(가)~(라)에 해당하는 사실로 옳지 않은 것은?

(가)	(나)	(다)	(라)
낙랑군 축출	광개토 대왕릉비 건립	살수 대첩 승리	안시성 전투 승리	고구려 멸망

① (가) - 백제 침류왕이 불교를 받아들였다.
② (나) - 고구려 영양왕이 요서 지방을 선제공격하였다.
③ (다) - 백제가 신라 대야성을 공격하여 함락시켰다.
④ (라) - 신라가 매소성에서 당군을 격파하였다.

07 0107 [2018. 교행 9급]

(가) 시기에 있었던 사실로 옳은 것은?

신라와 당이 군사 동맹을 체결하였다.

⇩

(가)

⇩

신라가 기벌포 전투에서 당군을 물리쳤다.

① 진덕 여왕이 신라 고유 연호의 사용을 중단하였다.
② 법흥왕이 율령을 반포하여 백관의 공복을 제정하였다.
③ 의자왕의 군사가 김품석이 성주로 있던 대야성을 함락하였다.
④ 신문왕이 보덕국의 고구려 유민들이 일으킨 반란을 진압하였다.

SOLUTION

자료분석 나당 동맹 결성은 648년의 일이다. 진덕여왕 때 김춘추는 당으로 건너가 나·당 동맹을 체결하였다(648, 진덕여왕 2).
기벌포 전투는 676년의 사건이다. 676년에 신라는 금강 하구의 기벌포에서 당의 수군을 섬멸하였다.

정답해설 ① 진덕여왕은 나당 동맹이 결성되자 즉위 직후부터 사용하던 독자적 연호인 태화(太和)를 버리고 당나라 고종(高宗)의 연호였던 영휘(永徽)를 사용하기 시작하였다(650).

오답피하기 ② 법흥왕의 재위 기간은 나당 동맹 결성 이전인 514~540년이다. 법흥왕은 520년에 율령을 반포하고 백관의 공복을 제정하였다.
③ 백제 의자왕의 공격으로 대야성을 비롯한 40여 성이 함락된 것은 642년의 일이다.
④ 신문왕 대에 중앙 집권 정책의 일환으로 683년 보덕국왕을 수도로 불러 신라의 소판(蘇判) 관등을 부여하고 김씨성을 내리고 집과 토지를 주며 수도에 거주하게 하여 금마저에 있는 보덕국과 격리시켰다. 이러한 조처에 대한 불만으로 684년 11월 안승의 친족인 장군 대문(大文)이 모반을 기도하다 처형되니, 이를 계기로 실복을 우두머리로 하여 보덕국민들이 반란을 일으켰다. 이때 격렬한 전투가 벌어져 토벌군인 신라 장군 핍실·김영윤 등이 전사하였다.

정답 ① 한정판 017p, 기본서 086p

추가 기출 사료

문무왕의 유언(삼국 통일 관련)

과인은 운수가 어지럽고 전쟁을 하여야 하는 때를 만나서 서쪽을 정벌하고 북쪽을 토벌하여 영토를 안정시켰고, 배반하는 무리를 토벌하고 협조하는 무리를 불러들여 멀고 가까운 곳을 모두 안정시켰다.

- 『삼국사기』 -

주제 022

01 | 고대의 정치

신라 중대의 정치

Check 대표 기출 1

01 0108 [2017. 국가직 9급 추가채용]   회독 ○○○

밑줄 친 '왕'의 재위 기간에 있었던 사실로 옳은 것은?

> 왕 7년 5월에 왕이 하교하여 문무관료전을 차등 있게 지급하였다. …… 왕 9년 정월에 하교하여 중외 관리들의 녹읍을 파하고 세조(歲租)를 차등 있게 지급하는 것을 항식(恒式)으로 삼도록 했다.
> - 「삼국사기」 -

① 독서삼품과가 시행되었다.
② 백성들에게 정전을 지급하였다.
③ 중앙군을 9개의 서당으로 개편하였다.
④ 관직과 주군현의 명칭을 중국식 한자명으로 바꾸었다.

Check 대표 기출 2

02 0109 [2021. 지방직 9급]   회독 ○○○

밑줄 친 '이 왕'에 대한 설명으로 옳은 것은?

> 문무왕이 왜병을 진압하고자 감은사를 처음 창건하려 했으나, 끝내지 못하고 죽어 바다의 용이 되었다. 뒤이어 즉위한 이 왕이 공사를 마무리하였다. 금당 돌계단 아래에 동쪽을 향하여 구멍을 하나 뚫어 두었으니, 용이 절에 들어와서 돌아다니게 하려고 마련한 것이다. 유언에 따라 유골을 간직해 둔 곳은 대왕암(大王岩)이라고 불렀다.
> - 『삼국유사』 -

① 건원이라는 독자적인 연호를 사용하였다.
② 국학을 설립하여 유학을 교육하였다.
③ 백성에게 처음으로 정전을 지급하였다.
④ 진골 출신으로서 처음 왕위에 올랐다.

SOLUTION   난이도 상 중 하

출제자의 눈 주로 왕대사가 출제되는데 특히 사료와 함께 신문왕 대의 사건을 묻는 문제의 출제 빈도가 높다. 최근에는 경덕왕이나 성덕왕 등 기존에 출제 빈도가 낮았던 국왕들의 업적을 묻는 문제도 출제되고 있다.

자료분석 자료의 밑줄 친 '왕'은 관료전을 지급한 신라 중대 신문왕이다. 신문왕은 문무 관리에게 관료전을 지급(687)하고 귀족의 경제적 기반이었던 녹읍을 폐지하였다(689).

정답해설 ③ 신문왕 때에는 중앙군을 9서당으로, 지방군을 10정으로 편제해 군사 조직을 정비하였다.

오답피하기 ① 독서삼품과는 신라 하대 원성왕 대(788)에 실시된 관리 등용 제도이다. 국학의 학생들을 독서 능력에 따라 상·중·하로 구분하였으며 이를 관리 임용에 참고하였다.
② 정전은 성덕왕 21년(722) 백성들에게 지급한 토지이다. 성덕왕은 민생을 안정시키고 국가의 농민에 대한 토지 지배력을 강화하기 위하여 백성들에게 정전을 지급하였다.
④ 관직과 주군현의 명칭을 중국식 한자명으로 바꾼 것은 경덕왕 대이다.

정답 ③ 한정판 018p, 기본서 090p

SOLUTION   난이도 상 중 하

자료분석 자료의 밑줄 친 '이 왕'은 신라 중대의 국왕인 신문왕으로, 감은사 건립과 관련된 내용이다. 감은사는 682년(신문왕 2) 신문왕이 부왕 문무왕의 뜻을 이어 건립하였으며, 사지의 부근인 동해 바다에는 문무왕의 해중릉(海中陵)인 대왕암(大王巖)이 있다.

정답해설 ② 신문왕은 유교 정치 이념의 확립을 위하여 유학 사상을 강조하고, 유학 교육을 위한 국학을 설립하였다.

오답피하기 ① 건원이라는 독자적인 연호를 사용한 왕은 신라의 법흥왕이다.
③ 백성에게 처음으로 정전을 지급한 왕은 통일 신라의 성덕왕이다.
④ 진골 출신으로서 처음 왕위에 오른 인물은 무열왕(김춘추)이다.

정답 ② 한정판 018p, 기본서 090p

03 [2025. 국가직 9급]

다음 사실이 있었던 왕대의 설명으로 옳은 것은?

- 김흠돌의 난을 계기로 진골 귀족 세력 등을 숙청하였다.
- 녹읍을 폐지하여 귀족의 경제적 기반을 약화하고자 하였다.

① 국학을 설립하였다.
② 불교를 공인하였다.
③ 독서삼품과를 시행하였다.
④ 이사부를 보내 우산국을 정벌하였다.

04 [2020. 경찰 1차]

다음은 어느 역사서의 일부분이다. 밑줄 친 인물의 왕위 재위 기간에 일어난 사실로 가장 적절한 것은?

"신의 나라가 대국을 섬긴 지 여러 해가 되었습니다. 그러나 백제는 강성하고 교활하여 침략을 일삼아 왔습니다. [중략] 만약 폐하께서 군사를 보내 그 흉악한 무리들을 없애지 않는다면 우리나라 백성은 모두 포로가 될 것입니다. 육로와 수로를 거쳐 섬기러 오는 일도 다시는 기대할 수 없을 것입니다." 태종이 크게 동감하고 군사를 보낼 것을 허락하였다.

① 갈문왕 제도가 사실상 폐지되고 상대등의 권한이 약화되었다.
② 비담과 염종 등 귀족 세력의 반란이 일어났다.
③ 독자적인 연호를 폐지하고 당 고종의 연호를 사용하였다.
④ 자장의 건의로 황룡사 9층 목탑이 축조되었다.

SOLUTION

자료분석 김흠돌의 난을 계기로 진골 귀족 세력을 숙청했다는 사실과 녹읍을 폐지했다는 사실을 통해 통일 신라의 신문왕임을 알 수 있다.

정답해설 ① 신문왕은 유학 교육 기관인 국학을 설치하여 왕권을 보좌할 실무 관료를 양성하였다.

오답피하기 ② 불교를 공인한 신라 왕은 법흥왕이다. 신라는 토착 신앙의 영향을 강하게 받은 귀족들의 반대로 불교를 수용하는 데 어려움을 겪다가, 6세기 법흥왕 때 이차돈의 순교를 계기로 불교를 공인하였다.
③ 신라 하대 원성왕 때(788) 독서삼품과를 시행하였다. 독서삼품과는 유교 경전의 이해 수준을 시험하여 관리를 채용하는 제도로, 폐쇄적인 골품제를 옹호하는 진골 귀족들의 반발로 그 기능을 제대로 발휘하지는 못하였다.
④ 이사부를 보내 우산국을 정벌한 것은 지증왕 때의 일이다.

핵심개념 신문왕(681~692)

- 김흠돌의 난(681) → 귀족 세력 숙청
- 관료전 지급, 녹읍 폐지
- 지방 정비 : 9주 5소경
- 군사 정비 : 9서당(중앙군), 10정(지방군)
- 국학 설치(682)
- 공장부, 예작부 설치 → 14부 완성
- 감은사 창건(682)
- 만파식적(대나무 피리) 제작
- 달구벌(대구) 천도 시도(실패)

정답 ① 한정판 018p, 기본서 090p

SOLUTION

자료분석 자료는 나당 동맹 체결(648)과 관련된 사료로, 밑줄 친 '신'에 해당하는 인물은 김춘추(무열왕)이다.

정답해설 ① 갈문왕은 왕과 일정한 관계를 가진 신라 최고 성씨 집단의 씨족장, 혹은 가계(家系)의 장에게 준 칭호이다. 무열왕은 왕권 강화를 위해 갈문왕제를 폐지했으며, 집사부 시중의 권한을 강화시키고 상대등 세력을 억제하였다.

오답피하기 ② 신라 선덕여왕 때 상대등 비담과 염종 등은 '선덕여왕이 정치를 잘하지 못한다'는 명분을 내걸고 반란을 일으켰으나 김유신과 김춘추에 의해 진압되었다(647).
③ 진덕여왕은 나당 동맹이 결성되자 즉위 직후부터 사용하던 독자적 연호인 태화(太和)를 버리고 당나라 고종(高宗)의 연호였던 영휘(永徽)를 사용하기 시작하였다(650).
④ 7세기 신라 선덕여왕 때 자장의 건의로 황룡사 9층 목탑이 건립되었다.

핵심개념 태종 무열왕(김춘추, 654~661)

- 최초의 진골 출신 왕
- 사정부 설치(659)
- 황산벌 전투 승리(660)
- 백제 정복(660)
- 집사부 시중 권한 강화
- 중국식 시호 사용
- 갈문왕제 폐지

정답 ① 한정판 018p, 기본서 089p

05　0112　[2019. 지방직 7급]

밑줄 친 '왕'의 재위 기간에 있었던 일로 옳은 것은?

> 왕은 사벌주를 상주로 바꾸는 등 9주의 명칭을 개정하고, 군현의 이름도 한자식으로 고쳤다. 또한, 중앙 관서의 관직명도 중국의 예에 맞추어 한자식으로 바꾸었다.
> — 『삼국사기』 —

① 국학이 설치되었다.
② 녹읍이 부활되었다.
③ 독서삼품과가 시행되었다.
④ 처음으로 정전이 지급되었다.

06　0113　[2018. 국가직 9급]

다음 왕의 재위 기간에 있었던 사실로 옳은 것은?

> - 왕 원년 : 소판 김흠돌, 파진찬 흥원, 대아찬 진공 등이 반역을 도모하다가 사형을 당하였다.
> - 왕 9년 : 달구벌로 서울을 옮기려다 실현하지 못하였다.
> — 삼국사기 —

① 사방에 우역을 설치하였다.
② 수도에 서시와 남시를 설치하였다.
③ 국학을 설치하여 유학을 교육하였다.
④ 관료에게 지급하는 녹읍을 부활하였다.

SOLUTION (05)

자료분석 밑줄 친 '왕'에 해당하는 인물은 통일 신라의 경덕왕이다. 전국의 지명을 중국식으로 개칭한 것을 통해 이를 알 수 있다.

정답해설 ② 녹읍은 관리에게 관직 수행의 대가로 지급한 지역으로, 조세 수취뿐만 아니라 노동력 징발이나 특산물을 거둘 권한도 포함하였을 것으로 추측된다. 녹읍은 신문왕 때 왕권 강화의 일환으로 폐지되었으나, 귀족 세력의 반발로 8세기 중반 경덕왕 때 부활하였다(757).

오답피하기 ① 국학은 통일 신라의 유학 교육 기관으로 신문왕 때 설립되었다.
③ 신라 하대 원성왕 때(788) 유교 경전의 이해 수준을 시험하여 관리를 채용하는 독서삼품과를 마련하였다.
④ 성덕왕은 백성들에게 정전을 지급(722)해 토지 및 백성에 대한 지배력을 강화하였다.

핵심개념 경덕왕(742~765)

- 중시 → 시중으로 격상
- 전국 지명 중국식으로 개칭
- 녹읍 부활(757)
- 석굴암 · 불국사 창건 시작
- 성덕대왕 신종 주조 시작 → 혜공왕 때 완성
- 국학 → 태학감으로 개칭
- 만불산 제작 → 당에 헌상

정답 ② 한정판 018p, 기본서 092p

추가 기출 사료

경덕왕 때 충담사가 지은 안민가

임금은 아버지요 신하는 사랑하실 어머니시라.
백성을 어리석은 아이라 여기시니, 백성이 그 사랑을 알리라.
꾸물거리며 사는 물생들에게, 이를 먹여 다스리네.
이 땅을 버리고 어디로 가랴, 나라 안이 유지됨을 아리이다.
아아! 임금답게 신하답게 백성답게 할지면, 나라 안이 태평하리라.
— 안민가 —

SOLUTION (06)

자료분석 김흠돌의 반역, 달구벌(대구)로의 천도 시도 등을 통해 신문왕과 관련된 내용임을 알 수 있다. 신문왕이 즉위하던 해에 왕의 장인 김흠돌의 모역 사건(681)이 있었다. 이 사건에 많은 귀족이 연루되어 있어서 귀족에 대한 대대적인 숙청이 행해졌다. 또한 689년(신문왕 9)에는 달구벌(대구)로 도읍을 옮기려 하였으나 실행하지 못하였다.

정답해설 ③ 신문왕은 유교 정치 이념의 확립과 유학 교육을 위하여 국학을 설치하였다(682).

오답피하기 ① 사방에 우역(郵驛)을 설치한 것은 소지마립간이다. 소지마립간 때인 487년(소지마립간 9)에 사방에 우역(郵驛)을 설치하고, 국내의 기간 도로인 관도(官道)를 수리하였다.
② 수도인 경주에 서시(西市)와 남시(南市)를 설치한 것은 효소왕이다(695). 농업 생산력의 성장을 토대로 경주의 인구가 증가하고, 상품 생산이 늘어나면서 삼국 통일 전에 설치된 동시만으로는 상품 수요를 감당할 수 없었다. 이에 따라 통일 후 효소왕(신문왕의 아들) 때는 서시와 남시가 설치되었다.
④ 통일 신라 경덕왕 때 귀족들의 반발로 녹읍이 부활되었다.

정답 ③ 한정판 018p, 기본서 090p

07 0114 [2017. 기상직 7급]

다음 밑줄 친 왕의 정책으로 옳은 것을 〈보기〉에서 고른 것은?

> 왕은 놀라고 기뻐하여 오색 비단과 금과 옥으로 보답하고 사자를 시켜 대나무를 베어서 바다에서 나오자, 산과 용은 갑자기 사라져 나타나지 않았다. …… 태자 이공(理恭)이 대궐을 지키고 있다가 이 소식을 듣고는 말을 달려와서 말하기를, "이 옥대의 여러 쪽들이 모두 진짜 용입니다"라고 하였다. 왕이 말하기를, "네가 어떻게 그것을 아는가?"라고 하자 태자가 아뢰기를, "쪽 하나를 떼어서 물에 넣어보면 아실 것입니다"라고 하였다. 이에 왼쪽의 둘째 쪽을 떼어 시냇물에 넣으니 곧 용이 되어 하늘로 올라가고, 그곳은 못이 되었다. 이로 인해 그 못을 용연(龍淵)으로 불렀다. 왕이 행차에서 돌아와 그 대나무로 피리를 만들어 월성(月城)의 천존고(天尊庫)에 간직하였다. 이 피리를 불면, 적병이 물러가고 병이 나으며, 가뭄에는 비가 오고 장마는 개며, 바람이 자자지고 물결이 평온해졌다.
> — 삼국유사 —

보기
㉠ 독서삼품과 설치 ㉡ 예작부 설치
㉢ 9서당 10정 정비 ㉣ 백관잠 제정

① ㉠, ㉡
② ㉡, ㉢
③ ㉢, ㉣
④ ㉠, ㉣

SOLUTION

자료분석 밑줄 친 '왕'에 해당하는 인물은 신문왕(재위 681~692)이고, 자료는 신문왕 2년(682)에 용으로부터 영험한 대를 얻어 피리를 만들었다는 내용의 만파식적 설화이다.

정답해설 ㉡ 예작부는 영선(營繕: 토목 공사나 보수 사업)을 담당한 관청으로 신문왕 6년(686)에 설치되었다. 이 부서는 759년(경덕왕 18)에 수례부로 이름을 고쳤다가 776년(혜공왕 12)에 다시 본래대로 이름을 바꾸었다.
㉢ 9서당은 통일 신라의 중앙군으로 신문왕 7년(687) 백제인들로 구성된 청금서당을 조직함으로써 완비되었다. 10정은 통일 신라의 지방군으로, 신문왕 대인 687년 9주의 지방 행정구역 정비와 함께 완비되었다.

오답피하기 ㉠ 독서삼품과는 신라 원성왕 4년(788)에 실시된 제도이다. 이 제도는 국학의 학생들을 독서능력에 따라 상·중·하로 구분하고 이를 관리 임용에 참고한 것이다.
㉣ 백관잠은 성덕왕 10년(711) 남쪽 지방의 주와 군을 돌아본 성덕왕이 신하들이 경계해야 할 것(지켜야 할 덕목)을 담아 쓴 글이다.

핵심개념 만파식적 설화

신문왕이 아버지 문무왕을 위해 감은사를 짓고 추모하는데, 죽어서 바다 용이 된 문무왕과 하늘의 신이 된 김유신이 동해의 한 섬에 대나무를 보냈다. 이 대나무를 베어 피리를 만들어 불자, 나라의 모든 근심과 걱정이 해결되었다고 한다.

정답 ② 한정판 018p, 기본서 090p

주제 023

01 | 고대의 정치
신라 말기의 정치 변동과 호족 세력의 성장

Check | 대표 기출 1

01 0115 [2020. 국가직 9급] 회독 ○○○

밑줄 친 '왕'의 재위 기간에 있었던 사실로 옳은 것은?

> 나라 안의 여러 군현에서 공부(貢賦)를 바치지 않으니 창고가 비어 버리고 나라의 쓰임이 궁핍해졌다. 왕이 사신을 보내어 독촉하자, 이로 말미암아 곳곳에서 도적이 벌떼처럼 일어났다. 이때 원종과 애노 등이 사벌주에 웅거하여 반란을 일으켰다.

① 발해가 멸망하였다.
② 국학을 설치하였다.
③ 최치원이 시무책 10여 조를 건의하였다.
④ 장보고의 건의에 따라 청해진이 설치되었다.

Check | 대표 기출 2

02 0116 [2024. 국가직 9급] 회독 ○○○

밑줄 친 '반란'에 대한 설명으로 옳은 것만을 모두 고르면?

> 웅천주 도독 헌창이 반란을 일으켜, 무진주·완산주·청주·사벌주 네 주의 도독과 국원경·서원경·금관경의 사신 및 여러 군현의 수령들을 위협하여 자신의 아래에 예속시키려 하였다.

─ 보기 ─
ㄱ. 천민이 중심이 된 신분 해방 운동 성격을 가졌다.
ㄴ. 반란 세력은 국호를 '장안', 연호를 '경운'이라 하였다.
ㄷ. 주동자의 아버지가 왕이 되지 못한 것에 대한 불만으로 일어났다.
ㄹ. 무열왕 직계가 단절되고 내물왕계가 다시 왕위를 차지하는 결과를 가져왔다.

① ㄱ, ㄴ   ② ㄱ, ㄹ
③ ㄴ, ㄷ   ④ ㄷ, ㄹ

SOLUTION 난이도 상 중 하

출제자의 눈 기존에는 신라 말의 사회·경제적 상황이나 호족과 관련된 문제가 많았으나 최근에는 출제 주제가 다양해지고 있다. 장보고, 최치원 관련 인물사나 주요 반란 사건, 진성여왕 왕대사 문제 등이 출제되고 있다. 주로 사료 제시형 문제가 출제되기 때문에 주요 사건이나 인물들의 키워드를 정확하게 암기하고 있어야 한다. 진성여왕의 경우에는 지엽적인 사건들의 전후 상황을 묻는 문제가 출제되기도 해 이에 대한 대비가 필요하다.

자료분석 자료의 밑줄 친 '왕'은 신라 하대 진성여왕(재위 887~897)으로, 원종·애노의 난(889)에 대한 사료이다.

정답해설 ③ 최치원은 당에서 돌아온 후 진성여왕에게 시무책(시무 10여 조)을 올려 아찬의 관등에 올라, 신라 말의 사회 개혁을 추진하려고 하였다. 그러나 진골 귀족들의 반발에 부딪혀 뜻이 좌절되자 은둔하였다.

오답피하기 ① 발해는 거란의 침략으로 926년에 멸망하였다. 당시는 후삼국 시대로 통일신라는 경애왕(924~927) 재위 시기에 해당한다.
② 국학은 통일 신라의 교육 기관으로 신문왕 2년(682)에 설립되었다.
④ 장보고는 흥덕왕에게 해적 소탕을 위한 청해진(완도) 설치를 요청하였고 이에 흥덕왕은 그의 요청을 받아들여 대사의 직함과 함께 군사 1만 명을 주어 마침내 청해진이 설치되었다(828).

정답 ③ 한정판 019p, 기본서 097p

SOLUTION 난이도 상 중 하

자료분석 자료는 통일 신라 헌덕왕 때인 822년에 일어난 김헌창의 난에 대한 사료이다.

정답해설 ㄴ. 김헌창의 난은 822년(헌덕왕 14) 웅천주의 도독 김헌창이 일으킨 반란이다. 김헌창은 신라 조정에 항거해 새로운 정부를 수립하고 국호를 '장안', 연호를 '경운'이라 했다. 충청·전라·경상도 일부 지역이 반란 세력에게 장악된 전국 규모의 내란이었으나, 중앙에서 파견한 토벌군에게 웅진성이 함락되고 김헌창이 자결함으로써 오래지 않아 진압되었다.
ㄷ. 김헌창의 아버지 김주원은 무열왕계의 가장 유력한 왕족으로 선덕왕 사후 왕위에 추대되었지만 김경신(원성왕)의 정변으로 즉위하지 못했다. 이에 대한 불만은 김헌창이 반란을 일으키는 배경이 되었다.

오답피하기 ㄱ. 천민이 중심이 된 신분 해방 운동의 성격을 지닌 대표적인 사건은 고려 시대 만적의 난이 있다. 만적은 최충헌의 사노비로 최충헌 집권기인 1198년 신분 해방을 목적으로 봉기를 계획했다.
ㄹ. 780년 김지정의 난 중에 혜공왕이 피살되고 선덕왕이 왕위에 오르면서 신라는 제29대 무열왕부터 126년 동안 이어진 무열왕계의 왕위 계승이 끝나고, 내물왕계가 다시 왕위를 잇게 되었다.

정답 ③ 한정판 019p, 기본서 093p

03 0117 [2018. 서울시 7급 1차]

〈보기〉에서 설명하는 사건 이후에 일어난 일로 가장 옳은 것은?

— 보기 —
도적들이 나라 서남쪽에서 봉기하였다. 그들은 바지를 붉게 물들여 스스로 남들과 다르게 하였기 때문에 사람들은 적고적(赤袴賊)이라고 불렀다. 그들은 주와 현을 도륙하고 서울의 서부 모량리까지 와서 사람들을 위협하고 노략질하고 돌아갔다.

① 대구화상이 『삼대목』을 편찬하였다.
② 원종과 애노가 난을 일으켰다.
③ 최치원이 시무 10여조를 바쳤다.
④ 궁예가 후고구려를 건국하였다.

SOLUTION

자료분석 자료는 진성여왕 대(896)에 있었던 적고적의 난에 대한 내용이다. 적고적은 붉은 바지를 입은 도적이라는 뜻이다. 896년(진성여왕 10) 적고적은 동쪽으로 진격하여 신라의 수도인 경주 서남방면까지 진격할 정도로 기세를 보였다.

정답해설 ④ 궁예는 세력이 커지자, 효공왕(897~912) 대인 901년 송악(개성)에 도읍을 정하고 후고구려를 세웠다.

오답피하기 ① 『삼대목』은 888년(진성여왕 2)에 각간 위홍과 대구화상이 왕명을 받아 편찬한 향가집이다.
② 원종·애노의 난은 진성여왕 때인 889년에 일어났다.
③ 894년(진성여왕 8)에 최치원이 진성여왕에게 시무 10여조를 건의하였다.

핵심개념 진성여왕 대(887~897)의 역사
· 삼대목 편찬(888)
· 원종·애노의 난(889, 사벌주 = 상주), 적고적의 난(896)
· 견훤의 봉기(892, 무진주 점령)
· 궁예가 양길의 부하가 됨(892)
· 최치원 시무 10여 조 건의(894)
· 합천 해인사 길상탑 건립(895)

정답 ④ 한정판 019p, 기본서 097p

04 0118 [2016. 지방직 9급]

다음 자료에 나타난 시기에 대한 설명으로 옳은 것은?

곳곳에서 도적이 벌 떼같이 일어났다. 이에, 원종, 애노 등이 사벌주(상주)에 의거하여 반란을 일으키니, 왕이 나마 벼슬의 영기에게 명하여 잡게 하였다.

① 지방에서는 호족 세력이 성장하였다.
② 신진 사대부가 대두하여 권문세족을 비판하였다.
③ 농민들은 전정, 군정, 환곡 등 삼정의 문란으로 고통을 받았다.
④ 봄에 곡식을 빌려 주었다가 가을에 추수한 것으로 갚게 하는 진대법을 실시하였다.

SOLUTION

자료분석 자료는 신라 하대 진성여왕 때 일어난 원종·애노의 난(889)이다.

정답해설 ① 신라 하대에는 왕위 다툼으로 중앙 정부의 지방 통제력이 약화되면서 지방에서 호족 세력이 성장하였다.

오답피하기 ② 신진 사대부는 고려 후기에 대두된 정치 세력이다. 이들은 성리학을 바탕으로 권문세족을 비판하였다.
③ 농민들이 삼정의 문란으로 고통을 받은 것은 조선 후기 세도 정치 시기이다.
④ 진대법은 2세기 고구려 고국천왕이 실시한 빈민 구제 정책이다. 고구려에서는 가난한 백성을 구제하기 위해 흉년이나 춘궁기에 곡식을 빌려주었다가 수확 후에 갚게 하는 진대법을 시행하였다.

핵심개념 신라 하대의 상황
· 왕권 약화 → 귀족 연합 정치 운영
· 상대등 강화, 시중 세력과 6두품 세력 약화
· 왕위 쟁탈전과 농민 반란 등으로 인한 사회 혼란
· 중앙 정부의 지방 통제력 약화 및 국가 재정 악화
· 호족이라 불리는 새로운 세력의 성장
· 당에서 유학한 6두품 출신 및 선종 승려들의 골품제 사회 비판

정답 ① 한정판 019p, 기본서 093p

05 [2014. 국가직 7급]

다음 자료에 나타난 시기의 사회·경제적 상황으로 가장 적절한 것은?

> 당나라 소종 황제가 중흥을 이룰 때, 전쟁과 흉년이라는 두 가지 재앙이 서쪽에서 그치고 동쪽으로 오니 굶어서 죽고 전쟁으로 죽은 시체가 들판에 별처럼 늘어 있었다.
>
> - 해인사 묘길상탑기 -

① 당나라와 계속되는 전쟁으로 인하여 국가의 재정이 악화되었다.
② 왕실이 차지하는 농장은 장·처라 불리었는데 그 수는 360개나 되었다.
③ 성주 또는 장군이라 칭한 이들이 지방 행정을 장악하고 조세를 징수하였다.
④ 관료에게 관료전을 주고 녹읍을 폐지하는 대신 세조(歲租)를 차등 지급하였다.

SOLUTION

난이도 상 **중** 하

자료분석 신라 말인 진성여왕 9년(895) 전란에서 사망한 원혼들의 명복을 빌기 위해 탑(합천 해인사 길상탑)을 세우고 탑의 앞면에는 최치원이 '해인사 묘길상탑기'를 지었다. 따라서 위 사료의 시기는 신라 말이며, '전쟁과 흉년이라는 두 가지 재앙이 동쪽으로 왔다.'는 내용을 통해 당시의 어려움을 유추할 수 있다.

정답해설 ③ 신라 말에는 중앙 정부의 지방 통제력이 약화되면서 지방 호족이 성장했다. 이들은 자기 근거지에 성을 쌓고 스스로 성주 또는 장군이라 칭했으며, 그 지방의 행정·군사·경제적 지배권을 행사했다.

오답피하기 ① 당과의 전쟁은 삼국 통일 시기(7세기 후반)에 있었던 일이다. 신라 하대의 재정 악화는 거듭된 흉년이나 지배층의 향락 등으로 일어났다.
② 원 간섭기의 모습이다. 장(莊)·처(處)는 왕실·왕족·사원에 소속된 특수한 농장을 말한다. 원 간섭기 왕실에서는 내장택을 설치하고 이에 소속된 국왕의 장·처 360곳을 두고 장민(莊民)이 경작하도록 하였다.
④ 관료전 지급(687)과 녹읍 폐지(689)는 신라 중대 신문왕의 업적이다. 경덕왕대(757) 이후 진골 귀족들의 반발로 녹읍이 부활하였다.

심화개념 경남 합천 해인사 길상탑

탑에 대한 기록인 탑지(塔誌)는 4장인데, 통일 신라 후기 대문장가인 최치원이 지은 것으로 유명하다. 이 글에는 신라 진성여왕 8년(895) 통일 신라 후기의 혼란 속에 절의 보물을 지키려다 희생된 스님들의 영혼을 달래기 위해서 탑을 건립했다는 내용 등이 담겨 있다. 이러한 기록은 통일 신라 말기의 복잡한 사회상을 알 수 있는 중요한 자료이다.

▲ 합천 해인사 길상탑

정답 ③ 한정판 019p, 기본서 093p

주제 024

01 | 고대의 정치

발해의 건국과 발전

Check 대표 기출 1

01 0120 [2022. 국가직 9급]   회독 ○○○

(가) 왕에 대한 설명으로 옳은 것은?

> 당 현종 개원 7년에 대조영이 죽으니, 그 나라에서 사사로이 시호를 올려 고왕(高王)이라 하였다. 아들 ㅤ(가)ㅤ 이/가 뒤이어 왕위에 올라 영토를 크게 개척하니, 동북의 모든 오랑캐가 겁을 먹고 그를 섬겼으며, 또 연호를 인안(仁安)으로 고쳤다.
> - 『신당서』 -

① 수도를 상경성으로 옮겼다.
② '해동성국'이라고 불릴 만큼 전성기를 이루었다.
③ 장문휴를 시켜 당의 등주(산동성)를 공격하였다.
④ 고구려 유민과 말갈족을 이끌고 동모산에 도읍을 정하였다.

Check 대표 기출 2

02 0121 [2025. 국가직 9급]   회독 ○○○

밑줄 친 '이 나라'에 대한 설명으로 옳은 것은?

> 이 나라는 고구려의 옛 땅이다. … (중략) … 곳곳에 촌락이 있는데 모두 말갈의 부락이다. 그 백성은 말갈이 많고 토인(土人)이 적은데, 모두 토인을 촌장으로 삼는다.
> - 『유취국사』 -

① 골품제를 실시하였다.
② 군사조직으로 9서당 10정을 두었다.
③ 영락이라는 독자적인 연호를 사용하였다.
④ 지방 행정 구역을 5경 15부 62주로 나누었다.

SOLUTION   난이도 상 중 하

출제자의 눈 발해 관련 문제는 출제 빈도가 매우 높고 출제 내용도 다양하다. 주로 사료와 함께 국왕들의 업적을 묻거나 사건의 순서를 나열하는 문제가 전형적이다. 같은 시기 발해와 통일신라에서 각각 어떤 사건이 있었는지를 묻는 문제도 출제되기 때문에 발해 무왕과 문왕 재위 시기 통일신라에서 있었던 주요 사건들에 대해서도 학습해야 한다.

자료분석 (가)에 해당하는 인물은 발해 무왕이다. 고왕 대조영의 아들로서 왕위에 오른 것과 연호로 인안을 사용한 것을 통해 알 수 있다.

정답해설 ③ 무왕은 장문휴로 하여금 수군을 거느리고 산동 반도를 공격하게 하였으며, 요서 지역에서 당군과 격돌하였다.

오답피하기 ① 발해 문왕은 755년경 수도를 중경에서 상경으로 천도하였으며, 785년경에는 다시 수도를 동경용원부로 천도하였다(5대 성왕 때 동경에서 다시 상경으로 천도).
② 9세기 전반 선왕 때에 이르러 발해는 말갈족 대부분을 복속시켰으며, 영토를 확장하여 요동 지역까지 이르렀다. 이 무렵 당은 전성기를 맞은 발해를 바다 건너 동쪽의 융성한 나라라는 의미로 해동성국이라 불렀다.
④ 대조영이 고구려 유민과 말갈인을 이끌고 길림성의 돈화시 동모산 기슭에 '진'(震)을 건국(698)하고 연호를 천통이라 하였다. 이후 대조영은 713년 당나라 현종에 의해 '발해군왕'에 책봉되었고, 국호를 발해로 바꾸었다.

 ③ 한정판 020p, 기본서 099p

SOLUTION   난이도 상 중 하

자료분석 밑줄 친 '이 나라'는 발해이다. 고구려의 옛 땅이라는 내용과 그 백성은 말갈이 많고 토인(고구려계 사람)은 적다는 내용 등을 통해 알 수 있다.

정답해설 ④ 발해는 9세기 선왕 때 5경 15부 62주의 지방 제도를 완비하였다.

오답피하기 ① 골품제는 신라의 신분 제도이다. 골품은 개인의 사회 활동과 정치 활동의 범위까지 엄격히 제한한 제도로 관등 승진의 상한선은 골품에 따라 정해져 있었다.
② 9서당(중앙군) 10정(지방군)의 군사 조직을 갖춘 나라는 통일신라이다. 발해는 중앙군으로 10위를 두었다.
③ 고구려 광개토 대왕이 영락이라는 독자적 연호를 사용하였다. 발해는 인안(무왕), 대흥(문왕), 건흥(선왕) 등의 연호를 사용했다.

정답 ④ 한정판 020p, 기본서 100p

03 0122 [2025. 지방직 9급]]

다음 외교문서를 작성한 나라에 대한 설명으로 옳지 않은 것은?

> 무예가 알립니다. "고(구)려의 옛 터전을 회복하고, 부여의 유속(遺俗)을 가지게 되었습니다."

① 당의 등주를 공격하였다.
② 행정구역을 5경 15부 62주로 나누었다.
③ 집사부 장관인 시중이 왕명을 받들어 행정을 총괄하였다.
④ '인안' 등의 연호를 사용하고 국왕을 '황상'이라고 부르기도 하였다.

04 0123 [2022. 지방직 9급]

밑줄 친 '이 나라'에 대한 설명으로 옳은 것은?

> • 이 나라에서 귀하게 여기는 것에는 태백산의 토끼, 남해부의 다시마, 책성부의 된장, 부여부의 사슴, 막힐부의 돼지, 솔빈부의 말, 현주의 베, 옥주의 면, 용주의 명주, 위성의 철, 노성의 쌀 등이 있다.
> — 『신당서』 —
>
> • 이 나라의 땅은 영주(營州)의 동쪽 2천 리에 있으며, 남으로는 신라와 서로 접한다. 월희말갈에서 동북으로 흑수말갈에 이르는데, 사방 2천 리, 호는 십여 만, 병사는 수만 명이다.
> — 『구당서』 —

① 중앙에 6좌평의 관제를 마련하였다.
② 9서당 10정의 군사 조직을 갖추었다.
③ 지방을 5경 15부 62주로 편성하였다.
④ 제가회의에서 국가의 중대사를 결정하였다.

05 [2020. 지방직 9급]

다음 설명에 해당하는 발해 왕의 재위 기간에 통일 신라에서 일어난 상황으로 옳은 것은?

- 대흥이란 독자적인 연호를 사용하였다.
- 수도를 중경 → 상경 → 동경으로 옮겼다.
- 일본에 보낸 외교문서에 천손(하늘의 자손)이라 표현하였다.
- 당과 친선 관계를 맺으며 당의 문물을 도입하여 체제를 정비하였다.

① 녹읍 폐지
② 청해진 설치
③ 『삼대목』 편찬
④ 독서삼품과 설치

06 [2019. 국가직 9급]

(가) 왕대의 사실에 대한 설명으로 옳은 것은?

(가) 은/는 흑수말갈이 당과 통하려고 하자 군사를 동원하여 흑수말갈을 치게 하였다. 또한 일본에 사신 고제덕 등을 보내 "여러 나라를 관장하고 여러 번(蕃)을 거느리며, 고구려의 옛 땅을 회복하고 부여의 옛 습속을 지니고 있다."라고 하여 강국임을 자부하였다.

① 국호를 진국에서 발해로 바꾸었다.
② 신라는 급찬 숭정을 발해에 사신으로 보냈다.
③ 대흥이라는 독자적인 연호를 사용하였다.
④ 장문휴가 당의 등주를 공격하였다.

SOLUTION (05)

자료분석 자료는 발해 문왕의 정책 내용들이다. 문왕의 재위 기간은 737년에서 793년으로, 이 시기 통일 신라의 국왕으로는 효성왕(737~742), 경덕왕(742~765), 혜공왕(765~780), 선덕왕(780~785), 원성왕(785~798)이 있다.

정답해설 ④ 독서삼품과는 국학의 학생들을 독서 능력에 따라 상·중·하로 구분해 이를 관리 임용에 참고한 제도로, 원성왕 4년(788)에 실시되었다.

오답피하기 ① 신문왕은 관료전을 지급하고(687) 녹읍을 폐지해(689) 귀족들의 경제 기반을 약화시켰다.
② 청해진은 828년(흥덕왕 3) 장보고가 지금의 전라남도 완도에 설치한 해군기지이다.
③ 『삼대목』은 888년(진성여왕 2)에 각간 위홍과 대구화상이 왕명을 받아 편찬한 향가집이다.

핵심개념 발해의 수도 변천

고왕	동모산
문왕	중경 현덕부 → 상경 용천부 → 동경 용원부
성왕	동경 용원부 → 상경 용천부

정답 ④

SOLUTION (06)

자료분석 (가)에 해당하는 국왕은 발해 무왕이다. 흑수말갈이 당과 통하려 하자 공격했다는 내용과 일본에 보낸 외교 문서에서 '고구려의 옛 땅을 회복하고 부여의 옛 습속을 지니고 있다.'는 표현을 사용한 것을 통해 이를 알 수 있다.

정답해설 ④ 무왕은 장문휴로 하여금 수군을 거느리고 산둥 반도를 공격하게 하였으며, 요서 지역에서 당군과 격돌하였다.

오답피하기 ① 국호를 '진'에서 '발해'로 변경한 것은 대조영(고왕) 때인 713년이다.
② 급찬 숭정이 발해에 사신으로 파견된 것은 신라 헌덕왕 때(812)이다(당시 발해 국왕은 정왕 또는 희왕 무렵).
③ '대흥'은 문왕 때 사용한 연호이다. 무왕 때는 연호로 '인안'을 사용했다.

핵심개념 발해 무왕(대무예, 719~737)

- 연호: 인안
- 당과 대립
- 장문휴의 등주(덩저우) 공격(732)
- 요서 지역에서 당군과 격돌
- 통일 신라(성덕왕)의 발해 공격(733)
- 돌궐, 일본 등과 연결하면서 당과 신라 견제
- 일본에 국서 전달(고구려 계승 표방): '고구려 옛 땅을 수복하고 부여의 유속을 이어받았다.'

정답 ④

07 [2019. 국가직 7급]

밑줄 친 '왕'의 재위 기간에 있었던 일로 옳은 것은?

> 왕의 국서에 이르기를, "열국(列國)을 거느리고 여러 번(蕃)을 총괄하면서, 고려의 옛 땅을 회복하고 부여의 유풍을 지니고 있습니다. 너무 멀어 길이 막히고 바다 역시 아득하여 소식이 통하지 않고 길흉을 물음이 끊어졌는데, 우호를 맺고 옛날의 예에 맞추어 사신을 보내어 이웃을 찾는 것이 오늘에야 비롯하게 되었습니다."라고 하였다.

① 당과 신라를 견제하기 위해 돌궐과 손을 잡았다.
② 당으로부터 발해군왕의 책봉호를 처음으로 받았다.
③ 당에서 안녹산의 난이 일어나자 중경에서 상경으로 천도하였다.
④ 요동 지역까지 영토를 확장하고 5경 15부 62주의 행정 구역을 완비하였다.

08 [2018. 국가직 9급]

다음은 발해사에 대한 중국과 러시아 입장이다. 한국사의 입장에서 이를 반박하는 증거로 적절한 것은?

> • 중국 : 소수 민족 지역의 분리 독립 의식을 약화시키려고, 국가라기보다는 당 왕조에 예속된 지방 민족 정권 차원에서 본다.
> • 러시아 : 중국 문화보다는 중앙 아시아나 남부 시베리아의 영향을 강조하여 러시아의 역사에 편입시키려 한다.

① 신라와의 교통로
② 상경성 출토 온돌 장치
③ 유학 교육 기관인 주자감
④ 3성 6부의 중앙 행정 조직

SOLUTION 07

자료분석 자료는 발해 무왕이 일본에 보낸 국서이다. 발해 무왕은 이 국서에서 "고려(고구려)의 옛땅을 회복하고 부여의 유풍(습속)을 가지고 있다."고 표현하며 발해가 고구려를 계승하였음을 밝히고 있다.

정답해설 ① 발해 무왕은 돌궐, 일본 등과 연결하면서 당과 신라를 견제해 동북아시아에서 세력 균형을 유지할 수 있었다.

오답피하기 ② 당나라는 713년 대조영(고왕)을 발해군왕으로 책봉했는데, 그때부터 발해라는 국호가 사용되었다.
③ 발해 문왕 때 당에서는 안녹산과 사사명의 반란이 일어나 당의 국력이 크게 약화되었는데, 문왕은 이를 이용하여 요하까지 영토를 넓히고, 755년에 수도를 중경 현덕부에서 상경용천부로 옮겼다.
④ 9세기 발해 선왕 때에는 대부분의 말갈족을 복속시키고 요동 지역으로 진출하였으며, 5경 15부 62주의 지방 제도를 완비하였다.

정답 ① 한정판 020p, 기본서 099p

SOLUTION 08

자료분석 자료는 발해사를 자신들의 역사에 편입시키려는 중국과 러시아의 주장 내용이다. 이를 반박하기 위해서는 발해의 고구려 계승과 관련된 근거가 필요하다.

정답해설 ② 발해는 고구려 계승 의식이 뚜렷했는데 이는 일본에 보낸 외교 문서(발해왕을 고려국왕으로 칭함), 온돌이나 기와 등에서 나타나는 문화적 유사성을 통해 알 수 있다.

오답피하기 ① 발해는 신라도를 개설해 신라와 교류하긴 했으나 고구려 계승 의식과는 관련이 없다.
③ 발해의 최고 교육 기관인 주자감은 당의 국자감의 영향을 받아 만든 것이다.
④ 발해의 중앙 정치 조직은 당의 제도를 모방하여 3성 6부를 근간으로 편성하였다. 그러나 그 명칭과 운영은 발해의 독자성을 유지하고 있었다.

핵심개념 발해의 고구려 문화 계승 근거

- 상경 궁궐터의 온돌, 석등
- 와당(연꽃무늬 기와), 치미(지붕 장식)
- 불상(이불병좌상)
- 굴식 돌방무덤의 모줄임 구조(정혜공주 묘)
cf) 당의 영향 : 상경성, 주작대로, 3성 6부, 주자감, 영광탑(전탑=벽돌탑), 벽돌무덤(용두산 고분군 정효공주묘)

정답 ② 한정판 020p, 기본서 101p

09 0128 [2018. 법원직]

다음의 사건이 벌어진 시기의 상황으로 가장 적절한 것은?

> 당나라 수군의 거점인 등주성에 한바탕 난리가 벌어졌다. 장문휴가 이끄는 발해 군대가 등주성을 기습했기 때문이다. 등주자사까지 전사했다는 소식에 당 조정은 신라에 군사 지원을 요청하였다. 신라군은 발해를 공격했지만 추위와 폭설로 철수할 수밖에 없었다.

① '대흥'이라는 연호를 사용하였다.
② 3성 6부제의 중앙관제를 정비하였다.
③ 전성기를 맞이하여 '해동성국'이라고 불리웠다.
④ 돌궐·일본과 친교를 강화하며 당·신라에 맞섰다.

10 0129 [2017. 국가직 9급 추가채용]

발해에서 일어난 일을 시기 순으로 바르게 나열한 것은?

> ㉠ 장문휴가 당의 산동 지방 등주를 공격하였다.
> ㉡ 수도를 중경현덕부에서 북쪽의 상경용천부로 옮겼다.
> ㉢ 당으로부터 '발해군왕'에서 '발해국왕'으로 봉해졌다.
> ㉣ '건흥'이라는 연호를 사용하였다.

① ㉠→㉡→㉢→㉣
② ㉠→㉢→㉣→㉡
③ ㉡→㉠→㉣→㉢
④ ㉠→㉢→㉡→㉣

SOLUTION (09)

자료분석 당의 등주(산동 반도)를 공격한 것은 발해 무왕 때이다. 무왕 때 흑수부 말갈이 당과 연결하여 배후에서 발해를 위협하였다. 이에 무왕은 동생 대문예로 하여금 흑수부 말갈을 정벌하게 하였는데, 이 과정에서 당나라와의 관계를 우려해 정벌에 반대했던 대문예가 당에 투항하였다. 무왕은 대문예의 송환을 요구하였으나 당은 이를 거절하였다. 무왕은 장문휴의 수군으로 하여금 산동 반도의 등주(덩저우)를 공격하게 하여 자사 위준을 죽였고, 이에 당은 신라에 사신을 보내 신라(성덕왕)가 발해를 공격하도록 하였으나 혹독한 추위로 실패하였다(733).

정답해설 ④ 무왕 때 발해는 돌궐, 일본 등과 연결하면서 당과 신라를 견제해 동북아시아에서 세력 균형을 유지할 수 있었다.

오답피하기 ① '대흥(大興)'은 문왕 시기에 사용된 연호이다. 무왕은 '인안(仁安)' 연호를 사용하였다.
② 당과 친선 관계를 맺고 3성 6부의 중앙관제를 정비한 것은 문왕이다.
③ 9세기 전반 선왕 때 전성기를 맞이하였다. 선왕은 말갈족을 대부분 복속 시키고 영토를 확장하여 고구려 옛 땅의 대부분을 차지하였다. 이 무렵 당은 발해를 가리켜 '동쪽의 융성한 나라'라는 의미로 해동성국이라고 불렀다.

핵심개념 발해의 연호

왕	연호
제1대 고왕	천통
제2대 무왕	인안
제3대 문왕	대흥·보력
제5대 성왕	중흥
제10대 선왕	건흥

정답 ④ 한정판 020p, 기본서 099p

SOLUTION (10)

정답해설 ㉠ 장문휴는 발해 무왕 대인 732년 당의 등주(산동 반도)를 공격하였다.
㉡ 발해 문왕은 755년 수도를 중경현덕부에서 상경용천부로 옮겼다.
㉢ 당은 발해의 왕을 '발해군왕'이라 낮추어 불렀으나 문왕 대인 762년부터 '발해국왕'이라 불렀다.
㉣ 건흥은 발해 선왕 대(818~830)의 연호이다.

핵심개념 제3대 문왕(대흠무, 737~793)

· 연호 : 대흥·보력
· 당과 친선, 3성 6부제, 주자감 설치
· 천도 : 중경 → 상경(755) → 동경(785)
· 신라와 교류 : 신라도 개설
· 일본에 국서 전달(고려국왕, 천손 자처)
· 불교 전륜성왕 이념 수용, 황상 칭호 사용
· 안·사의 난을 틈타 요하까지 영토 확장

정답 ① 한정판 020p, 기본서 099p

11 [2016. 교육행정직 9급]

(가) 국가에 대한 설명으로 옳지 않은 것은?

> 왕자 대봉예가 당 조정에 문서를 올려, (가) 이/가 신라보다 윗자리에 자리 잡기를 청하였다. 이에 대해 대답하기를, "국명의 선후는 원래 강약에 따라 일컫는 것이 아닌데, 조정 제도의 등급과 위엄을 지금 어찌 나라의 성하고 쇠한 것으로 인해 바꿀 수 있겠는가? 마땅히 이전대로 할 것이다."라고 하였다.

① 인안, 대흥 등의 독자적인 연호를 사용하였다.
② 위화부를 두고 관리 인사 업무를 담당케 하였다.
③ 일본에 보낸 문서에 고려국왕이라는 명칭을 사용하였다.
④ 대부분의 말갈족을 복속시켰고 요동 지역으로도 진출하였다.

SOLUTION

자료분석 왕자 대봉예(발해 왕족의 성씨)를 통해 (가)에 해당하는 국가가 발해라는 것을 알 수 있다. 자료는 897년 당에 간 발해의 대봉예가 신라 사신보다 윗자리에 앉을 것을 청하였다가 거절당한 사건(쟁장 사건)이다. 대봉예는 발해가 크고 군사가 강하다고 생각하였으나, 당나라에서는 조헌(朝獻, 입조하고 조공을 바침)할 때 발해 사신의 자리의 순서를 신라 사신의 아래에 두고 있었다. 이에 발해가 신라 위에 거하도록 허락하여줄 것을 청하였으나 뜻을 이루지 못하였다. 이는 당시 신라와 발해가 국제사회에서 서로 우위를 차지하려는 외교전으로서, 일반적으로 신라와 발해의 '쟁장사건(爭長事件)'이라 한다.

정답해설 ① 발해는 무왕 때 '인안', 문왕 때 '대흥'이라는 독자적 연호를 사용하였다.
③ 발해는 일본에 보낸 국서에 고려 또는 고려국왕이라는 명칭을 사용했다. 이는 발해의 고구려 계승 의식을 보여준다.
④ 발해는 9세기 전반 선왕 때 대부분의 말갈족을 복속시키고 요동 지역으로 진출하였다.

오답피하기 ② 위화부는 신라의 중앙 관서이다. 발해는 당의 제도를 모방해 3성 6부의 중앙 정치 조직을 두었으며, 이 중 인사 업무를 담당한 곳(이부)은 충부이다.

정답 ② 한정판 020p, 기본서 102p

---

12 [2016. 서울시 7급]

발해에 대한 설명으로 옳은 것을 〈보기〉에서 모두 고르면?

> **보기**
> ㉠ 발해의 영광탑은 고구려의 영향을 받은 석탑이다.
> ㉡ 교역을 목적으로 하는 대규모 사절단을 일본에 파견하였다.
> ㉢ 유학 교육을 목적으로 주자감을 설치하고 귀족 자제들에게 유학을 가르쳤다.
> ㉣ 전체 인구 구성 가운데 옛 고구려 계통 사람들이 가장 큰 비중을 차지하였다.

① ㉠, ㉡
② ㉠, ㉣
③ ㉡, ㉢
④ ㉢, ㉣

SOLUTION

정답해설 ㉡ 발해는 일본에 교역을 목적으로 하는 대규모 사절단을 파견하기도 하였다. 일본과의 무역은 규모가 한 번에 수백 명이 오갈 정도로 활발하였으며, 교역로는 동해를 통해 일본으로 가는 일본도가 있었다.
㉢ 발해에서는 유학 교육을 목적으로 주자감을 설립하여 귀족 자제에게 유교 경전을 가르쳤다.

오답피하기 ㉠ 발해의 영광탑은 8세기에서 10세기 사이에 건립된 것으로 추정되는 전탑(벽돌탑, 당의 영향)이나, 무덤 위에 벽돌로 탑을 쌓는 것은 발해의 독특한 양식이다.
㉣ 발해의 주민 중 다수는 말갈인이었다. 이들은 고구려 전성기 때부터 고구려에 편입된 종족이었다. 발해 건국 후에 이들 중 일부는 지배층이 되거나 자신이 거주하는 촌락의 우두머리가 되어 국가 행정을 보조하였다.

핵심개념 발해의 영광탑

> 발해의 영광탑은 8세기에서 10세기 사이에 건립된 것으로 추정되는 5층의 누각식 전탑(벽돌탑, 당의 영향)이다. 무덤 위에 벽돌로 탑을 쌓는 것은 발해의 독특한 양식이다. 이러한 양식은 정효 공주 무덤에서도 그 흔적을 찾아볼 수 있다.

▲ 영광탑

정답 ③ 한정판 031p, 기본서 103p

13 0132 [2015. 지방직 9급]

밑줄 친 '북국(北國)'에 대한 설명으로 옳지 않은 것은?

> 원성왕 6년 3월 북국(北國)에 사신을 보내 빙문(聘問)하였다. …(중략)… 요동 땅에서 일어나 고구려의 북쪽 땅을 병합하고 신라와 서로 경계를 맞대었지만, 교빙한 일이 역사에 전하는 것이 없었다. 이때 와서 일길찬 백어(伯魚)를 보내 교빙하였다.

① 감찰 기관으로 중정대가 있었다.
② 최고 교육 기관으로 태학감을 두었다.
③ 중앙의 정치 조직으로 3성 6부를 두었다.
④ 지방의 행정 조직으로 5경 15부 62주가 있었다.

14 0133 [2015. 국가직 7급]

발해와 관련된 다음의 역사적 사실들을 시기순으로 바르게 나열한 것은?

> ㉠ 당으로부터 해동성국이라고 불리었다.
> ㉡ 야율아보기에 의해 홀한성이 포위되었다.
> ㉢ 중경현덕부에서 상경용천부로 도읍을 옮겨 발전의 기틀을 마련하였다.
> ㉣ 당과 신라를 견제하기 위해 일본에 사신을 파견하여 처음 통교하였다.

① ㉢ → ㉡ → ㉣ → ㉠
② ㉢ → ㉣ → ㉠ → ㉡
③ ㉣ → ㉢ → ㉠ → ㉡
④ ㉣ → ㉢ → ㉡ → ㉠

SOLUTION

자료분석 자료는 『삼국사기』에 실려 있는 신라와 발해의 교류에 대한 내용으로, 밑줄 친 북국은 발해이다. 이외에도 『삼국사기』에는 헌덕왕 4년 급찬 숭정을 북국(발해)에 보냈다는 기록도 등장한다.

정답해설 ① 발해는 관리들의 비위를 감찰하는 기관으로 중정대를 두었다.
③ 발해는 당의 제도를 모방해 3성 6부의 중앙 정치 조직을 두었으나 그 운영(정당성 중심)이나 명칭(6부의 명칭이 유교 덕목을 따름)에서는 독자적인 면이 나타났다.
④ 발해는 5경 15부 62주, 통일신라는 9주 5소경의 지방 행정 조직을 두고 있었다.

오답피하기 ② 태학감은 신라의 최고 교육기관인 국학의 다른 명칭(경덕왕 대에 개칭)이다. 발해는 유학 교육을 목적으로 주자감을 설립(문왕)하여 귀족 자제들에게 유교 경전을 가르쳤다.

핵심개념 발해의 중앙 관제

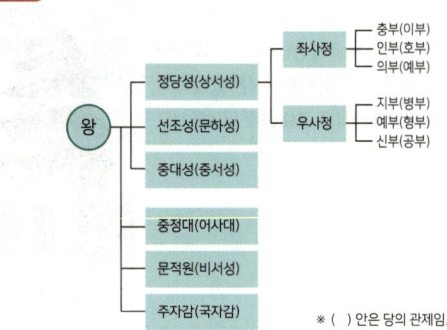

* ( ) 안은 당의 관제임.

정답 ② 한정판 022p, 기본서 110p

SOLUTION

정답해설 ㉣ 무왕은 당과 신라를 견제하기 위해 727년 일본에 사신을 보내 통교하였다. 이 때 무왕은 일본에 보낸 국서에서 발해는 고구려를 계승했음을 밝히고 우호관계를 맺자고 제의하였다.
㉢ 문왕은 755년 중경현덕부에서 상경용천부로 도읍을 옮겨 발전의 기틀을 마련했다(이후 동경용원부로 천도).
㉠ 발해는 9세기 전반 선왕 때 전성기를 맞이하여 당으로부터 '해동성국(바다 동쪽의 번성한 나라)'이라 불렸다.
㉡ 야율아보기는 거란이 세운 요나라의 제1대 황제였던 인물이다. 그는 926년 발해의 수도인 홀한성을 함락시키고 발해를 멸망시켰다[당시 발해의 국왕은 15대 애왕(대인선)].

핵심개념 발해 제10대 선왕(대인수, 건흥, 818~830)

· 대조영의 아우인 대야발의 4대손(왕의 계보가 대야발 직계로 바뀜)
· 대부분의 말갈족 복속, 요동 진출
· 남쪽으로는 신라와 국경을 접함
· 5경 15부 62주의 지방 제도 완비
· 중국이 '해동성국'이라 부름 → 최대 전성기

정답 ③ 한정판 020p, 기본서 099p

주제 025

01 | 고대의 정치
고대 국가의 통치 체제

Check 대표 기출 1

01 0134 [2018. 지방직 9급] 회독 ○○○

삼국 시대의 정치 제도에 대한 설명으로 옳은 것만을 모두 고르면?

보기
- ㉠ 삼국의 관등제와 관직제도 운영은 신분제에 의하여 제약을 받았다.
- ㉡ 고구려는 대성(大城)에는 처려근지, 그 다음 규모의 성에는 욕살을 파견하였다.
- ㉢ 백제는 도성에 5부, 지방에 방(方) - 군(郡) 행정제도를 시행하였다.
- ㉣ 신라는 10정 군단을 바탕으로 영역을 확장하고 삼국 통일을 이룩하였다.

① ㉠, ㉡   ② ㉠, ㉢   ③ ㉡, ㉣   ④ ㉢, ㉣

Check 대표 기출 2

02 0135 [2017. 지방직 9급 추가채용] 회독 ○○○

발해의 통치 체제에 대한 설명으로 옳은 것은?

① 사정부를 두어 관리를 감찰하였다.
② 중앙의 핵심 군단으로 9서당이 있었다.
③ 정당성 아래에 있는 6부가 정책을 집행하였다.
④ 중앙과 지방에 각각 6부와 9주를 두어 다스렸다.

SOLUTION 난이도 상 중 하

출제자의 눈 각 국가의 정치, 군사, 지방 제도, 지방관의 명칭 등을 비교하는 문제가 주로 출제된다. 삼국 중에는 백제 관련 내용이 빈출되고 있으며, 통일 신라와 발해의 중앙 및 지방 제도, 군사 제도를 비교하는 문제도 출제되고 있다.

정답해설 ㉠ 고대 삼국은 신분제 사회였기 때문에 관등제와 관직제도 운영이 신분제에 의하여 제약을 받았다.
㉢ 백제는 중앙을 5부, 지방을 5방으로 나누어 다스렸으며, 5방에는 방령을 파견하였다.

오답피하기 ㉡ 고구려는 지방통치조직을 대성(大城)·성(城)·소성(小城)의 3단계로 구획하고, 여기에 중앙관리를 파견하였는데, 이 중 대성의 장관을 욕살이라고 하였다. 그 아래에는 성을 다스리는 처려근지(處閭近支 혹은 도사)와 소성을 다스리는 가라달(可邏達)이 있었다.
㉣ 신라는 통일 이전에는 지방군으로 6정을 두었다. 10정은 통일 이후 신라의 지방군 조직을 말한다.

정답 ② 한정판 021p, 기본서 104p

SOLUTION 난이도 상 중 하

정답해설 ③ 발해는 당의 제도를 모방해 3성 6부제를 시행했다. 3성 중 하나인 정당성 아래에는 정책 집행 기관인 6부가 있었는데, 좌사정이 충·인·의 3부를, 우사정이 지·예·신의 3부를 각각 나누어 관할하는 이원적인 통치 체제를 구성하였다.

오답피하기 ① 사정부는 통일 신라의 감찰 기구이다. 발해는 관리 감찰을 위해 중정대를 두었다.
② 9서당은 통일 신라의 중앙군이다. 발해의 중앙 군사조직은 10위이다.
④ 신라는 중앙(수도)에 6부(양부, 사량부, 모량부, 본피부, 습비부, 한기부)를 두었으며, 통일 이후에는 지방 행정 조직을 9주 5소경 체제로 정비하였다. 발해의 지방 행정 조직은 5경 15부 62주로 조직되었다.

정답 ③ 한정판 022p, 기본서 110p

추가 기출 사료

발해의 중앙 통치 조직

좌사정·우사정 각 1명이 좌평장사·우평장사의 아래에 있는데, 복야와 비슷하며 좌윤·우윤은 이승과 비슷하다. 좌육사에는 충부·인부·의부에 각 1명의 경이 사정의 아래에 두어져 있다. 지사인 작부·창부·선부에는 부마다 낭중과 원외가 다. 우육사에는 지부·예부·신부와 지사인 융부·계부·수부가 있는데, 경과 낭은 좌에 준하니 육관과 비슷하다.

03 0136 [2020. 소방직]

다음 자료가 설명하는 나라에 대한 설명으로 옳지 않은 것은?

> 그 넓이는 2,000리이고, 주·현의 숙소나 역은 없으나 곳곳에 마을이 있는데, 대다수가 말갈의 마을이다. 백성은 말갈인이 많고 원주민은 적다. 모두 원주민을 마을의 우두머리로 삼는데, 큰 마을은 도독이라 하고 그다음 마을은 자사라 한다. 백성들은 마을의 우두머리를 수령이라고 부른다.
> – 유취국사 –

① 전국을 5경 15부 62주로 정비하였다.
② 정당성의 대내상이 국정을 총괄하였다.
③ 수도는 당의 수도인 장안을 본떠 건설하였다.
④ 중앙에서 지방을 견제하기 위해 외사정을 파견하였다.

04 0137 [2018. 국회직]

발해의 중앙 관제에 대한 설명으로 옳은 것은?

① 대대로가 수상이 되어 국정을 이끌었다.
② 집사부를 두어 기밀을 관장하게 하였다.
③ 중국의 제도를 수용하여 중추원을 두었다.
④ 중정대는 신라의 사정부와 비슷한 기능을 수행하였다.
⑤ 당의 문하성에 해당하는 기구로 중대성을 설치하였다.

SOLUTION (03)

자료분석 자료에서 설명하고 있는 나라는 발해이다. 백성은 말갈인이 많고 원주민(고구려계 사람)은 적다는 내용 등을 통해 이를 알 수 있다. 제시된 자료에 의하면, 발해의 백성은 말갈인과 원주민으로 구성되어 있다. 원주민은 옛 고구려인을 말한 것으로 보이므로, 지방 행정에 있어서 상위직은 대부분 고구려인이 차지하고 있었음을 알 수 있다.

정답해설 ① 발해는 9세기 선왕 때 5경 15부 62주의 지방 제도를 완비하였다.
② 발해는 정당성의 장관인 대내상이 국정을 총괄하였다.
③ 발해의 수도 상경은 당의 수도인 장안을 본떠 건설하였다.

오답피하기 ④ 지방관을 감찰하기 위하여 외사정을 파견한 나라는 통일 신라이다.

핵심개념 남북국 시대의 정치 조직

구분		통일 신라	발해
지방 행정	수도	6부	
	지방	9주(총관 → 도독)	15부(도독) 62주(자사)
	특수 조직	5소경	5경
중앙 관제		집사부 이하 13부	3성 6부
수상		시중 → 상대등	대내상

정답 ④ 한정판 022p, 기본서 110p

SOLUTION (04)

정답해설 ④ 발해 중정대는 신라의 사정부와 같이 감찰 역할을 담당한 기관이다.

오답피하기 ① 대대로가 수상이 되어 국정을 이끈 것은 고구려이다. 발해는 정당성의 장관인 대내상을 중심으로 국정을 운영했다.
② 집사부는 신라의 중앙 기구이다. 집사부는 왕명을 받들고 기밀 사무를 관장하였다.
③ 중국의 제도를 수용해 중추원을 둔 것은 고려이다. 고려의 중추원은 군사 기밀과 왕명의 출납을 담당하였다.
⑤ 발해의 중대성은 당의 중서성에 해당된다(정당성은 당의 상서성, 선조성은 당의 문하성에 해당).

핵심개념 국가별 감찰 기관

신라	사정부
발해	중정대
고려	어사대
조선	사헌부
현재	감사원

정답 ④ 한정판 022p, 기본서 110p

05 0138 [2018. 계리직]

밑줄 친 '이 나라'의 정치 제도에 대한 설명으로 옳은 것을 〈보기〉에서 모두 고른 것은?

> 이 나라는 5경박사를 두어 유학을 가르치고 『서기』라는 역사책을 편찬하는 등 유교 문화 수준이 높았다. 그리고 '사택지적비'를 보면 노장 사상에 대해서도 상당한 지식이 있었음을 알 수 있다.

보기
ㄱ. 16등급의 관등 제도와 6좌평의 제도를 두었다.
ㄴ. 귀족들이 모여서 수상인 대대로를 선출하였다.
ㄷ. 소경(小京)이라는 특수 행정 구역을 설치하였다.
ㄹ. 지방에 22개의 담로를 두고 왕족을 보내 다스렸다.

① ㄱ, ㄴ
② ㄴ, ㄷ
③ ㄷ, ㄹ
④ ㄱ, ㄹ

06 0139 [2017. 지방직 9급]

다음 (가)에서 이루어진 합의제도를 시행한 국가의 통치체제로 옳은 것은?

> 호암사에는 ___(가)___ (이)라는 바위가 있다. 나라에서 장차 재상을 뽑을 때에 후보 3, 4명의 이름을 써서 상자에 넣고 봉해 바위 위에 두었다가 얼마 후에 가지고 와서 열어 보고 그 이름 위에 도장이 찍혀 있는 사람을 재상으로 삼았다. - 「삼국유사」 -

㉠ 중앙 정치는 대대로를 비롯하여 10여 등급의 관리들이 나누어 맡았다.
㉡ 중앙 관청을 22개로 확대하고 수도는 5부, 지방은 5방으로 정비하였다.
㉢ 16품의 관등제를 시행하고, 품계에 따라 옷의 색을 구별하여 입도록 하였다.
㉣ 지방 행정 조직을 9주 5소경 체제로 정비하였다.
㉤ 중앙에 3성 6부를 두고, 정당성을 관장하는 대내상이 국정을 총괄하도록 하였다.

① ㉠, ㉡
② ㉡, ㉢
③ ㉢, ㉣
④ ㉣, ㉤

07 [2015. 국가직 9급]

통일 신라의 지방 행정 조직에 대한 설명으로 옳지 않은 것은?

① 신문왕 대에 9주 5소경 체제로 정비하였다.
② 주(州)에는 지방 감찰관으로 보이는 외사정이 배치되었다.
③ 5소경을 전략적 요충지에 두고, 도독이 행정을 관할토록 하였다.
④ 촌주가 관할하는 촌 이외에 향·부곡이라는 행정 구역도 있었다.

SOLUTION

정답해설 ① 신문왕은 9주 5소경 체제의 지방 행정 조직을 완비하였고, 중앙군을 9서당으로, 지방군을 10정으로 편제해 군사 조직을 정비하였다.
② 외사정은 673년(문무왕 13)에 행정 통제와 관리 감찰을 위해 설치한 외관직이다. 9주에 각 2명씩, 군에 각 1명씩 두었다.
④ 고려 시대의 특수 행정 구역인 향·소·부곡 중 향과 부곡은 통일 신라 때부터 존재했다.

오답피하기 ③ 5소경의 장관은 사신이었다. 도독은 9주에 파견된 지방관이다. 통일 신라는 군사·행정상의 요지에는 5소경을 설치하여 수도인 금성(경주)이 지역적으로 치우쳐 있는 것을 보완하고, 각 지방의 균형 있는 발전을 도모하였다.

핵심개념 통일 신라의 9주 5소경

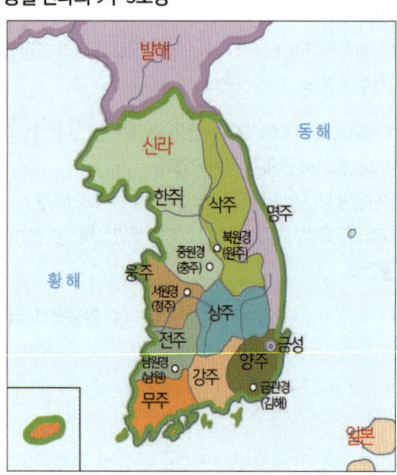

정답 ③ 한정판 022p, 기본서 111p

주제 026 | 02 고대의 사회
삼국의 사회 모습

Check 대표 기출 1

01 0141 [2017. 국가직 9급]   회독 ○○○

㉠과 ㉡ 두 인물의 공통된 신분상의 특징으로 옳은 것은?

- ㉠ 은(는) 신문왕에게 화왕계를 통하여 조언하였다.
- ㉡ 은(는) 진성여왕에게 시무책 10여 조를 올렸다.

① 왕이 될 수 있는 신분이었다.
② 자색(紫色)의 공복을 착용하였다.
③ 중앙 관부의 최고 책임자를 독점하였다.
④ 관등 승진에서 중위제(重位制)를 적용받았다.

Check 대표 기출 2

02 0142 [2012. 국가직 7급]   회독 ○○○

다음은 삼국시대 어느 나라의 사회 모습에 대한 내용이다. 이 나라의 지배층에 대한 설명으로 옳지 않은 것은?

> 이 나라 사람은 상무적인 기풍이 있어서 말 타기와 활쏘기를 좋아하고, 형법의 적용이 엄격했다. 반역한 자나 전쟁터에서 퇴각한 군사 및 살인자는 목을 베었고, 도둑질한 자는 유배를 보냄과 동시에 2배를 물게 했다. 그리고 관리가 뇌물을 받거나 국가의 재물을 횡령했을 때에는 3배를 배상하고, 죽을 때까지 금고형에 처했다.

① 간음죄를 범할 경우 남녀 모두를 처벌하였다.
② 투호와 바둑 및 장기와 같은 오락을 즐겼다.
③ 중국의 고전과 역사책을 읽고 한문을 구사하였다.
④ 대표적인 귀족의 성으로는 여덟 개가 있었다.

SOLUTION   난이도 상 중 하

출제자의 눈 신라 골품 제도를 중심으로 출제되며, 특히 6두품의 신분적 특징을 묻는 문제의 출제 빈도가 높다. 그 외에는 삼국 중 백제의 법률을 사료로 제시하고 백제의 특징을 묻는 문제의 출제 빈도가 높다.

자료분석 ㉠은 설총이다. 원효의 아들인 설총은 유교 경전에 조예가 깊고 이두를 정리하여 한문 교육 보급에 공헌하였다. 또한 신문왕에게 『화왕계(花王戒)』라는 글을 바쳐 왕이 부유함과 즐거움에만 빠지는 것을 삼가고 경계해야 하며, 아첨하고 간사한 사람은 멀리하고 충신을 가까이해야 한다고 강조하였다. ㉡은 최치원에 해당한다. 최치원은 신라 하대에 진성여왕에게 시무책 10여 조를 올렸으나 실현되지 못하였다. 설총과 최치원은 모두 6두품에 속하는 인물들이다.

정답해설 ④ 중위제는 6두품 이하의 신분에 속한 사람들을 위해 설정되었다. 신라의 관등 조직은 지배층을 대상으로 한 신분제인 골품제와 연계되어 운영되었다. 진골은 제1관등인 이벌찬까지 승진할 수 있었지만, 6두품은 제6위 아찬, 5두품은 제10위 대나마, 4두품은 제12위 대사까지밖에 오르지 못하였다. 이에 신라는 훗날 골품에 따른 관등 제한의 불만을 해소하기 위해 관등을 세분하여 그 안에서 승진을 하는 중위(重位) 제도를 마련하기도 하였다.

오답피하기 ① 왕이 될 수 있는 신분은 성골과 진골(무열왕 이후)이다.
② 자색 공복은 5등급 이상에 오른 자만(진골만 가능)이 입을 수 있었다. 6두품은 6등급 아찬까지만 오를 수 있었기 때문에 자색 공복은 입을 수 없었다(비색까지만 가능).
③ 중앙 관부의 책임자(장관)는 진골 귀족이 독점했다. 6두품은 차관 직위(시랑, 경)까지만 오를 수 있었다.

정답 ④ 한정판 023p, 기본서 122p

SOLUTION   난이도 상 중 하

자료분석 자료는 백제의 사회 모습에 대한 내용이다. 상무적 기풍이나 엄격한 형벌 적용 등은 부여와 고구려 등 다른 나라에서도 나타나지만 절도에 대한 2배 배상과 횡령죄에 대한 처벌(3배 배상) 내용은 백제의 특징이다.

정답해설 ② 백제는 고구려와 마찬가지로 투호, 바둑, 장기 등의 오락을 즐겼다.
③ 백제의 지배층은 중국의 고전과 역사책을 즐겨 읽고 한문을 능숙하게 구사했으며, 관청 실무에도 밝았다.
④ 백제의 지배층은 왕족인 부여씨와 8성의 귀족(사, 연, 해, 진, 국, 목, 백, 협)으로 이루어졌다.

오답피하기 ① 백제에서는 간음한 여자는 남편 집의 노비로 전락했지만 남성 처벌에 대한 내용은 전해지지 않는다.

핵심개념 백제의 사회

지배층	왕족 부여씨와 8성의 귀족
법률	• 반역 · 전쟁에서 퇴각 · 살인자 : 사형(목을 벰) • 도둑질한 자 : 귀양 보냄과 동시에 2배 배상 • 뇌물 · 국가 재물 횡령 : 3배를 배상하고 죽을 때까지 금고형 • 간음한 여자 : 남편 집의 노비로 삼음
기타	• 상무적 기풍(말타기, 활쏘기를 즐김) • 언어, 풍속, 의복은 고구려와 큰 차이가 없었음

정답 ① 한정판 023p, 기본서 120p

03 [2018. 기상직 9급]

다음 밑줄 친 인물이 속한 사회 계층에 대한 설명으로 옳은 것을 〈보기〉에서 고른 것은?

> 태종대왕(太宗大王)이 즉위하자 당의 사신이 와서 조서를 전했는데, 그 가운데 해독하기 어려운 부분이 있었다. 왕이 그를 불러 물으니, 그가 왕 앞에서 한번 보고는 설명하고 해석하는데 의심스럽거나 막히는 데가 없었다. 왕이 놀랍고도 기뻐 서로 만남이 늦은 것을 한탄하고 그의 성명을 물었다. 그가 대답하여 아뢰었다. "신은 본래 임나가량(任那加良) 사람이며 이름은 우두(牛頭)입니다." 왕이 말했다. "경의 두골을 보니 <u>강수</u> 선생이라고 부를 만하다." 왕은 그에게 당 황제의 조서에 감사하는 회신의 표를 짓게 하였다. 문장이 세련되고 뜻이 깊었으므로, 왕이 더욱 그를 기특히 여겨 이름을 부르지 않고 임생(任生)이라고만 하였다.
> – 「삼국사기」 –

보기
㉠ 속현에서 농민들의 실질적인 지배세력이었다.
㉡ 학문과 종교 분야에서 활발히 활동하였다.
㉢ 신분은 양인이었으나 직역이 천해 사회적 차별이 심하였다.
㉣ 6관등인 아찬까지만 승진할 수 있었다.

① ㉠, ㉡
② ㉠, ㉢
③ ㉡, ㉣
④ ㉢, ㉣

04 [2017. 지방직 9급]

다음 글을 지은 사람들의 공통점으로 옳은 것은?

> (가) 낭혜화상백월보광탑비문(朗慧和尙白月葆光塔碑文)
> (나) 대견훤기고려왕서(代甄萱寄高麗王書)
> (다) 낭원대사오진탑비명(朗圓大師悟眞塔碑銘)

① 골품제를 비판하고 호족 억압을 주장하였다.
② 국립 교육기관인 태학(太學)에서 공부하였다.
③ 신라뿐만 아니라 고려 왕조에서도 벼슬하였다.
④ 당나라에 유학하여 빈공과(賓貢科)에 급제하였다.

05 0145 [2017. 지방직 7급]

다음 (가), (나)에 나타난 신라제도에 대한 설명으로 옳지 않은 것은?

> (가) 속성은 김씨로 태종무열왕이 8대조이다. 할아버지인 주천의 골품은 진골이고 …… 아버지는 범청으로 골품이 진골에서 한 등급 떨어져 득난(得難)이 되었다.
> - 성주사낭혜화상백월보광탑비문 -
>
> (나) 최치원은 난랑비(鸞郞碑) 서문에서 우리나라에는 현묘한 도가 있으니 풍류(風流)라 일컬었다. …… 실로 이는 삼교(유·불·선)를 포함하고 중생을 교화한다.
> - 삼국사기 -

① (가) - 개인의 사회 활동과 일상생활을 규제하였다.
② (가) - 관등 승진의 상한선이 정해져 있었다.
③ (나) - 진흥왕 때 인재 양성을 위한 제도로 정착되었다.
④ (나) - 귀족들이 회의를 통하여 중요한 국사를 결정하였다.

06 0146 [2012. 서울시 7급]

다음 신분에 대한 설명으로 틀린 것은?

> • 관등 승진의 상한선은 6관등인 아찬까지였다.
> • '득난'이라고도 불렀다.

① 설총, 강수, 최치원 등이 대표적 인물이다.
② 신라 중대에는 전제왕권을 학문적으로 뒷받침하였다.
③ 집사부 시중직을 역임하면서 귀족 세력을 견제하였다.
④ 중위제를 설치하여 이들의 승진에 대한 불만을 무마하고자 하였다.
⑤ 신라 말기에는 골품제의 모순을 비판하고 반신라적인 입장을 취하기도 하였다.

주제 027

02 | 고대의 사회

남북국의 사회 모습

Check 대표 기출 1

01 0147 [2017. 법원직 9급] 회독○○○

다음 자료는 어느 인물의 가상 회고이다. 이 인물이 보았을 사회 모습으로 옳은 것을 〈보기〉에서 모두 고른 것은?

> 나는 13세 때 당나라로 유학을 떠났어. 당나라에서 벼슬살이를 하던 중 황소의 난이 일어났어. 그때 황소를 격퇴하자는 글을 써서 꽤 유명해졌지. 이후 벼슬살이를 그만두고 고국으로 돌아와 개혁안 10여 조를 건의하였지만 뜻을 이루지 못했지. 이에 절망하고 속세를 떠나 은둔 생활을 하였어.

보기
㉠ 홍경래를 중심으로 일어난 농민 봉기
㉡ 벽란도에서 비단을 파는 중국 상인
㉢ 산둥 반도의 신라원에 도착한 신라 사신
㉣ 빈공과 합격을 위해 당에서 공부하는 신라 유학생

① ㉠, ㉢ ② ㉠, ㉣ ③ ㉡, ㉢ ④ ㉢, ㉣

Check 대표 기출 2

02 0148 [2016. 국가직 9급] 회독○○○

다음 자료에 나타난 통일 신라 시대의 신분층과 연관된 설명으로 옳은 것은?

> (그들의) 집에는 녹(祿)이 끊이지 않았다. 노동(奴僮)이 3천 명이며, 비슷한 수의 갑병(甲兵)이 있다. 소, 말, 돼지는 바다 가운데 섬에서 기르다가 필요할 때 활로 쏘아 잡아 먹는다. 곡식을 남에게 빌려 주어 늘리는데, 기간 안에 갚지 못하면 노비로 삼아 부린다.
> — 『신당서』 —

① 관등 승진의 상한은 아찬까지였다.
② 도당 유학생의 대부분을 차지하였다.
③ 돌무지덧널무덤을 묘제로 사용하였다.
④ 식읍·전장 등을 경제적 기반으로 하였다.

SOLUTION 난이도 상 중 하

출제자의 눈 통일 신라 및 발해의 사회 모습이 사료형 또는 단순 서술형 문제로 출제된다. 통일 신라와 발해의 비교는 물론 고려 및 조선 시대의 사회 모습과도 구분해야 하는 통합형 문제도 출제되고 있다.

자료분석 자료에 해당하는 인물은 신라 하대에 활동한 최치원이다. 최치원은 당에서 실시하는 빈공과에 합격했으며, 「격황소서(檄黃巢書)」(토황소격문)를 지어 문장가로 이름을 날렸다.

정답해설 ㉢ 통일 신라 시대에는 무역의 확대로 산둥 반도와 양쯔강 하류에 신라인의 거주지인 신라방과 신라촌, 신라인을 다스리는 신라소, 여관인 신라관, 그리고 신라원이라는 절이 만들어졌다.
㉣ 빈공과는 당에서 외국 유학생을 상대로 보는 과거 시험으로 신라 유학생들이 이에 합격하는 경우가 많았다.

오답피하기 ㉠ 홍경래의 난은 조선 후기 세도 정치기인 1811년 순조 때 일어난 사건이다.
㉡ 벽란도는 예성강 하류에 있던 고려 시대의 국제 무역항이다. 통일 신라 시기에는 울산항이 국제 무역항으로 발전하였다.

정답 ④ 한정판 024p, 기본서 125p

SOLUTION 난이도 상 중 하

자료분석 자료는 통일 신라 시대 진골 귀족의 화려한 생활을 나타낸 것이다. 이들은 경주 근처에 호화스러운 별장을 짓고 살았으며, 가축을 섬에서 길러 필요할 때 화살로 쏘아 잡아먹기도 하였다.

정답해설 ④ 진골 귀족들은 식읍(食邑, 국가에서 왕족, 공신 등에게 준 토지와 가호), 전장(田莊, 대농장) 등을 경제적 기반으로 하였다.

오답피하기 ① 아찬까지만 승진할 수 있었던 것은 6두품이다. 진골 귀족은 관등 승진에 상한선이 없었다.
② 도당 유학생의 대부분을 차지한 것은 6두품이다. 대표적 인물로는 신라 말 3최라 불린 최치원, 최승우, 최언위가 있다.
③ 돌무지덧널무덤은 통일 신라 시대가 아닌 통일 전 신라에서 만든 무덤이다. 신라는 삼국 통일을 전후한 시기 굴식돌방무덤을 주로 만들었다.

정답 ④ 한정판 024p, 기본서 126p

주제 028 | 03 고대의 경제
삼국 시대의 경제

Check 대표 기출 1

01 0149 [2017. 지방직 7급] 회독 ○○○

다음은 삼국의 주요 대외 교역 물품을 표시한 지도이다. ㉠~㉣에 들어갈 내용으로 옳은 것은?

① ㉠: 도자기, 비단, 서적
② ㉡: 인삼, 직물류
③ ㉢: 금, 은, 모피류
④ ㉣: 곡물, 비단

Check 대표 기출 2

02 0150 [2015. 기상직 7급] 회독 ○○○

다음 글에서 ( )에 들어갈 내용을 보기에서 고른 것은?

> 삼국은 서로 치열한 경쟁을 하면서 군사력과 재정을 확보하기 위하여 농업 생산력을 발전시키는 데 많은 관심을 기울였다. 수취 제도의 정비, ( ), ( ) 등 여러 정책을 실시하자, 농업 생산이 증대되어 농민 생활도 점차 향상되어 갔다.

보기
㉠ 우경(牛耕) 장려   ㉡ 수공업 우대
㉢ 철제 농기구의 보급 ㉣ 정전(丁田)의 지급

① ㉠, ㉢   ② ㉠, ㉣
③ ㉡, ㉢   ④ ㉡, ㉣

SOLUTION 난이도 상 중 하

출제자의 눈 삼국의 경제는 기록이 매우 적어서 깊이 있는 단독 문제가 출제되기 어렵다. 자료 해석과 관련된 문제 및 삼국의 대외 교역과 관련된 문제가 출제된다.

정답해설 ④ 신라는 일본(왜)으로 곡물과 비단을 수출하였다.

오답피하기 ① 고구려는 중국으로 금·은 모피류를 수출하였고 삼국은 중국으로부터 비단, 서적, 도자기를 수입하였다.
② 인삼과 직물류는 백제가 중국으로 수출한 품목이다.
③ 금·은 모피류는 고구려가 중국으로 수출한 품목이다.

핵심개념 삼국의 경제 활동

정답 ④ 한정판 025p, 기본서 130p

SOLUTION 난이도 상 중 하

자료분석 자료의 괄호에 들어갈 내용은 삼국이 농업 생산력 향상을 위해 노력한 정책들이다.

정답해설 ㉠ 삼국은 우경(소를 이용한 농사)을 장려하였다. 『삼국사기』의 기록에 따르면 지증왕 3년(502년)부터 우경이 시작되었다고 기록되어 있지만 이전부터 실시되던 것을 국가적 차원에서 장려한 것으로 본다.
㉢ 삼국 시대에는 철제 농기구의 보급에 따라 깊이갈이로 지력을 회복하고 잡초를 제거하는 효과를 볼 수 있었으며, 농업 생산력도 향상되었다.

오답피하기 ㉡ 삼국은 노비 중에서 기술이 뛰어난 자에게 국가가 필요로 하는 물품을 생산하게 하였다. 그러나 점차 국가 체제가 정비되면서 무기, 비단 등 수공업 제품을 생산하는 관청을 두고 여기에 수공업자를 배정하여 필요한 물품을 생산하였다. 이것은 농업 생산 증대와 농민 생활 안정과는 거리가 멀다.
㉣ 정전은 통일 신라 성덕왕 때 일반 백성에게 지급한 토지로, 삼국의 경제 상황과는 거리가 멀다.

정답 ① 한정판 025p, 기본서 129p

주제 029 | 03 | 고대의 경제
통일 신라의 민정문서

Check 대표 기출 1

01 0151 [2019. 국가직 7급] 회독 ○○○

밑줄 친 '이 문서'에 대한 설명으로 옳은 것은?

> 이 문서는 서원경 부근 4개 촌락의 상황을 전하고 있으며, 호수와 전답의 면적, 가축과 과실나무의 수 등이 기록되어 있다.

① 건원이라는 연호가 기록되어 있다.
② 전시과와 녹봉 제도의 운영 양상이 나타나 있다.
③ 호(戶)는 인정(人丁)의 다소에 따라 9등급으로 나누었다.
④ 현존하는 세계 최고(最古)의 목판 인쇄물로 평가받고 있다.

Check 대표 기출 2

02 0152 [2017. 지방직 9급 추가채용] 회독 ○○○

'신라촌락(민정)문서'를 통해서 알 수 있는 내용으로 옳지 않은 것은?

① 인구를 중시하여 소아의 수까지 파악했다.
② 내시령과 같은 관료에게 토지가 지급되었다.
③ 촌락의 경제력을 파악할 때 유실수의 상황을 반영했다.
④ 촌락을 통제하기 위해서 지방관으로 촌주가 파견되었다.

SOLUTION 난이도 상 중 하

출제자의 눈 민정문서는 꾸준히 단독 주제로 출제되고 있다. 주로 촌주가 3년마다 작성한 것과 인구(연령별 6등급)와 호구(인정의 다소에 따라 9등급)의 등급 기준을 중심으로 문제가 출제된다. 앞으로는 서원경(청주)을 주제로 한 지역사 문제에도 활용될 수 있으니 주목하자.

자료분석 밑줄 친 '이 문서'는 신라 민정문서이다. 민정문서는 통일 신라 시대 서원경(지금의 충북 청주시) 부근 4개 촌의 경제 상황을 기록한 문서이다.

정답해설 ③ 민정문서는 인구는 연령에 따라 6등급으로, 호(가구)는 인정의 다소에 따라 9등급으로 나누어 기록하였다.

오답피하기 ① '건원'은 신라 법흥왕 때(536) 제정한 연호로 민정문서와는 직접적인 관련이 없다. 민정문서에는 연호 대신 '을미년(乙未年)'이라는 간지가 등장해 작성 연도를 추정할 수 있다[신라 효소왕 4년(695), 경덕왕 14년(755), 헌덕왕 7년(815) 중 하나로 추정].
② 전시과는 고려 시대의 토지 제도로, 통일 신라 시기에 작성된 민정문서와는 관련이 없다. 촌락의 사정을 기록한 것이기 때문에 녹봉 제도 운영 양상과도 거리가 멀다.
④ 현존하는 세계 최고(最古)의 목판 인쇄물은 『무구정광대다라니경』이다.

심화개념 청주 지역사

- 통일신라: 통일 신라의 5소경 중 하나인 서원경 설치 → 민정 문서는 서원경을 중심으로 하는 4개의 자연 촌락에 관한 조사임
- 고려: 1377년 우왕 때 청주 흥덕사에서 금속 활자로 『직지심체요절』 간행 → 유네스코 세계 기록 유산
- 조선: 이인좌의 난(1728년, 영조 4)

정답 ③ 한정판 025p, 기본서 133p

SOLUTION 난이도 상 중 하

정답해설 ① 신라 민정문서에는 인구를 연령에 따라 6등급으로 나누어 기록하고 있다. 조자(조녀자)는 13세에서 15세, 추자(추녀자)는 10세에서 12세, 소자(소녀자)는 9세 이하, 제공(제모)은 58세에서 59세, 노공(노모)은 60세 이상으로 짐작되고 있다(구분의 기준이 되는 연령은 학계에서 논란이 있음).
② 민정문서에는 관모전·답과 내시령답, 연수유전·답 등의 토지가 나타난다. 이 토지들 중 내시령답은 그 수확의 일정비율이 내시령이라는 관리에게 주어지는 직전(職田)이었다.
③ 유실수는 과일을 생산하기 위해 재배하는 나무로 민정문서에는 뽕나무, 잣나무, 호두나무의 유실수까지 기록하였다.

오답피하기 ④ 촌주는 중앙에서 파견된 지방관이 아니라 토착 세력이다. 촌은 토착 세력인 촌주가 지방관의 통제를 받으면서 다스렸다.

핵심개념 통일 신라의 민정문서

발견 장소	1933년 일본 동대사(도다이사) 정창원(쇼소인)에서 발견
조사 지역	서원경(청주) 주변의 4개 촌락
작성 목적	조세 수취 및 노동력 징발의 자료
작성 방식	토착 세력인 촌주가 매년 변동 사항을 조사하여 두었다가 3년마다 다시 작성

조사 대상	호구	호(戶)는 인정(人丁)의 다과(사람의 많고 적음)에 따라 9등급으로 나누어 조사
	인구	연령별·성별에 따라 6등급으로 분류하여 조사
	토지	• 내시령답(일종의 관료전) • 관모답(관청 경비 충당) • 촌주위답(촌주에게 지급) • 마전[마(麻) 공동 경작] • 연수유답(정전으로 추정, 민전)
	기타	소·말·뽕나무·잣나무·호두나무의 수 기록

정답 ④ 한정판 025p, 기본서 133p

03 ०153 [2015. 국가직 7급]

일본 정창원(쇼소인)에서 발견된 신라 민정(촌락) 문서에 대한 설명으로 옳지 않은 것은?

① 호구와는 달리 전답 면적의 증감은 기록되어 있지 않다.
② 인구를 남녀를 망라하여 연령에 따라 6등급으로 나누었다.
③ 촌락을 단위로 소와 말의 수 및 뽕나무, 잣나무, 호두나무의 수까지 기록하였다.
④ 서원경 부근 4개 촌락의 주민 이름, 성별, 나이와 노비의 수를 구체적으로 기재하였다.

SOLUTION

정답해설 ① 민정문서에서는 호구의 이동이 자세하게 기재되어 있다. 이는 세금과 군역을 부과하기 위해 호구를 자세히 파악해 둘 필요가 있었고, 농민이 다른 지역으로 전출할 경우 관아의 허락을 받아야 했기 때문이다. 토지는 현황(종류와 면적)이 기록되어 있기는 하지만 3년 사이에 얼마나 증감되었는지는 기록되어 있지 않다.
② 인구는 성별, 연령별로 6등급으로 구분했으며, 호구는 인정의 다과에 따라 9등급으로 구분하였다.
③ 민정문서에는 소와 말의 수 및 뽕나무, 잣나무, 호두나무 등의 숫자가 자세히 기록되어 있는 등 신라 지방 촌락의 모습과 내용을 매우 자세하고 구체적으로 보여주고 있다.

오답피하기 ④ 민정문서는 서원경(청주) 부근의 4개 촌락에 대한 내용이 기재되어 있다. 연령에 따른 주민의 수나 노비에 대한 기록이 있지만 주민의 이름이 기록되어 있지는 않았다.

심화개념 민정문서

작성 시기	신라 효소왕 4년(695) or 경덕왕 14년(755) or 헌덕왕 7년(815)
심화 내용	• 노비도 조사 대상(약 5%) : 지역 경제에 차지하는 비중 크지 않음 • 인구의 증감(변동 내용) 기록 O • 토지의 종류와 면적 기록 but 면적의 증감 X • 내시령답, 관모답 등 공동 경작(소작 X)

정답 ④ 한정판 025p, 기본서 133p

04 ०154 [2014. 지방직 9급]

통일 신라 시대 민정문서(장적)에 대한 설명으로 옳지 않은 것은?

① 인구, 가호, 노비 및 소와 말의 증감까지 매년 작성하였다.
② 토지에는 연수유전답, 촌주위답, 내시령답이 포함되어 있다.
③ 사람은 남녀로 나누고, 연령을 기준으로 하여 6등급으로 구분하였다.
④ 호(戸)는 상상호(上上戸)에서 하하호(下下戸)까지 9등급으로 구분하였다.

SOLUTION

정답해설 ② 민정문서의 토지에는 연수유전답(정전으로 추정), 촌주위답, 내시령답(관료전), 관모답(관청 수조지), 마전 등이 포함되었다.
③ 인구는 성별, 연령별로 6등급으로 분류해 조사했으며, 노비의 숫자도 기록되어 있다.
④ 호구는 인정의 다과에 따라 상상호에서 하하호까지 9등급으로 구분하였다.

오답피하기 ① 민정문서는 촌주가 매년 변동 사항을 조사하여 두었다가 3년마다 촌 단위로 다시 작성하였다.

핵심개념 신라 민정문서

• 이 현(縣)의 사해점촌을 조사해 보니, 지형은 산과 평지로 이루어져 있으며, 마을의 둘레는 5725보(步), 공연(孔烟)의 수는 합하여 11호(戸)가 된다. 계연(計烟)은 4, 나머지 3이다. 이 가운데 중하연 4호, 하상연 2호, 하하연 5호이다. 마을의 모든 사람을 합치면 147명이며, 이 중 3년 전부터 살아온 사람과 3년 사이에 태어난 자를 합하면 145명이 된다.
• 정(丁) 29명[노(奴) 1명 포함], 조자(助子) 7명[노(奴) 1명 포함], 추자(追子) 12명, 소자(小子) 10명이며, 3년 사이에 태어난 소자 5명, 제공(除公) 1명이다.
• 여자는 정녀(丁女) 42명[비(婢) 5명 포함], 조여자 9명, 소여자 8명이며, 3년간에 태어난 소여자 8명(비 1명 포함), 제모(除母) 2명, 노모(老母) 1명 등이다. 3년 사이에 이사 온 사람은 둘인데, 추자 1명, 소자 1명이다.
• 가축으로는 말 25마리가 있으며, 전부터 있던 것 22마리, 3년 사이에 더해진 말이 3마리이다. 소는 22마리인데, 전부터 있던 것 17마리, 3년 사이에 더해진 소 5마리이다.
• 논[畓]은 전부 102결(結) 2부(負) 4속(束)인데, 관모전이 4결, 내시령답이 4결, 연수유답이 94결 2부 4속이며 그 중 촌주가 그 직위로 받은 논이 19결 70부가 포함되어 있다. 밭은 전부 62결 10부 5속인데 모두 연(烟)이 받은 것이다. 마전(麻田)은 전부 1결 9부이다.
• 뽕나무는 1004그루인데, 3년 사이에 심은 것이 90그루, 전부터 있던 것이 914그루이다. 잣나무는 모두 120그루이고, 3년 사이에 심은 것이 34그루, 전부터 있던 것이 86그루이다. 호두나무는 모두 112그루이고, 3년사이에 심은 것이 38그루, 전부터 있던 것이 74그루이다.

정답 ① 한정판 025p, 기본서 133p

주제 030

03 | 고대의 경제

통일 신라의 토지 제도

Check 대표 기출 1

01 0155 [2018. 서울시 9급 일행]   회독 ○○○

〈보기〉의 통일 신라 시대의 경제 제도를 시간 순으로 바르게 나열한 것은?

―보기―
㉠ 중앙과 지방의 여러 관리에게 매달 주던 녹봉을 없애고 다시 녹읍을 주었다.
㉡ 중앙과 지방 관리들의 녹읍을 폐지하고 해마다 조(租)를 차등 있게 주었으며 이를 일정한 법으로 삼았다.
㉢ 처음으로 백성들에게 정전(丁田)을 지급하였다.
㉣ 교서를 내려 문무 관료들에게 토지를 차등 있게 주었다.

① ㉡ → ㉠ → ㉣ → ㉢
② ㉡ → ㉣ → ㉠ → ㉢
③ ㉣ → ㉢ → ㉡ → ㉠
④ ㉣ → ㉡ → ㉢ → ㉠

Check 대표 기출 2

02 0156 [2018. 교행 9급]   회독 ○○○

(가)에 대한 설명으로 옳은 것은?

• 경덕왕 16년, 내외 관료의 월봉을 없애고 다시 ┌─(가)─┐을/를 내려주었다.
 ―『삼국사기』―
• 왕건이 예산진(禮山鎭)에 행차하여 이르기를, "지난날 신라의 정치가 쇠퇴하자 도적 무리가 다투어 일어나 백성은 흩어지고 들판에는 해골이 나뒹굴었다. …(중략)… 공경(公卿)이나 장상(將相)은 내가 백성을 자식처럼 사랑하는 마음을 헤아려 너희 ┌─(가)─┐에 소속되어 있는 백성을 불쌍히 여겨야 한다."라고 하였다
 ―『고려사』―

① 경기(京畿)에 한정하여 지급되었다.
② 토지 비옥도에 따라 6등급으로 구분되었다.
③ 지역을 단위로 설정되어 수취가 허용되었다.
④ 18등급으로 나누어 지급되었으며 전지와 시지로 구성되었다.

SOLUTION   난이도 상 중 하

출제자의 눈 토지 제도의 변화 사료를 제시하고 관료전, 녹읍, 정전 등을 괄호에 알맞게 넣는 문제, 왕대사 문제, 또는 사료를 순서대로 배치하는 문제 등이 출제된다. 최근 19년 국가직 9급에서는 소성왕 때 청주 거노현으로 국학생의 녹읍을 삼은 사실이 시기 문제에 사용되기도 하였고, 한국사능력검정시험에서는 녹읍에 대한 단독 문제로 활용되기도 하였다.

정답해설 ㉣ 신문왕 7년(687) : 문무 관료전을 지급하되, 차등을 두었다.
㉡ 신문왕 9년(689) : 내외관의 녹읍을 혁파하고 매년 조(租)를 내리되, 차등이 있게 하여 이로써 영원한 법식을 삼았다.
㉢ 성덕왕 21년(722) : 처음으로 백성에게 정전을 지급하였다.
㉠ 경덕왕 16년(757) : 여러 내외관의 월봉을 없애고, 다시 녹읍을 나누어 주었다(녹읍 부활).

핵심개념 『삼국사기』로 본 통일 신라의 토지 제도
• 신문왕 7년(687) 5월에 문무 관료전을 지급하되, 차등을 두었다.
• 신문왕 9년(689) 1월에 내외관의 녹읍을 혁파하고 매년 조(租)를 내리되, 차등이 있게 하여 이로써 영원한 법식을 삼았다.
• 성덕왕 21년(722) 8월에 처음으로 백성에게 정전을 지급하였다.
• 경덕왕 16년(757) 3월에 여러 내외관의 월봉을 없애고, 다시 녹읍을 나누어 주었다.
• 소성왕 원년(799) 3월에 청주 거노현으로 국학생의 녹읍을 삼았다.

정답 ④ 한정판 026p, 기본서 134p

SOLUTION   난이도 상 중 하

자료분석 자료의 (가)에 해당하는 것은 녹읍이고, 첫 번째 자료는 경덕왕 때 (757) 전제왕권이 동요하면서 녹읍이 부활된 사실을 보여준다. 두 번째 자료는 934년(태조 17년) 5월에 태조(왕건)가 예산진에 행차하여 내린 교서의 일부이다. 태조는 이 교서에서 "관리로서 나라의 녹봉을 먹는 너희들은 마땅히 백성들을 자식과 같이 사랑하는 나의 뜻을 충분히 헤아려 자기의 녹읍 백성들을 사랑해야 할 것이다. 만일 무지한 부하들을 녹읍에 파견한다면 오직 수탈만 일삼아 착취를 함부로 할 것이니 너희들이 어찌 다 알겠는가. 또 혹시나 하더라도 역시 막지 못할 것이다"라고 하였다.

정답해설 ③ 녹읍은 관직 복무의 대가인 녹(祿)을 지급함에 있어 일정한 지역, 즉 읍(邑)을 내리는 제도이다. 이에 따라 지역을 단위로 하는 수취가 허용되었다.

오답피하기 ① 과전법 하에서의 과전에 대한 설명이다. 과전법 하에서의 과전은 경기 지방의 토지로 지급하였으며, 받은 사람이 죽거나 반역을 하면 국가에 반환하도록 정해져 있었다.
② 조선 세종 때 마련된 전분 6등법에 대한 설명이다. 세종 때 마련된 전분 6등법은 토지를 비옥도에 따라 6등급으로 나누고 등급에 따라 각기 다른 자를 사용하여 1결당 면적을 달리한 것이다.
④ 고려 전시과에 대한 설명이다. 고려 시대 전시과는 문무 관리로부터 군인, 한인에 이르기까지 18등급으로 나누어 곡물을 수취할 수 있는 전지와 땔감을 얻을 수 있는 시지를 지급한 제도이다.

정답 ③ 한정판 026p, 기본서 130p

03 0157 [2018. 국가직 7급]

㉠에 해당하는 토지에 대한 설명으로 옳은 것은?

> 5월 을사에 태조가 예산진에 행차하여 이르기를, "너희 공경 장상은 국록을 먹는 사람들이므로 내가 백성을 자식처럼 사랑하는 마음을 헤아려서, 너희들 ㉠ 의 백성들을 불쌍히 여겨야 할 것이다. 만약 무지한 가신들을 ㉠ 에 보낸다면, 오직 거두어들이는 데만 힘써 마음대로 약탈할 것이니 너희 또한 어찌 알 수 있겠는가?" 라고 하였다.
> - 「고려사」 -

① 신라의 토지제도에서 비롯된 것이다.
② 직역에 대한 대가로 수조권만을 지급한 것이다.
③ 대상 토지에 거주하는 가호의 수를 단위로 지급되었다.
④ 지방호족들의 경제기반으로 고려 무신정권기까지 존속했다.

04 0158 [2012. 지방직 9급]

밑줄 친 ㉠~㉣에 대한 설명으로 옳은 것은?

> - 문무왕 8년(668) 김유신에게 태대각간의 관등을 내리고 ㉠식읍 500호를 주었다.
> - 신문왕 7년(687) 문무 관리들에게 ㉡관료전을 차등 있게 주었다.
> - 신문왕 9년(689) 내외 관료의 ㉢녹읍을 혁파하고 매년 조(租)를 주었다.
> - 성덕왕 21년(722) 처음으로 백성에게 ㉣정전을 지급하였다.

① ㉠ - 조세를 수취하고 노동력 징발할 권리를 부여하였다.
② ㉡ - 하급관료와 군인의 유가족에게 지급하였다.
③ ㉢ - 전쟁에서 큰 공을 세운 사람에게 공로의 대가로 지급하였다.
④ ㉣ - 왕권이 약화되는 배경이 되었다.

SOLUTION 난이도 상 중 하

자료분석 자료의 ㉠은 녹읍이다. 사료는 934년(태조 17년) 5월에 태조(왕건)가 예산진에 행차하여 내린 교서의 일부이다. 태조는 이 교서에서 "관리로서 나라의 녹봉을 먹는 너희들은 마땅히 백성을 자식과 같이 사랑하는 나의 뜻을 충분히 헤아려 자기의 녹읍(祿邑) 백성들을 사랑해야 할 것이다. 만일 무지한 부하들을 녹읍에 파견한다면 오직 수탈만 일삼아 착취를 함부로 할 것이니 너희들이 어찌 다 알겠는가. 또 혹시나 하더라도 역시 막지 못할 것이다"라고 하였다.

정답해설 ① 녹읍제는 신라가 주변 지역을 복속시키고 귀족층으로 편입된 각 세력들을 관료로 편제하는 과정에서, 그들을 귀족 관료로서 보수·대우하려는 제도에서 마련되었던 것으로 보인다. 녹읍제가 언제 처음 시행되었는지는 분명하지 않으나, 520년(신라 법흥왕 7년) 율령 반포를 전후한 시기에 제도로 정착되었을 가능성이 높다.

오답피하기 ② 녹읍(祿邑)은 국가에서 관료 귀족에게 지급한 일정 지역의 토지로서, 조세를 수취할(수조권) 뿐 아니라 그 토지에 딸린 노동력도 징발할 수 있었다.
③ 녹읍은 관리에게 고을[읍(邑)] 단위(지역 단위)로 지급한 것(가호의 수 X)이다.
④ 녹읍제는 삼국 시대부터 고려 초까지(무신정권기는 고려 후기) 존속되었다.

정답 ①  한정판 026p, 기본서 130p

---

SOLUTION 난이도 상 중 하

정답해설 ① 식읍은 왕족이나 공신에게 지급된 토지이다. 식읍은 녹읍과 마찬가지로 조세 수취뿐만 아니라 토지에 딸린 노동력까지 징발할 수 있었다.

오답피하기 ② 하급관료와 군인의 유가족에게 지급한 것은 고려 시대 구분전이다. 관료전(687)은 통일 신라 신문왕이 문무 관리들에게 지급한 것으로, 녹읍과 달리 토지에 대한 수조권만을 인정했다(노동력 징발 X).
③ 전쟁에서 큰 공을 세운 사람에게 지급된 것은 식읍이다. 녹읍은 관료 귀족에게 지급된 토지로, 신문왕 때(689) 귀족 세력을 약화시키는 과정에서 폐지되었다(후에 경덕왕 때 부활).
④ 일반 백성들에게 정전을 지급하고 국가에 조를 바치게 함으로써 국가의 농민과 토지에 대한 지배력과 왕권을 강화할 수 있었다.

핵심개념 식읍·녹읍·관료전·정전

식읍	· 국가에서 왕족, 공신 등에게 준 토지와 가호 · 조세를 수취하고 노동력을 징발할 권리 부여
녹읍	· 국가에서 관료 귀족에게 지급한 일정 지역의 토지 · 토지에서 세금을 거둘 권리와 노동력 징발 권한 부여
관료전	· 통일 신라 시대 관리에게 지급 · 토지에서 세금을 거둘 권리(수조권)만을 부여
정전	· 백성에게 나누어 준 토지 · 원래 경작하던 토지에 대한 소유권을 국가가 인정해 준 것 또는 주인이 없던 땅을 토지가 없는 농민에게 나누어 준 것으로 추정

정답 ① 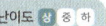 한정판 026p, 기본서 130p

주제 031

03 | 고대의 경제

통일 신라의 경제(통합형)

Check 대표 기출 1

01 0159 [2019. 국가직 9급] 회독 ○○○

(가) 시기의 경제 상황에 대한 설명으로 옳은 것은?

		(가)		
국호 '신라' 확정	9주 5소경 설치		대공의 난 발발	독서삼품과 실시

① 백성에게 정전을 처음으로 지급하였다.
② 시장을 감독하는 관청인 동시전을 신설하였다.
③ 백성의 구휼을 위하여 진대법을 제정하였다.
④ 청주(菁州)의 거로현을 국학생의 녹읍으로 삼았다.

Check 대표 기출 2

02 0160 [2022. 국회직] 회독 ○○○

㉠ 인물에 대한 설명으로 옳은 것은?

> • 이른 아침에 신라인이 작은 배를 타고 왔다. 문득 듣건대, "㉠ 이/가 신라 왕자와 공모하여 신라국을 징벌하고 곧 그 왕자를 신라국의 왕으로 삼았다"라고 하였다.
> • 산 속에 절이 있어 그 이름은 적산법화원인데, 이는 ㉠ 이/가 처음 세운 것이다. 오랫동안 장전(莊田)을 갖고 있어 양식을 충당할 수 있었다.
> - 『입당구법순례행기』 -

① 진성여왕에게 시무책을 바쳤다.
② 당에 건너가 빈공과에 합격하였다.
③ 당에 견당매물사와 교관선을 보냈다.
④ 나라를 세우고 국호를 장안이라 하였다.
⑤ 독자적으로 오월과 거란에 사신을 보냈다.

SOLUTION 난이도 상 중 하

출제자의 눈 신라의 통일 전과 후, 고려, 조선 시대와의 경제상을 비교하는 단순 지식형 문제가 주로 출제된다.

자료분석 (가)는 신라 중대 신문왕과 혜공왕 사이 시기에 해당한다. 9주 5소경 체제의 지방 행정 조직을 완비한 것은 신문왕 때, 대공의 난은 768년 혜공왕 때의 사실이다. 대공의 난은 혜공왕 때 대공이 아우 대렴과 함께 일으킨 반란이다.

정답해설 ① 성덕왕 21년(722)에 처음으로 백성에게 정전을 지급하였다.

오답피하기 ② 6세기 초 지증왕 때 시장을 감독하는 관청인 동시전을 설치(509)하였다.
③ 2세기 후반 고구려 고국천왕 때 을파소를 국상으로 임명하여 농민 생활의 안정을 위해 춘대추납 제도인 진대법을 시행하였다.
④ 신라 하대 소성왕 원년(799)에 청주 거로현을 국학생의 녹읍으로 삼았다(국학의 학생에게도 녹읍 지급).

핵심개념 대공의 난(768)

> 기록에 따르면 당시 일길찬 또는 각간의 벼슬에 있던 대공이 아찬 벼슬에 있던 그의 동생 대렴과 함께 무리를 모아 반란을 일으켜 왕궁을 33일 동안이나 포위하였으나 왕군(王軍)이 이를 물리치고 대공의 9족을 죽이고, 그의 모든 재산을 몰수하였다고 한다. 이 대공의 난은 혜공왕 때에 연이어 일어난 귀족들의 반란의 서막이었으며, 이를 계기로 전국이 극도의 혼란상태에 빠졌다. 그리하여 왕도와 5도(道)·주·군의 96각간이 서로 치열하게 싸우는 지경에 이르러 나라가 크게 어지러워졌다.

정답 ① 한정판 026p, 기본서 135p

SOLUTION 난이도 상 중 하

자료분석 자료의 ㉠에 해당하는 인물은 신라 하대에 활동한 장보고이다. 자료는 일본 고승 엔닌이 838~847년간 기록한 일기 형태의 여행기인 『입당구법순례행기』 중 장보고와 관련한 내용이다. 첫 번째 자료는 장보고가 김우징(신무왕) 즉위에 큰 공을 세울 정도로 영향력이 있었던 사실을 보여주는 것이다. 두 번째 사료의 법화원은 장보고가 당나라 산둥 반도에 세운 신라인의 불교 사찰이다.

정답해설 ③ 장보고는 당과 일본 정부의 허락을 받아 양국에 독자적인 교역 사절단을 파견하였는데, 그가 당에 보내는 무역 사절을 '대당 매물사(견당 매물사)', 일본에 보내는 무역 사절을 '회역사'라 하였다. 장보고의 무역선은 교관선이라고 불렀는데, 『속일본후기』에는 당시의 신라선이 바람과 파도를 능히 감당할 수 있는 우수한 배로 소개되어 있다.

오답피하기 ①,② 최치원에 대한 설명이다. 최치원은 당에서 빈공과에 급제하고 『토황소격문』이라는 문장을 지어 이름을 떨쳤다. 귀국 후에는 진성여왕에게 개혁안 10여 조를 건의하였다.
④ 무열계 김씨인 김헌창은 아버지 김주원이 왕위를 계승하지 못한 데 불만을 품고 국호를 장안, 연호를 경운이라 하고 난을 일으켰으나 실패하였다(김헌창의 난, 822).
⑤ 견훤에 대한 설명이다. 견훤은 중국과의 외교를 적극적으로 추진해 오월과 우호관계를 맺었으며 후당이나 거란과도 외교 관계를 통해 국제적 지위를 높이려 하였다.

정답 ③ 한정판 026p, 기본서 136p

03 [2023. 서울시 9급 1차]

〈보기〉의 ㉠ 인물에 대한 설명으로 가장 옳은 것은?

> 6월 27일에 사람들이 말하기를, ㉠ 의 교역선 2척이 단산포(旦山浦)에 도착했다고 한다. …… 28일 당의 천자가 보내는 사신들이 이곳으로 와 만나보았다. …… 밤에 ㉠ 의 견당매물사(遣唐買物使)인 최훈(崔暈) 병마사(兵馬使)가 찾아와서 위문하였다.
> — 『입당구법순례행기』 —

① 『화랑세기』를 저술하였다.
② 당의 등주를 공격하였다.
③ 적산 법화원을 건립하였다.
④ 웅천주를 근거지로 반란을 일으켰다.

04 [2017. 지방직 9급]

다음 밑줄 친 '대사'에 대한 내용으로 옳지 않은 것은?

> 이 엔닌은 대사의 어진 덕을 입었기에 삼가 우러러 뵙지 않을 수 없습니다. 저는 이미 뜻한 바를 이루기 위해 당나라에 머물러 왔습니다. 부족한 이 사람은 다행히도 대사께서 발원하신 적산원(赤山院)에 머물 수 있었던 것에 대해 감경(感慶)한 마음을 달리 비교해 말씀드리기가 어렵습니다.
> — 입당구법순례행기 —

① 법화원을 건립하고 이를 지원하였다.
② 당나라에 가서 서주 무령군 소장이 되었다.
③ 회역사, 견당매물사 등의 교역 사절을 파견하였다.
④ 웅주를 근거지로 반란을 일으켜 장안(長安)이라는 나라를 세웠다.

05 0163 [2016. 사회복지직 9급]

밑줄 친 '그'가 활동한 시기의 상황에 대한 설명으로 옳은 것은?

> 그가 돌아와 흥덕왕을 찾아보고 말하기를 "중국에서는 널리 우리나라 사람을 노비로 삼으니, 청해진을 만들어 적으로 하여 금 사람들을 약탈하지 못하도록 하기를 원하나이다." 라고 하였다. … (중략) … 대왕은 그에게 군사 만 명을 거느리고 해상을 방비하게 하니, 그 후로는 해상으로 나간 사람들이 잡혀가는 일이 없었다.
> ― 「삼국사기」 ―

① 산둥 반도와 양쯔 강 하류에 신라방과 신라소가 있었다.
② 삼한통보, 해동통보, 해동중보 등의 화폐가 주조되었다.
③ 시전을 설치하고, 개경·서경 등 대도시에 주점, 다점 등 관영 상점을 두었다.
④ 「농상집요」를 통해 이앙법이 남부지방에 보급될 정도로 논농사가 발전하였다.

SOLUTION

자료분석 자료의 밑줄 친 '그'는 통일 신라의 장보고이다. 장보고는 흥덕왕 3년 (828) 완도에 청해진을 설치하고 동아시아 해상 무역을 장악했다.

정답해설 ① 통일 신라 시대에는 당과의 무역 확대로 산둥 반도와 양쯔강 하류에 신라인의 거주지인 신라방과 신라촌, 신라인을 다스리는 신라소, 여관인 신라관, 그리고 신라원이라는 절이 만들어졌다.

오답피하기 ② 삼한통보, 해동통보, 해동중보 등의 화폐가 주조된 것은 고려 숙종 대이다. 고려는 여러 화폐를 주조했으나 널리 유통되지는 못하였고, 통상 거래는 여전히 곡식이나 삼베를 사용하였다.
③ 고려 시대에 대한 내용이다. 고려는 개경에 시전을 설치하여 관청과 귀족이 주로 이용하게 하였고, 개경, 서경(평양), 동경(경주) 등 대도시에는 관청의 수공업장에서 생산한 물품을 판매하는 서적점, 약점과 술, 차 등을 파는 주점, 다점 등 관영 상점을 두기도 하였다. 통일 신라는 동시만으로는 상품 수요 감당이 어렵자 효소왕 4년(695) 서시와 남시를 개설했다.
④ 「농상집요」는 원의 농법서로, 고려 후기 이암에 의해 전해졌다.

핵심개념 통일 신라의 경제

국제 무역항	울산항(이슬람 상인도 왕래, 최대 무역항), 당항성, 영암
대당 무역	8세기 이후 당과의 관계 개선 → 무역 번성(공무역과 사무역 발달)
신라인의 대당 진출	산둥 반도와 양쯔강 하류에 신라방·신라촌(신라인 거주지), 신라소(자치기관), 신라관(여관), 신라원(절) 설치
대일 무역	처음에는 교류 제한으로 무역 성행 못함 → 8세기 이후 활발
귀족의 경제 생활	• 식읍 및 녹읍을 통한 농민 지배 • 당과 아라비아에서 수입한 사치품 사용 • 토지·노비·목장·금입택·사절유택 소유

정답 ① 한정판 026p, 기본서 135p

추가 기출 사료

흥덕왕 대의 사치 금지령(834)

사람은 상하가 있고 지위는 존비가 있어서, 그에 따라 호칭이 같지 않고 의복도 다른 것이다. 그런데 풍속이 점차 경박해지고 백성들이 사치와 호화를 다투게 되어, 오직 외래 물건의 진기함을 숭상하고 도리어 토산품의 비야함을 혐오하니, 신분에 따른 예의가 거의 무시되는 지경에 빠지고 풍속이 쇠퇴하여 없어지는 데까지 이르렀다. 이에 감히 옛 법에 따라 밝은 명령을 펴는 바이니, 혹시 고의로 범하는 자가 있으면 진실로 일정한 형벌이 있을 것이다.

주제 032

04 | 고대의 문화

삼국의 불교와 도교

Check 대표 기출 1

01 0164 [2018. 서울시 7급 1차]   회독 ○○○

〈보기〉의 (가)에 해당하는 인물의 활동으로 가장 옳은 것은?

─ 보기 ─
신인(神人)이 말하였다. 지금 그대 나라는 여자가 왕위에 있으니 덕은 있지만 위엄이 없습니다. 그래서 이웃나라가 침략을 꾀하고 있는 것입니다. 그대는 빨리 돌아가야 합니다. (가) 가(이) 다시 물어보았다. 고국에 돌아가면 어떤 이로운 일을 해야 합니까? 신인이 답했다. 황룡사의 호법용(護法龍)은 나의 맏아들입니다. 범왕(梵王)의 명을 받고 가서 그 절을 보호하고 있습니다. 고국에 돌아가거든 절 안에 9층탑을 세우십시오. 그러면 이웃나라가 항복할 것이고 구한(九韓)이 와서 조공할 것이며 왕업의 길이 편안할 것입니다. (중략) 정관 17년 계묘 16일에 (가) 는(은) 당나라 황제가 준 불경과 불상, 승복과 폐백 등을 가지고 와 탑을 세울 일을 왕에게 아뢰었다.

① 세속오계를 통해 당시 신라 사회가 요구하는 도덕관념을 가르쳤다.
② 대승불교의 두 흐름인 중관과 유식의 대립을 극복하며 화쟁을 주장하였다.
③ 대국통(大國統)에 임명되어 출가자의 규범과 계율을 주관하였다.
④ 질병 등 현실적 재난 구제에 치중하는 밀교를 전파하였다.

SOLUTION   난이도 상 중 하

출제자의 눈 삼국 중 신라 관련 내용이 출제 빈도가 높다. 특히 자장과 원광은 단독 문제로도 출제되고 있다. 도교는 연개소문의 도교 진흥책이나 관련 문화재를 중심으로 출제된다.

자료분석 자료의 (가)는 황룡사 9층 목탑 건립을 건의한 자장이다. 이 사료는 신라의 황룡사 9층 목탑의 건립 배경과 과정 등을 보여준다. 중국에 유학 중이던 자장이 태지화 근처를 지나가다 신인(神人)을 만났는데, 이때 두 사람이 나눈 대화 속에 황룡사에 9층 목탑을 건립하게 된 경위가 잘 나타나 있다.

정답해설 ③ 선덕여왕은 당나라에서 귀국한 자장을 대국통에 임명하여 승니의 모든 규범을 위임하여 주관하게 하였다.

오답피하기 ① 신라 진평왕 때 승려 원광에 대한 설명이다. 진평왕 때 원광 법사는 화랑도에게 세속 5계를 가르쳐 마음가짐과 행동의 규범을 제시하였다.
② 신라 중대의 승려 원효에 대한 설명이다. 원효는 모든 것이 한마음에서 나온다는 일심사상을 바탕으로, 중관파와 유식파의 사상적 대립을 조화시키고 분파의식을 극복하려는 노력에서 『십문화쟁론』을 저술하였다.
④ 신라에 밀교를 전한 승려는 안홍이다. 밀교 계통의 대표적 승려로는 선덕여왕 때 활동했던 밀본법사가 유명하다.

정답 ③   한정판 027p, 기본서 146p

Check 대표 기출 2

02 0165 [2022. 법원직 9급]   회독 ○○○

(가) 종교가 반영된 문화유산의 사례로 가장 적절한 것은?

불로장생과 신선이 되기를 추구하는 (가) 은/는 삼국에 전래 되어 귀족 사회를 중심으로 유행했으며 예술에도 많은 영향을 주었다. 7세기 고구려의 연개소문은 귀족과 연결된 불교 세력을 억누르기 위해 (가) 을/를 장려하는 정책을 펼쳤다.

①    ②

③    ④

SOLUTION   난이도 상 중 하

자료분석 자료의 (가)에 해당하는 종교는 도교이다. 연개소문은 기존 귀족과 불교 세력을 누르기 위해 도교를 장려하여 기존의 불교 사찰을 도교 사원으로 바꾸고 전국의 명산대천에 도교식 제천을 행하여 애국심을 진작시켰다.

정답해설 ④ 백제의 금동대향로는 충남 부여 능산리 절터에서 출토되었으며, 도교의 영향을 받아 신선들이 사는 이상 세계를 형상화하였다.

오답피하기 ① 승탑(쌍봉사 철감선사 승탑)은 불교 선종과 관련 깊다. 신라 말기에 선종이 널리 퍼지면서 승려의 사리를 봉안하기 위해 유행하였다.
② 칠지도는 4세기 후반의 백제와 왜의 친교 관계를 보여 주는 유물로, 백제에서 만들어 일본에 하사하였다. 강철로 만들었으며 금으로 상감한 글씨가 새겨져 있어 백제의 제철 기술의 우수함을 알 수 있다. 현재 일본의 이소노카미 신궁에 보관되어 있다.
③ 미륵보살 반가상은 불교와 관련된 문화재이다. 고대 삼국은 공통적으로 미륵보살 반가상을 제작했으며, 이 중에서도 탑 모양의 관을 쓰고 있는 금동 미륵보살 반가 사유상은 날씬한 몸매와 그윽한 미소로 유명하다.

정답 ④   한정판 028p, 기본서 152p

03 [2021. 지방직 9급]

(가) 인물에 대한 설명으로 옳은 것은?

> (가) 가/이 귀산 등에게 말하기를 "세속에도 5계가 있으니, 첫째는 충성으로써 임금을 섬기는 것, 둘째는 효도로써 어버이를 섬기는 것, 셋째는 신의로써 벗을 사귀는 것, 넷째는 싸움에 임하여 물러서지 않는 것, 다섯째는 생명 있는 것을 죽이되 가려서 한다는 것이다. 그대들은 이를 실행함에 소홀하지 말라."라고 하였다.
> — 「삼국사기」 —

① 모든 것이 한마음에서 나온다는 일심 사상을 제시하였다.
② 화엄 사상을 연구하여 「화엄일승법계도」를 작성하였다.
③ 왕에게 수나라에 군사를 청하는 글을 지어 바쳤다.
④ 인도를 여행하여 『왕오천축국전』을 썼다.

SOLUTION

자료분석 자료의 (가)에 해당하는 인물은 원광이다. 세속오계는 신라 화랑이 지켜야 했던 다섯 가지 계율로, 원광이 작성했다. 세속오계는 사군이충(事君以忠)·사친이효(事親以孝)·교우이신(交友以信)·임전무퇴(臨戰無退)·살생유택(殺生有擇)의 다섯 가지 계율로 되어 있다.

정답해설 ③ 원광은 608년(진평왕 30) 수나라에 군사를 청하기 위해 걸사표를 작성하였다. 원문은 전하지 않지만 『삼국사기』에 의하면, 611년에 신라에서는 수나라에 사신을 파견하여 이 걸사표로 군사를 청했고, 이에 수나라 양제가 100만의 대군을 이끌고 612년에 고구려를 침략하였다고 한다.

오답피하기 ① 신라 중대의 승려 원효는 일심사상을 바탕으로 불교 종파의 대립을 조정하려 하였다.
② 신라 중대의 승려 의상은 당에서 돌아와 『화엄일승법계도』를 저술하여 모든 존재는 상호의존적인 관계에 있으면서 서로 조화를 이루고 있다는 화엄 사상을 정립하였다.
④ 신라 중대의 승려 혜초는 인도와 중앙아시아(서역) 여러 나라의 성지를 순례하고 풍물을 생생하게 기록한 『왕오천축국전』을 남겼다.

정답 ③ 한정판 027p, 기본서 146p

추가 기출 사료

원광의 걸사표

> 왕(진평왕)이 수(隋)에 군사를 청하는 글을 요청하자, 원광은 "자기가 살기 위해 남을 멸망시키는 것은 승려가 할 일이 아니나, 제가 대왕의 땅에 살면서 수초(水草)를 먹고 있사오니 명령을 따르겠습니다."라고 하였다.

주제 033

04 | 고대의 문화
통일 신라의 불교

Check 대표 기출 1

01 0167 [2023. 계리직] 회독 ○○○

밑줄 친 (   )의 인물에 대한 설명으로 옳은 것은?

> (   )은/는 이미 계를 어겨 아들 총(聰)을 낳은 후에는 세속의 옷으로 바꿔 입고 스스로 소성거사라고 하였다. 우연히 광대들이 춤출 때 쓰는 큰 박을 얻었는데, 모양이 괴상하였다. 그 모양을 본떠서 도구를 제작하여, 화엄경의 "일체 무애인(無㝵人)은 한 번에 생사를 벗어난다."라는 구절에 나오는 무애라는 이름을 붙이고, 노래를 지어 세상에 퍼뜨렸다.
> — 『삼국유사』 —

① 화엄종의 중심 사찰인 부석사를 창건하였다.
② 세속오계를 제시하고 호국 불교의 전통을 세웠다.
③ 황룡사에 9층 목탑을 세울 것을 왕에게 건의하였다.
④ 종파 간 대립을 극복하기 위해 일심 사상을 제창하였다.

Check 대표 기출 2

02 0168 [2018. 국가직 7급] 회독 ○○○

밑줄 친 '그'의 행적으로 옳은 것은?

> 왕이 수도(금성)에 성곽을 쌓으려고 문의하니 그가 말하기를, "비록 초야에 살더라도 정도(正道)만 행하면 복업(福業)이 오래 갈 것이요, 만일 그렇지 못하면 여러 사람을 수고롭게 하여 성을 쌓을지라도 아무 이익이 없을 것입니다."라고 하였다. 왕은 이에 성 쌓는 일을 그만두었다.
> — 「삼국사기」 —

① 일심사상을 바탕으로 화쟁사상을 주장하였다.
② 당에서 유학하고 돌아와 부석사를 창건하였다.
③ 당에 들어가 유식론을 독자적으로 발전시켰다.
④ 가지산파를 개창하면서 선종을 보급하기 시작하였다.

SOLUTION 난이도 상 중 **하**

출제자의 눈 승려들의 인물사 문제가 출제된다. 원효와 의상이 단연 빈출 주제이며, 이들의 행적은 물론 이들이 활동한 시기의 시대적 상황까지 파악하고 있어야 한다. 고려 시대 승려들과 함께 묶여 출제되는 경우가 많아 각 인물의 활동을 정확히 비교·숙지해야 한다.

자료분석 밑줄 친 괄호에 들어갈 인물은 신라 중대의 승려 원효이다. 원효는 태종 무열왕의 둘째 딸인 요석공주와 결혼하여 설총을 낳았는데, 이때 그는 승려의 계율을 스스로 어겼다면서 자신을 '소성거사(小性居士)'라고 부르고 속인처럼 행동하였다. 특히 광대가 이상한 모양의 표주박을 가지고 춤추는 모습을 보고 깨달은 바가 있어서, 광대처럼 춤을 추고 불교의 이치를 「무애가(無碍歌)」로 지어 노래를 불렀는데 무애란 막히거나 거칠 것이 없는 자유자재한 것을 뜻한다. 원효는 무애가를 통해 부처의 가르침이 중생에게 쉽게 전달되도록 하였다.

정답해설 ④ 원효는 '모든 것이 한마음에서 나온다'는 일심 사상을 바탕으로, 다른 종파들과의 사상적 대립을 조화시키고 분파 의식을 극복하기 위해 화쟁 사상을 주장하고 『십문화쟁론』을 지었다.

오답피하기 ① 화엄종의 중심 사찰인 부석사를 창건한 인물은 신라 중대의 승려인 의상이다.
② 세속오계를 제시하고 호국 불교의 전통을 세운 인물은 신라 진평왕 때 활약한 승려 원광이다.
③ 신라 선덕여왕 때 자장의 건의에 따라 황룡사 9층 목탑이 건립되었다.

정답 ④ 한정판 027p, 기본서 147p

SOLUTION 난이도 상 중 **하**

자료분석 자료의 밑줄 친 '그'는 의상으로, 문무왕의 도성 축성을 의상이 반대하는 내용이다. 의상은 문무왕의 정치적 자문도 맡았는데, 문무왕이 경주에 도성(都城)을 쌓으려고 할 때 민심(民心)의 성(城)을 강조하면서 이를 만류하였다.

정답해설 ② 의상은 당에서 유학하고 귀국하여 신라 화엄종을 창설하였으며, 『화엄일승법계도』를 저술하여 모든 존재가 상호 의존적인 관계에 있으면서 서로 조화를 이루고 있다는 화엄 사상을 정립하였다. 또한 부석사를 비롯한 여러 사원을 건립하여 불교 문화의 폭을 확대하였다.

오답피하기 ① 일심사상을 바탕으로 화쟁사상을 주장한 인물은 원효이다.
③ 당에 들어가 유식론을 독자적으로 발전시킨 인물은 원측이다.
④ 신라 말에 가지산파를 개창하면서 선종을 보급한 인물은 도의이다.

핵심개념 의상(625~702)

- 진골 출신, 도당 유학(지엄의 제자)
- 문무왕의 정치적 자문 수행(ex 문무왕의 도성 축성 반대)
- 화엄 사상 정립, 교단 형성과 제자 양성
- 불교 대중화 : 아미타 신앙(내세적)과 함께 관음 신앙(현세적)을 이끎
- 부석사(영주), 낙산사(양양) 창건, 화엄 10찰 설립
- 저서 : 화엄일승법계도

정답 ② 한정판 027p, 기본서 148p

03　[2022. 국가직 9급]

다음 (가), (나) 승려에 대한 설명으로 옳은 것은?

> (가) 중국 유학에서 돌아와 부석사를 비롯한 여러 사원을 건립하였으며, 문무왕이 경주에 성곽을 쌓으려 할 때 만류한 일화로 유명하다.
> (나) 진골 귀족 출신으로 대국통을 역임하였으며, 선덕여왕에게 황룡사 9층탑의 건립을 건의하였다.

① (가)는 모든 것이 한마음에서 나온다는 일심사상을 제시하였다.
② (가)는 「화엄일승법계도」를 만들었다.
③ (나)는 『왕오천축국전』이라는 여행기를 남겼다.
④ (나)는 이론과 실천을 같이 강조하는 교관겸수를 제시하였다.

SOLUTION 　난이도 상 중 하

자료분석　(가) 의상은 문무왕의 정치적 자문도 맡았는데, 문무왕이 경주에 도성(都城)을 쌓으려고 할 때 민심(民心)의 성(城)을 강조하면서 이를 만류하였다. (나) 자장은 진골 출신으로 선덕여왕 때 대국통(大國統)에 임명되어 출가자의 규범과 계율을 주관하였다.

정답해설　② 의상은 당에서 돌아와 『화엄일승법계도』를 저술하여 모든 존재는 상호 의존적인 관계에 있으면서 서로 조화를 이루고 있다는 화엄 사상을 정립하였다. 또한, 국가의 지원을 얻어 부석사를 짓고 화엄의 교종을 확립하는 데 힘썼다.

오답피하기　① 원효는 모든 것이 한마음에서 나온다는 일심 사상을 바탕으로, 중관파와 유식파의 사상적 대립을 조화시키고 분파 의식을 극복하려는 노력에서 『십문화쟁론』을 저술하였고, 화쟁 사상을 주장하였다.
③ 혜초는 인도와 중앙아시아(서역) 여러 나라의 성지를 순례하고 풍물을 생생하게 기록한 『왕오천축국전』을 남기기도 하였다.
④ 의천은 교종을 중심으로 선종을 통합하기 위하여 국청사를 창건하여 천태종을 창시하였다. 또한 이를 뒷받침할 사상적 바탕으로 이론의 연마와 실천을 아울러 강조하는 교관겸수를 제창하였다.

심화개념　자장과 황룡사 9층 목탑

자장은 당 오대산에서 문수보살의 가르침을 받았는데, 그 내용이 신라는 부처의 나라로 신라에 돌아가 황룡사(皇龍寺)에 9층 목탑을 세우면 이웃 나라가 항복하고 9한(韓)이 와서 조공을 바치는 나라가 될 것이라는 것이다. 이에 귀국한 후 황룡사 9층 목탑 건립을 건의하여 세우고(645, 선덕여왕 14), 황룡사의 2대 주지로 취임하였다. 이러한 황룡사 9층 목탑의 건립은 불법의 힘으로 신라와 치열하게 경쟁하던 고구려와 백제를 비롯한 주변 나라들의 위협에서 벗어나고, 나아가 이들을 모두 통합하는 삼국 통일의 위업을 이루고자 하는 자장의 염원이 담겨 있는 것이다.

▲ 황룡사 9층 목탑(복원 모형)

정답 ② 한정판 027p, 기본서 148p

04　[2019. 계리직]

다음 글을 저술한 승려에 관한 설명으로 옳은 것은?

> 펼쳐 열어도 번잡하지 아니하고 종합하여도 좁지 아니하다. 주장하여도 얻음이 없고 논파하여도 잃음이 없다. 이것이야말로 마명(馬鳴) 보살의 오묘한 기술이니, 기신론(起信論)의 종체(宗體)가 그러하다. 종래에 이를 해석한 사람들 중에는 그 종체를 갖추어 밝힌 이가 적었다. 이는 각기 익혀 온 것을 지켜 그 문구(文句)에 구애되고, 마음을 비워서 뜻을 찾지 못했기 때문이다.

① 대국통이 되어 신라 불교를 총관하였다.
② 현장(玄奘)에게 신유식학(新唯識學)을 수학하였다.
③ 여러 불교 경전의 사상을 하나의 원리로 회통시키려 하였다.
④ 제자 양성과 함께 교세 확장에 힘써 화엄 10찰을 조성하였다.

SOLUTION 　난이도 상 중 하

자료분석　자료는 원효가 저술한 『대승기신론소』의 일부이다. 기신론(起信論)의 종체(宗體) 등의 힌트를 통해 이를 알 수 있다. 원효는 대중 교화에 진력하는 한편으로 저술에도 힘을 써 불교 사상을 체계화하는 데 노력하였다. 그는 현재 전하지 않는 것을 포함하여 무려 100여 부 240권의 저술을 남겼다. 이 가운데 『금강삼매경론』은 그의 독창적인 논리를 담은 저술로, 중국의 고승들이 "인도의 마명·용수 등과 같은 고승이 아니고는 얻기 힘든 논(論)"이라고 칭송하였다. 『대승기신론소』 역시 중국 고승들이 '해동소(海東疏)'라고 하여 즐겨 인용하였다.

정답해설　③ 원효는 모든 것이 한마음에서 나온다는 일심 사상을 바탕으로 종파 간 사상적 대립을 조화시켰다. 또한 분파 의식을 극복하고자 화쟁 사상을 주장하였다.

오답피하기　① 대국통이 되어 신라 불교를 총괄한 인물은 자장이다.
② 원측에 대한 설명이다. 그는 현장이 인도에서 호법 계통의 신유식학을 갖고 당으로 돌아오자 이를 수용하여 전파시켰다.
④ 의상에 대한 설명이다. 그는 화엄 사상 전파를 위해 교단을 형성하여 많은 제자를 양성하고 부석사·낙산사를 비롯한 여러 사원을 건립하여 불교 문화의 폭을 확대하였다.

정답 ③ 한정판 027p, 기본서 147p

05 [2018. 지방직 9급]

다음과 같은 불교 사상의 영향을 받아 만들어진 문화재는?

> 이 불교 사상은 개인적 정신 세계를 추구하는 경향이 강하였기 때문에 지방에서 독자적인 세력을 이루어 성주나 장군을 자처하던 자들로부터 큰 호응을 받았다.

① 성덕대왕 신종
② 쌍봉사 철감선사탑
③ 경천사지 십층 석탑
④ 금동미륵보살 반가사유상

06 [2018. 기상직 9급]

다음 밑줄 친 '이 승려'에 대한 설명으로 옳은 것을 〈보기〉에서 고른 것은?

> 이 승려가 입적한 후 100여 년이 지난 애장왕대(800~809)에 후손 중업과 각간 김언승 등이 중심이 되어 그를 추모하는 비(고선사 서당화상비)를 세웠으며, 1101년 8월 고려 숙종이 화쟁국사(和諍國師)라는 시호(諡號)를 추증(追贈)하였다.

─ 보기 ─
㉠ 아미타 정토신앙을 널리 전도하였다.
㉡ 진골 출신으로 화엄종을 개창하여 융성시켰다.
㉢ 진평왕의 명으로 수나라에 군사를 청하는 글을 지어 바쳤다.
㉣ 〈대승기신론소〉, 〈금강삼매경론〉 등을 저술하였다.

① ㉠, ㉡ ② ㉡, ㉢ ③ ㉢, ㉣ ④ ㉠, ㉣

SOLUTION (05)

자료분석 자료는 신라 하대에 유행한 선종에 대한 설명이다. 신라 말에는 경전의 이해를 통하여 깨달음을 추구하는 교종과 달리, 실천 수행을 통하여 마음 속에 내재된 깨달음을 얻는다는 선종 불교가 널리 확산되었다. 선종은 독자적인 세력을 구축하고자 하는 지방 호족의 이념적 지주가 되었다.

정답해설 ② 신라 말에는 선종이 널리 퍼지면서 승려의 사리를 봉안하는 승탑과 탑비가 유행하였다. 이와 관련된 대표적 유물로는 화순 쌍봉사 철감선사 승탑, 흥법사 염거화상탑 등이 있다.

오답피하기 ① 성덕대왕 신종은 신라 중대(경덕왕~혜공왕)에 제작된 것으로, 교종의 영향을 받은 문화재이다.
③ 경천사지 십층 석탑은 고려 후기의 석탑으로 라마 예술의 영향을 받았다.
④ 금동미륵보살 반가사유상은 미륵신앙의 영향을 받은 문화재로 삼국 시대에 유행하였다.

핵심개념 선종

전래	통일 전후 당나라로부터 전래 : 법랑(선덕여왕 때), 신행(혜공왕 때), 도의(헌덕왕 때)
유행	신라 하대에 확산
특징	• 실천적 경향 : 불립문자, 견성오도 • 참선·좌선 강조 : 교외별전, 이심전심
발전	선종 승려와 지방 호족의 결합 → 선종 9산(9산 선문) 개창 → 반신라적 경향
영향	• 지방 문화 역량 증대 • 조형 미술 쇠퇴 but 신라 하대에 선종이 널리 확산되면서 승탑과 탑비 유행 • 지방 호족의 이념적 지주 • 고려 사회 건설에 사상적 바탕 마련

정답 ② 한정판 028p, 기본서 150p

SOLUTION (06)

자료분석 서당화상, 화쟁국사 등의 내용을 통해 자료의 밑줄 친 '이 승려'가 원효(617~686)임을 알 수 있다.

정답해설 ㉠ 원효는 누구나 '나무아미타불'만 염불하면 극락으로 갈 수 있다는 아미타 신앙을 통해 불교 대중화에 기여했다.
㉣ 원효는 『대승기신론소』, 『십문화쟁론』, 『금강삼매경론』, 『화엄경소』 등의 저서를 남겼다.

오답피하기 ㉡ 진골 출신으로 화엄종을 개창한 인물은 의상이다. 원효는 6두품 출신이다.
㉢ 걸사표(乞師表)는 608년(진평왕 30) 신라의 승려 원광이 수나라의 군사를 청하기 위해 쓴 글이다.

핵심개념 원효(617~686, 설서당, 해동보살·해동종주)

• 6두품 출신, 무열왕·문무왕 때 주로 활약, 도당 유학 x
• 무열왕의 딸 요석 공주와 결혼 → 아들 설총
• 소성 거사 자처 → 무애가를 만들어 불교 대중화에 노력
• 아미타 신앙(정토신앙) 전도 : 불교 대중화
• 화쟁 사상, '일심(一心)사상' 주장
• 『대승기신론소』, 『십문화쟁론』, 『금강삼매경론』, 『화엄경소』등 저술
• 교종의 하나인 법성종 개창(경주 분황사 주지)
• 고려 숙종 때 대성 화정(화쟁)국사 시호 추증
• 입적 후 애장왕 대 '고선사 서당화상비' 건립

정답 ④ 한정판 027p, 기본서 147p

07 [2015. 국가직 9급]

신라 승려 ㉠과 ㉡에 대한 설명으로 옳지 않은 것은?

> ㉠ 은(는) 불교 서적을 폭넓게 이해하고, 일심(一心)사상을 바탕으로 여러 종파들의 사상적 대립을 조화시키며, 분파 의식을 극복하려고 노력하였다. 한편 ㉡ 은(는) 모든 존재가 상호 의존적인 관계에 있으면서 서로 조화를 이룬다는 화엄 사상을 정립하고, 교단을 형성하여 많은 제자를 양성하였다.

① ㉠은 미륵 신앙을 전파하며 불교 대중화의 길을 열었다.
② ㉠은 무애가라는 노래를 유포하며 일반 백성을 교화하였다.
③ ㉡은 관음 신앙과 함께 아미타 신앙을 화엄 교단의 주요 신앙으로 삼았다.
④ ㉡은 국왕이 큰 공사를 일으켜 도성을 새로이 정비하려 할 때 백성을 위해 이를 만류하였다.

08 [2015. 지방직 9급]

다음에서 설명하는 인물의 업적으로 옳은 것은?

> 성은 김씨이다. 29세에 황복사에서 머리를 깎고 승려가 되었다. 얼마 후 중국으로 가서 부처의 교화를 보고자 하여 원효(元曉)와 함께 구도의 길을 떠났다. …(중략)… 처음 양주에 머무를 때 주장(州將) 유지인이 초청하여 그를 관아에 머물게 하고 성대하게 대접하였다. 얼마 후 종남산 지상사에 가서 지엄(智儼)을 뵈었다.
> — 「삼국유사」 —

① 「화엄일승법계도」를 저술하여 화엄사상을 정리하였다.
② 중국에서 풍수지리설을 들여와 지세의 중요성을 일깨웠다.
③ 「십문화쟁론」을 지어 종파 간의 대립을 해소하고자 하였다.
④ 인도와 중앙아시아 지역을 여행하고 돌아와 「왕오천축국전」을 저술하였다.

주제 034 | 04 고대의 문화
역사 편찬과 유학의 보급

Check 대표 기출 1

01 0175 [2023. 지방직 9급]

(가), (나)에 들어갈 왕의 업적으로 옳은 것은?

> 삼국의 역사서로는 고구려에 『유기』가 있었는데, 영양왕 때 이문진이 이를 간추려 『신집』 5권을 편찬하였다. 백제에서는 (가) 시기에 고흥이 『서기』를, 신라에서는 (나) 시기에 거칠부가 『국사』를 편찬하였다.

① (가) - 국호를 남부여로 바꾸었다.
② (가) - 동진으로부터 불교를 받아들여 공인하였다.
③ (나) - 화랑도를 국가적 조직으로 개편하였다.
④ (나) - 병부를 처음으로 설치하여 군권을 장악하였다.

Check 대표 기출 2

02 0176 [2016. 국가직 7급]

밑줄 친 '그'에 대한 설명으로 옳지 않은 것은?

> 아버지가 말하기를 "십 년 안에 과거에 급제하지 못하면 내 아들이 아니니 힘써 공부하라"라고 하였다. 그는 당에서 스승을 좇아 학문을 게을리 하지 않았다. 건부(乾符) 원년 갑오에 예부시랑 배찬이 주관하는 시험에 합격하여 선주(宣州)의 율수현위에 임명되었다.
> – 「삼국사기」 –

① 역사서인 「제왕연대력」을 저술하였다.
② 난랑비 서문에서 삼교 회통의 사상을 보여주었다.
③ 법장화상전에서 화엄종 승려의 전기를 적었다.
④ 사산비명의 하나인 고선사 서당화상비문을 지었다.

SOLUTION

출제자의 눈 삼국의 역사 편찬은 왕들의 업적과 묶여 출제된다. 통일 신라의 유학 파트는 최치원의 활동과 저술이 단독 주제로 빈출되고 있으며, 최치원을 자료로 제시하고 신라 하대의 상황에 대해 묻는 문제, 진성여왕 대의 왕대사 문제로도 활용되고 있다.

자료분석 자료의 (가)는 백제 근초고왕, (나)는 신라 진흥왕에 해당한다.

정답해설 ③ 진흥왕은 씨족 사회의 청소년 교육집단인 화랑도를 국가적인 조직으로 개편하여 인재를 양성하였다.

오답피하기 ① 백제 성왕은 538년 대외 진출에 유리한 사비로 천도하고, 부여 계승 의식을 내세우며 국호를 남부여로 개칭하였다.
② 백제는 4세기 침류왕 때 동진에서 온 마라난타에 의해 불교가 전래되어 공인되었다(384).
④ 병부는 군사에 관한 사무를 관장한 관청으로 법흥왕 4년(517)에 설치되었다.

핵심개념 | 삼국의 역사서 편찬

고구려	『유기』 100권 편찬 → 이문진 『신집』 5권 편찬(600, 영양왕)
백제	고흥 『서기』 편찬(4c 근초고왕 때)
신라	거칠부 『국사』 편찬(6c 진흥왕 때)

정답 ③ 한정판 029p, 기본서 158p

SOLUTION

자료분석 밑줄 친 그는 신라 하대에 활동한 최치원이다. 최치원은 868년에 12세의 어린 나이로 중국 당나라에 유학을 떠나게 되었고, 당에 유학한 지 7년 만인 874년에 18세의 나이로 예부시랑 배찬이 주관한 빈공과에 합격하였다.

정답해설 ① 『제왕연대력』은 최치원의 저서로, 오늘날 남아 있지 않아 그 내용은 알 수 없으나 가야를 포함해 삼국, 통일 신라, 중국의 연표가 들어 있을 것으로 보인다.
② 최치원은 유학자라고 자처하면서 유교 외에 불교나 노장사상, 심지어는 풍수지리설까지도 아무 모순 없이 복합적으로 이해하고 있었다. 특히 유교와 불교의 조화에 노력한 면이 「난랑비서문」을 비롯한 그의 글 여러 곳에서 나타난다.
③ 『법장화상전』은 최치원이 중국 당나라 법장화상의 생애를 서술한 책이다. 법장은 당나라의 화엄종 승려로, 지엄의 제자였다.

오답피하기 ④ 고선사 서당화상탑비는 신라 애장왕 때에 원효(서당화상)를 추모하기 위해 건립한 비로 비문을 지은 사람과 쓴 사람의 이름은 전하지 않는다. 최치원이 지은 4산비명은 봉암사 지증대사비, 쌍계사 진감선사비, 성주사 낭혜화상비, 숭복사비이다.

정답 ④ 한정판 029p, 기본서 161p

03 0177 [2016. 경찰간부후보]

다음과 관련된 인물에 대한 설명 중 가장 옳지 않은 것은?

> 이 나라에 현묘한 도가 있어 이를 풍류라 하였다. 이 교의 기원은 선사(仙史)에 자세히 실려 있거니와 실로 이는 3교를 포함한 것으로 모든 민중을 교화하였다. 즉 집안에서는 효도하고 밖에서는 나라에 충성을 다하니 이것은 노나라 사구의 취지이다. 모든 일을 거리낌 없이 처리하고 말하지 않고 실행하는 것은 주나라 주사의 종지였으며, 모든 악한 일을 하지 않고 선만 행하는 것은 축건태자의 교화 그대로이다.

① 당에서 과거에 급제하여 여러 요직에서 벼슬하다가 당 희종 때 황소의 난이 일어나자 이를 토벌하는 격문을 지어 명성을 떨쳤다.
② 894년 시무책(時務策) 10여 조를 진성여왕에게 올려 개혁을 요구하고 아찬의 벼슬에 올랐다.
③ 「계원필경」, 「제왕연대력」을 저술하였다.
④ 발해에 대하여 고구려 후예들이 건국한 것으로 이해하고 매우 우호적인 입장을 가졌다.

SOLUTION

자료분석 자료는 신라 하대에 활약한 6두품 출신 유학자 최치원의 난랑비서문이다. 신라의 화랑 난랑을 위해 만들어진 것으로, 전문은 전해지지 않고 일부만이 『삼국사기』에 인용되어 있다. 그는 이 글에서 풍류도라는 신라 고유의 가르침을 소개하고 있다.

정답해설 ① 최치원은 당에 유학한지 7년만인 874년에 18세의 나이로 빈공과에 합격했다. 879년에 황소의 난이 일어났을 때는 '격황소서'(토황소격문)라는 명문을 지었다.
② 최치원은 당에서 귀국한 후 진성여왕에게 시무 10조를 올렸으나 개혁안이 받아들여지지는 않았다. 이후 뜻이 좌절된 최치원은 은둔하였다.
③ 최치원은 시문집인 『계원필경』, 신라 역대 왕력인 『제왕연대력』을 저술하였다.

오답피하기 ④ 최치원은 발해에 대하여 적대적인 태도를 보였다. 그가 쓴 『사불허북국거상표』나 『상태사시중장』 등에서 발해인에 대한 강한 적개심을 엿볼 수 있다.

핵심개념 최치원 : 고운(孤雲), 해운(海雲) → 해운대 명칭 유래

- 6두품, 당 빈공과 급제
- 당에서 '토황소격문'(격황소서)으로 유명
- 진성여왕에게 시무 10여 조 건의
- 합천 해인사 길상탑 탑지 작성
- 난랑비 서문(삼교 회통 사상)
- 4산비명(유·불·도 삼교를 회통한 사상가로 추앙)
- 발해에 대한 적개심 표현 : 『사불허북국거상표』, 『상태사시중장』
- 고려 현종 때 문창후로 추증
- 저서 : 『계원필경』, 『제왕연대력』, 『사륙집』, 『중산복궤집』, 『법장화상전』, 『부석존자전』, 『석순응전』, 『석이정전』

정답 ④ 한정판 019p, 기본서 161p

주제 035

04 | 고대의 문화
고대의 고분과 고분 벽화

Check 대표 기출 1

01 0178 [2015. 기상직 7급] 회독 ○○○

다음은 고대의 고분 양식을 나타낸 자료이다. 이에 대한 설명으로 옳은 것은?

(가)   (나)   (다)

① (가)는 초기 고구려, 초기 신라 사회 귀족의 고분 양식이다.
② (나) 양식은 중국 양 나라의 영향을 받은 무덤 양식으로 공주 송산리에서 발견되었다.
③ (다)는 봉토 주위를 둘레돌로 두르고 12지 신상을 조각하였다.
④ (가), (나) 양식을 통해 두 나라의 초기 주도 세력이 같은 계통임을 알 수 있다.

Check 대표 기출 2

02 0179 [2017. 국가직 7급] 회독 ○○○

다음 기행문의 ㉠에서 출토한 유물로 적절한 것은?

> 며칠 전 나는 공주 시내에 있는 유적지를 둘러보았다. 가장 인상에 남는 곳은 송산리 고분군이었다. 그곳에는 ㉠ 가(이) 자리 잡고 있었으며, 전시관도 마련되어 있었다. ㉠ 는(은) 연도(羨道)와 현실(玄室)을 아치형으로 조성한 벽돌 무덤이다. 이 무덤에서 금송(金松)으로 만든 왕과 왕비의 관(棺)을 비롯하여 많은 부장품을 출토하였다. 중국 남조 양나라나 왜와의 교류를 짐작케 하는 무덤이다.

① 무덤 안에 있는 여러 옷차림의 토우
② 무덤 안에 놓여 있는 왕과 왕비의 지석
③ 무덤 안의 네 벽면을 장식한 사신도 벽화
④ 무덤 주위를 둘러싼 돌에 새겨진 12지 신상

SOLUTION   난이도 상 **중** 하

출제자의 눈 출제 빈도가 매우 높은 주제이다. 삼국의 고분은 물론 발해 고분까지 다양하게 출제되며 특히 굴식 돌방무덤과 돌무지덧널무덤의 특징을 비교해서 알아두어야 한다. 백제 무령왕릉은 단독 문제는 물론 무령왕의 업적과 연관된 문제가 출제된다. 다른 주제들과 달리 그림 자료와 함께 출제되는 경우가 많아 고분 구조를 그림 자료와 함께 알아두어야 한다.

자료분석 (가)는 **굴식 돌방무덤**이다. 굴식 돌방무덤은 돌로 널방을 짜고 그 위에 흙으로 덮어 봉분을 만든 것이다. 널방의 **벽과 천장에는 벽화**를 그리기도 하였다. (나)는 **벽돌무덤**이다. 벽돌무덤은 널방을 벽돌로 쌓은 무덤이다. (다)는 **돌무지 덧널무덤**이다. 돌무지 덧널무덤은 신라에서 주로 만든 무덤으로 지상이나 지하에 시신과 껴묻거리를 넣은 나무 덧널을 설치하고 그 위에 냇돌을 쌓은 다음에 흙으로 덮은 무덤 양식이다.

정답해설 ② 벽돌무덤은 **중국 남조 양나라의 영향**을 받은 것으로 **공주 송산리 고분군**에 위치한 송산리 6호분과 완전한 형태로 발견된 **무령왕릉**이 유명하다.

오답피하기 ① **고구려 초기에는 주로 돌무지무덤을 만들었다**. 굴식 돌방무덤은 고구려 후기와 백제 웅진 시기에 조성되었다.
③ 통일 신라 시대에는 **굴식 돌방무덤**의 봉토 주위를 둘레돌로 두르고, 12지 신상을 조각하는 독특한 양식이 새롭게 나타났다.
④ 백제는 한강 유역에 있던 초기 한성 시기에 **계단식 돌무지무덤**을 만들었으며, 현재 서울 석촌동에 일부가 남아 있다. 이것은 **백제 건국의 주도 세력이 고구려와 같은 계통이라는 건국 이야기의 내용을 뒷받침한다**.

정답 ② 한정판 030p, 기본서 165p

SOLUTION   난이도 상 **중** 하

자료분석 자료의 ㉠에 해당하는 곳은 **백제 무령왕릉**이다. **송산리 고분군**에 위치한 벽돌무덤이라는 것과 금송(金松)으로 만든 왕과 왕비의 관이 출토되었다는 점, 중국 **남조 양나라와 왜와의 교류**를 짐작케 한다는 내용 등을 통해 백제 무령왕릉이라는 사실을 알 수 있다.

정답해설 ② 무령왕릉에서는 **왕과 왕비의 지석이 발견**되었는데, 이 지석은 왕과 왕비의 장례 때 **지신(地神)에게 묘소로 쓸 땅을 매입하는 문서를 작성하여 그것을 돌에 새겨넣은 매지권(買地券)**이다. 왕의 지석은 앞면에 백제 사마왕이 62세 되던 해(523년)에 죽어 묘에 안장하며 매지문서(買地文書)를 작성한다는 내용을 6행에 걸쳐 음각하였으며, 또 하나의 지석에는 526년 왕비가 죽자 장례를 지내고 529년 왕과 합장한다는 내용을 적고, 뒷면에는 일만문(一萬文)의 돈으로 토지를 매입하여 무덤을 만든다는 내용을 적었다.

오답피하기 ① 무령왕릉에는 신라의 왕릉들처럼 토우 같은 사람의 형상 대신 외부 침입자와 사악한 기운을 막아 내는 **돼지 모양의 진묘수**를 배치하였다.
③ **무령왕릉에는 벽화가 없다**. 공주 송산리 고분군의 6호분에 사신도 벽화가 그려져 있다.
④ 무덤의 봉토 주위를 둘레돌로 두르고, 12지 신상을 조각하는 독특한 양식은 **통일 신라의 굴식 돌방 무덤**에서 나타난다.

정답 ② 한정판 030p, 기본서 166p

03 0180 [2019. 국가직 7급]

백제 무령왕릉과 발해 정효공주묘의 공통점으로 옳은 것만을 모두 고르면?

ㄱ. 중국 문화의 영향을 받아 만들어진 벽돌무덤이다.
ㄴ. 천장은 각을 줄여 쌓는 평행 고임 구조로 되어 있다.
ㄷ. 무덤방의 네 벽면에 회가 칠해지고 벽화가 그려져 있다.
ㄹ. 무덤에 묻힌 인물에 대해 알려 주는 문자 자료가 발견되었다.

① ㄱ, ㄴ ② ㄱ, ㄹ
③ ㄴ, ㄷ ④ ㄷ, ㄹ

04 0181 [2018. 교행 9급]

다음은 어느 유적의 사진과 내부 구조도이다. 이 유적에 대한 설명으로 옳은 것은?

 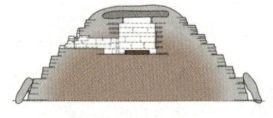

① 널방 벽에서 사신도(四神圖)가 발견되었다.
② 묘지석이 발굴되어 무덤 주인공이 밝혀졌다.
③ 화강암을 다듬어 쌓은 계단식 돌무지무덤이다.
④ 광개토 대왕 제사 때 쓰인 호우명 그릇이 출토되었다.

SOLUTION (03)

정답해설 ㄱ. 무령왕릉은 중국 남조의 양나라, 정효공주묘는 중국 당나라의 영향을 받은 벽돌무덤이다.
ㄹ. 무령왕릉은 무덤 안에서 무덤의 주인공을 알려주는 묘지석(墓誌石)이 발견됨으로써 백제 제25대 무령왕의 무덤이라는 사실이 밝혀졌다. 정효공주묘에서도 무덤의 주인(정효공주)을 알게 해주는 묘지가 발견되었다.

오답피하기 ㄴ. 평행 고임 구조는 고구려 고분에서 나타나는 특징이다. 정효공주묘에서도 이와 같은 특징이 나타나지만 무령왕릉에서는 나타나지 않는다.
ㄷ. 정효공주묘에서는 인물도 벽화가 나타나지만, 무령왕릉은 벽화가 없다.

핵심개념 무령왕릉

1971년 송산리 고분군의 배수로 공사 중에 우연히 발견되었다. 중국 남조의 영향을 받아 연꽃 등 우아하고 화려한 백제 특유의 무늬를 새긴 벽돌로 무덤 내부를 쌓았다. 무덤의 주인공이 무령왕과 왕비임을 알려 주는 지석이 발견되어 연대를 확실히 알 수 있으며, 왕과 왕비의 장신구와 금관 장식, 귀고리, 팔찌 등 3천여 점의 껴묻거리가 출토되어 백제 미술의 귀족적 특성을 알 수 있는 대표적 무덤이다.

정답 ② 한정판 030p, 기본서 166p

SOLUTION (04)

자료분석 사진은 고구려의 계단식 돌무지무덤인 장군총의 모습을 나타낸 것이다.

정답해설 ③ 돌을 정밀하게 쌓아 올린 계단식 돌무지무덤은 만주의 지안 일대에 1만 2,000여 기가 모여 있다. 화강암을 계단식으로 7층까지 쌓아 올린 장군총은 피라미드의 모습을 하고 있어 동방의 피라미드라 불리기도 한다.

오답피하기 ① 굴식 돌방무덤에 대한 설명이다. 고구려 굴식 돌방무덤 중 사신도가 벽화가 있는 대표적 고분은 강서대묘가 있다.
② 묘지석이 발굴되어 무덤 주인공이 밝혀진 고분으로는 무령왕릉이 대표적이다. 무령왕릉은 무덤 내부에서 묘주의 정체를 알 수 있게 해주는 묘지석이 발견되었는데, 이는 국내에서 인명이 적힌 최초의 삼국 시대 왕의 무덤으로서 그 가치가 높다.
④ 돌무지덧널무덤인 신라 호우총에 대한 설명이다. 호우명 그릇은 경주의 호우총에서 발굴된 것으로, 그릇 바닥에는 '乙卯年 國岡上 廣開土地好太王 壺十(을묘년 국강상 광개토지호태왕 호우십)'이라는 글씨가 새겨져 있어, 당시 신라와 고구려의 관계를 보여준다.

핵심개념 고구려의 무덤

초기	돌무지무덤 : 돌을 정밀하게 쌓아 올린 무덤 ex) 장군총 : 벽화X, 7층의 계단식 돌무지무덤, 화강암
후기	굴식 돌방무덤 : 돌로 널방을 짜고 그 위에 흙으로 덮어 봉분을 만든 무덤 ex) 강서대묘, 쌍영총(두개의 팔각 기둥), 무용총, 각저총 등

정답 ③ 한정판 030p, 기본서 165p

05 0182 [2018. 경찰 2차]

밑줄 친 공주의 무덤에 대한 설명으로 가장 적절하지 않은 것은?

> 공주는 우리 대흥보력효감금륜성법대왕(발해 문왕)의 넷째 딸이다. 공주는 대흥 56년(792) 여름 6월 9일 임진일에 궁궐 밖에서 사망하니, 나이는 36세였다. 이 해 겨울 11월 28일 기묘일에 염곡의 서쪽 언덕에 매장하였으니 이것은 예의에 맞는 것이다.

① 죽은 자의 가족관계를 기록한 묘지(墓誌)가 있다.
② 벽돌로 축조되어 있다.
③ 늘어서 있는 인물들의 벽화가 있다.
④ 무덤 양식은 굴식 돌방무덤이고, 돌사자상이 나왔다.

06 0183 [2015. 법원직 9급]

다음과 같은 무덤 양식에 관한 서술로 가장 옳은 것은?

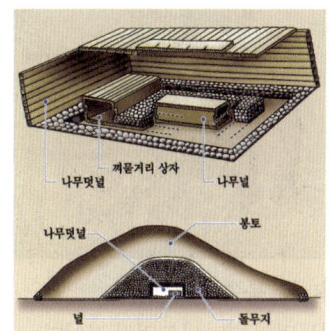

① 내부에 무용도, 수렵도, 사신도와 같은 벽화가 남아 있다.
② 무령왕릉으로 추정되는 묘지석이 이러한 양식의 무덤에서 나왔다.
③ 백제 건국 세력이 고구려와 관계 있음을 보여주는 무덤 양식이다.
④ 천마도가 발견되어 천마총이라 이름 붙은 무덤도 이러한 양식이다.

SOLUTION

자료분석 문왕의 넷째 딸이라는 내용을 통해 정효공주 묘에 대한 내용임을 알 수 있다(정혜공주는 둘째 딸).

정답해설 ① 정효공주 묘지에는 '출가한 뒤 남편이 죽고, 수절하던 정효공주도 대흥 56년(792) 6월 19일 임진에 죽었다. 이 때 나이 36세로 슬하에는 딸을 하나 두었다.'는 내용이 등장해 가족 관계를 알 수 있었다.
② 화룡현 용두산 고분군에 위치해 있는 정효공주 묘는 벽돌무덤 양식이다.
③ 정효공주 묘는 널길의 동·서벽과 널방의 동·서, 북벽에 12명의 인물도가 그려져 있다.

오답피하기 ④ 굴식 돌방무덤 양식으로 돌사자상이 출토된 것은 정혜공주 묘이다.

핵심개념 정혜공주묘와 정효공주묘

구분	정혜공주묘	정효공주묘
무덤양식	굴식 돌방무덤 (모줄임천장구조)	벽돌무덤 (평행고임구조)
위치	돈화현 육정산 고분군	화룡현 용두산 고분군
특징	· 묘지(4·6 변려체) · 돌사자상	· 묘지(4·6 변려체) · 벽화 O

정답 ④   한정판 030p, 기본서 168p

SOLUTION

자료분석 그림은 신라 고분인 돌무지덧널무덤의 구조를 나타낸 것이다. 돌무지덧널무덤은 지상이나 지하에 시신과 껴묻거리를 넣은 나무 덧널을 설치하고 그 위에 냇돌을 쌓은 다음 흙으로 덮은 형태이다. 구조상 돌방이 없어 벽화는 없지만 도굴이 어렵기 때문에 많은 껴묻거리가 출토된다.

정답해설 ④ 돌무지덧널무덤으로는 천마도가 발견된 천마총과 황남대총 등이 대표적이며, 신라 전기의 대표적 고분 양식이다.

오답피하기 ① 내부에 벽화가 남아 있는 대표적 고분 양식은 굴식 돌방무덤이다. 돌무지덧널무덤은 돌방이 없기 때문에 벽화가 없다.
② 무령왕릉은 중국 남조의 영향을 받은 벽돌무덤이다. 도굴되지 않은 완전한 상태로 발견되었다.
③ 돌무지무덤에 대한 설명이다. 두 나라는 공통적으로 초기에 돌무지무덤을 조성해 백제 건국 세력이 고구려와 관계 있다는 건국 설화를 뒷받침 해준다.

핵심개념 천마도

> 경주 황남동 천마총에서 나온 천마도는 자작나무 껍질을 겹쳐서 만든 말의 배 가리개에 천마를 그린 것으로 벽화가 아니다.

▲ 천마도

정답 ④   한정판 030p, 기본서 167p

07 [2012. 지방직 9급]

다음 그림에 대한 설명으로 옳지 않은 것은?

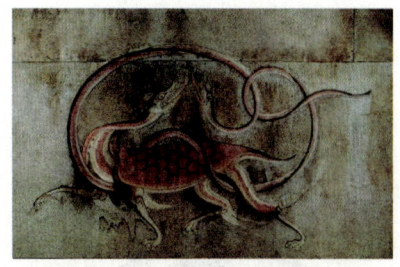

① 사신도의 하나로, 북쪽 방위신이다.
② 돌무지 덧널무덤의 벽면에 그려진 것이다.
③ 죽은 자의 사후 세계를 지켜주리라는 믿음을 표현하였다.
④ 고구려 시대의 고분에 그려졌는데 도교의 영향이 나타나 있다.

08 [2012. 법원직 9급]

다음 (가), (나) 고분 양식에 대한 설명으로 옳은 것은?

> 한강 유역에 있던 초기 한성 시기에 (가)계단식 돌무지무덤을 만들었는데, 서울 석촌동에 일부가 남아 있다. 웅진 시기의 고분은 굴식 돌방무덤 또는 널방을 벽돌로 쌓은 (나)벽돌무덤으로 바뀌었다. 벽돌무덤은 중국 남조의 영향을 받은 것이다. 사비 시기에는 규모는 작지만 세련된 굴식돌방무덤을 만들었다.

① (가) – 도굴이 어려워 많은 껴묻거리가 발굴되었다.
② (가) – 봉토 주위를 둘레돌로 두르고 12지 신상을 조각하였다.
③ (나) – 벽과 천장에 사신도 등을 그렸다.
④ (나) – 무덤의 천장을 모줄임 구조로 만들었다.

SOLUTION (07)

자료분석 그림은 고구려 굴식 돌방무덤인 강서대묘에 있는 사신도의 하나인 현무도이다.

정답해설 ① 그림 속 현무는 사신 중 북쪽 방위신이다. 동쪽은 청룡, 서쪽은 백호, 남쪽은 주작을 방위신으로 삼는다.
③ 사신은 사방을 지키는 수호신이기 때문에 죽은 자의 사후세계를 지켜줄 것이라는 믿음이 표현되었다고 볼 수 있다.
④ 사신도 벽화는 백제의 금동대향로, 산수무늬 벽돌 등과 함께 도교의 영향을 볼 수 있는 문화재이다.

오답피하기 ② 사신도 벽화는 굴식 돌방무덤의 벽면에 그려진 것이다. 돌무지덧널무덤은 돌방이 없기 때문에 벽화가 없다.

핵심개념 고구려의 굴식 돌방무덤과 벽화

무덤	벽화
강서대묘	사신도
쌍영총	기사도와 풍속도
무용총	수렵도와 무용도
각저총	씨름도(서역인의 모습)
수산리 고분	교예도 → 일본 다카마쓰 고분 벽화에 영향
덕흥리 고분	견우직녀도
안악 3호분	대행렬도

정답 ② 한정판 028p, 기본서 152p

SOLUTION (08)

자료분석 (가) 백제는 초기에 고구려의 영향을 받아 계단식 돌무지무덤을 만들었다. (나) 백제는 웅진 시기 중국 남조의 영향을 받아 벽돌무덤을 만들었다.

정답해설 ③ 웅진 시기의 대표적인 벽돌무덤인 무령왕릉에는 벽화가 없지만 송산리 6호분은 벽돌무덤이면서 사신도 등의 벽화가 있다.

오답피하기 ① 도굴이 어려워 많은 껴묻거리가 발견된 무덤 형태는 신라의 돌무지덧널무덤이다.
② 봉토 주위를 둘레돌로 두르고 12지 신상을 조각한 것은 통일 신라 시대의 굴식 돌방무덤에서 나타나는 특징이다.
④ 무덤의 천장을 모줄임 구조로 만든 것은 고구려의 굴식 돌방무덤에서 나타나는 특징이다. 이는 발해의 무덤(정혜공주묘)으로 계승되었다.

핵심개념 백제의 무덤

한성 시기	계단식 돌무지무덤 : 백제 건국의 주도 세력이 고구려와 같은 계통이라는 건국 이야기의 내용을 뒷받침(ex 서울 석촌동 고분)
웅진 시기	공주 송산리 고분군 - 굴식 돌방무덤 : 송산리 1~5호분 - 벽돌무덤 : 중국 남조(양)의 영향을 받음(송산리 6호분(벽화 : 일월도, 사신도), 무령왕릉(송산리 7호분, 벽화 X))
사비 시기	굴식 돌방무덤 : 규모는 작지만 세련(ex 부여 능산리 고분군)

정답 ③ 한정판 030p, 기본서 166p

주제 036

04 | 고대의 문화
고대의 건축·탑·불상·공예 등

Check 대표 기출 1

01 0186 [2017. 지방직 9급 추가채용] 회독 ○○○

밑줄 친 '탑'에 대한 설명으로 옳은 것은?

> 신인(神人)이 말하기를, "황룡사의 호법룡은 나의 아들로서 범왕(梵王)의 명을 받아 그 절을 보호하고 있으니, 본국에 돌아가 그 절에 탑을 세우시오. 그렇게 하면 이웃 나라가 항복하고 구한(九韓)이 와서 조공하여 왕업이 길이 태평할 것이오."라고 하였다. …… 백제에서 아비지(阿非知)라는 공장을 초빙하여 이 탑을 건축하고 용춘이 이를 감독했다.
> - 삼국유사 -

① 자장 율사가 건의하여 세워졌다.
② 돌을 벽돌 모양으로 다듬어 쌓았다.
③ 목조탑의 양식을 간직하고 있는 석탑이다.
④ 선종이 보급되면서 승려의 사리를 봉안하기 위해 세웠다.

Check 대표 기출 2

02 0187 [2024. 국가직 9급] 회독 ○○○

밑줄 친 '가람'에 대한 설명으로 옳은 것은?

> 우리 왕후께서는 좌평 사택적덕의 따님으로 지극히 오랜 세월에 선인(善因)을 심어 이번 생에 뛰어난 과보를 받아 만민을 어루만져 기르시고 삼보(三寶)의 동량(棟梁)이 되셨기에 능히 가람을 세우시고, 기해년 정월 29일에 사리를 받들어 맞이하셨다. 원하옵나니, 영원토록 공양하고 다함이 없이 이 선(善)의 근원을 배양하여, 대왕 폐하의 수명은 산악과 같이 견고하고 치세는 천지와 함께 영구하며, 위로는 정법을 넓히고 아래로는 창생을 교화하게 하소서.

① 목탑의 양식을 간직한 석탑이 있다.
② 대리석으로 만든 10층 석탑이 있다.
③ 성주산문을 개창한 낭혜 화상의 탑비가 있다.
④ 돌을 벽돌 모양으로 만들어 쌓은 모전석탑이 있다.

SOLUTION 난이도 상 중 **하**

출제자의 눈 과거에는 석탑과 그 특징을 묻는 단순 지식형 문제가 전형적이었으나 최근 들어 주제가 다양해지고 있다. 절의 창건 시기와 왕대사를 연관 지어 묻는 문제도 출제되고 있으며, 직렬에 따라 사진 자료가 출제되는 경우도 있어 석탑이나 불상은 특히 사진 자료를 눈에 익혀 둘 필요가 있다.

자료분석 황룡사에 세워졌다는 내용을 통해 **황룡사 9층 목탑**에 대한 내용임을 알 수 있다. 황룡사 9층 목탑은 643년(신라 **선덕여왕 12**)에 **자장** 법사(590~658)의 권유로 세우기 시작하였으며, **백제 사람 아비지가 공사를 담당**하여 645년 완성되었다. 이 탑의 9층은 각각 주변 나라를 상징하는데, 탑을 세우면 주변 나라들이 항복하고 조공하며 또 외적의 침입도 막을 수 있다고 믿었다.

정답해설 ① 황룡사 9층 목탑은 **자장의 건의로 건립**되었다. 그와 관련해서 다음과 같은 일화가 전해져 오고 있다. 자장이 당나라에 유학하여 태화(太和) 못가를 지날 때 신인(神人)이 나타나 "신라는 북으로 말갈에 연하고 남으로 왜인에 접하여 있으며 고구려·백제의 침범이 잦아 걱정이다."고 하자, 신인이 "**황룡사 호법룡**(護法龍)은 곧 나의 장자로서 그 절을 보호하고 있으니 돌아가 그 절에 **구층탑을 세우면** 근심이 없고 태평할 것이다."라 하였다고 전해진다.

오답피하기 ② **돌(석재)을 벽돌 모양으로 다듬어 쌓은 것은 현존하는 신라 석탑 중 가장 오래된 분황사 모전 석탑**이 대표적이다.
③ **황룡사 9층 목탑은 목조탑(석탑 X)이다.** 목조탑의 형식을 간직한 석탑은 **백제 미륵사지석탑**이다.
④ 승려의 사리를 봉안하기 위해 만들어진 것은 신라 하대에 널리 세워진 **승탑**이다.

정답 ① 한정판 031p, 기본서 171p

SOLUTION 난이도 상 중 **하**

자료분석 자료의 밑줄 친 '가람'은 **익산 미륵사**이다. 2009년 1월에 문화재청 국립문화재연구소는 미륵사지 서탑(西塔)의 보수 정비를 위한 해체 조사 과정에서 석탑 1층 사리공에서 금제 사리호와 금제 사리봉안기, 은제 관식 등 유물 500여 점을 발견하였다. 자료는 유물 중 **미륵사지 석탑의 조성 내력을 적은 금판인 금제 사리봉안기의 내용으로, 여기에 무왕의 비가 사택적덕의 딸이라고 기록**되어 있다. 이것은 백제 서동 왕자(무왕)가 향가 '서동요'를 신라에 퍼뜨려 신라 진평왕의 딸 선화공주와 결혼했다는 『삼국유사』의 내용과는 다른 것이다.

정답해설 ① **익산 미륵사지 석탑은 목탑 양식을 계승한 현존 최고(最古)의 석탑**이며, 목탑에서 석탑으로 넘어가는 과도기 양식으로 추정된다.

오답피하기 ② 고려 충목왕 때 건립된 **경천사지 10층 석탑**은 대리석으로 만든 탑으로 원의 영향을 받았으며, 조선 세조 때 건립된 **원각사지 10층 석탑에 영향**을 주었다.
③ 낭혜화상탑비는 충청남도 보령시 성주면 **성주사 터**에 있는 통일신라의 승려 낭혜의 탑비이다.
④ **분황사 모전 석탑(분황사탑)**은 신라 선덕여왕 때 건립되었는데, 석재(돌)를 벽돌 모양으로 만들어 쌓은 탑으로, 지금은 3층까지만 남아 있다.

정답 ① 한정판 031p, 기본서 171p

03 [2023. 서울시 9급 1차]

〈보기〉의 유물·유적에 대한 설명으로 가장 옳지 않은 것은?

― 보기 ―
(가) 무령왕릉
(나) 영광탑
(다) 강서대묘
(라) 미륵사지 석탑

① (가) - 중국 남조의 영향을 받은 벽돌무덤이다.
② (나) - 발해 때 세워진 5층 벽돌탑이다.
③ (다) - 도교의 영향을 받은 벽화가 그려져 있다.
④ (라) - 무구정광대다라니경이 발견되었다.

SOLUTION

정답해설 ① 무령왕릉은 중국 남조의 영향을 받은 벽돌무덤으로, 도굴되지 않은 완전한 상태로 발견되었다. 무덤 내부에서 묘주의 정체를 알 수 있게 해주는 묘지석(墓誌石)이 발견되었는데, 이는 국내에서 인명이 적힌 최초의 삼국 시대 왕의 무덤으로서 그 가치가 높다.
② 발해 영광탑은 벽돌로 만들어진 전탑으로, 당의 영향을 받았다. 탑 아래에서 무덤이 발견되었으며 높이가 무려 13m에 달한다.
③ 강서대묘에 그려진 사신도는 도교의 방위신을 그린 것으로, 죽은 자의 사후 세계를 지켜 주리라는 믿음을 표현하고 있다.

오답피하기 ④ 무구정광대다라니경은 미륵사지석탑이 아니라 불국사 3층 석탑(석가탑)에서 발견된 8세기 초에 만들어진 두루마리 불경으로, 현존하는 세계에서 가장 오래된 목판 인쇄물이다. 미륵사지 석탑은 목탑 양식을 계승한 현존 최고(最古)의 석탑(현재 서탑 일부만 남음, 2018년 복원)이며, 목탑에서 석탑으로 넘어가는 과도기 양식으로 추정된다. 탑이 건립된 시기는 무왕 때인 639년으로 밝혀졌다. 2009년 1월 문화재청 국립문화재연구소가 익산 미륵사지 석탑을 보수·정비하다가 심주(心柱) 상면 중앙의 사리공에서 '금제 사리호, 금제사리 봉안기' 등 사리장엄을 발견하였다.

핵심개념 무구정광대다라니경

개념	8세기 초에 만들어진 두루마리 불경
제작 종이	닥나무로 만들어짐(품질 우수)
발견	불국사 3층 석탑(석가탑)에서 발견됨
특징	현존하는 세계에서 가장 오래된 목판 인쇄물

정답 ④ 한정판 031p, 기본서 170p

04 [2016. 국가직 7급]

밑줄 친 '대왕'이 재위하던 시기의 사실로 옳은 것은?

> 우리 왕후께서는 좌평 사택적덕의 따님으로 …… 기해년 정월 29일에 사리를 받들어 맞이하셨다. 원하오니, 우리 대왕의 수명을 산악과 같이 견고하게 하시고 치세는 천지와 함께 영구하게 하소서.

① 사비의 왕흥사가 낙성되었다.
② 22담로에 왕족을 보냈다.
③ 박사 고흥이 「서기」를 편찬하였다.
④ 노리사치계가 왜에 불상과 불경을 전하였다.

SOLUTION

자료분석 자료의 밑줄 친 대왕은 백제의 무왕이다. 2009년 1월 익산 미륵사지 석탑에서 사리 봉안기가 출토됐는데, 여기에 무왕의 비가 사택적덕의 딸이라고 기록되어 있다. 내용을 보면 '우리 백제 왕후께서는 좌평 사택적덕의 따님으로 지극히 오랜 세월에 선인(善因)을 심어 금생에 뛰어난 과보(勝報)를 받아 만민(萬民)을 어루만져 기르시고 불교의 동량이 되셨기에 능히 정재(淨財)를 희사해 가람을 세우시고, 기해년 정월 29일에 사리를 받들어 맞이했다'라고 기록돼 있다.

정답해설 ① 왕흥사는 『삼국사기』에 의하면 634년 백제 무왕 때 준공되었다. 무왕은 634년에 웅장하고 화려한 왕흥사를 착공한 지 30여 년 만에 완성시켰다. 왕흥사는 금강의 강변에 위치하였는데 채색과 장식이 장엄하고 화려하였다. 무왕은 매번 배를 타고 절에 들어가 향을 피웠다고 한다. 왕흥사는 사찰의 명칭과 같이 왕권의 고양을 의미하며, 왕이 절에 행차하여 향을 태운 것은 호국사찰이었음을 반영한다.

오답피하기 ② 22담로에 왕족을 파견해 지방 통제력을 강화한 것은 6세기 무령왕 때의 사실이다.
③ 『서기』는 4세기 백제 근초고왕 때 박사 고흥이 편찬한 역사책이다.
④ 6세기 백제 성왕 때 노리사치계가 일본으로 건너가 불교(불경과 불상)를 전해 주었다고 알려져 있다.

핵심개념 백제 무왕(600~641)

- 익산 천도 시도
- 미륵사(익산), 왕흥사 건립
- 익산 미륵사지 석탑 건립(639)
- 일본에 관륵, 미마지 파견

정답 ① 한정판 031p, 기본서 171p

05 0190 [2019. 지방직 9급]

삼국 시대 문화에 대한 설명으로 옳지 않은 것은?

① 선덕여왕 때에 첨성대를 세웠다.
② 목탑 양식의 미륵사지 석탑이 건립되었다.
③ 가야 출신의 우륵에 의해 가야금이 신라에 전파되었다.
④ 사신도가 그려진 강서대묘는 돌무지무덤으로 축조되었다.

SOLUTION

정답해설 ① 첨성대는 신라에서 천문을 관측하던 건물로, 선덕여왕 대에 건립되었다.
② 익산 미륵사지 석탑은 7세기 백제 무왕 대에 건립된 백제의 석탑으로 목탑의 모습을 많이 지니고 있다.
③ 가야의 우륵은 제자 이문과 함께 신라에 건너가 가야금을 전파하였다.

오답피하기 ④ 강서대묘는 평안남도 강서군에 위치한 고구려의 벽화 고분으로, 굴식 돌방무덤 양식으로 지어졌다.

심화개념 익산 미륵사지 석탑

목탑 양식을 계승한 현존 최고(最古)의 석탑(현재 서탑 일부만 남음, 2018년 복원)이며, 목탑에서 석탑으로 넘어가는 과도기 양식으로 추정된다. 탑이 건립된 시기는 무왕 때인 639년으로 밝혀졌다. 2009년 1월 문화재청 국립문화재연구소가 익산 미륵사지 석탑을 보수·정비하다가 심주(心柱) 상면(上面) 중앙의 사리공(舍利孔)에서 '금제 사리호, 금제사리 봉안기' 등 사리장엄을 발견하였다.

▲ 미륵사지 석탑

▲ 사리호와 사리봉안기

정답 ④ 한정판 031p, 기본서 170p

06 0191 [2016. 지방직 7급]

밑줄 친 '왕'이 조성에 관여한 문화유산만을 〈보기〉에서 고른 것은?

> 왕이 사신을 보내어 당나라에 만불산(萬佛山)을 헌상하니 대종(代宗)은 이것을 보고 "신라의 기교는 하늘의 조화이지 사람의 재주가 아니다."라고 경탄하였다.　- 「삼국유사」 -

보기
㉠ 감은사지 삼층 석탑　　㉡ 석굴암
㉢ 상원사 동종　　　　　㉣ 불국사 청운교·백운교

① ㉠, ㉡　　② ㉠, ㉢
③ ㉡, ㉣　　④ ㉢, ㉣

SOLUTION

자료분석 자료의 밑줄 친 '왕'은 경덕왕이다. 만불산(萬佛山)은 통일 신라의 경덕왕이 당나라 대종(代宗)에게 선물했던 공예품이다. 이 선물을 받은 당나라 대종은 "신라인의 기교는 하늘의 조화이지 사람의 기교는 아니다."라고 경탄하였다.

정답해설 ㉡ 석굴암은 『삼국유사』에 따르면 경덕왕 10년(751)에 대상(大相) 김대성이 불국사를 중창할 때 왕명에 따라 착공한 것으로 되어 있다. 그는 현세의 부모를 위하여 불국사를 세우는 한편, 전세의 부모를 위해서는 석불사(석굴암)을 세웠다고 한다.
㉣ 불국사의 청운교와 백운교는 751년 불국사가 중창될 때 함께 세워진 것으로 추정된다. 불경에 따르면 부처님이 사는 나라로 가기 위해서는 물을 건너고 또 구름 위로 가야 된다고 한다. 즉, 청운교와 백운교는 부처님이 사는 곳으로 건너갈 수 있도록 만들어놓은 상징적인 장치로 볼 수 있다. 계단을 다리라고 표현한 것도 일반인의 세계와 부처의 세계를 이어준다는 의미를 지녔기 때문으로 볼 수 있다.

오답피하기 ㉠ 감은사지 3층 석탑은 감은사지에 위치한 2개의 석탑이다. 감은사는 신문왕 대(682)에 창건되었으며, 이 탑의 건립도 그 시기에 이루어진 것으로 추정된다.
㉢ 상원사 동종은 우리나라의 현존하는 동종 가운데 가장 오래된 것으로, 성덕왕 대(725)에 주조되었다.

핵심개념 경덕왕 (742~765)

- 녹읍 부활(757)
- 중시 → 시중으로 격상
- 전국 지명 중국식으로 개칭
- 국학 → 태학감으로 개칭
- 천문박사·누각박사를 둠
- 석굴암·불국사 창건 시작
- 성덕대왕 신종 주조 시작
- 만불산 제작 → 당에 헌상

정답 ③ 한정판 031p, 기본서 170p

주제 037

04 | 고대의 문화

고대 문화의 일본 전파

Check 대표 기출 1

01 0192 [2018. 서울시 7급 2차] 회독 ○○○

〈보기〉는 한국 고대사회 문화의 일본 전파와 관련된 설명이다. 옳은 것끼리 짝지어진 것은?

― 보기 ―
㉠ 백제의 아직기는 일본에 불교를 전파하였다.
㉡ 다카마쓰 무덤에서 발견된 벽화를 통해 가야문화가 일본에 영향을 미쳤음을 알 수 있다.
㉢ 신라인들은 배를 만드는 조선술과 제방을 만드는 축제술을 일본에 전해주었다.
㉣ 고구려의 승려 혜자는 쇼토쿠 태자의 스승이 되었다.

① ㉠, ㉡   ② ㉡, ㉢   ③ ㉡, ㉣   ④ ㉢, ㉣

Check 대표 기출 2

02 0193 [2017. 국가직 7급 추가채용] 회독 ○○○

백제가 일본에 전파한 문화에 대한 설명으로 옳지 않은 것은?

① 아직기가 일본 태자에게 한자를 가르쳤다.
② 혜관이 일본 삼론종의 시조가 되었다.
③ 노리사치계가 불교를 전해 주었다.
④ 고안무가 유학을 전해 주었다.

SOLUTION 난이도 상 중 하

출제자의 눈 삼국 또는 삼국의 인물들이 일본에 어떠한 문화를 전파했는지를 묻는 문제가 가장 전형적이나 각 인물들의 파견 시기를 왕대사와 연결지어 출제하기도 한다.

정답해설 ㉢ 신라는 왜와의 교류가 적었지만 배 만드는 기술과 제방 쌓는 기술을 왜에 전해주었다. 신라의 기술로 축조된 저수지에는 '한인의 연못'이라는 이름까지 붙었다.
㉣ 고구려의 승려 혜자는 쇼토쿠 태자의 스승이 되었고, 담징은 왜에 가서 종이, 먹, 맷돌 등을 만드는 법을 가르쳤다.

오답피하기 ㉠ 일본에 불교를 전파한 것은 노리사치계(성왕 때)이다. 아직기는 일본 태자에게 한자를 가르쳤다.
㉡ 다카마쓰 무덤에서 발견된 벽화는 고구려 수산리 고분 벽화와 유사해 고구려 문화가 일본에 영향을 끼쳤음을 보여준다.

정답 ④ 한정판 033p, 기본서 180p

SOLUTION 난이도 상 중 하

정답해설 ① 4세기 백제 근초고왕 때 아직기는 일본의 태자에게 한자를 가르쳤고, 뒤이어 일본에 건너간 왕인은 『천자문』과 『논어』를 전하고 가르쳤다.
③ 6세기(성왕 때)에 백제의 노리사치계는 일본에 불경과 불상을 전하였다.
④ 6세기 초(무령왕 때)에는 단양이와 고안무가 일본에 유학을 전해 주었다.

오답피하기 ② 혜관(7세기)은 고구려의 승려이기 때문에 백제가 일본에 전파한 문화와는 관련이 없다. 혜관은 중국 수나라에서 삼론종을 배우고 돌아와 일본으로 가서 전파하였으며, 일본 삼론종의 시조가 되었다.

핵심개념 고대 문화의 일본 전파

고구려	• 혜자(6c 말 영양왕) : 일본 쇼토쿠 태자의 스승 • 담징(7c 영양왕) : 종이와 먹 제조법, 호류사(법륭사) 금당 벽화 • 혜관(7c 영류왕) : 일본 삼론종의 개조 • 도현(7c 보장왕) : 연개소문의 도교 장려책으로 인해 일본에 건너가 반고구려 입장인 『일본세기』 저술 • 수산리 고분 벽화 → 일본 다카마쓰 고분 벽화에 영향
백제	• 일본 고류사 미륵보살반가사유상과 호류사 백제 관음상 제작에 영향 • 5경 박사, 의박사, 역박사와 천문 박사, 채약사 및 화가와 공예 기술자들 파견 → 이들에 의해 목탑이 세워지고 백제 가람 양식이 생겨남
신라	조선술과 축제술 → '한인의 연못'
가야	일본 스에키 토기 제작에 영향
통일 신라	• 원효, 강수, 설총이 발전시킨 불교와 유교 문화 → 일본 하쿠호 문화 성립에 기여 • 심상 : 화엄 사상 전파

정답 ② 한정판 033p, 기본서 180p

03 0194 [2015. 법원직 9급]

다음 지도의 (가)~(라)에 들어갈 내용으로 가장 옳지 않은 것은?

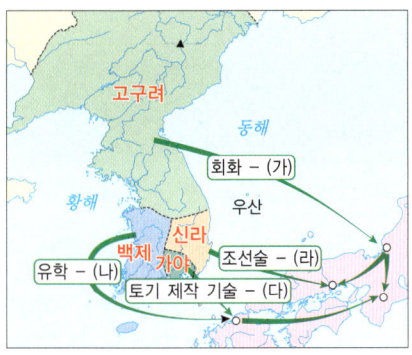

① (가) 벽화 제작 기법
② (나) 오경박사 파견
③ (다) 스에키 토기에 영향
④ (라) 왜관을 통해 전파

SOLUTION

정답해설 ① 고구려는 일본에 벽화 제작 기법을 전하였다. 이는 일본 다카마쓰 고분 벽화와 고구려 수산리 고분 벽화의 유사성을 통해 알 수 있다.
② 백제는 일본에 오경박사를 통해 유교 경전을 전해주었으며, 의박사, 역박사와 천문박사, 채약사, 그리고 화가와 공예기술자들도 건너가 이들에 의해 목탑이 세워졌고 백제 가람 양식이 생겨나기도 했다.
③ 가야는 일본에 철기와 토기 제작 기술을 전해주었으며, 이는 일본의 스에키 토기에 영향을 끼쳤다.

오답피하기 ④ 왜관은 조선 시대 일본인과의 교역을 위해 설치되었던 장소로, 삼국 문화의 일본 전파와는 관련이 없다. 신라는 일본에 조선술과 축제술을 전파했으며, '한인의 연못'이라는 이름이 생기게 되었다.

핵심개념 삼국 문화의 일본 전파

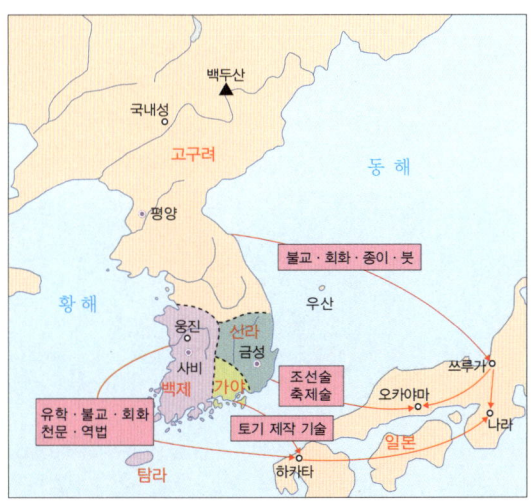

정답 ④ 한정판 033p, 기본서 180p

2026 문동균 한국사 기출은 문동균

PART 3

중세 사회의 발전

CHAPTER 01	중세의 정치
CHAPTER 02	중세의 사회
CHAPTER 03	중세의 경제
CHAPTER 04	중세의 문화

주제 038

01 | 중세의 정치

후삼국의 성립과 민족의 재통일

Check 대표 기출 1

01 0195 [2017. 국회직]   회독 ○○○

다음 ㉠~㉢에 대한 설명으로 옳지 않은 것은?

> "신라는 그 운이 끝나고 도의가 땅에 떨어지자 온갖 도적들이 고슴도치의 털과 같이 일어났다. 가장 심한 자가 ㉠ 과 ㉡ 두 사람이다. ㉠ 은 신라의 왕자이면서 신라를 원수로 여겨 반란을 일으켰다. ㉡ 은 신라의 백성으로 신라의 녹을 먹으면서 모반의 마음을 품고 도읍에 쳐들어가 임금과 신하 베기를 짐승 죽이듯, 풀 베듯 하였다. 두 사람은 천하의 극악한 사람이다. ㉠ 은 신하에게 버림을 받았고, ㉡ 은 아들에게 화를 입었는데, 그것은 스스로 자초한 짓이다. (중략) 흉악한 두 사람이 어찌 ㉢ 에 항거할 수 있겠는가? 그들은 ㉢ 을 위해 백성을 몰아다 준 사람일 뿐이었다."

① ㉠ - 국정을 총괄하는 광평성을 비롯한 여러 관서를 설치하고 9관등제를 실시하였다.
② ㉠ - 연호를 무태, 수덕만세, 정개, 천수 등으로 바꾸면서 새로운 정치를 추구하였다.
③ ㉡ - 지배세력들 사이에서 분열이 일어나자 ㉢에게 귀부하였다.
④ ㉡ - 서남해를 지키는 군인생활을 하다가 농민을 규합하여 나라를 세우고 완산주를 도읍으로 정하였다.
⑤ ㉢ - ㉠의 신하로 있으면서 후백제의 나주를 점령하는 등 많은 전공을 세웠다.

SOLUTION   난이도 상 중 하

자료분석 ㉠은 궁예(신라의 왕자), ㉡은 견훤(임금을 죽인 것과 아들에게 버림을 받은 내용), ㉢은 고려 태조 왕건(결국 마지막에 백성들의 민심을 얻었다는 내용)에 대한 내용이다.

정답해설 ① 궁예는 국사를 총괄하는 광평성을 비롯하여 병부 등 10부와 9관등의 관제를 정비하여 국가의 면모를 갖추었다.
③ 견훤이 금강에게 왕위를 물려주려 하자 신검은 견훤을 금산사에 가두고 금강을 살해하였다. 이후 견훤은 고려에 귀부하여 신검 토벌을 요청하였다(935).
④ 견훤은 전라도 지방군의 군사력과 호족 세력을 바탕으로 완산주(전주)에 도읍하여 후백제를 건국하였다(900).
⑤ 왕건은 궁예의 신하가 되어 한강 유역을 점령하는 등 영토 확장에 공을 세웠다. 특히 수군을 이끌고 금성(나주)을 점령하여 후백제를 배후에서 견제하는 데 큰 공을 세워 광평성 시중의 지위까지 올랐다.

오답피하기 ② 천수는 고려 태조 때 사용한 연호이다. 궁예는 4차례에 걸쳐 연호를 바꾸었다. 국호가 마진이었을 때는 무태(904~905), 성책(905~910), 국호가 태봉이었을 때는 수덕만세(911~913), 정개(914~917)를 연호로 사용했다.

정답 ② 한정판 034p, 기본서 190p

Check 대표 기출 2

02 0196 [2021. 법원직 9급]   회독 ○○○

(가) 시기에 발생한 사건으로 가장 옳지 않은 것은?

> 태조가 포정전에서 즉위하여 국호를 고려라 하고 연호를 고쳐 천수라 하였다.
> - 『고려사』 -

⇩

(가)

⇩

> 고려군의 군세가 크게 성한 것을 보자 갑옷을 벗고 창을 던져 견훤이 탄 말 앞으로 와서 항복하니 이에 적병이 기세를 잃어 감히 움직이지 못하였다. …… 신검이 두 동생 및 문무관료와 함께 항복하였다.
> - 『고려사』 -

① 고려군이 고창에서 견훤의 후백제군을 패퇴시켰다.
② 신라의 경순왕은 스스로 나라를 고려에 넘겨주었다.
③ 왕건이 이끄는 군대가 후백제의 금성을 함락하였다.
④ 발해국 세자 대광현과 수만 명이 고려에 귀화하였다.

SOLUTION   난이도 상 중 하

출제자의 눈 궁예와 견훤의 인물사 문제와 후삼국 통일 과정을 순서대로 나열하는 문제가 자주 출제된다. 인물사 문제는 주로 사료와 함께 출제되는데 최근 견훤 관련 사료가 다변화되고 있어 주의가 필요하다.

자료분석 (가) 이전 사건은 고려 태조 왕건의 고려 건국(918), (가) 이후 사건은 후백제 멸망(936)과 관련된 사료이다. 견훤은 왕건에게 귀부한 뒤 후백제 공격에 함께 했는데 그와 관련된 모습이 나타나는 사료이다.

정답해설 ① 고창 전투는 930년 현재의 안동 지역에서 벌어진 전투이다. 이 전투에서 후백제군을 격파하여 고려가 통일의 주도권을 잡게 되었다.
② 935년 신라 경순왕이 고려에 항복하면서 신라가 멸망하게 되었다.
④ 발해 세자 대광현은 934년 고려에 망명하였다. 당시 태조 왕건은 대광현에게 왕씨 성(왕계라는 이름 하사)과 관직을 하사하는 등 발해 유민을 포용하는 정책을 펼쳤다.

오답피하기 ③ 왕건은 궁예의 신하로 있었던 시절인 903년 수군을 이끌고 후백제의 금성(나주)를 점령하였다.

정답 ③ 한정판 034p, 기본서 193p

03 0197 [2022. 계리직]

후삼국 통일 과정에 있었던 사건의 순서를 옳게 나열한 것은?

ㄱ. 완산주에 도읍을 정하고 후백제를 건국하였다.
ㄴ. 국호를 태봉, 연호를 수덕만세로 정하였다.
ㄷ. 금성이 함락되고 경애왕이 사망하였다.
ㄹ. 왕건이 궁예를 몰아내고 즉위하였다.

① ㄱ-ㄴ-ㄷ-ㄹ
② ㄱ-ㄴ-ㄹ-ㄷ
③ ㄴ-ㄱ-ㄹ-ㄷ
④ ㄴ-ㄱ-ㄷ-ㄹ

04 0198 [2020. 경찰 1차]

다음에 제시된 역사적 사건들을 시간 순서대로 바르게 나열한 것은?

㉠ 후백제의 견훤이 경주를 침공해 경애왕을 죽였다.
㉡ 후백제의 신검이 견훤을 금산사에 유폐시켰다.
㉢ 왕건이 국호를 고려라 정하고 송악으로 천도하였다.
㉣ 고려가 공산 전투에서 후백제에게 패하였다.

① ㉠, ㉢, ㉡, ㉣
② ㉠, ㉣, ㉢, ㉡
③ ㉢, ㉠, ㉡, ㉣
④ ㉢, ㉠, ㉣, ㉡

SOLUTION

정답해설 ㄱ. 견훤은 전라도 지방군의 군사력과 호족 세력을 바탕으로 완산주(전주)에 도읍하여 충청도·전라도 일대를 장악하고 후백제를 건국(900, 신라 효공왕 4)하였다.
ㄴ. 궁예는 911년 국호를 마진에서 태봉으로 바꾸고 수덕만세를 연호로 사용하였다.
ㄹ. 918년 왕건은 궁예를 몰아낸 뒤 신하들의 추대로 왕위에 올랐다.
ㄷ. 927년 견훤의 후백제군이 신라의 경주로 진격하자 경애왕은 태조에게 구원을 요청하였다. 그러나 태조가 도착하기 전 견훤은 경주를 함락하여 경애왕을 살해하고 김부(경순왕)를 왕으로 세웠다.

핵심개념 후삼국의 성립과 통일 과정

후백제 건국(900) ⇨ 후고구려 건국(901) ⇨ 고려 건국(918) ⇨ 발해 멸망(926) ⇨ 공산(대구) 전투(927) ⇨ 고창(안동) 전투(930) ⇨ 견훤의 고려 투항(935) ⇨ 신라 멸망(935) ⇨ 일리천 전투(936) ⇨ 고려의 후삼국 통일(936)

정답 ② 한정판 034p, 기본서 193p

SOLUTION

정답해설 ㉢ 고려 태조는 918년 궁예를 축출하고 고려를 건국했으며, 919년에는 송악으로 천도하였다.
㉠ 견훤은 927년 상주를 공격하고 영천을 습격했다. 이어 경주로 진격해 포석정에서 경애왕을 살해하고, 왕의 족제인 김부(경순왕)를 왕으로 삼았다. 당시 이 소식을 듣고 온 왕건은 공산 전투에서 크게 패했다.
㉣ 공산 전투는 927년 고려와 후백제 사이에 벌어진 전투이다. 견훤이 경애왕을 살해하자 고려 태조는 신라에 사절을 파견하여 경애왕의 죽음을 조문하고 병사를 거느리고 대구 동남쪽에 위치한 공산 동수(동화사)에 대기하고 있다가 경주에서 철수하는 후백제와 전투를 벌이게 되었다. 이 전투에서 고려군은 크게 패하여 김락과 신숭겸 등이 죽고, 태조도 간신히 몸을 피하였다.
㉡ 견훤이 금강에게 왕위를 물려주려 하자 935년 견훤의 아들 신검은 반란을 일으켜 견훤을 금산사에 가두고 금강을 살해하였다.

정답 ④ 한정판 034p, 기본서 193p

추가 기출 사료

후백제를 건국한 견훤

왕(견훤)께서 부지런히 힘쓴 지 40여 년에 큰 공이 거의 이루어졌는데, 하루아침에 집안사람들의 화로 인하여 설 땅을 잃고 투항하였습니다. (중략) 충신은 두 임금을 섬기지 않는다고 하였습니다. 만약 자기의 임금을 버리고 반역한 아들을 섬긴다면 무슨 얼굴로 천하의 의로운 선비들을 보겠습니까. 하물며 듣자니 고려의 왕공께서는 마음이 어질고 후하며 근면하고 검소하여 민심을 얻었다고 하니 하늘의 계시인 듯합니다. 반드시 삼한의 주인이 될 것이니 어찌 편지를 보내 우리 왕을 문안, 위로하고 겸하여 왕공에게 겸손하고 정중함을 보여 장래의 복을 도모하지 않겠습니까.

- 『삼국사기』 -

05 [2015. 경찰간부후보]

밑줄 친 그의 행적에 해당하지 않는 것은?

> 당 경복(景福) 원년은 진성왕(眞聖王) 6년인데, 아첨하는 소인들이 왕의 곁을 둘러싸고 정권을 농락하니, 기강은 문란해지고 흉년마저 겹쳐 백성들은 유리되고 도적들이 벌떼처럼 들고 일어났다. 이에 그는 은근히 반란할 뜻을 품고 무리를 모아 서울 서남의 주현을 공격하니, 가는 곳마다 호응하여 불과 한 달 동안에 군사가 5,000여 명에 이르렀다. 드디어 무진주(武珍州)를 습격하고 자칭 왕이라 하였으나 감히 공공연히 왕이라고는 못하였다.

① 전라도 지방의 군사력과 호족세력을 토대로 후백제를 건국하였다.
② 부석사에 있는 신라 왕의 화상을 칼로 훼손하면서 반신라적 감정을 드러냈다.
③ 중국의 오월 및 후당과 통교하는 등 대중국외교에 적극적이었다.
④ 신라의 대야성을 점령하고 포석정에서 경애왕을 살해하였다.

06 [2014. 경찰간부후보]

밑줄 친 (가)의 행적에 해당하지 않는 것은?

> 머리를 깎고 승려가 되어 스스로 (가)선종(善宗)이라고 이름하였다. 신라 말에 정치가 잘못되고 백성이 흩어져 지방의 주현들이 반란 세력에 따라 붙는 자가 거의 반에 이르고 먼 곳과 가까운 곳에서 도적들이 벌떼처럼 일어나 그 아래에 백성이 개미처럼 모여드는 것을 보고 이런 혼란기를 틈타 무리를 모으면 자신의 뜻을 이룰 수 있다고 생각하여 대순 2년 신해년에 죽주의 도적 괴수 기훤에게 의탁하였다. 기훤이 얕보고 거만하게 대하자, 경복 원년 임자년에 북원의 도적 양길에게 의탁하니, 양길이 잘 대우하여 일을 맡기고 드디어 병사를 나누어 주어 동쪽으로 땅을 점령하도록 하였다.

① 미륵불의 화신임을 내세우면서 백성들을 현혹하였다.
② 독자적인 연호를 사용하면서 황제국 체제를 지향하였다.
③ 중국의 오월 및 일본과 통교하면서 국제적으로 지위를 인정받고자 했다.
④ 부석사에 있던 신라 왕의 화상을 칼로 훼손하면서 반신라 감정을 드러냈다.

SOLUTION (05)

자료분석 자료의 밑줄 친 '그'는 견훤이다. 견훤은 진성여왕에게 반기를 들고 일어나 무진주(광주)를 점령하면서 독자적 기반을 다질 수 있었다.

정답해설 ① 견훤은 전라도 지방의 군사력과 호족 세력을 토대로, 완산주에 도읍해 후백제를 건국했다(900).
③ 견훤은 925년에는 후당에 들어가 번병으로 칭함으로써 '백제왕'이라는 칭호를 받아 중국으로부터 외교적 승인을 얻어냈다. 이듬해에는 오월과도 통교하는 등 대중국외교에 적극적이었다.
④ 견훤은 927년 상주를 공격하고 영천을 습격했다. 이어 경주로 진격해 포석정에서 경애왕을 살해하고, 왕의 족제인 김부(경순왕)를 왕으로 삼았다. 당시 이 소식을 듣고 온 왕건은 공산 전투에서 크게 패하기도 했다.

오답피하기 ② 궁예는 부석사에서 신라왕의 초상화를 발견하고 그것을 칼로 쳤다는 일화가 내려져 온다. 그는 신라 왕족의 후예로 전해지는데 왕위 다툼 과정에서 한쪽 눈을 잃어 신라에 대한 적개심이 높았다고 한다.

핵심개념 견훤과 후백제

출신	상주 호족 아자개의 아들
후백제 건국	완산주(전주)에 도읍, 후백제 건국(900)
세력범위	충청도와 전라도 지역 장악
외교관계	중국(후당, 오월 등)과 외교 관계
한계	• 신라에 적대적(신라를 공격하여 경애왕을 죽임) • 지나친 조세 수취 및 호족 포섭 실패

정답 ② 한정판 034p, 기본서 190p

SOLUTION (06)

자료분석 자료의 밑줄 친 (가)는 궁예이다. 그는 신라 왕족 출신으로, 중앙의 권력다툼에서 희생되어 신라에 대한 적개심이 강하였다. 처음에는 죽주의 산적인 기훤의 부하가 되었다가, 북원 양길의 부하가 되었다. 그 후 점차 세력을 키워 자립한 후 강원도·경기도 일대에 큰 세력을 형성하였다. 특히 송악 지방에서 해상 무역을 담당하던 왕건 부자를 포함한 중부 지역 일부 호족들의 도움을 받아 송악을 근거지로 후고구려를 세우고 왕위에 올랐다(901).

정답해설 ① 궁예는 말년에 스스로 미륵불을 자칭하고 전제정치를 강화했다. 뿐만 아니라 큰 아들을 신광보살, 막내 아들을 청광보살이라고 하여 자신은 물론 두 아들까지 신격화하였다.
② 궁예는 무태, 성책, 수덕만세, 정개 등의 독자적 연호를 사용해 황제국을 지향했다.
④ 김부식의 『삼국사기』에는 궁예가 흥주 부석사에 이르러 벽에 그려진 신라왕의 모습을 보고 칼을 뽑아 그것을 쳤다는 내용이 등장한다(신라에 대한 적개심).

오답피하기 ③ 중국의 오월 및 일본과 통교한 것은 견훤이다. 견훤은 925년 후당에 들어가 번병으로 칭함으로써 '백제왕'이라는 칭호를 받아 중국으로부터 외교적 승인을 얻기도 했다.

핵심개념 궁예와 후고구려

출신	• 신라 왕족의 후예 : 권력 투쟁에서 밀려남 → 신라에 적대적(ex 부석사에 걸려 있는 신라 왕의 초상에 칼부림) • 북원(원주) 지방의 초적양 길의 휘하에서 세력을 키움
후고구려 건국	송악에 도읍 → 후고구려 건국(901)
천도	송악 → 철원(905)
체제 정비	광평성(국정 총괄) 설치, 9관등제 실시
한계	지나친 조세 수취, 전제 정치(미륵 신앙 이용) → 왕건에 의해 축출

정답 ③ 한정판 034p, 기본서 191p

주제 039

01 | 중세의 정치
태조의 정책

Check 대표 기출 1

01 0201 [2019. 지방직 9급] 회독 ○○○

다음과 같은 글을 남긴 국왕의 업적에 해당하는 것은?

> 우리 동방은 옛날부터 중국의 풍속을 흠모하여 문물과 예악이 모두 그 제도를 따랐으나, 지역이 다르고 인성도 각기 다르므로 꼭 같게 할 필요는 없다. 거란은 짐승과 같은 나라로 풍속이 같지 않고 말도 다르니 의관제도를 삼가 본받지 말라.
> – 『고려사』에서 –

① 물가조절을 위해 상평창을 설치하였다.
② 기인·사심관제와 함께 과거제를 실시하였다.
③ 혼인정책과 사성정책을 통해 호족을 포섭하였다.
④ 광군 30만을 조직하여 거란의 침략에 대비하였다.

Check 대표 기출 2

02 0202 [2025. 지방직 9급] 회독 ○○○

(가) 국왕의 업적으로 옳지 않은 것은?

> ____(가)____ 은/는 김부(金傅)를 경주의 사심관으로 임명하여 부호장(副戶長) 이하의 관직 등에 관한 일을 맡게 하였다. 이에 여러 공신들 역시 이를 본받아 자기 주(州)의 사심이 되었으니, 사심관이 이로부터 비롯되었다.

① 기인제도를 시행하였다.
② 발해 유민을 받아들였다.
③ 개경을 '황도'라고 불렀다.
④ 훈요 10조를 남겼다.

SOLUTION 난이도 상 중 하

출제자의 눈 훈요 10조 등의 사료를 제시하고 태조의 정책을 묻는 문제, 훈요 10조의 내용 자체를 묻는 문제가 전형적이다. 훈요 10조는 서경(평양) 지역사 문제, 연등회와 팔관회 문제 등에서도 활용되어 내용을 숙지하고 있어야 한다.

자료분석 자료는 943년(태조 26) 4월 태조(918~943)가 박술희를 불러 자신의 정치적 경험을 바탕으로 후대 왕들이 경계해야 할 내용을 정리하여 준 『훈요 10조』의 일부 내용이다. 태조는 『훈요 10조』에서 거란과 같은 야만국의 풍속을 배격할 것을 당부하였다.

정답해설 ③ 고려 태조는 지방 호족을 포섭하기 위해 유력한 호족과는 혼인을 맺어 왕실의 외척으로 삼았으며, 일부 호족들에게 왕씨 성을 하사하기도 하였다 (사성 정책).

오답피하기 ① 물가 조절 기관인 상평창은 고려 성종 때 개경·서경·12목에 설치되었다.
② 태조 때 기인과 사심관 제도를 실시하기는 했지만 과거제를 실시한 것은 광종이다. 사심관 제도는 지방 출신의 고관을 출신 지역의 사심관으로 임명하여 부호장 이하의 향리 임명과 치안 통제를 책임지게 한 제도이다. 기인 제도는 지방 호족의 자제를 볼모로 삼아 수도인 개경에 머물게 하고 출신지의 일에 대해 자문하게 한 제도이다.
④ 광군 30만을 조직해 거란의 침입을 대비한 것은 고려 정종이다.

정답 ③ 한정판 035p, 기본서 196p

SOLUTION 난이도 상 중 하

자료분석 자료의 (가)에 해당하는 국왕은 고려 태조로, 김부(경순왕)를 경주의 사심관으로 임명한 사실을 보여준다. 고려 태조는 935년(태조 18) 신라의 마지막 왕인 김부(경순왕)가 항복해 오자 그를 경주의 사심관으로 삼았다.

정답해설 ① 기인 제도는 지방 호족(향리)의 자제를 인질로 삼아 수도에 두고 출신지의 일에 대한 고문 역할을 하게 한 제도로 태조는 지방 호족을 견제하고 지방 통치를 보완하기 위하여 사심관 제도와 기인 제도를 활용하였다.
② 발해 멸망 후 발해의 유민들(왕자 대광현 등)이 대거 고려에 망명하였고, 고려 태조는 이들을 우대하고 동족 의식을 분명히 하였다.
④ 고려 태조는 후대 왕들이 지켜야 할 정책 방향을 제시한 훈요 10조를 남기기도 하였다.

오답피하기 ③ 개경을 '황도', 서경을 '서도'라 칭한 것은 고려 광종이다.

핵심개념 고려 태조(왕건, 918~943)

- 고려 건국(918), 연호 '천수'
- 철원에서 송악으로 천도(919)
- 중국 5대 여러나라와 외교 관계 수립
- 수취체제 개편(취민유도, 세율을 1/10로 낮춤)
- 흑창 설치(성종 때 의창으로 개편)
- 호족 통합 및 견제책 : 정략 결혼, 사성정책, 사심관 제도, 기인 제도
- 훈요 10조, 『정계』, 『계백료서』
- 본관제(토성제) 실시
- 북진 정책: 평양을 서경으로 삼음, 분사제도 실시
- 거란에 대한 강경책 : 만부교 사건(942)
- 영토확장(청천강~영흥), 역분전 지급

정답 ③ 한정판 035p, 기본서 196p

03 [2025. 서울시 9급 1차]

〈보기〉의 (가)에 대한 설명으로 가장 옳은 것은?

삼가 살펴보니 우리 (가) 께서 왕위에 오르신 그 시기는 난세에 해당하였고 운수는 천년에 합치하였습니다. 처음에 내란을 평정하고 흉악한 무리를 정벌할 때, 하늘이 임시로 그 일을 맡을 군주를 내어 그의 손을 빌리었고, 그 뒤에 도참비기의 예언에 따라 천명을 받고서 왕의 자리에 오르니 사람들이 (가) 의 덕망을 알고서 따르고 복종하였습니다. 곧 신라가 스스로 멸망하였고 고려가 다시 일어나는 운을 타서 고향을 떠나지 않고 곧 대궐을 지었습니다. 그리고 요하(遼河)와 패수(浿水)의 놀란 파도를 진정시키고 진한(秦漢)의 옛 땅을 얻어 열아홉 해 만에 천하를 통일하였으니, 공적은 더없이 높고 덕망은 한없이 크다고 할 수 있습니다.

① 광군사를 설치하고 광군 30만 명을 조직하여 거란의 침입에 대비하였다.
② 쌍기의 건의에 따라 과거 제도를 실시하여 신진 관리를 채용하였다.
③ 불법으로 노비가 된 자를 조사하는 노비안검법을 실시하였다.
④ 『정계』와 『계백료서』를 지어 관리가 지켜야 할 규범을 제시하였다.

04 [2022. 서울시 9급 1차]

〈보기〉와 관련된 왕에 대한 설명으로 가장 옳은 것은?

— 보기 —
- 불교의 힘으로 나라를 세웠으므로 사찰을 서로 빼앗지 말 것.
- 사찰을 지을 때에는 도선의 풍수사상에 맞게 지을 것.
- 연등회와 팔관회를 성실하게 지킬 것.
- 농민의 요역과 세금을 가볍게 하여 민심을 얻고 부국안민을 이룰 것.

① 중국에서 귀화한 쌍기의 건의에 따라 과거(科擧) 제도를 시행하였다.
② 귀순한 호족에게 성(姓)을 내려주어 포섭하였다.
③ 경제개혁을 수행하여 전시과(田柴科)를 실시하였다.
④ 관료제도를 안정시키기 위해 공복(公服)을 등급에 따라 제정하였다.

SOLUTION (03)

자료분석 자료의 (가)에 해당하는 인물은 고려 태조이다. '신라가 스스로 멸망', '천하를 통일하였으니' 등의 내용을 통해 후삼국 시대를 통일한 고려 태조와 관련된 사료임을 알 수 있다.

정답해설 ④ 태조는 임금에 대한 신하들의 도리를 강조하기 위하여 『정계』와 『계백료서』를 지어 관리가 지켜야 할 규범을 제시하였다.

오답피하기 ① 고려 정종은 거란의 침입에 대비해 30만 병력의 광군을 조직했으며, 광군사를 두어 이를 통할하게 하였다.
② 고려 광종은 후주에서 귀화한 쌍기의 건의로 시험을 통해 관리를 선발하는 과거 제도를 시행하였다.
③ 고려 광종은 노비안검법(956)을 실시해 호족의 경제적·군사적 기반을 약화시켰고, 양인의 수를 늘려 국가의 재정 기반을 확충했다. 노비안검법은 후삼국 시대의 혼란기에 불법으로 노비가 된 자를 조사하여 양인으로 해방해 주기 위한 법이다.

정답 ④

SOLUTION (04)

자료분석 자료는 943년(태조 26) 4월 태조(918~943)가 박술희를 불러 자신의 정치적 경험을 바탕으로 후대 왕들이 경계해야 할 내용을 정리하여 준 훈요10조이다.

정답해설 ② 태조 왕건은 지방 세력을 포섭하기 위해 호족들을 우대하였다. 그는 자신을 낮추는 태도로 호족들을 대하고, 많은 선물을 주었으며, 유력한 호족의 딸과 정략결혼을 하였다. 그리고 일부 호족들에게는 왕씨 성을 하사하였으며, 지방의 중소 호족에게는 향촌 사회의 지배권을 부분적으로 인정해 주었다.

오답피하기 ① 고려 광종은 후주에서 귀화한 쌍기의 건의로 시험을 통해 관리를 선발하는 과거 제도를 시행하였다.
③ 전시과 제도는 고려 경종 때 처음 실시되었다(976, 시정전시과).
④ 광종은 자·단·비·녹의 4색 공복을 제정해 지배층의 위계질서를 확립하였다.

핵심개념 훈요 10조

① 불교를 장려할 것
② 사원 건립 시 도선의 풍수사상에 맞게 지을 것
③ 왕위계승은 적자적손을 원칙으로 하되 장자가 불초(不肖)할 때에는 인망 있는 자가 대통을 이을 것
④ 거란과 같은 야만국의 풍속을 배격할 것
⑤ 서경(西京)을 중시할 것
⑥ 연등회·팔관회 행사를 소홀히 하지 말 것
⑦ 왕은 공평하게 일을 처리하여 민심을 얻을 것
⑧ 차현(車峴) 이남의 사람을 등용하지 말 것
⑨ 백관의 기록을 공평히 정해 줄 것
⑩ 경사(經史)를 보아 지금을 경계할 것

정답 ②

05 [2019. 지방직 7급]

밑줄 친 '인물상'에 해당하는 왕의 업적으로 옳은 것은?

> 개성의 현릉 부근에서 발견된 청동제 <u>인물상</u>은 온화한 얼굴에다가 두 손을 맞잡고 있으며, 자비로운 미소를 띠고 있다. 이 상은 황제가 착용한다는 통천관을 쓰고 있어 고려가 황제 국가로 자부하였음을 알 수 있다.

① 유학 교육기관으로 국자감을 설치하였다.
② 거란에 대비하여 30만 광군을 조직하였다.
③ 개경을 황도로, 서경을 서도로 격상하였다.
④ 역분전이라는 토지 제도를 처음으로 시행하였다.

06 [2017. 법원직 9급]

다음 (가) 국왕에 대한 설명으로 가장 옳은 것은?

> 전하는 말에 의하면, (가) 은(는) 나주에 10년간 머무르게 되었는데, 어느 날 진 위쪽 산 아래에 다섯 가지 색의 상서로운 구름이 있어 가보니 샘에서 아리따운 여인이 빨래를 하고 있어 그가 물 한그릇을 청하자, 여인이 버들잎을 띄워 주었는데, 급히 물을 마시지 않게 하기 위함이었다 한다. 여인의 총명함과 미모에 끌려 그녀를 아내로 맞이하였는데 그 분이 장화왕후 오씨 부인이고, 그 분의 몸에서 태어난 아들 무(武)가 혜종이 되었다.

▲ 나주 완사천

① 훈요 10조를 남겼다.
② 과거제도를 도입하였다.
③ 향리 제도를 마련하였다.
④ 전시과 제도를 실시하였다.

SOLUTION (05)

자료분석 자료의 밑줄 친 '인물상'에 해당하는 인물은 고려 태조 왕건이다. 현릉(顯陵)은 고려 태조의 왕릉이기도 하다.

정답해설 ④ 고려 태조는 후삼국을 통일하는 과정에서 공을 세운 사람들에게 역분전을 지급하였다(940).

오답피하기 ① 유학 교육기관인 국자감을 설치한 것은 고려 성종이다.
② 거란 침입에 대비해 광군을 조직한 것은 고려 정종 때의 일이다(947).
③ 개경을 '황도', 서경을 '서도'라 칭한 것은 고려 광종이다.

심화개념 통천관을 쓰고 있는 왕건상

왕건상은 1992년 북한당국에서 개성시 개풍군 해선리에 위치한 왕건릉 확장공사를 하던 중 지하에서 발견되었다. 발견 당시 비단 조각 및 도금한 청동 조각과 함께 출토된 왕건상은 출토 과정에서 오른쪽 다리가 부러져 떨어지고, 여러 곳이 찌그러지는 등의 손상을 입었지만, 현재 복원된 상태이다. 함께 출토된 비단 조각 및 도금한 청동 조각은 당시 복원 과정에서 소실되었다. 현재 얼굴과 귀 등에 살구색 안료(顏料)가 남아 있어 채색까지 마친 온전한 동상이었음을 알 수 있다. 왕건상의 크기는 실제 성인 남성과 같게 제작되었으며, 머리에 쓰고 있는 관(冠)은 중국의 황제가 쓰던 통천관(通天冠)으로 고려 왕조가 황제국을 표방하고 있음을 확인할 수 있다.

정답 ④

SOLUTION (06)

자료분석 아들이 고려의 2대 국왕인 혜종이라는 사실을 통해 (가) 국왕이 고려 태조(왕건)임을 알 수 있다. 전남 나주의 완사천은 태조 왕건과 장화왕후가 인연을 맺은 곳이라 전해진다. 왕건은 궁예의 명에 따라 나주를 정복하기 위해 출정하였는데, 나주에 머물던 그가 샘터에서 한 여인에게 물을 청하자 그녀가 체하지 않도록 바가지에 버들잎을 띄워 주었다고 하며, 그녀가 바로 훗날 혜종의 어머니가 되는 장화왕후이다.

정답해설 ① 태조 왕건(918~943)은 후대 왕들이 지켜야 할 정책 방향을 제시한 훈요 10조를 남겼다. 훈요 10조에는 불교 장려, 서경 중시 등의 정책이 담겨 있다.

오답피하기 ② 과거 제도는 광종 대인 958년(광종 9)에 처음 실시되었다. 광종은 쌍기의 건의를 받아들여 문예와 유교 경전을 시험하여 문반 관리를 선발하는 과거제를 시행함으로써, 유학을 익힌 신진 인사를 등용하고 신구 세력의 교체를 도모하였다.
③ 향리 제도는 성종 대인 983년(성종 2)에 마련되었다. 성종은 향리 제도를 마련하여 지방의 중·소 호족들을 지방관을 보좌하는 향리로 편입함으로써, 지방 세력을 견제하였다.
④ 전시과는 경종 대인 976년(경종 1)에 처음 실시되었다(시정전시과).

정답 ①

주제 040

01 | 중세의 정치
광종의 개혁정치

Check 대표 기출 1

01 0207 [2020. 국가직 7급] 회독 ○○○

밑줄 친 '왕'대 사실로 옳지 않은 것은?

> 왕이 노비를 조사하여 그 시비를 가려내게 하자, (노비들이) 그 주인을 등지는 자가 많아지고, 윗사람을 능멸하는 풍조가 성행하였다. 사람들이 모두 탄식하고 원망하자, 대목왕후가 간곡히 간(諫)하였으나 받아들이지 않았다.
> - 『고려사』 -

① 제위보를 설치하였다.
② 귀법사를 창건하였다.
③ 준풍 등 연호를 사용하였다.
④ 12목에 지방관을 파견하였다.

Check 대표 기출 2

02 0208 [2022. 지방직 9급] 회독 ○○○

밑줄 친 '왕'의 재위 기간에 있었던 일로 옳은 것은?

> • 평농서사 권신(權信)이 대상(大相) 준홍(俊弘)과 좌승(佐丞) 왕동(王同) 등이 반역을 꾀한다고 참소하자 왕이 이들을 내쫓았다.
> • 왕이 쌍기의 건의를 받아 처음으로 과거를 실시하였다. 시(詩)·부(賦)·송(頌) 및 시무책을 시험하여 진사를 뽑았으며, 더불어 명경업·의업·복업 등도 뽑았다.

① 노비안검법을 제정하였다.
② 전민변정도감을 설치하였다.
③ 토지제도로서 전시과를 시행하였다.
④ 12목을 설치하고 지방관을 파견하였다.

SOLUTION 난이도 상 중 하

출제자의 눈 사료와 함께 광종의 업적을 묻는 문제가 전형적이다. 사료로는 노비안검법 실시나 최승로의 오조정적평에서 광종을 비판하는 내용이 주로 제시된다. 정치적 업적과 관련된 내용이 주로 출제되지만 최근에는 광종의 불교 정책에 관한 내용도 심심치 않게 출제되고 있다.

자료분석 자료의 밑줄 친 '왕'에 해당하는 인물은 고려 광종으로, 노비안검법(956) 실시와 관련된 사료이다. 노비안검법은 후삼국 시대의 혼란기에 불법으로 노비가 된 자를 조사하여 양인으로 해방시켜 주기 위한 법으로 광종은 노비안검법을 실시하여 호족의 세력을 약화시키고 국가의 수입 기반을 확대하였다. 이로써 공신이나 호족의 경제적, 군사적 기반이 약화되었다.

정답해설 ① 광종은 일정 기금을 만들어 그 이자로 빈민을 구제하는 기구인 제위보를 설치하였다(963).
② 광종은 화엄종의 재확립을 위해 개성에 귀법사를 세우고 균여를 주지로 임명하였다.
③ 광종은 광덕·준풍 등 독자적인 연호를 사용하였으며 개경을 황도(皇都), 서경을 서도로 칭하였다.

오답피하기 ④ 고려 성종은 전국 주요 지역에 12목을 설치하고 지방관인 목사를 파견하였다.

정답 ④ 한정판 036p, 기본서 199p

SOLUTION 난이도 상 중 하

자료분석 자료의 밑줄 친 '왕'은 고려 광종이다. 광종은 960년 평농서사 권신이 대상 준홍과 좌승 왕동 등이 역모를 꾀한다고 보고하자 이들을 숙청한 것을 시작으로 왕권 강화에 방해가 되는 호족 세력을 과감하게 숙청했다. 또한 후주에서 온 쌍기의 건의로 과거제(958년)를 시행하여 종래 공신의 자제를 우선적으로 관리로 등용하던 제도를 억제하고 유학을 익힌 신진 인사를 등용하여 신구 세력의 교체를 도모하였다.

정답해설 ① 광종은 노비안검법(956)을 실시해 호족의 경제적·군사적 기반을 약화시켰고, 양인의 수를 늘려 국가의 재정기반을 확충했다.

오답피하기 ② 공민왕 때에는 전민변정도감을 설치하고, 승려 신돈을 등용하여 권문세족이 부당하게 빼앗은 토지와 노비를 본래의 소유주에게 돌려주거나 양민으로 해방시켰다. 이를 통하여 권문세족의 경제 기반을 약화시키고, 국가 재정 수입의 기반을 확대하였다.
③ 경종 때 전시과를 처음으로 제정하였다(976, 시정전시과).
④ 12목을 설치한 것은 성종 때인 983년이다. 성종은 중앙 집권 체제를 강화하기 위해 12목을 설치하고 지방관(목사)을 파견하였다.

핵심개념 광종(왕소, 949~975, 4대)

- 주현 공부법 실시(949)
- 노비안검법(956)
- 과거제 실시(958)
- 4색 공복제(자색, 단색, 비색, 녹색)
- 황제를 칭하고, 광덕·준풍 등 독자적 연호 사용
- 개경을 '황도'로, 서경을 '서도'로 칭함
- 송과 통교(962): 이후 송의 연호 사용(건덕)
- 제위보 설치(963)

정답 ① 한정판 036p, 기본서 199p

03 0209 [2023. 지역인재 9급]

밑줄 친 '왕'의 재위 기간에 있었던 사실로 옳은 것은?

> 왕께서 노비안검법을 실시하여 공신들이 불법으로 소유한 노비를 가려내라고 하자, 공신들이 탄식하고 원망하였습니다. 왕후께서 중지할 것을 간청하였지만 <u>왕</u>께서는 받아들이지 않고 시행하였습니다.

① 전시과 제도를 실시하였다.
② 최승로가 시무 28조를 건의하였다.
③ 쌍기의 건의에 따라 과거제를 시행하였다.
④ 강감찬이 귀주에서 거란군을 크게 격파하였다.

---

04 0210 [2022. 계리직]

〈보기〉의 정책을 시행했던 국왕의 재위 기간에 있었던 일로 옳은 것은?

보기
- 귀법사를 창건하고 균여를 주지로 임명했다.
- 개경을 황도(皇都)라고 하고, 서경을 서도라고 하였다.

① 전시과 제도를 시행하였다.
② 백관의 사색 공복을 정했다.
③ 광군을 조직하여 거란의 침입에 대비하였다.
④ 왕권을 위협하던 왕규를 제거하였다.

SOLUTION (03)

자료분석 자료의 밑줄 친 '왕'은 고려 광종이다. 노비안검법은 후삼국 시대의 혼란기에 불법으로 노비가 된 자를 조사하여 양인으로 해방시켜 주기 위한 법으로 광종은 노비안검법을 실시하여 호족의 세력을 약화시키고 국가의 수입 기반을 확대하였다. 이로써 공신이나 호족의 경제적, 군사적 기반이 약화되었다.

정답해설 ③ 광종은 후주에서 온 쌍기의 건의로 과거제(958)를 시행하여 종래 공신의 자제를 우선적으로 관리로 등용하던 제도를 억제하고 유학을 익힌 신진 인사를 등용하여 신구 세력의 교체를 도모하였다.

오답피하기 ① 고려 경종 때 전시과를 처음으로 제정하였다(976, 시정전시과).
② 최승로는 고려 성종에게 시무 28조를 건의하였다. 성종은 최승로의 건의를 수용하여 국가 재정을 낭비하는 불교 행사를 억제하고, 유교 사상을 정치의 근본이념으로 삼아 통치 체제를 정비하였다.
④ 고려 현종 때의 사건이다. 거란은 1018년(현종 9) 강동 6주 반환을 요구하며 3차 침입을 단행했다. 당시 강감찬은 귀주에서 거란을 상대로 큰 승리를 거두었는데(귀주대첩, 1019) 이로 인해 큰 피해를 입은 거란은 강동 6주의 반환을 요구할 수 없게 되었다.

정답 ③ 한정판 036p, 기본서 199p

SOLUTION (04)

자료분석 자료는 광종의 업적을 나타낸 것이다. 광종은 화엄종의 재확립을 위해 개성에 귀법사를 세우고 균여를 주지로 임명하였다. 또한 국왕의 권위를 높이기 위하여 황제를 칭하고, 광덕·준풍 등 독자적인 연호를 사용하였으며 개경을 황도(皇都), 서경을 서도로 칭하였다.

정답해설 ② 광종은 지배층의 위계질서를 확립하기 위해 백관의 공복(자·단·비·녹)을 제정하였다.

오답피하기 ① 경종은 976년 처음으로 전시과 제도를 시행하였다(시정전시과).
③ 광군은 정종 때(947) 거란의 침입을 대비하여 창설되었다. 병력은 30만 명이었으며, 광군사(光軍司)를 설치하여 이를 통할하게 하였다.
④ 왕규의 난은 혜종 때인 945년에 일어났다. 왕규는 광주 지방의 호족 출신으로, 왕실 외척이 되어 정치 권력을 장악했던 인물이다. 왕규는 자기의 외손자 광주원군을 왕위에 앉히려고 몇 차례 혜종을 죽이고자 했는데 왕식렴에 의해 제거당했다.

정답 ② 한정판 036p, 기본서 199p

05 0211 [2018. 기상직 9급]

다음 밑줄 친 '왕'의 업적으로 옳지 않은 것은?

> 왕이 명령하여 노비를 안검하여 시비를 살펴 분별하게 하였다. 이 때문에 윗사람을 능멸하는 기풍이 크게 행해지니, 사람들이 모두 원망하였다. 왕비가 간절히 말렸는데도 듣지 않았다.

① 관리의 공복을 제정하였다.
② 황제라 칭하며 독자적인 연호를 사용하였다.
③ 송과 외교관계를 맺고 이후 송의 연호를 사용하였다.
④ 주현공거법 시행으로 향리의 자제에게 과거 응시자격을 부여하였다.

06 0212 [2015. 지방직 9급]

다음 왕의 재위 기간에 있었던 사실로 옳은 것은?

> 왕은 중국에 36명의 승려를 파견하여 법안종을 배우도록 하였다. 또한 제관과 의통을 파견하여 천태학에 대한 관심을 보였다.

① 승과 제도를 시행하였다.
② 요세가 세운 백련사를 후원하였다.
③ 의천이 국청사를 창건하는 것을 후원하였다.
④ 거란과의 전쟁을 물리치기 위해 초조대장경을 조성하였다.

SOLUTION (05)

자료분석 자료는 노비안검법 실시(956)와 관련된 내용으로 밑줄 친 '왕'에 해당하는 인물은 광종이다. 노비안검법은 본래 양인이었다가 노비가 된 사람을 조사하여 양인 신분을 회복할 수 있도록 한 법이다. 광종은 노비안검법을 시행하여 불법적으로 노비가 된 사람을 해방하였다. 그 결과 양인의 수가 늘어나 국가 재정 기반이 확충되었고, 공신과 호족의 경제·군사적 기반은 약화되었다.

정답해설 ① 광종은 자·단·비·녹의 4색 공복을 제정해 지배층의 위계질서를 확립하였다.
② 광종은 황제를 칭하고, 광덕, 준풍 등 독자적 연호를 사용했다.
③ 광종은 962년 송과 통교한 이후에는 송의 연호인 건덕(乾德)을 사용하였다.

오답피하기 ④ 향리의 과거 응시 자격을 보장하는 주현공거법은 현종 대에 실시되었다. 광종은 지방의 주·현을 단위로 해마다 바치는 공물과 부역의 액수를 정한 주현공부법을 실시하였다.

정답 ④ 한정판 036p, 기본서 199p

추가 기출 사료
광종의 공복 제정

> 고려 태조가 나라를 세울 때는 모든 것이 새로 시작하는 것이 많아서 관복 제도는 우선 신라에서 물려받은 것을 그대로 두었다. 왕(광종) 때에 와서 비로소 백관의 공복을 제정하였다. 이때부터 귀천과 상하의 구별이 명확해졌다.
> — 『고려사』 —

SOLUTION (06)

자료분석 제관과 의통을 중국에 파견한 왕은 고려 광종이다. 제관은 우리나라의 천태학을 중국에 전한 고승이며, 『천태사교의』를 저술하여 그 이름을 중국·일본 등에 떨쳤다. 의통은 중국에 건너가 중국 천태종의 제16대조(祖)가 된 인물이다.

정답해설 ① 광종은 국가에서 실시한 승과에 합격한 자에게는 품계를 주고 승려의 지위를 보장하였으며 승군을 조직하여 국방의 일익을 담당하게 하였다. 또한 국사와 왕사 제도를 두어 왕실의 고문 역할을 맡도록 하였다.

오답피하기 ② 요세의 백련사 결사는 최씨 무신정권의 후원을 받았다. 요세의 백련사가 대몽 항쟁에 적극적인 모습을 보였기 때문에 이와 같은 모습이 나타났다.
③ 의천은 교종을 중심으로 선종을 통합하기 위해 국청사를 창건(숙종 2년, 1097)하여 천태종을 창시하였다.
④ 초조대장경은 고려 현종 2년(1011) 발원하여 선종 4년(1087)에 걸쳐 완성된 고려 최초의 대장경이다.

핵심개념 광종의 불교 정책

- 화엄종 중심 교종 통합 + 법안종 중심 선종 통합 노력
- 귀법사 창건(주지 : 균여), 왕사(탄문)·국사(혜거) 제도 실시
- 승과 제도 실시 : 합격자에게 승계를 주고, 승려의 지위 보장
- 중국에 36명의 승려를 파견하여 법안종을 배우도록 함
- 제관과 의통을 남중국에 파견하여 천태학에 대한 관심을 보임
- 논산 관촉사 석조 미륵보살 입상 건립(은진미륵, 968년 추정)

정답 ① 한정판 036p, 기본서 199p

주제 041

01 | 중세의 정치
성종의 개혁 정치

Check | 대표 기출 1

01 0213 [2021. 국가직 9급]   회독 ○○○

다음 상소문을 올린 왕대에 있었던 사실은?

> 석교(釋敎)를 행하는 것은 수신(修身)의 근본이요, 유교를 행하는 것은 이국(理國)의 근원입니다. 수신은 내생의 자(資)요, 이국은 금일의 요무(要務)로서, 금일은 지극히 가깝고 내생은 지극히 먼 것인데도 가까움을 버리고 먼 것을 구함은 또한 잘못이 아니겠습니까.

① 양경과 12목에 상평창을 설치하였다.
② 균여를 귀법사 주지로 삼아 불교를 정비하였다.
③ 국자감에 7재를 두어 관학을 부흥하고자 하였다.
④ 전지(田地)와 시지(柴地)를 지급하는 경정 전시과를 실시하였다.

Check | 대표 기출 2

02 0214 [2024. 지방직 9급]   회독 ○○○

다음 상소문이 올라간 국왕 대에 있었던 사실로 옳은 것은?

> 불교는 몸을 닦는 근본이며 유교는 나라를 다스리는 근원입니다. 몸을 닦는 것은 내생을 위한 것이며 나라를 다스리는 일은 곧 오늘의 할 일입니다. 오늘은 극히 가깝고 내생은 지극히 먼 것이니, 가까운 것을 버리고 먼 것을 구하는 일이 그릇된 일이 아니겠습니까.

① 개경에 나성을 쌓았다.
② 전시과 제도를 처음 실시하였다.
③ 전국의 주요 지역에 12목을 설치하였다.
④ 노비안검법을 실시하여 호족 세력을 약화시켰다.

SOLUTION   난이도 상 ⓒ 하

출제자의 눈 성종은 고려 시대의 왕들 중 광종, 공민왕과 함께 출제 빈도가 가장 높은 왕이다. 성종은 물론 최승로(시무 28조)도 단독 주제로 출제되고 있다.

자료분석 자료는 최승로가 고려 성종에게 건의한 시무 28조의 일부이다. 최승로는 불교를 '수신의 근본'으로, 유교를 '치국의 근원'으로 구분하여 이해하고, 정치에 관해서는 유교에 그 몫을 돌렸다. 두 종교는 맡은 바가 따로 있으므로 그 기능을 섞어서 혼동해서는 안 된다는 의식을 보여주는 것이다. 이는 현실 정치를 중시하는 유교와 내세 구원을 중시하는 불교의 근본적 성격 차이를 인식한 것이다.

정답해설 ① 성종 때에는 양경(개경과 서경) 및 각 12목에 물가 조절 기관인 상평창을 두어 백성이 안심하고 생업에 종사할 수 있도록 하였다.

오답피하기 ② 귀법사를 창건하고 균여를 주지로 삼은 것은 고려 광종이다.
③ 관학을 부흥하기 위해 국자감을 정비하여 9재를 모방한 전문강좌(7재)를 개설한 것은 고려 예종 때이다.
④ 전지(田地)와 시지(柴地)를 지급하는 경정전시과는 고려 문종 때인 1076년 실시되었다.

정답 ① 한정판 036p, 기본서 201p

SOLUTION   난이도 상 중 ⓗ

자료분석 자료는 최승로가 고려 성종에게 건의한 시무 28조의 일부이다. 성종은 최승로의 건의를 수용하여 국가 재정을 낭비하는 불교 행사를 억제하고, 유교 사상을 정치의 근본이념으로 삼아 통치 체제를 정비하였다.

정답해설 ③ 고려 성종은 지방에 12목을 설치하고 지방관을 파견하였다. 또한, 중앙의 국자감을 정비하고, 지방에는 경학 박사와 의학 박사를 파견하였다.

오답피하기 ① 나성 축조는 고려 현종 때 실시되었다. 고려는 거란과의 전쟁이 끝난 후에 개경에 나성을 축조(1009~1029)하여 도성 수비를 강화하였고, 국경 지방에 천리장성을 축조(압록강~도련포)하여 거란과 여진의 침략에 대비하였다.
② 고려 경종 때(976) 처음으로 전시과 제도가 마련되었다(시정전시과).
④ 광종은 노비안검법(956)을 실시해 호족의 경제적·군사적 기반을 약화시켰고, 양인의 수를 늘려 국가의 재정 기반을 확충했다.

핵심개념 성종(981~997)

정치	• 최승로의 시무 28조 채택 • 2성 6부, 중추원·삼사, 도병마사·식목도감 설치 • 문산계(문·무관)·무산계(향리, 탐라 왕족, 여진 추장 등) 부여
지방	• 12목 설치(목사 파견), 10도제
사회	• 의창과 상평창 설치 • 연등회 및 팔관회 폐지
교육	• 국자감 정비, 과거제 정비 • 지방에 경학박사와 의학박사 파견 • 도서관(비서성 - 개경, 수서원 - 서경) 설치, 문신월과법
대외	거란의 1차 침입 → 서희 강동 6주 확보
경제	건원중보(철전) 발행

정답 ③ 한정판 036p, 기본서 201p

03 [2024. 법원직]

(가) 시기에 해당하는 사실로 가장 옳은 것은?

> 노비를 상세히 조사하고 살펴서 옳고 그름을 따져 밝혀내도록 명하였다. 주인을 배반하는 노비들이 이루 다 셀 수가 없을 정도였다. 이로 말미암아 상전을 능멸하는 풍조가 크게 일어나 사람들이 모두 탄식하고 원망하므로 왕비가 간절하게 간언하였으나, 왕이 받아들이지 않았다.

⇩

(가)

⇩

> 가을 7월, 교(敎)하기를, "양민이 된 노비들은 해가 점차 멀어지면 반드시 그 본래의 주인을 가벼이 보고 업신여기게 된다. … 만약 그 주인을 욕하는 자가 있으면, 다시 천민으로 되돌려 부리게 할 것이다."라고 하였다.

① 강조가 정변을 일으켰다.
② 거란이 개경을 점령하였다.
③ 전시과가 처음으로 제정되었다.
④ 공신들에게 역분전이 지급되었다.

04 [2023. 국회직 9급]

다음 밑줄 친 '국왕'이 실시한 정책으로 옳은 것은?

> 우리 태조께서 개국한 이래로 신이 알게 된 것은 모두 신의 마음에 새기고 있습니다. 이제 태조로부터 경종에 이르기까지 다섯 왕의 정치와 교화에서 본받을 만하거나 경계로 삼을 만한 잘잘못을 기록하고, 시무책을 조목별로 나누어 국왕께 올립니다.

① 전지와 시지를 함께 주는 전시과를 처음 시행하였다.
② 거란의 침략으로 불타 없어진 실록을 다시 편찬하였다.
③ 과거 제도를 도입하여 신구 세력의 교체를 도모하였다.
④ 전국의 주요 지역에 12목을 설치하고 목사를 파견하였다.
⑤ 『정계』와 『계백료서』를 지어 관리가 지켜야 할 규범을 제시하였다.

05 0217 [2018. 교행 9급]

다음 정책을 추진한 국왕의 재위 기간에 있었던 사실로 옳은 것은?

- 주·부·군·현의 이직(吏職)을 개정하여 …(중략)… 당대등을 호장으로, 대등을 부호장으로, 낭중을 호정으로, 원외랑을 부호정으로 하였다.
- 경치 좋은 장소를 택하여 서재와 학교를 크게 세우고 적당한 토지를 주어서 학교의 식량을 해결하며 또 국자감을 창설하라고 명하였다.

— 『고려사』 —

① 윤관과 오연총이 동여진을 공격하였다.
② 박서가 몽골 침략에 맞서 귀주성에서 분투하였다.
③ 서희가 외교 담판을 통해 강동 6주 지역을 획득하였다.
④ 양규가 강조의 정변을 구실로 침략한 거란의 군대를 격퇴하였다.

06 0218 [2015. 국가직 9급]

다음 건의를 받아들인 왕이 실시한 정책으로 옳은 것은?

임금이 백성을 다스릴 때 집집마다 가서 날마다 그들을 살펴보는 것이 아닙니다. 그래서 수령을 나누어 파견하여, (현지에) 가서 백성의 이해(利害)를 살피게 하는 것입니다. 우리 태조께서도 통일한 뒤에 외관(外官)을 두고자 하셨으나, 대개 (건국) 초창기였기 때문에 일이 번잡하여 미처 그럴 겨를이 없었습니다. 이제 제가 살펴보건대, 지방 토호들이 늘 공무를 빙자하여 백성들을 침해하며 포악하게 굴어, 백성들이 명령을 견뎌내지 못합니다. 외관을 두시기 바랍니다.

① 서경 천도를 추진하였다.
② 5도 양계의 지방 제도를 확립하였다.
③ 지방 교육을 위해 경학박사를 파견하였다.
④ 유교 이념과는 별도로 연등회, 팔관회 행사를 장려하였다.

SOLUTION

자료분석 향리 제도를 마련하고 국자감을 설립한 것은 고려 성종이다. 성종은 향리 제도를 마련하여 지방의 중·소 호족들을 지방관을 보좌하는 향리로 편입함으로써, 지방 세력을 견제하였고, 국자감을 설치·정비하고, 지방에 경학 박사와 의학 박사를 파견하여 유학 교육 진흥에 노력하였다.

정답해설 ③ 고려가 북진 정책과 친송 정책을 계속 추진하자 거란은 발해 유민이 압록강 일대에 세운 정안국을 정복한 다음 고려를 여러 차례 침입해 왔다. 성종 때인 993년 거란이 침입해 오자(1차 침입) 서희는 적장 소손녕과 담판을 벌였다. 서희는 거란으로부터 고려가 고구려의 후계자임을 인정받고, 여진이 차지하고 있는 땅을 확보하여 통로가 열리면 통교하겠다는 조건으로 압록강 동쪽의 강동 6주를 확보하였다.

오답피하기 ① 윤관은 1107년(예종 2) 여진족의 동태가 심상치 않다는 변장(邊將)의 보고를 접하자 원수(元帥)가 되어 부원수인 지추밀원사 오연총과 17만 대군을 이끌고 여진족을 정벌하였다.
② 박서는 몽골의 1차 침입(1231, 고종) 당시 귀주성에서 활약한 인물이다.
④ 거란이 강조의 정변을 구실로 고려를 침입한 것은 2차 침입(1010, 현종) 때이다.

정답 ③ 한정판 036p, 기본서 201p

SOLUTION

자료분석 자료는 성종 때 최승로가 건의한 시무 28조의 일부이다. 최승로는 시무 28조에서 중앙집권 체제를 강조하여 상주하는 외관(지방관)을 파견할 것과 지방의 호족 세력을 억제해야 한다고 주장하였다.

정답해설 ③ 성종은 국자감을 정비(992)하고, 지방(12목)에 경학 박사와 의학 박사를 파견(987)하여 유학 교육 진흥에 노력하였다.

오답피하기 ① 고려 정종에 대한 설명이다. 정종은 947년 서경성을 쌓고 도참설에 따라 그곳으로 천도하려 했으나 개경 호족의 반발 등으로 뜻을 이루지 못했다. 고려 인종 때도 묘청 등 서경파의 주장에 따라 서경에 대화궁을 세우는 등 서경 천도가 추진되었다(개경파에 의해 좌절).
② 고려 현종에 대한 설명이다. 5도 양계를 중심으로 한 고려 지방 제도의 근간은 1018년(현종 9)에 완성되었다.
④ 고려 성종은 유학을 숭상하고 억불정책을 위해 연등회와 팔관회를 폐지하는 등, 유교주의적 정치이념을 펴기 위해 노력했다.

정답 ③ 한정판 036p, 기본서 201p

주제 042

01 | 중세의 정치
고려의 중앙 통치 체제

Check | 대표 기출 1

01 0219 [2017. 국가직 7급 추가채용] 회독 ○○○

(가)~(라)에 대한 설명으로 옳은 것은?

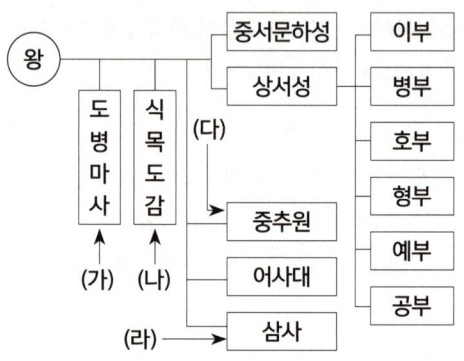

① (가)는 법제, 격식을 다루었으며, (나)는 고려 후기에 도당으로 불렸다.
② (가)와 (나)는 고려의 독자적인 기구이며, 중서문하성의 재신과 (다)의 추신이 합좌하였다.
③ (다)는 왕명출납과 군기의 업무를 맡았고, (라)는 백관을 규찰하고 탄핵하였다.
④ (다)와 (라)는 당제를 모방하여 설치하였고, 주요 사안을 6부와 협의하여 결정하였다.

SOLUTION 난이도 상 중 하

출제자의 눈 중앙 통치 기구의 역할을 묻는 문제가 전형적이다. 당과 송의 영향을 받은 2성 6부, 송의 영향을 받은 중추원과 삼사, 고려의 독자성을 보여주는 관청인 도병마사와 식목도감의 각 기능을 암기하고 대간의 역할에 주목하자.

정답해설 ② 고려의 독자성을 보여 주는 관청인 도병마사와 식목도감은 중서문하성의 재신과 중추원의 추밀(추신)이 함께 모여 회의로 국가의 중요한 일을 결정하는 곳이다.

오답피하기 ① 법제와 격식을 다룬 관청은 도병마사가 아니라 식목도감이고, 고려 후기에 도당으로 불린 관청은 도병마사이다. 도병마사는 국방 문제를 담당하는 임시 기구였으나, 고려 후기에 도평의사사(도당)로 개편되면서 국정 전반에 걸친 중요 사항을 담당하는 최고 정무 기구로 발전하였다.
③ 중추원이 왕명 출납과 군기 업무(군사 기밀)를 맡은 것은 옳으나 고려 시대의 삼사는 단순히 화폐와 곡식의 출납에 대한 회계를 맡았다.
④ 중추원과 삼사는 송의 관제를 모방하였다.

정답 ② 한정판 037p, 기본서 204p

Check | 대표 기출 2

02 0220 [2021. 지방직 9급] 회독 ○○○

(가)에 들어갈 기구로 옳은 것은?

> 고려 시대 중서문하성과 중추원의 고위 관료들은 도병마사와 (가) 에서 국가의 중요한 일을 논의하였다. 도병마사에서는 국방과 군사 문제를 다루었고, (가) 에서는 제도와 격식을 만들었다.

① 삼사   ② 상서성
③ 어사대 ④ 식목도감

SOLUTION 난이도 상 중 하

정답해설 ④ 고려는 당의 영향을 받아 2성 6부의 중앙 관제를 갖추고 있으면서도, 중서문하성의 재신과 중추원의 추밀이 참여하는 독자적인 두 개의 회의 기관을 만들었다. 하나는 대외적인 국방과 군사 문제를 관장하는 도병마사이고, 다른 하나는 대내적인 법제와 격식을 관장하는 식목도감이었다.

오답피하기 ① 고려 시대의 삼사는 화폐와 곡식의 출납에 대한 회계를 맡았다.
② 상서성은 6부를 두고 정책을 집행하였다.
③ 어사대는 관리의 비리를 감찰하였다.

핵심개념 | 고려의 중앙 정치 기구

중서문하성 (재부)	• 최고 관서 • 장관 : 문하시중(종1품, 국정 총괄) • 구성 : 재신(2품 이상, 국가 정책 심의) + 낭사(3품 이하, 정치 잘못 비판)
상서성	실제 정무를 나누어 담당하는 6부를 두고 정책의 집행 담당
6부	실제 행정 업무 담당
중추원 (추부)	• 군사 기밀과 왕명 출납 • 구성 : 추밀(2품 이상, 군사 기밀) + 승선(3품, 왕명 출납, 숙위)
어사대	정치의 잘잘못을 논하고 관리의 비리 감찰, 탄핵 및 풍속 교정
삼사	화폐와 곡식의 출납에 대한 회계
도병마사	• 국방 문제 담당(임시 기구) • 충렬왕 때 도평의사사로 개칭(상설화)
식목도감	법제(법률) 및 격식 제정(임시기구)
대간	• 구성 : 어사대 관원(대관) + 중서문하성의 낭사(간관) • 왕과 고위 관리의 활동 지원 또는 제약 → 정치 운영의 견제와 균형 • 권한 : 서경, 간쟁, 봉박

정답 ④ 한정판 037p, 기본서 204p

03 0221 [2024. 법원직]

(가)에 들어갈 내용으로 가장 옳지 않은 것은?

> ○○ : 고려 시대 중서문하성의 낭사와 어사대의 관원을 합쳐서 불렀다. 이들은 ___(가)___ 의 역할을 담당하였다.
> - 「한국사 용어 사전」-

① 왕의 잘못을 논하는 간쟁
② 중추원의 추밀과 함께 법제와 격식 제정
③ 관원 임명시 동의 여부에 서명할 수 있는 서경
④ 잘못된 왕명을 시행하지 않고 되돌려 보내는 봉박

04 0222 [2018. 법원직]

(가), (나)에 관한 설명으로 옳은 것은?

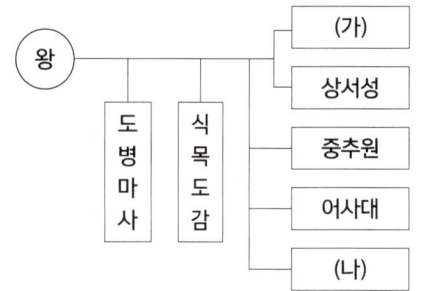

① (가) - 소속 관원인 승선은 대간으로 불렸다.
② (가) - 국정을 총괄하고 정책을 심의·결정하는 최고 관서이다.
③ (나) - 관리의 비리를 감찰하는 기구이다.
④ (나) - 재신과 추밀이 모여 관리 임용을 결정하였다.

05 0223 [2016. 국가직 7급]

괄호 안에 들어갈 고려 시대의 정치기구에 대한 설명으로 옳은 것은?

> 국초에 ( )을(를) 설치하여 시중·평장사·참지정사·정당문학·지문하성사로 판사(判事)를 삼고, 판추밀 이하로 사(使)를 삼아 일이 있을 때 모였으므로 합좌(合坐)라는 이름이 붙게 되었다. 그런데 한 해에 한 번 모이기도 하고 여러 해 동안 모이지 않기도 하였다.
> - 「역옹패설」 -

① 군사 기밀과 왕명 전달을 담당하였다.
② 화폐와 곡식의 출납, 회계의 일을 맡았다.
③ 정치의 잘잘못을 논하고 관리의 비리를 감찰하였다.
④ 양계의 축성 및 군사훈련 등 국방문제를 논의하였다.

06 0224 [2016. 경찰 1차]

고려 시대의 통치체제에 대한 설명으로 가장 적절하지 않은 것은?

① 중서문하성은 국가의 정책을 심의하는 재신과 정치의 잘못을 비판하는 낭사로 구성되었다.
② 중추원은 군사기밀을 담당하는 추밀과 왕명의 출납을 담당하는 승선으로 구성되었다.
③ 대간은 왕의 잘못을 논하는 간쟁과 잘못된 왕명을 시행하지 않고 되돌려 보내는 봉박, 관리의 임명과 법령의 개정이나 폐지 등에 동의하는 서경권을 가지고 있었다.
④ 원 간섭기에 중서문하성과 중추원을 합쳐 첨의부로 하고, 6부는 4사로 통폐합되었다.

SOLUTION (05)

자료분석 괄호 안에 들어갈 정치기구는 도병마사이다. 자료 출처인 『역옹패설』은 고려 말 이제현이 쓴 시화집으로, 해당 내용이 고려의 정치기구에 대한 내용임을 알 수 있다. 그리고 '한 해에 한 번 모이기도 하고 여러 해 동안 모이지도 하였다.'는 내용을 통해 임시 회의기구임을 유추할 수 있다.

정답해설 ④ 도병마사는 중서문하성의 재신과 중추원의 추밀이 모여 대외적인 국방·군사 문제를 논의하던 기구이다. 이 기구는 원 간섭기 도평의사사로 개편(1279, 충렬왕5)되면서 국정 전반을 총괄하게 되었다.

오답피하기 ① 군사 기밀과 왕명 전달을 담당한 곳은 중추원이다. 중추원의 고관인 추밀은 중서문하성의 재신과 함께 도병마사와 식목도감에 참여하기도 했다.
② 화폐와 곡식 출납 등을 담당한 곳은 삼사이다. 삼사는 송의 제도를 모방했으나 송과 달리 회계 업무만을 담당했다.
③ 관리의 비리를 감찰한 곳은 어사대이다. 어사대의 관원들은 중서문하성의 낭사와 함께 대간이라 불리며 서경·봉박·간쟁의 권한을 행사했다.

정답 ④

SOLUTION (06)

정답해설 ① 고려는 최고 관서로 중서문하성을 두었고, 그 장관인 문하시중이 국정을 총괄하였다. 중서문하성은 2품 이상의 재신과 3품 이하의 낭사로 구성되었으며, 재신은 국가의 정책을 심의하고, 낭사는 정치의 잘못을 비판하였다.
② 중추원은 군사 기밀과 왕명 출납을 담당한 기관으로, 2품 이상의 고관인 추밀(군사 기밀 관장)과 3품의 승선(왕명 출납 담당)으로 구성되었다. 중추원의 추밀은 중서문하성의 재신과 함께 재추 회의라 불리는 도병마사와 식목도감에 참여했다.
③ 어사대의 관원은 중서문하성의 낭사와 함께 대간으로 불렸다. 대간은 비록 직위는 낮았으나, 왕이나 고위 관리의 활동을 지원하거나 제약하여 정치 운영에 견제와 균형을 이루었다. 대간은 왕의 잘못을 논하는 간쟁과 잘못된 왕명을 시행하지 않고 되돌려보내는 봉박, 관리의 임명과 법령의 개정이나 폐지 등에 동의하는 서경권을 가지고 있었다.

오답피하기 ④ 원 간섭기에는 중서문하성과 상서성(중추원 X)을 합쳐 첨의부로 하고, 6부는 4사로 통폐합되었으며, 중추원은 밀직사로 격하되었다.

심화개념 원간섭기 관제의 변화

원 간섭 이전		원 간섭 이후	
2성(중서문하성·상서성)		첨의부	
6부	이부	전리사	4사
	예부		
	병부	군부사	
	호부	판도사	
	형부	전법사	
	공부	폐지	
중추원		밀직사	
도병마사		도평의사사(관제 격하X)	

정답 ④

07 0225 [2014. 서울시 7급]

다음 ㉠~㉡의 괄호 안에 공통으로 들어갈 정치 기구에 대한 설명으로 옳지 않은 것은?

> ㉠ (　　　)에서 대부경 왕희걸, 우사낭중 유백인, 예부낭중 최복규, 원외랑 이응년 등이 서경 분사(分司)에서 토지를 겸병하여 재물을 모으고 있음을 탄핵하고 그들을 관직에서 파면할 것을 요청하니 왕이 이 제의를 좇았다. - 「고려사」 -
>
> ㉡ 궁녀 김씨는 왕의 총애를 받았으며 요석택(邀石宅) 궁인이라고 불렸다. 경주 사람 융대가 자기는 신라 원성왕의 먼 후손 이라고 거짓말하고 양민 5백여 명을 노비로 만들어서 김씨에게 주었으며 또 평장 한인경, 시랑 김낙에게 주어서 후원자로 삼았다. (　　　)에서 이것을 알고 심문하여 그 실정을 확인하고 이들을 처벌할 것을 왕에게 고하니 목종은 김씨에게서는 동(銅) 일백 근의 벌금을 받고, 한인경과 김낙은 지방으로 귀양 보내라고 명령하니 듣는 사람들이 모두 다 치하하였다. - 「고려사」 -

① 중서문하성의 낭사와 함께 대간이라고 불렸다.
② 법의 제정이나 각종 시행 규정을 다루었다.
③ 국왕의 잘못에 대해 비판하는 간쟁을 하였다.
④ 관리의 임명이나 법령의 개폐 등에 동의하는 권한이 있었다.
⑤ 왕명을 시행하지 않고 되돌려 보내는 봉박권을 갖고 있었다

SOLUTION

자료분석 괄호에 들어갈 기관은 관리들의 감찰과 탄핵을 주 업무로 하는 **어사대**이다. 어사대는 정치의 잘잘못을 논하고, 풍속을 교정하며, 관리의 비리를 감찰하는 임무를 맡았다.

정답해설 ① 어사대의 관원은 중서문하성의 낭사와 함께 대간으로 불렸다. 대간은 비록 직위는 낮았으나, 왕이나 고위 관리의 활동을 지원하거나 제약하여 정치 운영에 견제와 균형을 이루었다.
③ 간쟁(諫諍)은 국왕의 옳지 못한 처사나 잘못에 대해 간관들이 간언을 드리는 것이다. 어사대의 관원들은 중서문하성의 낭사와 함께 대간의 임무를 수행했기 때문에 간쟁·봉박·서경권을 행사할 수 있었다.
④ 대간(어사대 관원 + 낭사)은 관리의 임명과 법령의 개정이나 폐지 등에 동의하는 서경권을 가지고 있었다.
⑤ 봉박(封駁)은 왕의 명령이 합당하지 못할 경우 이를 시행하지 않고 되돌려 보내는 것으로, 대간(어사대의 관원과 중서문하성의 낭사)의 권한 중 하나였다.

오답피하기 ② 법의 제정이나 각종 시행 규정을 다룬 곳은 **식목도감**이다. 식목도감은 중서문하성의 재신과 중추원의 추밀이 참여한 회의기구이다.

정답 ② 한정판 037p, 기본서 204p

주제 043

01 | 중세의 정치

고려의 통치 제도: 지방, 군사

Check 대표 기출 1

01 0226 [2018. 국회직]   회독 ○○○

고려 지방 행정 조직에 대한 설명으로 옳은 것을 〈보기〉에서 모두 고르면?

> **보기**
> ㄱ. 현종 때에 12목을 설치하였다.
> ㄴ. 주현보다 속현의 수가 많았다.
> ㄷ. 북방의 국경 지대에 동계·북계를 설치하고 병마사를 파견하였다.
> ㄹ. 향, 소, 부곡은 모두 농업에 종사하는 천민들이 거주하던 곳이다.

① ㄱ, ㄴ   ② ㄱ, ㄷ   ③ ㄴ, ㄷ
④ ㄴ, ㄹ   ⑤ ㄷ, ㄹ

Check 대표 기출 2

02 0227 [2019. 서울시 9급]   회독 ○○○

고려시대 군사제도에 대한 설명으로 가장 옳지 않은 것은?

① 북방의 양계지역에는 주현군을 따로 설치하였다.
② 2군(二軍)인 응양군과 용호군은 왕의 친위부대였다.
③ 6위(六衛) 중의 감문위는 궁성과 성문수비를 맡았다.
④ 직업군인인 경군에게 군인전을 지급하고 그 역을 자손에게 세습시켰다.

SOLUTION   난이도 상 중 하

출제자의 눈 고려의 지방 및 군사 제도의 특징을 알고 있어야 하고, 삼국 및 통일 신라, 조선 시대의 지방 행정 제도와 비교·구분할 수 있어야 한다. 고려는 중앙 정치 조직에 비해 지방 행정 조직의 출제 비중이 낮았으나 최근에는 지방 행정 조직의 출제 비중이 높아지고 있다. 지방 행정 및 군사 제도의 변화 모습을 순서대로 나열하는 문제들도 출제되고 있다.

정답해설 ㄴ. 고려 시대에는 지방관이 파견되는 주현보다 파견되지 않는 속현이 더 많았다.
ㄷ. 고려는 북방의 국경 지대에 동계·북계의 양계를 설치하여 병마사를 파견하고, 국방상의 요충지에는 진을 설치하였는데, 이것은 군사적 특수 지역이었다.

오답피하기 ㄱ. 전국의 주요 지역에 12목을 설치하고 지방관을 파견한 것은 고려 성종이다.
ㄹ. 향·소·부곡의 주민은 신분상 천민이 아니라 양민이다. 또한 향이나 부곡에 거주하는 사람은 농업을, 소에 거주하는 사람은 수공업이나 광업품의 생산을 주된 생업으로 하였다.

정답 ③ 한정판 038p, 기본서 206p

SOLUTION   난이도 상 중 하

정답해설 ②,④ 고려의 중앙군은 국왕의 친위 부대인 2군(응양군·용호군)과 수도 경비와 국경 방어를 담당하는 6위로 구성되었다. 중앙군은 직업 군인으로 편성되었는데, 이들은 군적에 올라 군인전을 받고, 그 역은 자손에게 세습되었다.
③ 6위는 좌우위·신호위·흥위위·금오위·천우위·감문위로 구성되었는데, 감문위는 궁성과 성문 수비를 담당하였다.

오답피하기 ① 양계에 설치된 군대는 주진군이다. 고려의 지방군은 국경 지방인 양계에 주둔하는 주진군과 5도의 일반 군현에 주둔하는 주현군으로 이루어졌다.

단어해석 · 경군(京軍): 중앙군을 의미하며, 고려 시대에는 2군 6위가 경군에 해당한다.

심화개념 고려의 중앙군

2군	응양군	국왕의 친위 부대
	용호군	
6위	좌우위	개경과 국경(변방) 방위 (주력 부대)
	신호위	
	흥위위	
	금오위	경찰 부대(수도 치안)
	천우위	의장대
	감문위	궁성과 성문 수비

정답 ① 한정판 038p, 기본서 208p

03 0228 [2025. 법원직]

다음 (가), (나)와 같은 행정 구역에 대한 설명으로 가장 옳은 것은?

- 명종 6년 망이의 고향인 (가) 을/를 충순현으로 승격시켜 그들을 달래었다.
- 고종 42년 충주의 (나) 이/가 몽골군을 막는 데 공을 세워 현으로 승격시켰다.

① 군사적인 특수 지역에 설치되었다.
② 일반 군현에 비해 세금 부담이 컸다.
③ 원주, 청주 등 다섯 곳에 설치되었다.
④ 지역 순찰을 위해 안찰사가 파견되었다.

04 0229 [2025. 서울시 9급 1차]

고려의 지방 통치 제도에 대한 설명으로 가장 옳은 것은?

① 태조 대 전국에 걸쳐 지방관을 파견하였다.
② 군사적으로 중요한 북쪽 지역에는 계수관을 두어 병마사를 파견하였다.
③ 전국을 8도로 구획하여 안찰사를 파견하였다.
④ 성종 대에 12목을 설치하였다.

SOLUTION

자료분석 (가), (나)에 해당하는 행정 구역은 고려의 특수 행정 구역이었던 '소'이다. 첫 번째 자료는 고려 무신집권기 공주 명학소에서 일어난 망이·망소이의 난에 대한 내용이고, 두 번째 자료는 몽골의 6차 침입 때 충주 다인철소민의 항전과 관련된 내용이다.

정답해설 ② 고려 시대의 특수 행정 구역인, 향, 부곡, 소에 거주한 주민은 양민 신분이었지만 군현민에 비해 더 많은 세금 부담을 지고 있었다.

오답피하기 ① 고려는 북방의 국경 지대에는 동계·북계의 양계를 설치하여 병마사를 파견하고, 국방상의 요충지에는 진을 설치하였는데, 이것은 군사적인 특수 지역이었다.
③ 원주, 청주 등 다섯 곳에 설치된 것은 통일신라의 5소경이다.
④ 고려의 5도는 상설 행정 기관이 없는 일반 행정 단위로서, 안찰사가 파견되어 도내의 지방을 순찰하였다.

심화개념 향·부곡·소에 거주하는 주민의 지위

- 신분상 양민
- 거주 이전의 자유 無, 세금 多, 과거응시 X
- 형벌을 받을 때 노비와 동등하게 취급
- 일반 군현의 양민과 결혼할 수 없었음
- 승려가 되는 것을 금지
- 부모 중 한쪽이 특수 지역 주민이면 자녀도 특수 지역에 소속
- 향·부곡·소 등 특수 지역의 향리는 중앙의 서리나 하급 관리가 될 수 있었지만 과거 응시에 제한을 받거나 과거 승진에 한계가 있었음.

정답 ② 한정판 038p, 기본서 207p

SOLUTION

정답해설 ④ 고려 성종은 983년에 전국 주요 지역에 12목을 설치하고 지방관(목사)을 파견하였다.

오답피하기 ① 지방관 파견은 고려 성종 때부터 이루어졌다. 성종은 전국 주요 지역에 12목을 설치하고 목사를 파견하였다.
② 군사적으로 중요한 북방의 국경 지대에는 동계·북계의 양계를 설치하고(계수관 X), 병마사를 파견하였다. 병마사는 양계 지역에 상주하며 주진군을 지휘하고, 국경을 방어하였다. 계수관은 고려 및 조선 시대에 일정 권역의 가장 격이 높은 군현이나 그곳에 파견된 지방관을 의미하는데 통상 경(京)·목·도호부 등이 해당한다.
③ 고려 시대에는 전국을 5도, 양계, 경기로 구획하고 5도에 안찰사를 파견하였다. 전국을 8도로 구획한 것은 조선 시대(관찰사 파견)이다.

핵심개념 고려의 지방 제도

정답 ④ 한정판 038p, 기본서 207p

05 0230 [2024. 서울시 9급 2차]

〈보기〉의 글이 작성된 시대의 정책으로 가장 옳지 않은 것은?

― 보기 ―
7조 왕이 백성을 다스린다고 해서 집집마다 가거나 날마다 그들을 살펴보는 것은 아닙니다. 그러므로 수령을 나누어 보내어 백성의 이익과 손해를 살피게 하는 것입니다. … 요청하건대 외관을 두시옵소서.
― 『시무 28조』 ―

① 5도 양계를 기틀로 한 지방 제도를 마련하였다.
② 향촌의 안정을 도모하기 위해 오가작통제와 호패법이 시행되었다.
③ 군현을 지방관이 파견되는 주현과 파견되지 않는 속현으로 구분하였다.
④ 향·부곡·소는 향리가 행정 업무를 담당하였다.

06 0231 [2017. 국회직]

다음의 사실들을 시기순으로 바르게 나열한 것은?

㉠ 당대등을 호장으로 개칭하였다.
㉡ 과거제를 실시하여 관리를 선발하였다.
㉢ 지방 호족들에게 성씨를 내려주기 시작하였다.
㉣ 4도호부, 8목, 56주·군 등에 지방관을 파견하였다.

① ㉠-㉢-㉡-㉣
② ㉠-㉣-㉡-㉢
③ ㉢-㉡-㉠-㉣
④ ㉢-㉡-㉣-㉠
⑤ ㉣-㉢-㉡-㉠

주제 044

01 | 중세의 정치
고려 전기의 대외 관계

Check 대표 기출 1

01 0232 [2023. 국가직 9급] 회독 ○○○

다음과 같이 말한 인물에 대한 설명으로 옳은 것은?

> 우리나라가 곧 고구려의 옛 땅이다. 그리고 압록강의 안팎 또한 우리의 지역인데 지금 여진이 그 사이에 몰래 점거하여 저항하고 교활하게 대처하고 있어서 …(중략)… 만일 여진을 내쫓고 우리 옛 땅을 되찾아서 성보(城堡)를 쌓고 도로를 통하도록 하면 우리가 어찌 사신을 보내지 않겠는가?
> - 『고려사』 -

① 목종을 폐위하였다.
② 귀주에서 거란군을 물리쳤다.
③ 여진을 몰아내고 동북 9성을 쌓았다.
④ 소손녕과 담판하여 강동 6주를 획득하였다.

Check 대표 기출 2

02 0233 [2024. 서울시 9급 1차] 회독 ○○○

〈보기〉의 사건을 시간 순으로 바르게 나열한 것은?

> 보기
> ㄱ. 서희는 거란과 담판을 해 강동 6주를 확보하였다.
> ㄴ. 강조의 정변을 구실로 거란이 침입해 왔다.
> ㄷ. 개경이 함락되자 현종이 나주로 피난하였다.
> ㄹ. 강감찬이 이끄는 고려군이 귀주대첩에서 거란군을 격파하였다.

① ㄱ - ㄴ - ㄷ - ㄹ
② ㄱ - ㄹ - ㄴ - ㄷ
③ ㄴ - ㄱ - ㄹ - ㄷ
④ ㄴ - ㄷ - ㄹ - ㄱ

SOLUTION 난이도 상 중 하

자료분석 자료는 거란의 1차 침입(993) 당시 소손녕과 서희의 외교 담판 내용이다.

정답해설 ④ 서희는 거란으로부터 고려가 고구려의 후계자임을 인정받고, 여진이 차지하고 있는 땅을 확보하여 통로가 열리면 통교하겠다는 조건으로 압록강 동쪽의 강동 6주를 확보하였다.

오답피하기 ① 강조에 대한 설명이다. 목종의 모후인 천추태후와 외척 김치양이 불륜을 맺고 왕위를 빼앗으려 하자 강조가 군사를 일으켜 김치양 일파를 제거하고 목종을 폐위한 후 현종을 즉위시켰다(1009).
② 거란이 강동 6주 반환을 요구하며 고려를 침공했으나(3차 침입) 강감찬이 귀주에서 이들을 상대로 대승을 거두었다(1019).
③ 예종 때인 1107년 윤관이 별무반을 이끌고 여진족을 정벌해 동북 9성을 축조하였다.

심화개념 강동 6주 확보

송의 건국 이후 광종은 송 황제의 책봉을 통해 왕의 권위를 높이고자 하였으며, 송은 고려와 함께 거란을 협공하여 연운 16주를 회복하고자 여러 차례 고려 국왕의 책봉 호칭을 더하고 특별한 관계를 유지하고자 하였다. 성종 또한 막강한 군사력을 갖춘 거란을 멀리하고 송과의 외교에 전념하며 경제적, 문화적 이익을 추구하였다. 이에 거란은 남진을 통해 압록강까지 국경을 확장하고 송과 고려의 연합을 차단하기 위해 고려를 침입하였다. 이에 서희는 거란의 침입 의도를 파악하고 협상에 나서 강화를 성사시켰다. 이 과정에서 압록강 근처의 여진 때문에 거란과의 교류가 어렵다며, 이들을 몰아내고 강동 6주를 고려가 차지하는 것에 대해 거란의 동의를 얻어내었다. 이로써 고려 왕조는 거란의 간섭 없이 강동 6주를 차지할 수 있는 기회를 얻게 되었다.

정답 ④ 한정판 039p, 기본서 210p

SOLUTION 난이도 상 중 하

출제자의 눈 대외 관계에서 일어난 주요 사건의 순서를 나열하는 문제나 거란, 여진의 침입에 대한 고려 정부의 대응책을 묻는 문제가 주로 출제된다. 최근에는 서희, 강조 등 인물사 문제도 출제되고 있다.

정답해설 ㄱ. 고려 성종 때인 993년 거란이 침입해 오자(1차 침입) 서희는 적장 소손녕과 담판을 벌였다. 서희는 거란으로부터 고려가 고구려의 후계자임을 인정받고, 여진이 차지하고 있는 땅을 확보하여 통로가 열리면 통교하겠다는 조건으로 압록강 동쪽의 강동 6주를 확보하였다.
ㄴ. 1010년 거란은 강조의 정변을 구실로 강동 6주를 넘겨줄 것을 요구하면서 40만 대군으로 다시 침입(2차 침입)하여 개경이 함락되기도 하였다. 그러나 거란군의 후방에서 양규 등 고려군의 저항으로 보급로가 차단될 것을 우려한 거란은 현종의 입조를 조건으로 강화하고 퇴각하였다. 강조의 정변은 목종의 모후인 천추태후와 외척 김치양이 불륜을 맺고 왕위를 빼앗으려 하자 강조가 군사를 일으켜 김치양 일파를 제거하고 목종을 폐위한 후 현종을 즉위시킨 사건이다(1009).
ㄷ. 거란의 2차 침입(현종, 1010) 당시의 상황이다. 강조의 정변을 구실로 고려를 침략한 거란은 먼저 흥화진을 공격했으나 양규의 항전으로 함락하지 못하자, 통주로 진군하여 고려의 주력 부대를 지휘하던 강조를 사로잡아 죽였다. 이어 곽산·안주 등의 성을 빼앗고 개경까지 함락시켰고 현종은 나주로 피난하였다.
ㄹ. 거란이 강동 6주 반환을 요구하며 고려를 침공했으나(3차 침입) 강감찬이 귀주에서 이들을 상대로 대승을 거두었다(1019).

정답 ① 한정판 039p, 기본서 210p

03 [2022. 지방직 9급]

(가) 인물에 대한 설명으로 옳은 것은?

> 군대를 이끌고 통주성 남쪽으로 나가 진을 친 (가) 은/는 거란군에게 여러 번 승리를 거두었다. 하지만 자만하게 된 그는 결국 패해 거란군의 포로가 되었다. 거란의 임금이 그의 결박을 풀어 주며 "내 신하가 되겠느냐?"라고 물으니, (가) 은/는 "나는 고려 사람인데 어찌 너의 신하가 되겠느냐?"라고 대답하였다. 재차 물었으나 같은 대답이었으며, 칼로 살을 도려내며 물어도 대답은 같았다. 거란은 마침내 그를 처형하였다.

① 묘청의 난을 진압하였다.
② 별무반의 편성을 건의하였다.
③ 목종을 폐위하고 현종을 옹립하였다.
④ 거란과 협상하여 강동 6주 지역을 고려 영토로 확보하였다.

04 [2021. 지방직 9급]

(가)에 대한 설명으로 옳은 것은?

> 건국 초부터 북진 정책을 추진한 고려는 발해를 멸망시킨 (가) 를/을 견제하고 송과 친선 관계를 맺었다. 이에 송과 대립하던 (가) 는/은 고려를 경계하여 여러 차례 고려에 침입하였다.

① 강조의 정변을 구실로 고려를 침략하였다.
② 고려에 동북 9성을 돌려달라고 요구하였다.
③ 다루가치를 배치하여 고려의 내정을 간섭하였다.
④ 쌍성총관부를 두어 철령 이북의 땅을 지배하였다.

SOLUTION (03)

자료분석 자료의 (가)에 해당하는 인물은 고려의 무신 강조이다. 강조는 거란의 2차 침입(1010) 때 통주에서 패하여 포로가 되었고, 거란의 성종이 자신의 신하가 되어 달라고 권유하자, "나는 고려 사람인데 어찌 너의 신하가 되겠는가?" 하며 단호히 거절해 고려인의 늠름한 자세를 보여주고 최후를 마쳤다고 한다.

정답해설 ③ 강조는 목종의 모후인 천추태후와 외척 김치양이 불륜을 맺고 왕위를 빼앗으려 하자, 군사를 일으켜 김치양 일파를 제거하고 목종을 폐위하였으며, 현종을 즉위시켰다(강조의 정변, 1009).

오답피하기 ① 고려 인종 때 묘청의 난(1135)을 진압한 인물은 김부식이다.
② 고려 숙종은 윤관의 건의에 따라 별무반이라는 특수 부대를 편성하였다.
④ 거란과 협상하여 강동 6주 지역을 고려 영토로 확보한 인물은 서희이다.

핵심개념 거란의 침입(10~11c)

1차(993, 성종)	
배경	고려의 친송 정책과 북진 정책
전개	서희와 소손녕의 외교 담판
결과	• 송과 외교 단절 및 거란과 교류 약속 • 압록강 동쪽 강동 6주 확보
2차(1010, 현종)	
배경	강조의 정변(1009)을 구실로 침략
전개	개경 함락, 현종 나주 피난, 강조 포로
결과	• 양규의 흥화진 전투 활약(보급로 차단) • 현종의 친조(입조)를 조건으로 강화
3차(1018, 현종)	
배경	• 현종의 입조 약속 불이행 • 강동 6주 반환 요구 거부
전개	거란 소배압의 10만 대군 침략
결과	강감찬의 흥화진 전투(1018)와 귀주대첩(1019) 승리
영향	

• 송·거란·고려의 세력 균형 유지
• 나성 축조(개경, 현종)
  – 1009년 착공 ~ 1029년 완공(현종 20) – 강감찬 건의, 도성 수비 강화
• 천리장성 축조 : 압록강 어귀~동해 도련포까지 축조[덕종(1033) ~ 정종(1044)]

정답 ③ 한정판 039p, 기본서 210p

SOLUTION (04)

자료분석 자료의 (가)에 해당하는 나라는 거란이다. 거란은 926년 발해의 수도인 홀한성을 함락시키고 발해를 멸망시켰다.

정답해설 ① 1010년 거란은 강조의 정변을 구실로 강동 6주를 넘겨줄 것을 요구하면서 40만 대군으로 다시 침입(2차 침입)하여 개경이 함락되기도 하였다. 그러나 거란군의 후방에서 양규 등 고려군의 저항으로 보급로가 차단될 것을 우려한 거란은 현종의 입조를 조건으로 강화하고 퇴각하였다. 강조의 정변은 목종의 모후인 천추태후와 외척 김치양이 불륜을 맺고 왕위를 빼앗으려 하자 강조가 군사를 일으켜 김치양 일파를 제거하고 목종을 폐위한 후 현종을 즉위시킨 사건이다(1009).

오답피하기 ② 동북 9성 반환을 요구한 것은 여진이다. 윤관은 별무반을 이끌고 천리장성을 넘어 여진족을 북방으로 밀어 내고 동북 지방 일대에 9개의 성을 쌓았다(1107, 예종 2). 그러나 여진족의 계속된 침입으로 9성의 수비에 어려움을 겪던 고려는 해마다 조공을 바치겠다는 여진족의 조건을 수락하고 9성을 돌려주었다(1109).
③ 다루가치는 몽골이 고려의 내정을 간섭하기 위해 파견한 감찰관이다.
④ 쌍성총관부는 몽골과의 전쟁이 진행되던 1258년(고종 45)에 조휘와 탁청이 고려의 지방관을 죽이고 몽골에 항복하면서 설치되었다.

정답 ① 한정판 039p, 기본서 210p

추가 기출 사료

고려 태조 때의 만부교 사건(942)

> 거란에서 사신과 낙타 50필을 보내왔다. 왕(태조)은 거란이 일찍이 발해와 동맹을 맺고 있다가 갑자기 의심을 품어 맹약을 어기고 그 나라를 멸망시켰으니 이는 심히 무도한 나라로서 친선 관계를 맺을 수가 없다고 하여, 드디어 국교를 단절하고 사신 30명은 섬으로 귀양을 보냈으며, 낙타는 만부교 아래 매어 두었더니 다 굶어 죽었다.

05 0236 [2021. 소방직]

(가)와 (나) 사건 사이에 있었던 사실로 옳은 것은?

(가) 강감찬이 산골짜기 안에 병사를 숨기고 큰 줄로 쇠가죽을 꿰어 성 동쪽의 큰 개천을 막아서 기다리다가, 적이 이르자 물줄기를 터뜨려 크게 이겼다.

(나) 윤관이 새로운 부대를 창설했는데, 말을 가진 자는 신기군으로 삼았고, 말이 없는 자는 신보군 등에 속하게 하였으며, 승려들을 뽑아 항마군으로 삼았다.

① 여진을 몰아내고 동북 9성을 설치하였다.
② 공을 세운 신하들에게 역분전을 지급하였다.
③ 압록강에서 도련포에 이르는 천리장성을 축조하였다.
④ 친원적 성향이 강한 권문세족이 지배 세력으로 등장하였다.

06 0237 [2021. 소방간부후보]

(가) 국가에 대한 설명으로 옳은 것은?

___(가)___ 사람은 예전에 왕에게 신하로 복속하면서, 바닷가 모퉁이에 모여 살던 보잘것없는 종족이었다. 하늘을 배반하고 신(神)을 거역하여 거란을 멸망시키더니, 드디어 중국을 모욕하고 간사함과 횡포가 더욱 심해지고 있다. … (중략) … 장차 천하의 군사를 일으켜 작고 형편없는 족속들의 죄를 묻고자 하니, 왕은 군사를 통솔하고 우리 군대와 힘을 합쳐 적에게 천벌을 내리도록 하라.

– 고려사 –

① (가)는 고려에 철령위 설치를 통보하였다.
② 서경 세력은 (가)를 정벌할 것을 주장하였다.
③ (가)는 사신 피살 사건을 구실로 고려를 침입하였다.
④ 고려는 (가)의 침입에 대응하여 초조대장경을 제작하였다.
⑤ (가)를 토벌하는 과정에서 이성계 등 신흥 무인 세력이 성장하였다.

SOLUTION

자료분석 자료의 (가)는 거란의 3차 침입(1018) 당시 있었던 흥화진 전투, (나)는 1104년 있었던 윤관의 별무반 조직과 관련된 사료이다. 별무반은 윤관의 건의에 따라 고려 숙종 때 여진족을 상대하기 위한 특수 부대로 창설되었다.

정답해설 ③ 천리장성은 거란의 3차 침입 이후 거란과 여진의 침입에 대비하기 위하여 압록강 어귀에서 도련포까지 축조되었다[덕종(1033)~정종(1044)].

오답피하기 ① 윤관이 동북 9성을 축조한 것은 예종 때인 1107년의 일이다.
② 역분전의 분급(940)은 고려 태조 때의 일이다. 역분전은 후삼국 통일에 공을 세운 신하들에게 관계(官階)의 고하와 관계없이, 인품과 공로에 기준을 두어 지급한 수조지를 말한다. 이는 전시과 제도가 마련될 때까지 존속하였다.
④ 권문세족은 고려 후기 원 간섭기에 지배 세력으로 등장하였다. 귀주대첩과 별무반 창설은 모두 고려 전기의 사건이다.

심화개념 척경입비도

윤관이 9성을 개척하고 비석을 세우는 장면을 조선 후기에 그린 것이다.

정답 ③

SOLUTION

자료분석 자료는 1126년 송 황제가 고려에 금나라(여진)를 협공할 것을 요청한 사료로, (가)에 해당하는 나라는 여진(금)이다. 예전에는 신하의 나라였다는 것과 거란을 멸망시켰다는 내용을 통해 이를 알 수 있다.

정답해설 ② 고려 인종 때 묘청 등 서경 세력은 서경에 대화궁이라는 궁궐을 짓고, 황제를 칭할 것과 금을 정벌하자고 주장하였다.

오답피하기 ① 명이 철령 이북의 땅을 지배하기 위해 철령위 설치를 통보하자 우왕은 요동 정벌을 단행하였다(1388).
③ 몽골은 사신 저고여 피살 사건을 구실로 처음 침입(1차, 1231)하였다.
④ 고려는 거란의 침입을 부처의 힘으로 물리치고자 현종 때 초조대장경을 조판하기 시작했다.
⑤ 이성계 등 신흥 무인 세력은 고려 말 홍건적과 왜구의 격퇴 과정에서 성장하였다.

핵심개념 고려 전기의 대외 관계

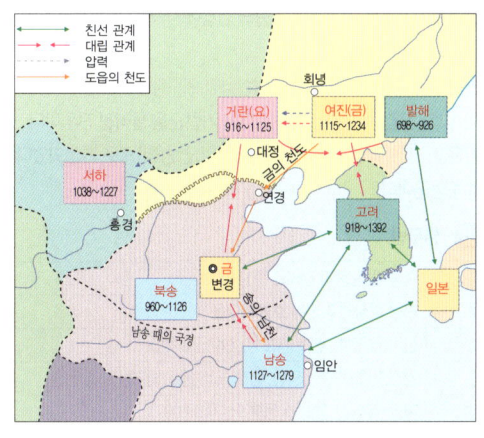

정답 ②

07 0238 [2020. 지방직 9급]

밑줄 친 '이 부대'에 대한 설명으로 옳은 것은?

> 윤관이 아뢰기를, "신이 적의 기세를 보건대 예측하기 어려울 정도로 굳세니, 마땅히 군사를 쉬게 하고 군관을 길러서 후일을 기다려야 할 것입니다. 또 신이 싸움에서 진 것은 적은 기병(騎兵)인데 우리는 보병(步兵)이라 대적할 수가 없었기 때문입니다."라 하였다. 이에 그가 건의하여 처음으로 이 부대를 만들었다.

① 정종 2년에 설치되었다.
② 귀주대첩에서 큰 활약을 하였다.
③ 여진족에 대처하기 위해 조직되었다.
④ 응양군, 용호군, 신호위 등의 2군과 6위로 편성되었다.

08 0239 [2020. 지방직 7급]

(가)와 고려의 관계에 대한 설명으로 옳지 않은 것은?

① (가) 사신인 서긍은 『고려도경』에서 고려청자의 우수함을 서술하였다.
② 윤관은 별무반을 이끌어 (가)를 몰아내고, 북방 영토를 개척하였다.
③ (가)가 빼앗긴 지역의 반환을 간청하자, 고려는 조공을 받는 조건으로 돌려주었다.
④ (가)는 1115년 나라를 세운 뒤 고려에 군신 관계를 요구하였다.

SOLUTION

자료분석 자료의 밑줄 친 '이 부대'는 별무반이다. 윤관의 건의로 창설되었다는 것을 통해 이를 알 수 있다. 기병 중심의 여진족에 효과적으로 대응하기 위해 고려 숙종은 윤관의 건의에 따라 별무반이라는 특수 부대를 편성하였다(1104).

정답해설 ③ 별무반은 기병 중심의 여진족을 상대하기 위한 특수 부대로 숙종대인 1104년에 창설되었다.

오답피하기 ① 947년(정종 2)에 거란의 침입에 대비하여 조직된 특수군단은 광군이다.
② 별무반은 귀주대첩(1019) 이후에 창설되어 귀주대첩과는 관련이 없다. 귀주대첩은 거란의 3차 침입 때 강감찬이 귀주에서 거란군을 물리친 전투이다.
④ 별무반은 신기군(기병), 신보군(보병), 항마군(승병)으로 편성되었다. 2군 6위는 고려의 중앙군이다.

핵심개념 별무반

조직	숙종 때 윤관의 건의로 편성(1104)
목적	기병 중심의 여진에 효율적 대응
구성	신기군(기병), 신보군(보병), 항마군(승병)
특징	양천혼성군(산관, 양인, 승려, 노비 등 광범위한 계층 동원)
활약	예종 때 여진 정벌 → 동북 9성 축조(1107)

정답 ③

SOLUTION

자료분석 지도의 (가)는 여진이다. 고려 시대에 거란과 여진은 은, 모피, 말 등을 가지고 와서 농기구, 식량 등과 바꾸어 갔다.

정답해설 ②,③ 윤관은 별무반을 이끌고 천리장성을 넘어 여진족을 북방으로 밀어내고 동북 지방 일대에 9개의 성을 쌓았다(1107, 예종 2). 그러나 여진족의 계속된 침입으로 9성의 수비에 어려움을 겪던 고려는 해마다 조공을 바치겠다는 여진족의 조건을 수락하고 약 2년 만에 9성을 돌려주었다(1109).
④ 여진족은 세력을 키워 만주 일대를 장악하고 금을 건국(1115)하였으며, 거란을 멸망시킨 뒤, 고려에 군신 관계를 요구해 왔다. 조정에서는 논란이 치열하게 일어났으나 당시 집권자였던 이자겸이 금과의 무력 충돌을 피하기 위해 이들의 요구를 받아들였다(1126).

오답피하기 ① 『고려도경』은 1123년(인종 1) 송나라 사절의 한 사람으로 고려에 왔던 서긍이 고려에서 보고 들은 것을 모아 지은 책으로 여기서 고려 청자의 우수함을 서술하였다.

정답 ①

09 0240 [2018. 서울시 9급 일행]

〈보기〉의 빈칸에 공통적으로 해당하는 국가와 관련하여 고려 시대에 발생한 일로 가장 옳은 것은?

─ 보기 ─
• 모든 관리들을 소집해 (   )을/를 상국으로 대우하는 일의 가부를 의논하게 하자 모두 불가하다고 했으나, 이자겸과 척준경만이 찬성하고 나섰다.
• (   )은/는 전성기를 맞아 우리 조정이 그들의 신하임을 칭하도록 하고자 하였다. 여러 의견들이 뒤섞여 어지러운 가운데, 윤언이가 홀로 간쟁하여 말하기를 …… 여진은 본래 우리 조정 사람들의 자손이기 때문에 신하가 되어 차례로 우리 임금께 조공을 바쳐왔고, 국경 근처에 사는 사람들은 모두 우리 조정의 호적에 올라있는 지 오래 되었습니다. 우리 조정이 어찌 거꾸로 그들의 신하가 될 수 있겠습니까?

① 이 국가의 침입으로 인해 국왕은 나주로 피난하였다.
② 묘청 일파는 이 국가의 정벌을 주장하였다.
③ 이 국가와 함께 강동성에 포위된 거란족을 격파하였다.
④ 이 국가의 침략에 대비하여 광군을 설치하였다.

SOLUTION

자료분석 빈칸에 들어갈 국가는 금나라이다. 첫 번째 자료는 고려 인종 시기 이자겸의 금의 사대 요구 수용(1126)과 관련된 자료이고, 두 번째 자료는 윤관의 아들인 윤언이가 금의 사대 요구 수용에 반대하는 내용이다.

정답해설 ② 고려 인종 때 묘청 세력은 서경에 대화궁이라는 궁궐을 짓고, 황제를 칭할 것과 금을 정벌하자고 주장하였다.

오답피하기 ① 거란의 2차 침입 때(1010) 개경이 함락되고 고려 현종은 나주로 피난하였다.
③ 몽골은 금을 공격하여 북중국을 점령하고 곧이어 거란족을 복속시켰다. 거란족의 일부가 몽골에 쫓겨 고려의 강동성을 점거하자, 고려는 몽골군과 합세하여 거란족을 격퇴하였다(강동의 역, 1219). 이것을 빌미로 몽골은 자신들이 거란족을 물리쳐 준 은인이라 자처하며 고려에 막대한 공물을 요구해 왔다.
④ 광군은 947년(정종 2)에 거란의 침입에 대비하여 조직된 특수군단이다.

정답 ② 한정판 039p, 기본서 213p

핵심개념 여진과의 관계

초기 여진	• 말갈이라 불리며 고구려에 복속 • 발해 멸망 이후 여진이라 불림 • 12세기 초 부족 통일 → 고려군과 충돌
숙종	• 1104년 임간과 윤관이 여진과의 전투에서 패배 • 윤관의 건의로 별무반 설치(1104)
예종	• 별무반(윤관)의 여진 축출 → 동북9성 축조(1107) • 동북 9성 환부(1109)
금 건국 (1115)	• 여진족 세력↑ → 만주 일대 장악 → 금 건국(아골타, 1115) • 금의 팽창 : 1125년 요나라를 멸망시킴(※ 1127년 송 수도 점령)
인종	• 금의 사대 요구(군신 관계 요구) • 이자겸이 금의 사대 요구 수용(1126)

주제 045

01 | 중세의 정치
현종 이후 ~ 무신 정변 이전의 왕대史

Check 대표 기출 1

01 0241 [2024. 국가직 9급]   회독 ○○○

(가)의 재위 기간에 있었던 사실로 옳은 것은?

> 강조의 군사들이 궁문으로 마구 들어오자, 목종이 모면할 수 없음을 깨닫고 태후와 함께 목 놓아 울며 법왕사로 옮겼다. 잠시 후 황보유의 등이 ㅇㅇㅇ (가) ㅇㅇㅇ 을/를 받들어 왕위에 올렸다. 강조가 목종을 폐위하여 양국공으로 삼고, 군사를 보내 김치양 부자와 유행간 등 7인을 죽였다.

① 윤관이 별무반 편성을 건의하였다.
② 외적이 침입하여 국왕이 복주(안동)로 피난하였다.
③ 서희의 외교 담판으로 강동 6주 지역을 획득하였다.
④ 불교 경전을 집대성한 초조대장경 조판이 시작되었다.

Check 대표 기출 2

02 0242 [2016. 지방직 9급]   회독 ○○○

밑줄 친 '왕'의 재위 기간에 있었던 사실로 옳은 것은?

> 주전도감에서 왕에게 아뢰기를 "백성들이 화폐를 사용하는 유익함을 이해하고 그것을 편리하게 생각하고 있으니 이 사실을 종묘에 알리십시오."라고 하였다. 이 해에 또 은병을 만들어 화폐로 사용하였는데, 은 한 근으로 우리나라의 지형을 본떠서 만들었고 민간에서는 활구라고 불렀다.

① 주요 지역에 12목을 설치하고 목사를 파견하였다.
② 여진 정벌을 위해 윤관이 건의한 별무반을 설치하였다.
③ 지방 호족을 견제하기 위해 사심관과 기인 제도를 도입하였다.
④ 왕권을 강화하기 위해 과거제도를 시행하고 독자적인 연호를 사용하였다.

SOLUTION   난이도 상 중 하

출제자의 눈 최근 시험에서 변별력을 높이기 위해 단독 문제로 출제되는 국왕이 다양해지면서 주목받는 단원이다. 현종과 숙종이 빈출되고 있으며, 문종, 예종, 인종도 단독 문제로 출제된다. 특히 현종은 출제 사료나 지문이 다양해 주의를 기울여야 한다.

자료분석 자료는 강조의 정변에 대한 내용으로, (가)는 고려 현종이다. 강조의 정변은 목종의 모후인 천추태후와 외척 김치양이 불륜을 맺고 왕위를 빼앗으려 하자 강조가 군사를 일으켜 김치양 일파를 제거한 후 목종을 폐위하여 현종을 즉위시킨 사건이다(1009).

정답해설 ④ 초조대장경은 고려가 거란의 침입을 받았던 현종 때 부처의 힘을 빌려 이를 물리치기 위해 만들기 시작하였다.

오답피하기 ① 윤관의 건의에 따라 편성된 별무반은 기병 중심의 여진족을 상대하기 위한 특수 부대로 고려 숙종 대인 1104년에 창설되었다.
② 공민왕 때 홍건적의 2차 침입(1361)으로 개경이 함락되고 국왕이 복주(안동)까지 피난하기도 했으나 이성계와 이방실 등이 격퇴하였다.
③ 993년 고려 성종 때 거란은 송을 공격하기 전 후방을 안정시키기 위해 고려를 침입하였다. 이때 고려의 서희는 거란과 담판을 해 송과 관계를 끊고 거란과 외교 관계를 맺을 것을 약속하고, 강동 6주를 확보하였다.

정답 ④ 한정판 036p, 기본서 218p

SOLUTION   난이도 상 중 하

자료분석 자료의 주전도감, 활구 등을 통해 밑줄 친 왕이 고려 숙종임을 알 수 있다. 숙종 때 대각국사 의천의 건의로 주전도감을 설치하고 화폐를 주조하였다. 숙종 때 주조된 화폐로는 삼한통보, 해동통보, 해동중보 등의 동전과 활구(은병)라는 은전이 있으나, 널리 유통되지는 못하였다.

정답해설 ② 숙종은 기병 중심의 여진족에 효과적으로 대응하기 위해 윤관의 건의에 따라 별무반이라는 특수 부대를 편성하였다(1104).

오답피하기 ① 주요 지역에 12목을 설치하고 목사를 파견한 것은 고려 성종 때 (983)이다.
③ 사심관과 기인 제도는 태조가 지방 호족을 견제하기 위해 도입한 제도이다. 사심관 제도는 중앙의 고관을 출신 지역의 사심관으로 임명해 해당 지역을 통제하도록 한 것이며, 기인 제도는 향리의 자제를 개경에 인질로 두는 제도이다.
④ 광종은 과거제를 실시하여 유교적 소양을 갖춘 관리를 등용하여 왕권을 뒷받침하게 하였으며, 공복을 제정하여 관리의 위계를 세웠다. 그리고 수많은 공신과 호족 세력을 숙청하였다. 또한, 황제 칭호와 '광덕', '준풍' 등 독자적 연호를 사용하였다.

핵심개념 고려 숙종(1095~1105, 15대)

- 윤관의 별무반 편성
- 남경개창도감 설치(김위제 건의)
- 서적포 설치, 기자 사당 건립
- 의천의 해동천태종 개창
- 주전도감 설치 및 화폐(해동통보, 삼한통보, 활구 등) 주조

정답 ② 한정판 040p, 기본서 218p

144 PART 3 중세 사회의 발전

03 [2025. 법원직]

다음 (가), (나) 시기의 사이에 일어난 사실로 가장 옳은 것?

> (가) 7조 국왕이 백성을 다스림은 집집마다 가서 돌보고 날마다 이를 살피는 것이 아닙니다. 그러므로 수령을 나누어 보내어 가서 백성의 이익과 손해를 살피게 하는 것입니다. …… 이제 제가 보건대 향리의 토호들이 늘 공무를 빙자해 백성들을 침해하고 학대하므로 백성들이 명령을 감당하지 못하니, 청컨대 외관을 두소서.
>
> (나) 서경 임원역의 땅은 음양가들이 말하는 대화세(명당)에 해당합니다. 이곳에 궁궐을 짓고 옮기면 천하를 다스릴 수 있습니다. 또한 금이 예물을 가져와 스스로 항복할 것이요, 주변 서른여섯 나라가 모두 머리를 조아릴 것입니다.

① 만적이 신분 해방 운동을 시도하였다.
② 강감찬이 귀주에서 거란군을 물리쳤다.
③ 노비안검법이 실시되어 양민의 수가 늘어났다.
④ 도평의사사는 중앙의 최고 권력 기구로 기능하였다.

04 [2023. 국회직 9급]

다음 밑줄 친 '왕'과 관련된 설명으로 옳은 것은?

> 또 왕에게 아뢰기를 "개경의 지세(地勢)가 쇠퇴하였으므로 하늘이 재앙을 내려 궁궐이 모두 타 버렸습니다. 그러니 자주 서경으로 행차하여 재앙을 물리치고 복을 맞이하여 무궁한 큰 업적을 이룩하소서!"라고 하였다. 이에 왕이 여러 일관(日官)에게 물으니 모두 다 "아닙니다"라고 하였다.
> – 『고려사』 –

① 전국을 5도와 양계로 나누었다.
② 정동행성 이문소를 폐지하였다.
③ 압록강과 도련포에 걸쳐 천리장성을 쌓았다.
④ 김부식으로 하여금 『삼국사기』를 편찬토록 하였다.
⑤ 취민유도 원칙을 내세워 백성에 대한 과도한 수취를 금했다.

05 [2022. 서울시 9급 1차]

〈보기〉의 밑줄 친 인물이 왕으로 즉위하여 활동하던 기간에 있었던 사실로 가장 옳은 것은?

― 보기 ―
개경으로 돌아온 강조(康兆)는 김치양 일파를 제거함과 동시에 국왕마저 폐한 후 살해하였다. 이 같은 소용돌이 속에서 <u>대량원군</u>이 임금으로 즉위하였다.

① 부모의 명복을 빌기 위해 현화사(玄化寺)를 창건했다.
② 거란의 침입에 대비하기 위하여 광군 30만을 조직했다.
③ 강동 6주의 땅을 고려 영토로 편입시켰다.
④ 재조대장경의 각판 사업에 착수했다.

06 [2019. 서울시 사회복지직]

〈보기〉에 나열된 고려시대의 사건들을 시간순으로 바르게 나열한 것은?

― 보기 ―
ㄱ. 거란의 소손녕이 수십만 대군을 이끌고 고려를 침입하여, 서희가 외교담판으로 거란군의 철수를 이끌어 냈다.
ㄴ. 노비의 신분을 조사해 본래 양인인 사람들을 환속시켰다.
ㄷ. 송나라 사신 서긍이 고려를 방문하고 고려도경을 지었다.
ㄹ. 전지(田地)와 시지(柴地)를 실직(實職)이 있는 사람과 없는 사람 모두에게 처음 지급하였다.

① ㄱ → ㄴ → ㄹ → ㄷ
② ㄱ → ㄷ → ㄴ → ㄹ
③ ㄴ → ㄱ → ㄹ → ㄷ
④ ㄴ → ㄹ → ㄱ → ㄷ

07 0247 [2017. 국가직 9급 추가채용]

밑줄 친 '왕'의 정책으로 옳지 않은 것은?

> 대관(大觀) 경인년에 천자께서 저 먼 변방에서 신묘한 도(道)를 듣고자 함을 돌보시어 신사(信使)를 보내시고 우류(羽流) 2인을 딸려 보내어 교법에 통달한 자를 골라 훈도하게 하였다. 왕은 신앙이 돈독하여 정화(政和) 연간에 비로소 복원관(福源觀)을 세워 도가 높은 참된 도사 10여 인을 받들였다. 그러나 그 도사들은 낮에는 재궁(齋宮)에 있다가 밤에는 집으로 돌아가고는 하였다. 그래서 후에 간관이 지적, 비판하여 다소간 법으로 금하는 조치를 취하게 되었다. 간혹 듣기로는, 왕이 나라를 다스렸을 때는 늘 도가의 도록을 보급하는 데 뜻을 두어 기어코 도교로 호교(胡敎)를 바꿔 버릴 생각을 하고 있었으나 그 뜻을 이루지 못해 무엇인가를 기다리는 것이 있는 듯하였다고 한다.
> — 「고려도경」 —

① 우봉·파평 등의 지역에 감무관을 파견하였다.
② 국학 7재를 설치하여 관학을 진흥하였다.
③ 김위제의 건의로 남경 건설을 추진하였다.
④ 윤관을 원수로 하여 여진 정벌을 단행하였다.

08 0248 [2016. 지방직 7급]

다음 글을 쓴 인물이 만난 국왕에 대한 설명으로 옳은 것은?

> 도기의 빛깔이 푸른 것을 고려인은 비색(翡色)이라고 한다. 근래에 만드는 솜씨와 빛깔이 더욱 좋아졌다. 술그릇의 형상은 참외 같은데, 위에 작은 뚜껑이 있고 그 위에 연꽃에 엎드린 오리 모양이 있다.

① 관학 진흥을 위해 국자감에 7재를 처음 설치하고 양현고를 두었다.
② 평양에 기자를 숭배하는 기자사당을 세워 국가에서 제사하기 시작했다.
③ 경사 6학을 정비하고 지방의 주현에 향학을 증설하여 유교 교육을 확산시켰다.
④ 전국을 5도 양계로 나누고 그 안에 3경 5도호부 8목을 두어 지방제도를 완비하였다.

SOLUTION (07)

자료분석 자료의 '복원관을 세워'라는 표현을 통해 복원궁이 건립된 고려 예종 대에 대한 사료임을 알 수 있다. 복원궁은 예종 때 건립된 우리나라 최초의 도관(도교 사원)이다.

정답해설 ① 예종 대에는 중앙 집권 체제에 의한 통치권의 범위가 점차 지방으로 확대되면서 아직 중앙의 관원을 파견하지 못했던 속군현과 향·소·부곡·장·처 등 말단 지방 행정 단위에 1106년(예종 1)부터 현령보다 한층 낮은 지방관인 감무를 파견하였다.
② 7재는 예종 때인 1109년(예종 4), 관학을 진흥하기 위해 최충의 9재를 모방하여 국자감(국학)에 설치한 전문강좌이다.
④ 윤관은 1107년(예종 2) 별무반을 이끌고 여진을 정벌하여 동북면에 9성을 설치하였다(별무반 설치는 숙종 대인 1104년의 일이다.).

오답피하기 ③ 고려 숙종 대의 역사적 사실이다. 1099년(숙종 4) 김위제의 주장에 따라 남경을 중시하여 남경개창도감을 두고 궁궐을 조영하게 하였으며, 5년 만에 공사가 끝났다.

핵심개념 예종(1105~1122, 16대)

- 여진 정벌 → 동북 9성 축조
- 『해동비록』, 『속편년통재』(홍관) 편찬
- 7재(전문 강좌)·양현고(장학 재단) 설치
- 청연각·보문각 설치
- 복원궁(도교 사원) 처음 건립
- 속현에 감무 파견, 혜민국 설치
- 도이장가 지음(개국공신 김락·신숭겸 추모곡)

정답 ③ 한정판 040p, 기본서 218p

SOLUTION (08)

자료분석 자료는 고려도경에서 고려의 청자를 묘사하고 있는 내용이다. 고려도경은 1123년(인종 1) 송나라 사절의 한 사람으로 고려에 왔던 서긍이 고려에서 보고 들은 것을 모아 펴낸 책이다. 따라서 인종에 대한 설명을 찾아야 한다.

정답해설 ③ 인종 때는 형부에 속해 있던 율학을 국자감으로 옮겨 경사 6학, 즉 국자학·태학·사문학·율학·서학·산학을 정비하였고, 지방의 주현에 향학을 증설하여 유교 교육을 확산시켰다.

오답피하기 ① 예종은 국자감 내에 9재를 모방한 7재라는 전문 강좌를 설치했다. 또한 장학 재단인 양현고를 설치해 관학의 경제 기반을 강화했다.
② 고려 숙종 7년(1102)에 평양에 기자 사당이 세워졌고, 국가에서 공식적으로 제사를 지냈다. 1178년(명종 8)에는 기자묘에 유향전(油香田) 50결이 배당되었다.
④ 5도 양계를 기본으로 하는 지방 제도는 현종 대에 완비되었다. 현종 때에는 전국을 5도 양계와 경기로 크게 나누고, 기초 조직으로 5도 아래 3경 4도호부 8목, 군·현·진을 설치하여 지방 제도를 정비하였다.

핵심개념 인종(1122~1146, 17대)

- 송의 사신 서긍 입국(『선화봉사고려도경』 저술)
- 경사 6학 정비, 강예재 폐지
- 이자겸의 난(1126, 인종 4)
- 묘청의 난(1135, 인종 13)
- 김부식의 『삼국사기』 편찬(1145, 인종 23)
- 『상정고금예문』 편찬(최윤의) → 강화 피난기인 고종 21년(1234, 최우 집권기)에 금속 활자로 인쇄

정답 ③ 한정판 040p, 기본서 218p

주제 046

01 | 중세의 정치

이자겸의 난과 묘청의 서경천도운동

Check 대표 기출 1

01 0249 [2020. 법원직 9급]   회독 ○○○

(가),(나)에 대한 다음 설명으로 가장 옳은 것은?

> 이 싸움은 낭가 및 불교 대 유교의 싸움이며, 국풍파 대 한학파의 싸움이다. 또 독립당 대 사대당의 싸움이고, 진취 사상 대 보수 사상의 싸움이다. (가) 은/는 전자의 대표요, (나) 은/는 후자의 대표였다. 이 싸움에서 (가) 이/가 패하고 (나) 이/가 승리하였으므로, 조선의 역사가 사대적이고 보수적인 유교에 정복되고 말았다.

① (가)는 금을 정벌할 것을 주장하였다.
② (가)는 전민변정도감 설치를 건의하였다.
③ (나)는 당시 대표적인 성리학자였다.
④ (나)는 『삼국유사』를 편찬하였다.

Check 대표 기출 2

02 0250 [2019. 국가직 9급]   회독 ○○○

(가) 왕의 시기에 일어난 사실로 옳은 것은?

> 이자겸, 척준경이 말하기를 "금이 예전에는 작은 나라여서 요와 우리나라를 섬겼으나, 지금은 갑자기 흥성하여 요와 송을 멸망시켰다. …(중략)… 작은 나라로서 큰 나라를 섬기는 것은 선왕의 도이니, 마땅히 우선 사절을 보내야 합니다." 라고 하니 (가) 이/가 그 의견을 따랐다.
> - 「고려사」 -

① 몽골의 침략에 대응하기 위해 강화도로 도읍을 옮겼다.
② 서경에 대화궁을 짓게 하고 칭제건원을 주장하였다.
③ 성리학을 수용하면서 『주자가례』를 보급하였다.
④ 도평의사사를 중심으로 정치를 주도하였다.

SOLUTION   난이도 상 중 하

출제자의 눈 이자겸의 난과 묘청의 난은 인종 대의 왕대사, 시기 문제, 인물사 문제 등 다양한 형태로 출제되고 있다. 특히 묘청의 난은 단독 주제, 지역사, 대외 관계 등 여러 각도로 출제되고 있다.

자료분석 자료의 (가)는 묘청, (나)는 김부식이고, 자료는 신채호의 『조선사연구초』에 수록된 내용으로, 신채호의 묘청의 서경 천도 운동에 대한 인식을 보여준다.

정답해설 ① 묘청 세력은 풍수지리설을 내세워 서경(평양)으로 도읍을 옮겨 보수적인 개경의 문벌 귀족 세력을 누르고 왕권을 강화하면서 자주적인 혁신 정치를 시행하려 하였다. 이들은 서경에 대화궁이라는 궁궐을 짓고, 황제를 칭할 것과 금을 정벌하자고 주장하였다.

오답피하기 ② 전민변정도감은 고려 후기 권세가들이 빼앗은 토지와 노비를 판정하여 원래 주인과 신분으로 돌려주기 위해 설치한 임시 관서로 1269년(원종 10)에 최초로 설치되었다. 전민변정도감 설치 중 대표적인 사례는 1366년 공민왕 때 신돈이 집권하며 설치한 것을 들 수 있다.
③ 김부식은 성리학자가 아니다. 고려에 성리학을 처음 소개한 사람은 충렬왕 때 안향으로, 묘청의 서경 천도 운동이 일어날 당시에는 아직 고려에 성리학이 전해지지 않았다.
④ 『삼국유사』는 충렬왕 때 일연이 편찬한 책이다. 김부식은 『삼국사기』를 편찬하였다.

정답 ① 한정판 040p, 기본서 216p

SOLUTION   난이도 상 중 하

자료분석 자료는 이자겸이 금의 사대 요구를 수용(1126)하는 사료로, (가)는 당시 국왕인 고려 인종이다. 여진족은 만주 일대를 장악하고 금을 건국(1115)하였으며, 거란을 멸망시킨 뒤 고려에 군신 관계를 요구해왔다. 조정에서는 논란이 치열하게 일어났으나 당시 집권자였던 이자겸이 금과의 무력 충돌을 피하고자 이들의 요구를 받아들였다.

정답해설 ② 인종 대에는 묘청 등이 풍수지리설을 내세워 서경으로 도읍을 옮길 것을 건의하였다. 이들은 서경에 대화궁이라는 궁궐을 짓고, 왕을 황제라 칭하고 연호를 사용할 것(칭제건원)과 금을 정벌할 것을 주장하였다.

오답피하기 ① 몽골의 침입에 대응하기 위해 강화도로 천도한 것은 고종 때(최우 집권기)인 1232년이다.
③ 성리학을 수용한 것은 고려 후기 충렬왕 때로 안향에 의해 이루어졌다.
④ 도병마사가 도평의사사로 개칭된 것은 충렬왕 때로, 원 간섭기의 모습에 해당한다.

정답 ② 한정판 040p, 기본서 215p

03 0251 [2017. 국가직 7급]

밑줄 친 '그'에 대한 설명으로 옳은 것은?

> 그는 스스로 국공(國公)에 올라 왕태자와 동등한 예우를 받았으며 자신의 생일을 인수절(仁壽節)이라 칭하였다. 그는 남의 토지를 빼앗고 공공연히 뇌물을 받아 집에는 썩는 고기가 항상 수만 근이나 되었다.

① 문벌귀족들의 세력을 억누르기 위해 지덕쇠왕설을 내세워 서경 천도를 주장하였다.
② 금의 군신 관계 요구에 반대하며 금 정벌론을 주장하였다.
③ 아들을 출가시켜 현화사 불교 세력과 강력한 유대 관계를 맺고 있었다.
④ 그가 일으킨 난을 경계(庚癸)의 난이라고도 한다.

SOLUTION 난이도 상 중 하

자료분석 자료의 밑줄 친 '그'는 이자겸이다. 고려 인종 때 이자겸은 친족들을 요직에 배치하고 매관매직하여 재산을 축적하였으며, 스스로 국공(國公)으로 자처하거나 자신의 생일을 인수절(仁壽節)이라 하여 전국에 축하문을 올리게 하였다. 더 나아가 군국지사(軍國知事)가 되고자 하여 왕이 직접 찾아와 책서를 수여할 것을 요구하는 등 권력 남용을 넘어 왕 위에 군림하려는 모습을 보이기도 하였다.

정답해설 ③ 이자겸은 자신의 아들 의장을 현화사에 주지로 임명하면서 불교계에 대한 영향력을 키웠으며 이자겸의 난 때 의장이 현화사 승려들을 동원해 궁궐을 포위하기도 하였다.

오답피하기 ① 지덕쇠왕설을 바탕으로 서경 천도를 주장한 것은 묘청이다. 1126년(인종 4) 이자겸의 난으로 궁궐이 거의 불타고 왕권이 실추되어 기강이 크게 무너졌다. 게다가 밖으로는 금나라가 흥기하고 상국으로 대해 왔던 북송이 무너져 대외정책에 어려움을 겪게 되었다. 이와 같은 내우 외환을 타개할 묘책으로, 서경의 승려 묘청은 지덕쇠왕설(地德衰旺說)을 들고 나왔다. 이는 지덕이 쇠한 개경을 버리고 지덕이 왕성한 서경으로 천도하자는 주장이었다.
② 묘청 세력이 금을 정벌하자고 주장하였다. 이자겸은 금과의 무력 충돌을 피하기 위해 금의 사대 요구를 수용하였다(1126).
④ 경계의 난이란 고려 의종 24년(1170)에 정중부 등에 의해 주도된 무신정변(경인 난)과 명종 3년(1173)에 김보당이 무신정권에 대항하여 일으킨 김보당의 난(계사의 난)을 합쳐 부르는 말이다.

핵심개념 이자겸(?~1126)

- 경원(인주) 이씨
- 예종의 장인, 인종의 외조부이자 장인
- 아들을 출가시켜 현화사 불교 세력과 강력한 유대 관계를 맺음
- 금의 사대요구 수용(1126)
- 영광 굴비 일화

정답 ③ 한정판 040p, 기본서 215p

---

04 0252 [2017. 법원직 9급]

다음 밑줄 친 '병란'을 일으킨 세력에 대한 설명으로 가장 옳은 것은?

> 임술일에 왕이 다음과 같은 조서를 내렸다. "… 나에게 불평을 품은 나머지 당돌하게 병란을 일으켜 관원들을 잡아가두었으며 천개(天開)라는 연호를 표방하고 군호(軍號)를 충의(忠義)라고 하였으며 공공연히 병졸들을 규합하여 서울을 침범하려 한다. 사변이 뜻밖에 발생하여 그 세력을 막을 도리가 없다."
> - 「고려사」 -

① 중방을 중심으로 권력을 행사하였다.
② 웅천주를 기반으로 반란을 일으켰다.
③ 칭제건원과 금국 정벌을 주장하였다.
④ 왕의 측근 세력을 제거하고 인종을 감금하였다.

SOLUTION 난이도 상 중 하

자료분석 자료의 병란은 묘청의 난(1135)이다. 천개(天開)라는 연호를 표방하고 군호를 충의(천견충의군)라고 하였다는 내용을 통해 알 수 있다. 묘청 세력은 서경 천도를 통한 정권 장악이 어렵게 되자 국호를 대위국(大爲國)이라 하고 연호를 천개(天開), 군대를 천견충의군이라 하여 서경에서 난을 일으켰다.

정답해설 ③ 묘청 세력은 서경에 대화궁이라는 궁궐을 짓고, 칭제건원과 금을 정벌하자고 주장하였다. 반면, 김부식이 중심이 된 개경 귀족 세력은 유교 이념에 충실함으로써 사회 질서를 확립하고자 하였다. 이들은 민생 안정을 내세워 금과 사대 관계를 유지하였다.

오답피하기 ① 중방을 중심으로 권력을 행사한 것은 무신들이다. 중방은 고려 시대 최고의 무신들로 구성된 회의 기구로 무신정변(1170) 직후부터 최충헌이 권력을 잡을 때까지(1196) 최고 권력 기구였다.
② 묘청의 난은 서경을 기반으로 일어났다. 웅천주를 기반으로 일어난 것은 822년(헌덕왕 14) 김헌창의 난이다.
④ 왕의 측근 세력을 제거하고 인종을 감금한 것은 이자겸의 난(1126)과 관련된 내용이다.

핵심개념 서경파 vs 개경파

구분	서경파	개경파
인물	묘청·정지상 (지방 출신 개혁 관리)	김부식 (보수적 개경 문벌귀족)
주장	· 서경천도 주장 · 금 정벌 주장 · 칭제건원 주장	· 서경천도 반대 · 민생안정 강조 · 금에 대한 사대
성격	· 자주적·개혁적 · 고구려 계승 의식	· 사대적·보수적 · 신라 계승 의식
사상	전통 사상 + 불교 및 풍수지리	· 유교 이념 충실

정답 ③ 한정판 040p, 기본서 216p

01 중세의 정치

주제 047

01 | 중세의 정치
무신 집권기

Check 대표 기출 1

01 0253 [2021. 소방간부후보] 회독 ○○○

다음 사건의 영향에 대한 설명으로 옳은 것은?

> 왕이 탄 가마가 보현원 근처에 이르렀을 때이고, 이의방이 앞질러 가서 왕의 명령을 거짓으로 꾸며 순검군을 모았다. 왕이 보현원 문으로 들어서고 여러 신하들은 물러나려는데 이고 등이 임종식, 이복기, 한뢰를 죽였다. 왕을 모시던 문관 및 대소 신료, 환관들도 모두 살해되었다. 또 개경에 있던 문신 50여 명도 살해되었다. 정중부 등이 왕을 모시고 궁으로 돌아왔다.
>
> — 고려사 —

① 천민 출신들이 권력층으로 등장하였다.
② 거란이 고려의 정변을 틈타 침략하였다.
③ 신진 사대부라는 새로운 지배 세력이 등장하였다.
④ 서경에 궁궐을 짓고 황제라 칭하자는 주장이 제기되었다.
⑤ 신기군, 신보군, 항마군 등으로 구성된 별무반이 설치되었다.

SOLUTION   난이도 상 중 하

출제자의 눈 무신 집권기는 주로 최충헌과 최우의 인물사 문제가 주류를 이룬다. 특히 최충헌의 봉사 10조의 경우 힌트가 되는 키워드가 제한적이기 때문에 눈에 확실히 익혀둘 필요가 있다.

자료분석 자료는 1170년(의종 24) 일어난 무신정변에 대한 내용이다. 1170년 의종이 문신들을 거느리고 장단(長湍) 보현원에 행차할 때, 왕을 호종하던 대장군 정중부와 산원 이의방·이고 등이 반란을 일으켜 왕을 수행했던 문신들을 학살하고, 그날 밤으로 개성에 돌아와서 요직에 있는 문신들을 대량 학살하였다.

정답해설 ① 무신정변 이후 신분제가 동요하면서 이의민, 김준 등과 같은 천민 출신들이 권력층으로 등장하게 되었다.

오답피하기 ② 거란이 강조의 정변을 구실로 고려를 침입(2차 침입, 1010)한 것은 무신정변(1170, 의종 24) 이전의 일이다.
③ 신진 사대부는 공민왕의 개혁정치 과정에서 새로운 지배 세력으로 등장하였다. 신진 사대부들은 대부분 지방의 향리의 자제들로, 무신 집권기 이래 과거를 통하여 중앙 관리로 진출하였다. 이들 중 일부가 측근 세력으로 성장하여 권문세족이 되기도 하였으나, 대부분은 공민왕 때 개혁 정치에 힘입어 지배 세력으로 성장하였다.
④ 인종 때 묘청의 서경 천도 운동과 관련된 사실로 무신정변 이전의 일이다.
⑤ 신기군, 신보군, 항마군 등으로 구성된 별무반이 설치된 것은 무신정변 이전인 고려 숙종 때(1104)의 일이다.

정답 ① 한정판 041p, 기본서 219p

Check 대표 기출 2

02 0254 [2018. 경찰 3차] 회독 ○○○

밑줄 친 ⊙의 집권 시기에 대한 설명으로 가장 적절한 것은?

> 적신 이의민은 성품이 사납고 잔인하여 윗사람을 업신여기고 아랫사람을 능멸하여 주상의 자리를 흔들고자 하니 신(臣) ⊙ 등이 폐하의 위엄에 힘입어 일거에 소탕하였습니다. 원컨대 폐하께서는 새로운 정치를 도모하시어 태조의 바른 법을 따라 빛나게 중흥을 여소서. 삼가 열 가지 일을 조목으로 나누어 아룁니다.
>
> — 『고려사』 —

① 무신정권을 반대하는 김보당, 귀법사 승도의 반란이 일어났다.
② 교정도감이라는 독자적인 집정부가 만들어졌다.
③ 정방이 설치되어 인사 문제가 처리되었다.
④ 서방에서 문신들이 숙위하며 정책을 자문했다.

SOLUTION   난이도 상 중 하

자료분석 이의민을 제거하였다는 내용과 열 가지 일을 조목으로 나누어 아룁니다(봉사 10조)라는 내용으로 보아 ⊙에 해당하는 인물이 최충헌임을 알 수 있다. 이의민을 제거하고 권력을 장악한 최충헌은 무신정권 초기의 혼란을 극복하기 위하여 명종에게 봉사 10조와 같은 사회 개혁책을 건의하는 한편, 농민 항쟁의 진압에도 적극적으로 나섰다. 그러나 사회 개혁은 흐지부지되고, 그는 오히려 많은 토지와 노비를 차지하고 사병을 양성하여 권력 유지에 치중하였다.

정답해설 ② 최충헌은 국정을 총괄하는 최고 정치기구로 교정도감을 설치하고, 그 우두머리인 교정별감이 되어 최고의 권력을 행사하였으며, 경대승 사후 폐지되었던 도방을 부활시켜 사병으로 삼았다.

오답피하기 ① 김보당의 난(1173)과 귀법사의 난(1174)은 정중부 집권 시기의 사건이다. 최충헌 집권기에 일어난 대표적 사건은 만적의 난(1198), 이비·패좌의 난(1202), 최광수의 난(1217) 등이다.
③ 정방은 최충헌을 이어 정권을 차지한 최우가 설치한 인사 행정 기구이다.
④ 서방을 설치한 것은 최우이다. 최우는 문인들의 숙위 기관인 서방을 설치하고 문학적 소양과 함께 행정 실무 능력을 갖춘 문신들을 등용하여 고문(자문) 역할을 담당하게 하였다.

심화개념 무신 집권자의 변천

이의방(이의방·정중부, 1170~1174) ⇨ 정중부(1174~1179) ⇨ 경대승(1179~1183) ⇨ 이의민(1183~1196) ⇨ 최충헌(1196~1219) ⇨ 최우(1219~1249) ⇨ 최항(1249~1257) ⇨ 최의(1257~1258) ⇨ 김준(1258~1268) ⇨ 임연(1268~1270) ⇨ 임유무(1270)

정답 ② 한정판 041p, 기본서 220p

03 0255 [2025. 법원직]

다음 (가) 인물이 집권한 시기에 있었던 사실로 가장 옳은 것은?

> (가) 이/가 정방(政房)을 자기 집에 설치하고 학문하는 선비들을 선발하여 여기에 소속시켰다. 그가 벼슬자리에 올릴 사람을 결정하여 의견을 달아 올리면, 왕은 그 명단에 다만 점을 찍어 임명할 뿐이었다.

① 명종이 즉위하였다.
② 교정도감이 처음 설치되었다.
③ 도방이 처음 조직되었다.
④ 이연년 형제가 난을 일으켰다.

04 0256 [2024. 지역인재 9급]

(가) 인물이 실시한 정책으로 옳지 않은 것은?

> 최충헌에 이어 권력을 잡은 (가) 은/는 자신의 집에 정방을 설치하여 모든 관리에 대한 인사권을 장악하였다. 이 과정에서 문신이 등용됨으로써 사대부 계층이 형성되기 시작하였다.

① 서방을 설치하여 문신들을 등용하였다.
② 봉사 10조의 개혁안을 올렸다.
③ 삼별초를 설치하여 군사적 기반으로 삼았다.
④ 몽골과의 항전에 대비하여 강화도로 천도하였다.

05

밑줄 친 'ㄱ, ㄴ'에 대한 설명으로 가장 옳은 것은?

> 이지영이 장군이 되었다. 그가 최충수 집의 비둘기를 빼앗았는데, 최충수가 화가 나서 그 형인 ㉠최충헌에게 그 사실을 아뢰고 ㉡이의민 부자를 죽이자고 하니, 최충헌이 그렇게 하자고 하였다. 이의민이 미타산 별장에 갔을 때 최충헌 등이 가서 그를 죽이고 머리를 저자에 내걸었다. 당시 이지순은 대장군이었고, 이지광은 장군이었는데, 변란의 소식을 듣고 가동을 이끌고 길에서 싸웠다.
>
> - 『고려사』 -

① ㉠ - 하층민 출신의 권력자였다.
② ㉠ - 교정도감을 설치하여 국정을 장악하였다.
③ ㉡ - 개혁안 봉사 10조를 올렸다.
④ ㉡ - 정방을 통해 인사권을 장악하였다.

06

다음 사건을 시기순으로 바르게 나열한 것은?

(가) 정중부와 이의방이 정변을 일으켰다.
(나) 최충헌이 이의민을 제거하고 권력을 잡았다.
(다) 충주성에서 천민들이 몽골군에 맞서 싸웠다.
(라) 이자겸이 척준경과 더불어 난을 일으켰다.

① (가) → (나) → (라) → (다)
② (가) → (다) → (나) → (라)
③ (라) → (가) → (나) → (다)
④ (라) → (가) → (다) → (나)

SOLUTION (05)

자료분석 자료의 밑줄 친 ㉠은 최충헌, ㉡은 이의민에 해당한다. 1196년 최충헌은 이의민을 제거하고 권력을 장악하였다.

정답해설 ② 최충헌은 최고 집정부의 구실을 하는 교정도감을 설치하고 자신이 교정도감의 수장인 교정별감이 되어 권력을 행사하였다.

오답피하기 ① 천민 출신인 이의민은 경대승에 이어 무신정권의 최고 권력자가 되었다(1183~1196).
③ 봉사 10조는 1196년 최충헌이 명종에게 올린 10개 조의 글로, 폐정의 시정과 왕의 반성을 촉구하는 내용이 담겨 있었다.
④ 최우는 자신의 집에 정방을 설치하여 모든 관직에 대한 인사권을 장악하였다.

핵심개념 최충헌(집권 시기 : 1196~1219)
- 봉사 10조 건의(명종에게)
- 교정도감 설치 → 중방 약화
- 농장 확대
- 도방 부활
- 조계종 후원
- 이규보 등 문신 등용
- 진주 지방을 식읍으로 받음 → 진강후 책봉 및 흥녕부(진강부) 설치
- 전라·경상 일대 농장과 노비 소유

정답 ② 한정판 041p, 기본서 220p

SOLUTION (06)

정답해설 (라) 1126년 인종은 이자겸의 권력에 불안을 느껴 그를 제거하려 했으나 이자겸이 한안인 등 인종의 측근 세력을 제거하고 척준경과 함께 난을 일으켰다.
(가) 1170년(의종 24) 정중부, 이의방 등이 일으킨 무신정변에 대한 내용이다. 묘청의 서경 천도 운동 이후 중앙 지배층은 더욱 보수화하였으며, 문신을 우대하고 무신을 차별하였다. 이에 정중부, 이의방 등은 무신정변을 일으켜 무신정권을 수립하였다(1170).
(나) 1196년 최충헌은 이의민을 제거하고 권력을 장악하였다.
(다) 몽골의 1차 침입 당시(1231)의 상황을 나타낸 것이다. 당시 몽골의 살리타는 개경을 포위하고 휘하의 별동부대로 하여금 양주·광주·충주·청주 등 여러 성을 공격하게 하였다. 충주에는 부사 우종주가 양반별초를, 판관 유홍익이 노군과 잡류별초를 거느리고 성을 지키고 있었는데, 몽골병이 공격하자 우종주·유홍익과 양반별초는 성을 버리고 달아났고, 노군과 잡류별초만이 남아 몽골군을 물리쳤다. 몽골의 5차 침입(1253) 당시에도 김윤후(방호별감)가 이끈 충주성 전투에서 충주 관노와 잡류 별초가 몽골군에 대항하여 분전하여 침입을 격퇴하였다. 이후 충주는 국원경으로 승격되었다.

정답 ③ 한정판 041p, 기본서 219p

07 [2017. 기상직 7급]

밑줄 친 '이 사람'에 대한 설명으로 옳은 것을 〈보기〉에서 고른 것은?

> 사신(史臣)이 말하기를, '신종은 이 사람이 세웠다. 사람을 살리고 죽이고 왕을 폐하고 세우는 것이 다 그의 손에서 나왔다. (신종은) 한갓 실권이 없는 왕으로서 신민(臣民)의 위에 군림하였지만, 허수아비와 같았으니, 애석한 일이다.' 라고 하였다.
> — 고려사 —

보기
㉠ 봉사 10조라는 사회개혁안을 제시하였다.
㉡ 강화도로 천도하여 대몽항쟁을 주도하였다.
㉢ 좌·우별초에 신의군을 추가하여 삼별초를 완비하였다.
㉣ 도방을 부활하여 군사들이 6번으로 나누어 숙위하게 하였다.

① ㉠, ㉡
② ㉡, ㉢
③ ㉢, ㉣
④ ㉠, ㉣

08 [2017. 기상직 9급]

다음 개혁안을 제시한 사람에 대한 설명으로 옳은 것은?

> 2. 필요 이상의 관원 수를 줄일 것
> 3. 지위 있는 자들이 겸병하고 약탈한 토지는 모두 주인에게 돌려줄 것
> 5. 안찰사들이 공물을 바치는 것을 금하고 지방관 감독과 민생 조사를 직분으로 할 것
> 9. 비보사찰(裨補寺刹)을 제외하고는 철거할 것
> 10. 적합한 사람을 선발하여 조정에서 직언을 하게 할 것

① 공민왕의 비호 아래에서 개혁 정책을 펼쳤다.
② 성종에게 유교 정치를 확립할 것을 건의하였다.
③ 명종에게 폐정의 시정을 요구하는 개혁을 건의하였다.
④ 진성여왕에게 시무책을 올리며 개혁을 추구하였다.

주제 048

01 | 중세의 정치

무신 집권기의 사회상

Check 대표 기출 1

01 0261 [2016. 지방직 9급]   회독 ○○○

(가)~(라)의 시기에 있었던 사실로 옳은 것은?

	(가)		(나)		(다)		(라)	
무신 정변 발생		최충헌 집권		최우 집권		김준 집권		왕정 복구

① (가) - 국정을 총괄하는 교정도감이 처음 설치되었다.
② (나) - 망이·망소이 등 명학소민이 봉기하였다.
③ (다) - 금속활자로 상정고금예문을 인쇄하였다.
④ (라) - 고려대장경을 다시 조판하여 완성하였다.

Check 대표 기출 2

02 0262 [2019. 국가직 7급]   회독 ○○○

밑줄 친 '왕'의 재위 기간에 있었던 일로 옳지 않은 것은?

> 왕 24년 봄에 전라도 지휘사 김경손이 초적 이연년을 쳐서 평정하였다. 이때 이연년 형제가 원율·담양 등 여러 고을의 무뢰배들을 불러 모아 해양(海陽) 등의 주현을 공격하여 함락시켰다.

① 왕실의 원찰인 묘련사가 창건되었다.
② 백련결사가 조직되어 백련결사문이 발표되었다.
③ 각훈이 왕명에 따라 『해동고승전』을 편찬하였다.
④ 수기의 주도 아래 대장경의 편집·교정이 이루어졌다.

SOLUTION   난이도 상 중 하

출제자의 눈 무신 집권기에 일어난 반란의 순서 배열 문제, 반란이 발생한 시기의 무신 집권자에 대한 인물사 문제도 출제된다. 2019년 국가직 7급에서는 이연년의 난이 일어난 고종 대의 왕대사 문제, 2020년 경찰 2차 시험에서는 그동안 출제되지 않은 최충헌 집권기에 발생한 광명·계발의 난도 출제되었다. 따라서 반란이 발생한 시기의 무신 집권자가 누구인지, 어느 왕 때인지까지 알아야 고난도 문제에 대비할 수 있다.

자료분석 무신정변은 1170년, 최충헌 집권은 1196년, 최우 집권은 1219년, 김준 집권은 1258년, 왕정 복구(무신정권 몰락)는 1270년의 사건이다.

정답해설 ③ 『상정고금예문』은 12세기 인종 때 최윤의 등이 지은 의례서인데, 강화도로 천도할 때 예관이 가지고 오지 못하여 최우가 보관하던 것을 강화도에서 금속 활자로 28부를 인쇄하였다(1234).

오답피하기 ① 최충헌은 (나) 시기 최고 집정부의 구실을 하는 교정도감을 설치(1209)하고 자신이 교정도감의 수장인 교정별감이 되어 권력을 행사하였다.
② 정중부 집권기인 (가) 시기 공주 명학소에서는 망이·망소이 형제가 신분 해방을 외치며 봉기하였다(1176).
④ 몽골 침략으로 소실된 초조대장경을 대신하여 (다) 시기인 고려 고종 때 대장경을 다시 만들었다. 강화도에 대장도감을 설치하여 16년(1236~1251) 만에 완성한 재조대장경은 현재 합천 해인사에 보존되어 있다.

정답 ③ 한정판 041p, 기본서 222p

SOLUTION   난이도 상 중 하

자료분석 자료의 밑줄 친 '왕'에 해당하는 인물은 고려 고종이다. 이연년의 난은 1237년(고종 24) 이연년 형제가 전라도 담양 지방에서 일으킨 민란이다. 고려 고종의 재위 기간은 1213 ~ 1259년이다. 최우 집권기(1219~1249)는 고종의 재위 시기(1213~1259) 안에만 포함된다. 따라서 이연년의 난이 최우 집권기 때에 일어난 사실을 알면 밑줄 친 왕이 고종이라는 것을 쉽게 알 수 있다.

정답해설 ② 요세는 자신의 행동을 진정으로 참회하는 법화 신앙에 중점을 둔 백련 결사를 제창했다. 백련 결사라는 명칭은 1232년(고종 19)부터 사용했으며, 1236년(고종 23)에는 뒷날 백련사의 제4세 조사가 된 천책이 「백련결사문」을 찬술하였다.
③ 『해동고승전』은 1215년(고종 2) 고려 때의 승려 각훈이 우리나라 고승들의 전기를 정리하여 편찬한 역사서이다.
④ 화엄종의 승통이었던 수기는 1236년(고종 23)에서 1251년(고종 38)까지 16년에 걸쳐 재조대장경(팔만대장경)을 제작하였다.

오답피하기 ① 묘련사는 고려 충렬왕이 1284년(충렬왕 10) 그의 원찰로 창건하였다. 원찰이란 창건주가 자신의 소원을 빌거나 죽은 사람의 명복을 빌기 위하여 건립한 사찰을 말한다.

정답 ① 한정판 041p, 기본서 223p

03 [2025. 국가직 9급]

다음 사건 발생 이후에 있었던 사실로 옳은 것은?

> 노비 만적 등 6인이 개경의 북산에서 나무하다가 공노비와 사노비들을 불러 모의하기를, "정중부의 반란과 김보당의 반란 이후로 고관이 천민과 노비에서 많이 나왔다. 장상(將相)의 씨가 따로 있으랴!"라고 하였다.

① 정방 설치
② 동북 9성 축조
③ 노비안검법 실시
④ 상수리 제도 시행

04 [2020. 국가직 9급]

(가) 인물에 대한 설명으로 옳은 것은?

> 신종 원년 사노비 만적 등이 북산에서 땔나무를 하다가 공사의 노비들을 모아 모의하기를, "우리가 성 안에서 봉기하여 먼저 ㄱ(가) 등을 죽인다. 이어서 각각 자신의 주인을 죽이고 천적(賤籍)을 불태워 삼한에서 천민을 없게 하자. 그러면 공경장상이라도 우리가 모두 할 수 있을 것이다."라고 하였다.

① 정방을 설치하여 인사권을 장악하였다.
② 치안유지를 위해 야별초를 설립하였다.
③ 이의방을 제거하고 권력을 장악하였다.
④ 봉사십조를 올려 사회개혁안을 제시하였다.

SOLUTION (03)

자료분석 자료는 최충헌 집권기에 일어난 만적의 난(1198)에 대한 내용이다. 1198년(고려 신종 1) 최충헌의 사노비였던 만적은 노비들을 모아 사람이면 누구나 공경대부가 될 수 있다고 주장하며, 신분 해방을 외치고 정권 탈취까지 목표로 하였다.

정답해설 ① 최충헌에 이어 집권한 최우는 자신의 집에 정방을 설치하여 모든 관직에 대한 인사권을 장악하였다.

오답피하기 ② 윤관은 별무반을 이끌고 천리장성을 넘어 여진족을 북방으로 밀어내고 동북 지방 일대에 9개의 성을 쌓았다(1107, 예종 2).
③ 노비안검법 실시(956)는 고려 광종 때의 일이다.
④ 지방 세력을 일정 기간 수도에 와서 거주하게 하는 상수리 제도 시행은 통일신라 때의 일이다.

정답 ① 한정판 041p, 기본서 223p

SOLUTION (04)

자료분석 자료의 (가)에 해당하는 인물은 최충헌이다. 만적은 최충헌의 사노비로 최충헌 집권기인 1198년 신분 해방을 목적으로 봉기를 계획했다. 만적은 노비들을 모아 사람이면 누구나 공경대부가 될 수 있다고 주장하며, 신분 해방을 외치고 정권 탈취까지 목표로 하였다.

정답해설 ④ 봉사 10조는 1196년 최충헌이 명종에게 올린 10개 조의 글로, 폐정의 시정과 왕의 반성을 촉구하는 내용이 담겨 있었다.

오답피하기 ① 정방은 최우가 설치한 인사 행정 기구이다. 최우는 자신의 집에 정방을 설치하여 모든 관직에 대한 인사권을 장악하였다.
② 치안 유지를 위해 야별초를 설립한 것은 최우이다.
③ 이의방을 제거하고 권력을 장악한 인물은 정중부이다. 최충헌은 이의민을 제거하고 권력을 장악하였다.

핵심개념 최충헌의 봉사 10조

1조	왕은 정전(연경궁)으로 환어할 것.
2조	필요 이상의 관원을 도태시킬 것.
3조	토지 점유를 시정할 것.
4조	조부(租賦)를 공평히 할 것.
10조	인물을 가려 관리를 등용할 것.

정답 ④ 한정판 041p, 기본서 223p

05 0265 [2019. 기상직 9급]

다음 밑줄 친 '그'가 집권한 시기에 있었던 사실로 옳은 것은?

> 무관 중 일부가 공공연히 말하기를 "정시중이 문관들을 억눌러 우리들의 울분을 씻어 주고 무관의 위세를 펼쳤는데 시해당하다니, 누가 공을 시해한 그를 토벌할 것인가?"라고 하였다. 그는 두려워 결사대 1백 수십 명을 불러모아 자기 집에 머물게 하고 도방이라 불렀다.

① 전주 관노의 난이 진압되었다.
② 명학소가 충순현으로 승격되었다.
③ 이의방 등이 보현원 사건을 일으켰다.
④ 교정도감이 설치되어 국정을 총괄하였다.

06 0266 [2017. 국회직]

다음 사료와 관련 있는 사건에 대한 설명으로 옳은 것은?

> 내가 봉기하자 나의 고향을 현(縣)으로 승격시키고 수령을 두어 편안하게 살게 해주겠다고 회유하더니, 오래지 않아 다시 군사를 보내 토벌하고 나의 어머니와 아내를 옥에 가둔 것은 무슨 뜻인가? 차라리 칼날 아래서 죽을지언정 끝내 항복하지 않을 것이며 반드시 왕경에 이르고야 말겠다.

① 최충헌의 집권기에 일어났다.
② 개경의 노비세력을 규합하여 봉기하였다.
③ 신라의 부흥을 외치며 고려 정부에 저항하였다.
④ 서북 지역의 조위총과 공동전선을 펴기도 하였다.
⑤ 남적이라고도 불렸으며, 아주(충남 아산) 지역까지 세력을 확장하였다.

SOLUTION (05)

자료분석 자료의 밑줄 친 '그'는 경대승으로, 도방 설치에 대한 사료이다. 정중부를 제거하고 실권을 장악한 경대승은 자신의 신변 보호를 위해 사병 집단인 도방을 설치하였다. 경대승 집권기는 1179년에서 1183년까지이다.

정답해설 ① 경대승 집권기인 1182년에는 전주에서 관노와 군사들이 난을 일으키기도 하였다. 이를 전주 관노의 난 또는 죽동의 난이라고도 한다.

오답피하기 ② 정중부 집권기인 1176년 공주 명학소에서 일어난 망이·망소이의 난에 대한 설명이다.
③ 보현원 사건은 1170년(의종 24) 정중부, 이의방 등의 무신들이 보현원에서 문신들을 살해한 사건으로 무신정변과 관련된 내용이다.
④ 최충헌은 최고 집정부의 구실을 하는 교정도감을 설치하고 자신이 교정도감의 수장인 교정별감이 되어 권력을 행사하였다.

핵심개념 전주 관노의 난(죽동의 난, 1182)

> 기두(旗頭) 죽동(竹同) 등 6명이 관노(官奴)와 여러 불평자들을 불러 모아 난을 일으켜, 진대유를 산속의 절간으로 쫓아내고 이택민 등 10여 명의 집을 불태우니 향리들이 모두 도망치고 숨었다.
> – 『고려사』

정답 ① 한정판 041p, 기본서 222p

SOLUTION (06)

자료분석 봉기 이후 고향을 '현'으로 승격시켜주었다는 내용을 통해 공주 명학소에서 일어난 망이·망소이의 난(1176)에 대한 내용임을 알 수 있다. 정부는 망이·망소이가 일으킨 봉기를 진압하는 데 실패하자 명학소를 충순현으로 승격시켜 그들을 달랬다. 그러나 사태가 진정되자 다시 그들을 토벌하기 시작하였다. 망이·망소이는 정부에게 속았다는 것을 깨닫고 다시 봉기하였지만 결국 실패하고 말았다.

정답해설 ⑤ 조위총의 난 등 서북계(西北界) 지방의 민란을 '서적(西賊)'이라 하고, 남부지방의 민란을 '남적(南賊)'이라 하는데, 망이·망소이의 난은 남적의 대표적인 예이다. 이들은 아산을 점령하고 청주를 위협하기도 했으나 토벌군의 공격으로 진압되었다.

오답피하기 ① 공주 명학소의 난은 정중부 집권기(1170~1179)인 1176년(명종 6)에 일어났다.
② 개경의 노비세력을 규합해 봉기를 계획한 것은 만적의 난(1198, 신종 1년)이다.
③ 신라 부흥 운동을 내걸고 일어난 것은 김사미·효심의 난(1193, 명종 23년)과 이비·패좌의 난(1202, 신종 5년)이다.
④ 망이·망소이의 난은 조위총의 난과 개별적으로 일어났다. 조위총의 난은 1174년에 망이·망소이의 난은 1176년에 일어났다.

정답 ⑤ 한정판 041p, 기본서 222p

07 [2017. 기상직 7급]

(가)에 대한 설명으로 옳은 것은?

> 이의민은 일찍이 붉은 무지개가 두 겨드랑이 사이에서 생기는 꿈을 꾸고는 자못 이를 자부하였고, 또 옛 도참에 왕씨가 다하고 다시 십팔자(十八子)가 있다는 말을 들었는데, '十八子'는 곧 '이(李)'이다. 이로써 마음속에 이룰 수 없는 생각을 품고, 탐욕을 줄이고 명사(名士)를 거두어서 헛된 명예를 구하려고 하였다. 자신이 경주 출신이므로 비밀리에 신라를 부흥시킬 뜻을 가지고, (가) 등과 연결하니, 그들도 역시 거만(鉅萬)을 보냈다.
>
> – 고려사 –

① 노비들을 모아 반란을 도모하였다.
② 소(所)민의 신분해방을 목적으로 난을 일으켰다.
③ 정중부와 이의방 등 무신세력에 반발하여 항쟁하였다.
④ 운문과 초전에서 봉기를 일으키고 서로 연합하였다.

SOLUTION

자료분석 자료의 (가)는 김사미와 효심에 해당한다. 이의민은 1183년에서 1196년까지 무신정권의 최고 집권자로 지낸 인물이다. 그의 집권기인 1193년 신라 부흥을 표방한 김사미·효심의 난이 일어났다. 자료는 이의민이 반란 세력과 내통했다는 사실을 보여주고 있는데 이의민과 김사미의 내통에 대해서는 최충헌이 이의민을 역적으로 몰기 위해 꾸며낸 시나리오라는 관점도 있다.

정답해설 ④ 무신정권 시기(이의민 집권기)에 운문과 초전에서는 김사미와 효심이 신라 부흥을 내걸고 반란을 일으켰다(1193).
※ 고구려 부흥 운동으로는 서경에서 일어난 최광수의 난(1217), 백제 부흥 운동으로는 담양에서 일어난 이연년의 난(1237)이 대표적이다.

오답피하기 ① 노비들을 모아 반란을 도모한 것은 만적이다. 만적의 난은 최충헌 집권기(1196~1219)인 1198년에 일어났다.
② '소'민의 신분 해방을 목적으로 난을 일으킨 것은 공주 명학소에서 일어난 망이·망소이의 난이다. 망이·망소이의 난은 정중부 집권기(1170~1179)인 1176년에 일어났다.
③ 김사미·효심의 난은 이의민 집권기에 일어났다. 정중부와 이의방 등 무신 세력에 반발해 일어난 대표적 난은 김보당의 난으로, 정중부 집권기(1170~1179)인 1173년에 일어났다.

정답 ④

핵심개념 고려 무신 집권 시기의 반란

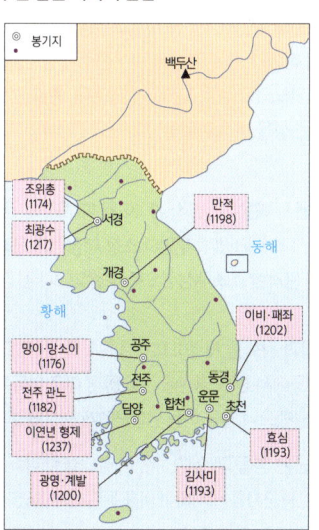

주제 049

01 | 중세의 정치

몽골과의 항쟁

Check 대표 기출 1

01 0268 [2014. 지방직 7급]   회독 ○○○

다음 ㉠의 침입과 연관된 것만 〈보기〉에서 모두 고른 것은?

> 처음 충주부사 우종주가 매양 장부와 문서로 인하여 판관 유홍익과 틈이 있었는데, ㉠ 이(가) 장차 쳐들어 온다는 말을 듣고 성 지킬 일을 의논하였다. 그런데 의견상의 차이가 있어서 우종주는 양반별초를 거느리고, 유홍익은 노군과 잡류별초를 거느리고 서로 시기하였다. ㉠ 이(가) 오자, 우종주와 유홍익은 양반 등과 함께 다 성을 버리고 도주하고, 오직 노군과 잡류만이 힘을 합쳐서 이를 쫓았다.
> - 「고려사」-

보기
㉠ 서경을 북진정책의 거점으로 삼고 광군이라는 부대를 조직하였다.
㉡ 이들의 침략을 막기 위해 압록강 입구에서 도련포에 이르는 천여 리의 장성을 쌓았다.
㉢ 황룡사 9층탑, 부인사 소장 대장경 등 많은 문화재가 불탔다.
㉣ 개경으로의 환도를 반대하는 세력들이 진도 용장산성에 행궁을 마련하고 주변 섬을 장악하였다.

① ㉢, ㉣   ② ㉡, ㉣
③ ㉡, ㉢   ④ ㉠, ㉢

Check 대표 기출 2

02 0269 [2021. 경찰 1차]   회독 ○○○

다음은 몽골이 고려를 침략했을 때의 사건들이다. 시기 순으로 옳게 나열한 것은?

㉠ 강화 천도
㉡ 귀주성 전투
㉢ 대장도감 설치
㉣ 살리타(撒禮塔) 사살

① ㉠-㉡-㉢-㉣   ② ㉠-㉡-㉣-㉢
③ ㉡-㉠-㉢-㉣   ④ ㉡-㉠-㉣-㉢

SOLUTION   난이도 상 **중** 하

자료분석 자료의 ㉠은 몽골로, 몽골의 1차 침입 당시(1231)의 상황을 나타낸 것이다. 당시 몽골의 살리타는 개경을 포위하고 별동 부대로 하여금 충주·청주 등 여러 성을 공격하게 하였다. 충주에는 부사 우종주가 양반별초를, 판관 유홍익이 노군과 잡류별초를 거느리고 성을 지키고 있었는데, 몽골군이 공격하자 우종주·유홍익과 양반별초는 성을 버리고 달아났고, 노군과 잡류별초만이 남아 몽골군을 물리쳤다.

정답해설 ㉢ 황룡사 9층탑은 신라 선덕여왕 때 자장의 건의로 축조되었으며, 몽골의 3차 침입 당시 소실되었다. 부인사 소장 대장경은 고려 현종 때 거란의 침입을 물리치기 위해 판각한 초조대장경으로, 몽골의 2차 침입 당시(1232) 소실되었다.
㉣ 고려 정부는 몽골과 강화를 체결하고 개경 환도를 결정했으나(1270) 삼별초는 이에 저항하며 강화도에서 반몽 정권을 수립했다. 이후 이들은 진도, 제주도로 근거지를 옮겨가며 저항했으나 결국 여몽 연합군에게 평정되었다(1273).

오답피하기 ㉠ 광군은 정종 때(947) 거란의 침입을 대비하여 창설되었다. 병력은 30만 명이었으며, 광군사를 설치하여 이를 통할하게 하였다.
㉡ 천리장성은 거란의 3차 침입 후 거란과 여진의 침입에 대비하기 위하여 압록강에서 도련포까지 축조되었다(1033~1044).

정답 ① 한정판 042p, 기본서 226p

SOLUTION   난이도 **상** 중 하

출제자의 눈 김윤후 등 몽골과의 전쟁에서 활약한 인물과 그 전투에 대한 문제, 몽골과 관련된 역사적 사실을 묻는 문제, 순서 문제, 몽골 침입기에 발생한 사실을 고르는 문제 등 다양한 형태로 출제되고 있다.

정답해설 ㉡ 몽골의 1차 침입(1231, 고종) 당시 박서가 귀주성에서 활약하였다. 몽골군은 귀주성에서 박서의 저항에 부딪히자, 길을 돌려 개경을 포위하였다. 결국 고려는 몽골의 요구를 받아들였고 몽골군은 물러났다.
㉠ 최우는 몽골의 지나친 간섭과 조공 요구에 반발하여 장기 항전을 위해 1232년 강화도로 천도하였다.
㉣ 몽골의 2차 침입 때(1232) 처인성에서 김윤후와 처인부곡민들이 몽골의 장수 살리타를 사살하자 몽골군이 퇴각하였다.
㉢ 대장도감은 1236년 강화에 설치되었다. 몽골 침략으로 소실된 초조대장경을 대신하여 고종 때에는 대장경을 다시 만들었다. 강화도에 대장도감을 설치하여 16년 만에 이룩한 재조대장경은 현재 합천 해인사에 보존되어 있다.

정답 ④ 한정판 042p, 기본서 226p

03 [2023. 국회직 9급]

다음 (가)와 (나) 사이에 있었던 사실로 옳은 것은?

> (가) 이때부터 별무반을 만들기로 결정하였다. … 윤관이 임금에게 포로 346명과 말 96필, 소 300여 두를 바쳤다. 그리고 통태진 등 지방에 성을 쌓았는 바, 이것이 북계의 9성이다.
> (나) 김윤후는 … 몽골군이 이르자 처인성으로 난을 피하였는데, 몽골의 장수 살리타가 와서 성을 공격하므로 그를 사살하였다.
> — 『고려사』 -

① 이자겸이 금의 사대 요구를 받아들였다.
② 광덕, 준풍 등 독자적인 연호를 사용하였다.
③ 홍건적이 침입해 국왕이 안동까지 피난하였다.
④ 서희는 거란과 협상하여 강동 6주를 확보하였다.
⑤ 삼별초가 몽골과의 강화에 반대하여 대몽 항쟁을 전개하였다.

04 [2017. 지방직 7급]

몽골 침입 시기에 발생한 사건 중 옳은 것만을 모두 고른 것은?

> ㉠ 망이·망소이, 만적 등이 봉기하였다.
> ㉡ 강화도 천도에 대해 삼별초가 반대하였다.
> ㉢ 황룡사 구층목탑과 초조대장경이 불에 탔다.
> ㉣ 김윤후와 처인 부곡민들이 몽골 장수 살리타 군대를 물리쳤다.
> ㉤ 부처의 힘으로 몽골군을 물리치기 위해 팔만대장경을 조판하였다.

① ㉠, ㉡
② ㉠, ㉤
③ ㉡, ㉢, ㉣
④ ㉢, ㉣, ㉤

05 [2015. 서울시 7급]

다음 ㉠과의 항쟁에 대한 설명으로 옳지 않은 것은?

> 김윤후가 충주산성 방호별감으로 있을 때 ㉠ 이/가 쳐들어와 충주성을 70여 일 동안 포위하자 비축해 둔 군량이 바닥나버렸다. 김윤후가 군사들에게 "만약 힘을 다해 싸워 준다면 귀천을 불문하고 모두 관작을 줄 것이니 너희들은 나를 믿으라"고 설득한 뒤 관노(官奴) 문서를 가져다 불살라 버리고 노획한 마소를 나누어 주었다. 이에 사람들이 모두 죽음을 무릅쓰고 적에게로 돌진하니 ㉠ 은/는 조금씩 기세가 꺾여 더 이상 남쪽으로 나아가지 못했다.
> - 「고려사」 -

① 귀주에서 승리를 거두었다.
② 강화도로 천도하며 항쟁하였다.
③ 흥화진에서 승리를 거두었다.
④ 산성, 해도 입보정책을 펼쳤다.

SOLUTION

자료분석 자료의 ㉠은 몽골로, 1253년 몽골의 5차 침입 때 김윤후가 군사들을 북돋우며 충주성에서 몽골군을 격퇴한 내용이다. 김윤후는 충주성 전투에서 승리하면 신분을 가리지 않고 모두 벼슬을 주겠다고 약속하고, 실제로 노비 문서를 불태우는 등 백성들의 사기를 높였다. 그 결과, 백성들은 힘을 다해 성을 지켰고 몽골군은 70여 일 만에 물러갔다.

정답해설 ① 몽골의 1차 침입(1231) 당시 귀주성에서 박서가 지휘하는 고려군은 몽골의 대군에 맞서 성을 지켜 냈다.
② 몽골의 1차 침입(1231) 이후 몽골이 무리한 조공 요구를 하자 당시 집권자였던 최우는 1232년 강화도(강도)로 도읍을 옮기고, 장기 항전을 위한 방비를 강화하였다. 이에 몽골은 다시 침입(2차, 1232)했으나 처인성(경기 용인)에서 김윤후와 처인부곡민들이 몽골 장수 살리타를 사살하여 몽골군을 퇴각시키는 전과를 올렸다.
④ 강화도의 고려 정부는 주민들을 산성과 섬으로 피난시키고 항전(산성, 해도 입보정책)과 외교를 병행하면서 저항하였다.

오답피하기 ③ 흥화진은 서희가 거란의 1차 침입(993) 당시 거란 장수 소손녕과의 담판을 통해 강동6주를 확보한 이후, 995년에 구축한 압록강 방면의 요충지이다. 강조의 정변을 구실로 거란 성종이 직접 40만 대군으로 침입하였던 거란의 2차 침입(1010) 당시 흥화진에서 양규가 활약하였다.

정답 ③ 한정판 042p, 기본서 226p

핵심개념 몽골의 침입과 주요 사건

구분	주요 사건
1차 (1231)	• 박서의 귀주성 전투 • 지광수와 노군·잡류별초의 항전(충주)
강화 천도 (1232)	최우의 강화 천도
2차 (1232)	• 처인성 전투(김윤후와 처인 부곡민의 살리타 사살) • 초조대장경 소실(1232)
3차 (1234~1239)	• 팔만대장경 조판 시작(1236) • 황룡사 9층 목탑 소실(1238)
5차 (1253)	김윤후의 충주성 전투
6차 (1254~1259)	충주 다인철소민의 항전(1254)
개경 환도 (1270)	고려 정부(원종)의 개경 환도

주제 050

01 | 중세의 정치

삼별초의 항쟁

Check 대표 기출 1

01 0273 [2023. 지방직 9급] 회독 ○○○

(가) 군사 조직에 대한 설명으로 옳은 것은?

> 고려 정부는 몽골과 강화를 맺고 개경으로 환도하였다. 대몽 항전에 적극적이었던 (가) 은/는 개경 환도를 반대하고 반란을 일으켰다. 이어 진도로 근거지를 옮기면서 항쟁을 전개하였다.

① 포수, 사수, 살수의 삼수병으로 편제되었다.
② 윤관의 건의로 편성된 기병 중심의 부대였다.
③ 도적을 잡기 위해 설치한 야별초에서 시작되었다.
④ 양계 지방에서 국경 지역 방어를 맡았던 상비적인 전투부대였다.

SOLUTION 난이도 상 중 하

출제자의 눈 삼별초의 편성과 성격, 삼별초의 이동 과정과 이를 지휘한 인물을 중심으로 문제가 출제된다.

자료분석 자료의 (가)에 해당하는 군사 조직은 고려 정부의 개경 환도에 반발하며 대몽 항쟁을 지속한 삼별초이다.

정답해설 ③ 삼별초는 최우가 집권하면서 설치한 야별초에서 분리된 좌별초, 우별초와 몽골에 포로로 잡혀갔던 병사들로 조직된 신의군을 말하며, 최씨 무신정권의 군사적 기반 역할을 하였다.

오답피하기 ① 포수, 사수, 살수의 삼수병으로 조직된 것은 조선 시대의 훈련도감이다. 이들은 장기간 근무를 하고 일정한 급료를 받는 상비군으로서, 의무병이 아닌 직업 군인의 성격을 가진 군인이었다.
② 윤관의 건의에 따라 고려 숙종 때 여진족을 상대하기 위한 특수부대로 별무반이 창설되었다.
④ 양계에 설치된 군대는 주진군이다. 고려의 지방군은 국경 지방인 양계에 주둔하는 주진군과 5도의 일반 군현에 주둔하는 주현군으로 이루어졌다.

핵심개념 삼별초

조직	최우 때 편성
편성	좌별초 · 우별초 + 신의군
삼별초의 항쟁	
강화도	개경 환도에 반발하여 배중손의 지휘아래 승화후 온(溫)을 왕으로 추대
진도	배중손 지휘 아래 진도로 이동 → 용장(산)성을 쌓고 저항 → 여몽 연합군에게 진압
제주도	김통정 지휘 제주도로 이동 → 항파두리성을 쌓고 저항 → 여몽 연합군에게 진압

정답 ③ 한정판 042p, 기본서 228p

Check 대표 기출 2

02 0274 [2014. 국가직 9급] 회독 ○○○

밑줄 친 '이번 문서'를 보낸 조직에 대한 설명으로 옳은 것은?

> • 이전 문서에서는 몽고의 연호를 사용했는데, 이번 문서에서는 연호를 사용하지 않았다.
> • 이전 문서에서는 몽고의 덕에 귀의하여 군신 관계를 맺었다고 하였는데, 이번 문서에서는 강화로 도읍을 옮긴 지 40년에 가깝지만, 오랑캐의 풍습을 미워하여 진도로 도읍을 옮겼다고 한다.
> — 「고려첩장(高麗牒狀)」 —

① 최우가 도적을 막기 위해 만든 조직에서 비롯되었다.
② 최충헌이 신변 보호와 집권체제 강화를 위해 조직하였다.
③ 거란의 침입에 대비하기 위한 조직으로 편성되었다.
④ 쌍성총관부 탈환에 주도적인 역할을 한 조직이었다.

SOLUTION 난이도 상 중 하

자료분석 자료는 1271(원종 12) 삼별초의 진도 정부가 일본에 보낸 외교 문서를 가마쿠라 막부가 경도 조정에 보내면서 이상하게 여긴 내용을 12조목으로 정리한 문서인 '고려첩장불심조조'이다. 원종의 개경 환도 결정에 반발한 삼별초는 왕온(승화후 온)을 왕으로 추대하고 근거지를 진도로 옮겨 남부 연안 지역을 점령하였다. 이들은 고려 정부를 자처하면서 일본에 외교 문서를 보내기도 하였다. 이러한 사실은 일본 측 문서인 '고려첩장불심조조'를 통해 알 수 있다.

정답해설 ① 삼별초는 최우가 치안유지를 위해 설치한 야별초에서 비롯된 것으로, 별초란 '용사들로 조직된 선발군'이라는 뜻이다. 그 뒤 야별초에 소속된 군대가 증가하자 이를 좌별초 · 우별초로 나누고, 몽골 병사와 싸우다 포로가 되었다가 탈출한 병사들로 신의군을 조직, 이를 좌 · 우 별초와 합하여 삼별초의 조직을 만들었다.

오답피하기 ② 도방은 무신정권의 사병집단으로 1179년(명종 9) 무신 집권자인 경대승이 처음으로 조직하였다. 이후 최충헌이 이를 부활 · 확대시켜 자신의 군사적 기반으로 삼았다.
③ 광군은 정종 때(947) 거란의 침입을 대비하여 창설되었다. 병력은 30만 명이었으며, 광군사를 설치하여 이를 통할하게 하였다.
④ 삼별초는 1273년 여몽 연합군에게 평정되었기 때문에 공민왕 대의 쌍성총관부 탈환(1356)과는 관련이 없다. 쌍성총관부 탈환은 유인우와 이자춘(이성계의 아버지) 등이 활약했다.

핵심개념 고려첩장불심조조

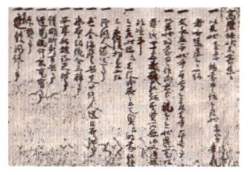

1271(원종 12년) 삼별초의 진도 정부가 일본에 보낸 외교 문서를 가마쿠라 막부가 경도 조정에 보내면서 이상하게 여긴 내용을 12조목으로 정리한 문서이다. 몽골이 일본을 공격할 가능성과 연대의 필요성, 군사적 지원 요청을 담고 있다.

▲ 고려첩장불심조조

정답 ① 한정판 042p, 기본서 228p

주제 051

01 | 중세의 정치
원의 내정 간섭과 원 간섭기의 개혁 정치

Check 대표 기출 1

01 0275 [2024. 서울시 9급 2차] 회독 ○○○

〈보기 1〉과 〈보기 2〉 사이에 발생한 사건으로 가장 옳지 않은 것은?

> **보기 1**
> 몽고군이 이르니 우종주와 유홍익은 양반들과 더불어 모두 성을 버리고 도망치고 말았다. 다만 노비군과 천민들이 힘을 합하여 몽고군을 물리쳤다.
> - 『고려사절요』 -

> **보기 2**
> 6월 원나라 연호인 지정을 쓰지 않고 교지를 내렸다.
> - 『고려사』 -

① 화통도감을 설치하여 각종 화약 무기를 제조했다.
② 일본 원정을 위해 정동행성이 설치되었다.
③ 새로운 지배 세력으로 권문세족이 출현했다.
④ 『삼국유사』, 『제왕운기』 등의 역사서가 편찬되었다.

SOLUTION 난이도 상 중 하

자료분석 〈보기 1〉은 몽골의 1차 침입 당시(1231)의 상황을 나타낸 것이다. 당시 몽골의 살리타는 개경을 포위하고 휘하의 별동부대로 하여금 양주·광주·충주·청주 등 여러 성을 공격하게 하였다. 충주에는 부사 우종주가 양반별초를, 판관 유홍익이 노군과 잡류별초를 거느리고 성을 지키고 있었는데, 몽골병이 공격하자 우종주·유홍익과 양반별초는 성을 버리고 달아났고, 노군과 잡류별초만이 남아 몽골군을 물리쳤다.
〈보기 2〉는 공민왕 대(1356)의 상황을 나타낸 것이다. 14세기 중엽 원이 쇠락의 징조를 보이자, 공민왕은 반원 개혁 정치를 추진하여 1356년 원의 연호를 폐지하고 관제를 복구하였다.

정답해설 ② 원은 고려와 함께 두 차례에 걸친 일본 원정을 단행하였다. 1274년(충렬왕 즉위년)에 1차 원정을 시도했으나, 일본 막부의 저항과 태풍으로 인해 실패하였고, 이후 원은 다시 일본 원정을 준비하기 위하여 1280년 개경에 정동행성을 설치하고 1281년(충렬왕 7) 2차 원정을 단행하였으나 결국 실패하였다.
③ 〈보기 1〉과 〈보기 2〉 사이 시기 원의 간섭을 받으면서 이전 시기부터 존속하였던 문벌 귀족 가문, 무신 집권기에 새로 등장한 가문, 원과의 관계를 통하여 성장한 가문 등이 이른바 권문세족으로서 새로이 자리 잡았다.
④ 『삼국유사』는 충렬왕 때(1281) 일연이 쓴 역사서로, 불교사를 중심으로 고대의 민간 설화나 전래 기록을 수록하여 우리의 고유문화와 전통을 중시하였다. 『제왕운기』는 충렬왕 때(1287) 이승휴가 쓴 역사서로, 우리나라의 역사를 단군으로부터 서술(고조선~충렬왕)하면서 우리 역사를 중국사와 대등하게 파악하는 자주성을 나타내었다.

오답피하기 ① 〈보기 2〉 이후의 사건이다. 화통도감은 화약 및 화기의 제조를 담당하는 임시관청으로, 최무선의 건의로 1377년(우왕 3)에 설치되었다.

정답 ① 한정판 043p, 기본서 234p

Check 대표 기출 2

02 0276 [2017. 경찰 2차] 회독 ○○○

다음 인물에 대한 설명으로 가장 적절한 것은?

> … 선왕의 맏아들이며 어머니는 제국대장공주(齊國大長公主)이다. 을해년 9월 정유일에 출생하였다. 성품이 총명하고 굳세며 결단력이 있었다. 이로운 것을 일으키고 폐단을 제거하여 시정에 그런대로 볼 만한 것이 있었으나 부자(父子) 사이는 실로 부끄러운 일이 많았다. 오랫동안 상국(上國)에 있었는데, 스스로 귀양 가는 욕을 당하였다. 왕위에 있은 지 5년이며, 수(壽)는 51세였다.
> - 『고려사절요』 -

① 서경에 대화궁을 짓고 그 안에 팔성당을 설치하였다.
② 중앙 교육 기관인 국자감을 '국학'으로 개칭하고, 양현고를 설치하였다.
③ 유인우로 하여금 쌍성총관부를 비롯한 철령 이북의 땅을 무력으로 수복하게 하였다.
④ 원나라에 만권당을 설치하여 고려의 학자들이 원의 학자들과 교류하게 하였다.

SOLUTION 난이도 상 중 하

출제자의 눈 원 간섭기에 들어와 변화된 사항들을 숙지하고 있어야 한다. 특히 관제의 변화와 영토 상실, 원 간섭기의 사회 변화 파트에 집중해서 학습하자. 원 간섭기 왕들 중에는 충렬왕과 충선왕이 빈출 주제이지만 경천사지 10층 석탑 자료를 제시하고 충목왕에 대해 묻는 문제도 출제될 수 있어 주의가 필요하다.

자료분석 제국대장공주(충렬왕의 비)의 아들이라는 내용과 부자 사이의 부끄러운 일(중조 사건) 등을 통해 충선왕에 대한 내용임을 알 수 있다(충선왕의 비는 계국대장공주).

정답해설 ④ 충선왕은 왕위를 아들(충숙왕)에게 물려주고 원나라 연경에 가 만권당을 설치하고 고려의 학자들이 원의 학자들과 교류하게 했다. 그 외에도 재정 개혁(소금 전매제), 사림원 설치 등의 업적을 남겼다.

오답피하기 ① 서경에 대화궁을 짓고 팔성당(팔성을 모시기 위한 사당)을 지은 것은 고려 인종이다.
② 국자감은 충렬왕 때 일시적으로 국학으로 개칭되었다. 양현고는 장학 재단으로 고려 예종 때 설치되었다.
③ 공민왕은 1356년(공민왕 5) 추밀원부사 유인우를 동북면병마사로 임명해 쌍성총관부를 비롯한 철령 이북의 땅을 무력으로 수복하게 하였다.

정답 ④ 한정판 043p, 기본서 235p

03 [2024. 국회직]

밑줄 친 '왕'이 추진한 일로 옳은 것은?

> 원년 2월에 왕이 명하기를, "옛날에 소금을 전매하던 법은 국가 재정에 대비하려는 것이었다. 본국의 여러 궁원·사사(寺社)와 권세가들이 사사로이 염분(鹽盆)을 설치하여 그 이익을 독점하고 있으니 국가 재정을 무엇으로써 넉넉하게 할 수 있을 것인가? …… 소금을 쓰는 자는 모두 의염창에 가서 사도록 하고, 군현 사람들은 모두 본관의 관사에 나아가 포를 바치고 소금을 받도록 하라. 만약 사사로이 염분을 설치하거나 몰래 서로 무역하는 자가 있으면 엄히 죄로 다스려라."고 하였다.
> – 『고려사』 –

① 원의 수도에 만권당을 설치하였다.
② 광덕, 준풍 등의 연호를 사용하였다.
③ 급전도감을 설치하고 녹과전을 지급하였다.
④ 신돈을 등용하고 전민변정도감을 설치하였다.
⑤ 전국에 12목을 두고 지방관을 파견하였다.

04 [2020. 법원직 9급]

다음과 같은 상황이 나타난 시기에 볼 수 있는 모습으로 가장 옳은 것은?

> 옹주는 지극히 예뻐하던 딸이 공녀로 가게 되자 근심하고 번민하다가 병이 생겼다. 결국 지난 9월에 세상을 떠나니 나이가 55세였다. 우리나라의 자녀들이 서쪽 원나라로 끌려가기를 거른 해가 없다. 비록 왕실의 친족과 같이 귀한 집안이라도 숨기지 못하였으며 어미와 자식이 한번 이별하면 만날 기약이 없다.
> – 수령옹주 묘지명 –

① 몽골군을 물리치는 김윤후와 처인부곡민
② 농민의 토지를 빼앗아 농장을 확대하는 권문세족
③ 왕명을 받아 『삼국사기』를 편찬하는 김부식
④ 별무반과 함께 여진 정벌에 나서는 윤관

05 0279 [2020. 소방직]

밑줄 친 '이 왕'의 재위기간에 있었던 사실로 옳은 것은?

> <u>이 왕</u>이 원의 제국대장공주와 결혼하여 고려는 원의 부마국이 되었고, 도병마사는 도평의사사로 개편되었다.

① 만권당을 설치하였다.
② 정동행성을 설치하였다.
③ 정치도감을 설치하였다.
④ 입성책동 사건이 일어났다.

06 0280 [2018. 교행 9급]

(가), (나) 사이 시기의 사실로 옳은 것을 〈보기〉에서 고른 것은?

> (가) 장군 배중손, 지유 노영희 등이 삼별초를 인솔하고 반역하였는데 승화후 왕온을 겁박하여 왕으로 삼고 관부를 설치하였다.
> (나) 유인우가 쌍성을 함락하였다. 총관 조소생과 천호 탁도경은 도주하였으며, 원에 빼앗겼던 화주, 등주 등 각 주와 선덕, 원흥 등 여러 진을 수복하였다.

— 보기 —
㉠ 첨의부와 4사 체제가 운영되었다.
㉡ 재정 수입의 확대를 위한 소금 전매제가 시행되었다.
㉢ 예안 향약이 실시되어 유교 윤리 확산에 기여하였다.
㉣ 요세가 법화 신앙에 기반하여 백련결사 운동을 전개하였다.

① ㉠, ㉡
② ㉠, ㉢
③ ㉡, ㉢
④ ㉢, ㉣

SOLUTION (05)

자료분석 제국대장 공주와 결혼했다는 사실과 도병마사를 도평의사사로 개편했다는 사실을 통해 밑줄 친 '이 왕'이 충렬왕임을 알 수 있다.

정답해설 ② 원은 고려와 함께 두 차례에 걸친 일본 원정을 단행하였다. 1274년(충렬왕 즉위년)에 1차 원정을 시도했으나, 일본 막부의 저항과 태풍으로 인해 실패하였고, 이후 원은 다시 일본 원정을 준비하기 위하여 1280년 개경에 정동행성을 설치하고 1281년(충렬왕 7) 2차 원정을 단행하였으나 결국 실패하였다.

오답피하기 ① 충선왕은 아들(충숙왕)에게 왕위를 물려주고 북경(연경)으로 건너가 만권당이라는 연구 기관을 설립하여 원의 조맹부, 고려의 이제현 등 당대의 일류 학자들을 모아 서로 교류하게 하였다.
③ 정치도감은 1347년(충목왕 3)에 설치되었던 폐정개혁기관이다.
④ 입성책동은 부원배들이 원나라로 하여금 고려에 행성을 세우도록 획책한 사건이다. 입성책동은 충선왕 복위 이후부터 약 30년 동안 4차례에 걸쳐 일어났다.

핵심개념 충렬왕(1274~1298, 1298~1308)
- 왕비 제국대장 공주, 아들 충선왕
- 개혁 기구 : 전민변정도감(원종, 공민왕, 우왕 때에도 설치)
- 일본 원정(원과 함께 두 차례)
- 도병마사가 도평의사사로 개편
- 홍자번의 편민 18사 건의(개혁 시도)
- 문묘(공자 사당) 새로 건립, 묘련사 창건
- 안향의 성리학 전래
- 섬학전(장학 재단), 경사교수도감 설치

정답 ② 한정판 043p, 기본서 234p

SOLUTION (06)

자료분석 (가), (나) 사이 시기는 원 간섭기에 해당된다. (가) 삼별초는 1270년 고려 정부의 개경 환도에 반발해 배중손의 지휘 아래 승화후 '온(溫)'을 왕으로 추대하고 반란을 일으켰다. (나) 유인우는 1356년(공민왕 5) 밀직부사로서 동북면병마사가 되어 쌍성총관부를 격파하고 옛 땅을 수복하였다.

정답해설 ㉠ 원 간섭기에는 충렬왕 원년(1275)의 관제 개편으로 종래의 중서문하성과 상서성을 통합하여 첨의부로 개편하고 6부를 4사로 축소 정리하였다.
㉡ 원 간섭기인 충선왕 때는 각염법을 제정하여 소금을 전매하게 함으로써 국가 재정을 확충하였다.

오답피하기 ㉢ 예안 향약은 조선 전기인 1556년(명종 11) 이황이 경북 안동 예안 지방에서 시행하기 위해 중국의 여씨향약을 본떠 만든 향약이다.
㉣ 요세의 백련 결사는 원 간섭기 이전인 무신정권 시기의 결사 운동이다. 원 간섭기에는 결사 운동이 쇠퇴하였다.

정답 ① 한정판 042p, 기본서 230p

07 0281 [2017. 국가직 9급 추가채용]

다음은 원의 세조가 고려에 약속한 내용의 일부이다. 이 약속 이후에 일어난 사실로 옳지 않은 것은?

- 옷과 머리에 쓰는 관은 고려의 풍속을 유지하고 바꿀 필요가 없다.
- 압록강 둔전과 군대는 가을에 철수한다.
- 몽고에 자원해 머문 사람들은 조사하여 모두 돌려보낸다.

① 정동행성을 설치하였다.
② 2차 여몽연합군은 일본 원정에 실패하였다.
③ 쌍성총관부를 설치하였다.
④ 사림원을 설치하였다.

08 0282 [2016. 국가직 9급]

밑줄 친 '그'에 대한 설명으로 옳은 것은?

그는 즉위하여 정방을 폐지하고 사림원을 설치하는 등의 관제 개혁을 추진하는 한편, 권세가들의 농장을 견제하고 소금 전매제를 실시하여 국가 재정을 확충하고자 하였다.

① 만권당을 통해 고려와 원나라 학자들의 문화 교류에 힘썼다.
② 도병마사를 도평의사사로 개편하여 국정을 총괄하게 하였다.
③ 철령 이북의 영토 귀속 문제를 계기로 요동 정벌을 단행하였다.
④ 기철을 비롯한 부원 세력을 숙청하고 자주적 반원 개혁을 추진하였다.

SOLUTION

자료분석 자료는 원의 세조(쿠빌라이)와 고려 원종 사이에 맺은 약속(세조구제) 중 일부이다. 세조구제는 1260년 쿠빌라이가 몽골의 5대 대칸이 되면서 정한 것으로 고려의 풍속을 유지하고 존립을 보장한다는 불개토풍(不改土風)의 원칙을 선언한 것이다.

※ 원종의 세조구제(1260)
첫째, 옷과 머리에 쓰는 관은 고려의 풍속을 유지하고 바꿀 필요가 없다.
둘째, 사신은 오직 원 조정이 보내는 것 이외에 모두 금지한다.
셋째, 개경을 다시 돌아가는 것은 고려 조정에서 시간을 조절할 수 있다.
넷째, 압록강 둔전과 군대는 가을에 철수한다.
다섯째, 전에 보낸 다루가치는 모두 철수한다.
여섯째, 몽골에 자원해 머무른 사람들은 조사하여 돌려보낸다.

정답해설 ① 정동행성은 일본 원정을 위한 기관으로 세조구제 이후인 1280년(충렬왕 6)에 설치되었다.
② 2차 여몽 연합군은 1281년 일본 원정에 나섰으나 원정에 실패하였다.
④ 사림원은 충선왕이 즉위한 1298년에 설치된 기관이다. 충선왕은 정방의 폐지를 시도하였으며, 사림원을 설치하여 왕명의 출납을 담당케 하였다.

오답피하기 ③ 쌍성총관부는 몽골과의 전쟁이 진행되던 1258년(고종 45)에 조휘와 탁청이 고려의 지방관을 죽이고 몽골에 항복하면서 설치되었다.

심화개념 충렬왕 때 세조구제(1278)

1. 호구조사를 고려의 자율에 맡길 것
2. 고려 다루가치를 폐지할 것
3. 고려 주둔 몽골군을 철수시킬 것
4. 홍차구와 부원배를 소환할 것

정답 ③ 한정판 042p, 기본서 227p

SOLUTION

자료분석 자료의 밑줄 친 '그'는 충선왕(재위 1298, 1308~1313)이다. 충선왕은 소금전매제(각염법 제정)를 실시하고 의염창을 두었으며(1309), 사림원을 설치하는 등(1298) 관제 개혁을 추진하기도 했다.

정답해설 ① 충선왕은 아들(충숙왕)에게 왕위를 물려주고 북경으로 건너가 만권당이라는 연구 기관을 설립(1314)하여 원의 조맹부, 고려의 이제현 등 당대의 일류 학자들을 모아 서로 교류하게 하였다.

오답피하기 ② 도병마사는 중서문하성의 재신과 중추원의 추밀이 모여 국방 문제를 논의하던 회의기구로, 충렬왕 때(1279) 도평의사사로 개편되면서 그 권한과 구성원이 확대되었다.
③ 명이 철령 이북의 땅을 지배하기 위해 철령위 설치를 통보하자 우왕은 요동 정벌을 단행하였다(1388).
④ 공민왕에 대한 설명이다. 공민왕은 원·명 교체기를 이용해 대외적으로는 반원 자주를 실현하고, 대내적으로는 왕권을 강화하려 했다.

심화개념 원 간섭기의 기타 왕들

충숙왕 (1313~30, 32~39)	• 제폐사목소 설치 → 찰리변위도감 개칭 • 사심관 제도 폐지(1318) • 반전도감(원에 갈 때 비용 마련) • 평양에 기자 사당(숭인전) 건립
충혜왕 (1330~32, 39~44)	• 편민조례추변도감 설치 • 기존의 은병을 대신해 소은병 발행
충목왕 (1344~48)	• 정치도감 설치 • 경천사지 10층 석탑(원의 영향, 대리석) 건립

정답 ① 한정판 043p, 기본서 235p

주제 052

01 | 중세의 정치

공민왕의 개혁 정치

Check 대표 기출 1

01 0283 [2025. 국가직 9급] 회독 ○○○

밑줄 친 '왕'의 재위 기간에 있었던 사실로 옳은 것은?

> 왕이 신돈에게 국정을 맡겼다. 신돈은 힘있는 자들이 나라의 토지와 약한 자들의 토지를 모두 빼앗고 양민을 자신들의 노비로 삼고 있는 현실을 지적하였다. 그리고 관청을 만들어 그 문제를 개혁하려고 했다.

① 사심관 제도를 실시하였다.
② 정동행성 이문소를 폐지하였다.
③ 광덕, 준풍 등의 연호를 사용하였다.
④ 최승로의 시무 28조 건의를 수용하였다.

Check 대표 기출 2

02 0284 [2022. 국가직 9급] 회독 ○○○

(가) 시기의 사실로 옳지 않은 것은?

무신정권 몰락
⇩
(가)
⇩
공민왕 즉위

① 만권당이 만들어졌다.
② 정동행성이 설치되었다.
③ 쌍성총관부가 수복되었다.
④ 『제왕운기』가 저술되었다.

SOLUTION 난이도 상 중 하

출제자의 눈 변함없는 빈출 주제이다. 공민왕의 업적 및 재위 시기의 사실을 묻는 문제가 전형적이며, 오답 보기로 원 간섭기의 국왕들이나 우왕의 업적이 출제되기 때문에 이들과 비교해서 내용을 숙지하고 있어야 한다.

자료분석 자료의 밑줄 친 '왕'은 공민왕이다. 공민왕은 승려 신돈을 등용하여 전민변정도감을 설치하고 권문세족이 불법적으로 빼앗은 토지를 본래 주인에게 돌려주고, 강제로 노비가 된 사람을 평민으로 되돌리려 하였다.

정답해설 ② 14세기 중엽 원이 쇠퇴하자, 공민왕은 원의 간섭에서 벗어나고자 하였다. 공민왕은 기철 등 기씨 세력을 제거하고, 고려의 내정을 간섭하던 정동행성 이문소를 철폐하였다.

오답피하기 ① 태조 왕건은 유력한 호족 집안과 혼인을 맺는 등 호족들과의 관계를 돈독히 하는 한편, 기인 제도와 사심관 제도를 통해 호족 세력을 적절히 통제하고자 하였다.
③ 광덕, 준풍 등의 연호를 사용한 왕은 고려 광종이다.
④ 최승로의 시무 28조 건의를 수용한 왕은 고려 성종이다.

정답 ② 한정판 043p, 기본서 237p

SOLUTION 난이도 상 중 하

자료분석 무신정권은 1270년에 몰락하였고, 공민왕은 1351년에 즉위하였다.

정답해설 ① 충선왕은 아들(충숙왕)에게 왕위를 물려주고 북경으로 건너가 1314년 만권당이라는 연구 기관을 설립하여 원의 조맹부, 고려의 이제현 등 당대의 일류 학자들을 모아 서로 교류하게 하였다.
② 정동행성은 충렬왕 때인 1280년에 설치되었다. 원은 고려와 함께 두 차례에 걸친 일본 원정을 단행하였다. 1274년에 1차 원정을 시도했으나, 일본 막부의 저항과 태풍으로 인해 실패하였고, 이후 원은 다시 일본 원정을 준비하기 위하여 개경에 정동행성을 설치(1280)하고 1281년(충렬왕 7) 2차 원정을 단행하였으나 결국 실패하였다.
④ 이승휴의 『제왕운기』는 충렬왕 때인 1287년에 저술되었다. 『제왕운기』는 우리나라의 역사를 단군에서부터 서술하면서 우리 역사를 중국사와 대등하게 파악함으로써 자주성을 나타내고 있다.

오답피하기 ③ 공민왕 때인 1356년에는 무력으로 쌍성총관부를 공격하여 철령 이북의 땅을 수복하였다.

정답 ③ 한정판 043p, 기본서 230p

03 0285 [2024. 지역인재 9급]

밑줄 친 '왕'이 실시한 정책으로 옳지 않은 것은?

> 왕이 원나라 연호의 사용을 중지하고, 교서를 내리기를 "근래 나라의 풍속이 일변하여 오직 권세만을 추구하게 되었으니, 기철 등이 군주의 위세를 빙자하여 나라의 법도를 뒤흔드는 일이 벌어졌다. 자신의 기쁨과 분노에 따라 관리의 선발과 승진을 조절하니, 정부의 명령이 이로 인해 늘거나 줄었다. 다른 사람이 토지를 가지고 있으면 이를 멋대로 차지하고, 타인이 노비를 가지고 있으면 빼앗아 차지했다."
> - 『고려사』 -

① 쌍성총관부를 공격하였다.
② 전민변정도감을 설치하였다.
③ 정동행성 이문소를 폐지하였다.
④ 북경에 만권당을 설치하였다.

04 0286 [2023. 국가직 9급]

(가)에 대한 설명으로 옳은 것은?

> 신돈이 [(가)]을/를 설치하자고 요청하자, …(중략)… 이제 도감이 설치되었다. …(중략)… 명령이 나가자 권세가 중에 전민을 빼앗은 자들이 그 주인에게 많이 돌려주었으며, 전국에서 기뻐하였다.
> - 『고려사』 -

① 시전의 물가를 감독하는 임무를 담당하였다.
② 국가재정의 출납과 회계 업무를 총괄하였다.
③ 불법적으로 점유된 토지와 노비를 조사하였다.
④ 부족한 녹봉을 보충하고자 관료에게 녹과전을 지급하였다.

SOLUTION

자료분석 자료의 밑줄 친 '왕'은 공민왕이다. 14세기 중엽 원이 쇠락의 징조를 보이자, 공민왕은 반원 개혁 정치를 추진하였다. 그는 변발 등 몽골풍을 금지하고 원의 연호 사용도 폐지하였다.

정답해설 ① 공민왕은 기철 등의 부원세력을 제거하고 쌍성총관부를 공격해 (1356) 철령 이북 지역을 수복하였다.
② 공민왕은 권문세족이 불법적으로 차지한 농장을 원래의 주인에게 돌려주고, 억울하게 노비가 된 이들을 해방하기 위해 전민변정도감을 설치했다.
③ 공민왕은 기철 등 기씨 세력을 제거하고, 고려의 내정을 간섭하던 정동행성 이문소를 철폐하였다.

오답피하기 ④ 충선왕은 아들(충숙왕)에게 왕위를 물려주고 연경(북경)으로 건너가 만권당이라는 연구 기관을 설립하여 원의 조맹부, 고려의 이제현 등 당대의 일류 학자들을 모아 서로 교류하게 하였다.

핵심개념 공민왕의 영토 수복

정답 ④ 한정판 043p, 기본서 237p

SOLUTION

자료분석 자료의 (가)에 해당하는 기관은 전민변정도감이다. 신돈의 요청으로 설치된 것과 '도감', '원래의 주인에게 돌려주었다'는 내용 등을 통해 이를 알 수 있다.

정답해설 ③ 고려 후기에는 권력을 잡은 관리들이 불법적으로 대토지를 사유하거나, 토지를 빼앗긴 양인 농민이 세력가의 노비로 전락하여 국가적 문제가 되었다. 전민변정도감은 이렇게 불법적으로 빼앗긴 토지를 원래 주인에게 돌려주고 권세가의 압박에 의해 노비가 된 사람들의 양인 신분을 회복시켜, 국가의 통치 질서를 안정시키기 위해 설치되었다.

오답피하기 ① 고려 시대에는 경시서를 설치해 시전의 상행위를 감독하였다.
② 고려 시대에는 삼사가 화폐와 곡식의 출납에 대한 회계를 담당하였다.
④ 녹과전(1271, 원종 12)은 전시과 제도가 붕괴해 관리에게 토지를 지급할 수 없게 되자, 경기 8현의 토지를 대상으로 관리의 생계를 위해 일시적으로 지급한 것이다.

핵심개념 전민변정도감

> 토지와 노비 문제를 해결하기 위해 설치된 임시 기구로, 불법적으로 빼앗긴 토지를 원래의 주인에게 돌려주거나 억울하게 노비가 된 자들을 본래 신분으로 되돌리기 위해 만들어졌다. 1269년(원종 10)에 처음 설치되었고, 이후 폐지와 설치를 거듭하였다.

정답 ③ 한정판 043p, 기본서 238p

05 0287 [2019. 지방직 7급]

밑줄 친 '왕'의 재위 기간에 있었던 일로 옳은 것은?

> 왕이 복주에 이르렀다. 정세운은 성품이 충성스럽고 청렴하였는데, 왕의 파천(播遷) 이래 밤낮으로 근심하고 분하게 여겨서 홍건적을 물리치고 개경을 회복하는 것을 자신의 임무로 여겼다. …(중략)… 마침내 정세운을 총병관으로 임명하였다.
> － 『고려사절요』 －

① 『향약구급방』이 편찬되었다.
② 정치도감이 설치되었다.
③ 『직지심체요절』이 금속활자로 인쇄되었다.
④ 이제현에 의해 『사략』이 편찬되었다.

06 0288 [2018. 국가직 7급]

다음과 같은 시기에 재위하였던 국왕대의 사실로 옳은 것은?

> 성균관을 다시 짓고 이색을 판개성부사 겸 성균관 대사성으로 삼았다. …(중략)… 이색이 다시 학칙을 정하고 매일 명륜당에 앉아서 경전을 나누어 수업하였는데, 강의를 마치면 함께 논쟁하느라 지루함을 잊었다. 이에 학자들이 모여들기 시작하였고 서로 함께 눈으로 보고 느끼게 되니, 정주성리학이 비로소 흥기하게 되었다.
> － 「고려사」 －

① 정동행성을 설치하였다.
② 정치도감을 설치하였다.
③ 전민변정도감을 설치하였다.
④ 각염제를 처음으로 시행하였다.

SOLUTION (05)

자료분석 자료의 밑줄 친 '왕'에 해당하는 인물은 공민왕이다. 홍건적의 침입(2차, 1361)으로 복주(안동)로 피신했다는 내용을 통해 이를 알 수 있다. 홍건적의 2차 침입 당시 개경이 함락되고 공민왕이 복주(안동)까지 피난하기도 했으나 이성계와 이방실 등이 격퇴하였다.

정답해설 ④ 『사략』은 1357년(공민왕 6) 이제현이 편찬한 역사서이다. 이제현은 고려 태조에서 숙종 때까지 왕의 치적을 정리한 『사략』을 비롯한 여러 권의 사서를 저술하였는데 지금은 『사략』에 실렸던 사론(史論)만 전한다.

오답피하기 ① 『향약구급방』은 현존하는 우리나라 최고(最古)의 의학 서적으로, 1236년(고종 23) 대장도감에서 간행한 것으로 추정된다.
② 정치도감은 1347년(충목왕 3)에 설치되었던 폐정개혁기관이다.
③ 『직지심체요절』은 현존하는 세계 최고(最古)의 금속활자 인쇄본으로, 우왕 때인 1377년 청주 흥덕사에서 간행되었다.

핵심개념 공민왕(1351~1374)

제1기(초기 : 반원 자주 정책)
• 몽골풍(변발, 호복) 폐지, 정방 폐지(1352)
• 기철 등 친원파 숙청(1356)
• 정동행성 이문소 폐지(1356)
• 쌍성총관부 공격·수복(1356)
• 원의 연호 폐지, 관제 복구(1356)
제2기(위기 : 외적의 침입과 내부 반란)
• 홍건적의 침입(1359, 1361)
• 나하추의 침입(1362), 흥왕사의 변(1363)
제3기(위기 이후 왕권 강화 정책)
• 신돈 등용, 전민변정도감 설치(1366)
• 성균관 중영(1367), 과거제 정비(1368)
• 요동공략(1369~1370), 자제위 설치(1372)

정답 ④ 한정판 043p, 기본서 237p

SOLUTION (06)

자료분석 자료는 공민왕 16년(1367) 성균관 중영과 성리학의 발전을 보여주는 사료이다. 1367년(공민왕 16년) 성균관 대사성이 된 이색은 성균관의 학칙을 새로 제정하였고 성리학의 보급 및 발전에 큰 공헌을 하였다.

정답해설 ③ 공민왕 때에는 전민변정도감을 설치하고, 승려 신돈을 등용하여 권문세족이 부당하게 빼앗은 토지와 노비를 본래의 소유주에게 돌려주거나 양민으로 해방시켰다. 이를 통하여 권문세족의 경제 기반을 약화시키고, 국가 재정 수입의 기반을 확대하였다.

오답피하기 ① 정동행성은 고려 충렬왕 때(1280) 원(元)에 의해 일본 원정을 위한 기관으로 설치되었다.
② 정치도감은 충목왕 때인 1347년에 설치한 폐정개혁기관이다.
④ 각염법(소금의 전매제)이 처음 출현한 시기는 기록의 결핍으로 알 수 없으나, 고려 후기 충선왕 때부터 실시에 관한 기록이 나타나고 있다.

정답 ③ 한정판 043p, 기본서 237p

07 [2014. 국가직 9급]

다음 괄호 안에 들어갈 국왕과 관련되는 내용은?

> (　　)이 원나라의 제도를 따라 변발(辮髮)을 하고 호복(胡服)을 입고 전상(殿上)에 앉아 있었다. 이연종이 간하려고 문밖에서 기다리고 있었더니, 왕이 사람을 시켜 물었다. …(중략)… 답하기를 "변발과 호복은 선왕의 제도가 아니오니, 원컨대 전하께서는 본받지 마소서."라고 하니, 왕이 기뻐하면서 즉시 변발을 풀어 버리고 그에게 옷과 요를 하사하였다.
> ― 고려사

① 노비와 관련된 문제를 처리하는 장례원을 설치하였다.
② 정동행성 이문소를 폐지하고 요동 지방을 공략하였다.
③ 「동국병감」과 같은 병서를 간행하여 원나라의 침략에 대비하였다.
④ 권문세족의 경제기반을 무너뜨리기 위해서 과전법을 시행하였다.

SOLUTION

자료분석 괄호 안에 들어갈 인물은 공민왕이다. 공민왕은 1352년 변발·호복 등의 몽골 풍속을 폐지했으며, 1356년에는 몽골의 연호와 관제를 폐지하고, 문종대의 관제를 복구하였다.

정답해설 ② 공민왕은 1356년 고려의 내정을 간섭하던 정동행성 이문소를 폐지하고 쌍성총관부를 공격해 원에게 빼앗겼던 영토를 회복하였다. 1368년에는 명이 건국되자 명과 합동으로 요동에 남아 있던 원나라의 잔여 세력을 공략하고, 2년 뒤 이성계로 하여금 요동의 동녕부를 공격하게 하였다.

오답피하기 ① 장례원은 조선 시대 공사노비 문서의 관리 및 노비소송을 관장하였던 관서로, 조선 세조 때(1467) 설치되었다.
③ 『동국병감』은 김종서의 주도하에 고조선에서 고려 말까지의 전쟁사를 정리한 것으로 조선 초기 문종 때 편찬되었다.
④ 과전법은 위화도 회군으로 권력을 장악한 이성계와 신진사대부들이 주도해 1391년 공양왕 때 마련한 제도로 권문세족의 경제 기반을 무너뜨리기 위한 것이었다.

정답 ② 한정판 043p, 기본서 237p

주제 053

01 | 중세의 정치

홍건적과 왜구의 침입

Check 대표 기출 1

01 0290 [2020. 지방직 9급] 회독 ○○○

다음 사건 이후에 일어난 일로 옳은 것은?

> 개경을 떠나 피난 중인 왕이 안성현을 안성군으로 승격시켰다. 홍건적이 양광도를 침입하자 수원은 항복하였는데, 작은 고을인 안성만이 홀로 싸워 승리함으로써 홍건적이 남쪽으로 내려오지 못하게 하였기 때문이다.

① 화약 무기를 사용해 진포해전에서 승리하였다.
② 처인성 전투에서 적의 장수 살리타를 사살하였다.
③ 기철 일파를 제거하고 쌍성총관부의 관할 지역을 수복하였다.
④ 적의 침략을 물리치기 위한 염원에서 팔만대장경을 만들었다.

Check 대표 기출 2

02 0291 [2017. 국가직 9급] 회독 ○○○

밑줄 친 '이 기구'가 설치된 왕 대에 있었던 사실로 옳은 것은?

> 조정은 중국의 화약 제조 기술을 터득하여 <u>이 기구</u>를 두고, 대장군포를 비롯한 20여 종의 화기를 생산하였으며, 화약과 화포를 제작하였다.

① 복원궁을 건립하여 도교를 부흥시켰다.
② 흥덕사에서 직지심체요절을 간행하였다.
③ 교장도감을 설치하여 속장경을 간행하였다.
④ 시무 28조를 수용하여 유교정치를 구현하였다.

SOLUTION 난이도 상 중 하

출제자의 눈 최근 홍건적의 침입 전후의 시기 문제와 공민왕과 연결지은 왕대사 문제가 빈출되고 있다. 2020년 지방직 9급과 소방 간부 문제에서도 이와 같은 유형의 문제가 출제되었다. 본 문제에서는 답을 쉽게 찾을 수 있도록 우왕 때의 사실을 넣어 출제하였으나 ③번 선지처럼 공민왕 때의 사실을 선지로 넣어 공민왕 때의 각각의 사건들을 순서대로 알고 있는지를 묻는 고난도 문제도 향후 출제될 것으로 보인다.

자료분석 자료는 고려 공민왕 때 있었던 홍건적의 2차 침입(1361)과 관련된 사료이다. 홍건적의 칩입으로 왕이 피난(안동)했다는 내용을 통해 이를 알 수 있다.

정답해설 ① 진포 대첩은 우왕 때인 1380년 최무선이 진포(금강 하구)에서 화포를 사용하여 왜선 500척을 대파한 전투이다.

오답피하기 ② 몽골의 2차 침입 때(1232) 처인성 전투에서 김윤후와 처인부곡민들이 몽골의 장수 살리타를 사살하였다.
③ 공민왕은 기철 등의 부원세력을 제거하고 쌍성총관부를 공격해(1356) 철령 이북 지역을 수복하였다.
④ 몽골 침입 시기 최씨 정권은 강화도에 대장도감을 설치(1236, 고종 23)하여 16년 동안 재조대장경(1236~1251)을 제작하였다.

핵심개념 왜구의 침입과 격퇴

시기		전투	내용
우왕	1376년	홍산대첩	최영의 왜구 격퇴
	1380년	진포대첩	최무선 화포 사용
	1380년	황산대첩	이성계의 왜구 격퇴
	1383년	관음포대첩	정지의 왜구 격퇴
창왕	1389년	쓰시마 정벌	박위의 대마도 정벌

정답 ① 한정판 044p, 기본서 239p

SOLUTION 난이도 상 중 하

자료분석 자료의 밑줄 친 '이 기구'는 최무선의 건의로 우왕 대(1377)에 설치된 화통도감이다. 최무선은 중국 강남의 상인 이원을 자신의 집에 모셔 화약 제조법을 익혔으며, 제조에 성공한 뒤 조정에 화통도감 설치를 건의하였다. 화통도감은 화약 및 화기의 제조를 담당하는 임시관청이다.

정답해설 ② 『직지심체요절』은 1377년(우왕 3) 청주 흥덕사에서 간행되었다. 『직지심체요절』은 현존하는 세계 최고(最古)의 금속활자본으로 공인받고 있으며, 유네스코 세계 기록 유산으로 등록되었다. 현재 프랑스 국립 도서관에 소장되어 있다.

오답피하기 ① 복원궁은 고려 예종 때 건립된 우리나라 최초의 도교 사원이다.
③ 교장도감 설치는 1086년(선종 3), 속장경 간행은 1091년(선종 8)에서 1101년(숙종 6)까지 이루어졌다.
④ 고려 성종 때의 사실이다. 성종은 국가의 오랜 폐단을 없애고 국정을 쇄신하기 위하여 중앙의 5품 이상의 관리들로 하여금 그동안의 정치에 대한 비판과 정책을 건의하는 글을 올리게 하였다. 이에 최승로는 시무 28조를 올려 유교의 진흥과 과도한 재정 낭비를 가져오는 불교 행사의 억제를 요구하였다.

핵심개념 우왕 대(1374~1388)의 주요 사건

- 홍산 대첩(1376)
- 진포 대첩(1380) 및 황산 대첩(1380)
- 관음포 대첩(1383)
- 청주 흥덕사에서 『불조직지심체요절』 간행(1377)
- 최무선의 건의로 화통도감 설치(1377)
- 명의 철령위 설치 통고(1388) → 이성계의 요동 정벌 출병 → 위화도 회군(1388)

정답 ② 한정판 044p, 기본서 240p

03 [2020. 지방직 7급]

다음 문화유산이 간행된 왕대에 대한 설명으로 옳은 것은?

> 『직지심체요절』은 백운화상이 저술한 책을 청주 흥덕사에서 1377년 7월에 금속활자로 인쇄한 것이다. 1972년 '세계 도서의 해'에 출품되어 세계 최고의 금속 활자본으로 공인되었다. 이 책은 이러한 가치를 인정받아 2001년 9월에 유네스코 세계 기록 유산으로 등재되었다.

① 원 황실은 북쪽으로 도망가고 명이 건국되었다.
② 기존의 토지 문서를 불태워 버리고 과전법을 시행하였다.
③ 원에 만권당을 설치하여 고려와 원의 지식인들이 교류하였다.
④ 명은 철령위를 설치한다고 고려에 통보하였다.

SOLUTION

자료분석 『직지심체요절』은 고려 우왕 때인 1377년 청주 흥덕사에서 금속활자로 간행되었다. 청주 흥덕사에서 간행한 『직지심체요절』은 현존하는 세계 최고(最古)의 금속 활자본으로 공인받고 있으며, 세계 기록 유산으로 등록되었다. 독일의 구텐베르크 금속 활자본보다 앞서는, 현재 남아있는 가장 오래된 금속 활자본으로 고려시대 인쇄술의 우수성을 보여준다. 현재 프랑스 국립 도서관에 소장되어 있다.

정답해설 ④ 명나라는 철령 이북의 땅이 원나라에 속했던 것이므로, 요동에 귀속시켜야 한다는 이유를 내세워 우왕 14년(1388) 철령위 설치를 통보해 왔다. 이는 최영 등이 요동 정벌을 추진하는 계기가 되었다.

오답피하기 ① 명은 공민왕 대인 1368년에 주원장이 건국하였다.
② 과전법은 위화도 회군으로 권력을 장악한 이성계와 신진사대부들이 주도한 토지 제도로, 공양왕 3년(1391)에 마련되었다.
③ 만권당은 충선왕이 원나라 연경에 세운 독서당으로 1314년(충숙왕 대)에 설립되었다. 충선왕은 아들(충숙왕)에게 왕위를 물려주고 연경(북경)으로 건너가 만권당이라는 연구 기관을 설립하여 원의 조맹부, 고려의 이제현 등 당대의 일류 학자들을 모아 서로 교류하게 하였다.

정답 ④ 한정판 044p, 기본서 318p

주제 054

02 | 중세의 사회

고려의 신분 제도

Check 대표 기출 1

01 0293 [2016. 지방직 9급]   회독 ○○○

다음 ⊙의 주민에 대한 설명으로 옳은 것은?

> 고려 시기에 ⊙ 은(는) 금, 은, 구리, 쇠 등 광산물을 채취하거나 도자기, 종이, 차 등 특정한 물품을 생산하여 국가에 공물로 바쳤다.

① 군현민과 같은 양인이지만 사회적 차별을 받았다.
② 죄를 지으면 형벌로 귀향을 시키는 처벌을 받았다.
③ 지방 호족 출신으로 지방 행정의 실무를 담당하였다.
④ 재산으로 간주되어 매매·상속·증여의 대상이 되었다.

Check 대표 기출 2

02 0294 [2021. 국가직 9급]   회독 ○○○

고려 시대 향리에 대한 설명으로 옳은 것만을 모두 고르면?

> ㄱ. 부호장 이하의 향리는 사심관의 감독을 받았다.
> ㄴ. 상층 향리는 과거로 중앙 관직에 진출할 수 있었다.
> ㄷ. 일부 향리의 자제들은 기인으로 선발되어 개경으로 보내졌다.
> ㄹ. 속현의 행정 실무는 향리가 담당하였다.

① ㄱ
② ㄱ, ㄴ
③ ㄴ, ㄷ, ㄹ
④ ㄱ, ㄴ, ㄷ, ㄹ

SOLUTION   난이도 상 중 하

출제자의 눈 고려 신분제도의 전반적인 내용을 묻는 단순 지식형 문제로부터 각 신분의 개별적 특징을 묻는 문제가 주로 출제된다. 특히 향리, 특수 행정 구역(향·부곡·소) 주민, 중류층에 대한 내용이 출제 빈도가 높다.

자료분석 특정 물품을 생산해 공물로 바친다는 내용을 통해 ⊙이 특수 행정구역인 '소(所)'임을 알 수 있다. 향·부곡이 신라 때부터 존재했던 것과는 달리 소는 고려 시대에 들어와 처음 발생했다. 이는 국가에서 필요로 하는 공물을 생산하는 지역으로, 그 생산물의 종류에 따라 금소, 은소, 동소, 철소, 묵소 등 다양한 이름으로 불렸다.

정답해설 ① 고려 시대 양인 피지배층은 농민과 상인, 수공업자, 향·부곡·소 등 특수 지역의 주민으로 이루어졌다. 군현에 거주하는 농민이 양인의 대부분을 구성하였고, 이들은 백정이라 불리며 국가에 전세와 공납, 역을 부담하였다. 향·부곡·소 등 특수 지역 주민도 국역을 지는 양인이었지만 군현민에 비해 사회적 지위가 낮았다. 이들은 다른 지역으로 거주지를 옮길 수 없었고, 과거에 응시할 수도 없었다. 부모 중 한쪽이 특수 지역 주민이면 자녀도 특수 지역에 소속되었다.

오답피하기 ② 귀향형은 고려 시대의 특징적인 형벌로, 본관(本貫)으로 돌려보내는 것이나 '향'으로 유배를 보내는 것을 의미한다. 귀향형은 귀족에게 적용되었다.
③ 지방 호족 출신으로 지방 행정의 실무를 담당한 것은 중류층에 속하는 향리이다.
④ 재산으로 간주한 것은 노비이다. 노비는 공공기관에 속하는 공노비와 개인이나 사원에 속하는 사노비로 구분되었다.

심화개념 귀향형

고려 시대 귀향형은 본관으로 돌려보내는 형벌이었다. 귀향형은 관료 귀족의 일종의 우대 조처로 보기도 하지만 비교적 무거운 형벌에 속하였다. 이는 귀향형을 받은 죄인이 관리의 신분을 잃고 국가에서 인정해 준 토지에 대한 권리를 잃기 때문이다. 고려는 관직을 기준으로 전시과와 녹봉 등 각종 혜택을 지급하였기 때문에 관직을 얻을 수 있는 중앙 정계에서 분리된다는 것은 큰 형벌이었다.

정답 ① 한정판 045p, 기본서 245p

SOLUTION   난이도 상 중 하

정답해설 ㄱ. 사심관 제도는 중앙의 고관들로 하여금 자기 출신지의 사심관으로 임명하여 지방을 통제하도록 한 제도이다. 사심관은 부호장 이하의 향리를 임명할 수 있었으며, 향리 감독, 풍속 교정 등의 임무 뿐만 아니라 그 지방의 치안에 대한 연대 책임을 지도록 하였다.
ㄴ. 고려 시대 상층 향리는 과거를 통해 중앙 관직에 진출할 수 있었다. 고려 시대 상층 향리는 호장, 부호장이 되어 지방 행정을 장악하였다. 이들은 과거 응시에 제한 없이 과거를 통해 중앙 관리로 진출하였다. 특히 고려 말 신진 사대부는 향리 출신이 많았다.
ㄷ. 기인 제도는 지방 호족(향리)의 자제를 인질로 삼아 수도(개경)에 두고 출신지의 일에 대한 고문 역할을 하게 한 제도이다.
ㄹ. 향리는 지방의 토착 세력이자 속현과 특수 행정 구역의 실질적 운영을 담당하는 세력으로 영향력을 행사하였다.

정답 ④ 한정판 045p, 기본서 244p

추가 기출 사료

향리

> 신라 말 모든 읍(邑)의 토인(土人)으로 그 읍을 다스리고 호령하는 자가 있었는데, 고려가 후삼국을 통일한 이후에 직호를 내리고 토인에게 해당 지방의 일과 백성들을 다스리게 하였으니 이를 일러 호장이라 하였다.
> – 『연조귀감』

03 [2022. 법원직 9급]

밑줄 친 '이들'에 대한 설명으로 가장 옳은 것은?

> 이들의 첫 벼슬은 후단사이며, 두 번째 오르면 병사(兵史)·창사(倉史)가 되고, 세 번째 오르면 주·부·군·현의 사(史)가 되며, 네 번째 오르면 부병정(副兵正)·부창정(副倉正)이 되며, 다섯 번째 오르면 부호정(副戶正)이 되고, 여섯 번째 오르면 호정이 되며, 일곱 번째 오르면 병정·창정이 되고, 여덟 번째 오르면 부호장이 되고, 아홉 번째 오르면 호장(戶長)이 된다.
> — 『고려사』 —

① 자손이 음서의 혜택을 받았다.
② 속현의 조세와 공물의 징수, 노역 징발 등을 담당하였다.
③ 수군, 조례, 역졸, 조졸 등으로 칠반천역이라고도 불렸다.
④ 수령의 행정 실무를 보좌하는 세습적인 아전으로 활동하였다.

04 [2022. 소방직]

㉮ ~ ㉰에 대한 설명으로 옳지 않은 것은?

〈고려의 다양한 사회적 지위〉

- 지역별 구분
  - 주현의 주민
  - ㉮ 속현의 주민
  - ㉯ 향·소·부곡의 주민
- 직업별 구분
  - ㉰ 정호(서리·향리·하급 장교 등)
  - ㉱ 백정(일반 농민)
  - 수공업자·상인 등

① ㉰는 국가로부터 토지를 지급받았다.
② ㉮와 ㉯에는 수령이 파견되지 않았다.
③ ㉱는 ㉰와 달리 직역을 수행하지 않았다.
④ ㉯의 주민은 과거를 통해 하급 관료가 될 수 있었다.

05 0297 [2019. 지방직 7급]

㉠, ㉡의 거주민에 대한 설명으로 옳은 것은?

> • 이제 살펴보건대, 신라가 주·군을 설치할 때 그 전정(田丁), 호구(戶口)가 현의 규모가 되지 못하는 곳에는 ㉠ , ㉡ 을/를 두어 소재지의 읍에 속하게 하였다. - 『신증동국여지승람』 -
> • 지난 왕조 때 5도와 양계에 있던 역과 진에서 역을 부담한 사람과 ㉡ 의 사람은 모두 고려 태조 때의 명령을 거역한 사람이므로, 고려는 이들에게 천하고 힘든 일을 맡게 했다.
> - 『태조실록』 -

① 향리층의 지배를 받았다.
② 관직의 진출에 제한을 받지 않았다.
③ 백정이라고 불렸으며 조·용·조를 면제받았다.
④ 개인의 소유물로 인정되어 매매나 증여, 상속의 대상이 되었다.

06 0298 [2014. 국가직 9급]

고려 시대에는 귀족·양반과 일반 양민 사이에 '중간계층' 또는 '중류층'이라 불리는 신분층이 존재하였다. 이 신분층에 대한 설명으로 옳지 않은 것은?

① 남반은 궁중의 잡일을 맡는 내료직(內僚職)이다.
② 하급 장교들도 이 신분층에 포함되는 것으로 분류되고 있다.
③ 서리는 중앙의 각 사(司)에서 기록이나 문부(文簿)의 관장 등 실무에 종사하였다.
④ 향리에게는 양반으로 신분을 상승시킬 수 있는 길을 열어 놓지 않았다.

SOLUTION (05)

자료분석 자료의 ㉠은 향, ㉡은 부곡에 해당한다. 신라 때부터 존재했다는 내용('소'는 고려 시대에 등장)과 고려에서 천하고 힘든 일을 맡게 했다는 내용을 통해 이를 알 수 있다.

정답해설 ① 고려 시대의 향리는 지방의 속현과 향·소·부곡에서 향직을 세습하며 조세·공물 징수, 노역 징발 등 실제적인 행정 사무를 담당하였다.

오답피하기 ② 향, 부곡에 거주하는 주민들은 일반 군현민에 비해 더 많은 세금을 부담하였고 관직 진출에도 제한을 받았다.
③ 고려 시대의 백정은 일반 농민들을 의미하며, 조(조세)·용(역)·조(공납)를 부담하였다.
④ 개인의 소유물로 인정되어 매매나 증여, 상속이 가능했던 것은 노비이다. 향, 부곡의 주민들은 일반 군현민에 비해 차별을 받기는 했지만 신분상으로는 양인이었다.

핵심개념 고려 시대의 특수 행정 구역

- 향·부곡민(농업), 소(所) 주민(수공업, 광업)
- 역 주민(육로 교통), 진 주민(수로 교통)
- 거주 이전의 자유 無, 세금 多, 과거응시 X

정답 ① 한정판 045p, 기본서 245p

SOLUTION (06)

정답해설 ① 남반은 고려 시대 궁중의 숙직, 국왕의 시종·경비 등의 사무를 맡아보던 내료직(내관직)이다.
② 중류층에는 향리, 서리, 남반은 물론 하급 장교인 군반도 포함되었다.
③ 서리는 중앙 관청의 실무를 담당했으며 잡류라고도 불렸다.

오답피하기 ④ 고려 시대 향리는 과거로 중앙 정계에 진출하여 신분을 상승시킬 수 있었다.

핵심개념 고려 시대 중류층

역할	• 통치 체제의 하부 구조를 맡아 중간 역할 담당 • 지배 기구의 말단 행정직 담당
특징	직역을 세습하고 그에 상응하는 토지를 국가로부터 받음
유형	• 잡류(중앙 관청 서리) • 남반(궁중 실무) • 역리(역 관리) • 향리(지방 행정 실무) • 군반(직업군인, 하급장교)

정답 ④ 한정판 045p, 기본서 244p

07 [2013. 국가직 9급]

밑줄 친 '평량'과 '평량의 처'에 대한 설명으로 옳은 것을 〈보기〉에서 골라 바르게 짝지은 것은?

> 평량은 평장사 김영관의 사노비로 경기도 양주에 살면서 농사에 힘써 부유하게 되었다. 평량의 처는 소감 왕원지의 사노비인데, 왕원지는 집안이 가난하여 가족을 데리고 와서 의탁하고 있었다. 평량이 후하게 위로하여 서울로 돌아가기를 권하고는 길에서 몰래 처남과 함께 왕원지 부부와 아들을 죽이고, 스스로 그 주인이 없어졌음을 다행으로 여겼다.
> — 「고려사」 —

보기
㉠ 평량은 자신의 토지를 소유할 수 있었다.
㉡ 평량은 주인집에 살면서 잡일을 돌보았다.
㉢ 평량의 처는 국가에 일정량의 신공을 바쳤다.
㉣ 평량의 처는 매매·증여·상속의 대상이 되었다.

① ㉠, ㉡
② ㉠, ㉣
③ ㉡, ㉢
④ ㉢, ㉣

08 [2012. 국가직 7급]

고려 시대의 신분제도에 대한 설명으로 옳지 않은 것은?

① 화척, 재인, 양수척을 호적에 올려 그들에게 역을 부담시켰다.
② 죄를 지어 관직에 나갈 수 없는 자들을 귀향시키는 형벌이 있었다.
③ 본관제가 사회적 의미를 가지게 되는 시기이다.
④ 군반, 남반 등과 같이 일정한 정치적 기능을 나타내는 몇 개의 반(班)이 설정되었다.

주제 055

02 | 중세의 사회
고려 지배 세력의 변화

Check 대표 기출 1

01 0301 [2021. 법원직 9급]   회독 ○○○

(가) 세력에 대한 설명으로 가장 옳은 것은?

▶ 고려 지배층의 변화 ◀
호족 〉 문벌 귀족 〉 무신 〉 권문 세족 〉 (가)

① 성리학을 통해 불교의 폐단을 지적하였다.
② 주로 음서를 통하여 관직에 진출하였다.
③ 권력을 앞세워 대규모 농장을 소유하였다.
④ 친원적 성향의 이들은 도평의사사를 장악하였다.

SOLUTION   난이도 상 중 하

출제자의 눈 원 간섭기의 지배 세력인 권문세족과 고려 말 지배 세력인 신진 사대부의 특징을 서로 비교하는 문제가 주로 출제된다. 권문세족은 몽골어 사용이나 모수사패, 산천 경계(대농장 소유) 등이 키워드인 사료와 함께 출제될 가능성이 높다.

자료분석 (가)에 해당하는 세력은 신진 사대부이다. 신진 사대부들은 대부분 지방 향리의 자제들로, 무신 집권기 이래 과거를 통하여 중앙 관리로 진출하였다. 이들 중 일부는 측근 세력으로 성장하여 권문세족이 되기도 하였으나, 대부분은 공민왕 때 개혁 정치에 힘입어 지배 세력으로 성장하였다.

정답해설 ① 신진 사대부는 성리학을 수용하여 학문적 기반으로 삼고, 불교의 폐단을 시정하려 하였다.

오답피하기 ② 권문세족에 대한 설명이다. 신진 사대부는 주로 과거를 통해 관직에 진출하였다.
③ 권문세족에 대한 설명이다. 신진 사대부는 신분적으로는 대부분 향리의 자제들이었으며, 경제적으로는 대부분 지방의 중소 지주 출신이었다.
④ 신진 사대부는 친명적 성향이었다. 친원적 성향을 가지고 있었으며 도평의사사를 장악한 것은 권문세족이다.

핵심개념 신진 사대부

원류	무신집권기 이래 과거를 통해 중앙 관리로 진출(사대부)
출신	지방 향리 출신, 지방 중소 지주
성장	공민왕 때 지배 세력으로 성장
성격	행정 실무에 능한 학자적 관료
특징	친명적, 성리학 수용, 불교 비판

정답 ① 한정판 045p, 기본서 250p

Check 대표 기출 2

02 0302 [2019. 국가직 7급]   회독 ○○○

고려 후기 권문세족에 대한 설명으로 옳지 않은 것은?

① 음서는 이들의 지위를 유지할 수 있는 중요한 제도적 장치였다.
② 재지지주로서 녹과전과 녹봉을 유력한 경제적 기반으로 삼았다.
③ 첨의부 등의 고위 관직을 독점하면서 도당의 구성원으로서 권력을 장악하였다.
④ 왕실 또는 자기들 상호 간에 중첩되는 혼인을 맺어 긴밀한 유대관계를 가지고 있었다.

SOLUTION   난이도 상 중 하

정답해설 ①, ③, ④ 권문세족은 고려 후기(원 간섭기)에 첨의부와 도당(도평의사사)의 정계 요직을 장악한 최고 권력층이었으며, 가문의 힘을 이용하여 음서로써 신분을 세습시켜 갔다. 또한 왕실과 자신들 상호 간에 중첩된 혼인 관계를 맺어 긴밀한 유대 관계를 가지고 있었다.

오답피하기 ② 재지지주(在地地主)는 자신의 땅이 있는 지방에 살던 계층을 말하는데, 권문세족은 대농장을 소유한 부재지주였다. 이들은 녹과전과 녹봉을 경제적 기반으로 하였을 뿐 아니라 강과 하천을 경계로 삼을 만큼 대규모의 농장을 소유하고도 국가에 세금을 내지 않았으며, 또한 몰락한 농민을 농장으로 끌어들여 노비처럼 부리며 부를 축적하였다.

단어해석 • 부재지주: 자신의 땅이 있는 지역에 살지 않으면서 자신의 땅을 스스로 경작하지 않고 다른 사람에게 경작시키는 지주(수도에 거주하는 고위 관료가 지방에 대농장을 소유한 경우 부재지주에 해당)

핵심개념 권문세족

출신	종래의 문벌 귀족 가문, 무신 정권기에 새로 등장한 가문, 원과의 관계를 통하여 성장한 가문 등
성장	• 원 간섭기 지배 세력 • 도평의사사(도당), 정방(인사권), 첨의부 장악
특징	• 주로 음서로 관직 진출 • 중앙의 부재지주 • 대농장 소유(산천 경계, 모수사패 활용)
성격	수구적, 친원적, 친불교적

정답 ② 한정판 045p, 기본서 249p

03 0303 [2015. 서울시 9급]

다음의 밑줄 친 ㉠과 관련된 설명으로 가장 옳지 않은 것은?

> 원의 간섭을 받으면서 그에 의존한 고려의 왕권은 이전 시기에 비하여 상대적으로 안정되었고 ㉠중앙 지배층도 개편되었다. …… 그들은 왕의 측근 세력과 함께 권력을 잡아 농장을 확대하고 양민을 억압하여 노비로 삼는 등 사회 모순을 격화시켰다.

① ㉠은 가문의 권위보다는 현실적인 관직을 통하여 정치 권력을 행사하였다.
② 공민왕은 ㉠의 경제력을 약화시키기 위해 전민변정도감을 설치하였다.
③ ㉠은 사원 세력의 대표인 신돈과 연대하여 신진사대부에 대항하였다.
④ ㉠에는 종래의 문벌 귀족 가문, 무신정권기에 등장한 가문, 원과의 관계에서 성장한 가문 등이 포함되었다.

SOLUTION 난이도 상 중 하

자료분석 원 간섭기에 중앙 지배층으로 성장한 ㉠은 권문세족이다. 권문세족은 원 간섭기에 정계의 고관 요직을 장악하고 농장을 소유한 최고 권력층이었다.

정답해설 ① 권문세족 중 부원 세력에 해당하는 인물들은 가문의 권위보다는 정동행성이나 만호부 등의 현실적 관직을 통해 권력을 행사했다(음서로 관직에 진출한 것과 상충되는 특이한 지문으로 주의할 필요가 있다.).
② 공민왕은 권문세족이 불법적으로 차지한 농장을 원래의 주인에게 돌려주고, 억울하게 노비가 된 이들을 해방시켜주기 위해 전민변정도감을 설치했다.
④ 종래의 문벌 귀족 가문, 무신정권기에 새로 등장한 가문, 원과의 관계를 통하여 성장한 가문 등이 권문세족이라는 새로운 지배층을 형성하게 되었다.

오답피하기 ③ 신돈은 공민왕의 개혁 정치를 주도한 인물로, 권문세족과 대립하는 입장에 있었다.

정답 ③ 한정판 045p, 기본서 249p

추가 기출 사료

충선왕 복위 교서 / 재상지종(권문세족)

> 이제부터 만약 종친으로서 같은 성에 장가드는 자는 황제의 명령을 위배한 자로서 처리할 것이니 마땅히 여러 대를 내려오면서 재상을 지낸 집안의 딸을 취하여 부인을 삼을 것이며 재상의 아들은 왕족의 딸과 혼인함을 허락할 것이다. 만약 집안의 세력이 미비하면 반드시 그러할 필요는 없다. … 철원 최씨, 해주 최씨, 공암 허씨, 평강 채씨, 청주 이씨, 당성 홍씨 … 평양 조씨는 다 여러 대의 공신 재상의 종족이니 가히 대대로 혼인할 것이다.

주제 056

02 | 중세의 사회

고려의 가족 제도 및 여성의 지위

Check 대표 기출 1

01 0304 [2024. 지역인재 9급] 회독 ○○○

다음 자료에 나타난 시기의 사회 모습으로 옳지 않은 것은?

> 지금은 결혼하면 남자가 부인의 집으로 가 모든 것을 처가에 의지하니 장모와 장인의 은혜가 친부모와 같습니다. 아! 장인이시여, 저를 돈독하게 대우하시고 필요한 것을 마련해 주셨는데, 저를 두고 돌아가시니 앞으로 누구에게 의지하겠습니까? 명산 기슭에 무덤을 쓰고 영원히 이별합니다. 혼령이시여! 저의 소박한 제사를 흠향하십시오.
> - 『동국이상국집』-

① 여성이 호주가 되기도 하였다.
② 음서의 혜택이 사위에게도 적용되었다.
③ 여성도 자신의 재산을 소유할 수 있었다.
④ 부모의 재산은 장자 상속을 원칙으로 하였다.

Check 대표 기출 2

02 0305 [2016. 법원직 9급] 회독 ○○○

다음과 같은 주장이 나온 시기에 볼 수 있는 모습으로 가장 적절한 것은?

> ○○왕 원년 2월 대부경 박유가 다음과 같은 글을 올렸다. '우리나라에는 남자가 적고 여자가 많습니다. 그런데 지위 고하를 막론하고 한 아내로 그치고 아들이 없는 사람도 감히 첩을 두지 못합니다. 다른 나라 사람이 와서는 아내를 얻는데 제한이 없습니다. 장차 인물이 모두 북쪽으로 흘러갈까 두렵습니다. 신하들에게 첩을 두는 것을 허락하면 짝이 없어 원망하는 남녀가 없어지고 인물이 밖으로 흘러나가지 않으니 인구가 점차 늘어나게 될 것입니다.' 이 때 재상과 장군 가운데 아내를 무서워하는 자가 많아 그 논의를 중지하여 실행하지 못하였다.

① 경당에서 공부하는 학생
② 도평의사사로 출근하는 관리
③ 정방 설치를 지시하는 무신집권자
④ 쌍기의 과거 시행 건의를 듣는 왕

SOLUTION   난이도 상 중 하

출제자의 눈 고려 시대의 가족 제도는 조선 전기까지는 비슷한 분위기로 이어졌지만, 조선 후기에는 확연히 달라진다. 시험 문제는 주로 조선 후기의 가족 제도와 구분하는 문제로 출제된다.

자료분석 자료는 고려 시대의 사회 모습을 나타낸 것이다. 결혼 후 남자가 처가에 의지한 것과 사료 출처인 『동국이상국집』을 통해 알 수 있다. 『동국이상국집』은 무신 집권기에 활동한 이규보의 시문집이다.

정답해설 ① 고려 시대에는 태어난 차례대로 호적에 기재하여 남녀 차별을 하지 않았으며, 여성도 호주로 등재가 가능했다.
② 고려 시대에는 사위가 처가살이하는 경우가 적지 않았고, 음서의 혜택이 사위와 외손자에게까지 해당되었다.
③ 고려 시대에는 여성도 개인 재산을 소유하고 있었으며, 결혼할 때 여성이 데려온 노비에 대한 소유권은 여성에게 귀속되었다.

오답피하기 ④ 고려 시대에 부모의 재산은 남녀의 차별 없이 균분 상속하였다. 조선 후기에 제사는 반드시 큰아들이 지내야 한다는 의식이 확산되었고, 재산 상속에서도 큰아들이 우대를 받게 되었다.

심화개념 고려 시대 여성의 재산권

> 부부 간에도 여성의 재산에 대한 권리는 보호되었다. 예를 들어 결혼할 때 여성이 데려온 노비에 대한 소유권은 여전히 부인에게 귀속되었다. 부인이 재혼을 하게 되면 그 노비를 데리고 갔으며, 후손이 없는 경우에는 다시 친정으로 귀속되었다.

정답 ④ 한정판 046p, 기본서 254p

SOLUTION   난이도 상 중 하

자료분석 자료는 고려 후기(원 간섭기) 충렬왕(재위 1274~1308) 때 박유의 일부다처제 주장에 따른 백성들의 비판 내용에 관한 것이다.

정답해설 ② 충렬왕 때에는 도병마사가 도평의사사로 개편되고 그 구성과 기능이 더욱 확대되었다.

오답피하기 ① 경당은 고구려의 평양 천도 이후 지방에 설립된 사립 교육 기관이다. 고려 시대의 교육 기관으로는 국자감(중앙)과 향교(지방)가 있었다.
③ 무신정권 시기 최우는 자신의 집에 정방을 설치하여 모든 관직에 대한 인사권을 장악하였다(1225).
④ 쌍기의 건의로 과거제를 실시한 것은 고려 전기 광종 때이다(958).

핵심개념 고려 시대 혼인 풍습

혼인 연령	여자는 18세 전후, 남자는 20세 전후
혼인 형태	일부일처제가 일반적(but 축첩 가능)
왕실	동성·근친·족내혼 성행(충선왕의 금령 → 점차 사라짐)

정답 ② 한정판 046p, 기본서 254p

03 0306 [2023. 서울시 9급 2차]

〈보기〉의 밑줄 친 '우리나라'의 사회 모습으로 가장 옳지 않은 것은?

─ 보기 ─
우리나라의 풍속은 차라리 아들은 다른 집으로 내보내더라도 딸은 자기 집에 두고 내보내지 아니합니다. 무릇 부모를 봉양하는 것은 딸이 맡아서 하는 일입니다. …… 그런데 하루아침에 그 딸자식을 원나라로 보내게 되고, 다시는 돌아오지 못하니 그 심정이 어떻겠습니까.

① 여성이 호주가 될 수 있었다.
② 큰아들이 부모의 제사를 도맡아 했다.
③ 백정은 법제상 과거에 응시할 수 있었다.
④ 부모 중 한 명이 노비이면 자녀도 노비가 되었다.

04 0307 [2017. 지방직 7급]

고려 사회에 대한 설명으로 옳은 것만을 모두 고른 것은?

㉠ 여성은 재혼이 가능하였다.
㉡ 여성은 호주가 될 수 없었다.
㉢ 부모의 재산은 아들과 딸의 구분 없이 고르게 상속되었다.
㉣ 결혼할 때 여성이 데려온 노비에 대한 소유권은 남편에게 귀속되었다.

① ㉠, ㉡   ② ㉠, ㉢   ③ ㉡, ㉣   ④ ㉢, ㉣

SOLUTION (03)

자료분석 자료의 밑줄 친 '우리나라'는 고려이다. 딸이 부모를 봉양한 것과 원나라에 딸을 보낸 것(공녀)을 통해 이를 알 수 있다. 고려 원 간섭기에는 환관이나 고려의 처녀들을 뽑아가(공녀) 조혼 풍습이 유행하게 되었으며, 공녀 선발을 피하기 위해 어린 신랑을 처가에서 양육해 혼인시키는 예서제가 성행하기도 했다.

정답해설 ① 고려 시대에는 태어난 차례대로 호적에 기재하여 남녀 차별을 하지 않았으며, 여성도 호주로 등재가 가능했다.
③ 고려 시대의 백정은 일반 농민들을 의미한다. 조(조세)·용(역)·조(공납)를 부담했으며 과거에 응시할 수 있었다.
④ 고려 시대에는 부모 중 한쪽이 노비이면 그 자식도 노비가 되게 하였다(일천즉천).

오답피하기 ② 조선 후기의 모습이다. 조선 후기에는 제사는 반드시 큰아들이 지내야 한다는 의식이 확산되었고, 재산 상속에서도 큰아들이 우대를 받게 되었다. 이로 인해 처음에는 딸들이, 그 후 점차 큰아들 외의 아들들도 제사나 재산 상속에서 그 권리를 잃어갔다.

정답 ② 한정판 046p, 기본서 254p

SOLUTION (04)

정답해설 ㉠ 고려 시대에는 여성의 재혼이 비교적 자유롭게 이루어졌으며, 그 소생 자식도 사회적 진출에 차별을 받지 않았다.
㉢ 고려 시대에 부모의 재산은 남녀의 차별 없이 균분 상속하였다.

오답피하기 ㉡ 고려 시대에는 태어난 차례대로 호적을 기재하여 남녀 차별을 하지 않았으며, 여성도 호주로 등재가 가능했다.
㉣ 여성도 개인 재산을 소유하고 있었으며, 결혼할 때 여성이 데려온 노비에 대한 소유권은 여성에게 귀속되었다.

핵심개념 고려 시대 가족 제도

- 혼인 형태는 일부일처제가 일반적
- 자녀 균분 상속, 여성도 호주 가능
- 태어난 순으로 호적 기재
- 아들 없을 시 딸이 제사
- 솔서혼(사위가 처가의 호적에 입적하여 처가에서 생활 多)
- 사위·외손자도 음서 혜택
- 여성의 재가 비교적 자유로움(그 소생 자식의 사회적 진출에도 차별을 두지 않았음)
- 여성의 사회 진출에는 제한이 있었음

정답 ② 한정판 046p, 기본서 254p

주제 057

02 | 중세의 사회
고려의 사회 기타

Check 대표 기출 1

01 0308 [2017. 법원직 9급]   회독 ○○○

다음 (가) 행사에 대한 설명으로 가장 옳은 것은?

> • 연등은 부처를 섬기는 것이고, (가) 은/는 하늘의 신령과 5악, 명산, 대천, 용신을 섬기는 것이다. 후세에 간신이 가감을 건의하는 자가 있으면, 마땅히 이를 금지시키도록 하라.
> — 「훈요 10조」 —
>
> • 우리나라는 봄에 연등을 베풀고, 겨울에는 (가) 을/를 열어 널리 사람을 동원하고 노역이 매우 번다하오니 원컨대 이를 감하여 백성들이 힘을 펴게 하소서.
> — 「시무 28조」 —

① 소격서가 행사를 주관하였다.
② 향음주례와 향사례의 절차가 진행되었다.
③ 외국 상인에게 무역의 장이 되기도 하였다.
④ 향나무를 땅에 묻는 매향 활동이 이루어졌다.

Check 대표 기출 2

02 0309 [2020. 국가직 9급]   회독 ○○○

(가)에 들어갈 기관으로 옳은 것은?

> 5월에 조서를 내리기를 "개경 내의 사람들이 역질에 걸렸으니 마땅히 (가) 을/를 설치하여 이들을 치료하고, 또한 시신과 유골은 거두어 묻어서 비바람에 드러나지 않게 할 것이며, 신하를 보내어 동북도와 서남도의 굶주린 백성을 진휼하라."라고 하였다.
> — 『고려사』 —

① 의창
② 제위보
③ 혜민국
④ 구제도감

SOLUTION 난이도 상 중 하

출제자의 눈 민생 안정을 위한 사회 기구(의창, 상평창 등)와 시책, 향도, 법률 제도에 대한 문제가 빈출되고 있다. 또한 팔관회와 연등회의 비교 문제도 주목해야 한다.

자료분석 (가) 행사는 팔관회이다. 팔관회는 삼국 시대에 시작되어 고려 시대에는 국가적인 행사로 치러졌다. 태조는 '훈요 10조'에서 불교를 숭상하고 연등회와 팔관회 등 불교 행사를 공경히 행할 것을 당부하여 불교에 대한 국가의 지침을 제시하였다. 반면 성종 때 최승로는 시무 28조에서 과도한 재정 낭비를 가져오는 불교 행사(연등회와 팔관회)의 억제를 요구하였다.

정답해설 ③ 팔관회는 지방의 장관들이 글을 올려 하례하는 것은 물론 송 상인이나 여진 및 탐라, 일본의 사절이 축하의 선물을 바치고 무역을 행하는 등 국제적인 행사로 치러졌다.

오답피하기 ① 소격서는 조선 시대에 도교 행사를 주관하는 관청으로 초제를 담당하였다.
② 향음주례와 향사례는 조선 시대의 유교적 의례이다.
④ 매향 활동은 향도가 주도하였다. 매향은 불교 신앙의 하나로, 미륵을 만나 구원받고자 향나무를 바닷가에 묻는 활동이다.

단어해석
• 향음주례 : 조선 시대 향촌의 선비나 유생이 학덕과 연륜이 높은 이를 주된 손님으로 모시고 술을 마시며 잔치를 하는 의례
• 향사례 : 지방 수령이 효(孝), 제(悌), 충(忠), 신(信), 예(禮)에 뛰어난 자를 초청하여 술과 음식을 베풀고 연회가 끝나면 편을 갈라 활쏘기 행사를 거행하던 의식

정답 ③ 한정판 046p, 기본서 253p

SOLUTION 난이도 상 중 하

자료분석 자료의 (가)에 해당하는 기관은 구제도감이다. 구제도감은 1109년(예종 4) 개경의 백성들이 질병에 걸리자 이들을 치료하고, 병으로 죽은 사람들의 시체와 뼈를 거두어 드러나지 않게 하기 위하여 설치하였다.

정답해설 ④ 구제도감은 고려시대 질병 환자의 치료 및 병사자의 매장을 관장하던 임시 관서로, 1109년(예종 4)에 설치되었다.

오답피하기 ① 의창은 빈민 구제기관으로, 986년(성종 5) 흑창을 개칭해 설치하였다. 의창은 평시에 곡물을 비치하였다가 흉년에 빈민을 구제하였는데, 이는 고구려의 진대법과 유사한 것이었다.
② 제위보는 963년(광종 14)에 설치된 빈민 구호 기관이다.
③ 혜민국은 1112년(예종 7) 백성의 질병을 고치기 위하여 설치된 관서이다.

핵심개념 고려 시대 사회 제도

흑창(태조)	평시에 곡물 비축, 흉년에 빈민 구제(춘대추납)
의창(성종)	흑창을 확대 개편
상평창(성종)	• 물가 조절 기관 • 개경·서경 각 12목에 설치
동·서대비원	• 국립 의료 기관 • 개경의 동·서쪽에 설치
혜민국(예종)	서민들에게 약 제공
구제도감(예종)·구급도감(고종)	• 임시 기관 • 재해 발생 시 백성 구제

정답 ④ 한정판 046p, 기본서 252p

03 [2018. 국가직 9급]

다음 (가)에 대한 설명으로 옳지 않은 것은?

> 예전에 성종이 (가) 시행에 따르는 잡기가 정도(正道)에 어긋나는데다가 번거롭고 요란스럽다 하여 이를 모두 폐지하였다. …(중략)… 이것을 폐지한 지가 거의 30년이나 되었는데, 이때에 와서 정당문학 최항이 청하여 이를 부활시켰다.

① 국제 교류의 장이었다.
② 정월 보름에 개최되었다.
③ 토속 신에게 제사를 지냈다.
④ 훈요 10조에서 시행할 것을 강조하였다.

04 [2018. 기상직 9급]

다음의 ( )안에 들어갈 사회 조직에 대한 설명으로 옳은 것을 〈보기〉에서 고른 것은?

> 소승이 ( ) 천명과 더불어 크게 발원(發願)하여 침향(沈香)을 땅에 묻고 미륵보살이 하생(下生)되기를 기다려서 용화회(龍華會) 위에 세 번이나 모셔 이 매향불사(埋香佛事)로 공양을 올려 …… 미륵보살께서 우리의 동맹을 위하여 미리 이 나라에 나시고, …… 모두가 구족(具足)한 깨달음을 이루어 임금님의 만세와 나라의 융성, 그리고 중생의 안녕을 비옵니다.

―보기―
㉠ 초제(醮祭)를 통하여 나라의 안녕과 왕실의 번영을 기원하였다.
㉡ 미래불의 도래를 통한 민중의 구원을 바라는 불교 신앙과 관련이 있었다.
㉢ 국가가 농민의 생활을 안정시켜 국가 재정을 확보하기 위해 조직하였다.
㉣ 마을의 노역, 혼례와 상장례, 마을 제사 등을 주관하는 농민 공동조직의 기능을 수행하였다.

① ㉠, ㉡
② ㉠, ㉣
③ ㉡, ㉣
④ ㉢, ㉣

05   0312   [2017. 경찰 1차]

고려 시대 사회 모습에 대한 설명으로 가장 적절하지 않은 것은?

① 개경, 서경 및 각 12목에는 상평창을 두어 물가의 안정을 꾀하였다.
② 향도는 고려 후기에 이르러 자신들의 이익을 위하여 조직되는 향도에서 점차 신앙적인 향도로 변모되었다.
③ 기금을 마련한 뒤 이자로 빈민을 구제하는 제위보가 설치되었다.
④ 귀양형을 받은 사람이 부모상을 당하였을 때에는 유형지에 도착하기 전에 7일간의 휴가를 주어 부모상을 치를 수 있도록 하였다.

SOLUTION

정답해설 ① 상평창은 993년(성종 12)에 처음 설치된 기관으로, 풍년에 곡물이 흔하면 값을 올려 사들이고, 흉년에 곡물이 귀하면 값을 내려 팔아 물가를 조절하였다.
③ 광종 때에는 기금을 마련한 뒤 이자로 빈민을 구제하는 제위보를 설치하였다(963). 고려 중기 이후 그 기능이 약화되었고, 1391년(공양왕 3) 관제를 축소 정비할 때 폐지되었다.
④ 고려 시대에는 귀양형을 받은 사람이 부모상을 당하였을 때에는 유형지에 도착하기 전에 7일간의 휴가를 주어 부모상을 치를 수 있도록 하였다. 또한 70세 이상의 노부모를 두고 봉양할 가족이 없을 때에는 형벌의 집행을 보류하기도 하였다.

오답피하기 ② 향도는 처음에는 불교 신앙 조직으로 시작되었으나 후기에는 자신들을 위하여 조직되는 향도로 변모해 마을 노역, 혼례와 상장례, 민속 신앙과 관련된 마을 제사 등 공동체 생활을 주도하는 농민 조직으로 발전하였다.

핵심개념   향도

기원	609년(진평왕 31)에 김유신을 중심으로 조직된 화랑도를 '용화향도'라고 지칭
개념	매향 활동을 하는 무리(매향 : 불교 신앙의 하나로, 미륵을 만나 구원받고자 향나무를 바닷가에 묻는 활동)
성격	불교 신앙 조직, 농민 공동 조직
활동 전기	매향 활동 + 대규모 인력이 동원되는 불상·석탑을 만들거나 절을 지을 때 주도적 역할(불교의 신앙 조직)
활동 후기	신앙적 향도에서 자신들의 이익을 위하여 조직되는 향도로 변모 (마을 노역, 혼례와 상장례, 민속 신앙과 관련된 마을 제사, 농민 공동체 조직) → 조선 시대 상여를 메는 상두꾼도 향도에서 유래
특징	지방의 신앙 공동체 + 불교와 함께 토속 신앙의 면모 + 불교와 풍수지리설의 융합된 모습

정답 ② 한정판 046p, 기본서 251p

---

06   0313   [2015. 법원직 9급]

다음의 형벌 제도가 시행되고 있던 시기의 사실로 가장 옳은 것은?

> - 감찰하는 관리 자신이 도적질하거나 감찰할 때에 재물을 받고 법을 어긴 자는 도형(徒刑)과 장형(杖刑)으로 논하지 말고 직전(職田)을 회수한 다음 귀향시킨다.
> - 승인(僧人)으로 사원의 미곡을 훔친 자는 귀향시켜 호적에 편제한다.
> - 관가의 물품을 무역한 자는 귀향형을 제외하고는 법에 따라 단죄한다.

① 노론과 소론의 대립으로 환국이 일어났다.
② 사위와 외손자에게도 음서의 혜택이 주어졌다.
③ 지방에서 성주, 장군이라 자칭한 세력이 일어났다.
④ 법전에 의해 형벌과 민사에 관한 사항을 규율하였다.

SOLUTION

자료분석 자료는 고려 시대의 특징적인 형벌 제도인 귀향형에 대한 내용이다. 이것은 '본관(本貫)'으로 돌려보낸다.'는 의미로 녹을 받는 관리가 공물을 훔쳤거나 뇌물을 받은 경우, 승려가 소속 사원의 미곡을 훔친 경우 등에 적용되었다. 이 경우 관리로서의 지위와 특권을 박탈, 자기의 본관으로 돌려보냈는데, 특수층에 대한 일종의 우대조처에 해당한다.

정답해설 ② 고려 시대에는 외가와 친가의 구별이 크지 않아 사위와 외손자에게까지 음서의 혜택이 있었으며, 공을 세운 사람은 부모는 물론 장인과 장모도 함께 상을 받았다.

오답피하기 ① 조선 후기 숙종 때에 이르러 정국을 주도하는 붕당과 견제하는 붕당이 서로 교체됨으로써 정국이 급격하게 전환하는 환국이 나타나기 시작하였다. 이로써 특정 붕당이 정권을 독점하는 일당 전제화의 추세가 대두되었다. 숙종 때 일어난 경신환국, 기사환국, 갑술환국에서는 서인과 남인이 격렬히 대립하였다.
③ 지방에서 성주, 장군이라 자칭한 세력(지방 호족)이 일어난 것은 신라 말이다.
④ 고려 시대에는 율령을 편집하는 일은 있었으나 국가적 차원에서 완전한 법전이 편찬되지는 않았다. 법전에 의해 형벌과 민사에 관한 사항을 규율한 것은 조선 시대 들어서의 일이다.

핵심개념   고려 시대의 법률

특징	· 당률을 참작한 71개조의 법률 시행 but 대부분의 경우 관습법을 따름 · 지방관의 사법권이 커서 중요 사건 이외에는 재량권 행사 가능
형벌	
중죄	반역죄, 불효죄 등
집행 보류	· 귀양형을 받은 자가 부모상을 당했을 시 7일 간의 휴가 부여 · 70세 이상의 노부모를 두고 봉양할 가족이 없을 때에는 형벌의 집행 보류
종류	태(매질), 장(곤장), 도(징역), 유(유배), 사(사형)의 5종 → 실형주의 원칙

정답 ② 한정판 046p, 기본서 252p

07 [2014. 지방직 7급]

고려 시대의 사회정책에 대한 설명으로 옳지 않은 것은?

① 상평창은 물가 조절기관으로서 곡식과 포의 가격이 내렸을 때 사들였다가 값이 오르면 싸게 내다 팔았다.
② 의창은 빈민을 도와줌으로써, 유교정치이념의 명분을 살림과 동시에 농업 재생산의 활동을 원만하게 하려는 사회정책의 일환으로 설치되었다.
③ 동·서 활인서는 유랑자의 수용과 구휼을 담당하였다.
④ 혜민국은 백성들의 의료를 맡아 시약(施藥)을 행하던 곳으로 고려 예종대에 설치되었다.

SOLUTION

정답해설 ① 상평창은 성종 때(993) 개경과 서경 및 12목에 설치한 물가 조절 기관이다. 풍년에 곡물이 흔하면 값을 올려 사들이고, 흉년에 곡물이 귀하면 값을 내려 팔아 물가를 조절하였다.
② 의창은 태조가 설치한 흑창을 성종 때(986) 개칭한 것이다. 이 기관은 평시에 곡물을 비축해두어 흉년에 빈민을 구제하는 역할을 했다.
④ 혜민국은 1112년(예종 7) 백성의 질병을 고치기 위하여 설치된 관서이다. 1391년(공양왕 3)에는 혜민전약국으로 개칭되었으며, 조선 시대의 혜민서로 이어졌다.

오답피하기 ③ 동·서 활인서는 조선 시대의 구호 기관이다. 고려 시대에는 가난한 백성이 의료 혜택을 받도록 개경에 동·서대비원을 설치하여 환자 진료 및 빈민 구휼을 담당하게 하였다. 이 대비원은 조선 초기인 1414년(태종 14) 활인원으로, 1466년(세조 12) 활인서로 개칭되었다.

핵심개념 상평창

> 성종 12년(993) 2월에 상평창을 양경과 12목에 설치하고 교서를 내리기를, "『한서』 식화지에 '천승(千乘)의 나라에는 반드시 천금(千金)의 돈을 가지고 있어서 그해가 풍년인지 흉년인지에 따라 곡식을 팔거나 사들이는 것을 행하는데, 민(民)에게 여유가 있으면 싼 값에 거두어들이고 민에게 부족함이 있으면 비싼 값으로 내어놓는다.'라고 하였다. 지금 이 법에 의거하여 시행하고 있는데, 천금을 현재의 가격으로 따지면, 금 1냥이 포 40필에 해당하므로 천금은 포 640,000필이 되고, 미(米)로 환산하면 128,000석이 된다. 그것을 반으로 나누면 64,000석이 되니, 5,000석을 개경으로 올려서 경시서에 맡겨 팔거나 사들이도록 하고, 대부시와 사헌대로 하여금 함께 그 출납을 관장하게 하도록 하라. 나머지 59,000석은 서경 및 주군의 창고 15개소에 나누어 서경은 분사 사헌대에 맡기고 주·군의 창고는 그 계수관의 관원에게 맡겨서 이를 관리하게 하여 이것으로써 가난하고 약한 사람들을 구제하도록 하라."라고 하였다.
>
> – 『고려사』 –

정답 ③ 한정판 046p, 기본서 252p

주제 058

03 | 중세의 경제

고려의 토지 제도

Check 대표 기출 1

01 0315 [2019. 국가직 9급]   회독 ○○○

(가) 토지 제도에 대한 설명으로 옳은 것은?

> 비로소 직관(職官)·산관(散官) 각 품(品)의 (가) 을/를 제정하였는데, 관품의 높고 낮은 것은 논하지 않고 다만 인품만 가지고 그 등급을 결정하였다.
> - 「고려사」-

① 고려의 건국과정에서 충성도와 공로에 따라 차등 지급되었다.
② 전임 관료와 현임 관료를 대상으로 경기지방에 한하여 지급하였다.
③ 산관이 지급 대상에서 제외되었으며 무반의 차별 대우가 개선되었다.
④ 4색 공복을 기준으로 문반, 무반, 잡업으로 나누어 지급 결수를 정하였다.

Check 대표 기출 2

02 0316 [2025. 서울시 9급 1차]   회독 ○○○

〈보기〉의 (가) ~ (다)에 대한 설명으로 가장 옳지 않은 것은?

> ─ 보기 ─
> (가) 경종 1년(976) 11월에 처음으로 직관과 산관 각 품의 전시과를 제정하였다.
> (나) 목종 1년(998) 12월에 문무 양반과 군인들의 전시과를 개정하였다.
> (다) 문종 30년(1076) 12월에 양반전시과를 경정하였다.

① (가)는 인품을 지급 기준으로 고려하였다.
② (나)는 산관이 지급 대상에서 완전히 제외되었다.
③ (다)는 (나)보다 무반에 대한 대우가 상승하였다.
④ (나)와 (다)는 지급 대상을 18과로 구분하였다.

SOLUTION   난이도 상 중 하

출제자의 눈 역분전과 각 시기 실시된 전시과들의 특징을 묻는 문제가 전형적이며 내장전, 공해전 등 각 토지의 특징을 묻는 단순 지식형 문제가 출제된다. 토지 제도의 사료를 제시하고 실시 시기를 순서대로 나열하는 문제도 자주 출제되기 때문에 사료의 키워드를 정확하게 파악하고 있어야 한다.

자료분석 자료의 (가)에 해당하는 토지 제도는 시정전시과이다. 비로소 '(가)'를 제정했다는 내용을 통해 경종 때 처음 시행된 시정전시과임을 알 수 있다. 사료에서는 시정전시과가 관품의 높고 낮은 것은 논하지 않고 인품만 가지고 그 등급을 결정하였다고 되어 있으나 실제로는 관품의 높고 낮음과 함께 인품을 기준으로 지급되었다.

정답해설 ④ 경종 때(976) 제정된 시정전시과는 광종 때 제정된 4색 공복(자·단·비·녹)을 기준으로 문반, 무반, 잡업으로 나누어 지급 결수를 정하였으며, 4색 공복(자·단·비·녹)의 4계층 가운데 자삼만 18등급으로 나뉘었다.

오답피하기 ① 고려의 건국 과정에서 충성도와 공로에 따라 차등 지급한 것은 태조 때의 역분전(940)이다.
② 전임 관료와 현임 관료를 대상으로 경기 지방에 한해 토지를 지급한 것은 과전법(1391, 공양왕)이다. 전시과는 전국의 토지를 대상으로 했다.
③ 산관이 지급 대상에서 제외되고 무반에 대한 차별 대우가 시정된 것은 문종 때(1076) 실시된 경정전시과이다.

정답 ④ 한정판 047p, 기본서 259p

SOLUTION   난이도 상 중 하

자료분석 자료의 (가)는 시정전시과, (나)는 개정전시과, (다)는 경정전시과에 해당한다.

정답해설 ① 시정전시과에서는 관품의 고하와 함께 인품을 반영하여 토지를 지급하였다.
③ 경정전시과는 무반에 대한 차별 대우를 시정하여 무반에게도 관직에 맞게 토지량을 지급하였다(무반이 같은 품계의 문반보다 토지 분급액이 많았다.).
④ 개정전시과와 경정전시과는 관품을 고려하여 18등급으로 구분해 토지를 지급하였다.

오답피하기 ② 산관(전직 관료)이 지급 대상에서 제외된 것은 경정전시과(다)이다. 개정전시과에서는 직관과 산관 모두 지급 대상이었으며, 산관보다 직관에게 더 많은 토지를 지급하였다.

정답 ② 한정판 047p, 기본서 259p

03 [2024. 국회직]

고려의 전시과 제도에 대한 설명으로 옳지 않은 것은?

① 지급한 토지의 권리는 소유권이 아니라 수조권이었다.
② 개정을 거듭하면서 등급별 지급 액수는 조금씩 늘어났다.
③ 전지(농지)뿐 아니라 땔감을 채취하는 시지도 함께 지급하였다.
④ 5품 이상의 고위 관리에게는 공음전을 따로 주는 경우가 있었다.
⑤ 토지를 받은 사람이 퇴임하면 나라에 반납하는 것이 원칙이었다.

04 [2022. 법원직 9급]

(가)~(라) 제도를 시행된 순서대로 바르게 나열한 것은?

> (가) 그 사람의 성품과 행동의 선악, 공로의 크고 작음을 참작하여 역분전을 차등 있게 주었다.
> (나) 문무의 백관으로부터 부병(府兵)과 한인(閑人)에 이르기까지 과(科)에 따라 받지 않은 자가 없었으며, 또한 과에 따라 땔나무를 베어낼 땅도 지급하였다.
> (다) 경기는 사방의 근본이니 마땅히 과전을 설치하여 사대부를 우대한다. 무릇 경성에 거주하여 왕실을 시위(侍衛)하는 자는 직위의 고하에 따라 과전을 받는다.
> (라) 경상도·전라도·충청도는 상등, 경기도·강원도·황해도 3도는 중등, 함길도·평안도는 하등으로 삼으며 …… 각 도의 등급과 토지 품질의 등급으로써 수세하는 수량을 정한다.

① (가) - (나) - (다) - (라)
② (가) - (나) - (라) - (다)
③ (나) - (가) - (다) - (라)
④ (나) - (다) - (라) - (가)

SOLUTION (03)

정답해설 ① 전시과 제도에 따라 지급한 토지의 권리는 토지에 대한 소유권이 아니라 조세를 수취할 수 있는 수조권이었다.
③ 전시과 제도에 따라 문무 관리로부터 군인, 한인에 이르기까지 18등급으로 나누어 곡물을 수취할 수 있는 전지와 땔감을 얻을 수 있는 시지를 주었다.
④ 공음전은 관리에게 보수로 주던 과전과 달리 문벌 귀족의 세습적인 경제적 기반이 되었다. 5품 이상의 관료가 되어야 받을 수 있었으며, 자손에게 세습할 수 있었다. 이는 음서제와 함께 귀족의 지위를 유지해 나갈 수 있는 기반이 되었다.
⑤ 전시과에 따라 지급된 토지는 관직 복무와 직역에 대한 대가이므로 원칙적으로 토지를 받은 자가 죽거나 관직에서 물러날 때는 토지를 국가에 반납하도록 하였다.

오답피하기 ② 전시과 제도에서의 등급별 전시 지급 액수는 시정전시과에서 개정전시과, 경정전시과로 갈수록 계속해서 감소하였다.

정답 ②

SOLUTION (04)

정답해설 (가) 역분전에 대한 내용이다. 후삼국을 통일한 태조 왕건은 후삼국 통일 과정에서 공을 세운 공신 및 군인 등을 대상으로 그들의 공로에 따라 차등을 두어 역분전을 지급하였다(940).
(나) 전시과에 대한 내용이다. 전시과는 경종 때 시정전시과(976), 목종 때 개정전시과(998), 문종 때 경정전시과(1076)가 제정되었다.
(다) 과전법에 대한 내용이다. 이성계 일파는 위화도 회군 이후 권문세족의 토지를 몰수하여 과전법을 시행함으로써 신진 사대부의 경제적 토대를 마련하였다(1391, 공양왕 3).
(라) 조선 세종 때 제정한 공법과 관련된 사료이다. 해당 내용은 공법의 수립 과정에서 나온 내용으로, 전품에 따라 전국을 3등도로 구분하고, 다시 각 등도를 종래의 전품에 따라 3등전으로 구분하여 세액을 정한 것이다. 그러나 반대가 심하여 이후 수정·보완을 통해 세종 26년(1444)에는 드디어 전분 6등, 연분 9등의 공법을 확정하였다. 해당 사료에 대해서 몰라도 조선 8도의 명칭을 통해 조선 시대 토지 제도라는 것을 쉽게 알 수 있다.

정답 ①

05 [2020. 국회직]

(가), (나)의 토지제도에 대한 설명으로 옳지 않은 것은?

> (가) 경종 원년(976) 11월 …… 관품의 높고 낮음은 논하지 않고 다만 인품만 가지고 등급을 정하였다.
> (나) 경기는 무릇 사방의 근본이니 마땅히 과전을 설치하여 사대부를 우대한다.

① (가) - 무인에 대한 차별대우가 사라졌다.
② (가) - 전지와 시지를 함께 지급하였다.
③ (나) - 수신전, 휼양전 등이 마련되었다.
④ (나) - 수조권을 지급하는 것이 원칙이었다.
⑤ (가), (나) - 전직 관리에게도 토지를 지급하였다.

06 [2019. 서울시 7급 1차]

〈보기〉는 고려의 토지제도에 대한 설명이다. (㉠)과 (㉡)에 들어갈 것으로 가장 옳게 짝지은 것은?

> ─ 보기 ─
> 5품 이상의 고위 관리에게는 (A)를 주어 자손에게 상속하게 하였다. 하급 관료의 자제 중 관직에 오르지 못한 사람에게는 (B)를 주고, 직업 군인에게는 군역의 대가로 (C)를 지급하였다. 직역을 계승할 자손이 없으면 국가에서는 토지를 회수하고 대신 유가족의 생활을 보호하기 위해 (㉠)을 지급하였다. 한편 왕실에는 왕실 경비를 충당하기 위해 (D)를 지급하였다. 중앙과 지방의 관청에는 (㉡)을 지급하였고, 사원에는 (E)를 지급하였다.

	㉠	㉡
①	구분전	공해전
②	민전	내장전
③	군인전	공해전
④	한인전	내장전

07 [2017. 서울시 9급]

고려시대 토지제도에 대한 설명으로 옳은 것은?

① 6품 이상의 관리는 전시과 이외에도 공음전을 받아 자손에게 물려줄 수 있었다.
② 전시과에서는 문무관리, 군인, 향리 등을 9등급으로 나누어 토지를 주었다.
③ 후삼국을 통일한 태조 왕건은 공신, 군인 등을 대상으로 그들의 공로에 따라 차등을 두어 역분전을 지급하였다.
④ 국가는 왕실 경비를 마련하기 위해서 공해전을 지급하였다.

08 [2016. 국가직 9급]

전시과 제도의 변천 과정을 나타낸 것이다. (가) 제도에 대한 〈보기〉의 설명으로 옳은 것만을 모두 고른 것은?

시정전시과 (경종 1년, 976) → 개정전시과 (목종 1년, 998) → (가) (문종 30년, 1076)

보기
㉠ 4색 공복을 기준으로 등급을 나누었다.
㉡ 산직(散職)이 전시의 지급 대상에서 배제되었다.
㉢ 등급별 전시의 지급 액수가 전보다 감소하였다.
㉣ 무반과 일반 군인에 대한 대우가 전반적으로 향상되었다.

① ㉠, ㉡
② ㉢, ㉣
③ ㉠, ㉡, ㉢
④ ㉡, ㉢, ㉣

SOLUTION (07)

정답해설 ③ 940년(태조 23) 고려 태조는 후삼국 통일에 공을 세운 조신, 군사 등에게 관계의 고하에 관계없이 인품과 공로에 기준을 두어 역분전을 지급했다.

오답피하기 ① 공음전은 5품 이상 관리에게 지급된 세습 가능한 토지였다. 관리에게 보수로 주던 과전과 달리, 문벌 귀족의 세습적인 경제 기반이 되었던 것은 공음전이었다. 공음전은 5품 이상의 관료가 되어야 받을 수 있는데, 자손에게 세습할 수 있었다.
② 전시과는 관리들을 18등급으로 나누어 토지를 분급했다. 국가는 문무 관리로부터 군인, 한인에 이르기까지 18등급으로 나누어 곡물을 수취할 수 있는 전지와 땔감을 얻을 수 있는 시지를 주었다.
④ 왕실의 경비 마련을 위한 토지는 내장전이다. 공해전은 관청의 경비를 충당하기 위한 토지였다.

핵심개념 고려 토지 제도의 변화

구분	특징
역분전 (태조, 940)	• 대상 : 개국 공신 • 기준 : 충성도·인품·선악과 공로(관품 X) • 특징 : 논공행상의 성격
시정전시과 (경종, 976)	• 대상 : 전직(산관) + 현직(직관) 관리 • 기준 : 관등(자·단·비·녹 4색 공복 기준) + 인품(주관적) • 특징 : 역분전의 성격 탈피 못함
개정전시과 (목종, 998)	• 대상 : 전직(산관) + 현직(직관) 관리 • 기준 : 관등 기준(인품 요소 배제) • 특징 - 18등급으로 나누어 지급 - 문반 > 무반, 직관 > 산관 - 군인전 규정, 한외과 항식 설치
경정전시과 (문종, 1076)	• 대상 : 현직 관리에게만 지급 • 기준 : 관등 기준 • 특징 - 무신에 대한 차별 대우 시정 - 한외과 폐지(18과 내로 흡수·편입)
녹과전 (원종, 1271)	• 배경 : 전시과 제도 붕괴, 국가 재정 악화 • 내용 : 경기 8현의 토지 대상, 관리 생계를 위해 일시적 지급

정답 ③ 한정판 047p, 기본서 257p

SOLUTION (08)

자료분석 자료의 (가)는 문종 대(1076)에 실시된 경정전시과이다.

정답해설 ㉡ 경정전시과는 귀족이나 관료들의 토지 독점과 세습이 심화되어 관료에게 줄 토지가 부족하게 되자 현직 관료에게만 수조권을 지급(산직이 지급 대상에서 배제)하도록 조정하였다.
㉢ 전시과 제도에서의 등급별 전시 지급 액수는 시정전시과에서 개정전시과, 경정전시과로 갈수록 계속해서 감소하였다.
㉣ 개정전시과에서는 문반을 무반보다 우대하는 경향이 있었으나 경정전시과는 무반에 대한 차별 대우를 시정하여 무반과 일반 군인에 대한 대우가 전반적으로 향상되었다.

오답피하기 ㉠ 시정전시과가 광종 때 제정된 자·단·비·녹의 4색 공복을 기준으로 등급을 나눠 전지와 시지를 지급했다.

정답 ④ 한정판 047p, 기본서 260p

09 [2015. 지방직 9급]

(가)~(다) 전시과에 대한 설명으로 옳은 것을 〈보기〉에서 모두 고른 것은?

	과	1	2	3	4	5	6	7	8	9	10	11	12	13	14	15	16	17	18
(가)	전지	110	105	100	95	90	85	80	75	70	65	60	55	50	45	42	39	36	32
(가)	시지	110	105	100	95	90	85	80	75	70	65	60	55	50	45	40	35	30	25
(나) 지급액수	전지	100	95	90	85	80	75	70	65	60	55	50	45	40	35	30	27	23	20
(나)	시지	70	65	60	55	50	45	40	35	33	30	25	22	20	15	10			
(다) (결)	전지	100	90	85	80	75	70	65	60	55	50	45	40	35	30	25	22	20	17
(다)	시지	50	45	40	35	30	27	24	21	18	15	12	10	8	5				

보기

㉠ (가) - 관품과 함께 인품도 고려되었다.
㉡ (나) - 한외과가 소멸되었다.
㉢ (다) - 승인과 지리업에게 별사전이 지급되었다.
㉣ (가)~(다) - 경기 8현에 한하여 지급되었다.

① ㉠, ㉡
② ㉠, ㉢
③ ㉡, ㉢
④ ㉢, ㉣

SOLUTION

자료분석 (가)는 시정전시과(경종, 976), (나)는 개정전시과(목종, 998), (다)는 경정전시과(문종, 1076)의 토지 분급 기준을 나타낸 것이다.

정답해설 ㉠ 시정전시과(976)는 관품의 높고 낮음과 함께 인품을 반영하여 토지를 지급하였기 때문에 운영에 문제가 있었다. 또한 무신 위주의 지급으로 역분전의 성격을 벗어나지 못하였다.
㉢ 경정전시과(1076)에서는 승직(僧職)·지리업자에게 별사전을 지급하였다. 별사전은 경정전시과에서 처음으로 제도화되었다.

오답피하기 ㉡ 한외과(限外科, 18과 이외의 과)는 경정전시과에서 폐지되었다. 한외과의 폐지는 이전까지 18과에 속하지 못하고 토지를 받던 계층이 모두 과내로 흡수되어 외형상 토지 분급 제도가 완성되었음을 보여준다.
㉣ 무신정변을 거치면서 농장 확대가 심화되고 전시과 제도가 완전히 붕괴되어 관리에게 토지를 지급할 수 없게 되었다. 이에 일시적으로 관리의 생계를 위하여 경기 8현의 토지를 현직 관리의 녹봉을 충당하기 위해서 녹과전으로 지급하였다.

정답 ② 한정판 047p, 기본서 259p

추가 기출 사료

녹과전 지급

원종 12년 2월에 도병마사가 아뢰기를, "근래 병란이 일어남으로 인해 창고가 비어서 백관의 녹봉을 지급하지 못하여 사인(士人)을 권면할 수 없었습니다. 청컨대 경기 8현을 품등에 따라 녹과전으로 지급하소서."라고 하였다.

－『고려사』－

주제 059 수취 제도와 경제 생활

03 | 중세의 경제

Check 대표 기출 1

01 0324 [2017. 국가직 9급 추가채용] 회독 ○○○

㉠~㉣에 대한 설명으로 옳지 않은 것은?

> 고려는 국가가 주도하여 산업을 재편하면서 ㉠경작지를 확대하고, ㉡상업과 수공업의 체제를 확립하여 안정된 경제 기반을 확보하였다. 또 ㉢수취 체제를 정비하면서 양전 사업을 실시하고 ㉣토지 제도를 정비하였다.

① ㉠ 농민이 황무지를 개간하면 일정 기간 소작료나 조세를 감면해 주었고, 여러 수리시설도 개축하였다.
② ㉡ 개경에 시전을 만들어 관영 점포를 열었고, 소는 생산한 물품을 일정하게 공물로 납부하였다.
③ ㉢ 국초부터 군현 단위로 20년마다 양전을 실시하여 1/10의 조세를 거두었다.
④ ㉣ 경종 때의 전시과 제도는 문무 관리의 지위와 직역, 인품에 따라 전지와 시지를 지급하였다.

Check 대표 기출 2

02 0325 [2022. 국가직 9급] 회독 ○○○

밑줄 친 '이 나라'의 경제 상황에 대한 설명으로 옳지 않은 것은?

> 이 나라에는 관리에게 정해진 면적의 토지에서 조세를 거둘 수 있는 권리를 나누어주는 전시과라는 제도가 있었다. 농민은 소를 이용해 깊이갈이를 하기도 했으며, 시비법의 발달로 휴경지가 점차 줄어들었다. 밭농사는 2년 3작의 윤작법이 점차 보급되었다. 이 나라의 말기에는 직파법 대신 이앙법이 남부 지방 일부에 보급될 정도로 논농사에 변화가 나타났다. 또한 이암에 의해 중국 농서인 『농상집요』도 소개되었다.

① 재정을 운영하는 관청으로 삼사를 두었다.
② 공물 부과 기준이 가호에서 토지로 바뀌었다.
③ 생산량의 10분의 1에 해당하는 조세를 거두었다.
④ '소'라는 행정구역의 주민이 국가에서 필요로 하는 물품을 생산하였다.

SOLUTION 난이도 상 중 하

출제자의 눈 고려 시대 경제에 대한 총괄적인 내용을 묻는 단순 서술형 문제. 조운 제도, 고려 시대 농업 기술의 발달 사실을 조선 전기, 조선 후기와 비교하는 문제가 빈출된다. 특히 고려 시대의 관영 상점과 관련된 사실은 고려 시대 뿐아니라 타 시대의 경제 문제에서도 오답 선지로 자주 활용되고 있다.

정답해설 ① 고려는 개간을 장려하기 위해 황폐해진 토지인 진전을 개간할 때 주인이 있으면 소작료를 감면해 주고, 주인이 없으면 개간한 사람의 토지로 인정해주었다. 한편 수리 시설의 발달도 이루어졌다. 김제의 벽골제와 밀양의 수산제가 개축되었으며, 소규모의 저수지도 확충되었다.
② 고려 시대에는 개경, 서경(평양), 동경(경주) 등 대도시에는 관청의 수공업장에서 생산한 물품을 판매하는 서적점, 약점과 술, 차 등을 파는 주점, 다점 등 관영 상점을 두기도 하였다. 소(所)는 고려 시대의 특수 행정 구역으로 먹, 종이, 금, 은 등 수공업 제품을 생산하여 공물로 납부하였다.
④ 경종 때 실시된 시정전시과는 관품의 높고 낮음과 함께 인품을 반영해 토지를 지급하였다.

오답피하기 ③ 20년마다 양전을 실시하여 1/10을 조세로 거둔 것은 조선이다. 『경국대전』에서 『대전회통』에 이르기까지 법제상으로는 20년에 한 번씩 양전을 실시하고, 이에 따라 새로 양안(量案)을 3부씩 작성하여 호조와 해당 도·읍에 각각 보관하도록 규정되어 있었다. 고려 시대에도 양전을 실시하긴 했지만 조선과 같이 법제적으로 20년이라는 주기를 정한 것은 아닐 것으로 추측된다.

정답 ③ 한정판 048p, 기본서 262p

SOLUTION 난이도 상 중 하

자료분석 전시과 제도를 시행하였다는 점과 시비법의 발달로 휴경지가 감소했다는 점, 2년 3작의 윤작법이 점차 보급되었다는 점, 이앙법이 남부 지방 일부에 보급될 정도로 논농사에 변화가 나타났다는 점 등을 통해 고려 시대의 경제 상황임을 알 수 있다.

정답해설 ① 고려 시대의 삼사는 화폐와 곡식의 출납에 대한 회계를 맡았다.
③ 고려 시대에 조세는 토지를 논과 밭으로 나누고, 비옥한 정도에 따라 3등급으로 나누어 부과하였으며, 거두는 양은 생산량의 10분의 1이었다.
④ 고려 시대 소(所)에서는 먹, 종이, 금, 은 등 수공업 제품을 생산하여 공물로 바치게 하였다.

오답피하기 ② 공물 부과 기준이 가호에서 토지로 바뀐 것은 조선 시대 대동법에 대한 설명이다. 대동법은 집집마다 부과하여 토산물을 징수하던 공물 납부 방식을 토지의 결수에 따라 쌀, 삼베나 무명, 동전 등으로 납부하게 하는 제도였다.

핵심개념 고려 시대의 농업 발달

- 소를 이용한 깊이갈이(심경법) 일반화
- 시비법의 발달 : 녹비법 + 퇴비법 → 휴경지 감소
- 밭농사 : 2년 3작 윤작법 보급
- 논농사 : 고려 말 남부 지방 일부에 이앙법(모내기법) 보급
- 고려 후기(충정왕)에 이암이 원의 『농상집요』 소개
- 공민왕 때 문익점이 원으로부터 목화 전래

정답 ② 한정판 048p, 기본서 264p

주제 060

03 | 중세의 경제

화폐 주조와 대외 무역

Check 대표 기출 1

01 0326 [2017. 국가직 9급] 회독 ○○○

다음에서 설명하는 화폐가 사용된 시기의 경제 상황으로 옳은 것은?

> 초기에는 은 1근으로 우리나라 지형을 본떠 만들었는데 그 가치는 포목 100필에 해당하는 고액이었다. 주로 외국과의 교역에 사용되었으며 후에 은의 조달이 힘들어지고 동을 혼합한 위조가 성행하자, 크기를 축소한 소은병을 만들었다.

① 이앙법이 전국적으로 보급되었다.
② 책, 차 등을 파는 관영상점을 두었다.
③ 동시전이 설치되어 시장을 감독하였다.
④ 청해진이 설치되어 무역권을 장악하였다.

Check 대표 기출 2

02 0327 [2019. 소방간부] 회독 ○○○

다음 정책을 실시한 국가의 경제 상황으로 옳은 것은?

> 목종 5년 7월, 왕이 다음과 같이 하교하였다. "…(중략)… 농사에 힘쓰게 하려는 마음을 가지고 철전 통용의 길을 막으려 한다. 차(茶)나 술, 음식 등을 파는 각종 상점들에서 매매하는 데는 이전과 같이 돈을 쓰게 하고 그 이외에 백성들이 자기네끼리 매매하는 데는 토산물을 마음대로 쓰도록 할 것이다."

① 토지 소유자에게 지계를 발급하였다.
② 시전 상인의 금난전권을 폐지하였다.
③ 호포제에 따라 양반에게도 군포를 징수하였다.
④ 대동법을 시행하여 공인이 관청에 물품을 조달하였다.
⑤ 소(所)의 주민이 국가에 필요한 물품을 생산하여 공물로 바쳤다.

SOLUTION 난이도 상 중 하

출제자의 눈 고려와 조선의 화폐를 구분하는 문제, 왕대사와 연결된 문제 등이 출제된다. 대외 무역 파트에서는 고려의 국제 무역항 벽란도와 각 국가와의 수출, 수입품에 주목하자. 국가별로 수출 품목과 수입 품목을 바꾸어 함정을 파는 문제가 종종 출제된다.

자료분석 자료는 고려 시대 화폐 은병과 관련된 내용이다. 은병은 고려 숙종 대에 제작되었으며, 소은병은 충혜왕 때 제작되었다.

정답해설 ② 고려 시대에는 개경, 서경(평양), 동경(경주) 등 대도시에는 관청의 수공업장에서 생산한 물품을 판매하는 서적점, 약점과 술, 차 등을 파는 주점, 다점 등 관영 상점을 두기도 하였다.

오답피하기 ① 이앙법(모내기)은 조선 후기 전국적으로 보급되었다.
③ 6세기 초 신라 지증왕 때 시장을 감독하는 관청인 동시전을 설치(509)하였다.
④ 청해진은 장보고가 해상권을 장악하고 중국·일본과 무역하던 곳으로, 통일신라 흥덕왕(828) 대에 설치되었다.

핵심개념 은병(활구)

> 숙종 때는 금속화폐로서 동전뿐 아니라 도주(盜鑄)하는 폐단을 바로잡기 위해 법정화로서 고액 화폐인 은병도 주조하였다. 은병은 은 1근으로 만들었으며, 우리나라의 지형을 본떠 만들었기 때문에 활구(闊口)라고 부르기도 하였다. 은병이 고액의 화폐로 사용되면서 사사로이 은에 동(銅)을 섞는 폐단이 생기자 충혜왕 원년(1331)에 이 폐단을 없애기 위해 크기를 줄이고 화폐 가치를 반으로 낮춘 소은병을 제작하였다.

▲ 은병(활구)

정답 ② 한정판 048p, 기본서 270p

SOLUTION 난이도 상 중 하

자료분석 자료는 고려 시대의 화폐와 관련된 사료이다. 목종(고려의 제7대 국왕), 철전(건원중보) 통용 등의 내용을 통해 이를 알 수 있다.

정답해설 ⑤ 고려 시대의 수공업은 관청에 기술자를 소속시켜 무기, 비단 등 왕실과 국가에서 필요로 하는 물품을 생산하는 형태였으며, 민간 기술자나 일반 농민을 동원하여 생산을 보조하게 하였다. 특수 행정 구역인 소(所)에서도 먹, 종이, 금, 은 등 수공업 제품을 생산하여 공물로 바치게 하였다.

오답피하기 ① 토지 소유자에게 '지계'라는 토지 소유권 증명서를 발급한 것은 대한 제국 시기이다.
② 육의전을 제외한 시전 상인의 금난전권을 폐지(1791, 신해통공)한 것은 조선 후기 정조 때의 일이다.
③ 호포제는 조선 말 흥선 대원군 집권기에 실시되었다. 흥선 대원군은 상민에게만 받던 군포를 반상에 구분 없이 가호에 부과하여 양반들에게도 군포를 징수하는 호포법을 실시하였다.
④ 대동법은 조선 시대 광해군 대(1608)에 실시된 수취 제도이다. 이 제도는 집집마다 부과하여 토산물을 징수하던 공물 납부 방식을 토지의 결수에 따라 쌀, 삼베나 무명, 동전 등으로 납부하게 하는 제도였다.

정답 ⑤ 한정판 048p, 기본서 270p

03 [2024. 국가직 9급]

고려의 경제 상황에 대한 설명으로 옳은 것은?

① 진대법이라는 구휼 제도를 시행하였다.
② 건원중보가 발행되었으나 널리 이용되지 못하였다.
③ 광산 경영 방식에서 덕대제가 유행하기 시작하였다.
④ 전통적 농업 기술을 정리한 『농사직설』이 편찬되었다.

04 [2018. 서울시 9급 일행]

고려시대의 경제생활에 대한 설명으로 옳은 것을 〈보기〉에서 모두 고른 것은?

─ 보기 ─
㉠ 성종은 건원중보를 만들어 전국적으로 사용하게 하려 했으나 성공하지 못하였다.
㉡ 고려후기 관청수공업이 쇠퇴하면서 민간수공업이 발달하였다.
㉢ 예성강 어귀의 벽란도는 고려의 국제무역항이었다.
㉣ 원간섭기에는 원의 지폐인 보초가 들어와 유통되기도 하였다.

① ㉠, ㉡, ㉢
② ㉠, ㉢, ㉣
③ ㉡, ㉢, ㉣
④ ㉠, ㉡, ㉢, ㉣

SOLUTION (03)

정답해설 ② 고려는 성종 때 철전인 건원중보를 만들었고, 숙종 때에는 삼한통보, 해동통보, 해동중보 등의 동전과 활구(은병)라는 은전을 만들었으나, 널리 유통되지는 못하였다.

오답피하기 ① 고구려는 2세기 후반 고국천왕 때 을파소를 국상으로 임명하여 농민 생활의 안정을 위해 춘대추납 제도인 진대법을 실시하였다.
③ 조선 후기의 모습이다. 조선 후기의 광산 경영은 경영 전문가인 덕대가 대개 상인 물주에게 자본을 조달받아 채굴업자와 채굴 노동자, 제련 노동자 등을 고용하여 광물을 채굴·제련하는 것이 일반적이었다.
④ 『농사직설』은 조선 전기 세종 때의 문신인 정초, 변효문 등이 1429년(세종 11) 편찬한 농서이다. 실제 농민들의 농사 경험을 바탕으로 씨앗의 저장법, 토질의 개량법, 모내기법 등이 정리되어 있다.

정답 ② 한정판 048p, 기본서 270p

SOLUTION (04)

정답해설 ㉠ 고려 성종 때에는 철전인 건원중보를 만들었으나 널리 이용되지는 못하였다.
㉡ 고려 전기에는 관청 수공업과 소 수공업이 주를 이루었으나 후기에는 민간 수공업과 사원 수공업이 발달하였다.
㉢ 고려 시대에는 국내 상업이 발전하면서 송과 요 등 외국과의 무역도 활발해졌다. 특히 예성강 어귀의 벽란도는 중국, 일본, 아라비아 상인들이 드나드는 국제적인 무역항으로 번성하였다.
㉣ 원 간섭기에는 원 화폐(지원보초, 중통보초)가 들어와 유통되기도 하였다.

심화개념 원 화폐의 유입

원 간섭기에는 원의 지폐인 보초가 들어와 유통되기도 하였다. 원은 원 세조 때부터 지폐 전용책을 추진하면서 중통보초·지원보초 등을 만들어 유통시켰는데, 이것이 고려에도 유입되어 사용되었다. 특히 고려 왕실의 원나라 왕래나 사신 파견 등의 소요경비로 많이 사용됨으로써 다시 원나라로 흘러들어가 유통되기도 하였다.

정답 ④ 한정판 048p, 기본서 270p

주제 061

04 | 중세의 문화
유학의 발달 및 관리 등용 제도

Check 대표 기출 1

01 0330 [2019. 국가직 7급]　　회독 ○○○

㉠에 들어갈 인물에 대한 설명으로 옳은 것은?

> ㉠ 는(은) 원에서 크게 성행하고 있었던 성리학을 국내에 소개하였으며, 중국 강남에 사람을 보내 공자와 제자들의 초상화 및 문묘에서 사용할 제기와 서적 등을 구해 오게 하였다.

① 최초의 성리학 입문서인 『학자지남도』를 편찬하였다.
② 충선왕이 세운 만권당에서 원의 학자들과 교류하였다.
③ 원의 과거에 급제하고 돌아와 성균관을 중심으로 성리학을 확산시켰다.
④ 이 인물을 배향하기 위해 설립된 서원은 뒤에 조선 최초의 사액서원이 되었다.

Check 대표 기출 2

02 0331 [2020. 법원직 9급]　　회독 ○○○

다음 자료와 관련된 고려 정부의 대응으로 가장 옳은 것은?

> 최충이 후진들을 모아 열심히 교육하니, 유생과 평민이 그의 집과 마을에 차고 넘치게 되었다. 마침내 9재로 나누었다. …… 이를 시중 최공의 도라고 불렀다. 의관자제로서 과거에 응시하려는 자들은 반드시 먼저 이 도에 속하여 공부하였다. …… 세상에서 12도라고 일컬었는데, 최충의 도가 가장 성하였다.

① 원으로부터 성리학을 수용하였다.
② 주자가례와 소학을 널리 보급하였다.
③ 국학에 처음으로 양현고를 설치하였다.
④ 만권당을 짓고 유명한 학자들을 초청하였다.

SOLUTION　　난이도 상 중 하

출제자의 눈 최충, 김부식, 안향, 이색, 이제현 등 고려 시대 유학자들의 인물사 문제가 주류를 이룬다. 고려의 관리 등용 제도는 깊이 있는 문제보다 개념 위주의 평이한 내용들이 출제되고 있다.

자료분석 ㉠에 해당하는 인물은 안향이다. 성리학을 국내에 소개했다는 내용을 통해 이를 알 수 있다.

정답해설 ④ 조선 중종 때 풍기군수로 부임한 주세붕이 이곳 출신 유학자인 안향을 배향하기 위해 백운동 서원을 건립하였다. 이 서원은 명종 때 이황의 건의로 조선 최초의 사액 서원(소수서원)이 되었다.

오답피하기 ① 정도전에 대한 설명이다. 정도전은 이기론(理氣論)에 대한 해박한 지식을 바탕으로 불교를 비판하였고, 『학자지남도』 같은 성리학 입문서를 저술하기도 하였다.
② 이제현에 대한 설명이다. 그는 만권당에 출입한 조맹부, 요수, 염복, 원명선 등 한족(漢族) 출신 문인들과 접촉을 자주 갖고 학문과 식견을 넓힐 수 있었다.
③ 이색에 대한 설명이다. 이색은 원나라에 가서 1354년 원의 과거에 급제하였고, 귀국 후 1367년(공민왕 16)에는 중영(重營)된 성균관의 교육 부흥과 관련하여 판개성부사 겸 성균대사성에 임명되어 성리학의 보급과 발전에 공헌하였다.

정답 ④　한정판 049p, 기본서 276p

SOLUTION　　난이도 상 중 하

자료분석 자료는 고려 중기에 최충의 문헌공도를 비롯한 사학 12도가 융성하였음을 보여준다. 따라서 사학의 융성에 따른 고려 정부의 관학 진흥책을 찾아야 한다.

정답해설 ③ 예종 때에는 양현고라는 장학 재단을 두어 관학의 경제 기반을 강화하였다.

오답피하기 ① 원으로부터 성리학을 수용한 것은 충렬왕 때의 사실로 관학 진흥책과는 거리가 멀다.
② 고려 후기 신진 사대부들은 성리학의 형이상학적 측면보다 일상 생활과 관계 있는 실천적 기능을 강조하였다. 따라서 유교적인 생활 관습을 시행하고자 소학과 주자가례를 중시하고, 권문세족과 불교의 폐단을 비판하였다.
④ 충선왕은 아들(충숙왕)에게 왕위를 물려주고 원의 연경으로 건너가 만권당이라는 연구 기관을 설립하여 원의 조맹부, 고려의 이제현 등 당대의 일류 학자들을 모아 서로 교류하게 하였다.

※ ①, ②, ④는 모두 고려 정부의 관학 진흥책과는 거리가 먼 내용들이다.

핵심개념 고려의 관학 진흥책

숙종	• 국자감에 서적포 설치 → 서적 간행 활성화
예종	• 국자감(국학)에 7재(전문 강좌) 설치 • 국자감에 양현고(장학 재단) 설치, 청연각, 보문각 설치
인종	• 경사 6학 정비, 향교 정비
충렬왕	• 섬학전 설치(양현고의 부실을 보충하기 위한 교육 재단) • 경사교수도감 설치(경전과 역사 장려)
공민왕	• 성균관을 순수한 유교 교육 기관으로 개편, 유교 교육 강화

정답 ③　한정판 049p, 기본서 282p

03 [2022. 서울시 9급 1차]

〈보기〉에서 이름과 활동을 옳게 짝지은 것은?

― 보기 ―
ㄱ. 이제현 – 만권당에서 원의 학자들과 교류하였다.
ㄴ. 안향 – 공민왕이 중영한 성균관의 대사성이 되었다.
ㄷ. 이색 – 충렬왕 때 고려에 성리학을 본격적으로 소개하였다.
ㄹ. 정몽주 – 역사서『사략』을 저술하였다.

① ㄱ ② ㄴ ③ ㄷ ④ ㄹ

04 [2021. 국가직 9급]

밑줄 친 '유학자'에 대한 설명으로 옳은 것은?

> 풍기군수 주세붕은 고려 시대 <u>유학자</u>의 고향인 경상도 순흥면 백운동에 회헌사(晦軒祠)를 세우고, 1543년에 교육시설을 더해서 백운동 서원을 건립하였다.

① 해주향약을 보급하였다.
② 원 간섭기에 성리학을 국내로 소개하였다.
③『성학십도』를 저술하여 경연에서 강의하였다.
④ 일본의 동정을 담은『해동제국기』를 저술하였다.

SOLUTION (03)

정답해설 ① 이제현은 1314년 원으로 가 충선왕이 세운 만권당에서 약 10년 동안 원의 학자들과 교류하며 성리학을 연구하였다.

오답피하기 ② 이색은 원의 과거에 급제하고 돌아와 공민왕 때 성균관 대사성에 임명되었으며, 정몽주, 권근, 정도전 등을 가르쳐 성리학을 확산시켰다.
③ 안향은 충렬왕 때 원으로부터 성리학을 도입하였으며, 성균관에 문묘를 새로 짓는 등 성균관 부흥에 중요한 역할을 하여 '동방의 주자'라고 불렸다.
④『사략』은 이제현이 고려 태조에서 숙종 때까지 왕의 치적을 정리한 사서로, 지금은 사략에 실렸던 사론(史論)만 남아 있다.

핵심개념 목은 이색(1328~1396)
- 1348년(충목왕4) 원에 가서 국자감의 생원이 되어 성리학 연구
- 1354년 원에서 과거 급제
- 1361년 홍건적의 침입으로 왕이 남행할 때 호종해 1등 공신이 됨
- 1367년(공민왕16) 성균관 대사성에 임명됨
- 1388년 철령위 문제가 일어나자 화평 주장
- 1392년 정몽주가 피살되자 이에 연루되어 금주(서울 금천구 시흥)로 추방
- 1395년(태조4)에 한산백에 봉해지고, 이성계의 출사 종용이 있었으나 끝내 고사하고 이듬해 여강으로 가던 도중 사망

정답 ①

추가 기출 사료 – 이제현의 입성책동 반대 상소

> 지금 들으니 원나라 조정에서 우리나라에 행성(行省)을 설치하여 중국의 다른 지방과 같은 행정 구역으로 만든다고 합니다. 만일 그것이 사실이라면 우리나라의 공로는 막론하고라도 세조(世祖) 황제의 조서(詔書)는 어떻게 할 것입니까? ……(중략)…… 폐하의 조서는 실로 온 세상 사람의 복인데 유독 우리나라의 일에 대해서만 세조 황제의 조서를 따르지 않을 수 있겠습니까? ……(하략)……
> ―『고려사』―

SOLUTION (04)

자료분석 자료의 밑줄 친 '유학자'에 해당하는 인물은 안향이다. 조선 중종 때 풍기 군수 주세붕은 안향을 추모하기 위해 백운동 서원을 건립하였다.

정답해설 ② 안향은 고려 충렬왕 때 성리학을 국내에 소개한 인물이다.

오답피하기 ① 이이는 은퇴하여 해주에 살면서 해주향약을 만들었다. 이후 영·정조에 이르기까지 각지에서 실시된 향약은 이를 모범으로 삼았다.
③『성학십도』를 집필한 인물은 퇴계 이황이다. 이황은『성학십도』에서 군주 스스로가 성학을 따를 것을 10개의 도식으로 설명하였다.
④『해동제국기』는 세종 때 일본에 다녀온 신숙주가 1471년(성종 2) 왕명을 받아 그가 관찰한 일본의 정치, 사회, 풍속, 지리 등을 종합적으로 정리·기록한 책(견문기)이다.

핵심개념 회헌 안향(1243~1306)
- 충렬왕 때 원나라에서 성리학 도입
- 1260년(원종1) 문과 급제
- 1289년 충렬왕을 호종하여 원에 가서 주자서를 손수 베끼고 공자와 주자의 화상을 그려 가지고 이듬해 귀국
- 1303년 김문정을 중국에 보내 공자와 70제자의 화상, 그리고 문묘에서 사용할 제기·악기 및 육경·제자·사서·주자서 등을 구해오게 함
- 1304년 섬학전 설치 건의
- 성균관에 문묘를 새로 짓는 등 성균관 부흥에 중요한 역할을 하여 '동방의 주자'라고 불림

정답 ②

05 0334 [2019. 계리직]

(가)인물에 대한 설명으로 옳은 것은?

> [(가)]은/는 학교가 날로 쇠하자 이를 근심하여 양부(兩府)와 의론하기를, "재상의 직무는 인재를 교육하는 것보다 먼저 함이 없거늘 지금 양현고가 고갈되어 선비를 기를 것이 없습니다. 청컨대 6품 이상은 각각 은 1근을 내게 하고 7품 이하는 포를 차등 있게 내도록 하여 이를 양현고에 돌려 본전은 두고 이자만 취하여 섬학전으로 삼아야 합니다."라고 하였다. 양부가 이를 좇아 아뢰자, 왕이 내고(內庫)의 전곡을 내어 도왔다. … (중략) … 만년에는 항상 회암 선생의 초상을 걸고 경모(景慕)하였다.
>
> - 『고려사』 -

① 송악산 아래 자하동에서 학당을 마련하여 9재로 나누고 각각 전문 강좌를 개설했으며 해동공자로 칭송받았다.
② 『주자가례』를 도입하여 집에 가묘를 세워 조상의 위패를 모시고 제사를 지냈으며 동방이학의 비조로 불렸다.
③ 원의 수도 만권당에서 중국의 문인들과 교류하면서 성리학에 대한 이해를 하였으며 『익재집』, 『역옹패설』을 저술하였다.
④ 원에서 공자 및 제자 70인의 초상을 그려오게 하고 궁궐 안의 학문 기관에서 생도들에게 경사(經史)를 가르치게 하여 성리학을 널리 전하고자 하였다.

06 0335 [2015. 지방직 9급]

밑줄 친 '그'에 대한 설명으로 옳은 것은?

> 그는 송악산 아래의 자하동에 학당을 마련하여 낙성(樂聖), 대중(大中), 성명(誠明), 경업(敬業), 조도(造道), 솔성(率性), 진덕(進德), 대화(大和), 대빙(待聘) 등의 9재(齋)로 나누고 각각 전문 강좌를 개설토록 하였다. 그리하여 당시 과거 보려는 자제들은 반드시 먼저 그의 학도로 입학하여 공부하는 것이 상례로 되었다.

① 9경과 3사를 중심으로 교육하였다.
② 유교적 합리주의 사관에 기초하여 『삼국사기』를 편찬하였다.
③ 유교 사상을 치국의 근본으로 삼아 시무 28조의 개혁안을 올렸다.
④ 『소학』과 『주자가례』를 중시하고 권문세족과 불교의 폐단을 비판하였다.

SOLUTION (05)

자료분석 자료의 (가)에 해당하는 인물은 안향으로, 섬학전 설치를 건의하는 내용이다. 충렬왕 때에는 안향의 건의에 따라 양현고의 부실을 보충하기 위하여 교육 재단으로 섬학전을 설치하였다.

정답해설 ④ 안향은 양현고의 이자로 학교를 운영하고 남은 돈을 박사(博士) 김문정 등에게 주고 이들을 중국으로 보내어 공자 및 제자 70명의 초상을 그려오게 하고 아울러 제기(祭器), 악기, 6경, 제자사서를 구하여 오도록 하였다.

오답피하기 ① 최충에 대한 설명이다. 최충은 1055년(문종 9) 벼슬에서 은퇴한 후 후진 양성을 위해 9재학당(문헌공도)을 설립하였다.
② 정몽주에 대한 설명이다. 그는 『주자가례』에 따라 삼년상을 실행했으며, 성리학에 대한 조예가 깊어 그의 스승이었던 이색은 그를 '동방 이학의 원조(비조)'라고 표현하였다.
③ 이제현에 대한 설명이다. 그는 원나라 연경에 설립된 만권당에서 원의 학자(조맹부)들과 교류하면서 성리학 관련 서적을 구해와 이해를 심화하였다. 그는 귀국한 후에 이색 등에게 영향을 주어 성리학 전파에 이바지하였다.

심화개념 '동방 이학의 원조(비조)'라 불린 정몽주

> 이색이 그를 자주 칭찬하여 말하기를, "정몽주가 이학(理學)을 논하는 것은 횡설수설하는 것도 이치에 맞지 않은 것이 없다."라고 하면서, '우리나라 성리학의 조종[東方理學之祖]'이라고 추앙하였다.
>
> - 『고려사』 -

정답 ④ 한정판 049p, 기본서 276p

SOLUTION (06)

자료분석 자료의 밑줄 친 '그'는 최충이다. 9재(齋, 낙성·대중·성명·경업·조도·솔성·진덕·대화·대빙)로 나누어진 전문 강좌라는 부분을 통해 최충의 9재 학당(문헌공도)과 관련된 내용임을 알 수 있다. 9재 학당은 과거 지망생들이 많이 모여들어 과거 응시를 위한 예비 학교적 성격을 띠게 되었다.

정답해설 ① 최충의 9재 학당에서는 9경(九經, 유교 경전)·3사(三史, 역사)와 제술을 주로 하고, 매년 여름에는 하기강습회인 하과(夏課 : 일종의 여름 방학 특강)를 개설하였다.

오답피하기 ② 『삼국사기』는 1145년(인종 23) 김부식이 저술한 기전체 사서이다.
③ 『시무 28조』는 982년(성종 1) 최승로가 성종에게 올린 개혁안이다.
④ 『소학』과 『주자가례』를 중시한 것은 고려 말 신진사대부이다(최충은 고려 전기의 인물이다.). 『소학』은 아동들에게 유학을 가르치기 위해 만든 수신서이며, 『주자가례』는 주자가 가정에서 지켜야 할 예법에 관해 저술한 책이다.

핵심개념 최충(984~1068)

- 목종 때 문과에 장원으로 급제
- 현종 때 『7대 실록』 편찬에 참여
- 문종 때 문하시중 역임 → 은퇴 후 문헌공도 설립(사학의 융성)
- 해동공자라는 칭송을 들었으며, 고려의 유학을 한 차원 높임

정답 ① 한정판 049p, 기본서 275p

07 0336 [2015. 기상직 9급]

㉠, ㉡에 대한 설명으로 옳지 않은 것은?

> ㉠ 고려는 왕권을 강화할 목적으로 958년에 처음으로 과거를 실시하고 관리를 등용하였다.
> ㉡ 고려의 음서는 가문을 기준으로 관리의 후보자를 선발하였는데, 이는 관료 체계의 귀족적 특성을 보여준다.

① ㉠을 통해 지공거와 합격자는 좌주와 문생이 되었다.
② ㉠은 시험 과목에 따라 제술업, 명경업, 잡업 등으로 구분하였다.
③ 왕실 및 공신의 후손, 5품 이상 관원의 자손은 ㉡의 혜택을 받았다.
④ ㉡을 통해 관직에 오른 사람은 제술업을 거쳐야 고관으로 승진할 수 있었다.

SOLUTION

난이도 상 중 하

자료분석 ㉠은 광종 때 실시된 과거제, ㉡은 음서에 대한 설명이다.

정답해설 ① 과거 합격자는 문생이라 하는데, 시험관(지공거)인 좌주와의 결속을 강화하여 그들의 도움으로 쉽게 관직에 진출할 수 있었다.
② 고려 시대의 과거는 문과(제술업, 명경업), 승과(교종시, 선종시), 잡과로 구분되었으며, 무과는 거의 시행하지 않았다.
③ 고려 시대에는 공신과 종실의 자손, 5품 이상의 고위 관료의 자손 등은 과거를 거치지 않고도 관료가 될 수 있는 음서의 혜택을 받아 관료로서의 지위를 세습하기도 하였다. 이는 고려의 관료 체제가 귀족적 특성을 지녔음을 보여 주는 것이다.

오답피하기 ④ 음서는 5품 이상 고위 관료의 자제 등이 과거를 거치지 않고 관직에 나갈 수 있는 특권으로, 이를 통해 관직에 진출한 사람들에 대해 특별히 승진 제한을 두지는 않았다(but 문한직에는 취임 X). 고려 시대에는 공신과 종실의 자손 외에도 5품 이상 관료의 아들, 손자, 사위, 동생, 조카 등에게도 음서의 혜택을 주었다.

핵심개념 고려의 음서 제도

성립	기록은 목종 but 성종 대부터 실시 추정
개념	공신과 종실의 자손, 5품 이상의 고위 관료의 자손 등이 과거를 거치지 않고 관료가 될 수 있는 제도
범위	공신과 종실의 자손, 5품 이상 관료의 아들, 손자, 사위, 외손자, 동생, 조카 등
특징	• 음서 연령은 18세 이상으로 규정되어 있지만 10세 미만의 경우도 多 • 관직 승진의 제한 없음(but 문한직에는 취임 X)

정답 ④ 한정판 051p, 기본서 284p

주제 062

04 | 중세의 문화

역사서의 편찬

Check 대표 기출 1

01 0337 [2021. 지방직 9급]   회독 ○○○

다음 내용의 역사서에 대한 설명으로 옳은 것은?

> 왕께서는 "우리나라 사람들은 유교 경전과 중국 역사에 대해서는 자세히 말하는 사람이 있으나 우리나라의 사실에 이르러서는 잘 알지 못하니 매우 유감이다. 중국 역사서에 우리 삼국의 열전이 있지만 상세하게 실리지 않았다. 또한, 삼국의 고기(古記)는 문체가 거칠고 졸렬하며 빠진 부분이 많으므로, 이런 까닭에 임금의 선과 악, 신하의 충과 사악, 국가의 안위 등에 관한 것을 다 드러내어 그로써 후세에 권계(勸戒)를 보이지 못했다. 마땅히 일관된 역사를 완성하고 만대에 물려주어 해와 별처럼 빛나도록 해야 하겠다."라고 하셨습니다.

① 불교를 중심으로 신화와 설화를 정리하였다.
② 유교적인 합리주의 사관에 따라 기전체로 서술되었다.
③ 단군조선을 우리 역사의 시작으로 본 통사이다.
④ 진흥왕의 명을 받아 거칠부가 편찬하였다.

SOLUTION   난이도 상 중 하

출제자의 눈 고려 시대의 역사서는 가장 출제 빈도가 높은 주제 중의 하나이다. 각 사서의 편찬자, 편찬 시기, 특징을 꼼꼼하게 정리해야 문제를 풀 수 있다. 과거에는 삼국사기와 삼국유사가 주로 단독 문제로 출제되었으나 최근에는 동명왕편이나 제왕운기의 단독 문제 출제 비중이 높아지고 있다. 또한 사략이나 본조편년강목도 편찬 시기를 중심으로 문제가 출제되고 있다.

자료분석 자료는 1145년(인종 23) 김부식이 『삼국사기』를 인종에게 바치면서 올린 글(진삼국사기표)이다. 김부식은 『삼국사기』를 편찬하여 고대사를 복원하고 정치적 교훈을 주고자 하였다. 특히 그는 고대사 복원에 있어 문제점으로 중국 측 기록의 소략함과 우리 측 옛 기록인 소위 '고기(古記)'의 미흡함을 들었다. 이를 통해 볼 때 그는 이들을 비판적인 시각에서 종합하고 극복하는 역사서를 만들려고 했던 것으로 보인다.

정답해설 ② 『삼국사기』는 현존하는 우리나라 최고(最古)의 역사서로서, 고려 초에 쓰여진 『구삼국사』를 기본으로 유교적 합리주의 사관에 기초하여 기전체로 서술하였다.

오답피하기 ① 충렬왕 때에 일연이 쓴 『삼국유사』는 불교사를 중심으로 고대의 민간 설화나 전래 기록을 수록하는 등 우리의 고유문화와 전통을 중시하였다.
③ 조선 초기 성종 때 편찬된 『동국통감』은 서거정 등이 고조선(단군 조선)부터 고려 말까지의 역사를 정리한 편년체 통사이다.
④ 신라에서는 진흥왕 때 거칠부가 『국사』를 편찬하였다.

정답 ② 한정판 050p, 기본서 277p

Check 대표 기출 2

02 0338 [2019. 국가직 9급]   회독 ○○○

다음 내용이 실린 사서에 대한 설명으로 옳은 것은?

> 제왕이 장차 일어날 때는 하늘의 명령과 상서로운 기운을 받아서 반드시 보통 사람과는 다른 점이 있으니, 그런 뒤에야 능히 큰 변화를 타서 제왕의 지위를 얻고 대업을 이루었다. …(중략)… 삼국의 시조들이 모두 신이(神異)한 일로 탄생했음이 어찌 괴이하겠는가. 이것이 책 첫머리에 『기이(紀異)』편이 실린 까닭이며, 그 의도도 여기에 있는 것이다.

① 불교 승려의 전기를 수록한 고승전이다.
② 불교 중심의 고대 민간 설화를 수록하였다.
③ 고조선부터 고려 말까지의 역사를 정리하였다.
④ 유교적 사관에 기초하여 기전체로 서술하였다.

SOLUTION   난이도 상 중 하

자료분석 자료는 일연의 『삼국유사』 기이편 서문이다. 『삼국유사』는 전체 5권 9편으로 구성되었다. 1권은 「왕력」과 「기이」 제1, 2권은 「기이」 제2, 3권은 「흥법」과 「탑상」 2편, 4권은 「의해」, 5권은 「신주」, 「감통」, 「피은」, 「효선」 등의 4편으로 이루어졌다. 「기이」 편은 고조선 이래 후백제까지 57개 항목으로 구성되었으며, 국가의 흥망에 신이한 힘이 작용하는 내용을 주로 다루고 있다.

정답해설 ② 충렬왕 때에 일연이 쓴 『삼국유사』는 불교사를 중심으로 고대의 민간 설화나 전래 기록을 수록하는 등 우리의 고유문화와 전통을 중시하였다. 또한 단군을 우리 민족의 시조로 여겨 단군의 건국 이야기를 수록하였다.

오답피하기 ① 고종 때 각훈이 쓴 『해동고승전』은 삼국 시대의 승려 30여 명의 전기가 수록되어 있는데, 현재 일부만 남아 있다. 이 책은 우리나라의 불교사를 중국과 대등한 입장에서 서술하였다.
③ 『삼국유사』는 고조선에서부터 후삼국까지(고려 말×)의 유사(遺事)를 모아 편찬한 역사서이다.
④ 인종 때에는 김부식 등이 왕명을 받아 『삼국사기』를 편찬하였다. 『삼국사기』는 현존하는 우리나라 최고(最古)의 역사서로서, 고려 초에 쓰여진 『구삼국사』를 기본으로 유교적 합리주의 사관에 기초하여 기전체로 서술하였다.

핵심개념 일연의 삼국유사(1281, 충렬왕 7)

성격	사찬 사서
서술 방식	기사본말체
구성	왕력, 기이, 흥법, 탑상, 의해, 신주, 감통, 피은, 효선
특징	• 불교를 중심으로 고대의 민간 설화나 전래 기록 수록 • 우리의 고유 문화와 전통 중시 • 최초로 단군 신화 기록(자주적 사관, 불교적 신이사관) • 향가 14수 수록 • 『가락국기』(가야의 역사) 수록

정답 ② 한정판 050p, 기본서 279p

03 [2023. 지방직 9급]

다음 글을 쓴 인물에 대한 설명으로 옳은 것은?

> 세상에서 동명왕의 신이(神異)한 일을 많이 말한다. … (중략) … 지난 계축년 4월에 『구삼국사』를 얻어 「동명왕 본기」를 보니 그 신기한 사적이 세상에서 얘기하는 것보다 더하였다. 그러나 처음에는 믿지 못하고 귀신이나 환상이라고만 생각하였는데, 두세 번 반복하여 읽어서 점점 그 근원에 들어가니 환상이 아닌 성스러움이며, 귀신이 아닌 신성한 이야기였다.

① 사실의 기록보다 평가를 강조한 강목체 사서를 편찬하였다.
② 단군부터 고려 충렬왕 때까지의 역사를 서사시로 기록하였다.
③ 단군신화와 전설 등 민간에서 전승되는 자료를 광범위하게 수록하였다.
④ 김부식의 『삼국사기』에 동명왕의 신이한 사적이 생략되어 있다고 평하였다.

04 [2022. 지방직 9급]

역사서에 대한 설명으로 옳은 것만을 모두 고르면?

> ㄱ. 김부식의 『삼국사기』에는 단군 신화가 수록되어 있다.
> ㄴ. 이규보의 『동명왕편』은 고구려 계승 의식을 강조하였다.
> ㄷ. 안정복의 『동사강목』은 기사 본말체로 역사를 서술하였다.
> ㄹ. 유득공의 『발해고』에는 남북국이라는 용어가 사용되었다.

① ㄱ, ㄴ   ② ㄱ, ㄷ   ③ ㄴ, ㄹ   ④ ㄷ, ㄹ

05 [2021. 소방간부후보]

(가)~(라)를 시간 순서대로 옳게 나열한 것은?

(가) 성리학적 유교 사관이 반영된 『사략』이 술되었다.
(나) 고구려 시조 설화에 대해 쓴 『동명왕편』이 저술되었다.
(다) 유교적 합리주의 사관에 입각한 『삼국사기』가 편찬되었다.
(라) 단군을 시작으로 역사를 서술한 『제왕운기』가 저술되었다.

① (가) - (나) - (다) - (라)
② (가) - (다) - (나) - (라)
③ (다) - (나) - (가) - (라)
④ (다) - (나) - (라) - (가)
⑤ (다) - (라) - (나) - (가)

SOLUTION

정답해설 (다) 유교적 합리주의 사관에 입각한 『삼국사기』는 1145년(인종 23) 김부식이 저술한 기전체 사서이다.
(나) 고구려 시조 설화에 대해 쓴 『동명왕편』은 고구려의 시조인 동명왕의 업적을 칭송한 이규보의 역사서로, 1193년(명종 23)에 편찬되었다.
(라) 단군을 시작으로 역사를 서술한 이승휴의 『제왕운기』는 충렬왕 때인 1287년에 편찬되었다.
(가) 성리학적 유교 사관이 반영된 이제현의 『사략』은 공민왕 때인 1357년에 편찬되었다.

핵심개념 고려의 역사서

고려 전기(초기~중기)의 역사서	
고려왕조실록	건국 초기부터 편찬 → 거란의 침입으로 소실(현존 X)
7대 실록	• 태조~목종에 이르는 7대 • 현종 때 편찬 시작~덕종 때 완성(임진왜란 때 소실)
기타	『가락국기』(문종): 가야의 역사, 『삼국유사』에 일부 전함
삼국사기 (1145, 인종 23)	• 편찬: 1145년 왕명으로 김부식이 편찬한 관찬 사서 • 구성: 본기 28권, 지(志) 9권, 표 3권, 열전 10권 • 기전체 서술 방식, 고려 초에 쓰여진 『구삼국사』를 기본으로 서술 • 유교적 합리주의 사관에 기초(신이사관 배격 → 단군 신화 기록 X) • 의의: 신라 계승 의식 반영, 현존하는 우리나라 최고(最古)의 역사서

고려 후기의 역사서		
무신 집권기	동명왕편 (1193, 명종 23)	• 이규보 편찬, 그의 문집 『동국이상국집』에 수록 • 고구려 계승 의식 반영, 고구려의 전통 노래
	해동고승전 (1215, 고종 2)	• 각훈 편찬, 고려 시대까지의 승려가 기록되었으나 현재 삼국 시대 고승(30여 명)들의 전기만 전래 • 우리 불교사를 중국과 대등한 입장에서 서술
원 간섭기	삼국유사 (1281, 충렬왕 7)	• 일연 편찬, 기사본말체, 사찬 사서 • 불교사를 중심으로 고대의 민간 설화나 전래 기록 수록 • 단군의 건국 이야기 수록 • 향가 14수 수록, 기이편에 『가락국기』 수록
	제왕운기 (1287, 충렬왕 13)	• 이승휴 편찬, 고조선부터 충렬왕 때까지 역사를 서사시로 정리 • 단군 이야기 수록 • 중국과 구별되는 우리 역사의 독자성 강조
	본조편년강목 (1317, 충숙왕 4)	• 민지가 저술한 고려 왕조에 관한 역사책 • 우리나라 최초의 강목체 사서(편년체와 강목체 결합)
고려말	사략 (1357, 공민왕 6)	• 이제현 편찬, 성리학적 유교 사관을 대표함 • 고려 태조부터 숙종까지의 역사(왕의 치적) 정리(현재 사론만 전함)

정답 ④ 한정판 050p, 기본서 277p

---

06 [2020. 국가직 9급]

밑줄 친 '이 책'에 대한 설명으로 옳은 것은?

신(臣)이 이 책을 편수하여 바치는 것은 … (중략) … 중국은 반고부터 금국에 이르기까지, 동국은 단군으로부터 본조(本朝)에 이르기까지 처음 일어나게 된 근원을 간책에서 다 찾아보아 같고 다른 것을 비교하여 요점을 취하고 읊조림에 따라 장을 이루었습니다.

① 성리학적 유교 사관이 반영되어 대의명분을 강조하였다.
② 국왕, 훈신, 사림이 서로 합의하여 통사체계를 구성하였다.
③ 원 간섭기에 중국과 구별되는 우리 역사의 독자성을 강조하였다.
④ 왕명으로 단군조선에서 고려 말까지의 역사를 노래 형식으로 정리하였다.

SOLUTION

자료분석 자료의 밑줄 친 '이 책'은 이승휴가 편찬한 『제왕운기』이다. 중국과 우리나라(동국)를 비교해서 읊조림에 따라 장을 이루었다는 내용을 통해 이를 알 수 있다.

정답해설 ③ 『제왕운기』는 원 간섭기인 충렬왕 때 이승휴가 7언시(七言詩)와 5언시로 지은 책이다. 『제왕운기』의 구성은 중국사·한국사를 각 권으로 분리했고, 강역도 요동에 따로 천지세계가 있어 중국과 엄연히 구별되는 생활영역임을 밝혔다. 또, 우리나라의 역사를 단군에서부터 서술하면서 우리 역사를 중국사와 대등하게 파악함으로써 자주성을 나타내고 있다.

오답피하기 ① 성리학적 유교 사관이 반영되어 대의명분을 강조한 대표적 역사서는 이제현이 저술한 『사략』이다.
② 『동국통감』에 대한 설명이다. 『동국통감』은 성종 때에 편찬한 관찬 사서로서 삼국균적(三國均敵)을 내세워 삼국을 대등한 국가로 해석하여 고려 시대의 고구려 계승주의와 신라 계승주의의 갈등을 해소하였으며, 개국 후 권력 갈등을 일으켜 온 국왕과 훈구, 사림의 합작품으로 평가받고 있다.
④ 『동국세년가』에 대한 설명이다. 이것은 세종 18년(1436) 권제 등이 왕명으로 단군조선에서 고려 말까지의 역사를 노래 형식으로 편찬한 것이다. 이승휴의 『제왕운기』는 왕명으로 편찬된 것이 아니다. 이승휴는 충렬왕에게 개혁을 진언하다가 파직되자 강원도 삼척 두타산에 은거하여 『제왕운기』를 저술했다.

핵심개념 이승휴의 제왕운기(1287, 충렬왕 13)

• 충렬왕에게 개혁을 진언하다가 파직되자 강원도 삼척 두타산에 은거하여 저술
• 고조선부터 충렬왕 때까지 역사를 서사시로 정리
• 우리나라 역사를 단군에서부터 서술(단군 이야기 수록) → 중국사와 대등하게 파악(자주성)
• 발해의 역사를 우리의 역사로 최초 기록
• 중국과 구별되는 우리 역사의 독자성 강조

정답 ③ 한정판 050p, 기본서 279p

07

(가)에 들어갈 내용으로 옳은 것은?

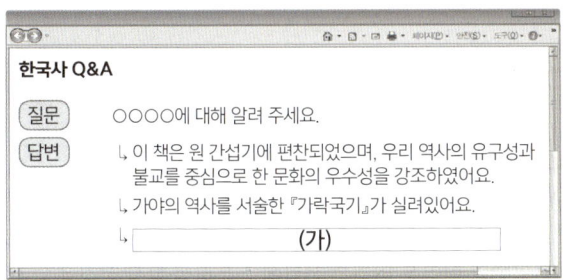

① 신라의 역사를 상고, 중고, 하고로 구분하였어요.
② 기전체 서술 방식에 따라 본기, 연표, 지, 열전으로 구성하였어요.
③ 기자 조선 – 마한 – 신라 정통론의 입장에서 강목법에 따라 서술하였어요.
④ 고구려 계승 의식을 바탕으로 동명왕의 업적을 서사시로 표현하였어요.

08

밑줄 친 '사서'에 대한 설명으로 옳은 것은?

> 국왕의 명령을 받아 편찬한 기전체 사서로 편찬 동기를 "학사 대부(學士大夫)가 우리 역사를 알지 못하니 유감이다. 중국 사서는 우리나라 사실을 간략히 적었고 고기(古記)는 내용이 졸렬하므로 왕, 신하, 백성의 잘잘못을 가려 규범을 후세에 남기지 못하고 있다"라고 하였다. 연표 3권, 본기 28권, 지 9권, 열전 10권 등 총 50권으로 구성되었다.

① 민간 설화와 신라의 향가 11수를 수록하였다.
② 열전에는 김유신을 비롯한 신라인이 편중되었다.
③ 동명왕의 건국 설화를 5언시체로 재구성하여 서술하였다.
④ 민족 시조인 단군을 강조하고 발해에 대한 내용을 서술하였다.

SOLUTION (07)

자료분석 자료는 원 간섭기인 1281년(충렬왕 7)에 승려 일연이 편찬한 『삼국유사』에 대한 내용이다. 『삼국유사』 기이편에는 가야의 역사를 서술한 『가락국기』가 실려 있다.

정답해설 ① 신라시대의 시기구분과 관련하여 『삼국유사』 왕력의 경우 상고(上古), 중고(中古), 하고(下古)로 구분하였는데, 이는 각각 제1대 혁거세거서간~제22대 지증왕, 제23대 법흥왕~제28대 진덕여왕, 제29대 무열왕~제56대 경순왕이 다스린 기간이다. 이는 신라의 시대를 왕명에 따라 구분한 것으로, 상고 시기의 왕들은 고유한 토착어로 왕명을 사용했으며, 중고에는 불교식 왕명을 사용했다. 하고 시기의 왕들은 중국식 시호를 사용한다.

오답피하기 ② 기전체 방식으로, 본기, 지, 열전으로 구성된 것은 김부식이 저술한 『삼국사기』(1145)이다. 『삼국유사』는 기사본말체 형식의 사서이다.
③ 홍여하의 『동국통감제강』은 강목체 사서로, 『동국통감』을 취사·절충해 가숙용(家塾用) 교재로 사용하기 위해 지은 것이다. 기자의 전통이 마한을 거쳐 신라로 이어졌다고 하여 기자 – 마한 – 신라를 정통 국가로 내세웠다.
④ 동명왕의 업적을 서사시로 표현한 것은 이규보의 『동명왕편』이다. 이규보의 문집인 『동국이상국집』에 실려 있는 『동명왕편』은 고구려 건국의 영웅인 동명왕의 업적을 칭송한 일종의 영웅 서사시로서, 고구려 계승 의식을 반영하고 고구려의 전통을 노래하였다.

핵심개념 삼국사기와 삼국유사의 비교

구분	삼국사기	삼국유사
저자	김부식	일연
시기	고려 중기 인종 때(1145)	원간섭기 충렬왕 때(1281)
체제	기전체	기사본말체
내용	삼국 중심의 정사	설화 중심의 야사
사관	보수적, 합리적 유교 사관	민족적, 자주적 사관
계승	신라 계승 의식	고조선 계승 의식
의의	현존 최고(最古)의 역사서	단군 신화 최초 수록

정답 ① 한정판 050p, 기본서 279p

SOLUTION (08)

자료분석 자료는 묘청의 난(1135)을 진압한 이후 인종의 왕명을 받아 편찬한 김부식의 『삼국사기』에 대한 내용이다(1145). 『삼국사기』는 현존하는 우리나라 최고(最古)의 역사서로, 유교적 합리주의 사관에 기초한 기전체 사서이다.

정답해설 ② 『삼국사기』의 본기는 삼국 역사를 균형 있게 기록하고 있으나, 연표, 지, 열전 등은 신라사에 치중하는 모습이 나타난다.

오답피하기 ① 민간 설화와 향가 11수를 수록하고 있는 것은 1075년(문종 29)에 편찬된 『균여전』이다. 현재 전해지고 있는 향가는 25수로, 『삼국유사』에 14수, 『균여전』에 11수가 수록되어 있다.
③ 이규보가 1193년(명종 23)에 편찬한 『동명왕편』은 고구려 건국의 영웅인 동명왕의 업적을 칭송한 일종의 영웅 서사시이다.
④ 이승휴가 1287년(충렬왕 13)에 편찬한 『제왕운기』는 우리나라의 역사를 단군으로부터 서술하고 있으며, 발해를 고구려의 계승국으로 인정해 고려 태조에 귀순해온 사실을 서술함으로써 발해를 최초로 우리 역사 속에 편입시켰다.

핵심개념 김부식의 삼국사기(1145, 인종 23)

편찬	왕명으로 김부식이 편찬한 관찬 사서
구성	본기 28권(고구려 10권, 백제 6권, 신라 12권), 지(志) 9권, 표 3권, 열전 10권으로 구성(세가 無)
서술방식	기전체
특징	• 유교적 합리주의 사관에 기초(신이사관 배격 → 단군신화 기록 X, but 삼국의 건국 설화는 수록) • 고려 초에 쓰여진 『구삼국사』를 기본으로 서술 • 신라가 독자적인 연호를 사용한 것을 비판
의의	• 신라 계승 의식 반영(연표·지·열전은 신라사에 치중) • 현존하는 우리나라 최고(最古)의 역사서

정답 ② 한정판 050p, 기본서 277p

주제 063 | 04 중세의 문화
고려의 불교

Check 대표 기출 1

01 0345 [2017. 지방직 9급]   회독 ○○○

(가)와 (나)의 인물에 대한 〈보기〉의 설명으로 옳은 것은?

> (가)는 "교(敎)를 배우는 이는 대개 안의 마음을 버리고 외면에서 구하고, 선(禪)을 익히는 이는 인연을 잊고 안의 마음을 밝히기를 좋아하니, 모두 한쪽에 치우친 것으로 두 극단에 모두 막힌 것이다."라고 주장하였다.
>
> (나)는 "정(定)은 본체이고 혜(慧)는 작용이다. 작용은 본체를 바탕으로 존재하므로 혜가 정을 떠나지 않고, 본체가 작용을 가져오게 하므로 정은 혜를 떠나지 않는다."라고 주장하였다.

보기
ㄱ. (가)와 (나)는 서로 다른 방법으로 교종과 선종의 통합을 시도하였다.
ㄴ. (가)와 (나)는 지방 호족과 연합하여 신라 정부의 권위를 약화시켰다.
ㄷ. (가)는 불교와 유교 모두 도를 추구한다는 점에서 같다는 유·불 일치설을 주장하였다.
ㄹ. (나)는 수선사 결성을 제창하여 불교계의 개혁을 추진하였다.

① ㄱ, ㄴ ② ㄱ, ㄹ ③ ㄴ, ㄷ ④ ㄴ, ㄹ

Check 대표 기출 2

02 0346 [2020. 지방직 7급]   회독 ○○○

(가)~(다)와 설명이 옳게 짝지어진 것만 모두 고르면?

> (가) 명예와 이익을 버리고 산림에 은둔하여 항상 선정을 익히고 지혜를 고루하기에 힘쓰며, 예불과 독경을 하고 나아가서는 노동에도 힘을 쏟자.
>
> (나) 불교를 행하는 것은 몸을 닦는 근본이며, 유교를 행하는 것은 나라를 다스리는 근원이니 몸을 닦는 것은 내생을 위한 것이며, 나라를 다스리는 것은 오늘의 할 일입니다.
>
> (다) 나는 옛날 공의 문하에 있었고 공은 지금 우리 수선사에 들어왔으니, 공은 불교의 유생이요, 나는 유교의 불자입니다. … (중략) … 유교와 불교는 다름이 없다고 보아야 하지 않겠습니까?

ㄱ. (가) - 불교의 세속화에 반대하고 불교 본연의 자세를 찾으려 하였다.
ㄴ. (나) - 불교 행사를 장려하는 구실이 되었다.
ㄷ. (다) - 성리학 수용의 사상적 토대를 마련하였다.

① ㄱ, ㄴ ② ㄱ, ㄷ
③ ㄴ, ㄷ ④ ㄱ, ㄴ, ㄷ

SOLUTION   난이도 상 중 하

자료분석 자료의 (가)는 의천의 교관겸수, (나)는 지눌의 정혜쌍수에 대한 사료이다. 의천은 교종을 중심으로 선종을 통합하기 위하여 국청사를 창건하여 천태종을 창시하였다. 이를 뒷받침할 사상적 바탕으로 의천은 이론의 연마와 실천을 아울러 강조하는 교관겸수를 제창하였다. 의천의 교관겸수는 교학과 선을 함께 수행하되, 교학의 수련을 중심으로 선을 포용하려는 통합 이론이었다. 지눌은 선과 교학이 근본에 있어 둘이 아니라는 사상 체계인 정혜쌍수를 사상적 바탕으로 철저한 수행을 선도하였다. 또한 내가 곧 부처라는 깨달음을 위한 노력과 함께, 꾸준한 수행으로 깨달음의 확인을 아울러 강조한 돈오점수를 주장하였다.

정답해설 ㄱ. 의천은 교종 중심으로 선종을 통합하려 했으며, 지눌은 선종 중심으로 교종을 통합하려 했다.
ㄹ. 지눌은 명리(名利)에 집착하는 당시 불교계의 타락상을 비판하며, 승려 본연의 자세로 돌아가 독경과 선 수행, 노동에 고루 힘쓰자는 수선사 결사를 제창하였다.

오답피하기 ㄴ. 지방 호족과 연합해 신라 정부의 권위를 약화시키려 한 것은 신라 말의 선종 승려들이다. 의천은 고려 중기, 지눌은 무신 집권기에 활동한 인물이다.
ㄷ. 유·불 일치설을 주장한 것은 혜심이다. 혜심은 유불일치설을 주장하며 심성의 도야를 강조하여 장차 성리학을 수용할 수 있는 사상적 토대를 마련하기도 하였다.

정답 ② 한정판 052p, 기본서 289p

SOLUTION   난이도 상 중 하

출제자의 눈 고려 시대 승려들의 활동 시기를 먼저 파악하고, 활동 내용을 알기해야 한다. 의천과 지눌의 출제빈도가 가장 높으며, 특히 의천은 고난도 사료를 비롯해 출제 사료가 다양해 이에 대한 대비가 필요하다.

자료분석 자료의 (가)는 고려 무신 집권기 때의 승려 지눌의 정혜결사문, (나)는 고려 성종 때 활약한 최승로의 시무 28조, (다)는 고려 무신 집권기 때의 승려 혜심의 유불 일치설에 대한 내용이다.

정답해설 ㄱ. 지눌은 명리에 집착하는 당시 불교계의 타락상을 비판하였다. 그는 승려 본연의 자세로 돌아가 독경과 선 수행, 노동에 고루 힘쓰자는 개혁 운동인 수선사 결사를 제창하였다.
ㄷ. 혜심은 유불 일치설을 주장하며 심성의 도야를 강조하여 장차 성리학을 수용할 수 있는 사상적 토대를 마련하기도 하였다.

오답피하기 ㄴ. 최승로는 성종에게 시무 28조를 올려 유교의 진흥과 과도한 재정 낭비를 가져오는 불교 행사의 억제를 요구하였다.

정답 ② 한정판 052p, 기본서 290p

03 [2025. 국가직 9급]

밑줄 친 '그'에 대한 설명으로 옳은 것은?

> 그는 문종의 넷째 아들인데, 출가하여 승려가 되었다. 송나라로 유학을 가서 화엄학과 천태학을 공부하였다. 이후 천태학을 부흥시켜 천태종을 창립하였다.

① 유·불 일치설을 주장하였다.
② 백련사에서 결사를 조직하였다.
③ 정혜쌍수의 수행법을 제시하였다.
④ 『신편제종교장총록』을 편찬하였다.

SOLUTION

자료분석 문종의 넷째 아들, 천태종 창립 등의 내용을 통해 밑줄 친 '그'가 고려의 승려 대각국사 의천임을 알 수 있다.

정답해설 ④ 의천은 고려는 물론이고 송과 요의 대장경에 대한 주석서를 모아 교장을 편찬하였다(1091~1101). 이를 위하여 목록인 『신편제종교장총록』을 만들고, 교장도감을 설치하여 10여 년에 걸쳐 신라인의 저술을 포함한 4700여 권의 전적을 간행하였다.

오답피하기 ① 고려 무신 집권기 때의 승려 혜심은 유불일치설을 주장하며 심성의 도야를 강조하여 장차 성리학을 수용할 수 있는 사상적 토대를 마련하기도 하였다.
② 고려 무신 집권기 때의 승려 요세는 강진 만덕사에서 백련결사를 결성하였다. 백련결사는 토호와 지방민의 호응을 얻으며, 지눌의 수선사 결사와 함께 고려 후기 불교를 이끌었다.
③ 고려 무신 집권기 때 활약한 지눌은 수행 방법으로 선과 교학을 분리하지 않고 함께 수행해야 한다는 정혜쌍수와 내 마음이 곧 부처라는 깨달음을 얻은 뒤 꾸준히 수행해야 한다는 돈오점수를 내세웠다.

핵심개념 대각국사 의천(문종의 넷째 子)

- 속명은 왕후(王煦), 호는 우세(祐世)
- 교종 통합 노력 : 화엄종 중심 교종 통합(흥왕사)
- 교종 중심 선종 통합 노력 : 국청사 창건 → 천태종 창시
- 사상 : 교관겸수, 성상겸학, 내외겸전
- 신편제종교장총록 제작 → 교장(속장경) 편찬
- 주전론 : 주전도감 설치 건의(to 숙종)
- 저서 : 『석원사림』, 『원종문류』

정답 ④

04 [2025. 지방직 9급]

(가) 인물에 대한 설명으로 옳은 것은?

> (가) 은/는 무신집권기 불교의 세속화를 비판하면서 불교 본연의 정신을 확립하자는 결사 운동을 주도하여 수선사를 결성하였다. 그는 깨달음을 얻은 뒤에도 수행을 게을리하지 않아야 한다는 돈오점수를 내세웠다.

① 천태종을 창시하였다.
② 임제종을 도입하였다.
③ 교종의 입장에서 선종을 통합하려 하였다.
④ 정혜쌍수라는 실천 수행 방법을 제시하였다.

SOLUTION

자료분석 (가)에 해당하는 인물은 고려 무신 집권기 때의 승려 지눌이다. 지눌은 명리에 집착하는 당시 불교계의 타락상을 비판하였다. 그는 승려 본연의 자세로 돌아가 독경과 선 수행, 노동에 고루 힘쓰자는 개혁 운동인 수선사 결사를 제창하였다.

정답해설 ④ 지눌은 선과 교학이 근본에 있어 둘이 아니라는 사상 체계인 정혜쌍수를 사상적 바탕으로 철저한 수행을 선도하였다. 또한 내가 곧 부처라는 깨달음을 위한 노력과 함께, 꾸준한 수행으로 깨달음의 확인을 아울러 강조한 돈오점수를 주장하였다.

오답피하기 ① (해동) 천태종을 창시한 인물은 고려 전기의 승려 의천이다.
② 임제종을 도입한 것은 고려 후기의 승려 태고 보우이다.
③ 교종의 입장에서 선종을 통합하려 한 인물은 의천이다. 지눌은 선종을 중심으로 교종을 포용하여 교와 선의 대립을 극복하고자 하였다.

핵심개념 보조국사 지눌

- 승과 합격(1182, 명종 12)
- 최충헌의 후원
- 이통현 화엄사상의 영향
- 명리에 집착하는 불교계의 타락상 비판
- 수선사 결사 제창(운동) : 순천 송광사(수선사) 중심 → 승려 본연의 자세로 돌아가자!! (독경과 선수행, 노동) → 개혁적 승려와 지방민의 적극적인 호응
- 정혜쌍수, 돈오점수 → 선교일치사상 완성
- 조계종 창시(선종 중심의 교종 통합)
- 『목우자 수심결』, 『권수정혜결사문』 저술

정답 ④

05 [2024. 서울시 9급 1차]

〈보기〉의 글을 쓴 인물에 대한 설명으로 가장 옳은 것은?

― 보기 ―
이 모임이 파한 연후에 마땅히 명예와 이익을 버리고 산림에 은둔하여 동사(同社)를 결성하고 항상 선정을 익히고 지혜를 고르게 하기에 힘쓰고 예불과 독경을 하고 나아가서는 노동하기에도 힘쓰자. 각기 소임에 따라 경영하고 인연에 따라 심성을 수양하여 한평생을 자유롭게 지내며, 멀리 달사와 진인의 고행을 좇는다면 어찌 기쁘지 않으리오.

① 불교사를 중심으로 설화와 야사를 수록한 역사책을 저술하였다.
② 돈오점수와 정혜쌍수를 바탕으로 결사운동을 전개하였다.
③ 천태종을 개창하였고, 교종을 중심으로 선종을 통합하고자 하였다.
④ 통일신라 이전 고승 30여 명의 전기를 지었다.

06 [2023. 지방직 9급]

밑줄 친 '그'에 대한 설명으로 옳은 것은?

그는 화엄종을 중심으로 교종을 통합하고 해동 천태종을 창시하여 선종까지 포섭하려 하였다. 그러나 그의 사후에 교단은 다시 분열되었고, 권력층과 밀착되어 타락하는 양상까지 나타났다.

① 이론적인 교리 공부와 실천적인 수행을 아우를 것을 주장하였다.
② 참선과 독경은 물론 노동에도 힘을 쓰자고 하면서 결사를 제창하였다.
③ 삼국시대 이래 고승들의 전기를 정리하여 『해동고승전』을 편찬하였다.
④ 백련사를 결성하여 극락왕생을 기원하는 참회와 염불 수행을 강조하였다.

SOLUTION (05)

자료분석 자료는 고려 무신 집권기 때의 승려 지눌의 정혜결사문의 내용이다. 지눌은 1190년(명종 20) 거조사에서 이전에 뜻을 같이했던 승려들을 모아 정혜결사를 결성하였다. 이때 권수정혜결사문을 지어 선종에서는 선정에, 교종에서는 지혜에 치우쳐 있음을 비판하고, 이 두 가지를 치우침 없이 함께 닦아야 한다는 정혜쌍수의 사상을 주장하였다.

정답해설 ② 지눌은 선과 교학이 근본에 있어 둘이 아니라는 사상 체계인 정혜쌍수를 사상적 바탕으로 철저한 수행을 선도하였다. 또한 내가 곧 부처라는 깨달음을 위한 노력과 함께, 꾸준한 수행으로 깨달음의 확인을 아울러 강조한 돈오점수를 주장하였다.

오답피하기 ① 충렬왕 때에 일연이 쓴 『삼국유사』는 불교사를 중심으로 고대의 민간 설화나 전래 기록을 수록하는 등 우리의 고유문화와 전통을 중시하였다.
③ 의천은 교종을 중심으로 선종을 통합하기 위해 국청사를 창건하고 해동 천태종을 창시하였다.
④ 고종 때 각훈이 쓴 『해동고승전』은 삼국 시대의 승려 30여 명의 전기가 수록되어 있는데, 현재 일부만 남아 있다. 이 책은 우리나라의 불교를 중국과 대등한 입장에서 서술하였다.

정답 ② 한정판 052p, 기본서 290p

SOLUTION (06)

자료분석 자료의 밑줄 친 '그'는 고려 중기의 승려 의천이다. 해동 천태종을 창시하였다는 내용 등을 통해 알 수 있다.

정답해설 ① 11세기에 이미 종파적 분열상을 보인 고려 불교계에 문종의 왕자로서 승려가 된 의천은 교단 통합 운동을 펼쳤다. 그는 흥왕사를 근거지로 삼아 화엄종을 중심으로 교종을 통합하려 하였으며, 또 선종을 통합하기 위하여 국청사를 창건하여 천태종을 창시하였다. 이를 뒷받침할 사상적 바탕으로 의천은 이론의 연마와 실천을 아울러 강조하는 교관겸수를 제창하였다.

오답피하기 ② 고려 무신 집권기에 활약한 지눌은 명리에 집착하는 당시 불교계의 타락상을 비판하였다. 그는 승려 본연의 자세로 돌아가 독경과 선 수행, 노동에 고루 힘쓰자는 개혁 운동인 수선사 결사를 제창하였다.
③ 삼국시대 이래 고승들의 전기를 정리하여 『해동고승전』을 편찬한 인물은 각훈이다.
④ 고려 무신 집권기에 활약한 천태종의 요세는 백련결사를 맺었다. 백련결사는 극락왕생을 기원하는 참회와 염불 수행을 강조하여 글을 읽지 못하거나 참선할 여유가 없었던 백성의 환영을 받았다.

정답 ① 한정판 052p, 기본서 289p

07 0351 [2022. 국회직]

밑줄 친 대사에 대한 설명으로 옳은 것은?

> 무자년 여름 5월 유생 여러 명이 개경에서 내려와 뵈니 대사가 제자로 받아들여 머리를 깎고 『묘법연화경』을 가르쳐 통달하게 하였다. 임진년 4월 8일 대사가 처음 보현도량을 결성하고 법화삼매를 수행하여, 극락정토에 왕생하기를 구하였는데, 모두 천태삼매의(天台三昧儀)를 그대로 따랐다. 오랫동안 법화참(法華懺)을 수행하고 전후에 권하여 발심(發心)시켜 이 경을 외우도록 하여 외운 자가 1천여 명이나 되었다.

① 백련결사를 주도하였다.
② 『천태사교의』를 저술하였다.
③ 정혜쌍수를 교리로 강조하였다.
④ 귀법사의 초대 주지를 역임하였다.
⑤ 광종 시기 불교 개혁을 주도하였다.

08 0352 [2022. 경찰간부후보]

다음 글의 저자에 대한 설명으로 가장 적절한 것은?

> 내가 일찍이 가만히 생각해 보니, 경론이 갖추어졌다 하더라도 장소(章疏)가 폐해지면 널리 펼 길이 없게 된다고 말할 수 있다. 그러므로 지승법사의 호법하는 뜻을 본받아 교장을 널리 찾아냄을 나의 책임으로 삼아 쉬지 않고 부지런히 살아온 지 20년이 되어 지금에 이르렀다. 새것이든 옛것이든 여러 종파의 의소를 얻게 되면, 감히 사사로이 비장(秘藏)하지 않고 간행하였으며, 책을 낸 후에 새로 발견된 것이 있으면 그 뒤에 계속해서 수록하고자 했다.

① 만덕사에서 백련사를 제창했다.
② 거조사에서 정혜결사를 결성했다.
③ 국청사에서 해동천태종을 창시했다.
④ 영통사에서 해동고승전을 편찬했다.

09 [2020. 소방간부후보]

다음 글을 지은 인물에 대한 설명으로 옳은 것은?

- 선문 가운데도 원돈신해(圓頓信解)의 여실한 언교(言敎)가 황하의 모래알처럼 많다. 그러나 그것을 일러 사구(死句)라 하는 이유는, 사람을 지적인 이해에만 몰두하도록 하는 장애를 생겨나게 하기 때문이다.
- 여러 사람이 내 말을 듣고 모두 그렇다 하며 말하길 "훗날 이 언약을 이루어 숲속에 은거하면서 동사(同社)를 맺을 수 있게 된다면 마땅히 그 이름을 정혜(定慧)라 하자."라고 하였다.

① 부석사를 창건하였다.
② 천태종을 창시하였다.
③ 돈오점수를 강조하였다.
④ 백련사 결사를 제창하였다.
⑤ 대승기신론소를 저술하였다.

10 [2019. 지방직 9급]

다음 ㉠~㉣에 들어갈 인물을 바르게 연결한 것은?

- (㉠)는/은 『신편제종교장총록』을 편찬하였다.
- (㉡)는/은 원의 불교인 임제종을 들여와서 전파시켰다.
- (㉢)는/은 강진에 백련사를 결사하여 법화신앙을 내세웠다.
- (㉣)는/은 『목우자수심결』을 지어 마음을 닦고자 하였다.

	㉠	㉡	㉢	㉣
①	수기	보우	요세	지눌
②	의천	각훈	요세	수기
③	의천	보우	요세	지눌
④	의천	요세	각훈	수기

11 0355 [2018. 국회직]

밑줄 친 '스님'에 대한 설명으로 옳은 것은?

> 스님은 항상 남악과 북악 종문(宗門)의 취지가 모순인 채 분명하지 않음을 탄식하고, 그것이 여러 갈래로 갈라짐을 막아 한 길로 돌리고자 했다. …… 나라에서 왕륜사(王輪寺)에 선석(選席)을 베풀고 승과를 시행할 때 우리 스님의 의리(義理)의 길을 정통으로 삼고 나머지는 방계로 했으니, 모든 재주와 명망 있는 무리들이 어찌 이 길을 따르지 않으랴.

① 천태종을 창시하였다.
② 성상융회를 표방하였다.
③ 정혜결사를 조직하였다.
④ 화엄일승법계도를 지었다.
⑤ 무애가를 지어 불교대중화에 기여하였다.

12 0356 [2017. 지방직 9급 추가채용]

『신편제종교장총록』을 편찬한 승려에 대한 설명으로 옳은 것은?

① 선종의 일파인 임제종을 들여와 전파하였다.
② 거조암, 길상사 등에서 정혜결사를 주도하였다.
③ 우리나라 천태교학의 전통을 원효에게서 찾았다.
④ 성속무애 사상을 주장하면서 종단을 통합하려 하였다.

SOLUTION

자료분석 남악과 북악의 대립을 해소하려 했다는 내용을 통해 밑줄 친 '스님'이 균여임을 알 수 있다. 신라 말 해인사에는 후백제 견훤의 복전이 된 관혜와 고려 태조의 복전이 된 희랑의 두 화엄사종이 있었는데, 이를 각각 남악과 북악이라 불렀다. 균여는 북악의 법통을 계승하고 남악까지 통합하였다.

정답해설 ② 균여의 화엄사상은 '성상융회'를 특징으로 한다. 성상융회사상은 공을 뜻하는 성과 색을 뜻하는 상을 원만하게 융합시키는 이론으로서, 화엄사상 속에 법상종의 사상을 융합해 교종 내의 대립을 해소시키기 위해 주창한 통합 사상이다. 균여가 원통대사로 불리었고, 그의 저술에 '원통'이라는 명칭이 붙여진 것도 이 때문이다.

오답피하기 ① 의천은 교종을 중심으로 선종을 통합하기 위하여 국청사를 건립하여 천태종을 창시하였다.
③ 지눌은 정혜결사를 조직하고, 1190년(명종 20)에 『권수정혜결사문』을 발표해 뜻을 같이 하는 사람들을 모았다.
④ 신라 중대의 승려 의상은 『화엄일승법계도』를 저술하여 모든 존재가 상호 의존적인 관계에 있으면서 서로 조화를 이루고 있다는 화엄 사상을 정립하였다.
⑤ 신라 중대의 승려 원효는 불교의 이치를 무애가로 지어 불교 대중화에 기여하였다.

핵심개념 균여
- 광종 때의 승려, 귀법사 주지
- 화엄 사상 정비
- 보살의 실천행 강조
- 남악파와 북악파의 통합 시도
- '성상융회', '성속무애' 사상 주창
- 『보현십원가』 저술

정답 ② 한정판 052p, 기본서 288p

SOLUTION

자료분석 『신편제종교장총록』은 고려 시대의 승려 의천이 중국 및 우리나라의 불교 관계 저술을 수집하여 엮은 목록집이다.

정답해설 ③ 의천은 불교계의 대립을 화해시키는 것을 가장 중요하게 여겼으며, 화쟁(和諍)을 강조한 원효를 매우 존경하였다. 이에 의천은 원효의 화쟁사상을 계승하고 고려의 국가 기반을 다지기 위해 천태종을 창설하였다.

오답피하기 ① 임제종을 들여와 전파시킨 인물은 고려 말의 보우이다.
② 정혜결사는 지눌이 벌인 불교 결사운동이다.
④ 균여에 대한 설명이다. 균여의 『보현십원가』 속에도 이러한 사상이 나타나 있는데, 성과 속은 물론 동방과 서방, 남녀나 귀천까지 융합하려는 강력한 통합 사상으로서, 성상융회사상에 기초하여 주창한 것이다.

정답 ③ 한정판 052p, 기본서 289p

13 [2017. 서울시 9급]

밑줄 친 그에 대한 설명으로 옳은 것은?

> 그는 묘종초를 설법하기 좋아하여 언변과 지혜가 막힘이 없었고, 대중에게 참회를 닦기를 권하였다. …(중략)… 대중의 청을 받아 교화시키고 인연을 맺은 지 30년이며, 결사에 들어온 자들이 3백여 명이 되었다.

① 강진의 토호세력의 도움을 받아 백련사를 결성하였다.
② 불교계 폐단을 개혁하기 위해 9산 선문의 통합을 주장하였다.
③ 이론의 연마와 실천을 아울러 강조하는 교관겸수를 제창하였다.
④ 깨달은 후에도 꾸준한 실천이 필요하다는 돈오점수를 중시하였다.

14 [2017. 기상직 7급]

다음 밑줄 친 인물과 관련된 설명으로 옳은 것을 〈보기〉에서 고른 것은?

> 왕이 하루는 여러 아들들에게 일러 말하기를, "누가 승려가 되어 복전(福田)을 지어 이로움을 더할 수 있겠는가?"라고 하자, 왕후(王煦)가 일어나서 말하기를, "제가 세상을 벗어날 뜻이 있으니 오직 임금께서 명하실 바입니다."라고 하였다. 왕이 말하기를, "좋다."라고 하자 드디어 스승을 좇아 출가(出家)하여 영통사(靈通寺)에 살았다. 왕후는 성품이 총명하고 지혜롭고 배움을 좋아하여, 먼저 『화엄경(華嚴經)』을 업으로 삼고 곧 오교(五教)에 통달하게 되었다. 또한 유학(儒學)도 섭렵하여 정통하게 알지 못하는 것이 없었으니, 우세승통(祐世僧統)이라고 불렀다.
>
> - 고려사 -

보기

㉠ 교관겸수와 성상겸학을 주장하였다.
㉡ 법안종을 수입하여 흥왕사를 중심으로 선종을 통합하려고 하였다.
㉢ 자신의 본성을 단번에 깨달은 후, 마음의 번뇌를 제거하도록 꾸준히 수행해야 한다고 주장하였다.
㉣ 해동천태종을 창시하여 교종의 입장에서 선종까지 포섭하려고 하였다.

① ㉠, ㉡ ② ㉡, ㉢ ③ ㉢, ㉣ ④ ㉠, ㉣

15　0359　[2016. 지방직 9급]

다음 내용을 주장한 인물에 대한 설명으로 옳은 것은?

- 한 마음(一心)을 깨닫지 못하고 한없는 번뇌를 일으키는 것이 중생인데, 부처는 이 한 마음을 깨달았다. 깨닫는 것과 깨닫지 못하는 것은 오직 한 마음에 달려 있으니 이 마음을 떠나서 따로 부처를 찾을 수 없다.
- 먼저 깨치고 나서 후에 수행한다는 뜻은 못의 얼음이 전부 물인 줄은 알지만 그것이 태양의 열을 받아 녹게 되는 것처럼 범부가 곧 부처임을 깨달았으나 불법의 힘으로 부처의 길을 닦게 되는 것과 같다.

① 국청사를 창건하고 천태종을 창시하였다.
② 부석사를 창건하고 화엄사상을 선양하였다.
③ 불교계를 개혁하기 위해 수선사 결사를 주도하였다.
④ 십문화쟁론을 저술하여 종파 간의 사상적 대립을 조화시키고자 하였다.

SOLUTION　난이도 상 중 하

자료분석　자료는 지눌의 돈오점수와 관련된 내용이다. '한 마음'이라는 단어로 인해 원효의 일심사상과 혼동할 수 있는 사료지만, '부처에 대한 깨달음(돈오)'과 '먼저 깨치고 나서 후에 수행한다(돈오점수)'는 내용을 통해 '돈오점수'와 관련된 내용임을 알 수 있다.

정답해설　③ 지눌(1158~1210)은 명리에 집착하는 당시 불교계의 타락상을 비판하며, 승려 본연의 자세로 돌아가 독경과 선 수행, 노동에 고루 힘쓰자는 개혁 운동인 수선사 결사를 제창하였다.

오답피하기　① 의천에 대한 설명이다. 의천은 흥왕사에서 화엄종을 중심으로 교종의 통합을 시도했으며, 교종을 중심으로 선종을 통합하기 위해 국청사를 창건하고 천태종을 창시했다.
② 의상에 대한 설명이다. 의상은 화엄 사상을 바탕으로 교단을 형성하여 많은 제자를 양성하였고, 부석사를 비롯한 여러 사원을 건립하여 불교 문화의 폭을 확대하였다.
④ 『십문화쟁론』은 원효의 저서이다. 그는 '모든 것이 한마음에서 나온다'는 일심 사상을 바탕으로, 다른 종파들과의 사상적 대립을 조화시키고 분파 의식을 극복하기 위해 화쟁 사상을 주장하고 『십문화쟁론』을 지었다.

정답　③　한정판 052p, 기본서 290p

16　0360　[2015. 기상직 7급]

다음과 같은 주장을 한 인물에 대한 설명으로 옳은 것은?

"부처님이 말씀하시기를 나는 두 성인을 중국에 보내서 교화를 펴리라 하셨다. 한 사람은 노자로, 그는 가섭 보살이요, 또 한 사람은 공자로 그는 유동(儒童) 보살이다." 이 말에 의하면 유(儒)와 도(道)의 종(宗)은 부처님의 법에서 흘러나온 것이다. 방편은 다르나 진실은 같은 것이다. 공자는 "삼(參)아, 내 도는 하나로 꿰었다." 하였고, 또 "아침에 도를 들으면 저녁에 죽어도 좋다." 하였다.

① 당에 유학하여 화엄경을 설파하고 구산학파를 개창하였다.
② 교(敎)와 선(禪)을 아울러 닦아야 비로소 수행의 바른 길을 얻을 수 있다고 역설하였다.
③ 고려 무신집권기 조계종 승려이자 지눌의 제자로 「선문염송」이라는 저서를 남겼다.
④ 서로 모순, 대립하는 것처럼 보이는 각 경전의 불교 사상을 하나의 원리로 회통시키려 하였다.

SOLUTION　난이도 상 중 하

자료분석　자료는 진각국사 혜심(1178~1234)이 남긴 어록을 모아 찬한 『진각국사어록』의 내용으로 유교와 도교의 뿌리는 불교에서 나왔음을 설명하고 있다. 유교와 불교는 겉으로는 전혀 다른 것 같으나 근본에 있어서는 차이가 없다는 것이다(유불일치설).

정답해설　③ 『선문염송』은 혜심이 선종의 화두를 모아 편찬한 것으로, 현재 목판본이 남아 있다. 이 책은 일찍부터 우리나라 선문의 기본 학습서로 채택되어 선종 승려들은 반드시 이를 공부한 중요한 책이다.

오답피하기　① 당에 유학하여 화엄경을 설파한 대표적 인물로는 성덕왕의 아들 김교각이 있다. 김교각은 중국 구화산에서 화엄경을 설파하며 중생을 구제하는 지장보살의 화신으로 평가받았다. 구산학파는 북송의 유학자인 양시를 따르는 학파를 말하며 구산은 양시의 호이다.
② 교와 선을 아울러 닦아야 한다는 '교관겸수'를 주장한 것은 의천이다.
④ 원효에 대한 내용이다. 원효는 '모든 것이 한마음에서 나온다'는 일심 사상을 바탕으로, 다른 종파들과의 사상적 대립을 조화시키고 분파 의식을 극복하기 위해 화쟁 사상을 주장하였다.

핵심개념　진각국사 혜심

- 지눌의 제자, 수선사의 2세 사주, 최우 때 활약
- 유불일치설 : 성리학 수용의 사상적 토대 마련
- 최우의 후원(ex 최우의 두 아들을 출가시킴)
- 저서 : 『선문염송』

정답　③　한정판 052p, 기본서 291p

주제 064
04 | 중세의 문화
대장경의 조판

Check 대표 기출 1

01 0361 [2016. 교육행정직 9급] 회독 ○○○

밑줄 친 ㉠, ㉡에 대한 설명으로 옳은 것은?

> 고려 시대에는 불교 사상에 대한 이해가 깊어지면서 불교 관련 저술을 모아 체계적으로 정리한 대장경이 만들어졌다. ㉠현종 때의 경판이 임진년 몽골의 침입으로 불타 버렸고, 이에 왕이 신하들과 더불어 다시 발원하여 도감을 세우고 16년 만에 ㉡새 경판을 완성하였다.

① ㉠ - 합천 해인사에 소장되었다.
② ㉠ - 교장도감에서 제작한 경판이다.
③ ㉡ - 유네스코 세계기록유산으로 등재되었다.
④ ㉡ - 불교 경전 주석서를 수집하여 간행한 속장경이다.

SOLUTION 난이도 상 중 하

출제자의 눈 대장경의 제작 시기 및 조판 배경 등을 묻는 문제, 각 대장경의 특징을 묻는 단순 서술형 문제, 초조대장경을 판각한 현종 왕대사 문제, 속장경 제작과 관련된 의천의 인물사, 재조대장경 제작과 관련된 최우의 인물사 문제 등이 다양한 형태로 문제가 출제될 수 있는 주제이다.

자료분석 ㉠은 현종 때 제작된 초조대장경(1011~1087), ㉡은 강화 천도 시기 제작된 재조대장경(1236~1251)에 해당한다. 현종 때 거란의 침입을 받았던 고려는 부처의 힘을 빌려 이를 물리치려고 대장경을 간행하였다. 70여 년에 걸쳐(현종~선종, 1011~1087) 목판에 새겨 간행한 이 초조대장경은 대구 부인사로 옮겨져 보관하였다. 그러나 몽골 침입 때에 불타버리고 인쇄본 일부가 남아 고려 인쇄술의 정수를 보여 주고 있다. 몽골 침략으로 소실된 초조대장경을 대신하여 고종 때에는 대장경을 다시 만들었다. 강화도에 대장도감을 설치하여 16년 만에 이룩한 재조대장경은 현재 합천 해인사에 보존되어 있다. 8만 장이 넘는 목판이므로 팔만대장경이라고도 부른다.

정답해설 ③ 재조대장경(팔만대장경)은 2007년 유네스코 세계기록유산으로 등재되었다.

오답피하기 ① 합천 해인사에 소장되어 있는 것은 재조대장경이다. 초조대장경은 몽골의 2차 침입(1232) 당시 소실되었다.
② 교장도감에서 제작한 것은 속장경(교장, 1091~1101)이다. 초조대장경의 조판 작업은 흥국사, 귀법사 등 여러 사원에서 이루어졌다.
④ 의천은 고려는 물론이고 송과 요의 대장경에 대한 주석서를 모아 교장(속장경)을 편찬하였다. 이를 위하여 목록인 『신편제종교장총록』을 만들고, 흥왕사에 교장도감을 설치하여 10여 년에 걸쳐 신라인의 저술을 포함한 4,700여 권의 전적을 간행하였다.

정답 ③ 한정판 053p, 기본서 293p

Check 대표 기출 2

02 0362 [2016. 서울시 9급] 회독 ○○○

고려 시대의 대장경을 설명한 것으로 가장 옳지 않은 것은?

① 대장경이란 경(經)·율(律)·논(論) 삼장으로 구성된 불교 경전을 말한다.
② 초조대장경의 제작은 거란의 침입을 받으면서 시작되었다.
③ 의천은 송과 금의 대장경 주석서를 모아 속장경을 편찬하였다.
④ 초조대장경과 속장경은 몽골의 침입으로 소실되었다.

SOLUTION 난이도 상 중 하

정답해설 ① 경(經), 율(律), 논(論)의 '경'은 부처가 설한 근본 교리이고, '율'은 교단에서 지켜야 할 윤리 조항과 생활 규범이며, '논'은 경과 율에 대한 승려나 학자의 의론과 해석을 일컫는다. 경, 율, 논의 삼장으로 구성된 대장경은 불교 경전을 집대성한 것으로서, 교리 체계에 대한 정리가 선행되어야만 이루어질 수 있는 문화적 의의가 높은 유산이다.
② 현종 때 거란의 침입을 받았던 고려는 부처의 힘을 빌려 이를 물리치려고 초조대장경을 간행하였다(1011~1087).
④ 13세기 몽골의 침입 때 초조대장경과 속장경(교장)이 소실되었다.

오답피하기 ③ 의천은 고려는 물론이고 송과 요(금 X)의 대장경에 대한 주석서를 모아 교장을 편찬하였다. 금나라는 의천(1055~1101) 사후인 1115년에 건국되었다.

핵심개념 초조대장경

제작 목적	거란의 침입을 불력(佛力)으로 물리치기 위해
제작 시기	현종(1011) ~ 선종(1087)
보관	흥왕사 대장전 → 대구 부인사 → 몽골의 2차 침입 때 소실(인쇄본 일부 현존)

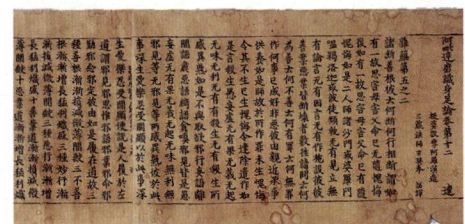

▲ 초조대장경 인쇄본

핵심개념 교장(속장경)

제작 목적	초조대장경을 보완하기 위해 (불교 경전 주석서)
제작 시기	선종(1091) ~ 숙종(1101)
제작	· 교장도감(흥왕사에 설치) · 『신편제종교장총록』(목록) 제작 · 고려 및 송과 요의 대장경에 대한 주석서를 모아 교장 간행
소실	몽골의 침입으로 소실

정답 ③ 한정판 053p, 기본서 293p

03 [2019. 계리직]

밑줄 친 (가)와 (나) 사이 시기의 사실로 옳지 않은 것은?

> 심하도다. (가) 달단이 환란을 일으킴이여! 그 잔인하고 흉포한 성품은 이미 말로 다할 수 없고, 심지어 어리석음은 또한 짐승보다 심하니, 어찌 천하에서 공경하는 바를 알겠으며, 이른바 불법(佛法)이란 것이 있겠습니까? 이 때문에 그들이 경유하는 곳마다 불상과 범서를 마구 불태워 버렸습니다. … (중략) … 옛날 현종 2년에 (나) 거란주(契丹主)가 크게 군사를 일으켜 와서 정벌하자 현종은 남쪽으로 피난하고, 거란 군사는 송악성에 주둔하고 물러가지 않았습니다. 이에 현종은 여러 신하들과 함께 더할 수 없는 큰 서원을 발하여 『대장경』 판본을 판각했습니다. 그러자 거란 군사가 스스로 물러갔습니다. 그렇다면 『대장경』도 한가지고, 전후 판각한 것도 한가지고, 군신이 함께 서원한 것도 한가지인데, 어찌 그때에만 거란 군사가 스스로 물러가고 지금의 달단은 그렇지 않겠습니까? 다만 제불다천(諸佛多天)이 어느 정도 보살펴 주느냐에 달려 있을 뿐입니다.
> – 이규보, 『동국이상국집』 –

① 개경에서 초조대장경판이 조성되었다.
② 개경의 교장도감에서 『교장』이 간행되었다.
③ 해인사에 장경판전을 짓고 팔만대장경판을 소장하였다.
④ 대구 부인사에 소장된 초조대장경판이 화재로 소실되었다.

SOLUTION

자료분석 (가)는 몽골의 침입(달단은 몽골을 의미), (나)는 현종 때 있었던 거란의 2차 침입(현종 2, 1010)에 대한 내용이다. 자료는 이규보가 찬한 글로, 1236년(고종 23) 몽골군을 물리치기 위해 대장경을 판각하면서 임금과 신하가 기도함을 고하는 글이다.

정답해설 ① 초조대장경은 현종 때인 1011년부터 선종 때인 1087년까지 70여 년에 걸쳐 이루어졌다.
② 교장 간행은 선종 때인 1091년부터 숙종 때인 1101년까지 10여 년에 걸쳐 이루어졌다.
④ 대구 부인사에 보관되어 있던 초조대장경은 1232년 몽골의 2차 침입 때 소실되었다(인쇄본 일부 현존).

오답피하기 ③ 재조대장경을 보관하고 있는 합천 해인사 장경판전은 조선 초기(15세기)에 축조된 건물로, (가), (나) 사이 시기의 사실로 적절하지 않다.

핵심개념 재조대장경(팔만대장경)

제작 목적	• 몽골 침략으로 소실된 초조대장경을 대신 • 고려 고종 때 몽골 침입 격퇴 염원
제작 시기	강화 천도기(고종, 최우~최항 집권기, 1236~1251)
담당 관청	• 대장도감(강화도에 설치, 최우 때, 1236년, 화엄종의 승통 수기가 주도) • 진주목 남해현에 분사(분사대장도감) 설치
보관	강화도 선원사 → 현재 경남 합천 해인사 장경판전에 보관
의의	유네스코 세계 기록 유산 등재

정답 ③

주제 065

04 | 중세의 문화

도교와 풍수지리설

Check 대표 기출 1

01 0364 [2017. 국가직 9급]   회독 ○○○

다음에 나타난 사상에 대한 설명으로 옳지 않은 것은?

> 신(臣)들이 서경의 임원역 지세를 관찰하니, 이곳이 곧 음양가들이 말하는 매우 좋은 터입니다. 만약 궁궐을 지어서 거처하면 천하를 병합할 수 있고, 금나라가 폐백을 가지고 와 스스로 항복할 것이며, 36국이 모두 신하가 될 것입니다.

① 서경 천도 운동의 배경이 되었다.
② 문종 때 남경 설치의 배경이 되었다.
③ 하늘에 제사 지내는 초제의 사상적 근거가 되었다.
④ 공민왕과 우왕 때 한양 천도 주장의 근거가 되었다.

Check 대표 기출 2

02 0365 [2018. 지방직 9급]   회독 ○○○

고려에서 행한 국가제사에 대한 설명으로 옳지 않은 것은?

① 태조 때에 환구단(圜丘壇)에서 풍년을 기원하는 제사를 올렸다.
② 성종 때에 사직(社稷)을 세워 지신과 오곡 신에게 제사를 지냈다.
③ 숙종 때에 기자(箕子) 사당을 세워 국가에서 제사하였다.
④ 예종 때에 도관(道觀)인 복원궁을 세워 초제를 올렸다.

SOLUTION   난이도 상 중 하

출제자의 눈 도교 관련 문제는 도교 사상에 대한 단순 지식형 문제가 전형적이나, 최근에는 도교 사원인 복원궁을 제시하고 예종 대의 왕대사 문제도 출제되고 있다. 풍수지리설은 신라 하대와 고려 시대에 풍수지리설이 반영된 사건이나 사실들이 출제된다.

자료분석 자료는 묘청을 비롯한 서경파의 주장으로, 풍수지리사상을 바탕으로 서경 천도를 주장하고 있다. 서경 승려 묘청은 풍수지리설을 바탕으로, 지덕이 쇠한 개경을 버리고 지덕이 왕성한 서경으로 천도할 것을 주장하였다. 묘청은 서경 임원역의 지세가 풍수에서 말하는 대화세(大花勢)이므로 만약 이곳으로 천도하면 금나라가 스스로 항복해 올 것이며 주변 36개국이 모두 신하가 될 것이라고 하였다.

정답해설 ① 서경 천도 운동은 인종 때 묘청 등이 풍수지리사상을 바탕으로 전개하였다. 묘청은 풍수지리설을 바탕으로, 지덕이 쇠한 개경을 버리고 지덕이 왕성한 서경으로 천도할 것을 주장하였다.
② 고려 문종을 전후한 시기에는 북진 정책의 퇴조와 함께 새로이 한양 명당설이 대두하여 문종은 한양을 남경으로 승격시켰다.
④ 공민왕 때 왕사 보우는 "한양에 천도하면 해외 36국이 내조한다."는 도참설로 수도를 옮기자는 공민왕의 주장에 힘을 실어주었으나 실제 이루어지지는 않았다. 우왕 역시 왜구의 횡행으로 수도를 내륙으로 옮기자는 주장이 일어나자 도참설에 의거해 한양 천도를 논의하기도 했다.

오답피하기 ③ 하늘에 제사를 지내는 초제는 도교에 바탕을 두고 있다. 도교는 여러 가지 신을 모시면서 재앙을 물리치고 복을 빌며 나라의 안녕과 왕실의 번영을 기원하였다. 그리하여 고려 시대에는 도교 행사가 자주 베풀어졌고, 궁중에서는 하늘에 제사를 지내는 초제가 성행하였다.

정답 ③ 한정판 053p, 기본서 297p

SOLUTION   난이도 상 중 하

정답해설 ② 우리나라에서는 문헌상 신라 선덕왕이 783년에 처음으로 사직단을 세웠던 것으로 알려졌고, 그 뒤 고려는 성종, 조선은 태조 때 각각 사직단을 세워 제사를 지냈다고 한다.
③ 고려 숙종 7년(1102)에 평양에 기자사당이 세워졌고, 국가에서 공식적으로 제사를 지냈다.
④ 고려 예종 때 도교 사원인 복원궁이 처음 건립되었으며, 이곳을 비롯한 여러 곳에서 하늘과 별들에 제사를 지내는 도교 행사가 개최되었다.

오답피하기 ① 고려사의 기록에 따르면 '983년(성종 2) 정월에 왕이 환구단에 풍년기원제를 드렸다.'는 기록이 있다.

핵심개념 고려에서 행한 국가 제사

성종	· 환구단에서 국왕의 풍년기원제 거행 · 사직(社稷)을 세워 지신과 오곡 신에게 제사
숙종	평양에 기자 사당 건립 → 국가에서 공식적 제사
예종	도관(道觀)인 복원궁을 세워 초제 거행

정답 ① 한정판 053p, 기본서 297p

주제 066 | 04 | 중세의 문화
과학 기술의 발달(인쇄술, 천문학, 의학 등)

Check 대표 기출 1

01 0366 [2020. 지방직 7급] 회독○○○

밑줄 친 '이 시대'에 편찬된 의학서적으로 옳은 것은?

> 숭의전이라는 명칭은 조선 시대에 붙여졌다. 숭의전에서는 이전 왕조인 이 시대 태조를 비롯한 여러 명의 왕을 제향하고, 신숭겸과 정몽주 등을 비롯한 여러 명의 공신을 배향하였다. 경기도 연천군에 있는 숭의전지(崇義殿址)는 사적으로 지정되었다.

① 『의방유취』
② 『향약구급방』
③ 『향약집성방』
④ 『동의수세보원』

Check 대표 기출 2

02 0367 [2024. 지방직 9급] 회독○○○

(가) 문화유산에 대한 설명으로 옳은 것은?

> __(가)__ 은/는 1377년 청주 흥덕사에서 인쇄한 것이다. 독일 구텐베르크가 인쇄한 책보다 70여 년 앞서 간행된 것으로 밝혀졌다. 현재 유네스코 세계 기록 유산으로 등재되어 있다.

① 최윤의 등이 지은 의례서를 인쇄한 것이다.
② 몽골의 침략을 물리치려는 염원을 담고 있다.
③ 현존하는 금속활자본 중에서 가장 오래된 것이다.
④ 우리나라 풍토에 맞는 처방과 약재 등이 기록되어 있다.

SOLUTION 난이도 상 중 하

출제자의 눈 천문학 및 의학과 관련된 문제도 출제되지만 인쇄술 관련 내용이 주를 이룬다. 우왕 대와 관련된 사건들(화통도감 설치, 직지심체요절 간행 등)이 최근 빈출되고 있는 것도 특징이다.

자료분석 조선 시대 이전의 왕조라는 내용과 신숭겸, 정몽주 등의 힌트를 통해 밑줄 친 '이 시대'가 고려 시대임을 알 수 있다.

정답해설 ② 고려 시대 13세기에 편찬된 『향약구급방』은 현존하는 우리나라 최고(最古)의 의학 서적으로, 각종 질병에 대한 처방과 국산 약재 180여 종이 소개되어 있다.

오답피하기 ① 『의방유취』는 조선 세종 때 편찬된 의학 백과사전이다.
③ 『향약집성방』은 조선 세종 때(1433년)에 편찬된 의약서이다. 세종 때에는 우리 풍토에 알맞은 약재와 치료 방법을 개발·정리하여 『향약집성방』을 편찬하였다.
④ 『동의수세보원』은 1894년에 이제마가 지은 의서이다. 19세기(1894, 고종 31)에 이제마는 『동의수세보원』을 저술하여 사상의학(四象醫學)을 확립하였다. 사상의학은 사람의 체질을 태양인, 태음인, 소양인, 소음인으로 구분하여 치료하는 체질 의학 이론으로, 오늘날까지도 한의학계에서 통용되고 있다.

정답 ② 한정판 053p, 기본서 299p

SOLUTION 난이도 상 중 하

자료분석 자료의 (가)에 해당하는 문화유산은 『직지심체요절』이다.

정답해설 ③ 『직지심체요절』은 1377년(우왕 3) 청주 흥덕사에서 간행되었다. 『직지심체요절』은 현존하는 세계 최고(最古)의 금속활자본으로 공인받고 있으며, 유네스코 세계 기록 유산으로 등록되었다. 현재 프랑스 국립 도서관에 소장되어 있다.

오답피하기 ① 『상정고금예문』은 12세기 인종 때 최윤의 등이 지은 의례서인데, 강화도로 천도할 때 예관이 가지고 오지 못하여 최우가 보관하던 것을 강화도에서 금속 활자로 28부를 인쇄했으나 현존하지 않는다.
② 몽골 침입 시기 최우는 부처의 힘으로 몽골군을 물리치기 위해 강화도에 대장도감을 설치하고 수기의 총괄 아래 팔만대장경(재조대장경)을 조판했다 (1236~1251).
④ 우리나라 풍토에 맞는 처방과 약재 등이 기록된 책으로는 조선 세종 때 편찬된 『향약집성방』이 대표적이다. 『직지심체요절』은 고려 승려 경한이 선(禪)의 요체를 깨닫는 데 필요한 내용을 뽑아 엮은 책으로 상하 2권으로 되어 있다.

정답 ③ 한정판 053p, 기본서 300p

주제 067

04 | 중세의 문화

석탑, 불상, 건축, 공예, 문학

Check 대표 기출 1

01 0368 [2016. 국가직 7급]   회독 ○○○

㉠과 ㉡에 해당하는 건축물에 대한 설명으로 옳은 것은?

> 공포를 기둥 위에만 배치하는 ㉠ 양식은 고려 시대의 일반적 건축양식이었다. 공포를 기둥과 기둥 사이에도 배치하는 ㉡ 양식 건물은 고려 후기에 등장하지만 조선 시대에 널리 유행하였다.

① ㉠ - 부석사 무량수전은 간결한 맞배지붕 형태이다.
② ㉠ - 팔작지붕인 봉정사 극락전은 장엄하고 화려하다.
③ ㉡ - 수덕사 대웅전은 백제계 사찰의 전통을 이었다.
④ ㉡ - 맞배지붕의 성불사 응진전이 이에 해당한다.

Check 대표 기출 2

02 0369 [2024. 국가직 9급]   회독 ○○○

밑줄 친 '이 나라'의 문화유산으로 옳지 않은 것은?

> 송나라 사신 서긍은 그의 저술에서 이 나라 자기의 빛깔과 모양에 대해, "도자기의 빛깔이 푸른 것을 사람들은 비색이라고 부른다. 근래에 와서 만드는 솜씨가 교묘하고 빛깔도 더욱 예뻐졌다. 술그릇의 모양은 오이와 같은데, 위에 작은 뚜껑이 있고 연꽃이나 엎드린 오리 모양을 하고 있다. 또, 주발, 접시, 사발, 꽃병 등도 있었다."라고 하였다.

① 안동 봉정사 극락전
② 구례 화엄사 각황전
③ 예산 수덕사 대웅전
④ 영주 부석사 무량수전

SOLUTION

난이도 상 중 하

출제자의 눈 고려의 석탑과 불상, 건축은 각각의 특징을 단순 서술형 문제로 묻거나 고대 및 조선의 것과 구분하는 유형으로 출제된다. 특히 최근 시험에서는 건축 관련 내용의 출제 비중이 높아지고 있어 심화 내용까지 대비가 필요하다.

자료분석 ㉠은 주심포, ㉡은 다포 양식에 해당된다. 주심포식 건물은 지붕의 무게를 기둥에 전달하면서 건물을 치장하는 장치인 공포가 기둥 위에만 짜여 있는 건축 양식이다. 고려 후기에 원나라의 영향을 받은 다포식 건물은 공포가 기둥 위뿐 아니라 기둥 사이에도 짜여 있는 건물로 웅장한 지붕이나 건물을 화려하게 꾸밀 때에 쓰였다.

정답해설 ④ 성불사 응진전은 다포계 단층 맞배지붕 건물이다. 이 건물은 1327년(충숙왕 14)에 지어진 것으로 알려져 있다.

오답피하기 ① 부석사 무량수전은 팔작지붕 형태이다. 맞배지붕 형태로는 봉정사 극락전과 수덕사 대웅전이 대표적이다.
② 현존하는 우리나라 최고(最古)의 목조 건물인 봉정사 극락전은 맞배지붕이 나타난다.
③ 수덕사 대웅전은 주심포식 건축물이다. 이곳은 고려 시대 건물 중 특이하게 백제적 곡선을 보이는 목조건물이기도 하다.

핵심개념 주심포 양식과 다포 양식

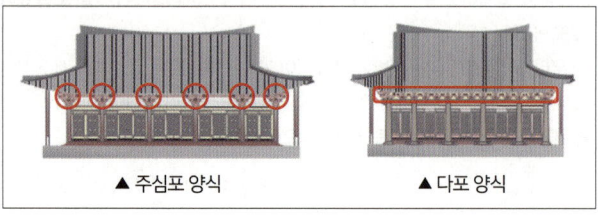

▲ 주심포 양식   ▲ 다포 양식

정답 ④ 한정판 054p, 기본서 304p

SOLUTION

난이도 상 중 하

자료분석 자료는 송나라 서긍이 저술한 『고려도경』의 내용으로, 밑줄 친 '이 나라'는 고려이다. 『고려도경』은 1123년(인종 1) 송나라 사절의 한 사람으로 고려에 왔던 서긍이 고려에서 보고 들은 것을 모아 지은 책으로 여기서 고려청자의 우수함을 서술하였다.

정답해설 ①, ③, ④ 고려 전기에는 주로 주심포 양식이 유행하였는데, 13세기 이후에 지은 일부 건물들이 지금까지 남아 있다. 대표적인 것으로는 안동 봉정사 극락전, 영주 부석사 무량수전, 예산 수덕사 대웅전이 있다.

오답피하기 ② 조선 후기 17세기의 건축으로는 김제 금산사 미륵전, 구례 화엄사 각황전, 보은 법주사 팔상전 등을 대표로 꼽을 수 있다. 이것들은 모두 규모가 큰 다층 건물로, 내부는 하나로 통하는 구조로 되어 있는데, 불교의 사회적 지위 향상과 양반 지주층의 경제적 성장을 반영하고 있다.

정답 ② 한정판 054p, 기본서 304p

03 0370 [2024. 지역인재 9급]

(가)~(다)에 대한 설명으로 옳지 않은 것은?

(가) 개성 경천사지 10층 석탑 　(나) 경주 불국사 3층 석탑 　(다) 경주 분황사 모전 석탑

① (가) - 서울 원각사지 10층 석탑 제작에 영향을 주었다.
② (나) - 내부에서 무구정광대다라니경이 발견되었다.
③ (다) - 돌을 벽돌 모양으로 다듬어 쌓았다.
④ (가), (나), (다)의 순서로 만들어졌다.

04 0371 [2023. 국가직 9급]

고려시대 문화유산에 대한 설명으로 옳지 않은 것은?

① 황해도 사리원 성불사 응진전은 다포 양식의 건물이다.
② 월정사 팔각 9층 석탑은 원의 석탑을 모방하여 제작하였다.
③ 여주 고달사지 승탑은 통일 신라의 팔각원당형 양식을 계승하였다.
④ 『직지심체요절』은 세계기록유산으로 등재된 현존하는 가장 오래된 금속활자본이다.

SOLUTION (03)

정답해설 ① 원 간섭기 충목왕 때 건립된 개성 경천사지 10층 석탑은 원의 석탑을 본뜬 것으로 조선 세조 때 만든 원각사지 10층 석탑에 영향을 주었다.
② 세계 최고(最古)의 목판 인쇄물인 「무구정광대다라니경」은 8세기 초에 만들어진 두루마리 불경으로 신라 중대 경덕왕 때 만들어진 불국사 3층 석탑에서 발견되었다.
③ 분황사 모전 석탑은 신라 선덕여왕 때 건립되었는데, 석재를 벽돌 모양으로 만들어 쌓은 탑으로, 지금은 3층까지만 남아 있다.

오답피하기 ④ 보기의 석탑들은 (다) - (나) - (가) 순으로 제작되었다. 경주 분황사 모전 석탑은 삼국 시대인 신라 선덕여왕 때, 경주 불국사 3층 석탑은 통일신라 경덕왕 때, 경천사지 10층 석탑은 고려 충목왕 때 만들어졌다.

핵심개념 고려 시대의 석탑

전기	· 개성 불일사 5층 석탑 · 부여 무량사 5층 석탑 · 개성 현화사 7층 석탑 · 월정사 8각 9층 석탑(평창) 　- 송의 영향을 받음 　- 고려 시대 다각다층 석탑 대표
후기	· 경천사(지) 10층 석탑 　- 충목왕 때 건립, 원의 영향을 받았음, 대리석으로 제작 　- 일본에 의해 불법 반출되었다가 반환, 현재 국립중앙박물관 소장 　- 조선 세조 때 건립된 원각사지 10층 석탑에 영향

정답 ④ 한정판 054p, 기본서 306p

SOLUTION (04)

정답해설 ③ 고려의 여주 고달사지 승탑은 (통일)신라 후기 승탑의 전형적인 형태인 팔각원당형을 계승하였다.
④ 고려 말 우왕 때 청주 흥덕사에서 간행한 『직지심체요절』은 현존하는 세계 최고(最古)의 금속 활자본으로 공인받고 있으며, 유네스코 세계 기록 유산으로 등록되었다.

오답피하기 ① 고려 시대의 대표적 다포 양식 건물은 황해도 사리원의 응진전(웅진전 X)과 석왕사 응진전이 있다. 고려 후기에는 원나라의 영향을 받은 다포식 건물이 등장하여 조선 시대 건축에 큰 영향을 끼쳤다. 다포식(多包式) 건물은 공포가 기둥 위뿐 아니라 기둥 사이에도 짜여져 있는 건물로 웅장한 지붕이나 건물을 화려하게 꾸밀 때에 쓰였다.
※ 응진전 오탈자(응 → 웅)로 인해 복수 정답이 인정되었다.
② 오대산 월정사 팔각 9층 석탑은 고려 전기의 석탑으로 원의 영향이 아니라 송의 영향을 받았으며, 고려 시대의 다각 다층 석탑을 대표한다. 고려 후기 원의 영향을 받은 석탑으로는 경천사 10층 석탑이 대표적이다.

정답 ①, ②(복수 정답) 한정판 054p, 기본서 304p

04 중세의 문화

05 0372 [2022. 국가직 9급]

다음 설명에 해당하는 문화유산은?

> 이 건물은 주심포 양식에 맞배지붕 건물로 기둥은 배흘림 양식이다. 1972년 보수 공사 중에 공민왕 때 중창하였다는 상량문이 나와 우리나라에서 가장 오래된 목조 건물로 보고 있다.

① 서울 흥인지문
② 안동 봉정사 극락전
③ 영주 부석사 무량수전
④ 합천 해인사 장경판전

06 0373 [2020. 경찰 1차]

다음 일이 있었던 시대의 문화에 대한 설명으로 가장 적절하지 않은 것은?

> 박유가 왕에게 글을 올려 말하기를 "[중략] 청컨대 여러 신하, 관료들로 하여금 여러 처를 두게 하되, 품계에 따라 그 수를 줄이도록 하여 보통 사람에 이르러서는 1인 1첩을 둘 수 있도록 하며 여러 처에게서 낳은 자식들도 역시 본가가 낳은 아들처럼 벼슬을 할 수 있게 하기를 원합니다."라고 하였다. [중략] 당시 재상들 가운데 그 부인을 무서워하는 자들이 있었기 때문에 그 건의는 결국 실행되지 못하였다.

① 단아하고 균형 잡힌 석등이 꾸준히 만들어졌으며 법주사 쌍사자 석등이 대표적인 작품이다.
② 다포 양식 건물이 등장하여 지붕을 웅장하게 얹거나 건물을 화려하게 꾸밀 때 쓰였다.
③ 자기 제작에 상감기법이 개발되어 무늬를 내는 데 활용되었으나 원 간섭기 이후에는 퇴조하였다.
④ 이 시대에는 불화가 많이 그려졌는데 혜허의 관음보살도가 유명하다.

SOLUTION (05)

자료분석 자료에서 설명하는 문화유산은 고려 시대의 건축물인 안동 봉정사 극락전이다.

정답해설 ② 안동 봉정사 극락전은 주심포 양식에 맞배지붕 건물로 기둥은 배흘림 양식이다. 1972년 보수 공사 중에 공민왕 때 중창하였다는 상량문이 나와 우리나라에서 가장 오래된 목조 건물로 알려져 있다.

오답피하기 ① 흥인지문(興仁之門)은 조선시대 한양도성의 동쪽 문으로 일명 동대문(東大門)이라고도 하는데, 서울 도성의 사대문 가운데 동쪽에 있기 때문에 붙여진 이름이다.
③ 고려 전기에는 주로 주심포 양식이 유행하였는데, 13세기 이후에 지은 일부 건물들이 지금까지 남아 있다. 대표적인 것으로는 영주 부석사 무량수전, 안동 봉정사 극락전, 예산 수덕사 대웅전이 있다.
④ 경상남도 합천군 가야산에 있는 해인사 장경판전은 13세기에 제작된 팔만대장경을 봉안하기 위해 지어진 목판 보관용 건축물이다. 15세기에 건립된 것으로 추정된다.

핵심개념 주심포식 건물과 다포식 건물

주심포식	안동 봉정사 극락전, 영주 부석사 무량수전, 예산 수덕사 대웅전, 강릉 객사문
다포식	황해도 사리원의 성불사 응진전, 석왕사 응진전, 심원사 보광전

정답 ② 한정판 054p, 기본서 304p

SOLUTION (06)

자료분석 자료는 고려 충렬왕 때 박유의 일부다처제 주장에 대한 백성들의 비판 모습을 나타낸 것이다. 따라서 고려 후기의 문화로 적절하지 않은 내용을 찾아야 한다.

정답해설 ② 고려 후기에는 원나라의 영향을 받은 다포식 건물도 등장하였다. 다포 양식은 공포가 기둥 위뿐만 아니라 기둥 사이에도 짜여져 있는 양식으로, 황해도 사리원의 성불사 응진전, 석왕사 응진전 등이 대표적이다.
③ 상감 청자는 강화도에 도읍한 13세기 중엽까지 주류를 이루었으나, 원 간섭기 이후 원으로부터 북방 가마의 기술을 받아들이면서 청자의 빛깔이 퇴조하여 점차 소박한 분청사기로 바뀌었다.
④ 고려 후기에는 왕실과 권문세족의 구복적 요구에 따라 불화도 많이 그려졌는데, 그 내용은 극락왕생을 기원하는 아미타불도와 지장보살도 및 관음보살도가 많았다. 일본에 전해 오고 있는 혜허가 그린 관음보살도가 대표적인 작품이다.

오답피하기 ① 법주사 쌍사자 석등은 통일 신라의 석등이다. 통일 신라의 불국사 석등과 법주사 쌍사자 석등은 단아하면서도 균형 잡힌 모습을 지니고 있다.

정답 ① 한정판 055p, 기본서 304p

07 0374 [2019. 국가직 9급]

우리나라 문화유산에 대한 설명으로 옳지 않은 것은?

① 개성 경천사지 10층 석탑은 원의 석탑을 본떠 만들어졌다.
② 영주 부석사 무량수전은 주심포식 목조 건물이다.
③ 부여 정림사지 5층 석탑에서는 백제 무왕의 왕후가 넣은 사리기가 발견되었다.
④ 김제 금산사 미륵전은 다층 건물이나 내부가 하나로 통한다.

SOLUTION

정답해설 ① 원 간섭기 충목왕 때 건립된 개성 경천사지 10층 석탑은 원의 석탑을 본뜬 것으로 조선 세조 때 만든 원각사지 10층 석탑에 영향을 주었다.
② 고려 전기에는 주로 주심포 양식이 유행하였는데, 13세기 이후에 지은 일부 건물들이 지금까지 남아 있다. 대표적인 것으로는 안동 봉정사 극락전, 영주 부석사 무량수전, 예산 수덕사 대웅전이 있다.
④ 17세기의 대표적 건축물로는 김제 금산사 미륵전, 구례 화엄사 각황전, 보은 법주사 팔상전 등이 있다. 이것들은 모두 규모가 큰 다층 건물로, 내부는 하나로 통하는 구조로 되어 있는데, 불교의 사회적 지위 향상과 양반 지주층의 경제적 성장을 반영하고 있다.

오답피하기 ③ 백제 무왕의 왕후가 넣은 사리기가 발견된 것은 익산 미륵사지 석탑이다. 2009년 1월 익산 미륵사지 석탑에서 사리봉안기가 출토되었는데, 사리봉안 기록에는 시주자의 신분이 무왕의 왕후이며, 좌평인 사택적덕의 딸이라는 사실이 새겨져 있다. 이것은 백제 서동 왕자(무왕)가 향가 '서동요'를 신라에 퍼뜨려 신라 진평왕의 딸 선화공주와 결혼했다는 『삼국유사』의 내용과는 다른 것이다. 충남 부여에 위치한 정림사지 5층 석탑은 1층 탑신 면에 당의 장수 소정방이 백제 정벌을 기념하여 새긴 '대당평백제국비명'이라는 글 때문에 '평제탑'이라 불리기도 하였다.

심화개념 경천사지 10층 석탑

1348년 충목왕 때 대리석으로 만들어진 경천사 10층 석탑은 원의 석탑을 본뜬 것으로 경기도 개풍군 광덕면 부소산 경천사지에 세워져 있었다. 1909년경 일본의 궁내 대신 다나카 미쓰아키가 해체하여 불법으로 일본으로 반출하였다가 반환되었으나 그 과정에서 심하게 파손되었다. 반환 후 경복궁 근정전 회랑에 방치되다가 1959~1960년에 재건되어 경복궁 뜰에 전시되었고, 1962년에는 국보 제86호로 지정되었다. 1995년 경복궁 복원 계획의 일환으로 다시 해체된 후 복원되었으며, 2005년 용산에 국립 중앙 박물관을 개관하면서 이곳으로 옮겨 전시되고 있다.

▲ 경천사 10 석탑

정답 ③ 한정판 054p, 기본서 304p

08 0375 [2016. 기상직 9급]

(가)~(라) 불상에 대한 설명으로 옳은 것은?

(가) 　　(나)

(다) 　　(라)

① (가) - 고구려에서 제작된 불상이다.
② (나) - 백제 불상 양식을 계승한 철불이다.
③ (다) - 고려 시대의 석불로 은진미륵이라 불린다.
④ (라) - 석굴암 본존불상의 양식을 계승하였다.

SOLUTION

자료분석 (가)는 광주 춘궁리 철불(하남하사 창동 철조 석가여래 좌상), (나)는 부석사 소조 아미타 여래 좌상, (다)는 관촉사 석조 미륵보살 입상, (라)는 파주 용미리 마애 이불 입상이다.

정답해설 ③ 논산 관촉사 석조 미륵보살 입상은 일명 '은진미륵'이라고도 불린다. 고려 광종 때 만들어진 것으로 전해지며 인체 비례가 불균형한 모습으로 당시 지방 세력의 독특한 개성과 미의식을 보여주고 있다.

오답피하기 ① 광주 춘궁리 철불(하남 하사 창동 철조 석가여래 좌상)은 고려 시대의 불상이다. 고구려에서 제작된 불상으로는 연가 7년명 금동여래입상이 대표적이다.
② 부석사 소조 아미타 여래 좌상은 부석사 무량수전에 모시고 있는 소조불상(나무로 골격을 만들고 진흙을 붙여가면서 만드는 것)으로, 신라 시대 양식을 계승하였다.
④ 석굴암 본존불의 양식을 이어받은 것은 광주 춘궁리 철불(하남 하사 창동 철조 석가여래 좌상)과 부석사 소조 아미타 여래 좌상이다. 파주 용미리 마애 석불은 불균형한 인체구조를 가지고 있기 때문에 석굴암 본존불상을 계승한 것으로 보기 어렵다.

핵심개념 논산 관촉사 석조 미륵보살 입상

충청남도 논산시 은진면 관촉리 관촉사에 위치한 고려 시대 석불 입상이다. '은진미륵'이라고도 불린다. 석불 이마에서 발견된 묵서명을 통해 968년(광종 19)에 건립되었을 것으로 추정된다. 높이가 18.2m에 달하여 국내에서 가장 큰 불상에 해당한다. 불균형한 신체 비례, 둔탁한 신체, 원통형의 짧은 목, 토속적인 얼굴 표현이 특징이다. 부여 대조사 석조미륵보살입상(보물 제217호) 등 충청도 지역에서 조성된 석불의 모델이 되었다. 2018년 국보 제323호로 지정되었다.

정답 ③ 한정판 054p, 기본서 307p

09 [2014. 국가직 7급]

다음 유물에 대한 설명으로 적절하지 않은 것은?

> 색이 푸른데 사람들은 이를 비색(翡色)이라 한다. 근년에 들어와 제작이 공교해지고 광택이 더욱 아름다워졌다. 술병의 형태는 참외와 같은데, 위에는 작은 뚜껑이 있고 마치 연꽃에 엎드린 오리 모양이다.

① 강진과 부안이 생산지로 유명하였다.
② 왕실과 관청 및 귀족들이 주로 사용하였다.
③ 송나라 사신 서긍이 그 아름다움을 극찬하였다.
④ 신라 말기 상감청자가 제작되면서 무늬가 한층 다양해졌다.

SOLUTION

자료분석 자료는 『고려도경』 중 고려 순수 비색 청자에 대한 기록이다. 『고려도경』은 1123년(인종 1) 송나라 사절의 한 사람으로 고려에 왔던 서긍이 지은 책으로, 고려 시대의 다양한 문물을 소개해 당시의 사회 모습을 알 수 있는 중요한 자료를 제공해주고 있다.

정답해설 ① 청자의 생산지로는 전라도 강진과 부안이 유명하였다. 특히 강진에서는 최고급의 청자를 만들어 중앙에 공급하기도 했다.
② 청자는 주로 왕실과 관청 및 귀족들이 사용하였다. 고려 귀족은 자신들의 사치 생활을 충족하기 위하여 다양한 예술 작품을 만들어 즐겼다. 공예는 귀족의 생활 도구와 불교 의식에 사용되는 불구 등을 중심으로 발전하였는데, 특히 자기 공예가 뛰어났다.
③ 송나라 사신 서긍은 『고려도경』에서 청자의 아름다움을 극찬했다.

오답피하기 ④ 상감청자는 금속 공예 기법인 상감 기법을 자기에 응용한 것으로 고려 시대인 12세기 중엽부터 제작되었다. 상감청자는 13세기 중엽까지 주류를 이루었으나 원 간섭기 북방 가마 기술이 도입되면서 쇠퇴하였다.

핵심개념 고려의 자기 공예

토대	신라와 발해의 전통 기술을 토대로 송의 자기 기술 수용 → 11c 독자적 경지 개척
11c	순수 비색 청자
12c 중엽	• 고려의 독창적 기법인 상감법 개발 • 상감청자는 강화도에 도읍한 13세기 중엽까지 주류를 이룸
원 간섭기	원으로부터 북방 가마의 기술이 도입되면서 청자의 빛깔 퇴조 → 점차 소박한 분청사기로 바뀌어감

정답 ④ 한정판 055p, 기본서 308p

---

10 [2012. 지방직 9급]

고려 시대의 건축과 조형예술에 대한 설명으로 옳지 않은 것은?

① 초기에는 광주 춘궁리 철불 같은 대형 철불이 많이 조성되었다.
② 지역에 따라서 고대 삼국의 전통을 계승한 석탑이 조성되기도 하였다.
③ 팔각원당형의 승탑이 많이 만들어졌는데, 그 대표적인 예로 법천사 지광국사 현묘탑을 들 수 있다.
④ 후기에는 사리원의 성불사 응진전과 같은 다포식 건물이 출현하여 조선 시대 건축에 큰 영향을 끼쳤다.

SOLUTION

정답해설 ① 고려 시대의 불상은 시기와 지역에 따라 독특한 모습을 보여주었다. 초기에는 하남 하사창동 철조 석가여래 좌상 같은 대형 철불이 많이 조성되었다.
② 고려 시대에는 개성 불일사 5층 석탑(고구려 영향), 부여 무량사 5층 석탑(백제 영향) 등 지역에 따라서 고대 삼국의 전통을 계승한 석탑이 조성되기도 하였다.
④ 고려 후기에는 원나라의 영향을 받은 다포식 건물도 등장하여 조선 시대 건축에 큰 영향을 끼쳤다. 다포식 건물은 공포가 기둥 위뿐 아니라 기둥 사이에도 짜여져 있는 건물로 웅장한 지붕이나 건물을 화려하게 꾸밀 때에 쓰였다. 황해도 사리원의 성불사 응진전 등은 고려 시대 다포식 건물로 유명하다.

오답피하기 ③ 승려의 승탑은 고려 시대에도 조형 예술의 중요한 부분을 차지하였다. 고달사지 승탑처럼 신라 후기 승탑의 전형적인 형태인 팔각원당형을 계승하는 것이 많았다. 그러나 법천사 지광국사 현묘탑은 팔각원당형이 아니라 사각형의 탑신을 이루고 있어 특이한 형태를 띠면서 조형미가 뛰어났다.

정답 ③ 한정판 054p, 기본서 304p

MEMO

2026 문동균 한국사 기출은 문동균

PART 4

근세 사회의 발달

CHAPTER 01	근세의 정치
CHAPTER 02	근세의 사회
CHAPTER 03	근세의 경제
CHAPTER 04	근세의 문화

주제 068

01 | 근세의 정치

고려의 멸망과 조선의 건국

Check 대표 기출 1

01 0378 [2019. 지방직 9급]   회독 ○○○

밑줄 친 '그'에 대한 설명으로 옳지 않은 것은?

> 그와 남은이 임금을 뵈옵고 요동을 공격하기를 요청하였고, 그리하여 급하게 「진도(陣圖)」를 익히게 하였다. 이보다 먼저 좌정승 조준이 휴가를 받아 집에 있을 때, 그와 남은이 조준을 방문하여, "요동을 공격하는 일은 지금 이미 결정되었으니 공(公)은 다시 말하지 마십시오."라고 말하였다.

① 만권당에서 원의 학자들과 교류하였다.
② 맹자의 역성혁명론을 조선건국에 적용하였다.
③ 한양 도성의 성문과 궁궐 등의 이름을 지었다.
④ 『경제문감』을 저술하여 재상 중심의 정치를 주장하였다.

Check 대표 기출 2

02 0379 [2024. 국가직 9급]   회독 ○○○

위화도 회군 이후에 있었던 사실로 옳지 않은 것은?

① 과전법이 실시되었다.
② 정몽주가 살해되었다.
③ 한양으로 도읍을 이전하였다.
④ 황산 대첩에서 왜구를 토벌하였다.

SOLUTION 난이도 상 중 하

출제자의 눈 조선의 건국 과정이나 정도전의 인물사 문제가 주로 이룬다. 특히 정도전 인물사 문제는 출제 빈도가 높은 주제이기 때문에 관련 사료와 공적을 확실히 해 둘 필요가 있다.

자료분석 자료의 밑줄 친 '그'에 해당하는 인물은 정도전이다. 요동 정벌을 계획하고 『진도』를 편찬했다는 내용을 통해 이를 알 수 있다. 정도전은 1397년(태조 6) 요동 정벌 계획을 표면화하고 태조를 설득하기 시작하였다. 요동 정벌 계획은 조준 등이 군량과 군사훈련 부족, 민심 불안을 내세워 완강하게 반대하여 잠시 보류되었다가 1년이 지난 1398년(태조 7년)부터 다시 대두하여, 태조의 주도하에 국가 정책으로 추진되었다.

정답해설 ② 맹자는 천명은 민의에 기초한 것이라 보고, 민의에 의해 거부된 군주를 다른 덕(德)있는 자가 무력으로 몰아내는 것을 인정하였다. 이 같은 민의에 의한 천명의 변경, 즉 '혁명'에 의해서 군주가 교체되고 왕조의 성(姓)씨가 바뀌는 것을 역성혁명이라 하는데 정도전은 이를 조선 건국에 적용하였다.
③ 정도전은 새로 이룩된 궁궐을 경복궁, 법전을 근정전으로 하는 등 여러 전각의 이름을 지어 바쳤고 도성 4대문과 4소문의 이름, 방리의 명칭까지도 지었다.
④ 『경제문감』은 1395년(태조 4) 정도전이 편찬한 정치 도서이다. 정도전은 『경제문감』을 저술하여 재상 중심의 정치를 주장하였다. 그는 훌륭한 재상을 선택하여, 재상에게 정치의 실권을 부여하여 위로는 임금을 받들어 올바르게 인도하고, 아래로는 백관을 통괄하고 만민을 다스리는 중책을 부여하자고 주장하였다.

오답피하기 ① 이제현에 대한 설명이다. 이제현은 원에 설립된 만권당에서 원의 학자들과 교류하면서 성리학에 대한 이해를 심화하였으며, 귀국한 후에 이색 등에게 영향을 주어 성리학 전파에 이바지하였다.

정답 ① 한정판 056p, 기본서 323p

SOLUTION 난이도 상 중 하

자료분석 위화도 회군은 1388년 우왕 때의 일이다. 고려 정부는 명이 철령 이북의 고려 영토를 빼앗으려 하자 이에 반발하여 요동 정벌을 추진하였다. 이에 반대한 이성계는 위화도 회군을 단행하여 요동 정벌을 주도한 최영 등을 제거하였다.

정답해설 ① 과전법은 공양왕 때인 1391년 실시되었다. 이성계 일파는 위화도 회군 이후 권문세족의 토지를 몰수하여 과전법을 시행함으로써 신진 사대부의 경제적 토대를 마련하였다.
② 정몽주는 1392년(공양왕 4)에 개성의 선죽교에서 이방원의 부하에 의해 살해되었다. 고려 말 온건파 신진사대부의 대표적 인물로, 급진 개혁파의 역성혁명을 반대하다 제거당했다.
③ 태조는 조선 건국 후 나라의 중앙에 위치하여 행정과 교통의 요지이며 풍수지리상의 명당으로 기대감이 컸던 한양으로 천도하였다(1394).

오답피하기 ④ 황산 대첩은 우왕 때인 1380년 남해안 일대에서 횡행하던 왜구를 이성계가 황산(남원 운봉)에서 전멸시킨 전투이다. 훗날 조선 선조 때(1577) 이를 기념하기 위해 황산대첩비를 건립하기도 했다.

정답 ④ 한정판 056p, 기본서 316p

03 [2022. 지방직 9급]

밑줄 친 '왕'의 재위 기간에 있었던 일로 옳은 것은?

> 왕의 어릴 때 이름은 모니노이며, 신돈의 여종 반야의 소생이었다. 어떤 사람은 "반야가 낳은 아이가 죽어서 다른 아이를 훔쳐서 길렀는데, 공민왕이 자신의 아들이라고 칭하였다."라고 하였다. 왕은 공민왕이 죽은 뒤 이인임의 추대로 왕위에 올랐다. 이후 이인임, 염흥방, 임견미 등이 권력을 잡아 극심하게 횡포를 부렸다.

① 이종무가 왜구의 소굴인 대마도를 정벌하였다.
② 삼별초가 반란을 일으켜 대몽 항쟁을 계속하였다.
③ 쌍성총관부를 공격해 철령 이북 지역을 수복하였다.
④ 요동 정벌을 위해 출병한 이성계가 위화도에서 회군하였다.

04 [2020. 소방간부후보]

(가) 인물에 대한 설명으로 옳은 것은?

> "과인이 요동을 공격하고자 하니 경 등은 마땅히 힘을 다하라." 하니, (가) 이/가 아뢰기를, "지금에 출사하는 일은 네 가지의 옳지 못한 점이 있습니다. 작은 나라로서 큰 나라에 거역하는 것이 한 가지 옳지 못함이요, 여름철에 군사를 동원하는 것이 두 가지 옳지 못함이요, 온 나라 군사를 동원하여 멀리 정벌하면, 왜적이 그 허술한 틈을 탈 것이니 세 가지 옳지 못함이요, 지금 한창 장마철이므로 활은 아교가 풀어지고, 많은 군사들은 역병을 앓을 것이니 네 가지 옳지 못함입니다."라고 하였다.

① 사림을 등용하여 훈구를 견제하였다.
② 조선을 건국하고 한양으로 수도를 옮겼다.
③ 집현전을 폐지하고 6조 직계제를 시행하였다.
④ 규장각을 육성하여 왕권을 강화하고자 하였다.
⑤ 북인 세력을 기반으로 전후 피해를 복구하였다.

05　0382　[2017. 국가직 9급]

밑줄 친 '그'에 대한 설명으로 옳은 것은?

> 그는 이성계를 추대하여 조선 왕조를 개창한 공으로 개국 1등 공신이 되었으며, 의정부를 중심으로 하는 재상 중심의 관료정치를 주창하였다. 그리고 「불씨잡변」을 저술하여 불교의 사회적 폐단을 비판하였다.

① 왜구의 소굴인 쓰시마 섬을 정벌하였다.
② 백성들의 윤리서인 「삼강행실도」를 편찬하였다.
③ 여진족을 두만강 밖으로 몰아내고 6진을 개척하였다.
④ 「조선경국전」을 편찬하여 왕조의 통치 규범을 마련하였다.

06　0383　[2015. 사회복지직 9급]

밑줄 친 '그'에 대한 설명으로 옳은 것은?

> 그는 공민왕 때에 성균관에서 성리학을 강론하였고, 이인임의 친원 외교를 비판하여 전라도 나주로 유배되었다. 조선왕조의 제도와 문물을 정리하고, 성리학을 통치 이념으로 확립하는 데에 커다란 역할을 하였다.

① 불교비판서인 「불씨잡변」을 남겼다.
② 만권당을 통해 원의 성리학자와 교류하였다.
③ 유교적 통치 규범을 담은 「속육전」을 편찬하였다.
④ 초학자를 위한 성리학 입문서인 「입학도설」을 저술하였다.

SOLUTION (05)

자료분석 이성계를 추대해 조선 왕조를 개창했다는 점, 재상 중심의 정치를 주장했다는 점, 『불씨잡변』을 저술하여 불교의 사회적 폐단을 비판했다는 점을 통해 밑줄 친 '그'가 삼봉 정도전임을 알 수 있다.

정답해설 ④ 정도전은 왕도 정치를 바탕으로 재상 중심의 정치를 주장했으며, 『조선경국전』(1394), 『경제문감』(1395) 등을 저술하여 민본적 통치 규범을 마련하였다.

오답피하기 ① 쓰시마 섬을 정벌한 인물로는 조선 세종 대 이종무가 대표적이다. 1419년 세종 때 이종무는 전함 227척과 병사 1만 7천 명을 이끌고 쓰시마 섬(대마도)을 토벌하여 왜구의 근절을 약속받고 돌아왔다.
② 『삼강행실도』는 중국과 우리나라의 모범이 될 만한 충신, 효자, 열녀의 이야기를 그림과 글로 설명한 윤리서로 조선 세종 대(1434) 설순 등이 왕명에 의해 편찬하였다.
③ 6진을 개척한 인물은 세종 대의 김종서이다. 세종 때에 최윤덕은 군사 약 1만 5천을 이끌고 압록강 유역의 여진족을 소탕하고 4군을 설치했으며, 김종서도 함길도(함경도) 지방의 여진족을 물리쳐 두만강 유역에 6진을 설치했다.

핵심개념 삼봉 정도전(1342~1398)의 공적

고려 말	• 공민왕 때 관직 생활(성균관 강의) • 이인임의 친원 정책에 반발, 나주 유배(1375, 우왕 1)
건국 초 제도 정비	도성 축조 계획 수립, 경복궁 건립 주도 등
조선경국전	• 왕도 정치 및 재상 중심의 정치 • 민본적 통치 규범 마련
경제문감	• 새 왕조의 문물 제도와 통치 규범 체계화 • 재상 중심 정치 주장
불씨잡변	불교 비판 → 성리학을 통치 이념으로 확립
고려국사	• 고려 시대의 역사 정리 • 조선 건국의 정당성을 밝히려 함
진도	요동 정벌 계획
학자지남도	성리학 입문서
심기리편	• 불교 및 도교 비판 • 유학(성리학) 찬양

정답 ④

SOLUTION (06)

자료분석 자료의 밑줄 친 '그'는 정도전이다. 정도전은 1370년(공민왕 19) 성균관 박사로 있으면서 정몽주 등 교관과 매일같이 명륜당에서 성리학을 수업, 강론했으며, 이듬해 태상박사에 임명되고 5년간 인사 행정을 관장하였다. 1375년(우왕 1) 권신 이인임 등의 친원배명 정책에 반대해 북원 사신을 맞이하는 문제로 권신 세력과 맞서다가 전라도 나주목 회진현 관하의 거평부곡에 유배되었다. 그는 조선 왕조의 제도와 문물을 정리하고, 성리학을 통치 이념으로 확립하는 데에 커다란 역할을 하였다.

정답해설 ① 정도전은 유학의 입장에서 불교는 이단이므로 배척해야 한다는 배불(排佛)의 정당성을 역설한 『불씨잡변』을 남겼다(1398).

오답피하기 ② 고려 말의 학자 이제현은 충선왕이 연경에 설립한 만권당에서 원의 성리학자들과 교류하며 성리학에 대한 이해를 심화하였다.
③ 『속육전』은 『경제육전』을 공포한 뒤에도 새로운 법령이 쌓이자 태종 대에 하륜과 이직 등이 다시 법령을 정리하여 편찬한 것이다. 정도전은 『조선경국전』을 저술하였다.
④ 『입학도설』은 초학자들을 위한 성리학 입문서로, 고려 말 권근이 저술하였다.

핵심개념 양촌 권근(1352~1409)

• 이색의 문하에서 수학
• 1368년(공민왕 17) 문과 급제
• 1396년(태조 5) 표전문제 수습을 위해 사신으로 명에 파견
• 저서 : 『양촌집』, 『입학도설』, 『동국사략』, 『오경천견록』, 『권학사목』

정답 ①

추가 기출 사료

정도전의 주장(재상 중심의 정치)

> 임금의 직책은 재상 하나를 잘 뽑는 데 있다. 재상은 위로는 임금을 받들고 아래로는 백관을 통솔하여 만인을 다스리는 것이니 그 직책이 매우 크다. 또한 임금의 자질에는 어리석은 자질도 있고 현명한 자질도 있으며 강력한 자질도 있고 유약한 자질도 있어서 한결같지 않으니 재상은 임금의 아름다운 점은 순종하고 나쁜 점은 바로잡아 임금으로 하여금 대중(大中)의 경지에 이르도록 하는 것이 재상의 역할이다.
>
> - 『조선경국전』 -

주제 069 | 01 근세의 정치
조선 초기 왕의 업적(태종~성종)

Check 대표 기출 1

01 0384 [2017. 지방직 9급 추가채용] 회독 ◯◯◯

다음과 같은 명을 내린 왕에 대한 설명으로 옳은 것은?

> 삼강은 인도의 근본이니, 군신·부자·부부의 도리를 먼저 알아야 할 것이다. 이제 내가 유신에게 명하여 고금의 사적을 편집하고 아울러 그림을 붙여 만들어 이름을 '삼강행실'이라 하고, 인쇄하게 하여 서울과 외방에 널리 펴고자 한다.

① 압록강과 두만강 지역에 4군 6진을 설치하였다.
② 훈구세력을 견제하기 위해 사림을 적극 중용하였다.
③ 『국조오례의』를 편찬하여 국가의 예법과 절차를 정하였다.
④ 토지 등급을 대부분 하등으로 정하여 전세를 경감해 주었다.

Check 대표 기출 2

02 0385 [2020. 지방직 9급] 회독 ◯◯◯

(가) 시기에 있었던 일로 옳은 것은?

	(가)	
이종무의 대마도 정벌		전분6등법과 연분9등법 시행

① 과전법 공포
② 이시애의 반란
③ 『농사직설』 편찬
④ 정도전의 요동정벌 추진

SOLUTION 난이도 상 중 **하**

출제자의 눈 조선 초기 국왕들에 대한 문제는 태종, 세종, 세조, 성종에 관한 문제가 집중적으로 출제되고 있다. 사료와 함께 해당 국왕 대의 사실을 묻는 문제가 전형적이다.

자료분석 자료의 '삼강행실'이라는 내용을 통해 세종 때 편찬된 『삼강행실도』에 대한 내용임을 알 수 있다. 『삼강행실도』는 1434년(세종 16) 직제학 설순 등이 왕명에 의하여 우리나라와 중국의 서적에서 군신·부자·부부의 삼강에 모범이 될 만한 충신·효자·열녀의 행실을 모아 만든 책이다.

정답해설 ① 세종은 압록강 방면에 최윤덕·이천 등을 보내 4군을 설치하고, 함경도 방면에는 김종서를 보내 6진을 개척함으로써 압록강과 두만강을 경계로 하는 오늘날과 같은 국경선을 확보하였다.

오답피하기 ② 훈구 세력을 견제하기 위해 사림을 적극 등용한 것은 조선 성종이다. 성종 때에 김종직과 그 문인들이 중앙에 본격 진출하면서 사림은 정치적으로 성장하기 시작하였다. 향촌 사회에서 사회적, 경제적 지위를 굳히던 사림은 중앙 정계에 진출하여 권력에 참여함으로써 훈구 세력을 견제하였다.
③ 『국조오례의』는 조선 성종 때인 1474년에 신숙주와 정척 등에 의해 완성된 예전(禮典)으로, 국가의 기본예식인 오례, 즉 길례(吉禮)·가례(嘉禮)·빈례(賓禮)·군례(軍禮)·흉례(凶禮)에 대해 규정하고 있다.
④ 토지 등급을 대부분 하등으로 정해 전세를 경감해 준 것은 인조 때 실시된 영정법과 관련된 내용이다. 세종 때는 토지를 비옥도에 따라 6등급으로 구분하였다(전분 6등법).

정답 ① 한정판 057p, 기본서 326p

SOLUTION 난이도 상 **중** 하

자료분석 (가)는 세종 재위 시기에 해당한다. 1419년 세종 때 이종무는 쓰시마 섬(대마도)을 토벌하여 왜구의 근절을 약속받고 돌아왔다. 전분 6등법과 연분 9등법은 1444년 세종 때 제정되었다. 세종 때에는 조세 제도를 좀 더 체계적으로 운영하기 위해서 전분 6등법, 연분 9등법으로 바꾸고, 조세 액수를 1결당 최고 20두에서 최하 4두를 내도록 하였다.

정답해설 ③ 『농사직설』은 조선 세종 때(1429) 정초·변효문 등이 왕명에 의하여 편찬한 농서이다. 이 책은 우리나라 풍토에 맞는 씨앗의 저장법, 토질의 개량법, 모내기법 등 농민의 실제 경험을 종합하여 편찬되었다.

오답피하기 ① 과전법은 1391년 공양왕 때 마련되었다. 과전법은 고려 말 토지 제도의 모순을 해결하여 농민 생활을 안정시키고 신진 사대부의 경제적 기반을 마련하기 위해 실시하였다.
② 이시애의 난은 1467년 세조 때 함경도의 이시애가 일으킨 반란이다.
④ 정도전이 요동 정벌 계획을 추진한 것은 조선 태조 때의 사실이다.

정답 ③ 한정판 057p, 기본서 326p

03 [2025. 국가직 9급]

다음 업적이 있는 왕의 재위 기간에 볼 수 있는 모습은?

- 우리 풍토에 맞는 농서인 『농사직설』을 편찬하였다.
- 최윤덕과 김종서를 파견하여 4군 6진을 개척하였다.

① 송파장에 담배를 사려고 나온 농민
② 금난전권 폐지에 항의하는 시전 상인
③ 전분6등법을 처음 시행하기 위해 찬반 의견을 묻는 관료
④ 천주교 신자가 되어 어머니 제사를 거부하는 유생

04 [2025. 지방직 9급]

밑줄 친 '국왕'에 대한 설명으로 옳은 것은?

이달에 국왕이 친히 언문 28자를 지었는데, 그 글자는 옛 글자를 모방하였고, 초성·중성·종성으로 조합해야 한 음절이 이루어졌다. 무릇 문자로 기록한 것과 말로만 전해지는 것을 모두 쓸 수 있으며, 글자는 비록 쉽고 간단하지만 무궁무진한 표현이 가능하니, 이를 '훈민정음'이라고 한다.

① 『경국대전』을 반포하였다.
② 『삼강행실도』를 편찬하였다.
③ 『국조오례의』를 간행하였다.
④ 『동국여지승람』을 편찬하였다.

SOLUTION (03)

자료분석 농사직설 편찬, 4군 6진 개척을 통해 세종 때의 사실임을 알 수 있다.

정답해설 ③ 세종은 답험손실의 폐단을 줄이고자 백성들의 여론 조사를 거쳐 연분 9등법, 전분 6등법의 공법을 시행하였다(1444). 이 제도는 토지의 비옥도(전분 6등)와 풍흉(연분 9등)을 고려하여 조세를 차등 징수한 제도이다. 전분 6등법은 토지를 비옥도에 따라 6등급으로 나누고 등급에 따라 각기 다른 자를 사용하여 1결당 면적을 달리한 것이고, 연분 9등법은 풍흉의 정도에 따라 9등급으로 나누어 1결당 최고 20두에서 최하 4두를 내도록 한 것이다.

오답피하기 ① 담배는 17세기 초 일본에서 전래되었다.
② 육의전을 제외한 시전 상인의 금난전권 폐지는 정조 때의 일이다.
④ 천주교는 17세기에 중국 베이징의 천주당을 방문한 우리나라 사신들에 의하여 서학으로 소개되었다.

정답 ③ 한정판 057p, 기본서 326p

SOLUTION (04)

자료분석 자료의 밑줄 친 '국왕'은 세종으로, 훈민정음 창제와 관련된 내용이다. 조선은 한자음의 혼란을 줄이고 피지배층을 도덕적으로 교화시켜 양반 중심 사회를 원활하게 유지하기 위해 우리 문자의 창제가 필요했다. 이러한 배경 속에서 세종은 훈민정음을 창제하여 반포하였다.

정답해설 ② 세종 때에는 모범이 될 만한 충신·효자·열녀 등의 행적을 그림으로 그리고 설명을 붙인 『삼강행실도』를 편찬하였다.

오답피하기 ① 『경국대전』은 세조 대에 편찬을 시작해 성종 대 완성·반포되었다. 『경국대전』은 이전, 호전, 예전, 병전, 형전, 공전의 6전으로 구성된 조선의 기본 법전으로, 후기까지 법률 체계의 골격을 이루었다.
③ 『국조오례의』는 조선 성종 때인 1474년에 신숙주와 정척 등에 의해 완성된 예전(禮典)으로, 국가의 기본예식인 오례, 즉 길례(吉禮)·가례(嘉禮)·빈례(賓禮)·군례(軍禮)·흉례(凶禮)에 대해 규정하고 있다.
④ 조선 성종 때에는 『동국여지승람』이 편찬되었는데, 여기에는 군현의 연혁, 지세, 인물, 풍속, 산물, 교통 등이 자세히 수록되어 있다.

핵심개념 세종 때의 편찬 사업

- 『용비어천가』, 『월인천강지곡』
- 『여민락』, 『정간보』
- 『농사직설』, 『삼강행실도』, 『효행록』
- 『향약채취월령』, 『향약집성방』, 『의방유취』
- 『칠정산』, 『총통등록』 등

정답 ② 한정판 057p, 기본서 326p

05 [2025. 서울시 9급 1차]

〈보기〉의 밑줄 친 '왕'에 대한 설명으로 옳은 것은?

― 보기 ―
왕은 6조 직계제를 시행하여 국왕이 직접 행정을 장악하였다. 또한, 호패법을 실시하여 인구를 파악하고 사회 질서를 유지하고자 했으며, 창덕궁을 건립하였다.

① 사병을 혁파하여 왕권을 강화하였다.
② 비변사를 설치하여 국방 체제를 정비하였다.
③ 『경국대전』을 반포하여 통치 체제를 정비하였다.
④ 집현전을 확대·개편하여 학문과 문화를 발전시켰다.

06 [2024. 국가직 9급]

조선 세조 대에 있었던 사실로 옳은 것만을 모두 고르면?

ㄱ. 사병을 혁파하였다.
ㄴ. 집현전을 폐지하였다.
ㄷ. 『경국대전』을 완성하였다.
ㄹ. 6조 직계제를 시행하였다.

① ㄱ, ㄷ
② ㄱ, ㄹ
③ ㄴ, ㄷ
④ ㄴ, ㄹ

SOLUTION

자료분석 자료의 밑줄 친 '왕'은 조선 태종이다. 태종은 한양으로 환도하고 창덕궁을 건설했으며, 양인 확보와 유민 방지 목적으로 16세 이상의 모든 남자는 호패를 착용하도록 하였다(호패법 실시).

정답해설 ① 태종은 사병을 없애 왕이 군사 지휘권을 장악하게 했으며, 친위 군사를 늘리는 등 왕권을 강화하였다.

오답피하기 ② 비변사는 16세기 중종 초에 여진족과 왜구에 대비하기 위해 임시 회의 기구로 설치되었으며, 명종 때에는 상설 기구가 되었다.
③ 『경국대전』은 세조 대에 편찬을 시작해 성종 대 완성·반포되었다.
④ 집현전은 궁중 안에 있던 정책 연구 기관으로, 세종 대인 1420년에 설치되었다.

핵심개념 태종(1400~1418)

즉위	두 차례에 걸친 왕자의 난을 통하여 개국 공신 세력을 몰아내고 즉위(1400)
정치	· 6조 직계제 처음 실시 · 한양 환도 및 창덕궁 건립 · 의금부 설치 · 승정원이 독립된 기구로 설치 · 문하부 낭사를 사간원으로 독립시켜 대신 견제 · 사병 혁파 · 왕실 외척과 종친의 정치적 영향력 약화 · 상서사의 인사 기능을 이조와 병조로 귀속 · 신문고(등문고) 설치
국방	· 거북선과 비거도선 제조
경제	· 양전 사업(양안 : 20년) · 호구 파악(호적 : 3년) · 호패법 실시 · 사섬서 설치(저화 발행)
기타	· 사원 정리 및 사원의 토지 몰수, 242사 이외 폐지 · 서얼 차대법 · 주자소 설치, 계미자 주조 · 혼일강리역대국도 지도 제작

정답 ① 한정판 057p, 기본서 324p

SOLUTION

정답해설 ㄴ. 세조는 단종 복위 운동을 했던 사육신 등 반대파 인물이 대부분 집현전 출신이라 하여 집현전을 폐지하였다. 집현전은 궁중 안에 있던 정책 연구 기관으로, 세종 대인 1420년에 설치되었다.
ㄹ. 세조는 강력한 왕권을 행사하기 위해 통치 체제를 다시 6조 직계제로 고쳤다(6조 직계제 부활). 또한, 경연을 열지 않았으며, 종친들을 등용하기도 하였다.

오답피하기 ㄱ. 태종은 사병을 없애 왕이 군사 지휘권을 장악하게 하고 친위 군사를 늘렸다.
ㄷ. 『경국대전』은 조선의 기본 법전으로 세조 대에 편찬에 착수해 성종 대인 1485년에 완성되었다.

핵심개념 세조(수양대군, 1455~1468)

집권·즉위	계유정난(1453)으로 집권 → 단종의 양위를 받아 즉위(1455)
정치	· 6조 직계제 부활, 종친 등용 · 경국대전 편찬 시작 · 사육신의 단종 복위 운동(1456) → 집현전 및 경연 폐지 · 함경도 이시애의 난(1467) → 유향소 폐지
군사	· 보법 제정(정군1, 보인2) · 5위(중앙군) 및 진관 체제 실시
경제	· 직전법 시행(수신전과 휼양전 폐지) · 팔방통보(유엽전) 주조, 인지의와 규형 발명
기타	· 적극적인 불교 진흥책 · 간경도감 설치 · 원각사지 10층 석탑 건립 · 장례원 설치(노비 관련 업무 담당)

정답 ④ 한정판 057p, 기본서 328p

07 [2024. 지역인재 9급]

밑줄 친 '왕'의 재위 기간에 있었던 사실로 옳은 것은?

> 의정부의 여러 사무를 나누어 6조에 귀속시켰다. 처음에 하륜이 알현하기를 청하여 아뢰었다. "마땅히 정부를 개혁하여 6조로 하여금 사무를 아뢰게 하여야 합니다." 왕이 예조판서 설미수를 불러서 … (중략) … "경 등이 참고하여 정하여 아뢰도록 하여라."고 하였다.
> — 『조선왕조실록』 —

① 훈련도감을 설치하였다.
② 『경국대전』을 반포하였다.
③ 호패법을 실시하였다.
④ 공법을 실시하였다.

08 [2023. 지역인재 9급]

(가) 왕이 추진한 정책으로 옳은 것은?

> 책이 이루어지자 여섯 권으로 정리하여 올리니, (가) 께서 『경국대전』이라는 이름을 내리셨습니다. 「형전」과 「호전」 두 법전은 이미 반포하여 시행하였으나, 나머지 네 법전은 미처 교정하지 못하였는데 (가) 께서 갑자기 승하하셨습니다. 지금 임금께서는 선왕의 뜻을 이어서 마침내 일을 끝마치시고 나라 안에 반포하셨습니다.

① 계미자를 제작하였다.
② 계해약조를 체결하였다.
③ 6조 직계제를 실시하였다.
④ 관수 관급제를 시행하였다.

SOLUTION (07)

자료분석 자료의 밑줄 친 '왕'은 조선 태종이다. 태종은 국정 현안에 대해 6조의 장관인 판서가 의정부를 거치지 않고 직접 왕에게 보고하여 업무를 처리하도록 한 6조 직계제를 실시하여 왕을 중심으로 국정을 운영하였다.

정답해설 ③ 태종 때에는 양인 확보와 유민 방지 목적으로 호패법을 실시(1413)하여 16세 이상의 양반에서 노비까지 모든 남자에게 호패를 발급하였다.

오답피하기 ① 훈련도감은 임진왜란 중인 1593년 선조 때에 명나라 척계광의 『기효신서』를 참조하여 포수·사수·살수의 삼수병을 중심으로 창설한 군영이다.
② 『경국대전』은 세조 때 편찬에 착수하여 성종 때 완성, 반포되었다. 성종은 건국 이후의 문물제도의 정비를 완비하였으며, 『경국대전』의 편찬을 마무리하여 반포함으로써 이후 조선 사회의 기본 통치 방향과 이념을 제시하였다.
④ 세종은 답험손실의 폐단을 줄이고자 백성들의 여론 조사를 거쳐 연분 9등법, 전분 6등법의 공법을 시행하였다(1444).

정답 ③ 한정판 057p, 기본서 324p

SOLUTION (08)

자료분석 자료는 『경국대전』 서문의 일부로, (가)에 해당하는 국왕은 조선 세조이다. 『경국대전』 편찬을 시작했으나 교정이 끝나기 전 승하했다는 내용을 통해 세조임을 알 수 있다.

정답해설 ③ 세조는 강력한 왕권을 행사하기 위해 통치 체제를 다시 6조 직계제로 고치고(6조 직계제 부활), 자신의 활동을 견제하는 집현전을 폐지하였다.

오답피하기 ① 태종은 활자 주조를 담당하는 주자소를 설치하고 구리로 계미자를 주조하였다.
② 계해약조(1443)는 세종 대에 체결되었다. 3포 개항 후 지나치게 일본과의 교역량이 늘어나자 세견선은 50척, 세사미두는 200석으로 제한하는 계해약조를 체결해 무역을 제한하였다.
④ 관수관급제는 성종 때(1470) 실시되었다. 수조권을 가진 양반 관료가 이를 남용하여 과다하게 수취하는 일이 자주 일어나자 이를 시정하기 위하여 성종 때에는 지방 관청에서 그해의 생산량을 조사하여 거두고, 관리에게 나누어 주는 방식인 관수관급제를 실시하였다.

정답 ③ 한정판 057p, 기본서 328p

09 [2023. 계리직]

밑줄 친 왕의 재위 기간에 있었던 사실로 옳은 것은?

> 왕이 이순지, 김담 등에게 명하여 선명력과 수시력 등의 역법을 참조하여 새로운 역법을 만들게 하였다. 이 역법은 내편과 외편으로 구성되었다.

① 『월인석보』를 언해하여 간행하였다.
② 『이륜행실도』를 편찬하여 보급하였다.
③ 『국조오례의』와 『경국대전』 등을 완성하였다.
④ 『향약채취월령』과 『의방유취』 등을 편찬하였다.

10 [2022. 법원직 9급]

밑줄 친 '그'에 대한 설명으로 옳은 것을 〈보기〉에서 모두 고른 것은?

> 참찬문하부사 하륜 등이 청하였다. "정몽주의 난에 만일 그가 없었다면, 큰일이 거의 이루어지지 못하였을 것이고, 정도전의 난에 만일 그가 없었다면, 또한 어찌 오늘이 있었겠습니까? …… 청하건대, 그를 세워 세자를 삼으소서." 임금이 말하기를, "경 등의 말이 옳다."하고, 드디어 도승지에게 명하여 도당에 전지하였다. "…… 나의 동복(同腹) 아우인 그는 개국하는 초에 큰 공로가 있었고, 또 우리 형제 4, 5인이 성명(性命)을 보전한 것이 모두 그의 공이었다. 이제 명하여 세자를 삼고, 또 내외의 여러 군사를 도독하게 한다."

보기
ㄱ. 영정법을 도입하였다.　　ㄴ. 호패법을 시행하였다.
ㄷ. 경국대전을 편찬하였다.　ㄹ. 6조 직계제를 실시하였다.

① ㄱ, ㄴ　② ㄱ, ㄷ　③ ㄴ, ㄹ　④ ㄷ, ㄹ

11 0394 [2021. 경찰 2차]

(가), (나) 시기 사이에 있었던 사실로 옳은 것은?

> (가) 나는 답험(踏驗)의 폐단을 영원히 없애려고 하여, 모든 대소 신료와 서민들에게까지 의견을 물어본 결과, 시행하기를 원하는 자가 많았으니, 백성들의 의향을 알 수 있었다. 그러나 조정의 의론이 분분해서 잠정적으로 정지하고 시행하지 않은 지 몇 해가 되었다. …… 호조에서는 시행하기에 알맞은 사목(事目)을 자세히 마련하여 아뢰라.
>
> (나) 전하께서 신에게 명하여 해동 여러 나라와 조빙(朝聘)으로 왕래한 고사(故事), 관곡(館穀)을 주어 예우한 전례를 찬술해 가지고 오라 하셨다. 나는 삼가 옛 문적을 상고하고, 보고 들은 것을 덧붙여서, 지도를 그리고 간략히 세계(世系)의 본말과 풍토를 서술하고, 우리나라에서 접대하던 절차에 이르기까지 수집해 모아 책을 만들어 올렸다.

① 현량과가 실시되었다.
② 모문룡이 가도에 주둔하였다.
③ 수신전과 휼양전이 폐지되었다.
④ 낭사가 사간원으로 독립하였다.

12 0395 [2021. 국가직 9급]

밑줄 친 '왕'에 대한 설명으로 옳은 것은?

> 1919년 3월 1일 탑골 공원에서 민족대표 33인이 서명한 독립선언서가 낭독되었다. 이 공원에 있는 탑은 <u>왕</u>이 세운 것으로 경천사 10층 석탑의 영향을 받았다.

① 우리나라 전쟁사를 정리한 『동국병감』을 편찬하였다.
② 우리나라 역대 문장의 정수를 모은 『동문선』을 편찬하였다.
③ 6조 직계제를 실시하여 국왕 중심의 정치체제를 구축하였다.
④ 한양으로 다시 천도하면서 이궁인 창덕궁을 창건하였다.

13 [2019. 국가직 9급]

밑줄 친 '성상(聖上)'대에 편찬된 서적에 대한 설명으로 옳은 것은?

> 세조가 신하들에게 말씀하시기를, "법의 과목(科目)이 너무 번잡하고 앞뒤가 맞지 않았기 때문에 상세히 살펴 다듬어 자손만대의 성법(成法)을 만들고자 한다."라고 하셨다. 형전(刑典)과 호전(戶典)은 이미 반포되어 시행하고 있으나 나머지 네 법전은 미처 교정을 마치지 못했다. 이에 성상(聖上)께서 세조의 뜻을 받들어 여섯 권의 법전을 완성하게 하여 중외에 반포하셨다.

① 『동국병감』은 고조선에서 고려말까지의 전쟁을 정리한 병서이다.
② 『동몽선습』은 중국과 우리나라의 역사를 담은 아동교육서이다.
③ 『삼강행실도』는 모범적인 효자·충신·열녀를 다룬 윤리서이다.
④ 『국조오례의』는 국가의 여러 행사에 필요한 의례를 정비한 의례서이다.

14 [2019. 지방직 9급]

다음 정책을 추진한 국왕 대에 있었던 사실로 옳은 것은?

> 옛적에 관가의 노비는 아이를 낳은 지 7일 후에 입역(立役)하였는데, 아이를 두고 입역하면 어린 아이에게 해로울 것이라 걱정하여 100일간의 휴가를 더 주게 하였다. 그러나 출산에 임박하여 일하다가 몸이 지치면 미처 집에 도착하기 전에 아이를 낳는 경우가 있다. 만일 산기에 임하여 1개월간의 일을 면제하여 주면 어떻겠는가. 가령 저들이 속인다 할지라도 1개월까지야 넘길 수 있겠는가. 상정소(詳定所)로 하여금 이에 대한 법을 제정하게 하라.

① 사형의 판결에는 삼복법을 적용하였다.
② 주자소를 설치하여 계미자를 주조하였다.
③ 국방력 강화를 위해 진관체제를 실시하였다.
④ 도평의사사를 개편하여 의정부를 설치하였다.

SOLUTION (13)

자료분석 세조의 뜻을 받들어 여섯 권의 법전(경국대전)을 완성해 반포했다는 내용을 통해 밑줄 친 '성상'이 성종임을 알 수 있다.

정답해설 ④ 『국조오례의』는 1474년(성종 5)에 신숙주와 정척 등에 의해 완성되었다. 이 책은 국가의 기본예식인 오례, 즉 길례(吉禮)·가례(嘉禮)·빈례(賓禮)·군례(軍禮)·흉례(凶禮)에 대해 규정한 예전(禮典)이다.

오답피하기 ① 『동국병감』은 김종서의 주도하에 고조선에서 고려 말까지의 전쟁사를 정리한 것으로, 문종 때 편찬되었다.
② 『동몽선습』은 박세무가 저술한 아동용 교육 도서로, 중종 때 편찬되었다.
③ 『삼강행실도』는 모범이 될 만한 충신, 효자, 열녀 등의 행적을 그림을 그리고 설명을 붙인 책으로, 세종 때 편찬되었다.

정답 ④

SOLUTION (14)

자료분석 자료는 세종이 실시한 노비의 출산 휴가와 관련된 사료 내용이다. 출산 휴가는 세종 8년에 처음 실시하였다. 당시에는 비(婢)가 입역 중에 출산해도 7일 후에 바로 입역을 계속해야 했는데, 이로 말미암아 갓 출산한 비가 입역하기 위해 갓난애를 돌보지 못하는 사태가 발생해 그 대책으로 실시하였다. 처음 실시된 세종 8년에는 출산한 비에게 100일의 휴가를 지급하도록 되어 있었는데, 세종 12년에는 해산이 임박하여 입역에 어려움을 겪는 비의 고통을 덜어주기 위하여 산후 100일 외에 산전 1개월도 입역을 면제해 주도록 하였다. 또 세종 16년에는 출산한 비의 간호를 위하여 그녀의 남편이 공노(公奴)인 경우 그에게도 30일의 휴가를 주어 부부가 서로 도울 수 있도록 하였다.

정답해설 ① 세종은 사형 판결에 삼복법을 적용해 판결에 신중을 가하도록 했다.

오답피하기 ② 주자소를 설치하고 계미자를 주조한 것은 태종의 정책이다. 세종 대에는 경자자, 갑인자 등을 주조하였다.
③ 진관 체제 실시는 세조의 정책이다. 진관 체제는 지역 단위의 방어 체제로, 각 도에 한두 개의 병영을 두어 병사(병마절도사)가 관할 지역 군대를 장악하고, 병영 아래에 몇 개의 거진을 설치하여 거진의 수령이 그 지역 군대를 통제하는 체제였다.
④ 도평의사사를 의정부로 개칭한 것은 조선 초 정종 때이다.

정답 ①

15 [2019. 법원직]

(가), (나) 사이의 시기에 있었던 사실로 가장 옳은 것은?

> (가) 의정부의 여러 일을 나누어 6조에 귀속시켰다. …… 처음에 왕은 의정부의 권한이 막중함을 염려하여 이를 없앨 생각이 있었지만, 신중히 여겨 서둘지 않았다가 이때에 이르러 단행하였다. 의정부가 관장한 일은 사대 문서와 중죄수의 심의에 관한 것뿐이었다.
>
> (나) 상왕이 나이가 어려 무릇 조치하는 바는 모두 대신에게 맡겨 논의 시행하였다. 지금 내가 명을 받아 왕통을 물려받아 군국 서무를 아울러 자세히 듣고 헤아려 다 조종의 옛 제도를 되살린다. 지금부터 형조의 사형수를 뺀 모든 서무는 6조가 저마다 직무를 맡아 직계한다.

① 4군 6진을 개척하였다.
② 대립의 만연으로 군포 징수제가 점차 확산되었다.
③ 직전법을 폐지하고 관리들에게 녹봉만 지급하였다.
④ 홍문관을 두어 주요 관리들을 경연에 참여하게 하였다.

16 [2019. 소방간부]

밑줄 친 '임금'의 재위 기간에 있었던 사실로 옳은 것은?

> 임금이 말하기를 "그대는 나의 녹(祿)을 먹지 않았던가? 녹을 먹으면서 배반하는 것은 이랬다저랬다 하는 사람이다. 명분으로는 상왕을 복위한다고 하지만 실상은 자신을 위하려는 것이다."라고 하니 성삼문이 말하기를 "상왕이 계시거늘 나리께서 어찌 저를 신하로 삼을 수 있겠습니까? 또 나리의 녹을 먹지 않았으니, 만약 믿지 못하겠거든 저의 가산을 몰수하여 헤아려 보십시오."라고 하였다.
> - 남효온, 『추강집』 -

① 기묘사화가 일어났다.
② 직전법을 시행하였다.
③ 장용영을 설치하였다.
④ 경국대전이 반포되었다.
⑤ 비변사의 기능이 강화되었다.

17 [2018. 국가직 7급]

조선 초기 국왕의 업적에 대한 설명으로 옳지 않은 것은?

① 태조는 한양으로 천도하고 한성부로 이름을 바꾸었다.
② 태종은 창덕궁과 창경궁을 새로 건설하였다.
③ 세종은 사가독서제를 실시하여 학문 활동을 장려하였다.
④ 세조는 간경도감을 설치하여 불경을 번역하고 간행하였다.

18 [2016. 교육행정직 9급]

밑줄 친 '왕'의 업적으로 옳은 것은?

> 왕의 명으로 예부터 지금까지의 우리나라 시문을 모아 책을 만들어 「동문선」이라 하고, 지리지를 편찬하여 「동국여지승람」이라 하였으며, 또 「삼국사절요」를 편찬하였다.

① 홍문관을 설치하였다.
② 훈련도감을 창설하였다.
③ 훈민정음을 반포하였다.
④ 초계문신제를 실시하였다.

SOLUTION 17

정답해설 ① 1392년 조선 왕조를 건국한 태조 이성계는 1394년 개경에서 한양부로 수도를 옮기고 그 다음해인 1395년 한양부를 한성부라고 이름을 고쳤다.
③ 세종은 집현전을 수시로 방문하여 학자들을 격려하고, 이들을 배려하기 위해 사가독서 제도를 실시하였다. 이 제도는 집현전 학자들이 독서에 전념할 수 있도록 국왕이 제공하는 일종의 유급 휴가였다.
④ 간경도감은 조선 세조 때 불경의 국역과 판각을 관장하던 관립기관이다. 1461년(세조 7) 6월에 왕명으로 설치하여, 1471년(성종 2) 12월에 폐지하기까지 11년간 존속하였다.

오답피하기 ② 창덕궁은 태종 때(1405) 건립되었지만, 창경궁이 건립된 것은 성종 때(1484)이다.

핵심개념 세종(1418~1450)

정치	• 의정부 서사제(왕권과 신권의 조화) • 집현전 설치 • 금부삼복법(사형직 3심제) • 부민고소금지법, 원악향리처벌법
대외 정책	• 이종무의 쓰시마 정벌(1419) • 4군(최윤덕) 6진(김종서) 개척 • 3포 개항(1426) : 부산포, 제포, 염포 • 계해약조(1443) : 세견선 50척, 세사미두 200석
경제	• 공법 시행(연분 9등법, 전분 6등법) • 조선통보 발행
기타	• 불교 교단 정리(전국 36개 절만 인정) • 관노비에 대한 출산 휴가 정책 실시 • 한양 대화재(1426) 발생 → 금화도감 설치
문화	• 경자자, 갑인자 주조 • 식자판 조립법 창안 • 『칠정산』 편찬, 혼의(혼천의), 간의 • 자격루, 앙부일구, 측우기 제작
편찬 사업	• 『용비어천가』, 『월인천강지곡』 • 『여민락』, 『정간보』 • 『농사직설』, 『삼강행실도』, 『효행록』 • 『향약채취월령』, 『향약집성방』, 『의방유취』 • 『총통등록』 등

정답 ② 한정판 057p, 기본서 324p

SOLUTION 18

자료분석 자료의 『동문선』과 『동국여지승람』, 『삼국사절요』는 모두 성종 때 편찬된 서적으로, 밑줄 친 '왕'은 성종이다.

정답해설 ① 성종은 홍문관(옥당)을 두어 관원 모두에게 경연관을 겸하게 함으로써 집현전을 계승하였으며, 정승을 비롯한 주요 관리들도 경연에 참여할 수 있게 하였다.

오답피하기 ② 훈련도감은 임진왜란 중인 1593년 선조 때에 명나라 척계광의 『기효신서』를 참조하여 포수·사수·살수의 삼수병을 중심으로 창설한 군영이다.
③ 훈민정음은 세종 때에 창제·반포되었다(1446).
④ 초계문신제는 정조 때 실시한 제도로, 신진 인물이나 중·하급 관리 가운데 능력 있는 신하들을 양성하고 재교육시키는 제도였다.

핵심개념 성종 때의 편찬 사업

동문선	서거정이 우리나라 역대 시와 산문 중에 뛰어난 것을 뽑아 편찬
동국여지승람	군현의 연혁, 지세, 인물, 풍속, 산물, 교통 등 자세히 수록
국조오례의	국가 행사에 필요한 의례 정비
악학궤범	성현이 음악의 원리와 역사, 악기, 무용, 의상 및 소도구까지 망라하여 정리
삼국사절요	단군 조선~삼국 멸망까지 기록
동국통감	조선 최초의 관찬 통사(단군 조선~고려 말까지)

정답 ① 한정판 057p, 기본서 330p

19 [2012. 국가직 7급]

다음 글은 어떤 책의 서문이다. 이 책이 편찬된 왕대에 일어난 내용으로 옳은 것은?

> 천하의 떳떳한 다섯 가지가 있는데 삼강이 그 수위에 있으니, 실로 삼강은 경륜의 큰 법이요 일만 가지 교화의 근본이며 원천입니다. …… "간혹 훌륭한 행실과 높은 절개가 있어도, 풍속습관에 옮겨져서 보고 듣는 자의 마음을 흥기시키지 못하는 일도 또한 많다. 내가 그 중 특별히 남달리 뛰어난 것을 뽑아서 그림과 찬을 만들어 중앙과 지방에 나누어 주고, ……," (후략)

① 궁궐에 신문고를 설치하여 반란음모를 알리게 하였다.
② 역대 시와 산문의 정수를 모은 「동문선」을 편찬하였다.
③ 군사제도를 익군체제에서 진관체제로 바꿈으로써 지방군제의 기본체제가 완성되었다.
④ 일본과 계해약조를 맺어 1년에 50척으로 무역선을 제한하였다.

SOLUTION

자료분석 자료는 세종 때 편찬된 『삼강행실도』의 서문이다. 『삼강행실도』는 우리나라의 모범이 될 만한 충신, 효자, 열녀의 이야기를 그림으로 그리고 설명을 붙여 편찬하였다.

정답해설 ④ 3포 개항(1426, 세종 8) 이후 미곡·면포 등의 수출이 거액에 달하여 끼치는 해가 컸다. 이에 조선은 1443년(세종 25) 일본의 대마도주와 계해약조를 맺어 세견선(조선에서 내왕을 허락한 무역선)은 1년에 50척, 조선에서 내주는 세사미두는 200석으로 제한하였다.

오답피하기 ① 태종 때 설치된 신문고는 백성이 억울한 일을 당했을 때 이를 고발하는 제도인데, 본래는 반대 세력을 제거할 목적에서 설치되었다.
② 성종의 명으로 서거정 등이 중심이 되어 신라에서 조선 초까지의 역대 시문을 모아서 『동문선』을 편찬하였다(1478).
③ 세조 때에 군사 제도를 익군 체제에서 군현을 진관으로 편성한 방어 체제인 진관 체제로 바꾸었다. 진관 체제는 고을의 규모에 따라 거진·주진·제진으로 나누고 지방 수령이 자기 지역의 병사를 이끌고 적을 방어하는 체제로서, 소규모 침입에는 효과적이었으나 대규모 침략에는 약점이 있었다.

정답 ④

주제 070

01 | 근세의 정치

중앙 정치 조직

Check 대표 기출 1

01 0403 [2019. 국가직 9급] 회독 ○○○

다음은 어떤 인물에 대한 연보이다. 밑줄 친 ㉠~㉣의 설명으로 옳은 것은?

> 1566년(31세) ㉠ 사간원 정언에 제수되다.
> 1568년(33세) ㉡ 이조좌랑이 되었으나 외할머니 이씨의 병환 소식을 듣고 사퇴하다.
> 1569년(34세) 동호독서당에 머물면서 『동호문답』을 찬진하다.
> 1574년(39세) ㉢ 승정원 우부승지에 제수되어 『만언봉사』를 올리다.
> 1575년(40세) ㉣ 홍문관 부제학에서 사퇴하고 『성학집요』를 편찬하다.

① ㉠ - 왕명을 출납하면서 왕의 비서기관의 업무를 하였다.
② ㉡ - 삼사의 관리를 추천하는 권한이 있었다.
③ ㉢ - 왕의 정책을 간쟁하고 관원의 비행을 감찰하였다.
④ ㉣ - 서적 출판 및 간행의 업무를 전담하였다.

Check 대표 기출 2

02 0404 [2015. 법원직 9급] 회독 ○○○

(가)~(다) 통치 기구에 관한 설명으로 가장 옳지 않은 것은?

> (가) 시정을 논하여 바르게 이끌고, 모든 관원을 살피며, 풍속을 바로잡고, 원통하고 억울한 일을 밝히며, 건방지고 거짓된 행위를 금하는 등의 일을 맡는다.
> (나) 임금에게 간언하고, 정사의 잘못을 논박하는 직무를 관장한다.
> (다) 궁궐 안에 있는 경적(經籍)을 관리하고, 문서를 처리하며, 왕의 자문에 대비한다. 모두 경연(經筵)을 겸임한다.
> - 「경국대전」 -

① (가)는 발해의 중정대와 비슷한 기능을 수행하였다.
② (나)가 하였던 일을 고려 시대에 담당한 기관은 삼사였다.
③ (다)는 집현전을 계승하여 설치하였으며 옥당으로 일컬어졌다.
④ (가), (나), (다)는 왕권의 독주와 권신의 대두를 막는 역할을 하였다.

SOLUTION 난이도 상 중 하

출제자의 눈 최근 시험에서 출제 비중이 높았던 단원이다. 중앙 정치 기구와 특징을 바르게 연결하는 문제가 주로 출제된다. 특히 고려 시대의 삼사와 조선 시대의 삼사의 기능이 다르다는 것과 국왕의 교서를 작성하는 기관이 교서관이 아니라 예문관임에 유의하자. 교서관은 궁중의 서적을 간행하는 기관이다.

자료분석 자료는 율곡 이이의 연보이다. 하지만 이 문제는 인물사 문제가 아니라 조선 시대 관직 및 중앙 통치 기구에 대해 묻는 문제이다.

정답해설 ② 조선 시대 인사 업무는 이조에서 담당하였다. 이조에 배속된 관원들 중 정5품 정랑과 정6품 좌랑을 통칭하여 이조전랑이라 불렀다. 이조전랑은 비록 관직이 높지는 않았으나 권한은 매우 막강하였다. 조선의 여론 기관인 삼사(홍문관, 사헌부, 사간원)의 관리를 추천하고, 자신의 임기를 마치면 후임자를 추천할 수 있는 자대권도 가지고 있었다.

오답피하기 ① 왕명을 출납하는 왕의 비서기관은 승정원이다. 사간원은 국왕에 대한 간쟁과 정사의 잘못을 논박하는 직무를 관장하였다.
③ 왕의 정책을 간쟁하고 관원의 비행을 감찰한 것은 사헌부이다. 간쟁은 제도적으로는 사간원에서 하도록 규정되었으나, 실제로는 사헌부에서도 행하였다.
④ 서적 출판 및 간행의 업무를 맡은 기관은 교서관이다. 홍문관은 조선 시대 궁중의 경서(經書)·사적(史籍)의 관리와 문한(文翰)의 처리 및 왕의 각종 자문에 응하는 일을 관장하였다.

정답 ② 한정판 058p, 기본서 332p

SOLUTION 난이도 상 중 하

자료분석 (가)는 백관 규찰의 임무를 맡은 사헌부, (나)는 간쟁과 논박의 직무를 맡은 사간원, (다)는 왕의 자문, 경연, 문한을 관리하는 홍문관에 대한 사료이다.

정답해설 ① 발해의 중정대는 조선 시대 사헌부와 같이 관리들의 비리를 감찰하고 규찰하는 기능을 담당하였다.
③ 홍문관(옥당)은 세조 때 폐지된 집현전을 계승하여 성종 때 설치되었으며, 조선 시대 궁중의 경서(經書)·사적(史籍)의 관리와 문한(文翰)의 처리, 왕의 각종 자문에 응하는 일을 관장하였으며, 경연도 담당하였다.
④ 삼사(사헌부, 사간원, 홍문관)의 언관은 왕과 관리의 잘못을 규탄하는 언론의 기능을 하면서 권력의 독점과 부정을 방지하였다.

오답피하기 ② 고려 시대의 삼사는 곡식 출납과 회계를 담당한 기관으로 조선의 삼사와는 그 역할이 달랐다. 고려 시대에 간쟁의 역할을 한 것은 중서문하성의 낭사와 어사대의 관원으로 구성된 대간이었다. 고려 시대의 대간은 간쟁뿐 아니라 봉박, 서경의 역할도 담당하였다.

정답 ② 한정판 058p, 기본서 332p

03 [2025. 서울시 9급 1차]

〈보기〉의 조선시대 기관에 대한 설명으로 옳은 것을 모두 고른 것은?

─ 보기 ─
ㄱ. 사헌부는 관리들의 비리를 감찰하는 기관이다.
ㄴ. 사간원은 국왕에게 간쟁하고 봉박, 서경권을 행사하였다.
ㄷ. 홍문관은 경연을 주관하며 왕의 자문을 담당하였다.
ㄹ. 위의 세 기관을 합쳐서 '삼사'라고 하여 권력의 독점이나 부정을 방지하려고 하였다.

① ㄱ, ㄴ
② ㄱ, ㄴ, ㄷ
③ ㄴ, ㄷ, ㄹ
④ ㄱ, ㄴ, ㄷ, ㄹ

SOLUTION

정답해설 ㄱ. 조선 시대 사헌부는 시정을 논하여 바르게 이끌고 모든 관원 규찰, 풍속 교정 등의 업무를 담당하였다.
ㄴ. 사간원은 국왕에 대한 간쟁, 정사의 잘못을 논박하는 직무를 관장했으며, 사헌부와 함께 5품 이하의 관리를 임명할 때 동의하는 서경권을 행사하였다.
ㄷ. 홍문관은 경적과 문한을 관리하고 왕의 고문(자문)에 대비하였으며, 경연을 담당하였다.
ㄹ. 조선에서는 사헌부, 사간원, 홍문관의 3사가 언론 기능을 담당하였다. 3사의 언론 활동은 권력의 독점과 부정을 방지하기 위한 것으로 고관은 물론 국왕도 함부로 막을 수 없었다.

핵심개념 사헌부

사헌부는 상대(霜臺)·오대(烏臺)·백부(柏府)라고도 한다. 신라의 사정부, 발해의 중정대, 고려의 어사대와 같이 관리 감찰 역할을 담당하였다. 『경국대전』에 법제화된 직무를 살펴보면, 정치의 시비에 대한 언론 활동, 백관에 대한 규찰, 풍속을 바로잡는 일, 원통하고 억울한 일을 해결하는 일, 외람되고 거짓된 행위를 금하는 일 등으로 되어 있다. 사간원과 함께 '언론 양사(言論兩司)'라 불렸으며, 간쟁(諫諍)·탄핵(彈劾)·시정(時政)·인사(人事) 등의 언론 기관의 역할을 담당했다. 여기서 간쟁은 왕의 언행에 잘못이 있을 때 이를 바로잡는 언론 행위이다. 간쟁은 제도적으로는 사간원에서만 하도록 규정되었으나, 실제로는 사헌부에서도 행하였다. 탄핵은 관원의 기강을 확립하기 위한 것으로 부정·비위·범법한 관원을 논란, 책망해 직위에 있지 못하도록 하였다. 시정은 그 시대에 이루어지고 있는 정치의 옳고 그름을 논해 바른 정치로 이끌어 나가는 것이며, 인사는 부정·부당·부적합한 인사를 막아 합리적이고 능률적인 정치가 이루어지도록 하는 것이다.

정답 ④

04 [2022. 국가직 9급]

조선 시대의 관청에 대한 설명으로 옳은 것은?
① 사간원 - 교지를 작성하였다.
② 한성부 - 시정기를 편찬하였다.
③ 춘추관 - 외교문서를 작성하였다.
④ 승정원 - 국왕의 명령을 출납하였다.

SOLUTION

정답해설 ④ 승정원은 국왕의 비서 기관으로 왕명을 출납하였다. 도승지·좌승지·우승지·좌부승지·우부승지·동부승지 각 1인씩 모두 6인의 승지가 있으며, 이들은 모두 정3품 당상관이었다.

오답피하기 ① 교지 작성을 담당한 곳은 예문관이다. 사간원은 3사(사헌부, 사간원, 홍문관) 중 한 곳으로 간쟁과 정사의 잘못을 논박하는 직무를 관장하였다.
② 시정기는 춘추관에서 각 관청들의 업무 기록을 종합하여 편찬하였다. 한성부는 서울의 행정과 치안, 사법을 담당하였다.
③ 외교 문서 작성은 승문원에서 담당하였다. 춘추관은 역사서 편찬과 보관을 담당하였다.

핵심개념 조선의 중앙 정치 조직

의정부	재상들의 합의를 통해 국정 총괄	
6조	왕명을 집행하는 행정 기관	
승정원	왕명출납, 국왕의 비서 기관	
의금부	왕 직속 특별 사법 기관	
사헌부	관리 감찰, 억울한 일 해결, 풍속 교정	삼사: 언론 담당
사간원	간쟁(정사의 잘못 논박)	
홍문관	왕의 자문 대비, 경적·문한 관리, 경연·서연 담당	
양사(대간)	• 사헌부 + 사간원 • 서경권 행사(5품 이하 대상)	
한성부	서울의 행정과 치안 담당	
춘추관	역사서 편찬 및 보관	
예문관	왕의 교서 작성	
교서관	궁중 서적 출판·간행	
승문원	외교 문서 작성	
성균관	최고 교육 기관	
상서원	옥새와 마패 제작 관리	
포도청	치안(경찰 업무)	
관상감	천문·지리 등 담당	

정답 ④

05 [2019. 서울시 7급 2차]

〈보기〉와 같은 역할을 담당한 조선시대 정치 기구에 대한 설명으로 가장 옳지 않은 것은?

― 보기 ―
- 궁중의 서적과 문서를 관리하고, 국왕의 자문에 응하며, 경연(經筵)을 주관하였다.
- 매일 아침 신하들이 임금에게 정사를 보고하던 상참(常參) 등에 참여하여 국정에 대한 의견을 제출하였다.

① 옥당이라고 불리기도 하였다.
② 사간원·사헌부와 함께 삼사를 구성하였다.
③ 외교 문서와 사초를 작성하였다.
④ 소속 관원은 청요직이라 하여 선망의 대상이었다.

06 [2019. 경찰 1차]

조선의 중앙 정치 기구에 대한 설명으로 옳지 않은 것은?

① 사헌부와 사간원, 홍문관은 서경권을 가지고 있었다.
② 한성부는 서울의 행정과 치안, 사법을 담당하였다.
③ 의금부와 승정원은 왕권을 강화하는 데 기여하였다.
④ 예문관은 국왕의 교지 작성을 담당하였다.

SOLUTION (05)

자료분석 보기에 해당하는 조선의 관청은 홍문관이다. 홍문관은 경적과 문한을 관리하고 왕의 고문(자문)에 대비하였으며, 경연을 담당하였다. 또한 매일 아침 신하들이 임금에게 정사를 보고하던 상참(常參) 등에 참여하여 국정에 대한 의견을 제출하였다.

정답해설 ①, ② 옥당이라고 불리기도 한 홍문관은 사간원, 사헌부와 함께 삼사를 구성하여 언론 기능을 담당하였다.
④ 사헌부, 사간원, 홍문관 등의 소속 관원은 청요직이라 하여 선망의 대상이었다.

오답피하기 ③ 외교 문서 작성을 담당한 관청은 승문원이다. 사초는 예문관 사관들뿐 아니라 승정원 관원 등도 사관을 겸임하게 하여 작성에 내실을 기하였다.

정답 ③ 한정판 058p, 기본서 332p

SOLUTION (06)

정답해설 ② 한성부는 서울의 행정과 치안, 사법(토지·가옥에 관한 소송 담당)을 담당하였다.
③ 의금부는 국왕 직속 특별 사법 기관이고, 승정원은 왕명을 출납하는 왕의 비서 기관으로 왕권을 강화하는 데 기여하였다.
④ 예문관은 국왕의 교서 작성을 담당한 관서이다.

오답피하기 ① 조선 시대 사헌부와 사간원을 합쳐 양사(대간)라 부르는데, 양사는 5품 이하의 관리를 임명할 때 동의하는 서경권을 행사하였다(홍문관은 제외).

함정피하기 홍문관은 사헌부, 사간원과 함께 삼사에 속하는 기관이지만, 양사(사헌부, 사간원)와 달리 서경권을 가지고 있지 않았다는 것에 주의해야 한다.

심화개념 서경(署經)

조선시대에는 서경의 범위가 축소되어, 고려시대에 1품에서 9품까지 모든 관리의 임명에서 대간의 동의를 필요로 하던 것이 5품 이하의 관리 임명에만 적용되었다. 서경은 조선 초에는 1품 이하의 모든 관원을 대상으로 한 적도 있었다. 이조(吏曹)에서 임명대상의 성명, 이력 등을 사헌부와 사간원의 양사(兩司)에 제출하면 양사는 이를 조사하여 적합하다고 판명되면 서명하여 동의하였다. 그러나 『경국대전』에서 5품 이하의 관원은 사헌부와 사간원의 서경을 고찰한 후에 고신(직첩, 임명장)을 발급하는 것으로 법제화되었다.

정답 ① 한정판 058p, 기본서 332p

주제 071

01 | 근세의 정치

지방 행정과 군사 제도

Check | 대표 기출 1

01 0409 [2018. 서울시 7급 2차] 회독 ○○○

조선 지방 제도에 대한 설명으로 옳은 것을 〈보기〉에서 모두 고른 것은?

보기
㉠ 군현 밑에는 면, 리, 통을 두고 다섯 집을 1통으로 편제하였다.
㉡ 수령은 자기 출신 지역에 부임하지 못하며, 각 도에는 관찰사를 파견하여 수령의 업무 성적을 평가하였다.
㉢ 향리는 수령의 행정실무를 보좌하였으며, 아전으로 신분이 격하되었다.
㉣ 각 군현에 지방민의 자치를 허용하기 위해 경재소를 설치하였다.

① ㉠
② ㉡, ㉢
③ ㉠, ㉡, ㉢
④ ㉠, ㉡, ㉣

SOLUTION 난이도 상 중 하

출제자의 눈 조선의 지방 제도는 고려 시대와의 비교 문제가 빈출되며, 군사 제도는 조선 전기와 후기의 군사 제도에 대한 비교·구분 문제가 주류를 이룬다. 중앙군, 지방군, 방어 체제 등이 조선 전기와 비교하여 조선 후기에 어떻게 변화되는지에 초점을 맞추도록 하자.

정답해설 ㉠ 조선은 군현 아래에 말단 행정 조직으로 면, 리(里), 통을 두고 다섯 집을 1통으로 편제하였다.
㉡ 수령에게는 자기 출신 지역에 부임하지 못하는 상피제가 적용되었으며, 각 도에는 관찰사를 파견하여 수령의 업무 성적을 평가하는 포폄권을 행사하게 하였다.
㉢ 조선 시대에는 수령의 권한을 강화한 반면, 향리는 수령의 행정 실무를 보좌하는 세습적인 아전으로 격하시켰다.

오답피하기 ㉣ 지방의 군현에 지방민의 자치를 허용하기 위해 설치된 것은 유향소이다. 경재소는 조선 시대에 지방의 유향소를 통제하기 위하여 설치한 중앙 기구로, 서울에 설치되었다.

핵심개념 | 조선의 지방 행정 조직

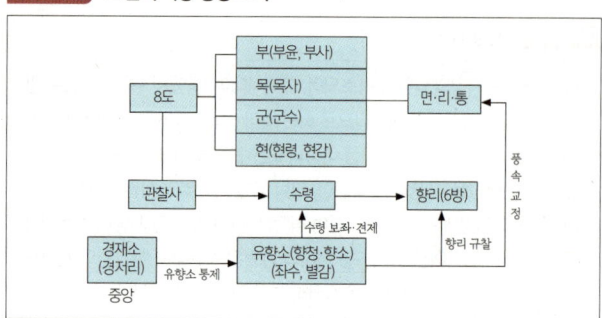

정답 ③ 한정판 059p, 기본서 335p

Check | 대표 기출 2

02 0410 [2023. 법원직 9급] 회독 ○○○

(가)에 들어갈 내용으로 옳은 것을 〈보기〉에서 모두 고른 것은?

평택현감 변징원이 하직하니, 임금이 그를 내전으로 불러 만났다. 임금이 변징원에게 "그대는 이미 수령을 지냈으니, 백성을 다스리는 데 무엇을 먼저 하겠는가?"라고 물었다. 이에 변징원이 "마땅히 칠사(七事)를 먼저 할 것입니다."라고 하였다. 임금이 "칠사라는 것은 무엇인가?"라고 질문하니, 변징원이 대답하기를 ＿＿(가)＿＿
- 『성종실록』 -

보기
ㄱ. 호구를 늘리는 것입니다.
ㄴ. 농상(農桑)을 성하게 하는 것입니다.
ㄷ. 역을 고르게 부과하는 것입니다.
ㄹ. 사송(詞訟)을 간략하게 하는 것입니다.

① ㄱ
② ㄱ, ㄴ
③ ㄱ, ㄴ, ㄷ
④ ㄱ, ㄴ, ㄷ, ㄹ

SOLUTION 난이도 상 중 하

자료분석 자료는 수령7사에 대한 내용이다. 수령 7사란 조선 시대 지방관에 관한 인사 제도의 하나로 수령의 근무 평가 기준이 되는 7가지 임무를 말한다.

정답해설 ④ 수령 7사(守令七事)란 조선 시대 지방관에 관한 인사 제도의 하나로 수령의 근무 평가 기준이 되는 7가지 임무를 말한다. 이는 『경국대전』 이전 고과조에 학교 교육의 진흥[학교흥(學校興)], 간사하고 교활한 풍속을 없애는 일[간활식(奸猾息)], 농사와 양잠의 흥성[농상성(農桑盛)], 부역의 균등한 부과[부역균(賦役均)], 군정의 바른 처리[군정수(軍政修)], 호구의 증가[호구증(戶口增)], 송사의 간명한 처리[사송간(詞訟簡)], 등으로 규정하였다.

핵심개념 | 수령 7사

학교흥(學校興)	교육(유학)의 진흥
간활식(奸猾息)	간교한 풍속을 없앰
농상성(農桑盛)	농업과 양잠 장려
부역균(賦役均)	부역의 균등
군정수(軍政修)	군사 훈련 실시
호구증(戶口增)	호구를 늘림
사송간(詞訟簡)	소송을 간명하게 함

정답 ④ 한정판 059p, 기본서 337p

03 0411 [2018. 법원직]

(가), (나) 시기의 지방 행정 제도에 대한 설명으로 옳은 것은?

> (가) 5도 양계를 중심으로 지방 제도가 마련되었다.
> (나) 전국을 8도로 나누고, 그 아래에 부·목·군·현을 설치하였다.

① (가) - 5도에 관찰사가 파견되었다.
② (가) - 모든 군현에 수령이 파견되었다.
③ (나) - 유향소를 설치하여 수령을 보좌하였다.
④ (나) - 향리는 행정·사법·군사권을 행사하는 국왕의 대리인이다.

04 0412 [2016. 국가직 7급]

조선 전기의 군사제도에 대한 설명으로 옳지 않은 것은?

① 오위도총부가 군무를 통괄하였다.
② 지방의 주요 거점을 중심으로 진관을 편제하였다.
③ 잡색군은 생업에 종사하다가 일정 기간 군사훈련을 받았다.
④ 금위영을 설치하여 도성을 수비하였다.

SOLUTION

자료분석 (가)는 고려, (나)는 조선 시대의 지방 행정구역을 나타낸 것이다. 고려의 지방 행정 조직은 전국을 5도와 양계, 경기로 크게 나누고, 그 안에 3경, 4도호부 8목을 비롯하여 군·현·진 등을 설치하였다. 반면 조선은 전국을 8도로 나누고, 그 아래에 부·목·군·현을 설치하였다.

정답해설 ③ 유향소는 지방의 양반들이 중심이 되어 조직된 지방 자치 조직으로 수령을 보좌하고 향리를 규찰하며 풍속 교정의 역할을 하였다.

오답피하기 ① 고려 시대 5도에는 관찰사가 아니라 안찰사가 파견되었다. 관찰사는 조선 시대 8도에 파견된 지방관이다.
② 고려 시대에는 모든 군현에 수령을 파견하지 않았으며 수령이 파견된 주현에 비해 파견되지 않은 속현의 수가 더 많았다.
④ 국왕의 대리인으로 행정·사법·군사권을 행사한 것은 수령이다. 향리는 수령의 행정실무를 보좌하였다.

핵심개념 조선의 관찰사(감사, 도백, 방백)

임기	• 1년(360일) • 단임(임기제 및 상피제 적용)
권한	• 감찰권·행정·사법·군사권 • 수령 지휘·감독(수령에 대한 포폄권)
특징	• 감영에 상주 • 대개 병마절도사·수군절도사를 겸직

정답 ③ 한정판 059p, 기본서 335p

SOLUTION

정답해설 ① 세조 때 중앙군 조직이 5위로 개편된 뒤, 5위도총부가 확립되어 군무를 통괄하였다.
② 세조 때 정립된 진관 체제는 지역 단위의 방어 체제로, 각 도에 한두 개의 병영을 두어 병사(병마절도사)가 관할 지역 군대를 장악하고, 병영 아래에 몇 개의 거진을 설치하여 거진의 수령이 그 지역 군대를 통제하는 체제였다. 수군도 육군과 같은 방식으로 편제되었다.
③ 태종 때 조직된 잡색군은 정규군이 아닌 일종의 예비군으로서 서리, 잡학인, 신량역천인, 노비 등으로 편제되었다. 이들은 생업에 종사하다가 일정 기간 군사 훈련을 받고 유사시에 향토 방위를 담당하였다.

오답피하기 ④ 금위영은 국왕 호위와 수도 방어를 위해 조선 후기(조선 전기 X) 숙종 때 설치된 군영(1682)으로 조선 후기 중앙군인 5군영 중의 하나이다.

핵심개념 조선 전기의 군사 제도

중앙군(5위)	
총괄 기관	5위 도총부
명칭	의흥위, 용양위, 호분위, 충좌위, 충무위
임무	궁궐과 서울 수비
구성	정군(정병) 중심 + 갑사 + 특수병
지휘 책임	문반 관료
지방군	
영진군	육군과 수군이 국방상 요지인 영이나 진에 소속되어 복무
진관 체제	지역 단위 방어 체제, 수령이 지휘(통제 효율적)
잡색군	
개념	일종의 예비군(유사시 동원)
구성	서리, 잡학인, 신량역천인, 노비 등(농민 제외)

정답 ④ 한정판 060p, 기본서 338p

주제 072

01 | 근세의 정치

조선 전기의 대외관계

Check 대표 기출 1

01 0413 [2018. 서울시 7급 2차]   회독 ○○○

조선 초기 대외관계의 설명으로 가장 옳은 것은?

① 신숙주는 일본에 다녀온 뒤, 일본의 사정을 자세하게 소개한 견문록 『해동제국기』를 성종2년(1471)에 편찬하였다.
② 대마도주가 무역을 요청해 오자, 벼슬을 내려 조선의 신하로 삼고, 부산, 인천, 원산 3포를 열어 무역을 허용하였다.
③ 태종은 요동 수복을 포기하지 않고, 삼남지방의 향리와 부민을 대거 북방으로 강제 이주시켜 압록강 이남지역의 개발을 추진했다.
④ 여진족에 대해서는 포섭정책만을 구사하여, 국경지역에서 무역을 허용하고, 조공과 귀화를 권장하였다.

Check 대표 기출 2

02 0414 [2023. 국가직 9급]   회독 ○○○

(나) 시기에 일어난 사실로 옳은 것은?

| (가) 삼포왜란이 발발하였다. |
⇩
| (나) |
⇩
| (다) 임진왜란이 발발하였다. |

① 을사사화가 일어났다.
② 『경국대전』이 반포되었다.
③ 『향약집성방』이 편찬되었다.
④ 금속활자인 갑인자가 주조되었다.

SOLUTION 난이도 상 중 하

정답해설 ① 『해동제국기』는 세종 때 일본에 다녀온 신숙주가 성종 때인 1471년(성종 2) 왕명을 받아 그가 관찰한 일본의 정치, 사회, 풍속, 지리 등을 종합적으로 정리·기록한 책(견문기)이다.

오답피하기 ② 세종 때 대마도주의 요청으로 조선이 일본에게 무역을 허용한 3포는 부산포, 제포(진해), 염포(울산)를 말한다(1426년 3포 개항). 부산, 인천, 원산은 강화도 조약 체결(1876) 이후 개항한 항구들이다.
③ 태조 때는 요동 지역을 회복하려는 요동 정벌 계획을 추진하여 명과 갈등을 빚었지만, 태종은 요동(랴오둥) 수복을 포기한 대신 충청, 전라, 경상도의 향리와 부민을 대거 북방으로 강제 이주시켜 압록강 이남 지역 개발을 추진하였다.
④ 여진족에 대해서는 회유, 포섭정책과 함께 강경책(토벌정책)을 병행하였다. 여진족의 생활을 돕기 위해 식량, 농기구, 의류 등을 국경지역에서 무역하도록 허용하고, 여진 추장의 조공과 귀화를 적극 권장하여 많은 여진족이 귀화하였다. 반면 대표적인 강경책으로는 세종 때 이루어진 4군 6진 개척을 들 수 있다.

핵심개념 여진 및 동남 아시아와의 관계

여진과의 관계	동남아시아의 관계
• 회유책 - 귀순 장려(관직·토지·주택 지급) - 북평관 : 한양 설치, 여진 사신 유숙소 (조공 무역) - 무역소 : 태종 때 경성·경원 무역소 설치(국경 무역) • 강경책 : 세종 때 4군(최윤덕) 6진(김종서) 개척	• 류큐(유구), 시암, 자와(자바) 등과 교류 • 조공·진상 형식 교류 : 토산물을 가져와 옷감, 문방구 등을 회사품으로 가져감 • 류큐 문화 발전에 기여 : 조선의 선진 문물 전파(불경, 유교 경전, 범종, 부채 등 전래)

정답 ① 한정판 061p, 기본서 341p

SOLUTION 난이도 상 중 하

출제자의 눈 조선 전기의 외교 노선인 사대교린과 관련된 문제들이 출제되는데 특히 일본 관련 내용의 출제 빈도가 높다. 일본과 맺은 약조들의 경우 세견선의 규모가 포인트이기 때문에 이를 기억해 둘 필요가 있다. 표해록, 해동제국기 등 해외견문 기록의 편찬 순서가 고난도 문제로 출제되기도 해 책의 내용뿐만 아니라 편찬 시기도 학습해야 한다.

자료분석 삼포왜란은 중종 때인 1510년에 일어났고 임진왜란은 선조 때인 1592년에 일어났다.

정답해설 ① 을사사화는 1545년 명종 때 일어난 사건이다. 명종의 외척인 윤원형(소윤파) 일파가 인종의 외척 윤임(대윤파) 일파를 제거하였는데, 이때 윤임을 지원했던 사림들이 화를 입은 사건이다.

오답피하기 ② 15세기 성종 때 『경국대전』이 완성·반포되면서 성문 법전에 바탕을 둔 조선의 통치 체제가 확립되었다.
③ 15세기 세종 때 우리 풍토에 알맞은 약재와 치료 방법을 개발·정리하여 『향약집성방』을 편찬하였다.
④ 15세기 세종 때 구리로 갑인자를 주조하였다. 이는 글자 모습이 아름답고 인쇄에 편리하게 만들어졌다.

정답 ① 한정판 061p, 기본서 344p

03 [2019. 서울시 7급 1차]

〈보기〉의 (가)와 (나) 사이의 시기에 있었던 일로 가장 옳은 것은?

―보기―
(가) 왜인들이 세견선이 줄어든 것에 불만을 품고 을묘왜변을 일으켰다.
(나) 일본을 통일한 도요토미 히데요시가 20만의 대군을 보내 조선을 침략하였다.

① 정여립 모반사건이 일어나 많은 동인이 처형당했다.
② 4~5천 명의 왜인들이 삼포왜란을 일으켰다.
③ 도원수 강홍립이 거느리는 원군을 명에 파견하였다.
④ 최세진이 훈몽자회를 편찬하였다.

04 [2016. 서울시 9급]

조선 전기 일본과 관계된 주요 사건이다. (가)~(라) 각 시기에 있었던 사건으로 옳지 않은 것은?

1392		1419		1510		1592	
	(가)		(나)		(다)		(라)
조선 건국		쓰시마 토벌		3포 왜란		임진왜란	

① (가) – 부산포, 제포, 염포 등 3포를 개항하였다.
② (나) – 계해약조를 체결하여 쓰시마 주의 제한적 무역을 허락하였다.
③ (다) – 왜선이 침입하여 을묘왜변을 일으켰다.
④ (라) – 조선은 포로의 송환 교섭을 위해 일본에 사신을 파견하였다.

SOLUTION

자료분석 (가) 을묘왜변은 1555년(명종 10) 왜구가 전라남도 강진·진도 일대에 침입해 노략질한 사건이다.
(나) 1592년(선조 25)부터 시작된 임진왜란에 대한 내용이다.

정답해설 ① 선조 때인 1589년에 일어난 기축옥사에 대한 내용이다. 기축옥사는 정여립이 역모를 도모했다는 혐의로 정여립과 관련된 인물들을 일망타진했던 사건이다. 이 과정에서 많은 이들이 희생되었는데, 이들은 대개 동인 중에서 강경파가 많았던 남명 조식과 화담 서경덕의 제자들이었다.

오답피하기 ② 삼포왜란은 (가) 이전인 1510년(중종 5) 삼포에서 일어난 일본 거류민들의 폭동 사건이다.
③ 강홍립이 명의 요청에 따라 원군으로 파병된 것은 (나) 이후인 광해군 대이다(1619).
④ 『훈몽자회』는 최세진이 어린이들의 한자 학습을 위하여 지은 책으로, (가) 이전인 1527년(중종 22)에 간행된 이래 여러 차례 중간되었다.

정답 ① 한정판 061p, 기본서 344p

SOLUTION

정답해설 ② 계해약조는 1443년(세종 25)에 체결되었다. 3포 개항 이후 지나치게 증가한 무역량을 제한하고자 일본과의 최대 무역량을 세견선 50척, 세사미두 200석으로 제한하였다.
③ 1555년(명종 10)에 왜선 70여 척이 전라도 주변 해안 지역을 습격한 을묘왜변이 일어났다.
④ 임진왜란 이후 조선과 일본은 외교 관계가 단절되었지만, 일본은 전쟁 후의 경제적 어려움을 해결하고 선진문물을 받아들이고자 대마도 도주를 통해 조선에 국교의 재개를 요청하였다. 이에 조선은 사명대사를 일본에 파견하여 강화 의사를 확인하고 조선인 포로들을 데리고 귀국하였다(1605, 선조 38).

오답피하기 ① 부산포, 제포(진해), 염포(울산)의 3포 개항은 1426년(세종 8)의 사실이다. 조선은 회유책의 일환으로 왜구의 요구를 받아들여 부산포, 제포(진해), 염포(울산) 등 3포를 개방하고 제한된 범위 내에서의 교역을 허락하였다.

핵심개념 왜란 전후 일본과의 관계

세종	· 이종무 쓰시마 정벌(1419, 세종 1) · 3포 개항(1426): 부산포, 제포, 염포 · 계해약조(1443) : 세견선 50척
중종	· 3포 왜란(1510) : 비변사 설치 · 임신약조(1512) : 제포만 개항 → 세견선 25척, 세사미두 100석 · 사량진 왜변(1544)
명종	· 정미약조(1547) : 세견선 25척 · 을묘왜변(1555) : 비변사 상설 기구화, 제승방략 체제, 국교 단절
선조	· 임진왜란(1592) : 비변사 최고 기구화, 훈련도감, 속오군 설치 · 정유재란(1597) : 명량·노량 대첩
광해군	· 기유약조(1609) 　- 세견선 20척, 세사미두 100석 　- 부산포만 개항

정답 ① 한정판 061p, 기본서 344p

주제 073 | 01 근세의 정치
사화의 발생과 조광조의 개혁 정치

Check | 대표 기출 1

01 0417 [2021. 국가직 9급] 회독○○○

(가)인물에 대한 설명으로 옳은 것은?

> ___(가)___ 이/가 올립니다. "지방의 경우에는 관찰사와 수령, 서울의 경우에는 홍문관과 육경(六卿), 그리고 대간(臺諫)들이 모두 능력 있는 사람을 천거하게 하십시오. 그 후 대궐에 모아 놓고 친히 여러 정책과 관련된 대책 시험을 치르게 한다면 인물을 많이 얻을 수 있을 것입니다. 이는 역대 선왕께서 하지 않으셨던 일이요, 한나라의 현량과 방정과의 뜻을 이은 것입니다. 덕행은 여러 사람이 천거하는 바이므로 반드시 헛되거나 그릇되는 일이 없을 것입니다."

① 기묘사화로 탄압받았다.
② 조의제문을 사초에 실었다.
③ 문정왕후의 수렴청정을 지지하였다.
④ 연산군의 생모 윤씨를 폐비하는 데 동조하였다.

SOLUTION 난이도 상 중 하

출제자의 눈 사료형 문제, 순서 문제에 모두 대비해야 한다. 사화별 핵심 키워드를 기억하고 배경 및 전개, 결과를 구분할 수 있어야 한다. 특히 기묘사화와 관련해서는 조광조에 대한 단독 인물사 문제가 출제되고 있으니 조광조의 개혁 정치에 대해 확실히 정리해 두도록 하자. 최근에는 명종 대의 왕대사(王代史) 문제가 빈출되고 있어 을사사화, 임꺽정의 난 등과 함께 묶어 암기해야 한다.

자료분석 (가)에 해당하는 인물은 조광조이고, 자료는 조선 중종 때 조광조가 중종에게 현량과 실시를 건의하는 내용이다. 조선 중종 대 조광조는 새롭게 천거를 통한 인재 등용 방식을 제기하였는데, 그것이 현량과이다. 현량과라는 명칭은 중국 한나라 때 추천을 통한 인재 선발 방식인 현량방정과(賢良方正科)에서 따온 것이다. 중종은 조광조의 건의를 받아들여 1519년 경서에 밝고 품행이 단정한 인재를 천거하게 한 후 현재 조정의 시무(時務)에 대한 책문만을 시험하여 관리로 임용하도록 하였다.

정답해설 ① 기묘사화는 중종 대(1519) 조광조 일파의 급진적 개혁에 위협을 느낀 훈구 세력의 반발로 인해 일어났다. 이로 인해 남곤·홍경주 등의 훈구파에 의해 조광조 등의 신진 사류들이 숙청되었다.

오답피하기 ② 김종직이 쓴 '조의제문'은 중국 초나라 황제가 항우에게 죽임을 당한 비유를 들어 단종을 애도한 글이다. 이 글은 은연중에 세조의 왕위 찬탈을 비판하였는데, 김종직의 제자인 김일손이 이를 사초에 실어 무오사화(1498, 연산군 4)의 원인을 제공하게 되었다.
③ 문정왕후의 수렴청정은 조광조 사후인 명종 대의 상황으로, 조광조와는 관련이 없다.
④ 연산군의 생모 윤씨의 폐비 사건과 관련된 것은 연산군 때 일어난 갑자사화(1504)로, 중종 때 중앙 정계에 진출한 조광조와는 관련이 없다.

정답 ① 한정판 062p, 기본서 349p

Check | 대표 기출 2

02 0418 [2020. 지방직 9급] 회독○○○

다음 사건이 일어난 왕의 재위 기간에 대한 설명으로 옳은 것은?

> 임꺽정은 양주 백정으로, 성품이 교활하고 날래고 용맹스러웠다. 그 무리 수십 명이 함께 다 날래고 빨랐는데, 도적이 되어 민가를 불사르고 소와 말을 빼앗고, 만약 항거하면 몹시 잔혹하게 사람을 죽였다. 경기도와 황해도의 아전과 백성들이 임꺽정 무리와 은밀히 결탁하여, 관에서 잡으려 하면 번번이 먼저 알려주었다.

① 동인과 서인의 붕당이 형성되었다.
② 문정왕후가 수렴청정하며 불교를 옹호하였다.
③ 삼포에서 4~5천 명의 일본인이 난을 일으켰다.
④ 조광조가 내수사 장리의 폐지, 소격서 폐지 등을 주장하였다.

SOLUTION 난이도 상 중 하

자료분석 자료는 명종 때 일어난 임꺽정의 난에 대한 내용이다. 임꺽정의 난은 명종 14년(1559)부터 임꺽정이 잡힌 명종 17년(1562년)까지 이어졌다.

정답해설 ② 명종 때는 문정왕후가 불교를 독실하게 믿었기 때문에 불교의 교세가 일어났다. 문정왕후는 보우를 신임하여 봉은사 주지로 삼고 1550년에 선·교양종을 부활시켰으며 이듬해에는 승과를 설치하였다.

오답피하기 ① 이조전랑의 임명 문제 등을 둘러싸고 동인과 서인의 붕당이 형성된 것은 조선 선조 때이다.
③ 삼포왜란은 중종 때인 1510년(중종 5) 부산포·내이포·염포 등 삼포에서 거주하고 있던 왜인들이 대마도의 지원을 받아 난을 일으킨 사건이다. 명종 때(1555)는 왜구가 전라남도 강진·진도 일대에 침입해 노략질을 한 을묘왜변이 발생했다.
④ 조광조는 중종 때 급진적인 개혁 정치를 실시하였다. 조광조는 왕실의 고리대 역할을 한 내수사 장리의 폐지를 주장하였고, 도교 행사 기관인 소격서의 폐지를 주장하였다.

정답 ② 한정판 062p, 기본서 350p

03 [2023. 법원직 9급]

다음 사건과 관련 있는 내용으로 가장 옳은 것은?

> 왕이 어머니 윤씨가 왕비 자리에서 쫓겨나고 죽은 것이 성종의 후궁인 엄씨와 정씨의 참소 때문이라 여기고, 밤에 그들을 궁정에 결박해 놓고 손으로 함부로 치고 짓밟았다.
> - 『조선왕조실록』 -

① 수양대군이 단종을 내쫓고 왕위에 올랐다.
② 조광조를 비롯한 많은 사림이 피해를 입었다.
③ 연산군이 훈구파들을 제거하고 권력을 강화하였다.
④ 이조 전랑의 임명 문제를 둘러싸고 사림간 대립이 일어났다.

04 [2021. 소방간부후보]

다음 평가를 받은 인물에 대한 설명으로 옳은 것은?

> 정암은 타고난 자질이 참으로 아름다웠으나 학문이 충실하지 못하여 시행한 것에 지나침이 있었기 때문에 결국 실패하고 말았다. …(중략)… 요순시대의 임금과 백성같이 되게 하는 것이 아무리 군자의 뜻이라 하더라도 때와 역량을 헤아리지 못한다면 안 되는 것이다. 기묘(己卯)의 실패는 여기에 있었다.

① 『주자서절요』, 『성학십도』 등을 저술하였다.
② 최초의 서원인 백운동서원을 건립하였다.
③ 조의제문을 지어 사화의 발단을 제공하였다.
④ 위훈(僞勳) 삭제와 소격서 폐지를 주장하였다.
⑤ 평생 벼슬하지 않고 독창적인 주기 철학을 수립하였다.

SOLUTION (03)

자료분석 자료는 1504년(연산군 10) 연산군의 어머니 폐비 윤씨 사건과 관련해 일어난 갑자사화와 관련된 내용이다.

정답해설 ③ 성종 때에 성종비 윤씨가 질투가 심해 왕비의 체모에 벗어난 행동을 많이 했다 하여, 연산군의 생모인 윤씨를 폐했다가 다음 해에 사사(賜死)한 사건이 있었다. 연산군은 이 사실을 임사홍의 밀고로 알게 되었고, 윤씨 폐위 및 사사 사건 당시 이를 주장한 사람이거나 방관한 사람들을 찾아내어 죄를 물었다(갑자사화). 그 결과 일부 훈구 세력과 김굉필 등의 사림 세력들이 피해를 입었다.

오답피하기 ① 세종 이후 문종이 일찍 죽고 어린 단종이 즉위하면서 왕권이 크게 약화되고 김종서, 황보인 등 재상에게 정치의 실권이 넘어갔다. 이에 수양 대군은 정변(계유정난, 1453)을 일으켜 김종서, 황보인 등을 제거하고 정권을 장악하였으며 1455년에는 왕위에 올랐다.
② 조광조를 비롯한 사림들이 피해를 입은 사건은 중종 때 일어난 기묘사화(1519)이다.
④ 16세기 선조 때 기성 사림과 신진 사림의 갈등이 심화되면서 신진 사림의 지지를 받던 김효원과 왕실의 외척으로 기성 사림의 신망을 받던 심의겸이 이조전랑 임명 문제 등을 둘러싸고 대립해 붕당이 이루어졌다.

정답 ③ 한정판 062p, 기본서 348p

SOLUTION (04)

자료분석 자료는 이황의 문집인 『퇴계집』에 수록된 조광조에 대한 평가 내용이다. 정암(조광조의 호), 기묘의 실패(기묘사화) 등의 내용을 통해 이를 알 수 있다.

정답해설 ④ 조광조는 위훈 삭제와 소격서(도교 신앙 주관 기관) 폐지 등 급진적인 개혁을 추진하였다. 위훈 삭제 주장은 중종반정 때 공을 세운 정국공신 중 자격이 없다고 평가된 사람들의 위훈을 삭제할 것을 주장한 것이다.

오답피하기 ① 『주자서절요』와 『성학십도』는 이황의 저서이다. 『주자서절요』는 이황이 『주자대전』 중에서 중요한 부분을 뽑아 편찬한 책이며, 『성학십도』는 군주 스스로가 성학을 따를 것을 10개의 도식으로 설명한 것이다.
② 백운동 서원은 풍기군수 주세붕이 안향을 제사 지내기 위해 건립하였다.
③ 김종직에 대한 설명이다. '조의제문(弔義帝文)'이란 초나라 항우에게 죽은 회왕(懷王), 즉 의제(義帝)를 위해 지은 글이다. 그런데 그 내용이 세조에게 죽음을 당한 단종을 의제에 비유하였다고 하여 문제가 되었으며, 이것이 훗날 무오사화가 일어나는 계기가 되었다.
⑤ 서경덕에 대한 설명이다. 그는 화담에 머물며 연구와 교육에 몰두하는 등 처사로서의 삶을 살았으며 송대의 주돈이·소옹 및 장재의 철학사상을 조화시켜 독자적인 주기 철학(기일원론)을 수립하였다.

핵심개념 정암 조광조(1482~1519)의 개혁 정치

- 현량과(천거) 실시(사림 등용 목적)
- 방납의 폐단 시정 주장(수미법 제기)
- 유향소 폐지 주장, 여씨 향약 처음 실시
- 경연 강화 및 언론 활동의 활성화
- 소학 교육 및 주자가례 장려
- 도학 정치(이상적 유교정치 실현) 주장
- 소격서(도교 행사 기관) 폐지
- 내수사 장리 폐지 주장
- 훈구 공신의 위훈 삭제
- 능성적중시(화순 유배 중), 절명시

정답 ④ 한정판 062p, 기본서 349p

05 [2019. 국가직 7급]

다음과 같은 명령을 내린 국왕의 재위 기간에 있었던 일로 옳은 것은?

> 국가에 반역한 큰 도적인 임꺽정 등이 이제 모두 잡혀 내 마음이 매우 기쁘다. 토포사 남치근, 군관 곽순수·홍언성 및 전 사복(司僕) 윤임에게 각각 한 자급씩을 더해 주고, 종사관 한홍제와 박호원에게는 각각 말을 내려 주라.

① 기축옥사(己丑獄事)를 계기로 동인이 남인과 북인으로 갈리었다.
② 현량과 시행을 통해서 유교의 이상 정치를 실현하려고 하였다.
③ 현직 관료에게만 과전을 지급하는 직전제를 도입하였다.
④ 불교의 선교 양종을 부활하고 선과를 다시 설치하였다.

06 [2019. 기상직 9급]

(가)~(다) 자료에 나타난 사건을 발생 순서대로 옳게 나열한 것은?

> (가) 임금께서 전지(傳旨)를 내리기를, "…… 지금 그 제자 김일손이 찬수한 사초 내에 부도(不道)한 말로 선왕조의 일을 터무니없이 기록하고, 또 그 스승 김종직의 『조의제문』을 실었다."
> (나) 기축년 10월 2일 황해감사 한준의 비밀 장계가 들어왔다. …… 그 내용은, 수찬을 지낸 전주에 사는 정여립이 모반하여 괴수가 되었는데, 그 일당인 안악에 사는 조구가 밀고한 것이었다.
> (다) 윤임은 화심(禍心)을 품고 오래도록 흉계를 쌓아 왔다. 처음에는 동궁(東宮)이 외롭다는 말을 주창하여 사림들 사이에 의심을 일으켰고, 중간에는 정유삼흉(丁酉三兇)의 무리와 결탁하여 국모를 해치려고 꾀하였고, …… 이에 윤임·유관·유인숙 세 사람에게는 사사(賜死)만 명한다.

① (가) - (나) - (다)
② (가) - (다) - (나)
③ (나) - (가) - (다)
④ (다) - (나) - (가)

07 [2018. 국가직 9급]

밑줄 친 '국왕'의 재위 기간에 있었던 일로 옳은 것은?

> 지금 국왕께서 풍속을 바꾸려는 데에 뜻이 있으므로 신은 지극하신 뜻을 받들어 완악한 풍속을 고치고자 합니다. …(중략)… 「이륜행실(二倫行實)」로 말하면 신이 전에 승지가 되었을 때에 간행할 것을 청했습니다. 삼강이 중한 것은 아무리 어리석은 부부라도 모두 알고 있으나, 붕우·형제의 이륜에 이르러서는 평범한 사람들이 제대로 모르는 경우가 있습니다.

① 주세붕이 백운동 서원을 세웠다.
② 김시습이 『금오신화』를 저술하였다.
③ 『국조오례의』가 편찬되고 『동국여지승람』이 만들어졌다.
④ 문화와 제도를 유교식으로 갖추기 위해 집현전을 창설하였다.

08 [2018. 지방직 7급]

다음과 관련된 사건에 대한 설명으로 옳은 것은?

> '조룡(祖龍)이 어금니와 뿔을 휘두른다'고 한 것은 세조를 가리켜 시황제에 비긴 것이요, '회왕을 찾아내어 민망(民望)에 따랐다'고 한 것은 노산군을 가리켜 의제(義帝)에 비긴 것이고, '그 인의를 볼 수 있다'고 한 것은 노산을 가리킨 것이니 의제의 마음에 비추어 말한 것이다.

① 폐비 윤씨 사건에 관련된 자들과 사림세력이 제거되었다.
② 훈구세력은 조광조 일파를 모함하여 죽이거나 유배 보냈다.
③ 훈구세력이 사관 김일손의 사초 내용을 문제 삼아 사림을 축출하였다.
④ 훈구세력이 폭정을 일삼던 연산군을 몰아내고, 중종을 왕으로 세웠다.

SOLUTION (07)

자료분석 자료의 밑줄 친 '국왕'은 중종이다. 『이륜행실도』는 1518년(중종 13) 조신이 왕명에 의해 장유(長幼)와 붕우(朋友)의 윤리를 진작하기 위하여 만든 책이다.

정답해설 ① 백운동 서원은 중종 때인 1543년 풍기 군수 주세붕이 고려 말 성리학을 전래한 안향을 제사 지내기 위해 만든 서원이다. 그 후, 백운동 서원은 명종 때 이황의 건의로 왕(명종)으로부터 '소수 서원'이라는 현판을 하사받고 최초의 사액 서원이 되었다(1550).

오답피하기 ② 『금오신화』는 조선 세조 때 김시습이 지은 한문 소설집이다.
※ 『금오신화』의 저술 시기는 몇 가지 설이 있으나 저자인 김시습이 조선 성종 대인 1493년에 사망해 그 이전에 저술한 것으로 봐야 한다.
③ 조선 성종 때의 사실이다. 성종 때에는 국가의 여러 행사에 필요한 의례를 정비하여 의례서인 『국조오례의』가 편찬되었다. 또한 『동국여지승람』도 편찬되었는데, 여기에는 군현의 연혁, 지세, 인물, 풍속, 산물, 교통 등이 자세히 수록되어 있다.
④ 세종 때에는 궁중 안에 정책 연구 기관으로 집현전을 설치하고 집현전 학사를 일반 관리보다 우대하였다. 집현전 학사는 학문 연구와 아울러 경연에 참여하여 국왕의 통치를 자문하였는데, 이 기능은 뒤에 홍문관으로 이어졌다.

정답 ① 한정판 062p, 기본서 349p

SOLUTION (08)

자료분석 자료는 김종직이 쓴 '조의제문'을 비판하는 내용이다. 「조의제문(弔義帝文)」이란 초나라 항우에게 죽은 회왕(懷王), 즉 의제(義帝)를 위해 지은 글이다. 그런데 그 내용이 세조에게 죽음을 당한 단종(노산군)을 의제에 비유하였다고 하여 문제가 되었으며, 이것이 훗날 무오사화가 일어나는 계기가 되었다.

정답해설 ③ 1498년(연산군 4)의 무오사화는 김종직의 제자 김일손이 김종직의 「조의제문」을 사초에 실었던 것이 구실이 되었다. 훈구 세력은 김일손이 사초에 실은 김종직의 「조의제문」이 세조가 단종으로부터 왕위를 빼앗은 일을 비방한 것이라고 연산군에게 고하였다. 그 결과 이미 죽은 김종직은 부관참시당하고, 김일손이 처형되는 등 많은 사림파 인사들이 희생되었다.

오답피하기 ① 갑자사화(1504, 연산군)에 대한 내용이다. 1504년(연산군 10)에 일어난 갑자사화는 연산군의 생모 폐비 윤씨의 죽음과 관련된 자를 처벌한 것으로, 김굉필 등이 죽음을 당하고 이미 죽은 조위, 정여창 등은 부관참시를 당하기도 하였다.
② 조광조의 급진적 개혁 정치가 원인이 되어 일어난 기묘사화(1519, 중종)에 대한 내용이다. 이 사건으로 훈구파에 의해 조광조를 비롯한 사림 세력이 대부분 제거되었다.
④ 중종반정(1506)에 대한 설명이다. 연산군은 언론을 탄압하고 재정을 낭비하는 등 폭압적인 정치를 단행하다가 결국 중종반정(1506)으로 쫓겨나고 중종이 즉위하였다.

정답 ③ 한정판 062p, 기본서 348p

09 0425 [2017. 국가직 7급 추가채용]

㉠ 인물에 대한 설명으로 옳지 않은 것은?

> ㉠ 은/는 초야의 미천한 선비로 세조대에 과거에 급제하였다. 성종대에 발탁되어 경연에 두어 오랫동안 시종의 자리에 있었다. 병으로 물러나게 되자 성종은 소재지 관리를 통해 특별히 미곡을 내려 주었다. 지금 그의 제자 김일손이 사초에 부도덕한 말로써 선왕의 일을 거짓으로 기록하고 스승인 ㉠ 의 조의제문을 실었다.

① 『여씨향약』을 도입하여 언문으로 간행하였다.
② 김굉필, 조광조가 그의 도학을 계승하였다.
③ 외가인 밀양에 서원이 세워져 봉사되었다.
④ 고려 말 정몽주, 길재의 학풍을 이었다.

10 0426 [2016. 교육행정직 9급]

밑줄 친 '왕'의 재위 기간에 있었던 사실로 옳은 것은?

> 대간이 아뢰기를, "인척의 도움을 받아 공신이 된 자가 30여 명, 유자광에게 뇌물을 바쳐서 공신이 된 자가 5~6명, 재상의 위세로 공신이 된 자가 10여 명이나 됩니다. 이들을 모두 공신록에서 삭제해야 합니다." 하니, 왕이 이를 논의하고자 영의정 정광필, 우의정 안당 등을 불러들였다.

① 현량과의 실시로 사림이 등용되었다.
② 조의제문을 빌미로 사화가 발생하였다.
③ 서인과 남인 사이에 예송이 전개되었다.
④ 노론과 소론의 대립으로 환국이 일어났다.

SOLUTION (09)

자료분석 제자 김일손, 조의제문 등의 힌트를 통해 ㉠ 인물이 김종직이라는 것을 알 수 있다. 김종직은 항우에게 죽은 초나라 회왕, 즉 의제를 조상(弔喪)하는 조의제문을 지었는데, 이것은 세조에게 죽음을 당한 단종을 의제에 비유한 것으로 세조의 왕위 찬탈을 비난한 글이다. 무오사화는 김종직의 제자 김일손이 김종직의 조의제문을 사초에 실었던 것이 구실이 되었다.

정답해설 ②,④ 고려 말 온건 개혁파 정몽주·길재의 학통을 이은 김종직은 문장·사학(史學)에도 두루 능했으며, 조선시대 도학(道學)의 정맥을 이어가는 중추적 구실을 하였다. 그의 도학사상은 제자인 김굉필·정여창·김일손 등에게 지대한 영향을 미쳤다. 특히 그의 도학을 정통으로 계승한 김굉필은 조광조와 같은 걸출한 인물을 배출시켰다.
③ 김종직은 외가인 밀양의 예림서원에 제향되었다.

오답피하기 ① 조광조가 여씨향약을 도입하여 중종 때 향약을 처음 시행하였으며, 중종 때의 김안국이 『여씨향약』을 언해한 『여씨향약언해』를 간행하였다.

핵심개념 김종직(호 : 점필재, 1431~1492)
- 정몽주와 길재의 학통 계승
- 1459년(세조 5) 식년 문과 급제
- 성종 때 이조참판, 형조판서, 홍문관 제학 등 역임
- 제자 : 정여창·김굉필·김일손·유호인·남효온
- 『동국여지승람』 발문을 짓고 교정 작업에 참여
- 『조의제문』 저술 → 무오사화 때 부관참시
- 예림서원(밀양, 김종직 제향)

정답 ① 한정판 062p, 기본서 348p

SOLUTION (10)

자료분석 자료는 조선 중종 때 있었던 위훈삭제에 관한 내용이다. 조광조 등 사림들이 공신들을 견제하기 위하여 중종반정 때 공을 세운 정국공신 중 자격이 없다고 평가된 사람들의 위훈을 삭제할 것을 주장하였는데 이는 훈구파의 반발을 사 결국 기묘사화의 직접적인 원인으로 작용하였다.

정답해설 ① 중종 때 조광조의 건의로 천거제의 일종인 현량과를 실시해 사림이 대거 등용되었다.

오답피하기 ② 연산군 때 일어난 무오사화에 대한 내용이다. 무오사화의 직접적인 원인은 김종직의 「조의제문」을 김일손이 사초에 실었던 일이다. 훈구 세력은 「조의제문」이 세조의 왕위 찬탈을 비난한 것이라고 주장했으며, 이로 인해 무오사화가 일어나게 되었다.
③ 예송논쟁은 현종 대에 있었던 사실이다. 이는 효종과 효종 비의 죽음 이후 자의대비의 복상(상복) 기간을 둘러싸고 발생했다.
④ 환국은 조선 후기 숙종 때 일어났다. 숙종 때에 이르러 정국을 주도하는 붕당과 견제하는 붕당이 서로 교체됨으로써 정국이 급격하게 전환하는 환국이 나타나기 시작하였다. 이로써 특정 붕당이 정권을 독점하는 일당 전제화의 추세가 대두되어 서인과 남인이 격렬하게 대립하였다.

정답 ① 한정판 062p, 기본서 349p

주제 074 | 01 근세의 정치

붕당 정치의 전개

Check 대표 기출 1

01 0427 [2021. 법원직 9급] 회독○○○

(가), (나) 사이의 시기에 있었던 사실로 가장 옳은 것은?

> (가) 기묘사화가 일어나 사림이 피해를 입었다.
> (나) 서인이 반정을 일으켜 정권을 장악하였다.

① 동인이 남인과 북인으로 분화하였다.
② 환국을 거치며 노론과 소론이 갈라섰다.
③ 1차 예송에서 승리한 서인이 집권하였다.
④ 조광조가 훈구 세력의 위훈 삭제를 주장하였다.

SOLUTION 난이도 상 중 하

출제자의 눈 각 붕당이 정권을 잡거나 분열하게 된 사건들을 중심으로 출제된다. 분열 과정을 살펴볼 때는 각 학파의 학문적 성향이 정치적 성향과 반드시 일치하는 것은 아니기 때문에 이에 대한 주의가 필요하다.

자료분석 (가) 조광조와 사림들의 급진적 개혁 정치가 빌미가 되어 일어난 기묘사화는 중종 때인 1519년의 일이다.
(나) 서인이 반정을 일으켜 광해군과 북인을 몰아내고 인조를 즉위시키고 정권을 장악한 인조반정은 1623년의 사건이다.

정답해설 ① 선조 때 정여립 모반 사건(1589)과 건저의 사건(1591)을 계기로 동인은 온건파인 남인과 강경파인 북인으로 분열되었다.

오답피하기 ② 1680년(숙종 6) 일어난 경신환국 이후 남인에 대한 처벌 문제를 놓고 서인들 간에 강경한 입장을 취하는 노론과 온건한 입장을 취한 소론으로 나뉘었다.
③ 1차 예송은 현종 때 발생한 기해예송(1659)을 의미한다. 당시 서인은 신권을 강조하며 1년설을, 남인은 왕권 강화를 강조하며 3년설을 주장했는데 결국 서인의 주장(1년설)이 채택되었다.
④ 조광조가 훈구 세력의 위훈 삭제를 주장한 것은 기묘사화(1519)의 배경이 되었다(기묘사화 이전의 사건).

핵심개념 동인의 분열

> 1589년에 동인인 정여립이 대동계를 조직하고 모반을 준비하다가 발각되었다. 서인 세력은 이를 정권을 장악하는 기회로 삼기 위해 정여립 모반 사건을 확대하였고, 서인 정철의 주도 아래 수많은 동인의 인물들이 탄압을 받았다. 1591년에는 서인 정철이 광해군을 세자로 정할것을 주청했다가 선조의 미움을 사게 되었고, 동인은 서인 정철의 처벌 수위를 놓고 북인(강경파)과 남인(온건파)으로 분열되었다.

정답 ① 한정판 063p, 기본서 351p

Check 대표 기출 2

02 0428 [2012. 법원직 9급] 회독○○○

㉠, ㉡에 들어갈 붕당에 대한 설명으로 가장 옳은 것은?

> 김효원이 알성 과거에 장원으로 합격하여 이조 전랑의 물망에 올랐으나, 그가 윤원형의 문객이었다 하여 심의겸이 반대하였다. 그 후에 심의겸의 동생 심충겸이 장원 급제하여 전랑으로 천거되었으나, 외척이라 하여 김효원이 반대하였다. 이 때 이들을 지지하는 세력이 서로 상대방을 배척하여 붕당이 형성되었다. 심의겸을 지지하는 기성 사림을 중심으로 ㉠ 이 형성되고, 김효원을 지지하는 신진 사림을 중심으로 ㉡ 이 형성되었다.

① ㉠은 이황 · 조식 · 서경덕의 문인이 가담하였다.
② ㉡은 정여립 모반 사건을 계기로 분열하였다.
③ ㉠과 ㉡의 대립으로 예송 논쟁이 발생하였다.
④ ㉠은 광해군 때, ㉡은 인조 때 정권을 장악하였다.

SOLUTION 난이도 상 중 하

자료분석 자료의 ㉠은 서인이고, ㉡은 동인이다. 선조가 즉위하면서 그동안 향촌에서 세력 기반을 다져 오던 사림 세력이 대거 중앙 정계로 진출하여 정국을 주도하게 되었다. 그러나 사림 세력은 척신 정치의 잔재를 어떻게 청산할 것인가를 둘러싸고 갈등을 겪게 되었다. 명종 때 이후 정권에 참여해 온 기성 사림은 척신 정치의 과감한 개혁에 소극적이었다. 반면에, 명종 때의 정권에 참여하지 않았다가 새롭게 정계에 등장한 신진 사림은 원칙에 더욱 철저하여 사림 정치의 실현을 강력하게 내세웠다. 두 세력의 갈등이 심해지면서 기성 사림을 중심으로 서인이 형성되고, 신진 사림을 중심으로 동인이 형성되었다. 동인은 이황과 조식, 서경덕의 학문을 계승한 사람들을 중심으로 다수의 신진 세력이 참여하여 먼저 붕당의 형세를 이루었다. 반면에, 서인은 이이와 성혼의 문인이 가담함으로써 비로소 붕당의 모습을 갖추었다.

정답해설 ② 동인은 정여립 모반 사건 이후 서인 정철의 건저 문제(세자책봉 건의)의 처리를 둘러싸고 강경파인 북인과 온건파인 남인으로 분열되었다.

오답피하기 ① 서인에는 이이와 성혼의 문인이 가담하였고, 동인에는 이황, 조식, 서경덕의 문인이 가담하였다.
③ 예송 논쟁은 서인과 남인이 효종의 왕위 계승에 대한 정통성과 관련하여 자의대비(인조의 계비, 조대비)의 복상 문제로 대립한 것이다.
④ 광해군 때 정권을 장악한 세력은 북인, 인조 때 정권을 장악한 세력은 서인이다.

핵심개념 이조전랑

의미	이조의 정5품 정랑과 정6품 좌랑
권한	· 낭천권 : 인사 추천 · 자대권 : 후임자 추천 · 통청권 : 3사 선발권

정답 ② 한정판 063p, 기본서 351p

03 [2022. 법원직 9급]

(가) 붕당에 대한 설명으로 옳은 것만을 〈보기〉에서 모두 고른 것은?

> (가) 은/는 반정을 주도하여 정권을 잡은 이후 훈련도감을 비롯하여 새로 설치된 어영청, 총융청, 수어청의 병권을 장악하여 권력 유지의 기반으로 삼았다.

보기
ㄱ. 북벌론을 주장하였다.
ㄴ. 인목대비의 폐위를 주장하였다.
ㄷ. 조식 학파를 중심으로 형성되었다.
ㄹ. 예송 논쟁으로 남인과 대립하였다.

① ㄱ, ㄴ   ② ㄱ, ㄹ   ③ ㄴ, ㄷ   ④ ㄷ, ㄹ

04 [2017. 경찰 1차]

조선 시대 사림 세력의 분화 과정에 대한 설명이다. ㉠부터 ㉢까지의 설명 중 가장 적절하지 않은 것은?

> 선조가 즉위하면서 사림 세력이 대거 중앙 정계로 진출하여 정국을 주도하게 되었다. 사림 세력은 척신 정치의 잔재를 어떻게 청산할 것인가를 둘러싸고 갈등을 겪다가 김효원을 지지하는 ㉠ 세력과 심의겸을 지지하는 ㉡ 세력으로 나뉘었다. 이후 ㉠ 세력은 정여립 모반 사건 등을 계기로 온건파인 ㉢ 세력과 급진파인 ㉣ 세력으로 나뉘었다.

① ㉠과 ㉡은 이조 전랑 자리를 놓고 서로 경쟁하였다.
② ㉢이 ㉡을 역모로 몰아 정권을 독점한 경신환국 이후 ㉢은 ㉡에 대한 처벌 등의 문제로 분열되었다.
③ 현종 때 두 차례의 예송이 발생하면서 ㉡과 ㉢ 사이에 대립이 격화되었고, 이때 ㉡은 상대적으로 신권을 강조하였다.
④ 임진왜란이 끝난 뒤 ㉣이 집권하여 광해군 때까지 정국을 주도하였다.

05 0431 [2015. 국회직 9급]

다음은 조선 시대 사림세력의 분화과정에 대한 설명이다. ㉠ ~㉣ 세력에 대한 설명으로 옳지 않은 것은?

> 선조 때에 이르러 사림학자들이 많이 배출되면서 사림사회에 갈등과 분화가 일어나 붕당이 형성되었다. 김효원을 지지하는 ㉠ 세력과 심의겸을 지지하는 ㉡ 세력으로 나뉘었다. 이후 ㉠ 세력은 정여립 모반사건 등을 계기로 온건파인 ㉢ 세력과 급진파인 ㉣ 세력으로 다시 나뉘었다.

① ㉠과 ㉡의 분당은 이조전랑 자리를 둘러싼 기성사림과 신진사림 간의 경쟁에서 시작되었다.
② ㉠ 세력은 선비들의 수기(修己)에 역점을 두어 치자(治者)의 도덕성 제고를 중요하게 여겼다.
③ ㉡ 세력은 군대를 양성하고 성곽을 수리하는 등 북벌을 주장하며, 정권 유지를 도모하였다.
④ ㉢ 세력은 효종과 효종비에 대한 자의대비의 상복 문제를 놓고 사대부와 같은 예로 행해야 한다고 하여 신권을 강화하려고 하였다.
⑤ ㉣ 세력은 대체로 조식과 서경덕 문인들이 주류를 이루며, 광해군을 지지하였다.

SOLUTION

자료분석 자료의 ㉠은 동인, ㉡은 서인, ㉢은 남인, ㉣은 북인이다. 선조 때에 이르러 사림 학자들이 많이 배출되면서 사림 사회에 갈등과 분화가 일어나 붕당이 형성되었다. 김효원을 지지하는 동인(㉠) 세력과 심의겸을 지지하는 서인(㉡) 세력으로 나뉘었다. 이후 동인 세력은 정여립 모반사건 등을 계기로 온건파인 남인(㉢) 세력과 급진파인 북인(㉣) 세력으로 다시 나뉘었다.

정답해설 ① 선조 즉위 이후, 명종 대에 전개된 척신 정치의 청산 문제와 이조전랑 문제로 인해 신진사림과 기성사림 간에 갈등이 일어났고 동인과 서인의 붕당이 발생하였다.
② 동인은 이황과 조식의 문인들이 주축을 이루었는데 이들은 선비들의 수기(자기 수양)에 역점을 두어 지배층의 도덕성 수양을 중요하게 여겼다.
③ 서인은 효종 때 송시열, 송준길, 이완 등이 중심이 되어 군대 양성, 성곽 보수·수리 등 북벌 운동을 전개하며 정권 유지를 도모하였다.
⑤ 정철의 건저의 사건으로 서인과 정철이 실각하자 이들의 처벌에 대해 동인 내부에서 온건론과 강경론으로 나뉘었는데, 온건론자는 남인, 강경론자는 북인이라 칭해졌다. 북인은 실천적 학풍의 조식과 서경덕 문인들이 주를 이루었으며, 광해군을 지지하였다.

오답피하기 ④ 효종과 효종비에 대한 자의대비의 상복 문제(예송논쟁)를 놓고 사대부와 같은 예로 행해야 한다고 하여 신권을 강화하려고 한 것은 서인이다. 남인은 왕은 사대부와 다른 예가 적용되어야 한다는 입장을 나타내었다.

정답 ④ 한정판 063p, 기본서 351p

주제 075

01 | 근세의 정치
임진왜란(1592~1598)

Check 대표 기출 1

01 0432 [2020. 지방직 7급]   회독 ○○○

임진왜란의 주요 사건을 시기 순으로 바르게 나열한 것은?

> (가) 김시민이 진주성에서 일본군을 저지하였다.
> (나) 조선 수군이 명량 해전에서 크게 승리하였다.
> (다) 이순신이 옥포 해전에서 승리하였다.
> (라) 조·명 연합 수군이 노량 해전에서 승리하였다.
> (마) 조·명 연합군이 평양성을 탈환하였다.

① (가) → (다) → (마) → (라) → (나)
② (가) → (마) → (다) → (나) → (라)
③ (다) → (가) → (나) → (마) → (라)
④ (다) → (가) → (마) → (나) → (라)

Check 대표 기출 2

02 0433 [2025. 법원직]   회독 ○○○

다음 (가) ~ (라)를 시기순으로 바르게 나열한 것은?

> (가) 신립이 충주에 이르러 여러 장수의 의견을 따르지 않고 들판에서 싸우려고 하였다. 적의 복병이 아군의 후방을 포위하여 아군이 대패하였다.
> (나) 아군이 왜적을 유인하여 한산 앞바다로 끌어냈다. 아군이 학익진을 쳐 일시에 나란히 진격하며 …… 왜적들을 무찌르고 적선 63척을 불살라버렸다.
> (다) 적이 수만 명의 대군을 출동시켜 새벽에 행주산성을 포위하였다. 요새 안이 두려움에 사로잡혔는데, 권율이 거듭 영을 내려 진정시켰다. …… 적이 결국 패해 후퇴하였다.
> (라) 국왕의 행차가 서울로 돌아왔으나 성안은 타다 남은 건물 잔해와 시체로 가득하였고, 밖에서는 곳곳에서 도적들이 일어났다.

① (가) - (나) - (다) - (라)
② (나) - (다) - (가) - (라)
③ (다) - (나) - (라) - (가)
④ (라) - (가) - (다) - (나)

SOLUTION   난이도 상 중 하

출제자의 눈 임진왜란의 전개 과정을 묻는 순서 문제가 주류를 이룬다. 칠천량 해전, 선조의 한양 환도, 왜군의 평양 점령, 벽제관 전투 등 지엽적 내용까지 순서 문제로 출제된 만큼 순서 문제에 대한 세밀한 대비가 필요하다. 최근에는 임진왜란에서 활약한 의병장들도 출제되고 있어 곽재우, 정문부 등 주요 인물과 활약 내용을 파악해 두어야 한다.

정답해설 (다) 이순신이 이끄는 수군은 1592년 5월 옥포 해전에서 왜군을 처음 격파하였다.
(가) 김시민의 진주대첩은 1592년 10월의 사건이다. 전라도 지역으로 진출하려던 왜군을 맞아 진주성에서 진주목사 김시민을 중심으로 한 관군이 싸워 승리하였으나 김시민은 전사하였다.
(마) 1593년 1월 조선과 명나라가 연합한 조·명 연합군이 왜장인 고니시 유키나가 점령하고 있던 평양성을 탈환하였다.
(나) 명량 해전은 정유재란 때인 1597년(선조 30) 9월 이순신이 명량(울돌목: 전라남도 진도와 육지 사이의 해협)에서 일본 수군을 대파한 전투이다.
(라) 1598년 11월 이순신은 노량 앞바다에서 후퇴하는 왜선 수백 척을 요격하여 대승을 거두었으나 이 전투에서 전사하였다.

정답 ④ 한정판 063p, 기본서 355p

SOLUTION   난이도 상 중 하

정답해설 (가) 신립의 탄금대 전투 패전(1592. 4.) : 탄금대 전투는 1592년 4월, 임진왜란 당시 신립이 이끄는 조선군이 충주 탄금대에서 전멸한 전투이다.
(나) 이순신의 한산도 대첩(1592. 7.) : 이순신의 조선 수군은 일본 수군을 한산도 앞바다로 유인해서 학익진(학날개 진법)을 이용하여 크게 무찔렀다.
(다) 권율의 행주대첩(1593. 2.) : 1593년 2월 권율과 관군, 백성이 합심하여 행주산성에서 왜군을 크게 무찔렀다.
(라) 선조의 한양 환도(1593. 10.) : 임진왜란으로 인해 피란을 떠났던 선조가 1593년 10월 한양으로 환도하였다.

정답 ① 한정판 063p, 기본서 355p

03   0434   [2023. 서울시 9급 1차]

〈보기〉의 사건을 시간순으로 바르게 나열한 것은?

― 보기 ―
ㄱ. 이여송이 거느린 5만여 명의 명나라 지원군이 조선군과 합하여 평양성을 탈환하였다.
ㄴ. 왜군이 총공격을 가해오자 이순신 함대는 한산도 앞바다로 적을 유인하여 대파하였다.
ㄷ. 권율이 행주산성에서 1만여 명의 병력으로 전투를 벌여 3만여 명의 병력으로 공격해 온 일본군을 물리쳤다.
ㄹ. 진주에서 목사 김시민이 3,800여 명의 병력으로 2만여 명의 일본군을 맞아 성을 방어하는 데 성공했다.

① ㄴ - ㄹ - ㄱ - ㄷ
② ㄴ - ㄹ - ㄷ - ㄱ
③ ㄹ - ㄴ - ㄱ - ㄷ
④ ㄹ - ㄴ - ㄷ - ㄱ

04   0435   [2023. 지방직 9급]

밑줄 친 '곽재우'에 대한 설명으로 옳지 않은 것은?

> 여러 도에서 의병이 일어났다. … (중략) … 도내의 거족(巨族)으로 명망 있는 사람과 유생 등이 조정의 명을 받들어 의(義)를 부르짖고 일어나니 소문을 들은 자들은 격동하여 원근에서 이에 응모하였다. … (중략) … 호남의 고경명 · 김천일, 영남의 곽재우 · 정인홍, 호서의 조헌이 가장 먼저 일어났다.
> ― 『선조수정실록』 ―

① 홍의장군이라 칭하였다.
② 의령을 거점으로 봉기하였다.
③ 행주산성에서 일본군을 크게 무찔렀다.
④ 익숙한 지리를 활용한 기습작전으로 일본군에 타격을 주었다.

SOLUTION (03)

정답해설 ㄴ. 한산도 대첩은 1592년 7월 전라좌수사 이순신이 한산도 앞바다에서 학익진을 펼쳐 왜의 수군을 격파한 전투이다.
ㄹ. 김시민의 진주대첩은 1592년 10월의 사건이다. 진주성에서 진주목사 김시민을 중심으로 한 관군이 전라도 지역으로 진출하려던 왜군에 맞서 승리하였으나 김시민은 전사하였다.
ㄱ. 1593년 1월 조선과 명나라가 연합한 조 · 명 연합군이 왜장인 고니시 유키나가 점령하고 있던 평양성을 탈환하였다.
ㄷ. 권율의 행주 대첩은 1593년 2월의 사건이다. 평양성 탈환 이후 왜군을 추격하던 명군은 벽제관 전투에서 패배하고 평양으로 후퇴하였다. 이에 따라 권율의 부대는 행주산성에서 왜군에게 포위되는 상황을 맞게 되었으나 권율과 관군, 백성이 합심하여 왜군을 크게 무찔렀다.

핵심개념   임진왜란 전개 과정

1592년	4월 부산진 전투(정발, 패배), 동래 전투(송상현 패배) 4월 상주 전투(이일, 패배) 4월 충주 탄금대 전투 패배(신립) → 선조 의주 피난 5월 한양 함락 5월 이순신 옥포해전 승리(첫 승리) 5월 이순신 사천해전(거북선 이용 첫 승리) 6월 이순신 당포 · 당항포 해전 승리 7월 한산도 대첩 승리(학익진 이용) 9월 이순신 부산포 해전 승리 10월 김시민의 진주대첩 승리(김시민 전사)
1593년	1월 조 · 명 연합군 평양성 탈환(유성룡+이여송) 1월 벽제관 전투에서 명군 대패(평양으로 후퇴) 2월 권율의 행주 대첩(행주산성) 승리 6월 진주성 전투 패배(관군+의병, 김천일 전사) 10월 선조의 한양 환도
1597년	1월 정유재란 발발 7월 칠천량 해전(원균) 9월 조 · 명 연합군의 직산(현재 천안) 전투 승리 9월 이순신의 명량대첩 승리(진도 울돌목)
1598년	11월 이순신의 노량대첩 승리(이순신 전사)

정답 ①   한정판 063p, 기본서 355p

SOLUTION (04)

정답해설 ① 곽재우는 임진왜란 때 활약한 의병장으로 붉은 옷을 입고 의병을 지휘하며 스스로 홍의장군이라 했다.
② 곽재우는 임진왜란이 일어나자 의령에서 사람들을 모아 의병을 일으켰다. 그는 의병을 이끌고 진주성 전투, 화왕산성 전투 등에서 활약하였다.
④ 곽재우를 비롯한 의병장들은 향토 지리에 익숙해 그에 알맞은 전술과 전략을 개발하여 적은 병력으로도 적에게 큰 피해를 줬다.

오답피하기 ③ 권율의 부대는 행주산성에서 왜군에게 포위되는 상황을 맞았으나 관군과 백성이 합심하여 왜군을 크게 무찔렀다(행주대첩, 1593. 2.).

핵심개념   임진왜란 당시 대표적 의병장

곽재우	경상도 의령에서 최초 거병하여 경상우도를 보호하였고, 진주 목사 김시민과 함께 활약하였다(북인의 '칼 찬 선비' 조식의 학풍을 이어받음).
정문부	함경도 경성에서 거병하여 길주에서 가토 기요마사의 왜군을 대파하였다. → 숙종 때 북관대첩비 건립
고경명	전라도 담양에서 거병, 금산에서 왜군과 정면 대결하여 전사하였다.
휴정 (서산대사)	묘향산에서 거병한 승장으로, 왕명에 따라 격문을 돌려 승병을 모집하였으며 평양 탈환에 참여하였다.
유정 (사명대사)	금강산에서 일어난 승장으로, 평양 탈환에 참여하였으며 일본에 사신으로 파견되어 포로를 데리고 돌아왔다

정답 ③   한정판 063p, 기본서 356p

05 [2022. 법원직 9급]

자료를 통해 알 수 있는 전쟁의 영향으로 가장 옳은 것은?

> 건주(建州)의 여진족이 왜적을 무찌르는 데 2만 명의 병력을 지원하겠다고 하자, 명군 장수 형군문이 허락하려 하였다. 그러나 명 사신 양포정은 만약 이를 허락한다면 명과 조선의 병력, 조선의 산천 형세를 여진족이 알게 될 수 있다고 하여 거절하였다.

① 4군 6진이 개척되었다.
② 일본의 도자기 문화가 발달하였다.
③ 부산포, 제포, 염포에 왜관이 설치되었다.
④ 황룡사 9층 목탑 등 문화재가 소실되었다.

06 [2021. 계리직]

다음 전투가 일어난 시기를 〈보기〉의 (가)~(라)에서 바르게 고른 것은?

> 이여송이 휘하의 병사들을 거느리고 말을 몰아 급히 진격하였다. 왜적은 벽제관 부근에서 거짓으로 패하는 척하면서 명군을 진흙 수렁으로 유인하였다. 명군이 함부로 전진하다가 여기에 빠지자 왜적들이 갑자기 달려들어 명군을 마구 척살하였다. 겨우 죽음을 면한 이여송은 나머지 부하들을 이끌고 파주, 개성을 거쳐 평양으로 후퇴하였다. — 『연려실기술』, 선조조 고사본말 —

보기

신립이 탄금대 전투에서 패하고 자결하다.
⇩ (가)
이순신이 이끄는 조선군이 한산도 해상에서 일본군을 크게 이기다.
⇩ (나)
김시민 휘하의 조선 군인과 백성들이 진주성에서 일본군의 침입을 막아내다.
⇩ (다)
권율이 지휘하는 조선군이 행주산성에서 일본군을 물리치다.
⇩ (라)
원균이 칠천량 부근에서 전사하다.

① (가)   ② (나)   ③ (다)   ④ (라)

07 [2019. 지방직 9급]

다음 자료에 나타난 상황과 관련 있는 사건은?

> 경성에는 종묘, 사직, 궁궐과 나머지 관청들이 또한 하나도 남아 있는 것이 없으며, 사대부의 집과 민가들도 종루 이북은 모두 불탔고 이남만 다소 남은 것이 있으며, 백골이 수북이 쌓여서 비록 치우고자 해도 다 치울 수 없다. 경성의 수많은 백성들이 도륙을 당했고 남은 이들도 겨우 목숨만 붙어 있다. 굶어 죽은 시체가 길에 가득하고 진제장(賑濟場)에 나아가 얻어먹는 자가 수천 명이며 매일 죽는 자가 60~70명 이상이다.
>
> — 성혼, 『우계집』에서 —

① 병자호란 ② 임진왜란
③ 삼포왜란 ④ 이괄의 난

08 [2018. 지방직 9급]

다음 사건을 발생한 순서대로 바르게 나열한 것은?

> ㉠ 이순신이 명량에서 일본 수군을 격파하였다.
> ㉡ 의주로 피난했던 국왕 일행이 한성으로 돌아왔다.
> ㉢ 권율이 행주산성에서 일본군의 공격을 격파하였다.
> ㉣ 원균이 이끄는 조선 수군이 칠천량에서 크게 패배하였다.

① ㉡ → ㉢ → ㉠ → ㉣
② ㉡ → ㉢ → ㉣ → ㉠
③ ㉢ → ㉡ → ㉠ → ㉣
④ ㉢ → ㉡ → ㉣ → ㉠

09 0440 [2017. 지방직 9급]

임진왜란의 전개 과정에 대한 설명으로 옳지 않은 것은?

① 휴전협상이 진행되는 동안 조선은 훈련도감을 설치해 군대의 편제를 바꾸었다.
② 조선군은 명나라 지원군과 연합하여 일본군에게 뺏긴 평양성을 탈환하였다.
③ 전세가 불리해지고 도요토미 히데요시가 죽자 일본군이 철수함으로써 전란이 끝났다.
④ 첨사 정발은 부산포에서, 도순변사 신립은 상주에서 일본군과 맞서 싸웠지만 패배하였다.

10 0441 [2016. 법원직 9급]

다음 전투가 벌어졌던 시기의 상황으로 가장 적절한 것은?

> ○○○이(가) 진도에 도착해 보니 남아 있는 배가 10여 척에 불과하였다. …… 적장 마다시가 200여 척의 배를 거느리고 서해로 가려다 진도 벽파정 아래에서 ○○○과(와) 마주치게 된 것이다. 12척의 배에 대포를 실은 ○○○은(는) 조류의 흐름을 이용하기로 하였다. 물의 흐름을 이용해 공격에 나서자 그 많은 적도 당하질 못하고 도망치기 시작하였다.
> ─「징비록」─

① 조선 수군이 쓰시마를 정벌하였다.
② 일본군의 재침으로 정유재란이 일어났다.
③ 외적의 침입으로 국왕이 남한산성에 피신하였다.
④ 조선과 명의 연합군이 평양성 전투에서 승리하였다.

SOLUTION (09)

정답해설 ① 훈련도감은 휴전 협상이 진행되던 1593년 8월에 설치되었다. 훈련도감은 명나라 척계광의 『기효신서』를 참고하면서 명나라 군사의 실제 훈련법을 습득하였다.
② 1593년 1월 이여송의 명군과 유성룡의 조선 관군이 연합해 평양성을 탈환하였다. 이후 왜군을 추격하던 명군은 벽제관 전투에서 패배하고 평양으로 후퇴하였다.
③ 임진왜란은 도요토미 히데요시가 죽자 그의 유언에 따라 일본군이 철수하면서 끝나게 되었다.

오답피하기 ④ 상주 전투(1592. 4)는 부산을 함락시키고 북상하던 왜군과 벌인 전투로, 이일 등이 분전했으나 패배하고 말았다. 신립은 충주 탄금대 전투에서 패전하였다.

핵심개념 관군과 의병의 활약

정답 ④ 한정판 063p, 기본서 355p

SOLUTION (10)

자료분석 자료는 유성룡이 왜란 동안에 경험한 사실을 기록한 『징비록』에 실려 있는 내용으로 진도 벽파정(진도에 있던 정자 이름) 등의 내용을 통해 이순신의 명량해전(1597. 9.)과 관련된 사료임을 알 수 있다. 명량해전(명량대첩)은 정유재란 때인 1597년(선조 30) 9월 16일 이순신이 명량(울돌목: 전남 진도와 육지 사이의 해협)에서 일본 수군을 대파한 해전이다.

정답해설 ② 조선과 명의 공격으로 전세가 불리해진 일본의 요청으로 강화 교섭을 시작하였다. 그러나 도요토미 히데요시의 무리한 요구로 강화교섭이 실패한 후 왜군이 다시 조선을 침입하여 정유재란이 일어났다(1597). 이때 이순신은 명량해전에서 133척의 왜선을 대파하였다.

오답피하기 ① 이종무의 쓰시마 정벌(1419, 기해동정)은 세종 대의 일이다.
③ 외적의 침입으로 국왕(인조)이 남한산성에 피신한 것은 병자호란(1636) 때의 일이다.
④ 조선과 명의 연합군이 평양성 전투에서 승리한 것은 정유재란 전인 1593년 1월의 사실이다.

핵심개념 서애 유성룡

- 붕당 : 동인 → 남인(이황의 문인)
- 수미법 주장
- 이순신을 전라도좌수사에 천거
- 평양성 탈환(1593, 명 장수 이여송과 평양성 수복)
- 훈련도감 및 속오군 설치
- 저서 : 징비록, 서애집

정답 ② 한정판 063p, 기본서 358p

주제 076

01 | 근세의 정치

광해군의 정책

Check 대표 기출 1

01 0442 [2025. 국가직 9급] 회독 ○○○

밑줄 친 '왕'의 재위 기간에 있었던 사실로 옳은 것은?

> 영의정 이원익은 공물 제도가 방납인에 의한 폐단이 크며, 경기도가 특히 심하다고 생각하였다. 그래서 별도의 관청을 만들어 경기 지역 백성들에게 봄과 가을에 토지 1결마다 8두씩 쌀로 거두고, 이것을 방납인에게 주어 수시로 물품을 구입하여 납부하게 하자고 왕에게 건의하였다. 왕은 그 의견을 받아들였다.

① 삼수병으로 구성된 훈련도감을 설치하였다.
② 조광조 등 사림을 등용하여 훈구세력을 견제하였다.
③ 유능한 관료를 재교육하는 초계문신 제도를 시행하였다.
④ 일본과 제한된 범위의 무역을 허용하는 기유약조를 맺었다.

Check 대표 기출 2

02 0443 [2024. 지방직 9급] 회독 ○○○

밑줄 친 '왕'의 재위 기간에 있었던 사실로 옳은 것은?

> 당초에 강홍립 등이 압록강을 건너게 된 것은 왕이 명 조정의 지원군 요청을 거부하기 어려워 출사시킨 것이었다. 우리나라는 애초부터 그들을 원수로 대하지 않아 싸울 뜻이 없었다. 그래서 왕이 강홍립에게 비밀리에 명령을 내려 오랑캐와 몰래 통하게 하였던 것이다.

① 전국에 대동법을 실시하였다.
② 허준이 『동의보감』을 편찬하였다.
③ 자의 대비의 복상 문제로 예송이 일어났다.
④ 청과 국경을 정하기 위해 백두산정계비를 세웠다.

SOLUTION 난이도 상 중 하

자료분석 자료는 대동법과 관련된 사료로, 밑줄 친 '왕'은 광해군이다.

정답해설 ④ 광해군 때는 일본과 기유약조(1609)를 체결하여 부산포만 개항하고, 제한된 범위(세견선 20척, 세사미 두 100석) 내에서의 교섭을 허용하였다.

오답피하기 ① 삼수병으로 구성된 훈련도감이 설치된 것은 선조 때인 1593년의 일이다.
② 조광조 등 사림을 등용하여 훈구 세력을 견제한 것은 중종 때의 일이다.
③ 정조는 왕권을 강화하고 자신의 정책을 뒷받침하기 위하여 신진 인물이나 중·하급 관리 중에서 유능한 인사를 재교육하는 초계문신제도를 시행하였다.

핵심개념 왜란 전·후 일본과의 약조

시기		약조	내용
15c	세종	계해약조 (1443)	· 세견선 50척 · 세사미두 200석
16c	중종	임신약조 (1512)	· 제포만 개항 · 세견선 25척 · 세사미두 100석
	명종	정미약조 (1547)	· 세견선 25척
17c	광해군	기유약조 (1609)	· 부산포만 개항 · 세견선 20척 · 세사미두 100석

정답 ④ 한정판 064p, 기본서 360p

SOLUTION 난이도 상 중 하

자료분석 자료의 밑줄 친 '왕'은 광해군으로, 중립 외교와 관련된 내용이다. 명이 조선에 지원병을 보내 달라고 요청하자, 조선은 명의 요구를 받아들여 1만 3천 명의 병사를 보냈다. 그러나 광해군은 강홍립이 이끄는 지원군을 파견하는 한편, 강홍립에게 상황에 따라 대응하도록 하였다. 조·명 연합군은 후금에 패배하였고, 강홍립이 이끄는 조선군은 후금에 항복하였다.

정답해설 ② 『동의보감』은 어의(御醫) 허준이 선조의 명을 받아 중국과 우리나라의 의학 서적을 집대성하여 편찬한 의학책이다. 1597년(선조 30)에 착수하여 1610년(광해군 2)에 완성하였고, 1613년(광해군 5)에 간행하였다.

오답피하기 ① 광해군은 1608년에 경기도에서 대동법을 처음 실시하였다(전국 X). 대동법은 양반 지주층 등의 방해와 반대가 심하여 100년이 지난 숙종 때 잉류 지역인 함경도, 평안도를 제외한 전국에서 실시할 수 있었다.
③ 조선 현종 때에는 효종의 왕위 계승에 대한 정통성과 관련하여 자의 대비의 복상(상복) 문제를 두고 두 차례의 예송이 발생하면서 서인과 남인 사이에 대립이 격화되었다.
④ 조선 숙종 때인 1712년에 조선과 청의 두 나라 대표가 백두산 일대를 답사하고 국경을 확정하여 백두산정계비를 세웠다. 이 정계비에서 양국 간의 국경은 서쪽으로는 압록강, 동쪽으로는 토문강을 경계로 한다고 하였다.

정답 ② 한정판 064p, 기본서 360p

03   0444 [2023. 지방직 9급]

(가) 시기에 있었던 사실로 옳지 않은 것은?

임진왜란	(가)	병자호란

① 인조반정이 발생하였다.
② 영창 대군이 사망하였다.
③ 강홍립이 후금에 항복하였다.
④ 청에 인질로 끌려갔던 봉림 대군이 귀국하였다.

SOLUTION

자료분석   연표의 임진왜란은 1592년 선조 때 발발하였고, 병자호란은 1636년 인조 때 발발하였다.

정답해설   ① 인조반정은 1623년 서인의 주도하에 광해군을 몰아내고 인조를 즉위시킨 사건이다. 서인이 주도하여 일으킨 인조반정으로 북인은 몰락하고, 광해군은 폐위되었으며, 인조가 즉위하였다.
② 광해군은 인목대비의 아들인 영창대군(1606~1614)을 왕으로 옹립하려는 움직임에 위협을 느껴 1613년(광해군 5) 인목대비를 폐위시키고 영창대군을 죽였다(1614).
③ 광해군 때의 사실이다. 광해군은 강홍립을 도원수로 삼아 1만 3천 명의 군대를 이끌고 명을 지원하게 하되, 적극적으로 나서지 말고 상황에 따라 대처하도록 명령하였다. 결국 조·명 연합군은 후금군에게 패하였고, 강홍립 등은 후금에 항복하였다(1619).

오답피하기   ④ 병자호란의 결과 소현세자와 봉림대군(훗날 효종)은 청에 인질로 끌려갔다. 청나라에서 많은 고생을 겪다가 8년 만인 1645년 2월에 소현세자가 먼저 돌아왔고, 봉림대군은 청나라에 머무르고 있었다. 그해 4월 소현세자가 갑자기 죽자 5월에 봉림대군이 돌아와서 9월 27일에 세자로 책봉되었다.

핵심개념   광해군 재위 시기(1608~1623)의 사건

대내 정책		• 경기도 대상 대동법 실시(1608) • 양전사업: 양안·호적 작성 • 성곽과 무기 수리, 군사 훈련 실시 등 국방력 강화 • 허준을 지원해 〈동의보감〉 편찬 마무리 • 경희궁(경덕궁) 건립 • 왜란 때 소실된 창덕궁 중건 • 왜란 때 소실된 사고를 5대 사고로 정비
대외 정책	정책	중립·실리 외교
	배경	여진족 급성장 → 후금 건국(1616, 누르하치) → 명에 선전포고 → 명의 조선 원군 요청
	전개	명 지원을 위해 강홍립 파견 → but 상황에 따라 대처하도록 명령 → 강홍립 후금에 항복
	결과	명의 원군 요청 지속 → 광해군 적절히 거절, 후금과의 친선 도모

정답 ④

04   0445 [2019. 소방간부]

다음 상황이 나타난 배경으로 옳은 것은?

> 왕대비가 교서를 내려 중외에 선유하였는데 내용은 다음과 같다. "…(중략)… 중국 사신이 본국에 왔을 때 그를 구속하여 옥에 가두듯이 했을 뿐 아니라 황제가 자주 칙서를 내려도 구원병을 파견할 생각을 하지 않아 예의의 나라인 삼한으로 하여금 오랑캐와 금수가 됨을 면치 못하게 하였으니, 그 통분함을 어찌 이루 다 말할 수 있겠는가. 천리를 거역하고 인륜을 무너뜨려 위로는 종묘사직에 죄를 얻고 아래로는 만백성에게 원한을 맺었다. 죄악이 이에 이르렀으니 그 어떻게 나라를 통치하고 백성에게 군림하면서 조종조의 천위(天位)를 누리고 종묘사직의 신령을 받들겠는가. 그러므로 이에 폐위하고 적당한 데 살게 한다."

① 박제가가 북학의를 저술하였다.
② 정조가 수원에 화성을 건설하였다.
③ 서인과 남인 사이에 예송이 일어났다.
④ 청이 군신 관계를 요구하며 침입하였다.
⑤ 강홍립이 이끄는 군대가 후금에 항복하였다.

SOLUTION

자료분석   자료는 인목대비의 광해군 폐위에 관한 교서 중 일부이다. 황제가 자주 칙서를 내려도 구원병을 파견할 생각을 하지 않았다는 내용을 통해 광해군의 중립 외교를 떠올릴 수 있고, 인륜을 무너뜨렸다는 내용을 통해 광해군이 인목대비를 유폐한 사실과 이복동생인 영창대군을 죽인 사실(폐모살제)을 떠올릴 수 있다.

정답해설   ⑤ '황제가 자주 칙서를 내려도 구원병을 파견하지 않아'라는 내용을 통해 광해군이 추진한 중립외교가 인조반정의 배경이었음을 알 수 있다. 명이 조선에 지원병을 보내 달라고 요청하자, 조선은 명의 요구를 받아들여 1만 3천 명의 병사를 보냈다. 그러나 광해군은 장수 강홍립에게 후금을 자극하지 말고 휴전을 맺고 돌아오라고 명했다.

오답피하기   ① 『북학의』는 1778년(정조 2) 실학자 박제가가 청나라의 풍속과 제도를 시찰하고 돌아와서 견문한 바를 쓴 책이다.
② 정조는 수원에 화성을 건설하였다. 이 성은 이전의 성곽과는 달리, 방어뿐 아니라 공격을 겸한 성곽 시설이었다.
③ 현종 때에 효종의 왕위 계승에 대한 정통성과 관련하여 두 차례의 예송[기해예송(1659), 갑인예송(1674)]이 발생하면서 서인과 남인 사이에 대립이 격화되었다.
④ 청이 군신 관계를 요구하며 침입한 사건은 인조 때 일어난 병자호란(1636)에 대한 내용이다.

정답 ⑤

주제 077

01 | 근세의 정치
호란의 발발과 북벌운동

Check 대표 기출 1

01 0446 [2017. 국가직 9급 추가채용]   회독 ○○○

다음 상소 이후에 나타난 사실로 옳지 않은 것은?

> 윤집(尹集)이 상소하기를 "화의가 나라를 망친 것은 어제 오늘의 일이 아니고 옛날부터 그러하였으나 오늘날처럼 심한 적은 없었습니다. 명나라는 우리나라에 있어서 부모의 나라이고 노적은 우리나라에 있어서 부모의 원수입니다. …지난날 성명께서 크게 분발하시어 의리에 의거하여 화의를 물리치고 중외에 포고하고 명나라에 알리시니, 온 동토(東土) 수천 리가 모두 크게 기뻐하여 서로 고하기를 '우리가 오랑캐가 됨을 면하였다.'고 하였습니다."
> - 인조실록 -

① 소현세자는 청에서 서양의 문물에 관심을 가지고, 천문관련 서적 등을 가져왔다.
② 조선은 청과 굴욕적인 형제의 맹약을 맺었다.
③ 조선은 복수설치(復讐雪恥)를 과제로 삼았다.
④ 숭정처사(崇禎處士), 대명거사(大明居士)로 자처하며 출사를 거부하는 인물이 있었다.

SOLUTION   난이도 상 중 하

출제자의 눈 정묘호란과 병자호란의 차이점, 호란의 배경·전개·결과·영향을 묻는 문제가 대표적이다. 정묘호란 때에는 인조가 강화도로 피난을, 병자호란에는 소현세자와 함께 남한산성으로 들어가 항전했다는 사실에 주목하자.

자료분석 자료는 1636년(인조 14년) 윤집이 최명길 등이 주장하는 주화론(主和論)을 반대하며 올린 상소이다. 윤집은 병자호란 당시(1636) 오달제 등과 함께 척화론을 주장하였다. 오달제·홍익한과 함께 삼학사로 불린다.

정답해설 ① 소현세자는 병자호란 이후 청에 인질로 잡혀갔으며 그곳에서 서양의 문물에 관심을 가지게 되었다. 특히 독일인 신부인 아담 샬과 친교를 가졌다.
③ 병자호란 이후 효종 대에는 '복수설치(復☒雪恥: 청나라에 당한 수치를 복수하고 설욕함)'를 내세우며 북벌이 추진되었다.
④ 병자호란 이후 양반 중에는 명을 그리워하며 숭정처사, 대명거사로 자처하며 출사를 거부하는 이들이 있었다. 대표적인 인물은 김상온으로, 도연에 머물며 일체 출입을 삼가던 그는 조정에서 그에게 관직을 내려주어도 끝내 응하지 않고 스스로 '숭정처사'라 칭하여 제자 양성에만 힘을 기울였다.

오답피하기 ② 조선이 후금과 형제의 맹약을 맺은 것은 병자호란 이전 정묘호란(1627)의 결과이다. 병자호란의 결과 조선은 청과 군신 관계를 맺게 되었다.

단어해석 · 숭정 : 명나라의 마지막 연호
· 처사 : 벼슬을 하지 않고 초야에 묻혀 살던 선비

정답 ② 한정판 064p, 기본서 363p

Check 대표 기출 2

02 0447 [2018. 지방직 9급]   회독 ○○○

밑줄 친 '대의(大義)'를 이루기 위해 효종이 한 일로 옳은 것은?

> 병자년 일이 완연히 어제와 같은데, 날은 저물고 갈 길은 멀다고 하셨던 성조의 하교를 생각하니 나도 모르게 눈물이 솟는구나. 사람들은 그것을 점점 당연한 일처럼 잊어가고 있고 대의(大義)에 대한 관심도 점점 희미해져 북녘 오랑캐를 가죽과 비단으로 섬겼던 일을 부끄럽게 생각지 않고 있으니 그것을 생각한다면 그 아니 가슴 아픈 일인가.
> - 조선왕조실록 -

① 남한산성을 복구하고 어영청을 확대하였다.
② 훈련별대를 정초군과 통합하여 금위영을 발족시켰다.
③ 명과 후금 사이에서 실리를 추구하는 중립외교 정책을 펼쳤다.
④ 호위청, 총융청, 수어청 등의 부대를 창설하여 국방력을 강화하였다.

SOLUTION   난이도 상 중 하

자료분석 자료의 병자년의 일은 병자호란을 의미하고, 밑줄 친 '대의(大義)'는 병자호란 때 아버지 인조가 겪었던 굴욕을 씻고자 효종이 추진한 북벌 운동과 관련된다. 병자호란의 결과 오랑캐로 여겨 왔던 여진족이 세운 나라에 거꾸로 군신 관계를 맺게 되고, 임금이 굴욕적인 항복을 했다는 사실은 조선인들에게 커다란 충격이었다. 이후 효종 때에는 오랑캐에 당한 수치를 씻고, 임진왜란 때 도와준 명에 대한 의리를 지켜 청에 복수하자는 북벌 운동이 전개되었다.

정답해설 ① 1649년(효종 즉위) 봉림대군이 효종으로 즉위하면서 오랑캐인 청나라를 정벌하자는 북벌 운동이 전개되었다. 효종은 반청척화파를 요직에 배치하여 어영청·수어청·훈련도감의 군사력을 강화하였고, 서울 근처의 방어기지인 남한산성을 보강하였다.

오답피하기 ② 금위영은 숙종 대(1682)에 국왕 호위와 수도 방어를 위해 설치한 군영이다. 숙종 대 금위영이 조직되면서 5군영 체제가 완비되었다.
③ 명과 후금 사이에서 실리를 추구하는 중립외교 정책을 펼친 국왕은 광해군이다.
④ 인조 때의 사실이다. 후금과의 항쟁 과정에서 국방력 강화를 명분으로 인조 때 어영청·총융청·수어청이 설치되었다. 호위청은 궁중을 호위하기 위해 설치된 군영으로 인조 1년인 1623년에 설치되었다.

정답 ① 한정판 064p, 기본서 365p

03 0448 [2024. 국가직 9급]

다음 사건 이후에 있었던 사실로 옳은 것은?

> 홍서봉 등이 한(汗)의 글을 받아 되돌아왔는데, 그 글에, "대청국의 황제는 조선의 관리와 백성들에게 알린다. 짐이 이번에 정벌하러 온 것은 원래 죽이기를 좋아하고 얻기를 탐해서가 아니다. 본래는 늘 서로 화친하려고 했는데, 그대 나라의 군신이 먼저 불화의 단서를 야기시켰다."라고 하였다.

① 삼전도비가 세워졌다.
② 이괄이 난을 일으켰다.
③ 인조가 강화도로 피난하였다.
④ 정봉수가 용골산성에서 항전하였다.

SOLUTION

자료분석 자료는 1636년에 일어난 병자호란과 관련된 내용이다. 대청국 황제가 조선을 정벌하러 왔다는 내용을 통해 알 수 있다.

정답해설 ① 병자호란 때 청의 침공을 받은 조선은 인조와 조정 신하들이 남한산성으로 피신해 싸웠지만, 결국 40여 일 만에 항복하였다. 삼전도는 도성과 남한산성을 잇는 요충지였다. 인조는 이곳에서 청 태종에게 절을 하고 군신 관계를 맺는 치욕적인 항복 의식을 치렀다. 이후 청은 삼전도에 청 태종의 공덕을 알리는 기념비를 세울 것을 요구하였고 이에 따라 세워진 비석이 삼전도비이다.

오답피하기 ② 이괄의 난은 병자호란 전인 1624년에 일어났다. 이괄은 인조반정 때의 공신이었으나 적절한 대우를 받지 못한 것에 불만을 품고 반란을 일으켰다.
③ 1627년에 일어난 정묘호란 때 인조가 강화도로 피난하였고, 병자호란 때에는 소현세자와 함께 남한산성으로 들어가 항전하였다.
④ 1627년 정묘호란 때의 일이다. 정묘호란 때 정봉수와 이립 등이 의병을 일으켜 관군과 합세하여 싸웠다. 특히 정봉수는 철산의 용골산성에서 큰 전과를 거두었다.

핵심개념 정묘호란과 병자호란

정묘호란(1627, 인조 5)	
배경	• 서인들의 친명배금 정책 • 모문룡 가도 사건(1622) • 이괄의 난(1624)
전개	광해군 보복 명분으로 후금 침입 → 인조의 강화도 피난
의병	정봉수(철산 용골산성), 이립(의주)
결과	후금과 형제 관계 체결(정묘약조)

병자호란(1636, 인조 14)	
배경	후금이 국호를 청으로 변경 → 군신관계 요구 → 주전론(김상헌, 윤집 등) VS 주화론(최명길)
전개	청 태종 침입 → 인조 남한산성 피난
결과	• 청 태종에게 항복(삼전도의 굴욕) • 청과 군신 관계 체결 • 소현세자, 봉림대군, 척화론자(주전파) 3학사 청에 압송
영향	청에 대한 적개심과 문화적 우월감(열등감 x)으로 북벌론 제기

정답 ① 한정판 064p, 기본서 363p

---

04 0449 [2022. 서울시 9급 1차]

〈보기〉의 글에 대한 설명으로 가장 옳지 않은 것은?

> **보기**
> 우리나라는 실로 신종 황제의 은혜를 입어 임진왜란 때 나라가 폐허가 되었다가 다시 존재하게 되었고 백성은 거의 죽었다가 다시 소생하였으니, 우리나라의 나무 한 그루와 풀 한 포기와 백성의 터럭 하나하나에도 황제의 은혜가 미치지 않은 것이 없습니다. 그런즉 오늘날 크게 원통해 하는 것이 온 천하에 그 누가 우리와 같겠습니까?

① 송시열이 제출하였다.
② 효종에게 올린 글이다.
③ 북벌 정책에 대해 논하였다.
④ 청의 문물 수용을 건의하였다.

SOLUTION

자료분석 자료는 송시열이 1649년(효종 즉위년)에 제출한 「기축봉사」의 일부 내용이다. 효종은 즉위 초부터 친청(親淸) 세력을 축출하는 한편 산림(山林) 세력을 등용하면서 북벌 정책을 강조하였다. 이에 편승해 송시열은 효종 즉위 초반 조정에 나아가 북벌론의 방향을 제시한 「기축봉사」를 제출하였던 것이다.

정답해설 ①,②,③ 송시열은 효종에게 올린 「기축봉사」에서 임진왜란 때 조선을 도운 명(신종)의 은혜를 강조하며 북벌을 주장하였다.

오답피하기 ④ 청의 문물 수용과 관련된 것은 북학론으로, 청을 정벌하자는 북벌론과는 거리가 멀다.

핵심개념 송시열의 기축봉사

> 우리나라는 신종 황제의 은혜를 힘입어 임진년의 변란에 종사가 이미 폐허가 되었다가 다시 존재하게 되었고, 백성이 거의 다 없어질 뻔하다가 다시 소생되지 않았습니까? 우리나라의 풀 한 포기, 나무 한 그루, 백성의 머리털 하나까지도 황제의 은혜를 입은 것입니다. … 삼가 원하건대 전하께서는 마음에 굳게 정하시기를 '이 오랑캐는 임금과 아버지의 큰 원수'이니, 맹세코 차마 한 하늘 밑에 살 수 없다'고 하시어 원한을 축적하십시오. 그리고 원통을 참고 견디며 말을 공손하게 하는 가운데 분노를 더욱 새기고, 금화를 바치며 와신상담을 더욱 절실히 하여 계책의 비밀은 귀신도 엿보지 못하게 하소서. … 성패와 이둔(利鈍)은 예견할 수 없더라도 우리가 군신·부자의 사이에 이미 유감이 없다면, 굴욕을 당하고 구차하게 보존하는 것보다 훨씬 낫지 않겠습니까?
> — 『송자대전』권5 봉사 기축봉사 —

정답 ④ 한정판 064p, 기본서 365p

05 [2021. 경찰 1차]

(가), (나)의 현실 인식을 가진 세력에 대한 설명으로 옳지 않은 것은?

> (가) 오늘날에 시세를 헤아리지 않고 경솔히 오랑캐와 관계를 끊다가 원수는 갚지 못하고 패배에 먼저 이르게 된다면, 또한 선왕께서 수치를 참고 몸을 굽혀 종사를 연장한 본의가 아닙니다. 삼가 원하건대 전하께서는 마음을 굳게 정하시기를 '이 오랑캐는 임금과 아버지의 큰 원수이니, 맹세코 차마 한 하늘 밑에 살 수 없다.'고 하시어 원한을 축적하십시오.
>
> (나) 우리를 저들과 비교해 본다면 진실로 한 치의 나은 점도 없다. 그럼에도 단지 머리를 깎지 않고 상투를 튼 것만 가지고 스스로 천하에 제일이라고 하면서 지금은 옛날의 중국이 아니라고 말한다. 그 산천은 비린내 노린내 천지라고 나무라고, 그 인민은 개나 양이라고 욕을 하고, 그 언어는 오랑캐말이라고 모함하면서, 중국 고유의 훌륭한 법과 아름다운 제도마저 배척해 버리고 만다.

① (가) - 명 황제의 제사를 지내기도 하였다.
② (가) - 북벌에 필요한 군사력을 강화하고자 하였다.
③ (나) - 화이론에 따라 국제 문제를 해결하고자 하였다.
④ (나) - 청의 중국 지배 현실을 인정해야 한다고 주장하였다.

06 [2017. 국가직 7급 추가채용]

밑줄 친 '왕'의 재위 기간 중에 있었던 사실로 옳은 것은?

> 최명길이 마침내 국서를 가지고 비변사에서 다시 수정하였다. 예조판서 김상헌이 밖에서 들어와 그 글을 보고는 통곡하면서 찢어 버리고, 왕께 아뢰기를 "명분이 일단 정해진 뒤에는 적이 반드시 우리에게 군신의 의리를 요구할 것이니 성을 나가는 일을 면하지 못할 것입니다.…(중략)…깊이 생각하소서."라고 하였다.

① 수도 외곽의 방어를 위하여 총융청을 설치하였다.
② 훈련도감을 신설하고 포수, 사수, 살수 등 삼수병을 두었다.
③ 북벌 계획에 따라 어영청을 정비하여 화포병과 기병을 늘렸다.
④ 도성을 수비하기 위해 기병과 훈련도감군의 일부를 주축으로 금위영을 설치하였다.

주제 078

01 | 근세의 정치
예송논쟁

Check 대표 기출 1

01 0452 [2018. 국가직 7급] 회독 ○○○

㉠~㉣에 대한 설명으로 옳지 않은 것은?

> 예조가 아뢰기를, "㉠ 자의 왕대비께서 선왕의 상에 입어야 할 복제를 결정해야 하는데, ㉡ 어떤 사람은 삼년복을 입어야 한다고 하고 ㉢ 어떤 사람은 기년복(期年服)을 입어야 한다고 하니 어떻게 결정해야 할지 모르겠습니다."라고 하였다. 이에 국왕은 여러 대신에게 의견을 물은 다음 ㉣ 기년복으로 결정하였다.
> — 「조선왕조실록」 —

① ㉠ - 인조의 계비 조대비를 가리킨다.
② ㉡ - 윤휴는 왕통을 이었으면 적장자로 보아야 하므로 3년복을 입어야 한다고 주장하였다.
③ ㉢ - 송시열은 '체이부정(體而不正)'을 내세워 기년복을 입어야 한다고 주장하였다.
④ ㉣ - 『국조오례의』의 상복 규정에 따라 기년복으로 결정되었다.

SOLUTION 난이도 상 중 하

출제자의 눈 예송 논쟁에서의 서인과 남인의 입장, 예송 논쟁의 결과, 서인과 남인의 특징을 묻는 붕당 정치와 연계된 문제가 출제된다. 예송 논쟁 당시 서인이 남인보다 상복 입는 기간을 짧게 주장했다는 것을 기억하면 암기에 큰 도움이 된다.

자료분석 자료는 현종 때 발생한 기해예송(1659) 당시의 상황을 나타낸 것이다. 당시 서인은 신권을 강조하며 1년설을, 남인은 왕권 강화를 강조하며 3년설을 주장하였다.

정답해설 ① 자의대비는 인조의 계비(繼妃)인 조씨로, 인조가 죽고 효종이 즉위하자, 대비가 되었다.
② 기해예송 당시 남인 학자였던 윤휴는 국왕의 상에는 모든 친족이 참최복(斬衰服, 3년)을 입는다는 『주례』규정을 들어 3년 복상을 주장하였으나 채택되지 않았다.
③ 기해예송 당시 송시열과 송준길 등의 서인은 '체이부정(體而不正: 적자이나 장자가 아닌 경우)'을 내세워 기년복(1년복)을 입어야 한다고 주장하였다. 즉 서인은 효종이 인조의 둘째 아들로서 왕위에 올랐으므로 자의대비 조씨가 1년간 상복을 입어야 한다는 것이다. 이는 효종이 적장자가 아님을 들어 왕과 사대부에게 동일한 예가 적용되어야 한다는 주장이었다.

오답피하기 ④ 기해예송 때 서인은 『국조오례의』가 아니라 『주자가례』에 따라 기년복을 입어야 한다고 주장하였다. 『주자가례』에 따르면 장남이 죽을 경우 어머니는 3년 상복을, 차남의 경우에는 1년 상복(기년복)을 입는 것으로 되어 있었다. 기해예송에서는 서인의 기년복 주장이 받아들여졌다.

정답 ④ 한정판 065p, 기본서 368p

Check 대표 기출 2

02 0453 [2023. 국가직 9급] 회독 ○○○

다음과 같이 상소한 인물이 속한 붕당에 대한 설명으로 옳은 것만을 모두 고르면?

> 상소하여 아뢰기를, "신이 좌참찬 송준길이 올린 차자를 보았는데, 상복(喪服) 절차에 대하여 논한 것이 신과는 큰 차이가 있었습니다. 장자를 위하여 3년을 입는 까닭은 위로 '정체(正體)'가 되기 때문이고 또 전중(傳重: 조상의 제사나 가문의 법통을 전함)하기 때문입니다. …(중략)… 무엇보다 중요한 것은 할아버지와 아버지의 뒤를 이은 '정체'이지, 꼭 첫째이기 때문에 참최 3년복을 입는 것은 아닙니다."라고 하였다.
> — 「현종실록」 —

ㄱ. 기사환국으로 정권을 장악하였다.
ㄴ. 인조반정을 주도하여 집권세력이 되었다.
ㄷ. 정조 시기에 탕평정치의 한 축을 이루었다.
ㄹ. 이이와 성혼의 문인을 중심으로 형성되었다.

① ㄱ, ㄴ   ② ㄱ, ㄷ
③ ㄴ, ㄹ   ④ ㄷ, ㄹ

SOLUTION 난이도 상 중 하

자료분석 자료는 현종 때 발생한 기해예송(1659) 당시 남인의 주장 내용이다. 효종이 죽자 인조의 계비인 자의대비 조씨의 상복을 두고 서인과 남인 간에 논란이 벌어졌다. 서인은 효종이 인조의 둘째 아들로서 왕위에 올랐으므로 조씨가 1년 간 상복을 입어야 한다고 주장하였다. 이는 효종이 인조의 장남이 아닌 차남으로 왕위를 계승했음을 들어 왕과 사대부에게 동일한 예가 적용되어야 한다는 주장이었다. 반면에 남인은 맏아들이 아니라도 왕실의 종통을 이었으면 당연히 적장자로 인정된 것이므로 3년복을 입어야 한다고 주장하였다. 이는 왕은 일반 사대부와 다른 예가 적용되어야 한다는 주장이었다.

정답해설 ㄱ. 기사환국은 1689년 숙종이 후궁인 소의 장씨(장희빈)의 소생을 원자로 정호(定號)하려는 문제를 두고 서인 송시열 등이 반대하자 서인을 정권에서 몰아내고 다시 남인을 대거 기용한 사건으로, 이를 통해 남인이 집권하였다.
ㄷ. 정조는 그동안 권력에서 배제되었던 소론과 남인 계열도 중용하여, 남인들이 탕평 정치의 한 축을 이루었다.

오답피하기 ㄴ. 인조반정을 주도하여 집권 세력이 된 붕당은 서인이다. 광해군과 북인 정권은 명과 후금 사이에서 중립 외교를 펴는 한편, 왕권의 안정을 위해 폐모살제를 저질렀다. 이에 서인은 광해군과 북인 정권이 명분에 어긋나는 유교적 패륜을 저질렀다고 비판하며 인조반정을 일으켜 광해군과 북인을 몰아냈다.
ㄹ. 서인이 이이와 성혼의 문인을 중심으로 형성되었다. 남인은 이황의 학통을 계승하였다.

정답 ② 한정판 065p, 기본서 368p

03 [2024. 법원직]

(가), (나) 집단에 대한 설명으로 가장 옳은 것은?

> 효종의 사망과 관련하여 인조의 계비 자의대비의 복제(服制)가 쟁점이 되었다. (가) 은/는 효종이 적장자가 아니라는 근거를 들어 왕과 사대부에게 같은 예가 적용되어야 한다는 입장을 내세웠다. 반면 (나) 은/는 왕에게는 일반 사대부와 다른 예가 적용되어야 한다고 주장하였다.

① (가) - 인조반정으로 몰락하였다.
② (가) - 경신환국으로 정권을 장악하였다.
③ (나) - 노론과 소론으로 분화되었다.
④ (나) - 송시열을 중심으로 세력을 확대하였다.

04 [2023. 법원직 9급]

밑줄 친 '신'이 속한 붕당에 대한 설명으로 가장 옳은 것은?

> 소현 세자가 일찍 세상을 뜨고 효종이 인조의 제2 장자로서 종묘를 이었으니 대왕대비께서 효종을 위하여 3년의 상복을 입어야 할 것은 예제로 보아 의심할 것이 없는데, 지금 그 기간을 줄여 1년으로 했습니다. 대체로 3년의 상복은 장자를 위하여 입는데 그가 할아버지, 아버지의 정통을 이은 사람이기 때문입니다. 지금 효종으로 말하면 대왕대비에게는 이미 적자이고, 또 왕위에 올라 존엄한 몸인데, 그의 복제에서는 3년 상복을 입을 수 없는 자와 동등하게 되었으니, 어디에 근거를 둔 것인지 신(臣)은 모르겠습니다.

① 노론과 소론으로 분열되었다.
② 기사환국을 통해 재집권하였다.
③ 인목대비의 폐위를 주장하였다.
④ 성혼의 학파를 중심으로 형성되었다.

SOLUTION 03

자료분석 자료는 현종 때 일어난 예송 논쟁(기해예송)과 관련된 내용으로, (가)는 서인, (나)는 남인에 해당한다. 기해예송(1659) 때 서인들은 효종이 인조의 둘째 아들로서 왕위에 올랐으므로 조씨가 1년간 상복을 입어야 한다고 주장하였다. 이는 효종이 적장자가 아님을 들어 왕과 사대부에게 동일한 예가 적용되어야 한다는 주장이었다. 반면 남인들은 왕실의 의례는 일반 사대부와는 다르다는 왕자례부동사서(王者禮不同士庶)를 내세우며 임금의 경우에는 왕위를 계승한 자가 바로 적통이라고 주장하였다. 이에 따라 자의대비가 적장자의 예로 복상을 입어야 한다며 3년복을 주장하였다.

정답해설 ② 숙종 때인 1680년 당시 남인의 영수인 허적의 집에 그의 조부를 위한 잔치가 있었다. 그날 비가 오자 숙종은 임금이 쓰는 천막(유악)을 보내려고 하였으나 벌써 허적이 가져가 버렸다. 이에 노한 숙종은 남인이 장악하고 있던 군권을 서인에게 넘기는 인사 조치를 단행하였다(유악 사건). 이어서 서인들이 허적의 서자 허견이 역모한다고 고발하여 남인들이 축출되었다(경신환국). 경신환국의 결과 허적과 윤휴 등이 사사되는 등 남인들이 실각하고 서인이 정권을 장악하였다.

오답피하기 ① 1623년 서인이 주도하여 일으킨 인조반정으로 북인이 몰락하고, 광해군은 폐위되었으며, 인조가 즉위하였다.
③ 서인은 경신환국(1680, 숙종 6) 이후 남인에 대한 처벌 문제를 놓고 강경한 입장을 취하는 노론과 온건한 입장을 취한 소론으로 나뉘었다.
④ 송시열은 서인의 중심 인물로, 효종 때 북벌 운동을 주도하기도 하였다.

정답 ② 한정판 065p, 기본서 368p

SOLUTION 04

자료분석 자료에서 밑줄 친 '신'은 기해예송 때 서인들이 자의 대비의 1년 상복을 주장한 사실을 비판하고 있다. 따라서 밑줄 친 '신'이 속한 붕당이 남인임을 알 수 있다. 1659년 효종이 죽자 계모인 자의 대비가 죽은 아들의 상복을 얼마 동안 입어야 하는지를 둘러싸고 예송이 벌어졌다. 서인은 왕에게도 사대부와 같은 예를 적용하여 1년 상복을 입어야 한다고 생각하였다. 하지만 남인은 왕에게는 예를 갖추어 3년 상복을 입을 것을 주장하였다. 이 논쟁에서 서인의 주장(1년설)이 받아들여졌다.

정답해설 ② 기사환국은 1689년 숙종이 후궁인 소의 장씨(장희빈)의 소생을 원자로 정호(定號)하려는 문제를 두고 서인 송시열 등이 반대하자 서인을 정권에서 몰아내고 다시 남인을 대거 기용한 사건으로, 이를 통해 남인이 재집권하였다.

오답피하기 ① 숙종 때 일어난 경신환국(1680) 이후 남인에 대한 처벌 문제를 놓고 서인들 간에 강경한 입장을 취하는 노론과 온건한 입장을 취한 소론으로 나뉘었다.
③ 인목대비의 폐위를 주장한 것은 광해군 때 정권을 잡은 북인이다. 광해군과 북인 정권은 왕권의 안정을 위해 영창대군을 죽이고 인목대비를 폐위시켰다.
④ 소론은 절충적 성격을 지닌 성혼의 사상을 계승하였으며, 윤증을 중심으로 결집하여 실리를 중시하고, 적극적인 북방 개척을 주장하는 경향을 보였다.

정답 ② 한정판 065p, 기본서 368p

05 ० 0456 [2016. 지방직 9급]

다음과 같이 주장한 붕당에 대한 설명으로 옳은 것은?

> 기해년의 일은 생각할수록 망극합니다. 그때 저들이 효종 대왕을 서자처럼 여겨 대왕대비의 상복을 기년복(1년 상복)으로 낮추어 입도록 하자고 청했으니, 지금이라도 잘못된 일은 바로 잡아야 하지 않겠습니까?

① 인조반정으로 몰락하였다.
② 기사환국으로 다시 집권하였다.
③ 경신환국을 통해 정국을 주도하였다.
④ 정제두 등이 양명학을 본격적으로 수용하였다.

SOLUTION

자료분석 자료에서 '기해년(1659년)에 저들(서인들)이 효종 대왕을 서자처럼 여겨 대왕대비(자의대비)의 상복을 기년복(1년복)으로 낮추어 입도록 하자고 청한 것은 잘못된 일'이라는 주장을 통해 자료와 같이 주장한 붕당이 남인임을 알 수 있다. 1659년 효종이 죽자 인조의 계비인 자의대비 조씨의 상복을 두고 서인과 남인 간에 논쟁이 벌어졌다(기해예송, 1차 예송). 서인은 효종이 인조의 둘째 아들로서 왕위에 올랐으므로 조씨가 1년간 상복을 입어야 한다고 주장하였다. 이는 효종이 적장자가 아님을 들어 왕과 사대부에게 동일한 예가 적용되어야 한다는 주장이었다. 반면에 남인은 맏아들이 아니라도 왕실의 종통을 이었으면 당연히 적장자로 인정된 것이므로 3년복을 입어야 한다고 주장하였다. 이는 왕은 일반 사대부와 다른 예가 적용되어야 한다는 주장이었다. 그 결과, 당시 실권을 장악하고 있던 송시열을 비롯한 서인의 주장(1년설)이 받아들여졌다.

정답해설 ② 기사환국으로 집권한 세력은 남인이다. 기사환국은 1689년 숙종이 후궁인 소의 장씨(장희빈)의 소생을 원자로 정호(定號)하려는 문제를 두고 서인 송시열 등이 반대하자 서인을 정권에서 몰아내고 다시 남인을 대거 기용한 사건으로, 이를 통해 남인이 집권하였다.

오답피하기 ① 인조반정(1623)으로 몰락한 세력은 북인이다. 광해군과 북인 정권은 명과 후금 사이에서 중립 외교를 펴는 한편, 왕권의 안정을 위해 폐모살제를 저질렀다. 이에 서인은 광해군과 북인 정권이 명분에 어긋나는 유교적 패륜을 저질렀다고 비판하며 인조반정을 일으켜 광해군과 북인을 몰아냈다.
③ 경신환국(1680)을 통해 정국을 주도한 세력은 서인이다. 숙종은 재위 초에 정권을 장악한 남인을 견제하고자 왕실의 기름 장막을 멋대로 가져다 쓴 유악 사건과 남인의 역모 사건을 구실로 허적, 윤휴 등 남인을 축출하고 정권을 서인에게 맡기는 경신환국을 단행하였다.
④ 18세기 초 소론 출신인 정제두는 양명학을 체계적으로 연구하면서 강화학파를 형성하였다.

핵심개념 예송

구분	남인	서인
입장	왕권 강화(왕자례부동사서)	신권 강화(천하동례)
근거	국조오례의	주자가례
기해예송(1659) 효종 사망	3년설	1년설(기년설)
갑인예송(1674) 효종 비 사망	1년설(기년설)	9개월설(대공설)

정답 ② 한정판 065p, 기본서 368p

주제 079

02 | 근세의 사회
조선의 신분제

Check 대표 기출 1

01 0457 [2018. 경찰 3차]   회독 ○○○

조선 시대 사회제도와 법률에 대한 설명으로 가장 적절하지 않은 것은?

① 소송은 원칙적으로 신분에 관계없이 제기할 수 있었다.
② 동일한 범죄에 대해서는 신분에 관계없이 동일한 처벌이 따랐다.
③ 유교에서 중요시하는 삼강오륜을 어긴 것을 강상죄라 하여 중대 범죄로 취급하였다.
④ 민간인 사이에 다툼이 있거나 범죄가 발생하면 『경국대전』과 명의 형법 규정인 『대명률』을 적용하였다.

Check 대표 기출 2

02 0458 [2022. 지방직 9급]   회독 ○○○

밑줄 친 '이들'에 해당하는 것은?

> 이들의 과거 응시와 벼슬을 제한한 것은 우리나라의 옛 법이 아니다. 그런데 『경국대전』을 편찬한 뒤부터 이들을 금고(禁錮)하였으니, 아직 백 년이 채 되지 않았다. 또한 다른 나라에 이러한 법이 있다는 말은 듣지 못했다. 경대부(卿大夫)의 자식인데 오직 어머니가 첩이라는 이유만으로 대대로 이들의 벼슬길을 막아, 비록 훌륭한 재주와 쓸만한 자질이 있어도 이를 발휘할 수 없게 하였으니, 참으로 안타깝다.

① 향리   ② 노비   ③ 서얼   ④ 백정

SOLUTION   난이도 상 중 하

출제자의 눈 기존에는 중인이나 신량역천에 대한 문제가 주로 출제되었지만 최근에는 노비나 형률 제도에 대해 자세한 내용이 출제되는 등 주제가 다양해지고 있다. 특히 노비 관련 내용은 출제할 수 있는 범위가 넓은 편이라 이에 대한 주의가 필요하다.

정답해설 ① 조선 시대에 소송은 원칙적으로 신분과 관계없이 제기할 수 있었으며, 재판에 불만이 있을 때는 사건의 내용에 따라 다른 관청이나 상부 관청에 소송을 제기할 수 있었다.
③ 강상죄는 강상의 윤리(삼강오륜)를 어긴 것으로, 반역죄와 함께 중대한 범죄로 취급되었다.
④ 관습법으로 사회 질서를 유지한 고려 시대와 달리 조선 시대에는 『경국대전』과 『대명률』로 대표되는 법전에 의해 형법과 민사에 관한 사항을 규율했다. 이 중에서 형벌에 관한 사항은 대부분 대명률의 적용을 받았다.

오답피하기 ② 조선 시대 형법에서는 신분에 따라 법의 적용에 차등을 두었다. 동일한 범죄 행위라 할지라도 가해자와 피해자의 신분 관계에 따라 형량 규정이 큰 차이를 보였다. 단순한 구타 행위라도 노비가 주인에게 가한 경우에는 패륜 행위로 간주하여 사형에 처하도록 했으며 노비가 주인을 살해한 사건이 일어났을 때는 그 지역의 수령을 파면하기도 하였다. 그리고 노비가 양인을 구타한 경우에도 양인 상호 간에 구타한 죄보다 가중 처벌하였다.

심화개념 신분에 따라 다르게 적용되었던 형벌

『예기』에 "형(刑)은 대부에 올라가지 않고 예(禮)는 서민에게 내려가지 않는다."라는 말이 있다. 이에 대한 유가와 법가의 해석과 적용은 상이하였으나, 유교적 신분제 사회에서 사대부는 예로써 다스리고, 서민은 형으로 다스린다는 원칙이 적용되었음을 알 수 있다.

정답 ② 한정판 066p, 기본서 378p

SOLUTION   난이도 상 중 하

정답해설 ③ '경대부의 자식으로서 다만 외가가 없다는 이유만으로 대대로 금고하여'라는 내용을 통해 서얼에 대한 설명임을 알 수 있다. 서얼은 양반 첩의 자손으로, '서자'는 양인 첩의 자손이고, '얼자'는 천인 첩의 자손을 의미한다. 『경국대전』에 서얼에 대한 차별이 규정되어 문과 응시가 금지되었다. 조선 후기 들어 신분 상승 운동의 영향으로 차별이 완화되었으며 철종 때(1857) 완전한 통청(청요직 임용)이 실현되었다.

오답피하기 ① 조선 시대의 향리는 고려 시대에 비해 지위가 낮아졌고, 수령에게 직속되어 행정 실무를 담당하였다.
② 천민은 최하층의 신분으로 대다수가 노비였다. 노비는 재산으로 간주되어 매매·상속·증여의 대상이 되었다.
④ 고려 시대의 백정은 특정한 직역이 없는 계층으로 일반 농민을 의미하였으나, 조선 시대에는 도살업에 종사한 계층으로 천민으로 취급받았다.

핵심개념 조선의 신분제(반상제)

양반	• 15c : 관직자(문반과 무반을 아울러 부르는 명칭) • 16c : 계층화(문·무반직 관료와 그 가족·가문으로 확대) • 토지와 노비 소유, 과거, 음서, 천거 등을 통해 고위 관직 독점 • 경제적으로는 지주층, 정치적으로는 관료층, 각종 국역 면제

중인	• 의미 : 양반과 상민의 중간 계층(광의), 기술관(협의 : 역관, 의관 등)
	• 역할 : 전문 기술이나 행정 실무 담당
	• 구성
	  – 서리·향리·기술관 : 직역 세습, 같은 신분 내 혼인, 관청 근처 거주
	  – 서얼(중서) : 중인과 같은 신분적 처우, 문과 응시 금지), 군교, 역리

상민	• 평민·양인, 법적 과거 응시 가능(실제적 어려움) • 농민(조세·공납·부역 의무), 수공업자(공장), 상인, 신량역천
천민	• 노비 : 법적 천민, 재산 취급(매매·상속·증여의 대상), 일천즉천 적용

정답 ③ 한정판 066p, 기본서 372p

03 [2022. 계리직]

조선 전기의 노비에 대한 설명으로 옳은 것은?

① 노와 양녀 사이에 태어난 소생을 모의 신분을 따라 양인으로 삼는 '노비종모법'이 시행되었다.
② 중앙 관청에 소속된 공노비 가운데에는 하급 기술관직에 임용되기도 하였다.
③ 부족한 군역 자원을 확충하기 위해 양인과 함께 노비를 속오군에 편제하였다.
④ 국가에 소속된 공노비의 도망이 속출하자 내·시노비 중 일부를 속량하기도 하였다.

04 [2017. 기상직 9급]

다음 직업을 가진 사람들에 대한 설명으로 옳은 것을 〈보기〉에서 고른 것은?

> 수군, 조례, 나장, 일수, 봉수군, 역졸, 조졸

보기
㉠ 사람들이 기피하는 천한 역을 담당하였다.
㉡ 법제상 양인에 속해 있었다.
㉢ 매매·상속·증여의 대상이 되는 비자유민이었다.
㉣ 수령의 행정 실무를 보좌하는 역할을 담당하였다.

① ㉠, ㉡
② ㉠, ㉢
③ ㉡, ㉢
④ ㉡, ㉣

SOLUTION (03)

정답해설 ② 국가에 속한 공노비는 유외잡직(상인과 서얼, 공노비 등 천한 신분에게 주어진 하급 기술직의 일종)에 진출할 수 있었다.

오답피하기 ①③④는 조선 전기가 아닌 조선 후기의 모습이다.
① 노비종모법은 아버지가 노비라 하더라도 어머니가 양인이면 자식은 양인으로 인정하는 것으로 조선 후기 영조 때 시행되었다
③ 속오군은 조선 후기의 지방군 제도이다. 양반과 노비도 포함되어 있는 양천 혼성군으로 평상시에는 생업에 종사하다가 유사시에 병력으로 활용하였다.
④ 조선 후기 순조 때(1801) 공노비의 노비안을 불태우고, 6만 6천여 명의 내시노비(內寺奴婢)를 양인으로 해방시켰다.

단어해석
• 내노비(內奴婢) : 왕실의 재정을 담당하던 내수사와 궁궐의 각 기관에 속한 노비
• 시노비(寺奴婢) : 중앙 관청에 소속된 노비

핵심개념 조선의 노비

비중	천민 중 대부분을 차지
세습	일천즉천 일반적 시행
공노비	• 입역노비(선상노비) : 관청에 노동력 제공 • 납공노비 : 노역 대신 신공을 바침
사노비	• 솔거노비 : 주인집 거주, 잡일 담당 • 외거노비 : 독립된 가옥에서 생활, 노동력 대신 신공을 바침
처우	• 재산으로 취급 → 매매, 상속, 증여의 대상 • 주인이 함부로 노비에게 형벌을 가하거나 죽이는 것을 법으로 금지
특징	• 공노비보다 사노비가 더 많았음 • 사노비 중 솔거노비보다 외거노비가 더 많았음

정답 ② 한정판 066p, 기본서 374p

SOLUTION (04)

자료분석 자료에 주어진 수군, 조례, 나장, 일수, 봉수군, 역졸, 조졸은 신량역천(칠반천역)으로, 신량역천은 양인 중에도 천역을 담당하는 계층을 뜻한다.

정답해설 ㉠ 신량역천(칠반천역)은 사람들이 기피하는 천역을 담당한 계층이다.
㉡ 신량역천에 속한 사람들은 법제상 양인이었으나 천역을 담당한 계층으로 양반은 물론 일반 양인으로부터도 천대를 받았다.

오답피하기 ㉢ 매매·상속의 대상이 된 것은 노비(천민)이다. 칠반천역은 사회적으로 멸시를 당하긴 했으나 양인의 신분이었다.
㉣ 수령의 행정 실무를 보좌한 것은 향리이다. 조선 시대 향리는 고려 시대에 비해 그 권한과 지위가 낮아졌다.

핵심개념 신량역천(칠반천역)

개념	양인 중에 천역을 담당한 계층
유형	① 수군 ② 조례(관청의 잡역 담당) ③ 나장(형사 업무 담당) ④ 일수(지방 고을 잡역) ⑤ 봉수군(봉수 업무) ⑥ 역졸(역에 근무) ⑦ 조졸(조운 업무)

정답 ① 한정판 066p, 기본서 374p

주제 080

02 | 근세의 사회

향촌 사회의 모습과 사회 정책

Check 대표 기출 1

01 0461 [2022. 법원직 9급] 회독 ○○○

밑줄 친 '이 기구'에 대한 설명으로 가장 옳지 않은 것은?

> • 앞서 이 기구의 사람들이 향중(鄕中)에서 권위를 남용하여 불의한 짓을 행하니, 그 폐단이 많았습니다. 그래서 선왕께서 폐지하였던 것입니다. 간사한 아전을 견제하고 풍속을 바로잡는 것은 수령이 해야 할 일인데, 만약 모두 이 기구에 위임한다면 수령은 할 일이 없지 않겠습니까?
> • 전하께서 다시 이 기구를 세우고 좌수와 별감을 두도록 하였는데, 나이가 많고 덕망이 높은 자를 추대하여 좌수로 일컫고, 그 다음으로 별감이라 하여 한 고을을 규찰하고 관리하게 하였다.
> — 『성종실록』 —

① 경재소를 통해 중앙의 통제를 받았다.
② 향촌 사회의 풍속을 교화하는 데 기여하였다.
③ 수령을 보좌하고 향리를 감찰하는 역할을 하였다.
④ 전통적 공동 조직에 유교 윤리를 가미하여 만들었다.

Check 대표 기출 2

02 0462 [2022. 소방간부후보] 회독 ○○○

(가)에 대한 설명으로 옳은 것은?

> 주부군현(州府郡縣)에는 대부분 지역 토착민 가운데 같은 성씨를 가진 유력 집단인 토성이 있습니다. 토성 출신 가운데 도성에 살면서 관직에 있는 자들의 모임이 있습니다. 이곳에서는 자신의 고향에 거주하는 토성 중에서 강직하고 명석한 자들을 선택하여 ___(가)___ 에 두고 간사한 관리의 범법 행위를 조사하고 살피는 등 풍속을 바로 잡았는데, 그 유래가 이미 오래되었다고 합니다.

① 좌수와 별감을 중심으로 운영되었다.
② 임기제와 상피제가 엄격히 적용되었다.
③ 부호장을 임명하고 행정 전반을 총괄하였다.
④ 인재를 모아 교육하고 이름난 선비를 추모하였다.
⑤ 전통적 농민 조직에 유교 윤리가 가미되어 만들어졌다.

SOLUTION 난이도 상 중 하

출제자의 눈 백성들을 위한 사회 제도(의창, 환곡 등)나 오가작통제에 대한 문제가 주로 출제되었으나 최근 일부 직렬에서 유향소가 단독 문제로 출제되었다. 유향소는 사료와 지문 내용이 향약 등 다른 조직과 혼동하기 쉬워 주의가 필요하다.

자료분석 자료의 밑줄 친 '이 기구'는 유향소이다. 유향소는 수령을 보좌 및 견제하고 향리를 규찰하며 풍속을 교정하는 등 지방 행정에 참여했으며 좌수와 별감을 두었다.

정답해설 ① 조선 세종 때 경재소를 두어 유향소와 정부 사이의 연락 기능을 맡게 함으로써 정부와 향촌을 직접 연결시키고, 유향소를 중앙에서 직접 통제할 수 있게 하였다.
②, ③ 유향소는 수령을 보좌하고 향리를 감찰하며, 향촌 사회의 풍속을 바로잡기 위한 기구로 향촌 사회의 풍속을 교화하는 데 기여하였다.

오답피하기 ④ 향약에 대한 설명이다. 향약은 전통적 공동 조직과 미풍양속을 계승하면서, 여기에 삼강오륜을 중심으로 한 유교 윤리를 가미하여 교화 및 질서 유지에 더욱 알맞도록 구성하였다.

정답 ④ 한정판 059p, 기본서 337p

SOLUTION 난이도 상 중 하

자료분석 자료의 (가)에 해당하는 조직은 유향소이다. '자신의 고향에 거주하는 토성(지방 사족)'을 둔다는 것과 '간사한 관리의 범법 행위를 조사하고 살핀다(수령에 대한 견제와 향리 규찰)'는 내용을 통해 이를 알 수 있다.

정답해설 ① 유향소는 지방 자치 기구로, 향촌의 덕망 있는 인사들이 유향소를 구성하여 장(長)인 좌수와 2명의 별감을 선출하였다.

오답피하기 ② 조선 시대에는 지방관에게는 임기제(관찰사 1년, 수령 5년)와 출신지에 임명되지 않는 상피제를 엄격하게 적용하였다.
③ 고려 시대의 사심관은 부호장 이하의 향리를 임명하고 감독하는 임무가 있었다.
④ 서원은 봄·가을로 향음주례를 지내는 동시에 인재를 모아 학문을 가르쳤으며, 이름난 선비나 공신을 숭배하고 그 덕행을 추모하였다.
⑤ 향약은 향촌 사회의 전통적 공동 조직과 미풍양속을 계승하면서, 삼강오륜을 중심으로 한 유교 윤리를 가미하여 교화 및 질서 유지에 더욱 알맞도록 구성하였다.

핵심개념 유향소

조직	지방 양반(사족, 향촌의 덕망 있는 인사)
성격	지방(향촌) 자치 조직
운영	• 임원인 좌수와 별감 선출 • 향규(자율적 규약), 향안(사족 명단) 작성 • 향회(총회)를 소집하여 여론 수렴
역할	수령 보좌, 향리 규찰, 풍속 교정

정답 ① 한정판 059p, 기본서 337p

주제 081 | 02 근세의 사회
예학과 족보의 보급 및 가족 제도

Check 대표 기출 1

01 0463 [2017. 국가직 9급 추가채용] 회독 ○○○

다음 족보가 편찬된 시기의 사회상으로 가장 적절한 것은?

> 우리나라는 자고로 종법이 없고 보첩(譜牒)도 없어서 비록 거가대족(巨家大族)이라도 가승(家乘)이 전혀 없어서 겨우 몇 대를 전할 뿐이므로 고조나 증조의 이름도 호(號)도 기억하지 못하는 이가 있다.
> ─ 안동권씨 성화보 ─

① 남자는 대개 결혼 후에 바로 친가에서 거주하였다.
② 자손이 없으면 무후(無後)라 하고 양자를 널리 맞아들였다.
③ 아들을 먼저 기록하고 딸을 그 다음에 기록하였다.
④ 윤회봉사 · 외손봉사 등이 행해졌다.

Check 대표 기출 2

02 0464 [2017. 지방직 9급] 회독 ○○○

우리나라 족보에 대한 설명으로 옳지 않은 것은?

① 조선후기에 부유한 농민들은 족보를 사거나 위조하기도 하였다.
② 조선초기의 족보는 친손과 외손을 구별하지 않고 모두 수록하였다.
③ 현존하는 가장 오래된 족보는 성종 7년에 간행된 『문화류씨가정보』이다.
④ 조선시대에는 족보가 배우자를 구하거나 붕당을 구별하는 데 중요한 자료로 활용되기도 하였다.

SOLUTION 난이도 상 중 하

출제자의 눈 대부분 고려 시대의 가족 제도와 비교하는 문제가 출제된다. 그러나 본 문제에서 출제된 『안동 권씨 성화보』에 주목할 필요가 있다. 『안동 권씨 성화보』는 1476년(성종 7)에 간행된 안동 권씨의 족보로, 현존하는 우리나라 족보 중에 가장 오래된 것이다. 향후에는 『안동 권씨 성화보』에 기재된 내용의 특징을 묻는 단독 문제가 출제될 수 있으니 하단에 있는 심화개념을 통해 이에 대비하자.

자료분석 안동 권씨 성화보는 조선 전기인 1476년(성종 7)에 간행된 안동 권씨의 족보이다. 당시에는 중국의 연호를 사용하고 있었는데, 성화연간에 만들어진 것이라 하여 성화보라 부르며, 현전하는 우리나라 족보 중 가장 먼저 편찬된 것이다.

정답해설 ④ 조선 전기에는 재산 상속을 같이 나누어 받는 만큼 그 의무인 제사도 형제가 돌아가면서 지내거나 책임을 분담하기도 하였고(윤회봉사). 딸의 자손이 제사를 지내는 외손봉사도 행해졌다.

오답피하기 ① 남자가 결혼 후에 바로 친가에서 거주하는 친영제는 조선 후기에 정착되었다.
② 양자 입양이 일반화 된 것은 조선 후기이다.
③ 조선 전기에는 내외 자손을 자녀 구분 없이 출생순으로 기록하는 자손보가 쓰였다.

핵심개념 안동 권씨 성화보[1476, 성종, 현존 최고(最古) 족보]

- 딸 재혼 시 그 남편을 후부(後夫)라 하여 성명 기재
- 외손도 대를 이어 모두 기재[but 이름만 기재(성 X)]
- 자녀가 없는 사람은 이름 밑에 무후(無後)라고 기재
- 양자 들인 사례를 찾아볼 수 없음

▲ 안동 권씨 성화보

정답 ④ 한정판 067p, 기본서 385p

SOLUTION 난이도 상 중 하

정답해설 ① 조선 후기에는 부유한 농민들이 족보를 사거나 위조했으며, 이에 따라 신분제의 동요가 심해졌다.

② 조선 초기의 족보는 내외 자손을 자녀 구분 없이 출생순으로 모두 기록하는 자손보가 쓰였다. 부계친족만 선남후녀의 순서로 기록한 씨족보는 조선 후기에 사용되었다.

④ 족보는 안으로는 문중의 결속을 강화하고 밖가의 위계를 정립했으며, 밖으로는 결혼 상대자를 구하거나 붕당을 구별하는 데 있어서 중요한 자료로 활용되었다.

오답피하기 ③ 현존하는 가장 오래된 족보는 『안동권씨 성화보』이다. 『문화류씨가정보』는 1565년(명종 20) 간행된 것으로, 『안동권씨 성화보』(1476, 성종7)가 발견되기 전까지는 우리나라에서 가장 오래된 족보로 알려져 왔다.

핵심개념 보학(족보)

- 가문의 내력 기록
- 종족 내부의 결속 + 하급 신분에 대해 우월의식
- 혼인 상대자를 구하거나 붕당을 구별
- 족보와 보학은 조선 후기에 더욱 발달

정답 ③ 한정판 067p, 기본서 385p

03 0465 [2016. 기상직 9급]

다음 자료가 작성된 시기의 사회상으로 적절한 것을 〈보기〉에서 고른 것은?

▲ 율곡 이이의 형제자매 분재기

─ 보기 ─
㉠ 남녀 차등 상속이 원칙이었다.
㉡ 성리학적 사회 질서의 확립에 따른 재산 상속의 특성이 나타나 있다.
㉢ 제사를 승계하는 자식에게 재산의 5분의 1을 더 배정하고 나머지는 균분했다.
㉣ 「경국대전」의 재산 분배 원칙을 따랐다.

① ㉠, ㉡ ② ㉡, ㉢
③ ㉢, ㉣ ④ ㉠, ㉣

SOLUTION

자료분석 자료는 16세기(조선 중기)의 「율곡 선생 남매 분재기」(율곡 이이의 형제자매 분재기)로 율곡 이이의 7남매와 서모인 권씨가 가옥, 토지, 노비 등의 유산을 나누어 상속한 내용을 작성한 문서이다.

정답해설 ㉢ 해당 분재기에는 제사 몫으로 재산의 5분의 1을 더 상속한 것을 제외하면 재산이 균등하게 분배되었다.
㉣ 『경국대전』에는 남녀균분상속이 원칙이었으며, 제사를 승계하는 승중자(承重子)는 봉사조로 1/5을 더 받도록 규정했다. 또한 적서의 차별이 규정되어 양첩자녀와 적자녀는 1:6, 천첩자녀는 1:9의 비율로 상속을 받도록 했다. 이에 따라 첩의 자식들은 적자녀에 비해 현저히 적은 재산을 상속받은 것이 분재기에도 나타난다.

오답피하기 ㉠ 조선 중기까지는 아들과 딸이 부모의 재산을 똑같이 상속받는 경우가 많았다. 「율곡 선생 남매 분재기」에도 이러한 원칙이 적용되어 적서(嫡庶)의 차별은 나타나지만, 남녀에 따른 차별은 나타나지 않는다.
㉡ 성리학적 사회 질서의 확립에 따른 재산 상속의 특성은 집안의 대를 잇는 장자 중심의 상속을 의미한다. 해당 분재기에는 대체로 자식들에게 균등하게 재산 상속이 이루어져 이러한 모습과는 거리가 멀다.

핵심개념 조선 전기의 가족 제도

- 부계와 모계가 함께 영향을 끼치는 형태
- 남귀여가혼, 자녀 윤회 봉사, 외손 봉사
- 자녀균분 상속(집안의 대를 잇는 자식에게 1/5의 상속분을 더 줌)

정답 ③ 한정판 084p, 기본서 496p

주제 082 · 02 | 근세의 사회
서원과 향약

Check | 대표 기출 1

01 0466 [2019. 국가직 9급]   회독 ○○○

(가) 교육기관에 대한 설명으로 옳은 것은?

> 주세붕이 비로소 (가) 을/를 창건할 적에 세상에서 자못 의심했으나, 그의 뜻은 더욱 독실해져 무리들의 비웃음을 무릅쓰고 비방을 극복하여 전례 없던 장한 일을 이루었습니다. …(중략)… 최충, 우탁, 정몽주, 길재, 김종직, 김굉필 같은 이가 살던 곳에 (가) 을/를 건립하게 될 것입니다.
> - 「퇴계집」 -

① 학문 연구와 선현의 제사를 위해 설립된 사설 교육기관이다.
② 성적 우수자는 문과의 초시를 면제해 주었다.
③ 선비와 평민의 자제에게 『천자문』 등을 가르쳤다.
④ 지방의 군현에 있던 유일한 관학이다.

Check | 대표 기출 2

02 0467 [2013. 국가직 9급]   회독 ○○○

다음 조직에 대한 설명으로 옳지 않은 것은?

> 가입하기를 원하는 자에게는 반드시 먼저 규약문을 보여주고, 몇 달 동안 실행할 수 있는가를 스스로 헤아려 본 뒤에 가입하기를 청하게 한다. 가입을 청하는 자는 반드시 단자에 참가하기를 원하는 뜻을 자세히 적어 모임이 있을 때에 진술하고, 사람을 시켜 약정(約正)에게 바치면 약정은 여러 사람에게 물어서 좋다고 한 다음에야 글로 답하고, 다음 모임에 참여하게 한다.
> - 「율곡전서」 중에서 -

① 향촌 사회의 질서를 유지하고 치안을 담당하는 향촌의 자치 기능을 맡았다.
② 전통적 미풍양속을 계승하면서 삼강오륜을 중심으로 한 유교 윤리를 가미하였다.
③ 어려운 일이 생겼을 때에 서로 돕는 역할을 하였고, 상두꾼도 이 조직에서 유래하였다.
④ 지방 유력자가 주민을 위협, 수탈하는 배경을 제공하는 부작용도 있었다.

SOLUTION   난이도 상 중 하

출제자의 눈 서원과 향약의 공통점은 향촌 사림들을 강화시키는 역할을 수행했다는 점이다. 최초의 서원은 중종 때 주세붕이 세운 백운동 서원으로 고려 충렬왕 때 성리학을 국내에 소개한 안향을 제사 지내기 위해 설립한 것이다. 이황의 견의로 명종 때 백운동 서원이 소수 서원으로 사액되는 점에 주목하면서 이황의 인물사 문제와 중종, 명종 때의 왕대사에 대비해야 함은 기본이다. 20년 소방직에서는 자운서원을 제시하고 이이에 대한 인물사 문제가, 21년 국가직에서는 백운동 서원을 주제로 한 안향 인물사 문제가 출제되어 주요 인물들은 배향 서원을 파악할 필요가 있다.

자료분석 주세붕이 비로소 창건했다는 내용을 통해 (가)에 해당하는 교육 기관이 서원임을 알 수 있다. 서원은 중종 38년(1543) 풍기 군수 주세붕이 세운 백운동 서원이 시초이다.

정답해설 ① 서원은 사림이 학문 연구와 선현 제향을 위해 설립한 사설(사립) 교육기관이다. 서원은 전국 각지에 세워져 선현(先賢)에 대한 제향(祭享), 성리학 연구와 교육, 향촌 사림 결집, 향촌 교화 등 조선 사상계의 필수적인 요소로 자리잡았다.

오답피하기 ② 성적 우수자에게 문과(대과) 초시를 면제해 준 곳은 성균관이다.
③ 『천자문』 등을 교육한 초등 수준의 교육 기관은 서당이다. 서당은 초등 교육을 담당하는 사립 교육 기관으로, 4학이나 향교에 입학하지 못한 선비와 평민의 자제가 교육을 받았다.
④ 지방의 군현에 설치한 관학 기관은 향교이다. 향교는 부·목·군·현에 각각 하나씩 설립되었고, 향교에는 그 규모와 지역에 따라 중앙에서 교관인 교수 또는 훈도를 파견하였다.

정답 ① 한정판 067p, 기본서 386p

SOLUTION   난이도 상 중 하

자료분석 자료의 규약문, 향약의 간부인 약정 등의 내용을 통해 향약임을 알 수 있다. 제시문은 「해주향약 입약범례문」으로, 1577년(선조 10) 이이는 은퇴하여 해주에 살면서 해주향약을 만들었다.

정답해설 ① 향약은 조선 사회의 풍속 교화에 많은 역할을 하였으며, 향촌 사회의 질서 유지와 함께 치안까지 담당하는 등 향촌의 자치 기능을 맡았다.
② 향약은 향촌 사회의 전통적인 공동 조직과 미풍양속을 계승하면서, 삼강오륜을 중심으로 한 유교 윤리를 가미하여 교화 및 질서 유지에 알맞게 구성한 것이다.
④ 향약 조직은 지방 사족이 향촌 사회를 그들 중심으로 운영하기 위해 만든 것이었다. 향약의 보급으로 지방 사림의 지위는 강화되었으나, 지방 유력자가 주민을 위협하고 수탈하는 배경을 제공하는 등 부작용도 적지 않았다.

오답피하기 ③ 향약은 어려운 일이 생겼을 때 서로 돕는 역할을 했으나(환난상휼) 상두꾼은 향도에서 유래되었다. 조선 시대 촌락의 농민 조직으로 두레와 향도가 있었는데, 두레는 공동 노동의 작업 공동체였으며, 향도는 불교와 민간 신앙 등의 신앙적 기반과 동계 조직 같은 공동체 조직의 성격을 모두 띠었다. 주로 상을 당했을 때나 어려운 일이 생겼을 때 서로 돕는 역할을 하였는데, 상여를 메는 상두꾼도 향도에서 유래하였다.

정답 ③ 한정판 067p, 기본서 387p

주제 083

03 | 근세의 경제

과전법의 시행과 변화

Check 대표 기출 1

01 0468 [2018. 지방직 7급]   회독 ○○○

다음은 고려·조선시대 토지제도의 폐단을 기술한 것이다. 이를 시정하기 위해 실시한 내용으로 옳은 것은?

> (가) 권문세족의 대토지 소유와 토지 겸병으로 국가 재정이 부족해졌다.
> (나) 수신전, 휼양전, 공신전 세습과 증가로 신진 관료에게 지급할 수조지가 부족해졌다.
> (다) 수조권을 받은 관료가 권한을 남용하여 과다하게 수취하는 일이 빈번하게 발생하였다.
> (라) 거듭되는 흉년과 왜구의 침입 등으로 국가 재정이 악화되어 직전이 유명무실해졌다.

① (가) - 권문세족이 겸병한 토지를 몰수하고, 전국 토지의 수조권을 관료에게 지급하였다.
② (나) - 공신전을 몰수하고 신진 관료에게 수조권 지급을 중지하였다.
③ (다) - 관료의 직접적인 수조권 행사를 금지하고 관청에서 수조권 행사를 대행하였다.
④ (라) - 관료에게 수조권과 함께 녹봉도 지급하였다.

SOLUTION   난이도 상 중 하

자료분석 (가) 고려 말 권문세족의 대토지 소유와 토지 겸병으로 국가 재정이 부족해짐에 따라 이를 시정하기 위해 공양왕 때 과전법이 마련되었다(1391).
(나) 과전법 하에서 수신전, 휼양전, 공신전 세습으로 신진 관료에게 지급할 수조지가 부족해지자 세조 때에는 수신전과 휼양전을 폐지하고 현직 관리에게만 수조권을 지급하는 직전법(1466)을 실시하였다.
(다) 수조권을 가진 양반 관료가 이를 남용하여 과다하게 수취하는 일이 빈번하게 발생하자 성종 때에는 관수관급제를 실시하였다(1470).
(라) 16세기 흉년과 왜구의 침입 등으로 국가 재정이 악화되어 직전이 유명무실해지자 명종은 직전법을 폐지하였다(1556).

정답해설 ③ 수조권을 가진 양반 관료가 수조권을 남용하여 과다하게 수취하는 일이 빈번하자, 이를 시정하기 위해 성종 때에는 지방 관청에서 그해의 생산량을 조사하여 거두고, 관리에게 나누어 주는 관수관급제를 실시하였다.

오답피하기 ① 과전법에 따라 전·현직 관리는 경기 지방의 토지(전국 ×)를 과전으로 받았다.
② 직전법에 따라 수신전, 휼양전은 폐지되었지만 공신전의 세습은 인정되었다. 또한 현직 관료에게는 수조권을 지급했기 때문에 신진 관료에게 수조권 지급을 중단했다는 내용도 맞지 않다.
④ 명종 때 직전법이 폐지되면서 수조권 지급이 소멸되었고 관리에게는 녹봉만이 지급되었다.

정답 ③ 한정판 068p, 기본서 392p

Check 대표 기출 2

02 0469 [2013. 지방직 9급]   회독 ○○○

다음 토지 제도에 대한 설명으로 옳은 것은?

> 경기는 사방의 근본이니 마땅히 과전을 설치하여 사대부를 우대한다. 무릇 경성에 거주하여 왕실을 시위(侍衛)하는 자는 직위의 고하에 따라 과전을 받는다. 토지를 받은 자가 죽은 후, 그의 아내가 자식이 있고 수신하는 자는 남편의 과전을 모두 물려받고, 자식이 없이 수신하는 자의 경우는 반을 물려받는다. 부모가 모두 사망하고 그 자손이 유약한 자는 휼양전으로 아버지의 과전을 전부 물려받고, 20세가 되면 본인의 과에 따라 받는다.
> - 「고려사」 -

① 과전을 지급함으로써 조선개국 세력의 경제적 기반이 되었다.
② 관리가 되었으면서도 관직을 받지 못한 사람들에게 한인전을 지급하였다.
③ 관직이나 직역을 담당하는 사람들에게 농지와 땔감을 채취하는 시지를 주었다.
④ 공로가 많은 사람들에게 인품을 기준으로 역분전을 차등 지급하였다.

SOLUTION   난이도 상 중 하

출제자의 눈 고려 시대의 전시과 제도를 조선 시대의 과전법과 비교하거나 조선 시대 토지 제도의 변화 과정을 순서대로 나열하는 문제가 빈출되고 있다.

자료분석 자료는 과전법의 시행(1391)에 관한 내용이다. 경기의 땅을 분급한다는 내용과 수신전, 휼양전에 대한 규정을 통해 이를 알 수 있다.

정답해설 ① 과전법(공양왕 3, 1391)은 국가의 재정 기반을 확충하고 조선의 건국에 참여한 신진사대부 세력의 경제적 기반을 확보하기 위해 실시되었다.

오답피하기 ② 한인전은 전시과에서 6품 이하 하급관료의 자제로서 관직에 오르지 못한 사람에게 지급한 토지인데, 이것은 관인 신분의 세습을 위한 것이었다.
※ 관리가 되었으면서도 관직을 받지 못한 사람들에게 한인전을 지급하였다라는 내용의 문장 자체는 틀리다고 볼 수 없다. 한인전에 대해 현재 선지처럼 대기발령자에게 지급했다는 견해도 있기 때문이다. 하지만 해설이 교과서의 내용이니 우선적으로 알아두도록 하자.
③ 시지를 지급한 것은 고려 전시과이다. 과전법에서는 토지에 대한 수조권만을 지급했다.
④ 역분전은 고려 태조 때(940) 논공행상의 일환으로 지급된 토지이다. 후삼국을 통일한 태조 왕건은 후삼국 통일 과정에서 공을 세운 공신 및 군인 등을 대상으로 그들의 공로에 따라 차등을 두어 역분전을 지급하였다(개국 공신에게 충성도, 공훈, 인품을 반영하여 지급).

정답 ① 한정판 068p, 기본서 392p

03 [2024. 서울시 9급 1차]

〈보기〉의 (가)~(라)에 대한 설명으로 가장 옳은 것은?

— 보기 —

조선 왕조 개창 당시 관리의 경제적 기반을 보장하기 위해 (가) 을/를 시행하였다. 이는 경기 지방의 토지를 대상으로 했으며, 관리 사후 지급받은 토지를 국가에 반납하는 것이었다. 하지만 관리 사후 아내가 재혼하지 않았으면 그 전부 혹은 일부를 (나) (으)로 지급했으며, 부모가 모두 죽고 자손이 20세 미만이면 이들의 부양을 위해 (다) (으)로 주어졌다. 이후 세조는 이러한 제도를 고쳐 (라) 을/를 시행하여, 그 지급 대상을 축소했다.

① (가)는 '과전법'으로, 현직 관리에게만 지급한 것이다.
② (나)는 '전시과'로, 전지와 시지를 나누어 주는 것이다.
③ (다)는 '구분전'으로, 수조권을 지급하는 것이다.
④ (라)는 '직전법'으로, 그 시행에 따라 수신전이 폐지되었다.

04 [2019. 계리직]

토지제도 (가)에 대한 설명으로 옳은 것을 〈보기〉에서 모두 고른 것은?

도평의사사(都評議使司)에서 왕에게 글을 올려 (가) 을/를 제정할 것을 요청하니 왕이 이 제의를 좇았다. 문종 때에 정한 바에 의하여 경기 주군(京畿州郡)으로 결정된 고을들을 좌우도(左右道)로 나누어 설치한다. 1품으로부터 9품과 산직(散職)에 이르기까지 18과(科)로 나누었다.
— 『고려사』 —

— 보기 —
ㄱ. 전주(田主)는 전객(佃客)에게 전조(田租)로 수확량의 1/10을 징수하였다.
ㄴ. 양반 관료층의 경제적 보장을 위해 현임이나 퇴임을 막론하고 토지를 지급하였다.
ㄷ. 토지를 받았던 관리가 죽었을 경우, 수신전이라는 명목으로 사실상 세습이 가능하였다.
ㄹ. 수조권자의 직접적인 전조(田租)의 수취를 봉쇄하고 납조자(納租者)가 전조를 관리에게 납부하였다.

① ㄱ
② ㄱ, ㄴ
③ ㄱ, ㄴ, ㄷ
④ ㄱ, ㄴ, ㄷ, ㄹ

05 0472 [2014. 사회복지직 9급]

고려와 조선의 토지제도에 대한 설명으로 옳지 않은 것은?

① 고려는 국초에 역분전을 지급하였고, 경종 때 처음으로 전시과 제도를 시행하였다.
② 전시과 체제 하의 민전은 사유지이지만, 수조권의 귀속을 기준으로 하면 공전인 경우도 있다.
③ 과전법에서는 문무 관료들에게 경기지방의 토지에 한해서 과전의 수조권을 지급하였고, 군인들에게는 군전을 지급하였다.
④ 과전법에서는 토지 수확량의 1/10을 기준으로 1결마다 30말을 거두었으나, 답험손실법을 적용하여 손실에 비례하여 공제해 주기로 하였다.

06 0473 [2012. 지방직 9급]

다음 조선 전기의 토지 제도에 대한 설명으로 옳지 않은 것은?

(가) 지방 관청에서 그 해의 생산량을 조사하고 조를 거두어 관리에게 나누어 주었다.
(나) 국가 재정과 관직에 진출한 신진사대부의 경제적 기반을 확보하기 위해 만들었다.
(다) 과전의 세습 등으로 관료에게 지급할 토지가 부족해지자 현직 관리에게만 토지를 지급하였다.

① (가)가 실시되어 국가의 토지 지배권이 한층 강화되었다.
② (나)에서 사전은 처음은 경기지방에 한정하여 지급하였다.
③ (다)가 폐지됨에 따라 지주전호제 관행이 줄어들었다.
④ 시기 순으로 (나) - (다) - (가)의 순서로 실시되었다.

SOLUTION

정답해설 ① 고려 태조는 후삼국 통일 과정에서 개국 공신 등에게 충성도와 인품에 따라 역분전을 지급했다. 이후 경종 때(976) 처음으로 전시과 제도가 마련되었다(시정전시과).
② 전시과 체제에서는 국가가 수조권을 소유하는 공전과 개인이 소유하는 사전이 있었다. 개인이 소유권을 가지고 있는 민전이라도 국가가 수조권을 행사하는 경우에는 공전으로 분류되었다.
④ 과전법의 경우 조세는 수확량의 10분의 1을 내는데, 1결의 최대 생산량을 300두로 정하고, 30두를 조세로 수취하였다. 매년 풍흉을 조사하여 그 수확량에 따라 납부액을 조정하였다(답험손실).

오답피하기 ③ 과전법에서 군전은 군인이 아닌 한량품관에게 지급되었다. 과전법에서는 지방 거주의 한량품관에게 군전으로 5결 혹은 10결씩 지급하였다. 한량관은 직함은 있으나 실제 관직에 오르지 않은 자들로 서울에서 시위 근무에 임하는 자에게는 품계에 따라 과전이 지급되었고, 지방에 있는 자에게는 군전이라는 명목으로 토지를 지급했다.

심화개념 전시과와 과전법의 비교

전시과	과전법
전국 5도의 토지 대상(양계 제외)	경기 토지 대상
전지와 시지 지급	전지만 지급
공음전 지급	공음전 X (but 공신전 O)
외역전 지급	외역전 X
군인전 지급	군인전 X
별사전(승려에게 지급)	별사전(준공신에게 지급)
경작권 법적 보장 X	경작권 법적 보장 O
공통점 : 수조권 지급, 세습 금지(원전 반납의 원칙)	

정답 ③ 한정판 068p, 기본서 392p

SOLUTION

자료분석 (가)는 관수관급제(성종 1, 1470), (나)는 과전법(공양왕 3, 1391), (다)는 직전법(세조 12, 1466)에 대한 내용이다.

정답해설 ① 관수관급제로 인해 양반 관료들이 수조권을 빌미로 토지와 농민을 지배하는 방식이 사라져 국가의 토지 지배권이 강화되었다.
② 과전법을 실시하면서 사전 재분배의 중심이 된 것은 관료에게 나누어 준 과전이었다. 과전법에서는 과전의 지급을 경기도에 있는 토지로 한정하였다. 그러나 1417년(태종 17)에 과전의 3분의 1을 하삼도(충청도, 전라도, 경상도)에 옮겨 나누어 주었고, 1431년(세종 13)에는 이것을 경기도로 환급함과 아울러 새로운 토지 분급법이 제정되었다.
④ 과전법(1391, 고려 말 공양왕) - 직전법(1466, 세조) - 관수관급제(1470, 성종) 순으로 실시되었다.

오답피하기 ③ 명종 때 직전법의 폐지로 수조권 지급 제도가 없어짐에 따라 수조권에 입각한 토지 지배 관계(전주전객제)가 소멸하고 소유권에 바탕을 둔 지주전호제가 심화되었다.

핵심개념 직전법과 관수관급제

직전법 (1466, 세조 12)	배경	수신전·휼양전·공신전 등의 명목으로 토지 세습 → 관리에게 줄 토지 부족
	내용	• 현직 관리에게만 수조권 지급 • 수신전·휼양전 폐지
	영향	관리들이 퇴직 후를 대비해 과다 수취
관수관급제 (1470, 성종 1)	배경	양반 관료의 수조권 남용
	내용	국가(관청)에서 수조권 대행
	결과	양반 관료들이 수조권을 빌미로 토지와 농민을 지배하는 방식이 사라짐 → 국가의 토지 지배권 강화
직전법 폐지 (1556, 명종 11)	배경	흉년과 왜구의 침입 등으로 국가 재정 악화 → 직전의 유명 무실화
	내용	직전법 폐지 → 수조권 지급제 소멸 → 관리에게는 녹봉만 지급
	영향	• 양반들의 토지 소유욕 더욱 증가 → 토지 집적 심화 → 농민들의 소작농 전락 多 • 소유권에 바탕을 둔 지주 전호제 강화

정답 ③ 한정판 068p, 기본서 392p

03 근세의 경제 269

주제 084

03 | 근세의 경제
경제 정책과 16세기 수취 체제의 문란

Check 대표 기출 1

01 0474 [2017. 지방직 9급]   회독 ○○○

밑줄 친 제도에 대한 설명으로 옳은 것은?

> 국왕이 말했다. "나는 일찍부터 이 제도를 시행해 여러 해의 평균을 파악하고 답험(踏驗)의 폐단을 영원히 없애려고 해왔다. 신하들부터 백성까지 두루 물어보니 반대하는 사람은 적고 찬성하는 사람이 많았으므로 백성의 뜻도 알 수 있다."

① 토지의 비옥도에 따라 조세를 차등 징수하였다.
② 풍흉에 상관없이 1결당 4~6두를 조세로 징수하였다.
③ 토지 소유자에게 1결당 미곡 12두를 조세로 징수하였다.
④ 토지 소유자에게 수확량의 10분의 1을 조세로 징수하였다.

Check 대표 기출 2

02 0475 [2023. 법원직 9급]   회독 ○○○

다음 사건이 일어난 시기에 볼 수 있는 모습으로 가장 옳은 것은?

> 전제상정소에서 다음과 같이 논의하였다. "우리나라는 지질의 고척(膏塉)이 남쪽과 북쪽이 같지 아니합니다. 하지만 그 전품(田品)의 분등(分等)을 8도를 통한 표준으로 계산하지 않고 있습니다. 다만 1도(道)로써 나누었기 때문에 납세의 경중(輕重)이 다릅니다. 부익부 빈익빈이 심해지니 옳지 못한 일입니다. 여러 도의 전품을 통고(通考)하여 6등급으로 나눈다면 전품이 바로잡힐 것이며 조세도 고르게 될 것입니다." 임금은 이를 그대로 따랐다.

① 3포 왜란으로 입은 피해를 걱정하는 어부
② 벽란도에서 송나라 선원과 흥정하는 상인
③ 농가집성의 내용을 읽으며 공부하는 농부
④ 불법적인 상행위를 감시하는 경시서 관리

SOLUTION

난이도 상 중 하

출제자의 눈 조선 전기 경제 정책과 수취 체제의 총괄적인 내용을 타 시대와 비교하는 단순 서술형 문제가 주류를 이룬다. 최근 시험에서는 세금 제도의 실시 순서를 나열하는 문제가 출제되고 있는데, 세액이 핵심 키워드로 제시되기 때문에 각 제도의 세액 기준을 확실하게 파악하고 있어야 한다.

자료분석 자료는 세종 때 실시된 공법(전분 6등법, 연분 9등법)에 대한 내용이다. 답험의 폐단 해결과 신하들로부터 백성까지 두루 물었다는 내용을 통해 이를 알 수 있다. 세종은 조정의 신하와 지방의 촌민에 이르기까지 약 18만 명에게 의견을 물은 후, 이를 반영하여 공법을 제정하였다.

정답해설 ① 공법(1444)은 토지의 비옥도(전분 6등)와 풍흉(연분 9등)을 고려하여 조세를 차등 징수한 제도이다. 전분 6등법은 토지를 비옥도에 따라 6등급으로 나누고 등급에 따라 각기 다른 자를 사용하여 1결당 면적을 달리한 것이고, 연분 9등법은 풍흉의 정도에 따라 9등급으로 나누어 1결당 최고 20두에서 최하 4두를 내도록 한 것이다.

오답피하기 ② 풍흉에 상관없이 1결당 4~6두를 고정적으로 징수한 제도는 인조 때 실시한 영정법(1635)이다.
③ 광해군 때 실시한 대동법(1608)에 대한 설명이다. 대동법은 기존에 집집마다 부과하던 공납을 토지 결수에 따라 쌀로 징수한 제도이다. 대동법의 실시로 농민은 대체로 토지 1결당 미곡 12두만 납부하면 되었기 때문에 토지가 없거나 적은 농민에게 과중하게 부과되던 공물 부담은 없어지거나 어느 정도 경감되었다.
④ 과전법에서의 조세 수취 기준이다. 조세는 과전법의 경우 수확량의 10분의 1을 내는데, 1결의 최대 생산량을 300두로 정하고, 매년 풍흉을 조사하여 그 수확량에 따라 납부액을 조정하였다. 세종 때의 공법에서는 1결당 생산량을 상향 조정하여 1결당 최대 생산량을 400두로 책정하였으며, 세액은 1/20을 납부하도록 하였다.

정답 ① 한정판 069p, 기본서 396p

SOLUTION

난이도 상 중 하

자료분석 자료는 조선 전기 세종 대에 제정된 전세 제도인 공법에 관한 내용이다. '전제상정소(세종 때 공법의 제정과 실시를 위해 설치된 관서)', '전품을 6등급으로 나눈다.'는 내용을 통해 이를 알 수 있다.

정답해설 ④ 조선 시대에는 시전 상인들의 불법적인 상행위를 통제하기 위하여 경시서(세조 때 평시서로 개칭)를 두었다(고려 시대에도 경시서가 있었음).

오답피하기 ① 3포 왜란은 1510년 중종 때 일어났다. 3포에 거주하는 일본인들의 법규 위반 사태가 빈번히 일어나자 일본인에 대한 통제를 강화하게 되었는데 이에 반발한 일본인들이 삼포에서 난을 일으킨 사건이다. 이 사건으로, 조선 정부는 3포를 폐쇄하고 임시 기구로서 비변사를 설치하였다.
② 벽란도는 고려 시대의 국제 무역항이다.
③ 17세기 중엽 효종 때 신속은 『농가집성』을 펴내 벼농사 중심의 농법을 소개하고, 이앙법의 보급에 공헌하였다.

정답 ④ 한정판 069p, 기본서 396p

주제 085 — 03 | 근세의 경제
조선 전기의 농업 기술

Check 대표 기출 1

01 0476 [2016. 국가직 7급] 회독 ○○○

밑줄 친 '농서'가 편찬된 왕대의 경제생활로 옳은 것은?

> 각 지역의 풍토가 달라 곡식을 심고 가꾸는 법이 옛글과 다 같을 수 없습니다. 이에 여러 도의 감사들이 주현의 늙은 농부를 방문하여 실제 농사경험을 들었습니다. 저희 정초 등은 이를 참고하여 농서를 편찬하였습니다.

① 칠패 시장에서 어물을 판매하였다.
② 녹비법을 활용하여 지력을 회복하였다.
③ 고구마·감자를 구황작물로 활용하였다.
④ 시전에서 남초를 거래하였다.

Check 대표 기출 2

02 0477 [2012. 경찰간부후보] 회독 ○○○

조선 전기의 농업 관련 서적에 대한 설명 중 옳지 않은 것은?

① 강희맹은 금양(시흥)지방의 농사경험을 토대로 「금양잡록」을 저술하였다.
② 신속은 중국 강남의 선진 농업 기술을 받아들여 「농가집성」을 편찬하였다.
③ 강희안은 원예서인 「양화소록」을 저술하여 다양한 화초재배 방법을 소개하였다.
④ 정초 등은 전국 각지의 노농(老農)들의 실제 경험을 수집하여 「농사직설」을 편찬하였다.

SOLUTION 난이도 상 중 하

출제자의 노트 농업 기술의 변천을 고려 시대부터 조선 후기까지 시기별로 파악해야 한다. 조선 전기에는 윤작법의 일반화, 이모작의 시작, 휴경지 소멸이라는 농업의 발전 사항도 있지만, 이앙법은 봄 가뭄에 따른 수리 문제 때문에 조선 전기까지도 남부 일부 지역으로 제한되었다는 점에 주목하자.

자료분석 정초 등이 실제 농부들의 경험을 바탕으로 편찬한 농법서는 『농사직설』로, 조선 전기인 세종 11년(1429)에 편찬되었다. 이 책은 우리나라 풍토에 맞는 씨앗의 저장법, 토질의 개량법, 모내기법 등 농민의 실제 경험을 종합하여 편찬되었다.

정답해설 ② 녹비법은 콩과 작물을 심은 뒤 갈아엎어 비료로 사용하는 시비법이다. 고려 중기 이후에 사용되었는데, 세종 때 편찬된 『농사직설』에는 거름으로 인분, 우마분, 재거름과 함께 녹비가 소개되어 있다.

오답피하기 ① 칠패(七牌)는 조선 시대 서울 시내(남대문 밖)에 있던 난전을 말한다. 칠패에서 물품을 판매한 것은 조선 후기의 일이다. 이곳은 시전과 마찬가지로 미곡·포목·어물 등을 판매했는데 그중에서도 어물의 규모가 가장 컸다.
③ 고구마, 감자가 구황작물로 활용된 것은 조선 후기이다. 고구마는 18세기에 일본에서 전래했고, 감자는 19세기에 청에서 전래했다.
④ 조선 후기의 모습이다. 남초(담배)는 17세기 초에 일본에서 전래된 후로 전라도 지방을 중심으로 전국에서 재배되었다.

정답 ② 한정판 070p, 기본서 404p

SOLUTION 난이도 상 중 하

정답해설 ① 『금양잡록』은 조선 초기 성종 때 강희맹이 관직에서 물러난 뒤 금양현(지금의 경기도 시흥)에서 농사를 직접 지으면서 자신의 체험과 농민들의 대화를 바탕으로 정리한 농법서이다.
③ 『양화소록』은 조선 세조 때 강희안이 저술한 농법서로, 예전부터 사람들이 키워오던 꽃과 나무 몇 십 종을 들어 그 재배법과 이용법을 설명하였다. 또한 꽃과 나무의 품격과 그 의미, 상징성을 논하고 있다.
④ 『농사직설』은 조선 세종 때의 문신인 정초, 변효문 등이 1429년(세종 11) 편찬한 농서이다. 실제 농민들의 농사 경험을 바탕으로 씨앗의 저장법, 토질의 개량법, 모내기법 등이 정리되어 있다.

오답피하기 ② 신속의 『농가집성』은 조선 후기인 1655년(효종 6)에 간행되었다. 이 책은 『농사직설』을 계승하면서 벼농사 중심의 수전농업을 소개하고 이앙법의 보급에 공헌하였다.

정답 ② 한정판 070p, 기본서 442p

03 0478 [2022. 법원직 9급]

다음 사실을 시기 순으로 바르게 나열한 것은?

> (가) 강희맹이 경기 지역의 농사 경험을 토대로 『금양잡록』을 편찬하였다.
> (나) 신속이 벼농사 중심의 수전 농법을 소개한 『농가집성』을 편찬하였다.
> (다) 이암이 중국 화북 지역의 농사법을 반영한 『농상집요』를 도입하였다.
> (라) 정초, 변효문 등이 왕명에 의해 우리나라 풍토에 맞는 농법을 정리한 『농사직설』을 편찬하였다.

① (가) - (다) - (나) - (라)
② (나) - (다) - (라) - (가)
③ (다) - (라) - (가) - (나)
④ (다) - (라) - (나) - (가)

04 0479 [2014. 사회복지직 9급]

밑줄 친 '이 역서'가 편찬된 시기의 농업에 대한 설명으로 옳은 것은?

> 왕께서 학자들에게 명하여 선명력과 수시력 등 여러 역법의 차이를 비교하여 교정하도록 하였다. 또한 정인지, 정흠지, 정초 등에게 명하여 「태음통궤」와 「태양통궤」 등 중국 역서를 연구하여 우리 실정에 맞는 이 역서를 편찬하도록 하였다.

① 밭농사에 2년 3작의 윤작법이 시작되었다.
② 벼와 보리의 이모작이 전국적으로 확대되었다.
③ 철제 농기구가 점차 보급되고 우경이 시작되었다.
④ 농업기술을 발달시키기 위해 「농사직설」이 간행되었다.

SOLUTION (03)

정답해설 (다) 중국(원)으로부터 이암이 『농상집요』를 가지고 온 것은 고려 후기(충정왕)의 일이다. 고려 후기에 이암은 원의 『농상집요』를 들여와 중국의 농법을 소개하였다.
(라) 『농사직설』은 조선 세종 때 정초·변효문 등이 왕명에 의하여 편찬한 농서로 1429년에 편찬되었다.
(가) 『금양잡록』은 조선 성종 때 강희맹이 관직에서 물러난 뒤 금양현(지금의 경기도 시흥)에서 농사를 직접 지으면서 자신의 체험과 농민들의 대화를 바탕으로 정리한 농법서이다.
(나) 신속의 『농가집성』은 조선 후기인 1655년(효종 6)에 간행되었다. 이 책은 『농사직설』을 계승하면서 벼농사 중심의 수전농업을 소개하고 이앙법의 보급에 공헌하였다.

핵심개념 조선 전기의 농서

농사직설 (세종)	• 정초·변효문 편찬 → 농민의 실제 경험(老農)을 종합해 편찬 • 우리나라 풍토에 맞는 씨앗 저장법, 토질 개량법, 모내기법 등 • 중국 농서 참고(『제민요술』, 『농상집요』, 『사시찬요』 등)
양화소록 (세조)	강희안이 쓴 최초의 원예서, 원명 청천양화소록
금양잡록 (성종)	강희맹이 퇴직 후, 금양현(시흥) 지방에서의 농사 체험을 토대로 편찬

정답 ③ 한정판 070p, 기본서 442p

SOLUTION (04)

자료분석 자료의 '이 역서'는 조선 전기 세종 때 편찬된 『칠정산』이다. 세종은 1423년 우선 학자들에게 선명력·수시력 등의 역법의 차이점을 비교, 교정시켰다. 이어 1432년 예문관제학 정인지·정흠지·정초 등에게 명나라의 『칠정추보』·『대통통궤』·『태양통궤』·『태음통궤』 등의 서적을 연구하여 수시력의 원리와 방법을 이해하기 쉽게 해설한 『칠정산내편』을 편찬하게 하였다.

정답해설 ④ 『농사직설』은 세종 11년(1429) 정초, 변효문 등이 왕명에 의해 편찬한 농서이다. 우리나라 풍토에 맞는 씨앗의 저장법, 토질의 개량법, 모내기법 등이 수록되었다.

오답피하기 ① 밭농사에서 2년 동안에 보리, 콩, 조 등을 돌려짓기 하는 2년 3작의 윤작법은 고려 시대에 보급되기 시작하였다. 조선 전기에는 윤작법이 일반화되었다.
② 조선 전기에 벼와 보리의 이모작이 가능해지긴 했지만 수리 문제 등으로 인해 남부 일부 지역에서만 이루어졌다. 벼와 보리의 이모작이 전국적으로 확대된 시기는 이앙법이 전국적으로 확대된 조선 후기의 일이다.
③ 철제 농기구가 점차 보급되고 우경이 시작된 것은 삼국 시대의 상황이다. 우경의 시작은 기록상으로는 6세기 지증왕 때부터이다.

정답 ④ 한정판 076p, 기본서 442p

주제 086

03 | 근세의 경제

조선 전기의 상업

Check 대표 기출 1

01 0480 [2013. 국가직 9급]　　　　　　　회독 ○○○

다음 민요에서 보이는 경제활동에 대한 조선 전기의 모습을 설명한 것으로 옳지 않은 것은?

> 짚신에 감발차고 패랭이 쓰고
> 꽁무니에 짚신 차고 이고 지고
> 이 장 저 장 뛰어가서
> 장돌뱅이들 동무들 만나 반기며
> 이 소식 저 소식 묻고 듣고
> 목소리 높여 고래고래 지르며
> 　　　　…(중략)…
> 손잡고 인사하고 돌아서네
> 다음 날 저 장에서 다시 보세

① 15세기 후반 이후 장시는 점차 확대되었다.
② 보부상은 장시에서 농산물, 수공업제품 등을 판매하였다.
③ 정부가 조선통보를 유통시킴으로써 동전화폐 유통이 활발해졌다.
④ 농업생산력의 발달에 힘입어 지방에서 장시가 증가하였다.

Check 대표 기출 2

02 0481 [2012. 지방직 9급]　　　　　　　회독 ○○○

조선 시대 시전에 대한 설명으로 옳은 것은?

① 신해통공으로 육의전의 금난전권이 폐지되었다.
② 경시서를 두어 시전과 지방의 장시를 통제하였다.
③ 시전은 보부상을 관장하여 독점판매의 혜택을 오래 누렸다.
④ 국역의 형태로 궁중과 관청에 필요한 물품을 조달할 의무가 있었다.

SOLUTION　난이도 상 중 하

출제자의 눈 고대, 고려 및 조선 후기의 상업 활동과 구분하는 문제가 전형적이다. 경시서의 역할도 심심치 않게 출제되고 있는데, 경시서는 지방의 장시를 통제하기 위한 것이 아니라 시전을 관장하기 위하여 설치된 관서라는 점에 유의하자.

자료분석 자료는 장돌뱅이라고도 불린 보부상들의 삶을 보여주는 민요이다. 보부상은 보상(봇짐장수)과 부상(등짐장수)을 합쳐 부르는 말이다.

정답해설 ① 장시는 15세기 후반 전라도 지역에서 등장하기 시작했으며, 16세기 중엽에 이르러 전국으로 확대되었다.
② 보부상은 각 지역의 장시를 육로로 이동하면서 농산물, 수공업 제품, 수산물, 약재 등을 판매·유통했다.
④ 15세기 후반 전라도 지역에서 등장하기 시작한 장시는 서울 근교와 지방에서 농업 생산력의 발달에 힘입어 증가했다.

오답피하기 ③ 정부는 조선 초기에 저화(태종 때), 조선통보(세종 때) 등을 만들었으나 유통이 부진하였고, 농민은 화폐로 쌀과 무명을 사용하였다.

정답 ③　한정판 070p, 기본서 407p

SOLUTION　난이도 상 중 하

정답해설 ④ 시전 상인은 국역의 형태로 왕실이나 관청에 물품을 공급하는 대신에 특정 상품에 대한 독점 판매권을 부여받았다.

오답피하기 ① 신해통공은 정조 15년(1791) 시전의 금난전권을 폐지한 조치이다. 하지만 당시에도 국역 부담률이 높았던 육의전은 금난전권 폐지 대상에서 제외되었다(육의전의 범주는 시대에 따라 조금씩 차이가 있다.).
② 경시서는 시전을 감독할 권한이 있을 뿐 지방의 장시를 통제하지는 않았다. 경시서는 고려 문종 때 개경의 시전을 담당하기 위해 설치한 기관으로, 조선도 이를 계승하여 물가의 조절 및 상인들의 감독·세금 등의 업무를 담당하도록 했다. 경시서는 1466년(세조 12) 관제를 개편할 때 평시서로 개칭되었다.
③ 시전상인은 왕실이나 관청에 물품을 공급하는 대신에 특정 상품에 대한 독점 판매권을 부여받았다. 하지만 시전은 보부상 관장 권한이 없었다. 보부상들은 자신들의 이익을 지키고, 단결을 굳게 하려고 보부상단이라는 조합을 이루고 있었다.

핵심개념 시전 상인과 보부상

시전 상인	· 국역의 형태로 왕실이나 관청에 물품 공급 · 특정 상품에 대한 독점 판매권을 부여 받음(→ 17c 금난전권) · 육의전 번성 : 명주, 종이, 어물, 모시, 삼베, 무명을 파는 점포가 가장 번성
보부상	· 보상(봇짐) + 부상(등짐) · 장시에서 농산물·수공업 제품·수산물·약재 등을 판매하여 유통

정답 ④　한정판 070p, 기본서 407p

주제 087

04 | 근세의 문화
교육 제도와 과거 제도

Check 대표 기출 1

01 0482 [2018. 서울시 7급 2차] 회독 ○○○

〈보기〉의 (가)에 대한 설명으로 가장 옳은 것은?

> 보기
> " (가) 를 역을 피하는 곳으로 삼으니와, 어쩌다 글을 아는 자가 있어도 도리어 (가) 에 이름을 두는 것을 부끄럽게 여겨 온갖 방법으로 교묘히 피하므로, 훈도·교수가 되는 자가 초동(樵童)·목수(牧豎)의 나머지를 몰아다가 그 부족한 수를 채워 살아갈 길을 도모하고 있습니다."
> – 『중종실록』 –

① 군현의 인구비례로 정원을 배정하였다.
② 천민도 입학이 허가되었다.
③ 국가의 사액을 받으면 면세의 특권이 주어졌다.
④ 성적이 우수한 자는 문과 복시에 바로 응시할 수 있었다.

Check 대표 기출 2

02 0483 [2016. 서울시 7급] 회독 ○○○

조선 시대 과거제도에 대한 설명으로 가장 옳지 않은 것은?

① 문과의 소과에는 경학에 뛰어난 인재를 선발하는 진사과와 문학적 재능이 뛰어난 인재를 선발하는 생원과가 있었다.
② 소과의 1차 시험인 초시는 각 도의 인구 비율에 따라 선발 인원을 배분하였다.
③ 소과 합격 증서를 백패, 대과 합격 증서를 홍패라 하였다.
④ 무과에는 서얼도 응시가 가능하였다.

SOLUTION 난이도 상 중 하

출제자의 눈 조선 시대 과거에 대한 내용이나 성균관과 향교의 특징을 묻는 문제가 주로 출제된다. 과거의 경우 단계별 정원 선발 기준이나 시험 주기와 관련된 지문이 빈출되며 예조에서 시험을 주관한다는 사실도 주의해야 한다. 성균관이나 향교는 입학 기준이나 특권(초시 면제 등)과 관련된 내용이 자주 다루어지고 있다.

자료분석 훈도, 교수 등의 표현을 통해 (가)에 해당하는 기관이 향교임을 알 수 있다. 향교는 부·목·군·현에 각각 하나씩 설립되었으며, 규모와 지역에 따라 중앙에서 교수 또는 훈도를 파견해 교육시켰다.

정답해설 ① 향교는 각 지방 관청의 관할하에 두어 부(府)·대도호부(大都護府)·목(牧)에는 각 90명, 도호부에는 70명, 군(郡)에는 50명, 현(縣)에는 30명의 학생을 수용하도록 하는 등 군현의 인구비례로 정원을 배정하였다.

오답피하기 ② 향교는 양반은 물론이고 평민도 입학할 수 있었으나 천민은 입학할 수 없었다.
③ 국가의 사액을 받으면 면세의 특권이 주어지던 곳은 서원이다. 향교는 국립 교육 기관이었기 때문에 정부에서 5~7결의 학전(學田)을 지급하여 그 수세(收稅)로써 비용에 충당하도록 하는 등 정부의 지원을 받아 교육이 이루어졌다.
④ 성적이 우수한 자에게 문과(대과) 복시에 바로 응시할 수 있는 혜택을 준 곳은 성균관이다. 향교에서 성적이 우수한 자는 소과 초시를 면제해 주었다.

정답 ① 한정판 071p, 기본서 411p

SOLUTION 난이도 상 중 하

정답해설 ② 소과(생원시·진사시)의 1차 시험인 초시는 각 도의 인구 비율에 따라 선발 인원을 배분하였고, 복시(2차)에서는 성적순으로 각각 100명 씩 선발하였다.
③ 소과 합격자는 백패라는 합격증을 받고 생원과 진사가 되었다. 문과(대과) 복시에 합격하면 홍패라는 합격증을 받고 관직이 보장되었다.
④ 서얼은 문과에 응시하는 것이 금지되었고, 간혹 무반직에 등용되기도 하였다 (서얼은 무과나 잡과에는 응시 가능).

오답피하기 ① 경학에 뛰어난 인재를 선발하는 것이 생원과이고, 문학적 재능이 뛰어난 인재를 선발하는 시험이 진사과이다.

핵심개념 조선의 과거 제도

소과	• 문과의 예비 시험인 생원시(유교 경전 시험)·진사시(문학 시험)를 말함 • 초시(1차): 각 도의 인구 비례로 700명씩 선발 • 복시(2차): 성적순으로 각각 100명씩 선발(생원 100명, 진사 100명) • 합격자: 백패(합격증) 수여, 성균관에 입학하거나 문과 응시, 하급 관리가 되기도 함
문과 (대과)	• 응시자격: 소과 합격자(생원·진사) → but 후에는 큰 제한 없음 • 초시(1차): 각 도의 인구 비례로 240명 선발 • 복시(2차): 도별 안배를 없애고 성적순으로 33명 선발 • 전시(3차): 왕 앞에서 실시하는 순위 결정전 • 합격자에게 홍패(합격증) 수여
무과	• 무예·경서·병서 시험, 소과 없음, 초시(190명) → 복시(28명) → 전시 • 합격자 홍패 수여, 조선 후기에 '만과(萬科)'로 지칭되기도 함
잡과	• 기술관 선발, 3년 마다 시행, 초시(해당 관청 주관) → 복시(해당 관청과 예조 함께 관할), 합격자 백패 수여 • 역과(사역원), 율과(형조), 의과(전의감), 음양과(관상감) → 분야별로 정원이 정해져 있음(총 46명)

정답 ① 한정판 071p, 기본서 412p

03 0484 [2025. 법원직]

다음 조선 시대 (가), (나) 교육 기관에 대한 설명으로 가장 옳은 것은?

> - (가) 에는 양인 이상의 신분이면 누구나 입학할 수 있었으며, 생원·진사시를 준비하는 교육을 받았다. 동학, 서학, 남학, 중학이 있었다.
> - (나) 은/는 성현에 대한 제사와 유생의 교육, 주민의 교화를 위해 부·목·군·현에 하나씩 설치되었다. 이에 대한 관리를 수령 7사에 포함시켜 수령의 평가 기준으로 삼았다.

① (가)는 한성에 설치되었다.
② (가)는 풍기 군수 주세붕에 의해 처음 세워졌다.
③ (나)는 흥선 대원군 때 전국에 47개소만 남기고 폐지되었다.
④ (나)에 입학하기 위해서는 생원 또는 진사의 지위를 지녀야 했다.

04 0485 [2023. 지방직 9급]

(가), (나)에 들어갈 말을 바르게 연결한 것은?

> 조선시대 과거 제도에는 문과·무과·잡과가 있었는데, 이 가운데 문과를 가장 중시하였다.『경국대전』에 따르면 문과 시험 업무는 (가) 에서 주관하고, 정기 시험인 식년시는 (나) 마다 실시하는 것이 원칙이었다.

	(가)	(나)
①	이조	2년
②	이조	3년
③	예조	2년
④	예조	3년

SOLUTION

자료분석 (가)는 조선의 중앙에 설치된 4학(4부학당), (나)는 지방에 설치된 향교에 해당한다.

정답해설 ① 4학은 한성(漢城)의 동부, 서부, 남부, 중부에 건립된 관립 교육 기관이다.

오답피하기 ② 조선 중종 때 풍기 군수 주세붕에 의해 처음 세워진 것은 서원(백운동 서원)이다.
③ 흥선 대원군 때 전국에 47개소만 남기고 폐지된 것은 서원이다.
④ 성균관의 입학 자격이 생원, 진사를 원칙으로 하였다.

심화개념 성균관의 입학 자격

> 성균관의 입학 자격은 생원·진사를 원칙으로 하였다. 그러나 그 수가 부족할 경우에는 사학(四學)의 생도로서 15세 이상이며『소학(小學)』·사서(四書)와 일경(一經)에 통한 자, 선조의 공덕으로 과거를 거치지 않고 벼슬을 얻은 유음적자(有蔭嫡子)로서『소학』에 통한 자, 일찍이 생원·진사의 향시나 한성시에 합격한 자를 뽑아서 보충하였다. 현직 관리로서 취학하기를 원하는 자가 있으면 또한 청원하였다. 왕세자는 일단 성균관에 들어가 입학식을 치르고 나서 궁 안의 시강원에서 교육을 받았다.

정답 ① 한정판 071p, 기본서 411p

SOLUTION

정답해설 ④ 예조는 조선 시대 육조의 하나로, 과거·예악·제사·연향·조빙·학교 등을 관장하였다. 남궁(南宮)·춘관(春官) 또는 의조(儀曹)라고도 한다. 조선 시대에는 60갑자 가운데 자(子)·묘(卯)·오(午)·유(酉)가 드는 해에 정기적으로(3년 주기) 식년시가 실시되었다. 대비과(大比科)라고도 불렸는데 '대비'는『주례』에 "3년은 '대비'로 이 해에 그 덕행과 도예(道藝)를 고찰하여 현명하고 유능한 자를 뽑아 관리로 등용한다."는 문구에서 나왔다.

오답피하기 이조는 조선 시대 육조의 하나로, 문관의 선임·훈봉(勳封)·고과(考課) 등을 관장하였다. 동전(東銓)·천관(天官)이라고도 한다.

핵심개념 6조의 기능

성격	왕명을 집행하는 행정 기관
구성	• 판서(정2품, 6조의 장관직) • 참판(종2품), 참의(정3품)
이조	문관 인사
호조	조세, 호구, 조운
예조	외교, 교육, 과거
병조	군사, 무관 인사
형조	법률, 소송
공조	수공업, 토목

정답 ④ 한정판 071p, 기본서 412p

05 0486 [2019. 국가직 7급]

조선 초기 향교에 대한 설명으로 옳지 않은 것은?

① 학업 중 군역이 면제되었으나 성적 미달로 자격이 박탈될 경우 군역을 지도록 하였다.
② 매년 자체적으로 정기시험을 치러 성적 우수자에게는 성균관 입학 자격이 주어졌다.
③ 모든 군현에 향교를 두기로 하고 군현의 규모에 따라 정원을 정하였다.
④ 원칙적으로 모든 양인 남자에게 입학이 허용되었고 학비는 없었다.

SOLUTION

정답해설 ① 향교의 학생들은 학업 중에 군역을 면제받았으나 군역을 면제받으러 몰려드는 양인 교생들을 줄이고 군액을 늘려 국방을 튼튼히 하기 위하여 강경시험에 떨어진 교생은 군역에 충당되도록 하였다.
③ 향교는 부·목·군·현에 각각 하나씩 설립하도록 했으며, 교생의 수는 『경국대전』에 군현 등급에 따라 부·대도호부·목은 90인, 도호부는 70인, 군은 50인, 현은 30인으로 정해져 있었다.
④ 향교는 모든 양인 남자에게 입학이 허용되었고 국가에서 운영하는 교육 기관이었기 때문에 학비를 국가에서 지원하였다.

오답피하기 ② 향교의 성적 우수자에게 소과(생원·진사시) 초시를 면제해 주기도 했지만 성균관 입학 자격이 주어진 것은 아니다. 성균관 유생의 정원이 비게 되면 예조와 성균관의 관원이 4부학당에 나아가서 생도들의 실력을 시험하여 그중 성적이 우수한 자를 성균관에 진학하게 하여 결원을 보충하였다.

핵심개념 조선의 향교

- 성현 제사(공자·대성전), 유생 교육, 지방민 교화
- 문묘 대성전과 명륜당(유교 경전 강의)을 갖춤
- 부·목·군·현에 각각 하나씩 설립
- 부·목·군·현의 인구에 비례하여 정원 책정
- 규모와 지역에 따라 중앙에서 교수 또는 훈도 파견
- 양인 이상 입학 가능, 성적 우수자 소과 초시 면제, 학비 無
- 시험 성적이 나쁜 교생은 군역에 충정

정답 ② 한정판 071p, 기본서 411p

---

06 0487 [2018. 교행 9급]

다음 교육 기관에 대한 설명으로 옳은 것은?

> 우리 태조께서 즉위하시고 국학(國學)을 동북쪽에 설립하였는데, 그 규모와 제도가 완전하지 않은 것이 없었다. 건물을 지어 스승과 제자가 강학하는 장소로 삼고, 이를 명륜당이라고 하였다. 학관(學官)은 대사성 이하 몇 사람을 두는데, 아침에 북을 울리어 학생을 뜰 아래 도열시키고, 한 번 읍한 다음에 명륜당에 올라 경(經)을 가지고 논쟁 하며, 군신, 부자, 장유, 부부, 붕우의 도를 강론하였다.

① 흥선 대원군에 의해 철폐되었다.
② 유학부와 기술학부로 구성되었다.
③ 사학 12도의 융성으로 위축되었다.
④ 공자의 위패를 모신 대성전을 두었다.

SOLUTION

자료분석 국학(최고 교육 기관), 명륜당(유학 교육을 위한 강당), 대사성(성균관의 정3품 당상관직) 등의 내용을 통해 성균관에 대한 사료임을 알 수 있다.

정답해설 ④ 성균관 대성전은 조선 시대에 유학을 가르치던 최고의 교육 기관인 성균관에서 성인들을 배향하기 위하여 설정한 공간으로, 공자와 그 제자들을 비롯한 성인(聖人), 현인(賢人)들의 위판(位版)을 봉안하고 있다. 대성전은 향교에도 설치되어 있다.

오답피하기 ① 흥선 대원군은 만동묘를 비롯한 사액 서원을 철폐하였다.
② 유학부와 기술학부로 구성된 것은 고려 시대의 최고 교육 기관인 국자감이다. 성균관은 순수 유학 교육 기관이었다.
③ 사학 12도의 융성으로 위축된 것은 국자감을 비롯한 고려 시대의 관학 교육이다.

핵심개념 성균관

- 최고 학부
- 입학 자격 원칙 : 생원·진사(소과 합격자)
- 성적 우수자 문과(대과) 초시 면제
- 국가 정책 비판·견제 : 권당(수업 거부, 단식 투쟁), 공관(동맹 휴학)
- 구조
  - 문묘, 대성전(성현 제사), 명륜당(강의실)
  - 동재·서재(기숙사), 존경각(도서관, 성종)

정답 ④ 한정판 071p, 기본서 411p

07 [2015. 법원직 9급]

조선 시대 관리 등용 제도에 관한 설명으로 가장 옳지 않은 것은?

① 권력의 집중과 부정을 막기 위하여 상피제를 마련하였다.
② 음서 출신은 문과 합격자보다 고관으로 승진할 수 있었다.
③ 재가한 여자의 아들과 손자, 서얼은 문과에 응시할 수 없었다.
④ 과거에 응시하지 않아도 취재를 통해 하급 실무직에 임명될 수 있었다.

SOLUTION

정답해설 ① 상피제는 권력의 집중과 부정을 막기 위해 일정 범위 내의 친족 간에는 같은 관청 또는 관계가 있는 관청에서 근무할 수 없게 하거나, 출신지의 지방관에 임명하지 않는 제도이다.
③ 『경국대전』에는 탐관오리의 아들과 재가한 여자의 아들과 손자, 서얼은 문과에 응시하지 못하도록 규정하고 있다.
④ 조선 시대에는 과거 시험 이외에 간단한 시험으로 하급 관리나 하급 기술관원이 되는 시험이 있었는데, 이를 취재라고 불렀다.

오답피하기 ② 조선 시대에도 음서(문음)가 존재하긴 했으나 혜택을 받는 대상이 고려 시대에 비해 크게 줄어들었고, 음서 출신은 문과에 합격하지 않으면 고관으로 승진하기도 어려웠다.

핵심개념 조선 시대 기타 관리 임용제도

취재	· 간단한 시험으로 하급 관리나 하급 기술관원이 되는 시험 · 산학(호조 주관)·회화(도화서 주관), 악학(장악원 주관)
천거	· 고관의 추천을 받아 간단한 시험을 치른 후 관직에 등용 (ex 현량과) · 대개 3품 이상의 고관이 천거권을 가지고 있었음 · 대개 기존 관리 대상, 벼슬하지 않은 사람이 천거되는 경우 드물었음
이과	· 서리 선발, 훈민정음 시험
음서	· 음서 혜택을 받는 대상이 고려 시대에 비해 크게 축소 · 음서 출신은 문과에 합격 못할 시 고관 승진 어려움

핵심개념 문과 응시 제한

> 3년에 한 번씩 시험을 보게 한다. 전년 가을에 초시를 보이고 그해 초봄에 복시와 전시를 보게 한다. …… 죄를 범하여 영구히 임용할 수 없게 된 자, 탐관오리의 아들, 재가녀의 아들과 손자, 서얼은 문과·생원·진사시에 응시하지 못한다.
> - 『경국대전』-

정답 ②

주제 088

04 | 근세의 문화
한글 창제 및 조선왕조실록

Check 대표 기출 1

01 0489 [2017. 국가직 7급 추가채용] 회독 ○○○

㉠~㉢에 대한 설명으로 가장 적절한 것은?

> ㉠ 에 소속된 주서는 왕과 신하 간에 오고 간 문서와 국왕의 일과를 매일 기록하여 ㉡ 을/를 작성하였다. 왕이 바뀌면 전왕의 통치기록인 사초, 시정기, 조보 등을 합하여 ㉢ 을/를 편찬하여 4부를 만들고 한성에는 ㉣ 에 보관하였다.

① ㉠ - 의정의 합좌 기관으로 백관과 서무를 총괄하였다.
② ㉡ - 실록 편찬의 기본 자료였으며, 세계기록유산이다.
③ ㉢ - 임진왜란 이후 전주, 성주, 충주에 지은 사고에 각기 보관하였다.
④ ㉣ - 국왕의 교서를 제찬하고 외교사무를 관장하였다.

Check 대표 기출 2

02 0490 [2015. 경찰간부후보] 회독 ○○○

다음의 내용과 관련된 설명으로 옳은 것은?

> 나랏말이 중국과 달라서 문자로 서로 통하지 못한다. 고로 어리석은 백성들이 말하고 싶은 바가 있어도 마침내 그 뜻을 펴지 못하는 이가 많다. 내 이를 매우 딱하게 여겨 새로 스물여덟글자를 만들어 내노니 사람마다 쉽게 익히어 나날이 사용이 편리하도록 함에 있다.

① 이전부터 사용했던 발음이 유사한 한자에서 글자의 모양을 따왔다.
② 양반 관료층의 적극적인 지지를 받아 이루어졌다.
③ 세종은 이후 모든 서적을 훈민정음을 써서 편찬하도록 했다.
④ 한글로 풀이한 「삼강행실도」 등을 간행하여 유교 윤리를 보급하였다.

SOLUTION 난이도 상 중 하

출제자의 눈 한글 창제와 관련된 내용은 출제할 수 있는 내용이 한정적이라 출제 빈도가 매우 낮다. 조선왕조실록은 깊이 있는 내용까지 단독 주제로 출제되고 있어 꼼꼼한 대비가 필요하다.

자료분석 ㉠ 승정원에 소속된 주서는 왕과 신하 간에 오고 간 문서와 국왕의 일과를 매일 기록하여 ㉡ 승정원일기를 작성하였다. 왕이 바뀌면 전왕의 통치 기록인, 사초, 시정기, 조보 등을 합하여 ㉢ 실록(조선왕조실록)을 편찬하여 4부를 만들고 한성에는 ㉣ 춘추관에 보관하였다.

정답해설 ② 『승정원일기』는 승정원에서 날마다 취급한 문서와 국왕을 수행하면서 그 언행을 기록한 일기체 형식의 기록으로, 실록 편찬의 기본 자료였으며, 2001년 유네스코 세계 기록 유산으로 등재되었다.

오답피하기 ① 의정의 합좌 기관으로 백관과 서무를 총괄한 관서는 의정부이다. 승정원은 조선 시대에 왕명의 출납을 담당하는 국왕의 비서기관이다.
③ 임진왜란 이전의 모습이다. 세종 때 4대 사고(춘추관·충주·전주·성주)를 정비하여 실록을 보관했으나, 임진왜란으로 전주 사고를 제외한 나머지 사고들이 소실되었고, 광해군 때에는 전주 사고본을 토대로 5대 사고(춘추관, 오대산, 태백산, 마니산, 묘향산 사고)로 정비되었다.
④ 교서 작성은 예문관, 외교 문서 작성은 승문원에서 담당했다. 춘추관은 역사서 편찬과 보관을 담당하였다.

정답 ② 한정판 073p, 기본서 419p

SOLUTION 난이도 상 중 하

자료분석 자료는 훈민정음 창제 서문이다. 세종은 일부 유학자들(최만리 등)의 반대를 물리치고, 집현전에 정음청을 설치하고 한글을 창제한 후 훈민정음을 반포하였다(1446).

정답해설 ④ 『삼강행실도』는 중국과 우리나라의 모범이 될 만한 충신, 효자, 열녀의 이야기를 그림으로 그리고 설명을 붙인 윤리서로 세종 때 편찬되었다(1434). 성종 때인 1481년(성종 12)에 한글로 언해되었다.

오답피하기 ① 한글은 발음기관의 모양을 본떠서 만들었다.
② 양반 관료층은 훈민정음 창제를 반대했는데, 집현전 부제학이었던 최만리가 올린 상소문이 대표적이었다.
③ 『용비어천가』, 『월인천강지곡』 등이 한글로 간행되었으나 여전히 많은 책이 한자로 간행되었다.

핵심개념 한글 창제(훈민정음 반포, 1446, 세종)

창제 배경	피지배층의 도덕적 교화 → 양반 중심 사회를 원활하게 유지하기 위한 목적(but 최만리 반대 상소 등 양반 반대 多)
한글 보급	• 세종 : 용비어천가(왕실 조상의 덕 찬양), 월인천강지곡(부처의 덕을 기림), 석보상절(수양대군, 석가모니의 일대기 풀이) • 세조 : 간경도감을 설치하여 불교 경전을 한글로 번역·간행 및 보급 • 서리 채용 시 훈민정음 시험(한글을 배워 행정 실무에 이용 목적)

정답 ④ 한정판 072p, 기본서 416p

03 [2019. 지방직 7급]

조선 시대 기록 문화에 대한 설명으로 옳지 않은 것은?

① 실록청에서 사초·시정기·승정원일기 등을 바탕으로 실록을 편찬하였다.
② 임진왜란 이전에 실록은 4부를 만들어 한양의 춘추관과 전주·성주·충주의 사고에 보관하였다.
③ 후대 왕에게 본보기로 제공하고자 국왕의 언행을 실록에서 가려 뽑아 『국조보감』을 편찬하였다.
④ 국왕과 대신이 국정을 논의할 때 예문관 한림이 사관으로 참가하여 시정기를 작성하였다.

SOLUTION

정답해설 ① 『조선왕조실록』은 춘추관 내에 임시로 실록청을 설치하여 사초, 시정기, 승정원일기 등을 바탕으로 편찬하였다.
② 임진왜란 이전에는 실록을 4부를 만들어 1부는 춘추관의 실록각에, 3부는 충주·전주·성주의 사고에 보관하였다. 그러나 임진왜란으로 전주 사고를 제외한 나머지 사고들이 소실되었고, 광해군 때 전주 사고본을 토대로 5대 사고(춘추관, 오대산, 태백산, 마니산, 묘향산 사고)로 정비되었다.
③ 『국조보감』은 실록 중에서 역대 왕들의 귀감이 될 치적을 모아서 간행한 것으로, 왕들의 정치 참고서로 이용되었다. 세종 때 처음 구상되었으나 완성하지 못하고 세조 때 처음 태조·태종·세종·문종 4조의 보감이 완성되었다.

오답피하기 ④ 예문관 한림은 국왕과 대신들이 국정을 논의할 때 사관으로 참가하여 사초를 작성하였다. 시정기는 각 관청의 문서를 모아 만든 것이다.

핵심개념 조선왕조실록

개념	태조~철종까지의 사실을 각 왕별로 기록한 편년체 역사서
편찬	국왕 사후 다음 국왕 때 춘추관 내 실록청(임시)을 설치하고 편찬
편찬 사료	• 사초 : 사관이 국왕 앞에서 기록 • 시정기 : 춘추관에서 각 관청들의 업무 기록을 종합하여 편찬 • 기타 : 승정원일기, 의정부 등록, 비변사등록 등
편찬 과정	초초(초안) → 중초(수정 및 보완) → 정초(최종 수정)의 3단계
특징	폐위된 광해군과 연산군은 일기로 표시
의의	유네스코 세계 기록 유산

심화개념 사고(실록의 보관)

세종 (4대 사고)	임진왜란	광해군 (5대 사고)	이괄의 난 이후	현재
춘추관	소실	춘추관	소실	비현존
충주	소실	오대산	오대산	도쿄 대학 (2006년 한국에 기증)
성주	소실	태백산	태백산	부산 국가 기록 보관소
전주	보존	마니산	정족산	서울대 규장각 보관
		묘향산	적상산	김일성 대학 보관

정답 ④

주제 089 | 04 | 근세의 문화
역사서의 편찬

Check 대표 기출 1

01 0492 [2019. 계리직] 회독 ○○○

(가)책에 대한 설명으로 가장 적절한 것은?

> 범례는 한결같이 『자치통감』에 의거하였고, 『강목』의 필삭한 취지에 따라 번다하고 쓸모없는 것은 삭제해서 요령만 남겨두려고 힘썼습니다. 삼국이 함께 대치하였을 때는 삼국기(三國紀)라 칭하였고, 신라가 통합하였을 때는 신라기(新羅紀)라 칭하였으며, 고려시대는 고려기(高麗紀)라 칭하였고, 삼한 이상은 외기(外紀)라 칭하였습니다.
> - (가) 서문 -

① 단군으로부터 고려 말까지의 역사를 편년체(編年體)로 기술한 역사서이다.
② 신화와 전설을 포함하여 우리 역사를 신이사관(神異史觀)으로 서술하였다.
③ 단군 조선에서 고려 말까지의 역사를 영사체(詠史體) 형식으로 정리한 책이다.
④ 강목법(綱目法)의 입장에서 재정리하여 기전체(紀傳體)의 형식으로 서술하였다.

SOLUTION 난이도 상 중 하

자료분석 자료의 (가)에 해당하는 책은 성종 때 완성된 『동국통감』이다. 범례는 『자치통감』에 의거한 것과 삼한 이상을 '외기'로 칭한 것, '신라기'를 독립시킨 것 등을 통해 이를 알 수 있다. 삼국 이전을 외기로 처리한 것은 자료 부족으로 체계적인 왕조사 서술이 불가능하다는 판단에 기초한 것이며, 신라기를 독립시킨 것은 신라 통일의 의미를 부각하기 위함이다.

정답해설 ① 『동국통감』은 서술 체재가 편년체로 되어 있으며, 단군조선에서 삼한까지를 외기(外紀), 삼국의 건국으로부터 신라 문무왕 9년(669)까지를 삼국기, 669년에서 고려 태조 18년(935)까지를 신라기, 935년부터 고려 말까지를 고려기로 편찬하였다.

오답피하기 ② 신화와 전설을 포함하여 신이사관을 바탕으로 한 대표적 역사서는 일연이 저술한 『삼국유사』이다.
③ 단군 조선에서 고려 말까지의 역사를 '영사체(시가)' 형식으로 정리한 것은 『동국세년가(세종)』이다.
④ 『동국통감』은 편년체(기전체 X) 형식으로 역사를 서술하였다.

핵심개념 동국통감(성종 때 서거정이 편찬)
- 조선 최초의 관찬 통사(단군 조선~고려 말까지), 편년체
- 『고려사절요』와 『삼국사절요』를 합하여 수정 편찬
- 외기(단군~삼한) - 삼국기 - 신라기 - 고려기로 구성
- 삼국균적(三國均敵): 삼국을 대등한 국가로 해석
- 국왕과 훈구·사림의 합작품(통사 체계 구성)

정답 ① 한정판 073p, 기본서 418p

Check 대표 기출 2

02 0493 [2015. 국가직 7급] 회독 ○○○

괄호 안에 들어갈 역사책에 대한 설명으로 옳은 것은?

> 동양에서는 역사학이 정책을 입안하는 데 이론적 근거와 참고 자료를 마련하기 위하여 연구되었다. 동양에서는 역사학의 제1차적인 목적을 귀감에서 찾는다. 그러기에 대부분의 역사책은 '거울 감(鑑)'자를 쓴다. 우리나라에서는 서거정이 편찬한 ( ), 중국에서는 사마광의 자치통감, 주희의 통감강목, 원 추의 통감기사본말 등이 그 대표적인 예이다.

① 성리학적 가치관으로 고려 역사를 정리한 기전체 사서이다.
② 단군조선에서 고려 말까지의 역사를 노래 형식으로 정리하였다.
③ 단군조선에서 삼한까지의 역사를 외기(外記)로 구분하여 서술하였다.
④ 역대 국왕의 사적(事績) 가운데 후세의 귀감이 될 만한 내용만을 뽑아 편년체로 편찬하였다.

SOLUTION 난이도 상 중 하

출제자의 눈 조선 전기 중 특히 초기(15세기)의 역사서는 역사서 자체의 특징과 함께 편찬 시기의 왕과 연결해 왕대사 문제의 보기로 출제되는 경우가 많다.

자료분석 괄호 안에 들어갈 역사책은 성종 16년(1485) 편찬된 『동국통감』이다. 『동국통감』은 서거정이 『삼국사절요』와 『고려사절요』를 수정·편찬한 조선 최초의 관찬 통사이다. 단군조선부터 고려 말까지의 역사를 편년체로 서술했으며, 단군을 민족의 시조로 인식하였다.

정답해설 ③ 『동국통감』은 편년체로 서술되었으며, 단군조선에서 삼한까지를 외기(外紀), 삼국의 건국으로부터 신라 문무왕 9년(669)까지를 삼국기, 669년에서 고려 태조 18년(935)까지를 신라기, 935년부터 고려 말까지를 고려기로 편찬하였다. 삼국 이전을 외기로 처리한 것은 자료 부족으로 체계적인 왕조사 서술이 불가능하다는 판단에 기초한 것이며, 신라기를 독립시킨 것은 신라 통일의 의미를 부각시키기 위함이었다.

오답피하기 ① 『고려사』에 대한 설명이다. 『고려사』는 1449년(세종 31)에 편찬하기 시작해 1451년(문종 1)에 완성된 기전체 사서로, 종(宗), 폐하 등의 칭호를 그대로 사용하여 자주적 입장을 표방했다.
② 『동국세년가』에 대한 설명이다. 이것은 세종 18년(1436) 권제 등이 단군조선에서 고려 말까지의 역사를 노래 형식으로 편찬한 것이다.
④ 『국조보감』에 대한 설명이다. 『국조보감』은 실록에서 역대 왕의 치적 중 귀감이 될 만한 내용을 모아 편년체로 편찬한 것이다. 처음 이를 구상한 것은 세종 때였으나 완성하지 못했고 이후 세조 때(1457) 처음으로 태조·태종·세종·문종 4조의 보감을 완성하였다.

정답 ③ 한정판 073p, 기본서 418p

주제 090

04 | 근세의 문화

서적 편찬 (지도, 지리서, 법전 등)

Check 대표 기출 1

01 0494 [2020. 소방간부후보] 회독 ○○○

밑줄 친 '새로운 지도'에 대한 설명으로 옳은 것은?

> 천하는 아주 넓다. 안으로 중국에서부터 밖으로 사해(四海)에 이르기까지 그 거리가 몇천 몇만 리인지 알 길이 없다. 이를 줄여 몇 자(尺)의 화폭에 천하를 그리려 하다 보니 상세히 만들기가 어려운 것이다. …(중략)… 이번에 이회가 특별히 우리나라의 지도를 보강하고 확대하였으며, 일본의 지도를 덧붙여 새로운 지도를 완성하였다. 반듯하고 칭찬할 만한 것이니 문밖에 나서지 않고도 세상을 알 수 있다.

① 세종 대 편찬 사업의 결과 제작되었다.
② 현존하는 동양 최고(最古)의 세계 지도이다.
③ 불교식 세계관을 반영하여 오천축국을 표현하였다.
④ 지도의 모든 도로에 10리마다 간격을 표시하였다.
⑤ 서양 지도의 영향을 받아 경선과 위선이 표시되었다.

SOLUTION 난이도 상 중 하

출제자의 눈 법전의 편찬 순서나 내용, 혼일강리역대국도지도 관련 문제가 주로 출제된다. 기존에는 지도·지리서 관련 문제가 출제 비중이 높았으나 최근 들어 법전 관련 문제의 비중이 높아지고 있는 것이 특징이다. 혼일강리역대국도지도는 단독 문제로도 자주 출제되고 있어 그 특징을 자세히 알아두어야 한다.

자료분석 자료의 '새로운 지도'는 혼일강리역대국도지도이다. '천하를 그려(세계지도)', '이회' 등의 내용을 통해 이를 알 수 있다. 혼일강리역대국도지도는 1402년(태종 2)에 김사형, 이회 등이 제작했으며, 지도 하단에 권근이 쓴 발문이 남아 있다.

정답해설 ② 혼일강리역대국도지도는 필사본이 일본에 현존하고 있는데, 지금 남아 있는 세계 지도 중 동양에서는 가장 오래된(最古) 것이다.

오답피하기 ① 혼일강리역대국도지도는 조선 태종 대에 제작되었다.
③ 고려 시대 윤보가 제작한 오천축국도에 대한 설명이다. 윤보의 묘지에 "현장의 『대당서역기』에 의거하여 오천축국도를 만들어 왕에게 바쳤다."는 기록이 있으나 현존하지 않아 그 정확한 내용은 알 수 없다.
④ 조선 후기 김정호가 제작한 대동여지도는 도로에 10리마다 방점을 찍어 두 지점 사이의 실제 거리를 알 수 있는 것이 특징이다.
⑤ 혼일강리역대국도지도에는 경선과 위선 표시가 나타나지 않는다. 경선과 위선이 표시된 대표적 지도는 김정호의 청구도와 지구전후도 등이 있다.

정답 ② 한정판 073p, 기본서 421p

Check 대표 기출 2

02 0495 [2019. 서울시 사회복지직] 회독 ○○○

밑줄 친 '이것'에 대한 설명으로 옳지 않은 것은?

> 이것은 조선시대 법령의 기본이 된 법전이다. 조선 건국 초의 법전인 경제육전의 원전과 속전, 그리고 그 뒤의 법령을 종합하여 만든 통치의 기본이 되는 통일 법전이다. (……) 편제와 내용은 경제육전과 같이 6분 방식에 따랐고, 각 전마다 필요한 항목으로 분류하여 균정하였다.

① 성종 때 완성되었다.
② 조준이 편찬을 주도하였다.
③ 이·호·예·병·형·공전으로 나뉘어 정리되었다.
④ 세조 때 만세불변의 법전을 만들기 위해 편찬을 시작하였다.

SOLUTION 난이도 상 중 하

자료분석 조선시대 법령의 기본 법전이라는 내용으로 보아 밑줄 친 이것이 『경국대전』임을 알 수 있다.

정답해설 ①,④ 『경국대전』은 세조 때부터 만세불변의 법전을 만들기 위해 편찬되기 시작하여 성종 때 완성되었다.
③ 『경국대전』은 이전, 호전, 예전, 병전, 형전, 공전의 6전으로 구성된 조선의 기본 법전으로, 후기까지 법률 체계의 골격을 이루었다.

오답피하기 ② 조준이 편찬한 법전은 『경제육전』이다.

핵심개념 경국대전의 구성

이전	관직 규정과 관청의 조직 등
호전	인구, 토지, 세금 등
예전	과거, 외교, 의례 등
병전	국방과 군사 등
형전	형벌과 재판, 노비 등
공전	건축, 토목, 도량형 등

정답 ② 한정판 074p, 기본서 423p

04 근세의 문화 281

03 0496 [2024. 국가직 9급]

밑줄 친 '왕'의 재위 기간에 편찬된 서적으로 옳은 것은?

- 왕은 집현전을 계승한 홍문관을 설치하고 중단되었던 경연을 다시 열었다.
- 왕은 훈구 세력을 견제하기 위해 사림 세력을 등용하였다.

① 대전통편
② 동사강목
③ 동국여지승람
④ 훈민정음운해

04 0497 [2023. 국가직 9급]

조선시대 지도와 천문도에 대한 설명으로 옳지 않은 것은?

① 대동여지도는 거리를 알 수 있도록 10리마다 눈금을 표시하였다.
② 혼일강리역대국도지도는 중국에서 들여온 곤여만국전도를 참고하였다.
③ 천상열차분야지도는 하늘을 여러 구역으로 나누고 별자리를 표시한 그림이다.
④ 동국지도는 정상기가 실제 거리 100리를 1척으로 줄인 백리척을 적용하여 제작하였다.

SOLUTION

자료분석 자료의 밑줄 친 '왕'은 조선 성종이다. 성종 때에는 훈구 세력을 견제하기 위해 사림 세력을 등용하였고, 홍문관을 두어 관원 모두에게 경연관을 겸하게 함으로써 집현전을 계승하였으며, 정승을 비롯한 주요 관리들도 다수 경연에 참여할 수 있게 하였다. 이로써 경연이 단순한 왕의 학문 연마를 위한 자리가 아니라, 왕과 신하가 함께 모여 정책을 토론, 심의하는 중요한 자리가 되었다.

정답해설 ③ 성종 때에는 『동국여지승람』이 편찬되었는데, 여기에는 군현의 연혁, 지세, 인물, 풍속, 산물, 교통 등이 자세히 수록되어 있다.

오답피하기 ① 조선 후기 정조 때 왕조의 통치 규범을 전반적으로 재정리하기 위하여 『대전통편』을 편찬하였다.
② 조선 후기 정조 때 안정복은 『동사강목』을 저술하여 이익의 역사의식을 계승하였다.
④ 조선 후기에 언어에 대한 연구도 진전되어 신경준의 『훈민정음운해』와 유희의 『언문지』 등이 편찬되었다.

핵심개념 조선 전기 지도 및 지리서

지도	• 혼일강리역대국도지도(태종) • 팔도도(태종, 세종) • 동국지도(세조 때 양성지) • 조선방역지도(16c 명종)
지리서	• 신찬팔도지리지(세종) • 팔도지리지(성종) • 동국여지승람(성종) • 신증동국여지승람(중종)

정답 ③ 한정판 073p, 기본서 422p

SOLUTION

정답해설 ① 김정호의 대동여지도는 산맥, 하천, 포구, 도로망의 표시가 정밀하고, 거리를 알 수 있도록 10리마다 눈금이 표시되었으며, 목판으로 인쇄되었다.
③ 조선은 건국 초기부터 천문도를 만들었다. 태조 때에는 고구려의 천문도를 바탕으로 하늘을 여러 구역으로 나누고 별자리를 표시한 천상열차분야지도를 돌에 새겼다.
④ 조선 후기에 제작된 정상기의 동국지도는 최초로 100리 척을 사용하여 정확하고 과학적인 지도 제작에 공헌하였다.

오답피하기 ② 혼일강리역대국도지도는 곤여만국전도를 참고하지 않았다(혼일강리역대국도지도 제작 시기가 곤여만국전도 전래 시기보다 빠르다.). 서양 선교사가 만든 세계 지도인 곤여만국전도는 1603년 선조 때 북경에 갔던 이광정이 들여왔고, 혼일강리역대국도지도는 조선 초기 태종 때 제작된 세계 지도이다. 이 지도의 필사본이 일본에 현존하고 있는데, 지금 남아 있는 세계 지도 중 동양에서는 가장 오래된 것이다.

핵심개념 혼일강리역대국도지도(태종)

- 김사형·이회·이무 제작
- 권근이 발문을 지음
- 현존 동양 최고(最古)의 세계 지도
- 모사본이 일본 류코쿠 대학 도서관에 소장
- 아라비아의 영향을 받은 원나라 세계 지도에 한반도와 일본 지도 첨가
- 유럽과 아프리카도 표기(아메리카 대륙×, 오스트레일리아×)

▲ 혼일강리역대국도지도

정답 ② 한정판 073p, 기본서 421p

05 0498 [2022. 국가직 9급]

(가) ~ (라) 국왕 대에 있었던 사실로 옳지 않은 것은?

> 조선 시대 국가를 운영하는 핵심 법전인 『경국대전』은 세조 대에 그 편찬이 시작되어 (가) 대에 완성되었다. 이후 여러 차례의 전쟁으로 혼란에 빠진 국가 체제를 수습하고 새로운 정치·사회적 변화에 대응하기 위해 법전 정비가 필요하게 되었다. 이에 따라 (나) 대에 『속대전』을 편찬하였으며, (다) 대에 『대전통편』을, 그리고 (라) 대에는 『대전회통』을 편찬하였다.

① (가) - 홍문관을 두어 집현전을 계승하였다.
② (나) - 서원을 붕당의 근거지로 인식하여 대폭 정리하였다.
③ (다) - 사도세자의 무덤을 옮기고 화성을 축조하였다.
④ (라) - 삼정의 문란을 바로잡기 위해 삼정이정청을 설치했다.

SOLUTION

자료분석 자료의 (가)는 『경국대전』을 완성한 조선 성종, (나)는 『속대전』을 편찬한 영조, (다)는 『대전통편』을 편찬한 정조, (라)는 『대전회통』을 편찬한 고종(흥선 대원군 집권기)이다.

정답해설 ① 성종은 세조 때 폐지된 집현전을 계승하여 홍문관(옥당)을 설치하고 관원 모두에게 경연관을 겸하게 하였다.
② 영조는 탕평책을 실시하면서 붕당의 뿌리를 제거하기 위하여 공론의 주재자로서 인식되던 산림의 존재를 인정하지 않았으며, 산림의 본거지인 서원을 대폭 정리하였다.
③ 정조는 수원으로 사도 세자의 묘(현륭원)를 옮기고 팔달산 아래에 화성을 세워 정치적·군사적 기능을 부여함과 동시에, 상공인을 유치하여 자신의 정치적 이상을 실현하는 상징적 도시로 육성하고자 하였다.

오답피하기 ④ 삼정이정청은 철종 때(1862) 박규수가 임술 농민 봉기를 조사하고 농민들을 달래기 위해 삼정 개선을 건의하여 설치한 임시 기구이다.

정답 ④ 한정판 074p, 기본서 423p

06 0499 [2018. 국가직 9급]

밑줄 친 '이 지도'에 대한 설명으로 옳지 않은 것은?

> 1402년 제작된 이 지도는 조선 학자들에 의해 제작된 세계지도이다. 권근의 글에 의하면 중국에서 수입한 '성교광피도'와 '혼일강리도'를 기초로 하고, 우리나라와 일본의 지도를 합해서 제작하였다고 한다.

① 유럽과 아프리카 대륙까지 묘사하였다.
② 중국이 세계의 중심이라는 중화사상이 반영되었다.
③ 이 지도의 작성에는 이슬람 지도학의 영향이 있었다.
④ 우리나라에 해당하는 부분은 백리척을 사용하여 과학화에 기여하였다.

SOLUTION

자료분석 자료의 밑줄 친 '이 지도'는 태종 때(1402) 제작된 혼일강리역대국도지도이다.

정답해설 ① 혼일강리역대국도지도는 우리나라와 중국, 일본은 물론 유럽과 아프리카 대륙까지 묘사하였다(아메리카 대륙과 오세아니아 지역은 묘사 X).
② 혼일강리역대국도지도의 중앙에는 중국이 가장 크게 그려져 있고, 동쪽으로는 조선이 위치하고 있다. 이를 통해 중국이 세계의 중심이라는 중화사상이 반영되어 있음을 알 수 있다.
③ 혼일강리역대국도지도는 중국에서 수입한 성교광피도와 혼일강리도를 기초로 하고, 우리나라와 일본의 지도를 합해 제작하였다고 한다. 이 중 성교광피도는 중국 원 대에 이슬람 지도학의 영향을 받아 제작한 지도이다.

오답피하기 ④ 우리나라에서 처음으로 백리척을 사용해 제작된 지도는 조선 후기 정상기가 제작한 동국지도이다.

정답 ④ 한정판 073p, 기본서 421p

07 [2016. 국가직 7급]

조선 시대의 법전에 대한 설명으로 옳지 않은 것은?

① 경국대전 - 성종대 육전체제의 법전으로 완성하였다.
② 대전회통 - 법규교정소에서 만국공법에 기초하여 제정하였다.
③ 대전통편 - 18세기까지의 법령을 모아 원·속·증 표식으로 체계화하였다.
④ 속대전 - 영조가 직접 서문을 지어 간행하였다.

SOLUTION

정답해설 ① 『경국대전』은 세조 때부터 편찬되기 시작하여 성종 때 완성되었다. 『경국대전』은 이전, 호전, 예전, 병전, 형전, 공전의 6전으로 구성된 조선의 기본 법전으로, 후기까지 법률 체계의 골격을 이루었다. 『경국대전』의 편찬은 조선 초기에 정비된 유교적 통치 질서와 문물제도가 완성되었음을 의미한다.
③ 『대전통편』은 정조 9년(1785)에 『경국대전』과 『속대전』 및 그 후에 간행된 법령집을 통합하여 편찬한 법전이다. 『대전통편』은 『경국대전』의 원문은 그대로 두고 『속대전』 및 이후의 사항만 추록하는 형식을 취하였다. 『경국대전』의 원문에는 '元(원)'이라 표시하고, 『속대전』의 본문에는 '續(속)', 『속대전』 이후의 사항에는 '增(증)'이라 표시하여 구별하였다.
④ 『속대전』은 영조 22년(1746)에 『경국대전』 시행 이후에 공포된 법령 중에서 시행할 법령만을 추려서 편찬한 법전이다. 영조가 직접 서문을 지었으며, 영의정 김재로, 좌의정 송인명 등이 감수하였다.

오답피하기 ② 법규교정소에서 만국공법에 기초하여 제정한 것은 대한국 국제(1899)이다. 『대전회통』은 고종 2년(1865)에 편찬된 것으로 흥선대원군은 『대전회통』, 『육전조례』의 법전을 편찬하여 통치 체제를 재정비하였다.

핵심개념 조선의 법전

시기	법전	편찬	특징
태조	조선경국전	정도전	조선 시대 최초의 법전(사찬 법전)
	경제문감	정도전	정치 체제에 대한 틀 정리(사찬 법전)
	경제육전	조준·하륜	조선 최초의 관찬(공식적) 성문 법전
태종	속육전	하륜	경제육전 수정·보완
세종	육전등록	집현전	-
세조~성종	경국대전	노사신, 최항	조선의 기본 법전
영조	속대전	김재로	영조가 서문 작성
정조	대전통편	김치인	경국대전과 속대전 및 그 뒤의 법령을 통합해 편찬
고종	대전회통	조두순	조선 시대 마지막 법전
	육전조례		대전회통에 누락된 행정 법규와 사례 보완

정답 ② 한정판 074p, 기본서 423p

08 [2013. 서울시 7급]

다음 지도에 대한 설명으로 옳은 것은?

① 세종 대(代) 지리학 발전을 기반으로 작성된 지도이다.
② 원나라의 세계지도에 한반도와 일본 지도를 첨가하여 만들었다.
③ 유럽, 아프리카, 아메리카 대륙 등이 상세히 나와 있다.
④ 한반도 부분은 양성지가 만든 동국지도와 동일한 지도이다.
⑤ 이 지도는 동국여지승람에 수록되어 있다.

SOLUTION

자료분석 자료는 1402년(태종 2)에 김사형, 이무, 이회가 만든 세계지도인 혼일강리역대국도지도이다.

정답해설 ② 혼일강리역대국도지도는 원나라 이택민이 만든 성교광피도와 역대 중국 왕조의 수도를 기록한 청준의 혼일강리도를 바탕으로 조선과 일본 지도를 첨가해 만들었다.

오답피하기 ① 혼일강리역대국도지도는 태종 대에 제작되었다. 세종 대에는 지리서인 『신찬팔도지리지』가 편찬되었다.
③ 혼일강리역대국도지도가 제작된 것은 유럽의 신대륙 발견(15세기 말) 이전의 일이기 때문에 아메리카 대륙은 나타나 있지 않다.
④ 양성지가 만든 동국지도는 조선 세조 때인 1463년에 완성된 지도이기 때문에 더 이른 시기에 제작된 혼일강리역대국도지도(1402)의 참고 자료로 적합하지 않다. 조선 초에 이회가 팔도도를 제작했기 때문에 이 지도의 한반도 부분이 팔도도와 동일한 지도로 추정된다(팔도도의 원본이 남아 있지 않아 확인이 안 됨).
⑤ 혼일강리역대국도지도는 원본은 전하지 않고, 모사본이 일본 류코쿠대학 도서관에 소장되어 있다. 동국여지승람은 성종 때 편찬된 것으로, 여기에는 군현의 연혁, 지세, 인물, 풍속, 산물, 교통 등이 자세히 수록되어 있다.

정답 ② 한정판 073p, 기본서 421p

주제 091

04 | 근세의 문화

조선 전기 성리학의 발달 및 조선 후기 호락 논쟁

Check 대표 기출 1

01 0502 [2014. 지방직 9급] 회독○○○

다음 글을 쓴 인물에 대한 설명으로 옳은 것은?

> 이제 이 도(圖)와 해설을 만들어 겨우 열 폭밖에 되지 않는 종이에 풀어 놓았습니다만, 이것을 생각하고 익혀서 평소에 조용히 혼자 계실 때에 공부하소서. 도(道)가 이룩되고, 성인이 되는 요체와 근본을 바로잡아 나라를 다스리는 근원이 모두 여기에 갖추어져 있사오니, 오직 전하께서는 이에 유의하시어 여러 번 반복하여 공부하소서.

① 일본의 성리학 발전에 크게 영향을 끼쳤다.
② 방납의 폐단을 개선하기 위해 수미법을 주장하였다.
③ 노장 사상을 포용하고 학문의 실천성을 강조하였다.
④ 성리학을 중심에 두면서도 양명학의 심성론을 인정하였다.

Check 대표 기출 2

02 0503 [2022. 지방직 9급] 회독○○○

밑줄 친 '저'에 대한 설명으로 옳은 것은?

> 올해 초가을에 비로소 <u>저</u>는 책을 완성하여 그 이름을 『성학집요』라고 하였습니다. 이 책에는 임금이 공부해야 할 내용과 방법, 정치하는 방법, 덕을 쌓아 실천하는 방법과 백성을 새롭게 하는 방법이 실려 있습니다. 또한 작은 것을 미루어 큰 것을 알게 하고 이것을 미루어 저것을 밝혔으니, 천하의 이치가 여기에서 벗어나지 않을 것입니다. 따라서 이것은 <u>저</u>의 글이 아니라 성현의 글이옵니다.

① 예안향약을 만들었다.
② 『동호문답』을 저술하였다.
③ 백운동서원을 건립하였다.
④ 왕자의 난 때 죽임을 당했다.

SOLUTION

난이도 상 중 **하**

출제자의 눈 인물사 문제와 연계하여 출제되는 것이 전형적이다. 이황과 이이가 빈출 주제이나 이언적, 서경덕, 조식까지 문제에 활용되고 있다. 특히 조식의 경우 2017년 서울시 7급과 기상직 7급, 한능검에서 단독 주제로 출제되었다.

자료분석 '도(圖)와 해설을 만들어 겨우 열 폭밖에 되지 않는 종이에 풀어 놓았습니다'라는 내용을 통해 군주가 스스로 성학을 따를 것을 열 개의 도식으로 제시해 설명한 이황의 『성학십도』에 대한 내용임을 알 수 있다.

정답해설 ① 이황의 성리학은 임진왜란 이후 일본에 전해져 일본 성리학 발전에 큰 영향을 끼쳤다.

오답피하기 ② 이이와 유성룡 등이 방납의 폐단을 시정하기 위해 공납을 쌀로 납부하는 수미법을 주장하였다.
③ 조식에 대한 설명이다. 조식은 노장 사상에 포용적이었으며, 학문의 실천성을 특히 강조하였다.
④ 이황은 『전습록변』에서 양명학을 비판하였다. 양명학은 16세기 중종 때에 조선에 전래되었다. 학자들 사이에 관심을 끌어가던 양명학은 이황이 정통 주자학 사상과 어긋난다고 비판하면서 이단으로 간주되었다.

정답 ① 한정판 075p, 기본서 429p

SOLUTION

난이도 상 중 **하**

자료분석 『성학집요』를 저술한 인물은 율곡 이이이다. 이이는 『성학집요』에서 현명한 신하가 성학을 군주에게 가르쳐 그 기질을 변화시켜야 한다고 주장하였다.

정답해설 ② 이이는 『동호문답』, 『성학집요』 등을 저술하여 16세기 조선 사회의 모순을 극복하는 방안으로 통치 체제의 정비와 수취 제도의 개혁 등 다양한 개혁 방안을 제시하였다.

오답피하기 ① 예안향약은 1556년(명종 11) 이황이 경북 안동 예안지방에서 시행하기 위해 만든 향약으로, 영남 지방의 향약에 큰 영향을 끼쳤다. 이이가 만든 향약은 해주향약, 서원향약이 대표적이다.
③ 백운동 서원은 서원의 시초로, 조선 중종 때 풍기 군수 주세붕이 세운 서원이다. 조선 중종 때 풍기군수로 부임한 주세붕은 이곳 출신 유학자인 안향을 배향하기 위해 백운동 서원을 건립하였다.
④ 왕자의 난 때 죽임을 당한 대표적 인물은 정도전이다. 정도전은 1차 왕자의 난(1398) 때 이방원에 의해 살해되었다.

정답 ② 한정판 075p, 기본서 430p

추가 기출 사료

이이의 『성학집요』

> 제왕의 학문은 기질을 바꾸는 것보다 절실한 것이 없고, 제왕의 정치는 정성을 다해 어진 이를 등용하는 것보다 우선하는 것이 없을 것입니다. 기질을 바꾸는 데는 병을 살펴 약을 쓰는 것이 효과를 거두고, 어진 이를 쓰는 데는 상하가 틈이 없는 것이 성과를 얻습니다.

03 0504 [2025. 지방직 9급]

(가) 인물에 대한 설명으로 옳은 것은?

> [(가)]은/는 삼가 두 번 절하고 아뢰옵니다. … (중략) … 성학(聖學)에는 강령이 있고, 심법(心法)에는 지극히 요긴한 것이 있습니다. … (중략) … 이것을 합하여 『성학십도』를 만들어서 각 그림 아래에 또한 외람되게 신의 의견을 덧붙여서 조심스럽게 꾸며 올립니다.

① 한전론을 주장하여 토지 소유를 균등하게 하려고 하였다.
② (가)의 학문은 김장생 등에게 이어져 기호학파가 형성되었다.
③ (가)의 학문은 유성룡 등에게 이어져 영남학파가 형성되었다.
④ 여전제를 주장하여 토지를 마을 단위로 공동소유하게 하였다.

04 0505 [2020. 소방직]

다음 건축물과 관련 있는 학자에 대한 설명으로 옳은 것은?

▲ 오죽헌

▲ 자운서원

① 『주자서절요』를 저술하였다.
② 양명학을 수용하여 강화학파를 형성하였다.
③ 주자의 학설을 비판하여 사문난적으로 몰렸다.
④ 이(理)는 두루 통하고 기(氣)는 국한된다고 하였다.

SOLUTION

자료분석 자료의 (가)에 해당하는 인물은 퇴계 이황이고, 자료는 퇴계 이황의 『성학십도』에 대한 내용이다. 이황은 군주 스스로가 성학을 따를 것을 제시한 『성학십도』를 저술하였다.

정답해설 ③ 퇴계 이황의 학문은 김성일, 유성룡 등에 의해 계승되어 영남학파를 형성하였다.

오답피하기 ① 한전론을 주장한 인물은 성호 이익과 박지원이 있다. 성호 이익의 한전론은 한 가정의 생활을 유지하는 데 필요한 규모의 토지를 영업전으로 정한 다음, 영업전에 대해서는 법으로 매매를 금지하고, 나머지 토지만 매매를 허용하자는 주장이었다. 한편, 박지원은 토지 소유의 상한선을 설정하는 한전론을 주장하였다. 그는 토지 상한선을 정하고, 법령이 공포되고 일정 기간이 경과한 다음에는 상한선 이상의 토지 매점을 금지하자고 하였다. 그리고 법령 공포 이전에 구입한 토지는 그것이 대토지 소유라 하더라도 불문에 부칠 것을 제안하였다. 또한 토지의 분할 상속을 허용하며, 법령 공포 후 상한선 이상을 구입한 지주의 토지를 몰수하면 수십 년이 못 되어 나라 안의 토지가 균등하게 될 것으로 생각하였다.
② 율곡 이이의 학문이 김장생 등에게 이어져 기호학파가 형성되었다.
④ 정약용에 대한 설명이다. 정약용의 여전제는 일종의 공동 농장 제도를 주장한 것으로서, 한 마을을 단위로 하여 토지를 공동으로 소유·경작하고 수확량을 노동량에 따라 분배하자는 것이었다.

정답 ③ 한정판 075p, 기본서 429p

SOLUTION

자료분석 자료와 관련된 인물은 율곡 이이다. 강릉 오죽헌은 율곡 이이가 태어난 곳으로 그의 어머니 신사임당의 친정이다. 자운서원은 경기도 파주에 위치한 서원으로 이이를 추모하기 위해 창건되었다.

정답해설 ④ 율곡 이이는 이(理)는 두루 통하고 기(氣)는 국한된다는 이통기국론을 주장하였다.

오답피하기 ① 『주자서절요』는 이황이 『주자대전』 중에서 중요한 부분을 뽑아 편찬한 책이다.
② 정제두는 강화도 하곡으로 옮겨 살면서 양명학 연구와 제자 양성에 힘써 강화학파라 불리는 하나의 학파를 이루었다.
③ 윤휴와 박세당은 주자의 학문 체계와 다른 모습을 보였기 때문에 사문난적으로 몰렸다.

핵심개념 율곡 이이(1536, 중종 31~1584, 선조 17)

사상	• 주기론 집대성 • 이황에 비하여 상대적으로 기(氣)의 역할 강조 • 관념적 도덕 + 경험적 현실을 중시 • 일원론적 이기이원론, 기발이승일도설, 이통기국론, 사회경장론
저서	• 성학집요, 동호문답 • 만언봉사, 격몽요결, 기자실기
영향	• 조헌·김장생 등에 의해 계승되어 주리론적인 기호학파 형성 • 북학파 실학 사상과 개화 사상에 영향
기타	• 강릉 오죽헌 출생(이원수와 신사임당의 셋째 아들) • 구도장원공 : 아홉 차례의 과거에 모두 장원 • 16세기 조선 사회를 중쇠기(태평스럽다가 점차 쇠약해지는 시기)로 파악 → 개혁 방안 제시 • 파주 자운서원 : 율곡 이이의 학문과 덕행을 기림. • 해주 향약(황해도), 서원 향약(청주) 등을 만듦.

정답 ④ 한정판 075p, 기본서 430p

05 [2019. 서울시 7급 1차]

〈보기〉의 인물 ㉠에 대한 설명으로 가장 옳은 것은?

─ 보기 ─
명나라 사신 왕경민이 "항상 기자가 동쪽으로 온 사적에 대해 알 수 없는 것이 한스럽다. 조선에 기록된 것이 있으면 보고 싶다."라고 하니, ㉠ 이(가) 전에 본인이 저술한 기자실기를 주었다.

① 백운동서원에 소수서원이라는 편액을 하사받도록 하였다.
② 성학집요와 격몽요결 등을 집필하였다.
③ 유성룡, 김성일, 장현광 등 주로 영남학자들에게 그의 학설이 계승되었다.
④ 일평생 처사로 지내며 독창적인 유기철학을 수립하였다.

SOLUTION 난이도 상 중 하

자료분석 『기자실기』는 이이가 1580년 기자의 행적을 정리해 편찬한 책이다. 이이는 이 책에서 사림이 추구하는 왕도 정치가 기자로부터 시작되었다고 평가하였다.

정답해설 ② 『성학집요』는 1575년(선조 8)에 이이가 제왕(帝王)의 학(學)을 위해 선조에게 지어 바친 책이다. 이 책에서 그는 현명한 신하가 군주에게 성학을 가르쳐 그 기질을 변화시켜야 한다고 주장하였다. 『격몽요결』은 1577년(선조 10) 이이가 학문을 시작하는 어린이들을 위해 편찬한 책이다.

오답피하기 ① 이황에 대한 설명이다. 백운동 서원은 중종 때 주세붕이 안향을 제사 지내기 위해 건립한 것으로, 명종 때 이황의 건의로 소수 서원이 되었다.
③ 영남학파 형성에 영향을 끼친 인물은 이황이다. 이이의 학설은 조헌·김장생 등에 의해 계승되어 주기론적인 기호학파를 형성하였다.
④ 서경덕에 대한 설명이다. 서경덕은 1519년 조광조에 의해 채택된 현량과에 수석으로 추천을 받았으나 사양하고, 개성화담(花潭)에 서재를 세우고 연구와 교육에 힘썼다. 1531년 어머니의 요청으로 생원시에 응시하여 장원으로 급제하였으나 벼슬을 단념했으며 1544년 김안국 등이 후릉참봉에 추천하여 임명되었으나 사양하고, 계속 화담에 머물며 연구와 교육에 몰두하는 등 처사로서의 삶을 살았다. 또한 서경덕은 송대의 주돈이·소옹 및 장재의 철학사상을 조화시켜 독자적인 유기철학(기일원론)을 수립하였다.

정답 ② 한정판 075p, 기본서 430p

06 [2018. 국회직]

다음과 같은 주장을 편 학자들과 그 사상에 대한 설명으로 옳은 것은?

이(理)는 본래 하나이다. 그러나 형기를 초월하여 말하는 것이 있고, 기질로 인하여 이름 지은 것이 있고, 기질을 섞어 말한 것이 있다. 형기를 초월한 것으로 말하면, 곧 태극이라는 명칭이 이것으로, 만물의 이가 동일하다. 기질로 인하여 이름 지은 것으로 말하면, 곧 건순오상(健順五常)의 이름이 이것으로, 사람과 동물의 본성이 같지 않은 것이다. 기질이 섞여 있는 것으로 말한다면, 곧 선악의 성이 이것으로, 사람과 사람, 동물과 동물이 또한 같지 않은 것이다.
― 「남당집」 ―

① 성리학 이해에 탄력적이었다.
② 강화학파의 형성에 기여하였다.
③ 청의 문물을 도입하자고 주장하였다.
④ 한말 위정척사 사상으로 계승되었다.
⑤ 한양 인근에 사는 노론들이 주류를 형성하였다.

SOLUTION 난이도 상 중 하

자료분석 '사람과 동물의 본성이 같지 않다'는 내용을 통해 호론의 인물성이론(人物性異論)과 관련된 내용임을 알 수 있다. 자료의 『남당집』은 호론의 대표적 인물인 한원진의 시문집이다. 16세기 후반 이황 학파와 이이 학파 사이에 이기론(理氣論)에 대한 논쟁에 이어 18세기에는 이이 학파를 계승한 노론들 사이에서 인간과 사물의 본성을 어떻게 볼 것인가 하는 문제를 둘러싸고 호락 논쟁을 벌였다.

정답해설 ④ 호론의 인물성이론은 사람과 짐승을 구별하면서 이를 화이론으로 연결시켰으며 한말 위정척사 사상으로 계승되었다.

오답피하기 ① 성리학 이해에 탄력적이었던 것은 소론 계열 학자들이다. 호론(충청도 노론)은 노론에서 분화되었다.
② 강화학파 형성에 영향을 끼친 것은 소론 계열이다. 18세기 초에 소론 출신 정제두가 강화도 하곡으로 옮겨 살면서 양명학 연구와 제자 양성에 힘써 강화학파라 불리는 하나의 학파를 이루었다.
③ 낙론(서울·경기 노론)은 인간과 사물의 본성이 같다는 인물성동론(人物性同論)을 주장하였다. 이 주장에는 '청의 문물도 수용할 수 있다'는 입장이 깔려 있어 후에 북학 사상으로 연결되었다.
⑤ 한양 인근 노론들이 주류를 형성한 것은 낙론이다. 인물성이론(人物性異論)은 충청도 노론(호론)들이 주류를 형성하였다.

핵심개념 조선 전기 의학 서적

- 향약제생집성방(태조, 1398)
- 향약채취월령(세종, 1431)
- 향약집성방(세종, 1433)
- 의방유취(세종, 1445)

정답 ④ 한정판 075p, 기본서 434p

07 [2018. 서울시 7급 1차]

〈보기〉와 같은 사상 체계를 지닌 인물에 대한 설명으로 가장 옳지 않은 것은?

─ 보기 ─
- 이기호발설(理氣互發說)을 내세워 이(理)는 착하고 보편적이지만, 기(氣)는 착한 것과 악한 것이 섞여 있어 비천한 것으로 보았다.
- 4단(四端)은 이에서 발생하고, 7정(七情)은 기에서 발생한다고 보았다.

① 주자의 서찰을 뽑아 『주자서절요』를 편찬하여 일본 주자학 발달에 기여하였다.
② 선배학자 이언적의 철학을 발전시켜 주리설(主理說)을 수립하였다.
③ 유성룡, 김성일, 정구, 장현광 등 영남학자들에게 학설이 계승되었다.
④ 국왕과 선비가 지켜야 할 왕도정치의 규범을 체계화한 『성학집요』를 지었다.

SOLUTION

자료분석 이기호발설, 이귀기천론 등을 통해 퇴계 이황에 대해 묻는 문제임을 알 수 있다. 이황은 이기호발설(理氣互發說)을 주장했다. 즉, 이(理)가 운동성을 갖고 스스로 발현할 수 있다는 것이다. 이는 일반적으로 성리학에서 이(理)는 무형, 무위의 특성을 가지며 기(氣)의 운동성만을 인정하는 것과는 다른 것이다. 이황의 설명에 따르면 이(理)가 발(發)한 것이 사단(四端)이며 기(氣)가 발한 것이 칠정(七情)이다. 반면에 이이는 이(理)가 발한다는 것을 인정하지 않고 사단이든 칠정이든 모두 기(氣)가 발하고 이(理)가 이를 조종한다는 '기발이승일도설(氣發理乘一途說)'을 제시하였다.

정답해설 ① 『주자서절요』는 이황이 『주자대전』 중에서 중요한 부분을 뽑아 편찬한 책이다.
② 이언적은 기보다는 이를 중심으로 자신의 이론을 전개하여 이황 등에게 큰 영향을 미쳤다. 이황은 이언적의 철학을 발전시켜 주리설을 수립하였다.
③ 이황의 학문은 김성일, 유성룡 등으로 이어져 주리론적인 영남학파를 형성하였다.

오답피하기 ④ 『성학집요』는 이이의 저술이다. 이이는 이황의 『성학십도』와 달리 현명한 신하가 성학을 군주에게 가르쳐 그 기질을 변화시켜야 한다고 주장하였다.

핵심개념 회재 이언적(1491, 성종 22~1553, 명종 8)
- 주리론의 선구자
- 기(氣)보다는 이(理)를 중심으로 자신의 이론 전개 → 이황에게 큰 영향
- 일강십목소 : 중종 때 이언적이 정치의 도리를 논해 올린 소(疏)

정답 ④ 한정판 075p, 기본서 429p

08 [2017. 서울시 9급]

밑줄 친 이 책의 저자에 대한 설명으로 옳은 것은?

이 책은 왕과 사대부를 위해 왕도정치의 규범을 체계화한 것으로 통설, 수기, 정가, 위정, 성현도통 등으로 구성되어 있다. 이 책은 성리학의 정치 이론서인 〈대학연의〉를 보완함으로써 조선의 사상계에 널리 영향을 미쳤다.

① 경과 의를 근본으로 하는 실천적 성리학풍을 강조하였다.
② 기대승과 8차례 편지를 통해 4단과 7정에 대한 논쟁을 벌였다.
③ 이보다 기를 중심으로 세계를 이해하고 노장사상에 개방적이었다.
④ 사림이 추구하는 왕도정치가 기자에서 시작되었다는 평가를 담은 기자실기를 저술하였다.

SOLUTION

자료분석 자료의 밑줄 친 '이 책'은 이이의 『성학집요』이다. 『성학집요』는 서문과 통설, 수기(자기 몸의 수양), 정가(가문을 바로 하는 법), 위정(올바른 정치하는 법), 성현도통(학문과 위정의 바른 줄기를 밝힌 것) 등으로 구성되었다. 기본 구도는 『대학』을 따르고 있으며, 이후 경연의 교재로 국왕의 학문에 많이 이용되었지만, 일반 사족들의 학문에도 매우 중요한 저술이었다.

정답해설 ④ 이이는 1575년 주자학의 핵심을 간추린 『성학집요』를 편찬했으며, 1577년에는 아동교육서인 『격몽요결』, 1580년에는 기자의 행적을 정리한 『기자실기』를 편찬하였다. 이이는 『기자실기』를 저술하여 사림이 추구하는 왕도 정치가 기자로부터 시작되었다고 평가하였다.

오답피하기 ① 남명 조식에 대한 설명이다. 조식의 학문과 실천의 지표는 '경(敬)'과 '의(義)'였다. 경과 의는 『주역(周易)』에 나오는 말로 "군자는 경으로써 안을 곧게 하고, 의로써 바깥을 바르게 한다."는 말에서 유래한 것이다. 그는 좌우명과도 같았던 경과 의를 실생활에도 옮겨, 몸에 차고 다니던 칼에 "안에서 밝히는 것은 경이요, 밖에서 결단하는 것은 의다(內明者敬 外斷者義)"라는 글을 새겼다.
② 이황에 대한 설명이다. 이황은 '동방의 주자'라 불릴 정도로 주자학 해석을 대표하는 인물로 꼽히며, 기대승과의 사단칠정논쟁을 통해 심성론 연구를 독창적으로 발전시켰다. 기대승과 이황의 사단칠정논쟁은 8년 동안 계속되었는데, 성혼과 이이 등도 이 논쟁에 참여하면서 조선 성리학의 가장 중요한 연구로 자리 잡았다.
③ 서경덕에 대한 설명이다. 서경덕은 이(理)보다는 기(氣)를 중심으로 세계를 이해했고, 불교와 노장 사상에 대해서도 개방적 태도를 지녔다. 그는 기일원론의 선구자로, 생원시에 응시하여 장원으로 급제했으나 벼슬을 단념하고 성리학 연구에 힘썼다.

심화개념 고봉 기대승(1527~1572)

조선 중기의 성리학자로 『주자대전』을 발췌하여 『주자문록』을 편찬하는 등 주자학에 정진하였다. 32세에 이황의 제자가 되었으며 이황과 서한을 주고받으면서 약 8년 동안 사단칠정(四端七情)을 주제로 논쟁(사단칠정 논쟁)을 편 편지로 유명하다.

정답 ④ 한정판 075p, 기본서 430p

09 0510 [2017. 서울시 7급]

밑줄 친 이 사람에 대한 설명으로 옳은 것은?

> <u>이 사람</u>은 1501년에 출생하여 1572년에 타계한 경상우도를 대표하는 유학자이다. 그의 학문사상 지표는 경(敬)과 의(義)이다. 마음이 밝은 것을 '경(敬)'이라 하고 밖으로 과단성 있는 것을 '의(義)'라고 하였다. 이러한 그의 주장은 바로 '경'으로써 마음을 곧게 하여 수양하는 기본으로 삼고 '의'로써 외부 생활을 처리하여 나간다는 생활 철학을 표방한 것이었다.

① 문인들이 주로 북인이 되었다.
② 이황과 사단칠정 논쟁을 벌였다.
③ 『동호문답』, 『만언봉사』 등을 저술하였다.
④ 일본의 성리학 발전에 큰 영향을 끼쳤다.

10 0511 [2017. 기상직 9급]

다음 자료를 저술한 사람에 대한 설명으로 옳은 것은?

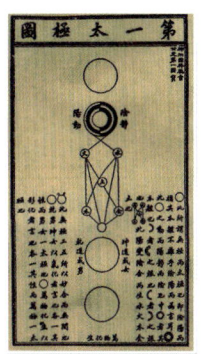

> 후세 임금들은 천명을 받아 임금의 자리에 오른 만큼 그 책임이 지극히 무겁고 크지만 자신을 다스리는 도구는 하나도 갖추어지지 않았습니다. …… 바라옵건데 밝으신 임금께서는 이러한 이치를 깊이 살피시어 먼저 뜻을 세워 "순임금은 어떤 사람이고 나는 어떤 사람인가 노력하면 나도 순임금처럼 될 수 있다."라고 생각하십시오.

① 기호학파의 학문적 시조가 되는 사람이다.
② 철학적 문제를 토론하는 것보다 의리와 명분 실천을 중시하였다.
③ 사회 문제 해결 방안으로 수미법 실시를 적극 주장하였다.
④ 이(理)는 만물의 근본이며 기(氣)를 이끈다고 주장하였다.

SOLUTION (09)

자료분석 자료의 밑줄 친 '이 사람'은 조식이다. 조식의 학문과 실천의 지표는 '경(敬)'과 '의(義)'였다. 경과 의는 주역(周易)에 나오는 말로 "군자는 경으로써 안을 곧게 하고, 의로써 바깥을 바르게 한다."는 말에서 유래한 것이다. 그는 좌우명과도 같았던 경과 의를 실생활에도 옮겨, 몸에 차고 다니던 칼에 "안에서 밝히는 것은 경이요, 밖에서 결단하는 것은 의다(內明者敬 外斷者義)"라는 글을 새겼다.

정답해설 ① 이황 학파와 서경덕 학파, 조식 학파는 동인을 형성하였다. 이들은 다시 정여립 모반 사건과 건저의 사건 등을 계기로 이황 학파의 남인과, 서경덕 학파와 조식 학파의 북인으로 분화되었다.

오답피하기 ② 이황과 사단칠정 논쟁을 벌인 것은 기대승이다. 기대승과 이황의 사단칠정논쟁은 8년 동안 계속되었는데, 성혼과 이이 등도 이 논쟁에 참여하면서 조선 성리학의 가장 중요한 연구로 자리 잡았다.
③ 이이는 왕도 정치의 구현과 현실문제인 수미법을 주장한 『동호문답』을 저술했으며, 『만언봉사』에서 10만 양병설을 주장하기도 했다.
④ 이황은 근본적·이상주의적 성격을 갖고 있었으며, 임진왜란 후에는 그의 문집이 일본에 전해져 당시 일본 성리학 발전에 큰 영향을 끼쳤다.

핵심개념 남명 조식(1501, 연산군 7~1572, 선조 5)

- 노장 사상에 포용적
- 학문의 실천성 강조('칼 찬 선비', 경과 의를 근본으로 하는 실천적 성리학풍 강조) → 정인홍, 곽재우 등 임진왜란 때의 의병장 배출
- 벼슬 거부, 지리산 처사 자처
- 경(敬)과 의(義)를 새긴 칼을 차고 다녔음
- 서리 망국론(방납의 폐단 비판)

정답 ① 한정판 074p, 기본서 428p

SOLUTION (10)

자료분석 자료는 이황이 선조에게 올린 『성학십도』(1568)에 대한 내용이다. 이황은 『성학십도』에서 군주 스스로가 성학을 따를 것을 10개의 도식으로 제시하여 설명하였다.

정답해설 ④ 이황은 주리론을 집대성한 학자로 '이(理)'는 만물의 근본이며 기(氣)를 이끈다고 주장하였다.

오답피하기 ① 기호학파의 학문적 시조가 되는 인물은 율곡 이이이다. 이황의 학문은 김성일, 유성룡 등에 의해 계승되어 영남학파를 형성했다.
② 의리와 명분 실천을 중시한 것은 조식이다. 그는 노장사상에 포용적이었으며, 학문의 실천성을 특히 강조하였다. 학문의 실천성을 강조한 조식의 기풍은 정인홍, 곽재우 등 제자들로 이어져 임진왜란 때 의병 활동의 바탕이 되기도 했다.
③ 사회 문제 해결 방안으로 수미법 실시를 주장한 인물로는 이이와 유성룡이 대표적이다. 이이와 유성룡 등은 방납의 폐단을 시정하기 위해 공물을 쌀로 거두는 수미법을 주장하기도 하였다.

핵심개념 퇴계 이황(1501, 연산군 7~1570, 선조 3)

사상	· 주리론 집대성(이언적 사상 계승) · 도덕적 행위의 근거로서 인간의 심성 중시 · 근본적이고 이상주의적 성격 강함 · 이기이원론, 이기호발설, 이귀기천론
저서	· 성학십도(선조), 주자서절요 · 전습록변, 송계원명이학통록
영향	· 김성일, 유성룡 등으로 이어져 주리론적인 영남학파 형성 · 위정척사 사상과 항일 의병에 영향 · 이황의 사상은 임진왜란 이후 일본에 전해져 일본 성리학 발전에 영향
기타	· 동방의 주자(별명) · 명종 때 이황의 건의로 백운동 서원이 소수 서원으로 사액됨 · 안동 도산서원 : 이황의 학덕 추모 · 예안향약(경북 안동)을 만들어 발전 · 기대승과의 4단 7정 논쟁(1559~1566, 명종 때)

정답 ④ 한정판 075p, 기본서 429p

11 [2016. 국가직 9급]

밑줄 친 '이 사람'에 대한 설명으로 옳은 것은?

> <u>이 사람</u>은 34세에 문과에 급제하여 관직 생활을 시작하였지만 곧 모친상을 당하여 3년간 상복을 입었다. 삼년상이 끝나고 관직에 복귀하였으나 을사사화 등으로 조정이 어지러워지자 이내 관직 생활의 뜻을 접고, 1546년 40대 중반의 나이에 향리로 퇴거하여 학문 연구에 전념하였다. 이후 경상도 풍기군수로 있으면서 주세붕이 창설한 백운동서원에 대한 사액을 청원하여 실현을 보게 되었으니, 이것이 조선 왕조 최초의 사액서원인 '소수서원'이다.

① 서리망국론을 부르짖으며 당시 서리의 폐단을 강력하게 비판하였다.
② 아홉 차례의 과거 시험에 모두 장원하여 '구도장원공'이라는 별칭을 얻었다.
③ 주희의 성리설을 받아들였으며, 이기철학에서 이(理)의 절대성을 주장하였다.
④ 우주자연은 기(氣)로 구성되어 있으며, 기는 영원불멸하면서 생명을 낳는다고 보았다.

12 [2013. 국가직 9급]

조선 후기 호락(湖洛)논쟁에 대한 설명으로 옳지 않은 것은?

① 18세기 중엽 노론 내부에 주기설과 주리설의 분파가 생겨 일어났다.
② 호론은 인성과 물성이 다르다고 보는 인물성이론을 내세웠다.
③ 낙론은 인성과 물성이 같다는 인물성동론을 주장하였다.
④ 호론은 북학파의 과학기술 존중과 이용후생 사상으로 이어졌다.

SOLUTION (11)

자료분석 자료의 밑줄 친 이 사람은 퇴계 **이황**이다. 이황은 을사사화로 조정이 어려워지자 이내 관직 생활의 뜻을 접고 정치 일선에 나서기보다 학문 연구에 전념하였다. 이후 경상도 풍기군수로 있으면서 **주세붕이 창설한 백운동 서원(1543, 중종 38)**에 대한 사액을 청원하여 왕(명종)으로부터 '**소수서원**'이라는 현판을 하사받도록 했다(1550, 명종 5).

정답해설 ③ 이황은 주자(주희)의 이론에 조선의 현실을 반영시켜 나름대로의 체계를 세우려고 하였으며, **주리론적 입장에서 이(理)의 절대성을 강조**하였다.

오답피하기 ① **조식**에 대한 설명이다. 조식은 1568년 선조에게 올린 「무진봉사」에서 **서리망국론을 제시**하며 방납에서 나타나는 서리들의 폐단을 지적하였다.
② 율곡 **이이**에 대한 설명이다. 이이는 1558년 별시에서 장원을 한 후 과거 때마다 장원을 하여 **구도장원(九度壯元)**이란 칭송을 받았다.
④ **서경덕**에 대한 설명이다. 서경덕은 일평생 처사로 지내면서 **독창적인 유기철학을 수립**하였다. 그에 의하면 우주자연은 미세한 입자인 기로 구성되어 있으며, 기는 영원불멸하면서 생명을 낳는다고 보았다.

정답 ③ 한정판 075p, 기본서 429p

SOLUTION (12)

정답해설 ① 호락논쟁은 18세기 중엽 **노론 내부에서 호론(기의 차별성을 강조하는 주기파)과 낙론(이의 보편성을 강조하는 주리파)으로 나뉘어 전개되었던 논쟁**이다.
② **호론**은 인간과 사물의 본성은 다르다는 **인물성이론**을 주장했으며, **기의 차별성**을 강조했다.
③ **낙론**은 인간과 사물의 본성이 같다는 **인물성동론**을 주장했으며, **이의 보편성**을 강조했다.

오답피하기 ④ 인물성이론을 주장한 **호론의 사상은 한말 위정척사사상**으로 계승되었고, 인물성동론을 주장한 **낙론의 사상은 북학파(이용후생학파), 개화사상**으로 이어졌다.

핵심개념 조선 후기 호락논쟁(18세기)

구분	호론(충청도 노론)	낙론(서울·경기 노론)
인물	권상하·한원진	이간·김창협
특징	• 기의 차별성 강조(주기파) • 인물성이론(人物性異論) • 인간의 본성 ≠ 사물의 본성	• 이의 보편성 강조(주리파) • 인물성동론(人物性同論) • 인간의 본성 = 사물의 본성
영향	한말 위정척사 사상에 영향	북학파·개화 사상에 영향

정답 ④ 한정판 075p, 기본서 434p

주제 092

04 | 근세의 문화

조선 전기의 과학 기술

Check 대표 기출 1

01 0514 [2016. 지방직 9급]   회독 ○○○

밑줄 친 '왕'의 재위 기간에 있었던 사실로 옳지 않은 것은?

> 왕이 이순지, 김담 등에게 명하여 중국의 선명력, 수시력 등의 역법을 참조하여 새로운 역법을 만들게 하였다. 이 역법은 내편과 외편으로 구성되었다. 내편은 수시력의 원리와 방법을 해설한 것이며, 외편은 회회력(이슬람력)을 해설, 편찬한 것이다.

① 천체 관측 기구인 혼의, 간의 등을 제작하였다.
② 경기 지역의 농사 경험을 토대로 금양잡록을 편찬하였다.
③ 경자자(庚子字), 갑인자(甲寅字) 등 금속 활자를 주조하였다.
④ 우리 풍토에 맞는 약재와 치료법을 정리한 향약집성방을 편찬하였다.

Check 대표 기출 2

02 0515 [2024. 서울시 9급 1차]   회독 ○○○

조선 시대의 과학 기술과 관련된 설명으로 가장 옳지 않은 것은?

① 측우기를 사용하여 강우량을 측정하였다.
② 휴대용으로 작은 앙부일구를 제작하였다.
③ 당시 동아시아 의학을 종합한 의서인 『의방유취』가 편찬되었다.
④ 향약을 이용하여 처방할 수 있는 방법을 기록한 『향약구급방』이 편찬되었다.

SOLUTION   난이도 상 **중** 하

출제자의 눈 세종 대 과학 기술 발달의 출제 비중이 높다. 특히 의학 서적과 천문 관련 과학 기술의 출제 비중이 높으며, 의학 서적의 편찬 순서를 매우 지엽적인 부분까지 나열하는 문제가 출제되기도 하였다.

자료분석 자료는 한양을 기준으로 제작한 역법서인 칠정산(1444)에 대한 내용으로, 밑줄 친 '왕'은 세종이다. 세종 때 만든 『칠정산』은 중국(원)의 수시력과 아라비아의 회회력을 참고로 하여 만든 역법서로, 우리나라 역사상 최초로 서울을 기준으로 천체 운동을 정확하게 계산한 것이다.

정답해설 ① 혼의(혼천의)와 간의는 천체의 운행과 그 위치를 측정하던 천문 관측 기구로, 혼의는 1433년(세종15), 간의는 1432년(세종 14) 장영실 등이 제작하였다.
③ 경자자는 세종 2년(1420) 주자소에서 만든 동활자이다. 하지만 경자자는 글자가 가늘고 빽빽해 보기가 어렵다는 단점이 있었다. 이에 좀 더 큰 활자가 필요하다고 판단해 만들어진 것이 갑인자(1434, 세종 16)이다.
④ 『향약집성방』은 우리 풍토에 알맞은 약재와 치료 방법을 정리한 의학 서적으로, 세종 15년(1433)에 편찬되었다.

오답피하기 ② 『금양잡록』은 강희맹이 금양현(지금의 경기도 시흥 지방)에서 직접 농사를 지으면서 그 경험을 바탕으로 저술한 농법서이다. 이 농법서는 그가 은퇴한 성종 때인 1475년에서 1483년 사이에 완성되었다.

정답 ② 한정판 076p, 기본서 441p

SOLUTION   난이도 상 중 **하**

정답해설 ① 조선 세종 때에는 세계 최초로 측우기를 만들어(1441) 서울은 서운관에, 지방은 각 관청에 측우기를 비치하여 강우량을 측정하였다.
② 앙부일구는 해시계의 일종으로, 바닥의 눈금으로 시간을 표시하였다. 일구란 해시계란 뜻으로 물체의 그림자가 햇볕에 의하여 생겼을 때 그 그림자의 위치로 시간을 측정하는 장치이다. 앙부란 명칭은 그림자를 받는 면 즉 수영면(受影面)이 마치 솥을 받쳐놓은 듯한 오목한 모습임에서 비롯된 것이다. 1871년 강건이 휴대용 앙부일구를 제작한 것이 현재 보물로 지정되어 있다.
③ 『의방유취』는 당·송·원·명초의 중국 의서와 국내 의서 153종을 총망라하여 편집한 일종의 의학 대백과사전이다. 이 책은 세종 25년(1443)에 편찬되기 시작하여 세종 27년(1445)까지 약 3년이 소요되어 완성을 본 대작이다. 이렇게 방대한 종합의서는 이전에는 우리나라는 물론 중국에서도 시도된 적이 없었다. 『의방유취』는 당시까지 의학의 총집결판이다.

오답피하기 ④ 『향약구급방』은 고려 시대에 편찬되었다. 현존하는 우리나라 최고(最古)의 의학 서적으로, 각종 질병에 대한 처방과 국산 약재 180여 종이 소개되어 있다. 1236년(고종 23)경 강화도에서 팔만대장경을 만들던 대장도감에서 처음으로 간행한 것으로 추정된다.

정답 ④ 한정판 076p, 기본서 440p

03 [2019. 지방직 9급]

다음 서적을 편찬된 시기순으로 바르게 나열한 것은?

ㄱ. 『의방유취』 ㄴ. 『동의보감』
ㄷ. 『향약구급방』 ㄹ. 『향약집성방』

① ㄱ → ㄴ → ㄷ → ㄹ
② ㄱ → ㄷ → ㄴ → ㄹ
③ ㄷ → ㄱ → ㄹ → ㄴ
④ ㄷ → ㄹ → ㄱ → ㄴ

04 [2019. 기상직 9급]

다음 작품의 소재가 된 기기가 처음 만들어진 시기의 사실로 옳은 것은?

무엇을 하든간에 / 때를 아는 것보다 중한 것이 없겠거늘
밤에는 경루가 있지만 / 낮에는 알 길이 없더니
구리를 부어 기구를 만드니 / 형체는 가마솥과 같고
반경에 원거를 설치하여 / 남과 북이 마주하게 하였다
구멍이 꺾임을 따라도는 것은 / 점을 찍어서 그러하다
내면에는 도수를 그어 / 주천의 반이 되고
귀신의 몸을 그리기는 / 어리석은 백성 때문이요
각과 분이 또렷한 것은 / 햇볕이 통하기 때문이요
길가에 두는 것은 / 구경꾼이 모이는 때문이니
이로 비롯하여 / 백성이 작흥할 것을 알게 되리라

① 폭탄의 일종인 비격진천뢰가 만들어졌다.
② 개량된 금속활자인 갑인자가 주조되었다.
③ 100리 척을 사용한 동국지도가 제작되었다.
④ 민간에 떠도는 한담을 모은 『필원잡기』가 편찬되었다.

SOLUTION

정답해설 ㄷ. 13세기에 편찬된 『향약구급방』은 현존하는 우리나라 최고(最古)의 의학 서적으로, 각종 질병에 대한 처방과 국산 약재 180여 종이 소개되어 있다. 고려 시대 1236년(고종 23)경 강화도에서 팔만대장경을 만들던 대장도감에서 처음으로 간행한 것으로 추정된다.
ㄹ. 『향약집성방』은 1433년(세종 15)에 간행된 향약에 관한 의약서이다. 세종은 우리나라 사람의 질병을 치료하는 데에는 우리나라 풍토에 적합하고 우리나라에서 생산되는 약재가 더 효과적일 것이라고 생각해 향약방을 종합수집한 『향약집성방』을 편집하게 하였다.
ㄱ. 『의방유취』는 당·송·원·명초의 중국 의서와 국내 의서 153종을 총망라하여 편집한 일종의 의학 대백과사전이다. 이 책은 세종 25년(1443)에 편찬되기 시작하여 세종 27년(1445)까지 약 3년이 소요되어 완성을 본 대작이다. 이렇게 방대한 종합의서는 이전에는 우리나라는 물론 중국에서도 시도된 적이 없었다. 『의방유취』는 당시까지 의학의 총집결판이다.
ㄴ. 『동의보감』은 조선시대 의관 허준이 중국과 조선의 의서를 집대성하여 17세기 광해군 때 편찬한 의서이다.

핵심개념 조선 전기 의학 서적

- 향약제생집성방(태조, 1398)
- 향약채취월령(세종, 1431)
- 향약집성방(세종, 1433)
- 의방유취(세종, 1445)

정답 ④ 한정판 076p, 기본서 441p

SOLUTION

자료분석 자료는 조선 세종 때인 1434년에 앙부일구(해시계)가 제작된 후 김돈이 쓴 「앙부일구명」의 내용이다. 따라서 앙부일구가 처음 만들어진 세종 때의 사실을 찾아야 한다. 사료에서의 키워드는 '각과 분이 또렷한 것은 / 햇볕이 통하기 때문이요'라는 구절이다.

정답해설 ② 갑인자는 1434년 세종 때 주자소에서 만든 동활자이다.

오답피하기 ① 비격진천뢰는 선조 때 군기시(軍器寺) 화포장 이장손이 제작한 포탄으로 임진왜란 때 활용되었다.
③ 조선 후기 영조 때 제작된 정상기의 동국지도는 최초로 100리척을 사용하여 정확하고 과학적인 지도 제작에 공헌하였다.
④ 『필원잡기』는 조선 초기 성종 때 서거정이 역사에 누락된 사실과 민간의 한담(閑譚)을 소재로 서술한 수필집이다.

핵심개념 세종 때의 과학 기술

천문 관측 기구	혼의·간의
시간 측정 기구	• 자격루(물시계, 자동 시보 장치, 장영실 제작) • 앙부일구(해시계), 천평·현주일구(세종)
강우량 측정	측우기(세계 최초, 전국에 설치)
역법	칠정산(최초로 서울을 기준으로 천체 운동 계산)
의학	• 향약채취월령(세종, 1431) • 향약집성방(세종, 1433) • 신주무원록(세종, 1440) • 의방유취(세종, 1445)
활자인쇄술	• 경자자, 갑인자, 병진자 주조 • 밀랍 대신 식자판 조립 방법 창안
무기	신기전 개발

정답 ② 한정판 076p, 기본서 440p

05 0518 [2018. 계리직]

조선 전기의 문화에 대한 서술로 옳지 않은 것은?

① 여러 농서들을 묶어 『농가집성』을 편찬하였다.
② 한양을 기준으로 천체 운동을 치밀하게 계산한 『칠정산』을 편찬하였다.
③ 고구려 천문도를 바탕으로 『천상열차분야지도』를 만들고 이를 돌에 새겼다.
④ 우리의 풍토에 알맞은 약재와 치료 방법을 소개한 『향약집성방』이 간행되었다.

06 0519 [2014. 국가직 9급]

밑줄 친 '이 농서'가 처음 편찬된 시기의 문화에 대한 설명으로 옳은 것은?

> '농상집요'는 중국 화북 지방의 농사 경험을 정리한 것으로서 기후와 토질이 다른 조선에는 도움이 될 수 없었다. 이에 농사 경험이 풍부한 각 도의 농민들에게 물어서 조선의 실정에 맞는 농법을 소개한 이 농서가 편찬되었다.

① 현실 세계와 이상 세계를 표현한 몽유도원도가 그려졌다.
② 선종의 입장에서 교종을 통합한 조계종이 성립되었다.
③ 윤휴는 주자의 사상과 다른 모습을 보여 사문난적으로 몰렸다.
④ 진경산수화와 풍속화가 유행하였다.

SOLUTION (05)

정답해설 ② 칠정산내외편은 조선 초기 세종 때 편찬된 역법서이다. 세종 때 만든 『칠정산』은 중국의 수시력과 아라비아의 회회력을 참고로 하여 만든 역법서로, 우리나라 역사상 최초로 서울을 기준으로 천체 운동을 정확하게 계산한 것이다.
③ 조선 초기 태조(이성계) 때에는 고구려의 천문도를 바탕으로 천상열차분야지도를 돌에 새겼다.
④ 조선 초기 세종 때에는 우리 풍토에 알맞은 약재와 치료 방법을 개발·정리하여 『향약집성방』을 편찬하였다.

오답피하기 ① 『농가집성』은 조선 후기(조선 전기 문화 X)에 편찬한 농서이다. 17세기 중엽(효종)에 신속은 『농가집성』을 펴내 벼농사 중심의 농법을 소개하고, 이앙법의 보급에 공헌하였다.

핵심개념 칠정산
- 해, 달, 화성, 수성, 목성, 금성, 토성의 7개의 운동하는 천체의 위치를 계산하는 방법을 서술한 역법서
- 우리 역사상 최초로 서울을 기준으로 천체 운동 계산한 역법
- 내편(중국 원의 수시력 참고) + 외편(아라비아의 회회력 참고)

정답 ① 한정판 076p, 기본서 441p

SOLUTION (06)

자료분석 자료는 우리나라에서 편찬된 최초의 농서인 『농사직설』에 대한 내용이다. 『농사직설』은 세종 11년(1429) 정초, 변효문 등이 왕명에 의해 편찬한 것으로, 우리나라 풍토에 맞는 씨앗의 저장법, 토질의 개량법, 모내기법 등이 수록되었다.

정답해설 ① 1447년(세종 29) 도화서 화원 안견은 몽유도원도를 그렸다. 이 작품은 안평대군의 꿈을 형상화한 것으로, 자연스러운 현실 세계와 환상적인 이상 세계를 능숙하게 처리하고 대각선적인 운동감을 활용한 걸작이다.

오답피하기 ② 선종의 입장에서 교종을 통합한 조계종은 고려 무신 집권기 지눌에 의해 성립되었다.
③ 조선 후기인 17세기 후반부터 주자 중심의 성리학을 상대화하고 6경과 제자백가 등에서 모순 해결의 사상적 기반을 찾으려는 경향이 나타났다. 그 대표적 인물이 윤휴와 박세당이었다. 윤휴와 박세당은 주자의 학문 체계와 다른 모습을 보였기 때문에 당시 서인(노론)의 공격을 받아 사문난적(유교에서 교리를 어지럽히고 사상에 어긋나는 행동을 하는 사람)으로 몰렸다.
④ 우리 자연을 사실적으로 묘사한 진경산수화와 사람들의 생활 모습을 그린 풍속화는 조선 후기에 유행했다.

정답 ① 한정판 076p, 기본서 442p

주제 093

04 | 근세의 문화
조선 전기의 문예

Check 대표 기출 1

01 0520 [2020. 국가직 9급]　회독 ○○○

조선 전기 문화에 대한 설명으로 옳은 것은?

① 『어우야담』을 비롯한 야담·잡기류가 성행하였다.
② 유서(類書)로 불리는 백과사전이 널리 편찬되었다.
③ 『동문선』이 편찬되어 우리 문학의 독자성을 강조하였다.
④ 중인층을 중심으로 시사가 결성되어 문학 활동을 벌였다.

SOLUTION　난이도 상 중 하

출제자의 눈 조선 전기의 문학 파트의 경우 15세기와 16세기 작품과 인물을 구분하는 것이 우선이다. 특히 동문선의 경우 성종과 연관 지어 출제되니 사료를 눈에 익혀 두어야 한다. 조선 전기의 건축의 경우는 건립된 시기를 파악하는 문제가, 공예 파트는 자기 공예가, 회화 파트는 조선 후기와 구분하는 문제가 빈출된다.

정답해설 ③ 『동문선』은 성종의 명으로 서거정 등이 중심이 되어 우리나라 역대 시와 산문 중에서 뛰어난 것들을 뽑아 편찬한 시문선집이다. 서거정은 『동문선』 서문에서 "우리나라 글은 송·원나라 글이 아니고 한·당의 글이 아니며 바로 우리나라의 글입니다. 마땅히 중국 역대의 글과 나란히 익히고 알려야 할 것이니, 어찌 묻히고 사라져 전함이 없겠습니까."라고 서술하여 우리글이 중국 것에 뒤지지 않는다는 자부심과 조선의 독자적인 면모를 제시하고자 하였다.

오답피하기 ① 『어우야담』은 조선 후기인 17세기 어우당 유몽인이 지은 야담집(野談集)이다.
② 백과사전이 널리 편찬된 것은 조선 후기이다. 조선 후기 대표적인 백과사전류의 서적으로는 이수광의 『지봉유설』, 이익의 『성호사설』, 이덕무의 『청장관전서』 등이 있다.
④ 조선 후기에는 중인층과 서민층의 문학 창작 활동이 활발해지면서 동호인들이 모여 시사(詩社)를 조직하였다. 중인층의 시인들은 서울 주변 지역에서 시사를 조직하여 문학 활동을 전개하면서 자신들의 사회적 지위를 높였고, 역대 시인의 시를 모아 시집을 간행하기도 하였다.

정답 ③ 한정판 077p, 기본서 444p

추가 기출 사료

『동문선』 서문

전하(성종)께서는 … 신 서거정 등에게 명해 제가의 작품을 뽑아 한 질을 만들게 하셨습니다. 저희들은 전하의 위촉을 받아 삼국시대로부터 지금에 이르기까지 사(辭), 부(賦), 시(時), 문(文) 등 여러 문체를 수집하여 이 중 문장과 이치가 순정하여 교화에 도움이 되는 것을 취하고 분류하여 130권을 편찬해 올립니다.

Check 대표 기출 2

02 0521 [2021. 계리직]　회독 ○○○

다음 작품이 제작된 시기의 문화 예술에 대한 설명으로 옳은 것은?

▲ 안평대군의 꿈 이야기를 듣고 그린 그림

① 자연을 벗삼아 사는 모습을 노래한 「청산별곡」이 창작되었다.
② 왕조의 창업과정과 왕실 선조들의 업적을 찬양한 『용비어천가』를 지었다.
③ 강화도에 외규장각을 두어 왕실의 행사를 기록한 의궤 등 중요한 서적을 보관하였다.
④ 중인·서얼층이 결성한 시사(詩社)를 중심으로 위항문학(委巷文學)이 유행하였다.

SOLUTION　난이도 상 중 하

자료분석 자료는 조선 전기의 회화 작품인 안견의 『몽유도원도』이다. 1447년(세종 29) 도화서 화원 안견이 안평대군의 꿈을 형상화한 것으로, 자연스러운 현실 세계와 환상적인 이상 세계를 능숙하게 처리하고 대각선적인 운동감을 활용한 걸작이다.

정답해설 ② 조선 초기 세종 때에는 왕조의 창업 과정과 왕실 선조들의 업적을 찬양한 『용비어천가』를 지었다(1445, 세종 27).

오답피하기 ① 자연을 벗삼아 사는 모습을 노래한 『청산별곡』은 고려 후기에 창작된 속요(장가) 작품이다.
③ 외규장각은 조선 후기인 1782년 정조가 왕실 관련 서적을 보관할 목적으로 강화도에 설치한 도서관으로, 왕립 도서관인 규장각의 부속 도서관 역할을 하였다.
④ 위항 문학(서울을 중심으로 중인 이하 계층이 주도한 한문학 활동)이 유행한 것은 조선 후기이다.

핵심개념 조선 전기의 회화

15c	16c
· 안견의 몽유도원도(세종) · 강희안의 고사관수도 · 15세기의 그림은 일본 무로마치 시대 미술에 많은 영향을 줌	· 이상좌의 송하보월도 · 신사임당의 초충도 · 3절 : 황집중(포도), 이정(대나무, 풍죽도), 어몽룡(매화, 월매도) · 김시의 동자견려도와 한림제설도

정답 ② 한정판 077p, 기본서 450p

03 [2018. 서울시 9급 기술직렬]

〈보기〉에서 조선 전기 건축물을 모두 고른 것은?

> 보기
> ㉠ 무위사 극락전 ㉡ 법주사 팔상전
> ㉢ 금산사 미륵전 ㉣ 해인사 장경판전

① ㉠, ㉣　　② ㉡, ㉣
③ ㉢, ㉣　　④ ㉠, ㉢

SOLUTION

정답해설 ㉠ 강진 무위사 극락전은 조선 초기의 건축물로 검박하고 단정한 특징을 지니고 있다.
㉣ 해인사 장경판전은 장경판고라고도 하며, 고려 시대에 만들어진 8만여 장의 대장경판을 보관하고 있는 건물로 해인사에 남아 있는 건물 중 가장 오래된 것이다. 처음 지은 연대는 확실하지 않으나 기록에 따르면 1481년(성종 12)에 고쳐 짓기 시작하여 1488년(성종 19)에 완공했다고 한다.

오답피하기 ㉡, ㉢ 법주사 팔상전과 금산사 미륵전은 모두 조선 후기의 건축물이다. 17세기의 건축으로는 김제 금산사 미륵전, 구례 화엄사 각황전, 보은 법주사 팔상전 등을 대표로 꼽을 수 있다. 이것들은 모두 규모가 큰 다층 건물로, 내부는 하나로 통하는 구조로 되어 있는데, 불교의 사회적 지위 향상과 양반 지주층의 경제적 성장을 반영하고 있다.

핵심개념 조선 전기의 건축

건국 초 및 15세기 건축	16세기 건축
• 경복궁(태조, 1395), 창덕궁(태종, 유네스코 세계 문화 유산), 창경궁(성종) 건립 • 창덕궁 돈화문(태종, 1926년에 6·10 만세 운동 장소), 창경궁 명정전(성종) • 숭례문(태조, 1398) : 도성의 정문 • 개성 남대문(태조, 1394), 평양 보통문 • 강진 무위사 극락전(극락보전) • 합천 해인사 장경판전(팔만대장경 보관, 유네스코 세계 문화 유산)	• 서원 건축 - 사림의 진출과 함께 건축 활발 (ex 경주 옥산 서원, 안동 도산 서원) - 자연의 이치를 탐구할 수 있는 마을 부근 한적한 곳에 위치 - 교육 공간인 강당을 중심으로 사당과 기숙 시설인 동재와 서재를 갖춤 - 가람(사원) 배치 양식과 주택 양식이 실용적으로 결합 - 산과 하천 등 주위의 자연과 조화를 이룸

정답 ① 한정판 077p, 기본서 448p

04 [2017. 지방직 9급]

조선시대 도성 한양에 대한 설명으로 옳지 않은 것은?

① 경복궁 근정전의 이름은 정도전이 지었다.
② 경복궁의 동쪽에 사직이, 서쪽에 종묘가 각각 배치되었다.
③ 유교사상인 인·의·예·지 덕목을 담아 도성 4대문의 이름을 지었다.
④ 도성 밖 10리 안에는 개인의 무덤을 쓰거나 벌채를 하지 못하도록 규제하였다.

SOLUTION

정답해설 ① 근정전은 경복궁의 정전(正殿)으로 국가 의식을 행하거나 외국 사신을 맞이하는 역할을 했다. '근정(勤政)'이란 천하의 일은 부지런하면 잘 다스려진다는 의미로 개국공신 정도전이 이름지었다고 한다(왕의 침전은 강녕전, 왕비의 침전은 교태전).
③ 4대문은 인의예지의 덕목을 담아 정남에 숭례문(崇禮門), 정동에 흥인문(興仁門), 정서에 돈의문(敦義門), 정북에 숙청문(肅淸門, 후에 숙정문)을 세웠다.
④ 『경국대전』에서는 서울 주위 10리 이내와 인가로부터 100보 이내에는 매장하지 못하도록 규정하였다. 왕릉의 경우에도 한양 성곽을 기준으로 10리 밖, 100리 안쪽에 만들어야 한다고 규정되어 있다(but 예외적으로 100리 밖의 무덤도 존재).

오답피하기 ② 좌묘우사(左廟右社)의 원칙에 따라 경복궁 동쪽에 종묘가, 서쪽에 사직이 각각 배치되었다. 종묘는 역대의 왕과 왕비 및 추존된 왕과 왕비의 신주를 모신 왕가의 사당이며, 사직은 토지의 신과 곡식의 신에게 제사를 지내는 사당이었다.

심화개념 종묘와 사직

종묘는 조선의 역대 국왕과 왕비의 신주를 모신 사당을 의미한다. 토지신, 곡식의 신에 대한 제사와 그 장소를 의미하는 사직과 더불어 한 국가를 표현하는 상징으로, '종묘사직'이란 표현은 국가와 동일한 의미로 사용되기도 하였다. 경복궁의 위치는 한양의 북쪽 북악산 기슭으로, 풍수지리설에 입각하여 주산(主山)인 북악산 바로 아래에 자리하고 있다. 궁의 전면으로 넓은 시가지가 전개되고 그 앞에 안산(案山)인 남산이 있으며 내수(內水)인 청계천과 외수(外水)인 한강이 흐르는 명당이다. 궁의 왼쪽(좌측)에 종묘가 있고 궁의 오른쪽(우측)에 사직단이 배치되어 있는데, 이는 중국 고대부터 이어져 오던 도성의 건물 배치 기본 형식인 좌묘우사(左廟右社)에 따른 것이다.

심화개념 조선의 궁궐과 종묘·사직

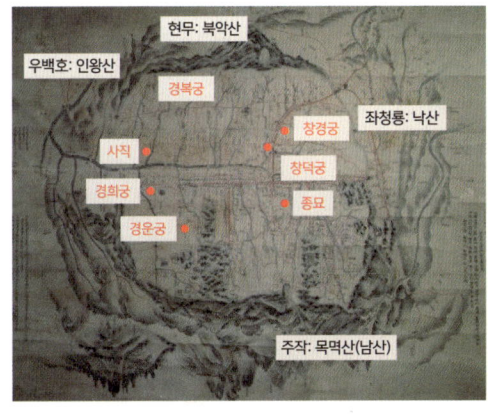

정답 ② 한정판 077p, 기본서 447p

2026 문동균 한국사 기출은 문동균

PART 5

근대 사회의 태동

CHAPTER 01	근대 태동기의 정치
CHAPTER 02	근대 태동기의 사회
CHAPTER 03	근대 태동기의 경제
CHAPTER 04	근대 태동기의 문화

주제 094

01 | 근대 태동기의 정치

통치 체제 및 군사 제도의 변화

Check 대표 기출 1

01 0524 [2020. 국가직 7급] 회독 ○○○

다음 관청에 대한 설명으로 옳지 않은 것은?

> 중앙과 지방의 군국 기무를 모두 관장한다. … (중략) … 도제조(都提調)는 현임과 전임 의정이 겸임한다. 제조는 정수가 없으며, 왕에게 아뢰어 차출하되 이조·호조·예조·병조·형조의 판서, 훈련도감과 어영청의 대장, 개성·강화의 유수(留守), 대제학이 예겸(例兼)한다. 4명은 유사당상(有司堂上)이라 부르고 부제조가 있으면 예겸하게 한다. 8명은 팔도구관당상(八道句管堂上)을 겸임한다.
> — 『속대전』 —

① 삼포왜란 중에 상설화되었다.
② 흥선대원군 집권 시기에 사실상 폐지되었다.
③ 본래 외적의 침입에 대비한 임시기구였다.
④ 임진왜란을 계기로 군사 및 정무 전반을 관할하였다.

Check 대표 기출 2

02 0525 [2020. 소방간부후보] 회독 ○○○

(가) 기구에 대한 설명으로 옳은 것은?

> (가) 을/를 설치하고 삼남·해서·관동의 5도에서 비로소 삼수미를 거두어 병식(兵食)으로 삼았다. 삼남은 매 1결에 쌀 1두 2승을 거두고, 해서와 관동은 쌀 2두 2승을 거두어 호조에 소속시켰다.
> — 「만기요람」 —

① 서애 유성룡의 건의로 설치되었다.
② 김종서의 지휘하에 6진을 개척하였다.
③ 임진왜란 이후 국정 전반을 주관하였다.
④ 선무군관에 대한 군포 징수를 담당하였다.
⑤ 한양의 내영과 수원 화성의 외영으로 구성되었다.

SOLUTION 난이도 상 중 하

출제자의 눈 조선 전기와 조선 후기의 차이점을 비교하는 문제가 전형적이다. 특히 비변사의 강화에 따른 정치의 변화와 중앙군과 지방군의 군사 제도 변화에 초점을 맞추어야 한다. 특히 비변사와 관련된 문제는 사료형 문제로 꾸준히 출제되고 있으며, 비변사의 설치부터 상설화, 최고 기구화, 흥선 대원군에 의해 폐지될 때까지의 변천 과정을 묻는 문제가 빈출되고 있다.

자료분석 자료는 비변사에 대한 내용이다. 중앙과 지방의 군국 기무를 관장한다는 점과 도제조(都提調)는 현임과 전임 의정이 겸임한다는 점, 제조는 이조·호조·예조·병조·형조의 판서로 구성된다는 점 등을 통해 이를 알 수 있다. 비변사의 구성원은 임진왜란 이후 전·현직 정승을 비롯하여 공조를 제외한 5조의 판서와 참판, 각 군영 대장, 대제학, 강화 유수 등 국가의 중요 관원들로 확대되었다.

정답해설 ② 흥선 대원군은 개혁을 추진하면서 비변사를 혁파하고 의정부와 삼군부의 기능을 부활시켰다.
③ 비변사는 16세기 중종 초에 여진족과 왜구에 대비하기 위해 임시 회의 기구로 설치되었으며, 명종 때에는 상설 기구가 되었다.
④ 비변사는 임진왜란을 거치면서 구성원이 3정승을 비롯한 고위 관원으로 확대되었고, 그 기능도 군사 문제뿐 아니라 외교, 재정, 사회, 인사 문제 등 거의 모든 정무를 총괄하였다.

오답피하기 ① 비변사는 16세기 중종 초에 삼포왜란(1510)을 계기로 임시 기구로 설치되었으며, 명종 때 을묘왜변(1555)을 계기로 상설기구화되었다.

정답 ② 한정판 078p, 기본서 461p

SOLUTION 난이도 상 중 하

자료분석 자료의 (가)에 해당하는 기구는 훈련도감이다. 삼수미는 훈련도감 소속의 삼수병을 양성할 목적으로 징수하였다.

정답해설 ① 훈련도감은 왜란 중인 1593년 설치된 중앙군영이다. 유성룡의 건의에 따라 정예 군사 양성과 기민구제(飢民救濟)를 목적으로 명나라 척계광의 『기효신서』를 참고하여 명나라 군사의 실제 훈련법을 습득하게 하였다.

오답피하기 ② 김종서를 파견해 6진을 개척한 것은 훈련도감 설치 전인 조선 세종 때의 일로, 훈련도감과는 관련이 없다.
③ 왜란 이후 국정 전반을 주관하는 기구로 변모한 것은 비변사이다.
④ 선무군관포 징수는 균역법 실시에 따른 재정 감소를 보충하기 위한 정책으로, 일부 상류층(부유한 상민층)에게 선무군관이라는 칭호를 주고 군포 1필을 납부하게 한 것이다. 선무군관포를 비롯한 균역법 관련 업무는 균역청에서 담당하였다.
⑤ 한양의 내영과 수원 화성의 외영으로 구성된 것은 정조 때 설치된 장용영이다.

정답 ① 한정판 078p, 기본서 463p

추가 기출 사료

훈련도감의 설치(1593, 선조)

> 국왕의 행차가 서울로 돌아왔으나, …… 이때에 임금께서 도감을 설치하여 군사를 훈련시키라고 명하시고 나를 그 책임자로 삼으시므로, …… 얼마 안 되어 수천 명을 얻어 조총 쏘는 법과 창, 칼 쓰는 기술을 가르치게 하였다. 또 당번을 정하여 궁중을 숙직하게 하고, 국왕의 행차가 있을 때 이들로써 호위하게 하니 민심이 점차 안정되었다.
> — 『서애집』 —

03 0526 [2025. 법원직]

다음 밑줄 친 '이 기구'와 관련된 내용으로 옳은 것은?

> 요즈음 큰 일이건 작은 일이건 이 기구에서 모두 다룹니다. 의정부는 한갓 이름뿐이고 6조는 할 일을 모두 빼앗기고 말았습니다. 이름은 변방 방비를 위해서라고 하면서 과거나 왕비와 후궁 간택까지도 모두 여기서 처리합니다.

① 3사 관리의 추천권을 가지고 있었다.
② 사헌부, 홍문관과 함께 3사로 불렸다.
③ 3포 왜란 이후 임시 기구로 설치되었다.
④ 서얼 출신 학자들이 검서관에 등용되었다.

04 0527 [2019. 경찰 1차]

밑줄 친 '이 기구'에 대한 설명으로 옳은 것은?

> 김익희가 상소하여 말하기를, "요즘 이 기구가 큰일이건 작은 일이건 모두 취급합니다. 의정부는 한갓 겉이름만 지니고 육조는 할 일을 모두 빼앗기고 말았습니다. 이름은 '변방을 담당하는 것'이라고 하면서 과거에 대한 판정이나 비빈 간택까지도 모두 여기서 합니다."라고 하였다.

① 왜구의 침입에 대비하여 16세기 초 상설 기구로 설치되었다.
② 안동 김씨와 풍양 조씨 등에 의한 세도정치 시기에 기능이 크게 약화되었다.
③ 흥선대원군 때 완전히 폐지되었다.
④ 의정부를 견제하고 왕권을 강화하는 역할을 하였다.

SOLUTION (03)

자료분석 자료의 밑줄 친 '이 기구'는 비변사로, 자료는 조선 후기 비변사의 기능이 확대됨에 따라 의정부와 6조 중심의 행정 체계가 유명무실해진 상황을 보여준다.

정답해설 ③ 3포에 거주하는 일본인들의 법규 위반 사태가 빈번히 일어남에 따라 중종은 일본인에 대한 통제를 강화하였다. 이에 일본인들이 3포에서 난을 일으키자(3포왜란, 1510) 정부는 3포를 폐쇄하고 임시 기구로서 비변사를 설치하였다.

오답피하기 ① 3사 관리의 추천권을 가지고 있었던 것은 이조전랑이다.
② 사헌부, 홍문관과 함께 3사로 불린 것은 사간원이다.
④ 정조 때 유득공, 이덕무, 박제가 등 서얼 출신들이 규장각 검서관으로 등용되었다.

핵심개념 비변사

설치	16c 중종 초에 삼포왜란을 계기로 여진족과 왜구에 대비하기 위해 임시 회의 기구로 설치
상설화	16c 명종 때 을묘왜변을 계기로 상설 기구화
임진왜란 이후	• 구성원이 3정승을 비롯한 고위 관원으로 확대 • 거의 모든 정무 총괄(군사·외교·재정·사회·인사 문제 등) • 비변사의 기능 강화로 의정부와 6조 중심의 행정 체계 유명무실화
세도 정치기	• 세도 가문의 비변사 장악 • 핵심적 정치 기구로 자리잡음
폐지	흥선 대원군 집권 후 혁파

정답 ③ 한정판 078p, 기본서 461p

SOLUTION (04)

자료분석 자료의 밑줄 친 '이 기구'는 비변사로, 자료는 조선 후기 비변사의 기능이 확대됨에 따라 의정부와 6조 중심의 행정 체계가 유명무실해진 상황을 보여준다.

정답해설 ③ 흥선 대원군은 세도 가문이 장악하고 있던 비변사를 혁파하여 의정부의 기능을 회복하고, 삼군부를 다시 설치하여 군사권을 통괄하게 하였다.

오답피하기 ① 비변사는 16세기 초 중종 때 여진족과 왜구에 대비하기 위해 임시 회의 기구로 설치되었으며, 16세기 중엽 명종 때 을묘왜변(1555)을 계기로 상설 기구가 되었다.
② 세도 정치기에는 비변사가 핵심적인 정치 기구로 자리 잡았으며, 유력한 가문 출신의 몇몇이 실제 권력을 행사하면서 사적인 이익을 위해 이용하기도 하였다.
④ 조선 후기에는 비변사의 기능이 강화되면서 의정부와 6조 중심의 행정 체계는 유명무실해졌다.

심화개념 비변사의 관원 구성

도제조	3정승
제조	문·무 정2품 이상 당상관
부제조	정3품 당상관
낭청	실무 행정 담당

정답 ③ 한정판 078p, 기본서 461p

05　0528　[2018. 지방직 7급]

지방 군사제도의 변천 과정을 시대 순으로 바르게 나열한 것은?

ㄱ. 국방 요지인 영·진에 소속되어 복무하는 영진군이 있었다.
ㄴ. 양반부터 천인에 이르는 신분으로 구성된 속오군이 편성되었다.
ㄷ. 10정은 각 주마다 1정씩 배치되었는데, 한주(漢州)에는 2정이 설치되었다.
ㄹ. 5도의 일반 군현에 주둔하는 주현군과 양계 지역의 주진군으로 구성되었다.

① ㄱ → ㄴ → ㄷ → ㄹ
② ㄱ → ㄷ → ㄹ → ㄴ
③ ㄷ → ㄱ → ㄹ → ㄴ
④ ㄷ → ㄹ → ㄱ → ㄴ

SOLUTION

정답해설　ㄷ. 10정은 통일 신라의 지방군 조직이다. 통일 신라는 지방군으로 10정을 두었는데, 9주에 1정씩 배치하고, 북쪽 국경 지대인 한주(한산주)에는 2정을 배치하였다.
ㄹ. 주현군과 주진군은 고려 시대의 지방군 조직이다. 고려 시대의 지방군은 국경 지방인 양계에 주둔하는 주진군과 5도의 일반 군현에 주둔하는 주현군으로 이루어졌다. 주진군은 상비군으로 좌군, 우군, 초군으로 구성되었으며 국경 수비를 전담하였다. 주현군은 지방관의 지휘를 받아 외적 방비와 치안을 유지하였으며, 각종 노역에 동원되었다.
ㄱ. 영진군은 조선 초기의 지방군 조직이다. 조선 초기의 지방군은 육군과 수군으로 나뉘는데, 건국 초기에는 국방상의 요지인 영이나 진에 소속되어 복무하였다.
ㄴ. 속오군은 유성룡의 건의로 1594(선조 27)년에 편성되었다. 조선 후기의 지방군인 속오군은 위로는 양반에서부터 아래로는 노비에 이르기까지 편제되었다. 평상시에는 생업에 종사하면서 향촌 사회를 지키다가 적이 침입해 오면 전투에 동원되었다. 그러나 양반이 노비와 함께 속오군에 편제되는 것을 회피함에 따라 상민과 노비들만 남게 되었다.

핵심개념　속오군 체제

실시	서애 유성룡의 건의로 1594(선조 27) 실시
편성	양반~노비(양천혼성군)
특징	• 평상시 생업에 종사 • 유사시 전투에 동원
한계	양반의 회피로 상민과 노비들만 남게 됨

정답 ④ 한정판 078p, 기본서 463p

06　0529　[2018. 서울시 9급 일행]

〈보기〉의 조선시대의 국방정책을 시간 순으로 바르게 나열한 것은?

─ 보기 ─
㉠ 서울 주변의 네 유수부가 서울을 엄호하는 체제를 구축하였다.
㉡ 금위영을 발족시켜 5군영 제도가 성립되었다.
㉢ 하멜이 가져온 조총 기술을 도입하여 서양식 무기를 제조하였다.
㉣ 수도방어체계를 강화하고 『수성윤음』을 반포하였다.

① ㉠ → ㉡ → ㉢ → ㉣
② ㉡ → ㉣ → ㉠ → ㉢
③ ㉢ → ㉡ → ㉣ → ㉠
④ ㉣ → ㉢ → ㉠ → ㉡

SOLUTION

정답해설　㉢ 효종은 표류해 온 네덜란드인 하멜 등을 훈련도감에 들여 조총·화포 등의 신무기를 개량·보수했다. 그리고 이에 필요한 화약을 얻기 위해 염초(焰硝) 생산에 전력했다.
㉡ 숙종 때에 금위영이 설치되어 17세기 말에 5군영 체제가 갖추어졌다.
㉣ 『수성윤음』은 1751년(영조 27) 9월 11일 영조가 도성수비에 대하여 내린 명령이다. 그 내용은 한성부 5부의 백성들은 누구를 막론하고 수도방위를 맡고 있는 훈련도감·어영청·금위영의 3군문에 소속되어 평시에는 훈련을 받고, 유사시에는 조총이 있는 사람은 조총을 가지고 총이 없는 사람은 활이나 돌을 가지고 도성의 지정된 위치에 올라가서 수도를 방어하도록 한 것이다.
㉠ 조선왕조는 수도 방위를 위해 한성부 주변의 행정적·군사적으로 중요한 지역에 주·부·군·현의 일반적인 행정 체계와는 별도로 특수 행정 체계인 유수부(개성·강화·광주·수원)를 설치, 운영했다. 이러한 4유수부 체제가 확정된 것은 정조 때이다. 정조 17년(1793)에 수원을 유수부로 승격시켜 수원에 국왕 호위 부대인 장용영의 외영(外營)을 주둔시켰으며, 서울 주변의 네 유수부가 서울을 엄호하는 체제를 구축하였다.

핵심개념　조선 후기 중앙군 5군영

훈련도감 (1593, 선조)	• 임진왜란 중 유성룡의 건의로 설치 • 삼수병(포수·사수·살수)으로 구성 • 직업군인, 장기 근무, 일정 급료 받는 상비군 • 재원 : 삼수미세(1결당 2.2두)
어영청 (1623, 인조)	• 수도 방어 • 효종 때 북벌의 본영 역할
총융청 (1624, 인조)	• 이괄의 난을 계기로 설치 • 북한산성 수비
수어청 (1626, 인조)	남한산성 수비(경기 남부)
금위영 (1682, 숙종)	궁궐 수비, 한성 수비

정답 ③ 한정판 078p, 기본서 463p

07 0530 [2012. 국가직 7급]

다음 내용과 관련된 군사조직에 대한 설명으로 옳은 것은?

> 외방 곳곳에서 도적들이 일어났다. … 나는 청하기를 "당속미 1천석을 군량으로 하되, 한 사람당 하루에 2승씩 급료를 준다면 사방에서 군인으로 응하는 자가 모여들 것입니다." 라고 하였다. … 얼마 안 되어 수천 명을 얻어 조총 쏘는 법과 창·칼 쓰는 기술을 가르치고 초관과 파총을 세워 그들을 거느리게 하였다. 또 당번을 정하여 궁중을 숙직하게 하고, 국왕의 행차가 있을 때에 이들로써 호위하게 하니 민심이 점차 안정되었다. - 「서애집」 -

① 양반에서부터 노비에 이르기까지 편제 대상이 되었다.
② 진도와 제주도 등을 중심으로 몽골군에 항쟁을 하였던 부대이다.
③ 서리, 잡학인, 신량역천인 등이 소속되어 유사시에 동원되었다.
④ 이 군인들은 면포와 수공업제품의 판매를 통해 난전에 가담하였다.

SOLUTION

자료분석 『서애집』은 조선 선조 때의 문신 서애 유성룡의 시문집이고 자료의 내용은 유성룡의 건의로 설치된 훈련도감에 대한 내용이다. 자료의 내용을 보면 임진왜란 시기에 정부가 군비를 강화하기 위해 훈련도감을 설치하고 유성룡을 도제조로 삼아 군사를 선발한 과정과 중앙 군영 체제를 정비하여 차츰 민심과 국가 체제가 안정되어 가고 있음을 설명하고 있다. 유성룡의 『서애집』은 그가 지은 또 다른 저서 『징비록』과 함께 임진왜란을 연구하는 데 중요한 자료가 되고 있다.

정답해설 ④ 서울에 거주하는 훈련도감 군인들은 생계를 유지하기 위해 봉급으로 받은 면포를 팔거나 수공업 제품을 만들어 시장에 내다 팔았는데, 국가 재정상 충분한 급료를 지급할 수 없었던 조선 정부는 훈련도감 군인들의 상행위를 허용하지 않을 수 없었다. 그리하여 훈련도감 군인들은 시전 상인과 달리 시안(市案)에 오르지 않고 상업 활동에 종사할 수 있었다.

오답피하기 ① 속오군에 대한 설명이다. 속오군은 양반부터 노비에 이르기까지 편제된 양천혼성군으로, 평상시에는 생업에 종사하면서 향촌사회를 지키다가 유사시에 전투에 동원되었는데, 양반들이 노비와 함께 속오군에 편제되는 것을 회피함에 따라 상민과 노비들만 남게 되었다.
② 고려 시대 몽골군에 항쟁한 삼별초에 대한 설명이다. 개경 환도를 반대한 삼별초는 진도, 제주도로 근거지를 옮기며 항전하였지만 고려와 몽골의 연합군에게 진압되었다(1273).
③ 잡색군에 대한 설명이다. 잡색군은 정규군이 아닌 일종의 예비군으로서 서리, 잡학인, 신량역천인, 노비 등이 소속되어 유사시에 대비하게 하였다.

정답 ④ 한정판 078p, 기본서 463p

핵심개념	훈련도감(1593. 8, 선조 26)
이칭	훈국(訓局)
설치	임진왜란 중 유성룡의 건의로 설치
구성	• 삼수병(포수·사수·살수)으로 구성 • 척계광의 『기효신서』를 편제에 참고
특징	• 장기 근무 • 일정한 급료를 받는 상비군
재원	삼수미세(1결당 2.2두)
성격	직업 군인의 성격

주제 095

01 | 근대 태동기의 정치
붕당 정치의 변질

Check | 대표 기출 1

01 0531 [2020. 지방직 9급]   회독 ○○○

(가)와 (나) 사이의 시기에 있었던 일로 옳은 것은?

> (가) 남인들이 대거 관직에서 쫓겨나고 허적과 윤휴 등이 처형되었다.
> (나) 인현왕후가 복위되고 노론과 소론이 정계에 복귀하였다.

① 송시열과 김수항 등이 처형당하였다.
② 서인과 남인이 두 차례에 걸쳐 예송을 전개하였다.
③ 서인 정치에 한계를 느낀 정여립이 모반을 일으켰다.
④ 청의 요구에 따라 조총부대를 영고탑으로 파견하였다.

Check | 대표 기출 2

02 0532 [2018. 서울시 7급 1차]   회독 ○○○

〈보기〉의 정치적 사건이 일어난 왕대의 일과 가장 관련이 없는 것은?

> ─ 보기 ─
> 후궁이 낳은 왕자가 세자로 책봉되는 과정에서 서인이 몰락하고 남인이 집권하였으며, 송시열과 김수항 등이 처형당하였다.

① 청과 러시아 사이에 국경 충돌이 일어나자, 청의 요구에 따라 수백 명의 조총부대를 영고탑(지금의 지린성)에 파견하였다.
② 병조판서 김석주의 건의에 따라 국왕 호위와 수도 방위의 핵심 군영 중 하나인 금위영이 설치되었다.
③ 안용복이 울릉도와 우산도(독도)에 출몰하는 왜인을 쫓아내고 일본 당국과 담판하여 그곳이 우리의 영토임을 승인받았다.
④ 삼남지방에 대한 양전사업이 완료되었고, 세종 때 설치했다가 폐지한 폐사군의 일부를 복설하였다.

SOLUTION   난이도 상 중 하

출제자의 눈 환국의 발생 순서를 묻는 문제, 조선 전·후기 붕당 정치와 연계된 문제, 숙종 때의 왕대사 문제와 연결지어 출제되고 있다.

자료분석 (가) 남인 허적의 유악 사건(기름 천막 사건) 등이 배경이 되어 남인이 축출되고 서인이 정권을 장악한 경신환국(1680, 숙종 6)에 대한 내용이다.
(나) 서인들의 인현왕후 복위 운동을 반대한 남인들이 축출된 갑술환국(1694, 숙종 20)에 대한 내용이다. 갑술환국으로 인현왕후가 복위되고 서인(노론과 소론)이 정계에 복귀하였다.

정답해설 ① 장희빈의 아들 윤(훗날 경종)의 원자 정호 문제로 서인이 축출되고 남인이 집권한 기사환국(1689) 때 서인의 영수 송시열 등이 사사되었다.

오답피하기 ② 현종 때에 효종의 왕위 계승에 대한 정통성과 관련하여 두 차례의 예송[기해예송(1659), 갑인예송(1674)]이 발생하면서 서인과 남인 사이에 대립이 격화되었다.
③ 정여립 모반 사건은 선조 때인 1589년의 일이다.
④ 효종 때의 나선 정벌에 대한 내용이다. 1654년(효종 5) 청은 조선인 조총 군사 100명을 뽑아 영고탑 지역으로 보내 달라고 요청하였다. 효종은 변급에게 포수 100명 등을 거느리고 출정하도록 하였다. 1658년에도 청나라에서 다시 사신을 보내어 조선 조총군의 파견을 요청하였고, 이에 신유(신류)를 대장으로 삼아 조총군 200명과 초관, 기고수 등 60여 명을 거느리고 정벌에 나서게 하였다.

정답 ① 한정판 079p, 기본서 468p

SOLUTION   난이도 상 중 하

자료분석 자료는 숙종 대인 1689년 후궁 소의 장씨(장희빈) 소생을 원자로 정호(定號)하는 문제를 계기로 원자 정호에 반대한 서인이 축출되고 남인이 집권한 기사환국에 대한 내용이다.

정답해설 ② 1682년 숙종 때 병조판서 김석주의 건의에 따라 국왕 호위와 수도 방위의 핵심 군영 중 하나인 금위영이 설치되었다.
③ 17세기 말 숙종 때 안용복은 울릉도에 출몰하는 일본 어민들을 쫓아내고, 일본에 건너가 울릉도와 독도가 조선의 영토임을 확인받고 돌아왔다.
④ 숙종 말년에는 삼남지방에서 양전 사업이 완료되어 총 66만 7,800결을 얻고, 전국의 인구는 680만 명으로 늘어났다(1720년). 또한 세종 때 설치했다가 후에 폐지된 '폐사군'의 일부를 복설하여 압록강 연안이 본격적으로 개발되기 시작했다.

오답피하기 ① 효종 대에는 러시아 세력의 남하로 청이 조선에 원병을 요청하였다. 이에 조선 정부는 변급(1654), 신유(1658) 등 두 차례에 걸쳐 조총 부대를 보내 러시아군과 교전하여 큰 전과를 올렸다(나선 정벌).

정답 ① 한정판 079p, 기본서 469p

03 0533 [2025. 서울시 9급 1차]

조선 숙종 재위 시기에 있었던 사실로 가장 옳지 않은 것은?

① 즉위 초 서인이 2차 예송논쟁에서 승리하여 집권하였다.
② 서인은 남인 허적이 역모를 꾸몄다고 고발하여 정계에서 축출하였다.
③ 장희빈이 낳은 왕자를 원자로 정하는 과정에서 서인이 몰락하고 남인이 집권하였다.
④ 폐위된 인현왕후 복위 과정에서 남인이 몰락하고 노론과 소론이 집권했다.

04 0534 [2024. 국회직]

다음 상황이 나타나게 된 배경으로 옳은 것은?

> 신축·임인년 이래로 조정에서 노론, 소론, 남인의 삼색이 날이 갈수록 더욱 사이가 나빠져서 서로 역적이란 이름으로 모함하니 이 영향이 시골에까지 미치게 되어 하나의 싸움터를 만들었다. 그리하여 서로 혼인을 하지 않을 뿐만 아니라 다른 당색끼리는 서로 용납하지 않는 지경에 이르렀다.
> – 이중환, 『택리지』 –

① 비변사의 기능이 약화되었다.
② 외척 가문이 권력을 독점하였다.
③ 국왕을 중심으로 탕평책이 시행되었다.
④ 경신환국 이후 특정 붕당의 득세 현상이 강해졌다.
⑤ 기축옥사 및 건저의 사건으로 붕당 간 대립이 심화되었다.

05 0535 [2022. 소방직]

(가)와 (나) 사이의 시기에 있었던 사실로 옳은 것은?

> (가) 허적과 허견의 사가(私家)의 부가 왕실보다 많은 것은 백성의 피땀을 뽑아낸 물건이 아닌 것이 없으며, 복선군 이남은 집 재물이 허적과 허견보다 많으니, 지금 적몰한 뒤에는 모두 백성을 구호해주는 비용으로 돌리면 어찌 조정의 아름다운 뜻이 아니겠습니까.
>
> (나) 송시열은 산림의 영수로서 나라의 형세가 고단하고 약하여 인심이 물결처럼 험난한 때에 감히 송의 철종을 끌어대어 오늘날 원자의 명호를 정한 것이 너무 이르다고 하였으니, 이런 것을 그대로 두면 무도한 무리들이 장차 연달아 일어날 것이니 당연히 멀리 내쫓아야 할 것이다.

① 서인이 정국을 주도하였다.
② 정여립 모반 사건이 발생하였다.
③ 노론이 연잉군의 세제 책봉을 주장하였다.
④ 자의 대비의 복상 문제로 붕당 간 대립이 발생하였다.

06 0536 [2020. 경찰간부후보]

(가)~(라)에 들어갈 내용으로 가장 옳은 것은?

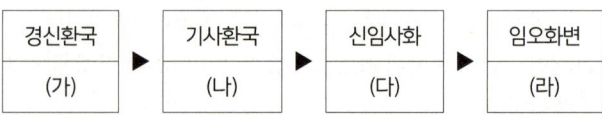

① (가) - 대리청정 문제로 노·소론의 대립이 격화된 가운데 노론이 큰 피해를 입었다.
② (나) - 서인의 몰락과 남인의 집권으로 이어졌다.
③ (다) - 이 사건을 계기로 벽파와 시파로 분열되었다.
④ (라) - 허적, 윤휴 등 남인의 중심 인물들을 몰아내고 서인이 집권하였다.

SOLUTION

자료분석 자료의 (가)는 1680년 숙종 때의 경신환국과 관련된 내용이다. 경신년인 1680년 당시 남인의 영수인 허적의 집에 그의 조부를 위한 잔치가 있었다. 그날 비가 오자 숙종은 임금이 쓰는 천막을 보내려고 하였으나 벌써 허적이 가져가 버렸다. 이에 노한 숙종은 남인이 장악하고 있던 군권을 서인에게 넘기는 인사 조치를 단행하였다. 이어서 서인들이 허적의 서자 허견이 역모한다고 고발하여 남인들이 축출되었다. (나)는 장희빈의 아들 윤(훗날 경종)의 원자 정호 문제로 서인이 축출되고 남인이 집권한 기사환국(1689)이다. 기사환국의 결과 서인 송시열은 제주도로 유배되고 결국 사사되었다.

정답해설 ① 경신환국의 결과 허적과 윤휴 등이 사사되는 등 남인들이 실각하고 서인이 정권을 장악하였다.

오답피하기 ② 정여립 모반 사건은 1589년 선조 때 일어났다. 1589년에 동인인 정여립이 대동계를 조직하고 모반을 준비하다가 발각되었다. 서인 세력은 이를 정권을 장악하는 기회로 삼기 위해 정여립 모반 사건을 확대하였고, 서인 정철의 주도 아래 수많은 동인의 인물들이 탄압을 받았다(기축옥사).
③ 노론이 연잉군의 세제 책봉을 주장한 것은 조선 후기 경종 때의 일이다. 1721년 왕의 이복동생인 연잉군(훗날 영조)이 노론의 지지를 업고 왕세제로 책봉되었다. 이어 노론이 경종을 밀어내고 연잉군의 대리청정으로까지 몰아가자 소론은 노론의 대신들이 왕을 능멸하는 역적 행위를 하였다고 주장하였고 경종은 이를 받아들여 노론의 4대신을 탄핵하고 귀양 보냈다(1721, 신축옥사). 이후 1722년에는 소론이 목호룡을 시켜 노론이 경종을 시해하려 했다고 고변하게 함으로써 이미 유배를 떠난 노론 4대신을 비롯한 60여 명이 처형되고 많은 노론들이 치죄당했다(1722, 임인옥사).
④ 자의 대비의 복상 문제로 붕당(서인과 남인) 간 대립(예송 논쟁)이 발생한 것은 현종 때이다(1659, 1674).

정답 ① 한정판 079p, 기본서 468p

SOLUTION

정답해설 ② 기사환국은 1689년 숙종이 후궁인 소의 장씨(장희빈)의 소생을 원자로 정호(定號)하려는 문제를 두고 서인 송시열 등이 반대하자 이들을 정권에서 몰아내고 다시 남인을 대거 기용한 사건이다. 이로 인해 서인이 몰락하고 남인이 집권하게 되었다.

오답피하기 ① 왕세제(연잉군)의 대리청정 문제로 인해 노론이 큰 피해를 입은 것은 경종 때의 신임사화(1721~1722)이다.
③ 시파와 벽파의 분열은 사도세자의 죽음(임오화변)에 대한 입장 차이로 인해 나타났다.
④ 허적, 윤휴 등의 남인들을 몰아내고 서인이 집권한 사건은 경신환국(1680)이다.

핵심개념 숙종 대의 환국

경신환국 (1680)	배경	• 남인 허적의 유악 사건(기름 천막 사건) • 삼복의 변(허적의 서자 허견의 역모 도모)
	결과	• 남인 축출(허적·윤휴 사사) • 서인의 정권 장악
	영향	• 서인의 분화(노론 VS 소론)
기사환국 (1689)	배경	• 희빈 장씨(장희빈) 아들(윤)의 원자 정호(定號)문제
	전개	• 남인 찬성 vs 송시열 등 서인 반대
	결과	• 서인(노론·소론) 축출 → 남인 집권 • 인현왕후 폐비 → 장희빈이 왕비가 됨
갑술환국 (1694)	배경	• 서인들의 폐비 민씨(인현왕후) 복위 운동 전개 VS 남인 반대
	결과	• 남인 축출 → 서인(노론·소론) 재집권 • 인현왕후 중전 복위

정답 ② 한정판 079p, 기본서 468p

07 0537 [2018. 서울시 7급 2차]

〈보기〉의 조치를 시행한 국왕에 대한 설명으로 가장 옳은 것은?

― 보기 ―
- 노산대군의 시호를 올리고 (중략) 묘호를 단종이라 하였다.
- 임금이 친히 명나라 신종 황제를 제사하였다.
- 충무공 이순신의 사우(祠宇)에 '현충'이라는 호를 내렸다.

① 왕권 강화를 위해 수시로 환국을 단행하였다.
② 수원에 새로운 성곽도시인 화성을 건설하였다.
③ 명의 요청을 수용하여 중국에 원병을 파견하였다.
④ 백성들의 군역 부담 완화를 위해 균역법을 시행했다.

SOLUTION 난이도 상 중 하

자료분석 보기는 조선 숙종의 정책을 나타낸 것이다. 숙종 때에는 정치적으로 명분의리론이 크게 성행하여 임진왜란 때 조선에 군대를 파견했던 명나라 신종의 은의를 추모하기 위해 대보단을 쌓아 임금이 친히 대보단에 제사를 지냈다. 또한 성삼문 등 사육신이 복관되었으며, 세조에게 왕위를 빼앗기고 죽은 노산대군의 시호를 올리고 묘호를 단종이라 하였다. 그리고 이순신 사당에 '현충'이라는 호를 내리고, 의주에 강감찬 사당을 건립하여 국민의 애국심을 고취시켰다.

정답해설 ① 숙종은 왕권 강화를 위해 여러 차례의 환국(1680년 경신환국, 1689년 기사환국, 1694년 갑술환국)을 단행하였다. 이는 붕당 간의 대립을 심화시켰으며, 일당 전제화의 배경이 되었다.

오답피하기 ② 정조에 대한 설명이다. 정조는 수원으로 사도 세자의 묘를 옮기고 화성을 세워 정치적, 군사적 기능을 부여하였으며, 상공인을 유치하여 자신의 정치적 이상을 실현하는 상징적 도시로 육성하고자 하였다.
③ 명의 요청을 받아 중국에 원병(강홍립)을 파견한 것은 광해군이다.
④ 균역법은 영조 때 1년에 2필씩 납부하던 군포를 1필로 줄여준 정책이다.

핵심개념 숙종 대의 역사

· 윤휴의 북벌 주장(1674, 1675)	· 이순신 사당에 '현충'이라는 호를 내림(1707)
· 상평통보 전국 유통(1678)	· 대동법 전국적 확대(1708)
· 노산대군(시호), 단종(묘호) 추존	· 의주에 강감찬 사당 건립(1709)
· 사육신을 충곡서원에 제향	· 백두산 정계비 건립(1712)
· 금위영 설치(1682)	· 병신처분(1716)
· 안용복의 활약(1693, 1696)	· 폐사군 일부 복설(소론 남구만)
· 장길산의 난(1697)	· 삼남지방에 대한 양전사업 완료
· 만동묘·대보단 설치(1704)	

정답 ① 한정판 079p, 기본서 468p

주제 096

01 | 근대 태동기의 정치

영조의 정책과 탕평 정치

Check 대표 기출 1

01 0538 [2022. 지방직 9급] 회독○○○

밑줄 친 '나'가 국왕으로 재위하던 기간에 있었던 일은?

> 팔순 동안 내가 한 일을 만약 나 자신에게 묻는다면 첫째는 탕평책인데, 스스로 '탕평'이란 두 글자가 부끄럽다. 둘째는 균역법인데, 그 효과가 승려에게까지 미쳤다. 셋째는 청계천 준설인데, 만세에 이어질 업적이다.
> … (하략) …
> - 『어제문업(御製問業)』 -

① 장용영이 창설되었다.
② 나선정벌이 단행되었다.
③ 홍경래의 난이 발생하였다.
④ 『동국문헌비고』가 편찬되었다.

Check 대표 기출 2

02 0539 [2025. 지방직 9급] 회독○○○

밑줄 친 '국왕'의 정책으로 옳은 것은?

> 국왕은 성균관 앞에 "두루 사귀되 편당을 짓지 않는 것이 군자의 공정한 마음이요, 편당을 짓고 두루 사귀지 않는 것은 소인의 사사로운 마음이다."라는 내용을 새긴 탕평비를 세웠다.

① 균역법을 실시하였다.
② 수원 화성을 건설하였다.
③ 초계문신제를 시행하였다.
④ 『대전회통』을 편찬하였다.

SOLUTION 난이도 상 중 하

출제자의 눈 사료를 제시하고 영조의 업적을 묻는 유형이 주로 출제된다. 영조와 정조의 업적을 구분해야 하며, 특히 편찬 사업에 대한 부분을 비교하는 문제 출제 시 오답률이 높아지므로 주의해야 한다.

자료분석 밑줄 친 '나'는 영조이다. 균역법, 청계천 준설 등을 통해 알 수 있다. 영조는 균역법을 시행하여 백성의 군역 부담을 절반으로 줄였고, 한양의 주민 15만 명과 역부 5만 명을 동원해 청계천을 준설함으로서 한양 시민의 하수처리 문제를 해결하기도 하였다.

정답해설 ④ 영조 때에는 국가적 사업으로 우리나라의 역대 문물을 정리한 한국학 백과사전인 『동국문헌비고』가 편찬되었다.

오답피하기 ① 국왕의 친위 부대인 장용영은 정조 때 설치되었다. 정조는 친위부대인 장용영을 설치하여 병권을 장악함으로써, 왕권을 뒷받침하는 군사적 기반을 갖추었다.
② 효종 때 조선 정부는 변급(1654), 신유 (1658) 등 두 차례에 걸쳐 조총 부대를 보내 러시아군과 교전하여 큰 전과를 올렸다(나선 정벌).
③ 홍경래의 난은 순조 때인 1811년에 세도 정치의 폐해와 서북인에 대한 차별 대우 등이 원인이 되어 몰락한 양반인 홍경래의 지휘 하에 영세 농민, 중소 상인, 광산 노동자 등이 합세하여 일으킨 봉기였다.

정답 ④ 한정판 080p, 기본서 472p

SOLUTION 난이도 상 중 하

자료분석 밑줄 친 '국왕'은 조선 후기의 국왕인 영조이고 자료는 영조 때 탕평비를 건립한 사실을 보여준다.

정답해설 ① 영조 때는 균역법을 실시하여 농민의 군포 부담을 1년에 1필로 줄여 주었다. 줄어든 군포 수입은 토지 1결마다 2두씩 결작미를 거두고, 어염세와 선박세 등을 국가 재정으로 돌려 보충하였다. 또 일부 부유한 상민에게도 선무군관이라는 명목으로 군포 1필을 납부하게 하였다.

오답피하기 ② 수원 화성을 건설한 국왕은 정조이다. 정조는 수원으로 사도 세자의 묘를 옮기고 화성을 세워 정치적, 군사적 기능을 부여하였으며, 상공인을 유치하여 자신의 정치적 이상을 실현하는 상징적 도시로 육성하고자 하였다.
③ 정조는 신진 인물이나 중·하급 관리 중에서 유능한 인사를 재교육하는 초계문신제를 실시하였다.
④ 『대전회통』은 흥선 대원군 집권기에 편찬된 법전이다. 영조 때에는 법전으로 『속대전』이 편찬되었다.

정답 ① 한정판 080p, 기본서 472p

03 0540 [2020. 경찰 1차]

다음과 같은 내용의 교서를 발표한 왕에 대한 설명으로 가장 적절한 것은?

> 우리나라는 원래 땅이 협소하여 인재 등용의 문도 넓지 못하였다. 그런데 근래에 와서 인재 임용이 당에 들어 있는 사람만으로 이루어지고, 조정의 대신들이 서로 공격하여 공론이 막히고 서로를 반역자라 지목하니 선악을 분별할 수 없게 되었다. 지금 새로 일으켜야 할 시기를 맞아 과거의 허물을 고치고 새로운 정치를 펴려 하니, 유배된 사람은 경중을 헤아려 다시 등용하되 탕평의 정신으로 하라. 지금 나의 이 말은 위로는 종사를 위하고 아래로 조정을 진정하려는 것이니, 이를 어기면 종신토록 가두어 내가 그들과는 나라를 함께 할 뜻이 없음을 보이겠다.

① 문물제도의 정비를 반영한 『탁지지』 등을 편찬하였다.
② 초계문신제를 신설하여 인재 재교육 정책을 추진하였다.
③ 통공 정책을 실시하여 자유로운 상업 활동의 범위를 확대하였다.
④ 신문고 제도를 부활시키고 『동국문헌비고』 등을 편찬하여 문물과 제도를 정비하였다.

SOLUTION

자료분석 자료는 조선 후기 영조의 탕평 교서의 내용이다. 영조는 즉위 후 탕평교서를 발표하여 어지러운 정국을 바로잡으려 하였다. 영조는 왕과 신하 사이의 의리를 바로 세워야 한다며, 붕당을 없애자는 논리에 동의하는 탕평파를 중심으로 정국을 운영하였다. 영조가 탕평 정치를 실시하면서 왕은 정국의 운영이나 이념적 지도력을 비롯하여 거의 모든 부분에서 가장 큰 영향력을 행사하게 되었고, 붕당의 정치적 의미는 차츰 엷어졌다. 그러나 영조의 탕평책은 붕당 정치의 폐단을 근본적으로 해결한 것은 아니었으며, 강력한 왕권으로 붕당 사이의 치열한 다툼을 일시적으로 억누른 것에 불과하였다.

정답해설 ④ 영조 때에는 신문고 제도가 부활하고, 우리나라의 역대 문물을 정리한 한국학 백과사전인 『동국문헌비고』가 편찬되었다.

오답피하기 ① 『탁지지』는 정조 때 호조의 사례를 정리하여 편찬한 책이다.
② 정조는 신진 인물이나 중·하급 관리 중에서 유능한 인사를 재교육하는 초계문신제를 실시하였다.
③ 정조 때에는 채제공의 건의로 육의전을 제외한 시전 상인의 금난전권을 폐지하여 자유로운 상업 행위를 진작시켰다(신해통공, 1791).

핵심개념 영조 대 편찬된 서적

- 속대전(법전), 속병장도설(병서)
- 속오례의(국조오례의의 속편)
- 동국문헌비고(홍봉한, 한국학 백과사전)
- 여지도서(전국 읍지)
- 동국여지도(채색 지도집)
- 해동지도(채색 지도집)

정답 ④

---

04 0541 [2019. 서울시 사회복지직]

영조의 정책에 대한 서술로 옳은 것을 〈보기〉에서 모두 고르면?

보기
ㄱ. 형벌 제도를 개선해 가혹한 악형을 없앴다.
ㄴ. 서얼 출신의 학자를 검서관에 기용하고 공노비의 해방을 추진하는 등 서얼과 노비에 대한 차별을 개선하기 위해 노력하였다.
ㄷ. 균역법을 시행하여 양반과 상민이 똑같이 군포를 부담하게 하였다.
ㄹ. 청계천 준설 사업으로 일자리를 만들어주고 홍수에 대비하게 하였다.

① ㄱ, ㄹ
② ㄴ, ㄷ
③ ㄱ, ㄴ, ㄷ
④ ㄱ, ㄷ, ㄹ

SOLUTION

정답해설 ㄱ. 영조는 압슬형, 자자형 등 가혹한 형벌을 폐지하고 사형수에 대한 삼심제를 엄격하게 시행하였다.
ㄹ. 영조는 청계천 준설 사업을 실시하여 일자리를 만들어 주고 서울 시민의 하수 처리 문제를 해결하기도 하였다.

오답피하기 ㄴ. 정조는 유득공, 이덕무, 박제가 등 서얼 출신들을 규장각 검서관으로 등용하여 서얼에 대한 차별을 개선하고, 노비에 대한 차별도 완화하였다.
ㄷ. 영조 때 균역법을 시행한 것은 옳으나 양반과 상민이 똑같이 군포를 부담하게 한 것은 아니다. 균역법은 농민들의 군포 부담을 2필에서 1필로 경감한 조치이다. 양반도 상민과 같이 군포를 부담하게 한 제도는 흥선 대원군이 실시한 호포제이다. 흥선 대원군은 상민에게만 받던 군포를 반상에 구분 없이 가호에 부과하여 양반들에게도 군포를 징수하는 호포제를 실시하였다.

단어해석 · 압슬형 : 죄인을 신문할 때 죄인을 움직이지 못하게 한곳에 묶어놓고 무릎 위를 널빤지 같은 압슬기로 누르거나 무거운 돌을 올려 놓는 형벌
· 자자형 : 죄인의 얼굴이나 팔에 죄명을 문신하는 형벌

핵심개념 영조 대(1724~1776)의 역사

탕평책 (완론탕평)	· 즉위 직후 탕평 교서 발표(1725) · 이인좌의 난(1728) 발생 · 탕평파 중심의 정국 운영 · 탕평비 건립(1742) : 성균관 입구에 건립 · 서원 정리, 산림(山林)의 존재 부정 · 이조 전랑의 권한 축소 - 3사 관리 선발권(통청권) 폐지 - 후임자 천거권(자대권) 폐지
문물 정비	· 균역법(1750) : 군포 1필 징수 · 군영 정비 : 수성 윤음 반포(1751) · 사형수에 대한 삼심제 엄격 시행 · 가혹한 형벌 폐지(압슬형, 낙형 등) · 속대전 편찬, 신문고 부활 · 민의 청취(상언, 격쟁) · 청계천 준설 사업(준천사 설치) · 노비종모법(1731) 확정·시행
편찬 사업	· 속대전, 속병상노설, 속오례의 · 동국문헌비고, 동국여지도, 해동지도

정답 ①

05 0542 [2016. 지방직 9급]

다음 정책을 시행한 왕에 대한 설명으로 옳은 것은?

- 속대전을 편찬하여 법령을 정비하였다.
- 사형수에 대한 삼복법(三覆法)을 엄격하게 시행하였다.
- 신문고제도를 부활시켜 백성들의 억울함을 풀어주고자 하였다.

① 신해통공을 단행해 상업 활동의 자유를 확대하였다.
② 삼정이정청을 설치해 농민의 불만을 해결하려 하였다.
③ 붕당의 폐단을 제거하기 위해 서원을 대폭 정리하였다.
④ 환곡제를 면민이 공동출자하여 운영하는 사창제로 전환하였다.

06 0543 [2016. 경찰 1차]

다음은 조선의 어느 왕에 대한 시책문이다. 이 왕의 재위 기간에 있었던 일로 가장 적절한 것은?

> 적전(籍田)을 가는 쟁기를 잡으시니 근본을 중시하는 거동이 아름답고, 혹독한 형벌을 없애라는 명을 내리시니 살리기를 좋아하는 덕이 성대하였다. … 정포(丁布)를 고루 줄이신 은혜로 말하면 천명을 받아 백성을 보전할 기회에 크게 부합되었거니와 위를 덜어 아래를 더하며 어염세(魚鹽稅)도 아울러 감면되고, 여자·남자가 기뻐하여 양잠·농경이 각각 제자리를 얻었습니다.

① 속대전을 편찬하여 법전 체계를 정리하였다.
② 신진 인물이나 중·하급관리 중에서 유능한 인사를 재교육하는 초계문신 제도를 시행하였다.
③ 김육, 김상범의 노력으로 청나라를 통해 시헌력을 도입하였다.
④ 홍문관을 두어 관원 모두에게 경연관을 겸하게 함으로써 집현전을 계승하였다.

07 0544 [2014. 지방직 9급] 회독 ○○○

(가) 시기에 볼 수 있는 장면으로 적절한 것은?

	(가)	
이인좌의 난		규장각 설치

① 당백전으로 물건을 사는 농민
② 금난전권 폐지를 반기는 상인
③ 전(錢)으로 결작을 납부하는 지주
④ 경기도에 대동법 실시를 명하는 국왕

08 0545 [2014. 서울시 7급] 회독 ○○○

제시된 자료를 읽고 다음 전교를 내린 임금에 대한 설명으로 옳은 것을 〈보기〉에서 고르시오.

> 붕당의 폐단이 요즈음보다 심한 적이 없었다 … 다른 붕당의 사람들을 모조리 역당으로 몰고 있다… 사람을 임용하는 것은 모두 같은 붕당의 인사들만이니 이렇게 하고도 천리의 공(公)에 부합하고 온 세상의 마음을 복종시킬 수 있겠는가 … 귀양 간 사람들은 그 경중을 참작하여 풀어주고 관리의 임용을 담당하는 관서에서는 탕평(蕩平)하게 거두어 쓰도록 하라.

보기

㉠ 가혹한 형벌을 폐지하였으며 속대전을 편찬하여 법전체제도 정비하였다.
㉡ 정국을 주도하는 붕당과 견제하는 붕당이 급격히 교체되는 이른바 환국이 일어났다.
㉢ 통치체제를 재정비하여 세도정치의 문제점을 해결하고자 하였다.
㉣ 백성들의 군역 부담을 완화하기 위해 균역법을 시행했다.
㉤ 군대를 양성하고 성곽을 수리하는 등 북벌을 준비하였다.

① ㉠, ㉣ ② ㉡, ㉤ ③ ㉠, ㉤
④ ㉡, ㉢ ⑤ ㉢, ㉣

SOLUTION 난이도 상 중 하

자료분석 이인좌의 난은 영조 즉위 직후 남인과 소론의 강경파가 영조의 정통성을 부정하며 일으킨 난으로 1728년의 사실이고, 규장각은 정조의 즉위년인 1776년에 설치되었다.

정답해설 ③ 영조는 1750년에 균역법을 실시하여 농민의 군포 부담을 1년에 1필로 줄였다. 줄어든 군포 수입은 토지 1결마다 2두씩 결작미를 거두고, 어염세와 선박세 등을 국가 재정으로 돌려 보충하였으며, 일부 상류층(일부 부유한 상민층)에게 선무군관이라는 칭호를 주고 군포 1필을 납부하게 하였다.

오답피하기 ① 당백전은 고종 때 흥선 대원군이 경복궁 중건에 필요한 비용을 확보하기 위해 발행한 고액화폐로, 1866년에 주조되었다.
② 정조는 1791년 신해통공을 실시하여 육의전을 제외한 시전 상인의 금난전권을 폐지하였다.
④ 광해군은 1608년에 경기도에서 대동법을 처음 실시하였다. 대동법은 집집마다 부과하여 토산물을 징수하던 공물 납부 방식을 토지의 결수에 따라 쌀, 삼베나 무명, 동전 등으로 납부하게 하는 제도였다.

정답 ③ 한정판 080p, 기본서 472p

SOLUTION 난이도 상 중 하

자료분석 자료는 영조 즉위 초기에 발표된 「탕평교서」(1725)이다. 영조는 정국의 파탄을 수습하기 위해 탕평교서를 발표하여 당쟁의 폐단을 지적하고 탕평의 필요성을 주장하였다. 그리고 강화된 왕권을 바탕으로 노론과 소론 사이의 세력 균형을 조정하고 각 붕당에서 왕권에 순종적인 인사들을 중심으로 탕평파를 모아, 이들을 중용하는 완론 탕평을 펼쳤다.

정답해설 ㉠ 영조는 낙형, 압슬형, 자자형 등 가혹한 형벌을 폐지하였으며 『경국대전』 이후 공포된 법령을 모아 재정리하여 『속대전』을 편찬하였다.
㉣ 영조는 농민들의 군포 부담을 줄여주기 위해 1년에 군포 부담을 2필에서 1필로 줄이는 균역법을 시행하였다.

오답피하기 ㉡ 숙종 때에 이르러 정국을 주도하는 붕당과 견제하는 붕당이 서로 교체됨으로써 정국이 급격하게 전환하는 환국이 나타나기 시작하였다. 이로써 특정 붕당이 정권을 독점하는 일당 전제화의 추세가 대두되었다.
㉢ 흥선 대원군은 인재 등용, 비변사 혁파 등의 개혁 정치를 실시하여 세도 정치의 문제점을 해결하고 통치 체제를 재정비하였다.
㉤ 북벌 운동은 효종 때 활발히 추진되었다. 효종은 청에 반대하는 입장을 강하게 내세웠던 송시열, 송준길, 이완 등을 높이 등용하여 군대를 양성하고 성곽을 수리하는 등 북벌을 준비하였다.

정답 ① 한정판 080p, 기본서 472p

09 0546 [2013. 서울시 9급]

다음 사건을 수습한 이후에 나타난 정치 변화를 바르게 설명한 것은?

> 적(賊)이 청주성을 함락시키니, 절도사 이봉상과 토포사 남연년이 죽었다. 처음에 적 권서봉 등이 양성에서 군사를 모아 청주의 적괴(賊魁) 이인좌와 더불어 군사 합치기를 약속하고는 청주 경내로 몰래 들어와 거짓으로 행상(行喪)하여 장례를 지낸다고 하면서 상여에다 병기(兵器)를 실어다 고을 성 앞 숲 속에다 몰래 숨겨 놓았다. … 이인좌가 자칭 대원수라 위서(僞書)하여 적당 권서봉을 목사로, 신천영을 병사로, 박종원을 영장으로 삼고, 열읍(列邑)에 흉격(凶檄)을 전해 병마(兵馬)를 불러 모았다. 영부(營府)의 재물과 곡식을 흩어 호궤(犒饋)하고 그의 도당 및 병민(兵民)으로 협종(脅從)한 자에게 상을 주었다.
> – 조선왕조실록, 영조 4년 3월 –

① 환국의 정치 형태가 출현하였다.
② 소론과 남인이 권력을 장악하였다.
③ 완론(緩論) 중심의 탕평 정치가 행하여졌다.
④ 왕실의 외척이 군사권을 계속하여 독점 장악하였다.
⑤ 당파의 옳고 그름을 명백히 밝히는 정치가 시작되었다.

SOLUTION

자료분석 자료는 영조 집권 초기에 소론과 일부 남인 강경파가 일으킨 '이인좌의 난(1728)'에 대한 내용이다. 이인좌는 스스로 대원수라 칭하고 1728년(영조 4) 청주에 진입하여 청주성을 점령하였다. 이들은 합천·삼가·함양 등을 장악하고, 서울로 북상하여 안성·죽산에 이르렀다. 그러나 반란 진압을 위해 출동한 관군에게 패해 죽산으로 도피하였고, 결국 체포되어 대역죄로 능지처참 되었다.

정답해설 ③ 영조는 이인좌의 난의 발생 원인을 노론 세력만으로 구성하였던 폐쇄적 인사 정책 때문으로 판단하여, 이후 노론과 소론을 막론하고 자신의 정책에 동조하는 탕평파를 중심으로 정국을 운영하는 완론 탕평을 추진해 나갔다.

오답피하기 ① 숙종 때에 이르러 정국을 주도하는 붕당과 견제하는 붕당이 서로 교체됨으로써 정국이 급격하게 전환하는 환국이 나타나기 시작하였다.
② 이인좌의 난이 진압된 후에는 왕과 탕평파 대신에게 권력이 집중되었다. 이후 영조는 노론을 중심으로 소론·남인을 고루 관직에 기용하였다.
④ 왕실의 외척이 권력을 독점 장악한 때는 순조 이후의 세도 정치 시기에 해당한다.
⑤ 정조 때에 붕당의 주장의 옳고 그름을 명확히 가리는 적극적인 준론 탕평이 실시되었다.

핵심개념 이인좌의 난(1728)

명분	영조의 정통성 부정, 영조가 경종의 죽음과 관계되어 있음, 노론 정책 반대
전개	소론 강경파와 남인 일부 가담 → 청주성 함락 → 서울로 북상하였으나 안성과 죽산에서 관군에게 격파됨
영향	붕당 간의 관계 재조정 및 왕과 신하 사이의 의리를 확립할 필요성을 느낌

정답 ③ 한정판 080p, 기본서 472p

주제 097

01 | 근대 태동기의 정치

정조의 탕평 정치

Check 대표 기출 1

01 0547 [2021. 지방직 9급]   회독 ○○○

밑줄 친 '왕'의 재위 기간에 있었던 사실로 옳은 것은?

> 왕은 노론과 소론, 남인을 두루 등용하였으며 젊은 관료들을 재교육하기 위해 초계문신제를 시행하였다. 또 서얼 출신의 유능한 인사를 규장각 검서관으로 등용하였다.

① 동학이 창시되었다.
②『대전회통』이 편찬되었다.
③ 신해통공이 시행되었다.
④ 홍경래의 난이 발생하였다.

Check 대표 기출 2

02 0548 [2023. 지역인재 9급]   회독 ○○○

밑줄 친 '왕'에 대한 설명으로 옳은 것은?

> 왕은 자신을 '만천명월주인옹(萬川明月主人翁)'이라 칭하면서 모든 시냇물을 비추는 달처럼 모든 백성을 사랑하는 정치를 지향하였다. 또한, 화성을 건설하고 여러 차례 행차하여 왕의 위상을 과시하는 동시에 민생에 관한 백성들의 목소리를 직접 듣고자 하였다.

① 청을 정벌하자는 북벌운동을 추진하였다.
②『속대전』을 편찬하여 통치제도를 정비하였다.
③ 초계문신제를 실시하여 문신들을 재교육하였다.
④ 명과 후금 사이에서 실리를 취하는 중립 외교를 펼쳤다.

SOLUTION   난이도 상 중 하

출제자의 눈 조선 후기 정치사 중 영조와 함께 가장 출제 빈도가 높은 주제가 정조의 왕대사 문제이다. 사료형 문제가 전형적이며, 2018년도 국가직 9급에서는 정조 대의 왕대사 문제에 서호수의『해동농서』편찬을 정답으로 출제하여 그동안 조선 후기 농서로만 암기하고 있었던 수험생들의 허를 찌르기도 하였다. 따라서 각 주제에 흩어져 있는 정조 대의 사실을 하나로 묶어 암기할 필요가 있다.

자료분석 초계문신제 시행, 서얼 출신의 유능한 인사를 규장각 검서관으로 등용하였다는 내용을 통해 밑줄 친 '왕'이 조선 후기의 임금인 정조임을 알 수 있다. 정조는 신진 인물이나 중·하급 관리 중에서 유능한 인사를 재교육하는 초계문신제를 시행하고, 유득공, 이덕무, 박제가 등 서얼 출신들을 규장각 검서관으로 등용하였다.

정답해설 ③ 정조 때에는 당시 좌의정이었던 채제공의 건의로 육의전을 제외한 시전 상인의 금난전권을 폐지(신해통공, 1791)하여 자유로운 상업 행위를 진작시켰다.

오답피하기 ① 동학은 철종 때인 1860년에 경주 출신의 몰락 양반 최제우가 창시하였다.
②『대전회통』편찬은 흥선 대원군 집권기(고종 때)의 사실이다. 정조 때에는『대전통편』이 편찬되었다.
④ 홍경래의 난은 1811년 순조 때 일어났다. 이 난은 세도 정치의 폐해와 서북인에 대한 차별 대우 등이 원인이 되어 몰락한 양반인 홍경래의 지휘하에 영세 농민, 중소 상인, 광산 노동자 등이 합세하여 일으킨 봉기였다.

정답 ③ 한정판 081p, 기본서 475p

SOLUTION   난이도 상 중 하

자료분석 자료의 밑줄 친 '왕'은 조선 정조이다. 정조는 자신을 만물을 비추는 달에 비유하고, 백성과 신하를 수많은 물에 비유하면서 초월적 군주를 자처하였다.

정답해설 ③ 정조는 37세 이하의 참상·참하의 당하관 중 젊고 재능 있는 문신들을 의정부에서 초선하여 규장각에 위탁 교육을 시키고, 40세가 되면 졸업시키는 초계문신제를 시행하였다.

오답피하기 ① 북벌 운동은 병자호란 이후 효종 때 적극적으로 추진되었다. 오랑캐로 여겨 왔던 여진족이 세운 나라에 거꾸로 군신 관계를 맺게 되고, 임금이 굴욕적인 항복을 했다는 사실은 조선인들에게 커다란 충격이었다. 이에 효종 때에는 오랑캐에 당한 수치를 씻고, 임진왜란 때 도와준 명에 대한 의리를 지켜 청에 복수하자는 북벌 운동이 전개되었다.
② 영조는 제도와 권력 구조의 개편 내용을 정리하여『속대전』을 편찬함으로써 법전 체계를 재정리하였다(1746). 정조는『경국대전』과『속대전』및 그 뒤의 법령을 통합해『대전통편』(1785)을 편찬하였다.
④ 광해군은 대내적으로 전쟁의 뒷수습을 위한 정책을 실시하면서 대외적으로는 명과 후금 사이에서 신중한 중립 외교 정책을 실시하였다.

정답 ③ 한정판 081p, 기본서 475p

03 [2024. 법원직]

밑줄 친 '국왕'에 대한 설명으로 가장 옳지 않은 것은?

> 국왕은 현륭원(顯隆園)을 수원에 봉안하고 1년에 한 번씩 참배할 준비를 하였다. 옛 규례에는 한강을 건널 때 용배(龍舟)를 사용하였으나, 그 방법이 불편한 점이 많다 하여 배다리의 제도로 개정하고 묘당으로 하여금 그 세목을 만들어 올리게 하였다. 그러나 뜻에 맞지 않았기에 국왕은 주교지남(舟橋指南)을 편찬하였다.

① 탕평비를 세웠다.
② 장용영을 설치하였다.
③ 『무예도보통지』를 간행하였다.
④ 초계문신 제도를 시행하였다.

04 [2019. 국가직 7급]

다음 시나리오에 등장하는 밑줄 친 ㉠과 빈 칸 ㉡에 대한 설명으로 옳은 것은?

> S#3
> 즉위한 지 얼마 안 되어 아직 상복 차림인 ㉠국왕, 대신과 여러 관원을 부른다.
> 국왕: 우리나라의 역대 임금님들이 지은 글은 제대로 봉안할 곳이 없었다. 그리하여 창덕궁 후원에 ㉡ 을(를) 세우고 임금님들의 글을 봉안하게 하였다. 따라서 이를 담당하는 관원이 있어야 할 것 같은데, 경들은 어떻게 생각하는가?
> 신하들: 이 일은 문치의 교화를 진작시킬 것입니다. 마땅히 관원을 두셔야 할 줄로 아뢰옵니다.

① ㉠ - 신경준에게 명하여 『동국여지도』를 편찬하도록 하였다.
② ㉠ - 내수사와 궁방 및 각급 관청에 속한 관노비의 장적을 소각하도록 하였다.
③ ㉡ - 백성의 억울함을 왕에게 알릴 수 있는 창구 역할을 하였다.
④ ㉡ - 조정 관료 중에서 재능 있는 문신들을 선발하여 이곳에서 재교육하였다.

05　0551　[2019. 경찰 1차]

밑줄 친 '왕'이 재위한 시기의 역사적 사실로 옳은 것은?

> 채제공이 아뢰기를, "평시서로 하여금 30년 이내에 신설된 시전을 모두 혁파하게 하십시오. 형조와 한성부에 분부하여 육의전 이외에는 금난전권을 행사하지 못하게 하십시오."라고 하니, <u>왕</u>이 허락하였다.

① 경기도에서 대동법을 처음 실시하였다.
② 전세(田稅)를 토지 1결당 미곡 4두로 고정하는 영정법을 처음 실시하였다.
③ 백성의 여론을 직접 정치에 반영하기 위하여 신문고 제도를 부활하였다.
④ 친위부대인 장용영을 설치하여 왕권을 뒷받침하는 군사적 기반을 갖추었다.

SOLUTION

자료분석 자료는 정조 때 시행된 신해통공에 관한 내용이다. 신해통공은 1791년 당시 좌의정이었던 채제공의 건의로 육의전을 제외한 시전 상인의 금난전권을 폐지한 조치이다.

정답해설 ④ 정조는 친위 부대인 장용영을 설치하여 병권을 장악함으로써, 왕권을 뒷받침하는 군사적 기반을 갖추었다.

오답피하기 ① 대동법은 광해군 때(1608) 경기도에서 처음 실시하였다.
② 전세(田稅)를 토지 1결당 미곡 4두(또는 4~6두)로 고정하는 영정법은 인조 때 (1635) 처음 시행하였다.
③ 백성의 여론을 직접 정치에 반영하기 위하여 신문고 제도를 부활시킨 것은 영조이다.

핵심개념 장용영(1788, 정조 12)

기능	· 국왕의 친위 부대 · 왕권을 뒷받침하는 군사적 기반
편성	· 내영(도성 중심) · 외영(수원 화성 중심)
폐지	1802년 순조 때 폐지

심화개념 번암 채제공(1720~1799)

· 당색 : 남인 시파
· 1788년 우의정 역임
· 1790년 좌의정 역임
· 1791년 신해통공 정책 건의
· 1793년 영의정 역임
· 1794년 수원 화성 공사 책임자
· 저서 : 번암집(채제공의 시문집)

정답 ④ 한정판 081p, 기본서 475p

06　0552　[2018. 국가직 9급]

다음과 같이 주장한 인물에 대한 설명으로 옳은 것은?

> 달은 하나이나 냇물의 갈래는 만 개가 된다. …(중략)… 나는 그 냇물이 세상 사람들이라는 것을 안다. 빛을 받아 비추어서 드러나는 것은 사람들의 상이다. 달이라는 것은 태극이요, 태극은 나이다.

① 『해동농서』를 편찬하도록 하였다.
② 갑인예송에서 왕권을 강조하며 기년복을 주장하였다.
③ 이순신에게 현충이라는 시호를 내리고 강감찬 사당을 건립하였다.
④ 민간의 광산개발 참여를 허용하는 설점수세제를 처음 실시하였다.

SOLUTION

자료분석 자료는 정조의 문집인 『홍재전서』의 일부이다. 정조는 자신을 만물을 비추는 달에 비유하고, 백성과 신하를 수많은 물에 비유하면서 초월적 군주를 자처하였다.

정답해설 ① 『해동농서』는 정조 때에 왕명으로 서호수가 편찬한 농서이다. 우리 고유의 농학을 중심에 두고 중국 농학을 선별적으로 수용하여 한국 농학의 새로운 체계화를 시도하였다.

오답피하기 ② 갑인예송은 1674년(현종 15) 인선왕후 장씨가 사망하자 자의대비의 복제 문제를 두고 일어난 논쟁이다. 당시 기년복(1년복)을 주장한 것은 남인이다.
③ 숙종에 대한 설명이다. 숙종은 이순신 사당에 '현충'이라는 호를 내리고(1707), 의주에 강감찬 사당을 건립하였다(1709).
④ 설점수세제는 17세기 효종 때 처음 실시하였다. 광산은 본래 정부가 독점하여 필요한 광물을 채굴하였으나, 17세기 효종 때에는 민간인에게 광산 채굴을 허용하고 세금을 받는 설점수세제(1651) 정책을 실시하였다.

정답 ① 한정판 081p, 기본서 475p

07 0553 [2012. 국가직 9급]

밑줄 친 '국왕'의 정책으로 옳지 않은 것은?

> 국왕께서 왕위에 즉위한 첫 해에 맨 먼저 도서집성 5천여 권을 연경의 시장에서 사오고, 또 옛날 홍문관에 간직했던 책과 강화부 행궁에 소장했던 책과 명에서 보내온 책들을 모았다. … 창덕궁안 규장각 서남쪽에 열고관을 건립하여 중국본을 저장하고, 북쪽에는 국내본을 저장하니, 총 3만권 이상이 되었다.

① 통치규범을 재정리하기 위하여 대전통편을 편찬하였다.
② 당파와 관계없이 인물을 등용하는 완론탕평을 실시하였다.
③ 당하관 관료의 재교육을 위해 초계문신제도를 시행하였다.
④ 왕권을 강화하기 위해 장용영이라는 친위부대를 창설하였다.

08 0554 [2012. 지방직 9급]

밑줄 친 '상(上)'의 재위 시에 있었던 일로 옳은 것은?

> 이 책이 완성되었다. … 곤봉 등 6가지 기예는 척계광의 「기효신서」에 나왔는데 … 장헌세자가 정사를 대리하던 중 기묘년에 명하여 죽장창 등 12가지 기예를 더 넣어 도해(圖解)로 엮어 새로 신보를 만들었고, 상(上)이 즉위하자 명하여 기창 등 4가지 기예를 더 넣고 또 격구, 마상재를 덧붙여 모두 24가지 기예가 되었는데, 검서관 이덕무, 박제가에게 명하여 … 주해를 붙이게 했다.

① 민(民)의 상언과 격쟁의 기회를 늘려주었다.
② 대전회통을 편찬하여 통치체제를 재정리하였다.
③ 군역의 부담을 줄이기 위해 균역법을 시행하였다.
④ 5군영 대신 무위영과 장어영 등 2영을 설치하였다.

SOLUTION (07)

자료분석 자료의 밑줄 친 '국왕'은 정조이다. '도서집성 5천여 권을 연경의 시장에서 사오고'라는 내용을 통해 정조 때 중국의 『고금도서집성』을 수입한 사실을 알 수 있다. 『고금도서집성』은 청나라 때 편찬된 백과사전으로 정조는 이 책을 수입하여 학문 정치의 기초를 다졌다.

정답해설 ① 정조는 『경국대전』과 『속대전』 및 그 뒤의 법령을 통합해 『대전통편』(1785)을 편찬하였다.
③ 정조는 37세 이하의 참상·참하의 당하관 중 젊고 재능 있는 문신들을 의정부에서 초선하여 규장각에 위탁 교육을 시키고, 40세가 되면 졸업시키는 초계문신제를 시행하였다.
④ 정조는 친위 부대인 장용영을 설치하여 왕권을 뒷받침하는 군사적 기반을 갖추었다.

오답피하기 ② 정조는 각 붕당의 주장이 옳은지 그른지를 명백히 가리는 적극적인 준론탕평을 추진하였다. 완론탕평은 영조의 탕평책으로 당파를 초월하여 온건하고 타협적인 인물을 등용하여 왕권에 순종시키는 정책이었다.

핵심개념 규장각 설치 (1776, 정조 1)

설치	창덕궁 후원에 설치
기능	• 강력한 정치 기구로 육성 • 역대 왕의 글과 책을 수집·보관하기 위한 왕실 도서관 • 비서실의 기능과 문한 기능을 통합적 부여 • 과거 시험 주관과 문신 교육 임무까지 부여
서얼 등용	규장각 검서관(4검서 : 유득공, 이덕무, 박제가, 서이수)
외규장각	강화도에 건설(1782) → 프랑스가 병인양요(1866) 때 외규장각 도서 약탈 → 2011년 대여 형식으로 반환

정답 ② 한정판 081p, 기본서 475p

SOLUTION (08)

자료분석 자료의 밑줄 친 '상'은 정조, 이 책은 정조 때 편찬된 무예 훈련교범인 『무예도보통지』이다. 조선 정조 때 이덕무, 박제가, 백동수 등이 왕명에 따라 편찬한 종합 무예서로, 1790년(정조 14)에 완간되었다. 이 사실을 모르더라도 '검서관 이덕무, 박제가에게 명하여'라는 내용을 통해 정조 때 유득공, 이덕무, 박제가 등 서얼 출신들이 규장각 검서관으로 등용된 사실을 떠올리면 밑줄 친 '상(上)'이 정조라는 사실을 유추할 수 있다.

정답해설 ① 정조는 화성 행차 시 상언과 격쟁 등을 통해 백성들의 의견을 적극적으로 수렴하여 정책에 반영하려 하였다. 정조 재위 25년(1776~1800) 동안 『일성록』에 수록된 상언·격쟁이 무려 4,304건으로, 1년 평균 172건에 이르렀다.

오답피하기 ② 『대전회통』은 고종 2년(1865)에 편찬된 법전이다. 정조 대에는 왕조의 통치 규범을 전반적으로 재정리하기 위하여 『대전통편』(1785)을 편찬하였다.
③ 균역법은 1년에 2필씩 납부하던 군포를 1필로 줄여준 것으로 영조 26년(1750)에 실시되었다.
④ 종래의 5군영을 무위영과 장어영의 2영으로 개편한 것은 고종 18년(1881)의 일이다.

단어해석 • 상언과 격쟁 : 상언(上言)과 격쟁(擊錚)은 백성들의 억울하고 원통한 사정을 국왕에게 직접 호소하는 합법적인 소원제도이다. 상언은 한문으로 작성해야 했으므로 문자에 익숙하지 못한 일반 백성들에게는 작성에 한계가 있었다. 격쟁은 국왕이 거동하는 때를 포착하여 징·꽹과리·북 등을 쳐서 이목을 집중시킨 다음 자신의 사연을 국왕에게 직접 호소하는 행위이다.

핵심개념 정조 대의 편찬 사업

대전통편	법전, 경국대전 증보	무예도보통지	병법서
동문휘고	외교 문서 정리	홍재전서	정조의 시문집
추관지	형조 업무	일성록	국정 기록 일기
탁지지	호조 업무	자휼전칙	흉년 시 어린이 구호

정답 ① 한정판 081p, 기본서 475p

주제 098 | 01 근대 태동기의 정치
세도 정치기

Check 대표 기출 1

01 0555 [2018. 경찰간부후보]   회독 ○○○

아래 자료의 배경이 된 시기의 정치사회적 상황에 관한 다음 설명 중 가장 옳지 않은 것은?

> 박종경은 어떤 인물이기에 요직을 멋대로 주무르고 권력을 남용하여 재물을 탐하고, 사방에 심복을 심어 만사를 제 마음대로 하려 합니까? 외척의 지위를 이용하여 인사, 재정, 군사, 시장 운영의 권한은 물론, 비변사와 주교사의 권한까지 모두 장악하여 득의양양해 하며 왼손에 칼자루를 오른손에 저울대를 쥔 듯이 아무런 거리낌도 없습니다.

① 효명세자가 대리청정을 하기도 하였다.
② 이 시기에는 몇몇 유력 가문에 권력이 집중되었는데, 그 중에는 안동 김씨, 풍양 조씨 등의 외척 가문이 있었다.
③ 이 시기에 천주교에 대한 박해가 있었는데, 기해박해와 병인박해가 있었다.
④ 서북인에 대한 차별로 인해 반란이 발생하였다.

SOLUTION   난이도 상 중 하

출제자의 눈 세도 정치기의 사회상, 세도 정치의 특징 등을 묻는 문제가 전형적이나, 순조와 철종 대의 왕대사 문제가 출제되기도 한다.

자료분석 '외척의 지위를 이용하여 인사, 재정, 군사, 시장 운영의 권한은 물론, 비변사와 주교사의 권한까지 모두 장악하여'라는 내용을 통해 19세기 세도 정치 시기임을 알 수 있다. 자료의 박종경은 순조 대의 외척 세력으로, 그의 누이가 순조의 생모인 수빈(綏嬪)이다. 홍경래의 난 당시의 격문에는 '김조순·박종경의 무리가 국가의 권력을 제멋대로 하니 어진 하늘이 재앙을 내린다.'는 내용이 등장하기도 한다. 순조, 헌종, 철종 3대 60여 년 동안은 일부 외척 가문이 권력을 장악하는 세도 정치가 나타났다.

정답해설 ① 순조는 1827년 아들 효명세자에게 대리청정을 시키고 국정 일선에서 물러났다. 효명세자는 김조순 일파를 견제하면서 의욕적으로 정치의 개편을 추진하였지만 3년 후에 급서함으로써, 다시 순조가 정사를 보게 되었다.
② 세도 정치 시기인 순조 때는 김조순의 가문인 안동 김씨가, 헌종 때는 조만영의 풍양 조씨가 권력을 장악했다.
④ 순조 대인 1811년에는 서북인에 대한 차별 대우와 세도 정치의 폐해로 홍경래의 난이 일어났다. 홍경래는 가산에서 처음 난을 일으켜 한때 청천강 이북 지역을 거의 장악했으나 5개월 만에 평정되었다.

오답피하기 ③ 세도 정치 시기에는 신유박해(순조)와 기해박해(헌종) 등이 일어났다. 병인박해는 흥선 대원군 집권기인 1866년에 일어난 천주교 박해 사건이다.

정답 ③ 한정판 082p, 기본서 480p

Check 대표 기출 2

02 0556 [2014. 국가직 9급]   회독 ○○○

다음 글을 남긴 국왕의 재위 기간에 일어난 사실로 옳은 것은?

> 보잘 것 없는 나, 소자가 어린 나이로 어렵고 큰 유업을 계승하여 지금 12년이나 되었다. 그러나 나는 덕이 부족하여 위로는 천명(天命)을 두려워하지 못하고 아래로는 민심에 답하지 못하였으므로, 밤낮으로 잊지 못하고 근심하며 두렵게 여기면서 혹시라도 선대왕께서 물려주신 소중한 유업이 잘못되지 않을까 걱정하였다. 그런데 지난번 가산(嘉山)의 토적(土賊)이 변란을 일으켜 청천강 이북의 수 많은 생령이 도탄에 빠지고 어육(魚肉)이 되었으니 나의 죄이다.
>
> - 「비변사등록」 -

① 최제우가 동학을 창도하였다.
② 공노비 6만 6천여 명을 양인으로 해방시켰다.
③ 미국 상선 제너럴 셔먼호가 격침되었다.
④ 삼정 문제를 해결하기 위해 삼정이정청을 설치하였다.

SOLUTION   난이도 상 중 하

자료분석 자료는 순조 대에 발생한 홍경래의 난(1811)과 관련된 사료이다. '어린 나이로 어렵고 큰 유업을 계승하여'라는 내용을 통해 어린 나이에 국왕의 자리에 오른 순조를, '가산의 토적이 변란을 일으켜'라는 내용을 통해 홍경래의 난이 발생한 가산 지역을 떠올릴 수 있다. 홍경래의 난은 처음 가산에서 난을 일으켜 선천, 정주 등을 별다른 저항 없이 점거하였고, 한때는 청천강 이북 지역을 거의 장악하기도 하였다.

정답해설 ② 순조는 1801년(순조 1) 6만 6천여 명의 공노비를 양인으로 해방시켰다.

오답피하기 ① 최제우가 동학을 창시한 것은 1860년 철종 때의 일이다.
③ 제너럴셔먼호 사건은 1866년(고종 3)에 발생한 사건으로, 대동강을 거슬러 올라와 통상을 요구하며 약탈과 살육을 자행한 미국 상선 제너럴셔먼호를 평안도 관찰사 박규수와 평양 관민이 불태운 사건이다.
④ 삼정이정청(1862, 철종 13)은 철종 때 일어난 임술 농민 봉기를 계기로 설치되었다.

핵심개념 세도정치기의 왕대사

순조 (1800~1834)	• 신유박해(1801) : 정약용 유배 • 중앙 관서 공노비 6만 여명 해방(1801) • 장용영 혁파(1802) • 안동 김씨 집권, 만기요람 편찬(1808) • 홍경래의 난(1811), 영국 로드 암허스트호의 통상 요구(1832)
헌종 (1834~1849)	• 풍양 조씨(조만영)의 세도 정치 • 기해박해(1839) : 정하상 처형 • 병오박해(1846) : 김대건 순교
철종 (1849~1863)	• 안동 김씨 세도 정치 • 최제우의 동학 창시(1860) • 임술농민봉기(1862)

정답 ② 한정판 082p, 기본서 480p

주제 099

02 | 근대 태동기의 사회

신분제의 동요

Check 대표 기출 1

01 0557 [2020. 법원직 9급] 회독 ○○○

〈표〉와 같은 변화가 나타나게 된 원인에 대한 탐구활동으로 옳은 것을 〈보기〉에서 모두 고른 것은?

〈표〉 (단위 : %)

시기	양반 호	상민 호	노비 호	합계
1729년	26.29	59.78	13.93	100
1765년	40.98	57.01	2.01	100
1804년	53.47	45.61	0.92	100
1867년	65.48	33.96	0.56	100

보기
ㄱ. 납속의 혜택에 대하여 조사해본다.
ㄴ. 공명첩을 구입한 사람들의 신분을 조사해본다.
ㄷ. 선무군관포의 부과 대상에 대하여 조사해본다.
ㄹ. 서원 숫자의 변화를 조사해본다.

① ㄱ, ㄴ   ② ㄱ, ㄷ
③ ㄴ, ㄷ   ④ ㄴ, ㄹ

Check 대표 기출 2

02 0558 [2016. 지방직 9급] 회독 ○○○

다음 자료에 나타난 시기의 사회 모습에 대한 설명으로 옳은 것은?

> 옷차림은 신분의 귀천을 나타내는 것이다. 그런데 어찌된 까닭인지 근래 이것이 문란해져 상민·천민들이 갓을 쓰고 도포를 입는 것을 마치 조정의 관리나 선비와 같이 한다. 진실로 한심스럽기 짝이 없다. 심지어 시전 상인들이나 군역을 지는 상민들까지도 서로 양반이라 부른다.

① 불교의 신앙 조직인 향도가 널리 확산되었다.
② 서얼의 청요직 진출이 부분적으로 허용되었다.
③ 양민의 대다수를 차지한 농민을 백정(白丁)이라고 하였다.
④ 선현 봉사(奉祀)와 교육을 위한 서원이 설립되기 시작하였다.

SOLUTION 난이도 상 충 하

출제자의 눈 조선 후기에는 양반의 수는 늘어났지만, 상민과 노비의 수는 갈수록 줄어들었다. 이에 따라 양반의 권위가 약해지는 현상이 발생한다. 시험에서는 이러한 조선 후기의 사회적 분위기를 자료로 제시하고 조선 후기의 정치, 경제, 사회, 문화적 상황을 종합하여 출제한다.

자료분석 자료는 조선 후기에 양반의 수는 늘어났지만 상민과 노비의 수는 갈수록 줄어들고 있는 상황을 보여주고 있다.

정답해설 ㄱ, ㄴ. 납속은 부족한 재정을 보충하거나 빈민을 구제하기 위해 돈이나 곡식을 납부한 사람에게 특혜를 준 정책으로, 면천, 면역은 물론 관직을 주는 경우도 있었다. 공명첩은 국가 재정 확보를 위해 부유층에게 돈이나 곡식을 받고 팔았던 명예직 임명장이다. 조선 후기에는 납속이나 공명첩으로 양반이 되어 면역하는 자가 늘어났으며 족보를 위조하여 신분을 상승시키는 경우도 있었다.

오답피하기 ㄷ. 영조 때에는 균역법 실시에 따른 재정 보충책으로, 일부 상류층(부유한 상민)에게 선무군관이라는 칭호를 주고 군포 1필을 납부하게 하였다.
ㄹ. 서원 숫자의 변화는 조선 후기 양반 수의 증가 및 상민과 노비의 감소와 거리가 멀다.

정답 ① 한정판 083p, 기본서 490p

SOLUTION 난이도 상 중 하

자료분석 자료는 조선 후기 신분제 변동 모습을 나타낸 것이다. 조선 후기에는 부를 축적한 상민들이 양반으로 신분을 상승시키거나 양반 행세를 하는 경우가 많았다.

정답해설 ② 조선 후기 정조 때에는 유득공, 이덕무, 박제가 등 서얼 출신들이 규장각 검서관으로 등용되었다. 이후 1851년(철종 2)에는 신해허통이 이루어졌고, 이를 통해 청요직 진출의 걸림돌이 사라졌다.

오답피하기 ① 불교의 신앙 조직인 향도는 고려 시대에 널리 확산되었다. 조선 시대에는 향촌 조직인 두레가 성장하면서 향도는 크게 위축되었다.
③ 백정이 일반 농민을 의미한 것은 고려 시대이다. 조선 시대의 백정은 도축업 등에 종사하는 천민층을 의미한다.
④ 서원은 조선 중기인 16세기부터 설립되기 시작했다. 서원의 시초는 풍기군수 주세붕이 안향을 제사 지내기 위해 설립한 백운동 서원(1543, 중종 38)이었다.

정답 ② 한정판 083p, 기본서 490p

03 0559 [2016. 국가직 9급]

다음 자료와 같은 현상이 나타난 시기의 사회 모습에 대한 설명으로 옳지 않은 것은?

> 근래 세상의 도리가 점점 썩어가서 돈 있고 힘 있는 백성들이 갖은 방법으로 군역을 회피하고 있다. 간사한 아전과 한통속이 되어 뇌물을 쓰고 호적을 위조하여 유학(幼學)이라 칭하면서 면역하거나 다른 고을로 옮겨 가서 스스로 양반 행세를 하기도 한다. 호적이 밝지 못하고 명분의 문란함이 지금보다 심한 적이 없다.
> – 일성록 –

① 사족들이 형성한 동족 마을이 증가하였다.
② 향회가 수령의 부세자문기구로 변질되었다.
③ 유향소를 통제하기 위하여 경재소가 설치되었다.
④ 부농층이 관권과 결탁하여 향임직에 진출하였다.

SOLUTION

자료분석 자료는 조선 후기의 신분제 동요와 관련된 내용이다. 조상의 신분을 위조하는 것을 '환부역조'라 하고, 자신의 직업을 '유학'이라고 속이는 사람을 함부로 '유학'을 칭한다는 뜻의 '모칭유학'이라고 했다. 이처럼 조선 후기에는 속임수를 써서 양반의 신분을 얻는 경우가 많이 발생하여 신분제가 동요하고 부역 체계도 문란해졌다.

정답해설 ① 조선 후기 양반들은 양반 수의 증가로 지위가 하락하자 족적 결합을 강화함으로써 지위를 지켜 나가고자 하였다. 이에 따라 전국에 많은 동족 마을이 만들어지고 문중을 중심으로 서원과 사우가 많이 세워졌다.
② 조선 후기에는 관권의 강화에 따라 종래에 재지 사족인 양반의 이익을 대변해 왔던 향회는 주로 수령이 세금을 부과할 때 의견을 물어보는 자문 기구로 성격이 변하였다.
④ 향임직이란 향촌에 있는 향청(유향소)에서 일을 보는 사람이나 그 직책을 말하는데 조선 후기에는 부농층이 관권과 결탁하여 향임직에 진출하기도 하였다.

오답피하기 ③ 경재소는 정부와 유향소 간의 연락을 담당하면서 유향소를 통제하는 기능을 맡았다. 경재소는 조선 초기에 설치되었으며 선조 때인 1603년에 폐지되었다.

단어해석 · 사우 : 가문에 이름 있는 선조나 훌륭한 인물을 모셔 제사지내는 곳

정답 ③ 한정판 083p, 기본서 490p

주제 100

02 | 근대 태동기의 사회
중간 계층의 신분 상승 운동

Check 대표 기출 1

01 0560 [2020. 국가직 9급] 회독 ○○○

(가), (나) 신분층에 대한 설명으로 옳지 않은 것은?

> 오래도록 막혀 있으면 반드시 터놓아야 하고, 원한은 쌓이면 반드시 풀어야 하는 것이 하늘의 이치다. (가) 와/과 (나) 에게 벼슬길이 막히게 된 것은 우리나라의 편벽된 일로 이제 몇 백 년이 되었다. (가) 은/는 다행히 조정의 큰 성덕을 입어 문관은 승문원, 무관은 선전관에 임명되고 있다. 그런데도 우리들 (나) 은/는 홀로 이 은혜를 함께 입지 못하니 어찌 탄식조차 없겠는가?

① (가)의 신분 상승 운동은 (나)에게 자극을 주었다.
② (가)는 수차례에 걸친 집단 상소를 통해 관직 진출의 제한을 없애 줄 것을 요구하였다.
③ (나)에 해당하는 인물로는 정조 때 규장각 검서관으로 등용된 유득공, 박제가, 이덕무 등이 있다.
④ (나)는 주로 기술직에 종사하며 축적한 재산과 탄탄한 실무 경력을 바탕으로 신분 상승을 추구하였다.

SOLUTION 난이도 상 중 하

출제자의 눈 중간 계층의 신분 상승 운동과 관련된 사료를 제시하고 서얼과 중인의 신분적 특징과 활동, 위항 문학 등과 연계한 문제가 출제된다. 서얼과 달리 기술직 중인들의 신분 상승 운동은 성공하지 못했다는 것에 유의할 필요가 있다.

자료분석 자료의 (가)는 서얼, (나)는 기술직 중인으로, 1851년 기술직 중인들의 소청 운동을 보여주는 사료이다. 자료에서 '다행히 조정의 큰 성덕을 입어 문관은 승문원, 무관은 선전관에 임명되고 있다'라는 내용을 통해 (가)가 조선 후기 신분 상승 운동에 성공한 서얼이라는 것을 알 수 있다. 반면에 (나)는 '홀로 이 은혜를 함께 입지 못하니'라는 내용을 통해 조선 후기 서얼들의 자극을 받아 신분 상승 운동을 전개한 기술직 중인이라는 것을 알 수 있다.

정답해설 ①, ② 영·정조 때에 서얼을 어느 정도 등용하자, 이들은 더욱 적극적으로 신분 상승을 시도하였다. 그들은 수차례에 걸쳐 집단으로 상소하여 관직 진출의 제한을 없애 줄 것을 요구하였다. 그리하여 정조 때에는 유득공, 이덕무, 박제가 등 서얼 출신이 규장각 검서관으로 등용되어 제각기 능력을 발휘할 수 있었다. 서얼의 신분 상승 운동은 기술직 중인에게도 자극을 주었다.
④ 기술직 중인들은 주로 기술직에 종사하며 축적한 재산과 탄탄한 실무 경력을 바탕으로 신분 상승을 추구하였다. 중인 중에서도 역관들은 청과의 외교 업무에 종사하면서 서학을 비롯한 외래 문화 수용에 있어서 선구적 역할을 수행하여, 성리학적 가치 체계에 도전하는 새로운 사회의 수립을 추구하였다.

오답피하기 ③ 정조 때 규장각 검서관으로 등용된 유득공, 박제가, 이덕무는 기술직 중인이 아니라 서얼 출신이다.

정답 ③ 한정판 083p, 기본서 491p

Check 대표 기출 2

02 0561 [2015. 국가직 9급] 회독 ○○○

밑줄 친 '우리'에 해당하는 계층의 활동으로 옳은 것은?

> 아! 우리는 본시 모두 사대부였는데 혹은 의(醫)에 들어가고 혹은 역(譯)에 들어가 7, 8대 혹은 10여 대를 대대로 전하니 … (중략) … 문장과 덕(德)은 비록 사대부에 비길 수 없으나, 명공(名公) 거실(巨室)외에 우리보다 나은 자는 없다.

① 집단으로 상소하여 청요직(淸要職) 허통(許通)을 요구하였다.
② 형평사를 창립하고, 평등한 대우를 요구하는 형평 운동을 펼쳤다.
③ 관권과 결탁하고 향회를 장악하여, 향촌 사회에서 영향력을 키우려 하였다.
④ 유향소를 복립하여 향리를 감찰하고 향촌 사회의 풍속을 바로 잡으려 하였다.

SOLUTION 난이도 상 중 하

자료분석 자료의 '의(醫)에 들어가고 혹은 역(譯)에 들어간다'라는 표현을 통해 의관이나 역관을 지낸 기술직 중인에 대한 내용임을 알 수 있다. 여기서 의(醫)는 의원 '의'자이고, 역(譯)은 번역할 '역'자이다.

정답해설 ① 기술직 중인들은 19세기 중엽 철종 때 청요직 허통을 요구하는 대규모 소청 운동을 벌였으나 결국 성공하지 못했다.

오답피하기 ② 형평사를 설립하고(1923) 형평 운동을 펼친 계층은 조선 시대 백정이다. 갑오개혁(1894) 때 신분 제도가 폐지됨에 따라 그동안 천대받던 백정도 평등한 지위를 얻었으나 백정 출신에 대한 사회적 차별은 일제 강점기에도 여전히 남아 있었다. 이에 백정 출신들은 1923년 경남 진주에서 이학찬을 중심으로 조선 형평사를 창립하고 평등한 대우를 요구하는 형평 운동을 전개하였다.
③ 부농층에 대한 설명이다. 조선 후기 부농층은 관권과 결탁해 향안에 이름을 올리는 등 향회를 장악하고자 하였다.
④ 유향소 복립을 주장한 것은 조선 전기 사림이다. 유향소는 세조 때(1467) 함경도에서 일어난 이시애의 난에 일부가 가담함에 따라 폐지되었으나 성종 때(1488) 사림의 요구로 다시 복립되었다.

정답 ① 한정판 083p, 기본서 491p

03 0562 [2020. 법원직 9급]

다음 상소가 작성되었던 시기에 볼 수 있었던 모습으로 가장 옳은 것은?

> 작위의 높고 낮음은 조정에서만 써야 할 것이고 적자와 서자의 구별은 한 집안에서만 통용되어야 할 것입니다. …… 공사천 신분이었다가 면천된 이들은 벼슬을 받기도 하고 아전이었다가 관직을 받은 이들은 높은 자리에 오르기도 하는데 저희들은 한번 낮아진 신분이 대대로 후손에게 이어져 영구히 서족이 되어 훌륭한 임금이 다스리는 세상임에도 그저 버려진 사람들이 되어 있습니다.

① 외래문화 수용에 선구적 역할을 한 역관
② 포구에서 상품 매매를 중개하며 성장한 덕대
③ 왕의 명령으로 혼일강리역대국도지도를 제작하는 관리
④ 대규모 통청 운동으로 중앙 관직 진출이 허락된 기술직 중인

04 0563 [2012. 지방직 9급]

밑줄 친 '공(公)'이 속한 신분 계층에 대한 설명으로 옳은 것은?

> 공(公)은 열일곱에 사역원(司譯院) 한학과(漢學科)에 합격하여, 틈이 나면 성현(聖賢)의 책을 부지런히 연구하여 쉬는 날 없었다. 경전과 백가에 두루 통달하여 드디어 세상에 이름이 났다. …… 공은 평생 고문(古文)을 좋아하였다.

① 조선 초기 – 개시 무역에 종사하여 많은 부를 축적하였다.
② 조선 중기 – 서원 건립을 주도하고 성현들의 제사를 받들었다.
③ 조선 후기 – 소청 운동을 통해 신분 상승 운동을 전개하였다.
④ 개항 전후 – 외세 침략에 맞서 위정척사 운동을 주도하였다.

SOLUTION

자료분석 자료는 조선 후기 정조 때 서얼의 신분 상승 운동(서얼 통청 운동)과 관련된 사료이다. 적자와 서자의 구별은 한 집안에서만 통용되어야 한다는 주장과 서족(서자 자손의 혈족)이라는 단어를 통해 조선 후기 서얼의 신분 상승 운동과 관련된 주장임을 알 수 있다.

정답해설 ① 조선 후기 중인 중에서도 역관들은 청과의 외교 업무에 종사하면서 서학을 비롯한 외래 문화 수용에 선구적 역할을 수행하였다. 또한 이들은 성리학적 가치 체계에 도전하는 새로운 사회의 수립을 추구하기도 했다.

오답피하기 ② 조선 후기 포구에서 상품 매매를 중개하며 성장한 상인은 객주와 여각이다. 덕대는 조선 후기 광산 경영 전문가이다.
③ 혼일강리역대국도지도는 조선 초기 태종 때 제작되었다.
④ 서얼의 신분 상승 운동에 자극을 받은 기술직 중인들은 철종 때 관직 진출의 제한을 없애 달라는 대규모 소청 운동을 전개하였으나 성공하지 못하였다.

핵심개념 중간 계층의 신분 상승 운동

서얼 (중서)	• 문과 금지(무·잡과는 가능) • 임진왜란 이후 차별 완화(납속책·공명첩 이용 관직 진출) • 영·정조 때: 집단 상소로 청요직 진출 허용 요구 • 정조: 서얼 출신(유득공, 이덕무, 박제가, 서이수)의 규장각 검서관 등용 • 철종: 서얼 차별 철폐(신해허통, 1851)
중인 (기술직)	• 의관, 역관, 천문관 등 • 법제적으로 문·무과 응시 가능(but 청요직 제한) • 기술직에 종사하며 축적한 재산과 실무 경력을 바탕으로 신분 상승 추구 • 서얼 신분 상승 운동에 자극을 받아 철종 때 대규모 소청 운동 전개 → but 실패 • 의의: 전문직으로서의 중요 역할 부각

정답 ① 한정판 083p, 기본서 491p

SOLUTION

자료분석 자료의 밑줄 친 '공(公)'은 역관에 종사한 기술직 중인에 해당한다. 사역원은 외국어의 통역과 번역에 관한 일을 관장한 기관이며, 한학과는 중국어 시험에 해당된다. 사역원은 한학 외에도 몽학(몽골어), 왜학(일본어), 여진학(뒤에는 청학으로 개칭) 등을 취급했다.

정답해설 ③ 역관을 비롯한 기술직 중인은 철종 때 대규모의 신분 상승 운동(소청 운동)을 벌였으나 성공하지는 못했다.

오답피하기 ① 개시 무역은 조선 후기에 이루어졌다. 조선 후기에는 국경 지대를 중심으로 공적으로 허용된 무역인 개시와 사적인 무역인 후시가 이루어졌다. 역관은 사신을 수행하면서 무역(사행 무역)에 관여하여 이득을 보았다.
② 서원 건립을 주도하고 성현들의 제사를 받든 신분 계층은 양반 사림이다.
④ 위정척사 운동을 주도한 것은 양반 유생들이다. 위정척사 운동은 바른 것(성리학 질서)을 지키고 사악한 것(서양 문물과 사상)을 배척하자는 운동으로 개항(1876) 전후에 전개되었다.

정답 ③ 한정판 066p, 기본서 491p

주제 101 | 02 근대 태동기의 사회
가족 제도의 변화와 혼인

Check 대표 기출 1

01 0564 [2017. 국가직 7급 추가채용] 회독 ○○○

밑줄 친 ㉠, ㉡에 관한 설명으로 적절하지 않은 것은?

> • 사대부가 수백 년 동안 관직에서 막혀 있어도 존부(尊富)를 잃지 않는 까닭은 집집마다 각기 한 조상을 떠받들고 넓은 농지를 점하여 종족이 흩어져 살지 않으므로 그 ㉠풍습이 견고하게 유지되고 근본이 뽑히지 않았기 때문이다. - 여유당전서 -
> • 퇴계 이황이 영남 예안에 역동사(易東祠)를 창건하고 ㉡족보를 손수 필사하여 그곳에 보관하였다. …(중략)… 산이 있으면 물이 있는 것이니 백파(百派)가 순류하여 끝내 한곳에 모이는 것인데 이는 종합(宗合)의 뜻이다. - 단양우씨 족보서 -

① ㉠ - 친영이 일반화되었다.
② ㉠ - 이성불양의 관념으로 양자 제도가 확산되었다.
③ ㉡ - 동성 마을의 감소를 초래하였다.
④ ㉡ - 적서 차별과 가족 간의 위계를 중시하였다.

Check 대표 기출 2

02 0565 [2014. 경찰 1차] 회독 ○○○

조선 후기의 가족 제도와 사회상에 대한 설명으로 가장 적절한 것은?

① 남녀를 구분하지 않고 태어난 순서대로 족보에 기재하였다.
② 동성마을이 많아지고 부계 중심의 족보가 편찬되었다.
③ 아들이 없으면 양자를 들이는 대신에 딸과 외손자가 제사를 지냈다.
④ 혼인은 친영제에서 남귀여가혼으로 변화되었고, 재산은 균등하게 상속되었다.

SOLUTION 난이도 상 중 **하**

출제자의 눈 조선 후기 가족 제도는 고려 및 조선 전기와는 확연한 차이를 보인다. 이 차이를 묻는 문제는 꾸준히 출제되고 있다. 부계 중심의 가족 제도가 강화된 조선 후기 가족 제도가 이전과 어떻게 변화되었는지 확실히 구분해 두자.

자료분석 집집마다 각기 한 조상을 떠받들고 넓은 농지를 점하여 종족이 흩어져 살지 않는다는 내용을 통해 ㉠은 조선 후기 동성 마을과 관련된 내용임을 알 수 있다. ㉡족보는 가문의 내력을 기록한 것으로, 안으로는 종족 내부의 결속을 다지고 밖으로는 다른 집안이나 하급 신분에 대해 우월 의식을 가지게 하였다.

정답해설 ① 조선 후기에는 혼례를 올린 후 곧바로 남자 집에서 생활하는 친영 제도가 정착되었다.
② 조선 후기에는 아들이 없는 집안에서는 양자를 들이는 것이 일반화되었다. 여기에는 이성불양(異姓不養) 즉 성이 다른 자, 즉 조상을 같이하지 않는 자는 양자로 들일 수 없다는 원칙이 적용되었다.
④ 족보는 적서(嫡庶, 적자와 서자)와 항렬(行列, 가족 간의 위계)의 구별을 중시하였다.

오답피하기 ③ 족보는 종족 내부의 결속을 다지는 역할을 하였다. 따라서 족보 편찬은 양반들이 족적 결합을 강화하여 자신들의 지위를 지키기 위해 이루어 간 동성마을 확대에 기여하였다.

정답 ③ 한정판 084p, 기본서 496p

SOLUTION 난이도 상 중 **하**

정답해설 ② 조선 후기에는 부계 위주의 족보를 적극적으로 편찬하였으며, 같은 성을 가진 사람끼리 모여 사는 동성 마을을 이루어 나갔다. 따라서 이때의 개인은 개인으로 인정받기보다 종중이라고 하는 친족 집단의 일원으로 인식되었다.

오답피하기 ① 조선 전기의 모습이다. 조선 전기의 족보들은 연령순으로 기재한 반면, 조선 후기 족보들은 남자를 먼저 연령순으로 기재한 이후 여성들을 연령순으로 기재하는 방식이 일반적이었다.
③ 조선 후기에는 아들이 없는 집안에서는 양자를 들이는 것이 일반화되었다.
④ 조선 후기에 혼인은 남귀여가혼(혼인 후 남자가 여자 집에서 생활)에서 친영제(혼인 후 바로 남자 집에서 생활하는 것)로 변화되었으며, 재산 상속은 장자 중심으로 이루어졌다.

핵심개념 조선 시대 가족 제도

조선 전기	• 부계와 모계가 함께 영향을 끼치는 형태 • 남귀여가혼(혼인 후 남자가 여자 집에서 생활) • 자녀 윤회 봉사, 외손 봉사 • 자녀균분 상속 • 집안의 대를 잇는 자식에게 1/5의 상속분을 더 줌
조선 후기	• 부계 중심 가족 제도 강화 • 친영제도(혼인 후 남자 집에서 생활) • 장자 우대 상속, 장자 중심 제사 • 양자 입양 일반화(이성불양) • 동성동본의 동족촌(동성마을 형성) • 부계 위주 족보 편찬(선남후녀 순으로 기재) • 여성 호주 금지

정답 ② 한정판 084p, 기본서 496p

주제 102 | 02 근대 태동기의 사회
향촌 질서의 변화

Check 대표 기출 1

01 0566 [2020. 국가직 9급]   회독 ○○○

다음 사실이 있었던 시기의 향촌사회에 대한 설명으로 옳지 않은 것은?

> 황해도 봉산 사람 이극천이 향전(鄕戰) 때문에 투서하여 그와 알력이 있는 사람들을 무고하였는데, 내용이 감히 말할 수 없는 문제에 저촉되었다.

① 향전의 전개 속에서 수령의 권한이 강화되었다.
② 신향층은 수령과 그를 보좌하는 향리층과 결탁하였다.
③ 수령은 경재소와 유향소를 연결하여 지방통치를 강화하였다.
④ 재지사족은 동계와 동약을 통해 향촌사회에 대한 영향력을 유지하려 하였다.

Check 대표 기출 2

02 0567 [2015. 지방직 9급]   회독 ○○○

다음과 같은 현상이 일어나게 된 배경으로 옳지 않은 것은?

> 향회라는 것이 한 마을 사민(士民)의 공론에 따른 것이 아니고, 수령의 손 아래 놀아나는 좌수·별감들이 통문을 돌려 불러 모은 것에 불과합니다. 그 향회에서는 관의 비용이 부족하다는 핑계로 제멋대로 돈을 거두고 법을 만드니, 일의 원통함이 이보다 심한 것이 없습니다.

① 사족의 향촌 지배력이 약화되었다.
② 수령과 향리의 영향력이 약해졌다.
③ 향회는 수령의 부세 자문 기구로 전락하였다.
④ 양반 사족과 부농층이 향촌의 주도권 다툼을 벌였다.

SOLUTION 난이도 상 중 하

출제자의 눈 조선 후기의 사회 모습을 묻는 문제로 자주 출제된다. 향촌 사회의 주도권을 두고 신향(부농층, 요호부민)과 기존 사족 세력인 구향 사이에 벌어진 향전, 이 다툼 속에서의 관권 강화 등 조선 후기의 향촌 질서는 많은 변화 양상을 보인다.

자료분석 향전이라는 힌트를 통해 조선 후기 향촌 사회에 대해 묻는 문제임을 알 수 있다. 조선 후기에는 향촌 사회의 주도권을 두고 신향(부농층, 요호부민)과 기존 사족 세력인 구향 사이에 향전이 발생하였다.

정답해설 ① 조선 후기에는 향전의 전개 속에서 수령을 중심으로 한 관권이 강화되고 아울러 관권을 맡아보고 있던 향리의 역할도 커졌다.
② 경제력을 갖춘 부농층(신향)은 수령을 중심으로 한 관권과 결탁하여 향안에 이름을 올리는가 하면, 향회를 장악하여 향촌 사회에서 영향력을 키우려 하였다.
④ 조선 후기에 재지사족들은 군현을 단위로 농민을 지배하기 어렵게 되자, 동계와 동약을 통해 향촌 사회에 대한 영향력을 유지하려 하였다.

오답피하기 ③ 조선 전기에는 서울에 경재소를 두고 그 지방 출신의 중앙 고관을 책임자로 하여 유향소와 정부 사이의 연락 기능을 맡게 하고, 유향소를 중앙에서 통제할 수 있게 하였다. 그러나 임진왜란 후 수령권의 강화로 유향소의 지위가 격하되면서 이를 통할하던 경재소는 1603년(선조 36) 영구히 폐지되었다.

정답 ③ 한정판 083p, 기본서 501p

SOLUTION 난이도 상 중 하

자료분석 향회가 수령의 손아래 놀아나고 있다는 점, 향회에서 관의 비용이 부족하다는 핑계로 제멋대로 돈을 거두고 있다는 점(향회가 수령의 부세 자문 기구로 전락) 등을 통해 조선 후기 향촌 사회의 모습을 나타낸 것임을 알 수 있다. 조선 후기 관권 강화에 따라 종래에 재지사족인 양반의 이익을 대변하여 왔던 향회는 주로 수령이 세금을 부과할 때 의견을 물어보는 자문 기구로 성격이 변하였다.

정답해설 ① 조선 후기에는 평민과 천민 중에는 재산을 모아 부농층으로 등장하는 사람도 있는 반면에, 양반 중에는 토지를 잃고 몰락하여 전호가 되거나 심한 경우, 임노동자로 전락하는 경우도 있었다. 따라서 향촌 사회 내부에서 양반(사족)이 지녔던 권위도 점차 약해졌다.
③, ④ 조선 후기에는 새롭게 성장한 부농층(신향)은 기존 사족(구향)과 향촌 사회의 지배권을 두고 대립하였다(향전). 부농층은 수령의 지원을 받아 향회에 참여하는 등 영향력을 확대해 나갔고, 기존 사족의 권위는 약화되었다. 사족의 권위가 약화되고 수령을 중심으로 한 관권이 강화됨에 따라 종래에 재지 사족인 양반의 이익을 대변하여 왔던 향회는 수령의 부세 자문 기구로 전락하였다.

오답피하기 ② 조선 후기 향촌 사회에서는 종래의 재지 사족의 힘이 약화되고, 부농층을 중심으로 한 새로운 향촌 세력의 힘이 충분히 강해지지 못한 가운데 수령을 중심으로 한 관권이 강화되고 아울러 관권을 맡아보고 있던 향리의 영향력도 커졌다.

정답 ② 한정판 083p, 기본서 501p

03 0568 [2018. 법원직]

다음 사회현상에 대한 설명으로 옳지 않은 것은?

> 영덕의 오래된 가문은 모두 남인이며, 이른바 신향(新鄕)은 모두 서리와 품관의 자손으로 자칭 서인이라고 하는 자들이다. 근래 신향이 향교를 주관하면서 구향(舊鄕)과 마찰을 빚었다.
> – 승정원 일기 –

① 부농층은 수령과 결탁하여 향안에 이름을 올렸다.
② 수령과 결탁한 부농층은 향촌사회를 완전히 장악하였다.
③ 향전은 수령과 향리의 권한이 강해지는 결과를 가져왔다.
④ 세도정치 아래에서 농민수탈이 극심해지는 배경이 되었다.

SOLUTION

자료분석 자료는 조선 후기 향전과 관련된 내용으로, 구향과 신향이 향촌 사회의 지배권을 두고 대립하는 과정에서 지방 교육 기관인 향교를 두고 다투고 있는 모습이다. 자료의 영덕은 영남 지방(경상도 지역)에 속한 지역으로 영남 지방은 오랫동안 남인들이 세력을 형성한 곳이다. 이에 대항하여 신향들은 자신들을 자칭 서인이라고 칭하고 있다.

정답해설 ① 조선 후기 부농층은 경제력을 내세워 수령을 대표로 하는 관권과 결탁해 성장 기반을 굳건히 하였다. 그 과정에서 향안에 이름을 올리는가 하면 향회를 장악하고자 하였다.
③ 조선 후기 향전의 전개 과정에서 종래의 재지 사족(구향)의 힘이 약화되고, 부농층을 중심으로 한 새로운 향촌 세력(신향)의 힘이 충분히 강해지지 못한 가운데 조선 후기 향촌 사회에서는 수령을 중심으로 한 관권이 강화되고 아울러 관권을 맡아보고 있던 향리의 역할도 커졌다.
④ 향전으로 인한 관권의 강화는 세도 정치 시기 정치 기강이 무너지는 상황에서 수령과 향리의 자의적인 농민 수탈을 강화하는 결과를 초래했다.

오답피하기 ② 수령과 결탁한 부농층이 향촌 사회에서 영향력을 확대하긴 했으나 향촌 사회를 완전히 장악한 것은 아니다.

추가 기출 사료

조선 후기 향전

> 보성군에는 교파와 약파가 있다. 교파는 향교에 다니는 자들이고, 약파는 향약을 주관하는 자들이다. 서로 투쟁이 끊이지 않고 모함하는 일이 갈수록 더하여 갔다. 드디어 풍속이 도에서 가장 나빠졌다.
> – 정약용, 『목민심서』 –

핵심개념 조선 후기 향촌 질서의 변화

양반의 향촌 지배 약화	• 양반 수의 증가 • 경제적으로 몰락하는 양반 多
부농층(신향)의 대두와 성장	• 관권(수령 및 향리)과 결탁 • 향안 등재 및 향회 장악 노력 • 향임직[향청(유향소)의 직책] 진출 • 종래 재지 사족이 담당하던 부세 제도 운영에 적극 참여
향전 발생	• 향촌 사회의 주도권 다툼 • 구향(재지사족, 약파) vs 신향(부농층, 교파)
관권의 강화	• 정조 때 수령이 향약을 직접 주관하게 함 → 지방 사림의 영향력 약화 • 재정 위기 타개를 위해 정부가 부농층 적극 활용 → 납속이나 향직 매매 • 수령 중심의 관권 강화 및 향리의 역할↑
향회의 변질	수령의 부세 자문 기구로 전락

양반의 지위 강화 노력	• 청금록·향안 중시
	• 족적 결합 강화
	  – 동족 마을(동성 마을) 형성
	  – 서원·사우 건립
	• 촌락 단위 동약·동계 실시

정답 ② 한정판 083p, 기본서 501p

주제 103

02 | 근대 태동기의 사회

사회 불안 심화, 천주교와 동학의 확산

Check 대표 기출 1

01 0569 [2024. 국회직]   회독 ○○○

㉠의 종교 또는 사상에 대한 설명으로 옳은 것은?

> 죽은 사람 앞에 술과 음식을 차려 놓는 것은 ㉠ 에서 금하는 바입니다. 살아 있을 동안에도 영혼은 술과 밥을 받아 먹을 수 없거늘 하물며 죽은 뒤에 영혼이 어떻게 하겠습니까? 먹고 마시는 것은 육신의 입에 공급하는 것이요, 도리와 덕행은 영혼의 양식입니다. 비록 지극한 효자라 할지라도 맛 좋은 것이라 하여 부모가 잠들어 있는 앞에 차려 드릴 수 없는 것은 잠들었을 동안은 먹고 마시는 때가 아닌 까닭입니다. 잠시 잠들었을 때도 그러하거늘 하물며 영원히 잠들었을 때는 어떻겠습니까?
> - 정하상, 『상재상서』 -

① 『동경대전』을 기본 경전으로 삼았다.
② 『주자가례』에 따라 의례를 실천하였다.
③ 갑오개혁 이후 신앙의 자유를 얻었다.
④ 임술 농민 봉기의 사상적 뒷받침이 되었다.
⑤ 황사영 백서 사건을 계기로 심한 탄압을 받았다.

Check 대표 기출 2

02 0570 [2020. 국가직 9급]   회독 ○○○

다음 자료에 나타난 사상에 대한 설명으로 옳은 것은?

> 사람이 곧 하늘이라. 그러므로 사람은 평등하며 차별이 없나니, 사람이 마음대로 귀천을 나눔은 하늘을 거스르는 것이다. 우리 도인은 차별을 없애고 선사의 뜻을 받들어 생활하기를 바라노라.

① 이 사상에 대해 순조 즉위 이후 대탄압이 가해졌다.
② 이 사상을 바탕으로 『동경대전』과 『용담유사』가 편찬되었다.
③ 이 사상을 근거로 몰락한 양반의 지휘 아래 평안도에서 난이 일어났다.
④ 이 사상을 근거로 단성에서 시작된 농민봉기는 진주로 이어졌다.

SOLUTION   난이도 상 중 하

출제자의 눈 천주교의 전래 및 확산 과정에서의 특징, 동학과의 비교, 천주교 박해 과정의 순서 배열 문제 등이 출제된다. 동학은 1894년 동학 농민 운동이 빈출되기 때문에 출제빈도는 상대적으로 떨어지지만 동학의 사상과 경전의 종류 등 기본적 내용은 숙지해야 한다.

자료분석 자료의 ㉠에 해당하는 종교는 천주교이다. 『상재상서』는 기해박해(1839, 헌종 5) 때에 박해의 주동자인 우의정 이지연에게 천주교 교리의 정당성을 알리고자 정하상이 작성한 글이다.

정답해설 ⑤ 신유박해(1801) 당시 천주교 신자 황사영은 베이징의 서양인 주교에게 신유박해의 전말을 보고하는 백서를 보내려다 발각되었다. 이는 천주교에 대한 박해가 더욱 심해지는 계기가 되었다.

오답피하기 ① 『동경대전』은 동학을 창도한 최제우가 지은 동학의 경전으로, 포덕문, 논학문, 수덕문, 불연기연 등을 포함하였다.
② 『주자가례』는 주자가 가정에서 지켜야 할 예법에 관해 저술한 책으로, 유교에서 중시하였다.
③ 천주교는 조・불 수호 통상 조약(1886)이 체결되면서 신앙의 자유를 얻게 되었다.
④ 천주교는 임술 농민 봉기(1862)와는 직접적인 관련이 없다. 임술 농민 봉기는 그동안 쌓여 온 삼정의 문란과 경상우병사 백낙신 등 탐관오리와 토호의 탐학에 저항하여 일어났다.

정답 ⑤ 한정판 084p, 기본서 507p

SOLUTION   난이도 상 중 하

자료분석 자료에 나타난 사상은 동학이다. '사람은 곧 하늘이라'(인내천 사상) 등의 내용을 통해 이를 알 수 있다.

정답해설 ② 최제우의 뒤를 이은 2대 교주 최시형은 최제우가 지은 『동경대전』과 『용담유사』를 펴내어 교리를 정리하였다.

오답피하기 ① 순조 즉위 이후 대탄압이 가해진 것은 천주교이다. 순조 즉위 직후, 노론 벽파가 집권하면서 천주교에 대한 대탄압이 가해졌다(신유박해, 1801).
③ 홍경래의 난은 동학과는 관련이 없다. 몰락 양반 홍경래의 지휘 아래 평안도에서 일어난 홍경래의 난은 1811년의 일이고, 동학은 1860년에 창시되었다(홍경래의 난 발생이 동학 창시보다 더 이른 시기의 사건).
④ 단성에서 시작해 진주로 파급되어 전국으로 확산된 임술 농민 봉기(1862)는 동학의 사상과 관련이 없다.

핵심개념 동학의 발생

창시	1860년(철종) 경주 출신 몰락 양반 최제우가 창시(전라도 창시 X)
교리	유(유교) + 불(불교) + 선(도교) + 천주교 일부 교리 + 민간 신앙(주문・부적)
사상	• 후천개벽, 평등사상(시천주, 인내천) • 양반과 상민 차별 X, 노비제 폐지 • 여성과 어린이의 인격 존중 사회 추구
탄압	고종(흥선대원군) 때 혹세무민 죄로 최제우 처형(1864)
최시형	• 교리 정리 - 동경대전(경전 : 포덕문, 논학문, 수덕문) - 용담유사(포교가사집 : 용담가, 안심가, 권학가) • 교단 조직 정비 : 포접제 → 교세 확장 ※ 『동경대전』과 『용담유사』의 저자는 최제우이나 이를 간행하여 교리를 정리한 것은 최시형

정답 ② 한정판 085p, 기본서 509p

03 0571 [2019. 지방직 9급]

조선 후기 서학과 관련한 설명으로 옳지 않은 것은?

① 이승훈이 북경에서 영세를 받았다.
② 윤지충 사건을 계기로 하여 기해박해가 일어났다.
③ 안정복이 천주교를 비판하는 『천학문답』을 저술하였다.
④ 최초의 한국인 신부 김대건이 귀국하여 포교 중 순교하였다.

04 0572 [2015. 서울시 9급]

밑줄 친 ㉠과 직접 관련된 천주교 박해에 대한 설명으로 옳은 것은?

> 프란치스코 교황은 16일 오전 순교자 124위 시복미사에 앞서 한국 최대 순교 성지이자 이번에 시복될 124위 복자 중 가장 많은 27위가 순교한 서소문 성지를 참배했다. 이곳은 본래 서문 밖 순지로 불리는 천주교 성지였다. 한국에 천주교가 들어온 후 박해를 당할 때마다 이곳에서 많은 사람들이 처형당했으니 …… 「황사영백서」로 알려진 ㉠ 황사영도 이곳에서 처형되었다.
> - 「한국일보」, 2014년 8월 16일 -

① 모친상을 당해 신주를 불태운 것이 알려지면서 박해가 일어났다.
② 함께 붙잡혀 박해를 받은 정하상은 「상재상서」를 통해 포교의 정당함을 주장하였다.
③ 순조 즉위 후 정권을 장악한 노론 벽파가 반대파를 정계에서 제거하려고 박해를 일으켰다.
④ 대원군 집권기에 발생한 대규모 박해로, 프랑스 선교사를 비롯한 수천 명의 희생자를 낳았다.

SOLUTION

정답해설 ① 이승훈은 1783년 동지사의 서장관으로 떠나는 아버지를 따라 북경에 들어가 약 40일간 그 곳에 머물면서 선교사들로부터 필담으로 교리를 배운 뒤, 그라몽 신부에게 세례를 받아 한국인 최초의 영세자가 되었다.
③ 『천학문답』은 조선 후기의 학자 안정복이 쓴 천주교 비판서이다.
④ 김대건은 상하이로 건너가 완당신학교 교회에서 주교 페레올의 집전하에 신품성사(神品聖事)를 받고 우리나라 최초의 신부가 되었다. 그는 헌종 때 발생한 병오박해(1846) 당시 순교하였다.

오답피하기 ② 윤지충이 모친상 때 신주를 소각한 사건으로 인해 발생한 것은 정조 때의 신해박해(1791)이다. 기해박해는 헌종 때(1839) 발생한 천주교 박해 사건이다.

심화개념 안정복의 천학문답

> 중국으로 말하면 천하의 동남쪽에 위치하여 양명(陽明)함이 모여드는 곳이다. 그러므로 이런 기운을 받고 태어난 자는 과연 신성한 사람이니, 요(堯)·순(舜)·우(禹)·탕(湯)·문(文)·무(武)·주공(周公)·공자(孔子) 같은 분들이 이들이다. 이것은 사람의 심장이 가슴속에 있으면서 신명(神明)의 집이 되어 온갖 조화가 거기서 나오는 것과 같다. 이를 미루어 말한다면 중국의 성학(聖學)은 올바른 것이며, 서국(西國)의 천학은 그들이 말하는 진도(眞道)와 성교(聖敎)일지는 몰라도 우리가 말하는 바의 성학은 아닌 것이다" 하였다.
> - 『천학문답』 -

정답 ② 한정판 084p, 기본서 507p

SOLUTION

자료분석 황사영 백서 사건은 신유박해(순조, 1801년)와 관련이 있다. 천주교 신자인 황사영이 베이징의 서양인 주교에게 신유박해의 전말을 보고하려다 발각된 사건으로 이를 계기로 천주교에 대한 박해가 더욱 심해졌다.

정답해설 ③ 신유박해는 노론 벽파가 남인 시파를 몰아내려는 정치적 탄압의 성격이 강했다. 당시 이승훈, 이가환, 정약종 등 남인 학자들이 사형을 당했으며, 정약전, 정약용 등이 유배되었다.

오답피하기 ① 신해박해(1791, 정조 15)에 대한 내용이다. 신해박해는 전라도 진산의 윤지충이 모친상을 당했는데, 신주를 소각하고, 천주교식으로 장례를 치른 것이 문제가 되어 윤지충이 처형당한 사건이다.
② 기해박해(헌종5, 1839)와 관련된 내용이다. 상재상서란, '재상에게 올리는 글'이라는 뜻으로, 기해박해(1839, 헌종 5) 때 박해의 주동자인 우의정 이지연에게 천주교 교리의 정당성을 알리고자 정하상이 작성한 글이다.
④ 병인박해(1866)에 대한 설명이다. 흥선 대원군은 천주교에 대한 대대적인 탄압을 가하여 프랑스 신부 9명과 8,000여 명의 천주교 신자들을 처형하였다.

핵심개념 황사영 백서 사건

> 1801년(순조 1) 신유박해가 일어나 중국인 주문모 신부의 처형 소식을 들은 황사영은 충청북도 제천에 있는 배론[舟論]에 숨어들어 토굴에서 조선 정부의 천주교 박해 사실을 자세히 기록하고, 신앙의 자유와 교회의 재건 방안을 호소하는 글을 썼다. 그리고 그 백서를 중국에 가는 동지사(冬至使) 일행인 황심·옥천희 등을 통해 베이징의 구베아 주교에게 전달하려고 했으나 중도에 발각되고 말았다. 이 '백서 사건'으로 황사영은 역모를 꾀한 대역 죄인이 되어 27세의 나이에 능지처참이라는 극형에 처해졌다.

정답 ③ 한정판 084p, 기본서 507p

05 0573 [2014. 국가직 9급]

조선 후기 천주교와 관련된 설명으로 옳지 않은 것은?

① 기해사옥 때 흑산도로 유배를 간 정약전은 그 지역의 어류를 조사한 「자산어보」를 저술하였다.
② 안정복은 성리학의 입장에서 천주교를 비판하는 「천학문답」을 저술하였다.
③ 1791년 윤지충은 어머니 상(喪)에 유교 의식을 거부하여 신주를 없애고 제사를 지내 권상연과 함께 처형을 당하였다.
④ 신유사옥 때 황사영은 군대를 동원하여 조선에서 신앙의 자유를 보장받게 해달라는 서신을 북경에 있는 주교에게 보내려다 발각되었다.

SOLUTION 난이도 상 중 하

정답해설 ② 『천학문답』은 조선 후기 학자 안정복이 쓴 천주교 비판서이다. 안정복은 이벽·권철신·정약전·정약용 등 남인 소장학자들이 사교(천주교)에 빠져 들어간다며 이를 안타깝게 여겼다.
③ 신해박해(1791, 정조 15)에 대한 내용이다. 신해박해는 전라도 진산의 윤지충이 모친상을 당했는데, 신주를 소각하고, 천주교식으로 장례를 치른 것이 문제가 되어 윤지충과 권상연이 처형당한 사건이다.
④ 신유박해(신유사옥) 때 일어난 황사영 백서 사건에 대한 내용이다. 황사영 백서 사건이란 황사영이 중국 북경의 구베아 주교에게 밀서를 보내 신유박해의 전말을 고하고, 주교의 힘을 빌려 신앙의 자유를 획득하고자 한 사건이다. 박해를 피해 충청도 제천의 배론에 토굴을 파고 숨어 있던 황사영은 지인 옥천희에게 편지를 써 주고 동지사(冬至使) 일행으로 위장하여 구베아 주교에게 전달하도록 하였다. 그러나 옥천희가 잡히면서 황사영 또한 체포되었고 편지의 내용도 발각되고 말았다. 그런데 편지에는 청으로 하여금 조선을 복속하게 한다든지, 또는 서양의 군함과 군대를 조선에 파견하여 신앙의 자유를 얻을 수 있게 해달라는 내용이 포함되어 있었다. 이 사건을 통해 천주교도의 국가 전복 기도 사실을 확인한 조선 정부는 천주교에 대한 박해를 지속하게 되었다.

오답피하기 ① 정약전은 순조 원년 신유박해(신유사옥, 1801) 때 흑산도 유형에 처해졌다. 『자산어보』는 정약전(정약용의 형)이 신유박해(1801, 순조 1)에 연루되어 흑산도 유배 생활을 하면서 이 지역의 해상 생물에 대해 분석하여 편찬한 책이다. 기해사옥(기해박해)은 헌종 5년(1839) 일어난 천주교 박해로, 정하상 등 많은 신도들과 모방, 앵베르 등 서양인 신부들이 처형당했다.

정답 ① 한정판 084p, 기본서 507p

핵심개념 천주교 박해

신해박해 (1791, 정조)	윤지충과 권상연이 윤지충의 모친상 때 신주 소각 및 천주교식 장례 → 윤지충·권상연 처형, 이승훈 투옥 후 곧 방면(대대적 박해 X)
신유박해 (1801, 순조)	• 노론 벽파가 집권하면서 대탄압(노론 벽파가 남인 시파를 축출하기 위한 정치적 보복) • 정약용 강진 유배 • 정약전 흑산도 유배(자산어보 저술) • 이승훈, 이가환과 정약종, 청나라 신부 주문모 처형 • 황사영 백서 사건으로 박해가 심화
기해박해 (1839, 헌종)	• 신자 색출을 위해 5가 작통법 시행 • 척사윤음 반포 • 정하상(상재상서)과 프랑스 앵베르 신부 처형
병오박해 (1846, 헌종)	우리나라 최초의 신부 김대건 순교
병인박해 (1866, 고종)	흥선대원군의 천주교에 대한 대탄압 → 프랑스 신부 9명과 남종삼 등 수천 명 처형(병인양요의 원인)

주제 104

02 | 근대 태동기의 사회

세도 정치기 농민 봉기

Check | 대표 기출 1

01 0574 [2021. 소방간부후보] 회독○○○

다음 사건에 대한 설명으로 옳은 것은?

> 조정에서는 서토를 버림이 썩은 흙을 버림이나 다름없다. …(중략)… 지금 나이 어린 임금이 위에 있어서 권세 있는 간신배가 날로 늘어나 김조순, 박종경의 무리가 국가의 권력을 제멋대로 하니 어진 하늘이 재앙을 내린다. …(중략)… 이제 격문을 띄워 먼저 열부군후에게 알리노니 절대로 동요치 말고 성문을 활짝 열어 우리 군대를 맞으라.
> – 패림 –

① 청천강 이북의 일부 군현을 점령하였다.
② 서인들이 주도하여 광해군을 축출하였다.
③ 고부 군수 조병갑의 횡포에 맞서 봉기를 일으켰다.
④ 최충헌의 사노비 만적이 신분 해방 운동을 전개하였다.
⑤ 신앙과 포교의 자유를 위해 중국에 있던 프랑스인 주교에게 서신을 보냈다.

SOLUTION 난이도 상 중 **하**

출제자의 눈 홍경래의 난의 배경과 전개 과정을 묻는 문제, 시기 문제, 순조 대의 왕대사와 연결된 문제가 출제되고 있다. 주의할 점은 홍경래의 난이 신분 해방을 목표로 한 것이 아니라는 점과 전국적으로 일어난 봉기가 아니라는 점이다. 임술 농민 봉기 역시 난의 배경과 전개 과정, 정부의 대책, 시기 등을 묻는 문제가 출제된다.

자료분석 자료는 **순조 때(1811) 일어난 홍경래의 난** 당시의 격문 내용이다. **서북 지역에 대한 차별[서토(평안도)를 버림이 썩은 흙을 버림이나 다름 없다]**, 세도 정치에 대한 비판(김조순, 박종경의 무리가 국가의 권력을 제멋대로 하니) 등의 내용을 통해 이를 알 수 있다.

정답해설 ① 홍경래는 처음 **가산에서 난을 일으켜** 선천, 정주 등을 별다른 저항 없이 점거하였고, **한때 청천강 이북 지역을 거의 장악**했으나 관군에게 패하여 약 5개월 만에 평정되었다.

오답피하기 ② **인조반정**에 대한 내용이다. 임진왜란 이후 즉위한 광해군은 쇠퇴하는 명과 성장하는 후금 사이에서 전쟁을 피하기 위해 중립외교를 실시했는데, 의리와 명분을 중시하던 서인은 이에 반발해 인조반정(1623)을 일으켰다.
③ 동학 교도들이 일으킨 **고부 농민 봉기(1894)**에 대한 내용이다. 고부 군수 조병갑이 불필요한 만석보를 짓고 물세를 거두는 등 수탈을 일삼자, 전봉준 등은 사발통문을 돌려 세력을 모은 뒤 고부 관아를 점령하고 억울한 죄수를 석방하였다.
④ 고려 무신정권 시기에 일어난 **만적의 난(1198)**에 대한 내용이다.
⑤ 신유박해 당시 있었던 '**황사영 백서**' 사건과 관련된 내용이다. 천주교 신자인 황사영이 베이징의 서양인 주교에게 신유박해의 전말을 보고하려다 발각된 사건으로 이를 계기로 천주교에 대한 박해가 더욱 심해졌다.

정답 ① 한정판 085p, 기본서 512p

Check | 대표 기출 2

02 0575 [2020. 국가직 7급] 회독○○○

다음 사건에 대한 설명으로 옳은 것은?

> 진주민 수만 명이 머리에 흰 수건을 두르고 손에는 나무 몽둥이를 들고 무리를 지어 진주 읍내에 모여 서리들의 가옥 수십 호를 불사르고 부수어서, 그 움직임이 결코 가볍지 않았다. 우병사가 해산시키려고 장시에 나갔다. 그때 흰 수건을 두른 백성들이 그를 빙 둘러싸고 백성의 재물을 횡령한 조목, 그리고 아전들이 세금을 포탈하고 강제로 징수한 일들을 여러 번 문책하였다. 그 능멸하고 핍박함이 조금도 거리낌이 없었다.

① 신유박해를 시작하게 된 계기가 되었다.
② 이필제가 난을 주도하였다.
③ 전봉준 등이 사발통문을 보내 봉기를 호소하였다.
④ 삼정이정청을 설치하게 된 배경이 되었다.

SOLUTION 난이도 상 중 **하**

자료분석 자료에 해당하는 사건은 **철종 때인 1862년에 일어난 임술 농민 봉기**이다. 임술 농민 봉기(진주민란)는 당시에 농민들이 머리에 흰색 수건을 둘렀다 하여 '**백건당의 난**'이라고도 불린다.

정답해설 ④ 임술 농민 봉기에 대한 대책으로 정부는 **안핵사로 박규수를 파견**하여 진상을 조사하게 하였다. 또한 **삼정의 문란을 바로잡기 위해 삼정이정청을 설치(1862)**하고 '삼정이정절목'을 반포하기도 하였으나, 근본적인 해결책이 되지는 못하였다.

오답피하기 ① **신유박해는 임술 농민 봉기(1862) 이전인 순조 때(1801) 일어난** 천주교 박해이다.
② **이필제의 난**은 1871년(고종 8) 동학교도인 이필제가 동학 제2대 교주 최시형과 함께 영해에서 봉기한 사건이다.
③ **고부 민란**과 관련된 내용이다. 1893년 말 사발통문을 작성하는 등 봉기 계획을 세운 전봉준은 고부 군수 조병갑의 학정에 맞서 사발통문을 돌리고 천여 명의 농민과 고부 관아를 습격(1894. 1.)하여 군수를 내쫓고 아전들을 징벌한 뒤, 농민들에게 곡식을 나누어 주고 10여 일만에 해산하였다.

심화개념 **이필제의 난(1871, 고종 8)**

> 이필제·최시형 등은 1871년 3월 교조 순교의 원일을 영해봉기일로 정하고, 사전 면밀한 담당부서를 정하여 봉기를 계획한 뒤 동학 조직망을 이용하여 경상도내의 동학교도 500여 명을 동원하였다. 먼저 이필제는 천제(天祭)를 지낸 뒤 최시형과 더불어 500여 명의 동학군을 이끌고 게릴라 작전법으로 영해부를 야습하여 군기고의 병기를 접수한 뒤 부사 이정을 문죄, 처단하였다. 당시 정부측은 "이는 어떠한 적도인지 알 수 없다"라며 당황해 했으며, 인근 고을의 수령들은 영해 봉기에 겁을 먹고 모두 도망쳤다. 이곳에서 성공을 거둔 이필제는 이 해 8월 2일 문경 봉기를 주모하다가 체포되었다.

정답 ④ 한정판 085p, 기본서 514p

03 [2024. 지방직 9급]

(가) ~ (라)의 사건을 시기 순으로 바르게 나열한 것은?

> (가) 남쪽 지방에서 반란군이 봉기하였다. 가장 심한 자들은 운문을 거점으로 한 김사미와 초전의 효심이었다. 이들은 유랑민을 불러 모아 주현을 습격하여 노략질하였다.
>
> (나) 진주의 난민들이 소동을 일으킨 것은 오로지 전 우병사 백낙신이 탐욕을 부려 수탈하였기 때문입니다. … (중략) … 이에 민심이 들끓고 노여움이 일제히 폭발해서 전에 듣지 못하던 변란으로 나타난 것입니다.
>
> (다) 여러 주·군에서 공물과 조세를 보내지 않아 나라의 씀씀이가 궁핍하게 되었으므로 왕이 사자를 보내 독촉하였다. 이로 인해 도적들이 곳곳에서 벌떼처럼 일어났다. 원종과 애노 등이 사벌주를 근거지로 반란을 일으켰다.
>
> (라) 평서 대원수는 급히 격문을 띄우노라. … (중략) … 조정에서는 서쪽 땅을 더러운 흙처럼 버렸다. 심지어 권세 있는 집의 노비들도 서쪽 사람을 보면 반드시 평안도 놈이라 일컫는다. 서쪽 땅에 있는 자로서 어찌 억울하고 원통하지 않겠는가.

① (가) → (다) → (나) → (라)
② (가) → (다) → (라) → (나)
③ (다) → (가) → (나) → (라)
④ (다) → (가) → (라) → (나)

SOLUTION

정답해설 (다) 원종과 애노는 889년(진성여왕 3)에 신라의 사벌주(지금의 경상북도 상주)에서 봉기를 일으켰다.
(가) 김사미·효심의 난은 고려 명종 때(이의민 집권기)인 1193년 김사미 세력과 효심 세력이 연합하여 일으킨 농민 봉기이다.
(라) 순조 때(1811) 일어난 홍경래의 난 당시의 격문 내용이다. 홍경래의 난은 당시의 서북 지역에 대한 차별과 삼정의 문란을 배경으로 일어났다.
(나) 1862년 철종 때 일어난 임술 농민 봉기에 대한 사료이다. 임술 농민 봉기는 그동안 쌓여 온 삼정의 문란과 경상우병사 백낙신 등 탐관오리와 토호의 탐학에 저항하여 일어났다.

핵심개념 임술 농민 봉기(1862, 철종 13)

배경	· 삼정의 문란(특히 환곡 폐단大) · 경상도 우병사 백낙신 등 탐관오리와 토호의 탐학
전개	경상도 단성에서 시작 → 진주성 점령(유계춘 주도) → 전국 확산(함흥~제주)
정부의 대책	· 안핵사 박규수 파견(진상 조사) · 삼정이정청 설치
한계	대부분의 봉기가 지역별로 전개되어 주변 지역과 연대하는 단계까지 나아가지 못함

정답 ④

---

04 [2024. 국회직]

다음 사건에 대한 설명으로 옳은 것은?

> ○○○을/를 필두로 김사용, 우군칙, 김창시와 장사인 홍총각, 부유한 상공업자인 이희저 등이 반란군의 지휘부를 구성하였다. 반란군은 정주성에 들어가 4개월 가까이 관군과 대치하다가 성이 함락되면서 진압되었다.

① '임술민란'이라고도 불린다.
② 명화적(明火賊)의 활동을 계승하였다.
③ 교조(敎祖)의 신원(伸寃)을 요구하였다.
④ 서북 지방에 대한 차별의 타파를 내세웠다.
⑤ 삼정이정청 설치의 직접적인 계기가 되었다.

SOLUTION

자료분석 자료는 1811년 순조 때 일어난 홍경래의 난에 대한 사료이다. 이희저는 대청 무역과 광산 경영으로 큰 부를 쌓은 인물로, 홍경래의 난 당시 자금을 조달하였다. 홍경래는 청천강 이북의 여러 지역을 점령했으나 의주와 안주 공략에 실패하면서 정주성으로 들어가 저항하다 결국 관군에게 패하고 5개월 만에 평정되었다.

정답해설 ④ 홍경래의 난은 지배층의 수탈과 서북민(평안도 지역)에 대한 차별이 봉기 원인이었다. 이 지역은 특히 사족층 형성이 적어 중앙 정부의 수탈의 대상이 되었다.

오답피하기 ① '임술민란'이라고도 불리는 사건은 철종 때 일어난 임술 농민 봉기(1862)이다. 임술 농민 봉기는 그동안 쌓여 온 삼정의 문란과 경상우병사 백낙신 등 탐관오리와 토호의 탐학에 저항하여 일어났다.
② '명화적(明火賊)'은 조선 시대 주로 횃불을 들고 약탈을 자행한 강도 집단으로, 이와 관련된 단체는 활빈당이다. 1890년대 윤계율이 남한지역의 명화적 조직을 통일하였다. 1897년 윤계율과 그의 동료들은 전북 금산 부근에서 체포되고 말았는데 후일 윤계율의 지휘 하에 있던 화적들이 1900년 활빈당을 결성하였다.
③ 교조의 신원을 요구한 것은 동학교도들이다. 1892년 11월 동학교도들은 최제우의 억울한 죽음을 풀어달라는 교조 신원과 정부의 동학 탄압 중지, 포교의 자유를 요구하며 삼례에서 집회를 열었으나 전라 감사의 거부로 실패하였다. 동학교도들은 이후에도 서울, 보은 등에서도 교조 신원을 요구하였다.
⑤ 삼정이정청(1862년, 철종 13)은 철종 때 일어난 임술 농민 봉기의 수습 과정에서 설치되었다. 전국에서 농민 봉기가 계속되자 삼정의 문란을 해결하기 위해 임시로 삼정이정청을 설치하였으나 효과를 거두지는 못하였다.

핵심개념 홍경래의 난(1811, 순조 11)

배경	· 삼정(전정, 군정, 환정)의 문란 · 서북인에 대한 차별(평안도 지역 차별)
참여	· 몰락 양반 홍경래 지휘(평서 대원수 자처) · 영세 농민, 중소 상인, 광산 노동자, 서북 지방 대상인, 향임층, 무사 등 각계 각층 합세
전개	처음 가산에서 난을 일으킴 → 선천·정주 점거 → 청천강 이북 지역 장악(전국적x)
결과	정주성에서 관군(순무영)에게 패하고 5개월 만에 평정
한계	지방 차별 타파라는 명분이 전국적 호소력을 얻지 못함

정답 ④

05 [2016. 법원직 9급]

(가)에 들어갈 내용으로 가장 적절한 것은?

> 백낙신의 폭정을 견디다 못한 진주 백성 수만 명이 무리를 지어 서리들의 가옥 수십 호를 불사르고 부수며, 아전들을 둘러싸고 백성의 재물을 횡령한 일, 환곡을 포탈하거나 강제로 징수한 일들을 면전에서 문책하였다.

⇩

(가)

⇩

> 철종이 후사 없이 사망하면서 고종이 어린 나이에 즉위하였다. 그러자 고종의 아버지인 흥선대원군이 실권을 잡았다. 대원군은 삼정의 문란을 진정시키기 위한 각종 정책을 폈다.

① 삼정이정청을 설치하고 수취 제도 개혁을 강구하였다.
② 군정의 문란을 해결하기 위하여 호포제가 실시되었다.
③ 농민들이 집강소를 설치하고 폐정 개혁을 추진하였다.
④ 홍경래를 중심으로 한 세력이 청천강 이북을 점령하였다.

06 [2014. 국가직 7급]

(가), (나)에 대한 설명으로 옳지 않은 것은?

> (가) 어른과 아이(父老子弟)와 공사천민(公私賤民)은 모두 이 격문을 들어라. 무릇 관서는 기자와 단군 시조의 옛터로, 훌륭한 인물이 넘친다. …(중략)… 그러나 조정에서 서토(西土)를 버림이 분토(糞土)나 다름없이 한다.
> (나) 금번 난민이 소동을 일으킨 것은 오로지 전 우병사 백낙신이 탐욕을 부려서 수탈하였기 때문입니다. 병영에서 포탈한 환곡과 전세 6만 냥을 집집마다 배정하여 억지로 받으려 하였습니다.

① (가) - 금광 경영이나 인삼 무역으로 자금을 마련하였다.
② (나) - 노비 문서의 소각과 탐관오리의 엄징을 요구하였다.
③ (가) - 세도 정권과 특권 어용상인에 대한 불만을 표출하였다.
④ (나) - 조정은 삼정이정청을 설치하여 세제 개혁을 약속하였다.

SOLUTION (05)

자료분석 첫 번째 내용은 세도 정치기(철종)에 일어난 임술 농민 봉기(1862), 마지막 내용은 고종 즉위와 흥선 대원군의 집권(1863)과 관련된 내용이다.

정답해설 ① 정부는 임술 농민 봉기에 대한 대책으로 안핵사로 박규수를 파견하여 진상을 조사하게 하고, 삼정의 문란을 바로 잡기 위해서 삼정이정청을 설치하기도 하였으나, 근본적인 해결책이 되지는 못하였다.

오답피하기 ② 호포제 실시는 고종 즉위 후 흥선 대원군의 개혁 정책이다. 호포제는 상민에게만 받던 군포를 반상에 구분 없이 가호에 부과하여 양반들에게도 군포를 징수한 제도이다.
③ 1894년에 일어난 동학 농민 운동과 관련된 내용이다. 1894년 5월 전주화약 이후 동학 농민군은 전라도 53개 고을에 농민의 자치적 개혁 기관인 집강소를 설치하고 그들의 폐정 개혁안을 실시하여 갔다.
④ 홍경래의 난은 임술 농민 봉기 이전인 1811년 순조 때 일어난 사건이다. 이 사건은 세도 정치의 폐해와 서북 지방에 대한 차별 대우로 인해 일어났다.

정답 ① 한정판 085p, 기본서 514p

SOLUTION (06)

자료분석 (가) 홍경래의 난(1811) 당시의 격문이다. '서토를 버림이 분토나 다름없이 한다.'는 내용을 통해 관서(평안도) 지방에 대한 차별 대우를 알 수 있다. 홍경래의 무리들이 내건 요구사항은 평안도가 단군조선과 기자조선의 옛터임에도 지방 차별을 받고 있는 것은 부당하니 이를 철폐하라는 것이었다.
(나) 임술 농민 봉기(1862)와 관련된 보고 내용이다. 임술 농민 봉기는 그동안 쌓여 온 삼정의 문란과 경상우병사 백낙신 등 탐관오리와 토호의 탐학에 저항하여 일어났다.

정답해설 ① 홍경래의 난은 약 10년 간 준비한 조직적 반란이었다. 이 사건에 자금을 댄 부호 이희저는 대청 무역과 광산 경영으로 큰 부를 쌓은 인물이었다. 사건 당시 그는 금광에서 일한다는 명분으로 인부를 모아 반란군의 주력부대로 삼기도 했다.
③ 19세기에는 세도 정치와 삼정의 문란으로 농민층이 몰락했고, 특권 상인과 지방 사상 간의 대립도 심해졌다. 홍경래의 난은 당시의 서북 지역에 대한 차별뿐만 아니라 세도 가문이 서울의 특권 상인을 보호하기 위해 평안도 상인의 활동을 억압한 것도 난의 원인이 되었다.
④ 임술 농민 봉기가 일어나자 정부는 삼정의 문란을 해결하기 위한 기구로 삼정이정청을 설치하여 개혁방안을 모색하였다. 그러나 이러한 정부의 정책은 삼정 문란의 원인을 운영상의 문제로만 파악하여 농민 봉기의 근본적인 원인을 해결하지 못하였다.

오답피하기 ② 노비 문서의 소각을 요구한 것은 1894년에 일어난 동학 농민 운동에 해당한다. 임술 농민 봉기 당시 농민들은 삼정의 문란을 시정하고 탐관오리를 처벌할 것을 요구하였다.

정답 ② 한정판 085p, 기본서 512p

주제 105

03 | 근대 태동기의 경제

수취 체제의 개편

Check 대표 기출 1

01 0580 [2023. 국가직 9급] 회독 ○○○

(가)에 대한 설명으로 옳지 않은 것은?

> 임진왜란 이후에 우의정 유성룡도 역시 미곡을 거두는 것이 편리하다고 주장하였으나, 일이 성취되지 못하였다. 1608년에 이르러 좌의정 이원익의 건의로 (가) 을/를 비로소 시행하여, 민결(民結)에서 미곡을 거두어 서울로 옮기게 하였다.
> - 『만기요람』 -

① 장시의 확대에 기여하였다.
② 지주에게 결작을 부과하였다.
③ 공납의 폐단을 막기 위해 실시하였다.
④ 공인에게 비용을 지급하고 필요 물품을 조달하였다.

Check 대표 기출 2

02 0581 [2025. 법원직] 회독 ○○○

다음 밑줄 친 '대책'에 해당하는 내용으로 옳은 것을 〈보기〉에서 모두 고른 것은?

> 양역(良役)의 절반을 감하라고 명하였다. 임금이 명정전에 나아가 말하기를, "결포(結布)는 이미 정해진 세율이 있으니 결코 더 부과하기가 어렵고, 호포(戶布)가 조금 나을 것 같아 1필을 감하고 호전(戶錢)을 걷기로 하였으나 마음은 매우 불쾌하다. …… 호포나 결포나 모두 문제가 있기 마련이다. 이제는 1필은 감하는 정사로 온전히 돌아가야 할 것이니, 1필을 감한 <u>대책</u>을 경들은 잘 강구하라."

보기
ㄱ. 원납전을 징수하였다.
ㄴ. 선무군관포를 거두었다.
ㄷ. 삼정이정청을 설치하였다.
ㄹ. 어염선세를 국고로 전환하였다.

① ㄱ, ㄴ   ② ㄱ, ㄷ
③ ㄴ, ㄹ   ④ ㄷ, ㄹ

SOLUTION 난이도 상 중 하

출제자의 눈 조선 후기 수취 제도의 가장 큰 변화는 영정법, 대동법, 균역법의 실시이다. 따라서 각 제도의 특징을 비교하는 문제가 전형적이다. 특히 대동법과 균역법이 단독 주제로 꾸준히 출제되고 있다.

자료분석 자료의 (가)에 해당하는 제도는 대동법이다. 1608년에 좌의정 이원익의 건의로 비로소 시행되었다는 점을 통해 알 수 있다. 대동법은 집집마다 부과하여 토산물을 징수하던 공물 납부 방식을 토지의 결수에 따라 쌀, 삼베나 무명, 동전 등으로 납부하게 한 제도이다. 1608년 광해군 때 경기도에서 처음 실시된 후 점차 확대되어 1708년 숙종 때는 잉류 지역인 함경도와 평안도, 제주도를 제외한 전국에서 시행되었다.

정답해설 ①, ③, ④ 공납의 폐단을 막기 위해 대동법이 실시되면서 공인이라는 어용 상인이 나타났다. 이들은 관청에서 공가를 미리 받아 필요한 물품을 사서 납부하였다. 공인이 시장에서 많은 물품을 구매하였으므로 상품 수요가 증가하였고 농민도 대동세를 내기 위하여 토산물을 시장에 내다 팔아 쌀, 베, 돈을 마련하였다. 이와 같이 물품의 수요와 공급이 증가하면서 상품 화폐 경제가 한층 발전하였다.

오답피하기 ② 균역법과 관련된 내용이다. 영조 때 군역의 폐단을 바로잡기 위해 균역법을 시행한 결과 농민들은 1인당 1년에 군포 1필을 납부하였다. 정부는 균역법 시행으로 줄어든 재정을 보충하기 위해 지주에게 토지 1결당 쌀 2두를 결작으로 징수하였다. 또 왕실에서 거두던 어세·염세·선세를 정부 재정 수입으로 바꾸었으며, 일부 부유한 상민에게 선무군관이라는 칭호를 주고 포를 징수하였다.

정답 ② 한정판 086p, 기본서 519p

SOLUTION 난이도 상 중 하

자료분석 자료는 영조 때 실시된 균역법과 관련된 사료로 밑줄 친 '대책'은 균역법 실시로 감소된 재정의 보충책을 의미한다.

정답해설 ㄴ, ㄹ. 균역법의 시행으로 감소된 재정은 지주에게 결작이라고 하여 토지 1결당 미곡 2두를 부담시켰고, 일부 상류층(일부 부유한 상민층)에게 선무군관이라는 칭호를 주고 군포 1필을 납부하게 하였다. 또한 어장세, 선박세 등 잡세 수입으로 보충하게 하였다.

오답피하기 ㄱ. 원납전의 본래의 뜻은 '스스로 원하여 바치는 돈'이었으나, 흥선대원군은 경복궁 중수를 위하여 이를 강제로 징수하였다.
ㄷ. 삼정이정청은 1862년 임술 농민 봉기를 계기로 삼정의 문란을 해결하기 위해 설치되었다.

정답 ③ 한정판 086p, 기본서 523p

03 0582 [2025. 서울시 9급 1차]

〈보기〉에서 균역법의 시행으로 감소된 재정을 보충하는 방법에 해당하는 것은?

—보기—
ㄱ. 지주에게 토지 1결당 미곡 4두를 부담시켰다.
ㄴ. 어장세, 염전세, 선박세 등 잡세 수입으로 보충하게 하였다.
ㄷ. 공인이라는 어용상인을 통해 필요한 물품을 사서 납부하게 하였다.
ㄹ. 일부 상류층에 선무군관이라는 칭호를 주고 군포 1필을 납부하게 하였다.

① ㄱ, ㄴ
② ㄱ, ㄷ
③ ㄴ, ㄷ
④ ㄴ, ㄹ

04 0583 [2024. 지방직 9급]

(가)~(라)를 시기 순으로 바르게 나열한 것은?

(가) 지주에게 결작이라 하여 토지 1결당 미곡 2두씩을 부담시켰다.
(나) 전세를 풍흉에 관계없이 토지 1결당 미곡 4~6두로 고정시켰다.
(다) 조세는 토지 1결당 수확량 300두의 10분의 1 수취를 원칙으로 삼았다.
(라) 조세를 토지 비옥도와 풍흉의 정도에 따라 1결당 최고 20두에서 최하 4두로 하였다.

① (다) → (라) → (가) → (나)
② (다) → (라) → (나) → (가)
③ (라) → (다) → (가) → (나)
④ (라) → (다) → (나) → (가)

SOLUTION (03)

정답해설 ㄴ, ㄹ. 영조 때 군역의 폐단을 바로잡기 위해 균역법을 시행하였다. 그 결과 농민들은 1인당 1년에 군포 1필을 납부하였다. 정부는 균역법 시행으로 줄어든 재정을 보충하기 위해 지주에게 토지 1결당 쌀 2두를 결작으로 징수하였다. 또 왕실에서 거두던 어세·염세·선세를 정부 재정 수입으로 바꾸었으며, 일부 부유한 상민에게 선무군관이라는 칭호를 주고 포를 징수하였다. 균역법은 일시적으로 농민의 군포 부담을 줄여 주었으나, 결작을 소작농에게 전가하는 등 군포 징수 과정의 폐단도 계속되었다.

오답피하기 ㄱ. 결작은 지주에게 토지 1결당 미곡 2두(4두 X)를 부담시켰다.
ㄷ. 공인은 대동법 실시로 인해 등장한 어용상인이다. 현물 대신 쌀을 거둔 정부는 나라에 필요한 물품을 마련하는 일을 공인에게 맡겼다. 공인이 시장에서 대량으로 물품을 구입하고 수공업자들에게 물품 생산을 주문하면서 수공업 생산이 활기를 띠고 상품 화폐 경제가 발달하였다.

핵심개념 균역법(1750, 영조 26)

배경	군역의 부담 과중과 군역의 폐단
내용	군포 부담을 1년에 2필에서 1필로 경감

재정 보충책	• 결작 : 지주에게 토지 1결당 미곡 2두 징수
	• 선무군관포
	  - 대상 : 일부 상류층(일부 부유한 상민층)
	  - 내용 : 선무군관 칭호를 주고 군포 1필 징수
	• 잡세 : 어장세, 염세, 선박세 등 → 궁방에서 징수하던 것을 균역청에 예속시켜 징수

결과	농민 부담 일시 감소 → but 결작의 부담을 소작 농민에게 전가, 군적 문란 심화로 농민 부담 다시 가중

정답 ④ 한정판 086p, 기본서 523p

SOLUTION (04)

정답해설 (다) 고려 말 공양왕 때 제정된 과전법에 대한 내용이다(1391). 과전법의 경우 조세는 수확량의 10분의 1을 내는데, 1결의 최대 생산량을 300두로 정하고, 30두를 조세로 수취하였다.
(라) 조선 세종 때 시행된 공법(1444)에 대한 내용이다. 공법(1444)은 토지의 비옥도(전분 6등)와 풍흉(연분 9등)을 고려하여 조세를 차등 징수한 제도이다. 전분 6등법은 토지를 비옥도에 따라 6등급으로 나누고 등급에 따라 각기 다른 자를 사용하여 1결당 면적을 달리한 것이고, 연분 9등법은 풍흉의 정도에 따라 9등급으로 나누어 1결당 최고 20두에서 최하 4두를 내도록 한 것이다.
(나) 풍흉에 상관없이 1결당 4~6두를 고정적으로 징수한 제도는 인조 때 실시된 영정법(1635)이다.
(가) 영조 때인 1750년(영조 26)에 군포 2필을 1필로 감하는 균역법이 제정되었다. 정부는 균역법 시행으로 줄어든 재정을 보충하기 위해 지주에게 토지 1결당 쌀 2두를 결작으로 징수하였다.

핵심개념 영정법(1635, 인조 13)

전세의 정액화	풍흉에 관계없이 전세를 토지 1결당 미곡 4두(또는 4~6두)로 고정

결과	• 전세의 비율이 이전보다 다소 감소
	• but 여러 명목의 부가세 징수(전세 납부 시 수수료, 운송비, 자연 소모에 대한 보충 비용 등을 함께 부과)
	• 대다수 농민 부담 증가
	  - 대부분의 농민이 소작농
	  - 부가세를 농민에게 전가

정답 ② 한정판 086p, 기본서 518p

05 0584 [2019. 법원직]

밑줄 친 ㉠의 폐단을 시정하고자 실시한 제도와 관련된 설명으로 가장 옳은 것은?

> 정인홍이 아뢰기를 "민생이 곤궁한 것은 공상할 물건은 얼마 되지도 않는데 ㉠ 방납으로 모리하는 무리에게 들어가는 양이 거의 3분의 2가 넘고, 게다가 수령이 욕심을 부리고 아전이 애를 먹여서 그 형세가 마치 삼분오열로 할거하듯 하니 민생이 어찌 곤궁하지 않겠습니까."
> – 선조실록 –

① 공납의 호세화가 촉진되었다.
② 상품 화폐 경제의 발달에 영향을 주었다.
③ 영조 대에 토지 1결당 쌀 4두를 징수하였다.
④ 농민들의 군포부담이 2필에서 1필로 줄어들었다.

SOLUTION 난이도 상 중 하

자료분석 방납의 폐단을 시정하기 위해 실시한 제도는 대동법이다. 16세기 이후 조선의 수취 체제는 문란해졌다. 서리와 상인 등이 결탁하여 공납을 대신 내고 농민에게 비싼 대가를 받아내는 방납이 만연하였다. 이러한 방납의 폐단을 시정하기 위해 집집마다 부과하여 토산물을 징수하던 공물 납부 방식을 토지의 결수에 따라 쌀, 삼베나 무명, 동전 등으로 납부하게 하는 대동법이 실시되었다.

정답해설 ② 대동법 실시 결과 농민은 대동세를 내기 위해 토산물을 시장에 내다 팔아 쌀, 베, 돈을 마련하였다. 이와 같이 물품의 수요와 공급이 증가하면서 상품 화폐 경제가 한층 발전하였다.

오답피하기 ① 대동법은 공납의 전세화를 추진한 것이다(호세화 X).
③ 영조 때는 균역법의 시행으로 감소한 재정을 보충하기 위해 지주에게 토지 1결당 미곡 2두의 결작을 부담시켰다.
④ 농민들의 군포 부담을 2필에서 1필로 줄여준 것은 영조 때의 균역법이다.

핵심개념 대동법(1608, 광해군 즉위년)

배경	방납의 폐단 → 농민 부담↑
내용	공납을 토지의 결수에 따라 쌀(1결당 12두), 삼베, 무명, 동전 등으로 징수 → 공납의 전세화 및 금납화
담당 관청	선혜청(1894년 갑오개혁 때 폐지)
시행	• 광해군 : 경기도에서 처음 시행 • 숙종 : 잉류 지역[함경도·평안도·(제주도)]을 제외한 전국적 시행
결과	• 양반 지주층, 방납인 등의 반대로 전국적 시행까지 100년(1608~1708) 소요 • 공납 부과 기준 변화 : 가호 기준 → 토지 결수 • 토지가 없거나 적은 농민 부담 경감 • 토지를 많이 소유한 지주의 부담 증가 • 관청(선혜청)에 물품을 조달하는 공인 등장 → 상품 수요 증가 → 상품 화폐 경제 발달 • 조세의 금납화 촉진
한계	• 현물 징수 존속 : 상공에만 한정, 별공과 진상 여전히 존속 • 시간이 지날수록 상납미 비율↑, 유치미 비율↓ → 지방 관아 재정 악화 → 수령 및 아전들의 농민 수탈 가중

정답 ② 한정판 086p, 기본서 519p

---

06 0585 [2017. 국회직]

다음의 사료를 통해 알 수 있는 조세 제도의 개선책과 그 결과에 대한 설명으로 옳지 않은 것은?

> "백성의 뜻을 알고 싶어 재차 대궐문에 나아갔더니, 몇 사람의 유생이 '전하께서는 백성을 해친 일이 없는데 지금 이 일을 하는 것을 신은 실로 마음 아프게 여깁니다.'라고 말하고, 방민(坊民)들은 입술을 삐쭉거리면서 불평하고 있다고 말하니, 비록 강구(康衢)에 노인들 어찌 이보다 더하겠는가. 군포(軍布)는 나라의 반쪽이 원망하고 호포는 한 나라가 원망할 것이다. 지금 내가 어탑에 앉지 않는 것은 마음에 미안한 바가 있어서 그러한 것이다. 경 등은 알겠는가? 호포나 결포나 모두 구애되는 단서가 있기 마련이다. (중략) 경 등은 대안을 잘 강구하라" 하였다.

① 군포를 12개월마다 1필만 내게 하였다.
② 절감된 군포의 수입을 보충하기 위해 종래 군역이 면제되었던 양반들에게 선무군관이라는 칭호를 주는 대신 군포 1필씩을 내게 하였다.
③ 지주에게는 결작이라고 하여 토지 1결당 미곡 2두를 부담케 하였다.
④ 각 아문이나 궁방에서 받아들이던 어세, 염세, 선세를 균역청에서 관할케 하였다.
⑤ 토지에 부과되는 결작의 부담이 소작 농민에게 돌아가는 경우도 있었다.

SOLUTION 난이도 상 중 하

자료분석 자료는 영조 대의 균역법 실시 배경과 관련된 내용이다. 군역의 폐단이 심해지자 이에 양역(良役) 변통론이 대두되었다. 양역 변통론은 양역 행정을 합리적으로 운영하자는 주장부터 양반층에게도 군포를 부담시키자는 호포론, 토지 결수에 따라 군포를 징수하자는 결포론 등 다양하게 제기되었다. 결국 영조는 이 같은 양역 변통론을 절충하여 균역법을 시행하였다. 이로써 농민들은 2필씩 내던 군포를 1필만 부담하게 되었다.

정답해설 ① 균역법은 1년에 2필씩 납부하던 군포를 1필로 줄여준 제도이다.
③ 조선 정부는 균역법 실시로 인해 부족해진 재정을 보충하기 위해 지주들에게 토지 1결당 미곡 2두의 결작을 징수했다.
④ 정부는 균역법을 실시에 따른 재정 보충책의 일환으로 각 아문이나 궁방에서 받아들이던 어세, 염세, 선세를 균역청에서 관할케 하였다.
⑤ 균역법 실시 이후 토지에 부과되는 결작의 부담이 소작 농민에게 돌아가고, 군적 문란이 심해지면서 농민의 부담은 다시 가중되었다.

오답피하기 ② 선무군관포는 양반이 아닌 일부 부유층(부유한 상민)에게 선무군관이라는 칭호를 주고 군포 1필을 징수한 것이다.

정답 ② 한정판 086p, 기본서 522p

07 [2017. 경찰 2차]

밑줄 친 '이 제도'와 관련된 설명으로 가장 적절한 것은?

> '이 제도'가 처음 경기도에서 실시되자 토호와 방납인들은 그동안 얻었던 이익을 모두 잃게 되었다. 그래서 온갖 수단을 다 동원하여 왕에게 폐지할 것을 건의했으나, 백성들이 이 제도가 편리하다고 하였기 때문에 계속 실시하기로 하였다.
> - 『열조통기』 -

① 호(戶)를 기준으로 하였기 때문에 농민의 세금 부담이 줄어들었다.
② 운영 과정에서 유치미(留置米)는 증가하고 상납미(上納米)는 감소하였다.
③ 인징, 족징 등 폐단이 심각하여 이 제도가 도입되었다.
④ 별공(別貢)과 진상(進上)은 그대로 남아 있었다.

08 [2016. 국가직 9급]

밑줄 친 '이 법'에 대한 설명으로 옳지 않은 것은?

> 현물로 바칠 벌꿀 한 말의 값은 본래 목면 3필이지만, 모리배들은 이를 먼저 대납하고 4필 이상을 거두어 갑니다. 이런 폐단을 없애기 위해 이 법을 시행하면 부유한 양반 지주가 원망하고 시행하지 않으면 가난한 농민이 원망한다는데, 농민의 원망이 훨씬 더 큽니다. 경기와 강원에서 이미 시행하고 있으니 충청과 호남 지역에도 하루빨리 시행해야 합니다.

① 토지 결수를 과세 기준으로 삼았다.
② 인조 때 처음으로 경기도에서 시행하였다.
③ 이 법이 시행된 후에도 왕실에 대한 진상은 계속되었다.
④ 이 법을 시행하면서 관할 관청으로 선혜청을 설치하였다.

09 0588 [2016. 법원직 9급]

(가), (나)와 관련하여 새로이 시행된 수취제도에 대한 설명으로 가장 옳은 것은?

> (가) 지금 호조에서 한 나라의 살림을 맡아 보면서도 어느 지방의 어떤 물건의 대납인지, 또 대납의 이익이 얼마나 되는지도 살피지 않은 채 모두 부상들에게 허가하여 이 일을 맡기고 있습니다. 세금도 정해진 것보다 지나치게 많이 거두는 경우가 많습니다.
>
> (나) 마침내 연분 9등법을 파하였다. 삼남지방은 각 등급으로 결수를 정해 조안에 기록하였다. 영남은 상지하(上之下)까지만 있게 하고, 호남과 호서지방은 중지중(中之中)까지만 있게 하였다.

① (가) - 담당 기관으로 사창을 설치하였다.
② (가) - 가구에 부과하던 공납을 전세화했다.
③ (나) - 결작으로 부족한 세수를 보충하였다.
④ (나) - 광해군 때 경기도에서 처음 실시되었다.

SOLUTION

자료분석 (가)는 대납이라는 표현과 부상에게 대납을 맡겨 세금을 정해진 것보다 지나치게 많이 거두는 경우가 많다는 내용을 통해 공물 징수 과정에서 일어난 방납의 폐단임을 알 수 있다. 광해군 때는 방납의 폐단을 시정하기 위해 집집마다 부과하여 토산물을 징수하던 공물 납부 방식을 토지의 결수에 따라 쌀, 삼베나 무명, 동전 등으로 납부하게 하는 대동법이 실시되었다.
(나)는 '마침내 연분 9등법을 파하고 영남은 상지하(上之下)까지만 있게 하고, 호남과 호서지방은 중지중(中之中)까지만 있게 하였다'라는 내용을 통해 인조 때 실시된 영정법임을 알 수 있다.

정답해설 ② 대동법은 집집마다 부과하여 토산물을 징수하던 공물 납부 방식을 토지의 결수에 따라 쌀, 삼베나 무명, 동전 등으로 납부하게 하는 제도로 공납을 전세화한 것이다.

오답피하기 ① 대동법을 관할하는 관청으로 선혜청이 설치되었다. 사창 제도는 마을 단위로 설치되어 빈민에게 곡식을 빌려 주는 제도로, 양반 지주층에 의해 운영되었다.
③ 결작은 균역법 시행으로 줄어든 재정을 보충하기 위해 지주에게 토지 1결당 쌀 2두를 징수한 것을 말한다.
④ 영정법은 인조 때(1635) 실시되었다. 광해군 때는 경기도에서 처음으로 대동법이 실시되었다.

정답 ② 한정판 086p, 기본서 519p

주제 106 | 03 근대 태동기의 경제
양반 지주 및 농민 경제의 변화

Check 대표 기출 1

01 0589 [2019. 국가직 9급] 회독 ○○○

밑줄 친 ㉠~㉣과 관련된 임란 이후 경제에 대한 설명으로 옳지 않은 것은?

> • ㉠서울 안팎과 번화한 큰 도시에 파·마늘·배추·오이밭 따위는 10묘의 땅에서 얻은 수확이 돈 수만을 헤아리게 된다. 서도 지방의 ㉡담배 밭, 북도 지방의 삼밭, 한산의 모시밭, 전주의 생강 밭, 강진의 ㉢고구마 밭, 황주의 지황 밭에서의 수확은 모두 상상등전(上上等田)의 논에서 나는 수확보다 그 이익이 10배에 이른다.
>
> • 작은 보습으로 이랑에다 고랑을 내는데, 너비 1척, 깊이 1척이다. 이렇게 한 이랑, 즉 1묘 마다 고랑 3개와 두둑 3개를 만들면, 두둑의 높이와 너비는 고랑의 깊이와 너비와 같아진다. 그 뒤 ㉣고랑에 거름 재를 두껍게 펴고, 구멍 뚫린 박에 조를 담고서 파종한다.

① ㉠ - 신해통공을 반포하여 육의전의 금난전권을 폐지하였다.
② ㉡ - 인삼과 더불어 대표적인 상업작물로 재배되었다.
③ ㉢ - 『감저보』, 『감저신보』에서 재배법을 기술하였다.
④ ㉣ - 밭농사에서 농업 생산력의 발전을 가져온 농법이었다.

Check 대표 기출 2

02 0590 [2021. 국가직 9급] 회독 ○○○

밑줄 친 '이 농법'에 대한 설명으로 옳은 것만을 모두 고르면?

> 대개 이 농법을 귀중하게 여기는 이유는 다음과 같다. 두 땅의 힘으로 하나의 모를 서로 기르는 것이고, …(중략)… 옛 흙을 떠나 새 흙으로 가서 고갱이를 씻어 내어 더러운 것을 제거하는 것이다. 무릇 벼를 심는 논에는 물을 끌어들일 수 있는 하천이나 물을 댈 수 있는 저수지가 꼭 필요하다. 이러한 것이 없다면 벼 논이 아니다.
> - 『임원경제지』-

보기
ㄱ. 세종 때 편찬된 『농사직설』에도 등장한다.
ㄴ. 고랑에 작물을 심도록 하였다.
ㄷ. 『경국대전』의 수령칠사 항목에서도 강조되었다.
ㄹ. 직파법보다 풀 뽑는 노동력을 절약할 수 있었다.

① ㄱ, ㄴ   ② ㄱ, ㄹ   ③ ㄴ, ㄷ   ④ ㄷ, ㄹ

SOLUTION 난이도 상 **중** 하

출제자의 눈 농업 기술의 변천 과정을 시대별로 구분하는 문제, 조선 후기 경제 및 사회상과 연계된 통합형 문제로 빈출된다. 특히 이앙법의 일반화와 광작의 대두, 상품 작물 재배와 관련된 내용이 조선 후기의 대표적 지문으로 활용되고 있다.

자료분석 첫 번째 자료는 조선 후기 상품 작물 재배에 대한 사료이고 두 번째 자료는 밭농사에서 고랑에 파종하는 견종법을 설명한 사료이다.

정답해설 ② 조선 후기에 농민들은 시장에 팔기 위한 상품작물을 재배하여 가계 수입을 증가시켰다. 장시가 점차 증가하고 상품의 유통이 활발해짐에 따라 농민은 쌀, 목화, 채소, 담배, 약초 등을 재배하여 팔았다.
③ 『감저보』는 1766년(영조 42) 강필리가 고구마의 재배·이용법에 관하여 기술한 책이다. 『감저신보』는 1813년(순조 13) 김장순이 편찬한 고구마의 재배·이용법에 관한 책이다.
④ 조선 후기에는 밭고랑에다 곡식을 심는 이른바 견종법이 보급되어 노동력을 절감하는 효과를 가져왔다.

오답피하기 ① 정조 대인 1791년에는 당시 좌의정이었던 채제공의 건의로 육의전을 제외한 시전 상인의 금난전권을 폐지(신해통공)하여 자유로운 상업 행위를 진작시켰다.

정답 ① 한정판 087p, 기본서 526p

SOLUTION 난이도 상 **중** 하

자료분석 자료의 밑줄 친 '이 농법'은 이앙법(모내기)이다. 두 땅의 힘으로 하나의 모를 서로 기르는 것이라는 내용과 물을 댈 수 있는 저수지가 꼭 필요하다는 내용 등을 통해 이를 알 수 있다. 이앙법은 못자리에서 기른 모를 꺼내어 본 논에 옮겨 심는 것이다. 모를 심기 위하여 못자리에 볍씨를 뿌리고, 이 볍씨가 일정 기간 자라서 모가 되면 논에 옮겨 심게 된다.

정답해설 ㄱ. 세종 때 편찬된 『농사직설』은 우리나라 풍토에 맞는 씨앗의 저장법, 토질의 개량법, 모내기법(이앙법) 등 농민의 실제 경험을 종합하여 편찬하였다.
ㄹ. 모내기법은 직파법보다 풀 뽑는(김매기, 잡초 제거) 일손을 줄일 수 있어 농민들이 이를 통해 경작지의 규모를 확대할 수 있었다(조선 후기 광작의 대두).

오답피하기 ㄴ. 고랑에 작물을 심도록 한 농사법은 견종법이다.
ㄷ. 수령 칠사는 조선 시대 수령이 지방을 통치함에 있어서 힘써야 할 일곱 가지 사항을 뜻하는데, 모내기 장려와 같은 내용은 포함되어 있지 않다. 수령 칠사는 『경국대전』 이전 고과조에 학교 교육의 진흥[학교흥(學校興)], 간사하고 교활한 풍속을 없애는 일[간활식(奸猾息)], 농사와 양잠의 흥성[농상성(農桑盛)], 부역의 균등한 부과[부역균(賦役均)], 군정의 바른 처리[군정수(軍政修)], 호구의 증가[호구증(戶口增)], 송사의 간명한 처리[사송간(詞訟簡)] 등으로 규정하였다.

정답 ② 한정판 087p, 기본서 526p

03 [2024. 지역인재 9급]

다음 자료가 작성된 시기에 대한 설명으로 적절하지 않은 것은?

> 밭에 심는 것은 9곡뿐이 아니다. 모시, 오이, 배추, 도라지 등의 농사를 잘 경작하면 조그만 밭이라도 얻는 이익이 헤아릴 수 없이 크다. 한성 내의 읍과 도회지의 파밭, 마늘밭, 배추밭, 오이밭에서는 10무(畝)의 땅으로 많은 돈을 번다. 서쪽 지방의 담배밭, 북쪽 지방의 삼밭, 한산의 모시밭, 전주의 생강밭, 강진의 고추밭, 황주의 지황밭은 모두 논 상상등(上上等) 이익의 10배에 달한다.
>
> - 『경세유표』 -

① 근친혼과 동성혼이 성행하였다.
② 민간인에게 광산 채굴을 허용하고 세금을 부과하였다.
③ 일부 농민이 농법 개량, 광작 등을 통해 부농으로 성장하였다.
④ 일부 상민이 공명첩, 납속책 등을 통해 양반이 되려 하였다.

04 [2020. 지방직 7급]

조선 후기의 농업 변화에 대한 설명으로 옳지 않은 것은?

① 벼농사에서 이앙법이 널리 보급되면서 노동력이 절감되고 수확량이 늘어났다.
② 담배, 인삼, 채소 등 상품작물을 재배하는 상업적 농업이 발달하였다.
③ 고구마 종자는 청(淸)에 파견된 연행사가 가져왔다.
④ 밭에서의 재배 방식으로 견종법(畎種法)이 보급되었다.

05 0593 [2019. 지방직 7급]

조선 후기 사회경제적 변동에 대한 설명으로 옳은 것만을 모두 고르면?

ㄱ. 박지원의 『과농소초』와 서호수의 『해동농서』 등을 비롯한 여러 농서가 편찬되었다.
ㄴ. 담배·채소·약재 등을 상품작물로 재배하여 수익을 올리는 부농이 나타났다.
ㄷ. 청으로부터 유황·구리 등을 수입하여 일본에 수출하였다.
ㄹ. 지대납부 방식이 도조법에서 타조법으로 전환되었다.

① ㄱ, ㄴ
② ㄱ, ㄷ
③ ㄴ, ㄹ
④ ㄷ, ㄹ

SOLUTION

정답해설 ㄱ. 『과농소초』는 조선 후기 실학자 박지원이 편찬한 농서이다. 박지원은 이 책에서 영농 방법의 혁신, 상업적 농업의 장려, 수리 시설의 확충 등을 통한 농업 생산력 증대에 관심을 기울였다. 『해동농서』는 서호수가 편찬한 농서로, 정조의 명으로 우리 고유의 농학을 중심에 두고 중국 농학을 선별적으로 수용하여 새롭게 체계화하였다.
ㄴ. 조선 후기 일부 농민들은 담배, 인삼 등 상품 작물을 재배하여 시장에 내다 팔아 수입을 올렸다. 17세기 초 일본에서 전래된 담배는 농촌의 소득 증대에 이바지하였고, 인삼은 청과 일본에서도 인기 있는 무역 상품이었다. 도시 근교에서는 채소 재배가 성행하기도 했다.

오답피하기 ㄷ. 유황, 구리 등은 일본에서 수입(수출 X)한 상품이다. 조선 후기 일본과의 무역은 주로 왜관에서 이루어졌다. 조선은 일본에 인삼, 쌀, 무명 등을 수출하였고, 청에서 수입한 물품을 중계하기도 하였다. 또 조선은 일본에서 은, 구리, 유황, 후추 등을 수입하였다. 이 중 은은 다시 청으로 흘러 들어갔다.
ㄹ. 조선 후기에는 수확량의 일정 비율로 소작료를 내는 타조법에서 일정 액수로 납부하는 도조법으로 전환되어 갔다.

핵심개념 타조법과 도조법

타조법(정률 지대)	도조법(정액 지대)
• 조선 전기는 물론 조선 후기에도 일반적인 지대 납부 방식 • 지주와 소작인이 수확을 반씩 나누는 방식(병작반수, 1/2) • 지주 간섭 심함 • 작황에 따라 지주의 이익이 좌우됨 • 신분적 관계	• 조선 후기에 등장 • 도지권 소유자에게 해당 • 풍흉에 관계없이 일정액 납부(지대의 정액화, 약 1/3) • 지주 간섭 약함 • 지주와 전호 간의 관계가 신분적 관계에서 경제적 관계로 변화

정답 ① 한정판 087p, 기본서 526p

06 0594 [2017. 국가직 9급]

다음의 자료에 보이는 시기의 경제 상황에 대한 설명으로 옳지 않은 것은?

황해도 관찰사의 보고에 따르면, 수안군에는 본래 금광이 다섯 곳이 있었다. 올해 여름에 새로 39개소의 금혈을 뚫었는데, 550여 명의 광꾼들이 모여들었다. 도내의 무뢰배들이 농사를 짓지 않고 다투어 모여들 뿐만 아니라 다른 지방에서 이익을 좇는 무리들도 소문을 듣고 몰려온다. …(중략)… 금점을 설치한 지이미 여러 해가 된 곳에는 촌락이 즐비하고 상인들이 물품을 유통시켜 큰 도회지를 이루고 있다.

① 밭농사에서는 견종법이 보급되었다.
② 면화, 담배 등 상품 작물을 재배하였다.
③ 일부 지방에서 도조법으로 지대를 납부하였다.
④ 개간을 장려하기 위해 사패전을 부농층에 분급하였다.

SOLUTION

자료분석 자료는 정조 22년(1798) 작성된 『비변사등록』의 내용으로, 조선 후기 광업 발달 모습을 보여주고 있다. 광산은 본래 정부가 독점하여 필요한 광물을 채굴했는데 17세기 중엽부터 민간인에게 광산 채굴을 허용하고 세금을 받는 정책을 시행하여(설점수세제) 민간인에 의한 광업이 활기를 띠게 되었다. 한편 청과의 무역으로 은의 수요가 늘어나면서 은광의 개발이 활기를 띠었다. 그리하여 17세기 말에는 거의 70개소의 은광이 개발되었고, 18세기 말에는 상업 자본이 채굴과 제련이 쉬운 사금 채굴에 몰리면서 금광의 개발도 활발해졌다.

정답해설 ① 조선 후기에는 밭고랑에 씨를 뿌리는 견종법이 보급되었다. 고랑은 이랑보다 바람이 불 때나 가물 때 유리했고, 김매기도 쉬웠다.
② 조선 후기에는 장시가 점차 증가하고 상품 유통이 발달하면서 면화, 담배, 인삼 등 상품 작물 재배가 활발해졌다. 담배는 17세기 초 일본에서 전래된 후 전라도 지방을 중심으로 하여 전국에서 재배되었다.
③ 도조법은 농사의 풍·흉작에 관계없이 해마다 대개 수확량의 약 3분의 1로 정해진 일정 지대액을 지주에게 납부한 것이다. 조선 후기에 일부 지방에서는 타조법(일정 비율을 소작료로 납부)을 대신해 도조법으로 지대를 납부하였다.

오답피하기 ④ 고려에서는 몽골과의 장기간 전쟁으로 황폐해진 농지를 개간할 목적에서 사패전(사급전) 제도가 시행되었는데, 사패전이 주로 권문세족에게 지급되어 대토지 집적의 길을 열어 주었다. 그뿐 아니라 사패전을 지급받지 않고도 마치 받은 것처럼 꾸며 남의 토지를 빼앗는 '모수사패(冒受賜牌)'가 횡행하여 당시 권문세족의 농장은 '산천(山川)으로 경계를 삼았다'거나 '주군(州郡)에 걸쳐 있었다'고 기록될 정도로 규모가 컸다.

핵심개념 조선 후기 상품 작물과 구황 작물 재배

상품 작물	• 시장에 팔기 위한 작물 재배(ex 쌀, 목화, 채소, 담배, 약초 등) → 가계 수입 증가 • 쌀 : 장시에서 가장 많이 거래됨(쌀의 상품화 활발) → 쌀 수요 증가로 밭을 논으로 바꾸는 현상 활발 • 고추·담배(남초, 남령초) : 17c 초 일본에서 전래
구황작물 및 기타 작물 재배	• 호박 : 17c 무렵 일본에서 전래 • 고구마(효자마·감저) : 18c 영조 때 통신사 조엄이 일본에서 전래 • 감자(마령서) : 19c 청에서 전래

정답 ④ 한정판 087p, 기본서 526p

주제 107 · 03 | 근대 태동기의 경제
상품 화폐 경제의 발달

Check 대표 기출 1

01 0595 [2021. 법원직 9급]   회독 ○○○

자료에 해당하는 시기의 경제 상황에 대한 설명으로 가장 옳은 것은?

> "내 조금 시험해 볼 일이 있어 그대에게 만 금(萬金)을 빌리러 왔소." 하였다. 변씨는 "그러시오." 하고 곧 만 금을 내주었다. …… 대추, 밤, 감, 배, 석류, 귤, 유자 등의 과실을 모두 두 배 값으로 사서 저장하였다. 허생이 과실을 몽땅 사들이자 온 나라가 잔치나 제사를 치르지 못하게 되었다. 그런지 얼마 아니 되어서 두 배 값을 받은 장사꾼들이 도리어 열 배의 값을 치렀다.

① 지대 납부 방식이 타조법으로 바뀌었다.
② 상품 작물 재배가 늘면서 쌀에 대한 수요가 줄었다.
③ 상인 자본이 장인에게 돈을 대는 선대제가 성행하였다.
④ 정부에서 덕대를 직접 고용해 광산 개발을 주도하였다.

SOLUTION 난이도 상 중 하

출제자의 눈 조선 후기의 전반적인 경제 상황이나 사상(私商)의 특징과 관련된 문제가 주로 출제된다. 고려, 조선 전기, 조선 후기의 상업 활동을 구분하는 문제, 조선 후기 각 사상(私商)의 활동을 묻는 문제 등이 전형적이다.

자료분석 자료는 조선 후기 경제 상황을 묘사한 박지원의 소설 『허생전』 중 일부로 상품의 매점매석을 통하여 이윤의 극대화를 노리던 도고 행위를 보여주고 있다. 이 소설에 등장하는 허생이 매점 행위를 통해 막대한 이익을 취한 모습에서 볼 수 있듯이 조선 후기 사상(私商)의 매점 행위는 광범위하게 이루어지고 있었다.

정답해설 ③ 조선 후기에는 관영 수공업이 쇠퇴하고 민영 수공업이 발달하였으며, 상인이 수공업자에게 원료와 자금을 미리 주고 물품을 대량으로 생산하게 하는 선대제가 유행하였다.

오답피하기 ① 조선 후기의 지대 납부 방식은 일정 비율로 지대를 납부하는 타조법에서 일정 액수를 납부하는 도조법으로 변화되어 갔다.
② 조선 후기에는 특히 쌀의 상품화가 활발하였다. 쌀은 이 시기에 이르러 그 수요가 크게 늘어 장시에서 가장 많이 거래되었다. 쌀의 수요가 늘면서 밭을 논으로 바꾸는 현상이 활발하였다.
④ 덕대는 민간의 광산 경영 전문가이다(정부에 고용 X). 조선은 국가가 광산 개발을 독점하고 개인의 광산 개발을 금지하였다. 그러나 점차 부역 동원이 어려워지고 광물에 대한 수요가 증가하자, 17세기 중반부터 민간인에게 광산 채굴을 허용하고 세금을 받는 정책을 시행하였다. 조선 후기의 광산 경영은 경영 전문가인 덕대가 대개 상인 물주에게 자본을 조달받아 채굴업자와 채굴 노동자, 제련 노동자 등을 고용하여 광물을 채굴·제련하는 것이 일반적이었다. 이 작업 과정은 분업에 토대를 둔 협업으로 진행되었다.

정답 ③ 한정판 089p, 기본서 536p

Check 대표 기출 2

02 0596 [2015. 국가직 9급]   회독 ○○○

다음의 자료에 보이는 시기의 경제 동향에 대한 설명으로 옳지 않은 것은?

> 배에 물건을 싣고 오가면서 장사하는 장사꾼은 반드시 강과 바다가 이어지는 곳에서 이득을 얻는다. 전라도 나주의 영산포, 영광의 법성포, 흥덕의 사진포, 전주의 사탄은 비록 작은 강이나 모두 바닷물이 통하므로 장삿배가 모인다. … (중략) … 그리하여 큰 배와 작은 배가 밤낮으로 포구에 줄을 서고 있다.
> — 「비변사등록」 —

① 강경, 원산 등이 상업 중심지로 성장하였다.
② 선상은 선박을 이용해서 각 지방의 물품을 거래하였다.
③ 객주나 여각은 상품의 매매를 중개하고 숙박, 금융 등의 영업도 하였다.
④ 상업 활동이 활발해지면서 삼한통보 등의 동전을 만들어 유통하였다.

SOLUTION 난이도 상 중 하

자료분석 자료는 조선 후기 포구 상업의 발달 모습을 나타낸 것이다. 조선 후기에 들어 포구가 새로운 상업 중심지가 되었다. 포구의 상거래는 장시보다 규모가 훨씬 컸다. 종래의 포구는 세곡이나 소작료를 운송하는 기지의 역할을 했으나, 18세기에 이르러 강경포, 원산포 등이 상업의 중심지로 성장하였다.

정답해설 ① 18세기에 이르러 강경포, 원산포 등이 상업의 중심지로 성장하였다.
② 선상은 선박을 이용해서 각 지방의 물품을 구매해 와 포구에서 처분하였는데, 운송업에 종사하다가 거상으로 성장한 경강상인이 대표적인 선상이었다.
③ 객주나 여각은 각 지방의 선상이 물화를 싣고 포구에 들어오면 그 상품의 매매를 중개하고, 부수적으로 운송, 보관, 숙박, 금융 등의 영업도 하였다. 객주와 여각은 지방의 큰 장시에도 있었다.

오답피하기 ④ 삼한통보는 고려 시대(숙종)에 주조된 동전이다. 조선 후기에는 상평통보가 전국적으로 유통되었다.

정답 ④ 한정판 089p, 기본서 539p

03 [2018. 교행 9급]

다음 상황이 전개되던 시기에 볼 수 있는 모습으로 옳은 것은?

> 사행이 책문을 출입할 때 의주 상인과 개성 상인 등이 은(銀), 삼(蔘)을 몰래 가지고 인부나 마필 속에 섞여 들어 물종을 팔아 이익을 꾀하였다. 되돌아올 때는 걸음을 일부러 늦추어 사신을 먼저 책문으로 나가게 하여 거리낄 것이 없게 한 뒤에 저희 마음대로 매매하고 돌아오는데 이것을 책문 후시라고 한다.
> - 『만기요람』 -

① 직전법 실시에 반발하는 관리
② 주자소에서 계미자를 주조하는 장인
③ 전민변정도감 설치 소식에 기뻐하는 노비
④ 공가를 받아 물품을 구입해 관청에 납부하는 공인

04 [2018. 계리직]

조선 후기 사회에 대한 설명으로 옳지 않은 것은?

① 광산 경영 방식에 덕대제가 유행하였다.
② 상민 수를 늘리기 위해 정부가 공노비를 해방시켰다.
③ 경시서를 두어 시전 상인의 불법적인 상행위를 통제하였다.
④ 동전을 재산 축적에 이용하여 유통 화폐가 부족해지는 전황이 발생하였다.

SOLUTION (03)

자료분석 자료는 조선 후기의 모습을 나타낸 것이다. 책문 후시는 조선 후기에 청나라의 외교 관문인 책문 부근에서 이루어진 사무역을 일컫는다.

정답해설 ④ 대동법을 시행하면서 조선 후기에 공인이라는 어용상인이 나타났다. 이들은 공납 청부업자로 관청에서 공가를 미리 받아 필요한 물품을 사서 납부하였다.

오답피하기 ① 직전법은 조선 전기인 15세기 세조 때 실시되었고 16세기 명종 때 폐지되었다.
② 조선 초기 태종 때에 주자소를 설치하고 구리로 계미자를 주조하였다.
③ 전민변정도감은 고려 후기 권세가에게 점탈된 토지·농민을 되찾기 위해 설치된 임시관서이다.

핵심개념 조선 후기 상업의 발달

관허 상인	공인	· 대동법이 실시되면서 등장한 어용상인 · 관청에서 공가(貢價)를 미리 받아 물품을 사서 납부 · 도고(독점적 도매 상인)로 성장
	시전상인	정조 때의 신해통공으로 위축
	보부상	· 농촌의 장시를 하나의 유통망으로 연계 · 전국 장시를 무대로 활동, 보부상단 형성
사상 (私商)	난전	종루(종로 일대), 이현(동대문 부근), 칠패(남대문 밖)
	만상(의주)	청과의 무역 주도
	내상(동래)	일본과의 무역 주도
	유상(평양)	평양 중심으로 활동
	송상(개성)	· 전국에 지점 설치(송방), 인삼 재배 및 판매 · 중계무역(의주의 만상과 동래의 내상 중계)
	경강 상인	· 운송업에 종사하며 거상으로 성장 · 한강을 근거지로 서남 연해안을 오가며 미곡, 어물 등 거래 · 선박의 건조 등 생산 분야 진출
	객주·여각	· 포구나 지방의 큰 장시에서 활동 · 상품 매매 중개 + 부수적으로 운송, 보관, 숙박, 금융 등의 영업

정답 ④

SOLUTION (04)

정답해설 ① 조선 후기의 광산 경영은 경영 전문가인 덕대가 대개 상인 물주에게 자본을 조달받아 채굴업자와 채굴 노동자, 제련 노동자 등을 고용하여 광물을 채굴·제련하는 것이 일반적이었다.
② 조선 후기 순조 때 상민 수를 늘리기 위해 중앙 관서의 공노비 6만여 명을 해방하였다.
④ 조선 후기에는 상평통보가 전국적으로 유통되었다. 그러나 동전의 발행량이 상당히 늘어났음에도 대상인들이 화폐를 고리대나 재산 축적의 수단으로 이용하였기 때문에 시중에 동전이 부족한 전황이 발생하여 사회 문제가 되기도 했다.

오답피하기 ③ 조선 후기 불법적인 상행위를 통제한 기구는 평시서이다. 경시서는 조선 전기 세조 때 관제를 개혁하는 과정에서 평시서로 개칭되었다.

핵심개념 조선 후기 수공업과 광업

민영 수공업의 발달	· 18c 말 정조 때 공장안(장인등록제) 폐지
	· 선대제 성행
	  – 민간 수공업자들이 상인으로부터 자금과 원료를 미리 받아 제품 생산
	  – 수공업자가 상업 자본에 예속화
	· 독립수공업(18c 후반): 독자적으로 제품 생산 및 판매

민영 광산의 증가	· 설점수세제 (17c, 효종): 민간인에게 광산 채굴을 허용하고 세금 징수 · 경영 전문가인 덕대(德大)가 상인 물주에게 자본을 조달받아 채굴업자(혈주)와 채굴 노동자, 제련 노동자 등을 고용하여 광물 채굴 및 제련 → 분업에 토대를 둔 협업

정답 ③

05 0599 [2015. 사회복지직 9급]

조선 후기 대외무역에 대한 설명으로 옳지 않은 것은?

① 동래의 내상은 일본과의 사무역을 통해 거상으로 성장하기도 하였다.
② 경강상인은 중강 후시나 책문 후시를 통해 청과의 사무역에 종사하였다.
③ 17세기 이후 일본과의 관계가 정상화되면서 대일 무역이 활발하게 전개되었다.
④ 청에서 수입하는 물품은 비단, 약재, 문방구 등이었고, 청으로 수출하는 물품은 은, 종이, 무명, 인삼 등이었다.

06 0600 [2012. 국가직 7급]

다음의 내용과 관련된 설명으로 옳지 않은 것은?

> 숙종 4년 1월 을미, 대신과 비변사의 여러 신하들을 접견하고 비로소 돈을 사용하는 일을 정하였다. 돈은 천하에 통행하는 재화인데, 오직 우리나라에서는 예부터 누차 행하려 하였으나 행할 수 없었다. … 시중에 유통하게 되었다.

① 위의 화폐 이전에는 팔분체 조선통보가 주조 유통되었다.
② 화폐의 유통이 원활하지 않아 전황현상이 일어났다.
③ 평안도와 전라도의 감영과 병영에서도 주조가 허락되었다.
④ 이익은 화폐 사용이 백성들의 삶에 크게 유익하다는 주장을 제기하였다.

SOLUTION (05)

정답해설 ① 일본과의 무역은 동래의 내상이 주로 활약하여 거상으로 성장하였다. 청과의 무역에는 주로 의주의 만상이 활약하였고, 개성의 송상은 청과 일본을 연결하는 중계 무역을 하였다. 이들은 무역 활동을 통해 대상인으로 성장하였다.
③ 17세기 이후로 일본과의 관계가 점차 정상화되면서 왜관 개시를 통한 대일 무역이 활발하게 이루어졌다. 조선은 인삼, 쌀, 무명 등을 팔고, 청에서 수입한 물품들을 넘겨주는 중계 무역을 하기도 하였다. 반면에, 일본에서는 은, 구리, 황, 후추 등을 수입하였다.
④ 17세기 중엽부터 청과의 무역이 활발해지면서, 국경 지대를 중심으로 공적으로 허용된 무역인 개시와 사적인 무역인 후시가 이루어졌다. 청에서 수입하는 물품은 비단, 약재, 문방구 등이었고, 수출하는 물품은 은, 종이, 무명, 인삼 등이었다.

오답피하기 ② 중강 후시나 책문 후시를 통해 청과의 사무역에 종사하였던 상인은 의주를 근거지로 삼아 활동하던 만상이다. 경강상인은 한강을 근거지로 하여 주로 서남 연해안을 오가며 미곡, 소금, 어물 등을 거래하였다.

핵심개념 조선 후기 대외 무역의 발달

대청 무역	· 17c 중엽부터 활발 → 결제 수단으로 은 사용 · 형태 - 공무역 : 중강 개시 · 경원 개시 · 회령 개시 - 사무역 : 중강 후시 · 책문 후시 · 수출품 : 은, 종이, 무명, 인삼 · 수입품 : 비단, 약재, 문방구 · 의주의 만상 : 대청 무역 주도
대일 무역	· 17c 이후 국교 정상화 → 대일 무역 활발 · 형태 : 왜관 개시, 왜관 후시 · 수출품 : 인삼, 쌀, 무명 · 수입품 : 은, 구리, 황, 후추 · 동래 내상 : 대일 무역 주도

정답 ② 한정판 089p, 기본서 541p

SOLUTION (06)

자료분석 자료는 1678년(숙종 4) 상평통보를 만들어 시중에 유통하게 된 사실을 보여주고 있다. 숙종 때인 1678년(숙종 4)에는 영의정 허적의 제의에 따라 상평통보를 법화로 채택하여 주조 · 유통함으로써 점차 전국적으로 널리 유통되었다.

정답해설 ① 정부는 조선 초기에 저화(태종), 조선통보(세종) 등을 만들어 유통하려 했으나 부진하였고, 농민은 화폐로 쌀과 무명을 사용하였다. 임진왜란 이후 인조 11년(1633) 다시 조선통보를 법화로 주조, 유통하게 되었는데 이전에 발행된 조선통보와 구분하기 위해 팔분체(八分體) 조선통보라 불렀다(팔분체는 서체의 명칭으로, 팔분서라고도 불린다.).
② 조선 후기 화폐의 사용 확대는 유통 경제의 발달을 더욱 촉진하였다. 그러나 지주나 대상인 등이 동전을 재산 축적의 수단으로 삼아 모아 두거나 고리대의 수단으로 사용하면서, 동전이 제대로 유통되지 않고 시중에 동전이 부족해지는 전황이라는 현상이 발생하였다.
③ 상평통보는 초기에는 호조 · 상평창 등 중앙 관서에서 주조되었으나 17세기 후반 들어 평안도와 전라도의 감영과 병영 등에도 동전을 주조 · 유통할 수 있도록 했다.

오답피하기 ④ 이익은 화폐 사용에 부정적이었다. 그는 당시 실정에 비추어 화폐의 유통이 농촌 경제를 위협할 뿐만 아니라 사치 풍조를 조장하고 악화(惡貨)의 유통, 고리대 행위의 폐단을 증가시킬 것이라고 보았다.

핵심개념 조선 후기 화폐 유통

상평통보	인조	상평청에서 처음 주조(1633) → 개성을 중심으로 통용시켜 쓰임새 관찰
	효종	널리 유통(7차 국정 교과서)
	숙종	법화로 채택(1678) → 전국적 유통
18c 후반		세금과 소작료도 동전으로 대납할 수 있게 함
전황 (錢荒)	개념	유통 화폐의 부족 현상
	원인	· 지주나 대상인들이 화폐를 고리대나 재산 축적에 이용 · 동전의 원료인 구리 가격 상승 → 동전 주조 비용 상승
	영향	· 상품 화폐 경제 발달에 걸림돌 · 부유층과 국가 기관이 동전을 고리대에 이용 → 농민 생활 악화
신용 화폐		상품 화폐 경제 발달 및 상업 자본 성장→ 환, 어음 등 신용 화폐 보급

정답 ④ 한정판 090p, 기본서 543p

주제 108 | 04 | 근대 태동기의 문화
양명학의 수용

Check 대표 기출 1

01 0601 [2019. 국가직 7급] 회독 ○○○

양명학에 대한 설명으로 옳은 것만을 모두 고르면?

> ㄱ. 명종 대에 처음 전래되어 이황에 의해 이단으로 비판받았다.
> ㄴ. 수용 초기 양명학자들은 성리학을 배척하여 양립할 수 없었다.
> ㄷ. 박은식의 유교 구신론과 정인보의 조선학 운동에 큰 영향을 끼쳤다.
> ㄹ. 정권에서 소외된 소론과 왕가의 종친 그리고 서얼 출신 인사들 사이에서 가학(家學)으로 이어지면서 퍼졌다.

① ㄱ, ㄴ ② ㄱ, ㄹ
③ ㄴ, ㄷ ④ ㄷ, ㄹ

SOLUTION

출제자의 눈 기본적으로 정제두의 활동과 관련된 문제와 양명학의 전래 시기 및 사상에 대해 묻는 문제가 출제된다. 이황의 양명학 비판과도 관련되어 출제되고 있으니 다각도로 접근해 학습해야 한다.

정답해설 ㄷ. 한말~일제 시대의 이건창, 이건방, 김택영, 박은식(유교 구신론에서 양명학 강조), 정인보 등은 양명학을 계승하여 국학 운동을 벌였다.
ㄹ. 대체로 양명학은 정권에서 소외된 소론과 이왕가의 종친 그리고 서얼 출신 인사들 사이에서 가학(家學)으로 이어지면서 퍼졌고, 강화도를 중심으로 개성, 서울, 충청도 등 서해안 지방에서 호응을 얻었다.

오답피하기 ㄱ. 양명학은 16세기 중종 때에 조선에 전래되었다. 학자들 사이에 관심을 끌어가던 양명학은 이황이 정통 주자학 사상과 어긋난다고 비판하면서 이단으로 간주되었다.
ㄴ. 수용 초기 양명학은 학문으로 받아들이기보다는 마음을 수양하는 종교의 차원에서 이해하려는 것이 일반적이었다. 즉 정학은 성리학이지만, 양명학은 수신에 이로운 것으로 본 것이다. 또한 양명학자들은 학문적으로 성리학을 기본으로 하고 양명학을 겸행하는 경우가 많았다.

핵심개념 양명학

전래	· 16세기 중종 때 전래 · 이황에 의해 배척(전습록변)
사상	심즉리, 치양지설, 지행합일, 친민설
확산	정권에서 소외된 소론파와 불우한 종친, 서얼 출신 인사들 사이에서 가학(家學)으로 이어져 확산
정제두(소론)	· 18세기 초 강화학파 형성 · 일반민을 도덕 실천의 주체로 인정 · 양반 신분제 폐지 주장 · 저서 : 하곡집, 존언, 만물일체설
의의	한말·일제 강점기에 이건창, 박은식(유교 구신론), 정인보 등은 양명학을 계승하여 국학 운동 전개

정답 ④ 한정판 091p, 기본서 549p

Check 대표 기출 2

02 0602 [2017. 국가직 7급] 회독 ○○○

다음과 같이 주장한 학자에 대한 설명으로 옳은 것은?

> 나의 학문은 안에서만 구할 뿐이고 밖에서는 구하지 않는다. …(중략)… 그런데 오늘날 주자를 말하는 자들로 말하면, 주자를 배우는 것이 아니라 다만 주자를 빌리는 것이요, 주자를 빌릴 뿐만 아니라 곧 주자를 부회해서 자기들의 뜻을 성취하려 하고 주자를 끼고 위엄을 지어 자기들의 사욕을 달성하려 할 뿐이다.

① 유교 문명 이외에도 유럽·회교·불교 문명권을 소개하여 시야를 넓혀 주었다.
② 서인의 영수로서 왕과 사족·서민은 예가 같아야 한다고 주장하였다.
③ 교조화된 주자학을 비판하다가 사문난적으로 몰리어 죽음을 당하였다.
④ 양지와 양능의 본체성을 근거로 지행합일을 긍정하였다.

SOLUTION

자료분석 자료는 양명학의 사상 체계를 확립하고 집대성한 하곡 정제두의 문집인 『하곡집』에 수록되어 있는 글이다. 정제두는 처음에 주자학을 공부하다가 양명학을 접했으며, 이후 반주자학파와 실학파에게 많은 영향을 끼쳤다. 그는 양명학을 체계화하면서 공론과 사리에 사로잡혀 있는 주자학파를 비판하였다. 사료에서의 키워드는 '나의 학문은 안에서만 구할 뿐이고 밖에서는 구하지 않는다.'라는 문구이다. 이 문구는 양명학의 사상인 심즉리(心卽理), 즉 인간의 마음이 곧 이(理)라는 이론으로 해석할 수 있다.

정답해설 ④ 양명학에서 진리는 인간 내면에 잠재된 지혜(양지·良知)이며 배우지 않아도 터득할 수 있는 능력(양능·良能)으로 보기 때문에 그 인식보다는 실천을 더 중시하였다. 이에 양명학자인 정제두도 양지와 양능의 본체성을 근거로 지행합일을 긍정하였다.

오답피하기 ① 이수광의 『지봉유설』에 대한 설명이다. 이수광은 지봉유설에서 유교 문명 이외에도 유럽, 회교, 불교 문명권을 소개하여 문화 인식의 폭을 확대하였다.
② 송시열에 대한 설명으로 특히 예송 논쟁 때에 주장한 내용이다.
③ 인조반정 이후 송시열을 중심으로 한 서인은 당시 조선 사회가 안고 있던 모순을 해결하기 위해 명분론을 강화하고 성리학을 절대화하였다. 반면에, 성리학을 상대화하고 6경과 제자백가 등에서 모순 해결의 사상적 기반을 찾으려는 경향도 17세기 후반부터 나타났다. 그 대표적인 인물은 윤휴와 박세당이다. 이들은 주자의 학문 체계와 다른 모습을 보였기 때문에 당시 서인(노론)의 공격을 받아 사문난적으로 몰렸다.

정답 ④ 한정판 091p, 기본서 549p

주제 109

04 | 근대 태동기의 문화
실학의 등장과 발달

Check 대표 기출 1

01 0603 [2022. 국가직 9급] 회독 ○○○

다음 주장을 한 실학자가 쓴 책은?

> 토지를 겸병하는 자라고 해서 어찌 진정으로 빈민을 못살게 굴고 나라의 정치를 해치려고 했겠습니까? 근본을 다스리고자 하는 자라면 역시 부호를 심하게 책망할 것이 아니라 관련 법제가 세워지지 않은 것을 걱정해야 할 것입니다. …(중략)… 진실로 토지의 소유를 제한하는 법령을 세워, "어느 해 어느 달 이후로는 제한된 면적을 초과해 소유한 자는 더는 토지를 점하지 못한다. 이 법령이 시행되기 이전부터 소유한 것에 대해서는 아무리 광대한 면적이라 해도 불문에 부친다. 자손에게 분급해 주는 것은 허락한다. 만약에 사실대로 고하지 않고 숨기거나 법령을 공포한 이후에 제한을 넘어 더 점한 자는 백성이 적발하면 백성에게 주고, 관(官)에서 적발하면 몰수한다."라고 하면, 수십 년이 못 가서 전국의 토지 소유는 균등하게 될 것입니다.

① 반계수록 ② 성호사설
③ 열하일기 ④ 목민심서

SOLUTION 난이도 상 중 하

자료분석 자료는 연암 박지원이 지은 『한민명전의』에 수록된 한전론(限田論)에 관한 내용이다. 박지원은 토지 소유의 상한선을 설정하는 한전론을 주장하였다. 박지원은 당시 농촌문제의 핵심은 지주전호제에 의한 토지 겸병에 있다고 판단하고, 토지 겸병의 폐단을 제거함으로써 농촌문제를 해결하려 하였다. 그리하여 토지 상한선을 정하고, 법령이 공포되고 일정 기간이 경과한 다음에는 상한선 이상의 토지 매점을 금지하자고 하였다. 그리고 법령 공포 이전에 구입한 토지는 그것이 대토지 소유라 하더라도 불문에 부칠 것을 제안하였다. 또한 토지의 분할 상속을 허용하며, 법령 공포 후 상한선 이상을 구입한 지주의 토지를 몰수하면 수십 년이 못 되어 나라 안의 토지가 균등하게 될 것으로 생각하였다.

정답해설 ③ 『열하일기』는 박지원이 청나라에 다녀온 후에 작성한 견문록이다. 그는 청에 다녀와 『열하일기』를 저술하고 상공업의 진흥을 강조하면서 수레와 선박 이용, 화폐 유통의 필요성 등을 주장하고 양반 문벌 제도의 비생산성을 비판하였다.

오답피하기 ① 『반계수록』은 유형원의 저서이다. 그는 『반계수록』에서 균전론을 내세워 자영농 육성을 위한 토지 제도의 개혁을 주장하였는데, 관리, 선비, 농민 등 신분에 따라 차등 있게 토지를 재분배하고, 조세와 병역도 조정할 것을 주장하였다.
② 『성호사설』은 이익의 저서이다. 이 책은 천지, 만물, 인사, 경사, 시문 등 5개 부문으로 나누어 우리나라 및 중국의 문화를 백과사전식으로 소개하고 있다.
④ 『목민심서』는 정약용의 저서이다. 정약용은 민생 안정을 위해 수령의 행동 지침서인 『목민심서』를 저술하였다.

정답 ③ 한정판 093p, 기본서 559p

Check 대표 기출 2

02 0604 [2024. 지방직 9급] 회독 ○○○

다음과 같이 주장한 인물에 대한 설명으로 옳은 것은?

> 이용할 줄 모르니 생산할 줄 모르고, 생산할 줄 모르니 백성은 나날이 궁핍해지는 것이다. 비유하건대, 대체로 재물은 우물과 같다. 퍼내면 가득 차고, 버려두면 말라 버린다. 그러므로 비단을 입지 않아서 나라에 비단 짜는 사람이 없게 되면, 여공이 쇠퇴한다. 쭈그러진 그릇을 싫어하지 않고 기교를 숭상하지 않아서 공장이 숙련되지 못하면 기예가 망하게 된다.

① 청과의 통상과 수레의 이용을 주장하였다.
② 양명학을 연구하여 강화학파를 형성하였다.
③ 토지의 매매를 제한하는 한전론을 주장하였다.
④ 지전설을 주장하여 중국 중심의 세계관을 비판하였다.

SOLUTION 난이도 상 중 하

출제자의 눈 사료형 문제의 형태로 실학자들의 인물사 문제가 지속적으로 출제되고 있다. 무조건 출제된다는 마음으로 철저히 학습해야 한다. 특히 정약용, 이익, 홍대용, 박지원, 박제가가 단독 주제로 빈출되고 있다. 이들이 내세운 개혁론과 저서에 주목해야 한다.

자료분석 자료는 조선 후기 북학파 실학자 박제가의 『북학의』에 수록된 우물론의 내용이다. 박제가는 『북학의』에서 생산과 소비의 관계를 우물물에 비유하면서 생산을 자극하기 위해서는 절약보다 소비를 권장해야 한다고 주장하였다.

정답해설 ① 박제가는 상업 발달을 위한 방안으로 청나라와의 통상을 강화할 것과, 수레나 선박의 이용을 늘릴 것, 그리고 절검보다는 소비를 권장하여 생산을 자극시킬 필요가 있음을 지적하였다.

오답피하기 ② 정제두는 강화도 하곡에 살면서 양명학 연구와 제자 양성에 힘써 강화학파라 불리는 학파를 이루었다.
③ 이익은 한 가정의 생활을 유지하는 데 필요한 규모의 토지를 영업전으로 정한 다음, 영업전에 대해서는 법으로 매매를 금지하고, 나머지 토지만 매매를 허용하자는 한전론을 주장하였다.
④ 홍대용은 『의산문답』에서 지전설을 주장하고 무한우주론의 우주관을 제시하여 중국이 세계의 중심이라는 생각을 비판하였다.

정답 ① 한정판 093p, 기본서 559p

03 [2025. 국가직 9급]

밑줄 친 '그'에 대한 설명으로 옳은 것은?

> 그는 『양반전』을 지어 양반 사회의 허위의식을 고발하였다. 그는 상공업 진흥에도 관심을 기울여 수레와 선박의 이용 등에 대해서도 주목하였다.

① 효종의 북벌 운동을 지지하였다.
② 『과농소초』에서 한전제를 주장하였다.
③ 화성 건설을 위해 거중기를 설계하였다.
④ 우리 역사를 체계화한 『동사강목』을 저술하였다.

SOLUTION

자료분석 자료의 밑줄 친 '그'는 조선 후기 북학파 실학자 박지원이다. 박지원은 양반전, 허생전, 호질, 민옹전 등의 한문 소설을 써서 양반 사회의 허구성을 지적하며 실용적 태도를 강조하였다. 또한 청에 다녀와 『열하일기』를 저술하고 상공업의 진흥을 강조하면서 수레와 선박 이용, 화폐 유통의 필요성 등을 주장하고 양반 문벌 제도의 비생산성을 비판하였다.

정답해설 ② 1797년(정조 21) 면천 군수에 제수된 박지원은 1799년 농서를 구하는 교지에 응해 농서인 『과농소초』를 지어 올렸다. 『과농소초』는 그가 황해도 금천 연암골에서 생활하던 당시 경험으로 지은 농서이다. 박지원은 『과농소초』에서 토지 소유의 상한선을 설정하는 한전론을 주장하였다.
· 박지원의 토지 개혁 주장이 담긴 「한민명전의」가 『과농소초』에 부록으로 덧붙여놓은 글이기 때문에 「한민명전의」와 『과농소초』 모두 한전론 주장이 옳은 지문으로 출제된다.

오답피하기 ① 효종은 청에 반대하는 입장을 강하게 내세웠던 송시열, 송준길, 이완 등을 높이 등용하여 군대를 양성하고 성곽을 수리하는 등 북벌을 준비하였다.
③ 정약용은 서양 선교사가 중국에서 펴낸 『기기도설』을 참고하여 거중기를 만들었다. 이 거중기는 수원 화성을 쌓을 때 사용되어 공사 기간 및 공사비를 줄이는 데 크게 공헌하였다.
④ 우리 역사를 체계화한 『동사강목』을 저술한 인물은 안정복이다.

핵심개념 연암 박지원(1737~1805)

한문 소설	양반전, 허생전, 호질, 민옹전 등 저술 → 실용적 태도 강조
열하일기 (1780, 정조 4)	청에 다녀와 저술, 상공업 진흥 강조, 수레와 선박 이용, 화폐 유통의 필요성 주장, 양반 문벌 제도의 비생산성 비판
농업진흥책	· 한민명전의 – 한전론 주장 : 토지 소유의 상한선 설정, 그 이상의 토지 소유 금지 · 과농소초 – 농업 생산력 증대에 관심(영농 방법 혁신, 상업적 농업 장려, 수리 시설 확충)
방경각외전	· 박지원의 문집 연암집 중 한 권인 단편 소설집 · 마장전, 예덕선생전, 민옹전, 양반전 등 9편의 한문 소설 수록

정답 ② 한정판 093p, 기본서 559p

---

04 [2024. 국회직]

다음 주장을 한 인물이 쓴 글로 옳은 것은?

> 대체 천자는 어찌하여 있게 되었는가? 다섯 가(家)가 하나의 인(隣)이 되는데, 다섯 가의 추대를 받은 자가 인장(隣長)이 될 것이며 …… 다섯 인이 일 리(里)가 되는데 다섯 인의 추대를 받은 자가 이장(里長)이 될 것이며 …… 여러 현의 우두머리들의 공동 추대를 받은 자가 제후가 될 것이며, 제후들의 공동 추대를 받은 자가 천자가 될 것이므로, 천자란 무릇 군중이 밀어서 그 자리에 오른 것이다.

① 국가는 한 집의 재산을 계산하여 토지 몇 부(負)를 한 호의 영업전으로 한다.
② 비유하건대, 재물은 대체로 샘과 같다. 퍼내면 차고, 버려 두면 말라 버린다.
③ 30호 정도를 1여(閭)로 만들고, 여민(閭民)이 여(閭)의 토지를 공동으로 경작하도록 한다.
④ 천체가 운행하는 것이나 지구가 자전하는 것은 그 세가 동일하니, 분리해서 설명할 필요가 없다.
⑤ 정통은 단군·기자·마한·신라 문무왕·고려 태조를 말한다.

SOLUTION

자료분석 자료는 정약용이 저술한 『탕론』의 일부이다. 민(民)이 정치의 근본임을 밝힌 논설로, 역성혁명을 내포(천명은 민심에서 나오며 천자가 천명을 거역할 경우 갈아치워도 무방하다 주장)하고 있다.

정답해설 ③ 정약용은 『전론』에서 한 마을을 단위로 하여 토지를 공동으로 소유하고 경작하여 수확량을 노동량에 따라 분배하는 일종의 공동 농장 제도인 여전론을 주장하였다.

오답피하기 ① 이익의 한전론에 대한 설명이다. 한 가정의 생활을 유지하는 데 필요한 규모의 토지를 영업전으로 정한 다음, 영업전에 대해서는 법으로 매매를 금지하고, 나머지 토지만 매매를 허용하자는 주장이었다.
② 박제가는 『북학의』에서 생산과 소비의 관계를 우물물에 비유하면서 생산을 자극하기 위해서는 절약보다 소비를 권장해야 한다고 주장하였다.
④ 홍대용은 『의산문답』에서 지전설을 주장하고 무한우주론의 우주관을 제시하여 중국이 세계의 중심이라는 생각을 비판하였다.
⑤ 안정복의 정통론과 관련된 내용이다. 그는 『동사강목』 범례에서 '정통(正統)은 단군·기자·마한·신라 문무왕·고려 태조를 말한다. 무통(無統)은 삼국이 병립한 때를 말한다.'라고 서술하였다.

핵심개념 다산 정약용(1762~1836)

계승	이익의 실학 사상 계승
여전론	· 병농일치제, 마을 단위 토지의 공동 소유 및 경작 → 수확량을 노동량에 따라 차등 분배 · but 후에 정전제를 우리 현실에 맞게 실시할 것을 주장
저서	경세유표, 목민심서, 흠흠신서, 원목, 탕론, 전론, 마과회통, 기예론
기타	이용감 설치 주장 배다리(주교) 설계, 거중기 제작

정답 ③ 한정판 092p, 기본서 555p

05 [2022. 국회직]

다음과 같은 주장을 편 인물에 대한 설명으로 옳은 것은?

> 하늘에 가득한 별들이 각기 계(界) 아닌 것이 없다. 성계(星界)로부터 본다면, 지구 역시 하나의 별에 불과할 것이다. 헤아릴 수 없이 수많은 계(界)들이 공중에 흩어져 있는데, 오직 이 지구만이 공교롭게 중앙에 위치해 있다는 것은 이럴 이치가 없다. 이렇기 때문에 계 아닌 것이 없고 자전하지 않는 것이 없다고 하는 것이다. 다른 계에서 보는 것도 역시 지구에서 보는 것과 같을 것이니, 다른 계에서 각기 저마다 중앙이라 한다면 각 성계(星界)가 모두 중계(中界)일 것이다.

① 『양반전』을 지어 양반의 허례와 무능을 풍자하였다.
② 지전설을 바탕으로 중국 중심의 세계관을 비판하였다.
③ 『우서』에서 사농공상의 평등과 전문화를 주장하였다.
④ 북한산 신라 진흥왕 순수비를 처음으로 고증하였다.
⑤ 『곽우록』에서 토지매매를 제한하는 한전제를 제시하였다.

06 [2021. 계리직]

다음 글이 나오는 책을 지은 학자에 대한 설명으로 옳은 것은?

> 수령이라는 직책은 관장하지 않는 것이 없으니, 여러 조목을 열거하여도 오히려 직책을 다하지 못할까 두려운데, 하물며 스스로 실행하기를 기대할 수 있겠는가? 이 책은 첫머리의 부임(赴任)과 맨 끝의 해관(解官) 2편을 제외한 나머지 10편에 들어 있는 것만 해도 60조나 되니, 진실로 어진 수령이 있어 제 직분을 다할 것을 생각한다면 아마도 방법에 어둡지는 않을 것이다.

① 노론의 중심 인물로 대의명분을 중시하였다.
② 조세제도 개혁을 통해 정전제의 이념을 구현하려 하였다.
③ 자영농 육성을 위해 토지를 재분배하자는 균전론을 제기하였다.
④ 본인의 연행 경험을 바탕으로 상공업 진흥과 기술 발전을 제안하였다.

---

05 SOLUTION

자료분석 자료는 홍대용이 저술한 『의산문답』 가운데 지구 자전설 등과 관련한 내용이다.

정답해설 ② 조선 후기 북학파 실학자 홍대용은 『의산문답』에서 지전설을 주장하고 무한우주론의 우주관을 제시하여 중국이 세계의 중심이라는 생각을 비판하였다.

오답피하기 ① 박지원에 대한 설명이다. 조선 후기에 박지원은 『양반전』, 『허생전』, 『호질』, 『민옹전』 등의 한문 소설을 써서 양반 사회의 허구성을 지적하며 실용적 태도를 강조하였다.
③ 조선 후기 상공업 중심 개혁론의 선구자인 유수원은 『우서』를 저술하여 상공업의 진흥과 기술의 혁신을 강조하고, 사농공상의 직업 평등과 전문화를 주장하였다.
④ 조선 후기에 김정희는 『금석과안록』을 지어 북한산비가 진흥왕 순수비임을 밝혔다.
⑤ 조선 후기에 이익은 『곽우록』에서 한전론을 주장하였다. 이익의 한전론은 한 가정의 생활을 유지하는 데 필요한 규모의 토지를 영업전으로 정한 다음, 영업전에 대해서는 법으로 매매를 금지하고, 나머지 토지만 매매를 허용하자는 것이었다.

핵심개념 담헌 홍대용(1731~1783)

출신	노론 명문 출신
주장	기술 혁신과 문벌 제도의 철폐, 성리학의 극복이 부국강병의 근본이라고 강조
의산문답	• 실옹과 허자의 문답형식을 빌어 고정관념을 상대주의 논법으로 비판 • 지전설(지동설)과 무한 우주론 주장 (중국이 세계의 중심이라는 생각 비판)
임하경륜	• 균전제 주장 : 성인 남자들에게 토지 2결 지급, 병농일치 군대 조직 제안 • 놀고먹는 선비들의 생산 활동 종사 역설
역외춘추론	세계에 안과 밖이 없으니 내가 서 있는 땅이 세계의 중심이라는 사상
저서	• 임하경륜, 의산문답, 담헌서 • 연기(청나라 견문록), 주해수용(수학책)
기타	혼천의 제작

정답 ② 한정판 093p, 기본서 558p

---

06 SOLUTION

자료분석 자료는 정약용이 저술한 『목민심서』의 일부 내용이다. 『목민심서』는 정약용이 유배 생활을 하던 1818년에 저술하였으며, 목민관, 즉 수령이 지켜야 할 지침(指針)을 밝히면서 관리들의 폭정을 비판한 저서이다. 부임(赴任)부터 율기(律己)·봉공(奉公)·애민(愛民)·이전(吏典)·호전(戶典)·예전(禮典)·병전(兵典)·형전(刑典)·공전(工典)·진황(賑荒)·해관(解官) 등 모두 12부로 구성되었다.

정답해설 ② 정약용은 토지 제도 개혁안으로 이상적인 여전론을 내세웠다가 후에 현실적인 정전제를 주장하였다. 정약용의 정전제는 구획이 가능한 곳은 정자(井字)로, 불가능한 곳은 계산상으로 구획한 뒤 노동력의 양과 질에 따라 토지를 차등적으로 분급하는 것이었다.

오답피하기 ① 정약용은 남인 가문 출신이다.
③ 균전론을 제시한 인물로는 유형원이 대표적이다. 유형원은 『반계수록』에서 균전론을 내세워 자영농 육성을 위한 토지 제도의 개혁을 주장하였는데, 관리, 선비, 농민 등 신분에 따라 차등 있게 토지를 재분배하고, 조세와 병역도 조정할 것을 주장하였다.
④ 연행(청나라를 다녀오는 것) 경험을 바탕으로 상공업 진흥과 기술 발전을 제안한 것은 북학파 실학자인 홍대용, 박지원, 박제가 등이 있다.

정답 ② 한정판 092p, 기본서 554p

07 [2020. 지방직 9급]

밑줄 친 '그'의 저술로 옳은 것은?

> 서울의 노론 집안에서 태어난 그는 『양반전』을 지어 양반사회의 허위를 고발하였다. 그는 또한 한전론을 주장하였으며, 상공업 진흥에도 관심을 기울여 수레와 선박의 이용 등에 대해서도 주목하였다.

① 『북학의』
② 『과농소초』
③ 『의산문답』
④ 『지봉유설』

SOLUTION

자료분석 『양반전』, 한전론, 수레와 선박의 이용 등의 내용을 통해 밑줄 친 그가 조선 후기 북학파 실학자 박지원임을 알 수 있다. 박지원은 『양반전』, 『허생전』, 『호질』, 『민옹전』 등의 한문 소설을 써서 양반 사회의 허구성을 지적하며 실용적 태도를 강조하였고, 『한민명전의』에서 토지 소유의 상한선을 설정하는 한전론을 주장하였다.

정답해설 ② 『과농소초』는 조선 후기에 박지원이 편찬한 농서이다. 1798년(정조 22) 정조는 농업상의 여러 문제점을 해결하고자 전국에 농정을 권하고 농서를 구하는 윤음(綸音)을 내렸다. 이에 당시 면천 군수였던 박지원이 1799년 이 책을 올렸다.

오답피하기 ① 『북학의』는 박제가의 저서이다. 양반 집안의 서자로 태어난 박제가는 청에 다녀온 후 『북학의』를 저술하여 청의 문물을 적극적으로 수용할 것을 제창하였다.
③ 『의산문답』은 홍대용의 저서이다. 그는 이 책에서 실옹과 허자의 문답 형식을 빌려 지금까지 믿어 온 고정관념을 상대주의 논법으로 비판하였다.
④ 『지봉유설』은 이수광의 저서이다. 이수광의 『지봉유설』에서는 우리 역사의 유구성과 문화 수준이 중국과 대등하다는 것과 한사군이 조선 땅의 일부에 지나지 않는다는 것, 한반도에 비정해 온 고대의 여러 지명이 사실은 만주에 있었다는 것을 새롭게 고증하였다.

정답 ② 한정판 093p, 기본서 559p

---

08 [2019. 계리직]

(가), (나)의 주장을 한 인물에 대한 설명으로 옳은 것은?

> (가) 여(閭)에는 여장(閭長)을 둔다. 무릇 1여의 토지는 1여의 사람들로 하여금 공동으로 경작하게 하고, 내 땅 네 땅의 구분 없이 오직 여장의 명령만을 따르게 한다.
>
> (나) 국가는 마땅히 한 집의 재산을 헤아려서 토지 몇 부(負)를 한 집의 영업전으로 삼아 당(唐)의 제도처럼 한다. 땅이 많은 자라도 빼앗아 줄이지 않고 모자라는 자에게도 더 주지 않는다.

① (가) - 『우서』를 저술하여 농업 중심의 경제 구조를 개혁하고자 하였다.
② (가) - 우물 정(井)자 모양으로 토지를 골고루 나누어 주자는 정전제를 실시할 것을 주장하였다.
③ (나) - 자신의 저술에서 실옹(實翁)과 허자(虛子)의 대담 형식을 빌려 중국 중심 세계관의 허구성을 강조하였다.
④ (나) - 신분에 따라 차등을 두어 토지를 지급하되, 농민들에게 일정한 면적의 토지를 나누어 주는 균전론을 제시하였다.

SOLUTION

자료분석 (가)는 정약용의 여전론, (나)는 이익의 한전론에 대한 내용이다.

정답해설 ② 다산 정약용은 정전론(井田論)을 제시하였는데, 구획이 가능한 곳은 정자(井字)로, 불가능한 곳은 계산상으로 구획한 뒤 노동력의 양과 질에 따라 토지를 차등적으로 분급할 것을 주장하였다.

오답피하기 ① 유수원은 『우서』에서 토지 제도의 개혁보다는 농업의 상업적 경영과 기술 혁신을 통해 생산성을 높이고, 사농공상의 평등과 전문화를 이루어야 한다고 주장하였다.
③ 홍대용에 대한 설명이다. 홍대용은 『의산문답』에서 성리학만을 공부한 허자(虛子)와 새로운 학문을 터득한 실옹(實翁)의 대담 형식을 빌려 중국 중심의 세계관의 허구성을 비판하면서 중국 중심의 세계관에서 벗어날 것을 주장하였다.
④ 유형원에 대한 설명이다. 유형원은 『반계수록』에서 균전론을 내세워 자영농 육성을 위한 토지 제도의 개혁을 주장하였는데, 관리, 선비, 농민 등 신분에 따라 차등 있게 토지를 재분배하자고 주장하였다.

핵심개념 성호 이익(1681~1763)

계승	유형원의 실학 사상 계승·발전
학파 형성	제자 양성(안정복, 이중환, 정약용 등) → 성호학파 형성
한전론	영업전(생계 유지 위한 최소한의 토지) 매매 금지, 그 외 토지만 매매 허용 → 토지 소유의 하한선 설정
6좀	노비제, 과거제, 양반 문벌 제도, 사치와 미신, 승려, 게으름을 나라를 좀먹는 여섯 가지 폐단으로 지적
붕당론	• 양반의 수와 특권 제한 • 사농합일론(士農合一論) 주장 • 과거 시험의 주기를 3년에서 5년으로 늘려 합격자를 줄일 것
폐전론	화폐의 폐단 지적
사창제 주장	환곡의 개선책 주장
저서	성호사설, 곽우록

정답 ② 한정판 092p, 기본서 553p

09 [2019. 기상직 9급]

다음 자료의 주장을 전개한 인물의 활동으로 옳은 것은?

> 아홉 도의 전답(田畓)을 고루 나누어 3분의 1을 취해서 아내가 있는 남자에 한해서는 각각 2결(結)을 받도록 한다. (그 자신에 한하며 죽으면 8년 후에 다른 사람에게 옮겨 준다.) 전원(田園) 울타리 밑에 뽕나무와 삼[麻]을 심도록 하며, 심지 않는 자에게는 벌로 베[布]를 받는데 부인이 3명이면 베[布]1필, 부인이 5명이면 명주[帛]1필을 상례(常例)로 정한다.

① 『역학도해』에서 지전설을 주장하였다.
② 동·서양 수학을 정리하여 『주해수용』을 저술하였다.
③ 우주 현상과 지리, 문화 현상을 상술한 『지구전요』를 편찬하였다.
④ 『곽우록』을 저술하여 국가적 문제의 해결책을 제시하고자 하였다.

10 [2019. 경찰 2차]

다음 ⊙과 ⓒ에 대한 설명으로 가장 적절한 것은?

> ⊙ 국가에서 한 집의 재산을 올바로 측량하고 농토 및 부(負)를 한정하여 한 집의 영업전으로 만들어 주되 당나라 제도처럼 운영한다. 농토가 많은 사람은 빼앗지 않고, 모자라는 사람에게도 더 주지 않으며 [중략] 농토가 많아서 팔려고 하는 사람에게도 영업전 몇 부를 제외하고는 역시 허락한다.
> ⓒ 진정 한제(限制)를 만들어서 모년 모월 이후 이 한제 이상으로 많은 자는 더 이상 사들이지 못하게 하고, 법령 공포 이전에 사들인 것은 비록 산천을 경계로 할 정도로 광점하더라도 불문에 붙인다. [중략] 법령 공포 후에 한제를 넘어서 가점(加占)하는 자는 백성들이 적발하면 백성에게 주고, 관에서 적발하면 몰수한다.

① ⊙은 『곽우록』의 내용으로 조선후기 상품작물 경작의 현실을 반영하여 토지 소유의 상한선을 제시하였다.
② ⊙은 한 마을 사람들이 토지를 공동 경작한 후 균등하게 분배한다는 토지개혁론과 관계가 있다.
③ ⓒ의 저자는 영농 방법의 혁신, 상업적 농업의 장려, 수리 시설의 확충 등을 통한 농업 생산력 향상에 관심을 기울였다.
④ ⓒ은 관리, 선비, 농민 등에게 차등을 두어 토지를 분배하자는 토지개혁론의 일부이다.

11 0613 [2018. 지방직 9급]

다음에서 설명하는 인물의 저술로 옳은 것은?

- 종래의 조선 농학과 박물학을 집대성하였다.
- 전국 주요 지역에 국가 시범 농장인 둔전을 설치하여 혁신적 농법과 경영 방법으로 수익을 올려서 국가 재정을 보충할 것을 제안했다.

① 색경
② 산림경제
③ 과농소초
④ 임원경제지

12 0614 [2018. 기상직 9급]

다음과 같은 주장을 제기한 학자에 대한 설명으로 옳은 것은?

어찌하여 하늘은 천한 금수(禽獸)에게 후하게 하고 귀하게 해야 할 인간에게는 야박하게 하였는가. 그것은 인간에게는 지혜로운 생각과 교묘한 궁리가 있으므로 기예(技藝)를 익혀서 제 힘으로 살아가게 한 것이다. ……온갖 공장의 기예가 정교하면 궁실과 기구를 만들고 성곽과 배, 수레, 가마 따위도 모두 편리하고 튼튼하게 될 것이니, 진실로 그 방법을 다 알아서 힘껏 시행한다면 나라는 부유해지고 군사는 강성해지고 백성도 부유하면서 오래 살 수 있을 것인데 이를 알면서도 고치지 않는구나.

① 지식과 행동의 통일을 주장하였으며, 강화학파를 이끌었다.
② 마을 토지를 공동 경작하고, 노동량에 따라 소득을 분배할 것을 주장하였다.
③ 생산과 소비를 우물물에 비유하였다.
④ 무한우주론, 지구 구형(球形)설, 지전(地轉)설 등을 제시하여 중국 중심의 세계관을 비판하였다.

SOLUTION 난이도 상 중 하

자료분석 자료에서 설명하고 있는 인물은 서유구이다. 종래의 조선 농학과 박물학을 집대성하였다는 것은 서유구가 저술한 『임원경제지』를 떠올리면 된다. 그리고 자료의 두 번째 내용은 서유구의 둔전론에 대해 설명하고 있다. 서유구는 『의상경제책』을 써서 전국 주요 지역에 국가 시범 농장인 둔전을 설치하여 혁신적 농법과 경영 방법으로 수익을 올려 국가 재정을 보충하고, 부민(富民, 부유한 백성)들의 참여를 유도하여 유능한 자를 지방관으로 발탁할 것을 제안하였다.

정답해설 ④ 19세기에 서유구는 농업과 농촌 생활에 필요한 것을 종합하여 『임원경제지』라는 농촌 생활 백과사전을 편찬하였다. 여기에는 사대부가 전원 생활을 하면서 알아야 할 다방면의 지식과 정보를 총 16개 항목으로 상세하게 기술하고 있어, 조선 후기의 대표적 박물학서로도 볼 수 있다.

오답피하기 ① 『색경』은 1676년(숙종 2) 박세당이 지은 농서이다.
② 『산림경제』는 조선 숙종 때 실학자 홍만선이 엮은 농서 겸 가정생활서이다.
③ 『과농소초』는 박지원이 농업 기술과 농업 정책에 관하여 논한 책이다.

심화개념 서유구의 임원경제지

모두 113권 52책으로 800여 종의 문헌을 참고하여 농업, 식품, 원예, 수목, 옷감, 천문기상, 목축, 물고기, 가옥, 의약, 풍속, 기예, 취미, 풍수, 경제 생활 등에 관한 지식을 총망라하여 집대성한 것이다.

정답 ④ 한정판 097p, 기본서 575p

SOLUTION 난이도 상 중 하

자료분석 자료는 정약용이 과학 기술의 중요성을 강조한 기예론의 내용이다. 정약용은 과학 기술의 중요성을 확신하고 기술 개발에 앞장섰다. 그는 인간이 다른 동물보다 뛰어난 것은 기술 때문이라고 보고, 기술의 발달이 인간 생활을 풍요롭게 한다고 믿었다(기예론).

정답해설 ② 정약용의 여전론은 한 마을을 단위로 하여 토지를 공동으로 소유하고 경작하여 수확량을 노동량에 따라 분배하는 일종의 공동 농장 제도였다.

오답피하기 ① 정제두에 대한 설명이다. 그는 지식과 행동의 통일(지행합일)을 주장하였으며, 18세기 초 몇몇 소론 학자가 명맥을 이어가던 양명학을 체계적으로 연구하여 강화학파로 발전시켰다.
③ 박제가에 대한 설명이다. 그는 『북학의』에서 생산과 소비의 관계를 우물물에 비유하면서 생산을 자극하기 위해서는 절약보다 소비를 권장해야 한다고 주장하였다.
④ 홍대용에 대한 설명이다. 홍대용은 『의산문답』에서 지구 구형설, 지전설을 주장하고 무한우주론의 우주관을 제시하여 중국이 세계의 중심이라는 생각을 비판하였다.

정답 ② 한정판 092p, 기본서 554p

13

다음과 같이 주장한 조선후기의 실학자에 대한 설명으로 옳은 것은?

> 천체가 운행하는 것이나 지구가 자전하는 것은 그 세가 동일하니, 분리해서 설명할 필요가 없다. 생각건대 9만 리의 둘레를 한 바퀴 도는 데 이처럼 빠르며, 저 별들과 지구와의 거리는 겨우 반경(半徑)밖에 되지 않는데도 오히려 몇 천만 억의 별들이 있는지 알 수가 없다. 하물며 은하계 밖에도 또 다른 별들이 있지 않겠는가!

① 「북학의」에서 소비를 권장하여 생산을 촉진하자고 주장하였다.
② 「임하경륜」에서 성인 남자에게 2결의 토지를 나누어 주자고 주장하였다.
③ 「반계수록」에서 신분에 따라 토지를 차등 있게 재분배하자고 주장하였다.
④ 「우서」에서 상업적 경영을 통해 농업 생산성을 높여야 한다고 주장하였다.

14

다음 글을 쓴 사람에 대한 설명으로 옳은 것은?

> 오늘날 백성을 다스리는 자는 백성에게서 걷어들이는 데만 급급하고 백성을 부양하는 방법은 알지 못한다. …… '심서(心書)'라고 이름 붙인 까닭은 무엇인가? 백성을 다스릴 마음은 있지만 몸소 실행할 수 없기 때문에 그렇게 이름 붙인 것이다.

① 우리나라에서 처음으로 지전설을 주장하였다.
② 『농가집성』을 펴내 이앙법 보급에 공헌하였다.
③ 홍역 관련 의서를 종합해 『마과회통』을 저술하였다.
④ 조선시대의 역사를 서술한 『열조통기』를 편찬하였다.

15 [2013. 지방직 9급]

다음 주장을 펼친 인물의 사상에 대한 설명으로 가장 적절한 것은?

> 비유하건대, 재물은 대체로 샘과 같다. 퍼내면 차고 버려두면 말라 버린다. 그러므로 비단 옷을 입지 않아서 나라에 비단 짜는 사람이 없게 되면 여공(女紅)이 쇠퇴하게 되고, 쭈그러진 그릇을 싫어하지 않고 기교를 숭상하지 않아서 수공업자가 기술을 익히는 일이 없게 되면 기예가 망하게 되며, 농사가 황폐해져서 그 법을 잃게 되므로 사농공상의 사민이 모두 곤궁하여 서로 구제할 수 없게 된다.

① 존언, 만물일체설로 지행합일 이론을 체계화하였다.
② 화이론적 명분론을 강화하고 성리학을 절대화하였다.
③ 인간과 사물의 본성이 같다는 인물성동론의 입장을 보였다.
④ 농촌 사회의 모순을 중점적으로 해결하려는 경세치용론이었다.

SOLUTION

자료분석 자료는 조선 후기 실학자 박제가가 저술한 『북학의』의 일부이다. 그는 『북학의』에서 생산과 소비의 관계를 우물물에 비유하면서 생산을 자극하기 위해서는 절약보다 소비를 권장해야 한다고 주장하였다.

정답해설 ③ 박제가는 중상학파(북학파) 실학자이다. 인간과 사물의 본성이 같다는 인물성동론(人物性同論)에는 청의 문물도 수용할 수 있다는 태도가 깔려 있어 북학 사상으로 연결되었다.

오답피하기 ① 정제두에 대한 설명이다. 그는 『존언』, 『만물일체설』 등을 저술하여 양명학의 학문적 체계를 갖추었다.
② 실학은 성리학에 대한 반성에서 시작된 학문이다. 성리학을 절대시화(교조화)하는 경향은 조선 후기 서인들을 중심으로 나타났으며, 이는 노론으로 계승되었다.
④ 박제가는 북학파 실학자이다. 농촌 사회의 모순을 중점적으로 해결하기 위해 토지 제도의 개혁을 강조한 실학자를 경세치용학파(중농학파)로 부르는 것과 대비하여 생산력 증대, 상공업과 유통의 확대를 강조한 북학파를 이용후생학파로 부르기도 한다.

핵심개념 초정 박제가(1750~1805)

서얼 출신	• 양반 집안의 서자 출신(서얼 출신) • 정조 때 규장각 검서관 등용
북학의 저술	• 청의 문물 적극 수용 제창 • 상공업의 발달, 청과의 통상 강화, 수레와 선박의 이용 주장 • 무역선을 파견하여 국제 무역 참여 주장 • 절약보다 소비 권장(우물론 : 생산과 소비를 우물물에 비유)
기타	• 서양 선교사를 초빙하여 서양의 과학·기술을 배우자고 제안 • 정약용과 함께 종두법 연구

정답 ③ 한정판 093p, 기본서 559p

주제 110 — 04 | 근대 태동기의 문화
국학 연구의 확대

Check 대표 기출 1

01 0618 [2017. 서울시 9급] 회독 ○○○

조선 후기에 전개된 국학 연구에 대한 설명으로 옳지 않은 것은?

① 유희는 『언문지』를 지어 우리말의 음운을 연구하였다.
② 이의봉은 『고금석림』을 편찬하여 우리의 어휘를 정리하였다.
③ 한치윤은 『기언』을 지어 토지제도의 개혁을 주장하였다.
④ 이종휘는 『동사』를 지어 고구려사에 대한 관심을 고조시켰다.

SOLUTION 난이도 상 중 하

출제자의 눈 조선 후기 국학 연구는 단순 서술형 문제로부터 사료형 문제, 인물사 문제에 이르기까지 다양한 유형으로 다루는 빈출 주제이다. 가장 기본적인 학습 방법은 각 인물이 어떤 저서를 저술하였는가에 우선적으로 초점을 맞추어야 한다.

정답해설 ① 『언문지』는 1824년(순조 24) 유희가 지은 한글 및 한자음에 대한 연구서이다.
② 조선 후기에는 우리의 방언과 해외 언어를 정리한 이의봉의 『고금석림』도 편찬되었다.
④ 조선 후기에 이종휘는 『동사』에서 고구려 역사 연구를 심화하였다. 그는 고대사 연구의 시야를 만주 지방까지 확대시킴으로써 한반도 중심의 협소한 사관을 극복하는 데 힘썼다.

오답피하기 ③ 『기언』은 조선 후기의 학자인 허목의 문집이다. 한치윤은 500여 종의 중국 및 일본 자료를 참고해 『해동역사』를 편찬하여 민족사 인식의 폭을 넓히는 데 이바지하였다.

핵심개념 국학 연구의 확대

발해고 (유득공)	• 발해사 연구 심화 • 최초로 '남북국 시대' 용어 사용 • 이종휘의 동사와 함께 고대사 연구의 시야를 만주 지방까지 확대 • 한반도 중심의 협소한 사관 극복 노력
동사 (이종휘)	• 고구려 역사 연구 심화 • 단군 –부여– 고구려의 흐름에 중점을 두어 만주 수복 희구 • 고대사 연구의 시야를 만주 지방까지 확대(한반도 중심의 사관 극복 노력) • 고조선~고려 말까지의 통사 • 발해를 고구려의 후계자로 인정
연려실기술 (이긍익)	• 조선 시대의 정치와 문화를 실증적이고 객관적으로 서술한 야사 총서 • 기사본말체
해동역사 (한치윤)	• 500여 종의 중국 및 일본 자료를 참고하여 편찬 → 민족사 인식의 폭 확대 • 기전체의 한국 통사(단군조선~고려)
금석과안록 (김정희)	• 북한산비가 진흥왕 순수비임을 고증
동국지리지 (한백겸)	• 고대 지명을 새롭게 고증 • 한강을 경계로 북쪽에 조선, 남쪽에 삼한이 위치했다는 것을 고증 • 고구려의 발상지가 평안도 성천이라는 통설을 뒤집고 만주 지방이라는 것을 최초 고증

정답 ③ 한정판 095p, 기본서 568p

Check 대표 기출 2

02 0619 [2022. 서울시 9급 1차] 회독 ○○○

〈보기〉의 내용 중 옳은 것을 모두 고른 것은?

— 보기 —
ㄱ. 정상기는 최초로 백 리를 한 자로 축소한 『동국여지도』를 만들어 우리나라의 지도 제작 수준을 한 단계 높였다.
ㄴ. 국어에 대한 연구도 활발하여 신경준의 『고금석림』과 유희의 『언문지』가 나왔다.
ㄷ. 유득공은 『동사강목』을 지어 고조선부터 고려 말까지의 우리 역사를 체계적으로 정리하였다.
ㄹ. 이중환의 『택리지』는 각 지역의 경제생활까지 포함하여 집필되었다.
ㅁ. 허준의 『동의보감』은 우리나라뿐 아니라 중국 및 일본의 의학 발전에 큰 영향을 끼쳤는데, 예방의학에 중점을 둔 것이다.

① ㄱ, ㄴ ② ㄴ, ㅁ ③ ㄷ, ㄹ ④ ㄹ, ㅁ

SOLUTION 난이도 상 중 하

정답해설 ㄹ. 이중환의 『택리지』(1751, 영조)는 각 지역의 자연환경과 인간 생활의 관계를 인과적으로 논하며 물산, 풍속, 인심 등을 서술하고 어느 지역이 살기 좋은 곳인가를 서술하였다. 사민총론, 팔도총론, 복거총론으로 구성되어 있는데 이 중 복거총론에서 경제 조건을 서술하는 내용이 담겨 있다.
ㅁ. 허준의 『동의보감』(17세기 초, 광해군)은 우리의 전통 한의학을 체계적으로 정리하였으며, 모든 향약명을 한글로 표시함으로써 의료 지식의 민간 보급에 공헌하였다. 이는 우리나라뿐만 아니라 중국과 일본에서도 간행되어 뛰어난 의학서로 인정되었다.

오답피하기 ㄱ. 정상기는 최초로 백리척을 사용한 『동국지도』(동국여지도 X)를 제작하였다. 『동국여지도』는 영조 때 신경준이 제작한 채색 지도집이다.
ㄴ. 『고금석림』은 영·정조 때의 문신 이의봉이 우리나라의 방언과 언어를 정리해 편찬하였다. 신경준은 『훈민정음운해』를 편찬하였다(『언문지』는 유희의 저서가 맞음.).
ㄷ. 『동사강목』은 안정복이 고조선에서 고려 말까지를 다룬 통사(通史)이다. 유득공은 『발해고』에서 발해사 연구를 심화하였으며, 남(南)의 신라와 북(北)의 발해를 남북국 시대라고 부를 것을 처음으로 제안하였다.

정답 ④ 한정판 095p, 기본서 566p

03 [2022. 국가직 9급]

(가), (나)에 대한 설명으로 옳은 것은?

> (가) 역사서의 저자는 다음과 같은 글을 지어 왕에게 바쳤다. "성상 전하께서 옛 사서를 널리 열람하시고, '지금의 학사 대부는 모두 오경과 제자의 책과 진한(秦漢) 역대의 사서에는 널리 통하여 상세히 말하는 이는 있으나, 도리어 우리나라의 사실에 대하여서는 망연하고 그 시말(始末)을 알지 못하니 심히 통탄할 일이다. 하물며 신라·고구려·백제가 나라를 세우고 정립하여 능히 예의로써 중국과 통교한 까닭으로 범엽의 『한서』나 송기의 『당서』에는 모두 열전이 있으나 국내는 상세하고 국외는 소략하게 써서 자세히 실리지 않았다. …(중략)… 일관된 역사를 완성하고 만대에 물려주어 해와 별처럼 빛나게 해야 하겠다.'라고 하셨다."
>
> (나) 역사서에는 다음과 같은 서문이 실려 있다. "부여씨와 고씨가 망한 다음에 김씨의 신라가 남에 있고, 대씨의 발해가 북에 있으니 이것이 남북국이다. 여기에는 마땅히 남북국사가 있어야 할 터인데, 고려가 그것을 편찬하지 않은 것은 잘못이다."

① (가)는 동명왕의 업적을 칭송한 영웅 서사시이다.
② (가)는 불교를 중심으로 고대 설화를 수록하였다.
③ (나)는 만주 지역까지 우리 역사의 범위를 확장하였다.
④ (나)는 고조선부터 고려에 이르는 역사를 체계적으로 정리하였다.

04 [2018. 지방직 9급]

다음과 같은 특징을 가진 조선 후기 역사서는?

- 단군으로부터 고려에 이르기까지의 우리 역사를 치밀한 고증에 입각하여 엮은 통사이다.
- 마한을 중시하고 삼국을 무통(無統)으로 보는 입장에서 우리 역사를 체계화하였다.

① 허목의 동사
② 유계의 여사제강
③ 한치윤의 해동역사
④ 안정복의 동사강목

05 [2015. 지방직 9급]

다음은 조선 후기 집필된 역사서의 일부이다. 이 책에 대한 설명으로 옳은 것은?

> 삼국사에서 신라를 으뜸으로 한 것은 신라가 가장 먼저 건국했고, 뒤에 고구려와 백제를 통합하였으며, 또 고려는 신라를 계승하였으므로 편찬한 것이 모두 신라의 남은 문적(文籍)을 근거로 했기 때문이다. …(중략)… 고구려의 강대하고 현저함은 백제에 비할 바가 아니며, 신라가 차지한 땅은 남쪽의 일부에 불과할 뿐이다. 그러므로 김씨는 신라사에 쓰여진 고구려 땅을 근거로 했을 뿐이다.

① 우리 역사의 독자적 정통론을 세워 이를 체계화하였다.
② 단군 – 부여 – 고구려의 흐름에 중점을 두어 만주 수복을 희구하였다.
③ 중국 및 일본의 자료를 망라한 기전체 사서로 민족사 인식의 폭을 넓혔다.
④ 여러 영역을 항목별로 나눈 백과사전적 서술로 문화 인식의 폭을 확대하였다.

06 [2017. 국가직 7급]

조선 후기 역사서에 나타나는 정통론에 대한 설명으로 옳지 않은 것은?

① 홍여하의 『동국통감제강』에서는 기자의 전통이 마한을 거쳐 신라로 이어졌다고 하여 기자 – 마한 – 신라를 정통 국가로 내세웠다.
② 홍만종의 『동국역대총목』에서는 단군을 배제하고 기자 – 마한 – 통일 신라의 흐름을 정통으로 규정하였다.
③ 안정복의 『동사강목』에서는 삼국을 무통으로 하고 단군 – 기자 – 마한 – 통일 신라를 정통으로 하였다.
④ 임상덕의 『동사회강』에서는 마한을 정통으로 인정하지 않고 삼국을 무통으로 보았다.

SOLUTION (05)

자료분석 자료는 안정복의 『동사강목』(정조, 1778)이다. 자료의 하단에 있는 김씨는 『삼국사기』를 편찬한 김부식을 말한다. 안정복은 이 글을 통해 고구려나 백제도 신라에 뒤지지 않는 강대함을 보였다고 주장하였다. 이는 안정복이 『동사강목』에서 삼국을 무통으로 본 것과 연계시켜 이해할 수 있다. 즉 삼국을 정통 국가가 없는 무통으로 본 것은 삼국이 서로 균등하였던 현실을 고려한 것이다.

정답해설 ① 『동사강목』은 정통왕조를 단군조선 – 기자조선 – 마한 – 통일 신라 – 고려로 파악하는 독자적 정통론인 삼한정통론으로 한국사를 체계화하였다. 이를 통해 민족의 역사적 정통성을 밝혀 중국 중심의 역사관에서 탈피하려 하였다.

오답피하기 ② 이종휘는 『동사』에서 단군 – 부여 – 고구려의 흐름에 중점을 두어 만주 수복을 희구하였다.
③ 한치윤은 500여 종의 중국 및 일본의 자료를 참고하여 기전체 형식의 『해동역사』를 편찬해 민족사 인식의 폭을 넓히는 데 이바지하였다.
④ 조선 후기 백과사전식 저술로는 이수광의 『지봉유설』, 이익의 『성호사설』, 이덕무의 『청장관전서』, 서유구의 『임원경제지』, 이규경의 『오주연문장전산고』 등이 있다.

핵심개념 안정복의 동사강목(1778, 정조 2)

- 이익의 역사 의식 계승, 고조선~고려 말까지의 통사(강목체 형식의 편년체)
- 독자적 삼한(마한) 정통론 제시 : 단군 → 기자 → 마한 → 통일 신라 → 고려
- 우리 역사를 치밀하게 고증 → 고증 사학의 토대 마련
- 고구려의 강대함 강조, 신라가 자처한 땅의 일부는 남쪽에 불과할 뿐이라고 주장
- 한계 : 명분과 의리에 바탕을 둔 성리학적 사관에 입각하여 서술, 발해를 말갈의 역사로 기술

정답 ① 한정판 094p, 기본서 563p

SOLUTION (06)

정답해설 ① 홍여하의 『동국통감제강』에서는 기자 → 마한 → 신라로 이어지는 국가 활동을 고대사의 정통으로 부각하였다.
③ 안정복의 『동사강목』에서는 삼국을 무통으로 하고 단군 → 기자 → 마한 → 통일 신라 → 고려를 정통왕조로 파악하였다.
④ 임상덕의 『동사회강』에서는 마한을 정통국가로 취급하지 않았으며, 삼국시대를 무통(無統)의 시대로 간주하였다.

오답피하기 ② 홍만종의 『동국역대총목』은 단군을 정통 국가의 시발로 하여 기자 – 마한 – 통일 신라로 이어진다고 보고, 삼국은 정통이 없는 시대로 간주하였다.

심화개념 홍만종의 동국역대총목(1705, 숙종 31)

- 단군 – 기자 – 마한 – 통일 신라로 정통이 이어진다고 봄
- 단군을 정통 국가의 시발로 봄(단군의 정통성 강조), 삼국은 정통이 없는 시대(무통) 간주
- 고려·조선의 역사는 왕실을 중심에 두고 서술
※ 홍만종의 '단군 정통론' → 이익과 안정복에게 영향

정답 ② 한정판 094p, 기본서 562p

주제 111 — 04 | 근대 태동기의 문화
과학 기술의 발달

Check 대표 기출 1

01 0624 [2019. 경찰 2차] 회독 ○○○

조선 후기에는 전통적 과학 기술을 계승하고 발전시키면서 중국을 통하여 전래된 서양의 과학 기술을 수용하여 큰 진전을 보였다. 17세기경부터 중국을 왕래하던 조선의 사신들은 서양 선교사와 접촉하고 서양의 과학 기구와 각종 서적을 조선에 들여왔다. 당시의 사실로서 옳지 않은 것은?

① 『곤여만국전도』 같은 세계지도가 전해짐으로써 보다 과학적이고 정밀한 지리학의 지식을 가지게 되었다.
② 김석문은 『역학도해』에서 우리나라에서 처음으로 지전설을 주장하여 우주관을 전환시켰다.
③ 홍대용은 김석문과 함께 지전설을 주장하였고, 지구가 우주의 중심이 아니라는 무한우주론을 주장하였다.
④ 이광정은 『지구전요』에서 지구의 자전과 공전을 함께 주장하였고, 자전과 공전설이 코페르니쿠스의 것임을 밝혔다.

Check 대표 기출 2

02 0625 [2017. 사회복지직 9급] 회독 ○○○

다음 저서에 대한 설명으로 옳지 않은 것은?

| 가. 『산림경제』 | 나. 『색경』 |
| 다. 『과농소초』 | 라. 『농가집성』 |

① 가 : 홍만선의 저술로 농업, 임업, 축산업, 식품가공 등을 망라하였다.
② 나 : 박세당의 저술로 과수, 축산, 기후 등에 중점을 두었다.
③ 다 : 정약용의 저술로 농업기술과 농업정책에 관하여 논하였다.
④ 라 : 신속의 저술로 이앙법을 언급하였다.

SOLUTION 난이도 상 중 하

정답해설 ① 조선 후기에 「곤여만국전도」와 같은 세계지도가 중국을 통하여 전해짐으로써 정밀한 지리학 지식을 가지게 되었고, 지도 제작에서도 더 정확한 지도가 만들어졌다. 이를 통하여 조선인의 세계관이 확대될 수 있었다.
② 조선 후기에 김석문은 『역학도해』에서 지전설을 우리나라에서 처음으로 주장하여 우주관을 크게 전환시켰다.
③ 홍대용은 김석문과 함께 지전설을 주장하였으며, 과학 연구에 노력하였다. 지전설은 성리학적 세계관을 비판하는 근거가 되기도 하였다. 또한 지구가 우주의 중심이 아니라는 무한우주론을 주장하였다.

오답피하기 ④ 이광정이 아니라 최한기에 대한 내용이다. 19세기에 활동한 실학자 최한기는 『지구전요』에서 지구의 자전과 공전을 함께 주장하였고, 자전과 공전설이 코페르니쿠스의 것임을 밝혔다. 이광정은 선조 때 서양 선교사가 만든 세계지도인 「곤여만국전도」를 전한 인물이다.

핵심개념 조선 후기 과학 기술의 발달

천문학	• 김석문 : 역학도해에서 지전설 최초 주장 • 홍대용 - 지전설 주장(성리학적 세계관 비판 근거) - 무한우주론 주장, 혼천의 제작 • 최한기(19c) : 명남루총서(뉴턴의 만유인력설 소개), 지구전요(지전설 주장), 기측체의(서양의 근대적 물리학 소개) • 김육 : 아담 샬이 만든 시헌력 채택(효종)
수학	• 기하원본 도입, 최석정의 〈구수략〉(1700, 숙종) • 홍대용의 주해수용 : 우리나라, 중국, 서양 수학의 연구 성과 정리
의학	• 허준의 동의보감(17c초, 광해군) • 허임의 침구경험방(17c, 인조) • 정약용의 마과회통(18c, 정조) • 이제마의 동의수세보원(19c, 고종)

정답 ④ 한정판 097p, 기본서 570p

SOLUTION 난이도 상 중 하

출제자의 눈 단독 주제보다는 조선 후기의 과학 기술에 대한 전반적인 내용을 단순 지식형 문제로 출제하거나 조선 전기의 과학 기술과 구분할 수 있는지를 묻는 문제가 출제된다.

정답해설 ① 『산림경제』는 조선 숙종 때 유암 홍만선이 농업과 일상생활에 관한 광범위한 사항을 기술한 책으로 농업, 임업, 축산업, 식품가공 등을 망라하였다.
② 『색경』은 조선 숙종 때(1676) 박세당이 지은 농서로, 토질에 따른 농사법과 과수, 축산 등에 대한 내용이 담겨 있었다.
④ 『농가집성』은 조선 효종 때(1655) 신속이 편찬한 농서이다. 『농가집성』에서는 이앙법의 원리에 대한 기술이 등장한다.

오답피하기 ③ 『과농소초』는 1798년(정조 22) 중상학파 실학자인 박지원이 저술한 농서이다. 이 서적에는 영농 방법의 혁신, 상업적 농업의 장려 등 농업 생산력을 높이는 방안들이 실려 있었다.

핵심개념 조선 후기 농서 및 어업

농서	효종	• 농가집성(신속)
	숙종	• 색경(박세당) • 산림경제(홍만선)
	정조	• 해동농서(서호수)
	19c	• 임원경제지(서유구)
어업		• 자산어보(정약전) - 신유박해(1801)에 연루되어 흑산도 유배 중 흑산도 근해 해상 생물에 대해 분석·편찬 - 155종의 해물에 대한 명칭, 분포, 습성 등 기록

정답 ③ 한정판 097p, 기본서 575p

주제 112 | 04 근대 태동기의 문화
조선 후기의 문예

Check 대표 기출 1

01 0626 [2019. 법원직] 회독 ○○○

밑줄 친 '이 시기'에 관한 다음 설명 중 가장 옳지 않은 것은?

▲ 청화 백자 까치호랑이문 항아리

이 시기에는 형태가 단순하고 꾸밈이 거의 없는 것이 특색인 백자가 유행하였고, 흰 바탕에 푸른 색깔로 그림을 그린 청화 백자도 많이 만들어졌다. 특히, 청화 백자는 문방구, 생활용품 등의 용도로 많이 제작되었다.

① 판소리, 잡가, 가면극이 유행하였다.
② 위선적인 양반의 생활을 풍자하는 '양반전', '허생전' 등의 한문 소설이 유행하였다.
③ 서얼이나 노비 출신의 문인들이 등장하였고, 황진이와 같은 여류 작가들도 활동하였다.
④ 김제 금산사 미륵전, 보은 법주사 팔상전, 논산 쌍계사 등이 이 시기를 대표하는 불교 건축물이다.

Check 대표 기출 2

02 0627 [2024. 지방직 9급] 회독 ○○○

(가), (나)에 해당하는 건축물을 옳게 짝지은 것은?

- (가) 은 고려 시대 건축물이며 배흘림기둥과 주심포양식으로 단아하면서도 세련된 아름다움을 담고 있다.
- (나) 은 우리나라에 남아 있는 조선시대 건축물 중 유일한 5층 목탑이다.

	(가)	(나)
①	영주 부석사 무량수전	김제 금산사 미륵전
②	영주 부석사 무량수전	보은 법주사 팔상전
③	합천 해인사 장경판전	김제 금산사 미륵전
④	합천 해인사 장경판전	보은 법주사 팔상전

SOLUTION 난이도 상 중 하

출제자의 눈 조선 후기의 문예 활동을 조선 전기 또는 고려 시대와 비교하는 문제가 전형적이며 주로 조선 후기 서민 문화 발달과 관련된 내용이 출제된다. 건축물은 2024년 법주사 팔상전 문제와 같이 심화 내용을 묻는 문제도 출제되기 때문에 이 시기 주요 건물의 명칭뿐만 아니라 특징까지 학습해야 한다.

자료분석 청화백자가 많이 만들어졌다는 내용을 통해 밑줄 친 '이 시기'가 조선 후기임을 알 수 있다. 조선 후기에는 산업 부흥에 따라 공예가 크게 발전하였다. 자기 공예에서는 백자가 민간에까지 널리 사용되면서 본격적으로 발전하였다. 청화 백자가 유행하는 가운데 형태가 다양해지고, 안료도 청화, 철화, 진사 등으로 다채로웠는데, 제기와 문방구 등 생활 용품이 많았다.

정답해설 ① 조선 후기에는 서민 문화의 발달에 따라 판소리, 잡가, 가면극 등이 유행하였다.
② 조선 후기 실학자 박지원은 『양반전』, 『허생전』, 『호질』, 『민옹전』 등의 한문 소설을 써서 양반 사회의 허구성을 지적하고 실용적 태도를 강조하였다.
④ 조선 후기 17세기의 대표적 건축으로는 보은 법주사 팔상전, 구례 화엄사 각황전, 김제 금산사 미륵전 등이 있다. 18세기에는 사회적으로 크게 부상한 부농과 상인의 지원을 받아 그들의 근거지에 장식성이 강한 사원이 많이 세워졌는데 논산 쌍계사, 부안 개암사, 안성 석남사 등이 대표적이다.

오답피하기 ③ 황진이는 중종 때의 사람으로, 조선 전기인 16세기에 활동하였다.

정답 ③ 한정판 098p, 기본서 588p

SOLUTION 난이도 상 중 하

정답해설 ② 고려 시대의 영주 부석사 무량수전은 공포가 기둥 위에만 짜여 있는 주심포 양식과 배흘림기둥을 하고 있다. 조선 후기의 건축물인 보은 법주사 팔상전은 현존하는 우리나라 유일의 조선 시대 목조 5층탑(국보 제55호)이다.

오답피하기 · 합천 해인사 장경판전은 팔만대장경을 보관하고 있는 조선 초기의 건축물이다(고려 시대의 건축물 X).
· 김제 금산사 미륵전은 조선 후기에 만들어진 3층 목조 건물로, 1층과 2층은 정면 5칸, 측면 4칸이고, 3층은 정면 3칸, 측면 2칸으로 된 팔작지붕 건물이다.

심화개념 법주사 팔상전(충북 보은)

- 국보 제55호
- 현존하는 우리나라 유일의 조선 시대 목조탑(5층)
- 건물 내부에 석가모니의 생애를 여덟 장면으로 표현한 불화(팔상도)가 그려져 있음
- 신라 진흥왕 때 법주사 창건(553)

▲ 법주사 팔상전(충북 보은)

정답 ② 한정판 099p, 기본서 586p

03 0628 [2023. 법원직 9급]

다음 주장이 제기된 시기의 문화적 특징으로 옳은 것을 〈보기〉에서 모두 고른 것은?

> 폐를 끼치는 것으로는 담배만한 것이 없습니다. 추위를 막지도 못하고 요깃거리도 못 되면서 심는 땅은 반드시 기름져야 하고 흙을 덮고 김매는 수고는 대단히 많이 드니 어찌 낭비가 아니겠습니까? 그리고 장사치들이 왕래하며 팔고 있어 이에 쓰는 돈이 적지 않습니다. 조정에서 전황(錢荒)에 대해 걱정하고 있는데, 그 근원을 따져 보면 여기에서 비롯된 것이 아니라고는 장담할 수 없습니다. 만약 담배 재배를 철저히 금한다면 곡물을 산출하는 땅이 더욱 늘어나고 농사에 힘쓰는 백성들이 더욱 많아질 것입니다.

보기
ㄱ. 문화 인식의 폭이 확대되어 백과사전류의 저서가 편찬되었다.
ㄴ. 격식에 구애받지 않고 감정을 표현하는 사설시조가 유행하였다.
ㄷ. 주자소가 설치되어 계미자를 비롯한 다양한 활자를 주조하였다.

① ㄱ
② ㄱ, ㄴ
③ ㄴ
④ ㄴ, ㄷ

SOLUTION

자료분석 자료는 조선 후기의 모습을 나타낸 것이다. 담배는 왜란 이후 일본에서 전래된 작물로 조선 후기 대표적인 상품작물 중 하나이고, 전황은 조선 후기에 발생한 동전 부족 현상이다. 조선 후기에는 동전의 발행량이 상당히 늘어났는데도 제대로 유통되지 않아 시중에서 동전 부족 현상이 나타나기도 하였는데, 이는 지주나 대상인들이 화폐를 고리대나 재산 축적에 이용하였기 때문이었다.

정답해설 ㄱ. 조선 후기에는 실학이 발달하고 문화 인식의 폭이 넓어짐에 따라 백과사전류의 저서가 많이 편찬되었다. 이 방면의 효시가 된 책은 이수광의 『지봉유설』이며, 그 뒤를 이어 18, 19세기에 이익의 『성호사설』, 이덕무의 『청장관전서』, 서유구의 『임원경제지』, 이규경의 『오주연문장전산고』 등이 나왔다.
ㄴ. 조선 후기에는 격식에 구애됨이 없이 감정을 구체적으로 표현할 수 있는 사설시조 형식을 통하여 남녀 간의 사랑이나 현실에 대한 비판을 거리낌 없이 표현하였다.

오답피하기 ㄷ. 조선 초기의 모습이다. 고려 시대에 발명되어 사용된 금속 활자는 조선 초기에 이르러 더욱 개량되었는데, 태종 때에는 주자소를 설치하고 구리로 계미자를 주조하였다.

정답 ② 한정판 098p, 기본서 583p

04 0629 [2022. 계리직]

다음의 작품이 제작된 시기의 문학과 예술에 대한 설명으로 옳지 않은 것은?

① 중국의 남종문인화를 우리의 자연에 맞추어 토착화하는 화풍이 발생하였다.
② 『촌담해이』, 『필원잡기』 등 일정한 격식 없이 세상에 떠도는 이야기를 기록한 패설작품이 창작되었다.
③ 서양식 화법이 도입되어 원근법을 사용하거나 인물의 측면을 묘사하는 그림이 등장하였다.
④ 양반 사회를 비판하는 「양반전」 「허생전」 「호질」 등의 한문 소설이 지어졌다.

SOLUTION

자료분석 자료는 김홍도의 씨름도와 들밥이라는 풍속화이다. 따라서 김홍도가 활동한 조선 후기의 예술에 대한 설명으로 옳지 않은 것을 찾아야 한다.

정답해설 ① 조선 후기 진경산수화와 관련된 내용이다. 진경산수화는 중국 남종과 북종 화법을 고루 수용해 우리의 고유한 자연과 풍속에 맞춘 새로운 화법으로 창안한 것이다. 진경산수화는 우리의 자연을 사실적으로 그려 회화의 토착화를 이룩했다.
③ 조선 후기에는 서양식 화법이 도입되어 원근법을 사용(ex. 강세황의 영통골 입구도)하거나 인물의 측면을 묘사하는 그림이 등장하기도 하였다.
④ 조선 후기의 실학자 박지원은 『양반전』, 『허생전』, 『호질』, 『민옹전』 등의 한문 소설을 써서 양반 사회의 허구성을 지적하며 실용적 태도를 강조하였다.

오답피하기 ② 『촌담해이』는 조선 전기 문신 강희맹이 소화·외설담 등을 수록하여 편찬한 소담집이고, 『필원잡기』는 조선 전기에 서거정이 역사에 누락된 사실과 조야의 한담을 소재로 서술한 수필집이다.

단어해석 · 소화(笑話): 웃음을 주는 단편적인 이야기들을 다룬 설화로, 소담(笑譚)이라고도 한다.

핵심개념 조선 후기 서민 문화의 발달

한글소설	홍길동전(허균, 최초), 춘향전, 심청전, 별주부전(토끼전), 장화홍련전 등
가면극	• 탈놀이, 산대놀이 • 양반의 허구성 폭로
판소리	• 열두 마당이 있었으나 현재 춘향가, 심청가, 흥보가, 적벽가, 수궁가 등 다섯 마당만 전함 • 19c 후반 신재효의 판소리 사설 창작·정리
사설시조	격식에 구애됨 없이 감정의 구체적 표현
민화의 유행	• 민중의 미적 감각 반영 • 해, 달, 꽃, 동물, 물고기 등을 소재로 삼아 소원을 기원하고 생활 공간을 장식

정답 ② 한정판 098p, 기본서 583p

05 0630 [2019. 소방간부]

다음 작품이 저술된 시기의 문예 경향으로 적절한 것은?

> 어느 고을에 벼슬을 좋아하지 않는 듯한 선비가 있으니 그의 호는 북곽 선생이었다. 나이 마흔에 손수 교정한 글이 1만 권이며, 경전의 뜻을 설명하여 엮은 책이 1만 5천 권이었다. …(중략)… 그 고을 동쪽에는 동리자라는 과부가 살았는데 수절하는 과부였으나 아들 다섯의 성이 각기 달랐다. 어느 날 밤 둘이 같은 방에 있으니 그 아들들은 어진 북곽 선생이 밤에 과부를 찾아올 일이 없으니 여우가 둔갑한 것이라 여기고 잡으려 하였다. 북곽 선생이 놀라 도망치다가 벌판의 거름 구덩이에 빠지고 말았다.
>
> — 박지원, 『호질』 —

① 창가가 유행하였다.
② 한글 소설이 유행하였다.
③ 상감 청자가 발달하였다.
④ 무용총에 벽화가 그려졌다.
⑤ 개성 경천사지 10층 석탑이 세워졌다.

06 0631 [2020. 법원직 9급]

(가)~(라)를 제작된 시기의 순서대로 바르게 나열한 것은?

(가)   (나)   (다)   (라)

① (라) - (가) - (다) - (나)
② (라) - (나) - (다) - (가)
③ (라) - (다) - (가) - (나)
④ (라) - (가) - (나) - (다)

07 0632 [2017. 경찰 2차]

(가)~(라)의 설명 중 옳은 것만 있는 대로 고른 것은?

> (가) 월정사 팔각구층석탑은 강원도 평창에 위치해 있으며 송나라의 영향을 받았다.
> (나) 충남 예산 수덕사 대웅전은 주심포 양식을 대표하는 건축물로, 우리나라에 현존하는 가장 오래된 목조 건축물이다.
> (다) 금산사 미륵전은 다포양식과 팔작지붕으로 지어졌으며, 고려 후기에 권문세족의 지원을 받아 세워진 건물이다.
> (라) 법주사 팔상전은 다층 목탑으로, 내부는 하나로 통하는 구조로 되어 있다.

① (가), (다)
② (가), (라)
③ (나), (다)
④ (나), (라)

08 0633 [2015. 기상직 9급]

(가) 그림과 (나) 그림이 그려진 시기의 문화에 대한 설명으로 옳지 않은 것은?

(가)

(나)

① (가) - 무위사 극락전, 화엄사 각황전, 법주사 팔상전 등의 건축물이 만들어졌다.
② (가) - 소박한 무늬와 자유로운 양식의 분청사기가 유행하였다.
③ (나) - 평민의 감정을 솔직하게 표현한 사설시조가 유행하였다.
④ (나) - 양반의 위선을 풍자한 탈춤이 유행하였다.

MEMO

2026 문동균 한국사 기출은 문동균

PART 6

근대 사회의 전개

CHAPTER 01	외세의 침략적 접근과 개항
CHAPTER 02	개화 정책의 추진과 반발
CHAPTER 03	동학 농민 운동과 갑오개혁
CHAPTER 04	러시아 VS 일본 대립기
CHAPTER 05	일본 독주기
CHAPTER 06	개항 이후의 경제와 사회
CHAPTER 07	근대 문물의 수용과 근대 문화의 형성

주제 113 흥선대원군의 대내 정책

01 | 외세의 침략적 접근과 개항

Check 대표 기출 1

01 0634 [2021. 국가직 9급] 회독○○○

밑줄 친 '그'에 대한 설명으로 옳은 것은?

> 군역에 뽑힌 장정에게 군포를 거두었는데, 그 폐단이 많아서 백성들이 뼈를 깎는 원한을 가졌다. 그런데 사족들은 한평생 한가하게 놀며 신역(身役)이 없었다. … (중략) … 그러나 유속(流俗)에 끌려 이행되지 못하였으나 갑자년 초에 그가 강력히 나서서 귀천이 동일하게 장정 한 사람마다 세납전(歲納錢) 2민(緡)을 바치게 하니, 이를 동포전(洞布錢)이라고 하였다.
> — 『매천야록』 —

① 만동묘 건립을 주도하였다.
② 군국기무처 총재를 역임하였다.
③ 통리기무아문을 폐지하고 5군영을 부활하였다.
④ 탕평 정치를 정리한 『만기요람』을 편찬하였다.

SOLUTION 난이도 상 중 하

출제자의 눈 흥선 대원군과 관련된 사료를 제시하고 그가 추진한 정책을 묻는 문제가 주류를 이룬다. 흥선 대원군의 기본적인 정책만 알고 있어도 어렵지 않게 풀리는 문제들이 대부분이다.

자료분석 자료는 흥선 대원군이 실시한 호포제와 관련된 내용이다. 사족(양반)들은 한평생 한가하게 놀며 신역(身役, 군역)이 없었는데 귀천이 동일하게 바치게 했다는 내용을 통해 이를 알 수 있다. 흥선 대원군은 상민에게만 받던 군포를 반상에 구분 없이 가호에 부과하여 양반들에게도 군포를 징수하는 호포법을 실시하였다.

정답해설 ③ 1882년 임오군란으로 일시 재집권한 흥선 대원군은 통리기무아문을 폐지하고 5군영을 부활시켰다.

오답피하기 ① 흥선 대원군은 임진왜란 때 도움을 준 명나라의 신종을 제사 지내기 위해 세운 사당인 만동묘를 철폐시켰다.
② 제1차 갑오개혁을 주도한 군국기무처 총재를 역임한 인물은 김홍집이다.
④ 『만기요람』은 순조 때인 1808년 왕명에 의해 국가 재정과 군정(軍政)에 관련된 사항을 총망라하여 편찬한 책이다.

정답 ③ 한정판 100p, 기본서 602p

Check 대표 기출 2

02 0635 [2021. 지방직 9급] 회독○○○

(가) 인물에 대한 설명으로 옳은 것은?

> 철종이 죽고 고종이 어린 나이로 왕이 되자, 고종의 아버지인 (가) 가/이 실권을 장악하였다. (가) 는/은 임진왜란 때 불탄 후 방치되어 있던 경복궁을 중건하였다. 이때 원납전이라는 기부금을 징수하는 일이 벌어졌으며 당백전이라는 화폐도 발행되었다.

① 『대한국국제』를 만들어 공포하였다.
② 서원을 대폭 줄이는 정책을 추진하였다.
③ 우정총국 개국 축하연을 이용해 정변을 일으켰다.
④ 황쭌셴의 『조선책략』을 가져와 널리 유포하였다.

SOLUTION 난이도 상 중 하

자료분석 고종의 아버지라는 내용과 경복궁 중건 등의 내용을 통해 (가)에 해당하는 인물이 흥선 대원군이라는 사실을 알 수 있다.

정답해설 ② 당시 서원은 면세·면역의 특권을 누려 국가 재정을 악화시켰다. 또한 제사 비용 등의 명목으로 백성을 수탈하기도 하였다. 흥선 대원군은 이러한 폐단을 바로잡기 위해 전국의 서원을 47개소만 남기고 모두 없애 버렸다.

오답피하기 ① 대한 제국이 공포한 대한국 국제는 흥선 대원군 하야 후인 1899년에 반포되었다.
③ 1884년 김옥균을 중심으로 한 급진 개화파는 우정총국의 개국 축하연을 이용하여 정변을 일으켜 민씨 세력 중 핵심 인물들을 제거하고 개화당 정부를 구성하였다(갑신정변).
④ 1880년 2차 수신사로 파견된 김홍집은 일본에서 청의 외교관 황쭌셴(황준헌)이 쓴 『조선책략』을 가져와 조·미 수호 통상 조약 체결에 영향을 주었으며, 고종에게 일본의 발달된 모습을 보고하였다.

정답 ② 한정판 100p, 기본서 602p

추가 기출 사료

흥선 대원군의 서원 철폐

> 그(흥선 대원군)가 크게 노하여 말하기를, "진실로 백성에게 해되는 것이 있으면 비록 공자가 다시 살아난다고 하더라도 나는 용서치 않겠다. 하물며 서원은 우리나라 선유를 제사하는 것인데 지금에는 도둑의 소굴이 됨에 있어서랴." 라고 하였다. … 그리하여 일시에 서원을 철폐시킬 수 있었다.

03 [2019. 지방직 9급]

밑줄 친 '이때' 재위한 국왕 대에 있었던 사실로 옳은 것은?

> 이때 거두어들인 돈을 '스스로 내는 돈'이라는 뜻에서 원납전이라 하였다. 그런데 백성들은 입을 삐쭉거리면서 '원납전 즉 원망하며 바친 돈이다.'라고 하였다.
>
> ─ 『매천야록』에서 ─

① 세한도가 제작되었다.
② 삼정이정청이 설치되었다.
③ 삼군부가 부활되고 삼수병이 강화되었다.
④ 비변사 당상들이 중요한 권력을 장악하였다.

04 [2019. 소방간부]

(가) 인물의 집권 기간에 일어난 사실로 옳은 것은?

> (가) 이/가 집권한 후 어느 공회 석상에서 음성을 높여 여러 대신을 향해 말하기를 "나는 천리를 끌어다 지척(咫尺)을 삼겠으며 태산을 깎아내려 평지를 만들고 또한 남대문을 3층으로 높이려 하는데 여러 공들은 어떠시오?"라고 하였다.
>
> ─ 황현, 『매천야록』 ─

① 신유박해가 일어났다.
② 대전통편이 편찬되었다.
③ 강화도 조약이 체결되었다.
④ 임술 농민 봉기가 일어났다.
⑤ 일본이 요청한 서계 수리를 거부하였다.

SOLUTION (03)

자료분석 자료의 '이때'에 재위한 국왕은 조선 고종이다. 원납전은 흥선 대원군 집권기(고종 때) 경복궁 중건을 위해 징수하였다. 원납전의 본래의 뜻은 '스스로 원하여 바치는 돈'이었으나, 흥선 대원군은 경복궁 중건을 위해 이를 강제로 거두었다.

정답해설 ③ 고종 때 흥선 대원군은 세도 가문의 핵심 권력 기구로 왕권을 제약하던 비변사를 폐지하고, 의정부와 삼군부의 기능을 부활하여 각각 정치와 군사를 담당하게 하였다. 또한 병인양요를 계기로 훈련도감(삼수병)을 수도 방위를 위한 주요 군영으로 전환하였다. 훈련도감 군대에 부여되었던 국왕 경호 임무를 면제한 대신에 포병과 보병에 대해 엄격한 훈련이 이루어지도록 배려했으며, 장비와 군수 지원도 강화하였다.

오답피하기 ① 『세한도』는 김정희가 사제간의 의리를 잊지 않고 두 번씩이나 북경에서 귀한 책들을 구해다 준 제자 이상적에게 1844년(헌종 10) 답례로 그려준 것이다.
② 삼정이정청은 철종 때 발생한 임술 농민 봉기(1862) 당시 삼정의 폐단을 시정하기 위해 설치한 관서이다.
④ 고종 대에는 흥선 대원군에 의해 비변사가 혁파되었다.

정답 ③ 한정판 100p, 기본서 602p

SOLUTION (04)

자료분석 자료의 (가)에 해당하는 인물은 흥선 대원군이다. 자료는 흥선 대원군의 발언으로 천리지척이라는 말은 종친을 높인다는 뜻이고, 남대문을 3층으로 높이려 한다는 말은 남인을 천거하겠다는 뜻이며, 태산을 평지로 만들겠다는 말은 노론을 억압하겠다는 의사이다.

정답해설 ⑤ 흥선 대원군 집권기인 1868년에 있었던 서계 거부 사건에 대한 내용이다. 일본은 흥선 대원군 집권기인 1868년 메이지유신을 단행한 뒤 대마도주에게 왕정복고를 알리는 서계를 조선 정부에 전달하라고 지시했다. 그러나 조선 정부는 서식상 격식이 맞지 않는다는 이유로 서계를 반환하였다. 이 사건은 일본에서 정한론이 대두하는데 영향을 끼쳤다.

오답피하기 ① 신유박해는 1801년(순조 1) 신유년에 일어난 천주교도 박해사건이다. 흥선 대원군 집권기에는 병인박해(1866)가 발생했다.
② 『대전통편』은 정조 대에 편찬된 법전이다. 흥선 대원군 집권기에는 『대전회통』이 편찬되었다.
③ 강화도 조약은 흥선 대원군이 하야(1873)한 이후인 1876년에 체결되었다.
④ 임술 농민 봉기는 1862년(철종 13) 삼남지역을 중심으로 일어난 대규모 농민 봉기이다.

심화개념 서계 거부 사건(1868)

> 당시 조선 정부는 일본 서계에 대해 다음의 세 가지를 문제 삼았다.
> (1) 대마번주의 외교 칭호를 일방적으로 변경한 점
> (2) 조선이 준 도서(圖書)가 아닌 일본 정부가 새로 만든 도장(圖章)을 사용한 점
> (3) '황(皇)'·'칙(勅)'과 같은 중국 황제가 사용하는 용어들을 문서에 사용한 점

정답 ⑤ 한정판 100p, 기본서 602p

05 0638 [2019. 소방직]

다음 상소문이 작성된 배경으로 옳은 것은?

> 장령(掌令) 최익현이 올린 상소의 대략은 이러하였다.
> - 첫째는 토목 공사를 중지하는 일입니다.
> - 둘째는 백성들에게 세금을 가혹하게 거두는 정사를 그만두는 것입니다.
> - 셋째는 당백전을 혁파하는 것입니다.
> - 넷째는 문세(門稅)를 받는 것을 금지하는 것입니다.

① 경복궁을 중건하였다.
② 조선책략이 유포되었다.
③ 군국기무처가 설치되었다.
④ 조청 상민 수륙 무역 장정이 체결되었다.

06 0639 [2016. 지방직 7급]

다음 자료에 나오는 인물의 활동으로 옳은 것은?

> 그가 대단한 능력을 발휘하여 힘써 교정하고 쇄신하니 치도(治道)가 맑고 깨끗하여 국가의 재정이 풍족하게 된 것은 득이며 장점인 것이요. …(중략)… 쇄국을 스스로 장하다 하여 대세의 흐름을 부질없이 반대하였으니 이것은 단점이요, 실정인 것이다.

① 군국기무처에서 총재관을 역임하였다.
② 을미의병이 확산되자 해산권고 조칙을 발표하였다.
③ 갑신정변이 발발하자 청군의 개입을 요청하였다.
④ 임오군란으로 집권하여 5군영을 복구하였다.

주제 114

01 | 외세의 침략적 접근과 개항

흥선대원군의 대외 정책

Check 대표 기출 1

01 0640 [2025. 지방직 9급]   회독 ○○○

(가) ~ (라)를 시기가 이른 것부터 바르게 나열한 것은?

> (가) 어재연의 부대가 광성보에서 미국군에게 패하였다.
> (나) 양헌수의 부대가 정족산성에서 프랑스군을 물리쳤다.
> (다) 독일인 오페르트가 남연군의 묘를 도굴하려다 실패하였다.
> (라) 미국 상선 제너럴셔먼호가 평양 부근까지 들어와 통상을 요구하였다.

① (가) → (나) → (다) → (라)
② (나) → (라) → (가) → (다)
③ (다) → (나) → (가) → (라)
④ (라) → (나) → (다) → (가)

Check 대표 기출 2

02 0641 [2022. 국가직 9급]   회독 ○○○

밑줄 친 '그'에 대한 설명으로 옳은 것은?

> 고종이 즉위한 직후에 실권을 장악한 그는 러시아를 견제하기 위해 천주교 선교사를 통해 프랑스와 교섭하려 했다. 하지만 천주교를 금지해야 한다는 유생의 주장이 높아지자 다수의 천주교도와 선교사를 잡아들여 처형한 병인박해를 일으켰다. 이후 고종의 친정이 시작됨에 따라 물러난 그는 임오군란이 일어났을 때 잠시 권력을 장악했지만, 청군의 개입으로 곧 물러났다.

① 미국에 보빙사라는 사절단을 파견하였다.
② 전국 여러 곳에 척화비를 세우도록 했다.
③ 국경을 획정하고자 백두산정계비를 세웠다.
④ 통리기무아문을 설치하고 그 아래에 12사를 두었다.

SOLUTION   난이도 상 중 하

출제자의 눈 흥선 대원군 집권기에 발생한 주요 사건들을 순서대로 나열하는 문제가 주류를 이루고 있으며, 병인양요와 신미양요의 배경, 당시에 활약한 인물들이 출제되고 있다.

정답해설 (라) 1866년 제너럴셔먼호 사건(1866. 7.) : 대포로 무장한 미국 상선 제너럴셔먼호가 대동강을 거슬러 평양 부근까지 들어와 통상을 요구하였다. 당시 평안도 관찰사였던 박규수가 통상 요구를 거절하며 평화적으로 물러나기를 요구하였으나, 제너럴셔먼호는 관리를 포로로 잡고 대포와 총을 발사하였다. 이 과정에서 사상자가 발생하자, 평양 관민들은 제너럴셔먼호를 불태워 침몰시켰다(제너럴셔먼호 사건, 1866).

(나) 병인양요(1866. 9.) : 프랑스는 병인박해로 자국 신부가 처형된 것을 구실로 1866년 군대를 파견해 강화도를 불법 점거하였다(병인양요). 조선에서 이를 문제 삼자 프랑스군은 병인박해 책임자 처벌과 통상 조약 체결을 요구하였다. 조선은 프랑스의 요구를 거부하고 강화도 수복에 나섰다. 양헌수가 이끄는 조선군이 정족산성에서 프랑스군을 공격하여 승리를 거두자, 프랑스군은 외규장각 도서와 은괴 등 약탈한 각종 물품을 가지고 철수하였다.

(다) 오페르트 도굴 미수 사건(1868) : 중국에서 활동하던 독일 상인 오페르트는 조선에 들어와 몇 차례 통상을 요구하였으나 거부당하였다. 그러자 오페르트는 프랑스 선교사, 미국 자본가의 지원을 받아 흥선 대원군의 아버지인 남연군의 묘를 도굴하려 하였으나, 결국 실패하고 달아났다(오페르트 도굴 미수 사건, 1868).

(가) 신미양요(1871) : 미국은 제너럴셔먼호 사건을 구실로 군함과 병력을 동원하여 강화도를 공격하였다(신미양요, 1871). 로저스 제독이 이끄는 미국의 함대는 초지진과 덕진진을 점령하고 광성보를 공격하였다. 어재연 등이 이끄는 조선의 수비대가 격렬하게 항전하였으나 광성보는 함락되었다.

정답 ④ 한정판 100p, 기본서 605p

SOLUTION   난이도 상 중 하

자료분석 자료의 밑줄 친 '그'는 흥선 대원군이다. 고종이 즉위한 직후 실권을 장악했다는 내용과 병인박해를 일으켰다는 점, 1873년 고종의 친정이 시작됨에 따라 하야하였다가 1882년 임오군란으로 일시 재집권하였으나 청군의 개입으로 물러난 사실을 통해 알 수 있다.

정답해설 ② 두 차례의 양요에서 서양의 침략을 물리친 흥선 대원군은 1871년 전국 각지에 척화비를 세워 통상 수교 거부 의지를 분명히 하였다.

오답피하기 ① 조선 정부는 조·미 수호 통상 조약(1882. 4.) 이후 조선 주재 미국 공사(푸트) 부임에 대한 답례로 민영익, 홍영식, 서광범, 유길준 등을 미국에 보빙사로 파견하였다.

③ 숙종 때인 1712년 조선과 청의 두 나라 대표가 백두산 일대를 답사하고 국경을 확정하여 백두산 정계비를 세웠다

④ 정부는 1880년에 통리기무아문이라는 새로운 기구를 설치하고 그 아래에 12사를 두어 외교, 군사, 통상, 재정 등의 개화 행정을 담당하게 하였다.

①, ④는 고종 대의 사건이기는 하지만 흥선 대원군 하야(1873) 이후의 사건으로, 흥선 대원군의 활동으로 보기 어렵다.

핵심개념 척화비

> "洋夷侵犯 非戰則和 主和賣國 戒我萬年子孫 丙寅作 辛未立 (양이침범 비전즉화 주화매국 계아만년자손 병인작 신미립)" → "서양 오랑캐가 침범하는 데도 싸우지 않으면 화친하는 것이오, 화친을 주장하는 것은 나라를 팔아먹는 것이다. 이를 자손 만대에 경계하노라. 병인년에 만들고 신미년에 세운다."

▲ 척화비

정답 ② 한정판 100p, 기본서 607p

03 [2025. 서울시 9급 1차]

〈보기 1〉과 관련된 사건이 발생한 시기를 〈보기 2〉의 연표에서 옳게 고른 것은?

―보기 1―

흥선대원군 부친의 유품들을 수중에 넣는다면 그것을 통해 그와 거래할 수 있고, 그렇게 되면 그는 부친의 유품들을 되찾기 위해 어떠한 요구든지 기꺼이 받아들이게 될 것이다. 따라서 그는 조약을 체결하여 나라를 개방하겠다는 열의의 증거로 사절을 보내라는 열강들의 요구에 귀 기울일 수밖에 없을 것이다.

―보기 2―

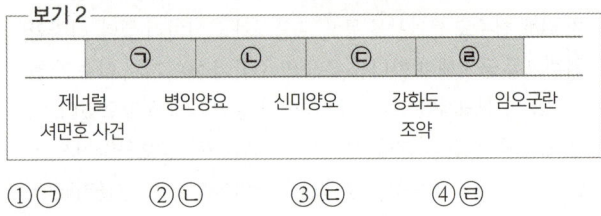

① ㉠ ② ㉡ ③ ㉢ ④ ㉣

04 [2024. 지역인재 9급]

(가) 국가에 대한 설명으로 옳은 것은?

> 신미년(1871) 여름에 (가) 군대가 강화도를 침범하자 어재연이 순무중군으로 임명되어 그들을 방어하다가 전사하였다. 그는 중앙군 병력을 인솔하고 광성보로 들어가서 배수진을 치고 척후병도 두지 않았다. 적병들은 안개가 자욱이 낀 틈을 타서 광성보를 넘어 엄습하였다.
> ― 『매천야록』 ―

① 조선과 한성 조약을 체결하였다.
② 병인박해를 빌미로 조선을 침략하였다.
③ 서양 국가 중 최초로 조선과 조약을 체결하였다.
④ 러시아의 남하를 견제한다는 구실로 거문도를 불법 점령하였다.

05 0644 [2024. 법원직]

(가)~(라) 사건이 일어난 순서대로 바르게 나열한 것은?

> (가) 삼가 말하건대 남의 무덤을 파는 것은 예의가 없는 행동에 가깝지만 무력을 동원하여 백성들을 도탄 속에 빠뜨리는 것보다 낫기 때문에 하는 수 없이 그렇게 하였습니다.
> (나) 정족 산성 수성장 양헌수가 … 우리 군사들이 좌우에 매복했다가 일제히 총탄을 퍼부었습니다. 저들은 죽은 자가 6명이고 아군은 죽은 자가 1명입니다.
> (다) 흉악한 적들을 무찌르다가 수많은 총알을 고슴도치의 털처럼 맞아서 순직하였으니 … 죽은 진무중군 어재연에게 특별히 병조 판서와 지삼군부사의 관직을 내리노라.
> (라) 일본국 인민이 조선국의 각 항구에서 머무르는 동안 죄를 범한 것이 조선국 인민과 관계되는 사건일 때에는 모두 일본국 관원이 심판한다.

① (가) - (나) - (다) - (라)
② (가) - (다) - (라) - (나)
③ (나) - (가) - (다) - (라)
④ (나) - (다) - (라) - (가)

06 0645 [2022. 소방간부후보]

다음 사건을 계기로 일어난 역사적 사실에 대한 설명으로 가장 적절한 것은?

> 평안 감사가 보고하기를, "대동강에 정박한 이양선이 더욱 방자히 날뛰며 대포와 총을 쏘면서 우리나라 사람을 살해하였습니다. 이에 승리할 방책은 화공(火攻)보다 나은 것이 없었습니다. 일제히 불을 질러 그 배를 불태워버렸습니다."라고 하였다.
> - 『승정원일기』 -

① 프랑스 선교사들이 처형되었다.
② 운요호가 영종도 일대에 출몰하였다.
③ 강화도의 외규장각 도서가 약탈당하였다.
④ 천주교도 황사영의 백서 사건이 벌어졌다.
⑤ 어재연의 부대가 광성보 전투에서 항전하였다.

07 [2021. 지방직 9급]

(가) 시기에 있었던 사실로 옳은 것은?

> 평양의 관민이 제너럴 셔먼호를 불태웠다.
> ⇩
> (가)
> ⇩
> 미군이 광성보를 공격해 점령하였다.

① 고종이 홍범 14조를 발표하였다.
② 일본의 운요호가 초지진을 포격하였다.
③ 오페르트가 남연군의 묘 도굴을 시도하였다.
④ 차별 대우에 불만을 품은 군인이 임오군란을 일으켰다.

SOLUTION

자료분석 첫 번째 사건은 1866년에 일어난 제너럴셔먼호 사건에 대한 내용이다. 1866년 미국 상선 제너럴셔먼호가 대동강을 거슬러 올라와 통상을 요구하며 약탈과 살육을 자행하였다. 이에 당시 평안도 관찰사였던 박규수와 평양의 군민들이 힘을 합쳐 배를 불태워 침몰시켰다.
마지막 자료는 1871년에 일어난 신미양요에 대한 내용이다. 1871년 미국은 강화도에 상륙하여 초지진과 덕진진을 점령하고 광성보를 공격해 왔다. 어재연 등이 이끄는 조선 수비대가 결사 항전하였지만, 미군은 우세한 전력으로 광성보를 함락하였다.

정답해설 ③ 1868년 독일 상인이었던 오페르트는 통상을 요구하다 거절당하자 미국인 젠킨스와 프랑스 선교사 페롱의 도움을 받아 충남 덕산에 있는 남연군(대원군 아버지)의 묘를 도굴하여 유해를 미끼로 통상을 요구하려 하였다(오페르트 도굴 미수 사건). 이 사건은 실패로 끝났지만 반외세 감정이 고조되고 흥선 대원군의 통상 수교 거부 의지를 강화시키는 결과를 가져왔다.

오답피하기 ① 제2차 갑오개혁 때 고종은 문무 백관을 거느리고 종묘에 나아가 독립서고문을 바치고, 국정 개혁의 기본 강령인 홍범 14조를 반포하였다(1894.12.).
② 일본은 흥선 대원군이 하야한 뒤, 무력으로 조선의 문호를 개방시키려 하였다. 일본은 군함 운요호를 동원하여 강화 해역 깊이 들어와 조선 수비군의 발포를 유도하고, 초지진과 영종도를 포격하여 파괴하였다(운요호 사건, 1875).
④ 구식 군인에 대한 차별 대우 등이 원인이 되어 일어난 임오군란은 1882년의 일이다.

정답 ③ 한정판 100p, 기본서 605p

08 [2020. 국가직 9급]

다음 사건이 일어난 왕의 재위 기간에 있었던 사실로 옳은 것은?

> 그들 조선군은 비상한 용기를 가지고 응전하면서 성벽에 올라 미군에게 돌을 던졌다. 창칼로 상대하는데 창칼이 없는 병사들은 맨손으로 흙을 쥐어 적군 눈에 뿌렸다. 모든 것을 각오하고 한 걸음 한 걸음 다가드는 적군에게 죽기로 싸우다 마침내 총에 맞아 죽거나 물에 빠져 죽었다.

① 군포에 대한 양반들의 면세특권이 폐지되었다.
② 금난전권을 제한하려는 통공정책이 시작되었다.
③ 결작세가 신설되면서 지주들의 부담이 증가하였다.
④ 영정법이 제정되어 복잡한 전세 방식이 일원화되었다.

SOLUTION

자료분석 자료는 고종 재위(흥선 대원군 집권기) 시기에 있었던 신미양요(1871) 당시 광성보 전투에 대해 묘사한 글이다. 신미양요 당시 미군은 강화도에 상륙하여 덕진진을 점령하고 광성보를 공격하였다. 어재연이 이끄는 조선군이 광성보에서 격렬하게 항쟁하였지만 결국 패배하였다. 미군은 강화도를 점령하였으나 조선 정부가 반응을 보이지 않자 개항을 요구하는 서한을 남기고 돌아갔다.

정답해설 ① 고종 재위 시기 흥선 대원군은 군정의 폐단을 해결하기 위해 호(戶)를 단위로 면포를 징수하는 호포제를 시행하여 양반에게도 군포를 징수하였다.

오답피하기 ② 신해통공(1791)은 육의전을 제외한 시전상인의 금난전권을 폐지한 정책으로, 정조 대에 실시되었다.
③ 결작세 징수는 균역법 실시로 인해 부족해진 재정을 보충하기 위한 것으로, 영조 대에 실시되었다.
④ 영정법은 인조 때(1635) 처음 실시하였다. 영정법은 연분9등법을 따르지 않고 풍흉에 관계없이 전세를 토지 1결당 미곡 4~6두로 정액화한 제도이다.

핵심개념 흥선대원군 집권기 주요 사건 순서

> 병인박해(1866. 1.)
> ⇩
> 제너럴 셔먼호 사건(1866. 7.)
> ⇩
> 병인양요(1866. 9.)
> ⇩
> 오페르트 도굴 사건(1868)
> ⇩
> 신미양요(1871)
> ⇩
> 척화비 건립(1871)

정답 ① 한정판 100p, 기본서 607p

주제 115

01 | 외세의 침략적 접근과 개항

강화도 조약

Check 대표 기출 1

01 0648 [2016. 국가직 7급]   회독 ○○○

㉠~㉢에 대한 설명으로 옳은 것은?

> 운요호 사건으로 조선은 일본과 ㉠ 조·일 수호 조규를 체결하였고, 몇 달 후에는 부속으로 ㉡ 조·일 수호 조규 부록과 ㉢ 조·일 무역 규칙을 약정하였다.

① ㉠ - 개항장에서 일본 화폐의 유통을 허용하였다.
② ㉡ - 일본국 항해자가 조선의 연해를 자유롭게 측량하도록 허가하였다.
③ ㉢ - 일본 정부 소속의 선박에는 항세를 면제하였다.
④ ㉠, ㉡, ㉢ - 일본인 범죄자에 대한 영사재판을 허용하는 조항이 모두 들어 있다.

Check 대표 기출 2

02 0649 [2019. 국가직 9급]   회독 ○○○

(가), (나)가 설명하는 조약을 옳게 짝 지은 것은?

> (가) 강화도 조약에 이어 몇 달 뒤 체결되었다. 양곡의 무제한 유출을 가능하게 한 규정과 일본정부에 소속된 선박은 항세를 납부하지 않는다는 규정이 들어 있었다.
> (나) 김홍집이 일본에서 황준헌의 『조선책략』을 가져오면서 그 내용의 영향으로 체결되었으며, 청의 적극적인 알선이 있었다. 거중조정 조항과 최혜국 대우의 규정이 포함되어 있었다.

	(가)	(나)
①	조·일 무역 규칙	조·미 수호 통상 조약
②	조·일 무역 규칙	조·러 수호 통상 조약
③	조·일 수호 조규 부록	조·미 수호 통상조약
④	조·일 수호 조규 부록	조·러 수호 통상조약

SOLUTION 난이도 상 중 하

출제자의 눈 강화도 조약과 그 부속 조약의 내용 또는 체결된 시기를 묻는 문제가 주로 출제된다. 주목할 점은 강화도 조약의 부속 조약들은 강화도 조약과 별개로 출제되고 있다는 것이다.

자료분석 자료는 1876년 조선과 일본 사이에 체결된 강화도 조약(조일 수호 조규) 및 그 부속 조약에 대한 내용이다.

정답해설 ③ 일본 정부 소속의 선박에 대한 항세 면제는 조일 무역 규칙에 규정되어 있다. 이 규칙에는 이외에도 일본 수출입 상품에 대한 무관세, 양곡의 무제한 유출을 허용하는 내용이 담겨 있었다.

오답피하기 ① 조일 수호 조규 부록의 체결로 개항장에 일본인 거류지가 설정되고, 개항장에서 일본 화폐의 유통이 허용되었다.
② 해안 측량권은 조일 수호 조규(강화도 조약)에 규정되어 있다. 조일 수호 조규 제7관에는 '조선국은 일본국의 항해자가 자유롭게 해안을 측량하도록 허가한다.'라고 규정하였다.
④ 일본인 범죄자에 대한 영사 재판을 허용하는 내용은 조일 수호 조규(강화도 조약)에만 포함되어 있다. 조일 수호 조규 제10관에는 '일본국 인민이 조선국이 지정한 각 항구에서 죄를 범할 경우 일본국 관원이 재판한다.'라고 규정하였다(치외법권, 영사재판권).

정답 ③ 한정판 101p, 기본서 610p

SOLUTION 난이도 상 중 하

자료분석 (가)는 1876년 일본과 체결한 조일 무역 규칙, (나)는 1882년 미국과 체결한 조미 수호 통상 조약이다.

정답해설 ① 조일 무역 규칙에는 일본 수출입 상품에 대한 무관세, 일본국 정부 소속 선박에 대한 무항세, 양곡의 무제한 유출 허용 등이 포함되어 있고, 조미 수호 통상 조약에는 거중조정, 치외법권, 관세 부과, 최혜국 대우에 관한 내용이 포함되어 있다.

오답피하기 조일 수호 조규 부록(1876)의 체결로 개항장에 일본인 거류지가 설정되고, 일본 화폐 사용이 허용되었다. 조러 수호 통상 조약은 1884년에 체결되었으며 치외법권과 최혜국 대우가 규정되었다. 조미 수호 통상 조약 체결 시 청의 적극적인 알선이 있었던 것과는 달리 조러 수호 통상 조약은 청나라의 알선 없이 조선과 직접 체결하였다는 특징이 있다.

정답 ① 한정판 101p, 기본서 610p

추가 기출 사료

조·일 수호 조규 부록(1876. 7)

> 제7관 일본국 인민은 본국의 현행 여러 화폐를 사용해 조선국 인민이 소유한 물품과 교환할 수 있다. 조선국 인민은 그 교환한 일본국의 여러 화폐로 일본국에서 생산한 여러 가지 화물을 구매할 수 있다.

03 0650 [2017. 경찰 2차]

밑줄 친 '수호조약'에 대한 설명으로 가장 적절한 것은?

> 저번에 사절선이 온 것은 오로지 수호(修好) 때문이니 우리가 선린(善隣)하는 뜻에서도 이번에는 사신을 전위(專委)하여 수신(修身)해야겠습니다. 사신의 호칭은 수신사라 하고 김기수를 특별히 차출하고 따라가는 인원은 일을 아는 자로 적당히 가려서 보내십시오. 이는 <u>수호조약</u>을 체결한 뒤에 처음 있는 일이니, 이번에는 특별히 당상관을 시켜 서계(書契)를 가지고 들어가게 하고, 이 뒤로는 서계를 옛날처럼 동래부에 내려 보내어 에도로 옮겨 보내는 것이 어떠하겠습니까.

① 최혜국 대우가 인정되어 불평등 조약으로 평가받는다.
② 거중조정을 규정하였다.
③ 양국 관리는 양국 인민의 자유로운 무역 활동에 일체 간섭하지 않는다고 규정하였다.
④ 해양 측량권을 부정하였다.

SOLUTION

자료분석 체결 뒤 수신사(일본에 파견된 사절단)로 김기수를 파견했다는 내용을 통해 조일 수호 조규(강화도 조약, 1876)에 대한 내용임을 알 수 있다. 강화도 조약에 의거, 1차 수신사로 일본에 다녀온 김기수는 『일동기유』를 저술하여 일본의 근대 문물을 소개하였다.

정답해설 ③ 강화도 조약 제9관에는 '양국 백성들은 자유롭게 거래하며, 양국 관리들은 간섭하거나 금지할 수 없다.'고 규정되어 있다.

오답피하기 ① 최혜국 대우는 한 나라가 제3국에 부여한 가장 유리한 조건을 조약 상대국에도 부여하는 것으로, 조미 수호 통상 조약(1882)에서 처음 인정되었다.
② 거중조정은 양국 중 한 나라가 제3국으로 인해 어려움을 겪을 시 서로 도와야 한다는 규정으로, 조미 수호 통상 조약(1882)에서 규정되었다.
④ 강화도 조약 제7관에는 일본국 항해자가 자유로이 해안을 측량하도록 허가하는 내용이 담겨 있었다.

핵심개념 강화도 조약(조일 수호 조규, 1876. 2.)

구분	내용	의미
1관	조선은 자주국이며 일본과 평등한 권리를 갖는다.	청의 종주권 부인(조선 침략 목적)
2관	일본 정부는 지금부터 15개월 후 사신을 조선국 서울에 파견하며, 조선도 사신을 동경에 파견한다.	수신사 파견
4관	조선국은 부산 외에 2개 항구를 개항한다.	• 부산 개항(1876) • 원산 개항(1880) • 인천 개항(1883)
5관	경기, 충청, 전라, 경상, 함경 5도의 연해 중 통상에 편리한 항구 2개소를 택한 후 지명을 지정할 것이다	
7관	조선국은 일본국의 항해자가 자유롭게 해안을 측량하도록 허가한다.	해안 측량권 인정
9관	양국 관리는 양국 인민의 자유로운 무역 활동에 일체 간섭하지 않는다	경제 침탈 목적
10관	일본국 인민이 조선국이 지정한 각 항구에서 죄를 범할 경우 일본국 관원이 재판한다.	치외법권(영사 재판권)

정답 ③ 한정판 101p, 기본서 610p

---

04 0651 [2013. 지방직 9급]

다음 조약과 관련한 설명으로 가장 적절한 것은?

> • 양국 관리는 양국 인민의 자유로운 무역활동에 일체 간섭하지 않는다.
>   - ○○수호조규 -
> • 개항장 부산에서 일본인 간행이정(間行里程)은 10리로 한정한다.
>   - ○○조규 부록 -
> • 조선국 여러 항구에 거주하는 일본인은 쌀과 잡곡을 수출입할 수 있다.
>   - ○○무역 규칙 -

① 쌀 유출이 허용되면서 쌀값이 폭등하고 쌀의 상품화가 촉진되었다.
② 개항지 지정이 약정되면서 군산항, 목포항, 양화진이 차례로 개항되었다.
③ 은행권의 발행이 용인되면서 제일은행권이 조선의 본위화폐가 되었다.
④ 최혜국 대우와 무관세 조항이 함께 명문화되면서 불평등무역이 조장되었다.

SOLUTION

자료분석 첫 번째 자료는 조일 수호 조규(강화도 조약, 1876. 2.) 제9관의 내용이다.
두 번째 자료는 개항장 부산에서 일본인 간행이정을 10리로 한다는 내용으로 보아 1876년 7월에 체결된 조일 수호 조규 부록임을 알 수 있다.
마지막 자료는 양곡의 무제한 유출을 허용한 조일 무역 규칙(1876. 7.)이다.

정답해설 ① 조일 무역 규칙에는 일본에 대한 쌀 수출을 규정하면서 그에 대한 제한은 설정해 놓지 않아(무제한 유출 허용) 많은 쌀이 일본으로 유출되고 쌀값이 폭등하게 되었다.

오답피하기 ② 강화도 조약으로 개항지 지정이 약정되면서 부산(1876), 원산(1880), 인천(제물포, 1883)이 차례로 개항되었다. 군산항은 1899년에, 목포항은 1897년에 개항되었고, 양화진은 1882년 조청 상민 수륙 무역 장정에 의해 개방되었다.
③ 일본 제일은행권이 조선의 본위 화폐가 된 것은 1905년 실시된 화폐 정리 사업의 결과이다. 개항 직후에는 개항장에서의 일본 화폐 유통만이 허용되었다.
④ 최혜국 대우는 1882년 미국과 체결된 조미 수호 통상 조약에서 처음 규정되었다. 조일 무역 규칙에는 최혜국 대우는 규정되지 않았으나, 쌀과 잡곡의 수출입에 대한 제한과 일본 상품에 관세를 부과하는 규정이 없어(무관세) 조선 경제에 큰 타격을 입혔다.

핵심개념 강화도 조약의 부속 조약

조약	체결 시기	주요 내용
조일 수호 조규 부록	1876. 7.	• 일본 거류민의 거주 지역 설정(간행이정 10리) • 개항장에서 일본 화폐 유통 허용 • 일본 외교관의 여행 가능 (긴급 사태 시 지방관에게 알린 후 가능)
조일 무역 규칙	1876. 7.	• 일본 수출입 상품에 대한 무관세 • 일본국 정부 소속 선박에 대한 무항세 • 양곡의 무제한 유출 허용

정답 ① 한정판 101p, 기본서 610p

주제 116

01 | 외세의 침략적 접근과 개항
외국과의 조약과 사절단의 파견

Check 대표 기출 1

01 0652 [2021. 국가직 9급] 회독 ○○○

밑줄 친 '조약'에 대한 설명으로 옳지 않은 것은?

> 1905년 8월 4일 오후 3시, 우리가 앉아있는 곳은 새거모어 힐의 대기실. 루스벨트의 저택이다. 새거모어 힐은 루스벨트의 여름용 대통령 관저로 3층짜리 저택이다. …(중략)… 대통령과 마주하자 나는 말했다. "감사합니다. 각하. 저는 대한제국 황제의 친필 밀서를 품고 지난 2월에 헤이 장관을 만난 사람입니다. 그 밀서에서 우리 황제는 1882년에 맺은 <u>조약</u>의 거중조정 조항에 따른 귀국의 지원을 간곡히 부탁했습니다."

① 영사재판권이 인정되었다.
② 임오군란을 계기로 체결되었다.
③ 최혜국 대우 조항이 포함되었다.
④ 『조선책략』의 영향을 받았다.

Check 대표 기출 2

02 0653 [2018. 국가직 7급] 회독 ○○○

1880년대 개화 정책과 관련된 사실에 대한 설명으로 옳은 것만을 모두 고르면?

> ㄱ. 교정청은 개화 정책을 총괄하는 기구였다.
> ㄴ. 청에 파견된 영선사 김윤식 일행은 무기제조법을 배웠다.
> ㄷ. 미국에 파견된 보빙사는 근대 시설을 시찰하고 대통령을 접견하였다.
> ㄹ. 김홍집은 조사 시찰단으로 일본을 방문하여 『조선책략』을 가지고 돌아왔다.

① ㄱ, ㄴ ② ㄱ, ㄹ
③ ㄴ, ㄷ ④ ㄷ, ㄹ

SOLUTION 난이도 상 중 하

출제자의 눈 조약 체결의 순서 문제, 각 국가와의 역사적 사실을 묻는 문제가 출제된다. 특히 조러 수호 통상 조약의 경우 청나라의 알선 없이 조선과 러시아가 직접 체결했다는 점, 조프 수호 통상 조약의 경우 천주교 선교 인정 문제로 1886년에야 체결되었다는 점에 주목하자. 최근에는 사절단을 묻는 문제가 주목받고 있다. 각 사절단의 특징은 물론 파견된 국가와 파견된 시기까지 순서대로 암기해야 한다.

자료분석 자료는 이승만과 미국 루스벨트 대통령의 만남에서 조미 수호 통상 조약이 거론된 사실을 보여준다. 1882년에 맺은 조약이라는 것과 거중조정 조항 등의 힌트를 통해 밑줄 친 '조약'이 1882년 4월에 체결된 조미 수호 통상 조약임을 알 수 있다.

정답해설 ①,③ 조미 수호 통상 조약에는 치외법권(영사재판권), 관세 부과, 거중조정, 최혜국 대우 등이 규정되었다.
④ 1880년 2차 수신사로 파견된 김홍집은 일본에서 청나라 외교관 황준헌의 『조선책략』을 가져와 조·미 수호 통상 조약 체결에 영향을 주었다.

오답피하기 ② 임오군란은 1882년 6월에 일어났고, 조미 수호 통상 조약은 1882년 4월에 체결되었다. 임오군란을 계기로 체결된 조약은 제물포 조약, 조청 상민 수륙 무역 장정 등이 있다.

핵심개념 조미 수호 통상 조약(1882. 4.)

배경	조선책략 유포
과정	청의 알선으로 체결
체결	조선의 신헌과 김홍집 - 슈펠트
내용	치외법권(영사 재판권), 관세 부과 거중조정, 최혜국 대우

정답 ② 한정판 101p, 기본서 612p

SOLUTION 난이도 상 중 하

정답해설 ㄴ. 1881년 조선은 청나라에 김윤식을 영선사로 삼아 유학생과 기술자를 보냈다. 영선사 일행은 톈진의 기기국에서 무기 제조법 및 각 분야의 과학 기술을 배웠다. 그러나 근대 기술에 대한 기본 지식 부족과 정부의 뒷받침이 충분하지 못해 1년 만에 돌아오게 되었다. 귀국 후, 이를 계기로 근대식 무기 공장인 기기창이 설치(1883)되었다.
ㄷ. 조선 정부는 1883년 조·미 수호 통상 조약 체결(1882)의 답방 형식으로, 민영익(전권 대사), 홍영식, 유길준 등을 미국에 보빙사로 파견하였다. 이들은 근대 시설을 시찰하고 미국의 아서 대통령을 만나기도 하였다.

오답피하기 ㄱ. 1880년 개화 정책을 총괄하는 기구로 창설된 곳은 통리기무아문이다. 교정청은 1894년 조선 정부가 자주적 개혁을 추진하기 위해 설치한 기구이다.
ㄹ. 1880년 김홍집은 조사 시찰단으로서가 아니라 2차 수신사로 일본을 방문하여 청의 외교관 황준헌(황쭌셴)이 쓴 『조선책략』을 가지고 돌아왔다.

핵심개념 사절단의 파견

사절단	시기	국가	인물	활동
1차 수신사	1876. 4.	일본	김기수	문물 시찰, 일동기유 저술
2차 수신사	1880. 6.	일본	김홍집	조선책략 입수
조사 시찰단	1881. 4.	일본	박정양	문물 시찰
영선사	1881. 9.	청	김윤식	무기 제조술 습득
3차 수신사	1882. 8.	일본	박영효	임오군란 사죄
보빙사	1883. 7.	미국	민영익	미국 대통령과의 만남

정답 ③ 한정판 102p, 기본서 620p

03 [2024. 국가직 9급]

다음 자료에 대한 설명으로 옳은 것은?

> 조선이라는 땅덩어리는 실로 아시아의 요충을 차지하고 있어 그 형세가 반드시 다툼을 불러올 것이다. 조선이 위태로우면 중동(中東)의 형세도 위급해진다. 따라서 러시아가 강토를 공략하려 한다면 반드시 조선이 첫 번째 대상이 될 것이다. … (중략) … 러시아를 막을 수 있는 조선의 책략은 무엇인가? 오직 중국과 친하며, 일본과 맺고, 미국과 연합함으로써 자강을 도모하는 길뿐이다.

① 강화도 조약 체결 이전 조선에 널리 퍼졌다.
② 흥선대원군이 척화비를 세우는 계기가 되었다.
③ 이만손 등 영남 유생들의 반발을 불러일으켰다.
④ 청에 영선사로 파견된 김윤식에 의해 소개되었다.

04 [2024. 법원직 9급]

(가)~(다) 국가에 대한 설명으로 가장 옳은 것은?

> 조선은 김기수와 김홍집을 수신사로 (가) 에 파견하였다. (나) 에는 김윤식을 영선사로 삼아 무기 제조 기술 등을 배우는 유학생을 보냈다. 또한 조선은 민영익 등을 보빙사로 (다) 에 파견하였다.

① (가) - 흥선 대원군을 자국으로 납치하였다.
② (나) - 조선과 강화도 조약을 맺었다.
③ (다) - 거문도를 불법 점령하였다.
④ (가)와 (나) - 톈진 조약을 체결하였다.

SOLUTION (03)

자료분석 자료는 청의 외교관 황쭌셴(황준헌)이 쓴 『조선책략』의 일부이다. 『조선책략』은 1880년 수신사로 일본에 파견된 김홍집이 국내에 가지고 들어왔으며, 러시아의 남하를 견제하기 위해서는 미국과의 연대가 필요하다는 내용이 담겨 있었다.

정답해설 ③ 『조선책략』이 유포되자 1881년 경상도 예안 유생 이만손 등이 올린 영남 만인소를 시발로 전국 유생들이 잇달아 상소하여 『조선책략』의 내용을 비난하고 이것을 들여온 김홍집의 처벌을 요구했다.

오답피하기 ① 『조선책략』은 강화도 조약 체결(1876) 이후 일본에 2차 수신사(1880)로 파견된 김홍집에 의해 국내에 들어왔다. 『조선책략』의 유포는 조·미 수호 통상 조약 체결에 영향을 끼쳤다.
② 두 차례의 양요(병인양요와 신미양요)에서 서양의 침략을 물리친 흥선 대원군은 1871년 전국 각지에 척화비를 세워 통상 수교 거부 의지를 분명히 하였다.
④ 『조선책략』은 일본에 수신사로 파견된 김홍집에 의해 국내에 소개되었다.

정답 ③ 한정판 102p, 기본서 612p

SOLUTION (04)

자료분석 자료의 (가)는 일본, (나)는 청, (다)는 미국에 해당한다. 수신사는 1876년에 1차 수신사로 김기수, 1880년에 2차 수신사로 김홍집, 1882년에 3차 수신사로 박영효가 일본에 파견되었다. 1881년 조선은 청나라에 김윤식을 영선사로 삼아 유학생과 기술자를 보냈다. 영선사 일행은 톈진의 기기국에서 무기 제조법 및 각 분야의 과학 기술을 배웠다. 조선 정부는 1883년 조·미 수호 통상 조약 체결(1882)의 답방 형식으로, 민영익(전권 대사), 홍영식, 유길준 등을 미국에 보빙사로 파견하였다.

정답해설 ④ 갑신정변(1884) 결과 일본(가)과 청(나) 양국은 조선에서 군대를 철수하고 장차 조선에 군대를 파병할 경우 상대국에게 미리 알릴 것 등을 내용으로 하는 톈진 조약(1885)을 체결하였다. 이로써 일본은 조선에 대하여 청국과 동등한 파병권을 획득하였으며, 톈진 조약은 훗날 청일 전쟁의 원인이 되었다.

오답피하기 ① 청(나)에 대한 설명이다. 임오군란이 일어나자 고종은 흥선 대원군에게 사태 수습을 위임하였고, 다시 권력을 장악한 흥선 대원군은 통리기무아문과 별기군을 없애고 삼군부와 5군영을 부활하였다. 그러나 당시 권력의 중심이었던 민씨 일파가 청에 파병을 요청하면서 상황이 바뀌었다. 청군은 흥선 대원군을 군란의 책임자로 지목하여 톈진으로 납치하고 무력으로 군란을 진압하였다.
② 일본(가)에 대한 설명이다. 조선은 1875년 운요호 사건을 계기로 일본과 강화도 조약(1876)을 체결하였다.
③ 영국에 대한 설명이다. 1885년 영국은 조·러 비밀 협약이 풍문으로 들려오자, 러시아의 남하에 대비한다는 구실로 거문도를 해밀턴 항이라 명명하고 약 2년 동안 불법으로 점령하였다(1885~1887).

정답 ④ 한정판 102p, 기본서 620p

05 0656 [2019. 서울시 9급] 회독 ○○○

〈보기〉의 밑줄 친 (가)국가에 대한 설명으로 가장 옳은 것은?

― 보기 ―
정부는 (가) 공사의 서울 부임에 답례할 겸 서구의 근대 문물을 시찰하기 위해 1883년 (가)에 보빙사를 파견하였다. 보빙사의 구성원은 민영익, 홍영식, 서광범 등 11명이었다.

① 삼국 간섭에 참여하였다.
② 용암포를 강제 점령하고 조차를 요구하였다.
③ 거문도를 불법으로 점령하였다.
④ 운산 금광 채굴권을 차지하였다.

06 0657 [2017. 사회복지직 9급] 회독 ○○○

조선정부는 강화도 조약 체결 이후에 근대 문물을 살펴보고 국정 개혁의 자료를 모으기 위하여 여러 나라에 사절단을 파견하였다. 각 사절단의 파견 순서를 바르게 나열한 것은?

㉠ 1차 수신사절	㉡ 보빙사
㉢ 조사시찰단	㉣ 영선사
㉤ 2차 수신사절	

① ㉠ → ㉢ → ㉣ → ㉤ → ㉡
② ㉠ → ㉣ → ㉢ → ㉤ → ㉡
③ ㉠ → ㉤ → ㉢ → ㉣ → ㉡
④ ㉠ → ㉤ → ㉣ → ㉢ → ㉡

SOLUTION 난이도 상 중 하

자료분석 (가)에 해당하는 국가는 미국이다. 조선 정부는 조·미 수호 통상 조약(1882) 이후 조선 주재 미국 공사(푸트) 부임에 대한 답례로 민영익, 홍영식, 서광범, 유길준 등을 미국에 보빙사로 파견하였다(1883).

정답해설 ④ 아관파천(1896) 이후 조선의 주권이 약화되면서 열강의 이권 침탈이 본격화되었다. 이 무렵 미국은 운산 금광 채굴권을 차지하였다.

오답피하기 ① 삼국 간섭에 참여한 나라는 러시아, 프랑스, 독일이다. 1895년 일본이 청으로부터 요동반도를 할양받자, 남하 정책의 일환으로 만주로의 진출을 기도하고 있던 러시아는 프랑스, 독일과 함께 일본에 외교적 압력을 가해 요동 반도를 청에 반환하도록 하였다(러·프·독의 삼국 간섭, 1895. 4).
② 러시아에 대한 설명이다. 1903년 러시아는 한국의 용암포를 강제 점령하고 조차를 요구하였다. 이를 계기로 러시아와 일본의 대립은 더욱 격화되었다.
③ 영국에 대한 설명이다. 1885년 영국은 조·러 비밀 협약이 풍문으로 들려오자, 러시아의 남하에 대비한다는 구실로 거문도를 해밀턴 항이라 명명하고 약 2년 동안 불법으로 점령하였다(1885~1887).

정답 ④ 한정판 102p, 기본서 613p

SOLUTION 난이도 상 중 하

정답해설 ㉠ 수신사는 개항 이후 일본에 파견된 외교 사절단이다. 1차 수신사는 김기수를 중심으로 1876년 4월 파견되었다. 일본에 다녀온 김기수는 『일동기유』를 저술하여 일본의 근대 문물을 소개하였다.
㉤ 2차 수신사는 1880년 6월 파견되었으며, 당시 김홍집이 『조선책략』을 가지고 들어와 미국과의 수교에 영향을 끼쳤다.
㉢ 1881년 4월 조선 정부는 일본에 어윤중, 박정양, 홍영식 등을 조사 시찰단으로 파견하였다. 조사 시찰단은 국내의 반발을 우려하여 암행어사 신분으로 부산에 집결 후 일본으로 출발하였고, 일본의 정부 기관과 각종 산업 시설 등을 시찰하고 돌아와 각기 담당 분야에 관한 보고서를 제출하여 정부의 개화 정책 추진을 뒷받침하였다.
㉣ 1881년 9월 조선 정부는 청나라에 김윤식을 영선사로 삼아 유학생과 기술자를 보냈다. 영선사 일행은 톈진의 기기국에서 무기 제조법 및 각 분야의 과학 기술을 배웠다. 그러나 근대 기술에 대한 기본 지식 부족과 정부의 뒷받침이 충분하지 못해 약 1년 만에 돌아오게 되었다. 귀국 후, 이를 계기로 근대식 무기 공장인 기기창이 설치(1883)되었다.
㉡ 보빙사는 조·미 수호 통상 조약 체결 후 미국에 파견된 사절단으로, 1883년 7월에 파견되었다. 조·미 수호 통상 조약 체결(1882) 이후 조선 주재 미국 공사(푸트) 부임에 대한 답례로 1883년에 민영익, 홍영식, 서광범, 유길준 등을 미국에 보빙사로 파견하였는데, 일부는 유럽도 시찰하고 돌아왔다. 유길준은 미국에 남아 유학하고 돌아오기도 하였다.

핵심개념 사절단 파견 순서

| 1차 수신사(일본, 1876. 4.) |
| 2차 수신사(일본, 1880. 6.) |
| 조사 시찰단(일본, 1881. 4.) |
| 영선사(청, 1881. 9.) |
| 3차 수신사(일본, 1882. 8.) |
| 보빙사(미국, 1883. 7.) |

정답 ③ 한정판 102p, 기본서 620p

주제 117

02 | 개화 정책의 추진과 반발
개화파의 형성 및 분화

Check 대표 기출 1

01 0658 [2023. 국회직 9급] 회독 ○○○

다음 (가) 시기에 있었던 사실로 옳지 않은 것은?

강화도 조약
⇩
(가)
⇩
임오군란

① 종래의 5군영을 2영으로 개편하였다.
② 『조선책략』이라는 책이 국내에 소개되었다.
③ 개화정책 추진 기구로 통리기무아문을 설치하였다.
④ 수호통상조약을 체결한 미국에 보빙사를 파견하였다.
⑤ 청나라에 영선사를 파견하여 무기제조기술을 배우게 하였다.

Check 대표 기출 2

02 0659 [2020. 국가직 9급] 회독 ○○○

다음 자료에 나타난 사상에 대한 설명으로 옳은 것은?

> 군신, 부자, 부부, 붕우, 장유의 윤리는 인간의 본성에 부여된 것으로서 천지를 통하는 만고불변의 이치이고, 위에 존재하는 것으로서 도(道)가 됩니다. 이에 대해 배, 수레, 군사, 농사, 기계가 국민에게 편리하고 나라에 이롭게 하는 것은 외형적인 것으로서 기(器)가 됩니다. 신이 변혁을 꾀하고자 하는 것은 기(器)이지 도(道)가 아닙니다.

① 왜양일체론(倭洋一體論)을 주장하였다.
② 근대 문물 수용의 사상적 기반이 되었다.
③ 갑신정변 주도 세력의 견해를 대변하였다.
④ 우등한 사회가 열등한 사회를 지배하는 것이 당연하다고 보았다.

SOLUTION 난이도 상 중 하

출제자의 눈 동도서기론과 문명개화론의 비교, 동도서기론의 입장에서 실시된 개혁 정책을 찾는 문제, 온건 개화파와 급진 개화파의 분화 배경 및 비교 문제, 인물사 문제 등 다양한 유형으로 출제된다.

자료분석 강화도 조약(조·일 수호 조규) 체결은 1876년, 임오군란은 1882년의 사건이다. 강화도 조약은 조선의 문호를 개방한 최초의 근대적·불평등 조약이다. 이것으로 일본은 조선에 정치, 경제, 군사적 침략의 발판을 마련하였으며, 이후 서양 열강과 맺게 되는 불평등 조약의 선례가 되었다.

정답해설 ① 1881년 종래의 5군영을 2영(무위영·장어영)으로 통합·개편했으며, 신식 군대인 별기군을 설치하는 등 군제 개편이 이루어졌다.
② 1880년 2차 수신사로 일본에 파견된 김홍집은 청국 공사 황쭌셴의 『조선책략』을 가지고 들어와 미국과의 수교(조·미 수호 통상 조약)에 영향을 주었다.
③ 통리기무아문은 1880년에 설치되었다. 개항 후의 대외 통상에 대응하여 국가의 외교, 군사 제도의 근대적 개혁을 위해 설치한 관청으로 개화 정책을 총괄하였다.
⑤ 1881년 조선은 청나라에 김윤식을 영선사로 삼아 유학생과 기술자를 보냈다. 영선사 일행은 톈진의 기기국에서 무기 제조법 및 각 분야의 과학 기술을 배웠다.

오답피하기 ④ 보빙사는 조·미 수호 통상 조약 체결 후 미국에 파견된 사절단으로, 1883년 7월에 파견되었다. 조·미 수호 통상 조약 체결(1882) 이후 조선 주재 미국 공사(푸트) 부임에 대한 답례로 1883년에 민영익, 홍영식, 서광범, 유길준 등을 미국에 보빙사로 파견하였는데, 일부는 유럽도 시찰하고 돌아왔다. 유길준은 미국에 남아 유학하고 돌아오기도 하였다.

정답 ④ 한정판 102p, 기본서 620p

SOLUTION 난이도 상 중 하

자료분석 자료는 동도서기론을 주장하는 윤선학의 상소문이다. '신이 변혁을 꾀하고자 하는 것은 기(器)이지 도(道)가 아닙니다.'라는 주장을 통해 동도서기론이라는 것을 알 수 있다. 동도서기론은 우리의 정신을 근간으로 한 체제를 유지하면서 서양의 기술을 수용해서 개화를 이루자는 주장으로 중국의 중체서용론, 일본의 화혼양재론과 그 뜻이 상통한다.

정답해설 ② 동도서기론은 우리의 전통적인 제도와 사상을 지키면서 서양의 근대적인 기술과 과학을 받아들이자는 주장으로, 1880년대 초반 조선 정부의 개화 정책 추진(근대 문물 수용)의 사상적 기반이 되었다.

오답피하기 ① 1870년대 최익현을 비롯한 위정척사파는 왜양일체론과 개항불가론을 주장하며 개항 반대 운동을 전개하였다.
③ 갑신정변을 주도한 급진개화파는 문명개화론을 주장하였다. 문명개화론은 서양의 기술뿐 아니라 제도와 사상까지 받아들이자는 주장이다.
④ 우등한 사회가 열등한 사회를 지배하는 것이 당연하다는 보는 것은 사회진화론의 주장이다.

핵심개념 온건 개화파 vs 급진 개화파

구분	온건 개화파	급진 개화파
인물	김홍집, 김윤식, 어윤중 등	김옥균, 박영효, 홍영식 등
정치	민씨 정권과 결탁, 집권 세력	청의 간섭과 정부의 사대 정책 반대
개혁 방안	동도서기론에 바탕을 둔 점진적 개혁 추구	문명개화론에 바탕을 둔 급진적 개혁
외교	친청 사대 정책	반청 친일정책
모델	청의 양무 운동 : 중체서용	일본의 메이지 유신 : 문명개화론

정답 ② 한정판 103p, 기본서 617p

주제 118

02 | 개화 정책의 추진과 반발

위정척사 운동

Check 대표 기출 1

01 0660 [2021. 소방간부후보]   회독 ○○○

(가)~(다) 주장을 제기된 시간 순서대로 옳게 나열한 것은?

> (가) 일단 강화를 맺고 나면 저들의 욕심은 물화를 교역하는 데 있습니다. 저들의 물화는 모두 지나치게 사치스럽고 기이한 노리개이고, 손으로 만든 것으로 그 양이 무궁합니다. 반면 우리의 물화는 모두가 백성들의 생명이 달린 것이고 땅에서 나는 것으로 한정이 있습니다.
>
> (나) 양이(洋夷)의 화가 금일에 이르러 홍수나 맹수의 해로움보다도 더 심합니다. 전하께서는 부지런히 힘쓰시고 외물(外物)에 견제·동요됨을 경계하시어 안으로는 관리들로 하여금 사학(邪學)의 무리를 잡아 베게 하시고 밖으로는 장병들로 하여금 바다를 건너오는 적을 정벌하게 하소서.
>
> (다) 미국을 끌어들일 경우 만약 그들이 재물을 요구하며, 우리 약점을 알고 어려운 청을 하거나 과도한 경우를 맡기면 응하지 않을 도리가 없습니다. 러시아는 본래 우리와 혐의가 없는 나라입니다. 공연히 남의 말만 듣고 틈이 생기게 된다면, 우리의 위신이 손상될 뿐만 아니라 만약 이를 구실로 침략해 온다면 장차 어떻게 막을 것입니까?

① (가) - (나) - (다)   ② (나) - (가) - (다)
③ (나) - (다) - (가)   ④ (다) - (가) - (나)
⑤ (다) - (나) - (가)

SOLUTION 난이도 상 중 하

출제자의 눈 1860년대부터 1890년대까지의 위정척사 운동의 배경과 특징, 활약한 인물, 흐름을 묻는 문제가 사료형 문제로 출제된다. 본 문제의 (가)는 최익현의 왜양일체론인데 '저들이 비록 왜인이라고 하나 실은 양적입니다.'라는 핵심 내용을 생략하여 난이도를 높이는 경우도 있으니 사료를 전체적으로 눈에 읽혀 두는 것이 좋다.

정답해설 (나) 이항로의 척화주전론으로, 1860년대 통상 반대 운동과 관련된 사료이다. 1860년대 이항로와 기정진을 비롯한 유생들은 열강의 통상 요구와 침략에 맞서 싸우자는 척화주전론을 주장하여 흥선 대원군의 통상 수교 거부 정책을 뒷받침하였다.
(가) 최익현의 왜양일체론으로, 1870년대 개항 반대 운동과 관련된 사료이다. 최익현과 유인석을 중심으로 한 유생들은 개항 불가론과 왜양일체론을 내세워 일본과의 강화도 조약 체결에 반대하였다.
(다) 이만손의 영남 만인소의 내용으로, 1880년대 개화 반대 운동과 관련된 사료이다. 1880년대에는 정부가 개화 정책을 추진하면서 『조선책략』을 유포하고 미국과 통상 조약을 체결하려 하자, 이에 대한 반발이 대대적으로 일어났다. 이만손을 중심으로 한 영남 유생들은 만인소를 올려 서구 열강과의 수교를 반대하였고, 홍재학은 '만언척사소'를 올려 국왕까지 규탄하였다.

정답 ② 한정판 102p, 기본서 622p

Check 대표 기출 2

02 0661 [2019. 국가직 7급]   회독 ○○○

다음은 『조선책략』의 유포에 반발하여 유생들이 올린 상소문이다. ㉠, ㉡ 나라에 대한 설명으로 옳은 것은?

> ㉠ 는(은) 우리가 본래 모르던 나라입니다. 쓸데없이 타인의 권유로 불러들였다가 만에 하나 그들이 우리의 허점을 보고 우리를 업신여겨 어려운 요구를 강요하면 장차 이에 어떻게 대응할 것입니까? …(중략)… ㉡ 는(은) 본래 우리와는 싫어하거나 미워할 처지에 있지 않은 나라입니다. … (중략) … 하물며 ㉡ , ㉠ 그리고 일본은 모두 오랑캐입니다. 그들 사이에 누구는 후하게 대하고 누구는 박하게 대하기란 어려운 일입니다.

① ㉠ - 청의 알선으로 조선과 불평등 조약을 체결하였다.
② ㉠ - 임오군란 이후 조선에 대한 내정 간섭을 강화하였다.
③ ㉡ - 천주교 박해에 항의하여 강화도를 침략하였다.
④ ㉡ - 거문도를 불법 점령하여 러시아의 남하를 견제하였다.

SOLUTION 난이도 상 중 하

자료분석 자료는 『조선책략』 유포 등에 반발하여 이만손과 영남 유생들이 올린 영남 만인소(1881)로 ㉠은 미국, ㉡은 러시아이다. 영남 만인소는 『조선책략』의 주장에 크게 여덟 가지 근거를 제시하며 중국·일본·미국과 연합하여 러시아를 막는다는 주장을 강하게 비판하였다. 청국과는 기왕의 외교 관계를 어지럽힌다는 이유로, 일본과는 조선을 호시탐탐 노리는 마음이 더욱 커질 것이라는 이유로, 미국과 러시아와는 원래부터 관계가 없는데 굳이 이들을 불러들일 까닭이 없다는 이유를 들었다. 게다가 이들 외의 나라들이 조선에 달려들면 이를 감당할 수 없을 것이라고 보았다.

정답해설 ① 청나라는 러시아의 남하 정책과 일본의 대륙 진출을 견제함과 동시에 조선에 대한 종주권을 국제적으로 승인받으려는 의도에서 조미 수호 통상 조약을 알선하였고, 결국 조선의 신헌과 미국의 슈펠트 간에 조미 수호 통상 조약이 체결되었다. 이 조약은 서양과 맺은 최초의 조약이나, 불평등 조약이었다.

오답피하기 ② 청나라에 대한 설명이다. 임오군란을 진압한 청은 위안스카이(원세개)가 지휘하는 청군을 조선에 주둔시켰다. 또한 마젠창과 독일인 묄렌도르프를 고문으로 파견하여 조선의 내정 및 외교에 간섭하였다.
③ 프랑스에 대한 설명이다. 프랑스는 1866년에 일어난 천주교 박해인 병인박해를 구실로 강화도를 침략하였다(병인양요).
④ 영국에 대한 설명이다. 영국은 조·러 비밀 협약이 풍문으로 들려오자, 러시아의 남하에 대비한다는 구실로 거문도를 해밀턴 항이라 명명하고 1885년부터 1887년까지 불법으로 점령하였다.

정답 ① 한정판 102p, 기본서 623p

03 0662 [2025. 법원직]

다음 밑줄 친 '이 나라'에 대한 설명으로 가장 옳은 것은?

> 정부가 이 나라와 통상 조약을 체결하려 하자 위정 척사 운동이 절정에 이르렀다. 전국의 유생들은 정부가 황쭌셴의 『조선책략』에 따라 서양과 통교하려 한다고 여겨 이를 반대하는 상소를 올렸다.

① 운요호 사건을 일으켰다.
② 삼국 간섭에 참여하였다.
③ 외규장각 도서를 약탈하였다.
④ 포츠머스 조약을 중재하였다.

04 0663 [2024. 서울시 9급 2차]

〈보기〉의 (가)에 들어갈 나라에 대한 설명으로 가장 옳은 것은?

— 보기 —
> (가) 은/는 본래 우리와 혐의가 없는 나라입니다. 공연히 남의 말만 듣고 틈이 생기게 된다면 우리의 위신이 손상될 뿐 아니라, 이를 구실로 침략해 온다면 장차 이를 어떻게 막을 것입니까?
>
> — 『일성록』, 영남만인소 —

① 거문도를 불법 점령하였다.
② 일본과 포츠머스 강화 조약을 맺었다.
③ 외규장각의 문서와 문화재를 약탈하였다.
④ 제너럴셔먼호 사건을 구실로 광성보를 공격하였다.

SOLUTION (03)

자료분석 밑줄 친 '이 나라'는 미국이다. 1880년대 들어 개화 정책이 실시되고 『조선책략』이 퍼지자, 이만손을 중심으로 한 영남 유생들은 만인소를 올려 정부의 개화 정책 및 미국과의 수교에 반대하였다.

정답해설 ④ 러시아의 팽창이 한국을 장악하는 데 위협이 된다고 우려한 일본은 러시아와의 전쟁을 준비하였다. 이러한 가운데 일본군은 인천항과 뤼순항에 정박해 있던 러시아 군함을 기습 공격하여 전쟁을 일으켰다(러일 전쟁, 1904). 일본이 뤼순항을 함락하고 동해에서 러시아의 발트 함대를 격파하는 등 전쟁의 승기를 잡자, 러시아는 미국의 중재로 일본과 포츠머스 조약(1905)을 체결하였다.

오답피하기 ① 일본은 조선 침략의 발판을 마련하기 위해 운요호를 강화도에 보냈다. 운요호의 예고 없는 접근에 강화도의 수비대가 포격을 가하자 운요호는 영종도에 상륙하여 살상을 저질렀다(운요호 사건, 1875).
② 1895년 삼국 간섭에 참여한 나라는 러시아, 프랑스, 독일이다. 러시아는 프랑스, 독일과 함께 일본의 랴오둥반도 점유가 동아시아 평화를 위협한다고 일본을 압박하였다(삼국 간섭, 1895).
③ 병인양요(1866) 때 외규장각 도서를 약탈한 나라는 프랑스이다.

정답 ④ 한정판 102p, 기본서 623p

SOLUTION (04)

자료분석 자료의 (가)에 해당하는 나라는 러시아이다. 『조선책략』이 유포되자 1881년 이만손을 중심으로 한 영남 유생들은 만인소를 올려 책의 내용을 비판하고, 정부의 개화 정책 및 미국과의 수교에 반대하였다.

정답해설 ② 러일 전쟁이 장기화하자 러시아와 일본은 전쟁을 계속하는 데 어려움을 겪었다. 러시아 내부에서는 반정부 시위가 계속되었고, 일본은 늘어나는 전쟁 비용에 부담을 느꼈다. 이러한 상황을 알아차린 미국의 루스벨트 대통령이 러시아와 일본의 대사를 미국의 포츠머스로 불러 회담을 주선하였다. 약 한 달간의 협상 끝에 러시아와 일본은 한국에서 일본의 우월권을 승인한다는 내용으로 포츠머스 조약을 체결하였다(1905. 9.).

오답피하기 ① 영국은 조·러 비밀 협약이 풍문으로 들려오자, 러시아의 남하에 대비한다는 구실로 거문도를 해밀턴 항이라 명명하고 1885년부터 1887년까지 거문도를 불법으로 점령하였다.
③ 외규장각 도서는 1866년 병인양요 때 프랑스에 의해 약탈되었다. 병인양요는 병인박해를 구실로 프랑스군이 강화도를 침략한 사건으로, 당시 프랑스군은 강화도에서 철수하면서 외규장각 도서(의궤) 등 귀중한 문화재와 재물을 약탈해 갔다.
④ 1871년 미군은 제너럴셔먼호 사건을 구실로 강화도에 상륙하여 초지진과 덕진진을 점령하고 광성보를 공격해 왔다. 어재연 등이 이끄는 조선 수비대가 결사 항전하였지만, 미군은 우세한 전력으로 광성보를 함락하였다(신미양요).

정답 ② 한정판 102p, 기본서 623p

05 0664 [2020. 국가직 7급]

다음 주장을 펼친 인물에 대한 설명으로 옳은 것은?

> 일단 강화를 맺고 나면 저 적들의 욕심은 물화를 교역하는 데 있습니다. 저들의 물화는 모두 지나치게 사치하고 기이한 노리개이고 손으로 만든 것이어서 그 양이 무궁합니다. … (중략) … 저들은 비록 왜인이라고 하나 실은 양적입니다. 강화가 한번 이루어지면 사학의 서적과 천주의 초상화가 교역하는 속에서 들어올 것입니다.

① 『조선책략』을 입수하여 국내에 소개하였다.
② 임병찬과 함께 독립 의군부를 조직하려고 하였다.
③ 서원 철폐 조치 등에 반대하면서 흥선 대원군을 탄핵하였다.
④ 일제의 침략상을 고발한 『한국독립운동지혈사』를 저술하였다.

SOLUTION

자료분석 자료는 최익현이 개항을 반대하며 주장한 '5불가소'의 일부로 왜양일체론에 대한 내용을 담고 있다. '저들은 비록 왜인이라고 하나 실은 양적입니다.'라는 내용을 통해 알 수 있다. 1870년대에 들어 일본이 문호 개방을 요구하자, 최익현을 비롯한 유생들은 일본이 서양과 같은 오랑캐라는 왜양일체론을 내세우며 강화도 조약 체결에 반대하였다.

정답해설 ③ 최익현은 서원 철폐 조치 등을 비판하면서 흥선 대원군을 탄핵하였다. 1873년 흥선 대원군의 국정 간여를 금지할 것을 주장하는 최익현의 상소를 계기로 고종이 친정을 선언하였다. 이에 흥선 대원군은 국정에서 물러났다.

오답피하기 ① 『조선책략』은 1880년 2차 수신사로 일본에 파견된 김홍집이 국내에 가지고 들어온 책으로, 러시아의 남하를 견제하기 위해서는 미국과의 연대가 필요하다는 내용 등이 담겨 있었다.
② 독립 의군부는 1912년 임병찬이 고종의 비밀 지령을 받아 결성한 단체이다. 최익현은 1907년 쓰시마 섬에 끌려가 순절했기 때문에 시기상 1912년 독립 의군부 조직과는 관련이 없다.
④ 일제의 침략상을 고발한 『한국독립운동지혈사』를 저술한 인물은 박은식이다.

핵심개념 면암 최익현(1833~1907)

- 1868년 경복궁 중건 반대 상소
- 1873년 서원 철폐를 비판한 계유 상소 → 대원군 하야
- 1876년 5불가소(지부복궐척화의소, 왜양일체론) → 강화도 조약 반대
- 1895년 단발령에 강력하게 반대
- 1905년 을사조약 체결 직후 청토오적소(을사오적 처단 주장)
- 1906년 태인에서 의병을 일으킴, '포고팔도사민'(궐기 촉구)
- 1907년 대마도에서 순국

정답 ③ 한정판 109p, 기본서 623p

06 0665 [2015. 법원직 9급]

위정척사운동을 다음 표와 같이 정리할 때, (가)~(라)에 들어갈 인물과 활동 내용이 맞는 것은?

1860년대	→	1870년대	→	1880년대	→	1890년대
(가)		(나)		(다)		(라)
통상 반대 운동		개항 반대 운동		개화 반대 운동		항일 의병 운동

① (가): 최익현 - 일본의 세력 확대에 맞서 척화주전론을 주장하였다.
② (나): 이항로 - 미국 및 러시아와의 수교를 모두 반대하는 상소를 올렸다.
③ (다): 이만손 - 조선책략의 유포에 반대하고 영남 만인소를 올렸다.
④ (라): 신돌석 - 평민 의병장으로서 일월산을 근거로 유격전을 펼쳤다.

SOLUTION

자료분석 (가) 1860년대 이항로와 기정진 등은 열강의 통상 요구와 침략에 맞서 싸우자는 척화주전론을 주장하며 통상 반대 운동을 전개하였고, 이는 흥선 대원군의 통상 수교 거부 정책을 뒷받침하였다.
(나) 1870년대에는 최익현 등이 왜양일체론을 주장하며 개항에 반대하였다.
(다) 1880년대에 개화 정책이 추진되고 『조선책략』이 유포되자 이만손 등 영남 유생들은 강력하게 개화 반대 운동을 전개하였다.
(라) 1890년대의 위정척사 운동은 항일 의병 운동으로 계승되었다.

정답해설 ③ 1881년 이만손 등의 영남 유생들은 김홍집이 들여온 『조선책략』의 유포와 미국과 통상 조약을 체결하려는 정부에 반발하여 영남 만인소를 올렸다.

오답피하기 ① 최익현은 1870년대에 왜양일체론을 주장하며 강화도 조약 체결에 반대하였다. 1860년대에 서구 열강의 통상 요구를 거부하고, 척화주전론을 내세우며 통상 반대 운동을 전개했던 인물로는 이항로, 기정진 등을 들 수 있다.
② 이항로는 1860년대에 기정진과 함께 척화주전론을 주장하며 통상 반대 운동을 전개한 인물이다. 1880년대에 미국과의 수교를 반대하며 상소를 올린 대표적 인물은 이만손과 홍재학이다.
④ 신돌석은 1905년(1890년대의 의병장 X) 을사늑약에 반발하여 의병을 일으킨 평민 의병장이다. 1890년대에 활동한 의병은 유생 의병장으로 유인석, 기우만, 이소응 등을 꼽을 수 있다.

핵심개념 위정척사 운동의 흐름

시기	배경	대표 인물	활동
1860년대	병인양요	이항로, 기정진	통상 반대 운동 (척화주전론)
1870년대	강화도 조약	최익현, 유인석	개항 반대 운동 (왜양일체론, 개항불가론)
1880년대	• 조선책략 유포 • 정부의 개화 정책 추진	이만손, 홍재학	개화 반대 운동
1890년대	• 을미사변과 단발령	유인석, 문석봉	항일 의병 운동

정답 ③ 한정판 102p, 기본서 622p

주제 119 — 02 | 개화 정책의 추진과 반발
임오군란(1882. 6.)

Check 대표 기출 1

01 0666 [2016. 지방직 9급]   회독 ○○○

다음 사건에 대한 설명으로 옳은 것은?

> 임오년 서울의 영군(營軍)들이 큰 소란을 피웠다. 갑술년 이후 대내의 경비가 불법으로 지출되고 호조와 선혜청의 창고도 고갈되어 서울의 관리들은 봉급을 못 받았으며, 5영의 병사들도 가끔 결식을 하여 급기야 5영을 2영으로 줄이고 노병과 약졸들을 쫓아냈는데, 내쫓긴 사람들은 발붙일 곳이 없으므로 그들은 난을 일으키려 했다.

① 군대 해산에 반발한 군인들은 의병 부대에 합류하였다.
② 보국안민, 제폭구민의 대의를 위해 봉기할 것을 호소하였다.
③ 정부의 개화 정책에 반대하는 서울의 하층민들도 참여하였다.
④ 충의를 위해 역적을 토벌한다는 명분을 내걸고 유생들이 주동하였다.

SOLUTION 난이도 상 중 하

출제자의 눈 임오군란의 배경, 전개 과정, 결과를 묻는 문제가 주로 출제된다. 이 중에서도 특히 임오군란의 결과를 묻는 문제가 더 많이 출제되고 있다. 따라서 임오군란의 결과 체결된 제물포 조약과 조·청 상민 수륙 무역 장정에 주목하면서, 갑신정변의 결과와 구분해 두자.

자료분석 '임오년 서울의 영군들이 큰 소란을 피웠다.'는 내용 등을 통해 임오군란(1882)에 대한 사료임을 알 수 있다. 자료는 임오군란이 일어난 배경을 설명하고 있다. 정부는 1881년(고종 18) 군제 개혁을 단행해 기존 중앙군인 5군영을 무위영과 장어영의 2영으로 축소하였고 신식 군대인 별기군을 창설하였다. 별기군은 일본 공사관에 근무하고 있던 호리모토 레이조를 군사 고문으로 초빙하여 일본식 군사훈련을 하였다. 군제개혁에 따라 5군영이 무위영과 장어영으로 개편되면서 상당수 군인들이 실직하였으며 남은 군인들도 신식 군대인 별기군에 비하여 낮은 대우를 받았다. 엎친 데 덮친 격으로 군란 직전에 구식 군인들은 13개월 치나 봉급을 받지 못하고 있었다. 구식 군인들의 불만은 결국 임오군란의 발발로 이어졌다.

정답해설 ③ 개항 이후 일본 상인에 의해 곡물이 유출되어 곡물 가격이 폭등하였다. 이로 인해 하층민의 생활은 더욱 어려워졌고, 정부의 개화 정책에 대한 불만도 높아졌다. 이때 구식 군인들이 임오군란을 일으키자, 민씨 정부의 개화 정책에 반대하는 도시 하층민들이 가세하였다.

오답피하기 ① 정미의병에 대한 설명이다. 1907년 일본은 고종을 강제로 퇴위시키고, 대한 제국의 군대를 강제로 해산시켰다. 이에 해산된 군인이 의병에 가담하여 의병의 전투력이 크게 향상되었다.
② 동학 농민 운동에 대한 설명이다. 전봉준과 농민군은 보국안민, 제폭구민의 기치를 내걸고 1894년 3월 하순 백산에 집결하여 4대 강령과 농민 봉기를 알리는 격문을 발표하였다.
④ 충의를 위해 역적을 토벌한다는 명분을 내걸고 유생들이 주동한 것은 항일 의병 운동이다. 임오군란은 구식 군인들이 주도하였다.

정답 ③ 한정판 103p, 기본서 625p

Check 대표 기출 2

02 0667 [2018. 교행 9급]   회독 ○○○

다음 사건의 결과로 옳은 것은?

> 대원군에게 군국사무를 처리하라는 명이 내려지자 대원군은 궐내에서 거처하며 기무아문과 무위·장어 2영을 폐지하고 5영의 군제를 복구하라는 명령을 내려 군량을 지급하도록 하였다. 그리고 난병(亂兵)은 물러가라는 명을 내렸다. …(중략)… 이때 별안간 마건충 등은 호통을 치면서 대원군을 포박하여 교자(轎子) 안으로 밀어 넣어 그 교자를 들고 후문으로 나가 마산포로 가서 배를 타고 훌쩍 떠나버렸다.
> — 『매천야록』 —

① 청에 영선사가 파견되었다.
② 외규장각의 도서가 약탈당하였다.
③ 스티븐스가 외교 고문에 임명되었다.
④ 조·청 상민 수륙 무역 장정이 체결되었다.

SOLUTION 난이도 상 중 하

자료분석 자료에 해당하는 사건은 1882년에 일어난 임오군란이다. 자료의 내용은 흥선 대원군이 임오군란으로 일시 재집권하여 5군영을 부활시키는 조치 등을 취했으나, 군란을 진압한 청에 의해 압송되는 상황을 보여준다.

정답해설 ④ 임오군란의 결과 조·청 상민 수륙 무역 장정이 체결되었다. 여기에는 조선이 청의 속국임을 명기하였으며, 치외법권, 내지통상권의 실질적 허용 등 청나라에 유리한 특권을 담고 있었다.

오답피하기 ① 청나라에 영선사가 파견된 것은 임오군란 전인 1881년의 일이다.
② 외규장각 도서는 1866년 병인양요 때 프랑스에 의해 약탈되었다.
③ 1904년 8월 제1차 한·일 협약 체결의 결과 재정 고문으로 일본인 메가타가, 외교 고문으로 친일 미국인 스티븐스가 임명되었다.

핵심개념 임오군란(1882)의 배경과 전개

배경	• 개항 후 일본으로의 곡물 대량 유출 → 쌀값 폭등 → 하층민의 경제적 압박↑ • 5군영을 2영으로 개편 → 실직 군인 증가 • 민씨 정권의 신식 군대(별기군) 우대 • 구식 군대(무위영·장어영) 차별(월급 13개월 동안 미지급)
전개	• 선혜청 도봉소 사건(월급에 겨와 모래를 섞음) → 구식 군인 봉기 • 민겸호와 고관들의 집 습격 → 이최응 살해, 궁궐 난입 민겸호 살해 → 민비는 충주로 피신 • 일본 공사관 및 별기군 병영 하도감 습격(하나부사 공사 인천으로 탈출, 별기군 교관 호리모토 파살) • 흥선 대원군 재집권 : 통리기무아문과 별기군 폐지, 삼군부와 5군영 부활, 왕후 민씨의 가짜 국장 선포 • 청군의 개입 : 민씨 일파가 김윤식을 통해 청에 군대 요청 → 청군의 출병·진압 → 흥선 대원군 청으로 압송

정답 ④ 한정판 103p, 기본서 626p

03 0668 [2024. 국가직 9급]

(가)에 들어갈 말로 옳은 것은?

> 정부의 개화 정책이 추진되면서 구식 군인과 도시 하층민이 반발하였다. 제대로 봉급을 받지 못한 구식 군인들이 난을 일으키고 도시 하층민이 여기에 합세하였으나 청군에 의해 진압되었다. 이후 청은 조선에 군대를 주둔시키고 조선의 내정에 개입하였다. 또 (가) 을 체결하여 조선이 청의 속방임을 명문화하고 청 상인의 내륙 진출을 인정받았다.

① 한성 조약
② 톈진 조약
③ 제물포 조약
④ 조·청상민수륙무역장정

04 0669 [2015. 국가직 7급]

다음 자료에 나타난 사건이 원인이 되어 체결된 조약의 내용으로 옳지 않은 것은?

> 선혜청 당상관 민겸호의 하인이 선혜청 창고에서 군량을 내줬다. 이때 하인이 쌀을 벼 껍질과 바꾸어 이익을 챙기자 많은 군인이 분노하여 하인을 때려 눕혔다. 민겸호는 주동자를 잡아 포도청에 가두고는 곧 죽여 버리겠다고 하니 군인들은 분기하여 포도청과 경기 감영을 습격하였다.

① 개항장에서 일본 화폐의 유통을 허락한다.
② 일본 공사관에서 경비병의 주둔을 허락한다.
③ 양화진에서 청국 상인의 통상을 인정한다.
④ 조선에서 청국 상무위원의 영사재판권을 인정한다.

주제 120

02 | 개화 정책의 추진과 반발

갑신정변(1884. 10.)

Check 대표 기출 1

01 0670 [2018. 서울시 7급 2차]   회독 ○○○

〈보기〉의 정강을 내세운 개혁 운동의 결과로 가장 옳은 것은?

─ 보기 ─
- 대원군을 돌아오게 하고 청에 대한 조공을 폐지한다.
- 문벌을 폐지하여 인민 평등의 권리를 제정한다.
- 재정은 모두 호조에서 관할하게 한다.
- 대신들은 의정부에 모여서 법령을 의결한다.

① 조·청 상민 수륙 무역 장정이 체결되었다.
② 일본에 수신사와 조사시찰단을 파견하였다.
③ 이만손을 필두로 한 영남 유생들이 만인소를 올렸다.
④ 청·일 양국은 군대 파견시, 상호 통보키로 합의하였다.

Check 대표 기출 2

02 0671 [2015. 서울시 9급]   회독 ○○○

밑줄 친 '그들'이 추진했던 정책에 대한 설명으로 옳은 것을 〈보기〉에서 모두 고른 것은?

> 그들의 실패는 우리에게 무척 애석한 일이다. 내 친구 중에 이 사건을 잘 아는 이가 있는데, 그는 어쩌다 조선의 최고 수재들이 일본인에게 이용당해서 그처럼 큰 잘못을 저질렀는지 참으로 애석하다고 했다. 진실로 일본인이 조선의 운명과 그들의 성공을 위해 노력을 다했겠는가? 우리가 만약 국가적 발전의 기미를 보였다면 일본인들은 백방으로 방해할 것이 자명한데 어찌 그들을 원조했겠는가?
> － 「한국통사」 －

─ 보기 ─
㉠ 토지의 평균 분작을 실현한다.
㉡ 러시아와 비밀 협약을 추진한다.
㉢ 보부상 단체인 혜상공국을 혁파한다.
㉣ 의정부, 6조 외의 불필요한 관청은 없앤다.

① ㉠, ㉡   ② ㉠, ㉢
③ ㉡, ㉣   ④ ㉢, ㉣

SOLUTION 난이도 상 중 **하**

출제자의 눈 갑신정변의 배경과 결과를 묻는 문제, 특히 갑신정변 14개조 정강의 내용을 묻는 문제가 빈출되고 있는데, 동학 농민군의 폐정 개혁안, 갑오개혁, 독립 협회의 헌의 6조, 대한 제국의 광무개혁과 비교·구분하는 것이 필수이다.

자료분석 자료는 갑신정변 14개조 개혁정강의 내용이다. 갑신정변의 개혁 정강은 김옥균이 일본으로 망명하였을 때 저술한 『갑신일록』에 실려 있다. 원래 80여 개 조항이었는데, 현재 14개조만 전한다. 이 개혁 정강에는 청에 대한 사대 관계를 청산하고 내각 제도를 수립하며, 문벌을 폐지하여 인민 평등권을 보장하는 내용 등이 포함되었다.

정답해설 ④ 갑신정변(1884)의 결과 청과 일본 양국은 조선에서 군대를 철수하고 장차 조선에 군대를 파병할 경우 상대국에게 미리 알릴 것 등을 내용으로 하는 톈진 조약을 체결(1885)하였다.

오답피하기 ① 조·청 상민 수륙 무역 장정(1882)은 임오군란의 결과 체결되었다.
② 갑신정변 이전의 모습이다. 수신사는 1876년에 1차 수신사로 김기수, 1880년에 2차 수신사로 김홍집, 1882년에 3차 수신사로 박영효가 파견되었다. 조사시찰단은 갑신정변 전인 1881년에 파견되었다.
③ 이만손을 필두로 한 영남 유생들이 만인소를 올린 시기는 갑신정변(1884) 전인 1881년의 일이다.

정답 ④ 한정판 104p, 기본서 628p

SOLUTION 난이도 상 중 **하**

자료분석 밑줄 친 '그들'은 갑신정변(1884)을 주도한 급진 개화파이고, 자료는 박은식이 『한국통사』에서 갑신정변을 일으킨 급진 개화파에 대해 평가하고 있는 내용이다. 급진 개화파가 일본의 지원을 믿고 갑신정변을 일으킨 것은 잘못이라 평가하고 있다.

정답해설 ㉢ 급진 개화파는 혁신 정강 14개 조에서 혜상공국의 혁파를 명시하였다. 혜상공국은 1883년 보부상을 보호하기 위해 설치한 기관으로 급진 개화파가 혜상공국의 혁파를 주장한 이유는 보부상의 특권을 없애고, 자유 상업의 발전을 지향하고자 하였기 때문이다.
㉣ 급진 개화파는 혁신 정강 14개 조에서 '의정부 6조 외의 불필요한 기관을 없애고, 대신과 참찬이 논의하여 보고한다.'라고 명시하였다. 이는 대신과 참찬이 의정부에서 회의를 하고 정령을 의결하여 집행하는 내각 제도 확립을 목표로 한 것이다.

오답피하기 ㉠ 토지의 평균 분작 실현을 주장한 것은 1894년 동학 농민 운동(폐정 개혁안)이다.
㉡ 러시아와 비밀 협약을 추진한 것은 갑신정변 이후의 일이다. 갑신정변(1884) 이후 조선 정부는 청의 내정 간섭에서 벗어나기 위해 1885년과 1886년 두 차례에 걸쳐 러시아와 조·러 비밀 협약을 추진하였으나, 이 계획은 청의 방해로 실패하고 말았다.

정답 ④ 한정판 104p, 기본서 628p

03 0672 [2023. 서울시 9급 1차]

〈보기〉의 밑줄 친 '이 사건'에 대한 설명으로 가장 옳지 않은 것은?

―보기―
(가) 전에는 개화당을 꾸짖는 자도 많이 있었으나, 개화가 이롭다는 것을 말하면 듣는 사람들도 감히 크게 반대하지 않았다. 그런데 이 사건을 겪은 뒤부터 조정과 민간에서 모두 "이른바 개화당이라고 하는 자들은 충의를 모르고 외국인과 연결하여 나라를 팔고 겨레를 배반하였다."라고 말하고 있다.
― 『윤치호 일기』 ―

(나) 임오군란 이후부터 청은 우리나라에 자주 내정 간섭을 하였다. 나는 청나라 당으로 지목되었고, 청국이 우리의 자주권을 침해하는 데 분노해 이 사건을 일으켰던 이는 일본 당으로 지목되었다. 그 후 일이 허사로 돌아가자 세상은 그를 역적이라 하였는데, 나는 정부에 몸을 담고 있어 그를 공격할 수밖에 없었다. 그러나 그 마음은 결코 다른 나라에 있지 않았고, 애국하는 데 있었다.
― 『속음청사』 ―

① 이 사건을 진압한 청은 조선과 조청상민수륙무역장정을 체결하였다.
② 우정총국의 낙성 축하연을 기회로 정변을 일으켜 새로운 정부를 수립하였다.
③ 이 사건의 주모자들은 청과 종속 관계를 청산하여 자주독립을 확고히 하고자 하였다.
④ 이 사건 이후 청과 일본은 톈진 조약을 체결해 향후 조선으로 군대 파견 시 상대국에게 알리도록 하였다.

04 0673 [2021. 소방직]

다음 사건에 대한 설명으로 옳은 것은?

이날 밤 우정국에서 낙성연을 열었는데 총판 홍영식이 주관하였다. 연회가 끝나갈 무렵 담장 밖에서 불길이 일어나는 것이 보였다. 이때 민영익도 우영사로서 연회에 참가하였다가 불을 끄기 위해 먼저 일어나 문 밖으로 나갔다. 밖에 흉도 여러 명이 휘두른 칼을 맞받아치다가 민영익이 칼에 맞아 당상 위로 돌아와 쓰러졌다. …… 왕이 경우궁으로 거처를 옮기자 각 비빈과 동궁도 황급히 따라갔다. …… 깊은 밤, 일본 공사가 군대를 이끌고 와 호위하였다.
― 『고종실록』 ―

① 한성 조약 체결의 계기가 되었다.
② 보국안민, 제폭구민을 기치로 내걸었다.
③ 최익현 등의 유생들에 의해 주도되었다.
④ 구식 군인에 대한 차별 대우가 발단이 되었다.

05 0674 [2021. 경찰 1차]

(가), (나) 조약 체결 사이에 있었던 사실로 옳은 것은?

> (가) 제1조 지금으로부터 20일 이내에 조선국은 흉도들을 잡고 그 수괴를 엄히 징계한다.
> 제5조 일본 공사관에 약간의 군사를 두어 경비하게 한다.
> (나) 제1조 조선국은 국서를 일본국에 보내 사의를 표명한다.
> 제4조 일본 공관을 새로운 곳으로 옮겨 신축하는 것은 마땅히 조선국에서 기지와 방옥을 교부해 공관 및 영사관으로 사용할 수 있도록 한다. 수축 증건에는 조선국이 다시 2만 원을 지불해 공사비를 충당한다.

① 통리기무아문이 철폐되었다.
② 묄렌도르프가 고문으로 파견되었다.
③ 청과 일본 사이에 톈진 조약이 체결되었다.
④ 부들러가 조선의 영세 중립 선언을 권고하였다.

SOLUTION

자료분석 (가)는 일본 공사관에 약간의 군사를 두어 경비하게 한다는 내용으로 보아 임오군란의 결과로 체결된 제물포 조약(1882)임을 알 수 있다. (나)는 갑신정변의 결과로 체결된 한성 조약(1884)의 내용이다. 일본은 자신들도 정변에 연루되었음에도 불구하고, 조선이 국서로서 사죄를 표명할 것과 일본 공사관 신축비와 배상금 지불 등을 내용으로 하는 한성 조약을 조선과 체결하였다.

정답해설 ② 임오군란을 진압한 청은 마젠창과 독일인 묄렌도르프를 고문으로 파견하여 조선의 내정 및 외교에 간섭하였다.

오답피하기 ① 통리기무아문은 임오군란 당시 대원군이 일시 재집권하면서 폐지되었다. 따라서 임오군란이 청에 의해 진압된 후 체결된 제물포 조약보다 이른 시기의 사건이다.
③ 청과 일본 사이에 톈진 조약이 체결된 것은 1885년의 일이다. 톈진 조약은 청과 일본 양국은 조선에서 군대를 철수하고 장차 조선에 군대를 파병할 경우 상대국에게 미리 알리는 것이 주요 내용이었다.
④ 부들러가 조선의 영세 중립 선언을 권고한 것은 1885년의 일이다. 이는 조선을 둘러싼 열강의 대립이 심화되는 과정에서 제기되었다.

정답 ② 한정판 104p, 기본서 630p

06 0675 [2018. 지방직 7급]

다음 정강을 발표했던 사건의 결과로 옳은 것은?

> 1. 흥선 대원군을 빨리 귀국시키고 종래 청에 대해 행하던 조공의 허례를 폐지한다.
> 2. 문벌을 폐지하고 인민 평등권을 제정하여 능력에 따라 관리를 임명한다.
> 3. 지조법을 개혁하여 관리의 부정을 막고 백성을 보호하며 재정을 넉넉히 한다.
> …(중략)…
> 12. 모든 재정은 호조에서 관할한다.
> 13. 대신과 참찬은 의정부에 모여 정령을 의결하고 반포한다.
> …(후략)…

① 청의 내정 간섭이 강화되었다.
② 박문국과 전환국이 설립되었다.
③ 개혁 추진 기관으로 통리기무아문이 설치되었다.
④ 일본은 배상금 지급 등을 내용으로 하는 제물포 조약의 체결을 강요하였다.

SOLUTION

자료분석 자료는 갑신정변(1884) 당시 발표된 14개 조 개혁 정강의 일부이다. 청에 대한 사대 관계를 청산할 것, 문벌을 폐지하여 인민 평등권을 보장할 것, 지조법을 개혁할 것, 호조로 재정을 일원화할 것 등의 내용을 통해 이를 알 수 있다.

정답해설 ① 갑신정변은 청의 군사 개입으로 진압되었으며, 이후 청의 내정 간섭이 강화되는 결과를 가져왔다.

오답피하기 ② 근대식 인쇄 출판 기관인 박문국과 화폐 주조 기관인 전환국은 갑신정변이 일어나기 이전인 1883년에 설립되었다.
③ 통리기무아문은 갑신정변 이전인 1880년에 설립되었다.
④ 제물포 조약(1882)은 임오군란의 결과 체결된 조약이다. 갑신정변의 결과 조선과 일본은 일본 공사관의 신축비와 배상금 지불 등을 내용으로 하는 한성 조약을 체결하였다(1884).

핵심개념 갑신정변 14개 조 개혁(혁신) 정강

1. 청에 잡혀간 흥선 대원군 귀국 및 청에 대한 조공 허례 폐지
2. 문벌 폐지, 인민 평등, 능력에 따른 인재 등용
3. 지조법(조세 제도) 개혁(토지 개혁 x)
4. 내시부 폐지 → 국왕의 권력 제한
5. 탐관오리 처벌 → 국가 기강 확립, 민생 안정
6. 각 도의 환상미(환곡미) 폐지 → 환곡 제도 개선
7. 규장각 폐지 → 국왕의 권력 제한
8. 순사를 두어 도둑 방지(근대적 경찰 제도 확립)
9. 혜상공국 혁파(보부상의 특권 폐지 → 자유 상업 발전)
10. 귀양살이 및 옥에 갇혀 있는 자를 정상을 참작해 감형
11. 4영을 1영으로 축소, 근위대 설치 → 군제 개혁(군의 통솔권 확립)
12. 모든 재정은 호조에서 일원화
13. 대신과 참찬은 의정부에 모여 정령을 의결하고 반포(입헌 군주제)
14. 의정부와 6조 외에 불필요한 기관 폐지

정답 ① 한정판 104p, 기본서 630p

주제 121

02 | 개화 정책의 추진과 반발

갑신정변(1884) 이후의 정세

Check 대표 기출 1

01 0676 [2017. 국가직 9급] 회독 ○○○

갑신정변 이후 국내외 정세로 옳지 않은 것은?

① 독일 부영사 부들러는 조선의 영세 중립국화를 건의하였다.
② 러시아의 남하정책에 대응하여 영국 함대가 거문도를 불법 점령하였다.
③ 조·청 상민수륙무역장정을 체결하여 청나라 상인에게 통상 특혜를 허용하였다.
④ 청·일 양국 군대가 조선에서 철수하는 것 등을 내용으로 하는 톈진조약이 체결되었다.

SOLUTION 난이도 상 중 하

출제자의 눈 갑신정변 직후 일어난 사건들의 시기 파악 및 순서 배열 문제가 빈출된다. 영국의 거문도 점령 사건, 유길준의 중립화론에 주목하면서 인물사 문제에도 대비해야 한다.

정답해설 갑신정변은 1884년 김옥균을 비롯한 급진 개화파가 근대국가 수립을 위해 일으킨 정변이다.
① 갑신정변 이후 조선을 둘러싼 열강의 대립이 격화되자 독일 영사 부들러는 한반도의 중립화를 조선 정부에 건의하였다(1885). 또한 미국 유학에서 돌아온 유길준도 한반도 중립화론을 집필하였으나 받아들여지지는 않았다.
② 갑신정변(1884) 이후 청의 내정 간섭이 심해지자 고종은 청을 견제하기 위해 조·러 비밀 협약을 추진하는 등 러시아와 우호 관계를 강화하였다. 그러자 러시아와 대립하고 있던 영국은 러시아의 남하를 막는다는 구실로 거문도를 불법 점령하였다(거문도 사건, 1885). 조선은 영국에 항의하였고 2년 뒤 청의 중재를 거쳐 영국은 거문도에서 물러났다.
④ 갑신정변(1884) 이후 일본은 청과 톈진 조약(1885)을 체결하여 조선에서 양국 군대를 철수하되, 앞으로 조선에 군대를 보낼 때 상대국에 미리 알리도록 규정하였다.

오답피하기 ③ 조·청 상민 수륙 무역 장정은 갑신정변(1884) 전인 1882년에 체결되었다. 임오군란의 결과 청은 조선에 군대를 주둔시키고 마젠창과 묄렌도르프를 고문으로 파견하여 조선의 내정과 외교 문제에 간섭하였다. 또한 조·청 상민 수륙 무역 장정을 체결하여 조선이 청의 속방임을 명문화하고, 청 상인의 내륙 진출과 치외 법권을 인정받았다.

정답 ③ 한정판 104p, 기본서 632p

Check 대표 기출 2

02 0677 [2025. 국가직 9급] 회독 ○○○

다음 글을 쓴 인물에 대한 설명으로 옳은 것은?

> 대저 우리나라가 아시아의 중립국이 된다면 러시아를 방어하는 큰 기틀이 될 것이고, 또 아시아의 여러 대국이 서로 보전하는 정략도 될 것이다. … (중략) … 이는 비단 우리나라만을 위한 것이 아니라 중국의 이익도 될 것이고, 여러 나라가 서로 보전하는 계책도 될 것이니 무엇이 괴로워서 하지 않겠는가.

① 영남 만인소 사건을 주도하였다.
② 미국에 파견된 보빙사의 일원이었다.
③ 제2차 수신사로 『조선책략』을 조선에 가지고 왔다.
④ 왜양일체론을 내세우며 개항반대운동을 전개하였다.

SOLUTION 난이도 상 중 하

자료분석 자료는 유길준의 중립화론이다. 갑신정변(1884) 이후 조선을 둘러싸고 청과 일본의 대립이 격화되었고 영국도 러시아의 남하 정책에 대항하여 거문도를 불법으로 점령(1885)함으로써 한반도는 열강들의 대립으로 긴장감이 높아졌다. 이 무렵 조선 주재 독일 부영사 부들러와 미국 유학에서 돌아온 유길준 등은 조선을 중립국으로 하자는 의견을 제시하였다.

정답해설 ② 유길준은 1883년 보빙사의 일원으로 미국에 파견되었다.

오답피하기 ① 1880년대에는 개화 정책에 반발하여 대대적인 위정척사 운동이 전개되었다. 특히 제2차 수신사로 일본에 갔던 김홍집이 귀국하면서 가져온 『조선책략』이 유포되자, 영남 유생들은 강력하게 반발하였다. 이만손을 중심으로 영남 만인소를 올렸다.
③ 1880년 2차 수신사로 일본에 간 김홍집이 청의 외교관 황준헌이 쓴 『조선책략』을 들여왔는데, 여기에는 러시아의 남하를 막기 위해 조선이 중국, 일본, 미국과 연합하여야 한다는 내용이 담겨 있었다.
④ 1870년대 강화도 조약의 체결 무렵에는 최익현 등이 왜양일체론을 내세우며 일본의 개항 요구에 반대하였다.

핵심개념 유길준(1856~1914)

1881년	조사시찰단 참여
1883년	보빙사 참여
1885년	한반도 중립화론 제기
1894년	군국기무처 의원
1895년	을미개혁 주도
1896년	아관파천으로 인해 일본 망명
저술	서유견문, 개화의 등급, 삼치론

정답 ② 한정판 104p, 기본서 632p

03 [2020. 경찰 1차]

다음 내용을 주장한 인물에 대한 설명으로 가장 적절한 것은?

> 우리나라가 아시아의 인후에 처해 있는 지리적 위치는 유럽의 벨기에와 같고, 중국에 조공하던 처지는 터키에 조공하던 불가리아와 같다. 그런데 불가리아가 중립 조약을 체결한 것은 유럽 여러 대국들이 러시아를 막으려는 계책에서 나온 것이었고, 벨기에가 중립 조약을 체결한 것은 유럽의 여러 대국들이 자국을 보전하려는 계책에서 나온 것이었다. 대저 우리나라가 아시아의 중립국이 된다면 러시아를 방어하는 큰 기틀이 될 것이고, 또한 아시아의 여러 대국들이 서로 보전하는 정략도 될 것이다. 오직 중립만이 우리나라를 지키는 방책인데, 우리 스스로가 제창할 수도 없으니 중국에 청하여 처리해야 할 것이다. 중국이 맹주가 되어 영국, 프랑스, 일본, 러시아 같은 아시아에 관계 있는 여러 나라들과 화합하고 우리나라를 참석시켜 같이 중립 조약을 체결토록 해야 될 것이다. 이것은 비단 우리나라만을 위한 것이 아니라 중국의 이익도 될 것이고, 여러 나라가 서로 보전하는 계책도 될 것이니 무엇이 괴로워서 하지 않겠는가.

① 1881년에 조사시찰단으로 일본에 다녀왔고, 1884년에 우정총국이 설립되자 우정국 총판에 임명되었다.
② 1882년 수신사로 일본에 다녀왔고, 일제강점기에는 일제로부터 후작을 받고 중추원 고문에 임명되었다.
③ 갑신정변 이후 일본을 거쳐 미국에 망명하였고, 1894년에 귀국하여 제2차 김홍집 내각의 법부대신이 되었다.
④ 1894년 제1차 갑오개혁 당시 군국기무처의 회의원으로 참여하였고, 후에 국어 문법서인 『조선문전』을 저술하였다.

04 [2013. 법원직 9급]

연표의 (가), (나) 시기에 공통적으로 해당하는 내용은?

	(가)	(나)	
1884	1885	1894	1904	1905
갑신정변	거문도 사건	동학농민운동	러·일 전쟁	을사늑약

① 조선을 중립화하자는 주장이 대두되었다.
② 미국에 대하여 거중 조정을 요구하였다.
③ 외국인 고문의 즉시 철수를 요구하였다.
④ 청·일 양국군의 동시 철수를 요구하였다.

SOLUTION (03)

자료분석 자료는 유길준의 중립화론이다. 갑신정변 이후 조선을 둘러싸고 청과 일본의 대립이 격화되었고 영국도 러시아의 남하 정책에 대항하여 거문도를 불법으로 점령함으로써 한반도는 열강들의 대립으로 긴장감이 높아졌다. 이 무렵 조선 주재 독일 부영사 부들러는 한반도의 중립화를 조선 정부에 건의하였으며, 미국 유학에서 귀국한 유길준도 한반도의 중립화론을 집필하였다.

정답해설 ④ 유길준은 제1차 갑오개혁 당시 군국기무처의 회의원으로 참여하였고 국어 문법서인 『조선문전』(1897)을 저술하기도 하였다.

오답피하기 ① 홍영식에 대한 설명이다. 그는 1881년 조사 시찰단의 일원으로 일본을 시찰했으며, 1883년에는 보빙사로 파견되어 미국을 방문하기도 했다. 1884년에는 우정국(우정총국) 총판에 임명되었다.
② 박영효에 대한 설명이다. 그는 철종의 부마로, 1882년 3차 수신사로 일본에 파견되었다. 국권 피탈 이후에는 일본의 작위를 받고 동아일보사 초대사장, 중추원 의장·부의장, 일본 귀족원 의원 등을 역임하였다.
③ 서광범에 대한 설명이다. 그는 갑신정변 실패 후 일본을 거쳐 1885년 미국으로 망명했으며, 1894년 귀국해 제2차 김홍집 내각에서 법무(법부)대신을 역임하였다.

정답 ④

SOLUTION (04)

정답해설 ① 갑신정변(1884) 이후 조선을 둘러싼 열강의 대립으로 긴장감이 높아졌다. 이에 1885년 조선 주재 독일 부영사 부들러와 유길준은 조선을 중립국으로 하자는 한반도 중립화론을 제시하였다. 1903년에는 러시아가 한국의 용암포를 강제 점령하고 조차를 요구한 사건을 계기로 러시아와 일본의 대립이 격화되었다. 러일 간의 전운이 감돌자 대한 제국은 러·일 전쟁 발발 직전인 1904년 1월 국외 중립을 선언하고, 이를 각국에 통고하였다.

오답피하기 ② 1905년 일제에 의해 을사늑약이 강제 체결되자 조선은 미국에 대해 조·미 수호 통상 조약에 명시된 거중 조정(양국 중 한 나라가 제3국으로 인해 어려움을 겪을 시 서로 도와야 한다는 규정)을 요구하였으나 무시당하였다.
③ 1898년 독립 협회는 만민 공동회를 통해 러시아의 내정 간섭과 이권 요구를 규탄하여 러시아 군사 교련단과 재정 고문단을 철수시켰다.
④ 1894년 5월 8일 조선 정부가 동학 농민군과 전주 화약을 체결하자, 청·일 양군은 더 이상 조선에 주둔할 명분이 없어졌다. 일본은 조선의 내정 개혁이 이루어지면 철수하겠다고 하였으나, 정부는 이를 거절하고 청·일 군대의 철수를 요청하였다.

정답 ①

05 0680 [2013. 서울시 7급]

다음의 사건이 발생한 원인으로 옳은 것은?

> 1885년 3월 1일, 영국 동양함대 사령관 윌리엄 도웰 제독이 이끄는 영국 군함 세 척이 거문도를 불법 점령했다. 거문도에 상륙한 영국군은 섬 안에 포대를 구축하고 병영을 건설한 후 영국 국기를 게양하고 자기 마음대로 포트해밀턴이라고 불렀다. 거문도는 영국 동양함대의 전진기지 역할을 톡톡히 해냈다.

① 청이 조선을 속국으로 삼는 것을 막기 위해서
② 일본이 조선에 세력을 확장하는 것을 막기 위해서
③ 영국이 조선의 문호를 개방하고자 했기 때문에
④ 러시아가 조선에 세력을 확장하는 것을 막기 위해서
⑤ 미국이 조선에 세력을 확장하는 것을 막기 위해서

SOLUTION

난이도 상 중 **하**

자료분석 자료는 영국이 우리나라의 거문도를 불법 점령한 **거문도 사건(1885~1887)**에 대한 내용이다. 영국은 조·러 비밀 협약이 풍문으로 들려오자, 러시아의 남하에 대비한다는 구실로 거문도를 해밀턴 항이라 명명하고 불법으로 점령하였다(1885).

정답해설 ④ 갑신정변 이후 청의 내정 간섭이 심화되자 고종은 **조·러 비밀협약을 추진**하는 등 러시아와 우호 관계를 강화하였다. 이 과정에서 러시아가 조선에 접근하는 것에 불안을 느낀 **영국은 러시아의 남하를 저지**하고 러시아의 조선 침투를 견제한다는 목적에서 **거문도를 불법으로 점령**하고 '해밀턴 항'이라 명명하였다. 조선은 이에 대해 영국에 항의하였고, **청의 중재**를 통해 영국군은 약 2년 만에 거문도에서 철수하였다.

핵심개념 갑신정변 이후의 정세

> 조선은 청의 내정 간섭에서 벗어나기 위해 러시아와 비밀 협약을 모색하였다. 이에 세계 곳곳에서 러시아와 대립하고 있던 영국은 러시아의 남하를 견제한다는 구실로 거문도를 불법 점령하였다(거문도 사건, 1885). 조선은 이에 대해 영국에 항의하였고, 청의 중재로 영국군은 2년 만에 거문도에서 철수하였다. 이 무렵 조선이 언제든지 열강의 각축장이 될 수 있다는 인식 아래 조선을 중립국으로 만들자는 논의가 나타났다. 독일 부영사였던 부들러는 조선을 영세 중립국으로 만들자는 건의를 하였으며, 미국 유학에서 돌아온 유길준도 열강이 보장하는 중립 국가 구상을 제시하였다. 그러나 이 당시 중립화론은 받아들여지지 않았다.

정답 ④ 한정판 104p, 기본서 632p

주제 122 | 03 | 동학 농민 운동과 갑오개혁
동학 농민 운동의 전개

Check 대표 기출 1

01 0681 [2019. 국가직 9급]   회독 ○○○

(가)의 체결 이후에 일어난 사실로 옳은 것은?

> 청군과 일본군의 개입으로 사태가 악화되자 농민군은 폐정 개혁을 제시하며 정부와 ☐(가)☐ 을/를 맺었다. 이에 따라 농민 군은 해산하였다.

① 남접군과 북접군이 논산에서 합류하여 연합군을 형성하였다.
② 안핵사 이용태가 농민을 동학도로 몰아 처벌하였다.
③ 고부군수 조병갑이 만석보를 쌓아 수세를 강제로 거두었다.
④ 농민군이 황토현에서 감영군을 격파하였다.

Check 대표 기출 2

02 0682 [2016. 지방직 7급]   회독 ○○○

다음 격문을 작성한 세력이 제기한 주장으로 옳은 것은?

> 우리가 의를 들어 여기에 이르렀음은 그 본뜻이 다른 데 있지 않고 창생(蒼生)을 도탄(塗炭) 중에서 건지고 국가를 반석(磐石) 위에 두고자 함이라. 안으로는 탐학한 관리의 머리를 베고, 밖으로는 횡포한 왜적의 무리를 내몰고자 함이라.

① 각종 무명잡세를 근절할 것
② 장교를 육성하고 징병제를 실시할 것
③ 조약을 체결할 때 중추원 의장이 서명할 것
④ 민법과 형법을 제정하여 인민의 생명과 재산을 보호할 것

SOLUTION 난이도 상 중 하

출제자의 눈 변함없는 빈출 주제이다. 동학 농민 운동의 전개 과정의 순서를 1894년의 주요 사건들 속에서 파악하고 동학 농민 운동의 폐정 개혁안에 주목하자.

자료분석 (가)에 들어갈 내용은 전주 화약(1894. 5.)이다. 1894년 청·일 양군이 조선에 상륙하면서, 청과 일본 사이에 전쟁이 일어날 수도 있는 상황이 되었다. 사태 악화를 우려한 정부 측은 폐정 개혁을 약속하고 동학 농민군과 전주 화약을 체결하였다(1894. 5. 8.).

정답해설 ① 동학 농민군은 일본이 경복궁을 점령(1894. 6. 21.)하고 내정 간섭을 강화함에 따라 1894년 9월 재봉기하여 전봉준의 남접과 손병희의 북접이 연합 부대를 형성하고 논산에 집결하였다(1894. 10.).

오답피하기 ②, ③, ④는 전주 화약 체결 이전의 사건들이다.
②, ③ 고부는 전라도 중에서 으뜸가는 곡창 지대였다. 그러나 고부 군수 조병갑은 만석보를 개수할 때 농민들을 강제로 동원하고, 추수 때 수세로 700석을 착복하는 등 횡포를 일삼았다. 1894년 1월 전봉준은 조병갑의 학정에 맞서 천여 명의 농민과 고부 관아를 습격(고부 민란)하여 군수를 내쫓고 아전들을 징벌한 뒤, 농민들에게 곡식을 나누어 주고 10여 일 만에 해산하였다. 이에 정부는 고부 군수를 교체하였으며, 봉기에 대한 진상 조사를 위해 안핵사 이용태를 파견하였으나, 이용태는 민란 관련자를 역적죄로 몰아 가혹하게 탄압하였다.
④ 1894년 4월 7일에 동학 농민군은 전봉준 등의 지도하에 황토현 전투에서 관군(전라 감영군)을 물리쳤다.

정답 ① 한정판 105p, 기본서 637p

SOLUTION 난이도 상 중 하

자료분석 자료는 동학 농민군의 백산 창의문(1894. 3.)이다. 전봉준과 농민군은 보국안민, 제폭구민의 기치를 내걸고 1894년 3월 하순에 백산에 집결하여 4대 강령과 농민 봉기를 알리는 격문(백산 창의문)을 발표하였다.

정답해설 ① 동학 농민군의 폐정 개혁의 내용 중에는 무명의 잡세는 일체 폐지하자는 수취 제도 개혁 요구가 반영되어 있다.

오답피하기 ② 제2차 갑오개혁 때 발표된 홍범 14조(1894. 12.)의 내용이다. 홍범 14조 12번째 조항에는 장교를 교육하고 징병을 실시해 군제의 기초를 확립한다는 내용이 들어 있다.
③ 독립 협회가 관민 공동회(1898)에서 결의한 헌의 6조의 내용이다. 헌의 6조의 내용 중에는 '외국과의 이권에 관한 계약과 조약은 각 대신과 중추원 의장이 합동 날인해 시행할 것.'이라는 내용이 담겨 있다.
④ 민법과 형법을 제정하여 인민의 생명과 재산을 보호한다는 내용은 제2차 갑오개혁 때 발표된 홍범 14조의 내용이다.

핵심개념 동학 농민군의 4대 강령

> 1. 사람을 죽이지 말고 물건을 해치지 마라.
> 2. 충과 효를 다하며, 세상을 구하고 백성을 편안케 하라.
> 3. 일본 오랑캐를 몰아내고 정치를 깨끗이 하라.
> 4. 군대를 몰고 서울로 올라가 권세가와 귀족을 모두 멸하라.

정답 ① 한정판 105p, 기본서 636p

03 [2024. 지방직 9급]

다음 결의 사항을 실현하기 위해 일어난 사건에 대한 설명으로 옳은 것은?

> 1. 고부성을 격파하고 군수 조병갑의 목을 베어 매달 것
> 1. 군기창과 화약고를 점령할 것
> 1. 군수에게 아첨하여 백성을 침탈한 탐욕스러운 아전을 쳐서 징벌할 것
> 1. 전주 감영을 함락하고 서울로 곧바로 향할 것

① 혜상공국 폐지 등의 정강을 발표하였다.
② 집강소를 설치하고 폐정개혁을 시도하였다.
③ 별기군에 비해 차별을 받던 구식 군인들이 일으켰다.
④ 13도 창의군을 조직하고 서울 진공 작전을 추진하였다.

04 [2023. 서울시 9급 2차]

〈보기 2〉의 ㉠~㉣ 중 〈보기 1〉의 글이 발표된 시기로 가장 옳은 것은?

보기 1
> 일본 오랑캐가 구실을 만들어 군대를 동원하여 우리 임금을 핍박하고 우리 백성을 근심케 하니 어찌 그대로 참을 수 있겠습니까. …… 지금 조정의 대신들을 보건대 망령되이 자기의 안전만을 생각하여 위로는 임금을 위협하고 아래로는 백성을 속여서 일본 오랑캐와 손을 잡아 남쪽의 백성에게 원한을 펴서 망령되이 임금의 군사를 동원하여 선왕의 백성을 해치려 하니 참으로 무슨 뜻이며 끝내 무엇을 하려는 것입니까.

보기 2

㉠	㉡	㉢	㉣	
고부 농민 봉기	황토현 전투	전주성 점령	우금치 전투	전봉준 체포

① ㉠
② ㉡
③ ㉢
④ ㉣

05 0685 [2023. 지역인재 9급]

(가)~(라)는 동학농민운동과 관련된 사실이다. 이를 시기순으로 바르게 나열한 것은?

(가) 농민군이 정부와 전주화약을 맺었다.
(나) 농민군이 우금치에서 전투를 벌였다.
(다) 농민군이 황토현에서 관군을 물리쳤다.
(라) 전봉준 등이 농민을 모아 고부 관아를 습격하였다.

① (다) - (가) - (라) - (나)
② (다) - (라) - (나) - (가)
③ (라) - (가) - (나) - (다)
④ (라) - (다) - (가) - (나)

SOLUTION

정답해설 (라) 1894년 1월 전봉준은 조병갑의 학정에 맞서 천여 명의 농민과 고부 관아를 습격(고부 민란)하여 군수를 내쫓고 아전들을 징벌한 뒤, 농민들에게 곡식을 나누어 주고 10여 일 만에 해산하였다.
(다) 1894년 4월 7일에 동학 농민군은 전봉준 등의 지도하에 황토현 전투에서 관군(전라 감영군)을 물리쳤다.
(가) 조선 정부의 요청으로 청의 군대가 아산만에 상륙하고, 일본도 곧이어 군대를 파견하자 외세의 개입을 우려한 농민군은 1894년 5월 정부와 전주 화약을 체결하고 스스로 해산하였다.
(나) 1894년 11월 남접과 북접이 합세한 동학 농민군은 공주 우금치에서 일본군과 관군을 상대로 전투를 벌였으나, 결국 우세한 화력에 밀려 대패하고 말았다.

핵심개념 동학 농민 운동의 전개 과정

1차 봉기	• 무장 봉기(3월 20일) • 백산 봉기(3월 25일) • 황토현 전투(4월 7일) • 황룡촌 전투(4월 23일) • 동학 농민군의 전주성 점령(4월 27일) → 정부가 청에 군사적 지원 요청 → 청군의 아산만 상륙(5월 5일) → 텐진 조약을 구실로 일본군의 인천 상륙(5월 6일) • 전주 화약(5월 8일) → 집강소 설치
2차 봉기	• 전봉준이 삼례에서 반일 기치로 재봉기(9월) • 남접(전봉준, 전라도)과 북접(손병희, 충청도) 논산 집결(10월) • 공주 우금치 전투 패배(11월) • 전봉준 순창에서 체포(12월)

정답 ④ 한정판 105p, 기본서 634p

06 0686 [2022. 법원직 9급]

(가), (나) 격문이 발표된 사이의 시기에 있었던 사실로 옳은 것을 〈보기〉에서 모두 고른 것은?

(가) 우리가 의로운 깃발을 들어 이곳에 이름은 그 뜻이 결코 다른 데 있지 아니하고 창생을 도탄 속에서 건지고 국가를 반석 위에 두고자 함이다. 안으로는 양반과 탐학한 관리의 목을 베고 밖으로 횡포한 강적의 무리를 내몰고자 함이다.
(나) 일본 오랑캐가 분란을 야기하고 군대를 출동하여 우리 임금님을 핍박하고 우리 백성들을 뒤흔들어 놓았으니 어찌 차마 말할 수 있겠습니까. …… 지금 조정의 대신들은 망령되이 자신의 몸만 보전하고자 위로는 임금님을 협박하고 아래로는 백성들을 속이며 일본 오랑캐와 내통하여 삼남 백성들의 원망을 샀습니다.

보기
ㄱ. 조선 정부가 개혁 기구인 교정청을 설치하였다.
ㄴ. 동학 농민군과 관군이 전주 화약을 체결하였다.
ㄷ. 조선 정부가 조병갑을 파면하고 박원명을 고부 군수로 임명하였다.
ㄹ. 동학교도들이 전라도 삼례에서 교조 신원을 요구하는 집회를 벌였다.

① ㄱ, ㄴ
② ㄱ, ㄹ
③ ㄴ, ㄷ
④ ㄷ, ㄹ

SOLUTION

자료분석 자료는 동학 농민 운동과 관련된 사료로, (가)는 백산 봉기(1894. 3.) 당시의 창의문, (나)는 동학의 2차 봉기 당시 논산에서 발표한 내용(1894. 10.)이다.

정답해설 ㄱ. 조선 정부는 1894년 6월 일본의 내정 간섭에 대항하기 위해 온건 개화파를 중심으로 교정청을 설치하였다.
ㄴ. 정부의 요청으로 청군이 아산만에 상륙하고 일본군도 텐진 조약을 근거로 인천에 상륙하자 동학군은 정부와 청·일 양국 군대의 철수와 폐정 개혁에 합의하는 전주 화약을 맺었다(1894. 5.).

오답피하기 ㄷ. 고부 군수 조병갑의 횡포로 고부 농민 봉기(1894. 1.)가 일어나자 정부는 민심을 수습하기 위해 조병갑을 국문하고 용안현감이었던 박원명을 신임 고부 군수로 임명하였다(1894. 2). 또한 장흥부사 이용태를 안핵사로 임명하여 민란을 조사·보고케 하였다.
ㄹ. 1892년 11월 동학교도들은 최제우의 억울한 죽음을 풀어달라는 교조 신원과 정부의 동학 탄압 중지, 포교의 자유를 요구하며 삼례에서 집회를 열었으나 전라 감사의 거부로 실패하였다.

정답 ① 한정판 105p, 기본서 636p

07 [2019. 소방간부]

(가)에 들어갈 내용으로 옳은 것은?

> 심문자: 작년 고부 등지에서 무슨 사연으로 민중을 크게 모았는가?
> 전봉준: 그때 고부 군수의 수탈이 심하여 의거하였다.
> 심문자: 흩어져 돌아간 후에는 무슨 일로 군대를 봉기하였느냐?
> 전봉준: 이용태가 내려와 의거 참가자 대다수가 일반 농민이었음에도 모두를 동학도로 통칭하고, 그 집을 불태우며 체포하고 살육을 행했기 때문에 다시 일어났다.
> 심문자: 전주 화약 이후 다시 군대를 일으킨 이유는 무엇이냐?
> 전봉준: (가)

① 을사조약으로 인해 국가의 위신이 떨어졌기 때문이다.
② 조선의 전통을 무시하는 단발령을 시행했기 때문이다.
③ 일본이 군대를 동원하여 경복궁을 공격하였기 때문이다.
④ 토지 수탈을 위해 동양 척식 주식회사를 세웠기 때문이다.
⑤ 삼정이정청을 세우겠다는 약속을 지키지 않았기 때문이다.

08 [2018. 국가직 9급]

(가) 시기에 해당되는 사실로 옳은 것은?

> 방금 안핵사 이용태의 보고에 따르면 "죄인들이 대다수 도망치는 바람에 조사하지 못하였다."라고 하였다.
> - 승정원일기 -

⇩

> (가)

⇩

> 전봉준은 금구 원평에 앉아 (전라) 우도에 호령하였으며, 김개남은 남원성에 앉아 좌도를 통솔하였다.
> - 갑오약력 -

① 논산에서 남·북접의 동학군이 집결하였다.
② 우금치 전투에서 동학군이 일본군과 격전을 벌였다.
③ 동학교도가 궁궐 앞에서 교조 신원을 주장하는 집회를 열었다.
④ 백산에서 전봉준이 보국안민을 위해 궐기하라는 통문을 보냈다.

09 0689 [2015. 국가직 9급]

다음은 동학농민운동과 관련한 연표이다. (가)~(라) 시기에 있었던 사실로 옳은 것은?

(가)	(나)	(다)	(라)
최제우의 동학 창시	삼례 집회 (교조 신원 운동)	고부 관아 습격	전주성 점령	우금치 전투

① (가) - 황토현 전투
② (나) - 청·일 전쟁 발발
③ (다) - 남·북접군의 논산 집결
④ (라) - 일본군의 경복궁 점령

SOLUTION

자료분석 최제우의 동학창시는 1860년, 삼례집회는 1892년, 고부 관아 습격은 1894년 1월, 전주성 점령은 1894년 4월, 우금치 전투는 1894년 11월의 일이다.

정답해설 ④ 일본군의 경복궁 점령은 (라) 시기인 1894년 6월 21일의 일이다. 일본은 청·일 전쟁을 일으키려는 본심을 드러내고 먼저 조선 정부를 제압하기 위해 군대를 동원하여 경복궁을 점령하였다. 그리고 이틀 뒤에 풍도(豊島) 앞바다에서 청국 함대를 기습 공격함으로써 청·일 전쟁을 일으켰다(1894. 6. 23.).

오답피하기 ① 황토현 전투는 (다) 시기인 1894년 4월에 벌어진 전투이다. 동학 농민군은 전봉준 등의 지도하에 황토현 전투에서 관군(전라 감영군)을 물리쳤다.
② 청·일 전쟁은 (라) 시기인 1894년 6월에 일어났다.
③ 남·북접군의 논산 집결은 (라) 시기인 1894년 10월의 일이다. 일본이 경복궁을 점령(1894. 6. 21)하고 내정 간섭을 강화함에 따라 동학 농민군은 9월에 재봉기하였다. 전봉준의 남접과 손병희의 북접은 연합 부대를 형성하여 논산에 집결하였다 (1894. 10.).

핵심개념 1894년의 사건 전개

날짜		사건	시기 구분
1월		고부 농민 봉기	고부 민란기
3월	20일	무장 봉기	1차 봉기
	25일	백산 봉기	
4월	7일	황토현 전투	
	23일	황룡촌 전투	
	27일	전주성 점령	
5월	5일	청군 상륙	휴전기
	6일	일본군 상륙	
	8일	전주 화약 → 이후 집강소 설치	
6월	11일	교정청 설치	
	21일	일본의 경복궁 점령	
	23일	청일 전쟁 발발	
	25일	군국기무처 설치 → 제1차 갑오개혁 추진	
9월		동학 농민군 2차 봉기	2차 농민 봉기
10월		남북접 논산 집결	
11월		공주 우금치 전투	
12월		전봉준 체포	

정답 ④

10 0690 [2015. 서울시 7급]

밑줄 친 '적'이 요구한 내용으로 옳은 것을 〈보기〉에서 모두 고른 것은?

> 적은 모두 천민 노예이므로 양반, 사족을 가장 증오하였다. 길에서 갓을 쓴 자를 만나면 곧바로 꾸짖으며 말하였다. "너도 양반인가?" 갓을 빼앗아 찢어 버리거나 자기가 쓰고 거리를 돌아다니면서 양반을 욕주었다. 무릇 집안 노비로서 적을 따르는 자는 물론이요, 비록 적을 따르지 않는 자라 할지라도 모두 적을 끌어다 대며 주인을 협박하여 노비 문서를 불사르고 면천해 줄 것을 강요하였다. …(중략)… 때로 양반 가운데 주인과 노비가 함께 적을 따른 경우도 있었다. 이들은 서로를 '접장'이라 부르면서 적의 법도를 따랐다. 백정이나 재민들도 평민이나 양반과 평등한 예를 하였으므로 사람들은 더욱 치를 떨었다. - 「오하기문」 -

보기
㉠ 무명잡세를 폐지할 것
㉡ 조혼(早婚)을 금지할 것
㉢ 각 도의 환곡을 영구히 폐지할 것
㉣ 관리 채용에는 지벌을 타파하고, 인재를 등용할 것

① ㉠, ㉡ ② ㉠, ㉣ ③ ㉡, ㉢ ④ ㉢, ㉣

SOLUTION

자료분석 자료는 집강소의 활동을 보여주는 것으로 자료 속의 '접장'이라는 단어를 통해 밑줄 친 '적'이 동학 농민군임을 알 수 있다. 동학은 포와 접으로 이루어진 포접제라는 교단 조직을 가지고 있었는데, 접의 우두머리를 접장(접주)이라고 불렀다. 따라서 이 문제는 동학 농민군이 요구한 폐정 개혁안의 내용을 묻는 문제이다.

정답해설 ㉠ 동학 농민군은 폐정 개혁안에서 무명잡세를 일체 폐지할 것을 요구했다.
㉣ 동학 농민군은 폐정 개혁안에서 관리 채용에는 지벌(地閥)을 타파하고 인재를 등용할 것을 주장하였다.

오답피하기 ㉡ 조혼 금지는 제1차 갑오개혁(1894) 당시의 정책이다.
㉢ 각도의 환상미(환곡) 폐지는 갑신정변(1884) 당시 제시된 개혁 정강 14개 조의 내용이다.

핵심개념 동학 농민군의 폐정 개혁안 12개 조

1. 동학도는 정부와의 원한을 씻고 서정에 협력한다.
2. 탐관오리는 그 죄상을 조사해 엄징한다.
3. 횡포한 부호를 엄징한다.
4. 불량한 유림과 양반의 무리를 징벌한다.
5. 노비 문서를 소각한다.
6. 7종의 천인 차별을 개선하고, 백정이 쓰는 평량갓(패랭이)을 없앤다.
7. 청상과부의 개가(재혼)를 허용한다.
8. 무명의 잡세는 일체 폐지한다.
9. 관리 채용에는 지벌(地閥)을 타파하고 인재를 등용한다.
10. 왜와 통하는 자는 엄징한다.
11. 공사채를 물론하고 기왕의 것을 무효로 한다.
12. 토지는 평균하여 분작(分作)한다.

정답 ②

주제 123

03 | 동학 농민 운동과 갑오개혁

갑오개혁

Check 대표 기출 1

01 0691 [2017. 국가직 7급] 회독 ○○○

밑줄 친 '이 내각'의 재정 개혁안으로 옳은 것은?

> 이 내각의 개혁 정책은 초정부적 비상 기구인 군국기무처를 중심으로 추진되었다. 당시 군국기무처에는 박정양, 유길준 등의 개화 인사들이 참여하여 개혁 정책을 결정하였다.

① 국가 재정은 탁지부에서 전관하고, 예산과 결산을 국민에게 공표하도록 한다.
② 궁내부 산하의 내장원에서 광산, 홍삼 사업 등의 재정을 관할하도록 한다.
③ 국가 재정을 탁지아문의 관할로 일원화시키도록 한다.
④ 모든 재정은 호조에서 통할하도록 한다.

Check 대표 기출 2

02 0692 [2020. 경찰간부후보] 회독 ○○○

다음 자료가 반포되면서 실시된 정책으로 가장 옳은 것은?

> 1. 청에 의존하는 생각을 버리고 자주독립의 기초를 세운다.
> 3. 임금은 각 대신과 의논하여 정사를 행하고, 종실, 외척의 내정 간섭을 용납하지 않는다.
> 7. 조세의 징수와 경비 지출은 모두 탁지아문의 관할에 속한다.
> 9. 왕실과 관부의 1년 회계를 예정하여 재정의 기초를 확립한다.

① 은본위 화폐제도를 실시하였다.
② 청의 연호를 쓰지 않고 개국 기년을 사용하였다.
③ 재판소를 설치하여 사법권과 행정권을 분리시켰다.
④ 공·사 노비 제도를 모두 폐지하고, 인신매매를 금지하였다.

SOLUTION 난이도 상 중 **하**

출제자의 눈 갑오개혁의 내용을 묻는 문제가 출제된다. 1차 갑오개혁과 2차 갑오개혁을 구분해서 암기해야 하며, 갑신정변 14개 조 정강은 물론, 동학 농민군의 폐정 개혁안, 을미개혁, 광무개혁의 내용과도 구분할 수 있어야 한다.

자료분석 자료의 밑줄 친 '이 내각'은 1차 김홍집 내각이고, 군국기무처를 중심으로 추진되었다는 내용을 통해 제1차 갑오개혁(1894)임을 알 수 있다. 1894년 6월 경복궁을 점령한 일본의 위협 속에 민씨 정권이 붕괴되고 흥선 대원군을 섭정으로 하여 과거의 온건 개화파가 중심이 된 1차 김홍집 내각이 성립되었다. 김홍집 내각은 개혁 법안을 심의 결정하는 최고 입법 기관의 성격을 띤 군국기무처를 설치하고 제1차 갑오개혁을 추진해 나갔다.

정답해설 ③ 제1차 갑오개혁은 일본이 청·일 전쟁에 집중하는 사이 군국기무처가 주도할 수 있었다. 경제 부문에서는 국가 재정의 투명성을 높이기 위해 탁지아문으로 재정을 일원화하였다.

오답피하기 ① '국가 재정을 탁지부에서 전관하고, 예산과 결산을 국민에 공표하도록 한다.'라는 내용은 독립 협회의 헌의 6조에 포함된 내용이다.
② 궁내부 산하의 내장원에서 광산, 홍삼 사업 등의 재정을 관할하도록 한 것은 대한 제국 시기의 일이다.
④ 모든 재정을 호조에서 통할하려 한 것은 갑신정변 당시 급진 개화파가 발표한 14개 조 개혁 정강의 내용이다.

정답 ③ 한정판 106p, 기본서 640p

SOLUTION 난이도 상 **중** 하

자료분석 자료는 제2차 갑오개혁 당시 반포된 홍범 14조(1894. 12)의 일부 내용이다. 일본은 당시 일본에 망명 중이던 박영효 등을 귀국시켜 김홍집과 연립 내각을 구성하게 하였다. 일본의 영향 아래 구성된 김홍집과 박영효 연립 내각은 군국기무처를 폐지하고 제2차 갑오개혁을 추진하였다. 1894년 12월 고종은 왕세자와 여러 신하들을 거느리고 종묘에 나아가 청과의 관계를 끊겠다는 독립 서고문을 바치고, 자주독립과 근대 국가 실현을 위한 개혁 방향을 담은 홍범 14조를 반포하였다.

정답해설 ③ 제2차 갑오개혁 때는 재판소를 설치하여 사법권을 행정권에서 분리·독립시키고 지방관의 사법권과 군사권을 배제하여 권한을 축소하였다.

오답피하기 ① 제1차 갑오개혁 때 은본위제를 도입하여 근대적인 화폐 제도를 마련하고 혼란했던 도량형도 통일하였다.
② 제1차 갑오개혁 때 종래 사용해 오던 청의 연호를 폐지하고 개국 연호(개국 기원, 개국 기년)를 사용하였다.
④ 제1차 갑오개혁 때 양반과 상민의 계급을 타파하고, 공사 노비법을 폐지하였으며, 인신매매를 금지하였다.

정답 ③ 한정판 106p, 기본서 642p

03 [2025. 국가직 9급]

밑줄 친 '이 개혁'의 내용으로 옳은 것은?

> 이 개혁에 따라 의정부를 내각으로, 8아문을 7부로 고쳤다. 또한 지방 8도는 23부로 개편하였다.

① 외국어 통역관 양성을 위한 동문학을 세웠다.
② 미국인 교사를 초빙한 육영공원을 창립하였다.
③ 교원양성을 위해 한성사범학교 관제를 발표하였다.
④ 상공학교와 광무학교 등의 실업학교를 설립하였다.

SOLUTION

자료분석 자료의 밑줄 친 '이 개혁'은 제2차 갑오개혁이다. 제2차 갑오개혁 때는 의정부를 내각으로, 80아문을 7부로, 지방 8도를 23부로 개편하였다.

정답해설 ③ 한성 사범학교는 제2차 갑오개혁이 진행되던 중 고종이 발표한 교육 입국 조서(1895. 2.)에 따라 1895년 4월에 설립되어 5월에 개학한 관립 교사 양성 기관이다.

오답피하기 ① 외국어 교육 기관인 동문학이 설립된 것은 갑오개혁 이전인 1883년의 일이다.
② 우리나라 최초의 근대적 관립 학교인 육영 공원이 창립된 것은 갑오개혁 이전인 1886년의 일이다. 헐버트, 벙커, 길모어 등 미국인 교사를 초빙하여 현직 관료와 상류층 자제에게 영어, 정치학 등 각종 근대 학문을 교육하였다.
④ 상공학교(1899)와 광무학교(1900) 등이 설립된 것은 광무개혁 때의 일이다.

핵심개념 제1차 갑오개혁과 제2차 갑오개혁의 비교

구분	1차 갑오개혁	2차 갑오개혁
추진	1차 김홍집 내각(군국기무처 주도)	2차 김홍집 내각(김홍집·박영효 연립 내각, 친일 내각)
정치	• 청 연호 폐지 → 개국 연호(개국 기년, 개국 기원) 사용 • 왕실(궁내부 신설)과 정부(의정부) 사무 분리 • 6조 → 80아문 • 과거제 폐지(새로운 관리 임용제 마련) • 경무청 신설(근대적 경찰제) • 도찰원 설치(감찰 기관)	• 홍범 14조 발표(1894. 12) • 의정부를 내각으로 개편(내각제 도입) • 80아문 → 7부 • 지방 제도 개편(23부 337군) • 재판소 설치(사법권 독립, 지방관의 사법권 박탈)
사회	• 신분제 철폐(공·사노비제 폐지) • 인신 매매 금지, 조혼 금지 • 과부 재가 허용, 고문과 연좌법 폐지	고종의 교육 입국 조서 발표(1895. 2.) → 한성 사범학교·소학교·외국어 학교 관제 발표, 유학생 파견
경제	• 재정 기관 일원화(탁지아문에서 관할) • 은본위제(신식 화폐 발행 장정 제정) • 도량형 통일, 조세 금납제 시행	• 육의전과 상리국 폐지 • 예산 제도 시행, 조세 법정주의, 징세 기관 일원화, 공납제 폐지

정답 ③ 한정판 106p, 기본서 642p

---

04 [2023. 국가직 9급]

밑줄 친 '14개 조목'에 해당하는 것만을 모두 고르면?

> 이제부터는 다른 나라를 의지하지 않으며 융성하도록 나라의 발걸음을 넓히고 백성의 복리를 증진하여 자주독립의 터전을 공고하게 할 것입니다. …(중략)… 이에 저 소자는 14개 조목의 홍범(洪範)을 하늘에 계신 우리 조종의 신령 앞에 맹세하노니, 우러러 조종이 남긴 업적을 잘 이어서 감히 어기지 않을 것입니다.

보기
ㄱ. 탁지아문에서 조세 부과
ㄴ. 왕실과 국정 사무의 분리
ㄷ. 지계 발급을 위한 지계아문 설치
ㄹ. 대한 천일 은행 등 금융기관 설립

① ㄱ, ㄴ   ② ㄱ, ㄹ   ③ ㄴ, ㄷ   ④ ㄷ, ㄹ

SOLUTION

자료분석 자료의 밑줄 친 '14개 조목'은 홍범 14조이다. 고종은 종묘에 나아가 청과의 관계를 끊고 자주독립하겠다는 독립 서고문을 바쳤다. 그리고 국정 개혁의 기본 강령이라 할 수 있는 「홍범 14조」를 선포하였다(1894. 12.).

정답해설 홍범 14조의 내용은 다음과 같다.

1. 청국에 의존하는 생각을 끊고 자주독립의 기초를 세운다.
2. 왕실 전범을 제정해 왕위 계승의 법칙과 종친, 외척과의 구별을 명확히 한다.
3. 임금은 각 대신과 의논해 정사를 행하고 종실, 외척의 내정 간섭을 허용하지 않는다.
4. 왕실 사무와 국정 사무를 분리해 서로 혼동하지 않는다.
5. 의정부 및 각 아문의 직무, 권한을 명백히 규정한다.
6. 납세는 법으로 규정하고 함부로 세금을 징수하지 아니한다.
7. 조세의 징수와 경비 지출은 모두 탁지아문(度支衙門)의 관할에 속한다.
8. 왕실의 경비는 솔선해 절약하고 이로써 각 아문과 지방관의 모범이 되게 한다.
9. 왕실과 관부(官府)의 1년간의 비용을 예정해 재정의 기초를 확립한다.
10. 지방 관제를 개정해 지방 관리의 직권을 제한한다.
11. 우수한 젊은이들을 파견시켜 외국의 학술·기예를 받아들인다.
12. 장교를 교육하고 징병을 실시해 군제의 기초를 확립한다.
13. 민법·형법을 제정해 인민의 생명과 재산을 보호한다.
14. 문벌을 가리지 않고 널리 인재를 등용한다.

오답피하기 ㄷ. 지계아문은 1901년 대한 제국 정부가 토지소유자의 권리를 법적으로 증명하는 지계(地契)를 발급할 목적으로 설립한 관청이다.
ㄹ. 대한천일은행은 1899년에 설립된 민족계 은행이다.

정답 ① 한정판 106p, 기본서 642p

05 0695 [2021. 경찰간부후보]

다음 보기의 내용이 발표되던 시기에 대한 설명으로 옳지 않은 것은?

> 우리 황조가 우리 왕조를 세우고 우리 후손들에게 물려준 지도 503년이 되는데 짐의 대에 와서 시운(時運)이 크게 변하고 문화가 개화하였으며 우방이 진심으로 도와주고 조정의 의견이 일치되어 오직 자주독립을 해야 우리나라를 튼튼히 할 수 있는 것입니다. …(중략)… 짐은 이에 14개 조목의 큰 규범을 하늘에 있는 우리 조종의 신령 앞에 고하면서 조종이 남긴 업적을 우러러 능히 공적을 이룩하고 감히 어기지 않을 것이니 밝은 신령은 굽어 살피시기 바랍니다.

① 지방 제도는 8도의 행정구역을 23부로 개편하였다.
② 조선 교육령을 발표하여 교육을 보통교육, 실업교육, 전문교육으로 나누었다.
③ 지방재판소, 한성재판소, 고등재판소를 설치하여 사법권을 행정권에서 분리하였다.
④ 정치부문에서는 의정부를 폐지하고 내각제를 도입하였으며, 8개 아문을 7부로 바꾸었다.

06 0696 [2018. 법원직]

다음 자료가 반포되기 이전에 실시된 정책으로 옳은 것은?

> 1. 청에 의존하는 생각을 버리고 자주독립의 기초를 세운다.
> 2. 왕위 계승의 법칙과 종친·외척과의 구별을 명확히 한다.
> 6. 납세는 법으로 정하고 함부로 세금을 거두지 않는다.
> 9. 왕실과 관청의 1년 회계를 계획한다.

① 한성 사범학교가 설립되었다.
② 중앙에 친위대, 지방에 진위대를 설치하였다.
③ 지방 행정 체제를 23부에서 13도로 개편하였다.
④ 청의 연호를 쓰지 않고 개국 기년을 사용하였다.

SOLUTION

자료분석 자료는 1894년 12월 제2차 갑오개혁의 신호탄이라 할 수 있는 홍범 14조를 발표한 사실을 보여준다. '14개 조목의 큰 규범'이라는 힌트를 통해 이를 알 수 있다. 고종은 문무백관을 거느리고 종묘에 나아가 독립 서고문을 바치고, 국정 개혁의 기본 강령인 홍범 14조를 반포하였다(1894. 12.).

정답해설 ① 2차 갑오개혁 때에는 8도의 행정 구역을 23부 337군으로 개편하였다.
③ 2차 갑오개혁 때에는 재판권을 재판소로 단일화하여 지방 재판소, 한성 재판소, 고등 재판소를 설치하고, 사법권을 행정권으로부터 독립시켰다(지방관의 사법권 박탈).
④ 2차 갑오개혁에서는 의정부를 내각으로 바꾸고, 8아문을 7부로 개편하였다.

오답피하기 ② 조선 교육령은 일제 강점기(1910~1945)의 한국인에 대한 일제의 교육 방침과 교육에 관한 법령이다.

핵심개념 갑신정변, 동학 농민 운동, 갑오개혁의 비교

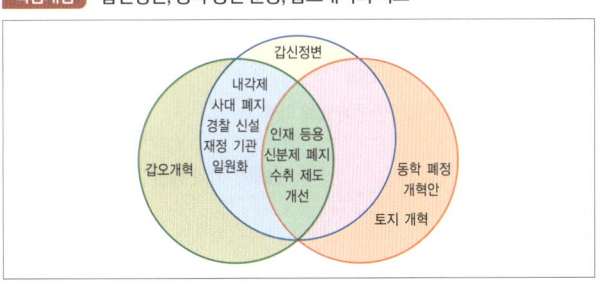

정답 ② 한정판 106p, 기본서 642p

SOLUTION

자료분석 자료는 1894년 12월 발표된 홍범 14조의 일부이다. 홍범 14조 발표 이전에는 제1차 갑오개혁이 추진되었다.

정답해설 ④ 제1차 갑오개혁(1894) 때에는 청의 연호를 폐지하고 개국 기년을 사용하였다. 또한 왕실과 정부 사무의 분리, 경무청 신설, 신분제와 과거제 폐지, 과부의 재가 허용 등이 이루어졌다.

오답피하기 ① 한성 사범학교는 제2차 갑오개혁 때(1895)에 설립되었다.
② 중앙에 친위대, 지방에 진위대가 설치된 것은 을미개혁 때이다.
③ 지방 행정 체제를 23부에서 13도로 개편한 것은 아관 파천 시기인 1896년의 일이다.

심화개념 한성 사범 학교(1895)

제2차 갑오개혁이 진행되던 중 고종이 발표한 교육 입국 조서(1895. 2.)에 따라 1895년 4월에 설립되어 5월에 개학한 관립 교사 양성 기관이다. 한성 사범 학교는 2년 과정의 본과와 6개월 과정의 속성과를 두었으며, 직원으로는 교관 2명 이하, 부교관 1명 등이 있었는데 이들이 10여 개의 교과목을 모두 교육해야 했다. 설립 이후 1906년까지 총 7회에 걸쳐 195명의 졸업자를 배출하였다.

▲ 한성 사범 학교

정답 ④ 한정판 106p, 기본서 640p

07 [2016. 지방직 9급]

다음 내용이 포함된 개혁에 대한 설명으로 옳지 않은 것은?

> • 공·사 노비제도를 모두 폐지하고, 인신 매매를 금지한다.
> • 연좌법을 폐지하여 죄인 자신 외에는 처벌하지 않는다.
> • 과부의 재혼은 귀천을 막론하고 그 자유에 맡긴다.

① 중국 연호의 사용을 폐지하였다.
② 독립 협회 활동의 영향을 받았다.
③ 군국기무처의 주도 하에 추진되었다.
④ 동학농민운동의 요구를 일부 수용하였다.

08 [2013. 국가직 9급]

다음 기구에서 추진한 개혁 내용으로 옳은 것은?

> 총재 1명, 부총재 1명, 그리고 16명에서 20명 사이의 회의원으로 구성되었다. 이밖에 2명 정도의 서기관이 있어서 활동을 도왔고, 또 회의원 중 3명이 기초 위원으로 선정되어 의안의 작성을 책임졌다. 총재는 영의정 김홍집이 겸임하고, 부총재는 내아문독판으로 회의원인 박정양이 겸임하였다.

① 은본위 화폐 제도를 실시하였다.
② 의정부와 삼군부의 기능을 회복하였다.
③ 양전사업을 실시하여 지계를 발급하였다.
④ 재판소를 설치하여 사법권과 행정권을 분리시켰다.

SOLUTION (07)

자료분석 공사 노비제도 폐지, 인신 매매 금지, 연좌법 폐지, 과부 재가 허용을 통해 자료의 개혁이 군국기무처의 주도 하에 추진된 제1차 갑오개혁(1894)임을 알 수 있다.

정답해설 ① 제1차 갑오개혁에서는 종래 사용해 오던 청의 연호를 폐지하고 개국 기원(개국 기년)을 사용하였다.
③ 제1차 갑오개혁은 군국기무처의 주도로 추진되었다(2차 갑오개혁 때는 군국기무처 폐지).
④ 제1차 갑오개혁에서는 신분제 폐지, 과부의 재혼 허용 등 동학 농민 운동의 요구를 일부 수용했다.

오답피하기 ② 제1차 갑오개혁은 독립 협회의 영향을 받지 않았다. 독립 협회는 제1차 갑오개혁 이후인 1896년에 창립되었다.

핵심개념 제1차 갑오개혁 때의 법령(핵심 요약)

> 1. 국내외의 공사(公私) 문서에 개국 기원을 사용한다.
> 2. 문벌과 양반, 상민 등의 계급을 타파하여 귀천에 구애됨이 없이 인재를 뽑아 쓴다.
> 4. 죄인 자신 이외의 일체의 연좌율을 폐지한다.
> 6. 남자 20세, 여자 16세 이하의 조혼을 금지한다.
> 7. 과부의 재혼은 귀천을 막론하고 자유에 맡긴다.
> 8. 공사노비법을 혁파하고 인신매매를 금지한다.
> 18. 퇴직 관리의 상업 활동은 자유의사에 맡긴다.
> 20. 각 도의 각종 세금은 화폐로 내게 한다.

정답 ② 한정판 106p, 기본서 640p

SOLUTION (08)

자료분석 자료는 제1차 갑오개혁(1894)을 주도한 군국기무처의 조직을 나타낸 것이다. 총재를 영의정 김홍집이 겸임했다는 내용을 통해 이를 알 수 있다.

정답해설 ① 제1차 갑오개혁 때 경제 분야에서는 조세 금납제를 시행하고, 이를 위해 은본위 화폐 제도를 도입하여 은화와 동전을 발행하였다.

오답피하기 ② 비변사를 폐지하고 의정부와 삼군부의 기능을 회복한 것은 고종 즉위 초 흥선 대원군이 실시한 정책이다.
③ 양전사업을 실시하여 지계를 발급한 것은 대한 제국이 실시한 광무개혁의 내용이다.
④ 재판소를 설치해 사법권과 행정권을 분리한 것은 제2차 갑오개혁의 정책이다. 제2차 갑오개혁은 군국기무처를 폐지하고 김홍집·박영효 연립 내각 주도로 추진되었다.

핵심개념 김홍집(1842 ~ 1896)

> • 온건 개화파
> • 1880년 2차 수신사 → 조선책략 입수
> • 1894년 군국기무처 총재
> • 1894~1896 1~4차 김홍집 내각
> • 아관파천 후 광화문에서 민중에 의해 피살

정답 ① 한정판 106p, 기본서 640p

주제 124 | 04 러시아 VS 일본 대립기
청·일 전쟁 이후의 정세와 을미개혁

Check 대표 기출 1

01 0699 [2015. 법원직 9급] 회독 ○○○

(가), (나) 시기에 볼 수 있는 모습으로 가장 적절한 것은?

(가)	(나)
일본 공사가 주동이 되어 명성황후를 시해하였다.	고종이 러시아 공사관으로 처소를 옮겼다.	환구단에서 황제 즉위식을 거행하였다.

① (가) - 홍범 14조를 반포하는 임금
② (가) - 전차 안에서 제국신문을 읽고 있는 학생
③ (나) - 단발령 철회를 논의하는 관리들
④ (나) - 만민 공동회에서 상권 수호 구호를 외치는 상인

SOLUTION 난이도 상 중 하

출제자의 눈 을미개혁의 내용을 묻는 단순 서술형 문제가 주로 출제되지만 최근에는 청·일 전쟁을 전후로 어떤 사건이 있었는지를 묻는 형태의 문제가 빈출되고 있다. 을미개혁은 단독 문제 출제 비중은 낮지만 다른 개혁의 오답 지문으로 출제되는 경우가 많아 개혁 내용을 정확하게 암기하고 있어야 한다.

자료분석 연표의 (가)는 명성황후가 시해된 사건인 을미사변(1895. 8.)에서 고종이 러시아 공사관으로 처소를 옮긴 아관 파천(1896. 2.)까지의 시기이다. (나)는 아관 파천(1896. 2.)에서 고종이 환구단에서 황제 즉위식을 거행(대한 제국 선포, 1897. 10.)한 때까지의 시기이다.

정답해설 ③ 1895년 8월 일본은 미우라 신임 공사의 주도 아래 궁궐을 침범하여 배일 정책을 주도하던 왕비를 시해하고 그 시체를 불사르는 만행을 저질렀다(을미사변). 을미사변의 결과 일본에 의해 친러파가 축출되고, 유길준 등을 중심으로 하는 4차 김홍집 내각(친일 내각)이 수립되어 을미개혁이 추진되었다. 을미개혁의 대표적 내용으로는 단발령이 있었다. 이 단발령과 을미사변으로 반일 감정이 높아지고 각지에서 항일 의병(을미의병)이 일어났으며, 고종은 신변의 위협까지 느끼고 있었다. 이에 러시아 공사 베베르와 협의해 1896년 2월 마침내 고종을 러시아 공사관으로 이동시키는 아관 파천을 단행하였다. 아관 파천(1896. 2.)을 계기로 친일 정권이 무너지고, 논의를 통해 단발령이 철회되었다.

오답피하기 ① 홍범 14조는 을미사변(1895) 전인 1894년 12월에 발표되었다.
② 전차는 1899년에 처음 개통되었고, 제국신문은 1898년에 창간된 신문이므로 대한 제국 성립(1897) 이후에 해당한다.
④ 독립 협회의 만민 공동회는 대한 제국 수립 후에 개최되었다(1898. 3.).

정답 ③ 한정판 107p, 기본서 646p

Check 대표 기출 2

02 0700 [2014. 국가직 7급] 회독 ○○○

다음 법령을 만든 개화파 내각의 개혁으로 옳은 것을 <보기>에서 모두 고르면?

> 제1조 소학교는 아동의 신체 발달에 맞추어 인민 교육의 기초와 생활상 필요한 보통 지식과 기능을 가르치는 것을 목적으로 한다.
> 제2조 소학교는 관립 소학교·공립 소학교·사립 소학교 등의 3종이며, 관립 소학교는 정부 설립, 공립 소학교는 부(府) 혹은 군(郡) 설립, 사립 소학교는 사립 학교 설립과 관계된 것을 말한다.
> - 소학교령 -

보기
㉠ 건양이라는 연호를 제정하였다.
㉡ 조·일 무역 규칙을 개정하였다.
㉢ 서울에 친위대를, 지방에 진위대를 두었다.
㉣ 단발령을 폐지하고 의정부를 다시 설치하였다.

① ㉠, ㉡ ② ㉠, ㉢ ③ ㉡, ㉣ ④ ㉢, ㉣

SOLUTION 난이도 상 중 하

자료분석 자료는 1895년 7월 공포된 '소학교령'으로, 이에 근거하여 을미개혁 때 서울에 4개의 소학교가 설치되었다. 일본은 을미사변으로 외교적 고립을 겪었지만 조선 내정에 대한 통제력을 회복하는 데는 성공하였다. 을미사변 후 김홍집과 유길준을 중심으로 하는 친일 내각이 수립되어 적극적인 개혁정책을 추진하였다. 근대적인 예산편성, 태양력과 건양(建陽) 연호의 제정, 소학교령의 반포 등이 이때 추진된 이른바 을미개혁의 내용이다(소학교령 공포 시기는 1895년 7월의 일로 2차 갑오개혁과 을미개혁 무렵의 애매한 시기에 걸쳐있다. 그러나 소학교 설치가 수험 국사에서 을미개혁으로 정리되기 때문에 소학교령 공포도 소학교 설치와 묶어 을미개혁에 포함시키고 있다.).

정답해설 ㉠, ㉢ 을미개혁 당시 '건양'이라는 연호를 제정하였으며, 중앙에 친위대, 지방에 진위대를 설치하였다.

오답피하기 ㉡ 조·일 무역규칙(조·일 통상 장정) 개정은 1883년에 이루어졌다. 1883년에 체결된 개정 조·일 통상 장정에는 관세 부과, 방곡령 선포, 최혜국 대우 규정 등이 포함되었다.
㉣ 단발령 폐지와 의정부의 복설은 아관 파천(1896) 이후의 사실이다. 고종이 러시아 공사관으로 피신한 이후 친러 내각은 단발령을 폐지하고 내각 제도를 의정부 제로 환원하였다.

핵심개념 을미개혁(1895. 8.~1896. 2.)

추진	4차 김홍집 내각(친일 내각)
개혁 내용	• 단발령 시행, '건양' 연호 사용, 태양력 사용, 종두법 실시, 소학교 설치 • 친위대(중앙)·진위대(지방) 설치 • 갑신정변으로 중단되었던 우편 사무 재개(우체사 설치)

정답 ② 한정판 107p, 기본서 647p

03 [2025. 서울시 9급 1차]

〈보기〉의 밑줄 친 '이 나라'에 대한 설명으로 가장 옳은 것은?

— 보기 —
- 영국은 이 나라를 견제하기 위해 조선의 거문도를 불법 점령하였다.
- 명성황후 시해 사건 이후 고종은 이 나라의 공사관으로 처소를 옮겼다.
- 일본은 한반도에서의 주도권을 차지하기 위해 이 나라와 전쟁을 치렀다.

① 병인양요를 일으켰다.
② 신미양요를 일으켰다.
③ 절영도 조차를 요구하였다.
④ 황무지 개간권을 요구하였다.

SOLUTION

자료분석 자료의 밑줄 친 '이 나라'는 러시아이다. 1885년 영국은 조·러 비밀 협약이 풍문으로 들려오자, 러시아의 남하에 대비한다는 구실로 거문도를 해밀턴 항이라 명명하고 약 2년 동안 불법으로 점령하였다(1885~1887). 을미사변으로 인해 신변에 위협을 느낀 고종은 1896년 러시아 공사관으로 처소를 옮겼다(아관 파천). 삼국간섭 이후 한반도 지배권을 둘러싸고 러시아와 대립하던 일본은 1904년 2월 8일 뤼순(여순)을 기습하고 9일에는 인천 앞바다에 있던 두 척의 러시아 군함을 격침하며 러시아와 전쟁을 벌였다(러·일 전쟁).

정답해설 ③ 러시아는 저탄소 설치를 위해 절영도 조차를 요구하였으나 독립 협회가 만민 공동회를 개최하여 러시아의 요구를 좌절시켰다.

오답피하기 ① 병인양요(1866)를 일으킨 나라는 프랑스이다. 프랑스는 병인박해를 구실로 강화도를 침입하였는데 이에 맞서 한성근 부대가 문수산성에서 활약하였고, 양헌수 부대는 삼랑성(정족산성)에서 프랑스군을 물리쳤다. 결국 프랑스군은 40여 일 만에 철수하면서 외규장각 의궤 등 문화재와 재물을 약탈해갔다.
② 신미양요(1871)는 제너럴셔먼호 사건을 구실로 미군이 강화도를 침략한 사건이다. 미국이 강화도의 초지진과 덕진진을 점령하고 광성보를 공격하자 어재연이 이에 맞서 싸웠으나 끝내 함락당하였다. 그러나 미국은 예상과 달리 조선군의 저항이 강하고 조선 정부가 계속 외교 교섭에 응하지 않자 결국 철수하였다.
④ 일본은 러·일 전쟁 중에 본격적으로 경제적 침탈을 강화하면서 막대한 국유지인 황무지 개간권을 요구하였다. 이에 보안회가 반대 집회를 열어 일본의 요구를 저지하였다.

정답 ③ 한정판 107p, 기본서 644p

04 [2024. 지방직 9급]

(가), (나) 사이에 있었던 사실로 옳지 않은 것은?

(가) 조선은 오랫동안 제후국으로서 중국에 대해 정해진 전례가 있다는 것은 다시 의논할 여지가 없다. … (중략) … 이번에 제정한 수륙 무역 장정은 중국이 속방을 우대하는 뜻이니만큼, 다른 조약 체결국들이 모두 똑같은 이익을 균점하도록 하는 데 있지 않다.

(나) 제1조 청국은 조선국이 완전무결한 독립 자주국임을 확인한다. 아울러 조선의 청에 대한 공물 헌납 등은 장래에 완전히 폐지한다.
제4조 청국은 군비 배상금으로 은 2억 냥을 일본국에 지불할 것을 약정한다.

① 영국이 거문도를 점령하였다.
② 한·청 통상조약이 체결되었다.
③ 김옥균 등이 갑신정변을 일으켰다.
④ 청과 일본 사이에 전쟁이 발발하였다.

SOLUTION

자료분석 (가) 1882년 체결된 조·청 상민 수륙 무역 장정의 내용이다. 이 조약은 조선이 청의 속방(속국)임을 명문화하고, 치외법권의 인정, 청 상인의 내지 통상권 허용(서울, 양화진에 점포 개설 권리 허용) 등 청나라에 유리한 특권을 담고 있었다.
(나) 1895년 청과 일본 사이에 체결된 시모노세키 조약의 내용이다. 청·일 전쟁의 전후 처리를 위한 조약으로 청국은 조선국이 완전한 자주독립국임을 인정할 것과, 요동 반도와 대만 및 펑후섬 등을 일본에 할양하며, 일본에 배상금 2억 냥을 지불한다는 내용이 포함되었다.

정답해설 ① 1885년 영국은 조·러 비밀 협약이 풍문으로 들려오자, 러시아의 남하에 대비한다는 구실로 거문도를 해밀턴 항이라 명명하고 약 2년 동안 불법으로 점령하였다(1885~1887).
③ 1884년 10월 김옥균과 홍영식 등 급진 개화파는 우정국 개국 축하연을 이용하여 민씨 정권의 고위 관료들을 살해하고 개화당 정부를 수립한 뒤, 14개 조의 개혁 정강을 마련하였다(갑신정변). 그러나 청군의 개입으로 3일 만에 실패로 끝났고, 이 과정에서 홍영식 등은 청군에게 죽임을 당하고, 김옥균, 박영효, 서광범, 서재필 등은 일본으로 망명하였다.
④ 청·일 전쟁은 1894년 6월에 일어났다. 동학 농민 운동이 일어나자 조선 정부는 농민군을 진압하기 위해 청에 군대 파견을 요청하였다. 청이 군대를 파견하자 일본도 이를 기회로 조선에서 영향력을 확대하기 위해 군대를 파견하였다. 조선 정부는 청·일 양국의 군사적 충돌을 우려해 두 나라에 철군을 요구하였다. 그러나 일본은 이를 무시한 채 경복궁을 강제로 점령하여 조선 정부를 장악하고, 청군을 기습하여 청·일 전쟁을 일으켰다.

오답피하기 ② 한·청 통상 조약은 1899년에 체결되었다. 대한 제국 황제와 청 황제가 대등한 위치에서 조약을 체결했으며, 양국이 서로 균등한 자격으로 거류민의 신분과 재산을 보호하며 이를 위해 전권 대사를 교환하고 총영사관을 설치하도록 약정했다.

정답 ② 한정판 107p, 기본서 646p

주제 125

04 | 러시아 VS 일본 대립기
독립 협회의 활동(1896~1898)

Check 대표 기출 1

01 0703 [2020. 지방직 9급] 회독 ○○○

다음과 같은 주제로 토론회를 개최한 단체에 대한 설명으로 옳은 것은?

1897. 8. 29.	조선에 급선무는 인민의 교육
1897. 9. 5.	도로 수정하는 것이 위생에 제일 방책
…	…
1897. 12. 26.	인민의 귀로 듣고 눈으로 보는 것을 개명케 하려면 우리나라 신문이며 다른 나라 신문지들을 널리 반포하는 것이 제일 긴요함

① 헌정 연구회의 활동을 계승하여 월보를 간행하고 지회를 설치하였다.
② 국민 계몽을 위해 회보를 발간하고 만민 공동회 등 대규모 집회를 열었다.
③ 보부상 중심의 단체로 황권 강화를 통한 부국강병을 행동지침으로 삼았다.
④ 일본이 황무지 개간을 구실로 토지를 약탈하려 하자 대중적 반대 운동을 벌였다.

SOLUTION 난이도 상 중 하

출제자의 눈 사료를 제시하고 독립 협회의 활동을 묻는 문제가 전형적이다. 헌의 6조 외에도 구국 운동 상소문, 만민 공동회 등 출제 사료가 다양해 주요 사료의 키워드를 정확하게 숙지하고 있어야 한다.

자료분석 자료는 독립 협회가 개최한 토론회의 주제들이다. 조선에 급선무는 인민의 교육이라는 내용과 인민을 개명케 하려면 신문을 널리 반포하는 것이 제일 긴요하다는 주제를 통해 이를 알 수 있다.

정답해설 ② 독립 협회는 국민 계몽을 위해 기관지인 대조선독립 협회회보 등을 발간하고, 서울 종로에서 민중 집회인 만민 공동회를 개최하였다.

오답피하기 ① 대한 자강회에 대한 설명이다. 대한 자강회는 1906년 헌정 연구회를 계승하여 창립된 단체로, 전국 각지에 지회를 두었고, 월보를 간행하고 정기적으로 연설회를 개최하여 대중적인 계몽 운동을 전개하였다.
③ 황국 협회에 대한 설명이다. 황국 협회는 1898년 독립 협회의 활동에 대항하기 위해 황제 측근 세력이 보부상을 중심으로 조직된 단체이다. 독립 협회 견제가 출범 목적인 만큼 독립 협회와는 반대되는 정치적 견해를 내세웠으며, 명칭에서 알 수 있듯이 황권의 강화를 통한 부국강병이 지침이었다.
④ 보안회에 대한 설명이다. 1904년에 결성된 보안회는 일제의 황무지 개간권 요구에 대한 반대 운동을 전개하여 이를 저지하는데 성공하였다.

정답 ② 한정판 107p, 기본서 650p

Check 대표 기출 2

02 0704 [2017. 국가직 9급] 회독 ○○○

다음 건의문이 결의된 이후에 일어난 사실로 옳은 것은?

> 1. 외국인에게 의지하지 말고, 관·민이 힘을 합하여 전제 황권을 견고하게 할 것
> 2. 외국과의 이권에 관한 조약은 각 대신과 중추원 의장이 합동 날인하여 시행할 것
> 3. 국가 재정은 탁지부에서 전관하고, 예산과 결산을 국민에게 공포할 것
> 4. 중대 범죄를 공판하되, 피고의 인권을 존중할 것
> 5. 칙임관을 임명할 때에는 정부의 자문을 받아 다수의 의견에 따를 것
> 6. 정해진 규정을 실천할 것

① 군국기무처를 중심으로 개혁이 추진되었다.
② 황제권 강화작업의 일환으로 원수부가 설치되었다.
③ 고종이 러시아 공사관으로 거처를 옮기게 되었다.
④ 서재필을 중심으로 민중 계몽을 위한 독립신문이 창간되었다.

SOLUTION 난이도 상 중 하

자료분석 자료는 독립 협회가 관민 공동회에서 결의한 헌의 6조(1898)의 내용이다. 헌의 6조는 국권 수호, 민권 보장 등의 내용이 담겨 있었으며, 독립 협회는 의회 설립 운동을 전개하였고, 정부 대신이 참여한 관민 공동회에서 헌의 6조를 채택하여 고종의 재가를 받았다.

정답해설 ② 원수부는 대한 제국의 황제 고종이 군 통수권을 장악하기 위해 1899년에 설립한 기관이다. 따라서 헌의 6조가 결의된 1898년 이후의 일이다.

오답피하기 ① 군국기무처를 중심으로 한 개혁은 제1차 갑오개혁으로, 1894년에 실시되었다.
③ 고종이 러시아 공사관으로 거처를 옮긴 사건은 아관 파천으로, 1896년에 발생했다. 헌의 6조 결의(1898. 10.)는 고종이 경운궁으로 환궁해 대한 제국을 선포(1897)한 뒤에 이루어졌다.
④ 독립신문은 우리나라 최초의 민간 신문으로 1896년 4월 7일에 창간되었다. 독립 협회가 독립신문 발행을 주도하긴 했으나 신문의 창간 시기는 독립 협회 설립(1896. 7.)보다 빠르다.

정답 ② 한정판 107p, 기본서 652p

03 [2025. 법원직]

다음 밑줄 친 '단체'와 관련된 내용으로 가장 옳은 것은?

> 백정 박성춘이 "이 사람은 바로 대한에서 가장 천한 사람이고 무식합니다. 그러나 임금께 충성하고 나라를 사랑하는 뜻은 대강 알고 있습니다. …… 관리와 백성이 힘을 합하여 우리 대황제의 훌륭한 덕에 보답하고 국운이 영원토록 무궁하게 합시다."라고 연설하니 사람들이 박수갈채를 보내고 <u>단체</u> 회원들이 각자 자신의 의견을 말한 후 …… 먼저 6개 조항을 만민에게 돌려 찬성을 받고 대신들도 모두 가(可)자 아래 서명하였다.

① 러시아의 절영도 조차 요구를 저지하였다.
② 일제의 황무지 개간권 요구를 저지하였다.
③ 을사오적을 처단하기 위한 목표를 지녔다.
④ 고종의 강제 퇴위를 반대하는 시위를 주도하였다.

04 [2024. 서울시 9급 2차]

〈보기〉의 내용을 주도한 세력이 취한 정책으로 가장 옳지 않은 것은?

— 보기 —
1. 외국인에게 의지하지 말고 관민이 합심하여 황제권을 공고히 할 것.
2. 외국과의 이권에 관한 계약과 조약은 해당 부처의 대신과 중추원 의장이 함께 날인하여 시행할 것.
3. 재정은 탁지부에서 전담하여 맡고 예산과 결산을 국민에게 공포할 것.

① 『독립신문』을 발간하고 독립문을 건설하였다.
② 태양력과 '건양' 연호를 사용하고 단발령을 실시하였다.
③ 중대한 범죄는 공판하되 피고의 인권을 존중할 것을 주장하였다.
④ 만민공동회를 열어 러시아의 내정 간섭을 규탄하였다.

05 [2023. 서울시 9급 2차]

〈보기〉의 상소문을 올린 단체에 대한 설명으로 가장 옳지 않은 것은?

― 보기 ―
나라가 나라답기 위해서 두 가지 필요한 조건이 있는데, 그 하나는 자립하여 다른 나라에 의지하지 않는 것이며, 다른 하나는 우리 스스로 정치와 법률을 온 나라에 바르게 행하는 것입니다. 이 두 가지는 하늘에서 우리 폐하에게 부여해 준 하나의 큰 권한입니다. 이 권한이 없으면 그 나라가 없는 것입니다.

① 만민 공동회를 열어 자주 국권 운동을 전개했다.
② 박정양 내각과 협상을 하여 중추원 관제를 반포하게 했다.
③ 황제의 전제 정치 실시를 지지하여 대한국 국제를 반포했다.
④ 러시아 배척에는 적극적이었으나 미국, 영국, 일본에 대해서는 우호적인 태도를 보였다.

06 [2023. 법원직 9급]

밑줄 친 '이 단체'의 활동으로 옳은 것을 〈보기〉에서 모두 고른 것은?

정부의 지원을 받아 설립된 <u>이 단체</u>는 고종에게 아래의 문서를 재가 받았다.

1. 외국인에게 의지하지 말고 관민이 합심하여 황제권을 공고히 할 것.
2. 외국과의 이권에 관한 계약과 조약은 해당 부처의 대신과 중추원 의장이 함께 날인하여 시행할 것.

― 보기 ―
ㄱ. '구국 운동 상소문'을 지었다.
ㄴ. 고종 강제 퇴위 반대 운동에 앞장섰다.
ㄷ. 일제의 황무지 개간권 요구에 반대하였다.
ㄹ. 러시아의 내정 간섭과 이권 요구에 반대하였다.

① ㄱ, ㄴ
② ㄱ, ㄹ
③ ㄴ, ㄷ
④ ㄷ, ㄹ

07 [2022. 국가직 9급]

(가) 단체에 대한 설명으로 옳은 것은?

> 아관파천 이후 러시아의 영향력이 강화되고 열강의 이권 침탈이 가속화되었다. 이러한 가운데 서재필 등은 (가) 을/를 만들었다. (가) 은/는 고종에게 자주독립을 굳건히 하고 내정 개혁을 단행하라는 내용이 담긴 상소문을 제출하였으며, 만민공동회를 개최하여 외국의 간섭과 일부 관리의 부정부패를 비판하였다.

① 「교육 입국 조서」를 작성해 공포하였다.
② 영은문이 있던 자리 부근에 독립문을 세웠다.
③ 개혁의 기본 강령인 「홍범 14조」를 발표하였다.
④ 일본에 진 빚을 갚자는 국채 보상 운동을 일으켰다.

08 [2018. 국회직]

다음 사료와 관련된 단체의 활동으로 옳은 것은?

> • 슬프다. 대한 사람들은 남에게 의지하고 힘입으려는 마음을 끊을 진저. 청국에 의지하지 말라, 종이나 사환에 지나지 못하리로다. 일본에 의지하지 말라, 내종에는 내장을 잃으리로다. 노국에 의지하지 말라, 필경에는 몸뚱이까지 삼킴을 받으리라. 이 모든 나라에 의지하고 힘입으려고는 아니할지 언정 친밀치 아니치는 못하리라. — ○○신문 —
>
> • 내가 일전에 학교에 갈 때 종로를 지나다가 보니 태극기는 일월(日月) 같이 높이 달고 흰 구름 같은 천막이 울타리 담장처럼 넓게 펼쳐져 있었습니다. 나무 울타리 안에 수많은 사람들이 모여 있었습니다. 제가 어떤 사람들에게 물으니, "정부 대신을 초청하여 묻고 토론할 일이 있어 집회가 열렸소."라고 했습니다. — 대한계년사 —

① 고종 황제 퇴위 반대 운동을 주도하였다.
② 국외 독립군 기지 건설 운동을 전개하였다.
③ 위정척사 사상을 가진 유생들이 결성하였다.
④ 탐관오리의 죄상을 조사하여 엄징하였다.
⑤ 러시아의 절영도 조차 요구를 저지하였다.

주제 126

04 | 러시아 VS 일본 대립기
대한 제국(1897~1910)과 광무개혁

Check 대표 기출 1

01 0711 [2025. 지방직 9급]   회독 ○○○

(가) 국가에 대한 설명으로 옳지 않은 것은?

> 제1조 지계아문은 한성부와 13도 각 부·군의 산림, 토지, 전답, 가옥의 계권(契券)을 바로잡기 위해 임시로 설치할 것.
> 제10조 산림, 토지, 전답, 가옥은 ㅤ(가)ㅤ인(人) 이외에는 소유주가 될 수 없을 것임. 단, 각 개항장 내에서는 이러한 제한이 없을 것임.

① '광무'라는 연호를 사용하였다.
② 교육 입국의 조서를 반포하였다.
③ 구본신참의 원칙하에 개혁을 추진하였다.
④ 서대문과 청량리 사이에 전차를 부설하였다.

Check 대표 기출 2

02 0712 [2024. 지방직 9급]   회독 ○○○

다음 법령이 반포된 시기는?

> 제1조 대한국은 세계 만국에 공인된 자주 독립한 제국이다.
> 제2조 대한 제국의 정치는 이전으로부터 500년이 내려왔고 이후로도 만세에 걸쳐 변치 않을 전제정치이다.
> 제3조 대한국 대황제는 무한한 군권을 향유하니 공법에서 말한바 자립 정체이다.
> 제4조 대한국 신민이 대황제가 향유하는 군권을 침해할 행위가 있으면 신민의 도리를 잃은 자로 인정할 것임.

(가)	(나)	(다)	(라)
갑신정변 발생	갑오개혁 실시	독립협회 해산	러·일전쟁 발발	을사늑약 체결

① (가) ② (나) ③ (다) ④ (라)

SOLUTION   난이도 상 중 하

출제자의 눈 대한 제국이 실시한 광무개혁을 다른 시기의 개혁들과 비교 구분하는 문제가 출제된다. 특히 양전 지계 사업의 출제 비중이 높으며, 단독 문제로도 출제된다. 또한 시기 관련 문제의 체감 난도가 높아 대한국 국제 반포나 독립신문 창간 등 주요 사건의 연도를 암기하고 있어야 한다. 한·청 통상 조약은 최근 출제 비중이 높아지고 있어 심화 내용까지 대비할 필요가 있다.

자료분석 자료의 (가)에 해당하는 국가는 대한 제국으로, 지계아문 규정의 일부 내용이다. 대한 제국은 양지아문과 별도로 지계아문을 설치하고(1901), 토지 소유자에게 토지 소유권을 보장하는 지계(관계)를 발급하였다. 이듬해에는 양지아문의 토지 측량 사업을 지계아문으로 통합하였다. 그 결과 지계아문은 지계 사업과 양전 사업을 병행하였다.

정답해설 ①,③ 대한 제국은 '광무'라는 연호를 사용하였고, 갑오개혁의 급진성을 비판하면서 '옛것을 기본으로 하고 새로운 것을 참고한다.'는 구본신참을 개혁의 기본 방향으로 정하여 점진적으로 개혁을 추진하였다(광무개혁).
④ 대한 제국 시기인 1899년에는 서대문과 청량리 사이에 전차가 개통되었다.

오답피하기 ② 대한 제국 성립(1897) 이전인 제2차 갑오개혁 때의 정책이다. 제2차 갑오개혁 때는 교육 개혁을 시도하여 교육 입국 조서를 반포(1895. 2.)하고 한성 사범 학교 관제, 외국어 학교 관제 등을 제정하여 근대적 교육 제도를 마련하였다.

정답 ② 한정판 108p, 기본서 655p

SOLUTION   난이도 상 중 하

자료분석 연표의 갑신정변은 1884년, 갑오개혁은 1894년, 독립 협회 해산은 1898년, 러·일 전쟁 발발은 1904년, 을사늑약 체결은 1905년의 사건이다.

정답해설 ③ 대한 제국은 황제 직속으로 법규 교정소라는 특별 입법 기구를 만들어 만국공법에 기초하여 1899년 대한국 국제를 제정하였다. 대한국 국제에는 '대한국은 세계 만국에 공인된 자주독립국이며, 만세토록 불변할 전제 정치'라고 하는 규정을 명문화하였다. 또한, 황제가 육해군 통솔권, 입법권, 행정권, 사법권 등 모든 권한을 가진다고 규정하여, 대한 제국이 전제 군주 국가임을 분명히 하였다.

핵심개념 대한국 국제(1899. 8.)

제1조	대한국은 세계 만국이 공인한 자주 독립 제국이다.
제2조	대한국의 정치는 만세 불변의 전제 정치이다.
제3조	대한국 대황제는 무한한 군권을 누린다.
제5조	대한국 대황제는 육·해군을 통솔한다.
제6조	대한국 대황제는 법률을 제정하여 그 반포와 집행을 명하고, 대사, 특사, 감형, 복권 등을 명한다.
제7조	대한국 대황제는 행정 각부의 관제를 정하고, 행정상 필요한 칙령을 발한다.
제9조	대한국 대황제는 각 조약 체결 국가에 사신을 파견하고, 선전, 강화 및 제반 조약을 체결한다.

정답 ③ 한정판 108p, 기본서 656p

03 [2025. 서울시 9급 1차]

〈보기〉의 내용을 공포한 이후에 일어난 사건에 해당하는 것은?

―보기―
제1조 대한국은 세계 만국에 공인된 자주독립한 제국이다.
제2조 대한제국의 정치는 500년간 전래되었고, 앞으로 만세토록 불변할 전제정치이다.
제3조 대한국 대황제는 무한한 군권을 향유하니 공법에 이른 바 정체를 스스로 정함이라.

① 지계아문을 설치하여 지계를 발급하였다.
② 박문국에서 『한성순보』를 발행하였다.
③ 우편제도가 도입되어 우정국이 설치되었다.
④ 최초의 서양식 병원인 광혜원을 설립하였다.

04 [2023. 지역인재 9급]

(가) 시기에 있었던 사실로 옳은 것은?

고종은 연호를 '광무'로 바꾸고 환구단을 세워 이곳에서 황제로 즉위하였으며 나라 이름을 (가) 으로/로 선포하고 자주독립 국가임을 알렸다.

① 별기군을 창설하였다.
② 교육 입국 조서를 발표하였다.
③ 통리기무아문을 설치하였다.
④ 지계 발급 사업을 추진하였다.

SOLUTION 03

자료분석 자료는 1899년 반포한 대한국 국제의 내용이다. 고종은 대한국 국제를 제정하여 대한 제국이 자주독립국이며, 황제가 무한한 군주권을 행사하는 전제 군주국임을 분명히 하였다.

정답해설 ① 대한 제국은 1901년 지계아문을 설치하여 토지 소유자에게 소유 증명서인 지계를 발급하였다.

오답피하기 ② 1883년 근대식 인쇄 출판 기관인 박문국이 설치되었다. 박문국에서는 1883년부터 우리나라 최초의 신문인 한성순보가 발행되었다.
③ 우정국(우정총국)은 우편 업무를 담당하던 관청으로 1884년 창설되었다. 그러나 우정총국 개국 축하연에서 갑신정변(1884)이 일어났고 이 사건으로 같은 해 10월 폐지되었다.
④ 광혜원은 1885년 미국 선교사 알렌의 건의로 서울 재동에 세운 우리나라 최초의 근대식 병원이다.

정답 ① 한정판 108p, 기본서 656p

SOLUTION 04

자료분석 자료의 (가)에 해당하는 국호는 대한 제국이다. 고종은 아관 파천 후 1년 만에 경운궁으로 환궁하고 대내외에 자주 주권 국가임을 과시하고자 연호를 광무로 고치고 황제로 즉위하였다. 이어 국호도 조선에서 대한(大韓)으로 바꾸었다. 대한 제국은 1897년 성립되어 1910년까지 존속되었다.

정답해설 ④ 대한 제국은 근대적 토지 소유권의 확립과 지세 수입 확보를 위해 양전·지계 발급사업을 추진하였다. 전국의 2/3 지역에서 토지 조사를 완료하고 강원도와 충청남도 지역에서 지계를 발급하였으나, 러·일 전쟁의 발발(1904. 2.) 직후 일본의 간섭으로 중단되었다.

오답피하기 ① 조선 정부는 1881년(고종 18) 군제 개혁을 단행해 기존 중앙군인 5군영을 무위영과 장어영의 2영으로 축소하였고 신식 군대인 별기군을 창설하였다. 별기군은 일본 공사관에 근무하고 있던 호리모토 레이조를 군사 고문으로 초빙하여 일본식 군사 훈련을 하였다.
② 교육 입국 조서(1895. 2.)는 제2차 갑오개혁 당시 고종이 조칙으로 발표한 교육에 관한 특별 조서이다. 고종은 교육을 통해 부강을 이루어야 한다는 내용의 교육 입국 조서를 발표하고, 이에 근거해 한성 사범 학교를 세우고 소학교 관제와 외국어 학교 관제를 마련해 근대 교육 제도를 도입하였다.
③ 통리기무아문은 개화 정책을 총괄한 기구로, 1880년에 설치되었다.

정답 ④ 한정판 108p, 기본서 655p

05 [2022. 계리직]

〈보기〉의 궁궐에 대한 설명으로 옳은 것은?

― 보기 ―
본래 월산대군의 집터였는데, 임진왜란 이후 선조의 임시 거처로 사용되어 정릉동 행궁으로 불리다가 광해군 때에 경운궁으로 개칭되었다. …(중략)… 궁내에 서양식 건물이 여럿 지어진 것이 주목된다. …(중략)… 1945년 광복 후 석조전에서 미소공동위원회가 열려 한반도 문제가 논의되었다. 1963년 1월 18일에 사적 제124호로 지정되었다.

① 도성의 동쪽에 위치하여 동궐이라 불리기도 하였다.
② 전통 정원 조경의 자연미와 인공미가 조화를 이룬 후원이 유명하다.
③ 흥선대원군의 왕권강화에 대한 강력한 의지에 따라 크게 중건되었다.
④ 아관파천 이후 고종이 옮겨와 대한제국을 선포하고 광무개혁을 실시하였다.

06 [2021. 경찰 2차]

다음 조약이 체결되었던 당시 상황으로 옳은 것은?

제1관 앞으로 대한국과 대청국은 영원히 우호를 다지며 양국 상인과 인민이 거류하는 경우 모두 온전히 보호와 우대의 이익을 얻는다.
제2관 이번 조약을 맺은 이후부터 양국은 서로 병권대신을 파견하여 피차 수도에 주재시키고, 아울러 통상 항구에 영사 등의 관원을 설립하는 데 모두 편의를 봐줄 수 있다.
제5관 재한국 중국 인민이 범법(犯法)한 일이 있을 경우에는 중국 영사관이 중국의 법률에 따라 심판 처리하며, 재중국 한국 인민이 범법한 일이 있을 경우에는 한국 영사관이 한국의 법률에 따라 심판 처리한다.

① 광무 연호가 사용되고 있었다.
② 대한매일신보가 발간되고 있었다.
③ 금본위 화폐제가 시행되고 있었다.
④ 고종이 러시아 공사관에 머무르고 있었다.

SOLUTION (05)

자료분석 자료는 경운궁(덕수궁)에 대한 내용이다. 본래 월산대군의 집터였는데, 임진왜란 이후 선조의 임시거처로 사용되어 정릉동 행궁으로 불리다가 광해군 때에 경운궁으로 개칭되었다. 이후 1907년 순종에게 양위한 고종이 이곳에 머무르게 되면서 고종의 장수를 빈다는 의미에서 덕수궁이라 다시 바꾸었다.

정답해설 ④ 아관 파천(1896) 이후 열강의 이권 침탈이 심해지자, 독립 협회를 중심으로 고종의 환궁을 요구하는 여론이 형성되었다. 이에 고종은 1년 만에 경운궁으로 환궁(1897. 2.)한 후 대내외에 자주 주권 국가임을 과시하고자 연호를 광무로 고치고 황제로 즉위하였다. 이어 국호도 조선에서 대한(大韓)으로 바꾸었다.

오답피하기 ① 창덕궁과 창경궁은 조선에서 가장 정궁인 경복궁의 동쪽에 위치했다는 의미에서 동궐이라 불렸다.
② 전통 정원 조경의 자연미와 인공미가 조화를 이룬 후원은 창덕궁 후원이다.
③ 흥선 대원군의 왕권 강화에 대한 강력한 의지에 따라 크게 중건된 것은 경복궁이다.

핵심개념 경운궁(덕수궁)
- 월산대군(성종의 형)의 집이 있던 곳
- 선조가 임진왜란 뒤 임시거처로 사용하면서 정릉동 행궁으로 불림 → 광해군 때 경운궁으로 개칭
- 주요 건물 : 중명전, 중화전, 함녕전, 석조전

정답 ④

SOLUTION (06)

자료분석 자료는 대한 제국 시기인 1899년 체결된 한·청 통상 조약의 일부 내용이다. 대한 제국은 1899년 청과 대등한 입장에서 한·청 통상 조약을 체결하여 양국은 서로 균등한 자격으로 거류민의 신분과 재산을 보호하며, 이를 위해 전권대사를 교환하고 총영사관을 설치하도록 약정하였다.

정답해설 ① 대한 제국은 고종 재위 시기 연호로 광무(光武)를 사용하였다(순종 대에는 '융희'를 연호로 사용). 고종은 아관 파천 후 1년 만에 경운궁으로 환궁하고 대내외에 자주 주권 국가임을 과시하고자 연호를 광무로 고치고 황제로 즉위하였다. 이어 국호도 조선에서 대한(大韓)으로 바꾸었다.
※ 한·청 통상 조약이 체결된 1899년에도 계속 광무 연호를 사용하고 있었기 때문에 옳은 내용이다.

오답피하기 ② 대한매일신보는 양기탁과 베델이 1904년 창간한 신문으로, 고종의 을사조약 무효 선언 친서를 발표하기도 하였다.
③ 금 본위제는 1905년 메가타가 주도한 화폐 정리 사업의 결과 시행되었다. 일본은 화폐 정리 사업을 통해 한국의 화폐를 일본의 화폐 제도에 따라 금 본위제로 하고 일본의 제일 은행권을 본위 화폐로 하여 일본의 금융이 한국을 지배하도록 하였다.
④ 을미사변 이후 신변에 위협을 느낀 고종은 1896년 러시아 공사관으로 피신하였다(아관 파천). 이후 1년 동안 러시아 공사관에서 머물던 고종은 1897년 경운궁으로 환궁하고 대한 제국을 선포하였다.

심화개념 한청 통상 조약(1899. 9.)
- 청과 대등한 주권 국가 입장에서 체결
- 양국이 균등한 자격으로 거류민의 신분과 재산 보호
- 전권대사 교환, 총영사관 설치
- 개항한 지역에서만 무역하도록 규정
- 범법 행위 발생 시 양국 영사관을 통해 조회하여 그 국법에 따라 처벌

정답 ①

07 0717 [2020. 지방직 7급]

밑줄 친 '대한국'에 대한 설명으로 옳지 않은 것은?

> 제1조 대한국은 세계만국에 공인된 자주독립한 제국이다.
> … (중략) …
> 제9조 대한국 대황제는 각 조약국에 사신을 파송(派送) 주재하게 하고 선전(宣戰), 강화 및 제반 약조를 체결한다. 공법에 이른바 사신을 자체로 파견하는 것이다.
> – 「대한국 국제」 –

① 양전 사업을 실시하고 지계(地契)를 발급하였다.
② 국가재정은 탁지아문으로 일원화하였다.
③ 서북 철도국을 설치하여 경의철도 부설을 시도하였다.
④ 원수부를 설치하여 황제가 군의 통수권을 장악하였다.

08 0718 [2019. 지방직 9급]

대한 제국 시기에 추진된 정책으로 옳지 않은 것은?

① 시위대와 진위대를 증강하였다.
②『독립신문』의 창간을 지원하였다.
③ 화폐제도의 개혁과 중앙은행의 창립을 추진하였다.
④ 황실 재정을 담당하는 내장원의 기능을 확대하였다.

SOLUTION (07)

자료분석 자료의 밑줄 친 '대한국'은 1897년 수립된 대한 제국이고, 자료는 대한 제국이 공포한 대한국 국제이다. 대한 제국은 일종의 헌법으로 제정한 대한국 국제를 반포(1899. 8.)하여 황제권의 무한함을 강조하고 군대 통수권, 입법권, 행정권, 사법권, 외교권 등을 황제의 대권으로 규정하였다.

정답해설 ① 대한 제국은 재정 확보를 위해 토지를 조사하는 양전 사업을 실시하고, 일부 지역에서 근대적인 토지 소유 증명서인 지계를 발급하였다. 이는 국가가 개인의 토지 소유권을 법적으로 인정한 것이었다.
③ 대한 제국은 1900년에 서북 철도국을 세워 경의선의 독자적 부설을 시도하였다.
④ 대한 제국 시기 고종 황제는 경운궁 안에 황제 직할의 원수부를 설치(1899)하여 군 통수권을 직접 장악하였다.

오답피하기 ② 대한 제국 수립 이전인 제1차 갑오개혁(1894) 때 국가 재정을 탁지아문으로 일원화시켰다.

핵심개념 광무 양전사업(1898~1904)

- 모든 종류의 토지, 가옥, 산림, 전답을 조사 대상에 포함
- 전국 토지의 약 2/3 측량 → 강원도와 충청도 지역에서 지계 발급
- 개항장 이외의 지역에서 외국인의 토지 소유를 금지
- 지계의 내용 : 토지의 주소, 크기, 사표(주위의 토지 이름), 발급 날짜, 소유자 이름, 지계아문 총재 도장

정답 ② 한정판 108p, 기본서 655p

SOLUTION (08)

정답해설 ① 대한 제국은 서울의 시위대 및 지방의 진위대를 증강하였으며, 장교 양성을 위한 무관 학교를 설립하였다.
③ 대한 제국은 금본위제를 시도하는 화폐 조례(1901)를 발표하고 금본위 화폐 제도 개혁과 중앙은행 창립을 추진하였다. 그러나 성공하지 못하고 백동화만 계속 발행하였고, 결국 러·일 전쟁으로 모두 무산되었다.
④ 대한 제국은 황실 재정을 담당하는 내장원의 기능을 확대하여 황실 재정을 확보하고 황실 주도의 개혁 사업을 추진하였다.

오답피하기 ② 독립신문은 우리나라 최초의 민간 신문으로, 대한 제국 성립(1897)이전인 1896년에 창간되었다.

핵심개념 대한 제국기 식산흥업 정책

근대 시설 확충	• 서북 철도국 설치(1900) : 경의선 독자적 부설 시도 • 전차, 통신 등
실업 및 기술 학교 설립	• 기예학교, 경성의학교(1899) • 상공학교(1899), 외국어 학교 • 광무학교(1900) • 우무학당(우편, 1899) • 전무학당(전보, 1900) • 광산학교
민간의 노력	한성은행(1897), 대한천일은행(1899)

정답 ② 한정판 108p, 기본서 655p

09 [2017. 국가직 7급 추가채용]

대한 제국의 지계 발급 사업에 대한 설명으로 옳지 않은 것은?

① 지계아문에서 토지측량과 지계발급을 담당하였다.
② 개항장에서 외국인의 토지 소유를 인정하지 않았다.
③ 모든 산림, 토지, 전답, 가옥을 발급 대상에 포함하였다.
④ 러·일 전쟁으로 중단되어 전국적으로 확대되지 못하였다.

10 [2013. 지방직 9급]

밑줄 친 '개혁'의 내용으로 옳은 것은?

> 독립협회가 해산된 후 대한제국은 황제 중심의 근대국가를 수립하기 위하여 노력하였다. …(중략)… 대한제국의 개혁 이념은 옛 법을 근본으로 하고 새로운 제도를 참작한다는 것이었다. 갑오개혁이 지나치게 급진적으로 진행되었다고 생각하여 점진적인 개혁을 추구한 것이었다.

① 지조법을 개혁하고 혜상공국을 폐지하려 하였다.
② 황제의 군사권을 강화하고자 원수부를 설치하였다.
③ 태양력을 사용하고 건양이라는 연호를 제정하였다.
④ 관민공동회를 종로에서 개최하고 헌의 6조를 채택하였다.

SOLUTION (09)

정답해설 ① 지계아문은 1901년 대한 제국 정부가 토지소유자의 권리를 법적으로 증명하는 지계(地契)를 발급할 목적으로 설립한 부서이다. 1902년에는 양지아문이 지계아문에 통합되면서 양지아문이 담당하던 양전 사업까지 수행하였다.
③ 지계의 발급 대상은 농지에 국한되지 않고 모든 산림, 토지, 전답, 가옥을 포함하였다.
④ 대한 제국이 추진한 양전 사업은 1904년에 발발한 러·일 전쟁으로 중단되어 전국 지역을 모두 완료하지는 못했다(1904년 초까지 전국 토지의 2/3에 해당하는 지역 측량 및 토지 소유자 조사).

오답피하기 ② 대한 제국은 양전 사업을 실시하면서 개항장 이외에는 대한 제국의 국민에게만 지계 발급을 명문화함으로써 외국인의 토지 소유를 정식으로 금지한다는 규제 조항을 실시하였다(개항장에서는 외국인의 토지 소유를 인정).

심화개념 지계

전국 군·현의 약 2/3에 달하는 지역에서 양전 사업을 시행하였고, 강원도와 충청도 지역에서 지계를 발급하였다. 지계 뒷면에는 대한 제국 인민 외에는 전답 소유자가 될 수 없다고 규정하여 외국인의 토지 소유를 금지하였다. 그러나 개항장은 이 규정의 제한을 받지 않음으로써 개항장에서의 외국인의 토지 소유는 인정되었다.

▲ 지계

> ※ 지계아문 규정
> 제1조 지계아문은 한성부와 13도 각 부와 군의 산림, 토지, 전답, 가옥의 지계를 정리하기 위하여 임시로 설치한다.
> 제10조 대한 제국 인민이 아닌 사람은 산림, 토지, 전답, 가옥의 소유주가 될 수 없다. 단 개항장은 이 규정의 제한을 받지 않는다(개항장에서의 외국인의 토지 소유는 인정).

정답 ② 한정판 108p, 기본서 657p

SOLUTION (10)

자료분석 자료의 밑줄 친 '개혁'은 대한 제국이 추진한 광무개혁이다. 대한 제국은 갑오개혁의 급진성을 비판하면서 '옛것을 기본으로 하고 새로운 것을 참고한다.'는 구본신참을 개혁의 기본 방향으로 정하여 점진적으로 개혁을 추진하였다(광무개혁).

정답해설 ② 대한 제국은 군사적으로는 원수부를 설치하여 모든 군사권을 황제에게 집중하였다. 국방력을 강화하기 위해 서울의 시위대와 지방의 진위대를 증강하였고, 신식 군대의 장교를 육성하기 위해 무관 학교도 설립하였다. 그리고 해군을 창설하여 근대식 군함을 도입하기도 하였다.

오답피하기 ① 지조법 개혁과 혜상공국 폐지는 갑신정변(1884) 당시 급진 개화파의 14개 조 정강의 내용이다.
③ 태양력 사용과 건양 연호 제정은 을미개혁(1895~1896)의 내용이다.
④ 관민 공동회를 종로에서 개최하고 헌의 6조를 채택한(1898) 단체는 독립 협회이다.

핵심개념 광무개혁(원칙 : 구본신참)

정치	· 대한국 국제 반포(1899. 8.) · 경위원 설치(1901, 황실 경찰 기구) · 궁내부 확대, 내장원 강화
경제	· 광무 양전 사업 · 상무사 설치(1899) : 보부상 지원 목적 · 서북 철도국 설치(1900) : 경의선 부설 시도 · 평식원 설치(1902, 도량형 사무 관장)
군사	· 원수부 설치, 시위대와 진위대 증강 · 무관학교 설립(1898, 장교 양성)
외교	· 한청 통상 조약(1899) · 만국 우편 연합 가입(1900) · 파리 만국 박람회 참여(1900) · 대한제국 칙령 41호 반포(1900) · 해삼위(블라디보스토크) 통상 사무관 파견(1900) · 수민원 설치(1902) : 외국 여행권 및 이민 업무 담당 · 간도 관리사 파견(1903, 이범윤) · 국외 중립 선언(1904. 1, 러일 전쟁 발발 직전)

정답 ② 한정판 108p, 기본서 655p

주제 127

04 | 러시아 VS 일본 대립기

각 개혁안의 공통점과 순서 문제

Check 대표 기출 1

01 0721 [2016. 경찰 1차] 회독 ○○○

다음은 근대 변혁 운동 과정에서 발표된 개혁안 중 일부이다. 이를 시기 순으로 바르게 나열한 것은?

> ㉠ 조세의 징수와 경비 지출은 모두 탁지아문에서 관할한다.
> ㉡ 지조법을 개정하여 관리의 부정을 막고 백성을 구제하며 국가 재정을 충실케 한다.
> ㉢ 국가 재정은 탁지부가 전관하고 예산과 결산을 인민에게 공포할 것.
> ㉣ 무명 잡세는 일체 거두지 않는다.

① ㉠-㉢-㉡-㉣
② ㉠-㉢-㉣-㉡
③ ㉡-㉣-㉠-㉢
④ ㉡-㉣-㉢-㉠

Check 대표 기출 2

02 0722 [2014. 지방직 9급] 회독 ○○○

다음은 근대 개혁 방안에 관한 자료이다. 이를 시기 순으로 바르게 나열한 것은?

> ㉠ 내시부를 없애고 그 가운데서 재능있는 자가 있으면 뽑아 쓴다.
> ㉡ 왕실 사무와 국정 사무를 모름지기 나누어 서로 뒤섞지 아니한다.
> ㉢ 대한국 대황제는 육해군을 통솔하고 편제를 정하며 계엄과 해엄을 명한다.
> ㉣ 재정은 모두 탁지부에서 전담하여 맡고, 예산과 결산은 인민에게 공포한다.

① ㉠→㉡→㉢→㉣
② ㉠→㉡→㉣→㉢
③ ㉡→㉠→㉢→㉣
④ ㉡→㉠→㉣→㉢

SOLUTION

출제자의 눈 각 개혁안을 발표된 순서대로 나열하는 문제와 공통된 주장을 찾는 문제가 출제된다.

정답해설 ㉡ 갑신정변 14개 조 혁신 정강(1884)에 해당한다. 여기서 지조법 개정(개혁)은 토지 개혁이 아니라 조세 제도의 개혁을 의미한다.
㉣ 동학 농민군의 폐정 개혁안 12개 조(1894. 5.)에 해당하는 내용이다. 이 내용에는 수취 제도의 개혁을 요구하는 의미가 담겨 있다.
㉠ 제2차 갑오개혁 때인 1894년 12월에 발표된 홍범14조의 내용이다. 탁지아문으로의 재정 기관 일원화는 제1차 갑오개혁의 내용이지만 홍범 14조에서 한 번 더 강조해 준 것으로 이해하면 된다.
㉢ 독립 협회의 헌의 6조(1898. 10.)에 대한 내용이다. 이 내용은 '탁지부로 재정일원화'에 대한 것으로 궁내부 내장원을 통해 황실 재정을 극단적으로 강화하려 했던 고종에 대한 반박으로도 해석될 수 있다.

정답 ③ 한정판 107p, 기본서 652p

SOLUTION

정답해설 ㉠ '내시부를 없애고, 그중에 우수한 인재를 등용한다.'라는 내용은 갑신정변(1884) 14개 조 정강의 내용이다. 이는 내시부나 규장각 등 왕을 측근에서 모시는 근시 기구를 폐지하고 입헌 군주제에 가깝도록 내각을 강화한다는 의미가 담겨 있다.
㉡ 제2차 갑오개혁 때인 1894년 12월에 발표된 홍범 14조의 내용이다. 제1차 갑오개혁 때 궁내부를 신설하여 왕실 사무와 국정 사무를 분리했지만 홍범 14조에서 다시 한번 강조하고 있는 내용이다.
㉣ 독립 협회가 1898년 10월 열린 관민 공동회에서 결의한 헌의 6조의 내용이다. 재정 기관의 일원화와 예산과 결산을 인민에게 공포할 것을 주장하고 있다.
㉢ 대한 제국의 대한국 국제(1899. 8.)에 대한 내용이다. 대한국 국제 제5조에는 '대한국 대황제는 국내의 육해군을 통솔하고 편제를 정하며 계엄과 그 해제를 명한다.'라고 명시하여 황제가 육해군 통솔권을 가진다고 규정하였다.

정답 ② 한정판 108p, 기본서 656p

주제 128 | 05 | 일본 독주기
항일 의병 운동의 전개

Check 대표 기출 1

01 0723 [2021. 법원직 9급] 회독○○○

자료의 의병에 대한 설명으로 옳은 것을 〈보기〉에서 모두 고른 것은?

> 군사장은 미리 군비를 신속히 정돈하여 철통과 같이 함에 한 방울의 물도 샐 틈이 없는지라. 이에 전군에 명령을 전하여 일제히 진군을 재촉하여 동대문 밖으로 진격할 때, 대군은 긴 뱀의 형세로 천천히 전진하게 하고, …… 3백 명을 인솔하고 선두에 서서 동대문 밖 삼십 리 되는 곳에 나아가 전군이 모이기를 기다려 일거에 서울로 공격하여 들어가기로 계획하더니, 전군이 모이는 시기가 어긋나고 일본군이 갑자기 진격해 오는지라. 여러 시간을 격렬히 사격하다가 후원군이 이르지 않아 할 수 없이 퇴진하였다.

보기
ㄱ. 고종이 해산 권고 조칙을 내리자 대부분 해산하였다.
ㄴ. 13도 창의군을 결성하여 서울 진공 작전을 시도하였다.
ㄷ. 각국 영사관에 교전 단체로 인정해 줄 것을 요구하였다.
ㄹ. 의병 잔여 세력이 활빈당 등의 무장 결사를 조직하였다.

① ㄱ, ㄴ   ② ㄱ, ㄹ
③ ㄴ, ㄷ   ④ ㄷ, ㄹ

SOLUTION 난이도 상 중 하

출제자의 눈 을미의병, 을사의병, 정미의병 등 각 의병 봉기의 원인, 전개, 활약한 인물을 비교 구분하는 문제가 지속적으로 출제되고 있다.

자료분석 자료는 정미의병 당시 전개된 13도 창의군(13도 연합 의병)의 서울 진공 작전에 대한 내용이다. 1908년 1월에는 13도 창의군의 군사장 허위의 선발대가 동대문 밖 30리 지점까지 진격하였으나, 일본군의 화력에 밀려 실패하고 말았다.

정답해설 ㄴ, ㄷ. 정미의병이 전국으로 확산되는 가운데, 유생 의병장들은 양주에 집결하여 1907년 12월 이인영을 총대장, 군사장을 허위로 하는 13도 연합 의병(13도 창의군)을 결성하였다. 이들은 각국 영사관에 의병을 국제 공법상의 교전 단체로 인정해 주기를 요청하였으며, 재외 동포에게도 격문을 보냈다. 1908년 1월에는 허위가 이끄는 선발대가 서울 근교까지 진격하였으나 일본군의 공격으로 패퇴하였고, 총대장 이인영이 부친상을 당하여 귀향하면서 서울 진공 작전은 실패로 돌아갔다.

오답피하기 ㄱ. 을미의병에 대한 설명이다. 을미의병은 단발령이 철회되고 국왕의 해산 권고 조칙이 내려지자 대부분 해산하였다.
ㄹ. 동학 농민군의 잔여 세력과 을미의병 일부가 1900년경 활빈당을 조직하였다.

정답 ③ 한정판 109p, 기본서 664p

Check 대표 기출 2

02 0724 [2018. 경찰 2차] 회독○○○

다음은 항일의병에 대한 설명이다. 이를 일어난 순서대로 바르게 나열한 것은?

> ㉠ 그들은 국모 시해와 단발령에 반발하여 일어났다.
> ㉡ 평민 출신 의병장인 신돌석이 항일의병 활동을 시작했다.
> ㉢ 일본군의 '남한대토벌작전' 이후 많은 의병들은 간도와 연해주 등으로 근거지를 옮겨 일제에 항전을 계속했다.
> ㉣ '한·일신협약'으로 해산된 군인들이 의병에 합류하기 시작했다.

① ㉠-㉡-㉢-㉣   ② ㉠-㉡-㉣-㉢
③ ㉠-㉣-㉡-㉢   ④ ㉠-㉣-㉢-㉡

SOLUTION 난이도 상 중 하

정답해설 ㉠ 국모 시해(을미사변, 1895)와 단발령에 반발하여 일어난 의병은 1895년에 일어난 을미의병이다. 을미의병은 유인석, 이소응 등 위정척사 사상에 바탕을 둔 반일 의식을 가진 유생층이 주도하였으며, 농민, 포수, 동학 농민군의 잔여 세력 등이 참여하였다. 이들은 각지에서 일본군을 공격하고, 지방 관청을 공격하여 친일 관리를 처단하였다.
㉡ 을사늑약에 반발하여 일어난 을사의병(1905~1906)에 대한 설명이다. 신돌석은 평민 출신 의병장으로 '태백산 호랑이'로 불리었으며, 일월산을 거점으로 영해, 평해, 울진 등 경상·강원도 일대에서 유격 전술을 사용하며 활약하였다.
㉣ 고종 황제의 강제 퇴위와 한·일 신협약(1907. 7.) 체결로 군대가 해산된 것에 반발하여 일어난 정미의병(1907~)에 대한 설명이다. 1907년에 헤이그 특사 사건으로 고종이 강제로 퇴위당하고, 뒤이어 대한 제국의 군대가 해산되면서 의병 운동은 새로운 모습을 띠었다. 해산 군인이 의병에 참여하면서 의병의 조직력과 전투력이 한층 강화되었고, 전국적인 의병 전쟁으로 발전하였다(정미의병).
㉢ 의병 항전의 중심이 호남 지방으로 옮겨진 뒤, 일본군은 1909년 9월부터 약 2개월 동안 이른바 '남한 대토벌 작전'이라는 무자비한 진압 작전을 벌였다. 일제의 남한 대토벌 작전으로 인해 의병 투쟁이 크게 위축되었으나, 많은 의병들은 간도와 연해주 등으로 근거지를 옮겨 항전을 계속하였다.

정답 ② 한정판 109p, 기본서 660p

03 [2025. 법원직]

다음 자료를 통해 알 수 있는 의병에 대한 설명으로 가장 옳은 것은?

> 이번에 춘천 등지에서 백성이 소란을 피운 것은 8월 20일 사변 때 쌓인 울분 때문임을 알 수 있다. 나라의 역적을 이미 법에 의해 처단하였고 나머지 무리도 차례로 처벌할 것이니, 옛 울분을 풀 수 있을 것이다. 해당 지방에 주둔하는 군대는 반드시 이 조칙을 춘천부에 모여 있는 백성에게 보여, 각자 백성으로 돌아가 생업에 편안히 종사하도록 해야할 것이다. 아울러 너희 군대의 무관과 병졸은 즉시 돌아오도록 하라.

① 양반 유생이 주도하였다.
② 초대 통감을 사살하였다.
③ 서울 진공 작전을 전개하였다.
④ 외교권 박탈에 항의하여 일어났다.

04 [2023. 국회직 9급]

다음 밑줄 친 '의병'에 대한 설명으로 옳은 것은?

> 격문을 띄워 팔도의 여러 고을에 고하노라. … 우리 국모의 원수를 생각하며 이미 이를 갈았는데, 참혹한 일이 더하여 우리 부모에게서 받은 머리털을 풀 베듯이 베어 버리니 이 무슨 변고란 말인가. 이에 감히 <u>의병</u>을 일으키고 마침내 이 뜻을 세상에 포고하노니, 위로는 공경에서 아래로는 서민에까지 어느 누가 애통하고 절박하지 않으랴.

① 위정 척사론을 계승한 유생들이 주도하였다.
② 진위대의 해산 군인과 합세하여 전력을 강화하였다.
③ 각국 영사관에 통문을 보내는 등 외교 활동을 벌였다.
④ 논설 '시일야방성대곡'에 자극받아 활동을 전개하였다.
⑤ 다른 지방의 의병과 힘을 합쳐 서울 진공 작전을 시도하였다.

05 0727 [2018. 국가직 7급]

다음과 같이 주장한 인물에 대한 설명으로 옳은 것만을 〈보기〉에서 모두 고르면?

> 오호라. 작년 10월에 저들이 한 행위는 만고에 일찍이 없던 일로서, 한 조각의 종이에 강제로 조인하게 하여 5백 년 전해오던 종묘사직이 마침내 하룻밤 사이에 망했으니 …(중략)… 우리 의병군사의 올바름을 믿고, 적의 강대함을 두려워하지 말자. 이에 격문을 돌리니 다 함께 일어나라.

─ 보기 ─
ㄱ. 의병을 이끌고 홍주성을 점령하였다.
ㄴ. 대마도(쓰시마)로 압송된 후 순국하였다.
ㄷ. 왜양일체론을 주장하며 개항에 반대하였다.
ㄹ. 13도 창의군을 이끌고 서울진공작전을 지휘하였다.

① ㄱ, ㄴ　　② ㄱ, ㄹ
③ ㄴ, ㄷ　　④ ㄷ, ㄹ

06 0728 [2017. 국가직 9급]

다음 조직이 발표된 이후의 상황에 대한 설명으로 옳은 것만을 〈보기〉에서 모두 고른 것은?

> 《관보》호외
> 짐이 생각건대 쓸데없는 비용을 절약하여 이용후생에 응용함이 급무라. 현재 군대는 용병으로서 상하의 일치와 국가 안전을 지키는 방위에 부족한지라. 훗날 징병법을 발표하여 공고한 병력을 구비할 때까지 황실 시위에 필요한 자를 빼고 모두 일시에 해산하노라.

─ 보기 ─
㉠ 신돌석과 같은 평민 출신의 의병장이 처음으로 등장하였다.
㉡ 단발령의 실시로 위정척사 사상에 바탕을 둔 의병 운동이 시작되었다.
㉢ 연합 의병 부대인 13도 창의군이 결성되어 서울 진공 작전을 계획하였다.
㉣ 일본군의 '남한 대토벌 작전'으로 의병 부대의 근거지가 초토화되었다.

① ㉠, ㉡　　② ㉠, ㉣
③ ㉡, ㉢　　④ ㉢, ㉣

SOLUTION (05)

자료분석 자료는 을사의병 당시 최익현의 격문이다. 자료에서 작년 10월에 저들이 한 행위는 을사늑약 체결에 해당한다. 을사늑약은 1905년 11월에 체결되었는데 10월이라고 한 이유는 음력을 기준으로 하였기 때문이다.

정답해설 ㄴ. 을사늑약 체결 이후 전북 태인에서 의병을 일으킨 최익현은 의병을 이끌고 순창으로 진격하여 진위대와 대치하였다. 이때 그는 '동포끼리 서로 싸울 수 없다.' 하여 스스로 체포되었고, 결국 쓰시마(대마도)에 끌려가 순절하였다.
ㄷ. 1870년대(강화도 조약 체결 무렵)에 최익현과 유인석을 비롯한 유생들은 왜양일체론(倭洋一體論)과 개항불가론을 주장하며 개항 반대 운동을 전개하였다.

오답피하기 ㄱ. 을사의병 때의 의병장 민종식에 대한 설명이다. 당시 민종식은 천여 명의 의병 부대를 이끌고 일본군과 교전하여 홍주성을 점령하였다.
ㄹ. 허위에 대한 설명이다. 1908년 1월에는 13도 창의군의 허위의 선발대가 동대문 밖 30리 지점까지 진격하였으나, 일본군의 화력에 밀려 실패하고 말았다(서울 진공 작전).

정답 ③ 한정판 109p, 기본서 662p

SOLUTION (06)

자료분석 자료는 1907년 발표된 '한국군 해산 조칙'의 일부이다. '황실 시위에 필요한 자를 빼고 모두 일시에 해산하노라.'라는 내용에서 황실이라는 힌트를 통해 대한 제국의 군대 해산과 관련된 내용임을 알 수 있다. 대한 제국의 군대 해산과 고종의 강제 퇴위는 1907년 정미의병이 일어나는 배경이 되었다.

정답해설 ㉢ 13도 창의군은 1907년 경기도 양주에서 조직된 항일 의병 부대로, 총대장에는 이인영, 부대장에는 허위가 임명되었다. 13도 창의군은 서울 진공 작전(1908)을 시도했으나 실패하고 말았다.
㉣ 남한 대토벌 작전은 1909년 9월에서 10월에 걸쳐 일제가 국내의 의병 세력을 완전히 진압하기 위해 펼친 군사작전이다. 일제는 국내에서 활동하는 의병 세력을 완전히 진압할 목적으로 1909년 9월 1일부터 10월 30일까지 2개월에 걸쳐 의병 세력의 주요 근거지인 전라남도 및 그 외곽 지대에 일본군을 배치하여 초토화 작전을 펼쳤다. 이에 따라 근거지를 상실한 국내 의병 세력은 중국 만주 및 러시아 연해주 등지로 이동하게 되었다.

오답피하기 ㉠ 신돌석과 같은 평민 출신 의병장은 을사의병(1905) 때 처음 등장하였다.
㉡ 단발령의 실시로 위정척사 사상에 바탕을 둔 의병 운동이 시작된 것은 을미의병(1895) 때이다.

정답 ④ 한정판 109p, 기본서 664p

07 [2017. 지방직 7급]

다음 자료와 관련된 단체의 설명으로 옳지 않은 것은?

- 시장에 외국 상인의 출입을 엄금할 것
- 다른 나라에 철도부설권을 허용하지 말 것
- 시급히 방곡령을 실시하고 구민법을 채용할 것
- 금광의 채굴을 금지하고 인민의 방책을 꾀할 것

① 정치적·경제적 각성을 촉진하고, 단결을 공고히 함을 강령으로 삼아 투쟁하였다.
② 1900년 전후 충청과 경기, 낙동강 동쪽의 경상도 등지에서 활동하였다.
③ '가난한 사람을 살려내는 무리'라는 뜻으로 「홍길동전」에서 이름을 따왔다.
④ 을사늑(조)약 이후에 이들 가운데 일부는 의병운동에 참여하였다.

SOLUTION

자료분석 자료는 1900년(고종 37) 활빈당의 활동 강령이라 할 수 있는 「대한사민논설 13조목」이다. 활빈당은 동학 농민 운동에 참여했던 농민군이 을미의병을 거치면서 각지로 흩어져 화적으로 지내다가 농민 및 의병 일부와 결합하여 재조직한 무장 단체이다. 이들은 1900년 전후 경기·충청·경상·전라도 등지에서 반침략·반봉건의 기치를 내건 투쟁을 전개하였다. 구성원은 대체로 동학 농민 전쟁 또는 을미의병에 참여했던 빈농·영세상인·유민 등으로 개화파의 경제 정책과 열강, 특히 일본의 경제적 침략으로 몰락한 사람이 대부분이었다.

정답해설 ② 활빈당은 1900년경 충남 등지에서 봉기하여 충북·경기·강원·영남·호남 등 남한 각지로 그 세력이 파급되어 활동하였다.
③ 활빈당은 가난한 사람을 살려내는 무리라는 뜻으로 허균의 홍길동전에 나오는 의적단의 이름이다.
④ 활빈당의 잔여 세력은 을사늑약 체결(1905. 11.) 이후 을사의병이 일어나자 일부가 의병에 합류하기도 하였다.

오답피하기 ① 정치적·경제적 각성을 촉진하고, 단결을 공고히 함을 강령으로 삼아 활동한 단체는 1927년에 조직된 신간회이다. 신간회의 강령은 '우리는 정치적, 경제적 각성을 촉진한다.', '우리는 단결을 공고히 한다.', '우리는 기회주의를 일체 배격(부인)한다.'이다.

핵심개념 활빈당(1900~1904)

결성	동학 농민군 잔여 세력, 을미의병 일부 → 활빈당(가난한 사람을 살려내는 무리) 결성
활동	탐관오리와 부호, 일본 상인 습격 → 빼앗은 재물을 빈민에게 분배 → 1905년 이후 활빈당의 잔여 세력 의병에 합류
성격	반봉건·반침략 운동
대한 사민 논설	1. 요순의 법을 행할 것 2. 선왕의 복제를 본받을 것 4. 나라의 흥인을 꾀할 것 5. 방곡을 실시해 구민법을 채용할 것 6. 시장에 외국상인 출입 엄금 9. 사전을 혁파하고 균전으로 하는 목민법을 채용할 것 10. 곡가를 저렴하게 안정시킬 법을 세울 것 13. 다른 나라에 철도 부설권을 허용하지 말 것

정답 ①

08 [2015. 국가직 9급]

다음 두 사건이 일어난 이후의 사실로 옳은 것만을 〈보기〉에서 모두 고른 것은?

- 고종 황제의 강제 퇴위
- 일제에 의한 군대 해산

─ 보기 ─
㉠ 안중근이 만주 하얼빈에서 이토 히로부미를 사살하였다.
㉡ 민영환이 일제에 대한 저항을 강력하게 표현한 유서를 남기고 자결하였다.
㉢ 장지연이 민족의식을 고취하는 '시일야방성대곡'을 황성신문에 발표하였다.
㉣ 이인영을 총대장으로 하는 13도 연합 의병 부대(창의군)가 서울 진공 작전을 시도하였다.

① ㉠, ㉡
② ㉠, ㉣
③ ㉡, ㉢
④ ㉢, ㉣

SOLUTION

자료분석 1907년 일제는 헤이그 특사파견을 빌미로 고종을 강제로 퇴위시키고 한·일 신협약(정미 7조약, 1907. 7.)을 체결하여 대한 제국의 군대를 해산하였다.

정답해설 ㉠ 연해주에서 의병 활동을 하던 안중근은 1909년 10월 만주 하얼빈 역에서 한국 침략의 원흉인 이토 히로부미를 사살하였다.
㉣ 정미의병 시기 의병 전쟁이 확산되자 의병 간에 연합 전선이 모색되었다. 1907년 12월에 13도 연합 의병 부대(13도 창의군)를 결성하여 1908년 1월 서울 진공 작전에 나섰으나, 일본군의 우세한 전력에 밀려 패퇴하였다.

오답피하기 ㉡ 을사늑약 체결(1905. 11.)에 반발하여 민영환, 조병세 등은 울분을 참지 못하고 자결로써 저항하였다(1905).
㉢ 을사늑약이 체결되자 장지연은 황성신문에 '시일야방성대곡'을 실어 을사늑약의 부당성을 규탄하였다(1905).

핵심개념 정미의병(1907~)

배경	• 고종의 강제 퇴위(1907. 7. 20.) • 한일 신협약(정미 7조약, 1907. 7. 24.)에 따른 군대 해산(1907. 7. 31.)
전개	군대 해산 당일 시위대 대대장 박승환 자결 → 서울 시위대 봉기 → 강화도 등 지방 진위대 동조 → 의병 부대에 합류(의병의 전쟁화)
13도 창의군 결성 (1907. 12.)	• 서울 주재 각국 영사관에 의병을 국제법상 교전 단체로 인정 요구 • 서울 진공 작전(1908. 1.) : 경기도 양주 집결 → 허위의 선발대가 동대문 밖 30리 지점까지 진격 → 일본군의 화력에 밀려 실패
의의	• 평민·군인 출신 의병장 수가 양반 유생 출신 의병장 수 능가(다양한 계층의 의병장) • 평민 의병장 활약 : 홍범도(포수), 김수민(농민) 등
한계	평민 출신 의병장 신돌석, 홍범도 등은 서울 진공 작전에서 배제
영향	서울 진공 작전 실패 후 호남 의병의 유격전 치열 → 일제의 남한 대토벌 작전(1909. 9.)으로 위축 → 간도와 연해주로 근거지를 옮겨 항전

정답 ②

주제 129 | 05 일본 독주기
애국 계몽 운동 단체의 활동

Check 대표 기출 1

01 0731 [2025. 국가직 9급] 회독 ○○○

다음 자료를 통해 알 수 있는 단체에 대한 설명으로 옳은 것은?

> 남만주로 집단 이주하려고 기도하고, 조선에서 상당한 재력이 있는 사람들을 그곳에 이주시켜 토지를 사들이고 촌락을 세워, … (중략) … 학교를 세워 민족 교육을 실시하고, 무관학교를 설립하여 문무를 겸하는 교육을 실시하면서, 기회를 엿보아 독립 전쟁을 일으켜 구한국의 국권을 회복하려고 하였다.
> - 「105인 사건 판결문」-

① 만민공동회를 개최하였다.
② 민립대학 설립 운동을 추진하였다.
③ 비밀결사의 형태로 활동을 전개하였다.
④ 광주학생항일운동이 일어나자 진상조사단을 파견하였다.

SOLUTION 난이도 상 중 하

출제자의 눈 각 애국 계몽 운동 단체들의 활동 시기와 활동 내용을 묻는 문제가 출제된다. 보안회, 대한 자강회, 신민회의 활동이 주로 시험에서 출제되고 있다. 특히 신민회는 다른 애국 계몽 운동 단체와 달리 국외 독립운동 기지 건설을 추진했다는 점에 주목하자.

자료분석 남만주로 집단 이주하려고 기도했다는 사실과 학교를 세워 민족 교육 실시, 105인 사건 등의 힌트를 통해 신민회라는 사실을 알 수 있다.

정답해설 ③ 을사늑약 체결 이후 통감부의 탄압으로 합법적인 정치·사회단체의 활동이 어려워지자, 안창호와 양기탁 등이 주도하여 비밀 결사인 신민회를 조직하였다(1907).

오답피하기 ① 만민 공동회를 개최한 단체는 독립 협회이다. 1898년 독립 협회는 만민 공동회를 통해 러시아의 내정 간섭과 이권 요구를 규탄하여 러시아 군사 교련단과 재정 고문단을 철수시켰다.
② 민립 대학 설립 운동을 추진한 단체는 조선 민립 대학 기성회이다.
④ 1929년 광주 학생 항일 운동이 일어나자 진상 조사단을 파견한 단체는 신간회이다.

핵심개념 105인 사건

> 1910년 12월 안명근이 황해도에서 군자금을 모금하다 체포되자 일제는 대대적으로 황해도 일대의 애국지사를 체포하였는데, 이를 안악 사건이라 한다. 더 나아가 일제는 1911년 9월 윤치호, 이승훈 등 신민회 회원 600여 명을 체포하고 이들에게 데라우치 총독의 암살을 기도하였다는 죄목을 씌워 재판에 넘겼다. 1심 재판에서 이들 가운데 105명이 유죄 판결을 받았다고 하여, 이를 105인 사건이라고 한다.

정답 ③ 한정판 110p, 기본서 670p

Check 대표 기출 2

02 0732 [2015. 지방직 9급] 회독 ○○○

다음 취지서를 발표한 단체의 활동에 대한 설명으로 옳은 것은?

> 무릇 나라의 독립은 오직 자강(自强)의 여하에 달려 있는 것이다. …(중략)… 그러나 자강의 방도를 강구하려 할 것 같으면 다른 곳에 있지 않고 교육을 진작하고 산업을 일으키는 데 있으니 무릇 교육이 일어나지 않으면 민지(民智)가 열리지 않고 산업이 일어나지 않으면 국부가 증가하지 못하는 것이다. 교육과 산업의 발달이 곧 자강의 방도임을 알 수 있는 것이다.

① 만민 공동회를 개최하여 러시아의 침략 정책을 강력하게 규탄하였다.
② 고종의 강제 퇴위 반대 운동을 전개하다가 일본의 탄압으로 해산되었다.
③ 방직, 고무, 메리야스 공장을 육성하여 경제 자립을 이루자는 운동을 전개하였다.
④ 일본의 황무지 개간에 대한 대중적인 반대운동을 일으켜 이를 철회시키는데 성공하였다.

SOLUTION 난이도 상 중 하

자료분석 '자강'이라는 단어를 통해 이 취지서를 발표한 단체가 대한 자강회(1906~1907)임을 알 수 있다. 대한 자강회는 대한 제국이 일본의 보호국으로 전락한 이유를 옛날부터 자강(自强)하지 못했기 때문이라 진단하고 있다. 여기서 자강의 핵심은 산업과 교육이며, 교육을 통해 민지(民智)를 깨우고 산업을 통해 국부를 증진해야만 국권을 회복하고 부강한 국가를 이룰 수 있다고 주장하였다.

정답해설 ② 대한 자강회는 1907년 고종의 강제 퇴위에 반대하는 운동을 전개하다가 통감부에 의해 강제 해산되었다.

오답피하기 ① 독립 협회에 대한 설명이다. 러시아는 군사 교관을 추가로 임명하고 러시아인 재정 고문을 파견하여 대한 제국에 대한 영향력을 강화하였다. 또한 한·러 은행 설립과 절영도(부산 영도) 조차 인준 등을 요구하였다. 독립 협회는 구국 운동 상소문을 올리고 만민 공동회를 개최하여 이를 규탄하였다. 결국 러시아는 군사 교관과 재정 고문을 철수하고, 한·러 은행을 폐쇄하였으며, 절영도 조차 요구도 철회하였다.
③ 일제 강점기 물산 장려 운동에 대한 설명이다. 1920년 회사령 폐지 이후 경성방직 주식회사, 평양의 메리야스 공장 등 한국인의 기업 활동이 활발해졌다. 그러나 자본과 기술이 우수한 일본 기업과의 경쟁에서 살아남는 데에는 어려움이 많았다. 특히 일본과 한국 사이에 관세를 폐지한다는 소식이 전해지자 민족 기업들은 큰 위기에 처했다. 조만식 등이 평양에서 조선 물산 장려회를 조직하고 우리가 만든 물건을 쓰자는 물산 장려 운동을 전개하였다
④ 보안회에 대한 설명이다. 보안회는 러·일 전쟁 중 일제의 황무지 개간권 요구에 대한 반대 운동을 전개하여 이를 저지하는데 성공하였다.

정답 ② 한정판 110p, 기본서 669p

03 0733 [2024. 서울시 9급 1차]

〈보기〉의 단체에 대한 설명으로 가장 옳은 것은?

┌─ 보기 ─────────────────────────────┐
안창호, 양기탁, 이승훈이 중심이 되어 조직한 비밀 결사 단체로, 국권을 회복한 뒤 공화정체의 국가를 수립하고자 하였다. 이를 위해서는 실력 양성에 온 힘을 쏟아야 한다고 규정하고 무엇보다 국민을 새롭게 할 것을 주장하였다.
└──────────────────────────────────┘

① 일본의 황무지 개간권 요구 반대
② 교육·산업 진흥을 위한 지회 설치
③ 대성학교, 오산학교 설립
④ 금주·금연을 통한 모금 운동 전개

SOLUTION

자료분석 〈보기〉는 신민회에 대한 설명이다. 신민회는 윤치호, 안창호, 양기탁 등을 중심으로 결성된 비밀 결사 단체로, 국권 회복과 공화정체의 근대 국민 국가 건설, 그리고 문화적·경제적 실력 양성 운동을 전개하였다.

정답해설 ③ 신민회는 민족 교육을 위해 평양에 대성학교(1907, 안창호), 정주에 오산학교(1907, 이승훈)를 설립하였다.

오답피하기 ① 일본의 황무지 개간권 요구에 대한 반대 운동을 전개한 단체는 보안회이다. 러·일 전쟁 중 일본이 황무지 개간권을 요구하며 토지를 약탈하려 하자, 보안회가 반대 집회를 열어 일본의 요구를 저지하였다.
② 대한 자강회는 국권 회복을 위한 실력 양성 운동을 전개하여 교육 진흥, 산업 개발, 월보 간행, 지회 조직(전국에 25개), 강연회 개최 등의 활동을 하였으며, 국채 보상 운동 때 적극적인 참여를 결의하였다.
④ 국채 보상 기성회를 중심으로 전개된 국채 보상 운동과 관련된 내용이다. 국채 보상 운동은 전국적 모금 운동으로 이어졌는데, 모금을 위해 금주, 금연 운동이 전개되었다.

핵심개념 신민회(1907~1911)

조직		안창호, 양기탁, 이동휘, 이동녕, 신채호, 박은식, 이회영, 이상재, 이승훈 등 사회 각계각층의 인사 참여
목표		국권 회복과 공화 정치 체제의 근대 국가 수립
특징		• 비밀결사 단체 • 최초로 공화정을 주장한 단체
활동	교육	• 대성학교(1907 또는 1908, 평양, 안창호) • 오산학교(1907, 정주, 이승훈)
	산업	• 태극 서관(서적 출판, 평양·서울·대구) • 자기 회사(평양)
	문화	• '대한매일신보'(신민회 기관지) • 조선 광문회 후원, 잡지 『소년』 발간
	군사	• 국외 독립 운동 기지 건설 – 서간도 삼원보: 신흥강습소(후에 신흥무관학교) 설립 – 북만주 밀산부 한흥동(이상설)
해산		105인 사건(1911, 데라우치 총독 암살 미수 사건 조작)

정답 ③ 한정판 110p, 기본서 670p

---

04 0734 [2024. 국회직]

다음의 내용을 주장한 단체에 대한 설명으로 옳은 것은?

「만국공법」제2장에 따르면 "한 나라는 반드시 국토를 독점적으로 관할하여 통제하고 운영할 수 있는 권리를 가진다. 따라서 국가는 토지, 물산, 민간 재산 등을 관리할 권한을 가지며, 다른 나라는 이 권리를 함께 가질 수 없다."라고 하였습니다. 또한 "국가는 비록 토지를 관할하는 전권을 가지고 있지만, 조금이라도 이를 타국에게 매각할 수는 없다. 이는 한 나라가 공유하는 권리이지 한 사람이 사유하는 권리가 아니다. ……"라고 하였습니다. 지금 이 일본 공사의 도리에 어긋난 행동은 고금에 없었으며, 공법을 살펴보면 모든 일이 다 어그러지고 위배되어 그 비루함이 만 배나 더 심합니다.

– 『황성신문』, 1904. 7. 23. –

① 민족 유일당 운동을 전개하였다.
② 일제의 토지조사사업에 반대하였다.
③ 양전 사업을 시행하여 지계를 발급하였다.
④ 국채를 갚아 일본의 경제적 간섭에서 벗어나려 하였다.
⑤ 외국 공사관에 문서를 보내 일본의 토지 침탈을 규탄하였다.

SOLUTION

자료분석 자료는 일본의 황무지 개간권 요구와 관련하여 보안회가 외국 공사관에 보낸 문서의 전문을 실은 『황성신문』의 기사 내용이다.

정답해설 ⑤ 1904년에 결성된 보안회는 일제의 황무지 개간권 요구에 대한 반대 운동을 전개하여 이를 저지하는데 성공하였다.

오답피하기 ① 민족 유일당 운동은 1920년대 이후 활발하게 전개되어 보안회와는 관련이 없다. 민족 유일당 운동 단체로는 1927년 결성된 신간회가 대표적이다.
② 보안회는 일제의 황무지 개간권 요구에 반대하였다.
③ 대한 제국은 재정 확보를 위해 토지를 조사하는 양전 사업을 실시하고, 일부 지역에서 근대적인 토지 소유 증명서인 지계를 발급하였다. 이는 국가가 개인의 토지 소유권을 법적으로 인정한 것이었다.
④ 대구에서 시작된 국채 보상 운동은 『대한매일신보』, 『황성신문』 등의 적극적인 호응으로 전국으로 확산되었다. 서울에서는 국채 보상 기성회가 조직되어 모금 운동을 전개하였다.

핵심개념 일제의 황무지 개간권 요구 철회

1904년 러일 전쟁 발발 직후 일제는 대한 제국 전 국토의 약 4분의 1에 해당하는 황무지 개간권을 50년 기한으로 일본인에게 위임하라고 요구하였다. 이에 일부 민간 실업인과 관리들이 농광 회사를 설립하여 황무지를 우리 손으로 개간할 것을 주장하였다. 또한 전직 관료와 유생 등이 중심이 되어 서울 종로의 백목전에서 결성된 보안회는 연일 집회를 열고 이를 반대하는 운동을 전개하였다. 이에 일본은 결국 황무지 개간권 요구를 철회하였다.

정답 ⑤ 한정판 110p, 기본서 669p

05 0735 [2022. 소방간부후보]

다음 글을 발표한 단체에 대한 설명으로 가장 적절한 것은?

> 무릇 우리나라의 독립은 오직 자강(自强)의 여하에 있을 따름이다. 우리 대한이 종전에는 자강의 방법을 강구하지 않아 인민이 스스로 우매함에 묶여 있고 국력이 쇠퇴하여 마침내 오늘의 위기에 처하였고, 결국 외국인의 보호 아래 놓이게 되었으니, 이는 모두 자강의 도(道)에 뜻을 다하지 않았던 까닭이다. …(중략)… 한편 자강의 방법을 생각해보면, 다름이 아니라 교육의 진작과 식산흥업에 있다. 무릇 교육이 일어나지 못하면 백성의 지혜가 제대로 열리지 못하고, 산업이 늘지 못하면 국부가 증가하지 못한다.

① 자치 운동을 주요 목표로 내세웠다.
② 국채 보상 운동의 참여를 결의하였다.
③ 국권 반환 요구서를 일제에 제출하였다.
④ 농광회사를 설립하여 경제 침탈에 맞섰다.
⑤ 러시아의 절영도 조차 요구를 반대하였다.

06 0736 [2020. 법원직 9급]

(가)에 대한 설명으로 가장 옳은 것은?

> (가) 의 목적은 한국의 부패한 사상과 습관을 혁신하여 국민을 유신케 하며, 쇠퇴한 발육과 산업을 개량하여 사업을 유신케 하며, 유신한 국민이 통일 연합하여 유신한 자유 문명국을 성립케 한다고 말하는 것으로서, 그 깊은 뜻은 열국 보호 하에 공화정체의 독립국으로 함에 목적이 있다고 함.
> — 일본 헌병대 기밀 보고(1908) —

① 해외 독립 운동 기지 건설에 앞장섰다.
② 고종이 퇴위 당하자 의병 투쟁에 앞장섰다.
③ 입헌 군주제 수립을 목표로 활동하였다.
④ 5적 암살단을 조직하였다.

07 [2019. 소방간부]

(가) 단체에 대한 설명으로 옳지 않은 것은?

> 도덕의 타락에 신윤리가 시급하며, 문화의 쇠퇴에 신학술이 시급하며, 실업의 초췌에 신모범이 시급하며, 정치의 부패에 신개혁이 시급이라. 천만 가지 일에 신(新)을 기다리지 않는 바 없도다.
> … (중략) …
> 무릇 우리 대한인은 내외를 막론하고 통일연합으로써 그 진로를 정하고 독립 자유로써 그 목적을 세움이니, 이것이 (가) 이/가 원하는 바이며, (가) 이/가 품어 생각하는 소이이니, 간단히 말하면 오직 신정신을 불러 깨우쳐서 신단체를 조직한 후에 새 나라(新國)를 건설할 뿐이다.

① 입헌 군주제 수립을 목표로 활동하였다.
② 국권 회복을 위한 비밀 단체로 조직되었다.
③ 민족 산업 육성을 위해 자기 회사를 설립하였다.
④ 계몽 서적을 출판하기 위한 태극 서관을 운영하였다.
⑤ 만주에 독립군 기지를 만들어 신흥 무관 학교를 세웠다.

08 [2018. 계리직]

다음 내용을 주장한 단체의 활동으로 옳은 것을 〈보기〉에서 모두 고른 것은?

> 1조. 각 소에 권유원을 파견하여 권유문을 뿌리며 인민의 정신을 각성케 할 것
> 2조. 신문 잡지 및 서적을 간행하여 인민의 지식을 계발케 할 것
> 3조. 정미(精美)한 학교를 건설하여 인재를 양성할 것
> ⋮
> (중략)
> ⋮
> 7조. 본회에 합자로 실업장을 설립하여 실업계의 모범을 만들 것

─ 보기 ─
ㄱ. 『만세보』라는 기관지를 발행하였다.
ㄴ. 평양에 대성학교, 정주에 오산학교를 설립하였다.
ㄷ. 일본의 황무지 개간권 요구에 대한 반대 운동을 전개하였다.
ㄹ. 비밀 결사 단체로 안창호, 양기탁, 신채호 등이 조직하였다.

① ㄱ, ㄴ   ② ㄱ, ㄷ
③ ㄴ, ㄹ   ④ ㄷ, ㄹ

주제 130

05 | 일본 독주기
간도와 독도

Check 대표 기출 1

01 0739 [2020. 국가직 9급] 회독 ○○○

독도가 대한민국의 영토임을 알 수 있는 자료로 옳은 것만을 모두 고르면?

> ㄱ. 일본의 은주시청합기(1667년)
> ㄴ. 일본의 삼국접양지도(1785년)
> ㄷ. 일본의 태정관 지령문(1877년)
> ㄹ. 일본의 시마네현 고시(1905년)

① ㄱ, ㄴ, ㄷ
② ㄱ, ㄴ, ㄹ
③ ㄱ, ㄷ, ㄹ
④ ㄴ, ㄷ, ㄹ

Check 대표 기출 2

02 0740 [2012. 기상청 9급] 회독 ○○○

다음 ㉠과 ㉡에 대한 설명 중 틀린 것은?

> ㉠ 청과 조선은 1712년 백두산에 '서쪽은 압록강, 동쪽은 토문강을 경계로 한다.'는 백두산정계비를 세워 양국의 경계를 정하였다.
> ㉡ 우산, 무릉 두 섬이 울진현 정동쪽 바다 가운데에 있다. 두 섬의 거리가 멀지 아니하여 날씨가 맑으면 가히 바라볼 수 있다.

① 현재 중국은 ㉠의 토문강을 자신에 유리하게 쑹화강의 한 지류로 해석하고 있다.
② ㉡의 우산, 무릉 두 섬의 존재를 통해 조선 전기에 울릉도와 독도의 관계를 명확히 파악하고 있었음을 알 수 있다.
③ 1909년 일본은 '간도에 관한 청일협정'을 체결하여 간도영유권을 청에 넘겨주었다.
④ 일본은 17세기 이래 독도가 일본 소유였다고 주장하면서 1905년 다시 일본 영토로 편입하는 조치를 취하였다.

SOLUTION 난이도 상 중 하

출제자의 눈 단순 지식형 문제가 주로 출제되고 있으나 최근 들어 출제 범위가 넓어지고 있다. 검정 교과서에서 매우 비중 있게 다루는 단원인만큼 출제될 수 있는 자료도 매우 다양해서 간도와 독도의 역사를 비교하는 문제를 비롯해 지역사 등 여러 각도로 출제되고 있다.

정답해설 ㄱ. 은주시청합기(1667)는 독도에 관한 일본 최초의 문헌으로 울릉도와 독도가 조선에 속한 영토로 기록되어 있다.
ㄴ. 삼국접양지도는 1785년 일본에서 그려진 지도로 울릉도와 독도를 조선의 영토 색인 노란색으로 색칠하였고, '조선의 것'으로 명시하였다.
ㄷ. 1877년 일본 메이지 정부 최고 행정 기관인 태정관에서는 '울릉도와 독도가 일본과는 관계없음을 명심할 것'이라는 지령을 내려 독도가 조선의 영토라는 점을 일본 스스로 인정하였다.

오답피하기 ㄹ. 러·일 전쟁 중인 1905년 2월, 일본은 대한 제국 정부와 논의도 없이 주인 없는 땅임을 이유로 들어 시마네현 고시 제40호를 발표하고 독도를 시마네 현에 불법 편입하였다.

심화개념 독도가 우리 영토라는 일본측 기록

- 은주시청합기(1667), 일본여지노정전도(1779)
- 삼국접양지도(1785), 조선국교제시말내탐서(1870)
- 태정관 문서(1877), 신찬지지(1886)
- 일본 총리부령 24호(1951), 일본 대장성령 4호(1951)

정답 ① 한정판 112p, 기본서 674p

SOLUTION 난이도 상 중 하

자료분석 ㉠은 백두산정계비에 대한 내용으로 간도 지역과 관련된다. 숙종 때인 1712년 조선과 청의 두 나라 대표가 백두산 일대를 답사하고 국경을 확정하여 백두산정계비를 세웠다. 이 정계비에서 양국 간의 국경은 서쪽으로는 압록강, 동쪽으로는 토문강을 경계로 한다고 하였다.
㉡은 『세종실록지리지』 강원도 울진현 조에 있는 기록으로 독도와 울릉도에 대해 기록하고 있다. 이 기록에 따르면 "우산(독도), 무릉(울릉도) 두 섬이 울진현 정동쪽 바다 가운데에 있는데, 두 섬의 거리가 멀지 아니하여 날씨가 맑으면 가히 바라볼 수 있다."라고 한다.

정답해설 ② 『세종실록 지리지』 강원도 울진현 조(條)에는 무릉도(울릉도)와 별도로 우산도(독도)의 존재를 형제섬으로 파악하여 처음 기록하였다(1454). 이를 통해 조선 전기에 울릉도와 독도의 관계를 명확히 파악하고 있었음을 알 수 있다.
③ 간도에 관한 청일협정(간도 협약)은 조선이 을사늑약(1905)에 의해 불법적으로 외교권을 상실한 상태에서 1909년 청과 일본 사이에 체결된 조약이다. 일본은 남만주(안동 – 봉천) 철도 부설권과 푸순 광산 채굴권을 획득하는 조건으로 간도를 청의 영토로 인정하였다. 이로써 간도의 영유권은 우리 민족의 의사와 무관하게 청으로 넘어갔다.
④ 대한 제국은 울릉도를 울도로 개칭하고 울도 군수가 관할하는 지역에 독도를 포함시켜 관할(1900)하였으나 일제가 러·일 전쟁 중 독도를 불법적으로 자국 영토인 시마네 현으로 편입시켰다(1905).

오답피하기 ① 청은 '서쪽은 압록강, 동쪽은 토문강으로'라는 백두산정계비문에서 토문강은 곧 두만강이라 하며 조선의 철수를 주장하였고, 조선은 토문강은 쑹화강(송화강)의 지류임을 주장해 조선과 청 사이에 간도 귀속 문제가 발생하였다.

정답 ① 한정판 111p, 기본서 673p

03 0741 [2017. 국가직 9급]

독도가 우리나라 영토임을 입증하는 근거로만 옳게 짝지어진 것은?

① 이범윤의 보고문 - 은주시청합기
② 대한제국 칙령 제41호 - 삼국접양지도
③ 미쓰야 협정 - 시마네 현 고시 제40호
④ 조선국교제시말내탐서 - 어윤중의 서북경략사 임명장

SOLUTION

정답해설 ② 대한 제국은 칙령 제41호(1900)를 통해 울릉도를 울도군으로 하고 울릉전도와 죽도, 석도를 관리하도록 했다. 여기서 '죽도'는 울릉도 가까이 있는 댓섬(대나무섬)을 가리키고, '석도'는 독도를 말한다. 삼국접양지도(1785)는 일본의 하야시 시헤이가 만든 지도로 울릉도와 독도를 조선의 영토로 표기하였다.

오답피하기 ① 이범윤은 간도 관리사로 파견된 인물이다(1903). 독도에 관한 보고문을 작성했던 인물은 울도 군수였던 심흥택이다. 『은주시청합기』는 1667년 사이토 호센이 간행한 독도에 관한 일본 최초의 문헌으로, 울릉도와 독도가 조선에 속한 영토로 기록하고 있다.
③ 미쓰야 협정은 1925년 조선 총독부 경무국장 미쓰야 미야마쓰와 중국 군벌 간(장쭤린)에 체결된 협약으로 만주에서 활약하는 독립군을 체포하여 일본에 넘길 것과 그 대가로 일본이 상금을 지불한다는 내용이 담겨 있었다. 시마네현 고시 제40호는 러·일 전쟁 중이던 1905년 2월 일본이 독도를 주인 없는 섬으로 간주해 일본 영토로 불법 편입한 문서이다.
④ 『조선국교제시말내탐서』는 1870년 조선에 파견되었던 일본 외무성 관리 3명이 돌아와 일본 제국 정부에 제출한 보고서이다. 이 보고서에서는 죽도(울릉도)와 송도(독도)가 조선의 영토가 된 경위를 조사하고, 두 섬이 조선령이라고 결론지어져 있다. 어윤중은 1882년 서북경략사로 파견되어 북방 국경지대를 시찰했는데 이는 백두산정계비를 기준으로 한 국경문제 해결(간도)과 관련 깊다.

심화개념 독도가 우리 영토라는 일본 측 기록

은주시청합기 (1667)	• 독도에 관한 일본 최초의 문헌 • 울릉도와 독도가 조선에 속한 영토로 기록
일본여지노정전도 (1779)	울릉도와 독도가 일본 경위도 선 밖에 그려져 있음
삼국접양지도 (1785)	• 일본의 하야시 시헤이가 만든 지도 • 울릉도와 독도를 조선의 영토로 표기
조선국교제시말내탐서 (1870)	일본 외무성의 '조선국교제시말내탐서'에서 독도를 조선 영토로 인식
태정관 문서 (1877)	일본 정부 최고 행정 기관인 태정관은 독도가 일본과 관계가 없다는 결론을 내림
신찬지지 (1886)	19세기 후반 일본의 지리 교과서로 조선의 해역을 표시한 빗금 안에 울릉도와 독도가 그려져 있음
실측 일청한국용정도 (1895)	일본의 군사용 지도로 독도가 울릉도와 함께 한국의 국경선 안에 그려져 있음

정답 ② 한정판 112p, 기본서 674p

---

04 0742 [2017. 지방직 7급]

㉠에 대한 설명으로 옳지 않은 것은?

> **칙령 제41호**
> 제1조 울릉도를 울도라 개칭하여 강원도에 부속하고, 도감을 군수로 개정하여 관제 중에 편입하고, 군의 등급은 5등으로 한다.
> 제2조 군청 위치는 태하동으로 정하고, 구역은 울릉전도(鬱陵全島)와 죽도, ㉠ 을/를 관할한다.

① 세종실록지리지에는 강원도 울진현 소속으로 구분하고, 우산으로 표기하였다.
② 숙종 때 안용복은 일본에 건너가 울릉도와 더불어 조선의 영토임을 확인받았고, 당시 일본에서는 '송도(松島)'로 기록하였다.
③ 일본 정부는 1870년대에 조선의 영토임을 인정했으면서도, 1905년 국제법상 무주지(無主地)라는 명목으로 일본 영토에 편입시켰다.
④ 1952년 UN군 사령부와 협의하에 이승만 정부는 '인접 해양의 주권에 관한 대통령 선언'을 발표하여 한국의 영토로 확인하였고, 당시 일본은 이를 묵인하였다.

SOLUTION

자료분석 자료는 대한 제국 칙령 제41호의 일부로, ㉠에 해당하는 곳은 독도이다. 이 칙령에는 '울릉도를 울도라 개칭하여 강원도에 부속하고 도감을 군수로 개정하여 관제 중에 편입한다. 울릉도 전체[鬱陵全島]와 죽도(竹島) 및 석도(石島, 독도의 옛 이름)를 관할한다.'라고 적혀 있다.

정답해설 ① 조선 시기에 편찬된 『세종실록지리지』에는 울릉도와 독도를 강원도 울진현 소속으로 구분하고 있으며 울릉도를 무릉, 독도를 우산으로 표기하고 있다.
② 조선 후기 숙종 때 일본 어민들이 울릉도에 몰래 침입하여 생활하는 등 영유권 문제가 발생하자 동래 어민 안용복은 울릉도에 침입한 일본 어부를 몰아내고 일본에 건너가 일본 막부 권력자에게 울릉도와 독도가 조선의 영토임을 주장하였다. 이때 안용복이 가져간 '조선팔도지도'를 일본 관리가 문서로 옮겨 적었는데 여기에서 울릉도를 죽도(다케시마), 독도를 송도(마쓰시마)라고 표기하고 강원도 소속으로 기록하였다.
③ 일본 정부는 1870년의 조선국교제시말내탐서, 1877년의 태정관 공문서에서 울릉도와 독도가 조선의 부속 영토임을 분명하게 보여 주었다. 그러나 일본은 러·일 전쟁 중이던 1905년 '무주지 선점'을 주장하며 시마네현 고시 제40호를 통해 독도를 일본의 영토라고 선언하였다.

오답피하기 ④ 이승만 정부는 1952년 '인접 해양에 대한 주권에 관한 대통령 선언', 이른바 평화선 선언을 발표하여 독도가 우리 영토임을 분명히 하였다. 이에 대해 일본 정부는 항의 문서를 보내왔고, 국제 사법 재판소에 제소하여 독도를 국제 분쟁 지역으로 만들려 하였다.

정답 ④ 한정판 112p, 기본서 674p

주제 131

06 | 개항 이후의 경제와 사회

개항 이후 외세의 경제 침탈

Check 대표 기출 1

01 0743 [2023. 국가직 9급]   회독 ○○○

(가), (나) 조약 사이의 시기에 있었던 사실로 옳은 것은?

> (가) 제10관 일본국 인민이 조선국 지정의 각 항구에 머무는 동안에 죄를 범한 것이 조선국 인민에 관계되는 사건일 때에는 일본국 관원이 재판한다.
>
> (나) 제4관 중국 상인이 조선의 양화진 및 한성에 영업소를 개설할 경우를 제외하고, 각종 화물을 내륙으로 운반하여 상점을 차리고 파는 것을 허가하지 않는다. 단, 내륙행상이 필요한 경우 지방관의 허가서를 받아야 한다.

① 개항장에서는 일본 화폐가 통용되었다.
② 러시아가 압록강 유역의 산림 채벌권을 획득하였다.
③ 황국 중앙 총상회가 조직되어 상권 수호 운동을 전개하였다.
④ 함경도의 방곡령에 불복하여 일본 상인이 손해 배상을 요구하였다.

Check 대표 기출 2

02 0744 [2021. 국가직 9급]   회독 ○○○

개항기 무역에 대한 설명으로 옳지 않은 것은?

① 개항장에서 조선인 객주가 중개 활동을 하였다.
② 조·청 무역 장정으로 청국에서의 수입액이 일본을 앞질렀다.
③ 일본 상인은 면제품을 팔고 쇠가죽·쌀·콩 등을 구입하였다.
④ 조·일 통상장정의 개정으로 곡물 수출이 금지되기도 하였다.

SOLUTION 난이도 상 중 하

출제자의 눈 개항 이후 외국과 체결한 조약들의 내용뿐만 아니라 조약 체결 사이 시기의 사건을 묻는 문제도 자주 출제된다. 개항 순서나 시기, 청·일 양국 수입액의 비교 등을 다룬 고난도 문제들이 출제된 단원이라 심화 내용까지 대비해야 한다.

자료분석 (가) 1876년 2월에 체결된 강화도 조약의 치외법권(영사 재판권)에 대한 내용이다.
(나) 1882년 8월에 체결된 조·청 상민 수륙 무역 장정의 내용이다. 이 장정에 따라 청 상인은 한성과 양화진에서 규정에 따라 점포를 개설할 수 있었고, 허가만 받으면 내륙에서의 활동도 가능하였다.

정답해설 ① 1876년 7월에 체결된 조·일 수호 조규 부록에 따라 개항장에서 일본 화폐 유통이 허용되었다.

오답피하기 ② 러시아가 압록강 유역의 삼림 채벌권을 획득한 것은 1896년의 일이다.
③ 1898년 서울의 시전 상인들은 황국 중앙 총상회를 조직하여 독립 협회와 더불어 상권 수호 운동을 전개하였다.
④ 일본으로의 곡물 유출이 늘어나 곡물 가격이 폭등하자, 1889년 함경도 관찰사 조병식이 방곡령을 선포하였다.

정답 ① 한정판 113p, 기본서 676p

SOLUTION 난이도 상 중 하

정답해설 ① 개항 초기 일본 상인들은 개항장 10리 이내에서만 활동할 수 있었기 때문에 객주·여각·보부상 등 조선의 중간 상인을 내세워 내륙시장에 상품을 사고팔았다. 이에 따라 국내의 일부 중개 상인은 부를 쌓게 되었다.
③ 개항 초기 일본 상인들은 주로 영국산 면제품(옥양목)을 사들여 와 조선에 팔고 쇠가죽·쌀·콩·금 등을 수입해가는 중계 무역으로 막대한 이익을 취하였다.
④ 1883년 개정 조·일 통상 장정에는 방곡령 규정이 명시되어 있다. 이 규정에 따라 1889년 함경도 관찰사 조병식 등 지방관들은 방곡령을 선포하였다. 그러나 일본은 개정 조·일 통상 장정(방곡령 실시 1개월 전 통고)의 규정을 어겼다며, 일본 상인들의 손해에 대한 배상금을 요구하였다.

오답피하기 ② 조·청 상민 수륙 무역 장정 체결(1882) 이후 청 상인들이 개항장 밖 내륙까지 무역을 하게 됨으로써 청과 일본 상인들의 경쟁이 치열해졌으나 청과 일본으로부터의 수입액을 비교했을 때 청이 일본을 앞지르지는 못했다.

정답 ② 한정판 113p, 기본서 676p

03 [2025. 지방직 9급]

다음 조약에 대한 설명으로 옳은 것은?

> 제9관 수입 또는 수출되는 각 화물이 해관을 통과할 때는 응당 본 조약에 첨부된 세칙에 따라 관세를 납부해야 한다.
>
> 제37관 조선국에서 가뭄과 홍수, 전쟁 등으로 인하여 국내에 양식이 결핍할 것을 우려하여 일시 쌀 수출을 금지하려고 할 때에는 1개월 전에 지방관이 일본 영사관에게 통지하여 미리 그 기간을 항구에 있는 일본 상인들에게 전달하여 일률적으로 준수하는 데 편리하게 한다.

① 갑신정변의 영향으로 체결되었다.
② 최혜국 대우에 관한 내용을 담고 있다.
③ 일본 경비병의 공사관 주둔을 명시하였다.
④ 부산 외 2곳에 개항장이 설치되는 결과를 가져왔다.

04 [2020. 국회직]

(가)~(마)에 들어갈 내용으로 옳지 않은 것은?

연도	조약명	주요내용
1876	조·일 수호 조규	(가)
1876	조·일 무역 규칙	(나)
1882	조·청 상민 수륙 무역 장정	(다)
1882	조·미 수호통상 조약	(라)
1883	조·일 통상 장정	(마)

① (가) - 조선이 자주국임을 명시하였다.
② (나) - 일본 정부에 소속된 선박의 항세를 면제하였다.
③ (다) - 청의 북양대신과 조선 국왕은 대등한 권리를 갖는다고 규정하였다.
④ (라) - 거중조정의 원칙과 최혜국 대우 조항을 규정하였다.
⑤ (마) - 일본 물품에 대한 관세를 폐지하였다.

SOLUTION (03)

자료분석 자료는 1883년에 체결된 개정 조·일 통상 장정의 관세 부과 규정과 방곡령 선포 규정에 대한 내용이다.

정답해설 ② 일본은 조선과 1883년 개정 조·일 통상 장정을 체결하여, 조선이 강력하게 요구하던 관세 부과와 방곡령을 수용하는 대신, 최혜국 대우 조항을 관철했다.

오답피하기 ① 갑신정변은 1883년 조·일 통상 장정 체결 후인 1884년에 일어났다.
③ 일본 공사관의 경비병 주둔을 인정한 조약은 임오군란의 결과로 체결된 제물포 조약(1882)이다.
④ 부산 외 2곳에 개항장이 설치되는 결과를 가져온 조약은 강화도 조약(1876)이다.

핵심개념 1883년 조일 통상 장정

조항	내용	의미
9관	입항하거나 출항하는 각 화물이 해관을 통과할 때는 본 조약에 첨부된 세칙에 따라 관세를 납부해야 한다.	관세 부과 규정
37관	조선국에서 가뭄과 홍수, 전쟁 등의 일로 인하여 국내에 양식이 결핍할 것을 우려하여 일시 쌀 수출을 금지하려고 할 때에는 1개월 전에 지방관이 일본 영사관에게 통지하여 미리 그 기간을 항구에 있는 일본 상인들에게 일률적으로 준수하는 데 편리하게 한다.	방곡령 선포 규정
42관	현재나 앞으로 조선 정부에서 어떠한 권리와 특전 및 혜택과 우대를 다른 나라 관리와 백성에게 베풀 때에는 일본국 관리와 백성도 마찬가지로 일체 그 혜택을 받는다.	최혜국 대우 규정

정답 ②

SOLUTION (04)

정답해설 ① 조·일 수호 조규(강화도 조약, 1876)에서는 조선이 자주국임을 명시하였는데, 이는 청의 종주권을 부인하고 조선에 대한 침략을 용이하게 하기 위한 목적이었다.
② 조·일 무역 규칙(1876)에는 일본 수출입 상품에 대한 무관세, 일본 정부 소속 선박에 대한 무항세 등이 규정되었다.
③ 임오군란의 결과 체결된 조·청 상민 수륙 무역 장정(1882)에서는 청의 북양대신과 조선 국왕은 대등한 권리를 갖는다고 규정하였을 뿐 아니라 조선이 청의 속국임을 명기하였으며, 치외법권 등 청나라에 유리한 특권을 담고 있었다.
④ 조·미 수호통상 조약(1882)은 서양 국가와 최초로 맺은 근대적 조약으로 치외법권, 관세 부과, 거중조정, 최혜국 대우 등이 규정되었다.

오답피하기 ⑤ 조·일 통상 장정(1883)에는 관세 부과 규정, 방곡령 선포 규정(단, 1개월 전에 지방관이 일본 영사관에 통고), 최혜국 대우 등이 규정되었다.

정답 ⑤

05 [2019. 국가직 9급]

(가), (나) 시기에 있었던 사실로 옳은 것은?

(가)	(나)	
을미사변 발발	을사조약 강제 체결	13도 창의군 서울진공작전 전개

① (가) - 시전상인을 중심으로 황국 중앙 총상회가 조직되었다.
② (가) - 신민회는 일제가 날조한 105인 사건으로 와해되었다.
③ (나) - 함경도 관찰사 조병식이 곡물 수출을 막는 방곡령을 내렸다.
④ (나) - 일제의 황무지 개간권 요구를 반대하기 위해 보안회가 창설되었다.

06 [2019. 지방직 9급]

조약 (가), (나) 사이 시기의 경제 상황으로 옳은 것은?

(가)	(나)
• 조선국 항구에 머무르는 일본은 쌀과 잡곡을 수출·수입할 수 있다. • 일본국 정부에 소속된 모든 선박은 항세(港稅)를 납부하지 않는다.	• 입항하거나 출항하는 각 화물이 세관을 통과할 때에는 세칙에 따라 관세를 납부해야 한다. • 조선 정부가 쌀 수출을 금지하고자 할 때에는 반드시 먼저 1개월 전에 지방관이 일본 영사관에게 통고해야 한다.

① 메가타 재정 고문이 화폐 정리 사업을 시도하였다.
② 혜상공국의 폐지 등을 주장한 정변이 발생하였다.
③ 양화진에 청국인 상점을 허용하는 조약이 체결되었다.
④ 함경도 방곡령 사건으로 일본과 외교적 마찰이 일어났다.

07 0749 [2016. 국가직 9급]

개항기 체결된 통상 협약에 대한 설명으로 옳지 않은 것은?

① 조·일 통상장정(1876) – 곡물 유출을 막는 방곡령 규정이 합의되었다.
② 조·청 수륙무역장정(1882) – 서울에서 청국 상인의 개점이 허용되었다.
③ 개정 조·일 통상장정(1883) – 일본과 수출입하는 물품에 일정 세율이 부과되었다.
④ 한·청 통상조약(1899) – 대한제국 황제와 청황제가 대등한 위치에서 조약을 체결하였다.

SOLUTION

정답해설 ② 1882년 조·청 상민 수륙 무역 장정 체결로 청 상인은 양화진과 한성에 점포를 개설할 권리를 얻었다. 또한 허가를 받으면 거류지를 벗어나 활동할 수 있게 되었다.
③ 1883년 개정 조·일 통상 장정에는 관세 부과 규정과 방곡령 실시 규정, 최혜국 대우 조항이 포함되었다.
④ 1899년 체결된 한·청 통상 조약은 대한 제국 황제와 청 황제가 대등한 위치에서 조약을 체결했으며, 양국이 서로 균등한 자격으로 거류민의 신분과 재산을 보호하며 이를 위해 전권 대사를 교환하고 총영사관을 설치하도록 약정했다.

오답피하기 ① 방곡령 규정은 1883년 개정 조·일 통상 장정에 해당한다. 1876년 체결된 조·일 통상 장정(조·일 무역 규칙)은 양곡의 무제한 유출을 허용해 국내 곡식 가격이 폭등하는 결과를 가져왔다.

심화개념 한청 통상 조약(1899. 9.)

> 대한국과 대청국은 우호를 돈독히 하고 피차 인민 돌보기를 절실히 원한다.
> 제1관 앞으로 대한국과 대청국은 영원히 우호를 다지며 양국 상인과 인민이 거류하는 경우 모두 온전히 보호와 우대의 이익을 얻는다.
> 제5관 재한국 중국 인민이 범법한 일이 있을 경우에는 중국 영사관이 중국의 법률에 따라 심판 처리하며, 재중국 한국 인민이 범법한 일이 있을 때에는 한국 영사관이 한국의 법률에 따라 심판 처리한다.

정답 ① 한정판 113p, 기본서 676p

주제 132

06 | 개항 이후의 경제와 사회
화폐 정리 사업과 국채 보상 운동

Check 대표 기출 1

01 0750 [2019. 국가직 7급] 회독 ○○○

다음의 정부 조치에 대한 설명으로 옳은 것만을 〈보기〉에서 모두 고르면?

> 상태가 매우 좋은 갑종 백동화는 개당 2전 5리의 가격으로 새 돈으로 바꾸어 주고, 상태가 좋지 않은 을종 백동화는 개당 1전의 가격으로 정부에서 사들이며, 팔기를 원치 않는 자에 대해서는 정부가 절단하여 돌려준다. 다만 모양과 질이 조잡하여 화폐로 인정하기 어려운 병종 백동화는 사들이지 않는다. - 「탁지부령」 -

─ 보기 ─
ㄱ. 한·일 신협약을 계기로 추진되었다.
ㄴ. 은화를 발행하여 본위화로 삼고자 하였다.
ㄷ. 제일 은행권을 교환용 화폐로 사용하였다.
ㄹ. 필요한 자금을 대느라 거액의 국채가 발생하였다.

① ㄱ, ㄴ   ② ㄱ, ㄹ   ③ ㄴ, ㄷ   ④ ㄷ, ㄹ

Check 대표 기출 2

02 0751 [2020. 경찰간부후보] 회독 ○○○

다음의 경제적 구국 운동에 대한 설명으로 가장 옳은 것은?

> 남자는 담배를 끊고 부녀자들은 비녀 가락지 등을 팔아서 민족 언론 기관에 다양한 액수의 돈을 보내며 호응하였다. 이는 정부가 일본으로부터 빌린 차관 1,300만 원이라는 액수를 상환하여 경제적 독립을 이룩하기 위한 것이었다.

① 조만식이 중심이 되어 대구에서 운동을 시작하였다.
② 대한매일신보 등의 적극적 홍보에 힘입어 전국으로 확산되었다.
③ 총독부의 탄압과 방해로 실패하였다.
④ 일제는 화폐 정리 사업을 실시하여 이 운동의 확산을 막으려 하였다.

SOLUTION 난이도 상 중 하

출제자의 눈 화폐 정리 사업의 내용과 결과, 영향을 파악하는 문제가 종종 출제되고 있다. 공무원 시험에서는 출제 빈도가 다소 떨어지지만 한능검이나 수능에서는 지속적으로 단독 출제되고 있다.

자료분석 자료는 화폐정리사업(1905~1909)에 대한 내용이다. 이 정책은 제1차 한·일 협약 체결로 파견된 재정 고문 메가타의 주도로 실시되었다.

정답해설 ㄷ. 화폐 정리 사업은 한국의 화폐를 일본의 화폐 제도에 따라 금본위제로 하고 일본의 제일 은행권을 본위 화폐로 하여 일본의 금융이 한국을 지배하도록 한 것이었다.
ㄹ. 화폐 정리 사업 시행 과정에서 대한 제국은 일본에 막대한 빚을 지게 되었다. 이는 국채 보상 운동이 일어나는 한 배경이 되었다.

오답피하기 ㄱ. 한·일 신협약(1907. 7, 정미 7조약) 체결보다 화폐 정리 사업이 먼저 시작되었다.
ㄴ. 화폐 정리 사업에서는 한국의 화폐를 일본의 화폐 제도에 따라 금본위제(은본위제 X)로 하였다.

정답 ④ 한정판 113p, 기본서 680p

SOLUTION 난이도 상 중 하

출제자의 눈 국채 보상 운동이 대구에서 시작되었다는 것과 국채 보상 운동을 후원한 신문에 주목하고, 1920년대 물산 장려 운동과 비교·구분할 수 있어야 한다.

자료분석 자료는 1907년 전개된 국채 보상 운동에 대한 내용이다. '일본으로부터 빌린 차관 1,300만 원이라는 액수를 상환하여 경제적 독립을 이룩하기 위한 것이다.'라는 내용을 통해 알 수 있다. 일제가 강제로 차관을 제공한 결과, 1907년까지 일본으로부터 들여온 차관 총액은 대한 제국의 1년 예산과 맞먹는 1,300만 원에 달하였다. 이에 국민 모금으로 정부가 진 빚을 갚아서 경제 자립과 국권 수호를 이룩하자는 국채 보상 운동이 일어났다.

정답해설 ② 국채 보상 운동은 대한매일신보, 황성신문, 제국신문, 만세보 등 언론 기관의 적극적인 홍보에 힘입어 전국으로 확산되었다.

오답피하기 ① 조만식은 1920년대 물산 장려 운동을 주도한 인물이다. 국채 보상 운동을 주도한 것은 김광제, 서상돈 등이다.
③ 국채 보상 운동은 통감부(총독부×)의 탄압과 방해로 실패하였다.
④ 화폐 정리 사업(1905)은 국채 보상 운동(1907) 이전부터 실시되었다.

정답 ② 한정판 114p, 기본서 686p

03 [2025. 서울시 9급 1차]

〈보기〉의 조치가 시행된 결과로 가장 옳은 것은?

― 보기 ―
 구(舊) 백동화의 품질, 무게, 문양, 모양이 매우 양호하여 화폐로 인정받을 만한 것은 한 개당 금(金) 2전 5리의 비율로 새로운 화폐로 교환한다. 이 기준에 합당하지 않은 부정 백동화는 개당 금 1전의 가격으로 정부에서 사들인다. 만약 매수를 원하지 않는 경우 정부에서 절단하여 돌려준다.

① 보안회의 반대 시위로 철회되었다.
② 일본 화폐가 국내에서 처음으로 유통되었다.
③ 일본의 제일 은행권이 법정 통화가 되었다.
④ 동양 척식 주식회사가 설립되어 많은 토지를 점유하였다.

04 [2023. 지방직 9급]

다음과 같은 취지로 전개된 운동에 대한 설명으로 옳은 것은?

 우리들은 정신을 새로이 하고 충의를 떨칠 때이니, 국채 1,300만 원은 우리 대한 제국의 존망에 직결된 것입니다. 이것을 갚으면 나라가 보존되고 이것을 갚지 못하면 나라가 망할 것은 필연적인 사실이나, 지금 국고에서는 도저히 갚을 능력이 없으며, 만일 나라에서 갚지 못한다면 그때는 이미 삼천리 강토는 내 나라 내 민족의 소유가 못 될 것입니다.
― 「대한매일신보」 ―

① 조선 형평사를 조직하였다.
② 조선 물산 장려회를 조직하였다.
③ 신사 참배 거부 운동을 전개하였다.
④ 1907년 대구에서 시작되어 전국으로 확산되었다.

SOLUTION (03)

자료분석 자료는 1905년부터 메가타의 주도로 실시된 화폐 정리 사업에 대한 내용이다. 제1차 한·일 협약에 따라 재정 고문으로 초빙된 메가타는 전환국을 폐쇄하고 일개 민간 은행인 일본 제일 은행이 한국의 중앙은행으로서의 지위를 갖게 하였다. 이어 화폐 유통의 혼란과 물가 폭등을 빌미로 화폐 정리 사업을 추진하였다.

정답해설 ③ 화폐 정리 사업으로 기존에 통용되던 백동화가 일본 제일 은행에서 발행하는 새 화폐로 교환되면서 일본 제일 은행권이 법정 통화가 되었다.

오답피하기 ① 1904년 조직된 보안회는 러·일 전쟁 중 일본이 황무지 개간권을 요구하며 토지를 약탈하려 하자, 반대 집회를 열어 일본의 요구를 저지하였다.
② 강화도 조약의 부속 조약인 조·일 수호 조규 부록의 체결(1876)로 개항장에 일본인 거류지가 설정되고, 일본 화폐 사용이 허용되었다.
④ 동양 척식 주식회사는 일제가 식민지 경제 수탈을 위해 1908년 설립한 회사로, 일본인의 토지 투자와 농업 이민을 적극 후원하였다.

핵심개념 화폐 정리 사업(1905~1909)

 일제의 화폐 정리 사업에 의해 화폐 교환이 이루어지던 1905년 당시, 한국인은 상평통보(엽전)와 백동화를 사용하였다. 그런데 일제는 백동화의 화폐 가치가 일정하지 않다는 이유를 들어 교환에 불이익을 주었다. 즉, 일제는 백동화를 정리하면서 구화를 신화로 교환할 때 질이 떨어지는 구화는 액면가보다 적은 값으로 교환해 주었다. 일제는 백동화를 등급별로 나누어 갑(甲)인 경우에는 액면가 그대로, 을(乙)인 경우에는 2전 5푼짜리를 1전으로, 병(丙)인 경우에는 교환을 거부하는 방식으로 기존의 백동화를 정리하였다.

정답 ③ 한정판 113p, 기본서 680p

SOLUTION (04)

자료분석 자료는 1907년 일어난 국채 보상 운동과 관련된 사료이다. 일제가 강제로 차관을 제공한 결과, 1907년까지 일본으로부터 들여온 차관 총액은 대한 제국의 1년 예산과 맞먹는 1,300만 원에 달하였다. 이에 국민 모금으로 정부가 진 빚을 갚아서 경제 자립과 국권 수호를 이룩하자는 국채 보상 운동이 일어났다.

정답해설 ④ 국채 보상 운동은 1907년 대구에서 시작되었으며 대한매일신보, 황성신문, 제국신문, 만세보 등 언론 기관의 적극적인 홍보에 힘입어 전국으로 확산되었다.

오답피하기 ① 1923년에 백정 출신들은 경남 진주에서 이학찬 등을 중심으로 조선 형평사를 창립하고 평등한 대우를 요구하는 형평 운동을 전개하였다.
② 물산 장려 운동에 대한 내용이다. 1920년 조만식 등이 평양에서 조선 물산 장려회를 조직하여 물산 장려 운동을 시작하였고, 1923년 경성에서도 조선 물산 장려회가 만들어지는 등 물산 장려 운동은 전국적으로 퍼져 나갔다.
③ 일제 강점기 말에 개신교계를 중심으로 신사 참배 거부 운동이 일어났다.

핵심개념 국채 보상 운동(1907)

배경	화폐 정리, 시설 개선 등의 명목으로 일제의 막대한 차관 제공(1907년까지 차관 총액 1300만원)
시작	대구(김광제, 서상돈)
전개	• 서울에서 국채 보상 기성회 조직(1907) → 전국적 모금 운동 전개 • 각계각층 동참, 언론의 후원: 대한매일신보, 황성신문, 만세보, 제국신문 등 (독립신문 X)
결과	• 통감부(총독부 X)의 방해로 실패 - 일진회 이용 방해 - 국채 보상 기성회 간사 양기탁 구속(국채 보상금 횡령 누명)
한계	상층민·명문가·부호 등의 참여 부진

정답 ④ 한정판 114p, 기본서 686p

05 [2021. 소방간부후보]

다음 자료를 통해 알 수 있는 사업에 대한 설명으로 옳지 않은 것은?

> 상태가 매우 양호한 갑종 백동화는 개당 2전 5리의 가격으로 새 돈과 교환하여 준다. 상태가 좋지 않은 을종 백동화는 개당 1전의 가격으로 정부가 매수하되, 매수를 원치 않는 자에 대해서는 정부가 절단하여 돌려준다. 단, 형질이 조악하여 화폐로 인정하기 어려운 병종 백동화는 매수하지 않는다.
> — 탁지부령 제1호 —

① 재정 고문인 메가타가 주도하였다.
② 백동화를 일본 제일은행권으로 교환하였다.
③ 시전 상인들은 황국 중앙 총상회를 조직하여 상권 수호운동을 벌였다.
④ 일부 백동화의 가치가 떨어지거나 폐기되어 도산하는 상인이 나타났다.
⑤ 사업에 필요한 자금은 대한 제국이 일본으로부터 차관을 들여와 충당하였다.

06 [2018. 교행 9급]

(가)~(라) 시기의 경제 상황으로 옳은 것은?

1876년	1883년	1894년	1904년	1910년
(가)	(나)	(다)	(라)	
강화도 조약 체결	조·일 통상 장정 체결	청·일 전쟁 발발	러·일 전쟁 발발	국권 피탈

① (가) - 보안회가 일본의 황무지 개간권 요구를 철회시켰다.
② (나) - 황국 중앙 총상회가 상권 수호 운동을 전개하였다.
③ (다) - 동양 척식 주식회사가 대규모 농장을 경영하였다.
④ (라) - 경제 자립을 위한 국채 보상 운동이 전개되었다.

07 [2017. 지방직 9급 추가채용]

(가), (나) 시기에 있었던 사실에 대한 설명으로 옳은 것은?

(가)	(나)
러·일 전쟁 발발	고종 강제퇴위	대동단결선언 발표

① (가) – 독립 협회가 개최한 관민 공동회에서 헌의 6조가 결의되었다.
② (가) – 독도를 울릉군 관할로 한다는 내용의 대한 제국 칙령 제41호가 공포되었다.
③ (나) – 일제가 '105인 사건'을 일으켜 윤치호 등을 체포하였다.
④ (나) – 일본인 메가타가 재정 고문으로 부임하여 화폐 정리 사업을 시작하였다.

SOLUTION

자료분석 러·일 전쟁 발발은 1904년, 고종 강제 퇴위는 1907년, 대동단결 선언 발표는 1917년의 일이다. 대동단결 선언은 3·1 운동 이전인 1917년 신규식, 박은식, 신채호 등 14명이 발기하여 작성한 선언문이다. 선언문에는 '황제가 포기한 주권을 국민이 넘겨받았다.'라는 주권 재민 사상이 드러나 있다.

정답해설 ③ 105인 사건은 1911년 총독부가 민족 해방운동을 탄압하기 위하여 데라우치 총독의 암살 미수 사건을 조작하여 105인의 독립운동가를 감옥에 가둔 사건으로 비밀 결사였던 신민회가 해체되는 원인이 되었다.

오답피하기 ① 관민 공동회는 1898년 10월 독립 협회가 서울 종로에서 대소관민을 모아 국정 개혁안을 결의하고 이를 추진하기 위해 개최한 집회이다. 독립 협회는 이 집회에서 헌의 6조를 결의하여 고종의 재가를 받았다.
② 대한 제국 정부는 1900년 대한 제국 칙령 제41호를 공포하여 울릉도를 울도군으로 승격하여 독도를 관할하게 하였다.
④ 러·일 전쟁 중 일본은 제1차 한·일 협약(1904. 8.)을 체결하고 메가타를 재정 고문으로 파견하였다. 메가타는 대한 제국의 금융을 장악하기 위해 1905년부터 화폐 정리 사업을 시작하였다.

정답 ③ 한정판 113p, 기본서 680p

08 [2013. 국가직 9급]

다음의 경제 조치에 대한 설명으로 옳지 않은 것은?

> 제1조 구 백동화 교환에 관한 사무는 금고로 처리케 하여 탁지부 대신이 이를 감독함
> 제3조 구 백동화의 품위(品位)·양목(量目)·인상(印象)·형체(形體)가 정화(正貨)에 준할 수 있는 것은 매 1개에 대하여 금 2전 5푼의 가격으로 새 화폐로 교환함이 가함

① 한국 상인들이 경제적으로 큰 타격을 받았다.
② 일본 제일은행이 중앙은행의 역할을 하게 되었다.
③ 액면가대로 바꾸어 주는 화폐교환 방식을 따랐다.
④ 구 백동화 남발에 따른 물가상승이 이 조치에 영향을 끼쳤다.

SOLUTION

자료분석 1905년에 재정 고문 메가타가 실시한 화폐 정리 사업과 관련된 내용이다. 이는 기존 백동화와 엽전을 폐지하고 일본 제일 은행권을 본위 화폐로 삼은 것으로, 한국 경제를 예속화시키는 작업이었다.

정답해설 ① 일제는 화폐 정리 사업 당시 백동화를 교환해 주면서 화폐 상태에 따라 가치를 다르게 평가했는데, 한국 상인이 소유한 백동화의 상당수가 을종이나 병종의 낮은 등급으로 판정받았으며, 소액을 가진 농민은 교환하기도 어려웠다. 이에 따라 한국 상인들의 자산이 낮은 가치 평가를 받아 경제적으로 큰 타격을 받았다.
② 화폐 정리 사업은 백동화와 엽전 등을 일본 제일 은행에서 발행하는 새 화폐로 교환하게 한 사업이었다. 따라서 일본 제일 은행의 조선 지점이 사실상 한국의 중앙은행이 되었다.
④ 재정 고문 메가타는 한국 경제의 가장 큰 문제는 백동화 남발로 인한 화폐 유통의 혼란과 물가 폭등에 있다고 주장하며 화폐 정리 사업을 추진하였다.

오답피하기 ③ 일제는 화폐 정리 사업 당시 화폐를 교환해 주면서 액면가대로 바꾸어주지 않고 화폐 상태에 따라 가치를 다르게 측정했다(부등가 교환). 즉 백동화를 갑, 을, 병종으로 나누어 갑종과 을종은 일부만 가치를 인정해 주고, 병종은 교환 대상에서 제외하였다. 이로써 한국 사람들은 앉은 자리에서 막대한 화폐 자산을 상실당하였다.

핵심개념 화폐 정리 사업(1905~1909)

주도	1차 한·일 협약 체결로 파견된 재정 고문 메가타
집행	탁지부에서 정책 집행
명분	문란한 화폐 제도의 재정비(백동화 남발로 인한 물가 상승)

내용	• 사전 작업
	  – 화폐 정리를 위한 차관 도입(3백만원)
	  – 백동화를 남발하던 전환국 폐지(1904. 11.)
	• 조선 화폐 [백동화, 엽전(상평통보)] 회수 → 일본 제일 은행권 화폐로 교환
	• 부등가 교환 : 갑종 2전 5리, 을종 1전, 병종 교환 거부

결과	• 화폐 발행권 강탈(제일 은행권의 본위 화폐화, 금본위제) • 조선 상공인 타격, 농촌 경제 파탄 • 민족 은행 몰락 및 일본 은행에 예속화(예 한성은행, 천일은행) • 유통 화폐 부족 현상(전황, 디플레이션) • 사업 과정에서 일본에 막대한 빚을 지게 됨 → 국채 보상 운동의 배경

정답 ③ 한정판 113p, 기본서 680p

주제 **133**

06 | 개항 이후의 경제와 사회

사회 구조와 의식의 변화

Check 대표 기출 1

01 0758 [2022. 서울시 9급 1차]   회독 ○○○

〈보기〉 내용의 발표에 대한 설명으로 가장 옳은 것은?

> **보기**
> 우리보다 먼저 문명개화한 나라들을 보면 남녀평등권이 있는지라. 어려서부터 각각 학교에 다니며, 각종 학문을 다 배워 이목을 넓히고, 장성한 후에 사나이와 부부의 의를 맺어 평생을 살더라도 그 사나이에게 조금도 압제를 받지 아니한다. 이처럼 대접을 받는 것은 다름이 아니라 그 학문과 지식이 사나이 못지 않은 까닭에 그 권리도 일반과 같으니 어찌 아름답지 않으리오.

① 평양의 양반 부인들이 발표하였다.
② 발표를 계기로 찬양회가 조직되었다.
③ 교육입국조서 발표의 배경이 되었다.
④ 이 발표에 따라 한성사범학교가 설립되었다.

Check 대표 기출 2

02 0759 [2020. 경찰간부후보]   회독 ○○○

다음의 선언문과 관련된 설명으로 가장 옳지 않은 것은?

> 슬프다! 돌이켜 전일을 생각하면 사나이의 위력으로 여편네를 누르려고 구설을 빙자하여 여자는 안에 있어 밖의 일을 말하지 않으며 오로지 밥하고 옷 짓는 것만 알라 하니 어찌하여 신체수족이목이 남자와 다름없는 한 가지 사람으로 깊은 방에 처하여 다만 밥과 술이나 지으리오. 도금에 구규를 진폐하고 신학을 시행함이 우리도 옛것을 버리고 새것을 따라 타국과 같이 여학교를 설시하고 각각 여아들을 보내어 각항 재주와 규칙과 행세하는 도리를 배워 일후에 남녀가 일반 사람이 되게 할 차.
>
> – 여권통문 –

① 우리나라 최초의 근대적 여권 선언으로 평가된다.
② 서울 북촌 양반 부인들이 뜻을 일으켜 발표하였다.
③ 우리나라 최초의 근대식 여학교가 세워지는 배경이 되었다.
④ 찬양회가 독립신문, 황성신문에 발표한 내용이다.

SOLUTION 난이도 상 중 하

출제자의 눈 단독 출제 빈도가 높지 않지만 근우회의 출제 빈도가 높아지고 있어 (근우회의 오답 지문으로 찬양회가 자주 출제) 주의 깊게 살펴봐야 하는 주제이다.

자료분석 자료는 1898년 서울 북촌 부인들이 발표한 『여권통문』의 일부이다. 근대 의식이 확대되고 평등 사회의 기틀이 마련되면서 여성들도 여권 신장의 목소리를 내기 시작하였다. 1898년 북촌의 양반 부인들이 「여권통문」을 발표하여 여성들의 교육받을 권리와 직업권 및 정치 참여권을 주장하였다.

정답해설 ② 1898년 「여권통문」 발표를 계기로 여성 운동 단체인 찬양회가 조직되었다. 찬양회는 여학교 설립 운동과 여성 계발 사업 등을 전개하였고, 독립 협회가 주최한 만민 공동회에도 적극 참여하였다.

오답피하기 ① 『여권통문』은 서울 북촌의 양반 부인들이 발표하였다.
③ 『여권통문』은 교육 입국 조서 발표(1895) 이후인 1898년에 발표되어 교육 입국 조서 발표의 배경으로는 적절하지 않다.
④ 『여권통문』 발표는 순성 여학교(1899) 설립에 영향을 끼쳤다.

심화개념 찬양회와 여권통문

> 7차 국정 교과서와 2020년 경찰 간부, 2011년 서울시 7급, 한능검 고급 13회 기출에서는 찬양회가 여권통문을 발표한 것으로 서술 및 출제하였다. 그러나 일부 개정 8종 교과서와 본 문제(2022년 서울시 9급)와 같이 북촌 양반 부인들의 여권 통문 발표를 계기로 찬양회가 조직되었다고 서술 및 출제되기도 하였다. 따라서 둘 다 맞는 표현으로 봐야 할 것이다.

정답 ② 한정판 114p, 기본서 693p

SOLUTION 난이도 상 중 하

자료분석 자료는 찬양회가 발표한 조선 최초의 여권 선언문(여학교 설치 통문, 여권 통문, 여성 통문)이다.

정답해설 ①,②,④ 1898년 서울의 북촌 부인들을 중심으로 찬양회가 조직되어 우리나라 최초의 여권 운동을 전개하였다. 찬양회는 독립신문과 황성신문에 여성의 참정권, 직업권, 교육권을 주장하는 여권통문(여성통문)을 발표하였다. 찬양회는 여성 계몽을 위한 연설회와 토론회를 개최하였으며, 여성 교육을 위해 여학교를 설립하기도 하였다.

오답피하기 ③ 우리나라 최초의 근대식 여학교는 스크랜튼이 설립한 이화학당(1886)이다. 여권통문은 순성 여학교(1899) 설립의 계기가 되었다.

핵심개념 찬양회(1898)

- 서울 북촌 양반 부인들을 중심으로 조직
- 한국 최초의 여성 운동 단체, 최초의 여권 운동 전개
- 독립신문과 황성신문에 여성의 참정권, 직업권, 교육권을 주장하는 여성통문 발표
- 여성 계몽을 위한 연설회와 토론회 개최
- 여성 교육을 위해 순성 여학교 설립(1899)

정답 ③ 한정판 114p, 기본서 693p

주제 134

07 | 근대 문물의 수용과 근대 문화의 형성

근대 문물의 수용과 언론 활동

Check 대표 기출 1

01 0760 [2017. 법원직]   회독 ○○○

다음 각 시기의 사회모습에 대한 설명으로 가장 옳은 것은?

```
   1876    1882    1894    1897    1905
    (가)     (나)     (다)     (라)
  강화도 조약  임오군란  갑오개혁  대한 제국  을사늑약
```

① (가) - 박문국을 설치하여 한성순보를 발간하였다.
② (나) - 최초의 근대식 병원인 광혜원이 설립되었다.
③ (다) - 함경도 덕원주민들이 원산학사를 세웠다.
④ (라) - 영국이 불법적으로 거문도를 점령하였다.

SOLUTION 난이도 상 중 하

출제자의 눈 근대 문물의 수용 시기를 묻는 문제에 주목하자. 특히 철도와 전차 개통 시기를 기준으로 당시의 사회 모습을 묻는 문제 등이 자주 출제된다. 언론 중에는 대한매일신보와 한성순보의 단독 출제 비중이 높으며, 고난도 사료가 출제되기도 해 각 언론의 주요 키워드를 정확하게 파악하고 있어야 한다.

정답해설 ② 1885년에 설립된 우리나라 최초의 근대식 병원인 광혜원은 정부가 설립하고, 선교사 알렌이 운영하였다.

오답피하기 ① 박문국의 설치와 한성순보 창간은 1883년의 일이다. 1883년 근대식 인쇄 출판 기관인 박문국이 설치되었다. 박문국에서는 1883년부터 우리나라 최초의 신문인 한성순보가 발행되었다.
③ 우리나라 최초의 근대적 사립학교인 원산 학사는 1883년에 설립되었다. 1880년 원산이 개항되어 일본 상인들이 활동하자, 덕원 부사 정현석과 함경도 덕원 주민들은 신지식을 교육해 인재를 양성하여 외국에 대응해야 한다고 판단하고 최초의 근대적 사립 학교인 원산 학사를 설립하였다(1883).
④ 영국이 러시아를 견제하기 위해 거문도를 불법으로 점령한 사건은 1885년의 일이다.

심화개념 알렌(Horace N. Allen)

갑신정변 때 중상을 입은 민영익을 알렌이 치료해 생명을 구해 주었는데, 이것을 계기로 고종의 총애를 받았고, 고종에게 근대식 병원을 설립할 것을 건의하여 설립된 것이 광혜원이다.

▲ 알렌

정답 ② 한정판 115p, 기본서 699p

Check 대표 기출 2

02 0761 [2017. 사회복지직 9급]   회독 ○○○

다음 지문이 가리키는 신문과 관련된 내용으로 옳은 것은?

> 그러므로 우리 조정에서도 박문국을 설치하고 관리를 두어 외국의 기사를 폭넓게 번역하고 아울러 국내의 일까지 기재하여 국중에 알리는 동시에 열국에까지 널리 알리기로 하고, 이름을 旬報라 하며……

① 우리나라 최초의 신문으로 1883년 창간되었으며, 한문체로 발간된 관보의 성격을 띠었다.
② 최초로 국한문을 혼용하였고, 내용에 따라 한글 혹은 한문만을 쓰기도 하며 독자층을 넓혀 나가고자 하였다.
③ 한글판, 영문판을 따로 출간하여 대중 계몽을 통한 근대화를 촉진하고, 외국인에게 조선의 실정을 제대로 홍보하여 조선이 국제사회에서 완전한 근대적 자주독립 국가로 자리매김하는 것을 목표로 하였다.
④ 국한문 혼용체를 사용한 일간지로 주로 유학자층의 계몽에 앞장섰다.

SOLUTION 난이도 상 중 하

자료분석 자료는 한성순보(1883~1884)에 대한 내용이다. 조정에서 박문국을 설치하고 발간했다는 내용을 통해 이를 알 수 있다. 1883년에 박문국이 설치되면서 우리나라 최초의 신문인 한성순보가 발간되었다. 이 신문은 10일 주기로 순한문으로 발행되었으며, 관보의 성격을 지녔다. 그러나 갑신정변(1884)으로 박문국이 파괴되면서 폐간(중단)되었다.

정답해설 ① 한성순보는 박문국에서 발행된 우리나라 최초의 신문으로, 관보적 성격을 지닌 순한문 신문이다.

오답피하기 ② 최초로 국한문을 혼용한 신문은 한성주보(1886~1888)이다. 1885년 박문국이 재설치 되어 한성순보의 뒤를 이어 한성주보가 간행되었다(1886). 이 신문은 박문국에서 7일마다 간행하였고, 최초로 국한문을 혼용하였으며 내용에 따라 한글 혹은 한문만을 쓰기도 하였다. 또한 최초로 상업 광고를 게재한 신문이기도 하다.
③ 독립신문(1896~1899)에 대한 설명이다. 독립신문은 1896년 4월 7일 정부의 지원을 받아 서재필이 창간한 우리나라 최초의 민간 신문으로 순한글판과 영문판으로도 간행되었다.
④ 황성신문(1898~1910)에 대한 설명이다. 황성신문은 국한문 혼용체를 사용하였고 식자층인 유생을 대상으로 창간되었다.

정답 ① 한정판 116p, 기본서 701p

424 PART 6 근대 사회의 전개

03 0762 [2019. 소방간부]

(가)에 대한 설명으로 옳은 것은?

> 미국으로 망명하였던 서재필은 을미사변 이후 귀국하였다. 그는 아관파천으로 일본의 압력이 약화되자 정부로부터 자금을 지원받아 (가) 을/를 발간하였다. (가) 은/는 국민을 계몽하고, 자주독립과 자유 민권 사상을 전파하였다.

① 천도교의 기관지였다.
② 우리나라 최초의 신문이다.
③ 한글과 영문판으로 발간되었다.
④ 장지연의 시일야방성대곡을 소개하였다.
⑤ 국채 보상 운동을 적극적으로 홍보하였다.

SOLUTION

자료분석 자료의 (가)에 해당하는 신문은 독립신문(1896)이다. 아관 파천 이후 서재필이 정부로부터 자금을 지원받아 발간하였다는 내용을 통해 알 수 있다.

정답해설 ③ 독립신문은 우리나라 최초의 민간 신문으로, 한글판과 영문판으로 발행되었다.

오답피하기 ① 천도교 기관지는 만세보(1906~1907)이다.
② 우리나라 최초의 신문은 한성순보(1883~1884)이다.
④ 장지연의 시일야방성대곡을 소개한 신문은 황성신문(1898)과 대한매일신보(1904)이다.
⑤ 국채 보상 운동을 적극적으로 홍보한 신문은 대한매일신보, 제국신문, 황성신문, 만세보 등이다. 독립신문은 1898년 12월 독립 협회가 해산되고 약 1년 후인 1899년 12월 종간해 1907년 일어난 국채 보상 운동과는 직접적인 관련이 없다.

핵심개념 언론(신문)의 발달 1

한성순보 (1883~1884)	• 우리나라 최초의 신문, 박문국에서 발행 • 순한문, 10일 주기 발행, 관보(정부의 개화 정책 홍보) • 갑신정변으로 박문국이 파괴되면서 폐간(1884)
한성주보 (1886~1888)	• 1885년 박문국 재설치 → 7일마다 간행 • 최초로 상업 광고 게재(세창 양행) • 최초로 국한문 혼용(내용에 따라 한글 또는 한문만을 쓰기도 함)
독립신문 (1896~1899)	• 정부의 지원을 받아 서재필 창간 • 최초의 민간신문 • 최초의 순한글판 간행(영문판도 간행) • 띄어쓰기 실시, 1899년 폐간

정답 ③ 한정판 116p, 기본서 701p

추가 기출 사료

황성신문 창간사

대황제 폐하께서 갑오년 중흥(中興)의 기회를 맞아 자주독립의 기초를 확정하시고 새로이 경장(更張)하는 정령(政令)을 반포하실 때에 특히 한문과 한글을 같이 사용하여 공사 문서(公私文書)를 국한문으로 섞어 쓰라는 칙교(勅敎)를 내리셨다. 모든 관리가 이를 받들어 근래에 관보와 각 부군(府郡)의 훈령, 지령과 각 군(各郡)의 청원서, 보고서가 국한문으로 쓰였다. 이제 본사에서도 신문을 확장하려는 때를 맞아 국한문을 함께 쓰는 것은, 무엇보다도 대황제 폐하의 성칙(聖勅)을 따르기 위해서이며, 또한 옛글과 현재의 글을 함께 전하고 많은 사람들에게 읽히기 위함이다.

04 0763 [2019. 소방직]

(가) 신문에 대한 설명으로 옳은 것은?

> 영국인 베델이 서울에 신문사를 창설하여 이를 (가) (이)라고 하고, 박은식을 주필로 맞이하였다. …(중략)… 각 신문사에서도 의병들을 폭도나 비류(匪類)로 칭하였지만 오직 (가) 은/는 의병으로 칭하며, 그 논설도 조금도 굴하지 않고 일본인의 악행을 게재하여 들으면 들은 대로 모두 폭로하였다. 그러므로 사람들은 모두 그 신문을 구독하여 한때 그 신문은 품귀상태에까지 이르렀고, 1년도 못 되어 매일 간행되는 신문이 7천~8천 장이나 되었다.
> – 『매천야록』 –

① 박문국에서 인쇄하였다.
② 국채 보상 운동을 지원하였다.
③ 우리나라 최초의 민간 신문이었다.
④ 대한민국 임시 정부의 기관지 역할을 하였다.

SOLUTION

자료분석 자료의 (가)에 해당하는 신문은 대한매일신보(1904~1910)이다. 영국인 베델이 창간했다는 내용과 의병을 호의적으로 보도했다는 점 등을 통해 알 수 있다.

정답해설 ② 국채 보상 운동은 일본에서 빌려 온 차관을 갚아 국권을 회복하자는 운동으로 1907년 전개되었다. 대구에서 시작된 이 운동은 대한매일신보, 황성신문, 제국신문, 만세보 등 언론 기관의 적극적인 지원에 힘입어 전국으로 확산되었다.

오답피하기 ① 박문국에서 발행한 신문은 한성순보(1883~1884)이다(한성주보도 1885년 박문국이 재설치되면서 1886년부터 박문국에서 간행되었다.).
③ 우리나라 최초의 민간 신문은 서재필이 창간한 독립신문(1896~1899)이다.
④ 대한민국 임시 정부의 기관지 역할을 한 것은 독립신문이다(서재필이 창간한 독립신문과 이름은 같지만 다른 신문이다.).

핵심개념 언론(신문)의 발달 2

매일신문 (1898~1899)	우리나라 최초의 일간신문
제국신문 (1898. 8.~1910)	• 이종일 발간 • 서민층과 부녀자 대상, 순한글 신문
황성신문 (1898. 9.~1910)	• 남궁억 발간, 국한문 혼용체 일간 신문 • 유생층 대상, 광무 정권의 '구본신참'의 원칙에 따라 온건하고 점진적인 개혁 제시 • 장지연의 시일야방성대곡 게재
대한매일신보 (1904. 7.~1910)	• 양기탁·영국인 베델 발행 • 순한글·국한문·영문 세 종류로 발행 • 을사조약의 부당성을 알리는 고종의 친서 발표 • 시일야방성대곡 영문으로 게재 • 국채 보상 운동 지원(황성신문, 제국신문, 만세보와 함께) • 발행부수 가장 많았음 • 강경한 항일 논조, 의병 운동을 호의적 보도 • 경술국치(1910) 이후 총독부에 강제 인수 → 매일신보로 개칭
만세보 (1906~1907)	• 손병희, 오세창 발간 • 천도교 기관지, 국한문 혼용(순한글 X) • 일진회 등 반민족 행위 비판 • 1907년 이인직이 매수 → '대한신문'으로 변경 → 친일 신문으로 전락
경향신문 (1906~1910)	• 천주교 기관지 • 순한글판 주간 신문

정답 ② 한정판 116p, 기본서 703p

07 근대 문물의 수용과 근대 문화의 형성

05 [2018. 지방직 9급]

다음 각 문화재에 대한 설명으로 옳지 않은 것은?

① 화엄사 각황전은 다층식 외형을 지녔다.
② 수덕사 대웅전은 주심포 양식의 건물이다.
③ 부석사 무량수전은 배흘림 기둥을 갖고 있다.
④ 덕수궁 석조전은 서양 고딕 양식의 건물이다.

06 [2017. 국회직]

다음의 사실들을 시기순으로 바르게 나열한 것은?

㉠ 경인선이 개통되었다.
㉡ 독립신문이 발간되었다.
㉢ 국채보상운동이 전개되었다.
㉣ 광혜원이 설립되었다.

① ㉠-㉡-㉢-㉣
② ㉡-㉠-㉢-㉣
③ ㉡-㉠-㉣-㉢
④ ㉣-㉠-㉡-㉢
⑤ ㉣-㉡-㉠-㉢

SOLUTION

정답해설 ① 화엄사 각황전은 금산사 미륵전, 법주사 팔상전과 함께 조선 후기(17세기)에 만들어진 다층 건물로, 내부는 하나로 통하는 구조로 되어 있다. 조선 후기 불교의 사회적 지위 향상과 양반 지주층의 경제적 성장을 반영하고 있다.
② 고려 전기에는 주로 주심포 양식이 유행하였는데, 13세기 이후에 지은 일부 건물들이 지금까지 남아 있다. 대표적인 것으로는 안동 봉정사 극락전, 영주 부석사 무량수전, 예산 수덕사 대웅전이 있다.
③ 부석사 무량수전은 주심포 양식이 배흘림기둥, 팔작지붕과 조화를 이루고 있다.

오답피하기 ④ 1910년 건립된 덕수궁 석조전은 르네상스 양식(신고전주의식)의 건물이다. 고딕 양식의 건축물로는 1898년 세워진 명동성당이 대표적이다.

핵심개념 대한 제국기의 건축

덕수궁 중명전 (1901)	· 고종의 집무실, 외국 사절 알현실로 사용 · 을사조약이 체결된 시련의 현장
덕수궁 석조전 (1910)	· 르네상스 건축양식 · 1946년 미·소 공동위원회 회의장으로 사용 · 6·25 전쟁 이후 국립 중앙 박물관으로 사용
기타	· 러시아 공사관(1890), 독립문(1897) · 정동제일교회(1897) · 명동성당(1898, 중세 고딕 양식) · 손탁호텔(1902, 독일 여성 손탁)

▲ 덕수궁 중명전

▲ 덕수궁 석조전

정답 ④

SOLUTION

정답해설 ㉣ 광혜원은 우리나라 최초의 근대식 병원으로 1885년에 설립되었다.
㉡ 독립신문은 우리나라 최초의 민간 신문으로 1896년에 창간되었다.
㉠ 경인선은 우리나라 최초의 철도로 1899년에 개통되었다(일본에 의해 부설).
㉢ 국채 보상 운동은 국민의 성금을 모아 일본에 진 빚을 갚자는 경제적 구국 운동으로 1907년에 대구에서 시작되어 전국으로 확산되었다.

핵심개념 경인선

경인선은 1899년에 개통된 우리나라 최초의 철도이다. 원래는 미국이 부설권을 가지고 있었으나 자금난으로 일본에게 넘어갔다. 1899년 노량진~인천 노선이 개통되었는데, 철도를 통해 두 도시를 오가는 데에는 약 1시간 반~2시간 정도 걸렸다고 한다.

▲ 경인선 개통식

심화개념 광혜원(제중원)

광혜원은 1885년 미국 선교사 알렌의 건의로 서울 재동에 세운 우리나라 최초의 근대식 병원이다. 처음에는 광혜원이었으나 곧 제중원으로 명칭이 바뀌었다. 1886년에는 여의사인 엘리스가 파견되어 부인부가 신설되었고, 16명의 학생을 뽑아 서양 의학 교육을 최초로 실시하였다. 이후 경영난으로 미국 북장로교 선교부로 경영권이 넘어갔다. 1904년에는 남대문 밖으로 병원을 옮기고 세브란스 병원으로 개칭하였다.

▲ 광혜원

정답 ⑤

07 [2016. 법원직 9급]

다음 기사가 보도된 당시에 볼 수 있는 사회 모습으로 가장 적절한 것은?

> 경인 철도 회사에서 어저께 개업식을 거행하는데, 인천에서 화륜거가 떠나 삼개 건너 영등포로 와서 내외국 빈객들을 수레에 영접하여 앉히고 오전 9시에 떠나 인천으로 향하는데, 화륜거 구르는 소리는 우레 같아 천지가 진동하고 기관거의 굴뚝 연기는 반공에 솟아 오르더라.
> — 독립신문(1XXX.9.19) —

① 진단 학회 창립을 준비하는 학자
② 한용운의 '님의 침묵'을 읽는 학생
③ 명동 성당에서 예배를 보는 천주교 신자
④ 국문 연구소에서 국문법을 연구하는 학자

08 [2015. 국가직 7급]

대한 제국 시기에 볼 수 있는 장면으로 적절하지 않은 것은?

① 전등이 켜진 경복궁
② 한성순보를 읽는 관리
③ 종로 일대를 달리는 전차
④ 광제원에서 치료받는 환자

SOLUTION (07)

자료분석 자료는 1899년 9월 19일자 독립신문에 실린 경인선 개통과 관련된 기사이다. 1899년 우리나라 최초의 철도인 경인선이 제물포와 노량진 사이에 개통되었다. 이는 일본이 부설한 것으로 이후 개통된 경부선, 경의선도 일본이 부설하였다. 일본은 철도 부설 공사를 진행하면서 필요한 면적의 수십 배에 달하는 토지를 약탈하였고, 농민들을 강제로 동원하였다. 이에 일부 의병들은 철도를 파괴하기도 하였다.

정답해설 ③ 명동성당은 경인선 개통 전인 1898년에 완공되어 현재까지 존재하기 때문에 경인선이 개통된 당시에도 볼 수 있는 모습이다.

오답피하기 ① 이병도, 손진태 등을 중심으로 순수 학술 연구 단체인 진단 학회가 조직된 것은 1934년의 일이다.
② 한용운의 「님의 침묵」이 간행된 시기는 1926년이다.
④ 1907년에는 국문 연구소가 만들어져 주시경, 지석영 등의 주도로 국문의 정리와 국어의 이해 체계가 확립되기 시작하였다.

핵심개념 철도의 역사

철도	부설권	개통
경인선	미국(1896) → 일본(1897)	1899년 일본
경부선	일본(1898)	1905년 일본
경의선	프랑스(1896) → 일본(1904)	1906년 일본
경원선	일본(1904)	일제강점기 1914년(일본)
호남선	일제강점기 1914년 일본 부설	

정답 ③

SOLUTION (08)

정답해설 대한 제국 시기는 대한 제국이 수립된 1897년 10월부터 일제에게 국권이 강탈된 1910년 8월까지이다.
① 전등은 대한 제국 수립 전인 1887년, 경복궁에 처음 설치된 이후 곳곳에 가설되어 갔다. 따라서 대한 제국 시기에도 전등이 켜진 경복궁을 볼 수 있다.
③ 전차는 대한 제국 시기인 1899년에 서대문~청량리 사이에 운행이 시작되었다. 이후 승객은 점차 늘어나 전차 노선은 같은 해에 종로에서 남대문으로 이어졌고, 1900년에는 용산까지 연장되었다.
④ 1899년에 설립된 내부 병원이 1900년에 광제원으로 개칭되었다. 따라서 이 사실 역시 대한 제국 시기의 일이다.

오답피하기 ② 한성순보는 1883년 창간되어 1884년 갑신정변으로 박문국이 파괴되면서 폐간되었기 때문에 대한 제국 시기에 볼 수 없다.

심화개념 전차의 노선

한성 전기 회사는 1899년 5월 17일 서대문~청량리(홍릉)에 이르는 전차 개통식을 거행하였다. 그러나 운행 개시 후 약 10일 만인 5월 26일, 5살 어린아이가 전차에 치여 사망하는 사고가 일어나자 아이의 아버지가 도끼를 들고 전차에 달려들었고 군중들도 여기에 합세하여 전차를 불태워 버리는 사건이 발생하였다. 이 사건으로 전차 운행은 5개월 동안 중단되었고, 미국인 운전수를 모집한 후에야 재개될 수 있었다. 이외에도 여러 번의 사고가 발생하였으나 전차를 이용하는 승객은 점차 늘어나 전차 노선은 같은 해에 종로에서 남대문으로 이어졌고, 1900년에는 용산까지 다시 연장되었다. 일제강점기 때에도 전차는 부산과 평양에도 가설되고 노선이 확대되면서 가장 중요한 시내 교통수단이 되어갔다. 그러나 8·15광복 후 자동차의 보급으로 버스가 중요한 교통수단이 되면서 도로 한가운데를 지나는 전차가 오히려 폭주하는 교통수요에 장애가 된다고 하여 1969년 철거되었다.

정답 ②

09 0768 [2012. 법원직 9급]

다음 두 건물의 완공 사이에 나타난 사실로 적절하지 않은 것은?

▲ 명동 성당   ▲ 원각사

① 서울과 부산 간 철도가 개통되었다.
② 최초의 서양식 병원인 광혜원이 설립되었다.
③ 서대문에서 청량리 사이에 전차 운행이 시작되었다.
④ 최초의 중등 교육 기관인 한성 중학교가 설립되었다.

SOLUTION

자료분석 명동성당은 벽돌로 만든 고딕 양식의 건물로 1898년에 완공되었다. 원각사는 한국 최초의 서양식 극장으로 1908년에 완공되었다.

정답해설 ① 서울~부산 간 철도인 경부선은 1905년에 개통되었다. 철도 부설은 이권 침탈 과정에서 대부분 일본에 의해 이루어졌다. 일본은 경인선(1899)을 시작으로 경부선(1905)과 경의선(1906)을 가설하였다.
③ 서대문~청량리 사이에 전차 운행은 1899년에 시작되었다. 1898년 황실과 미국인 콜브란이 합자로 한성 전기 회사를 설립하고 발전소를 건설해 1899년 9월부터 서대문~청량리 사이에 전차의 운행이 시작되었다.
④ 우리나라 최초의 중등 교육 기관인 한성 중학교는 1900년에 설립되었다.

오답피하기 ② 우리나라 최초의 근대식(서양식) 병원인 광혜원은 명동성당 완공 이전인 1885년에 설립되었다. 정부는 최초의 서양식 병원인 광혜원(1885, 제중원으로 개칭)을 세우고 미국인 선교사 알렌이 운영하게 하였다.

심화개념 명동 성당(1898)

명동 성당(서울 중구 명동)은 약현 성당(서울 중구 죽림동)의 설계를 맡았던 코스트 부주교가 설계하였다. 1892년 5월 착공하여 6년 만인 1898년 5월에 준공하였다. 1892년 준공된 약현 성당(우리나라 최초의 고딕식 벽돌 건축물)에 이어 두 번째로 완공된 성당이었다. 벽돌로 만든 고딕 양식으로, 당시에 사람들에게 뾰족집이라고도 불리며 장안의 명물이 되어 매일 많은 구경꾼이 몰려왔다고 한다. 한편, 명동 성당이 지어진 지역은 본래 명례방이라 하여 역관 김범우의 집이 있던 곳이다. 당시 이승훈, 정약전 3형제, 권일신 형제 등이 김범우 집에서 천주교 집회를 하였던 상징적인 곳이었다.

정답 ② 한정판 115p, 기본서 699p

심화개념 원각사(1908~1909)

- 1908년 설립(이인직)
- 신극 공연 : 은세계, 치악산 공연
- 재정난으로 1909년 11월에 폐관
- 1914년 화재로 소실

▲ 원각사

주제 135

07 | 근대 문물의 수용과 근대 문화의 형성

근대 교육과 국학 연구 및 문예와 종교

Check 대표 기출 1

01 0769 [2017. 법원직 9급]   회독 ○○○

다음 자료의 교육 기관에 대한 설명으로 가장 옳은 것은?

> 문·무관, 유생 중에 어리고 총명한 자 40명을 뽑아 입학시키고 벙커와 길모어 등을 교사로 초빙하여 서양 문자를 가르쳤다. 문관으로는 김승규와 신대균 등 여러 명이 있고, 유사로는 이만재와 서상훈 등 여러 명이 있었다. 사색당파를 골고루 배정하여 당대 명문 집안에서 선발하였다.
> - 「매천야록」 -

① 관민이 합심하여 설립하였다.
② 경성 제국 대학으로 계승되었다.
③ 좌원과 우원의 두 반으로 편성되었다.
④ 근대식 사관 양성을 목적으로 하였다.

Check 대표 기출 2

02 0770 [2019. 법원직]   회독 ○○○

다음 종교와 관련 있는 것을 〈보기〉에서 고른 것은?

> 사람이 곧 하늘이라, 그러므로 사람은 평등하며 차별이 없나니, 사람이 마음대로 귀천을 나눔은 하늘을 거스르는 것이다. 우리 도인은 차별을 없애고 선사의 뜻을 받들어 생활하기를 바라노라.

보기
ㄱ. 중광단을 결성하였다.
ㄴ. 임술 농민 봉기를 주도했다.
ㄷ. 양반과 상민을 차별하지 않는다.
ㄹ. 잡지 '신여성'과 '어린이'를 발간하였다.

① ㄱ, ㄴ   ② ㄱ, ㄷ   ③ ㄴ, ㄷ   ④ ㄷ, ㄹ

SOLUTION   난이도 상 중 하

출제자의 눈 근대 교육의 경우 근대 교육 기관의 특징과 설립 시기를 구분하는 문제가 출제된다. 특히 원산 학사와 육영 공원이 가장 출제 빈도가 높다. 사료형 단독 문제로 출제되기도 하지만 아직까지 공무원 시험에서는 개항기 근대 교육의 총괄적인 내용을 단순 지식형 문제로 출제하는 경우가 많다. 인물사 문제도 종종 출제되는데 특히 주시경과 헐버트의 출제 비중이 높다.

자료분석 자료에 해당하는 교육 기관은 우리나라 최초의 근대적 관립 학교인 육영 공원(1886)이다. 육영 공원은 헐버트, 벙커, 길모어 등 미국인 교사를 초빙하여 현직 관료와 상류층 자제에게 영어, 정치학 등 각종 근대 학문을 교육하였다.

정답해설 ③ 육영 공원은 좌원과 우원의 두 반으로 편성되었다. 좌원에서는 양반 출신의 젊고 유능한 관리들을 특별히 선발하여 가르치고 우원에서는 양반 자제(상류층 자제)를 교육하였다.

오답피하기 ① 관민이 합심해서 설립한 교육 기관은 우리나라 최초의 근대적 사립학교인 원산 학사(1883)이다. 육영 공원은 정부가 설립한 교육 기관이다. 1880년 원산이 개항되어 일본 상인들이 활동하자, 덕원 부사 정현석과 함경도 덕원 주민들은 신지식을 교육해 인재를 양성하여 외국에 대응해야 한다고 판단하고 최초의 근대적 사립 학교인 원산 학사를 설립하였다(1883).
② 경성제국 대학은 일제가 민립 대학 설립 운동을 방해하려는 목적에서 1924년에 설립한 것으로 육영 공원과 무관하다.
④ 근대식 사관 양성을 목적으로 한 학교로는 1888년에 설립된 연무공원이 대표적이다.

정답 ③ 한정판 116p, 기본서 705p

SOLUTION   난이도 상 중 하

출제자의 눈 개항기의 종교와 문예 파트는 일제 강점기의 문예 활동과 구분하는 문제, 각 종교의 활동을 묻는 문제가 자료 및 단순 서술형 문제로 출제되고 있다. 특히 각 종교의 활동은 일제 강점기까지의 종교 활동과 묶어서 함께 출제되는 경우가 많다.

자료분석 자료는 동학의 인내천(사람이 곧 하늘) 사상을 나타낸 것이다.

정답해설 ㄷ. 동학은 인내천 사상을 바탕으로 인간의 존엄성과 평등을 강조하였다. 그리하여 양반과 상민을 차별하지 않고, 여성과 어린아이를 존중하는 사회를 추구하였다.
ㄹ. 동학은 1905년 3대 교주인 손병희 때 동학 내의 친일 세력을 내쫓고 천도교로 개편하였다. 일제 강점기에는 「개벽」, 「어린이」, 「신여성」 등의 잡지를 발행하였다.

오답피하기 ㄱ. 대종교는 중광단(1911) → 대한 정의단(1919) → 북로 군정서(1919)를 조직해 항일 무장 투쟁을 전개하였다.
ㄴ. 동학은 임술 농민 봉기(1862)가 아니라 1894년 동학 농민 운동을 주도하였다.

핵심개념 종교의 활동

천주교	• 조프 수호 통상 조약(1886)을 통해 포교의 자유 • 경향신문(1906~1910) 발간 • 고아원·양로원 운영
개신교	• 서양 의술 보급 • 근대 교육(배재·이화학당 등)
천도교 (동학)	• 3대 교주 손병희 때 천도교로 개편(1905) • 만세보 발간(1906~1907)
대종교	• 나철, 오기호 창시, 단군 신앙 기반 • 1909년 단군교로 창시 → 1910년 대종교로 개칭
불교	한용운의 조선불교유신론
유교	박은식의 유교구신론

정답 ④ 한정판 117p, 기본서 714p

03 [2018. 국가직 7급]

밑줄 친 '그'에 대한 설명으로 옳은 것은?

> 독립신문 발간에 관여했던 그는 독립신문사 안에 '국문동식회(國文同式會)'를 조직했으며, 1897년 4월에 '국문론'이라는 글을 발표하기도 했다. 그는 당시의 문장들이 한문에 토를 다는 형식에 그치고 있다면서 실제로 말하는 대로 글을 쓰는 '언문일치'가 필요하다고 주장했다.

① 우리말 큰사전의 편찬을 주도하였다.
② 문법 서적인 『국어문법』을 저술하였다.
③ 조선어 연구회를 주도적으로 조직하였다.
④ 한글맞춤법 통일안을 만들어 발표하였다.

SOLUTION

자료분석 자료의 밑줄 친 '그'는 주시경이다. 주시경은 1896년 4월 독립신문을 창간한 서재필에게 발탁되어 독립신문사 회계사무 겸 교보원이 되었다. 순한글 신문 제작에 종사하게 되자, 그 표기 통일을 해결하기 위한 국문동식회를 조직(1896. 5.)하여 연구에 진력하였다. 1897년에는 국문론이라는 글을 독립신문에 발표하기도 하였다.

정답해설 ② 『국어문법』은 1910년 주시경이 지은 국어문법서이다. 이 책은 현대문법의 종합적인 체계를 개척하여 오늘날 정서법(正書法, 말을 올바르게 적는 방법)의 자리를 굳힌 『한글맞춤법 통일안』의 기본이론을 세운 저술이다.

오답피하기 ①, ④는 조선어 학회에 대한 설명이다. 1921년 조직된 조선어 연구회는 이극로, 최현배 등의 주도로 조선어 학회로 확대 개편되었다(1931). 조선어 학회는 한글 맞춤법 통일안과 표준어 및 외래어 표기법 통일안을 제정하여 한글 표준화에 이바지하였다. 또한 우리말『큰사전』편찬을 시도하였으나 일제의 탄압으로 중단되었다.
③ 1921년 이윤재, 최현배 등이 국문 연구소(1907)의 전통을 이은 조선어 연구회를 조직하였다. 주시경은 1914년에 사망하였다.

핵심개념 주시경(1876~1914) : 호(한힌샘, 백천)

1894년	배재학당 입학
1896년	• 독립신문 교보원 활동 • 국문동식회 조직
1897년	국문론 발표
1914년	서울에서 별세
기타	• 우리 문자에 '한글'이라는 이름을 붙임, 띄어쓰기 정립 • 한글을 지키는 일이 곧 나라를 지키는 길이라고 주장
기타	• 국어문법(1910) • 말의 소리(1914) 등

정답 ② 한정판 117p, 기본서 709p

---

04 [2018. 지방직 7급]

우리나라 근대 교육에 대한 설명으로 옳은 것만을 모두 고르면?

> ㄱ. 함경도 덕원 주민들의 건의로 근대식 학교인 원산학사가 설립되었다.
> ㄴ. 선교사들이 들어와서 세운 기독교 계통의 학교에는 배재학당과 이화학당 등이 있었다.
> ㄷ. 정부는 외국어 교육 기관으로 동문학을 설립하였다.
> ㄹ. 교육 입국 조서가 반포되었고, 사범 학교와 외국어 학교의 관제가 제정되었다.

① ㄱ
② ㄱ, ㄴ
③ ㄱ, ㄴ, ㄷ
④ ㄱ, ㄴ, ㄷ, ㄹ

SOLUTION

정답해설 ㄱ. 원산 학사는 1883년(고종 20) 민간에 의해 함경남도 원산에 설립되었던 근대식 사립학교이다. 1880년 원산이 개항되어 일본 상인들이 활동하자, 덕원 부사 정현석과 함경도 덕원 주민들은 신지식을 교육해 인재를 양성하여 외국에 대응해야 한다고 판단하고 최초의 근대적 사립 학교인 원산 학사를 설립하였다(1883).
ㄴ. 배재학당은 1885년 미국 선교사 아펜젤러가 세운 기독교(개신교) 계통의 사립학교이다. 이화학당은 1886년 개신교 계통의 미국 선교사 스크랜튼이 설립한 한국 최초의 여성 교육 기관이다.
ㄷ. 동문학은 1883년에 설립된 관립 외국어 교육 기관이다. 영어 통역관의 양성을 목적으로 하였으며, 젊고 총민한 어학생 40여 명을 뽑아 오전반과 오후반으로 나누어 영어와 일어 등을 교육시켰다.
ㄹ. 제2차 갑오개혁 때에는 교육 입국 조서를 반포(1895. 2.)하고 한성 사범 학교 관제, 외국어 학교 관제 등을 발표하였다.

핵심개념 근대 교육

원산학사 (1883)	• 지역 : 함경남도 원산에 설립 • 설립 : 덕원 부사 정현석 건의 + 함경도 덕원 주민 • 우리나라 최초의 근대적 사립 학교 • 근대학문 + 무술 교육
동문학(1883)	• 일종의 통역관 양성소(정부에서 설립) • 1886년 육영공원이 세워지자 폐지
육영공원 (1886)	• 우리나라 최초의 근대적 관립학교 • 헐버트 · 길모어 · 벙커 등 외국인 교사 초빙 • 좌원(현직 관료)과 우원(양반 자제)으로 나누어 교육 • 영어, 수학, 자연 과학, 정치학 등 교육 • 1894년 정부의 재정난으로 폐교
개신교 계통 사립 학교	• 배재학당(1885, 아펜젤러, 서울) • 이화학당(1886, 스크랜튼, 한국 최초의 여성 교육 기관, 서울) • 경신학교(1886, 언더우드, 서울) • 정신여학교(1887, 엘러스, 서울) • 숭실학교(1897, 베어드, 평양)
교육 입국 조서 반포 (1895. 2.)	• 관립학교 설립 : 한성사범학교(1895) 등 • 교과서 편찬 : 국민소학독본(1895. 7.) 등

정답 ④ 한정판 116p, 기본서 705p

05 0773 [2015. 법원직 9급]

다음 인물의 활동으로 옳은 것은?

> 1886년 우리나라에 왔다. 을사늑약 사건 후 고종의 밀서를 휴대하고 미국에 가서 국무장관과 대통령을 면담하려 하였으나 실현하지 못하였다. 1906년에 다시 내한하였으며, 고종에게 헤이그에서 열리는 제2차 만국평화 회의에 밀사를 보내도록 건의하였다. 그는 이상설 등 헤이그 특사보다 먼저 도착하여 '회의 시보'에 한국 대표단의 호소문을 싣게 하는 등 한국의 국권 회복을 위해 노력하였다.

① 대한매일신보의 발행인이었다.
② 육영공원의 교사로 초빙되었다.
③ 광혜원의 설립에 깊이 관여하였다.
④ 우리나라 최초의 서양인 고문이었다.

SOLUTION   난이도 상 중 하

자료분석 자료에서 설명하고 있는 인물은 헐버트이다. 고종에게 헤이그에서 열리는 제2차 만국 평화 회의에 밀사를 보내도록 건의(헤이그 특사 파견 건의)하였다는 내용 등을 통해 이를 알 수 있다. 1886년 육영 공원의 교사로 한국으로 건너 온 헐버트는 한글 교과서 『사민필지』를 출간하였고 「아리랑」에 최초로 음계를 붙이는 등 한국의 문화를 높이 평가하였다. 을사조약 직후 고종의 밀서를 들고 워싱턴으로 건너갔고, 1907년에는 헤이그 특사를 건의하고 현지에서도 적극 지원하였다. 그는 대한민국 정부가 수립된 후 1949년 86세의 나이로 국빈 초대를 받았다. 그러나 도착한 지 일주일 만에 여독을 이기지 못하고 숨을 거두어 양화진 외국인 묘지에 묻혔다.

정답해설 ② 헐버트는 1886년 길모어, 벙커와 함께 육영 공원 교사로 초빙되었다.

오답피하기 ① 대한매일신보의 발행인으로 참여한 것은 베델이다.
③ 정부는 최초의 근대식 병원인 광혜원을 설립한 후 미국인 알렌이 운영하도록 했다.
④ 우리나라 최초의 서양인 고문은 임오군란 이후 파견된 독일인 묄렌도르프이다.

핵심개념 헐버트(1863~1949)

1886년	길모어와 함께 육영공원 교사로 초빙
1905년	고종의 특사로 을사조약의 부당함을 알리기 위해 미국 파견
1907년	헤이그 만국 평화 회의에 헤이그 특사 파견 건의
1949년	국빈으로 초대되어 한국 방문 → 그해 8월에 서울에서 사망
저술 및 기타	• 『사민필지』를 한글로 써서 세계 지리와 역사, 풍습 소개 • 아리랑에 최초로 음계를 붙임

정답 ② 한정판 116p, 기본서 705p

2026 문동균 한국사 기출은 문동균

PART 7

민족 독립 운동의 전개

CHAPTER 01	일제의 침략과 민족의 수난
CHAPTER 02	3·1 운동과 대한민국 임시 정부
CHAPTER 03	무장 독립 전쟁의 전개
CHAPTER 04	사회·경제적 민족 운동
CHAPTER 05	민족 문화 수호 운동

주제 136 - 01 | 일제의 침략과 민족의 수난
일제의 국권 침탈 과정

Check 대표 기출 1

01 0774 [2021. 지방직 9급]   회독 ○○○

다음과 같은 내용이 담긴 조약에 대한 설명으로 옳은 것은?

> 일본 정부는 그 대표자로 한국 황제 밑에 1명의 통감을 두되, 통감은 전적으로 외교에 관한 사항을 관리하기 위하여 경성에 주재하고 친히 한국 황제를 만날 수 있는 권리를 가진다. 또한, 일본 정부는 한국의 개항장 및 일본 정부가 필요하다고 인정하는 지역에 이사관을 설치할 권리를 가지며, 이사관은 통감의 지휘하에 종래 재(在)한국 일본 영사에게 속하였던 모든 권리를 집행한다.

① 조선 총독부를 설치한다는 조항이 포함되어 있다.
② 헤이그 특사 사건 직후 일제의 강요로 체결되었다.
③ 방곡령 시행 전에 미리 통보해야 한다는 합의가 실려 있다.
④ 일본의 중재 없이 국제적 성격을 가진 조약을 체결할 수 없다는 내용이 담겨 있다.

Check 대표 기출 2

02 0775 [2019. 서울시 사회복지직]   회독 ○○○

〈보기〉는 대한제국 시기의 국권 피탈과 관련된 사건이다. 이를 시간순으로 바르게 나열한 것은?

― 보기 ―
ㄱ. 일본은 대한제국의 외교권을 박탈하고 통감부를 설치하였다.
ㄴ. 일본은 대한제국의 각 부에 일본인 차관을 두어 내정을 간섭하였다.
ㄷ. 대한제국은 재정과 외교 부문에 일본이 추천하는 외국인 고문을 두게 되었다.
ㄹ. 고종은 헤이그의 만국평화회의에 특사를 보내 억울함을 호소하려고 하였다.

① ㄱ → ㄷ → ㄴ → ㄹ
② ㄴ → ㄷ → ㄱ → ㄹ
③ ㄷ → ㄱ → ㄹ → ㄴ
④ ㄹ → ㄷ → ㄱ → ㄴ

SOLUTION   난이도 상 중 하

출제자의 눈 각 조약의 내용을 묻는 문제나 체결 과정을 순서대로 나열하는 문제가 주로 출제되었으나 최근에는 장지연, 안중근 등 관련 인물사 문제의 출제 비중이 높아지고 있다. 인물사 문제는 사료에서 어려움을 느끼는 경우가 많아 주요 인물들은 관련 사료의 키워드를 정확하게 파악하고 있어야 한다.

자료분석 자료는 1905년 11월에 체결된 을사늑약에 대한 내용이다. 을사늑약 제3조에는 '일본국 정부는 그 대표자로 하여금 한국 황제 폐하의 궐하에 1명의 통감을 두고 통감은 오로지 외교에 관한 사항을 관리하기 위하여 경성(서울)에 주재하고 친히 한국 황제 폐하에게 내알하는 권리를 가진다.'라고 명시하였다.

정답해설 ④ 일제는 을사늑약에 '한국 정부는 지금부터 일본국 정부의 중개를 거치지 않고는 국제적 성질을 가진 어떠한 조약이나 약속을 맺지 않을 것을 서로 약속한다.'라고 명시하여 대한 제국의 외교권을 강제로 박탈하였다.

오답피하기 ① 을사늑약 체결 이후에는 통감부가 설치되었다. 일제는 한국의 국권을 강탈한 이후 식민 통치의 최고 기구로 조선 총독부를 설치하였다(1910).
② 한·일 신협약에 대한 설명이다. 1907년 일제는 헤이그 특사 파견을 빌미로 고종을 강제 퇴위시키고, 한·일 신협약(정미 7조약)을 체결하였다(1907. 7.).
③ 1883년 체결된 (개정) 조·일 통상 장정의 방곡령 선포 규정 대한 내용이다. 이 장정의 제37관에는 만약 조선국에 가뭄·수해·병란 등의 일이 있어 국내 식량 결핍을 우려하여 조선 정부가 잠정적으로 쌀의 수출을 금지하고자 할 때에는 반드시 먼저 1개월 전에 지방관이 일본 영사관에 통고해야 한다고 규정하였다.

정답 ④ 한정판 118p, 기본서 723p

SOLUTION   난이도 상 중 하

정답해설 ㄷ. 러·일 전쟁이 일본에 유리하게 전개되자 일본은 1904년 8월 제1차 한·일 협약을 체결하여 외교와 재정 분야에 외국인 고문을 두도록 하였다. 그리하여 재정 고문으로 일본인 메가타를, 외교 고문으로 친일 미국인 스티븐스를 임명하였다.
ㄱ. 일제는 1905년 11월 을사늑약을 체결하여 외교권을 박탈하고 1906년 2월에 통감부를 설치하였다.
ㄹ. 고종은 을사조약의 불법성을 국제 사회에 알리기 위해 네덜란드 헤이그에서 열리는 제2회 만국 평화 회의에 이위종, 이상설, 이준을 특사로 파견하였다(1907. 6.).
ㄴ. 일본은 1907년 7월 한·일 신협약(정미 7조약)을 강제로 체결하여 한국 정부의 각 부에 일본인 차관을 두어 내정을 장악하였으며, 군대마저 해산시켰다.

정답 ③ 한정판 118p, 기본서 722p

추가 기출 사료

민영환의 유서

> 아, 우리나라 우리 민족의 치욕이 이 지경에 이르렀구나. 생존경쟁이 심한 이 세상에 우리 민족의 운명이 장차 어찌 될 것인가. 살기를 원하는 사람은 반드시 죽고, 죽기를 맹세하는 사람은 살아 나갈 수 있으니 이는 여러분이 잘 알 것이다.

03 [2025. 지방직 9급]

다음 조약이 체결된 이후에 있었던 사실이 아닌 것은?

> 제1조 한국 정부는 시정개선(施政改善)에 관하여 통감의 지도를 받을 것.
> 제4조 한국 고등관리의 임면(任免)은 통감의 동의를 받아 이를 집행할 것.
> 제5조 한국 정부는 통감이 추천한 일본인을 한국 관리로 임명할 것.

① 고종이 강제 퇴위당하였다.
② 대한제국의 군대가 해산되었다.
③ 안중근이 이토 히로부미를 저격하였다.
④ 이른바 '남한 대토벌 작전'이 전개되었다.

04 [2024. 서울시 9급 2차]

〈보기〉의 사설이 나온 이후 일어난 사실로 가장 옳지 않은 것은?

> ─ 보기 ─
> 오호라! 저 개, 돼지만도 못한 소위 우리 정부 대신이란 자들이 영달과 이득을 바라고 거짓된 위협에 겁을 먹고서 머뭇거리고, 벌벌 떨면서 달갑게 나라를 파는 도적이 되어, 4천년 강토와 5백년 종사를 남에게 바치고 2천만 목숨을 몰아 다른 사람의 노예로 만들었으니, …… 아! 원통하고 분하도다. 우리 남의 노예가 된 2천만 동포여! 살았느냐? 죽었느냐? 단군 기자 이래 4천년 국민 정신이 하룻밤 사이에 별안간 망하고 끝났도다! 아! 원통하고 원통하도다! 동포여 동포여!

① 헤이그에서 열린 제2차 만국평화회의에 특사가 파견되었다.
② 초대 통감으로 이토 히로부미가 임명되었다.
③ 일본이 러시아와의 전쟁을 개시했다.
④ 일본이 대한제국 군대를 강제로 해산시켰다.

05 [2024. 국가직 9급]

다음의 논설을 작성한 인물에 대한 설명으로 옳은 것은?

> 이 날을 목 놓아 우노라[是日也放聲大哭]. … (중략) … 천하만 사가 예측하기 어려운 것도 많지만, 천만 뜻밖에 5개조가 어떻게 제출되었는가. 이 조건은 비단 우리 한국뿐 아니라 동양 삼국이 분열할 조짐을 점차 만들어 낼 것이니 이토[伊藤] 후작의 본의는 어디에 있는가?

① 『한성순보』를 창간하였다.
② 『한국통사』를 저술하였다.
③ 「독사신론」을 발표하였다.
④ 『황성신문』의 주필을 역임하였다.

SOLUTION

자료분석 자료는 장지연이 을사늑약의 부당성을 성토한 '시일야방성대곡'(이 날을 목 놓아 우노라)의 일부이다.

정답해설 ④ 황성신문의 주필이었던 장지연은 황성신문에 '시일야방성대곡(是日也放聲大哭)'이라는 논설을 실어 을사늑약의 부당성을 성토하였다.

오답피하기 ① 한성순보는 정부 기관인 박문국에서 발행하였다. 1883년 박문국에서는 순 한문체로 우리나라 최초의 신문인 한성순보를 발행하였다. 한성순보는 갑신정변(1884)으로 발행이 중단되었다.
② 박은식은 『한국통사』, 『한국독립운동지혈사』를 저술하여 일제의 침략을 비판하였다.
③ 신채호는 『대한매일신보』에 발표한 「독사신론」에서 역사 서술의 주체를 민족으로 설정하여 민족주의 사학의 연구 방향을 제시하였다.

심화개념 장지연의 '시일야방성대곡'

> 이 날을 목 놓아 우노라 … 천하의 일 가운데 예측하기 어려운 일도 많도다. 천만 뜻밖에 5조약이 어찌하여 제출되었는가? 이 조약은 비단 우리 한국뿐만 아니라 동양 3국의 분열을 빚어 낼 조짐인즉, 그렇다면 이등 후작의 본뜻이 어디에 있었던가? 우리 대황제 폐하의 거룩하신 뜻이 강경하여 거절하였으니 조약이 성립되지 않은 것은 이등 후작 스스로도 잘 알았을 것이다. 그러나 슬프도다. 저 개돼지만도 못한 이른바 우리 정부의 대신이란 자들은 자기 일신의 영달과 이익이나 바라면서 위협에 겁먹어 머뭇대거나 벌벌 떨며 나라를 팔아먹는 도적이 되기를 감수하였던 것이다.
> 아, 4천 년의 강토와 5백 년의 사직을 다른 나라에 갖다 바치고, 2천 만 국민들을 타국의 노예가 되게 하였으니, … 아! 원통한지고, 아! 분한지고. 우리 2천 만 타국인의 노예가 된 동포여! 살았는가, 죽었는가? 단군, 기자 이래 4천 년 국민 정신이 하룻밤 사이에 갑자기 망하고 말 것인가. 원통하고 원통하다. 동포여! 동포여!
> ― 황성신문, 1905. 11. 20. ―

정답 ④ 한정판 109p, 기본서 663p

06 [2024. 법원직 9급]

(가)~(다)에 대한 설명으로 가장 옳지 않은 것은?

> (가) 대한 정부는 일본 정부가 추천한 일본인 1명을 재정 고문으로 삼아 대한 정부에 용빙하여 재무에 관한 사항은 일체 그의 의견을 물어서 시행해야 한다.
> (나) 한국 정부는 금후 일본국 정부의 중개를 거치지 않고서는 국제적 성질을 가진 어떠한 조약이나 약속을 하지 않을 것을 약속한다.
> (다) 러시아는 일본이 한국에서 정치상 군사상 및 경제상의 특수한 이익을 갖는다는 것을 승인하고 일본 정부가 한국에서 필요하다고 인정하는 지도, 보호 및 감리의 조치에 대해 방해하거나 간섭하지 않을 것을 약속한다.

① (가) 조약 체결로 메가타는 화폐 정리 사업을 실시하였다.
② (나) 조약 체결로 청과 일본 간의 간도협약이 체결되었다.
③ (다) 조약 이후 일본은 독도를 불법 점령하였다.
④ (가) - (다) - (나) 순서로 조약이 체결되었다.

SOLUTION

자료분석 (가) 1904년 8월에 체결된 제1차 한·일 협약이다. 일본 정부가 추천하는 일본인 1명을 재정 고문으로 하여 대한 정부에 용빙한다는 내용을 통해 이를 알 수 있다. 이로 인해 재정 고문으로 일본인 메가타를, 외교 고문으로 친일 미국인 스티븐스를 임명하였다.
(나) 1905년 11월에 체결된 을사늑약이다. 일제는 을사늑약에 '한국 정부는 지금부터 일본국 정부의 중개를 거치지 않고는 국제적 성질을 가진 어떠한 조약이나 약속을 맺지 않을 것을 서로 약속한다.'라고 명시하여 대한 제국의 외교권을 강제로 박탈하였다.
(다) 1905년 9월에 체결된 포츠머스 조약이다. 러·일 전쟁의 결과 러시아와 일본은 한국에서 일본의 우월권을 승인한다는 내용의 포츠머스 조약을 체결하였다. 일본은 이 조약으로 열강으로부터 대한 제국에 대한 독점적 지배권을 승인받았다. 이는 이후 일본이 대한 제국과 을사늑약을 강제로 체결하는 데 영향을 주었다.

정답해설 ① 일본은 제1차 한·일 협약 체결로 파견된 재정 고문 메가타의 주도로 화폐 정리 사업을 단행하였는데, 이 사업은 한국의 경제를 예속화시키는 작업이었다.
② 을사늑약을 통해 우리의 외교권을 빼앗은 일본은 만주 안봉선 철도 부설권과 푸순 탄광 채굴권을 얻는 대가로 청과 간도 협약(1909)을 체결하여 간도를 청의 영토로 인정하였다.
④ (가) 제1차 한·일 협약(1904. 8.) → (다) 포츠머스 조약(1905. 9.) → (나) 을사늑약(1905. 11.)의 순서로 조약이 체결되었다.

오답피하기 ③ 일본이 독도를 자국 영토에 편입시킨 것은 포츠머스 조약 체결 이전의 사건이다. 러·일 전쟁 중인 1905년 2월, 일본은 대한 제국 정부에 알리지 않고 독도를 일방적으로 자기들 영토에 편입시켰다(시마네현 고시 제40호).

정답 ③ 한정판 118p, 기본서 723p

07 [2022. 지방직 9급]

밑줄 친 '나'에 대한 설명으로 옳은 것만을 모두 고르면?

> 오늘날 사람은 모두 법에 의하여 생활하고 있는데 실제로 사람을 죽인 자가 벌을 받지 않고 생존할 도리는 없는 것이다. …(중략)… 나는 한국의 의병이며 지금 적군의 포로가 되어 와 있으므로 마땅히 만국공법에 의해 처단되어야 할 것으로 생각한다.

보기
ㄱ. 일본에서 순국하였다.
ㄴ. 한인 애국단 소속이었다.
ㄷ. 「동양평화론」을 집필하였다.
ㄹ. 연해주에서 의병 투쟁을 전개하였다.

① ㄱ, ㄴ   ② ㄱ, ㄹ   ③ ㄴ, ㄷ   ④ ㄷ, ㄹ

08 [2021. 경찰간부후보]

다음 보기의 내용을 일어난 순서대로 옳게 연결한 것은?

> 가. 육군 1대대를 존치하여 황궁 수위를 담당하게 하고 기타를 해산할 것.
> 나. 대한 제국 정부는 지금부터 일본 정부의 중개를 거치지 않고서는 국제적 성질을 가진 어떠한 조약이나 약속도 맺지 않을 것.
> 다. 대한 제국 정부는 일본 정부가 추천하는 일본인 1명을 재정 고문에 초빙하여 재무에 관한 사항은 모두 그의 의견을 들어 시행할 것.
> 라. 대한 제국 정부는 일본제국 정부의 행동이 용이하도록 충분히 편의를 제공한다. 일본제국 정부는 전략상 필요한 지점을 형편에 따라 사용할 수 있다.

① 가 → 나 → 다 → 라
② 나 → 다 → 가 → 라
③ 다 → 라 → 나 → 가
④ 라 → 다 → 나 → 가

09 0782 [2021. 경찰 1차]

(가), (나) 조약의 영향을 받아 나타난 사실로 옳은 것만을 〈보기〉에서 고른 것은?

(가) 제1조 대한 제국 정부는 대일본 정부가 추천하는 일본인 1명을 재정 고문으로 하여 대한 정부에 용빙하고, 재무에 관한 사항은 일체 그 의견을 물어 시행할 것.

(나) 제5조 한국 정부는 통감이 추천하는 일본인을 한국 관리로 임명할 것.

― 보기 ―
㉠ (가) - 화폐 정리 사업이 추진되었다.
㉡ (가) - 러시아가 용암포를 점령하였다.
㉢ (나) - 대한 제국의 군대가 해산되었다.
㉣ (나) - 고종 황제가 헤이그에 특사를 파견하였다.

① ㉠, ㉢
② ㉠, ㉣
③ ㉡, ㉢
④ ㉡, ㉣

SOLUTION

자료분석 (가)는 1904년 8월에 체결된 제1차 한·일 협약이다. 일본 정부가 추천하는 일본인 1명을 재정 고문으로 하여 대한 정부에 용빙한다는 내용을 통해 이를 알 수 있다. 러·일 전쟁이 일본에 유리하게 전개되자 일본은 제1차 한·일 협약을 체결(1904. 8.)하여 외교와 재정 분야에 외국인 고문을 두도록 하였다. 그리하여 재정고문으로 일본인 메가타를, 외교 고문으로 친일 미국인 스티븐스를 임명하였다.
(나)는 1907년 7월에 체결된 한·일 신협약(정미 7조약)의 내용이다. 통감이 추천하는 일본인을 한국 관리로 임명한다는 내용을 통해 알 수 있다. 일본은 한·일 신협약(정미 7조약)을 강제로 체결하여 한국 정부의 각 부에 일본인 차관을 두어 내정을 장악(차관 정치)하였다.

정답해설 ㉠ 제1차 한·일 협약 체결로 파견된 재정 고문 메가타의 주도로 화폐 정리 사업이 추진되었다.
㉢ 한·일 신협약을 실행하기 위해 작성된 비밀 각서(부수 각서)에 따라 대한 제국의 군대가 해산되었다.

오답피하기 ㉡ 러시아의 용암포 점령은 제1차 한·일 협약 체결(1904. 8.) 전의 사건이다. 1903년 러시아는 한국의 용암포를 강제 점령하고 조차를 요구하였다. 이를 계기로 러시아와 일본의 대립은 더욱 격화되었다.
㉣ 고종의 헤이그 특사 파견은 한·일 신협약 전의 일이다. 1907년 일본은 헤이그 특사 파견을 빌미로 고종을 강제 퇴위시키고, 이어서 한·일 신협약을 강제로 체결하였다(1907. 7.).

정답 ① 한정판 118p, 기본서 722p

---

10 0783 [2017. 국가직 9급]

국권이 침탈되기까지의 과정을 시기 순으로 바르게 나열한 것은?

㉠ 헤이그 특사 파견을 문제 삼아 고종 황제를 강제로 퇴위시켰다.
㉡ 일본인 메가타를 재정 고문으로, 미국인 스티븐스를 외교 고문으로 임명하도록 하였다.
㉢ 대한제국의 사법권을 빼앗고 감옥 사무를 장악하였다.
㉣ 통감이 추천한 일본인을 대한 제국의 관리로 임명하도록 하였다.

① ㉠→㉡→㉢→㉣
② ㉡→㉠→㉣→㉢
③ ㉡→㉢→㉠→㉣
④ ㉣→㉡→㉠→㉢

SOLUTION

정답해설 ㉡ 메가타와 스티븐스는 1904년 8월 체결된 제1차 한·일 협약 결과 대한 제국의 고문으로 파견되었다. 러·일 전쟁이 일본에 유리하게 전개되자 일본은 1904년 8월 제1차 한·일 협약을 체결하여 외교와 재정 분야에 외국인 고문을 두도록 하였다. 그리하여 재정 고문으로 일본인 메가타를, 외교 고문으로 친일 미국인 스티븐스를 임명하였다.
㉠ 1907년 7월 일제는 헤이그 특사 파견을 문제 삼아 대한 제국의 고종 황제를 강제로 퇴위시켰다.
㉣ 통감이 추천한 일본인을 대한 제국의 관리로 임명하도록 한 것은 고종 퇴위 이후 체결된 한·일 신협약(1907. 7.)의 내용이다.
㉢ 대한 제국의 사법권을 빼앗고 감옥 사무를 장악한 것은 1909년 7월에 체결된 기유각서의 내용이다.

핵심개념 일제의 국권 침탈 과정

러일 전쟁 발발(1904. 2. 8.)
⇩
한일 의정서(1904. 2. 23.)
⇩
제1차 한일 협약(1904. 8.)
⇩
가쓰라·태프트 밀약(1905. 7.)
⇩
2차 영일 동맹(1905. 8.)
⇩
러일 포츠머스 조약(1905. 9.)
⇩
제2차 한일 협약(을사늑약, 1905. 11.)
⇩
헤이그 특사 파견 및 고종 강제 퇴위(1907. 7. 20.)
⇩
한일 신협약(정미 7조약, 1907. 7. 24.)
⇩
기유각서(1909. 7.)
⇩
한국 경찰 사무 위탁에 관한 각서(1910. 6.)
⇩
한일 병합조약(1910. 8.)

정답 ② 한정판 118p, 기본서 722p

주제 137

01 | 일제의 침략과 민족의 수난

1910년대 무단 통치기

Check 대표 기출 1

01 0784 [2023. 국가직 9급] 회독 ○○○

다음 법령이 시행된 시기에 있었던 사실로 옳은 것은?

> 제1조 회사의 설립은 조선 총독의 허가를 받아야 한다.
> 제5조 회사가 본령이나 본령에 따라 나오는 명령과 허가 조건을 위반하거나 공공질서와 선량한 풍속에 반하는 행위를 할 때 조선 총독은 사업의 정지, 지점의 폐쇄, 또는 회사의 해산을 명할 수 있다.

① 산미 증식 계획이 폐지되었다.
② 『국가 총동원법』이 제정되었다.
③ 원료 확보를 위한 남면북양 정책이 추진되었다.
④ 보통학교 수업 연한을 4년으로 정한 『조선교육령』이 공포되었다.

Check 대표 기출 2

02 0785 [2021. 국가직 9급] 회독 ○○○

다음 법령에 따라 시행된 사업에 대한 설명으로 옳은 것은?

> 제1조 토지의 조사 및 측량은 본령에 따른다.
> 제2조 토지 소유자는 조선 총독이 정한 기간 내에 주소, 성명 또는 명칭 및 소유지의 소재, 지목, 자 번호, 사표, 등급, 지적, 결수를 임시토지조사국장에게 신고해야 한다. 단 국유지는 보관 관청이 임시토지조사국장에게 통지해야 한다.

① 농상공부를 주무 기관으로 하였다.
② 역둔토, 궁장토를 총독부 소유로 만들었다.
③ 토지 약탈을 위해 동양척식회사를 설립하였다.
④ 춘궁 퇴치, 농가 부채 근절을 목표로 내세웠다.

SOLUTION 난이도 상 중 하

출제자의 눈 1920년대, 30년대 이후 일제의 식민지 지배 정책과 구분하는 문제가 전형적이므로, 1910년대 일제의 식민지 지배 정책을 확실히 암기하고 있어야 한다.

자료분석 자료는 일제가 제정한 회사령이다. 일제는 조선인의 기업 활동을 억제할 목적으로 1910년 회사령을 제정하여, 국내에서의 회사 설립을 총독의 사전 허가를 받도록 하고 허가 조건 위반 시에는 총독이 기업의 해산까지도 명할 수 있게 하였다. 일제는 1920년 회사령을 폐지하여 회사 설립을 허가제에서 신고제로 바꾸었다.

정답해설 ④ 일제는 1911년 제1차 조선 교육령을 공포하여 보통학교의 수업 연한을 일본의 학제와 달리 4년으로 하였다.

오답피하기 ① 일제는 일본 내의 식량 확보를 위해 1920년부터 한국에서 산미 증식 계획을 추진하였다. 이는 일본 벼 품종 보급, 수리 시설 확충, 화학 비료 사용, 밭을 논으로 만드는 방법 등을 동원하여 한국에서의 쌀 생산을 늘려 일본으로 가져가려는 정책이었다. 1930년대에 이르러 일본에서 식량 생산이 늘어나 쌀값이 하락하자, 한국의 쌀을 들여오는 데에 반대하는 목소리가 커졌다. 일제는 이를 감안하여 1934년 산미 증식 계획을 중단하였다(중·일 전쟁으로 군량미 확보가 시급해지자 1940년에 재개).
② 일제는 1938년 국가 총동원법을 제정하여 전시 동원 체제를 확립하고 물적·인적 자원 수탈을 강화하였다.
③ 남면북양(南綿北羊) 정책은 1930년대에 일제가 한반도를 공업 원료 공급지로 활용하기 위해 남부 지방의 농민들에게는 면화 재배를, 북부 지방의 농민에게는 양을 기르도록 강요한 정책이다.

정답 ④ 한정판 119p, 기본서 728p

SOLUTION 난이도 상 중 하

자료분석 자료는 1912년에 공포된 토지 조사령으로 이 법령에 따라 시행된 사업은 토지 조사 사업이다. 1910년에 시작된 토지 조사 사업은 1912년 토지 조사령을 공포하면서 본격화되었다. 일제의 토지 조사 사업은 토지의 소유권·토지 가격·지형 및 용도를 조사하고, 근대적인 등기 제도를 실시하여 토지 소유권을 보호한다는 명분으로 실시되었다. 그러나 실제로는 우리 민족의 토지를 약탈하고 지주층을 회유해 친일화하며, 식민지 지배를 위한 안정적 조세를 확보하기 위한 것이었다.

정답해설 ② 조선 총독부는 토지 조사 사업을 통해 조선 왕조의 관청과 궁실이 수조권을 가지고 있던 역토(驛土)와 둔토(屯土) 등 각종 관전(官田)과 궁장토(宮庄土)를 조사·정리해 조선 총독부 소유지로 만들었다.

오답피하기 ① 일제는 1910년에 임시 토지 조사국을 설치하고 1912년에 토지 조사령을 공포하여 본격적으로 토지 조사 사업을 실시하였다. 농상공부는 1910년 폐지되어 토지 조사 사업의 주무기관과는 거리가 멀다.
③ 동양 척식 주식회사는 토지 조사 사업 시행 전인 1908년에 설립되었다. 조선 총독부는 토지 조사 사업을 통해 약탈한 토지를 동양 척식 주식회사와 일본인에게 헐값으로 매각했다.
④ 춘궁 퇴치, 농가 부채 근절을 목표로 내세운 것은 1932년부터 1940년까지 시행된 농촌 진흥 운동이다.

단어해설
· 역둔토 : 역의 경비를 충당하는 역토(驛土)와, 경비(警備)를 위하여 역에 주둔하는 군대가 자급자족을 위하여 경작하는 둔전(屯田)을 아울러 이르는 말이다.
· 궁장토(궁방전) : 조선 후기에 후비·왕자군·왕자대군·공주·옹주 등의 각 궁방에 지급된 토지를 말한다.

정답 ② 한정판 120p, 기본서 735p

03 [2024. 법원직]

다음 법령이 시행되던 시기의 모습으로 가장 옳은 것은?

> 제1조 회사의 설립은 조선 총독의 허가를 받아야 한다.
> 제2조 조선 밖에서 설립된 회사가 한국에 본점 또는 지점을 설치하고자 하는 경우, 조선 총독의 허가를 받아야 한다.
> 제3조 조선 밖에서 설립되어 조선에서 사업을 운영하는 것을 목적으로 하는 회사가 그 사업을 경영하는 경우, 조선에 본점 또는 지점을 설립하여야 한다.

① 국민학교에 등교하는 학생의 모습
② 대한 광복회를 체포하려는 헌병 경찰의 모습
③ 치안유지법에 의해 구금되는 독립운동가의 모습
④ 농촌 진흥 운동을 홍보하는 조선 총독부 직원의 모습

04 [2023. 법원직 9급]

다음 법령에 따라 추진된 사업이 실시되었던 시기의 모습으로 가장 옳은 것은?

> 1. 토지의 조사 및 측량은 이 영에 의한다.
> …(중략)…
> 4. 토지의 소유자는 조선 총독이 정하는 기간 내에 그 주소, 성명·명칭 및 소유지의 소재, 지목, 자번호, 사방의 경계표, 등급, 지적, 결수를 임시 토지 조사국장에게 신고하여야 한다. 다만, 국유지는 보관 관청에서 임시 토지 조사 국장에게 통지하여야 한다. ……

① 국민부가 조선 혁명당을 결성하는 모습
② 러시아에 대한 광복군 정부가 조직되는 모습
③ '신여성', '삼천리' 등의 잡지가 발행되는 모습
④ 연해주의 한국인이 중앙 아시아로 강제 이주 되는 모습

SOLUTION (03)

자료분석 자료는 일제 강점기에 실시된 회사령(1910~1920)의 일부이다. 일제는 조선인의 기업 활동을 억제할 목적으로 1910년 회사령을 제정하여, 국내에서의 회사 설립을 총독의 사전 허가를 받도록 하고 허가 조건 위반 시에는 총독이 기업의 해산까지도 명할 수 있게 하였다. 회사령은 1920년에 철폐(허가제에서 신고제로 전환)되었다.

정답해설 ② 대한 광복회는 1915년 풍기 광복단(의병 계열)과 조선 국권 회복단(애국계몽 운동 계열)의 일부 인사가 통합하여 만든 단체로 총사령 박상진을 중심으로 각 지역에 군대식 조직을 갖추고 군자금 모금, 독립군 양성, 무기 구매, 친일 부호 처단 등의 활동을 펼쳤다.

오답피하기 ① 일제는 1941년에 소학교를 '황국 신민 학교'라는 뜻을 가진 국민학교로 바꾸었다.
③ 치안유지법은 일본의 국가 체제(천황제)나 사유재산 제도를 부정하는 사상을 통제하고 탄압하는 목적의 법률로, 1925년에 제정되었다. 일제는 이를 통해 사회주의 운동뿐만 아니라 농민·노동운동, 항일 민족 운동을 탄압하였다.
④ 일제는 산미 증식 계획의 부작용과 대공황의 여파로 농촌 경제가 더욱 어려워져 소작 쟁의 등 농민의 반발이 극심해지자 농촌 사회를 안정시키기 위해 1932년부터 1940년까지 농촌 진흥 운동을 시행하였다.

핵심개념 1910년대 일제의 식민지 지배 정책

- 헌병 경찰 제도 시행: 경찰 지휘 + 경찰 업무
- 범죄즉결례(1910)와 경찰범 처벌 규칙(1912)
- 조선 태형령(1912): 조선인에게만 적용
- 일반 관리 및 학교 교원의 제복 및 칼 착용
- 기본권 박탈: 언론, 출판, 집회, 결사의 자유 박탈
- 제1차 조선 교육령(1911): 충량한 국민 육성 목적

정답 ② 한정판 120p, 기본서 736p

SOLUTION (04)

자료분석 자료는 1912년에 공포된 토지 조사령으로 이 법령에 따라 시행된 사업은 토지 조사 사업이다. 1910년에 시작된 토지 조사 사업은 1912년 토지 조사령을 공포하면서 본격화되었으며, 1918년까지 실시되었다. 일제의 토지 조사 사업은 토지의 소유권·토지 가격·지형 및 용도를 조사하고, 근대적인 등기 제도를 실시하여 토지 소유권을 보호한다는 명분 하에 실시되었다. 그러나 실제로는 우리 민족의 토지를 약탈하고 지주층을 회유해 친일화하며, 식민지 지배를 위한 안정적 조세를 확보하기 위한 것이었다.

정답해설 ② 대한 광복군 정부는 1914년에 수립되었다. 1914년 권업회는 러시아 연해주 블라디보스토크에서 이상설을 정통령, 이동휘를 부통령으로 하는 대한 광복군 정부를 수립하였다.

오답피하기 ① 1929년 남만주에서는 국민부가 조직되었으며, 이를 통치하는 정당의 성격을 띤 조선 혁명당이 결성되었다.
③ 1920년대의 모습이다. 잡지 『신여성』은 1923년에 창간되었고, 잡지 『삼천리』는 1929년에 창간되었다.
④ 1937년 연해주의 한인들은 소련 당국에 의해 중앙아시아로 강제이주되었으며, 이 과정에서 많은 한국인들이 희생되었다.

핵심개념 1910년대 일제의 산업 침탈

회사령(1910)	허가제(회사 설립시 총독의 허가) → 조선 민족 자본의 발전 억제
자원 침탈	어업령(1911) 삼림령(1911) 광업령(1915) 임야조사령(1918)
철도 건설	호남선(1914), 경원선(1914)
산업 장악	총독부가 철도, 항만, 통신, 항공, 도로 등을 장악, 인삼, 소금, 담배 등 독점 판매

정답 ② 한정판 120p, 기본서 750p

05 0788 [2023. 서울시 9급 2차]

〈보기〉의 법령이 시행되었던 시기의 사실로 가장 옳은 것은?

― 보기 ―
제1조 3월 이하의 징역 또는 구류에 처하여야 하는 자는 정상(情狀)에 의하여 태형에 처할 수 있다.
제11조 태형은 감옥 또는 즉결관서에서 비밀로 집행한다.
제13조 이 영은 조선인에 한하여 적용한다.

① 치안 유지법이 제정되었다.
② 경성 제국 대학이 설립되었다.
③ 소학교의 명칭이 국민학교로 변경되었다.
④ 회사를 세울 때 조선 총독의 허가를 받아야 했다.

06 0789 [2021. 소방직]

다음 법령과 관련된 사업의 결과로 옳지 않은 것은?

제4조 토지 소유자는 조선 총독이 정하는 기간 내에 주소, 성명, 명칭 및 소유지의 소재, …… 결수를 임시 토지 조사국장에게 신고해야 한다.
제17조 임시 토지 조사국은 토지 대장 및 지적도를 작성하고, 토지의 조사 및 측량에 대해 사정으로 확정한 사항 또는 재결을 거친 사항을 이에 등록한다.
― 조선 총독부, 『조선 총독부 관보』 ―

① 조선 총독부의 지세 수입이 증가하였다.
② 소작인들이 경작권을 인정받지 못하였다.
③ 일본인 농업 이주민이 지주로 성장할 수 있었다.
④ 토지 소유권을 인정하는 증명서로 지계를 발급하였다.

SOLUTION (05)

자료분석 자료는 1912년 제정된 조선 태형령으로, 1920년에 폐지되었다. 일제는 1912년 조선 태형령을 제정하여 헌병 경찰이 우리 민족에게 매질까지 할 수 있게 하였는데, 태형령은 우리 민족에게만 차별적으로 적용되었다. 그러나 1919년 3·1 운동을 계기로 일제는 식민지 통치 정책을 무단 통치에서 이른바 문화 통치로 전환하면서, 1920년에 태형령을 폐지하였다.

정답해설 ④ 일제는 조선인의 기업 활동을 억제할 목적으로 1910년 회사령을 제정하여, 국내에서의 회사 설립을 총독의 사전 허가를 받도록 하고 허가 조건 위반 시에는 총독이 기업의 해산까지도 명할 수 있게 하였다. 회사령은 1920년에 철폐(허가제에서 신고제로 전환)되었다(조선 태형령 실시 시기에도 회사령이 계속 실시되고 있었기 때문에 회사 설립 때는 총독의 허가를 받아야 했다.).

오답피하기 ① 치안유지법은 일본의 국가 체제(천황제)나 사유재산 제도를 부정하는 사상을 통제하고 탄압하는 목적의 법률로, 1925년에 제정되었다.
② 경성 제국 대학은 1924년에 설립되었다. 문화 통치기인 1920년대에 한국인의 고등 교육을 위한 민립 대학 설립 운동이 일어나자 일제는 이를 방해하기 위해 경성 제국 대학을 설립하였다.
③ 소학교의 명칭이 국민학교로 변경된 것은 1941년이다. 일제는 소학교의 명칭을 1941년 황국 신민의 학교라는 의미의 국민학교로 변경하였다.

정답 ④ 한정판 119p, 기본서 728p

SOLUTION (06)

자료분석 자료는 1912년에 공포된 토지 조사령으로 1910년대 일제의 토지 조사 사업과 관련이 있다.

정답해설 ①,③ 일제는 토지 조사 사업에서의 신고주의 원칙에 따라 신고하지 못한 토지와 공공 기관의 국공유지를 조선 총독부 소유의 토지로 편입하였다. 이에 따라 조선 총독부는 지세 수입이 큰 폭으로 증가하였으며, 약탈한 토지를 동양 척식 주식회사나 일본인에게 헐값에 팔아넘겼다. 그 결과 많은 일본 농업 회사와 일본인이 한국에 자리 잡을 수 있게 되어 일본인 농업 이주민이 지주로 성장할 수 있었다.
② 일제는 토지 조사 사업으로 지주의 소유권만 인정하고, 농민의 관습적인 경작권은 부정하였다.

오답피하기 ④ 토지 소유권을 인정하는 증명서로 지계가 발급된 것은 대한 제국의 광무 양전 사업에 해당한다.

핵심개념 토지 조사 사업(1910~1918)

명분	근대적 등기 제도 실시, 토지 소유권 보호
목적	식민지 지배를 위한 안정적 조세 확보
추진	• 임시 토지조사국 설치(1910) • 토지 조사령 공포(1912) → 본격화(임야 조사 X)
방법	'기한부 신고제'(신고주의 적용, 토지 소유권 신고)
결과	• 사업 시 소유권 분쟁 多 • 미신고 토지, 궁방전(궁장토), 역둔토 등 국유지 및 문중 토지 약탈 → 동양 척식 주식회사와 일본인에게 헐값 불하 • 관습상 경작권 및 도지권·입회권 부정 • 화전민·해외 이주민 증가, 일본인 지주 증가 • 총독부의 재정(지세) 수입 증대

정답 ④ 한정판 120p, 기본서 735p

주제 138

01 | 일제의 침략과 민족의 수난

1920년대 문화 통치기

Check 대표 기출 1

01 0790 [2020. 국가직 9급] 회독 ○○○

다음 법령이 실시된 기간에 있었던 사실로 옳은 것은?

> 제1조 국체를 변혁 또는 사유재산제를 부인할 목적으로 결사를 조직하거나 그 정을 알고 이에 가입하는 자는 10년 이하의 징역 또는 금고에 처함
> 제2조 전조의 제1항의 목적으로 그 목적한 사항의 실행에 관하여 협의한 자는 7년 이하의 징역 또는 금고에 처함

① 「조선 태형령」이 공포되었다.
② 경성 제국 대학이 설립되었다.
③ 물산 장려 운동이 시작되었다.
④ 학도 지원병 제도가 실시되었다.

Check 대표 기출 2

02 0791 [2017. 교행 9급] 회독 ○○○

밑줄 친 '새로운 정책'에 대한 설명으로 옳은 것은?

> 신임 총독은 전임 총독이 시행한 정책에 대신해 새로운 정책을 실시하였다고 말한다. …(중략)… 신임 총독의 정책 중에서 그나마 주목할 만한 것이 있다면 지방 제도를 개정해 일정 금액 이상의 세금을 내는 조선인들에게 선거권을 주고 부 협의회 선거를 처음으로 실시한 것 정도이다. 하지만 그것도 자문 기구에 불과하다.

① 여자 정신 근로령을 발표하였다.
② 동아일보, 조선일보의 발행을 허용하였다.
③ 초등 교육 기관의 명칭을 국민학교로 바꾸었다.
④ 식민 통치 비용을 확보하고자 토지 조사 사업에 착수하였다.

SOLUTION 난이도 상 중 하

출제자의 눈 3·1 운동을 계기로 일제의 통치 방식은 무단 통치에서 이른바 문화 통치로 전환되었다. 1910년대 및 1930년대 일제의 지배 정책과 비교할 수 있어야 한다. 특히 1925년에 치안 유지법이 제정된 것에 주목하고, 이 법이 일제 강점기가 끝나는 1945년까지 존속하였음에 유의하자.

자료분석 자료는 치안 유지법의 내용이다. 이 법은 일제가 국가 체제(천황제)나 사유 재산 제도를 부정하는 사상을 통제하고 탄압하기 위해 제정한 법률이다. 이를 통해 일제는 사회주의 운동뿐만 아니라 농민·노동자 운동, 항일 민족 운동까지 탄압하였다. 치안 유지법은 1925년에 제정되어 1928년과 1941년에 개정을 거치면서 1945년까지 존속하였다.

정답해설 ④ 일제는 1943년에 학도 지원병 제도를 강행하여 학생들마저 전쟁터로 내몰았다.

오답피하기 ① 일제는 1912년 조선 태형령을 공포하여 헌병 경찰이 우리 민족에게 매질까지 할 수 있게 하였는데, 태형령은 우리 민족에게만 차별적으로 적용되었다.
② 일제는 1924년 경성 제국 대학을 설립하여 한국인들의 고등 교육에 대한 열망을 무마하려 하였다.
③ 물산 장려 운동은 1920년대 초에 시작되었다. 1920년 8월 조만식 등이 평양에서 조선 물산 장려회를 조직하고 우리가 만든 물건을 쓰자는 물산 장려 운동을 전개하였다. 1923년에는 서울에서 조선 물산 장려회가 조직되면서 이 운동은 전국으로 퍼져 나갔다.

정답 ④ 한정판 119p, 기본서 731p

SOLUTION 난이도 상 중 하

자료분석 자료의 밑줄 친 '새로운 정책'은 사이토 총독이 표방한 문화 통치(민족 분열 통치)이다. 3·1 운동을 계기로 강압적인 무단 통치로는 한국을 지배하기 어렵다고 판단한 일제는 우리 민족의 문화와 관습을 존중하겠다고 선전하며 문화 통치를 표방하였다. 일제는 한국인의 정치 참여를 선전하려 도평의회와 부·면 협의회 등을 설치하고 일부 지역에 선거제를 도입하였다. 그러나 이들 기관은 실권이 없는 자문 기관에 지나지 않았으며, 선거권도 극히 일부의 한국인에게만 주어졌다.

정답해설 ② 문화 통치 시기 일제가 언론·출판·집회·결사의 자유를 일부 허용하면서 동아일보와 조선일보 등 한글 신문이 발행되었다. 하지만 일제는 사전·사후 검열로 민족적인 내용의 기사를 삭제하였으며, 신문을 정간·폐간하기도 하였다. 집회와 단체 활동도 식민 지배를 인정하는 범위에서만 허용되었다.

오답피하기 ① 여자 정신 근로령은 민족 말살 통치 시기인 1944년에 발표되었다. 일제의 인적 수탈은 여성을 대상으로도 이루어졌다. 여자 정신 근로령(1944)으로 동원된 한국인 여성들은 군수 공장에서 강제 노동에 시달렸다.
③ 초등 교육 기관의 명칭이 국민학교로 바뀐 것은 민족 말살 통치 시기인 1941년의 일이다. 일제는 1941년에 초등 교육 기관인 소학교를 '황국 신민 학교'라는 뜻을 가진 국민학교로 바꾸었다.
④ 토지 조사 사업은 일제가 무단 통치 시기인 1910년대에 실시한 경제 정책이다.

정답 ② 한정판 119p, 기본서 730p

03 [2024. 서울시 9급 1차]

〈보기〉의 내용과 관련된 시기에 있었던 사실로 가장 옳은 것은?

― 보기 ―
다른 한편으로 지방자치를 실시하여 민의 창달의 길을 강구하고, 교육제도를 개정하여 교화 보급의 신기원을 이루었고, 게다가 위생시설의 개선을 촉진하였다. …… 일본인과 조선인 사이의 차별 대우를 철폐하고 동시에 조선인 소장층 중 유력자를 발탁하는 방법을 강구하여, 군수·학교장 등에 발탁된 자가 적지 않다.

① 치안유지법 제정
② 보통학교 명칭을 소학교로 개칭
③ 조선사상범 보호 관찰령 제정
④ 조선형사령·조선태형령 제정

SOLUTION

자료분석 〈보기〉는 1921년 조선 총독 사이토 마코토가 취임 1년을 되돌아보고 그동안의 조선 통치 정책인 '문화 통치'를 보완하고자 방침을 세운 글로, **1920년대 문화 통치**와 관련 깊다. 사이토는 여기서 친일 세력 육성책을 강하게 피력하였다.

정답해설 ① 일제는 **문화 통치 시기인 1925년에 치안 유지법을 제정**하여 한국인의 사상과 표현의 자유를 억압하고 민족 운동과 사회주의 운동을 탄압하였다. 이 법으로 많은 독립운동가가 처벌받았다.

오답피하기 ② 일제는 **1938년 제3차 조선 교육령**을 발표하여 학교명을 **보통학교에서 (심상) 소학교로**, 고등보통학교를 중학교로 개칭하였다.
③ **조선 사상범 보호 관찰령**은 치안 유지법 위반자 중 집행유예나 형 집행 종료 또는 가출옥한 자들을 보호 관찰할 수 있도록 한 것으로, 독립운동 관련자들을 감시하기 위한 법으로 **1936년 제정**되었다.
④ 일제는 **1912년 조선 형사령**을 제정하여 현행범이 아니어도 검사에게 피의자를 구속할 수 있는 권한을 부여하였다. 또한 일본 황족에 대한 불경(不敬)을 범죄로 규정하였다. **1912년 제정된 조선 태형령**은 조선인에게만 적용된 악법으로, 태형을 가하고 재판 없이 구류에 처할 수 있었다.

정답 ① 한정판 119p, 기본서 730p

추가 기출 사료

사이토 마코토 총독의 '조선 민족 운동에 대한 대책'

- **친일 분자를 귀족·양반·유생·부호·실업가·교육가·종교가 등에 침투**시켜 그 계급과 사정에 따라 각종 친일 단체를 조직하게 할 것.
- 종교적 사회 운동을 이용하기 위해 사찰령을 개정하여 불교 각 종파의 총 본산을 경성에 두고, 이를 관장하거나 원조하는 기관의 회장에 친일 분자를 앉히는 한편 기독교에 대해서도 상당한 편의와 원조를 제공할 것.
- 친일적인 민간 유지자(有志者)에게 편의와 원조를 제공하고, 수재 교육의 이름 아래 **조선 청년을 친일 분자의 인재로 양성할 것**.
- 조선인 부호·자본가에 대해 일·선(日·鮮) 자본가의 연계를 추진할 것.

---

04 [2022. 계리직]

다음 정책의 결과로 옳지 않은 것은?

총독부는 15년 동안 토지개량과 농사개량을 통해 식량 생산을 대폭 늘려 일본으로 더 많은 쌀을 가져가고 조선의 농민생활도 안정시킨다는 계획을 세웠다. 이를 위해 논의 비중을 높이고 저수지와 같은 수리시설을 개선·확충하며, 다수확 품종과 비료 개발을 진행했다.

① 조선인 자작농이 감소하고 소작농이 급증하였다.
② 미(米) 단작화로 경제구조의 파행성이 심화되었다.
③ 전국 토지의 토지대장, 지적도, 등기부가 작성되었다.
④ 식량 부족분을 해결하기 위해 만주산 좁쌀 등이 수입되었다.

SOLUTION

자료분석 자료는 1920년대 이후 추진된 **산미 증식 계획**에 대한 내용이다. 일제는 **공업화 정책을 추진하면서 자국의 식량이 부족해지자, 모자란 쌀을 우리나라에서 수탈할 목적으로 산미 증식 계획을 추진**하였다. 산미 증식 계획의 내용은 크게 토지 개량과 농사 개량으로 나뉘었다. 전자에는 수리 시설의 확충·개간과 함께 밭을 논으로 바꾸는 사업이, 후자에는 품종 개량과 비료 사용 확대 등이 포함되었다.

정답해설 ① 농민들은 산미 증식 계획 과정에서 수리 시설 개선비와 종자 개량 비용 등을 떠맡게 되어 **생활이 더욱 어려워졌다**. 일부 자작농은 소작농으로 전락하였으며 경작할 땅을 잃은 농민은 **화전민이 되거나 도시나 국외로 떠나야 했다**. 반면 지주 중에는 쌀을 판매하여 큰 이득을 보는 사람도 있었다.
② 산미 증식 계획의 추진 과정에서 일제의 **쌀 생산 강요로 미곡 중심의 단작형 농업 구조가 심화**되었다.
④ 산미 증식 계획의 결과 증산량보다 더 많은 양의 쌀이 일본으로 반출되면서 **한국인의 1인당 쌀 소비량이 줄어들었고**, 일제는 한국의 식량 부족 문제를 해결하고자 **만주에서 잡곡을 대량으로 수입**하였다.

오답피하기 ③ 토지 대장, 지적도, 등기부가 작성된 것은 **1910년대 일제의 토지 조사 사업**에 관한 내용이다.

핵심개념 산미 증식 계획(1920~1934)

배경	일본 내 공업화 정책 추진으로 인한 식량 부족
목표	식량 생산을 늘려 일본으로 반출
방법	밭 → 논, 토지·수리시설(수리 조합)·종자 개량 등
결과	• 쌀 생산량 증가(목표량 미달) but 수탈은 목표대로 수행 • 증산량보다 더 많은 쌀이 일본으로 반출(증산량⟨수탈량) → 조선의 식량 사정 악화 → 만주산 잡곡 수입 증가 • 쌀 중심의 단작 현상 증가 • 수리 조합비, 비료 대금 등 농민 부담 증가 → 소작농 증가 • 소작 쟁의 증가 but 지주들은 쌀을 판매하여 큰 이익 • 몰락 농민의 해외 이주 증가
중단	세계 경제 공황의 여파로 일본 쌀 가격 폭락(농업공황) → 일본 농촌 경제 악화 → 1934년 중단 → 1940년 재개

정답 ③ 한정판 120p, 기본서 738p

05 [2018. 서울시 9급 기술직렬]

〈보기〉는 일제가 제정한 법령의 일부이다. 이 법령에 의해 처벌된 사건이 아닌 것은?

―보기―
국체를 변혁하는 것을 목적으로 결사를 조직하는 자 또는 결사의 임원, 그의 지도자로서의 임무에 종사하는 자는 사형, 무기 또는 5년 이상의 징역 또는 금고에 처한다. (중략) 사유재산제도를 부인하는 것을 목적으로 결사를 조직하는 자, 결사에 가입하는 자, 또는 목적수행을 위한 행위를 돕는 자는 10년 이하의 징역 또는 금고에 처한다.

① 김상옥의 종로경찰서 폭탄투척 사건
② 조선 공산당 사건
③ 수양 동우회 사건
④ 조선어 학회 사건

SOLUTION

자료분석 자료는 1920년대 문화 통치기에 제정된 치안 유지법이다. 치안 유지법은 1925년 일제가 천황제를 부정하는 사람이나 사회주의자를 탄압하기 위해 제정한 법이다. 일제는 이 법을 사회주의자뿐 아니라 한국의 민족 운동가를 탄압하는 데도 이용하였다. 치안 유지법은 1925년에 제정되어 1928년과 1941년에 개정을 거치면서 1945년까지 존속하였다.

정답해설 ② 일제는 치안 유지법을 제정하여 사회주의 세력을 철저히 탄압하였다. 이러한 탄압으로 조선 공산당은 1925년부터 1928년 12월 해체될 때까지 네 차례에 걸쳐서 파행적으로 개편되었다(조선 공산당 사건).
③ 1926년에 결성된 수양동우회는 교육, 계몽, 사회 운동 단체였다. 이 단체는 일제의 표적 수사를 받아 1937년 치안 유지법 위반 혐의로 회원들이 대거 체포되었다(수양 동우회 사건).
④ 조선어 학회 사건은 1942년 일제가 조선어 학회를 독립운동 단체로 간주하여 회원들을 대거 체포한 사건으로 이들에게는 치안 유지법의 내란죄가 적용되었다.

오답피하기 ① 의열단 소속 김상옥의 종로 경찰서 투탄 의거는 치안 유지법 제정 전인 1923년의 일이다.

심화개념 치안 유지법

치안 유지법(1925)
제1조 국체(國體) 변혁 또는 사유 재산 제도를 부인하는 것을 목적으로 결사를 조직하거나 또는 그 뜻을 알고도 이에 가입한 사람은 10년 이하의 징역 또는 금고에 처한다.

치안 유지법 개정(1928)
제1조 국체(國體)를 변혁하는 것을 목적으로 결사를 조직하는 자 또는 결사의 임원, 그 외 지도자로서의 임무에 종사하는 자는 사형, 무기, 또는 5년 이상의 징역 또는 금고에 처한다. …… 사유 재산 제도를 부인하는 것을 목적으로 결사를 조직하는 자, 결사에 가입하는 자, 또는 결사의 목적 수행을 위한 행위를 돕는 자는 10년 이하의 징역 또는 금고에 처한다.

※ 치안 유지법이 개정되면서 '국체 변혁' 관련 인물에 대한 처벌이 '10년 이하의 징역 또는 금고'에서 '사형, 무기'까지 확장되었다. 또한 '사유 재산 제도를 부인'하는 경우에도 이전에는 '조직하거나 가입한 사람'만 처벌 대상이었다면 개정 후에는 '목적 수행을 위한 행위를 돕는 자'까지 포괄하여 처벌 대상으로 삼고 있다.

정답 ① 한정판 119p, 기본서 731p

06 [2015. 서울시 9급]

다음 ㉠의 추진 결과 나타난 현상으로 옳지 않은 것은?

일본은 1910년대 이후 자본주의 경제가 급속하게 발전하면서 농민들이 도시에 몰려 식량 조달에 큰 차질이 빚어졌다. 이를 해결하기 위해 ㉠ 을 추진하였는데, 이는 토지 개량과 농사 개량을 통해 식량 생산을 대폭 늘려 일본으로 더 많은 쌀을 가져가고 우리나라 농민 생활도 안정시킨다는 목표로 추진되었다.

① 쌀 생산량의 증가보다 일본으로의 수출량 증가가 두드러졌다.
② 만주로부터 조, 수수, 콩 등의 잡곡 수입이 증가하였다.
③ 한국인의 1인당 연간 쌀 소비량이 이전보다 줄어들었다.
④ 많은 수의 소작농이 이를 통해 자작농으로 바뀌었다.

SOLUTION

자료분석 자료의 ㉠은 일제의 산미 증식 계획(1920~1934)이다. 제1차 세계대전 이후 일본의 공업화 추진으로 인한 일본 내 식량 부족 문제 해결을 위해 한국에서 산미 증식 계획을 추진하였다. 이는 품종 개량과 비료 사용 확대, 수리 시설 확충과 개간, 밭을 논으로 만드는 등의 방법으로 쌀 생산을 늘려 일본으로 가져가려는 정책이었다.

정답해설 ①, ②, ③ 산미 증식 계획의 결과 쌀 생산량은 늘어났으나 일제가 목표한 증산량은 달성되지 못하였다. 그러나 일제의 미곡 수탈은 목표대로 수행되었다. 산미 증식 계획으로 증산된 양보다 더 많은 쌀이 일본으로 실려 나가면서 한국인의 1인당 쌀 소비량이 줄어들었고, 일제는 한국의 식량 부족 문제를 해결하고자 만주에서 잡곡을 대량으로 수입하였다.

오답피하기 ④ 산미 증식 계획이 시행되자 지주들은 수리 조합비, 토지 개량비, 비료 대금 등 증산에 필요한 비용을 농민에게 전가하여 한국 농민들은 고율의 소작료와 지세, 고리대에 시달려야 했다. 반면, 토지 회사나 대지주는 농민의 곤궁한 처지를 이용하여 대농장을 더욱 넓혀 갔다. 그 결과 많은 자작농이 소작농이 되거나 화전민·토막민으로 전락했고, 만주나 연해주, 일본 등지로 이주하는 농민도 늘어났다.

핵심개념 쌀 생산량과 일제 수탈량

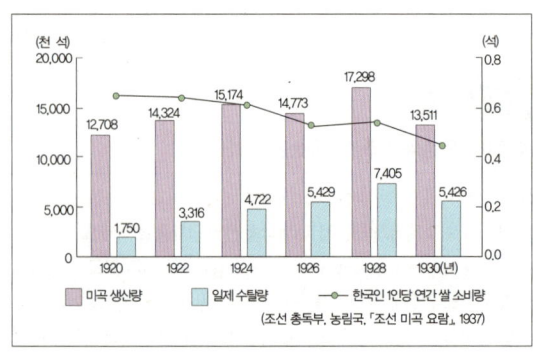

정답 ④ 한정판 120p, 기본서 738p

07 0796 [2014. 국가직 7급]

조선 총독부의 '문화 통치'에 대한 설명으로 옳지 않은 것은?

① 조선인의 협력을 부르짖는 국민 총력 운동을 전개하였다.
② 민족 운동을 탄압하고자 치안 유지법을 조선에도 적용하였다.
③ 조선인 계통의 신문인 조선일보, 동아일보의 발행을 허가하였다.
④ 친일파 양성을 겨냥하여 도 평의회와 부·면 협의회를 만들었다.

SOLUTION

정답해설 ② 치안 유지법은 일본의 국가 체제(천황제)나 사유재산 제도를 부정하는 사상을 통제하고 탄압하고자 문화 통치 시기인 1925년에 제정된 법률이다. 일제는 일본에서 만든 이 치안 유지법을 조선에도 적용하여 사회주의 운동과 민족 운동을 탄압하였다.
③ 문화 통치 시기에 일제는 제한적으로 언론, 출판, 집회, 결사의 자유를 허용하여 조선일보와 동아일보가 창간되었으나, 검열, 정간, 압수, 삭제 등의 탄압을 가하였다.
④ 일제는 한국인이 정치에 참여할 수 있는 것처럼 선전하기 위하여 지방 제도를 개편하여 도 평의회와 부·면 협의회 등을 설치하였으나, 이들 기구는 의결 기구가 아닌 자문 기구에 불과하였다. 일본인들이 주로 모여 사는 부에는 이미 일본인 유력자로 구성된 부 협의회가 있었는데, 본래 임명제였던 것을 선거제로 고쳤다. 선거권에도 세금 납부액을 기준으로 제한을 두어 한국인들은 극히 일부의 지주나 자본가만이 지방 의회에 참여할 수 있었다. 이러한 제도를 통해 일부 한국인들이 일제의 통치에 협력하게 되었다. 이처럼 일제는 문화 통치를 통해 한국인의 분열을 꾀하였다.

오답피하기 ① 민족 말살 통치기의 사실이다. 일제는 1938년에 국가 총동원법을 제정하고 본격적으로 인력과 물자 수탈에 나섰다. 또한, 한국인을 통제하고 침략 전쟁에 동원하고자 국민 정신 총동원 운동을 펼쳤다. 1940년에는 국민 정신 총동원 운동을 국민 총력 운동으로 전환하여 조선 총독이 직접 관장하였고, 생산력 확충 및 증산, 공출 등 한국인에 대한 물질적 수탈을 더욱 강화하였다.

핵심개념 1920년대 일제의 문화 통치

정책	실상
문관 총독 임명 관제 개정	해방까지 문관 총독 임명 無
헌병 경찰제 → 보통 경찰제	• 경찰 수 증가, 장비 강화 • 고등 경찰제 실시
언론의 허용 : 1920년 조선일보와 동아일보 창간 허용	검열, 정간, 압수, 삭제 등의 탄압
결사의 자유 허용	치안 유지법 제정(1925) → 사회주의자·독립 운동가 탄압
지방 자치 허용 : 도평의회, 부면 협의회 설치, 일부 지역 선거제 도입	친일파로 구성, 상층 자산가에게만 선거권 부여, 대부분의 일반 면에서는 임명제 실시
• 제2차 조선 교육령(1922) - 조선어 필수과목 지정 - 대학 설립 규정 - 보통학교 수업 연한 연장	• 민족 교육 억제 • 여전히 조선에 대한 차별적 교육 실시 • 경성제국 대학 설립(1924)
• 기타 - 관리와 교원의 제복·칼착용 폐지 - 태형령 폐지(1920), 회사령 폐지(1920)	

정답 ① 한정판 119p, 기본서 730p

주제 139

01 | 일제의 침략과 민족의 수난

1930년대 이후 민족 말살 통치기

Check 대표 기출 1

01 0797 [2023. 국가직 9급]   회독 ○○○

(가) 시기에 볼 수 있었던 모습으로 옳지 않은 것은?

| 만주사변 발생 | (가) | 태평양전쟁 발발 |

① 소학교에 등교하는 조선인 학생
② 황국 신민 서사를 암송하는 청년
③ 『제국신문』 기사를 작성하는 기자
④ 쌍성보에서 항전하는 한국독립당 군인

Check 대표 기출 2

02 0798 [2018. 국가직 9급]   회독 ○○○

다음의 법률에 근거하여 실시된 식민지 정책으로 옳지 않은 것은?

> 제4조 정부는 전시에 국가총동원상 필요하다고 인정될 때에는 칙령이 정하는 바에 따라서 제국 신민을 징용하여 총동원 업무에 종사하도록 할 수 있다.
> 제7조 정부는 칙령이 정하는 바에 따라 노동 쟁의의 예방 혹은 해결에 관한 명령, 작업소 폐쇄, 작업 혹은 노무의 중지 … (중략) … 등을 명할 수 있다.

① 물자 통제령을 공포하여 배급제를 확대하였다.
② 육군 특별 지원병령을 제정하여 지원병을 선발하였다.
③ 금속류 회수령을 제정하여 주요 군수 물자를 공출하였다.
④ 국민 징용령을 공포하여 강제적인 노무 동원을 실시하였다.

SOLUTION 난이도 상 중 하

출제자의 눈 일제의 식민지 지배 정책과 관련된 주제 중 최근 들어 가장 난도가 높아지고 있는 주제이다. 기존에 출제되지 않았던 내용도 자주 출제되고 있으며, 같은 해의 정책들의 순서를 묻는 고난도 문제가 출제되기도 했다. 비슷한 용어의 정책들이 많아 개념을 명확하게 잡아 둘 필요가 있다. 특히 1930년대 이후 일제의 식민 지배 정책을 중·일 전쟁(1937) 이전과 이후로 구분해서 알아두어 고난도 순서 문제에 대비할 필요가 있다.

자료분석 연표의 만주사변 발생은 1931년, 태평양 전쟁 발발은 1941년의 일이다.

정답해설 ① 일제는 1938년 제3차 조선 교육령을 발표하여 학교명을 보통학교에서 (심상) 소학교로, 고등보통학교를 중학교로 개칭하였다.
② 일제는 1937년 황국 신민 서사를 제정하여 학교를 비롯한 각종 행사에서 이를 암송하도록 하였다.
④ 지청천이 이끈 한국 독립군은 중국 호로군과 연합하여 쌍성보(1932), 사도하자(1933), 동경성(1933), 대전자령(1933) 전투 등에서 일본군을 격파하였다.

오답피하기 ③ 1898년에 창간된 제국신문은 순한글로 간행되어 주로 서민이나 여성을 독자층으로 삼았다. 제국신문은 1910년에 폐간되었다. 따라서 1931년~1941년 사이 시기에 제국신문 기사를 작성하는 기자는 볼 수 없다.

정답 ③ 한정판 119p, 기본서 733p

SOLUTION 난이도 상 중 하

자료분석 자료는 1938년 4월에 제정된 국가 총동원법의 일부 내용이다. 이 법은 일제가 중·일 전쟁 발발 이후 인적·물적 자원을 수탈하기 위하여 만든 법으로, 이를 근거로 징용과 징병과 같은 제도가 만들어졌다.

정답해설 ① 일제는 국가 총동원법에 근거하여 1941년 물자통제령을 공포하였다. 물자통제령은 철강재·전력·식량·목재·생사·금·은을 비롯한 광산물·의약품과 위생자재·축산물·채소와 과일 등 전쟁물자에서부터 생활필수품에 이르는 물자 전반에 걸쳐 적용되었다. 또 물자의 생산과 가공·수리 등의 제한·금지, 판매 및 양도를 총독이 명령할 수 있도록 규정하여 생활필수품을 포함한 배급제도를 전면적으로 확대 실시하게 되었다.
③ 국가 총동원법에 근거하여 일제는 1941년에 금속류 회수령을 공포하고, 쇠붙이를 약탈하여 전쟁 무기를 만드는 데 사용하였다.
④ 일제는 국가 총동원법에 근거하여 전쟁에 필요한 노동력을 강제로 동원하기 위해 1939년에 국민 징용령을 공포하였다. 이를 통해 한국인들을 탄광이나 군수 공장, 군용 활주로 공사 등에 투입하였다.

오답피하기 ② 육군 특별 지원병령(지원병 제도)은 국가 총동원법 제정 이전인 1938년 2월에 제정되었다. 일제는 침략 전쟁 수행을 위해 육군 특별 지원병령 등을 공포하여 한국인을 전쟁에 반강제적으로 동원하였다.

정답 ② 한정판 120p, 기본서 742p

03 ०७९९ [2024. 지역인재 9급]

다음 법령이 시행되던 시기에 있었던 사실로 옳은 것은?

> 제1조 본 법에서 국가 총동원이란 전시에 국방 목적 달성을 위해 국가의 모든 힘을 가장 유효하게 발휘하도록 인적 자원과 물적 자원을 통제 운용하는 것을 가리킨다.
> 제4조 정부는 전시에 국가 총동원상 필요한 경우에는 칙령이 정하는 바에 의해 제국 신민을 징용하여 총동원 업무에 종사시킬 수 있다.

① 동아일보사에서 브나로드 운동을 전개하였다.
② 일제가 조선어 학회 회원들을 검거하고 투옥하였다.
③ 육영공원에서 양반 자제에게 서양 학문을 교육하였다.
④ 대한 자강회가 지회를 설립하고 계몽 활동을 전개하였다.

04 ०८०० [2023. 서울시 9급 1차]

〈보기〉의 내용이 발표된 이후의 일제 정책으로 가장 옳은 것은?

> ─ 보기 ─
> 1. 우리는 황국 신민이다. 충성으로써 군국(君國)에 보답한다.
> 2. 우리들 황국 신민은 서로 믿고 아끼고 협력하여 단결을 공고히 한다.
> 3. 우리들 황국 신민은 괴로움을 참고 몸과 마음을 굳세게 하는 힘을 길러 황도(皇道)를 선양한다.

① 토지 조사 사업을 실시하였다.
② 치안 유지법을 제정하였다.
③ 조선 사상범 예방 구금령을 제정하였다.
④ 공업화로 인한 일본 내 식량 부족 문제 해결을 위한 산미 증식 계획을 실시하였다.

SOLUTION (03)

자료분석 자료는 1938년 4월에 제정된 국가 총동원법의 일부이다. 일제는 중·일 전쟁(1937)을 일으키고 국가를 전시 총동원 체제로 바꾸기 위해 총력을 기울였다. 이를 법제적으로 뒷받침한 것이 바로 '국가 총동원법'이었다.

정답해설 ② 일제는 중·일 전쟁 발발 이후 민족 말살 정책을 본격화하면서 우리말로 발행되던 동아일보와 조선일보 등의 신문을 폐간하였고(1940), 『우리말 큰 사전』의 편찬을 준비하고 있던 조선어 학회 회원들을 치안 유지법 위반으로 구속하였다(1942).

오답피하기 ① 동아일보는 1931년부터 학생 계몽대를 만들어 브나로드 운동을 전개하였다. 각 지방의 마을마다 야학을 만들어 한글을 가르쳤고, 미신 타파·구습 제거·근검절약 등을 강조하며 계몽 활동도 펼쳤다. 브나로드 운동은 1934년까지 전개되었다.
③ 육영 공원은 1886년 설립된 최초의 근대적 관립 교육 기관으로, 1894년 정부의 재정난으로 운영이 어렵게 되자 폐교되었다.
④ 대한 자강회는 1906년 헌정 연구회를 계승하여 창립된 단체로, 전국 각지에 지회를 두었으며, 월보를 간행하고 정기적으로 연설회를 개최하여 대중적인 계몽 운동을 전개하였다. 고종 강제 퇴위 반대 운동과 한·일 신협약 반대 투쟁을 전개하다가 1907년 일제 통감부의 보안법에 의해 강제 해체되었다.

정답 ② 한정판 120p, 기본서 742p

SOLUTION (04)

자료분석 자료는 황국 신민 서사의 내용으로, 1937년 황국신민화 정책의 일환으로 조선 총독부가 제정한 맹세이다. 1937년 7월에 발발한 중·일 전쟁의 와중에서 발표된 것이자 제3차 조선 교육령의 국체명징, 내선일체, 인고단련 중심의 식민 교육책과 연계되었다. 황국 신민 서사의 암송과 제창은 일본의 관제 미신인 신사 참배와 연동되는 가운데 충량한 황국신민의 길을 걷도록 하는 기만책이었다.

정답해설 ③ 조선 사상범 예방 구금령은 1941년 제정되었다. 이는 독립운동을 사전에 차단하기 위하여 제정한 법령으로, 실제적인 행위가 없더라도 범죄를 일으킬 우려가 있다는 자의적인 판단만으로 사상범을 체포·구금할 수 있도록 한 것이다.

오답피하기 ① 토지 조사 사업은 1910년부터 실시되었다. 일제는 1910년에 임시 토지 조사국을 설치하고 1912년에 토지 조사령을 공포하여 본격적으로 토지 조사 사업을 실시하였다.
② 일제는 1925년에 치안 유지법을 제정하여 언론·집회·결사를 탄압하였다. 이 법은 일제의 국가 체제(천황제)나 사유 재산 제도를 부정하는 자를 단속하기 위해 제정한 법률로, 일제는 이를 통해 사회주의 운동뿐만 아니라 농민·노동 운동, 항일 민족 운동 등을 탄압하였다.
④ 일제는 1920년부터 자국의 쌀 문제를 해결하기 위하여 식민지 조선을 일본의 쌀 공급 기지로 만들려는 산미 증식 계획을 추진하였다. 1940년에 산미 증식 계획이 재개되지만 이때는 공업화로 인한 일본 내 식량 부족 문제 해결을 위해서가 아니라 군량 확보를 위해 실시되었다.

정답 ③ 한정판 119p, 기본서 733p

05 0801 [2021. 국회직]

다음 내용을 제정된 시기 순으로 옳게 나열한 것은?

(가) 치안유지법
(나) 국가총동원법
(다) 경찰범처벌규칙
(라) 조선사상범보호관찰령
(마) 조선사상범예방구금령

① (가) - (다) - (나) - (라) - (마)
② (가) - (다) - (마) - (라) - (나)
③ (다) - (가) - (나) - (마) - (라)
④ (다) - (가) - (라) - (나) - (마)
⑤ (다) - (가) - (라) - (마) - (나)

06 0802 [2019. 지방직 9급]

밑줄 친 ㉠, ㉡에 대한 설명으로 옳은 것은?

신고산이 우르르 함흥차 가는 소리에
㉠지원병 보낸 어머니 가슴만 쥐어뜯고요
… (중략) …
신고산이 우르르 함흥차 가는 소리에
㉡정신대 보낸 어머니 딸이 가엾어 울고요

① ㉠ - 학생들도 모집 대상이었다.
② ㉠ - 처음에는 징병제에 따라 동원되기 시작하였다.
③ ㉡ - 국민 징용령에 근거한 조직이었다.
④ ㉡ - 물자 공출 장려를 목표로 결성하였다.

SOLUTION (05)

정답해설 (다) 경찰범 처벌 규칙은 1912년에 제정되었다. 일제는 이를 통해 한국인의 항일 투쟁뿐만 아니라 일상생활도 엄격히 단속하였다.
(가) 치안 유지법은 1925년에 제정되었다. 일제의 국가 체제(천황제)나 사유 재산 제도를 부정하는 자를 단속하기 위해 제정된 법률로, 일제는 이를 통해 사회주의 운동뿐만 아니라 농민·노동운동, 항일 민족 운동을 탄압하였다.
(라) 조선 사상범 보호 관찰령은 1936년에 제정되었다. 치안 유지법 위반자 중 집행유예나 형 집행 종료 또는 가출옥한 자들을 보호 관찰할 수 있도록 한 것으로, 독립운동 관련자들을 감시하기 위한 법이다.
(나) 일제는 1938년 국가 총동원법을 제정하고 이를 한국에도 적용해 인력과 자원의 통제 및 수탈을 강화하였다.
(마) 조선 사상범 예방 구금령은 1941년 제정되었다. 이는 독립운동을 사전에 차단하기 위하여 제정한 법령으로, 실제적인 행위가 없더라도 범죄를 일으킬 우려가 있다는 자의적인 판단만으로 사상범을 체포·구금할 수 있도록 한 것이다.

심화개념 조선 사상범 예방 구금령(1941)

> 제1조 치안 유지법의 죄를 범하여 형에 처하여진 자가 집행을 종료하여 석방되는 경우에 석방 후 다시 동법의 죄를 범할 우려가 현저한 때에는 재판소는 검사의 청구에 의하여 본인을 예방 구금에 부친다는 취지를 명할 수 있다.
> — 『조선 총독부 관보』 제4215호, 1941. 2. 12. —

정답 ④ 한정판 119p, 기본서 742p

SOLUTION (06)

자료분석 자료는 조동일이 간행한 『한국문학통사』 5권에 수록된 것으로 「신고산타령」의 앞 대목과 여음을 그대로 두고 중간 부분을 개작한 민요이다. 자료의 '함흥차(화물차)'는 학도 지원병을 태우고 만주로 떠나는 기차이며, 지원병들의 어머니가 이 함흥차(화물차) 소리를 듣고 겪어야 했던 슬픔을 말하고 있다. 뒤의 내용에서는 정신대로 차출되어 함흥차에 실려 가는 소녀들에 대한 어머니의 애절한 슬픔을 보여 준다.

정답해설 ① 일제는 중·일 전쟁 발발(1937. 7.) 이후인 1938년 지원병제를 실시하여 한국인을 반강제적으로 전쟁에 동원했고, 태평양 전쟁 발발(1941. 12.) 이후인 1943년에는 학도 지원병 제도를 강행하여 학생들마저 전쟁터로 내몰았다.

오답피하기 ② 지원병은 처음에는 1938년 실시된 지원병제에 따라 동원되기 시작하였고, 1943년에는 학도 지원병제가 실시되어 학생들마저 동원되었다. 징병제는 1944년에 실시되었다.
③ 정신대는 여자 정신 근로령(여자 정신대 근무령, 1944)에 근거한 조직이었다. 정신대는 '일본 국가(천황)'를 위해 몸을 바치는 부대'란 뜻으로 1940년경부터 남녀 구별 없이 사용되었으나, 1944년 여성을 군수 공장에 동원하기 위해 제정한 '여자 정신 근로령'이 공포된 이후 특히 여자 근로 정신대를 가리키는 말로 사용되었다.
④ 물자 공출 장려를 목표로 결성한 대표적 단체로는 국민 정신 총동원 조선 연맹(1938)을 들 수 있다. 이 단체는 민간 사회 단체 대표자들이 총독부의 종용에 따라 결성한 친일 전시 동원 선전 조직이다. 전쟁 지원병 독려, 창씨개명 독려, 공출과 현금 헌금 독려 등의 활동을 하였다.

핵심개념 민족 말살 통치기 일제의 인적 수탈

중일 전쟁 이후(1937~)	태평양 전쟁 이후(1941~)
• 육군 특별 지원병령(1938. 2.)	• 학도 지원병제(1943)
• 근로 보국대(1938. 6.)	• 징병제(1944. 4.)
• 국민 징용령(1939. 7.)	• 여자 정신대 근무령(1944. 8.)

정답 ① 한정판 120p, 기본서 742p

07 0803 [2013. 지방직 9급]

다음 자서전의 내용이 전개되던 시기에 일제가 시행한 정책으로 가장 적절한 것은?

> 7월 20일, 학생들과 체조를 하고 있었는데 면사무소 직원이 징병영장을 가져왔다. 흰 종이에는 '징병영장' 그리고 '8월1일까지 함경북도에 주둔한 일본군 나남 222부대에 입대하라.'고 적혀 있었다. 7월 30일, 앞면에는 '무운장구(武運長久)' 뒷면에는 '축 입영'이라고 적힌 붉은 천의 어깨 띠를 두르고 신사를 참배한 후 순사와 함께 나룻배를 타고 고향을 떠났다. 용산역에서 기차를 탈 때까지 순사는 매섭게 나를 감시하였다.

① 일진회를 앞세워 한일 합방을 청원하게 하였다.
② 공출제도를 강화하여 놋그릇, 농기구까지 수탈하였다.
③ 우가키 총독이 농촌개발을 명분으로 농촌진흥운동을 주장하였다.
④ 헌병 경찰이 칼을 차고 민간의 치안 및 행정업무를 처리하도록 하였다.

SOLUTION

자료분석 자료의 징병 영장을 통해 징병제가 실시되고 있음을 알 수 있다. 일제는 1944년에 징병제를 시행하여 일본이 패망할 때까지 수많은 청년을 전쟁터로 끌고 갔다.

정답해설 ② 일제는 태평양 전쟁(1941) 발발 이후에 공출 제도를 강화하여 식량뿐 아니라 무기 제조에 필요한 각종 금속도 공출하였다. 놋그릇, 제기, 농기구부터 교회의 종과 절의 불상까지 가리지 않고 모두 빼앗아 갔다.

오답피하기 ① 대한 제국 시기의 일이다. 일진회(1904~1910)는 1904년 송병준, 이용구가 조직한 친일 단체로 1910년 한국이 일제에 강제 병합될 때까지 일제의 침략 정책에 적극 협력한 친일 매국 단체이다. 일진회는 대한 제국을 일본과 합치자(한일 합방)는 각종 청원서와 성명서를 발표하였다.
③ 일제는 1930년대 들어 산미 증식 계획의 부작용과 대공황의 여파로 농촌 경제가 더욱 어려워져 소작 쟁의 등 농민의 반발이 극심해지자 농촌 사회를 안정시키기 위해 1932년부터 1940년까지 농촌 진흥 운동을 시행하였다.
④ 헌병 경찰이 칼을 차고 민간의 치안 및 행정업무를 처리하도록 한 시기는 일제의 무단 통치기인 1910년대의 모습이다.

정답 ② 한정판 119p, 기본서 733p

핵심개념 민족 말살 통치기 일제의 식민지 지배 정책

황국 신민화 정책 (민족 말살 정책)	• 내선일체, 일선동조론 강조 • 황국신민서사 암송(1937), 신사 참배 · 궁성 요배, 정오 묵도 • 우리말 · 우리 역사 교육 금지, 창씨 개명(1939 → 1940, 시행)
통제 정책 강화	• 농촌 진흥 운동(1932~1940) : 농촌 통제 강화 • 조선 사상범 보호 관찰령(1936) • 대화숙 설치(1937) : 사상범 감시 → 1941년 확대 설치 • 3차 조선 교육령(1938. 3) : 조선어 수의과목 → 사실상 금지 • 국가 총동원법(1938. 4) : 인적 · 물적 자원 수탈 강화 • 국민 정신 총동원 조선 연맹(1938. 7), 애국반 조직 → 1940년 국민 총력 조선 연맹으로 개편(국민 총력 동원) • 동아일보 · 조선일보 폐간(1940) • 조선 사상범 예방 구금령(1941) • 국민학교령(1941) : 소학교 → 국민학교(황국신민학교) • 조선어 학회 사건(1942) : 조선어 학회 회원들을 치안 유지법 위반으로 구속 • 4차 조선 교육령(1943) : 전시 교육 체제

주제 140

02 | 3·1 운동과 대한민국 임시 정부

1910년대 국내외 독립운동

Check 대표 기출 1

01 0804 [2025. 국가직 9급] 회독 ○○○

다음 강령을 발표한 단체에 대한 설명으로 옳은 것은?

> 1. 부호의 의연금 및 일본인이 불법 징수하는 세금을 압수하여 무장을 준비한다.
> 6. 일본인 고관 및 한국인 반역자를 수시 수처에서 처단하는 행형부를 둔다.
> 7. 무력이 완비되는 대로 일본인 섬멸전을 단행하여 최후 목적의 달성을 기한다.

① 「조선 혁명 선언」을 활동 지침으로 삼았다.
② 일본에 국권 반환 요구서를 보내려 하였다.
③ 박상진을 총사령으로 하여 공화정체를 지향하였다.
④ 대한민국임시정부의 김구가 중심이 되어 창설하였다.

Check 대표 기출 2

02 0805 [2025. 국가직 9급] 회독 ○○○

밑줄 친 '이 지역'에 대한 설명으로 옳은 것은?

> 이 지역에서 권업회라는 독립운동 단체가 조직되었고, 권업회는 국외 무장 독립 단체들을 모아 대한 광복군 정부라는 독립군 조직을 만들었다.

① 동제사가 창립되었다.
② 경학사가 조직되었다.
③ 한인촌인 신한촌이 형성되었다.
④ 대조선 국민 군단이 창설되었다.

SOLUTION 난이도 상 중 하

출제자의 눈 1910년대 국내에서는 일제의 무단 통치로 인해 비밀 결사 조직 형태의 독립운동이 전개되었다. 그중 독립 의군부와 대한 광복회의 활동이 두드러졌다. 두 조직의 활동을 구분할 수 있어야 한다.

자료분석 자료는 대한 광복회 강령의 일부 내용이다. 대한 광복회는 박상진 등을 중심으로 구성된 비밀 결사로 공화정 수립을 목표로 삼았다. 군대식 조직을 갖추고 독립군 양성, 무기 구입, 군자금 모집, 친일 부호 처단 등의 활동을 전개하였다.

정답해설 ③ 1915년 박상진을 총사령으로 하여 조직된 대한 광복회는 공화제 정부 수립을 목표로 활동하였다.

오답피하기 ① 신채호의 조선 혁명 선언을 활동 지침으로 삼았던 단체는 의열단이다.
② 일본에 국권 반환 요구서를 보내려 한 단체는 임병찬의 독립 의군부이다.
④ 대한민국 임시 정부의 김구가 중심이 되어 창설한 단체는 한인 애국단이다.

정답 ③ 한정판 121p, 기본서 747p

SOLUTION 난이도 상 중 하

출제자의 눈 1910년대 국외 독립운동의 기출 유형은 지역사와 인물사 문제가 주류를 이룬다. 국외에서 조직된 단체들의 이름과 지역을 파악하고, 각 단체의 주요 인물을 암기해야 한다.

자료분석 자료의 밑줄 친 '이 지역'은 연해주이다. 연해주 블라디보스토크에는 국내에서 이주해 간 동포들의 집단 거주지인 신한촌이 형성되었다. 한인들은 자치 기관인 권업회(1911)를 조직하고 민족의식을 고취하는 데 힘썼다. 이후 권업회는 이상설과 이동휘를 정부통령으로 하는 대한 광복군 정부를 수립하였다(1914).

정답해설 ③ 연해주 블라디보스토크에는 국내에서 이주해 간 동포들의 집단 거주지인 신한촌이 형성되었다.

오답피하기 ① 중국 상하이에서는 신규식 등이 애국지사들을 규합하여 동제사를 조직하였다(1912).
② 신민회의 이회영, 이상룡 등은 1911년 남만주(서간도) 삼원보에 자치 기관인 경학사(이후 부민단으로 개편)를 만들고, 독립군 양성 기관인 신흥 강습소(이후 신흥 무관 학교로 개편)를 세웠다.
④ 하와이에서는 1914년에 박용만이 대조선 국민 군단을 결성하여 청장년을 대상으로 군사 훈련을 실시하였다.

정답 ③ 한정판 121p, 기본서 750p

03 [2023. 지방직 9급]

1910년대에 있었던 사실로 옳은 것은?

① 중국 화북 지방에서 조선 독립 동맹이 결성되었다.
② 만주에서 참의부, 정의부, 신민부 등 3부가 조직되었다.
③ 임병찬이 주도한 독립 의군부는 항일 운동을 전개하였다.
④ 조선 혁명군이 양세봉의 지휘 아래 영릉가에서 일본군을 격파하였다.

04 [2022. 서울시 9급 1차]

〈보기〉의 밑줄 친 '이 단체'에 대한 설명으로 가장 옳은 것은?

> 보기
>
> 이 단체는 조선국권회복단의 박상진이 풍기광복단과 제휴하여 조직하였다. 무력 투쟁을 통한 독립을 목표로 하였고, 군자금 모집, 독립군 양성, 무기 구입, 친일 부호 처단 등 활동을 전개하였다.

① 독립군 양성을 위한 신흥강습소를 설치하였다.
② 블라디보스토크에 최초의 임시정부를 수립하였다.
③ 무력 항쟁의 의지를 담은 대한독립선언서를 발표하였다.
④ 공화주의 이념에 따라 공화정치를 실현하는 것을 목표로 하였다.

SOLUTION (03)

정답해설 ③ 의병장 출신의 임병찬은 고종의 비밀 지시를 받고 각지의 유생을 모아 독립 의군부를 조직하였다(1912). 독립 의군부는 나라를 되찾은 뒤 고종을 복위시킨다는 복벽주의의 입장에서 전국적인 의병 전쟁을 계획하였다. 그러나 조선 총독과 일본 총리에게 국권 반환 요구서를 발송하려다가 조직이 발각되어 해체되었다.

오답피하기 ① 1940년대의 사실이다. 1942년 중국 화베이(화북) 지역에서는 사회주의자가 중심이 되어 조선 독립 동맹을 결성하였다.
② 1920년대의 사실이다. 자유시 참변(1921) 이후 만주 지역의 독립군은 전열을 재정비하여 3부를 조직하였다. 압록강 연안 지역에는 1923년에 육군 주만 참의부가 설립되었고, 남만주 일대에는 1924년에 정의부가 결성되었다. 그리고 북만주 일대에는 1925년에 신민부가 조직되었다.
④ 1930년대의 사실이다. 양세봉이 이끄는 조선 혁명군은 1930년대 초반에 중국 의용군과 연합하여 영릉가 전투(1932)와 흥경성 전투(1933) 등에서 일본군을 대파하였다.

핵심개념 (대한) 독립 의군부(1912)

조직	전라도에서 임병찬(최익현 제자, 전라남북도 순무총장)이 고종의 밀명을 받아 의병과 유생들을 규합하여 결성
활동	• 복벽주의(전제군주제 복구, 고종 복위) 표방 • 군대식 조직을 갖춤 • 국권 반환 요구서 제출(to 일본 총리 대신 및 조선 총독), 전국적 의병 봉기 준비 but 계획 발각, 해체 → 임병찬 거문도 유배·순국(1916)

심화개념 독립 의군부의 국권 반환 요구서 제출 여부

검정교과서에는 독립 의군부가 국권 반환 요구서를 보냈다고 서술하는 교재도 있고, 일제에 국권 반환 요구서를 보내려고 계획하던 중 조직이 발각되어 해체되었다고 서술하는 교과서도 있다. 두 표현 다 맞는 내용으로 기억해 두자.

정답 ③ 한정판 121p, 기본서 747p

SOLUTION (04)

자료분석 자료의 밑줄 친 '이 단체'는 대한 광복회이다. 이 단체는 한말 의병 계열과 애국 계몽 운동 계열이 연합 결성한 단체로, 1913년 경상북도 풍기에서 조직된 풍기 광복단과 1915년 대구에서 조직된 조선 국권 회복단이 중심이 되어 창립되었다.

정답해설 ④ 대한 광복회는 공화정체의 근대 국가 수립을 목표로 삼고 군대식 조직을 갖추었다.

오답피하기 ① 남만주 지역 최초의 자치 단체인 경학사는 대종교와 신민회를 중심으로 설립되어 한인의 이주와 정착, 경제력 향상과 항일 의식 고취 등을 목표로 활동하였으며, 신흥 강습소를 설치하였다.
② 블라디보스토크의 신한촌을 중심으로 독립운동 기지 건설 운동이 전개되어 권업회라는 자치 단체가 조직되었다(1911). 권업회는 이상설과 이동휘를 정·부통령으로 하는 대한 광복군 정부를 수립하였다(1914).
③ 대한 독립 선언서(1919)는 만주 길림에서 독립운동가 39인이 전쟁(육탄혈전)을 통해 독립을 쟁취할 것을 주장하며 발표한 것으로 대한 광복회의 활동과는 직접적인 관련이 없다.

심화개념 박상진(1884~1921)

1902년	왕산 허위의 제자
1909년	양정의숙 전문부(법학과) 졸업
1910년	판사 임용 시험 합격(부임 X)
1912년	곡물 무역상 상덕태상회 설립
1915년	대한 광복회 총사령으로 추대
1918년	일본 경찰에게 체포
1921년	대구 형무소에서 순국

정답 ④ 한정판 121p, 기본서 747p

05 [2020. 지방직 9급]

밑줄 친 '그'의 활동으로 옳은 것은?

> 경술년(1910)에 여러 형제들이 모여서 같이 만주로 갈 준비를 하였다. …… 그(1867~1932)는 1만여 석의 재산과 가옥을 모두 팔고 큰집, 작은 집이 함께 압록강을 건너 떠났다. 그는 만주에서 독립군 양성 기관인 신흥 강습소를 설립하였다.

① 조선어 학회 사건으로 옥고를 치렀다.
② 독립운동 단체인 경학사를 조직하였다.
③ 3·1운동 민족대표 33인 중 한 명이었다.
④ '삼균주의'에 입각한 한국 국민당을 결성하였다.

06 [2020. 지방직 7급]

다음 설명에 해당하는 인물에 대한 설명으로 옳은 것은?

> • 항일 민족 교육의 요람인 서전서숙을 설립하였다.
> • 만국평화회의가 열린 헤이그에 특사로 파견되었다.

① 경학사를 조직하였다.
② 독립 의군부를 조직하였다.
③ 대한인 국민회를 조직하였다.
④ 대한 광복군 정부를 조직하였다.

SOLUTION

자료분석 자료의 밑줄 친 '그'에 해당하는 인물은 신민회의 이회영이다. 그는 형제들과 함께 재산을 처분하여 서간도로 가 신흥 강습소를 설립하는 등 삼원보를 독립운동 기지로 개척하였다.

정답해설 ② 신민회의 이회영 등은 1911년 서간도 삼원보에 독립운동 단체인 경학사를 조직하였다.

오답피하기 ① 조선어 학회 사건(1942)은 이회영의 순국(1932) 이후에 일어난 사건으로, 이회영의 활동과는 관련이 없다. 이회영은 1932년 다롄에서 일본 경찰에 검거, 고문 끝에 순국하였다. 일제는 1942년 조선어 학회를 독립운동 단체로 간주하여 이윤재, 최현배 등 회원들을 체포하고, 조선어 학회를 강제로 해산시켰다.
③ 이회영은 3·1 운동 민족 대표 33인에 포함되지 않는다.
④ 한국 국민당은 1935년에 김구 등 대한민국 임시 정부의 핵심 인사들이 중국 항저우에서 창당한 정당으로 당의 정치 강령은 삼균주의와 토지 국유화 정책 등이었다.

핵심개념 우당 이회영(1867~1932)

1905년	나인영, 기산도 등과 을사오적 암살 모의
1907년	안창호 등과 신민회 조직
1910년	6형제가 전 재산을 처분하여 독립 운동 자금 마련 후 만주로 망명
1911년	경학사 조직, 신흥 강습소 설립
1931년	항일 구국 연맹을 결성하고 비밀 행동 조직인 흑색 공포단 조직
1932년	다롄에서 일본 경찰에 검거, 고문 끝에 순국

정답 ② 한정판 153p, 기본서 749p

SOLUTION

자료분석 자료에 해당하는 인물은 이상설이다. 이상설은 1906년 항일 민족 교육의 요람인 서전서숙을 북간도에 설립하였고, 1907년에는 을사늑약의 부당성을 알리기 위해 제2회 만국 평화 회의에 이위종, 이준과 함께 특사로 파견되었다.

정답해설 ④ 1914년 권업회는 연해주 블라디보스토크에서 이상설을 정통령, 이동휘를 부통령으로 하는 대한 광복군 정부를 수립하였다.

오답피하기 ① 경학사는 1911년에 서간도 삼원보에서 조직된 독립운동단체로 신민회의 이회영 등이 조직하였다.
② 독립 의군부는 1912년 임병찬이 고종의 밀명을 받아 의병과 유생들을 규합하여 결성하였다.
③ 대한인 국민회는 1910년 미국에서 조직된 독립운동 단체이다. 주요 인물로는 안창호, 박용만, 이승만 등이 있다.

핵심개념 이상설(1870~1917)

1904년	협동회 회장
1905년	을사늑약 반대 상소
1906년	북간도 용정에 서전서숙 건립
1907년	헤이그 특사로 파견
1909년	밀산부 한흥동 건설(독립운동 기지)
1910년	13도 의군 및 성명회 조직
1911년	권업회 조직
1914년	대한 광복군 정부 조직(정통령)
1915년	신한 혁명당 조직
1917년	니콜리스크에서 병으로 서거

정답 ④ 한정판 121p, 기본서 750p

07 [2020. 소방간부후보]

다음 포고문이 발표된 시기를 연표에서 옳게 고른 것은?

> 소련 인민 위원 대표자 회의와 볼셰비키 전소련 중앙 위원회는 다음과 같은 명령을 내린다. 일본의 간첩 행위 침투를 차단하기 위하여 극동 지역에 다음과 같은 조치를 시행한다. 극동의 국경지대, 즉 포시에트 …(중략)… 블류헤로보의 모든 고려 주민들을 추방하여 남카자흐스탄주, 아랄해와 발하시 지역, 우즈베키스탄공화국에 이주시키도록 명한다. 추방은 포시에트 구역과 그로체코포에 이웃해 있는 구역들로부터 시작한다.

(가)	(나)	(다)	(라)	(마)
대한 광복군 정부 수립	자유시 참변	미쓰야 협정 체결	만주국 수립	민족 혁명당 결성	진주만 사건

① (가)   ② (나)   ③ (다)
④ (라)   ⑤ (마)

08 [2019. 서울시 사회복지직]

〈보기〉 자료의 민족 운동가들이 추진한 독립 운동에 대한 서술로 가장 옳은 것은?

> ─ 보기 ─
> 8월 초에 여러 형제분이 모여서 같이 만주로 갈 준비를 하였다. 비밀리에 땅과 집을 파는데, 여러 집을 한꺼번에 처분하니 얼마나 어려우리요. 그때만 해도 여러 형제분 집은 예전 대갓집이 그렇듯이 종살이를 하는 사람이 수없이 많았고 (……) 우리 집 어른(이회영)은 옛날 범절을 따지지 않고 위아래 구분 없이 뜻만 같으면 악수하여 동지로 대접하였다. (……) 1만여 석의 재산과 가옥을 모두 팔고 경술년(1910) 12월 30일에 큰집, 작은집이 함께 압록강을 건너 떠났다.
> ─ 이은숙, 민족 운동가 아내의 수기, 서간도 시종기 ─

① 신흥 강습소를 만들어 민족 교육과 독립군 양성을 추진하였다.
② 대한 광복군 정부, 대한 국민 의회 등의 독립운동 기지를 설립하였다.
③ 간민회를 기반으로 서전서숙과 명동학교 등 학교를 세워 민족 교육을 실시하였다.
④ 나라를 되찾은 후 고종을 복위시키려는 목표를 세우고 전국적인 의병 봉기를 준비하였다.

09 [2018. 지방직 7급]

다음 인물의 활동으로 옳은 것은?

> 1878 평남 강서군 출생
> 1898 독립협회 활동
> 1899 점진학교 설립
> 1907 신민회 조직
> 1923 국민대표회의 참여
> 1938 투옥 끝에 사망

① 흥사단을 조직하였다.
② 한인애국단을 창단하였다.
③ 헤이그 특사로 파견되었다.
④ 대한매일신보에 '독사신론'을 연재하였다.

SOLUTION

자료분석 자료는 도산 안창호의 약력을 나타낸 것이다. 신채호와 활동 내용이 거의 흡사하며 점진학교 설립으로 구분한다. 점진학교는 1899년 안창호가 평안남도 강서(江西)에 세운 초등과정의 학교이다.

정답해설 ① 흥사단은 1913년 5월 13일 미국 샌프란시스코에서 안창호의 주도로 설립된 민족 운동 단체이다.

오답피하기 ② 한인 애국단은 김구가 임시 정부의 침체를 극복하기 위해 1931년 상하이에서 조직한 단체이다. 이 단체의 단원으로는 이봉창, 윤봉길 등이 있다.
③ 헤이그 특사(1907)로 파견된 것은 이상설, 이준, 이위종이다.
④ 『독사신론』은 신채호가 대한매일신보에 1908년 8월 27일부터 12월 13일까지 연재한 미완성 논설이다. 신채호는 독사신론을 발표하여 역사 서술의 주체를 민족으로 설정하고, 중국 중심의 역사 인식과 일본에 의한 한국 고대사 왜곡을 비판하였다.

핵심개념 도산 안창호(1878~1938)

1897년	독립협회 가입
1899년	점진학교 설립(평안남도)
1907년	대성학교 설립(평양)
1905년	공립협회 조직 → 1910년 대한인 국민회
1907년	신민회 조직
1909년	청년 학우회 조직(흥사단의 전신)
1912년	대한인 국민회 중앙 총회 조직
1913년	흥사단 조직(미국 샌프란시스코)
1919년	대한민국 임시정부 내무총장
1923년	국민 대표 회의 개조파
1926년	한국 독립 유일당 북경 촉성회 선언 발표
1937년	수양 동우회 사건으로 수감
1938년	서울에서 별세

정답 ① 한정판 124p, 기본서 787p

10 [2018. 경찰 2차]

다음은 일제강점기 어떤 민족 운동 단체의 강령 중 일부이다. 이 단체에 대한 설명으로 가장 적절한 것은?

> • 부호의 의연 및 일본인이 불법 징수하는 세금을 압수하여 무장을 준비한다.
> • 남북 만주에 사관학교를 설치하여 독립 전사를 양성한다.
> • 중국과 러시아에 의뢰하여 무기를 구입한다.
> • 일인 고관 및 한인 반역자를 수시 수처에서 처단하는 행형부를 둔다.

① 이상룡 등이 서간도 지역의 삼원보에 터를 잡고 조직하였다.
② 풍기광복단과 조선국권회복단의 일부 인사가 통합하여 만들었다.
③ 중국의 항일 무장 세력과 연합하여 쌍성보 전투, 사도하자 전투, 대전자령 전투 등에서 일본군을 격파하는 큰 전과를 올렸다.
④ 중국 관내에서 결성된 최초의 한인 무장 부대로, 중국의 지원을 받으며 대일 심리전과 후방 공작 활동을 전개하였다.

SOLUTION

자료분석 자료는 1915년 대구에서 결성된 대한 광복회 강령의 일부이다. 대한 광복회는 만주에 사관 학교를 설립해 독립군을 양성하려 하였으며, 이를 위해 부호들로부터 의연금을 거두어들였다. 자료에서 행형부는 형벌 집행 기관을 의미한다.

정답해설 ② 대한 광복회는 1915년 풍기 광복단(의병 계열)과 조선 국권 회복단(애국 계몽 운동 계열)의 일부 인사가 통합하여 만든 단체이다.

오답피하기 ① 경학사·부민단에 해당하는 내용이다. 대한 광복회는 국내(대구)에서 조직되었다.
③ 지청천의 한국 독립군에 대한 설명이다. 지청천이 이끈 한국 독립군은 중국 호로군과 연합하여 쌍성보 전투(1932), 사도하자 전투(1933), 동경성 전투(1933), 대전자령 전투(1933) 등에서 일본군을 대파하였다.
④ 1938년 김원봉이 중국의 우한 한커우에서 조직한 조선 의용대에 대한 설명이다. 조선 의용대는 중국 관내에서 결성된 최초의 한인 무장 부대로 중국 국민당의 지원을 받아 주로 일본군에 대한 심리전이나 포로 심문, 후방 공작 활동을 전개하였다.

핵심개념 대한 광복회(1915)

조직	• 대구에서 박상진, 우재룡, 채기중 등이 결성 • 풍기 광복단(의병 계열) + 조선 국권 회복단(애국 계몽 운동 계열)
특징	• 민주 공화제의 근대 국가 수립 지향 • 군대식 조직(총사령 박상진, 부사령 김좌진)
활동	• 군자금 모금, 친일파 처단 • 국내 각지와 만주에 지부 설치 • 만주에 무관 학교 설립 시도

정답 ② 한정판 121p, 기본서 747p

11 [2017. 국가직 9급]

밑줄 친 '이곳'에서 전개된 민족운동으로 옳은 것은?

> 1903년에 우리나라 공식 이민단이 이곳에 도착하였다. 이주 노동자들은 사탕수수 농장, 개간 사업장, 철도 공사장 등에서 일하며 한인 사회를 형성하여 갔다. 노동 이민과 함께 사진 결혼에 의한 부녀자들의 이민도 이루어졌다. 또한 한인합성협회 등과 같은 한인 단체가 결성되었다.

① 독립운동 기지인 한흥동이 건설되었다.
② 독립운동 단체인 권업회가 조직되었다.
③ 자치 기관인 경학사와 부민단이 만들어졌다.
④ 군사 양성 기관인 대조선 국민군단이 창설되었다.

12 [2017. 국가직 7급]

밑줄 친 '이곳'에서 일어난 사실로 옳은 것을 〈보기〉에서 모두 고른 것은?

> 이곳에서는 한인 집단 거주지인 신한촌이 형성되어 자치 기구와 학교가 만들어졌으며, 다양한 독립운동이 일어났다. 이곳에서 이상설 등은 성명회를 조직하여 독립운동을 벌였고, 이후 임시정부의 성격을 가진 대한국민의회가 전로 한족회 중앙 총회로부터 개편 조직되었다.

─ 보기 ─
㉠ 권업회라는 독립운동 단체가 조직되었다.
㉡ 독립군 양성을 위한 신흥강습소가 설치되었다.
㉢ 대한광복군 정부가 수립되어 독립운동을 벌였다.
㉣ 신규식, 박은식 등의 주도로 동제사가 조직되었다.

① ㉠, ㉡
② ㉠, ㉢
③ ㉡, ㉣
④ ㉢, ㉣

SOLUTION (11)

자료분석 자료의 밑줄 친 '이곳'은 하와이다. 미주로의 이주는 1903년 백여 명의 한국인이 하와이 사탕수수 농장의 노동자로 이주하면서 시작되었다. 1905년까지 7천여 명의 노동자가 하와이로 이주하였다. 독신 남성이었던 이들 대부분은 한국인 신부를 구하고자 하였다. 천여 명의 한국인 여성이 사진만 보고 결혼하는 방식으로 하와이로 건너갔는데, 이들을 '사진 신부'라고 하였다. 이주한 한국인들은 미국 서부 지역으로 재이주하기도 하였다.

정답해설 ④ 대조선 국민군단은 1914년 박용만이 하와이에서 조직한 항일 군사 조직으로, 독립군 사관 양성을 목적으로 했다.

오답피하기 ① 한흥동은 1909년 이상설·이승희 등이 소련과 만주의 국경 지대인 밀산부에 설립한 독립운동 기지이다.
② 권업회는 1911년 블라디보스토크(연해주) 신한촌에서 조직된 독립운동 단체이다.
③ 자치 기관인 경학사(1911)와 부민단(1912)은 남만주(서간도) 지역에 건설된 단체이다.

핵심개념 1910년대 미주 지역의 독립 운동 단체

- 대한인 국민회(1909 or 1910)
  - 장인환·전명운의 스티븐스 사살 의거 계기로 결성
  - 안창호, 박용만, 이승만 주도
- 흥사단(1913, 안창호, 미국 샌프란시스코)
- 대조선 국민군단(1914, 박용만, 하와이, 군대 양성)
- 숭무학교(1910, 멕시코)

정답 ④ 한정판 121p, 기본서 752p

SOLUTION (12)

자료분석 자료의 밑줄 친 '이곳'은 연해주이다. 성명회, 전로 한족회 중앙 총회, 대한 국민 의회 등은 모두 연해주에서 결성된 단체들이다.

정답해설 ㉠,㉢ 연해주 블라디보스토크의 신한촌을 중심으로 독립운동 기지 건설 운동이 전개되어 1911년에 권업회라는 자치 단체가 조직되었다. 권업회는 권업신문을 발행하였으며, 이후 이상설과 이동휘를 정·부통령으로 하는 대한 광복군 정부를 수립하였다(1914).

오답피하기 ㉡ 신흥 강습소는 독립군 양성을 위해 남만주(서간도) 지역에 설립한 학교이다(1911년).
㉣ 동제사는 중국 상하이에서 신규식, 박은식 등이 조직한 단체이다(1912년).

핵심개념 1910년대 연해주의 독립 운동 단체

13도 의군 (1910)	유인석, 이상설, 이범윤 조직
성명회 (1910)	• 유인석, 이상설, 이범윤 조직 • 한일 합방 규탄 격문 발표
권업회 (1911)	• 이상설 등이 조직 • 권업신문 발행 • 한민학교 설립(1912)
대한 광복군 정부 (1914)	• 권업회가 주도하여 설립 • 정통령 이상설·부통령 이동휘
한인 사회당 (1918)	이동휘(사회주의 계열)
전로 한족회 중앙 총회 (1917)	대한 국민 의회(1919)로 개편

정답 ② 한정판 121p, 기본서 750p

주제 141

02 | 3·1 운동과 대한민국 임시 정부
3·1 운동(1919)

Check 대표 기출 1

01 0816 [2020. 소방직]   회독 ○○○

다음을 선언한 민족 운동에 대한 설명으로 옳은 것은?

> - 금일 오인(吾人)의 이 거사는 정의 인도 생존 존영을 위하는 민족적 요구이니, 오직 자유적 정신을 발휘할 것이요, 결코 배타적 감정으로 일주(逸走)지 말라.
> - 최후의 한사람까지, 최후의 한순간까지 민족의 정당한 의사를 쾌히 발표하라.
> - 일체의 행동은 가장 질서를 존중하여 오인의 주장과 태도로 하여금 어디까지든지 광명정대하게 하라.

① 대한매일신보의 후원을 받았다.
② 신간회의 지원을 받아 전국으로 확산되었다.
③ 대한민국 임시 정부 수립의 계기가 되었다.
④ 원산 노동자들의 총파업을 이끈 운동이었다.

Check 대표 기출 2

02 0817 [2025. 지방직 9급]   회독 ○○○

다음 선언으로 시작된 운동에 대한 설명으로 옳은 것은?

> 우리는 지금 우리 조선이 독립국이고 조선인이 자주민임을 선언하노라. 이를 세계 여러 나라에 알려 인류 평등의 대의를 분명히 밝히고, 이를 후손에게 대대로 전하여 민족 자존의 정당한 권리를 영원히 누릴 수 있도록 하노라.

① 형평 운동과 같은 연도에 발생하였다.
② 신간회에서 진상 조사단을 파견하였다.
③ 이 운동 이후 일제는 이른바 '문화 통치'로 통치 방식을 바꾸었다.
④ 운동 준비 과정에서 민족주의 세력과 사회주의 세력이 연대하였다.

SOLUTION   난이도 상 중 하

출제자의 눈 3·1 운동의 배경과 결과에 주목하자. 단독 주제로 출제되지만 난이도가 높지는 않다. 1926년 6·10 만세 운동 및 1929년 광주 학생 항일 운동과 구분할 수 있어야 한다. 3·1 운동을 전후로 발표된 선언문들은 내용만으로는 어떤 선언문인지를 구분하기 어려워 주요 키워드를 숙지하고 있는 것이 중요하다.

자료분석 자료는 3·1 운동 기미 독립 선언서의 공약 삼장에 해당하는 내용이다. 기미 독립 선언서는 최남선이 기초하였으며, 마지막의 공약 3장은 한용운이 작성하였다.

정답해설 ③ 3·1 운동의 영향으로 대한민국 임시 정부가 수립되는 계기를 마련하였고, 일제의 무단 통치가 문화 통치로 바뀌게 되었으며, 세계 약소민족의 독립운동에 큰 자극이 되었다.

오답피하기 ① 대한매일신보는 1904년부터 1910년까지 발간된 신문이다. 따라서 시기상 맞지 않는다.
② 신간회의 지원을 받아 전국적으로 확산된 운동은 광주 학생 항일 운동(1929)이다. 광주 학생 항일 운동은 신간회의 지원을 받으며 전국 각지의 학생 시위로 이어져, 1930년 1월 중순에는 전국의 읍면 단위 학교에까지 동맹 휴학과 거리 시위가 확산하였다.
④ 원산 노동자 총파업은 1929년의 사실이다. 원산 노동자 총파업은 일본인 감독이 한국인 노동자를 구타한 사건이 일어나자, 노동자들이 감독 파면과 근무 조건 개선 등을 요구하면서 파업한 사건이다.

정답 ③ 한정판 122p, 기본서 754p

SOLUTION   난이도 상 중 하

자료분석 자료는 기미 독립 선언서(3·1 독립 선언서)의 일부 내용으로, 3·1 운동에 대한 설명을 찾는 문제이다. 「기미 독립 선언서」 본문은 "우리는 지금 우리 조선이 독립한 나라이고 조선 사람이 자주적인 국민이라는 것을 선언하노라."라는 문장으로 시작하고 있다. 그리고 이러한 선언의 근거로 침략주의의 쇠퇴, 정의·인도에 근거한 새로운 시대의 도래, 우리 민족의 5천 년 역사와 우수한 문화를 제시하였다.

정답해설 ③ 1919년 3·1 운동을 계기로 일제는 식민지 통치 정책을 무단 통치에서 이른바 문화 통치로 전환하였다.

오답피하기 ① 3·1 운동은 1919년에 일어났고, 형평 운동은 1923년에 일어났다. 백정 출신들은 1923년 경남 진주에서 이학찬 등을 중심으로 조선 형평사를 창립하고 평등한 대우를 요구하는 형평 운동을 전개하였다.
② 1927년에 조직된 신간회는 1929년 광주 학생 항일 운동이 일어나자 현지에 진상 조사단을 파견하였다.
④ 운동 준비 과정에서 민족주의 세력(천도교계)과 사회주의 세력(조선 공산당)이 연대한 운동은 6·10 만세 운동(1926)이다.

정답 ③ 한정판 122p, 기본서 754p

456 PART 7 민족 독립 운동의 전개

03 [2025. 법원직]

다음 밑줄 친 '사건'과 관련된 내용으로 가장 옳은 것은?

> 사건의 발단은 조선의 사실상 마지막 황제인 고종의 인산일을 이틀 앞둔 날에 시작되었다. 그러나 소요의 기미가 있는데, 설사 독립운동과 같은 사건이 한국에서 일어나더라도 이에 대해 일체의 보도를 하지 말라는 경찰청장의 통고문을 접수한 것은 이보다 앞선 1월 28일의 일이었다. 2월 14일에도 한국인의 독립 선언문 보도 금지 명령이 내려졌다. 2월 19일 『재팬 클로니클』지는 보도 금지된 사실과 선언문을 배포한 사람들이 비밀 재판을 받고 1년간의 징역을 선고받은 사실을 담은 기사를 크게 보도하였다.

① 신간회가 진상 조사단을 파견하였다.
② 광주에서 시작되어 전국으로 확대되었다.
③ 민족 유일당 운동을 추진하는 계기가 되었다.
④ 대한민국 임시 정부가 수립되는 계기가 되었다.

04 [2024. 지역인재 9급]

다음 자료에 나타난 민족 운동에 대한 설명으로 옳은 것은?

> 어제 태화관에서 민족 대표의 만세 소리가 시작되자 동시에 탑골 공원에 모여 있던 수만 명의 학생들도 조선 독립 만세를 일제히 외치기 시작했다. 학생들은 너무 기뻐서 덩실덩실 춤을 추면서 바람이 몰아치고 물결이 솟구치는 듯한 기세로 시내를 누볐다. … (중략) … 만세 소리는 시간이 갈수록 커져만 가서 종로 4가에서는 그야말로 하늘과 땅이 진동할 정도였다고 한다.
> — 『조선독립신문』 제2호 —

① 순종의 인산일에 일어났다.
② 통감부의 방해와 탄압으로 중단되었다.
③ 치안 유지법에 의해 지도부가 검거되었다.
④ 대한민국 임시 정부 수립의 계기가 되었다.

05 [2020. 소방간부후보]

다음 자료의 민족 운동에 대한 설명으로 옳은 것은?

> 터졌구나, 터졌구나! 조선 독립의 소리
> 10년을 참고 참아 인제 터졌네.
> 3천 리 금수강산 2천만 민족
> 살았구나, 살았구나! 이 한 소리에
> 만만세! 조선 독립 만만세! 대한 만만세! 대한 만만세!
> — 「배달의 맥박」—

① 신간회의 주도로 추진되었다.
② 대한매일신보의 후원을 받았다.
③ 한일 학생 간의 충돌로 시작되었다.
④ 순종의 장례일을 기점으로 일어났다.
⑤ 대한민국 임시 정부 수립의 계기가 되었다.

06 [2019. 국가직 9급]

밑줄 친 ㉠ 이후에 일어난 사실로 옳지 않은 것은?

> 상쾌한 아침의 나라라는 뜻을 지닌 조선은 일본의 총칼 아래 민족정신을 무참하게 유린당했다. …(중략)… 조선민족은 독립 항쟁을 줄기차게 계속하였다. 그 중에서도 중요한 것은 ㉠ 1919년의 독립 만세 운동이었다.
> — 네루, 세계사 편력 —

① '암태도 소작쟁의'가 일어났다.
② '정우회 선언'이 발표되었다.
③ 임병찬이 독립의군부를 조직하였다.
④ 조선 민립대학 기성회가 창립되었다.

SOLUTION (05)

자료분석 자료는 1919년 일어난 3·1 운동과 관련된 사료이다. '10년을 참고 참아'라는 내용을 통해 식민 지배(1910년 한·일 병합) 이후 10여 년의 시간이 흘러 일어난 만세 운동임을 유추할 수 있다.

정답해설 ⑤ 3·1 운동을 계기로 민족 운동가들은 독립운동을 조직적이고 체계적으로 이끌 통일된 지도부의 필요성을 제기하였다. 이에 공화주의에 입각한 대한민국 임시 정부가 수립되었고, 만주와 연해주에서는 무장 독립군의 활동이 활발해졌다.

오답피하기 ① 신간회의 후원을 받아 확산된 민족 운동은 광주 학생 항일 운동(1929)이다.
② 대한매일신보는 1904년부터 1910년까지 발행된 신문으로 1907년에 일어난 국채 보상 운동을 후원하였다.
③ 한일 학생 간의 충돌로 시작된 민족 운동은 광주 학생 항일 운동(1929)이다.
④ 순종의 장례일을 기점으로 일어난 것은 6·10 만세 운동(1926)이다.

정답 ⑤ 한정판 122p, 기본서 754p

SOLUTION (06)

자료분석 자료는 인도의 독립운동가 네루가 딸에게 보낸 편지의 일부 내용이고, 밑줄 친 ㉠에 해당하는 민족 운동은 3·1운동이다. 1919년의 독립 만세 운동이라는 내용 등을 통해 이를 알 수 있다.

정답해설 ① 암태도 소작쟁의는 3·1 운동(1919) 이후인 1923년에 발생했다. 이 사건은 1923년 전라남도 신안군 암태도 소작 농민들이 지주와 그를 두둔하는 일본 경찰에 맞서 1년 가까이 싸워 소작료를 낮추는 성과를 거둔 사건이다.
② 정우회 선언은 3·1 운동(1919) 이후인 1926년에 발표되었다. 사회주의 계열인 정우회는 민족주의 세력과 협동 전선을 주창하는 정우회 선언을 발표하였고, 이는 신간회 창립의 중요한 계기가 되었다.
④ 조선 민립 대학 기성회는 민립 대학 설립 운동을 주도한 단체로, 3·1 운동(1919) 이후인 1923년에 조직되었다.

오답피하기 ③ 임병찬이 독립 의군부를 조직한 것은 3·1운동 이전인 1912년의 일이다. 독립 의군부는 나라를 되찾은 뒤 고종을 복위시킨다는 복벽주의의 입장에서 전국적인 의병 전쟁을 계획하였다.

정답 ③ 한정판 122p, 기본서 756p

07 [2014. 국가직 9급]

다음은 박은식이 저술한 '한국독립운동지혈사'의 일부분이다. 여기에서 언급된 사건과 관련된 설명으로 옳지 않은 것은?

> 만세시위가 확산되자, 일제는 헌병 경찰은 물론이고 군인까지 긴급 출동시켜 시위군중을 무차별 살상하였다. 정주, 사천, 맹산, 수안, 남원, 합천 등지에서는 일본 군경의 총격으로 수십 명의 사상자를 냈으며, 화성 제암리에서는 전 주민을 교회에 집합, 감금하고 불을 질러 학살하였다.

① 일제는 무단 통치를 이른바 '문화 통치'로 바꾸었다.
② 독립운동의 중요한 분기점이 된 대규모의 만세운동이었다.
③ 세계 약소 민족의 독립운동에도 커다란 자극을 주었다.
④ 파리 강화 회의에 신규식을 대표로 파견하여 이 사건의 진상을 널리 알렸다.

SOLUTION

자료분석 자료는 3·1 운동(1919) 당시 일제의 무력 진압과 화성 제암리 학살 사건을 묘사하고 있다. 3·1 운동 당시 만세 시위가 확산되자, 일제는 헌병 경찰은 물론이고 군인까지 출동시켜 시위 군중을 무차별 살상하였다. 일제는 전국 각지에서 학살을 저질렀는데, 특히 화성 제암리에서는 전 주민을 교회에 집합, 감금하고 불을 질러 학살하는 만행을 저질렀다.

정답해설 ① 3·1 운동을 계기로 일제는 더 이상 무단 통치와 같은 강압적 방법으로는 한국을 통치할 수 없다는 사실을 깨닫고 이른바 문화 통치를 실시하였다.
② 3·1 운동은 신분·직업·종교의 구별 없이 모든 계층이 참여한 대규모의 독립운동으로, 우리 민족의 독립운동을 한 차원 높이는 중요한 분기점이 되었다.
③ 3·1 운동은 중국의 5·4운동, 인도의 비폭력·불복종 운동 등 아시아 민족 해방 운동에 영향을 끼쳤다.

오답피하기 ④ 중국 상하이에서는 여운형, 김규식 등이 신한청년당을 조직하였다(1918). 신한 청년당은 1919년 1월 김규식(신규식 ×)을 파리 강화 회의에 파견하여 조선의 독립을 요구하는 외교 활동을 벌였다. 이러한 소식은 국내뿐만 아니라 연해주·만주·일본의 한인들에게도 전해졌으며, 3·1 운동의 배경이 되었다.

정답 ④ 한정판 122p, 기본서 756p

핵심개념 3·1운동의 전개와 의의

1단계 (점화기)	• 서울 태화관 : 민족 대표 33인의 이름으로 독립 선언서 낭독 → 자진 투옥 • 탑골 공원 : 학생 + 시민들의 독립 선언식 거행
2단계 (도시 확산기)	학생들의 주도로 도시로 확산 + 상인·노동자 등이 만세 시위, 파업 등으로 가세
3단계 (농촌 확산기)	무력적 저항으로 변모(토지 조사 사업으로 피해를 본 농민들의 적극 참여) → 농민층이 가장 많이 투옥
해외 확산	만주·연해주·미국(ex 필라델피아 한인 자유 대회)·일본 등지에서도 국외 동포에 의해 시위 전개
의의	• 제1차 세계대전 승전국의 식민지에서 일어난 최초의 반 제국주의 민족 운동 • 대한민국 임시정부 수립 계기 마련 • 국외 무장 투쟁 활성화에 영향 • 일제의 통치 방식의 변화 계기(무단 통치 → 문화 통치) • 1920년대 노동·농민·학생 운동 등 다양한 사회 운동 전개의 기반이 됨 • 세계 약소 민족 독립 운동에 자극(중국 5·4 운동, 인도 간디의 비폭력 저항 운동, 베트남·이집트·필리핀 민족 운동 등)

주제 142 — 02 | 3·1 운동과 대한민국 임시 정부
임시정부의 수립과 상해 임시 정부의 활동

Check 대표 기출 1

01 0823 [2023. 국가직 9급]   회독 ○○○

다음과 같은 선포문을 발표하면서 성립한 정부의 정책으로 옳지 않은 것은?

> 제1조 대한민국은 민주공화제로 함
> …(중략)…
> 민국 원년 3월 1일 우리 대한민족이 독립을 선언한 뒤 …(중략)… 이제 본 정부가 전 국민의 위임을 받아 조직되었으니 전 국민과 더불어 전심(專心)으로 힘을 모아 국토 광복의 대사명을 이룰 것을 선서한다.

① 독립 공채를 발행하였다.
② 기관지로 『독립신문』을 발간하였다.
③ 비밀 행정 조직인 연통부를 설치하였다.
④ 재정 확보를 위하여 전환국을 설립하였다.

Check 대표 기출 2

02 0824 [2021. 국가직 9급]   회독 ○○○

밑줄 친 '회의'에서 있었던 사실은?

> 본 회의는 2천만 민중의 공정한 뜻에 바탕을 둔 국민적 대화합으로 최고의 권위를 가지고 국민의 완전한 통일을 공고하게 하며, 광복 대업의 근본 방침을 수립하여 우리 민족의 자유를 만회하며 독립을 완성하기를 기도하고 이에 선언하노라. … (중략) … 본 대표 등은 국민이 위탁한 사명을 받들어 국민적 대단결에 힘쓰며 독립운동이 나아갈 방향을 확립하여 통일적 기관 아래에서 대업을 완성하고자 하노라.

① 대한민국 건국 강령이 상정되었다.
② 박은식이 임시대통령으로 선출되었다.
③ 민족유일당 운동 차원에서 조선혁명당이 참가하였다.
④ 임시정부를 대체할 새로운 조직을 만들자는 주장이 나왔다.

SOLUTION 난이도 상 중 하

출제자의 눈 대한민국 임시 정부의 총체적 활동을 묻는 문제로, 상하이 임시 정부 시기와 충칭 임시 정부 시기의 활동을 구분하는 문제가 출제된다. 최근에는 충칭 시기의 임시 정부 활동을 시기순으로 배열하는 고난도 문제로 변별력을 높이고 있다.

자료분석 자료는 1919년 4월 11일 대한민국 임시의정원에서 발표한 「대한민국 임시 헌장」이다. 1919년 3월 1일 일제의 식민 지배를 부정하며 '독립국'임을 선언한 독립선언 이후 독립운동가들은 중국 상하이에서 대한민국을 건립하고 이를 운영하는 임시 정부를 수립하였다. 그리고 그 운영의 기본 안으로 「대한민국 임시 헌장」을 제정하였다. 따라서 대한민국 임시 정부의 활동으로 옳지 않은 것을 찾는 문제이다.

정답해설 ①, ②, ③ 대한민국 임시 정부는 연통제와 교통국을 조직하여 국내 민족 운동 세력과 연락망을 구축하였고, 독립운동 자금을 모금하기 위해 독립 공채를 발행하였다. 또한 기관지 『독립신문』을 발행하여 독립운동 소식을 전하였고, 임시 사료 편찬 위원회를 설치하여 독립운동과 관련된 사료들을 수집하였다.

오답피하기 ④ 전환국은 대한민국 임시 정부 수립 이전인 1883년에 설치된 화폐 주조 기관으로, 임시 정부의 활동과는 관련이 없다.

정답 ④ 한정판 123p, 기본서 758p

SOLUTION 난이도 상 중 하

자료분석 자료는 1923년 발표된 국민 대표 회의 선언서 내용의 일부이다. 따라서 밑줄 친 '회의'는 국민 대표 회의이다. 대한민국 임시 정부는 일제의 감시와 탄압으로 연통제와 교통국이 발각되어 활동이 어려워지면서 재정적으로 어려움을 겪게 되었다. 또한, 초기의 주요 정책이었던 외교 독립론이 강대국의 무관심으로 성과를 거두지 못하자 독립운동 방법론을 둘러싸고 지도자 사이에 대립이 심해졌다. 이에 새로운 활로를 모색하기 위한 국민 대표 회의가 1923년에 상하이에서 열렸다.

정답해설 ④ 1923년 독립운동의 방향을 논의하기 위한 국민 대표 회의가 개최되었다. 그러나 회의는 창조파와 개조파 등으로 나뉘어 대립하였다. 신채호 등 창조파는 임시 정부를 해체하고 새로운 정부를 세우자고 주장하였고, 안창호 등의 개조파는 임시 정부를 개편하자는 주장을 펼쳤다.

오답피하기 ① 대한민국 건국 강령은 충칭 임시 정부 시기인 1941년 11월에 발표되었다.
② 대한민국 임시 정부가 이승만을 탄핵, 파면하고 박은식을 2대 대통령으로 추대한 것은 1925년의 일로 국민 대표 회의가 결렬된 후의 일이다.
③ 국민 대표 회의 후인 1935년에 한국 독립당(조소앙), 조선 혁명당(지청천), 의열단(김원봉) 등 여러 단체의 인사들이 민족 독립운동의 단일 정당을 목표로 민족 혁명당을 창건하였다.

정답 ④ 한정판 123p, 기본서 761p

03 [2025. 서울시 9급 1차]

대한민국 임시정부의 상하이 시기 활동에 해당하지 않는 것은?

① 한인애국단의 윤봉길이 훙커우 공원 의거를 일으켰다.
② 삼균주의에 바탕한 대한민국 건국강령을 선포하였다.
③ 임시사료편찬회를 통해 『한일관계 사료집』을 편찬하였다.
④ 워싱턴에 구미위원부를 설치하여 대미 외교활동을 전개하였다.

04 [2022. 국가직 9급]

(가)에 대한 설명으로 옳은 것은?

> 3·1 운동 직후에 만들어진 (가) 은/는 연통제라는 비밀 행정 조직을 만들었으며, 국내 인사와의 연락과 이동을 위해 교통국을 두었다. 또 외교 선전물을 간행하여 일제 침략의 부당성을 널리 알리고자 하였다. 그러나 이러한 활동은 뚜렷한 성과를 내지 못하였다. 그러한 가운데 (가) 의 활동 방향을 두고 외교 운동 노선과 무장투쟁 노선 사이에서 갈등이 빚어지기도 하였다.

① 외교 운동을 위해 미국에 구미 위원부를 설치하였다.
② 비밀결사 운동을 추진하고자 독립 의군부를 만들었다.
③ 이인영, 허위 등을 중심으로 서울 진공 작전을 추진하였다.
④ 영국인 베델을 발행인으로 한 「대한매일신보」를 창간하였다.

05 [2020. 국회직]

다음과 같은 위기를 타개하기 위하여 임시 정부가 추진한 정책으로 옳은 것은?

> 민족 운동 전선이 이념과 노선의 차이로 분열된 상황에서 임시정부는 자금난에 시달려, 독립운동의 중추 역할을 감당하기 어렵게 되었다. 1920년대 후반에 안창호 등을 중심으로 민족유일당을 건설하자는 운동이 전개되었지만 별다른 성과를 거두지 못하였다. 이 무렵 만보산 사건과 만주 사변이 일어났다.

① 한인 애국단을 조직하였다.
② 국민 대표 회의를 소집하였다.
③ 연통제와 교통국을 조직하였다.
④ 파리 강화 회의에 대표를 파견하였다.
⑤ 주석제를 채택하고 한국 독립당을 처음 결성하였다.

06 [2017. 국가직 9급]

다음 발의로 개최된 ㉠에 대한 설명으로 옳은 것은?

> 베이징 방면의 인사는 분열을 통탄하며 통일을 촉진하는 단체를 출현시키고 상하이 일대의 인사는 이를 고려하여 개혁을 제창하고 있다. …(중략)… 근본적 대해결로써 통일적 재조를 꾀하여 독립운동의 신국면을 타개하려고 함에는 다만 민의뿐이므로 이에 ㉠ 의 소집을 제창한다.

① 창조파와 개조파 등의 주장이 대립되었다.
② 한국 국민당을 통한 정당정치 실시가 결정되었다.
③ 삼균주의를 바탕으로 한 건국강령이 채택되었다.
④ 파리강화회의에 김규식을 파견하는 것이 논의되었다.

주제 143 | 충칭 임시 정부의 활동(1940~1945)

02 | 3·1 운동과 대한민국 임시 정부

Check 대표 기출 1

01 0829 [2020. 국가직 9급]

다음 자료가 발표된 이후의 사실에 해당하지 않는 것은?

> 우리는 3천만 한국 인민과 정부를 대표하여 삼가 중·영·미·소·캐나다 기타 제국의 대일 선전이 일본을 격패케 하고 동아를 재건하는 가장 유효한 수단이 됨을 축하하여 이에 특히 다음과 같이 성명한다.
> 1. 한국 전 인민은 현재 이미 반침략 전선에 참가하였으니 한 개의 전투 단위로서 추축국에 선전한다.
> 2. 1910년의 합방 조약과 일체의 불평등 조약의 무효를 거듭 선포하며 아울러 반(反) 침략 국가인 한국에 있어서의 합리적 기득권익을 존중한다. …(중략)…
> 5. 루스벨트·처어칠 선언의 각조를 견결히 주장하며 한국 독립을 실현키 위하여 이것을 적용하여 민주 진영의 최후 승리를 축원한다.

① 한국광복군은 김원봉이 이끌던 조선의용대의 병력을 통합하였다.
② 영국군의 요청에 따라 인도, 미얀마 전선에 한국광복군이 파견되었다.
③ 조선 독립 동맹은 조선 의용대 화북지대를 기반으로 조선 의용군을 조직하였다.
④ 대한민국 임시 정부는 김구를 주석으로 하는 단일 지도 체제를 만들고 「대한민국 건국 강령」을 제정하였다.

SOLUTION

자료분석 자료는 1941년 12월 중국 충칭에서 대한민국 임시 정부가 발표한 대일 선전 포고의 내용이다.

정답해설 ① 대한민국 임시 정부는 1942년 한국광복군에 김원봉이 이끈 조선 의용대의 일부를 흡수·통합하여 군사력을 강화하였다.
② 1943년에 대한민국 임시 정부는 영국군의 요청으로 인도, 미얀마 전선에 한국 광복군 공작대를 파견하였다.
③ 1942년 중국 화북 지방에서는 사회주의 계열의 독립운동가들이 조선 독립 동맹을 결성하고, 조선 의용대 화북 지대를 조선 의용군으로 개편하였다.

오답피하기 ④ 1940년 10월 대한민국 임시 정부는 집행력을 강화시키기 위하여 주석 중심제로 헌법을 개정하고 주석(김구) 중심의 단일 지도 체제를 마련하였고, 1941년 11월에는 조소앙의 삼균주의를 받아들인 대한민국 건국 강령을 발표하였다.

정답 ④ 한정판 124p, 기본서 762p

Check 대표 기출 2

02 0830 [2025. 지방직 9급]

(가)에 대한 설명으로 옳지 않은 것은?

> 대한민국 임시 정부는 대한민국 원년에 정부가 공포한 군사 조직법에 의거하여 …(중략)… (가) 을/를 조직하고 …(중략)… 공동의 적인 일본 제국주의자들을 타도하기 위해 연합군의 일원으로 항전을 계속한다.

① 중국군과 연합하여 쌍성보 전투에서 승리했다.
② 조선 의용대가 합류하여 군사력이 한층 더 강화되었다.
③ 중국 충칭에서 국민당 정부의 지원을 받아 창설되었다.
④ 영국군의 협조 요청으로 미얀마, 인도 전선에 파견되었다.

SOLUTION

출제자의 눈 충칭 시기의 임시 정부의 활동은 순서를 나열하는 고난도 문제도 출제된다. 정부 조직이 자료로 출제될 때도 있기 때문에 주석·부주석제 실시 시기(1944년 5차 개헌)에 주목해야 한다. 한국광복군의 활동도 빈출 주제 중 하나이다.

자료분석 자료의 (가)는 대한민국 임시 정부의 한국광복군으로, 1940년에 발표된 한국광복군 선언의 내용이다. 대한민국 임시 정부의 군사 조직법에 의거해 조직했다는 내용과 연합군의 일원으로 항전한다는 내용 등을 통해 이를 알 수 있다.

정답해설 ② 대한민국 임시 정부는 1942년에는 민족주의 좌파 세력인 김원봉의 조선 민족 혁명당을 임시 정부로 받아들여 민족 전선의 통일을 이룩하였으며, 한국광복군에 김원봉이 이끈 조선 의용대의 일부를 흡수·통합하여 군사력을 강화하였다.
③ 한국광복군은 1940년 9월 중국 국민당 정부의 지원을 받아 중국 충칭에서 창설되었다.
④ 1943년에 대한민국 임시 정부는 영국군의 요청으로 인도, 미얀마 전선에 한국 광복군 공작대를 파견하였다.

오답피하기 ① 지청천의 한국 독립군이 중국군과 연합하여 쌍성보 전투에서 승리하였다(1932). 지청천이 이끈 한국 독립군은 중국 호로군과 연합하여 쌍성보 전투, 대전자령 전투, 사도하자 전투, 동경성 전투 등에서 일본군을 대파하였다.

정답 ① 한정판 124p, 기본서 763p

03 [2024. 국가직 9급]

(가)~(라)는 대한민국 임시정부와 관련한 사실이다. 이를 시기순으로 바르게 나열한 것은?

(가) 한인애국단 창설
(나) 한국광복군 창설
(다) 국민대표회의 개최
(라) 주석·부주석제로 개헌

① (가) → (다) → (나) → (라)
② (가) → (라) → (다) → (나)
③ (다) → (가) → (나) → (라)
④ (다) → (나) → (가) → (라)

SOLUTION

정답해설 (다) 대한민국 임시 정부는 일제의 감시와 탄압으로 연통제와 교통국이 발각되어 활동이 어려워지면서 재정적으로 어려움을 겪게 되었다. 또한, 초기의 주요 정책이었던 외교 독립론이 강대국의 무관심으로 성과를 거두지 못하자 독립운동 방법론을 둘러싸고 지도자 사이에 대립이 심해졌다. 이에 새로운 활로를 모색하기 위한 국민 대표 회의가 1923년에 상하이에서 열렸으나, 개조파와 창조파가 대립하면서 결렬되고 말았다.
(가) 침체에 빠진 임시 정부에 활기를 불어넣기 위해 1931년 김구가 중심이 되어 상하이에서 한인 애국단을 조직하였다.
(나) 1940년 9월에 중국 충칭에서 한국광복군이 창설되어 총사령관에 지청천, 참모장에 이범석이 취임하였다.
(라) 충칭 대한민국 임시 정부는 1944년 5차 개헌에서 주석·부주석제를 채택하였다(주석 : 김구, 부주석 : 김규식).

심화개념 대한민국 임시 정부의 개헌사

제헌(1919. 4.)	국무총리 이승만, 의장 이동녕
1차 개헌 (1919. 9, 임시 헌법)	대통령 중심제(대통령 이승만)
2차 개헌 (1925. 4, 임시 헌법)	국무령 중심의 내각 책임제
3차 개헌 (1927. 3, 임시 약헌)	국무 위원 중심의 집단 지도 체제(약 14년간 유지)
4차 개헌 (1940. 10, 임시 약헌)	주석 중심제(주석 김구)
5차 개헌 (1944. 4, 임시 헌장)	주석·부주석제(주석 김구, 부주석 김규식)

정답 ③ 한정판 124p, 기본서 762p

04 [2024. 법원직]

(가)에 대한 설명으로 가장 옳지 않은 것은?

[(가)] 건국강령
1. 우리나라는 우리 민족이 반만년 이래로 같은 말과 글과 국토와 주권과 경제와 문화를 가지고 공동한 민족정기를 길러온, 우리끼리 형성하고 단결한 고정적 집단의 최고 조직임.
2. 우리나라의 건국 정신은 삼균제도의 역사적 근거를 두었으니 … 이는 사회 각 계급·계층이 지력과 권력과 부력의 향유를 균평하게 하여 국가를 진흥하며 태평을 보전 유지하라고 한 것이니, 홍익인간과 이화세계하자는, 우리 민족의 지켜야 할 최고의 공리임.

① 충칭에서 정규군인 한국광복군을 창설하였다.
② 1941년 일제에 대일 선전 성명서를 발표하였다.
③ 조선의용대 화북지대를 조선의용군으로 개편하였다.
④ 민족혁명당과 사회주의 계열 단체 인사가 합류하였다.

SOLUTION

자료분석 자료의 (가)에 해당하는 조직은 대한민국 임시 정부이다. 대한민국 임시 정부는 1941년 11월 조소앙의 삼균주의를 받아들인 건국 강령을 발표하였다.

정답해설 ① 대한민국 임시 정부는 1940년 9월 중국 충칭에서 지청천을 총사령으로 하는 한국광복군을 창설하였다.
② 1941년 12월 8일 일본이 진주만을 공격하면서 태평양 전쟁이 일어나자, 대한민국 임시 정부(한국광복군)는 즉각 대외 활동을 펴 대일 선전 포고를 하였다.
④ 대한민국 임시 정부는 1942년 민족주의 좌파 세력인 김원봉의 (조선) 민족 혁명당을 임시 정부로 받아들여 민족 전선의 통일을 이룩하였으며, 한국광복군에 김원봉이 이끈 조선 의용대 일부를 흡수·통합하여 군사력을 강화하였다.

오답피하기 ③ 조선 독립 동맹과 관련된 내용이다. 조선 독립 동맹은 조선 의용대 화북 지대를 조선 의용군으로 개편하여 당군으로 만들었다. 조선 의용군은 중국 공산당의 팔로군과 함께 항일전에 참여하였으며, 일제 패망 후에는 중국의 국공 내전에 참전하였고, 그 뒤 북한 인민군으로 편입되었다.

핵심개념 조소앙의 삼균주의

- 중국 사상가 쑨원(孫文, 손문)의 삼민주의에서 영향을 받았음.
- 정치, 경제, 교육 분야에서의 균등 주장
- 토지 및 대기업의 국유화 주장
- 식민 정책과 침략 전쟁 반대

정답 ③ 한정판 124p, 기본서 765p

05 [2019. 지방직 9급]

다음과 같은 강령을 발표한 조직의 활동으로 옳은 것은?

> 건국 시기의 헌법상 경제체계는 국민 각개의 균등생활 확보 및 민족 전체의 발전 그리고 국가를 건립 보위함과 연환(連環) 관계를 가진다. 그러므로 다음에 나오는 기본 원칙에 따라서 경제 정책을 집행하고자 한다.
> 가. 규모가 큰 생산기관의 공구와 수단 … (중략) … 은행·전신·교통 등과 대규모 농·공·상 기업 및 성시(城市)공업 구역의 주요한 공용 방산(房産)은 국유로 한다.
> 나. 적이 침략하여 점령 혹은 시설한 일체 사유자본과 부역자의 일체 소유자본 및 부동산은 몰수하여 국유로 한다.

① 이승만을 대통령, 이시영을 부통령으로 선출하였다.
② 자유시 참변을 겪고 러시아 적군에 무장해제를 당하였다.
③ 좌우 합작 위원회를 구성하고 좌우 합작 7원칙을 발표하였다.
④ 미군 전략 정보국(OSS) 지원 아래 국내 진공 작전을 준비하였다.

06 [2019. 국가직 7급]

㉠에 대한 설명으로 옳은 것은?

> 민국 23년에 채택한 ㉠ 에는 언론과 종교의 자유를 보장하며, 무상 교육을 시행하겠다는 내용이 담겨 있다. … (중략) … 현재 우리의 급무는 연합군과 같이 일본을 패배시키고 다른 추축국을 물리치는 데에 있다. 우리는 독립과 우리가 원하는 정부, 국가를 원한다. 이를 위해 ㉠ 의 정신을 바탕으로 독립된 나라를 건설해 나가야 한다.
> ― 『신한민보』 ―

① 보통선거 실시를 주장하였다.
② 조선 건국 동맹에서 발표하였다.
③ 파괴와 폭동 등에 의한 민중의 직접 혁명을 강조하였다.
④ 남북 제정당 사회단체 대표자 회의의 소집을 요구하였다.

07 [2019. 국회직]

밑줄 친 '군'의 활동으로 옳은 것은?

> 우리 군은 임시정부에 직속한 국군이나 범한국의 혼을 가진 열혈청년은 모다 한데 뭉치여 위국헌신할 가장 범위 크고 원만한 기구이다. 삼십 년 전 우리나라를 망친 것은 우리 부형의 죄과이고, 삼십 년 후인 금일 조국을 능히 광복할만한 기회를 당하야 적은 사리에 눈이 멀어 혹은 주의적 입장의 고집으로 혹은 감정관계로 뭉쳐야 될 때 뭉치지 못하고 …… 이것은 우리의 천대선조와 억만대후손에게 대하야 더 말할 수 없는 대죄인이 되는 것이다.

① 태항산 지역에서 일본군을 격퇴하였다.
② 쌍성보에서 일본군과 교전하였다.
③ 압록강에서 사이토 총독을 저격하였다.
④ 미국과 전략적으로 협력하였다.
⑤ 청산리 전투에서 승리한 후 러시아령으로 이동하였다.

08 [2017. 국가직 7급]

다음 대한민국 임시정부에 대한 설명을 시기순으로 바르게 나열한 것은?

> ㉠ 중국 국민당 정부를 따라 충칭으로 이동하였다.
> ㉡ 부주석제를 신설하여 김규식을 부주석으로 하였다.
> ㉢ 김원봉이 이끄는 조선의용대를 한국광복군에 편입하였다.
> ㉣ 조소앙의 삼균주의를 기초로 하는 대한민국 건국강령을 발표하였다.

① ㉠ → ㉣ → ㉢ → ㉡
② ㉡ → ㉠ → ㉣ → ㉢
③ ㉢ → ㉡ → ㉠ → ㉣
④ ㉣ → ㉢ → ㉡ → ㉠

09 0837 [2016. 교육행정직 9급]

다음 정부 조직이 갖추어진 시기에 있었던 사실로 옳은 것은?

① 국내 비밀 행정 조직인 연통제가 운영되었다.
② 한국 광복군이 인도·미얀마 전선에서 활동하였다.
③ 국민 대표 회의에서 창조파와 개조파가 대립하였다.
④ 한인애국단 단원이 훙커우 공원에서 의거를 일으켰다.

10 0838 [2013. 지방직 9급]

밑줄 친 '우리 부대'에 대한 설명으로 옳은 것은?

> 이번 연합군과의 작전에 모든 운명을 거는 듯하였다. 주석(主席)과 우리 부대의 총사령관이 계속 의논하는 것을 옆에서 들었기 때문에 더욱 일의 중대성을 절감하였다. 드디어 시기가 온 것이다! 독립투쟁 수십 년에 조국을 탈환하는 결정적 시기가 온 것이다. 이때의 긴장감은 내가 일본 군대를 탈출할 때와는 다른 긴장감이었다. 목적은 같으나 그때는 막연한 미지의 세계에 뛰어드는 것이었지만 이번에는 분명히 조국으로 가는 것이 아닌가?
> – 『장정』 –

① 중국 공산군과 함께 화북에서 항일전을 벌였다.
② 만주에서 중국 의용군과 연합 작전을 수행하였다.
③ 중국 관내에서 조직된 최초 한국인 군사 조직이었다.
④ 인도, 미얀마 전선에서 영국군과 공동 작전을 펼쳤다.

주제 144 | 의열단과 한인 애국단

03 | 무장 독립 전쟁의 전개

Check 대표 기출 1

01 0839 [2019. 지방직 9급]

다음 선언문의 강령에 따라 활동한 단체에 대한 설명으로 옳은 것은?

> 민중은 우리 혁명의 대본영(大本營)이다. 폭력은 우리 혁명의 유일한 무기이다. 우리는 민중 속으로 가서 민중과 손을 맞잡아 끊임없는 폭력-암살, 파괴, 폭동-으로써 강도 일본의 통치를 타도하고 우리 생활에 불합리한 일체의 제도를 개조하여 인류로써 인류를 압박하지 못하며, 사회로써 사회를 박탈하지 못하는 이상적 조선을 건설할지니라.

① 임시 정부 활동에 활기를 불어넣고자 결성하였다.
② 청산리 지역에서 일본군과 접전을 벌여 대승을 거두었다.
③ 한국 독립당, 조선 혁명당 등과 함께 민족 혁명당을 결성하였다.
④ 원산에서 일본인이 한국인 노동자를 구타한 사건을 계기로 총파업을 일으켰다.

SOLUTION

출제자의 눈 의열단에 대한 출제 유형은 신채호의 『조선 혁명 선언』을 사료로 제시하고 의열단의 활동을 묻는 문제가 전형적이다. 한인 애국단의 활동과 구분하는 것은 기본이고, 의열단장 김원봉의 인물사 문제에도 대비해야 한다.

자료분석 자료는 신채호가 작성한 『조선 혁명 선언』의 일부로, 이 선언문의 강령에 따라 활동한 단체는 의열단이다. 『조선 혁명 선언』은 1923년 신채호가 김원봉의 요청으로 의열단의 독립운동 이념과 방법을 제시하기 위해 쓴 것이다. 이 선언에는 폭력 투쟁을 통한 민중의 직접 혁명을 추구하는 의열단의 기본 정신이 잘 나타나 있다.

정답해설 ③ 1935년 의열단은 중국 난징에서 한국 독립당, 조선 혁명당 등과 함께 민족 독립운동의 단일 정당을 목표로 민족 혁명당을 창건하였다.

오답피하기 ① 김구가 임시 정부에 활기를 불어넣기 위해 조직한 단체는 1931년에 상하이에서 조직된 한인 애국단이다. 의열단은 1919년 11월 신흥 무관 학교 출신인 김원봉, 윤세주 등이 만주 지린성에서 조직하였다.
② 1920년 10월 일제의 대병력 투입에 맞서 김좌진의 북로 군정서군, 홍범도의 대한 독립군을 비롯한 독립군 연합 부대는 청산리 일대의 삼림 지대에서 약 6일 동안 10여 차례의 전투 끝에 일본군을 크게 격파하였다(청산리 전투).
④ 1929년 원산 노동자 총파업에 대한 내용으로 원산 노동 연합회에 해당하는 설명이다.

정답 ③ 한정판 125p, 기본서 769p

Check 대표 기출 2

02 0840 [2024. 지방직 9급]

밑줄 친 '이 의거'를 일으킨 단체에 대한 설명으로 옳은 것은?

> 김구는 상하이 각 신문사에 편지를 보내 자신이 이 의거의 주모자임을 스스로 밝혔다. 이 편지에서 김구는 윤봉길이 휴대한 폭탄 두 개는 자신이 특수 제작하여 직접 건넨 것이며, 일본 민간인을 포함하여 다른 나라 사람이 무고한 피해를 입지 않도록 신중을 기하라고 당부하였음을 강조하였다.

① 이봉창이 단원으로 활동하였다.
② 고종의 밀명을 받아 결성되었다.
③ 「조선 혁명 선언」을 활동 지침으로 삼았다.
④ 일제가 날조한 105인 사건으로 와해되었다.

SOLUTION

출제자의 눈 한인 애국단의 출제 유형은 의열단의 활동과 구분하는 문제가 빈출된다. 기존에는 한인 애국단 단원 중 이봉창과 윤봉길의 활동에 편중되어 출제되었지만 2021년 경찰 2차 시험에서 본 강사가 꾸준히 강조해 왔던 최흥식, 유상근이 출제되어 변별력을 높였다.

자료분석 밑줄 친 '이 의거'를 일으킨 단체는 김구가 조직한 한인 애국단이다. 1932년 한인 애국단의 윤봉길은 상하이 홍커우 공원에서 열린 일왕의 생일 및 상하이 사변 승전 기념식장에 폭탄을 던져 다수의 고관들을 처단하였다.

정답해설 ① 이봉창은 한인 애국단 소속으로 1932년 도쿄에서 일왕 히로히토가 육군 관병식을 마치고 돌아가는 마차에 폭탄을 던졌으나 실패하였다. 이 의거는 비록 실패로 끝났으나 일본 국왕을 직접 겨냥하였다는 점에서 일제에 큰 충격을 주었고, 이 사건에 대해 중국 신문이 '일본 국왕이 불행히도 명중하지 않았다.'라고 기사를 게재하여 일제가 상하이를 무력으로 침략하는 구실이 되었다(상하이 사변, 1932. 1.).

오답피하기 ② 1912년 임병찬이 고종의 비밀 지령을 받아 의병과 유생들을 규합하여 독립 의군부를 결성하였다. 한인 애국단은 김구가 임시 정부의 침체를 극복하기 위해 1931년 상하이에서 조직한 단체이다.
③ 신채호가 작성한 「조선 혁명 선언」을 강령으로 삼아 의열 투쟁을 전개한 단체는 의열단이다.
④ 신민회에 대한 설명이다. 1911년 일제는 서북 지방을 중심으로 한 배일 기독교 세력과 신민회의 항일 운동을 탄압하기 위하여 데라우치 총독 암살 음모를 조직해 수백 명의 민족 지도자를 투옥하고, 중심인물 105인을 재판에 회부하였다. 이 105인 사건으로 인하여 신민회는 와해되고 말았다.

정답 ① 한정판 125p, 기본서 771p

03 [2023. 지역인재 9급]

(가) 단체에 속한 인물의 활동으로 옳은 것은?

> ___(가)___ 의 이봉창은 도쿄에서 일왕이 타고 가는 마차 행렬에 폭탄을 던졌다. 이 의거는 성공을 거두지는 못하였으나 일제에 큰 충격을 주었다.

① 조명하가 타이중에서 일본 육군대장을 공격하였다.
② 안중근이 하얼빈에서 이토 히로부미를 저격하였다.
③ 장인환이 샌프란시스코에서 외교 고문 스티븐스를 저격하였다.
④ 윤봉길이 상하이 훙커우 공원에서 열린 일제의 기념식장에 폭탄을 던졌다.

04 [2022. 지방직 9급]

다음 글은 (가)의 부탁을 받고 (나)가 지은 것이다. (가)와 (나)에 대한 설명으로 옳은 것은?

> 우리는 '외교', '준비' 등의 미련한 꿈을 버리고 민중 직접 혁명의 수단을 취함을 선언하노라. 조선 민족의 생존을 유지하자면 강도 일본을 쫓아내야 하고, 강도 일본을 쫓아내려면 오직 혁명으로써만 가능하니, 혁명이 아니고는 강도 일본을 쫓아낼 방법이 없는 바이다.

① (가)는 조선 의용대를 결성하였고, (나)는 '국혼'을 강조하였다.
② (가)는 신흥 무관학교를 세웠고, (나)는 형평사를 창립하였다.
③ (가)는 조선 건국 동맹을 조직하였고, (나)는 식민 사학의 한국사 정체성론을 반박하였다.
④ (가)는 황포 군관 학교에서 훈련받았고, (나)는 민족주의 역사 서술의 기본 틀을 제시하였다.

SOLUTION (03)

자료분석 자료는 이봉창 의거(1932. 1.)에 대한 설명으로, (가)에 해당하는 단체는 한인 애국단이다.

정답해설 ④ 윤봉길은 한인 애국단 소속으로 일황의 생일(천장절)과 상하이 사변의 승리를 축하하는 기념식이 열리던 상하이 홍구(훙커우) 공원에 폭탄을 던졌다(1932. 4.).

오답피하기 ① 조명하는 개인 신분으로 의거 활동을 펼친 인물이다. 그는 타이완에서 일본 천황의 장인 일본 육군 대장 구니노미야를 독 묻은 칼로 저격하였다(1928).
② 연해주에서 의병 활동을 하던 안중근은 1909년 10월 만주 하얼빈역에서 한국 침략의 원흉인 이토 히로부미를 사살하였다.
③ 장인환·전명운은 일본의 침략행위를 옹호하던 외교 고문인 스티븐스를 미국 샌프란시스코에서 사살하였다(1908. 3.).

정답 ④ 한정판 125p, 기본서 771p

추가 기출 사료
이봉창

> 그 길로 함께 안공근의 집에 가서 선서식을 하고 폭탄 두 개와 300원을 주면서 "선생(이봉창)은 마지막 가시는 길이니 이 돈을 아끼지 말고 동경(東京) 가시기까지 다 쓰시오. 동경에 도착하여 전보를 치면 다시 돈을 보내드리리다."라고 말했다. 그리고 기념사진을 찍기 위해 사진관으로 갔는데, 사진을 찍을 때 내 얼굴에 자연 슬픈 기색이 있었던지 그가 나를 위로하면서 "저는 영원한 쾌락을 누리고자 이 길을 떠나는 것이니 서로 기쁜 얼굴로 사진을 찍으십시다."라고 하였다. 나 역시 미소를 띠고 사진을 찍었다.

SOLUTION (04)

자료분석 (가)는 김원봉, (나)는 신채호이다. 자료는 신채호의 조선 혁명 선언이다. 조선 혁명 선언은 의열단(김원봉)의 요청으로 신채호가 작성하였다. 신채호는 조선 혁명 선언에서 준비론, 자치론, 외교론, 문화운동론 등의 한계를 비판하고 독립을 위한 민중의 직접 혁명을 주장했다.

정답해설 ④ 의열단은 1920년대에 개인 폭력 투쟁에 한계를 느끼고 조직적인 항일 무장 투쟁으로 노선을 바꾸었다. 김원봉을 비롯한 단원들은 중국의 황푸 군관 학교에 입교하여 정규 군사 교육을 받는 한편, 1930년대에는 독립군 간부 양성을 위해 중국 정부의 지원으로 조선 혁명 군사 정치 간부 학교를 설립하였다. 신채호는 『독사신론』을 집필하여 왕조 중심 역사관을 뛰어넘어 민족주의 역사학의 나아갈 방향을 제시하였다.

오답피하기 ① 김원봉이 조선 의용대를 결성한 것은 옳으나 국혼을 강조한 인물은 신채호가 아니라 박은식이다.
② 1911년 신민회의 이회영 등이 서간도 삼원보에 설립한 신흥 강습소가 이후 신흥 무관학교로 개편되었다(1919). 조선 형평사는 1923년 경남 진주에서 이학찬의 주도로 조직되었다.
③ 조선 건국 동맹(1944)을 조직한 인물은 여운형이고, 식민 사학의 한국사 정체성론을 반박한 대표적 인물은 백남운이다.

핵심개념 의열단원들의 의거

단원	의거
박재혁	부산 경찰서 투탄(1920. 9.)
최수봉	밀양 경찰서 투탄(1920. 12.)
김익상	조선 총독부 투탄(1921) → 상하이 황포탄 의거(1922)
김상옥	종로 경찰서 투탄(1923)
김지섭	도쿄 궁성 이중교(니주바시) 투탄(1924)
나석주	동양 척식 주식회사와 조선 식산 은행 투탄(1926)

정답 ④ 한정판 125p, 기본서 769p

05 0843 [2018. 지방직 9급]

㉠ 조직에 대한 설명으로 옳은 것은?

> 1922년 3월, 중국 상하이에서 ㉠ 이/가 일본 육군대장 타나카 기이치(田中義一)를 암살하고자 한 사건이 발생했다. 이때 체포된 독립운동가들은 일본 경찰에 인도되어 심문을 받게 되었는데, 그 심문 과정에서 ㉠ 에 속한 김익상이 1921년 9월 조선총독부 건물에 폭탄을 던진 의거의 당사자라는 사실이 밝혀졌다.

① 공화주의를 주창하는 내용의 대동단결 선언을 작성해 발표하였다.
② 이 조직에 속한 이봉창이 일왕이 탄 마차 행렬에 폭탄을 던졌다.
③ 일부 구성원을 황푸 군관 학교에 보내 군사 훈련을 받도록 하였다.
④ 새로 부임하는 사이토 조선 총독에게 폭탄을 투척하는 의거를 일으켰다.

SOLUTION

자료분석 ㉠ 조직은 의열단이고, 자료는 1922년 의열단의 황포탄 의거(일본 육군대장 타나카 암살 시도)와 의열단원 김익상의 조선 총독부 폭탄 투척(1921) 의거에 대한 내용이다.

정답해설 ③ 1920년대 중엽 김원봉과 의열단의 일부 단원들은 중국의 황포 군관 학교에 입학하여 군사 훈련을 받았다.

오답피하기 ① 신규식, 박은식, 신채호 등은 1917년에 '대동단결 선언'을 발표하여 국민 주권의 공화주의 이념을 공식 문서화하였다.
② 한인 애국단의 이봉창 의거(1932. 1.)에 대한 설명이다. 한인 애국단원 이봉창은 1932년 도쿄에서 일왕의 마차 행렬에 폭탄을 던졌다. 일왕을 사살하고자 한 거사는 실패하였지만, 이는 일본에 큰 충격을 주었다.
④ 대한 노인단의 강우규는 서울(경성)에서 3·1운동 이후 새로 부임하던 사이토 총독에게 폭탄을 던졌다(1919).

심화개념 의열단의 황포탄 의거(1922)

> 1922년 3월 28일 일본군 육군대장 타나카(다나카 기이치)가 필리핀 마닐라로부터 귀국하는 도중에 상해에 도착하였다. 이 정보를 사전에 입수한 의열단은 타나카를 사살할 것을 결정하고 치밀한 계획을 세웠다. 거사 당일 타나카가 도착하여 하선하면서 마중나온 사람들과 인사를 나눌 때 오성륜이 권총을 발사하였다. 그러나 발사 순간 신혼 여행차 상해에 온 영국인 신부가 타나카 앞을 지나다가 총탄에 맞아 즉사하는 불행한 사건이 일어났다. 이에 놀란 타나카가 황급히 자동차로 달려갈 때 제2선을 담당하였던 김익상이 재빨리 발사하였으나 총탄은 타나카의 모자만을 관통하였다. 이에 제3선을 담당하였던 이종암이 몰려든 군중을 헤치고 앞으로 나오면서 폭탄을 던졌으나, 폭탄마저 불발됨으로써 타나카 저격은 실패로 끝나고 말았다.

정답 ③ 한정판 125p, 기본서 769p

06 0844 [2017. 경찰 2차]

다음은 어느 단체의 공약 중 일부이다. 이 단체에 대한 설명으로 가장 적절한 것은?

> 1. 천하의 정의의 사(事)를 맹렬(猛烈)히 실행하기로 함.
> 2. 조선의 독립과 세계의 평등을 위하여 신명(身命)을 희생하기로 함.
> 3. 충의의 기백과 희생의 정신이 확고한 자라야 단원이 된다.
> … (중략) …
> 9. 일(一)이 구(九)를 위하여 구가 일을 위하여 헌신함.
> 10. 단의를 배반한 자는 척살한다.

① 대한 광복 군단을 조직하여 자유시(스보보드니)로 이동하였다.
② 신한촌에서 대한 광복군 정부를 수립하였다.
③ 유하현 삼원보에 경학사와 부민단을 세우고 신흥 강습소를 설립하여 독립군 간부를 양성하였다.
④ 3·1 운동 이후 만주 길림에서 김원봉, 윤세주 등이 조직하였다.

SOLUTION

자료분석 자료는 의열단의 '공약 10조' 중 일부이다. 의열단은 '공약 10조'와 '5파괴', '7가살'을 행동 목표로 삼았다. 공약 10조는 눈에 익혀 두어야 하는 사료이기 때문에 1조와 9조와 10조의 내용을 암기해 두자.

정답해설 ④ 3·1 운동 이후 강력한 무장 조직의 필요성을 느낀 김원봉, 윤세주 등은 1919년 11월 만주 길림에서 의열단을 조직하였다.

오답피하기 ① 자유시로 이동한 것은 밀산부 한흥동에서 조직된 대한 독립군단이다. 청산리 대첩 후 만주의 독립군 부대는 일본군의 공세를 피해 러시아와 만주의 국경 지대인 밀산에 집결하였다. 이곳에서 서일을 총재로 하는 대한 독립군단을 조직(1920. 12.)하고, 약소민족의 민족 운동을 지원하겠다는 러시아 혁명군인 적군의 약속을 믿고 러시아로 이동하였다. 러시아가 내전으로 혼란을 겪자 독립군 중 일부는 다시 만주로 돌아갔고, 일부는 자유시(스보보드니)로 이동하였다.
② 대한 광복군 정부는 1914년에 권업회가 연해주 블라디보스토크의 신한촌에서 이상설과 이동휘를 정·부통령으로 하여 수립한 정부 조직이다.
③ 신민회 회원들은 유하현 삼원보에 자치 기관인 경학사(1911 → 1912년 부민단이 계승)를 세우는 한편 신흥 강습소(1911)를 설립하여 독립군 간부를 양성하였다.

핵심개념 의열단의 행동 목표 5파괴 7가살

5파괴	총독부, 동양 척식 주식회사, 매일신보사, 경찰서, 일제 중요기관
7가살	조선 총독 이하 고관, 일본 군부 수뇌, 대만 총독, 매국노, 친일파 거두, 밀정, 반민족적 귀족

정답 ④ 한정판 125p, 기본서 769p

07 0845 [2016. 국가직 9급]

다음 선언문을 강령으로 했던 단체의 활동으로 옳지 않은 것은?

> 우리는 일본 강도 정치 즉 이족 통치가 우리 조선 민족 생존의 적임을 선언하는 동시에, 우리는 혁명 수단으로 우리 생존의 적인 강도 일본을 살벌함이 곧 우리의 정당한 수단임을 선언하노라.

① 민족 혁명당 창당에 가담하였다.
② 경성 부민관에 폭탄을 투척하였다.
③ 일본 제국의회와 황궁을 공격할 계획을 세웠다.
④ 임시정부 요인과 제휴한 투탄 계획을 추진하였다.

08 0846 [2014. 경찰간부후보]

(가)에 대한 설명으로 가장 옳은 것은?

> 당시 정세로 말하자면, 우리 민족의 독립사상을 떨치기로 보나, 만보산 사건, 만주 사변 같은 것으로 우리 한인에 대해 심히 악화된 중국인의 악감정을 풀기로 보나, 무슨 새로운 국면을 타개할 필요가 있었다. 그래서 우리 임시 정부에서 회의한 결과 (가) 을(를) 조직하여 암살과 파괴 공작을 하되, 돈이나 사람이나 내가 전담하고, 다만 그 결과를 정부에 보고하도록 위임을 받았다.
> － 『백범일지』 －

① 신채호의 조선 혁명 선언을 활동 지침으로 삼았다.
② 단원들이 황푸 군관학교에 입교하여 간부 교육을 받았다.
③ 중국 국민당의 북벌에 참가하여 장제스의 지원을 이끌어냈다.
④ 단원인 이봉창이 도쿄에서 일본 국왕을 향해 폭탄을 투척하였다.

SOLUTION (07)

자료분석 자료는 신채호의 『조선 혁명 선언』이고, 이 선언문을 강령으로 했던 단체는 김원봉의 의열단이다. 신채호는 『조선 혁명 선언』에서 일본을 조선의 국호와 정권과 생존을 박탈해 간 강도로 규정하고 이를 타도하기 위한 혁명이 정당한 수단임을 천명하였다.

정답해설 ① 1935년 의열단(김원봉), 한국 독립당(조소앙), 조선 혁명당(지청천) 등 여러 단체들의 인사들이 민족 독립운동의 단일 정당을 목표로 민족 혁명당을 창건하였다.
③ 의열단의 김지섭은 동경에서 열리는 의회에 조선 총독을 비롯한 일제의 고관들이 참석한다는 소문을 듣고, 폭탄을 지니고 상해를 떠나 일본으로 향하였다. 그러나 막상 동경에 도착하여 제국의회가 휴회 중임을 알게 되자 계획을 바꾸어 궁성에 폭탄을 투척하기로 하였다. 1924년 1월 5일 저녁 그는 궁성 니주바시(이중교) 앞에 접근하여 폭탄을 던졌다. 이 거사는 목적을 달성하지 못하고 실패에 돌아가고 그는 일본 경찰에게 붙잡히게 되었다.
④ 의열단은 임시 정부 요인과 제휴한 투탄 계획을 추진하기도 하였다. 1922년 여름, 의열단은 임시 정부 재무총장 이시영의 요청으로 국내 부호들로부터 독립운동 자금을 거둘 것을 계획하고, 우선 원활한 징수 목적을 위해 서울에서 폭탄 거사를 단행키로 하기도 하였다.

오답피하기 ② 경성 부민관 투탄 의거는 해방 직전 국내 마지막 의열 투쟁으로 1945년 7월 조문기, 유만수 등 대한 애국 청년단 단원들이 친일어용 대회가 열리던 부민관을 폭파한 의거이다.

핵심개념 기타 의거

강우규 (1919. 9.)	• 대한 노인단원 • 3대 총독으로 부임하는 사이토 마코토 투탄
박열(1923)	일본에서 국왕 암살 기도
조명하 (1928)	일본 왕족(구니노미야)이 타이완(대만)에 오자 타이중시 역전에서 독검으로 찌르고 체포
남화한인청년연맹 (1930)	주중 일본 대사 아리요시 암살 미수 사건을 일으킴(1933, 백정기)
경성 부민관 의거 (1945. 7.)	대한 애국 청년단이 경성 부민관에서 열린 아세아민족분격대회에 투탄

정답 ② 한정판 125p, 기본서 769p

SOLUTION (08)

자료분석 (가)는 김구가 임시 정부의 침체를 극복하기 1931년 상하이에서 조직한 한인 애국단이다. 국민 대표 회의(1923)가 결렬된 뒤 대한민국 임시 정부는 활동이 크게 위축되었다. 더욱이 만보산 사건(1931. 7.)으로 한국인에 대한 중국인들의 감정이 나빠지면서 중국 내에서의 독립운동이 어려워졌으며, 일본군의 만주 침략(만주 사변, 1931. 9.)은 독립군에게도 큰 위협이 되었다. 이런 상황에서 김구는 1931년 10월 한인 애국단을 조직하여 침체된 임시 정부에 활기를 불어넣고자 하였다.

정답해설 ④ 한인 애국단의 단원인 이봉창은 1932년 1월 일본 도쿄에서 일본 국왕이 타고 가는 마차를 향해 수류탄을 던졌다. 이봉창의 의거는 성공을 거두지는 못하였지만 일제에 큰 충격을 주었다.

오답피하기 ① 신채호의 조선 혁명 선언(1923)을 활동 지침으로 삼은 단체는 김원봉이 조직한 의열단이다.
② 1920년대 중엽 김원봉과 의열단원들은 중국의 황푸 군관 학교에 입학하여 군사훈련을 받았다.
③ 북벌은 제1차 국공합작(1924~1927)에 의한 것으로 한인 애국단과 관련이 없다. 한인 애국단은 윤봉길 의사의 상하이 훙커우 공원 의거를 계기로 중국 국민당 장제스의 지원을 이끌어냈다.

핵심개념 한인 애국단(1931)

배경	만보산 사건(1931. 7, 만주) → 만주사변(1931. 9.)
결성	1931년 상하이에서 김구가 조직
목적	침체에 빠진 임정에 활기를 불어넣기 위함
활동	• 이봉창 의거(1932. 1.) : 일본 국왕(히로히토) 폭살 시도(실패) • 윤봉길 의거(1932. 4.) : 상하이 훙커우 공원 축하식에 투탄 • 이덕주 · 유진만(1932. 4.) : 총독 암살 시도 • 최흥식 · 유상근(1932. 5.) : 일본 고관 암살 시도
영향	• 중국 국민당 정부의 대한민국 임시 정부 지원 강화[중국 내 우리 민족의 무장 독립 활동 허용 → 한국 광복군 창설(1940, 충칭)의 바탕이 됨] • 일제의 탄압 강화로 임시 정부가 상하이를 떠나 이동

정답 ④ 한정판 125p, 기본서 771p

09 [2012. 지방직 9급]

밑줄 친 '그'가 일으킨 사건의 영향에 대한 설명으로 옳은 것은?

> 일제는 1월 28일 일본 승려 사건을 계기로 전쟁을 도발하였다. 일본은 이때 사라카와 대장을 사령관으로 삼아 중국과의 전쟁을 승리로 이끌었다. 그는 이 해 봄 야채상으로 가장하여 일본군의 정보를 탐지한 뒤, 4월 29일 이른바 천장절 겸 전승 축하 기념식에 폭탄을 투척하기로 하였다. 식장에 참석하여 수류탄을 투척함으로써 파견군 사령관 시라카와, 일본 거류민단장 가와바다 등은 즉사하였다.

① 이를 계기로 신간회가 결성되었다.
② 한국 광복군 형성의 기초가 되었다.
③ 민족 유일당 운동의 계기가 되었다.
④ 미쓰야 협정이 체결되는 계기가 되었다.

10 [2012. 법원직 9급]

밑줄 친 '나'의 활동으로 옳은 것은?

> 아침 일찍 프랑스 공무국에서 비밀리에 통지가 왔다. 과거 10년간 프랑스 관헌이 나를 보호하였으나, 이번에 나의 부하가 일왕에게 폭탄을 던진 것에 대해서는 일본의 체포 및 인도 요구를 거절할 수 없다는 것이다. 중국 국민당 기관지 『국민일보』는 "한국인이 일왕을 저격했으나 불행히도 맞지 않았다."고 썼다.

① 『유교 구신론』을 저술하였다.
② 한인 애국단을 결성하였다.
③ 『조선 혁명 선언』을 집필하였다.
④ 신한촌에서 대한 광복군 정부를 수립하였다.

주제 145

03 | 무장 독립 전쟁의 전개
1920년대 이후 만주 지역의 항일 무장투쟁

Check 대표 기출 1

01 0849 [2021. 법원직 9급]　회독 ○○○

(가)~(라)를 일어난 순서대로 바르게 나열한 것은?

> (가) 서일을 총재로 조직된 대한 독립군단은 일본군을 피해 러시아 영토인 자유시로 집결하였다.
> (나) 김좌진이 이끄는 북로 군정서군이 백운평 전투와 천수평, 어랑촌 전투에서 대승을 거두었다.
> (다) 일본군이 청산리 대첩 패전에 대한 보복으로 간도 동포를 무차별로 학살하였다.
> (라) 참의부, 정의부, 신민부의 3부가 혁신 의회와 국민부로 재편되었다.

① (가) - (나) - (다) - (라)
② (나) - (다) - (가) - (라)
③ (나) - (라) - (가) - (다)
④ (라) - (다) - (나) - (가)

SOLUTION　난이도 상 중 **하**

출제자의 눈 순서 문제가 자주 출제되기 때문에 1920년대 이후 전개된 각 전투를 시기순으로 나열할 수 있어야 한다. 또한 한국 독립군과 조선 혁명군의 활동은 단독 출제 비중이 높아 두 부대의 활동을 비교·구분할 수 있어야 한다.

정답해설 (나) 1920년 10월 일어난 청산리 대첩에 대한 설명이다. 일제의 대병력 투입에 맞서 김좌진의 북로 군정서군, 홍범도의 대한 독립군을 비롯한 독립군 연합 부대는 청산리 일대의 삼림 지대에서 약 6일 동안 백운평 전투와 천수평, 어랑촌 전투 등에서 일본군을 상대로 대승을 거두었다.
(다) 청산리 대첩 이후 있었던 간도 참변(1920. 10.)에 대한 설명이다. 봉오동 전투와 청산리 전투에서 패배한 일본군은 그에 대한 보복으로 간도 일대에서 수많은 우리 동포를 학살하고, 민가, 학교들을 불태우는 만행을 저질렀다(간도참변=경신참변).
(가) 간도 참변 이후 일본군의 공세를 피해 러시아 국경에 가까운 북만주 밀산에 집결한 독립군 부대는 서일을 총재로 하여 대한 독립 군단을 결성하였다(1920. 12.). 이 가운데 많은 이들이 러시아 혁명 세력의 도움을 기대하고 러시아령 자유시(스보보드니)로 이동하였다.
(라) 자유시 참변으로 큰 타격을 입은 만주의 민족 운동 세력은 진영을 정비하기 위해 노력하였다. 그 결과 참의부(1923), 정의부(1924), 신민부(1925) 등 세 개의 독립군 정부가 성립하였다. 이후 3부는 통합 운동을 전개하여 1920년대 말 혁신의회(1928)와 국민부(1929)의 두 세력으로 재편되었다.

핵심개념 김좌진(1889~1930)

1917년	대한 광복회 부사령
1918년	대종교 입교
1920년	청산리 전투 승리
1925년	북만주에서 신민부 조직
1928년	혁신 의회 주도
1930년	암살 당함(한국 독립당 설립 직전)

정답 ② 한정판 126p, 기본서 773p

Check 대표 기출 2

02 0850 [2019. 국가직 9급]　회독 ○○○

다음 전투를 이끈 한국인 부대에 대한 설명으로 옳은 것은?

> 아군은 사도하자에 주둔 병력을 증강시키면서 훈련에 여념이 없었다. 새벽에 적군은 황가둔에서 이도하 방면을 거쳐 사도하로 진격하여 왔다. 그런데 적군은 아군이 세운 작전대로 함정에 들어왔고, 이에 일제히 포문을 열어 급습함으로써 적군은 응전할 사이도 없이 격파되었다.

① 조선 민족 전선 연맹이 중국 국민당의 지원을 받아 창설하였다.
② 한국 독립당의 산하 부대로 동경성 전투도 수행하였다.
③ 미쓰야 협정이 체결되기 직전까지 활약하였다.
④ 양세봉이 총사령관이었다.

SOLUTION　난이도 상 **중** 하

자료분석 자료는 한국 독립군에 대한 내용이다. 사도하자 전투(1933)에서 활약했다는 내용을 통해 이를 알 수 있다.

정답해설 ② 한국 독립군은 한국 독립당의 산하 부대로, 북만주 지역에서 중국 호로군과 연합작전을 펼쳤다. 이들은 쌍성보(1932), 사도하자(1933), 동경성(1933), 대전자령(1933) 전투 등에서 승리를 거두었다.

오답피하기 ① 조선 민족 전선 연맹이 중국 국민당 정부의 지원을 받아 창설한 군 조직은 조선 의용대(1938)이다. 1937년 김원봉이 이끄는 조선 민족 혁명당은 중도 좌파 단체들과 함께 조선 민족 전선 연맹을 결성하였다. 조선 민족 전선 연맹은 중국 국민당 정부의 지원을 받아 중국 관내 최초의 한인 무장 부대인 조선 의용대를 조직하였다(1938).
③ 한국 독립군은 미쓰야 협정(1925)이 체결된 이후에 조직되었다(1930). 미쓰야 협정은 1925년에 조선 총독부의 경무국장 미쓰야와 만주 군벌 장쭤린 사이에 맺은 협정으로 한인 독립운동가를 중국 관리가 체포하여 일본에 넘긴다는 내용이다. 일본은 한인 독립운동가를 인계받는 대가로 포상을 지불하고, 장쭤린은 포상 중 일부를 체포한 관리에게 주도록 할 것 등을 규정하였다.
④ 한국 독립군의 총사령관은 지청천이다. 양세봉은 조선 혁명군의 총사령관이었다. 양세봉이 이끄는 조선 혁명군은 중국 의용군과 함께 영릉가와 흥경성 일대에서 승리를 거두었다.

정답 ② 한정판 127p, 기본서 778p

추가 기출 사료

미쓰야 협정(1925)

> 한국인이 무기를 가지고 다니거나 한국으로 침입하는 것을 엄금하며, 위반자는 검거하여 일본 경찰에 인도한다. 일본이 지명하는 독립운동가를 체포하여 일본 경찰에 인도한다.

03 [2025. 법원직]

다음 (가) 부대에 대한 설명으로 가장 옳은 것은?

> 1931년 12월 (가) 의 지휘부는 길림성 자위군 총지휘관과 만나 연합 전선을 결성할 것을 합의하고, 이듬해 카오펑린 부대와 합작하여 쌍성보를 공격하였다. 연합군은 이 전투에서 많은 물자를 노획하는 성과를 거두었으나 중국인 부대 내부에서 반란이 일어나 후퇴하였다. 전열을 재정비한 연합군은 쌍성보를 다시 공격하여 일본군을 섬멸하였다.

① 지청천의 지휘 아래 활동하였다.
② 흥경성 전투에서 승리를 거두었다.
③ 동북 항일 연군 내 한인들이 결성하였다.
④ 중국 화북에서 조선 의용군으로 개편되었다.

SOLUTION

자료분석 쌍성보 전투에서 승리했다는 내용을 통해 (가)에 해당하는 부대가 지청천이 이끈 한국 독립군임을 알 수 있다.

정답해설 ① 지청천이 이끈 한국 독립군은 중국 호로군과 연합하여 쌍성보(1932), 사도하자(1933), 동경성(1933), 대전자령(1933) 전투 등에서 일본군을 격파하였다.

오답피하기 ② 조선 혁명군에 대한 설명이다. 1930년대 초반 양세봉이 이끄는 조선 혁명군은 중국 의용군과 연합하여 영릉가 전투(1932)와 흥경성 전투(1933) 등에서 일본군을 대파하였다.
③ 동북 항일 연군의 조선인 간부들은 1936년 반일 민족 통일 전선을 실현한다는 목적 아래 조국 광복회를 조직하였다.
④ 중국 화북에서 조선 의용군으로 개편된 것은 조선 의용대 화북 지대이다.

정답 ① 한정판 127p, 기본서 778p

추가 기출 사료

한국 독립군과 중국 호로군의 합의

1. 한·중 양군은 최악의 상황이 오는 경우에도 장기간 항전할 것을 맹세한다.
2. 중동 철도를 경계선으로 서부 전선은 중국이 맡고, 동부 전선은 한국이 맡는다.
3. 전시의 후방 전투 훈련은 한국 장교가 맡고, 한국군에 필요한 군수품은 중국군이 공급한다.

04 [2021. 소방간부후보]

(가), (나) 사이 시기에 있었던 사실로 옳은 것은?

> (가) 홍범도의 연합 부대와 김좌진의 북로 군정서는 일본군을 청산리로 유인한 다음, 백운평 전투, 어랑촌 전투 등 6일간 10여 차례의 전투를 벌여 큰 승리를 거두었다.
> (나) 이봉창은 일본 도쿄에서 일왕의 마차에 폭탄을 던졌다. 이봉창의 의거는 실패하였지만, 일왕을 직접 겨냥하였다는 점에서 일제에 충격을 주었다.

① 임병찬이 고종의 밀명을 받고 독립 의군부를 조직하였다.
② 박상진이 공화정 수립을 목표로 대한 광복회를 조직하였다.
③ 서일을 총재로 하는 대한 독립 군단이 밀산에서 결성되었다.
④ 윤봉길이 상하이에서 일본군 장성과 고관에게 폭탄을 투척하였다.
⑤ 지청천의 한국 독립군이 중국군과 연합하여 대전자령 전투에서 일본군을 물리쳤다.

SOLUTION

자료분석 (가) 1920년 10월 전개된 청산리 전투에 대한 내용이다. 홍범도의 대한 독립군과 김좌진의 북로 군정서군 등은 일본군의 공격을 피해 백두산의 안전지대로 이동하던 중 청산리 부근에서 추격해 오는 일본군과 전투를 벌였다. 독립군 연합 부대는 백운평 전투를 시작으로 어랑촌 등지에서 6일 동안 10여 차례의 전투를 벌여 수많은 일본군을 격파하고 대승을 거두었다(청산리 대첩, 1920. 10.).
(나) 1932년 1월 있었던 한인 애국단원 이봉창의 의거 활동에 대한 내용이다. 1932년 1월 김구의 지령을 받은 이봉창은 일본 도쿄에 가서 일본 국왕이 탄 마차를 향해 폭탄을 던졌으나, 국왕 폭살은 실패하였다.

정답해설 ③ 청산리 전투와 간도 참변 이후 독립군 부대는 러시아와 만주의 국경 지대인 밀산으로 이동해 1920년 12월에 서일을 총재로 하는 대한 독립군단을 조직하였다.

오답피하기 ① 독립 의군부는 1912년 임병찬이 고종의 비밀 지령을 받아 의병과 유생들을 규합하여 결성한 단체이다.
② 1915년에 박상진은 국권을 회복하여 공화 정치를 실현하겠다는 목표로 대구에서 대한 광복회를 조직하였다.
④ 1932년 4월 윤봉길은 상하이 홍커우 공원에서 열린 일왕의 생일 및 상하이 사변 승전 기념식장에 폭탄을 던져 다수의 고관들을 처단하였다.
⑤ 지청천의 한국 독립군이 중국군(중국 호로군)과 연합하여 대전자령 전투에서 일본군을 물리친 것은 1933년의 일이다.

핵심개념 홍범도(1868~1943)

1907년	정미의병장(차도선·태양욱과 산포대를 조직하여 봉기 → 함경도 갑산·삼수 등지에서 유격전 전개)
1919년	대한 독립군 조직
1920년	봉오동·청산리 전투 참여, 대한 독립 군단 참여
1921년	자유시 참변 이후 연해주 등에서 생활
1937년	중앙아시아(카자흐스탄)로 강제 이주됨
1943년	76세로 카자흐스탄에서 사망
2021년	홍범도 장군 유해 귀환 → 국립대전 현충원에 안장

정답 ③ 한정판 126p, 기본서 773p

05 [2021. 계리직]

다음 (가)의 활동에 대한 설명으로 옳은 것은?

> 1920년대 후반 민족 유일당 운동의 결과, 만주 지역 민족해방 운동의 중심 단체이던 정의·신민·참의 3부가 국민부와 혁신 의회로 재편되었다. 이후 1930년대에 국민부 계통은 (가) 을/를 조직하여 남만주 일대를 중심으로 활약했다.

① 영릉가 전투와 흥경성 전투에서 일본군을 격파하였다.
② 혜산진 보천보를 습격하여 일제의 경찰주재소와 면사무소를 파괴하였다.
③ 쌍성보 전투, 대전자령 전투 등에서 일본군을 상대로 대승을 거두었다.
④ 일본군과 6일 동안 10여 회의 전투를 벌여 대승을 거둔 청산리 대첩을 이끌었다.

SOLUTION

자료분석 자료의 (가)는 조선 혁명군이다. 국민부 계통이 조직했으며, 남만주 일대를 중심으로 활동했다는 내용을 통해 이를 알 수 있다. 1920년대 후반 무장 독립 세력의 결집을 위해 3부 통합 운동이 전개되었다. 그 결과 남만주의 국민부(1929)와 북만주의 혁신 의회(1928)로 재편되었다. 이어 국민부는 조선 혁명당과 조선 혁명군을 조직하였고, 혁신 의회는 해산 후 1930년 한국 독립당으로 결성되어 한국 독립군을 조직하였다. 이에 따라 1930년대 초 만주에서의 무장 독립 전쟁은 남만주 지역에서는 조선 혁명군이, 북만주 지역에서는 한국 독립군이 중심이 되어 추진되었다.

정답해설 ① 양세봉이 이끄는 조선 혁명군은 중국 의용군과 연합하여 영릉가(1932), 흥경성 전투(1933) 등에서 승리를 거두었다.

오답피하기 ② 만주에서 항일 유격 투쟁이 계속되는 가운데, 동북 항일 연군에 소속된 한국인 항일 유격대원들은 함경도 일대 공산주의자, 천도교도 등과 함께 조국 광복회를 조직하였다(1936). 그리고 이들 항일 유격대의 일부는 국내 조국 광복회의 지원 아래 함경도 갑산의 보천보로 들어와 경찰 주재소와 면사무소 등을 파괴하였다(1937, 보천보 전투).
③ 한국 독립군은 한국 독립당의 산하 부대로, 북만주 지역에서 중국 호로군과 연합작전을 펼쳤다. 이들은 쌍성보(1932), 사도하자(1933), 동경성(1933), 대전자령(1933) 전투 등에서 승리를 거두었다.
④ 일제의 대병력 투입에 맞서 김좌진의 북로 군정서군, 홍범도의 대한 독립군을 비롯한 독립군 연합 부대는 청산리 일대의 삼림 지대에서 약 6일 동안 10여 차례의 전투 끝에 일본군을 크게 격파하였다(청산리 전투 1920. 10.).

정답 ① 한정판 127p, 기본서 778p

06 [2018. 서울시 9급 일행]

〈보기〉의 어록을 남긴 인물의 활동으로 가장 옳은 것은?

> **보기**
> "대전자령의 공격은 이천만 대한인민을 위하여 원수를 갚는 것이다. 총알 한 개 한 개가 우리 조상 수천 수만의 영혼이 보우하여 주는 피의 사자이니 제군은 단군의 아들로 굳세게 용감히 모든 것을 희생하고 만대 자손을 위하여 최후까지 싸우라."

① 화북 조선 독립동맹의 주석으로 선출되어 활동하였다.
② 조선 혁명군을 이끌고 영릉가 전투에서 대승을 거두었다.
③ 한국 독립군을 이끌고 쌍성보 전투에서 일본군을 격파하였다.
④ 조선 의용대를 결성하고 대적 심리전 등에서 크게 활약하였다.

SOLUTION

자료분석 자료의 어록을 남긴 인물은 지청천이다. 자료에서 대전자령 전투가 힌트가 된다.

정답해설 ③ 1930년대 초반 지청천이 이끈 한국 독립군은 중국 호로군과 연합하여 쌍성보 전투(1932), 대전자령 전투(1933) 등에서 일본군을 대파하였다.

오답피하기 ① 김두봉에 대한 설명이다. 중국 화베이(화북) 지역에서는 사회주의자가 중심이 되어 (화북) 조선 독립 동맹을 결성하였다(1942). 김두봉을 주석으로 선출하고 보통 선거를 통한 민주 정권의 수립, 일본인 자산 몰수, 의무 교육제 실시 등을 내용으로 조선 독립 동맹 강령을 발표하였다.
② 양세봉은 1932년 조선 혁명군을 이끌고 영릉가 전투에서 대승을 거두었다.
④ 김원봉에 대한 설명이다. 김원봉은 1938년 중국의 우한 한커우에서 조선 민족 전선 연맹 산하의 군사 조직인 조선 의용대를 창설하였다. 조선 의용대는 중국 국민당의 지원을 받아 주로 일본군에 대한 심리전이나 포로 심문, 후방 공작 활동을 전개하여 많은 성과를 올렸다.

핵심개념 백산 지청천(이청천, 1888~1957)

1913년	일본 육군 사관학교 졸업
1919년	신흥 무관 학교 교성대장
1920년	서로군정서 간부, 대한 독립군단 참여
1921년	자유시 참변을 겪음
1924년	정의부 조직
1928년	혁신 의회 조직
1930년대	한국 독립군의 한중 연합 작전 지휘
1940년	한국 광복군 총사령관
1948년	제헌 국회의원
1950년	제2대 국회의원

정답 ③ 한정판 127p, 기본서 778p

07 0855 [2018. 법원직]

다음 합의문을 작성한 독립군에 관한 설명으로 옳은 것은?

> 중국(의용군)과 한국 양국의 군민은 한마음 한뜻으로 일제에 대항하여 싸우고, 인력과 물자는 서로 나누어 쓰며, 합작의 원칙하에 국적에 관계없이 그 능력에 따라 항일 공작을 나누어 맡는다.

① 양세봉을 중심으로 활동하였다.
② 1940년대에 옌안으로 이동하였다.
③ 북만주 지역에서 주로 활동하였다.
④ 쌍성보 전투에서 일본군을 격파하였다.

SOLUTION

자료분석 자료는 조선 혁명군과 중국 의용군의 합의 내용이다. 중국 의용군과 합작의 원칙하에 항일 공작을 나누어 맡는다는 내용을 통해 이를 알 수 있다.

정답해설 ① 조선 혁명군은 양세봉을 중심으로 활동했으며, 중국 의용군과 연합하여 영릉가(1932) 전투와 흥경성 전투(1933) 등에서 일본군을 상대로 승리를 거두었다.

오답피하기 ② 조선 의용군은 1942년 조선 의용대 화북 지대를 개편해 결성한 조선 독립 동맹의 당군으로, 중국 공산당의 팔로군과 함께 태항산 일대에서 항일전에 참여했으며 1943년 12월부터 이듬해 4월까지 옌안으로 근거지를 이동하여 옌안 근교 뤄자핑(羅家坪)에 머물렀다. 1944년부터 화북 지역의 도시와 농촌, 그리고 만주 일대의 일본군 점령 지역에서 조직 결성 활동을 활발히 전개하였고, 그 결과 여러 도시에 독립 동맹의 거점이 마련되었다.
③ 양세봉의 조선 혁명군은 남만주 지역에서 주로 활동했다. 북만주 지역에서 주로 활동한 것은 지청천의 한국 독립군이다.
④ 쌍성보 전투에서 활약한 것은 한국 독립군이다. 지청천이 이끄는 한국 독립군은 중국 호로군과 연합하여 쌍성보(1932), 사도하자(1933), 동경성(1933), 대전자령(1933) 전투에서 일본군을 대파하였다.

핵심개념 한중 연합 작전(1930년대 전반)

배경	만주사변 발발(1931) → 일본의 만주국 수립(1932) → 중국 내 항일 감정 고조 및 독립군의 위기
북만주	한국 독립군(지청천) + 중국 호로군 : 쌍성보(1932), 경박호(1933), 사도하자(1933), 동경성(1933), 대전자령(1933) 전투 승리
남만주	조선 혁명군(양세봉) + 중국 의용군 : 영릉가(1932), 흥경성 전투(1933) 승리
위축	• 한국 독립군 : 일제의 공격과 임시 정부의 요청 → 대부분 중국 관내로 이동 → 임시정부에 합류 • 조선 혁명군 : 일제에 의한 양세봉 피살(1934. 9.) → 세력 약화 → 일부는 동북 항일 연군에 가담

정답 ① 한정판 127p, 기본서 778p

---

08 0856 [2017. 국가직 7급]

다음 사건을 일어난 순서대로 바르게 나열한 것은?

> ㉠ 일제는 중국 마적단을 매수하여 훈춘의 일본영사관을 공격하게 하는 조작 사건을 일으켰다.
> ㉡ 서일을 총재로 하는 대한독립군단은 소비에트 러시아의 자유시로 이동하였다.
> ㉢ 일제는 무장 독립 세력을 진압하기 위해 만주 군벌과 미쓰야 협정을 맺었다.
> ㉣ 한국 독립당의 산하에 지청천을 총사령관으로 하는 한국 독립군이 조직되었다.

① ㉠ → ㉡ → ㉢ → ㉣
② ㉡ → ㉠ → ㉣ → ㉢
③ ㉢ → ㉣ → ㉡ → ㉠
④ ㉣ → ㉢ → ㉠ → ㉡

SOLUTION

정답해설 ㉠ 훈춘 사건(1920. 10.) : 봉오동 전투에서 참패한 일본은 독립군 부대를 토벌하기 위해 대규모의 일본군을 만주에 투입하려 하였다. 그러나 중국이 이를 거부하자 일본은 병력 투입의 구실을 만들기 위해 만주의 마적을 매수하여 훈춘의 민가와 일본 영사관을 공격하게 하는 조작극을 벌였고, 이를 구실로 일본은 만주에 있는 일본 영사관 및 거류민을 보호한다는 구실을 내세워 대병력을 투입하였다.
㉡ 대한 독립 군단 결성(1920. 12.) : 독립군은 소련·만주 국경 지대인 밀산부에 집결하여 서일을 총재로 하는 대한 독립 군단을 결성한 뒤 일본군의 공세를 피해 이동하여 1921년 6월 소련령 자유시에 집결하였다.
㉢ 미쓰야 협정 체결(1925) : 1925년 조선 총독부 경무 국장 미쓰야와 만주 군벌 장쭤린 사이에 독립군의 탄압, 구속, 체포, 인도에 관한 이른바 미쓰야 협정이 맺어짐으로써 독립군의 활동은 큰 위협을 받게 되었다.
㉣ 한국 독립군 결성(1930) : 1928년 김좌진, 지청천 등을 중심으로 북만주에 혁신의회가 조직되었고 1930년 한국 독립당으로 개편되었으며, 그 아래에 당군으로 한국 독립군이 결성되었다.

핵심개념 1920년대 이후 무장 독립 전쟁

봉오동 전투 (1920. 6.)
⇩
훈춘 사건 (1920. 10.)
⇩
청산리 전투 (1920. 10.)
⇩
간도(경신) 참변 (1920. 10.)
⇩
대한 독립 군단 (1920. 12.)
⇩
자유시 참변 (1921. 7.)
⇩
3부 성립(참·정·신, 1923, 1924, 1925)
⇩
미쓰야 협정 (1925)
⇩
3부 통합 운동(민족 유일당 운동)

정답 ① 한정판 126p, 기본서 773p

주제 146 | 03 | 무장 독립 전쟁의 전개
1930년대 중반 이후 민족 연합 전선의 형성 노력 및 무장 투쟁

Check 대표 기출 1

01 0857 [2018. 국가직 7급]   회독 ○○○

밑줄 친 '이 단체'에 대한 설명으로 옳은 것은?

> 1930년대 일제의 중국 침략이 본격화되자, 중국 본토에서 활동하던 독립운동 단체들은 좌우의 대립을 지양하고 민족 연합 전선을 형성하기 위해 상하이에서 '한국 대일 전선 통일 동맹'을 결성하고 민족 유일당 건설을 제창하였다. 이에 여러 단체의 인사들이 난징에서 회의를 열고 이 단체를 창건하였다. 이는 단순한 여러 단체의 동맹이 아니라 단일 정당을 형성한 것이다.

① 창설 당시 김구는 참여하지 않았다.
② 동북 항일 연군을 산하의 군사조직으로 두었다.
③ 지청천, 조소앙의 독주로 김원봉이 탈퇴하였다.
④ 한국 독립당, 한국 국민당, 조선 혁명당 3당의 통합으로 만들어졌다.

SOLUTION   난이도 상 중 하

출제자의 눈 민족혁명당이나 조선 의용대 등 이 시기의 독립운동 단체들에 대해 묻는 문제가 주로 출제된다. 인물사와 연계해 출제하기도 좋은 주제이기 때문에 이에 대한 대비도 필요하다.

자료분석 자료의 밑줄 친 '이 단체'는 1935년에 결성된 민족 혁명당이다. 중국 본토에서 활동하던 독립운동 단체들은 좌우의 대립을 지양하고 민족 연합전선을 형성하기 위해 1932년 상하이에서 '한국 대일 전선 통일 동맹'을 결성하였다. 그리고 이 동맹은 보다 효과적인 항일 투쟁을 위해 1935년 7월 한국 독립당·의열단·신한 독립당·조선 혁명당·미주 대한인 독립당 등 5당 대표가 난징에서 민족 혁명당을 결성함으로써 대당(大黨) 조직으로 발전하게 되었다.

정답해설 ① 1935년 한국 독립당, 조선 혁명당, 의열단 등 여러 단체의 인사들이 민족 독립운동의 단일 정당을 목표로 민족 혁명당을 창건하였다. 하지만 김구는 이에 참여하지 않고 1935년에 한국 국민당을 창당하였다.

오답피하기 ② 동북 항일 연군은 1936년 중국 공산당의 주도 아래 이념을 떠나 만주에서 일제와 싸우고자 하는 사람들이 함께 만든 무장 부대이다. 만주 지역의 한인 사회주의자들은 일본의 만주 침략에 맞서 각지에서 유격대를 조직하여 중국인 공산주의자들과 함께 항일 무장 투쟁을 벌였다. 1933년 중국 공산당은 이들 조직을 규합하여 동북 인민 혁명군을 조직하였고, 이후 동북 인민 혁명군은 동북 항일 연군으로 재편되었다(1936).
③ 김원봉을 중심으로 한 의열단 계통 인사들이 민족 혁명당을 주도하자 지청천, 조소앙 등은 민족 혁명당에서 탈퇴하였다. 이에 민족 혁명당은 조선 민족 혁명당으로 개편되었다(1937).
④ 1940년 5월에 결성된 한국 독립당에 대한 설명이다. 민족주의 계열의 대한민국 임시 정부 인사들은 한국 국민당, 한국 독립당, 조선 혁명당을 해체한 후 통합된 한국 독립당을 결성하였다(1940). 한국 독립당은 실질적인 대한민국 임시 정부의 여당 역할을 하며 항일 운동을 주도하였다.

정답 ① 한정판 127p, 기본서 780p

Check 대표 기출 2

02 0858 [2020. 소방간부후보]   회독 ○○○

(가) 군사 조직에 대한 설명으로 옳은 것은?

> 우리 조선 혁명자들은 이 정의로운 전쟁에 직접 참가하기 위해, 나아가 중국 항전을 조국 독립 쟁취의 기회로 삼기 위해 '조선 민족 전선 연맹'의 기치 아래 일치단결하였다. …(중략)… (가) 의 임무는 매우 중대하다 할 수 있다. 우리는 식민지 노예가 되기를 원하지 않는 천백만 조선 동포의 민족적 각성을 일깨우고 이들을 (가) 의 깃발 아래 결집시키기 위해 노력할 것이다.

① 대일 선전 포고문을 발표하였다.
② 쌍성보 전투를 승리로 이끌었다.
③ 3부 통합 운동에 따라 결성되었다.
④ 중국 국민당 정부의 지원을 받았다.
⑤ 청산리 일대에서 일본군에 대승을 거두었다.

SOLUTION   난이도 상 중 하

자료분석 자료의 (가)에 해당하는 군사 조직은 조선 의용대이다. '조선 민족 전선 연맹의 기치 아래 일치단결하였다.'는 내용을 통해 이를 알 수 있다. 김원봉을 중심으로 한 의열단 계통 인사들이 민족 혁명당을 주도하자 지청천, 조소앙 등은 여기에서 탈퇴하였다. 이에 민족 혁명당은 조선 민족 혁명당으로 개편되었다. 1937년 조선 민족 혁명당은 약화된 민족 연합 전선을 강화하기 위해 다른 단체들과 함께 조선 민족 전선 연맹(민족전선)을 결성하였다. 1938년 조선 민족 전선 연맹은 중국 국민당 정부의 지원을 받아 조선 의용대를 창설하였다.

정답해설 ④ 조선 의용대는 조선 민족 전선 연맹의 군대로, 중국 국민당 정부의 협조로 중국 본토 우한(한커우)에서 김원봉이 창설하였다(1938). 조선 의용대는 중국 국민당의 지원을 받아 일본군에 대한 심리전이나 포로 심문, 후방 공작 활동을 전개하였다.

오답피하기 ① 1941년 12월 8일 일본이 진주만을 공격하면서 태평양 전쟁이 일어나자, 임시 정부(한국광복군)는 즉각 대외 활동을 펴 대일 선전 포고를 하였다.
② 한국 독립군은 중국 호로군과 연합해 쌍성보(1932), 경박호(1933), 사도하자(1933), 동경성(1933), 대전자령(1933) 전투에서 일본군을 격파하였다.
③ 3부 통합 운동의 결과 1920년대 말 국민부(남만주)와 혁신 의회(북만주)가 결성되었다.
⑤ 1920년 10월 일제의 대병력 투입에 맞서 김좌진의 북로 군정서군, 홍범도의 대한 독립군을 비롯한 독립군 연합 부대는 청산리 일대의 삼림 지대에서 약 6일 동안 10여 차례의 전투 끝에 일본군을 크게 격파하였다(청산리 전투).

정답 ④ 한정판 127p, 기본서 781p

03 [2024. 국가직 9급]

1930년대에 있었던 사실로 옳은 것은?

① 비밀결사인 조선건국동맹이 결성되었다.
② 중국 관내에서 조선의용대가 창설되었다.
③ 연해주 지역에 대한광복군 정부가 설립되었다.
④ 서일을 총재로 하는 대한독립군단이 조직되었다.

04 [2024. 서울시 9급 2차]

〈보기〉의 강령을 발표한 독립운동 세력에 대한 설명으로 가장 옳지 않은 것은?

— 보기 —
본 당은 혁명적 수단으로써 원수이며 적인 일본의 침탈 세력을 박멸하여 5천년 독립 자주해 온 국토와 주권을 회복하고 정치, 경제, 교육의 평등에 기초를 둔 진정한 민주 공화국을 건설하여 국민 전체의 생활 평등을 확보하고 나아가 세계 인류의 평등과 행복을 촉진한다.

① 의열단을 중심으로 조선혁명당, 한국독립당 등이 참여하여 만들었다.
② 민족주의 계열과 사회주의 계열이 만든 중국 관내 최대 규모의 통일전선 정당이었다.
③ 민주공화국 수립, 토지 국유화 등을 내걸고 항일 운동을 전개하였다.
④ 김구 등 임시정부를 고수하려는 세력이 탈당하면서 통일전선 정당으로서의 성격이 약해졌다.

SOLUTION (03)

정답해설 ② 1937년 중·일 전쟁이 발발하자 민족 혁명당을 계승한 조선 민족 혁명당을 중심으로 통합에 찬성하는 단체들이 연합하여 조선 민족 전선 연맹을 결성하였다(1937). 조선 민족 전선 연맹은 중국 국민당 정부의 지원을 받아 중국 관내 최초의 한인 무장 부대인 조선 의용대를 조직하였다(1938).

오답피하기 ① 조선 건국 동맹은 1944년 국내에서 여운형을 비롯한 민족 지도자들이 일제의 패망을 예견하고 좌·우익이 함께 참여하여 조직한 단체이다.
③ 대한 광복군 정부는 1914년에 권업회가 연해주 블라디보스토크의 신한촌에서 이상설과 이동휘를 정·부통령으로 하여 수립한 정부 조직이다.
④ 간도 참변 이후 일본군의 공세를 피해 러시아 국경에 가까운 북만주 밀산에 집결한 독립군 부대는 서일을 총재로 하여 대한 독립 군단을 결성하였다(1920. 12.).

핵심개념 조선 의용대

결성	김원봉이 중국 우한 한커우에서 조직(1938)
특징	• 중국 관내에서 결성된 최초의 한인 무장 부대 • 조선 민족 전선 연맹 산하의 군사 조직
조선 의용대의 분열	
주력 부대	화북 지방으로 이동 → 조선 의용대 화북 지대 결성 → 호가장 전투(1941), 반소탕전(1942) → 1942년 조선 의용군으로 편성
김원봉과 잔류 부대	충칭으로 이동 → 한국 광복군에 합류(1942)

정답 ② 한정판 127p, 기본서 778p

SOLUTION (04)

자료분석 자료는 민족 혁명당 강령의 일부이다.

정답해설 ① 일제가 만주를 점령한 이후 만주 일대에서 무장 투쟁이 어려워지자, 독립운동가들은 중국 관내로 이동하였다. 이후 중국 관내에서는 독립운동 세력을 통합하여 일제에 대항할 필요성이 높아졌다. 그 결과 의열단을 중심으로 조선 혁명당, 한국 독립당, 미주 대한 독립단 등이 참여하여 민족 혁명당을 만들었다(1935).
② 민족 혁명당은 한국 독립당과 의열단, 만주에서 이동해 온 독립운동 세력 등 민족주의 계열과 사회주의 계열의 정당·단체들이 뭉쳐 결성한 중국 관내 최대 규모의 통일 전선 정당이었다.
③ 민족 혁명당은 민주주의 정권 수립, 토지의 국유화, 친일 세력과 일제 재산의 몰수 등을 주요 강령으로 표방하였다.

오답피하기 ④ 김구 등 임시 정부를 고수하려는 독립운동 세력은 임시 정부의 해체를 전제로 한 민족 혁명당에 참가하지 않았고, 민족 혁명당은 조직 내부의 갈등으로 조소앙, 지청천 등이 탈당하면서 통일 전선 정당으로써의 성격이 약해졌다. 중·일 전쟁이 일어나자 민족 혁명당을 계승한 조선 민족 혁명당을 중심으로 통합에 찬성하는 단체들이 모여 조선 민족 전선 연맹을 결성하였다(1937).

정답 ④ 한정판 127p, 기본서 780p

05 0861 [2019. 계리직]

(가)~(다)에 해당하는 독립운동 단체를 바르게 짝지은 것은?

(가) 한국 독립당을 조직하고 무장 부대인 한국 독립군을 산하에 두어 북만주를 중심으로 활동하였다.
(나) 중·일 전쟁이 일어나자 조선 민족 혁명당을 중심으로 통합에 찬성하는 단체들에 의하여 결성되었다.
(다) 1938년 민족 혁명당을 중심으로 조직된 군사 단체이며 일부는 화북으로 이동하고 남은 병력은 한국광복군에 합류하였다.

	(가)	(나)	(다)
①	국민부	조선 독립 동맹	조선 의용군
②	혁신 의회	조선 민족 전선 연맹	조선 의용대
③	혁신 의회	조선 독립 동맹	조선 의용군
④	국민부	조선 민족 전선 연맹	조선 의용대

SOLUTION

정답해설 (가) 혁신 의회는 3부 통합 운동의 결과 1928년 북만주에서 조직되었던 독립운동 단체이다. 이 단체는 1930년 한국 독립당으로 개편되고 그 아래에 한국 독립군을 결성하였다.
(나) 1935년 민족 혁명당이 창당된 후 김원봉을 중심으로 한 의열단 계통 인사들이 민족 혁명당을 주도하자 지청천, 조소앙 등은 여기에서 탈퇴하였다. 이에 민족 혁명당은 조선 민족 혁명당으로 개편되었다(1937). 중·일 전쟁이 일어나자 조선 민족 혁명당을 중심으로 통합에 찬성하는 단체들이 모여 조선 민족 전선 연맹을 결성하였다(1937. 12.).
(다) 조선 의용대는 1938년 중국의 한커우에서 김원봉을 중심으로 창설된 무장 부대이다. 조선 의용대는 중국 관내 최초의 한국인 무장 부대로서 일본군에 대한 심리전이나 후방 공작 활동을 전개하여 많은 성과를 올렸다. 중국 국민당 정부가 항일 투쟁에 소극적인 태도를 보이자, 조선 의용대 일부는 중국 공산당 세력이 대일 항전을 벌이고 있는 화북 지방으로 이동했으며, 김원봉 등 일부 대원은 1942년에 한국광복군에 합류하였다.

정답 ② 한정판 127p, 기본서 780p

06 0862 [2012. 법원직 9급]

밑줄 친 '이 부대'에 대한 설명으로 옳은 것은?

중국 한커우[漢口]에서 이 부대가 조직되었다. 부대는 1개 총대, 3개 분대로 편성되었는데 100여 명의 대원은 대부분 조선 민족 혁명당원이다. 총대장은 황포 군관학교 제4기 출신인 진국빈이며, 부대는 대일 선전 공작과 대일 유격전을 수행함을 목적으로 하였다.

① 자유시 참변으로 피해를 입었다.
② 일부 대원이 한국 광복군에 편입되었다.
③ 3부 통합으로 성립된 국민부 산하의 군대였다.
④ 쌍성보, 대전자령 등에서 일본군을 격파하였다.

SOLUTION

자료분석 자료의 밑줄 친 '이 부대'는 조선 의용대이다. 중국 한커우에서 조직되었다는 점, 총대장이 황포(황푸) 군관 학교 제4기 출신인 진국빈(김원봉의 가명)이라는 점을 통해 조선 의용대임을 알 수 있다. 조선 의용대는 1938년 김원봉이 중국의 한커우에서 조직한 조선 민족 전선 연맹 산하의 부대로 중국 관내에서 결성된 최초의 한인 무장 부대이다.

정답해설 ② 조선 의용대 일부 대원들은 더욱 적극적인 항일 투쟁을 위해 중국 공산당과 일제가 맞서고 있던 화베이(화북) 지역으로 이동하였다. 이들은 조선 의용대 화북 지대를 결성하여 중국 공산당의 팔로군과 함께 호가장 전투(1941)와 반소탕전(1942)에서 활약하였다. 조선 의용대 화북 지대는 이후 사회주의 계열 독립운동 단체인 조선 독립 동맹 산하 조선 의용군으로 재편되었다(1942). 한편 조선 의용대원 가운데 화베이(화북)로 이동하지 않은 병력은 김원봉의 지휘 아래 한국 광복군에 합류하였다(1942).

오답피하기 ① 자유시 참변(1921)으로 피해를 입은 것은 대한 독립 군단이다.
③ 3부 통합 운동으로 성립된 국민부 산하의 군대는 양세봉이 이끄는 조선 혁명군이다.
④ 쌍성보, 대전자령 전투에서 일본군을 격파한 부대는 지청천이 이끈 한국 독립군이다.

심화개념 약산 김원봉(1898~1958)

1919년	의열단 조직(만주 지린)
1926년	황푸 군관학교 졸업
1932년	조선 혁명 간부학교 설립(난징)
1935년	민족 혁명당 결성(난징)
1938년	조선 의용대 창설(우한 한커우)
1942년	임시 정부에 합류(한국 광복군 부사령관 겸 제1지대장)
1948년	남북 협상 때 월북 → 남북 협상 참가
1958년	북한의 김일성 체제 강화 과정에서 숙청

정답 ② 한정판 127p, 기본서 781p

주제 147

04 | 사회·경제적 민족 운동
사회적 민족 운동의 전개

Check 대표 기출 1

01 0863 [2023. 국회직 9급]   회독 ○○○

다음 사회 운동에 대한 설명으로 옳은 것은?

> 공평은 사회의 근본이고 애정은 인류의 근본 강령이다. 그런 까닭으로 우리는 계급을 타파하고 모욕적 칭호를 폐지하여 교육을 장려하며, 우리도 참다운 인간이 되는 것을 기대하는 것이 본사의 큰 뜻이다.

① 서얼 차별이 발단이 되었다.
② 근우회 결성의 사상적 기반이 되었다.
③ 진주에서 시작되어 전국으로 확대되었다.
④ 민립대학 설립 운동의 주요 배경이 되었다.
⑤ 소년 운동으로 확대되어 조선 소년군이 창설되는 계기가 되었다.

Check 대표 기출 2

02 0864 [2016. 지방직 9급]   회독 ○○○

다음 사실들을 시기 순으로 바르게 나열한 것은?

> ㉠ 김좌진을 중심으로 한 신민부가 조직되었다.
> ㉡ 민족 협동 전선론에 따라 정우회가 조직되었다.
> ㉢ 노동 조건의 개선을 요구한 원산 노동자 총파업이 일어났다.
> ㉣ 백정의 사회적 차별을 철폐하고자 하는 형평사가 창립되었다.

① ㉠ → ㉡ → ㉣ → ㉢
② ㉠ → ㉣ → ㉢ → ㉡
③ ㉣ → ㉠ → ㉡ → ㉢
④ ㉣ → ㉢ → ㉠ → ㉡

SOLUTION   난이도 상 중 하

출제자의 눈 주로 농민·노동 운동의 순서를 나열하는 문제나 형평 운동에 대해 묻는 문제가 출제된다. 특히 형평 운동의 경우 백정 신분의 특징과 연계해 출제되기도 한다. 소년 운동은 천도교의 활동과 연계하여 알고 있어야 한다.

자료분석 자료는 1923년 조직된 조선 형평사의 설립 취지문 중 일부로, 형평 운동과 관련된 사료이다.

정답해설 ③ 1923년 백정 출신들은 경남 진주에서 이학찬 등을 중심으로 조선 형평사를 창립하고 평등한 대우를 요구하는 형평 운동을 전개하였다.

오답피하기 ① 형평 운동은 백정에 대한 사회적 차별이 발단이 되어 일어났다.
② 근우회는 김활란 등이 여성의 단결과 지위 향상을 목적으로 설립하였다.
④ 민립 대학 설립 운동은 조선인의 고등 교육 확대를 위해 일어난 실력 양성 운동이다.
⑤ 소년 운동은 천도교 중심으로 전개되었다. 조선 소년군은 1922년 조철호가 창설한 소년 운동 단체이다.

핵심개념 형평 운동

배경	갑오개혁 때 신분 제도 폐지 but 일제 강점기에도 여전히 백정(도한) 출신에 대한 사회적 차별
전개	조선 형평사 창립(1923, 경남 진주, 이학찬) → 전국적 조직 확대
변질	1920년대 말 내부적 이념 갈등 및 일제의 탄압 강화 → 1930년대 중반 이후 순수한 경제적 이익 향상 운동으로 변질
결과	1930년대 초 호적에서 백정을 드러내는 표시가 지워졌고, 자녀의 학교 입학도 수월해짐

정답 ③ 한정판 129p, 기본서 786p

SOLUTION   난이도 상 중 하

정답해설 ㉣ 조선 형평사는 1923년 경남 진주에서 이학찬의 주도로 결성되었다.
㉠ 신민부는 1925년 북만주 일대에서 조직된 독립운동 단체로, 참의부, 정의부와 함께 3부라 불렸다.
㉡ 정우회는 1926년 서울에서 조직된 사회주의 단체이다. 비타협적 민족주의 세력과의 제휴를 밝힌 정우회 선언은 신간회 결성의 기폭제가 되었다.
㉢ 1929년에 일어난 원산 노동자 총파업은 일본인 감독이 한국인 노동자를 구타한 사건을 계기로 이에 대한 항의와 함께 노동 조건의 개선을 요구하며 일어난 총파업이다. 이는 일제 강점기 노동 운동에서 가장 큰 규모의 파업이었다.

핵심개념 원산 노동자 총파업(1929)

발단	1928년 9월 영국인이 경영하는 원산의 라이징 선 석유회사에서 일본인 감독이 한국인을 구타
전개	회사 측이 감독 파면과 노동 조건 개선 약속을 지키지 않고 오히려 노동자를 탄압하면서 원산 지역 노동자들이 1929년 1월 총파업에 돌입
지지/성원	• 전국 각지에서 성금을 보내왔고, 일본의 부두 노동자들도 동조 파업을 전개하였으며, 중국, 소련, 프랑스의 노동자들이 격려 전문을 보내옴. • 일제 시대 최대 단체인 신간회(1927~1931)가 지원
결과	일제의 탄압으로 노동자들이 자유 복업을 결정하며 실패
의의	• 항일 운동의 성격을 띤 일제 강점기 최대 규모의 노동 운동 • 노동자의 사회의식을 높이고 일본인 고용주와 통치자들에게 조선 노동자 계급에 대한 인식을 새롭게 함

정답 ③ 한정판 129p, 기본서 786p

주제 148 — 04 | 사회·경제적 민족 운동
1920년대 항일 학생 운동

Check 대표 기출 1

01 0865 [2021. 법원직 9급] 회독 ○○○

다음 격문과 관련이 깊은 역사적 사건에 대한 설명으로 가장 옳은 것은?

> 검거자를 즉시 우리의 힘으로 구출하자.
> 교내에 경찰관 침입을 절대 반대하자.
> 조선인 본위의 교육제도를 확립하자.
> 민족문화와 사회과학 연구의 자유를 획득하자.
> 전국 학생 대표자 회의를 개최하라.

① 원산에서 일제 강점기 최대 규모의 노동 쟁의를 일으켰다.
② 전국으로 확대되어 이듬해까지 동맹 휴학 투쟁이 계속되었다.
③ 민족 산업의 보호와 육성을 위해 국산품 애용 등을 주장하였다.
④ 순종의 국장일에 학생들이 만세 시위를 벌이고 시민들이 가세하였다.

Check 대표 기출 2

02 0866 [2017. 경찰간부후보] 회독 ○○○

다음의 자료와 관련된 역사적 사실에 대한 설명으로 가장 옳은 것은?

> • 조선 민중아! 우리의 철천지 원수는 자본·제국주의 일본이다. 이천만 동포야! 죽음을 각오하고 싸우자! 만세 만세 조선 독립 만세.
> • 조선은 조선인의 조선이다! 학교의 용어는 조선어로! 학교장은 조선 사람이어야 한다! 동양척식주식회사를 철폐하라! 일본인 물품을 배척하자!
> • 8시간 노동제를 실시하라! 동일노동 동일임금! 소작제를 4·6제로 하고 공과금은 지주가 납부한다! 소작권을 이동하지 못한다! 일본인 지주의 소작료는 주지 말자!

① 복벽주의 운동의 일환이었다.
② 일제 강점기 최대 규모의 항일 학생 운동이었다.
③ 양기탁에게 국채 보상금을 횡령하였다는 누명을 씌워 운동이 실패하였다.
④ 순종의 인산일을 계기로 전개된 운동이다.

SOLUTION 난이도 상 ⓒ 하

출제자의 눈 3·1 운동(1919), 6·10 만세 운동(1926), 광주 학생 항일 운동(1929)을 구분하는 문제가 출제된다. 특히 6·10 만세 운동의 경우 고종이 아니라 순종의 인산일에 일어났다는 점과 신간회의 지원을 받은 운동이 광주 학생 항일 운동임을 명심하자.

자료분석 자료는 1929년에 일어난 광주 학생 항일 운동 당시의 격문이다. 당시 격문은 학생들을 대상으로 한 것과 일반인을 대상으로 한 것으로 나뉘는데 그 중 학생을 대상으로 한 격문이다. 이 격문에서 눈에 띄는 내용은 학생 운동 관련 검거자를 석방하라는 내용으로, 이는 11월 3일에 있었던 1차 시위 때 체포된 학생들에 관한 것이다.

정답해설 ② 1929년에 일어난 광주 학생 항일 운동은 전국으로 확대되어 이듬해까지 가두 시위와 동맹 휴학 투쟁이 계속되었다. 광주 학생 항일 운동은 학생이 앞장서고 시민과 노동자가 참여한 3·1 운동 이후 최대 규모의 항일 민족 운동이었다.

오답피하기 ① 원산에서 일어난 일제 강점기 최대 규모의 노동 쟁의는 1929년 일어난 원산 노동자 총파업이다.
③ 민족 산업의 보호와 육성을 위해 국산품 애용을 주장한 운동은 1920년대 전개된 물산 장려 운동이다.
④ 순종의 국장일에 일어난 만세 시위는 6·10 만세 운동(1926)이다.

정답 ② 한정판 125p, 기본서 768p

SOLUTION 난이도 상 ⓒ 하

자료분석 자료는 1926년에 일어난 6·10 만세 운동 격문이다. 자료에서의 포인트는 '조선 민중아! 우리의 철천지 원수는 자본·제국주의 일본이다.'라는 표현이다. 6·10 만세 운동은 3·1 운동 이후 쌓였던 민족적 울분을 터뜨린 사건이었다. 당시의 격문 내용을 보면 6·10 만세 운동의 바탕에는 일제의 식민지 수탈 정책에 대한 반발이 깔려 있음을 짐작할 수 있다.

정답해설 ④ 조선 공산당(사회주의계)은 천도교계(민족주의계) 등과 함께 순종의 인산일에 맞춰 대규모 만세 시위를 계획하였으나 일제에 의해 사전 발각되었다. 이에 많은 애국 인사들이 검거되고 인쇄된 격문을 압수당하였다. 그러나 조선 학생 과학 연구회를 비롯한 학생들은 예정대로 시위운동 계획을 추진하였다. 순종의 인산일인 6월 10일, 일본 군경의 삼엄한 감시 속에서 학생들은 격문을 살포하고 만세 시위를 전개하였다.

오답피하기 ① 임병찬이 고종의 비밀 지령을 받아 의병과 유생들을 규합하여 결성한 독립 의군부(1912)가 복벽주의(전제 군주제 복구)를 표방하였다.
② 일제 강점기 최대 규모의 항일 학생 운동은 광주 학생 항일 운동(1929)이다.
③ 일제는 국채 보상 운동(1907)을 배일 운동으로 간주하여 일진회를 이용해 방해하였으며, 국채 보상 기성회의 간사였던 『대한매일신보』의 양기탁을 국채 보상금 횡령이라는 누명을 씌워 구속하였다. 결국 국채 보상 운동은 통감부의 방해로 큰 성과를 이루지 못하였다.

정답 ④ 한정판 125p, 기본서 766p

03 [2025. 서울시 9급 1차]

〈보기〉의 격문이 발표된 민족 운동에 대한 설명으로 가장 옳은 것은?

— 보기 —
슬프도다. 이천삼백만 형제자매들이여, 오늘에 있어 융희 황제에 대해 궁검(弓劍)을 사시에 두고 통곡한다는 것이 과연 어떠한 감동에서 나온 것인가. 사선(死線)에 함몰된 비애로써 우리 모두 울어보자. …… 형제여! 자매여! 눈물을 그치고 절규하자! 전 세계의 피압박민족과 무산자 대중은 모두 함께 정의의 깃발을 들고 우리와 함께 보조를 맞춰 나갈 것이다.

① 일제가 문화 통치를 표방하는 계기가 되었다.
② 민족 말살 통치에 대한 불만을 배경으로 일어났다.
③ 민족 자결주의의 영향을 받아 고종의 인산일에 일어났다.
④ 민족주의계와 사회주의계가 연대하는 계기가 되었다.

04 [2024. 국가직 9급]

(가)와 (나) 사이의 시기에 있었던 사실로 옳은 것은?

(가) 순종의 인산일을 기하여 '동양 척식 주식회사를 철폐하라!', '일본인 지주에게 소작료를 바치지 말자!' 등의 격문을 내건 운동이 일어났다.
(나) 광주에서 한국인 학생과 일본인 학생 사이에 일어난 충돌을 계기로 학생들이 총궐기하는 운동이 일어났다.

① 신간회가 창설되었다.
② 진단학회가 설립되었다.
③ 진주에서 조선 형평사가 창립되었다.
④ 대구에서 국채보상운동이 시작되었다.

SOLUTION

자료분석 자료는 1926년 6월 10일 융희제(순종)의 인산일을 기해 일어난 6·10 만세 운동 당시 배포하기 위해 작성된 격문으로, 격문의 명의를 따라서 '대한 독립당 격고문'이라 한다. 6·10 만세 운동의 기획자로 시위 며칠 전에 경찰에 체포되었던 조선 공산당의 권오설이 작성한 것으로 알려져 있다.

정답해설 ④ 6·10 만세 운동은 민족주의 계열과 사회주의 계열과의 연대의 계기를 마련하여 민족 유일당 운동이 추진되는 데 영향을 주었고, 그 결과 신간회가 창설되었다.

오답피하기 ① 3·1 운동을 계기로 강압적인 무단 통치로는 한국을 지배하기 어렵다고 판단한 일제는 우리 민족의 문화와 관습을 존중하겠다고 선전하며 문화 통치를 표방하였다.
② 6·10 만세 운동은 문화 통치(민족 분열 통치) 시기인 1920년대에 일어나 민족 말살 통치에 대한 불만과는 관련이 없다.
③ 민족 자결주의의 영향을 받은 민족 운동은 3·1 운동이다. 6·10 만세 운동은 순종(고종 X)의 인산일을 기해 일어났다.

핵심개념 6·10 만세 운동(1926)

배경	· 순종 서거, 일제의 수탈 · 식민지 교육에 대한 불만(동맹 휴학 증가)
준비	· 조선 공산당(사회주의계) + 천도교계(민족주의계) → 일제에 의해 사전 발각 · 조선 학생 과학 연구회(1925, 서울) → 예정대로 시위 운동 계획 추진
전개	순종의 인산일(6월 10일)에 만세 시위 전개 → 일제가 치안 유지법을 적용하여 탄압
의의	민족주의 계열과 사회주의 계열 함께 추진 → 연대 계기 마련 (민족 유일당 운동의 계기가 됨, 1927년 신간회 결성에 영향)

정답 ④ 한정판 125p, 기본서 766p

SOLUTION

자료분석 (가) 1926년에 일어난 6·10 만세 운동에 대한 내용이다. 1926년 4월 순종이 승하하자 민족주의 세력과 사회주의 세력은 순종의 장례식인 6월 10일에 만세 시위를 계획하였다. 시위 준비 과정에서 지도부가 검거되었지만, 학생들은 예정대로 만세 시위를 전개하였다(6·10 만세 운동).
(나) 1929년에 일어난 광주 학생 항일 운동에 대한 내용이다. 광주 학생 항일 운동은 1929년 10월 나주역에서 발생한 한국인 학생과 일본인 학생 간의 충돌로 시작되었다. 경찰이 한국인 학생들을 탄압하자, 민족 차별에 분노한 광주 지역 학생들이 대규모 시위를 벌였다. 광주 지역의 독서회 중앙 본부는 독서회 조직망을 활용하여 학생들을 조직적으로 동원하였고, 시위는 점차 전국으로 확대되었다.

정답해설 ① 국내 민족 유일당 운동의 결과 1927년에 비타협적 민족주의 세력과 사회주의 세력이 연합한 최초의 합법적인 민족 협동 전선 단체인 신간회가 결성되었다.

오답피하기 ② 1934년 이병도, 손진태 등을 중심으로 순수 학술 연구 단체인 진단 학회가 조직되었다.
③ 백정 출신들은 경남 진주에서 이학찬 등을 중심으로 조선 형평사를 창립(1923)하고 평등한 대우를 요구하는 형평 운동을 전개하였다.
④ 대구에서 국채 보상 운동이 시작된 것은 1907년의 일이다.

핵심개념 광주 학생 항일 운동(1929)

배경	· 6·10 만세 운동 이후 식민지 차별 교육과 억압에 저항하는 학생들의 동맹 휴학 확산 · 전국 각지 학교에 비밀 결사 조직 · 신간회 활동으로 국민들의 자각
준비	광주~나주 간 열차에서 일본인 학생이 우리나라 여학생(박기옥) 희롱 → 한(박준채)·일(후쿠다) 학생들 간에 충돌 → 일본의 편파적 사건 처리
전개	광주 학생 총궐기(11월 3일) → 각지의 학생들이 동맹 휴학과 시위로 동조, 민중 가세 → 전국 규모 항일 투쟁으로 확대(독서회·신간회 등의 노력)
의의	3·1 운동 이후 최대의 민족 운동으로 발전

정답 ① 한정판 125p, 기본서 766p

05

다음 민족 운동에 대한 설명으로 옳은 것은?

시간대별 상황
오전 8시 30분 : 종로 3가 단성사 앞에서 국장 행렬이 통과 한 뒤 중앙고보생 30~40명이 만세를 부르며 격문 약 1,000여 장과 태극기 30여 장을 살포함.
오전 9시 30분 : 만세 시위를 주도하던 조선 학생 과학 연구회 간부 박두종이 현장에서 일경에 체포됨.
오후 1시 00분 : 훈련원 서쪽 일대에서 천세봉의 선창으로 만세 시위가 일어남.

① 중국 5·4 운동에 영향을 주었다.
② 신간회가 진상 조사단을 파견하였다.
③ 사회주의 세력과 학생들이 준비하였다.
④ 조선 청년 총동맹이 결성되는 계기가 되었다.

SOLUTION

자료분석 자료에 해당하는 민족 운동은 6·10 만세 운동(1926)이다. '조선 학생 과학 연구회' 등의 힌트를 통해 이를 알 수 있다. 1926년 조선 공산당(사회주의계)은 천도교계(민족주의계) 등과 함께 순종의 인산일에 맞춰 대규모 만세 시위를 계획하였으나 일제에 의해 사전 발각되었다. 이에 많은 애국 인사들이 검거되고 인쇄된 격문을 압수당하였다. 그러나 조선 학생 과학 연구회를 비롯한 학생들은 예정대로 시위 운동 계획을 추진하였다.

정답해설 ③ 1926년 대한 제국의 마지막 황제인 순종이 승하하자 조선 공산당은 천도교 세력 및 학생 세력과 연대하여 순종의 국장일인 6월 10일에 서울에서 만세 시위를 벌이기로 계획하였다. 시위 준비 과정에서 격문을 인쇄하려다가 경찰에 발각되면서 천도교 세력과 조선 공산당 간부들이 줄줄이 체포되었다. 그러나 검거를 피한 학생들은 예정대로 순종의 장례 행렬이 지나가는 곳곳에서 격문을 뿌리며 만세 시위를 전개하였다(6·10 만세 운동, 1926).

오답피하기 ① 중국의 5·4 운동에 영향을 준 것은 1919년에 일어난 3·1 운동이다. 3·1 운동 소식이 전해지면서 중국의 5·4 운동과 인도, 베트남, 필리핀 등 다른 아시아 국가의 반제국주의 민족 운동에도 큰 영향을 주었다.
② 신간회는 1929년 광주 학생 항일 운동이 일어나자 현지에 진상 조사단을 파견하였다.
④ 6·10 만세 운동(1926) 이전인 1924년에 민족주의 계열과 사회주의 계열로의 분열을 수습하기 위해 조선 청년 총동맹이 결성되었다.

정답 ③ 한정판 125p, 기본서 766p

주제 149

04 | 사회·경제적 민족 운동

민족 협동 전선 운동(민족 유일당 운동)

Check 대표 기출 1

01 0870 [2023. 지방직 9급] 회독 ○○○

다음과 같은 강령을 발표한 단체의 활동으로 옳은 것은?

> • 우리는 정치적, 경제적 각성을 촉진함
> • 우리는 단결을 공고히 함
> • 우리는 기회주의를 일체 부인함

① 조선 민립 대학 기성회를 창립하였다.
② 파리 강화 회의에 대표를 파견하였다.
③ 6·10 만세 운동을 사전에 계획하였다.
④ 광주 학생 항일 운동이 일어나자 조사단을 파견하였다.

SOLUTION   난이도 상 중 하

출제자의 눈 신간회의 창설 배경 및 활동을 묻는 문제가 꾸준히 출제되고 있다. 특히 애국 계몽 운동 단체인 신민회의 활동이 오답 보기로 자주 출제된다. 근우회는 여성 단체인 찬양회와 혼동하기 쉽기 때문에 비교·구분할 수 있어야 한다.

자료분석 자료는 신간회의 강령이다. 신간회 강령은 민족 단결을 강조하고 있으며, 일제와 타협하는 자치 운동 등의 활동을 비판하는 내용을 담고 있다.

정답해설 ④ 신간회는 1929년 광주 학생 항일 운동이 일어나자 현지에 진상 조사단을 파견하였다. 그리고 진상 보고를 위한 민중 대회를 열고자 하였으나 사전에 일본 경찰에 발각되어 신간회 간부들이 체포되었고 민중 대회는 열리지 못하였다.

오답피하기 ① 1920년 창설된 조선 교육회가 총독부에 대학 설립을 요구했으나 거부되자, 우리 민족의 힘으로 대학을 설립하려는 민립 대학 설립 운동이 일어났다. 그리하여 1922년 이상재를 대표로 하는 민립 대학 기성 준비회가 결성되었으며, 전국 각지로부터 호응을 얻어 이듬해 서울에서 발기인 총회를 개최하고 조선 민립 대학 기성회를 조직하였다.
② 1919년 초에 신한 청년당은 김규식을 파리 강화 회의에 민족 대표로 파견하여 독립을 호소하였다.
③ 6·10 만세 운동은 신간회 창립(1927) 전인 1926년에 일어났다. 조선 공산당(사회주의계)은 천도교계(민족주의계) 등과 함께 순종의 인산일에 맞춰 대규모 만세 시위를 계획하였으나 일제에 의해 사전 발각되었다. 이에 많은 애국 인사들이 검거되고 인쇄된 격문을 압수당하였다. 그러나 조선 학생 과학 연구회를 비롯한 학생들은 예정대로 시위 운동 계획을 추진하였다.

정답 ④ 한정판 129p, 기본서 788p

Check 대표 기출 2

02 0871 [2024. 지방직 9급] 회독 ○○○

다음 창립 취지문을 발표한 단체에 대한 설명으로 옳은 것은?

> 우리 사회에서도 여성운동이 제기된 것은 또한 이미 오래되었다. 그러나 회고하여 보면 여성운동은 거의 분산되어 있었다. 그것에는 통일된 조직이 없었고 통일된 목표와 정신도 없었다. … (중략) … 우리가 실제로 우리 자체를 위해, 우리 사회를 위해 분투하려면 우선 조선 자매 전체의 역량을 공고히 단결하여 운동을 전반적으로 전개하지 않으면 아니 된다.

① 호주제 폐지 운동을 전개하였다.
② 여학교 설립을 주장하는 「여권통문」을 발표하였다.
③ 어린이날을 제정하고 잡지 『어린이』를 창간하였다.
④ 봉건적 인습 타파, 여성 노동자의 임금 차별 철폐 등을 주장했다.

SOLUTION   난이도 상 중 하

자료분석 자료는 근우회의 창립 취지문 중 일부이다. 민족주의 계열과 사회주의 계열로 나누어져 있던 여성 단체들은 신간회 결성(1927. 2.)을 계기로 단체를 통합하여 근우회를 조직하였다(1927. 5.).

정답해설 ④ 근우회는 '조선 여자의 공고한 단결과 지위 향상'을 목표로 국내 각 지방과 도쿄, 간도 등에 지회를 두었다. 또한, 여성 강연회, 토론회, 교양 강좌 등을 개최하여 여성 문맹 퇴치와 여성 계몽 활동에 앞장서는 등 사회 운동에 적극적으로 참여하였다.

오답피하기 ① 호주제는 노무현 정부 시기인 2008년에 폐지되어, 일제 강점기 단체인 근우회와는 직접적인 관련이 없다.
② 1898년 서울의 북촌 부인들을 중심으로 조직된 찬양회에 대한 내용이다. 이 단체는 독립신문과 황성신문에 여성통문(여권통문)을 발표하였으며, 여성 교육을 위해 순성 여학교(1899)를 설립하기도 하였다.
③ 방정환을 중심으로 조직된 천도교 소년회(1921)는 어린이날을 제정(1922)하고 잡지 『어린이』를 발간(1923)하였다.

핵심개념 근우회 행동 강령

> 1. 여성에 대한 사회적·법률적 일체 차별 철폐
> 2. 일체 봉건적 인습과 미신 타파
> 3. 조혼 폐지 및 결혼의 자유
> 4. 인신매매 및 공창(公娼) 폐지
> 5. 농민 부인의 경제적 이익 옹호
> 6. 부인 노동의 임금 차별 철폐 및 산전 산후 임금 지불
> 7. 부인 및 소년공의 위험 노동 및 야업 폐지
>
> - 『동아일보』, 1929. 7. 25. -

정답 ④ 한정판 129p, 기본서 785p

03 [2024. 지역인재 9급]

(가) 단체가 창립된 시기는?

> 정우회 선언 발표 이후 비타협적 민족주의자들과 사회주의자들은 (가) 을/를 창립하고 회장에는 이상재, 부회장에는 홍명희를 선출하였다. (가) 은/는 각 지방을 순회하면서 강연회를 열었는데, 조선인에 대한 착취 기관 철폐, 타협적 정치 운동 배격 등을 주장하였다. (가) 은/는 민족 협동 전선을 결성하였다는 점에서 역사적 의의가 있다.

㉠	㉡	㉢	㉣	
안중근 의거	3·1 운동	6·10 만세 운동	광주 학생 항일 운동	중·일 전쟁 발발

① ㉠
② ㉡
③ ㉢
④ ㉣

04 [2021. 지방직 9급]

밑줄 친 '이 단체'에 대한 설명으로 옳은 것은?

> 1920년대 국내에서는 일본과 타협해 실익을 찾자는 자치 운동이 대두하였다. 비타협적인 민족주의자들은 이를 경계하면서 사회주의 세력과 연대하고자 하였다. 사회주의 세력도 정우회 선언을 발표해 비타협적 민족주의 세력과 제휴를 주장하였다. 그 결과 비타협적 민족주의 세력과 사회주의 세력은 1927년 2월에 이 단체를 창립하고 이상재를 회장으로 추대하였다.

① 조선 물산 장려회를 조직해 물산 장려 운동을 펼쳤다.
② 고등 교육 기관을 설립하기 위해 민립 대학 설립 운동을 시작하였다.
③ 문맹 퇴치와 미신 타파를 목적으로 브나로드 운동을 전개하였다.
④ 광주 학생 항일 운동의 진상을 조사하고 이를 알리는 대회를 개최하고자 하였다.

SOLUTION (03)

자료분석 연표의 안중근 의거는 1909년, 3·1운동은 1919년, 6·10 만세 운동은 1926년, 광주 학생 항일 운동은 1929년, 중·일 전쟁 발발은 1937년의 사건이다.

정답해설 ③ 자료의 (가)에 해당하는 단체는 신간회이다. 신간회는 1927년 비타협적 민족주의 세력과 사회주의 세력 간의 협동체로 창립되었다. 서울에 본부를 설치하고 전국 각지에 조직을 확산시켜 140여 개의 지회를 구성하였다. 만주와 일본에도 지회를 조직하였으며, 2만~4만의 회원을 확보해 일제 강점기 최대 규모의 민족 운동 단체로 성장하였다.

핵심개념 신간회의 창립 배경과 과정

배경	국외	• 제1차 국공 합작(1924~1927) • 한국 독립 유일당 북경 촉성회(1926, 안창호)
	국내	• 자치론 대두(이광수, 최린) → 민족주의계 분열(타협적 민족주의 vs 비타협적 민족주의) • 6·10 만세 운동(1926) : 민족주의계와 사회주의계의 연대 계기 마련
창립 과정		조선 민흥회(1926. 7.) 결성 → 정우회 선언(1926. 11.) → 신간회 창립(1927. 2.)

정답 ③ 한정판 129p, 기본서 788p

SOLUTION (04)

자료분석 자료의 밑줄 친 '이 단체'는 신간회이다. 사회주의자들은 정우회 선언을 발표하여 비타협적 민족주의 세력과의 협력을 주장하였다. 그 결과 1927년 비타협적 민족주의자들과 사회주의자들이 연대하여 신간회를 창립하였다.

정답해설 ④ 1929년 11월 광주 학생 항일 운동이 일어나자 신간회는 광주에 조사단을 파견하고 일제의 학생 운동 탄압에 항의하였다. 그리고 사건의 진상 보고를 위한 민중 대회를 열어 이를 전국적인 항일 운동으로 확산시키려고 하였다. 그러나 이 계획은 사전에 일본 경찰에 발각되어 신간회 간부들이 체포되었고, 민중 대회는 열리지 못하였다.

오답피하기 ① 1920년 조만식 등이 평양에서 조선 물산 장려회를 조직하여 물산 장려 운동을 시작하였고, 1923년 경성에서도 조선 물산 장려회가 만들어지는 등 물산 장려 운동은 전국적으로 퍼져 나갔다(신간회 창립 이전 시기의 사건으로 신간회 활동과는 관련이 없다.).
② 이상재 등이 중심이 된 조선 교육회의 제안으로 경성에서 조선 민립 대학 기성 준비회가 만들어졌다. 이를 바탕으로 출범한 조선 민립 대학 기성회는 '한민족 1천만이 한 사람이 1원씩'이라는 구호를 내걸고 전국적인 모금 운동을 벌였다(민립 대학 설립 운동).
③ 동아일보는 1931년부터 학생 계몽대를 만들어 브나로드 운동을 전개하였다. 각 지방의 마을마다 야학을 만들어 한글을 가르쳤고, 미신 타파·구습 제거·근검절약 등을 강조하며 계몽 활동도 펼쳤다.

정답 ④ 한정판 129p, 기본서 788p

05 [2018. 기상직 9급]

다음 자료를 계기로 성립된 단체에 대한 설명으로 옳지 않은 것은?

> …… 우리가 승리를 향해 구체적으로 전진하기 위해서는 현실적으로 가능한 모든 조건을 충분히 이용하지 않으면 아니 될 것이다. 따라서 민족주의적 세력에 대해서는 그 부르주아 민주주의적 성질을 분명히 인식함과 동시에 또 과정적 동맹자적 성질도 충분히 승인하여 그것이 타락하는 형태로 출현되지 아니하는 것에 한하여는 적극적으로 제휴하여 ……

① 사회주의자들이 해소론을 주장하였다.
② 중국 1차 국·공 합작의 영향을 받았다.
③ 중국, 소련, 프랑스 노동자들이 격려 전문을 보냈다.
④ 농민·노동 운동 지원, 수재민 구호 등의 활동을 전개하였다.

06 [2017. 국가직 9급 추가채용]

다음 선언으로 결성된 단체에 대한 설명으로 옳은 것은?

> 민족주의적 세력에 대하여는 그 부르주아 민주주의적 성질을 분명히 인식함과 동시에 과정상의 동맹자적 성질도 충분히 승인하여, 그것이 타락하지 않는 한 적극적으로 제휴하여 대중의 이익을 위해서도 종래의 소극적인 태도를 버리고 싸워야 할 것이다.

① 조선인 본위의 교육 제도 실시를 주장하였고, 원산 노동자 총파업을 지원하였다.
② 민중의 직접 폭력 혁명으로 강도 일본을 무너뜨리는 목표를 설정하였다.
③ 언론을 통한 국민 계몽과 문맹 퇴치 운동, 민립 대학 설립 운동 등을 추진하였다.
④ 민족자본의 육성을 위해 자급자족, 토산품 애용 등을 주장하며 물산장려운동을 벌였다.

07 0876 [2016. 법원직 9급]

다음과 같은 주장을 한 단체에 대한 설명으로 가장 옳은 것은?

> 창립 당시는 소위 민족적 단일한 정치 투쟁 단체로 이 회가 필요했지만 그 후 본회의 통일적 운동의 발자취를 돌아보면 너무나 막연하여 종잡을 수 없음을 통감하지 않을 수 없다. 따라서 최근 본회의 근본 정신인 비타협주의를 무시하고 합법 운동으로 방향을 전환하려는 민족적 개량주의자가 발호해 온 것이 심히 유감된 일이며, 이는 본회의 근본적 모순으로부터 온 당연한 귀결이라고 할 수 있지 않겠는가. 그렇다면 우리들은 이 같은 불순한 도정을 따라온 회의 존립을 그대로 용인할 수 없으므로 첨예한 계급 단체를 조직하고 본회를 해소하는 것은 당연하다고 생각한다.

① 6·10 만세 운동을 주도하였다.
② 3·1 운동을 전국으로 확산시켰다.
③ 보안법에 의해 강제로 해산되었다.
④ 광주 학생 항일 운동에 조사단을 파견하였다.

08 0877 [2014. 국가직 7급]

다음 강령을 채택한 단체의 활동으로 옳지 않은 것은?

> 1. 우리는 조선 민족의 정치적 경제적 해방의 실현을 도모한다.
> 2. 우리는 전 민족의 총 역량을 집중하여 민족적 대표 기관이 되기를 기한다.
> 3. 우리는 일체의 개량주의 운동을 배척하여 전 민족의 현실적인 공동 이익을 위하여 투쟁한다.

① 동양 척식 주식회사를 폐지하자고 하였다.
② 의무 교육제와 고등 교육 기관설립을 주장하였다.
③ 노동 운동과 연계하여 최저 임금제를 요구하였다.
④ 여성의 법률상 및 사회적 차별을 없애자고 하였다.

주제 150

04 | 사회·경제적 민족 운동

실력 양성 운동의 전개

Check 대표 기출 1

01 0878 [2018. 지방직 9급]   회독 ○○○

밑줄 친 '운동'에 대한 설명으로 옳은 것은?

> '조선 사람은 조선 사람이 만든 물건만 쓰고 살자'고 하는 <u>운동</u>이 일어나고 있다. 그렇게 하면 조선인 자본가의 공업이 일어난다고 한다. …(중략)… 이 <u>운동</u>이 잘 되면 조선인 공업이 발전해야 하지만 아직 그렇지 않다. …(중략)… 이 <u>운동</u>을 위해 곧 발행된다는 잡지에 회사를 만들라고 호소하지만 말고 기업을 하는 방법 같은 것을 소개해야 한다.
>
> - 개벽 -

① 조선 총독부가 회사령을 폐지하는 계기가 되었다.
② 원산 총파업을 계기로 조직적으로 전개될 수 있었다.
③ 조만식 등에 의해 평양에서 시작되어 전국으로 확산되었다.
④ 조선 노농 총동맹의 적극적 참여로 대중적인 기반이 확충되었다.

SOLUTION   난이도 상 중 하

출제자의 눈 실력 양성 운동의 대표적 주제로는 물산 장려 운동, 민립 대학 설립 운동, 문맹 퇴치 운동이 있다. 실력 양성 운동은 민족주의계가 주도한 운동임을 기억하자. 각 실력 양성 운동의 전개 배경과 내용을 이해하고, 시기 파악은 필수이다.

자료분석 자료의 밑줄 친 '운동'은 국산품 애용을 강조한 <u>물산 장려 운동</u>이다. '조선 사람은 조선 사람이 만든 물건만 쓰고 살자고 하는 운동이 일어나고 있다.'라는 내용을 통해 알 수 있다.

정답해설 ③ <u>1920년 평양에서 조만식 등의 주도로 물산 장려 운동이 시작</u>되었고, 각 지역의 호응 속에 전국으로 확산되었다. 이 운동은 '내 살림 내 것으로', '조선 사람 조선 것' 등의 구호를 앞세우며 민족 산업의 보호와 육성을 위해 토산품 애용, 근검저축, 금주·단연 등을 주장하였다.

오답피하기 ① 물산 장려 운동은 총독부의 <u>회사령 폐지와 관세 철폐 움직임에 대항하여 일어난(회사령 폐지의 계기 X)</u> 실력 양성 운동이다. 1920년대 들어 회사령이 폐지되자 일본의 자본이 한국에 본격적으로 진출하였고, 일본과 한국 사이의 관세를 없애려는 움직임이 일어나자 한국인 자본가들의 위기의식이 높아졌다. 이에 민족 자본가들은 1920년대 초 민족 산업을 보호·육성하여 민족 경제의 자립을 이루자는 물산 장려 운동을 전개하였다.
② <u>물산 장려 운동은 원산 총파업 이전에 일어났다.</u> 물산 장려 운동이 시작된 것은 1920년대 초반이고, 원산 노동자 총파업은 1929년에 일어났다.
④ 물산 장려 운동은 <u>조선 물산 장려회 등의 단체를 중심으로 전개되었다.</u> 조선 노농 총동맹은 1924년 서울에서 조직되었던 노농 운동의 중앙단체이다.

정답 ③ 한정판 128p, 기본서 791p

Check 대표 기출 2

02 0879 [2020. 국가직 9급]   회독 ○○○

(가)에 대한 설명으로 옳은 것은?

> 문화통치의 일환으로 한글 신문의 발행이 허용되었다. 이에 따라 <u>(가)</u> 이/가 창간되었다. <u>(가)</u> 은/는 자치운동을 모색하던 이광수의 「민족적 경륜」을 실어 비판받기도 하였으나, '일장기 말소사건'으로 일제로부터 정간 처분을 받기도 하였다.

① 한글 보급 운동에 앞장서 『한글원본』을 만들었다.
② 브나로드 운동이라는 농촌 계몽 운동을 전개하였다.
③ 『개벽』, 『신여성』, 『어린이』 등의 잡지를 발행하였다.
④ 신간회가 결성되자 신간회 본부와 같은 역할을 하게 되었다.

SOLUTION   난이도 상 중 하

자료분석 자료의 (가)는 <u>동아일보</u>이다. 동아일보는 1924년 <u>이광수의 『민족적 경륜』</u>을 실어 비판받기도 하였고, 1936년 베를린 올림픽 대회 <u>마라톤 우승자 손기정 선수의 사진을 게재</u>하면서, 유니폼에 그려진 <u>일장기를 삭제</u>한 사건으로 무기 정간 처분을 받기도 하였다.

정답해설 ② 동아일보에서는 <u>1931년부터 브나로드 운동이라는 농촌 계몽 운동을 전개</u>하였다. 동아일보와 학생들은 농민들에게 한글을 교육하고, 미신타파, 구습 제거, 근검 절약 등 계몽 활동을 전개하였다.

오답피하기 ① <u>조선일보의 문자 보급 운동</u>에 대한 내용이다. 1929년 조선일보와 귀향한 학생들은 '아는 것이 힘, 배워야 산다.'라는 표어를 내세우고 농촌 계몽 운동과 더불어 문자 보급 운동을 전개하였다. 조선일보사는 일제의 중지 명령으로 이 운동을 중단하였으나(1935) <u>한글 교재(한글원본)를 발행</u>하여 농촌 지방에 배부함으로써 큰 성과를 거두었다.
③ <u>천도교</u>에 대한 설명이다. 천도교는 1920년대에 『개벽』(1920), 『신여성』(1923), 『어린이』(1923) 등의 잡지를 발행하였다.
④ <u>조선일보</u>에 대한 설명이다. 신간회가 결성되자 조선일보는 신간회 본부와 같은 역할을 하게 되었다.

정답 ② 한정판 128p, 기본서 794p

추가 기출 사료

이광수의 민족적 경륜(1924)

> <u>지금의 조선 민족에게는 왜 정치적 생활이 없는가?</u> …… 일본이 조선을 병합한 이래로 조선인에게는 모든 정치 활동을 금지한 것이 첫째 원인이다. …… 지금까지 해 온 정치적 운동은 모두 일본을 적대시하는 운동뿐이었다. 이런 종류의 정치 운동은 해외에서나 할 수 있는 일이고, <u>조선 내에서는 허용되는 범위 내에서 일대 정치적 결사를 조직해야 한다는 것이 우리의 주장</u>이다.
>
> - 동아일보 -

03 [2022. 지방직 9급]

다음과 관련된 운동에 대한 설명으로 옳은 것은?

① 가뭄과 홍수로 인해 중단되었다.
② 조선총독부의 「회사령」에 맞서기 위해 전개되었다.
③ 일부 사회주의자는 자본가 계급을 위한 운동이라고 비판하였다.
④ 조선에 사는 일본인이 일본 자본에 대항하기 위해 일으켰다.

04 [2014. 법원직 9급]

(가), (나) 자료와 관련된 운동에 대한 설명으로 가장 옳지 않은 것은?

> (가) 비록 우리 재화가 남의 재화보다 품질상 또는 가격상으로 개인 경제상 다소 불이익이 있다 할지라도 민족 경제의 이익에 유의하여 이를 애호하여 장려하여 수요하며 구매하지 아니치 못할지라.
> (나) 민중의 보편적 지식은 보통 교육으로 능히 수여할 수 있으나 심원한 지식과 심오한 학리는 고등 교육에 기대하지 아니하면 불가할 것은 설명할 필요도 없거니와 사회 최고의 비판을 구하며 유능한 인물을 양성하려면 최고 학부의 존재가 가장 필요하도다.

① (가)는 사회주의자 주도로 전개되었다.
② (나)는 전국적인 모금 운동의 형태로 전개되었다.
③ (가)는 조만식, (나)는 이상재를 지도자로 전개되었다.
④ (가)와 (나)는 민족의 실력 양성을 목표로 전개되었다.

05 0882 [2013. 법원직 9급]

다음 글에서 비판하고 있는 이 운동에 대한 설명으로 옳은 것을 〈보기〉에서 고른 것은?

> 이 운동의 사상적 도화수가 된 것은 누구인가? 저들의 사회적 지위로 보나 계급적 의식으로 보나 결국 중산 계급임을 벗어나지 못하였으며, 적어도 중산 계급의 이익에 충실한 대변인인 지식 계급 아닌가. …… 실상을 말하면 노동자에게는 …… 말할 필요가 없는 것이다. …… 그네는 자본가 중산 계급이 양복이나 비단 옷을 입는 대신 무명과 베옷을 입었고, 저들 자본가가 위스키나 브랜디나 정종을 마시는 대신 소주나 막걸리를 먹지 않았는가? …… 이리하여 저들은 민족적, 애국적하는 감상적 미사(美辭)로써 눈물을 흘리면서 저들과 이해가 전연 상반한 노동 계급의 후원을 갈구하는 것이다.
> — 이성태, 『동아일보』 —

보기
㉠ 평양에서 시작하여 전국으로 확산되었다.
㉡ 사회주의 운동이 크게 확산되는 계기가 되었다.
㉢ 황성신문, 대한매일신보 등의 적극적인 지원을 받았다.
㉣ 일본 상품에 대한 관세 철폐 움직임에 대응하여 시작되었다.

① ㉠, ㉡
② ㉠, ㉢
③ ㉠, ㉣
④ ㉡, ㉢

주제 151

05 | 민족 문화 수호 운동

식민지 교육 정책과 식민사관

Check 대표 기출 1

01 0883 [2021. 경찰 1차] 회독 ○○○

다음 법령이 시행되던 시기에 있었던 사실로 옳은 것은?

> 제2조 국어를 상용하는 자의 보통 교육은 소학교령, 중학교령 및 고등여학교령에 의한다.
> 제3조 국어를 상용하지 않는 자에게 보통 교육을 하는 학교는 보통학교, 고등보통학교 및 여자고등보통학교로 한다.
> 제5조 보통학교의 수업 연한은 6년으로 한다. 단, 지역의 정황에 따라 5년 또는 4년으로 할 수 있다.

① 사립 학교령이 공포되었다.
② 조선어가 선택 과목이 되었다.
③ 경성 제국 대학이 설립되었다.
④ 소학교가 국민학교로 개칭되었다.

Check 대표 기출 2

02 0884 [2024. 국가직 9급]1 회독 ○○○

(가) 시기에 있었던 사실로 옳은 것은?

| 제1차 조선교육령 발표 | (가) | 제2차 조선교육령 발표 |

① 경성제국대학이 설립되었다.
② 근대 교육기관인 육영공원이 설립되었다.
③ 일본에서 2·8 독립선언서가 발표되었다.
④ 보안회의 주도로 일본의 황무지 개간권 반대 운동이 일어났다.

SOLUTION 난이도 상 중 하

자료분석 자료에서 보통학교의 수업 연한을 6년으로 했다는 사실 등을 통해 1922년에 제정된 제2차 조선 교육령임을 알 수 있다. 제2차 조선 교육령에서는 제1차 조선 교육령(1911) 때 보통학교의 수업 연한을 4년으로 한 것을 6년으로 연장하였다. 제2차 조선 교육령은 1922년에 제정되어 1938년 제3차 조선 교육령이 제정되기 전까지 시행되었다. 따라서 1922년~1938년까지의 시기에 있었던 사실을 찾아야 한다.

정답해설 ③ 일제는 1924년에 경성 제국 대학을 세워 한국에 거주하는 일본인의 고등 교육 수요를 충족하고, 한국인의 고등 교육에 대한 열기와 불만을 잠재우려고 하였다.

오답피하기 ① 사립 학교령이 공포된 시기는 1908년의 일이다. 통감부는 한국인이 설립하는 사립 학교가 크게 늘어나자 1908년 사립 학교령을 제정하여 사립 학교의 설립과 운영을 통제하였다.
② 조선어가 선택 과목(수의 과목)이 된 것은 1938년 제3차 조선 교육령에서이다.
④ 일제는 1941년에 소학교를 '황국 신민 학교'라는 뜻을 가진 국민학교로 바꾸었다.

핵심개념 일제의 조선 교육령(1)

제1차 (1911)	• 교육 기회 축소, 보통 교육과 실업 교육 위주 편성 • 보통학교 수업 연한 4년 • 사립학교 규칙(1911 → 1915년 개정) • 서당 규칙(1918)
제2차 (1922)	• 보통학교 수업 연한 6년 • 조선어 필수 과목 지정 • 사범학교 설립 및 대학에 관한 규정 마련(결과 : 경성 제국 대학 설립)

정답 ③ 한정판 131p, 기본서 805p

SOLUTION 난이도 상 중 하

출제자의 눈 각 조선 교육령 실시 시기의 사건을 묻는 문제가 전형적이다. 조선 교육령의 내용을 묻는 문제는 출제 가능성이 낮지만 사료로 제시하고 해당 교육령의 실시 시기 사건을 묻는 문제가 출제되기 때문에 주요 내용을 암기하고 있어야 한다. 특히 1, 2차 조선 교육령 실시 시기의 문제가 자주 출제된다.

자료분석 연표의 제1차 조선 교육령 발표는 1911년, 제2차 조선 교육령 발표는 1922년의 일이다.

정답해설 ③ 1919년 2월 8일, 유학생을 중심으로 조직된 조선 청년 독립단이 도쿄의 기독교 청년 회관에서 독립 선언서를 발표하였다(2·8 독립 선언).

오답피하기 ① 일제는 한국인의 자발적인 대학 설립 운동을 무마하기 위해 1924년에 경성 제국 대학을 설립하였다.
② 육영 공원은 1886년에 설립된 우리나라 최초의 근대적 관립 교육 기관이다.
④ 러·일 전쟁 중인 1904년 일본이 한국 정부에 황무지 개간권을 요구해 오자, 보안회는 종로에서 대중 집회를 열어 일본의 요구를 철회시키는 성과를 거두었다.

핵심개념 일제의 조선 교육령(2)

제3차 (1938)	• 조선어를 수의 과목(선택 과목)으로 변경 → 사실상 금지 • 교육 기관명 개칭 - 보통학교 → (심상)소학교 - 고등 보통학교 → 중학교 - 여자 고등 보통학교 → 고등 여학교
제4차 (1943)	• 전시 동원체제 강화 • 조선어·조선 역사 교육 금지

정답 ③ 한정판 119p, 기본서 804p

주제 152 — 05 | 민족 문화 수호 운동
일제 강점기 한국사 연구

Check 대표 기출 1

01 0885 [2019. 국가직 9급]   회독 ○○○

다음 글의 저자에 대한 설명으로 옳은 것은?

> 무릇 동양의 수천 년 교화계(教化界)에서 바르고 순수하며 광대 정밀하여 많은 성현들이 전해주고 밝혀 준 유교가 끝내 인도의 불교와 서양의 기독교와 같이 세계에 큰 발전을 하지 못함은 어째서이며 …(중략)… 유교계에 3대 문제가 있는지라. 그 3대 문제에 대하여 개량하고 구신(求新)을 하지 않으면 우리 유교는 흥왕할 수가 없을 것이다.

① 『독사신론』에서 민족을 역사서술의 주체로 설정하고 사대주의를 비판하였다.
② 주석·부주석 체제하의 대한민국 임시정부에서 주석을 역임하였다.
③ '나라는 형(形)이고 역사는 신(神)'이라고 주장하였다.
④ '조선얼'을 강조하며 '조선학 운동'을 펼쳤다.

SOLUTION   난이도 상 중 하

자료분석 자료는 박은식이 유교의 개량과 혁신을 주장한 글로서, 1909년에 나온 『서북 학회 월보』에 게재된 『유교 구신론』이다.

정답해설 ③ 박은식은 『한국통사』에서 '옛 사람이 말하되 나라는 가히 멸할 수 있으나, 역사는 가히 멸할 수 없으니, 대개 나라는 형(形)이나 역사는 신(神 또는 혼)이기 때문이다.'라고 주장하였다.

오답피하기 ① 신채호에 대한 설명이다. 신채호는 『독사신론』(1908)에서 민족을 역사 서술의 주체로 내세우고 사대주의적인 역사 의식을 날카롭게 비판하여 민족주의 사학의 발판을 마련하였다.
② 김구에 대한 설명이다. 대한민국 임시 정부는 1944년 5차 개헌을 통해 주석·부주석 체제를 갖추었으며, 주석에는 김구, 부주석에는 김규식이 선출되었다.
④ 정인보에 대한 설명이다. 정인보는 『동아일보』에 '5천 년간 조선의 얼'을 연재해 민족정신을 고취하고, 1934년 안재홍, 문일평 등과 조선학 운동을 전개하였다.

핵심개념 백암 박은식(태백광노, 무치생)

특징	• '국혼' 강조: 민족 정신을 '혼(魂)'으로 파악 • '혼'이 담겨 있는 민족사의 중요성 강조
한국통사	• 1864~1911년까지의 애통한 역사 기록 • "국가는 형(形, 껍데기)이요, 역사는 신(神, 민족혼)이다!!"
한국독립운동지혈사	한국의 항일 독립 운동에 관한 역사서

정답 ③ 한정판 131p, 기본서 808p

Check 대표 기출 2

02 0886 [2018. 국가직 7급]   회독 ○○○

다음 글의 저자에 대한 설명으로 옳은 것은?

> 국가의 역사는 민족의 소장성쇠(消長盛衰)의 상태를 서술할지라. 민족을 빼면 역사가 없으며 역사를 빼어 버리면 민족의 그 국가에 대한 관념이 크지 않을지니, 오호라 역사가의 책임이 그 역시 무거울진저 …(중략)… 만일 그렇지 않으면 이는 무정신의 역사이다. 무정신의 역사는 무정신의 민족을 낳으며, 무정신의 국가를 만들 것이니 어찌 두렵지 아니하리오.

① 이순신, 을지문덕 등 위인의 전기를 써 민족의식을 고취하였다.
② 한국의 독립운동 과정을 서술한 『한국독립운동지혈사』를 저술하였다.
③ '5천년간 조선의 얼'이라는 글을 신문에 연재하여 민족정신을 고취하였다.
④ '조선심'을 강조하며 정약용 연구를 중심으로 한 조선학 운동을 전개하였다.

SOLUTION   난이도 상 중 하

출제자의 눈 인물사·단순 지식형·사료형 문제 등 다양한 형태로 출제되며 박은식과 신채호의 출제 비중이 높다. 각 인물을 중심으로 저서, 활동 사항 등을 꼼꼼히 공부해야 한다.

자료분석 자료는 신채호가 1908년 대한매일신보에 연재한 『독사신론』의 일부이다. 신채호는 "국가의 역사는 민족의 소장성쇠(消長盛衰, 흥망성쇠)의 상태를 서술하는 것이며, 영토의 득실을 논하는 것은 아니다."고 하여 국가주의·민족주의의 입장에서 역사를 보고 있다.

정답해설 ① 신채호는 『최도통전』(최영), 『이순신전』, 『이태리 건국 삼걸전』, 『을지문덕전』 등을 저술하여 민족 의식을 고취하였다.

오답피하기 ② 박은식은 한국의 항일 독립운동에 관한 역사서인 『한국독립운동지혈사』를 저술하였다.
③ 정인보는 동아일보에 「5천 년간 조선의 얼」을 연재해 민족정신을 고취하였다.
④ 문일평은 『조선사화』를 통해 '조선심'을 강조하였고, 1934년 안재홍, 정인보와 함께 정약용 연구를 중심으로 한 조선학 운동을 전개하였다.

정답 ① 한정판 131p, 기본서 808p

03 [2023. 지방직 9급]

다음 주장을 한 인물에 대한 설명으로 옳은 것은?

> 우리 조선의 역사적 발전의 전 과정은 가령 지리적 조건, 인종학적 골상, 문화 형태의 외형적 특징 등 다소의 차이는 인정되더라도, 다른 문화 민족의 역사적 발전 법칙과 구별되어야 하는 독자적인 것이 아니다. 세계사적인 일원론적 역사 법칙에 의해 다른 민족과 거의 같은 궤도로 발전 과정을 거쳐왔다.

① 민족정신으로서 조선 국혼을 강조하였다.
② 민족주의 사학을 계승하여 조선의 얼을 강조하였다.
③ 마르크스 유물 사관을 바탕으로 한국사를 연구하였다.
④ 진단 학회를 조직하여 문헌 고증을 중시하는 실증주의 사학을 정립하였다.

04 [2023. 지역인재 9급]

다음과 같이 주장한 인물에 대한 설명으로 옳은 것은?

> 옛사람이 말하기를 나라는 멸망할 수 있으나 그 역사는 결코 없어질 수 없다고 했으니, 이는 나라가 형체라면 역사는 정신이기 때문이다. 이제 우리나라의 형체는 없어져 버렸지만, 정신은 살아남아야 할 것이다.

① 진단학회를 조직하고 「진단학보」를 발행하였다.
② 「유교구신론」을 통해 유교의 개혁을 주장하였다.
③ 「여유당전서」를 펴내고 조선학 운동을 전개하였다.
④ 의열단의 기본 정신을 제시한 「조선혁명선언」을 작성하였다.

SOLUTION (03)

자료분석 자료는 사회 경제 사학자 백남운이 저술한 『조선사회경제사』의 일부이다. 백남운 등은 사회 경제 사학을 연구하여 한국사를 세계사적 보편성 위에 체계화하려 하였다.

정답해설 ③ 사회 경제 사학자들은 마르크스의 유물 사관의 입장에서 한국의 역사가 세계의 여러 나라와 마찬가지로 보편적인 법칙에 따라 발전하였다고 보았다. 백남운은 이러한 논리를 바탕으로 『조선사회경제사』를 저술하여 식민 사관의 정체성론을 비판하였다.

오답피하기 ① 민족정신으로서 국혼을 강조한 인물은 박은식이다.
② 민족주의 사학을 계승하여 조선의 얼을 강조한 인물은 정인보이다.
④ 진단 학회를 조직하여 문헌 고증을 중시하는 실증주의 사학을 정립한 인물은 이병도와 손진태 등이 있다.

핵심개념 백남운의 사회 경제 사학

특징	• 마르크스의 유물 사관을 바탕으로 연구 • 한국사가 세계사의 보편적 발전 법칙에 입각해 발전했음을 강조 → 민족주의 사관과 식민 사관(정체성론) 모두 비판
저서	• 조선 사회 경제사(1933) • 조선 봉건 사회 경제사(1937)

정답 ③

SOLUTION (04)

자료분석 자료는 박은식이 저술한 『한국통사』의 일부이다. 박은식은 형체인 나라를 빼앗겼지만 정신인 역사를 지키면 언젠가 나라가 부활할 것이라고 주장하였다.

정답해설 ② 박은식은 민족주의 사학자로, 『유교 구신론』에서 실천적인 새로운 유교 정신을 강조하였다.

오답피하기 ① 이병도, 손진태 등이 1934년 진단학회를 조직하고 『진단학보』를 발행하였다.
③ 조선학 운동은 1934년 정인보, 안재홍, 문일평 등이 다산 서거 99주년을 기념하며 『여유당전서』를 간행하면서 시작되었다.
④ 「조선 혁명 선언」은 신채호가 의열단 선언문으로 작성한 것으로, 외교론·자치론·문화 운동론·준비론(실력 양성론) 등을 비판하며 민중의 직접 혁명을 통한 독립 쟁취(민중 직접 혁명론)를 주장하였다.

핵심개념 박은식(1859~1925)

1898년	독립 협회 가입, 황성신문 주필
1904년	대한매일신보 주필
1907년	신민회 가입
1909년	대동교 창시, 유교 구신론 주창
1910년	조선 광문회 조직(최남선과 함께)
1911년	동창학교 교사
1912년	상하이 동제사 조직(신규식과 함께)
1915년	한국통사 편찬, 대동보국단 조직
1919년	(대한국민)노인동맹단 조직
1920년	한국독립운동지혈사 간행
1925년	대한민국 임시정부 2대 대통령
저서	• 대동고대사론, 동명성왕실기, 천개소문전(연개소문) • 안중근전, 이준전 등 저술

정답 ②

05 [2021. 소방직]

다음을 주장한 인물에 대한 설명으로 옳은 것은?

> 역사란 무엇이뇨? 인류 사회의 아(我)와 비아(非我)의 투쟁이 시간부터 발전하여 공간부터 확대하는 정신적 활동상태의 기록이니 …… 조선 역사라 함은 조선 민족의 그리되어 온 상태의 기록인 것이다.

① 『대한매일신보』에 「독사신론」을 발표하여 민족주의 사학의 연구 방향을 제시하였다.
② 정약용 서거 99주년을 기념하며 『여유당전서』를 간행하면서 조선학을 제창하였다.
③ 진단 학회를 조직하고 철저한 문헌고증으로 한국사를 객관적으로 서술하려 하였다.
④ 유물 사관에 바탕을 두고 한국사가 세계사의 보편 법칙에 따라 발전하였다는 점을 강조하였다.

06 [2017. 국가직 9급]

다음 주장을 한 인물에 대한 설명으로 옳은 것은?

> 계급투쟁은 민족의 내부 분열을 초래할 것이며, 민족의 내쟁은 필연적으로 민족의 약화에 따르는 다른 민족으로 부터의 수모를 초래할 것이다. 계급투쟁의 길은 우리가 반드시 취해야 할 필요는 없고, 민족 균등이 실현되는 날 그것은 자연 해소되는 문제다. …(중략)… 이 세계적 기운과 민족적 요청에서 민족사관은 출발하는 것이며, 민족사는 그 향로와 방법을 명백하게 과학적으로 지시하여야 할 것이다.
> - 『조선민족사 개론』 -

① 『조선상고사』와 『조선사연구초』를 저술하였다.
② 대동사상을 수용한 유교 구신론을 주장하였다.
③ 『진단학보』를 발간한 진단학회의 발기인으로 활동하였다.
④ '5천 년간 조선의 얼'이라는 글을 동아일보에 연재하였다.

07 [2017. 국가직 9급 추가채용]

밑줄 친 '나'에 대한 설명으로 옳은 것은?

> 나의 조선경제사의 기도(企圖)는 사회의 경제적 구성을 기축으로 대체로 다음과 같은 제 문제를 취급하려 하였다.
> 제1. 원시 씨족 공산체의 태양(態樣)
> 제2. 삼국의 정립 시대의 노예 경제
> 제3. 삼국 시대 말기 경부터 최근세에 이르기까지의 아시아적 봉건 사회의 특질
> 제4. 아시아적 봉건국가의 붕괴 과정과 자본주의 맹아 형태
> 제5. 외래 자본주의 발전의 일정과 국제적 관계
> 제6. 이데올로기 발전의 총 과정

① 우리 고대사를 중국 민족에 필적하는 강건한 민족의 역사로 서술했다.
② 일제 식민사학의 정체성론을 극복하는 근거를 제공하였다.
③ 실학에서 자주적인 근대 사상과 우리 학문의 주체성을 찾으려 하였다.
④ 순수 학문을 표방하면서 식민주의 사학에 학문적으로 대항하려 하였다.

08 [2015. 서울시 9급]

다음 ㉠의 인물에 대한 설명으로 옳은 것은?

> ㉠ 은 조선 시대에 민중을 위해서 노력한 정치가들과 혁명가들을 드러내고, 세종과 실학자들의 민족지향, 민중지향, 실용 지향을 높이 평가하는 사론을 발표하여 일반 국민의 역사 의식을 계발하는 데 기여하였다. 또한 국제 관계에서 실리적 감각이 필요함을 절감하고, 이러한 시각에서 『대미관계 50년사』라는 저서를 내기도 하였다.

① 1930년대에 조선학 운동을 주도하였다.
② 진단학회를 창립하여 한국사의 실증적 연구에 힘썼다.
③ 한국사가 세계사의 보편적 법칙에 입각하여 발전하였음을 강조하였다.
④ 우리의 민족 정신을 '혼'으로 파악하고, '혼'이 담겨 있는 민족사의 중요성을 강조하였다.

09 0893 [2014. 지방직 7급]

다음은 1910년 전후의 저술 일부이다. 이에 대한 설명으로 옳은 것만을 〈보기〉에서 모두 고른 것은?

> (가) 고대의 불완전한 역사라도 이를 상세히 살피면, 동국주족(東國主族) 단군후예의 발달한 실제 자취가 뚜렷하거늘 무슨 까닭으로 우리 선조들을 헐뜯음이 이에 이르렀는가.
>
> (나) 옛 사람들이 말하기를 나라는 멸할 수 있으나 역사는 가히 멸할 수가 없다고 하였으니, 대개 나라는 형체이고 역사는 정신이기 때문이다. …(중략)… 오늘날 우리민족 모두가 우리 조상의 피로써 골육을 삼고 우리조상의 혼으로 영혼을 삼고 있으니 우리 조상은 신성한 교화가 있고 신성한 정법이 있고, 신성한 문사(文事)와 무공이 있으니, 우리민족이 그 다른 것에서 구함이 옳다고 하겠는가. 무릇 우리형제는 늘 잊지 말며 형체와 정신을 전멸시키지 말 것을 구구히 바란다.

보기
㉠ (가)의 저자는 유물 사관에 입각하여 역사를 연구하였다.
㉡ (가)의 저자는 민족정신을 '낭가' 사상으로 설명하였다.
㉢ (나)의 저자는 양기탁의 추천으로 제국신문의 주필을 지냈다.
㉣ (나)의 저자는 1925년 대한민국 임시 정부 대통령에 취임하였다.

① ㉠, ㉣ ② ㉡, ㉣ ③ ㉠, ㉡, ㉢ ④ ㉡, ㉢, ㉣

SOLUTION

자료분석 (가) 신채호가 대한매일신보에 연재한 『독사신론』(1908)의 서문이다. 그는 『독사신론』을 저술하여 단군 후예들을 동국(東國)의 주족[동국주족(東國主族) 단군후예]으로 언급하면서 대한 제국 시기 역사 교과서에 무비판적으로 받아들인 식민 논리를 비판하고 단군의 후예인 부여족과 만주를 중심으로 우리 역사를 다시 쓸 것을 제안하였다.
(나) 박은식의 『한국통사』이다. 박은식은 『한국통사』 서문에서 국가는 "형(形, 형체)이요, 역사는 신(神, 정신)이다"라는 말을 남겼다.

정답해설 ㉡ 신채호는 민족정신을 '낭가' 사상(화랑 정신)으로 설명하였다. 그는 '낭가 사상'을 강조하여 민족 독립의 정신적 기반을 만들고자 하였다.
㉣ 박은식은 1925년 이승만 탄핵 이후 임시 정부의 2대 대통령으로 취임하였다.

오답피하기 ㉠ 백남운에 대한 설명이다. 사회 경제 사학자들은 마르크스의 유물 사관의 입장에서 한국의 역사가 세계의 여러 나라와 마찬가지로 보편적인 법칙에 따라 발전하였다고 보았다. 백남운은 이러한 논리를 바탕으로 『조선 사회 경제사』를 저술하여 식민 사관의 정체성론을 비판하였다.
㉢ 제국신문의 주필을 지낸 대표적 인물은 이승만이다. 박은식은 1898년에 황성신문의 주필을 지냈으며, 1904년에는 대한매일신보 주필을 지냈다. 신채호는 양기탁의 추천으로 대한매일신보사에 들어가 대한매일신보의 주필이 되었다(1906).

심화개념 신채호의 낭가 사상

> 신채호는 박은식의 혼이나 정인보의 얼보다는 구체적 낭가사상(郞家思想)을 중시하였다. 그는 『조선사연구초』의 「조선역사상 일천년래 제일대사건」이라는 논문에서 화랑도의 사상을 낭가사상이라고 하였고, 그것을 한국의 고유 사상으로 보았다.

정답 ② 한정판 131p, 기본서 808p

핵심개념 신채호(1880~1936)

1898년	독립협회 가입
1905년	황성신문 기자
1906년	대한매일신보 주필
1907년	신민회 가입
1908년	대한매일신보에 독사신론 연재
1918년	신한 청년당 조직
1919년	• 상해 임시정부 수립에 참여 • 신대한 창간
1921년	잡지 텬고(천고) 간행
1923년	• 국민대표 회의 창조파로 활동 • 조선혁명선언 작성
1931년	조선상고사가 조선일보 학예란에 연재됨
1936년	뤼순 감옥에서 순국
기타 저서	동국고대선교고, 꿈하늘, 조선사론

주제 153

05 | 민족 문화 수호 운동

일제 강점기 사회·문화

Check 대표 기출 1

01 0894 [2018. 서울시 9급 기술직렬] 회독 ○○○

〈보기〉는 일제강점기 당시 흥행에 성공하였던 영화의 줄거리이다. 이 영화가 상영되던 시기의 문화예술계에 대한 설명으로 가장 옳은 것은?

─ 보기 ─
영진은 전문학교를 다닐 때 독립만세를 부르다가 왜경에게 고문을 당해 정신이상이 된 청년이었다. 한편 마을의 악덕 지주 천가의 머슴이며, 왜경의 앞잡이인 오기호는 빚 독촉을 하며 영진의 아버지를 괴롭혔다. 더욱이 딸 영희를 아내로 준다면 빚을 대신 갚아줄 수 있다고 회유하기까지 하였다. (중략) 오기호는 마을 축제의 어수선한 틈을 타 영희를 겁탈하려 하고 이를 지켜보던 영진은 갑자기 환상에 빠져 낫을 휘둘러 오기호를 죽인다. 영진은 살인혐의로 일본 순경에게 끌려가고, 주제곡이 흐른다.

① 역사학: 민족주의 역사가들 사이에서 이른바 조선학 운동이 시작되었다.
② 문 학: 민중생활에 관심을 기울인 신경향파 문학이 대두하여 식민통치에 대한 저항문학으로 발전했다.
③ 음 악: 일본 주류 대중음악의 영향을 받은 트로트 양식이 정립되었다.
④ 영 화: 일제는 조선 영화령을 공포하여 영화를 전시체제의 옹호와 선전의 수단으로 사용하였다.

Check 대표 기출 2

02 0895 [2023. 법원직 9급] 회독 ○○○

(가) 단체에 대한 설명으로 옳은 것을 〈보기〉에서 모두 고른 것은?

최현배, 이극로 등이 중심이 된 (가) 은/는 '표준어 및 외래어 표기법 통일안'을 제정하는 등 한글 표준화에 기여하였다. 이에 일제는 1942년 (가) 을/를 독립운동 단체로 간주하여 회원들을 대거 검거하였다. 일제는 이들을 고문하여 자백을 강요하였고 이윤재, 한징이 옥사하였다.

─ 보기 ─
ㄱ. 국문 연구소를 설립하였다.
ㄴ. 한글 맞춤법 통일안을 만들었다.
ㄷ.『우리말 큰사전』편찬을 준비하였다.
ㄹ.『개벽』,『어린이』등의 잡지를 발행하였다.

① ㄱ, ㄴ ② ㄱ, ㄷ
③ ㄴ, ㄷ ④ ㄴ, ㄹ

SOLUTION   난이도 상 중 하

자료분석 자료는 1920년대에 상영된 나운규의 영화 '아리랑'의 줄거리이다. 1926년에는 나운규가 영화 '아리랑'을 발표하여 영화 발전의 커다란 전기를 이루었다. 이 영화는 나라 잃은 민족의 울분과 설움을 그려 내어 대중의 큰 호응을 받았다. '아리랑'은 1926년 서울 단성사에서 처음 개봉되었다.

정답해설 ② 1920년대 중반에는 사회주의 영향을 받아 식민지 현실의 계급 모순을 비판하는 신경향파 문학이 등장하였다. 신경향파 작가들은 사회주의의 영향 아래 식민지 현실을 고발하고 계급 의식을 고취하는 것을 문학의 중요한 역할로 인식하였다.

오답피하기 ① 조선학 운동은 1934년 정인보, 안재홍, 문일평 등이 다산 서거 99주년을 기념하며『여유당전서』를 간행하면서 시작되었다.
③ 일본의 영향을 받은 트로트 양식이 정립된 것은 1930년대 들어서이다. 1930년대 중반에 트로트라 불리는 대중가요가 등장하여 인기를 얻었다.
④ 일제는 1940년 조선 영화령을 공포하여 영화 예술에 대한 심한 탄압을 가하고 전시체제의 옹호와 선전의 수단으로 활용하였다.

정답 ② 한정판 132p, 기본서 817p

SOLUTION   난이도 상 중 하

출제자의 눈 1920년대 문화 모습을 묻는 문제가 주로 출제되었으나 최근에는 국어 연구 단체의 출제 비중이 높아지고 있다. 조선어 학회와 조선어 연구회를 비교·구분해서 학습해야 한다.

자료분석 자료의 (가) 단체는 조선어 학회(1931)이다. 표준어 및 외래어 표기법 통일안을 제정했다는 내용과 1942년 일제가 조선어 학회를 독립운동 단체로 간주하여 회원들을 대거 검거한 조선어 학회 사건을 통해 알 수 있다.

정답해설 ㄴ, ㄷ. 조선어 연구회는 이극로, 최현배 등의 주도로 조선어 학회로 확대 개편되었다(1931). 조선어 학회는 한글 맞춤법 통일안과 표준어 및 외래어 표기법 통일안을 제정하여 한글 표준화에 이바지하였다. 또한 우리말 큰사전 편찬을 준비하는 등 활발한 활동을 전개하였다.

오답피하기 ㄱ. 1907년에는 국문 연구소가 만들어져 주시경, 지석영 등의 주도로 국문의 정리와 국어의 이해 체계가 확립되기 시작하였다.
ㄹ. 천도교에 대한 설명이다. 천도교는 1920년대에『개벽』(1920),『신여성』(1923),『어린이』(1923) 등의 잡지를 발행하였다.

정답 ③ 한정판 132p, 기본서 812p

03 [2024. 국가직 9급]

다음에서 설명하는 단체는?

- '가갸날'을 제정하였다.
- 기관지인 『한글』을 창간하였다.

① 국문연구소
② 조선광문회
③ 대한자강회
④ 조선어연구회

04 [2024. 서울시 9급 보훈청 추천]

일제강점기 종교계의 활동으로 가장 옳지 않은 것은?

① 천주교는 『개벽』, 『신여성』 등의 잡지를 발행하였다.
② 불교에서는 사찰령 폐지 운동을 전개하였다.
③ 대종교는 중광단을 조직하여 항일무장투쟁을 전개하였다.
④ 일부 개신교계에서는 신사 참배 거부 운동을 벌이기도 하였다.

SOLUTION (03)

자료분석 가갸날을 제정하고, 기관지인 『한글』을 창간했다는 내용으로 보아 1921년에 결성된 조선어 연구회임을 알 수 있다.

정답해설 ④ 1921년에 이윤재, 최현배 등은 일제의 문화 정책에 맞서 조선어 연구회를 만들어 한글을 연구하였다. 조선어 연구회는 '가갸날'을 제정(1926)하고, 『한글』 잡지를 창간(1927)하였으며 한글 연구와 보급 활동을 하였다.

오답피하기 ① 1907년에는 국문 연구소가 만들어져 주시경, 지석영 등의 주도로 국문의 정리와 국어의 이해 체계가 확립되기 시작하였다.
② 1910년 최남선, 박은식 등은 조선 광문회를 조직하여 실학자의 저서를 비롯한 민족 고전을 다시 간행했다.
③ 헌정 연구회를 계승한 대한 자강회(1906)는 교육과 산업을 통한 자강을 내세우고, 전국에 지회를 두고 월보를 간행하였다. 그러나 1907년 고종의 강제 퇴위를 반대하는 운동을 주도하다가 강제로 해산당하였다.

핵심개념 국어 연구 단체

국문 동식회 (1896)	주시경이 독립신문사 안에 설립, 최초의 국문 연구회
국문연구소 (1907)	• 학부(學部) 안에 설치, 주시경 · 지석영 등이 중심 • 국문 정리 및 국어 이해 체계 확립 시작
조선어 연구회 (1921)	• 국문 연구소(1907, 주시경 · 지석영) 계승, 조선어 강습회 개최 • 가갸날(한글 기념일) 제정(1926), 잡지 『한글』 창간(1927) • 1931년 조선어 학회로 개편
조선어 학회 (1931)	• 한글 맞춤법 통일안(1933)과 표준어 제정 및 외래어 표기법 통일안 제정 • 잡지 『한글』 간행, 『우리말 큰사전』 편찬 시도 • 한글 교재 제작 · 보급, 조선어 강습회를 열어 문맹 퇴치 운동 지원 • 조선어 학회 사건(1942) : 이윤재, 최현배 등 회원들 체포(치안 유지법 적용) → 일제에 의해 강제 해산

정답 ④ 한정판 132p, 기본서 812p

SOLUTION (04)

정답해설 ② 일제 강점기 한용운은 조선 불교 유신회를 조직(1921)하여 일본의 사찰령 · 승려법에 대항하였다. 사찰령은 1911년 일제가 한국 불교를 억압하기 위해 제정한 법령이다. 사찰을 병합 · 이전 · 폐지할 때는 조선 총독의 허가를 받아야 하는 등의 법령을 포함하고 있었다.
③ 대종교는 민족주의 성격이 강한 종교로, 일제의 감시와 탄압이 강화되자 만주로 본부를 이동하고 그곳에 중광단과 북로 군정서군을 결성하여 무장 항일 투쟁에 참여하였다.
④ 일제는 3·1 운동에서 기독교도들의 활동이 두드러지자 기독교도들에 대한 탄압을 한층 강화하였다. 기독교계는 일제강점기 말 신사참배 거부 운동을 벌여 일제로부터 심한 탄압을 받았다.

오답피하기 ① 천도교는 제2의 3·1 운동을 계획(1922)하였으며 『개벽』과 『어린이』, 『신여성』을 간행하여 신문화 운동을 전개하며 민중 계몽에 기여하였다. 천주교는 개화기 이후 사회사업을 지속적으로 확대하고 잡지 『경향』을 발행하는 등 민중 계몽에 힘썼으며, 만주에서 의민단을 조직하여 무장 항일 투쟁(청산리 전투 참가)을 전개하기도 하였다.

핵심개념 종교계의 활동

개신교	일제 말기 신사 참배 거부 운동
천주교	잡지 〈경향〉 발행, 의민단 조직(만주, 1919)
불교	• 조선 불교 유신회(1921, 한용운) 조직 • 일제의 사찰령(1911)에 저항
천도교	• 3·1 운동 주도, 제2의 3·1 운동 계획 • 〈개벽〉, 〈어린이〉, 〈신여성〉 등 잡지 간행, '어린이날' 제정
대종교	중광단, 북로 군정서
원불교	• 1916년 박중빈 창시 • 개간 사업, 저축 운동 전개, 남녀 평등, 허례허식 폐지, 금주 · 단연 등 새 생활 운동 전개

정답 ① 한정판 132p, 기본서 813p

05 [2018. 국가직 9급]

일제 강점기 조선인의 생활 모습으로 옳지 않은 것은?

① 도시 외곽의 토막촌에는 빈민이 살았다.
② 번화가에서 최신 유행의 모던걸과 모던보이가 활동하였다.
③ 몸뻬를 입은 여성들이 근로보국대에서 강제 노동을 하였다.
④ 상류층이 한식 주택을 2층으로 개량한 영단 주택에 모여 살았다.

SOLUTION

정답해설 ① 일제 강점기 도시 외곽의 토막촌에는 빈민이 살았다. 식민지 공업화가 이루어지면서 도시화와 함께 노동자 수도 빠르게 증가하였다. 그렇지만 노동자의 상당수는 '막노동자', '지게꾼', '수레꾼' 등 날품팔이 미숙련 노동자였다. 이들은 도시화에 따른 문화적 혜택을 거의 누릴 수 없는 도시 빈민층으로 도시 변두리의 토막에서 거주하는 경우가 많았다.

② 일제 강점기인 1920년대 이후에는 소비문화와 대중문화가 형성되면서 최신 유행을 즐기는 '모던 보이', '모던 걸'이 활동하였다.

③ 근로보국대는 일제가 1938년 조선인 학생, 여성과 농촌 노동력을 동원하기 위해 조직한 단체이다. 1930년대 후반 이후 일제는 작업의 효율성을 내세우며 여성에게 몸뻬(일본 농촌 여성의 작업복)를 입도록 강요하였다.

오답피하기 ④ 영단 주택은 일제가 심각한 주택난 해결을 위해 1941년 조선 주택 영단을 설립하여 공급한 서민 주택(상류층의 주택 X)으로, 일본식 주택 문화에 우리의 온돌을 가미한 구조로 되어 있었다.

심화개념 일제 강점기의 생활 모습

의(衣)	• 모던 걸과 모던 보이 : 1920~1930년대 경성에서 주로 단발과 양장, 양복 차림으로 거리를 활보하던 신식 여성과 남성을 가리킴 • 『신여성』(1923), 『별건곤』(1926), 『삼천리』(1929) 창간 • 화신백화점 설립(1931, 박흥식) • 1940년대 : 전시 체제 → 국방색 국민복(남자), 몸뻬 바지(여자)
식(食)	• 1920년대 : 산미 증식 계획 이후 한국인 1인당 쌀 소비량 감소 • 1930년대 : 중일 전쟁 이후 쌀 공출제에 따른 식량 부족 현상 심각
주(住)	• 문화 주택 : 일본식 + 서양식(1920년대~), 개량 한옥(1920년대~) • 영단 주택 : 서민층 대상(국민 연립주택, 1940년대) • 토막촌 : 도시 빈민층 주거지 • 경성 : 북촌에는 한국인이, 남촌에는 일본인이 주로 거주

정답 ④ 한정판 131p, 기본서 803p

2026 문동균 한국사 기출은 문동균

PART 8

현대 사회의 발전

CHAPTER 01	광복과 대한민국의 수립
CHAPTER 02	민주주의의 시련과 발전
CHAPTER 03	통일 정책과 평화 통일의 과제
CHAPTER 04	경제 성장과 사회·문화의 변화
CHAPTER 05	지역사·유네스코 유산

주제 154 | 01 광복과 대한민국의 수립
광복 직전 한국에 대한 국제적 논의

Check 대표 기출 1

01 0899 [2018. 서울시 9급 기술직렬] 회독 ○○○

〈보기〉의 선언에 대한 설명으로 가장 옳은 것은?

> ─ 보기 ─
> 우리 동맹국은 일본이 제1차 세계대전 이후에 탈취하거나 점령한 태평양의 도서 일체를 박탈할 것과 만주, 팽호도와 같이 일본이 청국에게서 빼앗은 지역을 모두 중화민국에 반환할 것을 목표로 한다. …(중략)… 그리고 우리 세 나라는 현재 한국 국민이 노예 상태하에 있음을 유의하여 적당한 시기에 한국을 자주·독립국가로 할 결의를 가지고 있다.

① 이 선언에서 연합국은 일본에 무조건 항복을 요구하였다.
② 미국, 영국, 중국의 정상이 모여 회담을 한 후 나온 선언이다.
③ 소련은 일본과의 전쟁에 참전할 것을 결정했다.
④ 미국의 루즈벨트 대통령이 20~30년간의 신탁 통치안을 처음으로 제안하였다.

Check 대표 기출 2

02 0900 [2016. 경찰간부후보] 회독 ○○○

다음의 사실이 논의된 연합국의 전시 회담을 옳게 연결한 것은?

> ㉠ 현재 조선인들이 노예상태에 놓여 있음을 유의하여 앞으로 적절한 절차를 거쳐 조선을 자유 독립국가로 할 결의를 가진다.
> ㉡ 루즈벨트는 신탁통치의 유일한 경험이 필리핀의 경우였는데 필리핀인은 자치 준비에 50년이 걸렸지만, 조선은 불과 20~30년 밖에 필요치 않을 것이라고 덧붙였다.

① ㉠ 카이로 회담 ㉡ 포츠담 회담
② ㉠ 포츠담 회담 ㉡ 얄타 회담
③ ㉠ 카이로 회담 ㉡ 얄타 회담
④ ㉠ 포츠담 회담 ㉡ 카이로 회담

SOLUTION   난이도 상 중 하

출제자의 눈 각 회담의 순서 배열 문제나 각 회담에서 다루어진 내용을 묻는다. 출제 비중은 높지 않지만 출제 시에 오답률이 높은 편이다.

자료분석 자료는 카이로 선언문(1943)의 내용 중 일부이다. '한국 국민이 노예 상태하에 있음을 유의하여 적당한 시기에 한국을 자주·독립국가로 할 결의를 가지고 있다.'라는 내용을 통해 알 수 있다.

정답해설 ② 1943년 이집트 카이로에 모인 **미국·영국·중국 3개국 정상**은 회담을 통해 카이로 선언에 합의하였다. 선언문에는 '한국인의 노예 상태에 유의하여, 적당한 시기에 한국에 자유와 독립을 회복시킨다.'라는 내용이 포함되었다. 이 선언은 **우리나라의 독립을 연합국이 최초로 보장**하였다는 점에서 의미를 지닌다.

오답피하기 ① 연합국이 일본에 무조건 항복을 요구한 것은 광복 직전인 **1945년 7월에 발표된 포츠담 선언**이다.
③ 1945년 2월 미국, 영국, 소련은 소련 **얄타**에서 회담을 열어 소련의 대일전 참전 등을 합의하였다(얄타 회담).
④ 1945년 2월에 열린 얄타 회담에서 미국의 루즈벨트 대통령이 20~30년간의 신탁 통치안을 제안하였다.

정답 ② 한정판 133p, 기본서 824p

SOLUTION   난이도 상 중 하

정답해설 ㉠ **카이로 회담(1943. 11.)**: 1943년 이집트 카이로에 모인 미국·영국·중국 3개국 정상은 회담을 통해 카이로 선언에 합의하였다. 선언문에는 '한국인의 노예 상태에 유의하여, 적당한 시기에 한국에 자유와 독립을 회복시킨다.'라는 내용이 포함되었다. 이 선언은 우리나라의 독립을 연합국이 최초로 보장하였다는 점에서 의미를 지닌다.
㉡ **얄타 회담(1945. 2.)**: 1945년 2월 미국, 영국, 소련의 3국 정상이 소련 얄타에서 개최한 회담이다. **소련군의 대일전 참전을 결의**하였으며 제2차 대전 후의 패전국과 참여국에 관한 논의에 **한반도의 신탁 통치** 등이 거론되었다. 미국은 필리핀의 경우를 예로 들어 한국에 대한 신탁 통치를 소련에 제안하였고, 스탈린은 신탁 통치 기간은 짧을수록 좋다고 답하였다.

오답피하기 포츠담 회담(1945. 7.): 독일이 항복한 후 1945년 7월, 연합국들은 전후 처리 문제를 논의하기 위해 독일 포츠담에 모였다. 포츠담 회담 기간 중에 미국, 영국, 중국 대표들은 포츠담 선언을 발표하여 **일본의 무조건 항복을 요구**하고, 카이로 선언에서 결정한 **한국의 독립을 재확인**하였다(소련은 8월 8일 대일 선전 포고를 하면서 이 선언에 참여).

핵심개념 광복 직전 한국 문제에 대한 국제 논의

카이로 회담 (1943. 11.)	· 참가국 : 미·영·중 · 한국 독립 최초 약속("in due course")
얄타 회담 (1945. 2.)	· 참가국 : 미·영·소 · 소련의 대일전 참전 약속, 신탁 통치 문제 언급(루즈벨트)
포츠담 선언 (1945. 7.)	· 참가국 : 미·영·중·소(후에 참여) · 카이로 회담(한국의 독립) 재확인, 일본의 무조건 항복 요구

정답 ③ 한정판 133p, 기본서 824p

주제 155 — 광복 직후 정치 단체 활동과 정치 상황

01 | 광복과 대한민국의 수립

Check 대표 기출 1

01 0901 [2021. 법원직 9급] 회독○○○

다음 강령을 발표한 단체에 대한 설명으로 가장 옳은 것은?

> • 우리는 완전한 독립 국가 건설을 기함.
> • 우리는 전 민족의 정치적, 경제적, 사회적 기본 요구를 실현할 수 있는 민주주의 정권 수립을 기함.
> • 우리는 일시적 과도기에 있어서 국내 질서를 자주적으로 유지하며 대중 생활의 확보를 기함.

① 자유당을 창당하였다.
② 조선 인민 공화국의 수립을 선포하였다.
③ 독립 촉성 중앙 협의회의 결성을 주도하였다.
④ 38도선을 넘어 북한 지도부와 남북 협상을 가졌다.

SOLUTION 난이도 상 중 하

출제자의 눈 조선 건국 준비 위원회는 단독 출제되고 있고, 기타 정치 단체들은 단순 지식형 문제로 출제되거나 인물사 문제와 연결 지어 출제된다.

자료분석 자료는 조선 건국 준비 위원회(건준)의 강령 내용이다. '우리는 일시적 과도기에 있어서 국내 질서를 자주적으로 유지하며 대중 생활의 확보를 기함.'이라는 내용을 통해 알 수 있다. 건준은 전국 각지에 지부를 두고, 치안대를 조직하여 질서를 유지하는 데 힘썼다.

정답해설 ② 조선 건국 준비 위원회는 남한 지역에 미군의 주둔이 다가오자, 미군과의 협상에서 유리한 위치를 차지하기 위해 조직을 개편하여 1945년 9월에 조선 인민 공화국 수립을 선포하고, 각 지부를 인민 위원회로 전환하였다.

오답피하기 ① 자유당은 대한민국 정부 수립(1948. 8.) 후인 1951년 12월에 창당된 이승만 계열의 보수 정당이다.
③ 독립 촉성 중앙 협의회는 1945년 10월에 이승만을 중심으로 조직된 단체이다.
④ 남북 협상을 주도한 것은 김구, 김규식 등 남북 협상파의 인물들이다. 1948년 김구와 김규식 등은 38도선을 넘어 북한 지도부와 남북 협상을 가졌다.

핵심개념 조선 건국 준비 위원회(건준, 1945. 8. 15.)

> • 조선 건국 동맹을 확대, 개편하여 결성, 좌우 합작
> • 위원장 여운형(중도 좌파), 부위원장 안재홍(중도 우파)
> • 치안대 · 식량 대책 위원회 조직, 전국에 145개의 지부 조직
> • 좌익의 건준 주도권 장악 → 안재홍 등 우익의 건준 탈퇴
> • 조선 인민 공화국 선포(1945. 9. 6) 및 각 지부를 인민 위원회로 전환

정답 ② 한정판 133p, 기본서 829p

Check 대표 기출 2

02 0902 [2019. 국가직 7급] 회독○○○

다음 선언문을 발표한 단체에 대한 설명으로 옳은 것은?

> 본 위원회는 우리 민족을 진정한 민주주의적 정권에로 재조직하기 위한 새 국가 건설의 준비 기관인 동시에 모든 진보적 민주주의적 세력을 집결하기 위하여 각층 각계에 완전히 개방된 통일기관이요, 결코 혼잡된 협동기관은 아니다.

① 각지에 치안대를 설치하였다.
② 반민족 행위 처벌법에 근거하여 설치되었다.
③ 임정 지지를 주장하면서 한국 민주당에 참가하였다.
④ 친일 청산 등을 명시한 좌우 합작 7원칙을 결정하였다.

SOLUTION 난이도 상 중 하

자료분석 자료는 해방 직후 조선 건국 준비 위원회(건준)가 발표한 선언이다. 건준은 1945년 8월 말 「조선 건국 준비 위원회의 선언과 강령」을 발표하였는데, 건준은 스스로를 '새 국가 건설의 준비 기관'이자 '민주주의 세력을 결집하기 위한 통일 기관'이라고 밝히면서도, 친일 세력을 배제한다는 의미에서 '혼잡한 협동 기관'은 아니라고 천명하였다. 결국 건준은 친일파를 제외한 국내외 여러 정치 세력을 망라하여 국가 건설에 나서고자 한 것이다.

정답해설 ① 조선 건국 준비 위원회는 치안대를 조직하여 치안을 담당하게 하였으며, 전국에 145개의 지부를 조직하였다.

오답피하기 ② 조선 건국 준비 위원회는 1945년 8월 15일에 결성되었고, 반민족 행위 처벌법은 대한민국 정부 수립 이후인 1948년 9월에 제정되었다.
③ 송진우와 김성수를 중심으로 결성된 한국 민주당은 대한민국 임시 정부 지지를 선언하였으며, 미 군정청과 긴밀한 관계를 유지하였다.
④ 1946년 7월에 결성된 좌우 합작 위원회는 1946년 10월에 좌익과 우익의 제안을 절충해 '좌우 합작 7원칙'을 발표하였다.

정답 ① 한정판 133p, 기본서 829p

03 0903 [2014. 국가직 9급]   회독 ○○○

8·15 광복 직후에 결성된 정당의 중심 인물과 주요 내용을 정리하였다. 이와 관련된 정당을 바르게 연결한 것은?

> ㉠ 여운형 등이 중심이 되어 결성하였으며, 진보적 민주주의를 표방하면서 좌우합작을 추진하였다.
> ㉡ 송진우 등이 중심이 되어 결성하였으며, 인민공화국을 부정하고 대한민국 임시 정부의 법통을 계승하려 하였다.
> ㉢ 안재홍 등이 중심이 되어 결성하였으며, 신민족주의를 내세워 평등사회를 건설하려 하였다.

	㉠	㉡	㉢
①	조선 인민당	한국 민주당	한국 독립당
②	조선 신민당	민족 혁명당	한국 독립당
③	조선 신민당	한국 민주당	국민당
④	조선 인민당	한국 민주당	국민당

SOLUTION

정답해설 ㉠ **조선 인민당**은 1945년 11월 **여운형**이 만든 중도 좌파 성향의 정당으로, 진보적 민주주의를 표방하면서 좌우합작을 추진하였다.
㉡ **한국 민주당**은 1945년 9월 **송진우, 김성수 등 우익 인사들이 결성**한 보수 정당으로, 조선 인민 공화국을 부정하고 대한민국 임시 정부의 법통을 계승하려 하였다.
㉢ **국민당**은 1945년 9월 조선 건국 준비 위원회(건준)가 좌경화되는 것에 불만을 가지고 있던 **안재홍** 등이 건준을 탈퇴하고 조직한 정당이다. 신민족주의를 내세워 평등사회를 건설하려 하였다.

단어해설 · 신민주주의와 신민족주의 : 안재홍은 신민주주의와 신민족주의를 주장하여 국민당의 정치이념으로 내세웠다. 신민주주의와 신민족주의는 극좌와 극우이념을 모두 배격하고 양자를 통합하려는 새로운 이념으로 주목되었다.

핵심개념 광복 직후 정치 세력들의 활동

한국 독립당 (1940)	· 대한민국 임시정부의 핵심 정당 · 1945년 11월 김구 주석 일행 귀국
한국 민주당 (우파, 1945. 9.)	· 김성수, 송진우 등 → 건준 불참(임정 지지) · 조선 인민 공화국 부정
국민당(1945. 9.)	안재홍(중도 우파), 신민주주의와 신민족주의 제창
독립 촉성 중앙 협의회 (1945. 10.)	· 이승만이 1945년 10월에 귀국하여 발족 · 좌·우익 참여 → 좌익 이탈
민족 자주 연맹 (1947. 12.)	· 김규식 결성 · 남북 협상 참가(1948)
조선 인민당 (1945. 11.)	· 여운형(중도 좌파) · 민족 역량의 총집결을 강령으로 함
남조선 신민당 (1946)	· 백남운(중도 좌파) · 연합성 신민주주의 제창
조선 공산당 (1925, 좌익)	1928년 해체 → 광복 직후 박헌영 중심 재건 → 남조선 노동당(1946, 남로당) 개편

정답 ④ 한정판 133p, 기본서 830p

주제 156

01 | 광복과 대한민국의 수립

모스크바 3국 외상 회의와 제1차 미소 공동 위원회 개최

Check 대표 기출 1

01 0904 [2018. 서울시 7급 2차]   회독 ○○○

〈보기〉의 결정을 내린 회의에 대한 설명으로 가장 옳지 않은 것은?

> **보기**
> - 첫째, 한국을 독립국가로 재건하기 위해 민주주의 임시 정부를 수립한다.
> - 둘째, 한국 임시정부 수립을 위해 미·소 공동 위원회를 설치한다.
> - 셋째, 미국, 영국, 중국, 소련의 4개국이 공동 관리하는 최고 5년 기한의 신탁통치를 시행한다.

① 1945년 12월 모스크바에서 개최하였다.
② 미국, 영국, 소련 세 나라의 외무장관이 참석하였다.
③ 한국의 신탁 통치에 대하여 처음 국제적으로 논의하였다.
④ 이 회의의 결정 소식은 국내 좌우익의 극심한 분열을 일으켰다.

Check 대표 기출 2

02 0905 [2021. 지방직 9급]   회독 ○○○

(가)에 대한 설명으로 옳은 것은?

> 1945년 12월 모스크바에서 미국, 소련, 영국의 외무장관들은 한국 문제를 논의하였다. 이 회의에서 미국, 소련, 영국, 중국이 최장 5년간 신탁통치를 시행한다는 합의가 이루어졌다. 또 미국과 소련이 _____(가)_____ 를/을 개최해 민주주의 임시정부 수립 문제에 대해 논의하기로 했다. 이 합의에 따라 1946년 3월 서울에서 _____(가)_____ 가/이 시작되었다.

① 미·소 양측의 의견 차이로 결렬되었다.
② 조선 건국 준비 위원회를 조직하는 성과를 냈다.
③ 민주 공화제를 핵심으로 한 제헌 헌법을 만들었다.
④ 유엔 감시하의 총선거로 정부를 수립한다는 결정을 내렸다.

SOLUTION   난이도 상 중 하

출제자의 눈 모스크바 3국 외상 회의의 개최 시기, 결정문의 내용, 이 결정문을 둘러싼 좌·우익의 반응을 파악하는 문제가 출제된다.

자료분석 자료는 1945년 12월에 있었던 모스크바 3국 외상회의의 결정문이다. 1945년 12월 한국의 전후 처리 문제를 해결하고자 모스크바에서 미국, 영국, 소련 3국의 외무 장관이 회의를 개최하였다(모스크바 3국 외상 회의). 이 회의에서 임시 민주 정부의 수립과 이를 위한 미소 공동 위원회의 설치, 최대 5년간 신탁 통치의 실시 등의 결정이 채택되었다.

정답해설 ①, ② 38도선을 경계로 한반도가 분단되고 미·소 양군의 통치가 실시되는 가운데 미국, 영국, 소련의 3국은 1945년 12월 모스크바에서 외무 장관 회의를 열어 한반도 문제의 처리에 대해 논의하였다(모스크바 3국 외상 회의).
④ 모스크바 3국 외상 회의에서 최고 5년간 미·영·중·소 4개국의 신탁 통치 실시가 결의되자, 이를 둘러싼 좌익과 우익의 대립이 격화되었다.

오답피하기 ③ 신탁 통치에 대한 논의는 모스크바 3국 외상 회의 이전에 개최된 얄타 회담(1945. 2.)에서도 있었다. 신탁 통치가 처음 언급된 회담은 얄타 회담으로 알려져 왔지만 1943년에 3월에 있었던 워싱턴 회담이 처음이라는 주장도 있다. 따라서 수험 국사에서는 상대적으로 볼 필요가 있으며, 어느 회담이 처음이냐는 문제는 출제되기 어려울 것으로 보인다.

정답 ③ 한정판 134p, 기본서 831p

SOLUTION   난이도 상 중 하

자료분석 자료의 (가)는 제1차 미소 공동 위원회이다. 1945년 12월에 미국, 영국, 소련의 외무 장관이 모스크바에 모여 제2차 세계 대전의 전후 처리 문제를 논의하였다(모스크바 3국 외상 회의). 이 회의에서 한국 문제도 다루었는데, 민주주의 임시 정부의 수립과 이를 돕기 위한 미소 공동 위원회 개최, 최고 5년간의 신탁 통치 실시 등이 결정되었다. 모스크바 3상 회의의 결정 사항에 따라 1946년 3월에는 1차 미소 공동 위원회가 서울에서 개최되었다.

정답해설 ① 1946년 미국과 소련은 모스크바 3국 외상 회의의 결정 사항을 이행하기 위해 제1차 미소 공동 위원회를 개최하였다. 그러나 미국과 소련은 미소 공동 위원회와 민주주의 임시 정부 수립에 관한 협의에 참여할 단체의 범위를 놓고 대립하였다. 소련은 모스크바 3국 외상 회의의 결정을 반대하는 세력은 참여시킬 수 없다고 주장하였다. 반면, 미국은 모스크바 3국 외상 회의의 결정 사항인 신탁 통치안에 반대하더라도 참여를 원하는 모든 단체가 협의의 대상이어야 한다고 주장하였다. 결국 미국과 소련의 의견 대립으로 결론에 이르지 못하였고, 제1차 미소 공동 위원회는 결렬되어 무기한 휴회에 들어갔다.

오답피하기 ② 조선 건국 준비 위원회는 제1차 미소 공동 위원회 개최 전인 1945년 8월에 조직되었다.
③ 민주 공화제를 핵심으로 한 제헌 헌법은 1948년 7월에 제헌 국회에서 만들었다.
④ 1947년 11월 유엔 총회에서는 유엔 한국 임시 위원단을 설치하고, 유엔 감시 아래 인구 비례에 의한 남북한 총선거를 통해 통일 정부를 수립할 것을 결정하였다.

정답 ① 한정판 134p, 기본서 832p

03 [2024. 지역인재 9급]

다음 자료가 발표된 배경으로 옳은 것은?

> 5개년 운운이라도 신탁 통치란 것은 최악의 국제 과오로서 우리 삼천만 대중이 도저히 승인할 수 없는 바이다. 5개월 미만의 반신불수적인 미국과 소련의 분할 점령 치하에서도 허다한 정치적·사회적 현상이 만들어지고 있는데, 5개년의 신탁 통치란 것은 조선 민족의 분열과 사회적 붕괴를 조장 촉성하여 헤아릴 수 없는 깊은 바닷속으로 몰아넣는 것과 같다.
> ─ 『동아일보』 1945년 12월 29일 ─

① 좌우 합작 7원칙이 발표되었다.
② 모스크바 3국 외상 회의가 개최되었다.
③ 제1차 미·소 공동위원회가 무기한 휴회되었다.
④ 유엔 소총회에서 남한만의 단독 총선거가 결의되었다.

SOLUTION

자료분석 자료는 신탁 통치에 대한 비판 내용이다.

정답해설 ② 1945년 12월 한국의 전후 처리 문제를 해결하고자 모스크바에서 미국, 영국, 소련 3국의 외무 장관이 회의를 개최하였다(모스크바 3국 외상 회의). 이 회의에서 임시 민주 정부의 수립과 이를 위한 미소 공동 위원회의 설치, 최대 5년간 신탁 통치의 실시 등의 결정이 채택되었다. 신탁 통치 결정 소식이 국내에 전해지자 이를 둘러싼 좌익과 우익의 대립이 격화되었다.

오답피하기 ① 제1차 미·소 공동 위원회가 결렬되고 단독 정부 수립 운동이 일어나자 김규식(중도 우)과 여운형(중도 좌)을 중심으로 한 중도 세력은, 미국에 우호적인 정부를 세우려는 미군정의 지원을 받아 좌우 합작 위원회를 결성(1946. 7.)하였다. 1946년 10월 좌우 합작 위원회는 좌익과 우익의 제안을 절충해 '좌우 합작 7원칙'을 발표했다.
③ 1946년 미국과 소련은 모스크바 3국 외상 회의의 결정 사항을 이행하기 위해 제1차 미소 공동 위원회를 개최하였다. 그러나 미국과 소련은 미소 공동 위원회와 민주주의 임시 정부 수립에 관한 협의에 참여할 단체의 범위를 놓고 대립하였다. 소련은 모스크바 3국 외상 회의의 결정을 반대하는 세력은 참여시킬 수 없다고 주장하였다. 반면, 미국은 모스크바 3국 외상 회의의 결정 사항인 신탁 통치안에 반대하더라도 참여를 원하는 모든 단체가 협의의 대상이어야 한다고 주장하였다. 결국 미국과 소련의 의견 대립으로 결론에 이르지 못하였고, 제1차 미소 공동 위원회는 결렬되어 무기한 휴회에 들어갔다.
④ 1947년 11월 유엔 총회는 인구 비례에 의한 남북한 총선거를 결정했으나 소련이 유엔 한국 임시 위원단의 입북을 거부하자 1948년 2월에 열린 유엔 소총회에서 남한만의 단독 선거가 결정되었다. 이에 1948년 5월 10일 유엔 한국 임시 위원단의 감시하에 남한만의 단독 선거가 실시되었다(5·10 총선거).

정답 ②

핵심개념 모스크바 3국 외상 회의(1945. 12)

개념		미국, 영국, 소련의 외무장관 회의
과정	미국	장기간의 신탁 통치 주장
	소련	임시정부 수립을 내용으로 하는 수정안 제시
결정 내용		· 조선을 독립시키고 민주주의 국가로 발전시키기 위해 조선에 임시 민주주의 정부를 수립한다. · 임시 정부 구성을 원조하기 위한 미소 공동 위원회를 설치한다. · 최고 5년 간 미·영·중·소 4개국의 신탁 통치를 실시한다. · 조선에 주둔하는 미·소 양군 사령부 대표들의 회의를 2주 안에 소집한다.

주제 157

01 | 광복과 대한민국의 수립
좌우 합작운동

Check 대표 기출 1

01 0907 [2019. 법원직]

밑줄 친 '위원회'에 대한 설명으로 가장 옳은 것은?

> 본 위원회의 목적을 달성하기 위하여 기본 원칙을 아래와 같이 의정함.
> 1. 조선의 민주 독립을 보장한 삼상 결정에 의하여 남북을 통한 좌우합작으로 민주주의 임시정부를 수립할 것.
> 2. 미소공동위원회 속개를 요청하는 공동성명을 발표할 것.
> 3. 토지개혁에 있어 몰수, 유조건 몰수, 체감 매상 등으로 토지를 농민에게 무상으로 분여하여 적정 처리하고, 중요 산업을 국유화하여 ……
> 4. 친일파 민족 반역자를 처리할 조례를 본 합작 위원회에서 입법 기구에 제안하여 …… 실시하게 할 것

① 이승만의 정읍 발언을 지지하였다.
② 여운형과 김규식 등이 주도하였다.
③ 조선 공산당과 한민당이 참여하였다.
④ 모스크바 3국 외상 회의 결정에 반대하였다.

Check 대표 기출 2

02 0908 [2018. 경찰 3차]

다음에서 설명하는 위원회가 발표한 원칙의 내용으로 가장 적절하지 않은 것은?

> 중도파의 여운형과 김규식 등은 통일 정부 수립을 위해 운동을 전개하였다. 소련과 합의를 통해 한반도 문제를 해결하려던 미군정도 이를 지원하였다. 이들은 1946년 7월 하순 위원회를 구성하고, 이해 10월 몇 가지 원칙에 합의하고 이를 발표하였다.

① 한국의 민주 독립을 보장한 모스크바 3국 외상 회의의 결정에 따라 좌우 합작으로 민주주의 임시 정부를 수립한다.
② 미·소 공동 위원회의 속개를 요청하는 공동 성명을 발표한다.
③ 친일파 민족 반역자를 처리할 조례를 본 합작 위원회에서 심리 결정하여 실시하게 한다.
④ 입법 기구의 권능과 구성 방법 및 운영 등에 관한 사항은 본 합작 위원회에서 작성하여 적극적으로 실행한다.

SOLUTION

출제자의 눈 좌우 합작 운동의 시기나 좌우 합작 7원칙의 내용을 묻는 문제가 주로 출제된다. 특히 좌우 합작 7원칙의 경우 내용뿐만 아니라 그에 대한 주요 인물들의 반응(찬성 또는 반대)이 함께 출제되기 때문에 이를 정확하게 알고 있어야 한다.

자료분석 밑줄 친 '위원회'는 1946년 7월 결성된 좌우 합작 위원회이다. 자료는 좌우 합작 위원회가 1946년 10월 좌익의 5원칙과 우익의 8원칙을 절충하여 결정한 '좌우 합작 7원칙'의 일부이다.

정답해설 ② 1946년 5월 제1차 미소 공동 위원회가 결렬되고, 이어서 6월에는 이승만이 통일 정부 수립이 어렵다면 남한만이라도 정부를 수립해야 한다는 '정읍 발언'을 발표하였다. 이에 남북 분단을 우려한 여운형(중도 좌익)과 김규식(중도 우익) 등은 1946년 7월에 좌우 합작 위원회를 발족하였다.

오답피하기 ① 좌우 합작 위원회는 이승만의 정읍 발언을 지지하지 않았다. 좌우 합작 위원회는 이승만의 정읍 발언(1946. 6.)으로 남북 분단을 걱정하는 분위기가 확산되자 이에 대응하여 조직한 단체이다.
③ 조선 공산당(좌익)과 한국 민주당(한민당, 우익)은 좌우 합작 위원회에 참여하지 않았다. 좌우 합작 위원회는 여운형, 김규식 등 중도 세력을 중심으로 조직되었다.
④ 좌우 합작 위원회는 좌우 합작 7원칙에서 '조선의 독립을 보장한 모스크바 3국 외상 회의의 결정에 따라 남북을 통한 좌우 합작으로 민주주의 임시 정부를 수립할 것'을 주장하였다.

정답 ② 한정판 134p, 기본서 832p

SOLUTION

자료분석 자료는 좌우 합작 위원회의 설치와 좌우합작 7원칙 발표와 관련된 내용이다. 따라서 좌우 합작 7원칙의 내용으로 옳지 않은 것을 찾아야 한다.

정답해설 ① 좌우 합작 7원칙 1조에는 '모스크바 3상 회의 결정에 따라 남북을 통한 좌우 합작으로 민주주의 임시 정부를 수립할 것'이라 명시하였다.
② 좌우 합작 7원칙 2조에는 '미·소 공동 위원회의 속개를 요청'하는 공동 성명을 발표할 것'을 명시하였다.
④ 좌우 합작 7원칙 6조에는 '입법 기구의 구성 방법 및 운영 등에 관한 방안을 본 합작위원회에서 작성하여 적극적으로 실행을 기도할 것'이라고 명시하였다.

오답피하기 ③ 좌우 합작 7원칙 4조에는 '친일파·민족 반역자를 처리할 조례는 본 합작 위원회에서 입법 기구에 제안하여 입법 기구(남조선 과도 입법 의원)로 하여금 심리, 결정하여 실시하게 할 것'이라고 명시하였다.

핵심개념 좌우 합작 7원칙 찬성 여부

찬성	한국 독립당(김구)
반대	이승만, 한국 민주당, 조선 공산당

정답 ③ 한정판 134p, 기본서 832p

03 0909 [2015. 서울시 9급] 회독 ○○○

다음 원칙을 발표한 기구가 내세운 주장으로 옳은 것은?

> 조선의 좌우 합작은 민주 독립의 단계요, 남북 통일의 관건인 점에서 3천만 민족의 지상 명령이며 국제 민주화의 필연적 요청이었음에도 불구하고 저간의 복잡 다단한 내외 정세로 오랫동안 파란곡절을 거듭해 오던 바, 드디어 …(중략)… 다음과 같은 7원칙을 결정하였다.

① 외국 군대의 철수
② 미소 공동 위원회의 속개
③ 토지의 무상 몰수, 무상 분배
④ 유엔(UN) 감시하의 남북한 총선거 실시

SOLUTION
난이도 상 중 하

자료분석 자료는 좌우 합작 위원회가 1946년 10월 발표한 좌우 합작 7원칙과 관련된 내용이다.

정답해설 ② 좌우 합작 위원회는 좌우 합작 7원칙 제2조에서 '미·소 공동 위원회의 속개를 요청하는 공동 성명을 발표할 것'을 명시하였다.

오답피하기 ① 외국 군대의 철수를 요구한 것은 1948년 4월에 실시된 남북 협상 공동 성명의 내용이다.
③ 토지개혁에 있어서 몰수, 유조건 몰수, 체감매상 등으로 토지를 농민에게 무상으로 분여한다는 내용이 포함되었다.
④ 유엔 감시하의 남북한 총선거 실시는 1947년 11월 유엔 총회의 결정이다. 하지만 소련이 유엔 한국 임시 위원단의 입북을 거부하자 1948년 2월에 열린 유엔 소총회는 남한만의 단독 선거를 결정하였다.

단어해석 · 체감매상(遞減買上) : 토지가 많을수록 값을 낮게 책정하여 유상 매수하는 방식

핵심개념 좌우 합작 7원칙(1946. 10.)

> 1. 조선의 민주 독립을 보장한 3상 회의 결정에 따라 남북을 통한 좌우 합작으로 민주주의 임시정부를 수립할 것
> 2. 미·소 공동 위원회의 속개를 요청하는 공동 성명을 발표할 것
> 3. 토지 개혁에 있어서 몰수·유조건 몰수·체감매상 등으로 토지를 농민에게 무상으로 분여하며 …… 중요 산업을 국유화하며 …… 민주주의 건국 과업 완수에 매진할 것
> 4. 친일파, 민족 반역자를 처리할 조례를 본 합작 위원회에서 입법 기구에 제안하여 입법 기구로 하여금 심리 결정하여 실시케 할 것
> 5. 남북을 통하여 현 정권하에 검거된 정치 운동자의 석방에 노력하고 아울러 남북 좌우의 테러적 행동을 일체 즉시로 제지토록 할 것
> 6. 입법 기구의 구성 방법 및 운영 등에 관한 방안을 본 합작위원회에서 작성하여 적극적으로 실행을 기도할 것
> 7. 전국적으로 언론, 집회, 결사, 출판, 교통, 투표 등의 자유가 절대 보장되도록 할 것

정답 ② 한정판 134p, 기본서 832p

주제 158 | 01 광복과 대한민국의 수립
해방 전후 인물

Check 대표 기출 1

01 0910 [2018. 국가직 9급] 회독 ○○○

(가)와 (나)를 주장한 각 인물에 대한 설명으로 옳은 것은?

> (가) 우리는 남방만이라도 임시 정부 혹은 위원회 같은 것을 조직하여 38도선 이북에서 소련이 철퇴하도록 세계 공론에 호소해야 할 것이다.
> (나) 나는 통일된 조국을 달성하려다 38도선을 베고 쓰러질지언정 일신의 구차한 안일을 위하여 단독 정부를 세우는 데는 협력하지 아니하겠다.

① (가) - 5·10 총선거에 불참하였다.
② (가) - 좌우 합작 7원칙을 지지하였다.
③ (나) - 탁치 반대 국민 총동원 위원회를 조직하였다.
④ (나) - 남조선 과도 입법 의원의 의장을 역임하였다.

SOLUTION 난이도 상 중 하

자료분석 (가) 이승만의 정읍 발언(1946. 6.)의 내용이다. 제1차 미소 공동 위원회가 결렬되자(1946. 5.) 이승만은 통일 정부 수립이 어렵다면 남한만이라도 정부를 수립해야 한다는 '정읍 발언'을 발표(1946. 6.)하면서 큰 반향을 불러일으켰다. (나) 김구의 '삼천만 동포에게 읍고함'의 일부이다. 1948년 2월 김구는 「3천만 동포에게 읍고함」이라는 성명서를 발표하여 단독 정부 수립에 반대하였다.

정답해설 ③ 1945년 12월 모스크바 3국 외상 회의에서 신탁 통치가 결정되자, 김구를 비롯한 대한민국 임시 정부의 핵심 인사들은 신탁 통치 반대 국민 총동원 위원회를 결성(1945. 12.)하여 반탁 운동을 전개하였다.

오답피하기 ① 5·10 총선거에 불참한 것은 김구, 김규식 등 남북협상파 인물들이다. 이승만은 남한만의 단독 선거 실시를 찬성했기 때문에 5·10 총선거에 참여했으며 제헌 국회 의장에 당선되기도 했다.
② 이승만은 좌우 합작 위원회가 발표한 좌우 합작 7원칙에 반대하였다. 김구가 이끄는 한국 독립당은 좌우 합작 7원칙에 찬성했지만, 이승만과 한국 민주당 및 조선 공산당은 모두 이에 반대하였다.
④ 남조선 과도 입법 의원의 의장직을 수행한 것은 김규식이다.

핵심개념 우남 이승만(1875~1965)

1898년		독립협회의 만민 공동회 참여, 제국신문 주필
1919년	2월	국제연맹 위임통치 청원서 제출(to 윌슨)
	9월	대한민국 임시 정부 초대 대통령
1925년		임시정부 대통령에서 탄핵됨
1945년 10월		귀국 후 독립촉성중앙협의회 조직(회장으로 추대됨)
1946년 6월		정읍 발언(남한 단독 정부 수립 주장)
1948년		• 5·10 총선거에서 국회의원 당선 • 5월 31일 제헌 국회 의장으로 선출됨 • 7월에 제헌 국회에서 대한민국 초대 대통령으로 선출됨

정답 ③ 한정판 154p, 기본서 835p

Check 대표 기출 2

02 0911 [2020. 국가직 7급] 회독 ○○○

(가) 인물에 대한 설명으로 옳지 않은 것은?

> 아침 8시, (가) 은/는 조선총독부 엔도 정무총감을 만나 다섯 가지 요구 사항을 제시하였다.
> 첫째, 전국에 구속되어 있는 정치·경제범을 즉시 석방하라.
> 둘째, 3개월간의 식량을 확보하여 달라.
> 셋째, 치안 유지와 건설 사업에 아무 간섭하지 말라.
> 넷째, 학생 훈련과 청년 조직에 대해 간섭하지 말라.
> 다섯째, 전국 사업장에 있는 노동자를 우리들의 건설 사업에 협력시키며 아무 괴로움을 주지 말라.
> - 『매일신보』 -

① 건국동맹을 결성하여 일제의 패망과 광복에 대비하였다.
② 김규식과 함께 좌·우 합작 위원회를 조직하여 활동하였다.
③ 민족 역량의 총집결을 강령으로 하는 조선 인민당을 결성하였다.
④ 평양에서 개최된 전조선 제정당 사회단체 연석회의에 참석하였다.

SOLUTION 난이도 상 중 하

출제자의 눈 이 시기의 인물 중 출제 빈도가 높은 인물은 김구, 이승만, 여운형 등이다. 이 외에도 조소앙, 김규식 등이 출제되었다.

자료분석 자료의 (가)에 해당하는 인물은 여운형이다. 일본의 패전이 기정사실로 되자, 조선 총독부는 한국에 거주하는 일본인의 무사 귀환과 정권의 안정적인 이양이 매우 중요하다고 생각하였다. 이를 위해 조선 내의 치안 유지가 관건이라고 보고, 한국인 지도자에게 협력을 요청하기 시작했다. 1945년 8월 15일 오전, 정무총감 엔도와 여운형의 회담은 그 일환이었다. 여운형은 정치범과 경제범을 즉시 석방하고, 3개월간의 식량을 보전하며, 정치운동에 간섭을 배제하였으며, 학생과 청년, 그리고 노동자와 농민을 훈련하고 동원하는 데 조선 총독부가 간섭하지 않을 것을 조건으로 엔도의 요청을 받아들였다.

정답해설 ① 국내에서는 1944년 여운형을 비롯한 민족 지도자들이 일제의 패망을 예견하고 좌·우익이 함께 참여한 조선 건국 동맹을 조직하였다.
② 제1차 미소 공동 위원회의 휴회와 이승만의 단독 정부 수립 운동으로 남북 분단을 우려한 여운형(중도 좌익)과 김규식(중도 우익) 등은 좌우 합작 위원회를 발족하였다(1946. 7.).
③ 조선 인민당은 1945년 해방 직후 여운형이 주도적으로 결성하였던 중도 좌파 계열의 정치 정당으로 민족 역량의 총집결을 강령으로 하였다.

오답피하기 ④ 여운형은 평양에서 개최된 전조선 제정당 사회단체 연석회의(남북 협상, 1948)가 진행되기 전인 1947년 7월에 서울 혜화동 로터리에서 19세의 극우파 청년에게 암살되었다.

정답 ④ 한정판 134p, 기본서 829p

03 [2025. 지방직 9급]

밑줄 친 '내'에 대한 설명으로 옳은 것만을 모두 고르면?

> 내가 원하는 우리 민족의 사업은 결코 세계를 무력으로 정복하거나 경제력으로 지배하려는 것이 아니다. 오직 사랑의 문화, 평화의 문화로 우리 스스로 잘 살고 인류 전체가 의좋게 즐겁게 살도록 하는 일을 하자는 것이다. 어느 민족도 일찍이 그러한 일을 한 이가 없었으니 그것은 공상이라고 하지 말라.

─ 보기 ─
ㄱ. 대한민국 임시정부 주석을 지냈다.
ㄴ. 상하이에서 한인 애국단을 조직하였다.
ㄷ. 조선 의용대를 창설하여 항일 무장 투쟁을 전개하였다.
ㄹ. 조선 혁명군을 지휘하여 영릉가 전투를 승리로 이끌었다.

① ㄱ, ㄴ
② ㄱ, ㄷ
③ ㄴ, ㄹ
④ ㄷ, ㄹ

04 [2024. 서울시 9급 보훈청 추천]

〈보기〉의 글을 쓴 사람에 대한 설명으로 가장 옳지 않은 것은?

─ 보기 ─
> 왜적이 항복한다 하였다. 이것은 내게 기쁜 소식이라기보다는 하늘이 무너지는 듯한 일이었다. 천신만고 끝에 수년 동안 애를 써서 참전할 준비를 한 것이 다 허사이다. 시안과 푸양에서 훈련을 받은 우리 청년들을 미국 잠수함에 태워 본국에 들여보내 국내의 중요한 곳을 파괴하거나 점령한 뒤에 미국 비행기로 무기를 운반할 계획까지도 미국 육군성과 다 약속이 되었던 것을 한번 해 보지도 못하고 왜적이 항복했으니······
>
> ─ 『백범일지』 ─

① 대한민국 임시 정부의 대통령이었으나 탄핵을 당하였다.
② 한인 애국단을 조직하였다.
③ 신탁 통치 반대 운동을 펼쳤다.
④ 통일정부 수립을 위하여 남북 정치 요인 회담을 제의하였다.

05 0914 [2022. 국가직 9급]

밑줄 친 '그'에 대한 설명으로 옳은 것은?

> 한국 국민당을 이끌던 그는 독립운동 세력을 통합하고자 한국 독립당을 결성해 항일 운동을 주도하였다. 광복 직후 귀국한 그는 정부 수립을 위한 활동을 이어나갔으며, 남한 단독 선거가 결정되자 김규식과 더불어 남북 협상을 위해 평양을 방문하기도 하였다.

① 좌우 합작 위원회를 구성해 좌우 합작 7원칙을 발표하였다.
② 광복 직후 안재홍 등과 함께 조선 건국 준비 위원회를 만들었다.
③ 무장 항일투쟁을 위해 하와이로 건너가 대조선 국민 군단을 결성하였다.
④ 모스크바 3국 외상 회의의 결정 사항이 알려지자 신탁통치 반대 운동을 펼쳤다.

SOLUTION 난이도 상 중 **하**

자료분석 한국 국민당(1935)을 이끌었다는 점, 한국 독립당(1940)을 결성했다는 점, 광복 후 김규식과 더불어 남북 협상(1948)에 참가했다는 사실을 통해 밑줄 친 '그'가 백범 김구임을 알 수 있다.

정답해설 ④ 1945년 12월 모스크바 3국 외상 회의의 결정 사항이 알려지자 김구를 비롯한 대한민국 임시 정부의 핵심 인사들은 신탁 통치 반대 국민 총동원 위원회를 결성하여 반탁 운동을 전개하였다.

오답피하기 ① 여운형과 김규식 등은 1946년 7월 좌우 합작 위원회를 결성하였다. 1946년 10월 좌우 합작 위원회는 좌익과 우익의 제안을 절충해 '좌우 합작 7원칙'을 발표했다.
② 조선 총독부로부터 치안권을 이양받은 여운형은 광복 직후 안재홍 등과 함께 조선 건국 준비 위원회를 조직하였다(1945. 8.).
③ 1914년 박용만은 하와이에서 대조선 국민군단을 조직하여 군사 훈련을 실시하였다.

정답 ④ 한정판 154p, 기본서 835p

06 0915 [2021. 소방간부후보]

(가) 인물에 대한 설명으로 옳은 것은?

> (가) 은/는 중국으로 건너가 신한 청년당, 고려 공산당 등에서 활동하였으며, 1923년 국민 대표 회의에 참석하여 임시 정부의 개조를 주장하였다. 손기정 선수의 일장기 말소 사건으로 조선중앙일보사가 폐간되면서 사장직에서 물러났다.

① 한인 애국단을 조직하였다.
② 조선 건국 동맹을 조직하였다.
③ 서간도에 신흥 강습소를 설립하였다.
④ 남한만의 단독 정부 수립을 주장하였다.
⑤ 파리 강화 회의에서 독립 청원서를 제출하였다.

SOLUTION 난이도 **상** 중 하

자료분석 자료의 (가)에 해당하는 인물은 여운형이다. 신한 청년당에서 활동했다는 내용과 손기정 선수의 일장기 말소 사건으로 조선중앙일보사가 폐간되면서 사장직에서 물러났다는 내용 등을 통해 이를 알 수 있다(손기정 선수의 일장기 말소 사건은 동아일보와 조선중앙일보 모두 해당하는 사건이다.).

정답해설 ② 여운형을 중심으로 한 국내의 민족 지도자들은 1944년 비밀리에 조선 건국 동맹을 결성하였다. 이 단체는 일제 타도를 위한 대동단결, 민주주의 원칙에 의한 국가 건설을 목표로 하였으며, 민족주의자부터 사회주의자까지 포함한 비밀 결사였다.

오답피하기 ① 김구는 임시 정부의 침체를 극복하기 위해 1931년 상하이에서 한인 애국단을 조직했다.
③ 서간도의 신흥 강습소 설립은 이회영을 비롯한 신민회 인사들이 주도하였다.
④ 1946년 6월 이승만은 전라도 정읍에서 행한 연설에서 남한 단독 정부 수립을 주장하였다(정읍 발언).
⑤ 김규식에 대한 설명이다. 대한민국 임시 정부는 파리 강화 회의에 파견된 김규식을 전권 대사로 임명하여 독립 청원서를 제출하였다.

핵심개념 몽양 여운형(1886~1947)

1907년	국채 보상 단연 동맹 지회 설립
1918년	신한 청년당 결성(상하이)
1919년	대한민국 임시정부 외무부 차장 취임
1920년	고려공산당 가입
1923년	국민대표 회의 참석(임시 정부 개조 주장)
1933년	조선중앙일보 사장 취임 → 손기정 일장기 말소 사건(1936)으로 신문이 폐간되어 사장직 퇴임
1944년	조선 건국 동맹 결성
1945년	조선 건국 준비 위원회 결성, 조선 인민 공화국 선포
1946년	미군정의 지원으로 좌우 합작 위원회 조직
1947년	서울 혜화동에서 한지근에 의해 피살

정답 ② 한정판 134p, 기본서 829p

07 [2017. 지방직 9급]

다음 자료에 나타난 사상을 정립한 인물에 대한 설명으로 옳지 않은 것은?

> 우리나라의 건국정신은 삼균제도(三均制度)의 역사적 근거를 두었으니 선조들이 분명히 명한 바 수미균평위(首尾均平位)하야 흥방보태평(興邦保泰平)하리라 하였다. 이는 사회 각층 각 급의 지력과 권력과 부력의 향유를 균평하게 하야 국가를 진흥하며 태평을 보유(保維)하려 함이니 홍익인간(弘益人間)과 이화세계(理化世界)하자는 우리 민족의 지킬 바 최고 공리(公理)임

① 한국 독립당을 창당하였다.
② 임시 정부의 국무위원이었다.
③ 제헌 국회 의원에 당선되었다.
④ 정치·경제·교육의 균등을 주장하였다.

SOLUTION

자료분석 자료는 조소앙이 주장한 '삼균주의'와 관련된 내용이다. 삼균주의는 정치, 경제, 교육의 균등을 통해 개인과 개인의 균등 생활을 실현하고, 이를 토대로 민족과 민족, 국가와 국가의 균등 생활을 이루며, 나아가 국가 간의 호혜 평등을 통해 민주 국가 건설을 추구한다는 이념이다. 이 사상은 1941년 대한민국 임시 정부의 건국 강령에 반영되었다.

정답해설 ① 조소앙은 1930년 1월에 대한민국 임시 정부를 지지하기 위해 상하이에서 한국 독립당을 창당하였다. 이 정당은 지청천 등이 만주에서 조직한 한국 독립당과는 다른 정당이다.
② 조소앙은 대한민국 임시 정부 수립에 참여하여 초대 국무원 비서장을 역임한 뒤 국무위원에 선임되었다.
④ 조소앙은 정치·경제·교육의 균등(삼균)을 위해 보통선거제(정치), 국유제(경제), 의무교육 실시(교육) 등을 주장하였다.

오답피하기 ③ 조소앙은 1948년 단독 선거에 반대하며 남북 협상에 참가한 인물로, 김구, 김규식 등과 함께 제헌 국회 의원을 뽑는 5·10 총선거에 불참하였다. 조소앙은 1950년에 제2대 국회 의원에 당선되었다.

핵심개념 조소앙(1887 ~ 1958)

1917년	대동단결 선언 발표
1919년	대한민국 임시 정부 국무원 비서장
1930년	한국 독립당 결성
1941년	임시 정부 건국강령 발표
1944년	대한민국 임시 정부 외무부장
1948년	• 남북 협상 참가 • 제헌 국회 의원 선거(5·10 총선거) 불참
1950년	• 제2대 국회 의원 당선 • 6·25 전쟁 때 납북

정답 ③ 한정판 124p, 기본서 763p

주제 159 — 해방 이후 건국 과정

01 | 광복과 대한민국의 수립

Check 대표 기출 1

01 0917 [2020. 지방직 9급] 회독 ○○○

다음의 사건을 시기순으로 바르게 나열한 것은?

> (가) 제헌 국회가 구성되어 헌법을 제정하였다.
> (나) 여운형과 김규식은 좌우 합작 위원회를 조직하였다.
> (다) 조선 건국 동맹을 기반으로 조선 건국 준비 위원회가 조직되었다.
> (라) 민주주의 임시 정부 수립을 논의하기 위해 제1차 미·소 공동 위원회가 열렸다.

① (가) - (다) - (나) - (라)
② (나) - (다) - (라) - (가)
③ (다) - (라) - (나) - (가)
④ (라) - (나) - (가) - (다)

SOLUTION 난이도 상 중 하

출제자의 눈 해방 이후부터 대한민국 정부 수립까지의 과정을 순서대로 나열하는 문제가 현대사에서는 가장 많이 출제되는 영역이다. 해방 전과 대한민국 정부 수립 후의 사실과도 구분해야 한다.

정답해설 (다) 여운형 등은 1945년 8월 15일 조선 건국 동맹을 모체로 조선 건국 준비 위원회를 결성하였다.
(라) 모스크바 3국 외상 회의(1945. 12.)의 결정 사항에 따라 민주주의 임시 정부 수립을 논의하기 위해 제1차 미·소 공동 위원회가 서울에서 개최되었다(1946. 3.).
(나) 제1차 미·소 공동 위원회의 휴회와 이승만의 단독 정부 수립 운동으로 남북 분단을 우려한 김규식(중도 우익)과 여운형(중도 좌익) 등은 1946년 7월에 좌우 합작 위원회를 발족하였다.
(가) 5·10 총선거의 결과로 1948년 5월 31일 제헌 국회가 개원되었고, 제헌 국회에서는 국호를 대한민국으로 정하고, 대한민국 임시 정부의 건국 이념을 계승한 민주 공화국 체제의 헌법을 제정·공포하였다(제헌 헌법, 1948. 7. 17.).

핵심개념 우사(尤史) 김규식

1912년	동제사 참여
1919년	• 신한 청년당 대표 • 파리 강화 회의 민족 대표 • 대한민국 임시 정부 외무 총장
1935년	민족 혁명당 창당(주석)
1942년	대한민국 임시 정부 국무위원
1944년	대한민국 임시 정부 부주석
1946년	여운형과 함께 좌우 합작 위원회 결성
1947년	민족 자주 연맹 조직
1948년	김구와 함께 남북 협상 참여
1950년	6·25 전쟁 중 납북되어 사망

정답 ③ 한정판 135p, 기본서 837p

Check 대표 기출 2

02 0918 [2023. 지방직 9급] 회독 ○○○

다음 원칙이 발표된 이후에 있었던 사실로 옳지 않은 것은?

> ○ 조선의 민주 독립을 보장한 삼상 회의 결정에 의하여 남북을 통한 좌우 합작으로 민주주의 임시 정부를 수립할 것
> ○ 토지 개혁에 있어서 몰수, 유조건 몰수, 체감매상 등으로 토지를 농민에게 무상으로 나누어 주며, … (중략) … 민주주의 건국 과업 완수에 매진할 것
> ○ 입법 기구에 있어서는 일체 그 권능과 구성 방법 운영에 관한 대안을 본 합작 위원회에서 작성하여 적극적으로 실행을 기도할 것

① 3·15 부정선거에 대항하여 4·19 혁명이 일어났다.
② 친일파를 청산하기 위한「반민족행위처벌법」이 공포되었다.
③ 제헌 국회에서 대통령에 이승만, 부통령에 이시영을 선출하였다.
④ 임시 민주 정부 수립을 논의하기 위해 제1차 미·소 공동 위원회가 개최되었다.

SOLUTION 난이도 상 중 하

자료분석 자료는 좌우 합작 7원칙의 내용이다. 좌우 합작 위원회는 1946년 10월에 좌익과 우익의 제안을 절충해 '좌우 합작 7원칙'을 발표하였다.

정답해설 ① 4·19 혁명은 좌우 합작 7원칙 발표 이후인 1960년에 일어났다. 1960년 제4대 대통령 선거 유세 도중 민주당 후보인 조병옥이 사망하면서 이승만은 단독 후보로서 당선이 확실해졌다. 그러나 자유당은 고령의 이승만이 당선되더라도 건강상의 문제로 부통령이 대통령직을 승계하는 상황이 생길 것을 우려하였다. 이에 이승만 정부는 부통령에 자유당의 이기붕을 당선시키기 위해 3~9인조 투표, 4할 사전 투표 등 각종 부정을 자행하였다(3·15 부정 선거). 이 부정 선거가 계기가 되어 4·19 혁명이 일어났다.
② 반민족 행위 처벌법은 좌우 합작 7원칙 발표 이후인 1948년 9월에 제정되었다. 이 법은 반민족 행위자에 대한 단죄를 통해 일제의 잔재를 청산하고 민족정기와 사회 정의를 확립하기 위한 법으로 제헌 국회에서 제정되었다.
③ 초대 대통령 선거에 대한 내용으로 좌우 합작 7원칙 발표 이후인 1948년 7월 20일에 이루어졌다. 초대 대통령 선거는 제헌 국회에서 간접 선거로 실시되었으며 초대 대통령에는 이승만, 초대 부통령에는 이시영이 당선되었다.

오답피하기 ④ 제1차 미소 공동 위원회는 모스크바 3국 외상 회의(1945. 12.) 결정에 따라 개최된 것으로, 좌우 합작 7원칙 발표 이전인 1946년 3월에 서울에서 개최되었다.

정답 ④ 한정판 134p, 기본서 832p

03 [2025. 서울시 9급 1차]

〈보기〉의 발표 이후에 일어난 일로 가장 옳은 것은?

─ 보기 ─
좌우 합작 위원회 합작 원칙

본 위원회의 목적을 달성하기 위하여 기본 원칙을 아래와 같이 의논하여 정함
1) 조선의 민주 독립을 보장한 삼상 회의 결정에 의하여 남북을 통한 좌우 합작으로 민주주의 임시 정부를 수립할 것
2) 미소 공동 위원회 속개를 요청하는 공동 성명을 발표할 것

① 이승만의 정읍 발언
② 제1차 미소 공동 위원회 개최
③ 김구의 「삼천만 동포에게 읍고함」 발표
④ 조선 건국 준비 위원회의 조선 인민 공화국 선포

SOLUTION

자료분석 자료는 1946년 10월 발표된 좌우 합작 7원칙의 일부이다. 좌우 합작 위원회는 좌우 양측의 이견을 조율하여 좌우 합작 7원칙을 발표하였다. 7원칙의 주요 내용은 미·소 공동 위원회를 재개하여 남북을 망라한 임시 정부를 세우고, 유상 매상과 무상 분배 방식으로 토지 개혁을 실시할 것 등이었다.

정답해설 ③ 김구는 1948년 2월 「삼천만 동포에게 읍고함」을 발표하였다. 김구는 이를 통해 남한 단독 정부 수립에 반대하였다.

오답피하기 ① 1946년 6월 이승만은 전라도 정읍에서 행한 연설에서 남한 단독 정부 수립을 주장하였다(정읍 발언).
② 1946년 3월 제1차 미소 공동 위원회가 서울에서 개최되었다. 그러나 미국과 소련은 미소 공동 위원회와 민주주의 임시 정부 수립에 관한 협의에 참여할 단체의 범위를 놓고 대립하였다. 소련은 모스크바 3국 외상 회의의 결정을 반대하는 세력은 참여시킬 수 없다고 주장하였다. 반면, 미국은 모스크바 3국 외상 회의의 결정 사항인 신탁 통치안에 반대하더라도 참여를 원하는 모든 단체가 협의의 대상이어야 한다고 주장하였다. 결국 미국과 소련의 의견 대립으로 결론에 이르지 못하였고, 제1차 미소 공동 위원회는 결렬되어 무기한 휴회에 들어갔다.
④ 조선 건국 준비 위원회는 미군과의 협상에서 유리한 입장을 차지하기 위해 1945년 9월 6일 조선 인민 공화국 수립을 선포하였다.

정답 ③ 한정판 134p, 기본서 833p

04 [2024. 국가직 9급]

밑줄 친 '이 회의' 이후에 있었던 사실로 옳지 않은 것은?

미국, 영국, 소련 3국의 외무 장관이 모인 이 회의에서는 한국의 민주주의적 임시 정부 수립과 이를 위한 미·소공동위원회의 설치, 최대 5년간의 신탁통치 방안 등이 결정되었다.

① 5·10 총선거가 실시되었다.
② 좌우 합작 7원칙이 발표되었다.
③ 조선 건국 준비 위원회가 결성되었다.
④ 반민족 행위 특별 조사위원회가 구성되었다.

SOLUTION

자료분석 밑줄 친 '이 회의'는 1945년 12월에 개최된 모스크바 3국 외상 회의이다. 1945년 12월에 미국·영국·소련 3국의 외무 장관이 모스크바에 모여 한국 독립 문제를 협의하였다(모스크바 3국 외상 회의). 회의에서 미국은 신탁 통치안을, 소련은 임시 정부 수립을 내용으로 하는 안을 제출하였다. 논의 끝에 미국과 소련의 안을 절충하여 한반도에 민주주의 임시 정부를 수립하고 이를 협의하기 위한 미·소 공동 위원회를 설치하는 방안과 함께 최대 5년간의 신탁 통치가 결의되었다.

정답해설 ① 1948년 5월 10일 유엔 한국 임시 위원단의 감시 아래 우리 역사 최초로 국회 의원을 뽑기 위한 민주적인 총선거가 실시되었다.
② 1946년 10월 좌우 합작 위원회는 토지 개혁과 친일파 처리 등에 대한 좌익과 우익의 의견을 절충하여 좌우 합작 7원칙을 발표하였다.
④ 제헌 국회는 국민의 여망에 따라 1948년 9월 반민족 행위 처벌법을 제정하고, 이어서 10월에 반민족 행위 특별 조사 위원회(반민 특위)를 설치하였다.

오답피하기 ③ 여운형은 광복 직후 안재홍 등과 함께 조선 건국 준비 위원회를 조직하였다(1945. 8.).

핵심개념 해방 이후의 주요 사건 순서

1945. 8.	조선 건국 준비 위원회 결성
1945. 12.	모스크바 3국 외상 회의
1946. 3.	제1차 미·소 공동 위원회 개최
1946. 6.	이승만의 정읍 발언
1946. 7.	좌우 합작 위원회 조직
1947. 5.	제2차 미·소 공동 위원회 개최
1947. 11.	UN 총회(유엔 감시 아래 '인구 비례에 따른 남북한 총선거' 결의)
1948. 1.	UN 한국 임시 위원단 파견
1948. 2.	UN 소총회(남한 단독 선거 결정)
1948. 4.	남북 협상
1948. 5.	5·10 총선거
1948. 8.	대한민국 정부 수립

정답 ③ 한정판 134p, 기본서 831p

05 0921 [2020. 소방간부후보]

(가), (나) 시기 사이에 있었던 사실로 옳은 것은?

> (가) 미소 공동 회담은 3월 21일 1시 덕수궁 석조전에서 감격적인 막을 올렸다. …(중략)… 완전 자주독립을 삼천만은 기다리고 있다. 미국 측에서는 아놀드 소장, 소련 측에서는 스티코프 중장 등이 참석하였다.
>
> (나) 남조선 과도 입법 의원 개원식이 의사당으로 개수된 군정청에서 거행되었다. 참석 예정인원 84명 중 의장 김규식 박사 이하 57명이 출석하였고 한민당계의 의원은 전원이 불참하였다.

① 좌우 합작 위원회가 결성되었다.
② 조선 인민 공화국이 선포되었다.
③ 국민 보도 연맹 사건이 일어났다.
④ 평양에서 남북 협상이 진행되었다.
⑤ 제2차 미소 공동 위원회가 개최되었다.

SOLUTION

자료분석 (가)는 제1차 미소 공동 위원회 개최(1946. 3.)에 대한 내용이다. (나)는 남조선 과도 입법 의원 개원(1946. 12.)과 관련된 내용이다.

정답해설 ① 제1차 미소 공동 위원회가 결렬되자, 남한의 일부 우익 세력은 단독 정부 수립 운동을 전개하였다. 이승만은 통일 정부 수립이 어렵다면 남한만이라도 임시 정부를 수립해야 한다고 주장하였다(정읍 발언, 1946. 6.). 이에 대응하여 여운형과 김규식 등은 좌우 합작 위원회를 조직하여(1946. 7.) 통일 정부 수립 운동을 전개하였다.

오답피하기 ② 조선 건국 준비 위원회는 미군과의 협상에서 유리한 입장을 차지하기 위해 1945년 9월 6일 조선 인민 공화국 수립을 선포하였다.
③ 국민 보도 연맹은 1949년 4월 좌익 전향자를 계몽·지도하기 위해 조직된 단체였으나, 6·25전쟁으로 1950년 6월 말부터 9월경까지 수만 명 이상의 국민 보도연맹원이 군과 경찰에 의해 살해되었다(국민 보도 연맹 사건).
④ 김구와 김규식 등은 남북 분단을 저지하기 위하여 북한에 남북 협상을 제의(1948. 2)하였고, 이를 북한이 수용하면서 1948년 4월 남북 협상이 이루어지게 되었다.
⑤ 제2차 미소 공동 위원회는 1947년 5월에 개최되었다.

핵심개념 좌우 합작 운동

좌우 합작 위원회 결성 (1946. 7.)	• 미군정의 지원 → 여운형(중도 좌파), 김규식(중도 우파) 결성 • 좌우 합작 7원칙 발표(1946. 10.)
남조선 과도 입법 의원 조직(1946. 12)	미군정이 설립한 한국의 과도적 입법기관(의장 : 김규식)
남조선 과도 정부 수립 (1947. 6)	군정 법령 제141호에 의해 설치된 미군정의 한국인 기관
좌우 합작 운동 실패의 원인	• 김구, 이승만, 조선 공산당, 한민당 등 주요 세력 불참 • 트루먼 독트린 발표(1947. 3.) → 냉전 심화 → 미 군정의 좌우 합작 운동에 대한 지지(지원) 철회 • 여운형이 극우파 청년(한지근)에게 암살됨(1947. 7.)

정답 ① 한정판 134p, 기본서 833p

06 0922 [2019. 국가직 9급]

(가)~(라)를 시기순으로 바르게 나열한 것은?

> (가) 좌우 합작 7원칙이 발표되었다.
> (나) 조선 건국 준비 위원회가 결성되었다.
> (다) 모스크바 3국 외상 회의가 개최되었다.
> (라) 김구와 김규식이 남북 협상을 제의하였다.

① (나) → (가) → (라) → (다)
② (나) → (다) → (가) → (라)
③ (다) → (가) → (나) → (라)
④ (다) → (나) → (가) → (라)

SOLUTION

정답해설 (나) 조선 건국 준비 위원회는 1945년 8월 15일에 결성되었다. 조선 건국 준비 위원회는 위원장에 여운형(중도 좌파), 부위원장을 안재홍(중도 우파)으로 하는 좌우 합작으로 결성되었다.
(다) 38도선을 경계로 한반도가 분단되고 미·소 양군의 통치가 실시되는 가운데 1945년 12월에 미국, 영국, 소련의 3국은 모스크바에서 외무 장관 회의를 열어 한반도 문제의 처리에 대해 논의하였다(모스크바 3국 외상 회의).
(가) 1946년 10월 좌우 합작 위원회는 좌익과 우익의 제안을 절충해 '좌우 합작 7원칙'을 발표하였다.
(라) 김구와 김규식이 남북 분단을 저지하기 위하여 북한에 남북 협상을 제의한 시기는 1948년 2월이고 1948년 4월에 남북 협상이 열렸다.

핵심개념 광복~대한민국 정부 수립까지의 주요 사건

1945년	8·15 광복(8월) → 조선 건국 준비 위원회 조직(8월) → 모스크바 3국 외상 회의(12월)
1946년	제1차 미·소 공동 위원회(3월~5월) → 이승만의 정읍 발언(6월) → 좌우 합작 위원회 조직(7월) → 좌우 합작 7원칙 발표(10월) → 남조선 과도 입법 의원 개원(12월)
1947년	제2차 미소 공동 위원회 개최(5월) → 여운형 피살(7월) → 유엔 총회의 남북한 총선거 결의(11월)
1948년	유엔 소총회 남한 단독 선거 결정(2월) → 제주 4·3 사건(4월) → 남북 협상(4월) → 5·10 총선거(5월) → 제헌 국회 개원(5월) → 제헌 헌법 공포(7월) → 대한민국 정부 수립(8월)

정답 ② 한정판 135p, 기본서 835p

07 0923 [2018. 서울시 7급 2차] 회독 ○○○

1948년 남북 협상에 대한 설명으로 옳은 것을 〈보기〉에서 모두 고른 것은?

─ 보기 ─
㉠ 제1차 미·소 공동 위원회와 2차 미·소 공동 위원회 사이에 추진되었다.
㉡ 좌·우 정치세력의 합작을 위한 7원칙을 발표하였다.
㉢ 김구, 김규식 등이 평양에서 열린 회의에 참여하였다.
㉣ 회의 결과, 미·소 양군의 철수를 요구하는 결의문을 채택하였다.

① ㉠, ㉡
② ㉠, ㉣
③ ㉡, ㉢
④ ㉢, ㉣

SOLUTION 난이도 상 중 하

정답해설 ㉢, ㉣ 분단의 가능성이 높아지자, 1948년 2월 김구, 김규식은 통일 정부를 수립하기 위해 김일성 등 북한 지도부에 남북 정치 요인 회담을 제의하였다. 그리고 그해 4월 김구와 김규식은 38도선을 넘어 평양에서 북한 지도부와 남북 협상을 가졌다. 그 결과 단독 정부 수립 반대, 미소 양군의 철수를 요구하는 결의문을 채택하였다.

오답피하기 ㉠ 남북 협상은 제2차 미·소 공동 위원회 이후에 추진되었다. 남북 협상은 1948년에 추진되었고, 제1차 미소 공동 위원회는 1946년 3월, 제2차 미소 공동 위원회는 1947년 5월에 개최되었다.
㉡ 좌우 합작 위원회가 좌우 정치세력의 합작을 위한 7원칙(좌우 합작 7원칙)을 발표한 것은 1946년 10월의 일로, 남북 협상(1948. 4.) 전의 사실이다.

핵심개념 남북 협상(1948. 4. 19 ~ 23.)

배경	김구와 김규식이 북한에 남북 협상 제의(1948. 2.)
경과	• 평양에서 남북 지도자 회의(남북 연석 회의) 개최 • 4김 회담 : 김구, 김규식, 김일성, 김두봉
결과	• 결의문 채택 - 단독 정부 수립 반대 - 미·소 양군의 철수 요구

정답 ④ 한정판 135p, 기본서 835p

주제 160 | 01 광복과 대한민국의 수립
5·10 총선거와 대한민국 정부 수립

Check 대표 기출 1

01 0924 [2015. 서울시 7급] 회독 ○○○

밑줄 친 '총선거'에 대한 설명으로 옳지 않은 것은?

> 1948년 5월 10일, 마침내 남한에서는 유엔 한국임시위원단의 감시 아래 총선거가 실시되었다. 이 선거를 통해 구성된 제헌 국회는 국호를 대한민국으로 정하고, 7월 17일에 헌법을 제정·공포하였다.

① 만 19세 이상이면 모든 국민이 이 선거의 투표권을 가졌다.
② 이 선거를 통해 선출된 국회 의원의 임기는 2년이었다.
③ 이 선거를 앞두고 남북 협상에 참가했던 김규식은 선거에 나서지 않았다.
④ 제주도에서는 이 선거에 반대한 세력과 경찰이 충돌하면서 많은 민간인 희생자가 발생하였다.

Check 대표 기출 2

02 0925 [2019. 경간부] 회독 ○○○

제헌 국회와 관련된 설명 중 옳지 않은 것은?

① 제헌 헌법은 약 4년간 유지되었다.
② 제헌 국회는 대통령에 이승만, 부통령에 이시영을 각각 선출하였다.
③ 1948년 5월 10일 총선거는 21세 이상 모든 국민에게 투표권이 부여된 우리나라 최초의 보통 선거이며 198명의 제헌 국회 의원이 선출되었다.
④ 제헌 국회 의원을 정당별로 보면 한국 민주당이 가장 많았다.

SOLUTION 난이도 상 중 하

출제자의 눈 5·10 총선거의 특징과 선거의 의의를 묻는 문제. 5·10 총선거를 통해 구성된 제헌 국회의 활동 및 제헌 국회 활동 시기에 일어난 역사적 사실 등을 묻는다. 따라서 제헌 국회의 임기를 머릿속에 확실히 숙지하고 있어야 한다.

자료분석 자료의 밑줄 친 '총선거'는 1948년 5월 10일 실시한 5·10 총선거(1948)이다. 당초 유엔 총회는 인구 비례에 의한 남북한 총선거를 결정하였다(1947. 11.). 그러나 소련이 유엔 한국 임시위원단의 입북을 거부하면서 남북한 총선거가 불가능해지자 유엔 소총회는 유엔 한국 임시 위원단의 활동이 가능한 지역에서 선거를 치르기로(남한만의 선거) 결정하였다(1948. 2.). 이에 1948년 5월 10일 유엔 한국 임시 위원단의 감시 아래 남한에서 총선거가 시행되었다(5·10 총선거). 이 선거를 통해 구성된 제헌 국회는 국호를 대한민국으로 정하고, 7월 17일에 헌법을 제정·공포하였다.

정답해설 ② 5·10 총선거를 통해 선출된 제헌 국회 의원들의 임기는 2년이었다.
③ 5·10 총선거에는 김구와 김규식 등 단독 선거에 반대한 세력이 불참한 가운데, 이승만과 한국 민주당 등 우익 세력과 일부 중도 세력이 선거에 출마하였다.
④ 제주도에서는 5·10 총선거에 반대하며 공산주의와 일부 주민들이 무장 봉기를 일으키는 4·3 사건이 일어났다. 이를 진압하는 과정에서 많은 양민들이 학살되었고, 그로 인해 제주도 일부 지역은 총선거가 실시되지 못했다.

오답피하기 ① 5·10 총선거는 직접·평등·비밀·보통의 원칙에 따라 만 21세 이상의 모든 국민에게 투표권이 부여된 우리나라 최초의 민주 선거였다.

정답 ① 한정판 135p, 기본서 837p

SOLUTION 난이도 상 중 하

정답해설 ① 1948년 7월에 제정된 제헌 헌법은 1952년 7월 발췌 개헌이 이루어질 때까지 약 4년간 유지되었다.
② 제헌 국회는 1948년 7월 20일 초대 대통령으로 이승만, 부통령으로 이시영을 각각 선출하였다.
③ 1948년 5월 10에 실시된 5·10 총선거는 직접·평등·비밀·보통의 원칙에 따라 21세 이상의 모든 국민에게 투표권이 부여된 우리나라 최초의 보통 선거였다. 제주 4·3 사건의 여파로 선거가 제대로 치러지지 않은 제주 2개 선거구를 제외하고, 이 선거에 유권자의 대부분이 참가하여 198명의 제헌 국회 의원을 선출하였다.

오답피하기 ④ 제헌 국회 의원의 정당별 분포를 보면 총 200석 중(제주도의 2곳은 1년 뒤 선출) 무소속이 85석으로 가장 많았으며, 대한 독립 촉성 국민회가 55석, 한국 민주당이 29석을 차지하였다.

정답 ④ 한정판 135p, 기본서 837p

03 [2025. 법원직]

다음 밑줄 친 '이 선거'에 대한 설명으로 가장 옳은 것은?

이 우표는 1948년에 실시된 선거를 기념하여 만들어진 것입니다. 이 선거는 우리 역사상 최초로 실시된 보통 선거라는 의미가 있습니다.

① 임기 4년의 국회의원을 선출하였다.
② 김구, 김규식은 선거 불참을 선언하였다.
③ 이 선거로 이승만이 대통령에 선출되었다.
④ 18세 이상 모든 국민에게 투표권이 부여되었다.

SOLUTION

자료분석 1948년에 우리 역사상 최초로 실시된 보통 선거라는 사실을 통해 밑줄 친 '이 선거'가 5·10 총선거라는 것을 알 수 있다.

정답해설 ② 김구와 김규식 등 남북 협상파와 일부 좌익 세력은 선거에 참여하지 않았다.

오답피하기 ① 5·10 총선거 결과 임기 2년의 제헌 국회 의원이 선출되었다.
③ 5·10 총선거는 임기 2년의 제헌 국회 의원을 선출하기 위한 선거이고, 제헌 국회에서 이승만을 대통령에 선출하였다.
④ 5·10 총선거에는 21세 이상 모든 국민이 보통·평등·비밀·직접 선거의 원칙에 따라 참여하여, 95.5%라는 높은 투표율을 보였다.

핵심개념 5·10 총선거(1948. 5. 10)

대상	(만) 21세 이상 모든 국민에게 투표권 부여(피선거권은 만 25세 이상)
결과	• 제헌 국회 의원 선출(임기 2년) : 무소속이 가장 多 • 제헌 국회 개원(5월 31일), 의장 이승만, 부의장 신익희
의의	• 우리나라 최초의 민주 선거(보통·평등·비밀·직접)
한계	• 남북 협상파(김구와 김규식, 조소앙 등), 공산주의자 불참 • 총 200개 의석 중 제주도 2개 구는 제외 → 198명의 제헌 국회 의원 선출

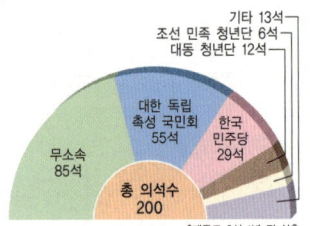

▲ 제헌 국회 정당별 의석 분포

정답 ② 한정판 135p, 기본서 837p

04 [2025. 국가직 9급]

밑줄 친 '이 헌법' 공포 이후에 있었던 사실로 옳은 것은?

제헌 국회는 "유구한 역사와 전통에 빛나는 우리들 대한국민은 기미 삼일운동으로 대한민국을 건립하여 세계에 선포한 위대한 독립정신을 계승하여 이제 민주독립국가를 재건함에 있어서"라고 명시한 이 헌법을 공포하였다.

① 미군정청이 설치되었다.
② 5·10 총선거가 실시되었다.
③ 반민족 행위 처벌법이 공포되었다.
④ 한국의 독립을 언급한 카이로 회담이 개최되었다.

SOLUTION

자료분석 자료는 1948년 7월에 제정된 제헌 헌법이다. 제헌 국회에서 공포하였다는 사실을 통해 알 수 있다.

정답해설 ③ 제헌 국회는 1948년 9월 일제 강점기의 반민족 행위자 처벌 및 재산 몰수 등의 조항이 담긴 반민족 행위 처벌법을 제정하였다.

오답피하기 ① 미군정청은 해방 직후인 1945년 9월에 설치되었다.
② 5·10 총선거는 1948년 5월에 실시되었다. 이 선거는 직접·평등·비밀·보통의 원칙에 따라 21세 이상의 모든 국민에게 투표권이 부여된 우리나라 최초의 보통 선거였다.
④ 카이로 회담은 1943년 11월에 개최되었다. 이집트 카이로에 모인 미국·영국·중국 3개국 정상은 회담을 통해 카이로 선언에 합의하였다. 선언문에는 '한국인의 노예 상태에 유의하여, 적당한 시기에 한국에 자유와 독립을 회복시킨다.'라는 내용이 포함되었다. 이 선언은 우리나라의 독립을 연합국이 최초로 보장하였다는 점에서 의미를 지닌다.

정답 ③ 한정판 136p, 기본서 838p

주제 161

01 | 광복과 대한민국의 수립

제헌 국회 통과 법안
(반민족 행위 처벌법과 농지 개혁)

Check 대표 기출 1

01 0928 [2022. 지방직 9급]   회독 ○○○

다음 조항을 포함한 법률에 대한 설명으로 옳지 않은 것은?

> 제1조 일본 정부와 통모하여 한일 합병에 적극 협력한 자, 한국의 주권을 침해하는 조약 또는 문서에 조인한 자와 이를 모의한 자는 사형 또는 무기 징역에 처하고, 그 재산과 유산의 전부 혹은 2분의 1 이상을 몰수한다.

① 이 법률은 제헌국회에서 제정되었다.
② 이 법률은 농지개혁법이 제정된 후 제정되었다.
③ 이 법률에 의해 반민특위와 특별 재판부가 구성되었다.
④ 이 법률에 의해 친일 경력을 지닌 고위 경찰 간부가 체포되었다.

Check 대표 기출 2

02 0929 [2019. 지방직 9급]   회독 ○○○

다음 법령과 관련한 설명으로 옳은 것은?

> 제5조 정부는 다음에 의하여 농지를 취득한다.
> 　1. 다음의 농지는 정부에 귀속한다.
> 　　(가) 법령 및 조약에 의하여 몰수 또는 국유로 된 토지
> 　　(나) 소유권의 명의가 분명하지 않은 농지

① 농지 이외 임야도 포함되었다.
② 신한공사가 보유하던 토지를 분배하였다.
③ 중앙토지행정처가 분배 업무를 주무하였다.
④ 분배받은 농민은 평년 생산량의 30 %를 5년간 상환하였다.

SOLUTION 난이도 상 중 하

출제자의 눈 반민족 행위 처벌법은 제정 시기를 중심으로 출제된다. 농지 개혁법보다 이른 시기에 제정되었음에 유의하자.

자료분석 자료는 1948년 9월 제헌 국회에서 제정된 반민족 행위 처벌법의 일부 내용이다. 일본 정부와 통모하여 한·일 합병에 적극 협력한 자 등을 처벌하는 내용을 담고 있는 것을 통해 알 수 있다.

정답해설 ①,③ 제헌 국회는 국민의 여망에 따라 1948년 9월 반민족 행위 처벌법을 제정하고, 10월에 반민족 행위 특별 조사 위원회(반민 특위)와 특별 재판부를 설치하였다.
④ 반민 특위는 1949년부터 일제 강점기의 반민족 행위자를 조사하고 관련자를 기소하였다. 친일 경찰 출신인 노덕술과 이광수, 박흥식, 김연수, 최남선, 최린 등이 반민 특위에 체포되었다. 그러나 반민족 행위 처벌법이 개정되어 친일파 처벌 기한이 1950년 6월에서 1949년 8월까지로 줄어들었고, 반민족 행위의 범위도 크게 축소되어 반민 특위의 활동은 유명무실하게 되었다. 기소된 사람 가운데 특별 재판부에서 실형을 선고받은 사람은 이광수 등 소수에 불과하였다. 실제로 사형이 집행된 것은 한 건도 없었으며, 대부분 감형되거나 형 집행 정지로 풀려났다.

오답피하기 ② 반민족 행위 처벌법은 1948년 9월에 제정되었고, 농지 개혁법은 1949년 6월 공포되고, 1950년 3월에는 일부 개정되어 시행에 들어갔다.

정답 ② 한정판 136p, 기본서 838p

SOLUTION 난이도 상 중 하

출제자의 눈 북한의 토지 개혁과 구분할 수 있어야 하고, 북한의 토지 개혁이 남한의 농지 개혁보다 먼저 실시되었음도 눈여겨보자. 농지 개혁의 실시 방법과 결과에 주목하자.

자료분석 자료는 대한민국 정부 수립 후 이승만 정부 때 제헌 국회에서 제정한 농지 개혁법(1949. 6.)의 일부 내용이다.

정답해설 ④ 농지 개혁법에서는 영세 농민에게 3정보를 상한으로 농지를 분배하고, 매년 평균 생산량의 30%씩 5년 동안 현물로 상환하게 하였다.

오답피하기 ① 농지 개혁은 농지를 대상으로 하였다. 임야는 농지 개혁에서 제외되었다.
② 신한공사는 일제의 귀속 재산을 관리한 회사로, 대한민국 정부 수립 이전인 1948년 3월에 해체되었다.
③ 농지 개혁은 농림부에서 담당하였다. 1948년 3월 미군정은 신한공사를 해체하여 '중앙 토지 행정처'로 개칭하고 귀속 농지를 농민에게 매각하였다. 중앙 토지 행정처는 1948년 8월 대한민국 정부가 수립되면서 농림부에 이관되어 해체되었다.

정답 ④ 한정판 136p, 기본서 840p

03 [2024. 지방직 9급]

다음 법령에 의해 실시된 정책에 대한 설명으로 옳은 것은?

> 제1조 본법은 헌법에 의거하여 농지를 농민에게 적정히 분배함
> 으로써 … (중략) … 농민 생활의 향상 내지 국민 경제의 균
> 형과 발전을 기함을 목적으로 한다.
> 제12조 농지의 분배는 농지의 종목, 등급 및 농가의 능력 기타
> 에 기준한 점수제에 의거하되 1가구당 총경영면적 3정보를
> 초과하지 못한다.

① 한국민주당과 지주층의 반발로 중단되었다.
② 주택 개량, 도로 및 전기 확충 등도 추진하였다.
③ 유상 매수, 유상 분배의 방식으로 시행되었다.
④ 자작농이 감소하고 소작농이 증가하는 결과를 낳았다.

SOLUTION

자료분석 자료는 농지개혁법(1949. 6.)의 내용이다.

정답해설 ③ 제헌 국회는 제헌 헌법에 농지 개혁의 근거가 되는 조항을 담았으며, 1949년 6월에는 경자유전의 원칙 아래 농지 개혁법을 제정하였다. 이를 바탕으로 1950년 3월, 이승만 정부는 한 가구당 3정보를 소유 상한으로 하고, 그 이상의 토지는 국가가 '유상 매입, 유상 분배'하는 방식으로 농지 개혁을 실시하였다. 농지 개혁은 6·25 전쟁 이후 마무리되었다.

오답피하기 ① 농지 개혁은 6·25 전쟁 이후 마무리되었다(중단 X).
② 1970년부터 시작된 새마을 운동과 관련된 내용이다. 민간의 자발적 운동을 표방하였으나 실제로는 정부 주도의 농어촌 근대화와 소득 증대 사업으로, 주택 개량, 농지 정리, 하천 정리 등 환경 개선 사업을 추진하였다. 농지 개혁은 농지를 농민에게 분배하기 위해 실시되었으며, 주택 개량이나 도로 및 전기 확충은 개혁에 포함되지 않았다.
④ 농지 개혁은 농사를 짓는 사람이 토지를 소유하는 원칙(경자유전)이 수립되고, 자작농이 증가하는 계기가 되었으며 근대 농업 경제 발전의 발판을 마련하였다.

핵심개념 농지 개혁

법 제정 및 시행	1949년 6월 제정 → 1950년 3월 일부 개정 및 시행
배경	• 농민의 다수가 소작농, 북한의 토지 개혁 실시(1946) • 미군정의 농지 유상 분배 : 1948년 3월 신한공사 해체 → 중앙토지행정처로 개칭 → 귀속 농지 매각
원칙	경자유전, 유상 매입(유상 매수)·유상 분배
방법	• 3정보를 상한으로 하여 그 이상 지주가 소유한 농지는 국가가 유상 매입 → 지주에게 지가 증권 발급 • 국가에서 매수한 농지는 영세 농민에게 3정보를 한도로 유상 분배 → 1년 평균 생산량의 1.5배를 생산물로 5년간 분할(균등) 상환(매년 평균 생산량의 30%씩 5년 동안 현물로 상환)
결과	• 자작농(자영농) 증가, 전근대적 지주제 소멸, 소작제 폐지 • 근대 농업 경제 발전의 발판 마련 • 6·25 전쟁 전에 시행되어 남한의 공산화 저지에 기여
한계	• 농지를 제외한 토지는 개혁 대상에서 제외 • 농지 개혁 실시 지연 → 지주들의 개혁 이전 토지 처분 → 농지 개혁 대상 토지 감소 • 지가 증권을 현금으로 바꾸기 어려워 중소 지주층이 산업 자본가로 전환되지 못하고 몰락

정답 ③ 한정판 136p, 기본서 840p

04 [2015. 국가직 7급]

밑줄 친 '개혁'에 대한 설명으로 옳지 않은 것은?

> 정부는 제헌 헌법에 의거하여 1949년 6월 21일 법률 제31호로 농지를 농민에게 적절히 분배하는 개혁을 추진하였다. 그것을 통하여 농가 경제 자립과 농업 생산력 증진으로 인한 농민 생활의 향상 및 국민 경제의 균형과 발전을 도모하였다.

① 귀속 농지의 관리 기구인 신한 공사를 해체하였다.
② 호당 3정보 이하 농지는 매수 대상에서 제외하였다.
③ 3정보 이상의 농지로 이미 매도된 경우 개혁에서 제외하였다.
④ 매수된 농지의 지주에게는 연평균 수확량의 150%를 5년간 나누어 보상하도록 하였다.

SOLUTION

자료분석 자료의 밑줄 친 '개혁'은 농지 개혁을 의미한다. 제헌 헌법에 의거하여 1949년 6월 21일 법률 제31호로 농지를 농민에게 적절히 분배하는 개혁이라는 내용을 통해 알 수 있다.

정답해설 ② 농지 개혁은 지주의 소작지와 농가 1가구당(호당) 3정보를 초과하는 농지를 유상으로 매입하였다. 따라서 호당 3정보 이하 농지는 매수 대상에서 제외되었다.
③ 이미 매도된 농지는 개혁 대상에서 제외되었기 때문에 일부 지주들은 농지 개혁 실시 전에 미리 토지를 처분하는 등 편법을 동원하여 농지 개혁법을 피해 가기도 하였다.
④ 매수된 농지의 지주에게는 연평균 수확량의 150%로 유상 매입하여 5년 연부 상환의 지가증권을 발급하고, 영세 농민에게 3정보 한도로 유상분배하여 5년간 수확량의 30%씩 상환하도록 했다.

오답피하기 ① 신한공사는 미군정 시기 일제의 귀속 재산을 소유·관리한 회사로, 농지 개혁 실시 전인 1948년 3월에 해체되었다.

핵심개념 남한의 농지 개혁 vs 북한의 토지 개혁

구분	남한	북한
법령 공포	1949년 6월(1950년 3월 개정)	1946년 3월
대상	농지(임야, 산림 제외)	모든 토지
원칙	유상 매입·유상 분배	무상 몰수·무상 분배
토지 소유 상한선	3정보(9천평, 약 3만㎡)	5정보

정답 ① 한정판 136p, 기본서 840p

주제 162 | 01 광복과 대한민국의 수립
북한 정권의 수립과 6·25 전쟁 및 대남도발

Check 대표 기출 1

01 0932 [2017. 국가직 7급] 회독 ○○○

(가)시기에 있었던 사실로 옳은 것은?

1950. 6.	1950. 9.	1951. 1.	1951. 6.	1953. 7.
		(가)		
6·25전쟁 발발	서울 수복	1·4후퇴	휴전회담 시작	정전협정 체결

① 대규모 해상 작전인 흥남 철수가 이루어졌다.
② 이승만 정부가 반공 포로의 석방을 단행하였다.
③ 맥아더 장군이 유엔군 총사령관직에서 해임되었다.
④ 미국은 극동 방위선에서 한국을 제외한다고 선언하였다.

Check 대표 기출 2

02 0933 [2025. 지방직 9급] 회독 ○○○

다음 조약이 체결되고 난 이후에 일어난 일은?

> 제2조 당사국 중 어느 한 나라의 정치적 독립 또는 안전이 외부로부터의 무력 공격에 의하여 위협을 받고 있다고 어느 당사국이든지 인정할 때에는 언제든지 당사국은 서로 협의한다.
> 제4조 상호적 합의에 의하여 미합중국의 육군, 해군, 공군을 대한민국의 영토 내와 그 부근에 배치하는 권리를 대한민국은 이를 허가하고 미합중국은 이를 수락한다.

① 판문점에서 정전협정이 체결되었다.
② 베트남에 한국군 전투 부대가 파견되었다.
③ 이승만 대통령이 반공 포로를 석방하였다.
④ 유엔군 총사령관 맥아더가 인천 상륙 작전을 감행하였다.

SOLUTION 난이도 상 중 하

출제자의 눈 6·25 전쟁의 전개 과정을 묻는 순서 문제, 휴전(정전) 협정의 특징과 휴전 이후의 결과(한미 상호 방위 조약) 등이 출제된다. 유의해야 할 사항은 정전 협정서에는 북한군, 중국군, 유엔군 대표가 서명하였고, 한국 정부와 소련은 정전 협정에 서명하지 않았다는 점이다.

정답해설 ① 중공군의 공격에 밀린 국군과 미군은 1950년 12월에 흥남 철수 작전을 실시하여 약 10만 명의 피난민까지 수송하였다.

오답피하기 ② 휴전 회담이 거의 타결되어 갈 무렵인 1953년 6월 이승만 대통령이 반공 포로들을 전격적으로 석방하여 휴전 회담이 위기에 처하기도 하였다.
③ 1951년 4월 트루먼 미국 대통령이 백악관 기자회견을 통해 더글러스 맥아더 장군을 UN군 총사령관에서 해임하고 후임에 리지웨이 중장을 임명한다고 발표했다.
④ 6·25 전쟁 발발 전의 사실이다. 1950년 1월 미 국무장관 애치슨은 미국의 극동 방위선을 발표(애치슨 선언)했는데, 여기서 한국이 제외되었다. 이는 한반도에서 전쟁이 일어나도 미국이 개입하지 않을 것이라는 북한의 오판을 낳게 하였다.

핵심개념 흥남 철수 작전(1950. 12.)

> 중공군이 한국 전쟁에 개입하여 전세가 불리해지자, 1950년 12월 15일에서 12월 24일까지 열흘간 동부전선의 미국 제10군단과 대한민국 국군 제1군단을 흥남항에서 피난민과 함께 구출시킬 목적으로 실행된 대규모 철수 작전이다.

정답 ① 한정판 137p, 기본서 843p

SOLUTION 난이도 상 중 하

자료분석 자료는 1953년 10월에 체결된 한·미 상호 방위 조약의 일부 내용이다. 한·미 상호 방위 조약은 한국과 미국 사이에 체결된 양국의 공동 방위 조약으로, 제3국의 영토 침범 시 공동 대처, 주한 미군의 주둔 등을 주요 내용으로 한다.

정답해설 ② 한국군의 베트남 파병은 1964년 의료단과 태권도 교관의 파견으로 시작되었다. 1965년부터는 전투 부대의 파병이 이루어져 1973년까지 32만여 명의 병력이 파병되었다.

오답피하기 ① 판문점에서 정전 협정이 체결된 것은 1953년 7월의 일이다. 현 전선(접전 지역)을 군사 분계선(휴전선)으로 하기로 하고, 미국의 포로 송환 방침(자유 송환)에 공산군 측이 대체로 동의함으로써 마침내 1953년 7월 27일 판문점에서 정전 협정이 체결되었다.
③ 이승만의 반공 포로 석방은 1953년 6월의 일이다. 휴전 회담이 거의 타결되어 갈 무렵 이승만 대통령이 반공 포로들을 전격적으로 석방하여 휴전 회담이 위기에 처하기도 하였다.
④ 맥아더의 인천 상륙 작전은 1950년 9월의 일이다. 인천 상륙 작전 이후 국군과 유엔군은 서울을 되찾고 38선을 넘어 압록강으로 진격하였다.

정답 ② 한정판 137p, 기본서 846p

03 0934 [2023. 지방직 9급]

6·25 전쟁 중 있었던 사실로 옳지 않은 것은?

① 국군과 유엔군이 인천 상륙 작전을 감행하였다.
② 대통령 직선제를 포함한 발췌 개헌안이 국회에서 통과되었다.
③ 이승만 정부가 북한 송환을 거부하는 반공 포로를 석방하였다.
④ 미국이 한반도를 미국의 태평양 지역 방위선에서 제외한다는 애치슨 선언을 발표하였다.

04 0935 [2015. 국가직 9급]

연표의 (가), (나) 시기에 있었던 사실로 옳은 것은?

(가)	(나)
6·25 전쟁 발발 (1950. 6. 25)	서울 수복 (1950. 9. 28)	휴전 협정 체결 (1953. 7. 27)

① (가) - 인천 상륙 작전이 실시되었다.
② (가) - 중국군의 참전으로 인해 한국군은 서울에서 후퇴하게 되었다.
③ (나) - 애치슨 선언이 발표되었다.
④ (나) - 유엔 안전보장이사회에서 유엔군 파병이 결정되었다.

SOLUTION

정답해설 6·25 전쟁 기간은 북한의 기습 남침으로 전쟁이 발발한 1950년 6월 25일에서 휴전 협정이 체결된 1953년 7월 27일까지이다.
① 낙동강 방어선을 사이에 두고 북한군과 치열한 전투를 벌이던 국군과 유엔군은 1950년 9월 15일 인천 상륙 작전을 실시하여 전세를 역전하였다. 인천 상륙 작전 이후 국군과 유엔군은 서울을 되찾고 38선을 넘어 압록강으로 진격하였다.
② 이승만 대통령은 1950년에 구성된 제2대 국회에 정부에 비판적인 인사가 많아 국회의 간접 선거로는 재선이 어렵다고 판단하여 대통령 직선제 개헌을 추진하였다. 정부는 1952년 부산 정치 파동을 일으켜 야당 인사를 탄압하고 공포 분위기를 조성하였다. 이러한 가운데 정부의 대통령 직선제 개헌안을 중심으로 하고 국회가 제출한 내각 책임제 개헌안의 일부 조항을 절충한 개헌안이 가결되었다(발췌 개헌, 1952. 7.).
③ 휴전 회담이 거의 타결되어 갈 무렵 이승만 정부가 반공 포로들을 전격적으로 석방(1953. 6.)하여 휴전 회담이 위기에 처하기도 하였다.

오답피하기 ④ 애치슨 선언은 미국의 태평양 방위선에서 한국과 타이완을 제외한 것으로, 6·25 전쟁 발발 이전인 1950년 1월에 발표되었다.

핵심개념 6·25 전쟁의 전개 과정(1950. 6.~1953. 7.)

1950년	북한의 기습 남침(6. 25.) → 3일 만에 서울 함락[국군의 한강 인도교(철교) 폭파] → UN군 참전(7월) → 낙동강 전선까지 후퇴(8월) → 인천 상륙 작전 성공(9. 15.) → 서울 탈환(9. 28.) → 38도선 돌파(10. 1., 현 국군의 날) → 평양 탈환(10. 19.) → 압록강 연안 초산까지 진격(10. 26.) → 중공군의 개입으로 후퇴 → 흥남 철수 작전(12월)
1951년	1·4 후퇴(1월, 서울 재함락) → 평택·오산까지 후퇴 → 국군과 유엔군의 반격으로 서울 재탈환(3월) → 38도선 부근에서 전선 고착[맥아더 장군 유엔군 총사령관직 해임(4월)] → 소련이 유엔에 휴전 제의(6월) → 휴전 회담 시작(7월)
1953년	이승만의 반공 포로 석방(6월) → 휴전 협정 체결(7월) → 한·미 상호 방위 조약 체결(10월)

정답 ④ 한정판 137p, 기본서 843p

SOLUTION

정답해설 ① 인천 상륙 작전은 (가) 시기인 1950년 9월 15일에 실시되었다. 이 작전의 성공으로 서울을 수복하고 38도선을 돌파해 북진할 수 있었다.

오답피하기 ② 중국군의 참전으로 인해 서울을 다시 빼앗기고 후퇴한 1·4 후퇴는 (나) 시기인 1951년 1월 4일에 있었던 사건이다.
③ 애치슨 선언은 미국의 태평양 방위선에서 한국과 타이완을 제외한 것으로, 전쟁 발발 이전인 1950년 1월에 발표되었다.
④ 유엔 안전 보장 이사회는 (가) 시기인 1950년 7월 한반도의 유엔 군사 활동을 위해 미국에 최고 지휘권을 위임하는 결의를 채택했다. 이로써 미국의 맥아더가 유엔군 총사령관에 임명되고 유엔군의 파견이 결정되었다.

핵심개념 6·25 전쟁의 전개 과정

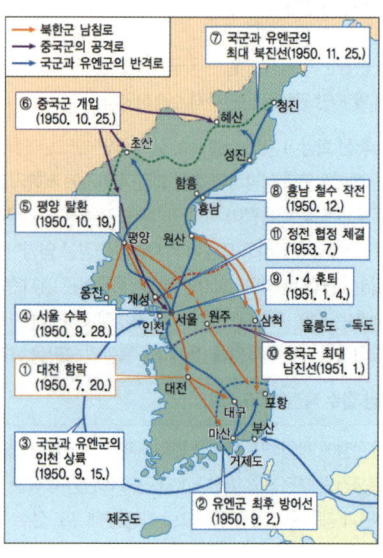

정답 ① 한정판 137p, 기본서 843p

05 0936 [2015. 국가직 7급]

다음 회담과 관련한 내용으로 옳지 않은 것은?

> 제2 의제 : 전투 행위를 정지한다는 전제 아래 양측 군대 사이에 비무장 지대를 설치하고자 군사분계선을 정하는 일
> …(중략)…
> 제5 의제 : 외국 군대의 철수와 한반도 문제의 평화적 해결에 관해서 쌍방 관련 국가의 정부에 권고하는 일

① 개성과 판문점 등지에서 회담이 진행되었다.
② 공산군 측은 38도선을 경계로 휴전할 것을 요구하였다.
③ 유엔군 측은 제네바 협정에 따른 포로의 자동 송환을 주장하였다.
④ 쌍방은 소련을 제외한 4개 중립국 감시위원회의 구성에 합의하였다.

06 0937 [2015. 지방직 7급]

북한이 일으킨 사건을 순서대로 바르게 나열한 것은?

> ㉠ 판문점 도끼 만행 사건
> ㉡ 1·21 청와대 습격 사건
> ㉢ 아웅산 폭탄 테러 사건
> ㉣ 대한항공 858편 폭파 사건

① ㉡ → ㉠ → ㉢ → ㉣
② ㉡ → ㉣ → ㉢ → ㉠
③ ㉣ → ㉠ → ㉡ → ㉢
④ ㉣ → ㉠ → ㉢ → ㉡

SOLUTION (05)

자료분석 자료는 6·25 전쟁 당시 이루어진 휴전 회담(정전 회담)과 관련된 내용이다. 전쟁이 교착 상태에 빠지자, 소련은 국제 연합(UN)에 휴전을 제안하였다(1951. 6.). 양측은 이를 받아들여 1951년 7월 개성에서 첫 휴전 회담을 열었다.

정답해설 ① 휴전회담은 개성에서 시작(1951. 7.)되었으나 이후 판문점으로 장소를 옮겨(1951. 10) 진행되었다.
② 유엔군은 현재의 접촉선을 군사분계선으로 하자고 주장했으며, 공산군은 38도선을 군사분계선으로 설정해야 한다고 주장했다.
④ 중립국 감시위원회는 휴전 상황을 감시하기 위한 것으로, 소련을 포함할지를 놓고 양측이 대립했으나 결국 소련을 제외한 4개 중립국 감시위원회의 구성에 합의했다. 중립국 감시위원회는 공산군이 지명한 폴란드와 체코슬로바키아 2개국과 유엔군이 지명한 스웨덴과 스위스 2개국으로 구성되었다.

오답피하기 ③ 유엔군 측은 포로 개개인의 자유의사에 따라 한국·북한·중국 또는 대만을 선택하게 하는 이른바 '자유 송환' 방식을 주장한 데 반해, 공산군 측은 제네바 협정(1949)에 따라 모든 중공군과 북한군 포로는 무조건 각기 고국에 송환되어야 한다는 '강제 송환(자동 송환)' 방식을 주장했다.

핵심개념 휴전(정전) 회담(1951. 7.~ 1953. 7.)

휴전 회담 시작	• 소련이 유엔에 휴전 제의(6월) • 휴전 회담 시작(7월)
휴전 회담 쟁점	• 군사분계선의 설정과 포로 송환 문제 등 • 북한 측 : 강제(자동) 송환 주장 • 유엔 측 : 자유 송환 주장 • 남한 정부 : 휴전 반대
휴전 협정 체결	• 유엔군, 공산군(중국군·북한군) 대표 서명(한국과 소련 ×) • 포로 교환은 포로의 자유 의사 존중 • 현 전선을 군사 분계선으로 정함 • 비무장 지대 설치(군사 분계선 남북 각각 2km 지역) • 군사 정전 위원회와 중립국 감시 위원단 설치

정답 ③ 한정판 137p, 기본서 845p

SOLUTION (06)

정답해설 ㉡ 1·21 청와대 습격 사건(1968) : 1·21 사건은 1968년 1월 21일 북한 민족보위성(현 인민무력부) 정찰국 소속인 124군부대 무장공비 31명(김신조 등)이 청와대를 기습하기 위해 서울에 침투한 사건이다.
㉠ 판문점 도끼 만행 사건(1976) : 1976년 8월 판문점 공동경비구역(JSA)에서 북한군이 미군 장교를 도끼로 죽인 사건이다.
㉢ 아웅산 폭탄 테러 사건(1983) : 북한이 1983년에 버마(현 미얀마)를 방문 중이던 전두환 대통령 및 수행원들을 대상으로 자행한 테러 사건이다.
㉣ 대한항공 858편 폭파 사건(1987) : 대한항공(KAL) 858기가 1987년 11월 29일 북한 공작원 김현희 등에 의해 미얀마 안다만 해역 상공에서 폭파된 사건이다.

핵심개념 북한의 대남 도발

박정희 정부 시기	• 1·21 사태(1968. 1. 21) : 청와대 기습 미수 사건 • 푸에블로호 사건(1968. 1. 23) • 울진·삼척 무장공비 침투 사건(1968. 11) • 판문점 도끼 만행(살인) 사건(1976)
전두환 정부 시기	• 버마(미얀마) 아웅산 묘소 폭탄 테러 사건(1983) • KAL 858기(대한항공 858편) 폭파 사건(1987)
김대중 정부 시기	• 1차 연평 해전(1999) • 2차 연평 해전(2002)
이명박 정부 시기	• 천안함 피격 사건(2010. 3) • 북한의 연평도 포격(2010. 11)

정답 ① 한정판 145p, 기본서 885p

주제 163

02 | 민주주의의 시련과 발전

이승만 정부(제1공화국, 1948~1960)

Check 대표 기출 1

01 0938 [2019. 지방직 7급] 회독 ○○○

밑줄 친 '개헌안'에 대한 설명으로 옳은 것은?

> 1954년에 실시된 선거로 국회 내 다수 세력이 된 자유당은 새 개헌안을 국회에 상정하였다. 이 개헌안이 국회를 통과하기 위해서는 그 재적 의원 203명의 3분의 2 이상이 찬성해야 했다. 그러나 표결 결과 135표를 얻는 데 그쳐 부결되었다. 그럼에도 자유당은 이른바 '사사오입'이라는 논리로 부결을 번복하고 가결을 선언하였다. 이는 절차적 민주주의 원칙이 크게 훼손된 사건이었다.

① 대통령이 국회의원의 3분의 1을 직접 지명하도록 규정하였다.
② 국가 보위 비상 대책 위원회가 언론을 통제한다는 규정이 포함되어 있었다.
③ 대통령 선거인단에 의한 간접선거로 대통령을 선출한다는 조항을 두었다.
④ 당시 재임 중인 대통령에 대해서는 중임 제한 규정을 적용하지 않는다는 내용이 있었다.

SOLUTION 난이도 상 중 하

출제자의 눈 이승만 정부가 장기 집권과 독재 체제 강화를 위해 실시한 개헌 및 사건들에 주목하면서 타 정부의 정책과 비교 구분할 수 있어야 한다. 특히 사사오입 개헌의 출제 비중이 높다. 이승만 정부 시기의 사건을 묻는 문제도 빈출 주제 중 하나인데 특히 진보당 사건은 다른 정부 시기 문제의 오답 지문으로도 자주 출제된다.

자료분석 자료의 밑줄 친 '개헌안'은 1952년 제2차 개헌안(초대 대통령의 중임 제한 철폐)이다. 부결된 개헌안을 '사사오입'의 논리로 가결시켰다는 내용을 통해 이를 알 수 있다.

정답해설 ④ 2차 개헌안은 초대 대통령에 한해 중임 제한 규정을 철폐하는 것이 주요 내용이었다. 이에 따라 이승만 대통령의 종신 집권이 가능해졌다.

오답피하기 ① 1972년 제7차 개헌(유신 헌법)에서는 대통령이 국회 의원의 1/3을 추천할 수 있도록 하였다(사실상 1/3 임명).
② 국가 보위 비상 대책 위원회는 신군부가 광주 민주화 운동을 무력으로 진압하고 1980년 5월 31일 정치 권력을 사유화하기 위해 설치한 임시 행정기구이다.
③ 대통령선거인단에 의한 대통령 간선제는 1980년 8차 개헌의 내용이다. 1980년 8월 최규하 대통령이 사임하자, 통일 주체 국민 회의에서 전두환이 11대 대통령으로 선출되었다. 이어서 10월에는 8차 개헌을 하였는데 이 헌법의 골자는 대통령 선거인단이 간접 선거로 대통령을 선출하고, 대통령의 임기는 7년 단임으로 한 것이었다.

정답 ④ 한정판 138p, 기본서 850p

Check 대표 기출 2

02 0939 [2021. 법원직 9급] 회독 ○○○

다음 개헌이 이루어진 정부 시기에 있었던 사실로 가장 옳은 것은?

> 제55조 대통령과 부통령의 임기는 4년으로 한다. 단, 재선에 의하여 1차 중임할 수 있다. 대통령이 궐위된 때에는 부통령이 대통령이 되고 잔임 기간 중 재임한다.
> 부칙 이 헌법 공포 당시의 대통령에 대하여는 제55조 제1항 단서의 제한을 적용하지 아니한다.
> – 대한민국 관보 제1228호 –

① 소련, 중국과 교류를 확대하였다.
② 일본과 국교 정상화를 추진하였다.
③ 진보당 사건으로 조봉암을 처형하였다.
④ 지방 자치제를 전면적으로 실시하였다.

SOLUTION 난이도 상 중 하

자료분석 자료는 이승만 정부 시기 이루어진 사사오입 개헌(제2차 개헌, 1954)의 내용이다. 초대 대통령(이 헌법 공포 당시의 대통령)에 한해서는 중임 제한 규정을 적용하지 않는다는 내용을 통해 이를 알 수 있다. 1952년 새 헌법(발췌 개헌)에 따라 국민의 직접 선거로 제2대 대통령에 당선된 이승만은 초대 대통령에 한하여 중임 제한을 없애는 개헌안을 또다시 국회에 제출하였다. 표결 결과 1표가 부족하여 개헌안은 부결되었으나, 자유당은 이틀 후 결과를 뒤집고 개헌안 통과를 선언하였다(사사오입 개헌, 1954).

정답해설 ③ 1958년 이승만 정부는 북한의 주장과 유사한 평화 통일 방안을 주장하였다는 혐의로 진보당의 조봉암 등을 체포하였고, 조봉암은 이듬해 사형에 처해졌다.

오답피하기 ① 노태우 정부는 북방 외교를 추진해 소련, 중국과 교류를 확대하였다. 이를 토대로 1990년에는 소련, 1992년에는 중국과 수교를 맺었다.
② 박정희 정부에 대한 내용이다. 박정희 정부는 경제 발전에 필요한 자금을 마련하기 위해 한일 국교 정상화를 추진하였다.
④ 김영삼 정부 때에는 지방 자치 단체장 선거를 포함한 지방 자치제를 전면 시행하였다(1995).
※ 장면 정부 시기에도 지방 자치제가 전면적으로 시행되었으나 5·16 군사 정변으로 중단되었다.

핵심개념 지방 자치제

이승만 정부	· 지방 자치법 제정(1949) · 부분 실시(1952년 최초 지방 선거 실시)
장면 정부	· 전면 실시(지방 의회 의원, 도지사, 시·읍·면장 주민 직접 선출) · 5·16 군사 정변으로 중단
노태우 정부	부분 실시(지방 의회 의원 선거)
김영삼 정부	전면 실시(지방 자치 단체장 선거)

정답 ③ 한정판 138p, 기본서 850p

03 　0940　[2025. 법원직]

다음 (가)의 공포일과 (나)의 발표일 사이에 있었던 사실로 가장 옳지 않은 것은?

> (가) 제31조 입법권은 국회가 행한다. 국회는 민의원과 참의원으로 구성한다.
> 　　　 제55조 대통령과 부통령의 임기는 4년으로 한다. 단, 재선에 의하여 1차 중임 할 수 있다. 대통령이 궐위된 때에는 부통령이 대통령이 되고 잔임 기간 중 재임한다.
> 　　　 부칙　 이 헌법 공포 당시의 대통령에 대하여는 제55조 제1항의 단서의 제한을 적용하지 아니한다.
>
> (나) 1. 반공을 국시의 제1의로 삼을 것
> 　　　 4. 국가 자주 경제 재건에 총력을 기울일 것
> 　　　 6. 과업이 성취되면 정권을 이양하고 본연의 임무에 복귀할 준비를 갖출 것

① 진보당 사건이 일어났다.
② 국민 교육 헌장을 제정하였다.
③ 윤보선이 대통령에 당선되었다.
④ 내각 책임제로 헌법이 개정되었다.

04 　0941　[2025. 서울시 9급 1차]

〈보기〉의 사건을 시간순으로 바르게 나열한 것은?

> 보기
> ㄱ. 사사오입 개헌
> ㄴ. 진보당 사건 발생
> ㄷ. 발췌 개헌
> ㄹ. 3·15 부정선거

① ㄱ - ㄴ - ㄷ - ㄹ
② ㄱ - ㄷ - ㄴ - ㄹ
③ ㄷ - ㄱ - ㄴ - ㄹ
④ ㄷ - ㄴ - ㄱ - ㄹ

주제 164 | 02 민주주의의 시련과 발전
4·19 혁명과 장면 내각의 성립(1960)

Check 대표 기출 1

01 0942 [2019. 서울시 7급 1차] 회독 ○○○

〈보기〉의 부정 선거가 계기가 되어 촉발된 민주화 운동에 대한 설명으로 가장 옳은 것은?

― 보기 ―
민주당 후보인 조병옥이 선거 10일을 앞두고 급사하여 단일 후보가 되었음에도 자유당의 충성파들은 약 40%의 사전투표를 하는 등 온갖 부정선거를 자행하였다. 이에 부통령 이기붕의 표가 100%에 육박하는 결과가 나오자 이를 79%로 하향조정하기도 하였다.

① 야당 정치인과 종교인 등이 민주 회복 국민 회의를 결성하여 저항하였다.
② 경무대를 향해 돌진하던 시위대에 경찰이 총격을 가하였다.
③ 부산과 마산을 중심으로 부마 항쟁으로 불리는 대규모 저항 운동이 일어났다.
④ 서울의 봄이라고 불리는 대규모 학생시위가 벌어졌다.

SOLUTION 난이도 상 **중** 하

출제자의 눈 사료를 제시하고 4·19 혁명의 배경, 결과를 묻는 문제가 출제된다. 일부 사료는 특별한 힌트 없이 눈에 익혀야 하는 사료들도 있다.

자료분석 자료는 1960년 3·15 부정 선거에 대한 내용으로, 4·19 혁명의 계기가 되었다. 1960년 제4대 대통령 선거 유세 도중 민주당 후보인 조병옥이 사망하면서 이승만은 단독 후보로서 당선이 확실해졌다. 그러나 자유당은 고령의 이승만이 당선되더라도 건강상의 문제로 부통령이 대통령직을 승계하는 상황이 생길 것을 우려하였다. 이에 이승만 정부는 부통령에 자유당의 이기붕을 당선시키기 위해 3~9인조 투표, 4월 사전 투표 등 각종 부정을 자행하였다(3·15 부정 선거). 이 부정 선거가 계기가 되어 4·19 혁명(1960)이 일어났다.

정답해설 ② 4·19 혁명 당시 약 3만 명의 대학생과 고등학교 학생들이 거리로 쏟아져나와 그 가운데 수천 명이 경무대로 몰려들었다. 경찰이 당시 시위대를 향해 발포하면서 시위가 격화되었다.

오답피하기 ① 유신 정부 때인 1974년 11월에는 야당 정치인과 종교인 등이 민주 회복 국민 회의를 결성하고 반유신·민주화 운동을 전개하였다.
③ 1979년 박정희 정부는 신민당사에서 농성 중인 YH 무역의 여성 노동자들을 강제 진압하였고, 이에 항의하는 신민당 총재 김영삼을 의원직에서 제명하였다. 이를 계기로 1979년 10월 부산과 마산에서는 유신 철폐와 독재 반대를 외치는 시위가 격렬하게 전개되었다(부마 민주 항쟁).
④ 1979년 10·26 사태 이후 민주화에 대한 시민들의 기대감이 커졌다. 그러나 전두환 등 이른바 신군부 세력은 군사 반란을 일으켜 권력을 장악하였다(12·12 사태). 1980년이 되자 유신 헌법의 폐지와 신군부 퇴진, 계엄 해제를 요구하는 대규모 시위가 이어졌다(서울의 봄).

정답 ② 한정판 138p, 기본서 853p

Check 대표 기출 2

02 0943 [2021. 경찰 1차] 회독 ○○○

다음 시정 연설을 했던 정부 시기에 있었던 사실로 옳은 것은?

셋째로, 부정 선거의 원흉들과 발포 책임자에 대해서는 이미 공소가 제기되어 있으므로 사법부에서 법과 혁명 정신에 의하여 엄정한 판결을 내릴 것으로 믿고 ……
여섯째로, 경제 건설과의 균형상 국방비의 과중한 부담을 경감시키기 위하여 점차적 감군을 주장하여 온 우리 당의 정책을 실현하고자 국제 연합군 사령부와 협의하여 신년도부터 약간 감군할 것을 계획 중에 있으며, 동시에 새로운 장비를 도입하기 위한 계획도 이미 수립되어 있음을 양해하시기를 바란다.

① 화폐 개혁이 단행되었다.
② 잡지 『사상계』가 창간되었다.
③ 주민등록증 발급이 시작되었다.
④ 경제 개발 5개년 계획이 수립되었다.

SOLUTION 난이도 **상** 중 하

출제자의 눈 장면 정부 시기 문제는 정책 내용 자체는 어렵지 않지만 체감 난도가 높은 사료가 출제될 때가 있다. 다른 정부와 혼동하기 쉬운 내용이 사료에 등장하기 때문에 주요 사료들을 눈에 익혀 두어야 한다.

자료분석 자료는 장면 내각의 시정 방침의 일부 내용이다. 부정 선거(3·15 부정 선거)의 원흉과 발포 책임자, 부정·불법 축재자 처벌, 감군 정책 등의 내용을 통해 이를 알 수 있다.

정답해설 ④ 장면 내각은 피폐해진 경제를 일으키기 위해 경제 개발을 위한 5개년 계획안을 마련하였고, 경제 건설의 기반을 마련하기 위해 국토 건설 사업을 추진하였다.

오답피하기 ① 화폐 개혁이 단행된 것은 5·16 군사 정변(1961)으로 장면 내각이 9개월 만에 붕괴되고 난 후인 박정희 군정 시기의 일이다.
② 잡지 『사상계』는 이승만 정부 때인 1953년에 장준하를 발행인으로 창간된 월간 종합 잡지이다.
③ 주민등록증이 발급되기 시작한 것은 박정희 정부 때인 1968년 11월의 일이다.

정답 ④ 한정판 139p, 기본서 855p

03 0944 [2020. 지방직 9급]

밑줄 친 '새 헌법'에 대한 설명으로 옳은 것은?

> 정부에서는 6월 15일 국회에서 통과된 개헌안을 이송받자 이날 긴급 국무회의를 소집하고 정식으로 이를 공포하였다. 이로써 개정된 새 헌법은 16일 0시를 기해 효력을 발생케 되었다. 새 헌법이 공포됨으로써 16일부터는 실질적인 내각 책임체제의 정부를 갖게 되었으며 허정 수석국무위원은 자동으로 국무총리가 된다.
>
> — 『경향신문』, 1960. 6. 16. —

① 임시 수도 부산에서 개정되었다.
② '사사오입'의 논리로 통과되었다.
③ 통일 주체 국민 회의 설치를 규정한 조항이 있다.
④ 민의원과 참의원으로 구성된 국회 조항이 있다.

SOLUTION 난이도 하

자료분석 자료의 밑줄 친 '새 헌법'은 1960년 3차 개헌 결과 개정된 헌법이다. '내각책임제 정부', '1960년' 등의 내용을 통해 이를 알 수 있다. 1960년 4·19 혁명을 계기로 이승만 대통령이 하야하고, 허정 과도 정부하에서 국회는 민주당의 주도로 내각 책임제와 양원제 국회를 골자로 하는 3차 개헌이 이루어졌다(1960. 6.). 그리고 새 헌법에 따라 민의원과 참의원을 선출하기 위한 7월 총선에서 민주당이 압승하였다.

정답해설 ④ 제3차 개헌은 내각 책임제와 양원제(민의원과 참의원) 국회가 주요 내용이었다.

오답피하기 ① 발췌 개헌(제1차 개헌, 1952. 7.)에 대한 설명이다. 발췌 개헌은 6·25 전쟁 중인 1952년 임시 수도 부산에서 개정된 1차 개헌으로, 대통령 직선제 개헌안을 골자로 하고 내각 책임제 개헌안을 약간 가미하여 절충한 것이다.
② '사사오입'의 논리로 통과된 것은 1954년에 있었던 사사오입 개헌(제2차 개헌)이다. 사사오입 개헌은 초대 대통령에 한하여 중임 제한을 철폐한다는 것이 주요 내용이었다.
③ 통일 주체 국민 회의는 유신 헌법(1972) 제35조에 의거해 설치된 헌법 기관이다. 가장 핵심적 기능은 유신 헌법의 핵심인 대통령의 간접 선출이었다.

핵심개념 제3차 개헌(1960. 6.)

> 제32조 양원은 국민의 보통, 평등, 직접, 비밀 투표에 의하여 선거된 의원으로써 조직한다. 민의원 의원의 정수와 선거에 관한 사항은 법률로써 정한다. 참의원 의원은 특별시와 도를 선거구로 하여 법률이 정하는 바에 의하여 선거하며 그 정수는 민의원 정원 수의 4분의 1을 초과하지 못한다.
> 제33조 민의원의 임기는 4년으로 한다. …… 참의원의 임기는 6년으로 하고 ……
> 제53조 대통령은 양원 합동 회의에서 선거하고 재적 국회의원 3분의 2 이상의 투표를 얻어 당선 된다.
> 제70조 국무총리는 국무회의를 소집하고 의장이 된다. …… 국무총리는 국무원을 대표하여 의안을 국회에 제출하고 행정 각부를 지휘 감독한다.

정답 ④ 한정판 138p, 기본서 854p

04 0945 [2019. 서울시 9급]

〈보기〉 선언문의 발표 후에 있었던 사건으로 가장 적합하지 않은 것은?

> **보기**
> 상아의 진리탑을 박차고 거리에 나선 우리는 질풍과 같은 역사의 조류에 자신을 참여시킴으로써 이성과 진리, 그리고 자유의 대학 정신을 현실의 참담한 박토에 뿌리려 하는 바이다. …… 무릇 모든 민주주의 정치사는 자유의 투쟁사다. 그것은 또한 여하한 형태의 전제로 민중 앞에 군림하는 '종이로 만든 호랑이'같이 헤슬픈 것임을 교시한다. …… 근대적 민주주의의 근간은 자유다. ……
>
> — 서울대학교 문리과대학 학생 일동 —

① 이승만 대통령이 하야하였다.
② 장면 정권이 수립되었다.
③ 민족 자주 통일 중앙 협의회가 조직되었다.
④ 조봉암이 진보당을 결성하였다.

SOLUTION 난이도 하

자료분석 자료는 서울대학교 문리대 학생의 4·19 선언문이다. 따라서 1960년 4·19 혁명 이후의 사건으로 적절하지 않을 것을 찾아야 한다. 본 사료는 4·19 혁명을 대표하는 사료 중 하나이지만 특별한 키워드가 없어 눈에 익혀 두어야 하는 사료이다. 특히 '상아의 진리탑을 박차고 거리에 나선 우리는 질풍과 같은 역사의 조류에 자신을 참여시킴으로써'라는 부분을 눈에 익혀 두자.

정답해설 ① 1960년 4·19 혁명의 결과 4월 26일에 이승만은 "국민이 원한다면 대통령직을 사임하겠다."는 성명을 발표하고 하야하였다.
② 4·19 혁명의 결과 허정 과도 정부하에서 제3차 개헌이 이루어지고 제3차 개헌에 의거하여 1960년 8월 장면 내각이 성립되었다.
③ 민족 자주 통일 중앙 협의회는 1960년 9월 혁신계 인사들에 의하여 조직된 단체이다. 이승만 정권이 물러나게 되자 그때까지 금기로 되어 있던 평화통일론이 혁신계의 여러 정당 또는 사회단체 사이에 토론의 초점이 되었다. 혁신계 여러 정당들은 정당을 떠나서 개인 자격으로 통일 추진을 위한 일대 국민 운동 단체를 구성하기 위하여 1960년 9월 3일 민족 자주 통일 중앙 협의회를 발기하였다.

오답피하기 ④ 진보당은 1956년 조봉암을 비롯해 박기출, 김달호 등을 중심으로 결성된 혁신 계열의 정당이다.

정답 ④ 한정판 138p, 기본서 853p

추가 기출 사료

4·19 혁명 당시 대학 교수단의 시국 선언문

> 1. 마산, 서울 기타 각지의 데모는 주권을 빼앗긴 국민의 울분을 대신하여 궐기한 학생들의 순수한 정의감의 발로이며 부정과 불의에는 언제나 항거하는 민족정기의 표현이다.
> … (중략) …
> 3. 합법적이고 평화적인 데모 학생에게 총탄과 폭력을 거리낌 없이 남용하여 참극을 빚어낸 경찰은 자유와 민주를 기본으로 한 대한민국의 국립 경찰이 아니라 불법과 폭력으로 권력을 유지하려는 일부 정부 집단의 사병이다.
>
> — 「대학 교수단 4·25 선언문」 —

주제 165

02 | 민주주의의 시련과 발전

박정희 정부(제3공화국, 1963~1972)

Check 대표 기출 1

01 0946 [2021. 지방직 9급]   회독 ○○○

(가) 시기에 있었던 사실로 옳은 것은?

| 4·19 혁명이 일어나다 | (가) | 유신헌법이 공포되다. |

① 반민족 행위 처벌법이 제정되다.
② 7·4 남북 공동 성명이 발표되다.
③ 남북한이 유엔에 동시 가입하다.
④ 5·18 민주화 운동이 일어나다.

SOLUTION   난이도 상 중 하

출제자의 눈 박정희 정부 때 실시된 정책을 다른 정부와 구분하는 문제가 출제된다. 주요 사건의 시기 및 순서 배열 문제는 가장 전형적인 출제 방식이다. 특히 박정희 정부 내에서도 유신 전후를 구분하는 문제까지 출제되고 있으니 제3공화국과 제4공화국(유신 체제) 시기의 정책과 사건들을 구분해서 학습해야 한다.

자료분석 연표의 4·19 혁명은 이승만 정부 때인 1960년 4월에 일어난 사건이고, 유신 헌법 공포는 박정희 정부 때인 1972년 12월의 일이다. 1972년 10월 17일 박정희 대통령은 전국에 비상 계엄령을 선포하였다. 이어 국회 해산, 정치 활동 금지 등을 단행하고 10월 유신을 선언하였다. 그리고 같은 해 11월에는 비상 국무 회의에서 제정한 유신 헌법이 국민 투표로 확정되어 12월에 공포되었다.

정답해설 ② 박정희 대통령은 중앙 정보 부장을 비밀리에 북한에 보내 김일성을 만나게 하였고, 이러한 남북 간의 비밀 접촉으로 1972년 7월 '7·4 남북 공동 성명'이 서울과 평양에서 동시에 발표되었다.

오답피하기 ① 이승만 정부 때의 일이다. 제헌 국회에서는 제헌 헌법에 근거하여 1948년 9월 '반민족 행위 처벌법'을 제정하였다.
③ 노태우 정부 때인 1991년에는 남한과 북한이 유엔에 동시 가입하였다.
④ 5·18 민주화 운동은 1980년 5월에 일어났다.

핵심개념 제3공화국 시기의 주요 사건

- 6·3 시위(1964), 한일 협정 체결(1965), 브라운 각서 체결(1966), 6대 대선 (1967. 5.)
- 1·21 사태(1968. 1. 21.), 향토 예비군 창설(1968. 4.), 국민 교육 헌장 반포 (1968. 12.)
- 3선 개헌(1969, 6차 개헌), 7대 대선(1971. 4.), 7·4 남북 공동 성명(1972. 7.)

정답 ② 한정판 140p, 기본서 858p

Check 대표 기출 2

02 0947 [2019. 지방직 9급]   회독 ○○○

다음은 1960년대 어느 일간지에 실린 사설이다. 밑줄 친 '파병'에 대한 설명으로 옳은 것만을 모두 고르면?

> 우리는 원했든 원하지 안했든 이미 이 전쟁에 직접적인 관계를 맺었고 파병을 찬반(贊反)하던 국민이 이젠 다 힘과 마음을 합해서 파병된 용사들을 성원하고 있거니와 근대 전쟁이 전투하는 사람만의 전쟁이 아니라 온 국민이 참가하는 '총력전'이라는 것을 알고 이 전쟁의 승리를 위해 모든 국민의 단합을 호소하는 바이다.

보기
ㄱ. 발췌 개헌안 통과에 영향을 주었다.
ㄴ. 브라운 각서를 체결하는 이유가 되었다.
ㄷ. 1960년대 경제 개발 계획의 추진에 기여하였다.
ㄹ. 한·미 상호 방위 원조 협정을 체결하는 계기가 되었다.

① ㄱ, ㄴ   ② ㄱ, ㄷ   ③ ㄴ, ㄷ   ④ ㄷ, ㄹ

SOLUTION   난이도 상 중 하

자료분석 자료는 1960년대 이루어진 베트남 파병에 대한 글이다. 한국군의 베트남 파병은 1964년 의료단과 태권도 교관의 파견으로 시작되었다. 이듬해부터는 전투 부대의 파병이 이루어져 1973년까지 32만여 명의 병력이 파병되었다.

정답해설 ㄴ. 브라운 각서(1966)는 한국군의 베트남 추가 파병에 대한 미국 측의 보상 조치를 약속한 문서이다. 미국은 브라운 각서를 통해 차관 제공을 약속하였고, 국군 현대화와 한국 기업의 베트남 건설 사업 참여 등을 보장하였다.
ㄷ. 한국은 브라운 각서에 따라 베트남에 대해 수출을 늘릴 수 있었고, 미국으로부터 차관도 제공받았다. 또 관세 인하 등 미국 시장에 상품을 수출하는 데 유리한 혜택을 누렸다. 박정희 정부는 이러한 베트남 특수 등을 배경으로 1960년대 경제 개발 계획을 추진해 나갔다.

오답피하기 ㄱ. 발췌 개헌은 6·25 전쟁 중인 1952년 7월 임시 수도 부산에서 개정된 제1차 개헌(대통령 직선제 개헌)으로 이승만 정부 때의 일이다.
ㄹ. 한미 상호 방위 원조 협정은 1950년 1월 26일 체결된 조약이다. 대한민국 정부 수립 직후 미국은 전쟁을 방지하도록 한국의 안보군의 훈련과 장비를 지원하며 경제지원을 확대한다는 계획을 세우고 이 조약을 체결하였다. 한미 상호 방위 원조 협정은 1953년 10월에 체결된 한미 상호 방위 조약과는 다른 조약이다.

핵심개념 베트남 파병(1964~1973)

명분	6·25 전쟁을 지원한 우방에 대한 보답과 민주주의 수호
파병	1964년부터 파병(전투 부대 파병은 1965년부터)
브라운 각서 (1966)	• 국군 파병의 대가, 경제 개발에 필요한 차관 제공 약속 • 국군의 현대화와 한국 기업의 베트남 건설 사업 참여 보장 • 영향 : 베트남 특수로 한국 경제 발전↑

정답 ③ 한정판 140p, 기본서 859p

03 [2023. 서울시 9급 2차]

〈보기〉의 문서가 작성된 배경으로 가장 옳은 것은?

― 보기 ―
- 한국군의 현대화 계획을 위해 앞으로 수년 동안에 걸쳐 상당량의 장비를 제공한다.
- 수출을 늘리는 데 필요한 모든 분야에서 한국에 대한 기술 원조를 강화한다.
- 미군, 한국군을 위한 보급 물자와 노동력 및 장비는 가급적 한국에서 구매한다.
- 미국은 한국에 추가로 AID 차관과 군사 원조를 제공한다.

① UN군의 6·25 전쟁 참전
② 한국군의 베트남 전쟁 파병
③ 한·미 상호 방위 조약 체결
④ 한국 광복군의 인도·미얀마 전선 파견

SOLUTION

자료분석 자료는 1966년 작성된 브라운 각서의 내용이다.

정답해설 ② 한국은 한국군의 베트남 추가 파병의 보상으로 한국군의 현대화와 경제 원조(AID 차관)를 제공한다는 내용을 미 대사 브라운을 통하여 약속받았다.

오답피하기 ① 유엔 안전 보장 이사회는 1950년 7월 7일 한반도의 유엔 군사 활동을 위해 미국에 최고 지휘권을 위임하는 결의를 채택했다. 이로써 미국의 맥아더가 유엔군 총사령관에 임명되고 유엔군의 파견이 결정되었다.
③ 6·25 전쟁의 휴전 협정 조인(1953. 7.) 이후 1953년 10월에 한미 상호 방위 조약이 체결되었다. 이 조약에 따라 미국은 한국에 계속 주둔하게 되었고, 한반도를 비롯한 동북아시아에서 미국의 영향력은 한층 강화되었다.
④ 1943년 대한민국 임시 정부는 영국군의 요청으로 인도, 미얀마 전선에 한국광복군 공작대를 파견하였다.

정답 ② 한정판 140p, 기본서 859p

추가 기출 사료

한일기본조약(1965)

제2조 1910년 8월 22일 및 그 이전에 대한제국과 일본 제국 간에 체결된 모든 조약 및 협정이 이미 무효임을 확인한다.
제3조 대한민국 정부가 국제연합 총회의 결의 제195(Ⅲ)호에 명시된 바와 같이 한반도에 있어서의 유일한 합법정부임을 확인한다.

3선 개헌(1969) 반대 운동

우리는 이제 3선 개헌을 강행하여 자유 민주에의 반역을 기도하는 어떤 명분이나 위장된 강변에도 현혹됨이 없이 헌정 20년 간 모든 호헌 세력들의 공통된 신념과 결단 위에서 전 국민의 힘을 뭉쳐 단호히 이에 대처하려 한다. 집권자에 의해서 자유 민주에의 기대가 끝내 배신당할 때, 조국을 수호하려는 전 국민은 요원의 불길처럼 봉기할 것이다.

04 [2023. 국회직 9급]

다음 성명을 발표한 정권이 시행한 정책으로 옳지 않은 것은?

첫째, 반공을 국시의 제1의(義)로 삼고 지금까지 형식적이고 구호에만 그친 반공체제를 재정비 강화한다.
둘째, '유엔' 헌장을 준수하고 국제협약을 충실히 이행할 것이며 미국을 위시한 자유우방과의 유대를 더욱 공고히 한다.
......
다섯째, 민족의 숙원인 국토통일을 위하여 공산주의와 대결할 수 있는 실력 배양에 전력을 집중한다.

① 한일회담 타결을 추진했다.
② 경제개발 5개년계획을 추진했다.
③ 중앙정보부를 창설해 권력 기반을 마련했다.
④ 사회정화를 명분으로 다수의 폭력배를 검거했다.
⑤ 국가보위비상대책위원회를 설치하고 언론매체를 통폐합했다.

SOLUTION

자료분석 자료는 5·16 군사 정권의 혁명 공약 내용이다. 1961년 5월 박정희를 비롯한 일부 군인 세력은 장면 내각의 무능력, 사회의 무질서와 혼란 등을 내세우며 정변을 일으켰다. 박정희 중심의 군부 세력은 정권을 장악한 뒤 군사 혁명 위원회를 조직하였다. 군부는 헌정을 중단시키고 삼권을 장악한 뒤 반공을 국시로 천명하고 경제 재건과 사회 안정을 이룰 것을 내용으로 하는 혁명 공약을 제시하였다. 군사 정권은 1963년 민정 이양 때까지 유지되었다.

정답해설 ① 한·일 회담은 군정 시기이던 1962년부터 본격화되었다. 당시 중앙정보부장 김종필과 일본 외무대신 오히라 사이에 비밀 회담이 진행되었는데, 여기에서 식민 지배에 대한 일본의 사과와 배상 등이 외면되고 독립 축하금 명목의 후원금과 차관 제공 등이 논의되었다.
② 군사 정권은 1962년부터 경제 개발 5개년 계획을 실시하였다. 장면 내각의 경제 개발 5개년 계획에 기초한 것으로 자립 경제의 구축을 목표로 했던 이 계획은 국내 자금 조달의 어려움과 미국의 적극적인 개입으로 수정되었다.
③ 중앙 정보부는 1961년 국가 재건 최고 회의가 설치한 정보기관으로, 국가 정보를 장악하고 주요 인사를 감시하였다. 이후 국가 안전 기획부(1981)를 거쳐 현재는 국가 정보원으로 명칭이 바뀌었다.
④ 군사 정권은 부정 축재자 처벌, 농어촌 고리채 정리, 폭력배 처벌, 화폐 개혁 등을 추진하였다.

오답피하기 ⑤ 국가 보위 비상 대책 위원회는 신군부가 정권을 잡은 1980년 5월에 설치되었다. 신군부는 대통령 자문·보좌 기구로 국가 보위 비상 대책 위원회(국보위)를 설치하고 전두환이 상임위원장에 자리하여 사회 안정을 이유로 주요 정치인의 활동을 규제하며 통치권을 장악하였다.

정답 ⑤ 한정판 139p, 기본서 857p

주제 166

02 | 민주주의의 시련과 발전

유신 체제(제4공화국)의 성립(1972)

Check 대표 기출 1

01 0950 [2021. 국가직 9급]   회독 ○○○

밑줄 친 '헌법'이 시행 중인 시기에 일어난 사건은?

> 이 헌법은 한 사람의 집권자가 긴급조치라는 형식적인 법 절차와 권력 남용으로 양보할 수 없는 국민의 기본 인권과 존엄성을 억압하였다. 그리고 이러한 권력 남용에 형식적인 합법성을 부여하고자 … (중략) … 입법, 사법, 행정 3권을 한 사람의 집권자에게 집중시키고 있다.

① 부·마 민주 항쟁이 일어났다.
② 국민 교육 헌장을 선포하였다.
③ 7·4 남북 공동 성명이 발표되었다.
④ 한·일 협정 체결을 반대하는 6·3 시위가 있었다.

Check 대표 기출 2

02 0951 [2022. 지방직 9급]   회독 ○○○

다음과 같은 대통령 선출 방식이 포함된 헌법의 내용으로 옳지 않은 것은?

> 제39조 ① 대통령은 통일주체국민회의에서 토론없이 무기명 투표로 선거한다.
> ② 통일주체국민회의에서 재적 대의원 과반수의 찬성을 얻은 자를 대통령당선자로 한다.

① 대통령은 국회를 해산할 수 있다.
② 대통령의 임기는 7년으로 하며, 중임할 수 없다.
③ 대법원장은 대통령이 국회의 동의를 얻어 임명한다.
④ 대통령은 국정 전반에 걸쳐 필요한 긴급조치를 할 수 있다.

SOLUTION   난이도 상 중 하

출제자의 눈 유신 체제 성립 전 국내외 정세, 유신 헌법의 내용, 유신 체제하에서의 사건, 유신 체제의 붕괴 과정에 집중하자.

자료분석 긴급 조치라는 형식적인 법 절차라는 결정적 힌트를 통해 밑줄 친 '헌법'이 유신 헌법이라는 것을 쉽게 알 수 있다. 유신 헌법이 시행된 기간은 1972년 12월부터 8차 개헌이 이루어진 1980년 10월까지이다.

정답해설 ① 부·마 민주 항쟁은 유신 정부(4공화국) 시기인 1979년 10월에 일어났다. YH 사건, 김영삼 총재 국회 제명 등으로 그동안 쌓여 왔던 유신 체제에 대한 국민들의 불만이 폭발하였다. 부산과 마산 등에서는 유신 체제에 반대하는 학생과 시민의 대규모 시위가 발생하였고, 박정희 정부는 부마 항쟁을 진압하기 위하여 부산에는 계엄령을 마산에는 위수령을 발동하였다.

오답피하기 ② 국민 교육 헌장은 박정희 정부(3공화국) 때인 1968년에 선포되었다.
③ 7·4 남북 공동 성명이 발표된 시기는 박정희 정부(3공화국) 때인 1972년 7월의 일이다.
④ 6·3 시위는 굴욕적인 한일 회담에 반대하여 학생들을 중심으로 일어난 시위로 박정희 정부(3공화국) 때인 1964년의 일이다.

핵심개념 유신 체제에 대한 저항
- 개헌 청원 백만인 서명 운동(1973) : 장준하 등 민주 인사
- 천주교 정의 구현 사제단 조직(1974. 9.)
- 동아일보 기자들의 '자유 언론 실천 선언'(1974. 10.)
- 민주 회복 국민 회의(1974. 11.)
- 3·1 민주 구국 선언(1976) : 명동성당에서 윤보선·김대중 등

정답 ① 한정판 140p, 기본서 861p

SOLUTION   난이도 상 중 하

자료분석 자료는 유신 헌법(1972)의 내용이다. 통일 주체 국민 회의에서 대통령을 선거한다는 내용을 통해 알 수 있다. 유신 헌법의 주요 내용은 다음과 같다.

> **유신 헌법(7차 개헌, 1972. 12.)**
> - 국민 투표를 통해 유신 헌법 확정, 대통령의 임기 6년으로 연장
> - 대통령 간선제(통일 주체 국민 회의 간선), 대통령의 중임 제한 철폐
>   → 영구 집권 가능
> - 대통령이 국회의원의 1/3을 추천(사실상 대통령이 국회의원 1/3 임명)
>   → 유신 정우회 구성
> - 대통령 권한 강화 : 긴급조치권, 국회 해산권, 대법원장과 헌법 위원회 위원장 임명권, 법관 인사권

정답해설 ① 유신 헌법에서 대통령은 국회를 해산할 수 있었다(국회 해산권, 대통령 권한의 극대화).
③ 유신 헌법에서 대법원장은 대통령이 국회의 동의를 얻어 임명하도록 하였다.
④ 유신 헌법에서는 국가의 안전 보장과 관련된 중대한 사태가 발생하였을 때 대통령이 긴급 조치를 발동할 수 있었다.

오답피하기 ② 유신 헌법은 대통령 임기를 6년으로 하고 중임 제한 규정을 두지 않았다.

정답 ② 한정판 140p, 기본서 861p

03 [2023. 법원직 9급]

다음 헌법이 적용된 시기에 일어난 사실로 가장 옳은 것은?

> 제38조 ① 대통령은 통일에 관한 중요정책을 결정하거나 변경함에 있어서, 국론통일을 위하여 필요하다고 인정할 때에는 통일 주체 국민 회의의 심의에 붙일 수 있다.
> ② 제1항의 경우에 통일 주체 국민 회의에서 재적 대의원 과반수의 찬성을 얻은 통일정책은 국민의 총의로 본다.
> 제40조 통일 주체 국민 회의는 국회의원 정수의 3분의 1에 해당하는 수의 국회의원을 선거한다.

① 광주 대단지 사건이 일어났다.
② 7·4 남북 공동 성명이 발표되었다.
③ 국가 보위 비상 대책 위원회가 조직되었다.
④ 전태일이 근로기준법 준수를 요구하며 분신하였다.

SOLUTION

자료분석 자료에 해당하는 헌법은 유신 헌법이다. 통일 주체 국민 회의는 유신 헌법(1972) 제35조에 의거해 설치된 헌법 기관이다. 유신 헌법이 시행된 기간은 1972년 12월부터 8차 개헌이 이루어진 1980년 10월까지이다.

정답해설 ③ 5·18 광주 민주화 운동을 무력으로 진압한 신군부는 1980년 5월 전두환을 위원장으로 하는 국가 보위 비상 대책 위원회(국보위)를 구성하고 정권 장악을 기정사실화 하였다.

오답피하기 ① 1971년에 경기도 광주 대단지 주민들이 정부의 도시 정책에 반발하여 폭동을 일으키는 사건이 발생하기도 하였다(광주 대단지 사건).
② 7·4 남북 공동 성명은 유신 헌법으로의 개헌 직전인 1972년 7월에 발표되었다.
④ 1970년 서울 청계천 평화 시장에서 재단사로 일하던 전태일이 "근로 기준법을 지켜라", "우리는 기계가 아니다." 등의 구호를 외치며 분신하여 암울한 노동 현실을 고발하는 사건이 일어났다.

핵심개념 유신 체제에 대한 저항

- 개헌 청원 백만인 서명 운동(1973) : 장준하 등 민주 인사
- 천주교 정의 구현 사제단 조직(1974. 9.)
- 동아일보 기자들의 '자유 언론 실천 선언'(1974. 10.)
- 민주 회복 국민 회의(1974. 11.)
- 3·1 민주 구국 선언(1976) : 명동성당에서 윤보선·김대중 등

정답 ③ 한정판 140p, 기본서 861p

---

04 [2019. 서울시 9급]

〈보기〉와 같은 내용의 헌법으로 개정된 이후 발생한 사건으로 가장 옳은 것은?

> ── 보기 ──
> 제39조 대통령은 통일 주체 국민 회의에서 토론없이 무기명 투표로 선거한다.
> 제40조 통일 주체 국민 회의는 국회의원 정수의 1/3에 해당하는 수의 국회의원을 선거한다.
> 제43조 대통령은 조국의 평화적 통일을 위한 성실한 의무를 진다.

① 굴욕적인 한일회담에 반대하는 학생 시위가 전개되었다.
② 재야 인사들이 명동성당에 모여 '3·1 민주구국선언'을 발표하였다.
③ 친일파 청산을 위해 반민족 행위 특별 조사 위원회를 설치하였다.
④ 민생안정을 위해 농가 부채 탕감, 화폐 개혁 등을 실시하였다.

SOLUTION

자료분석 자료는 유신 헌법(1972. 12.)의 내용이다. 유신 헌법으로 대통령의 권한은 막강해졌다. 대통령의 임기는 4년에서 6년으로 늘어났고, 중임 횟수에도 제한이 없어졌다. 또한 대통령이 의장인 통일 주체 국민 회의에서 간접 선거로 대통령을 선출하게 하여 박정희의 영구 집권이 가능해졌다. 대통령은 국회를 해산할 수 있었으며, 사실상 국회의원의 3분의 1을 임명할 수 있었다. 또한 긴급 조치 발동권을 통해 각종 법률의 효력을 정지하고 국민의 자유를 마음대로 제약할 수 있었다.

정답해설 ② 1976년에는 재야인사와 종교계 인사들이 모여 명동 성당에서 3·1 민주 구국 선언을 발표하였다. 긴급 조치 철폐와 박정희 정권 퇴진 등을 요구하는 이 선언에 윤보선 전 대통령과 김대중 등 정치인도 참여하여 유신 체제를 압박하였다.

오답피하기 ① 제3공화국 때인 1964년에 굴욕적 한일 회담에 반대하는 시위가 대학생들을 중심으로 거세게 일어났다(6·3 시위).
③ 1948년 9월 반민족 행위 처벌법이 제정되고, 이어서 10월에 반민족 행위 특별 조사 위원회가 설치되었다.
④ 5·16 군사 정변 직후인 1960년대 초반, 박정희 군사 정부는 농어촌 고리채 정리를 단행하고, 화폐 개혁을 실시하였다.

정답 ② 한정판 140p, 기본서 861p

추가 기출 사료

3·1 민주 구국 선언(1976)

> 재야인사들이 명동 성당에 모여 유신 체제를 비판하며 '3·1 민주 구국 선언'을 아래와 같이 발표하였다.
> 1. 이 나라는 민주주의 기반 위에 서야 한다.
> 2. 경제 입국의 구상과 자세가 근본적으로 재검토되어야 한다.
> 3. 민족 통일은 오늘 이 겨레가 짊어진 지상의 과업이다.

05 [2017. 지방직 9급]

다음 (가)~(라)를 내용으로 하는 헌법이 적용되던 시기에 일어난 사건으로 바르게 연결한 것은?

> (가) 대통령의 임기는 7년이며 중임할 수 없다.
> (나) 대통령과 부통령은 국회에서 무기명 투표로 각각 선거한다.
> (다) 대통령과 부통령의 임기는 4년으로 하며, 1차 중임할 수 있다. 단, 이 헌법 공포 당시의 대통령에 대하여 중임 제한을 적용하지 아니한다.
> (라) 6년 임기의 대통령은 통일 주체 국민 회의에서 선출된다.

① (가) – 남한과 북한은 함께 유엔에 가입하였다.
② (나) – 판문점에서 휴전 협정이 체결되었다.
③ (다) – 평화 통일론을 주장한 진보당의 정당 등록이 취소되었다.
④ (라) – 민족 통일을 위한 남북 공동 성명이 발표되었다.

SOLUTION

자료분석 (가) 제8차 개헌(1980. 10.)의 내용이다. 제8차 개헌 제45조에는 '대통령의 임기는 7년으로 하며, 중임할 수 없다.'라고 규정하고 있다(7년 단임제). 이 헌법은 1987년 10월 제9차 개헌 때까지 적용되었다.
(나) 제헌 헌법(1948. 7.)의 내용이다. 제헌 헌법 제53조에는 '대통령과 부통령은 국회에서 무기명 투표로써 각각 선거한다'라고 규정하였다(국회 간선제). 이 헌법은 1952년 7월 제1차 개헌(발췌 개헌) 때까지 적용되었다.
(다) 사사오입 개헌(제2차 개헌, 1954. 11.)의 내용이다. 이 헌법 공포 당시의 대통령(이승만)에 한하여 중임 제한을 적용하지 않는다는 내용을 통해 초대 대통령의 중임 제한을 철폐한 사사오입 개헌임을 알 수 있다. 이 헌법은 1960년 6월 제3차 개헌 때까지 적용되었다.
(라) 유신 헌법(제7차 개헌, 1972. 12.)의 내용이다. 유신 헌법에서는 대통령의 임기를 6년으로 늘렸고, 통일 주체 국민 회의에 대통령을 선출하도록 하였다. 이 헌법은 1980년 10월 제8차 개헌 때까지 적용되었다.

정답해설 ③ 1958년에 일어난 진보당 사건에 대한 설명이다. 1958년 이승만 정부는 북한의 주장과 유사한 평화 통일론을 주장하였다는 혐의로 진보당의 조봉암 등을 체포하였고, 진보당의 정당 등록을 취소한다고 공고하였다. 사사오입 개헌은 1954년 11월부터 1960년 6월까지 적용되었으므로 진보당 사건은 사사오입 개헌 적용 시기에 포함된다.

오답피하기 ① 남북한 유엔 동시 가입은 제9차 개헌(1987. 10.) 이후인 1991년에 이루어졌다.
② 휴전 협정은 1953년 7월에 체결되었다. 따라서 제1차 개헌인 발췌 개헌이 적용되던 시기이다.
④ 7·4 남북 공동 성명은 유신 헌법 공포(1972. 12.) 전인 1972년 7월에 발표되었다.

정답 ③ 한정판 140p, 기본서 861p

핵심개념 대한민국 개헌사

제헌 헌법(1948. 7.)	• 대통령 4년 중임제 • 대통령 간선제(국회 간선제) • 국회 단원제
1차 개헌(1952. 7.)	• 발췌 개헌 • 대통령 직선제 • 국회 양원제(실제 시행 ×) • 국회의 국무위원 불신임제
2차 개헌(1954. 11.)	• 사사오입 개헌 • 초대 대통령 중임 제한 철폐
3차 개헌(1960. 6.)	• 내각 책임제(의원 내각제) 개헌 • 양원제 국회, 대통령 간선제(국회 간선제)
4차 개헌(1960. 11.)	• 3·15 부정 선거자 처벌을 위한 소급 입법
5차 개헌(1962. 12.)	• 대통령 중심제 및 단원제 국회, 대통령 직선제 • 헌법 개정에 대한 국민투표제 조항 삽입
6차 개헌(1969. 10.)	• 3선 개헌 • 대통령의 3선 연임 허용
7차 개헌(유신 헌법)(1972. 12.)	• 대통령 간선제(통일 주체 국민회의 간선) • 대통령의 중임 제한 철폐 • 대통령이 국회의원의 1/3을 추천 • 대통령의 임기 6년으로 연장 • 대통령 권한↑(긴급조치권, 국회 해산권)
8차 개헌(1980. 10.)	• 대통령 간선제(대통령 선거인단 간선), 7년 단임제 • 행복 추구권 신설
9차 개헌(1987. 10.)	• 대통령 직선제, 5년 단임제 • 헌법 재판소 설치

주제 167 — 02 | 민주주의의 시련과 발전
전두환 정부(제5공화국, 1981~1988)

Check 대표 기출 1

01 0955 [2017. 국회직]　　회독 ○○○

다음과 같은 선언이 발표된 이후 마련된 헌법의 내용으로 옳은 것은?

> 국민 합의 배신한 4·13 호헌 조치는 무효임을 전 국민의 이름으로 선언한다. 오늘 우리는 전 세계 이목이 우리를 주시하는 가운데 40년 독재정치를 청산하고 희망찬 민주국가를 건설하기 위한 거보를 전 국민과 함께 내딛는다. 국가의 미래요, 소망인 꽃다운 젊은이를 야만적인 고문으로 죽여 놓고 그것도 모자라 뻔뻔스럽게 국민을 속이려 했던 현 정권에게 국민의 분노가 무엇인지를 분명히 보여주고, 국민적 여망인 개헌을 일방적으로 파기한 4·13 폭거를 철회시키기 위한 민주장정을 시작한다.

① 5년 단임의 대통령 직선제를 골자로 한다.
② 4년제 대통령 중심제와 단원제 국회의 권력 구조를 골자로 한다.
③ 통일 주체 국민 회의라는 새로운 주권 수임 기구를 만들어 대통령을 간선제로 선출하고, 대통령의 중임 제한을 없애는 것을 골자로 한다.
④ 대통령의 임기를 7년 단임으로 하고, 대통령 선거인단이 대통령을 간접 선출하는 것을 골자로 한다.
⑤ 대통령의 3선 연임을 허용하고 대통령에 대한 탄핵 소추 결의 요건 강화를 골자로 한다.

SOLUTION　난이도 상 중 **하**

자료분석　자료는 6·10 국민 대회 선언문으로, 1987년 6월 민주 항쟁에 대한 내용이다. 4·13 호헌 조치는 무효라고 주장하고 있는 점, 꽃다운 젊은이를 야만적인 고문으로 죽여 놓고(박종철 고문 치사 사건)라는 내용 등을 통해 알 수 있다.

정답해설　① 6월 민주 항쟁 결과 5년 단임제의 대통령 직선제 개헌(제9차 개헌)이 이루어졌다(1987. 10.).

오답피하기　② 4년제 대통령 중심제와 단원제 국회의 권력 구조를 골자로 한 개헌은 5차 개헌(1962. 12.)의 내용이다.
③ 유신 헌법(제7차 개헌, 1972. 12.)에 대한 내용이다.
④ 제8차 개헌(1980. 10.)의 내용이다.
⑤ 1969년 3선 개헌(제6차 개헌, 1969. 10.)의 내용이다. 이 헌법의 골자는 대통령의 3선 연임을 허용하고 대통령에 대한 탄핵 소추 발의선을 의원 30인 이상에서 50인 이상으로 상향 조정하여, 대통령에 대한 탄핵 소추 결의의 요건을 강화하는 것이었다.

정답 ① 한정판 141p, 기본서 867p

Check 대표 기출 2

02 0956 [2019. 소방직]　　회독 ○○○

다음 자료에 나타난 민주화 운동에 대한 설명으로 옳은 것은?

> 우리는 왜 총을 들 수밖에 없었는가? 그 대답은 너무나 간단합니다. 너무나 무자비한 만행을 더 이상 보고 있을 수만 없어서 너도나도 총을 들고 나섰던 것입니다. …(중략)… 계엄 당국은 18일 오후부터 공수 부대를 대량 투입하여 시내 곳곳에서 학생, 젊은이들에게 무차별 살상을 자행하였으니!
> — 『광주 시민군 궐기문』—

① 직선제 개헌이 이루어졌다.
② 3·15 부정 선거를 규탄하였다.
③ 대통령이 하야하는 계기가 되었다.
④ 신군부 세력의 퇴진을 요구하였다.

SOLUTION　난이도 상 중 **하**

출제자의 눈　전두환 정부 시기의 모습보다는 5·18 광주 민주화 운동이나 6월 민주 항쟁이 주로 출제된다. 사료형 문제를 기반으로 사건의 배경, 전개, 결과를 타 민주화 운동과 비교하는 형식이 많다.

자료분석　자료는 1980년 5·18 광주 민주화 운동 당시 광주 시민군이 발표한 '광주 시민군 궐기문'(1980. 5. 25)이다. 1980년 5월 18일부터 27일까지 광주시민과 전라남도민이 중심이 되어 조속한 민주 정부 수립, 신군부 세력의 퇴진, 계엄령 철폐 등을 요구하였다. 당시 광주 시민들은 신군부 세력이 실행한 5·17 비상계엄 전국 확대 조치로 인해 발생한 헌정 파괴, 민주화 역행 조치에 항거하였고 신군부는 공수 부대를 투입해 이를 과잉 진압했다.

정답해설　④ 5·18 민주화 운동 때 시민들은 신군부 세력의 퇴진, 계엄령 철폐 등을 요구하였다. 당시 계엄군의 발포로 많은 사상자가 발생하자 시위대는 시민군을 조직하여 맞섰다. 신군부는 광주를 봉쇄하고 전남도청에서 시민군을 진압하였다.

오답피하기　① 직선제 개헌은 1987년 6월 민주 항쟁 결과 이루어졌다.
② 3·15 부정선거는 1960년 4·19 혁명의 계기가 되었다.
③ 대통령(이승만) 하야의 계기가 된 사건은 1960년 4·19 혁명이다.

핵심개념 5·18 광주 민주화 운동(1980)

배경	신군부 세력의 비상 계엄 전국 확대
전개	신군부 세력 퇴진, 계엄령 철폐, 김대중 석방 등 요구 → 계엄군(공수 부대)의 폭력 진압 및 발포 → 시민군 조직 및 대항
결과	계엄군에 의해 무력 진압됨
의의	· 민주화 운동의 밑거름 · 필리핀·타이완 민주화 운동에 영향 · 5·18 민주화 운동 기록물 유네스코 세계 기록 유산 등재

정답 ④ 한정판 141p, 기본서 865p

03 [2025. 법원직]

다음 헌법이 적용된 시기에 있었던 사실로 가장 옳은 것은?

> 제39조 ① 대통령은 대통령선거인단에서 무기명 투표로 선거한다.
> 제40조 ① 대통령선거인단은 국민의 보통·평등·직접·비밀 선거에 의하여 선출된 대통령 선거인으로 구성한다.

① 10월 유신이 단행되었다.
② 베트남 파병이 이루어졌다.
③ 지방자치제가 전면 실시되었다.
④ 언론사에 보도지침이 하달되었다.

SOLUTION

자료분석 대통령은 대통령 선거인단에서 무기명 투표로 선거(대통령 선거인단 간선)한다는 내용으로 보아 1980년의 제8차 개헌임을 알 수 있다. 1980년 8월 최규하 대통령이 사임하자, 통일 주체 국민 회의에서 전두환이 제11대 대통령으로 선출되었다. 10월에는 제8차 개헌을 하였는데 이 헌법의 골자는 대통령 선거인단이 간접 선거로 대통령을 선출하고, 대통령의 임기는 7년 단임으로 한 것이었다. 제8차 개헌은 제9차 개헌이 이루어진 1987년 10월까지 적용되었다.

정답해설 ④ 전두환 정부는 이른바 '보도 지침'을 내려 언론의 보도 방향을 통제하고, 민주화 운동을 비롯한 각종 사회 운동을 탄압하는 강압 정치를 펼쳤다.

오답피하기 ① 10월 유신이 단행된 것은 1972년의 일이다.
② 박정희 정부는 미국의 요청을 받아들여 베트남 전쟁에 국군을 파병하였다. 그 규모는 1964년부터 1973년까지 32만여 명에 달하였다.
③ 지방 자치제가 전면 실시된 것은 1995년 김영삼 정부 때의 일이다.

핵심개념 전두환 정부(제5공화국, 1981~1988)

강권 정치	· 언론 통제, 민주화 운동 및 노동 운동 탄압 · 녹화사업 실시(군대에 온 학생들 사상 교육)
유화 정책	· 야간 통행금지 해제 · 중·고생의 두발과 교복 자율화 · 학생회 부활, 해외여행 자유화 · 학도 호국단 폐지 · 프로 야구 · 프로 축구 출범 · 컬러 tv 방송 보급
경제	· 3저 호황(1986~) : 저유가, 저달러, 저금리 → 국제 무역 수지 흑자 달성

정답 ④ 한정판 141p, 기본서 866p

04 [2025. 법원직]

다음 두 민주화 운동의 공통점으로 가장 옳은 것은?

> · 3·15 부정 선거와 김주열 사망으로 인해 이승만 정부에 대한 항의 시위가 전국적으로 확산되었다.
> · 전두환 정부의 독재에 반대하고 호헌 철폐를 요구하는 전국적 시위의 결과 6·29 선언이 발표되었다.

① 비상 계엄이 선포되었다.
② 유신 체제에 저항하였다.
③ 헌법 개정으로 이어졌다.
④ 대통령이 하야하는 결과를 가져왔다.

SOLUTION

자료분석 첫 번째 자료는 3·15 부정 선거와 김주열 사망으로 인해 확산되었다는 내용을 통해 1960년에 일어난 4·19 혁명이라는 것을 알 수 있고, 두 번째 자료는 전두환 정부의 독재에 반대하고 호헌 철폐를 요구했다는 점, 시위의 결과 6·29 선언이 발표되었다는 내용을 통해 1987년에 일어난 6월 민주 항쟁임을 알 수 있다.

정답해설 ③ 4·19 혁명의 결과 이승만 대통령이 하야하고, 허정 과도 정부하에서 국회는 민주당의 주도로 내각 책임제와 양원제 국회를 골자로 하는 3차 개헌을 실시하였다(1960. 6.). 또한 전두환 정부 때의 6월 민주 항쟁의 결과 국회에서는 5년 단임의 대통령 직선제 헌법을 의결하였고, 이 개정 헌법(9차 개헌)은 국민 투표로 확정되었다(1987. 10.).

오답피하기 ① 비상 계엄은 4·19 혁명 때에는 선포되었으나 6월 민주 항쟁 때에는 선포되지 않았다.
② 유신 체제에 저항한 대표적 민주화 운동은 1979년에 발생한 부마 민주 항쟁이다.
④ 4·19 혁명의 결과 이승만 대통령이 하야하였으나, 6월 민주 항쟁의 결과 전두환 대통령이 하야한 것은 아니다.

핵심개념 6월 민주 항쟁(1987)

배경	· 부천 경찰서 성고문 사건(1986. 6.) · 서울대생 박종철 고문 치사 사건(1987. 1.) · 정부의 4·13 호헌 조치(1987. 4.)
전개	· 민주 헌법 쟁취 국민운동 본부 결성(1987. 5.) · "호헌 철폐·독재 타도·민주헌법쟁취" 구호를 내세우고 시위 전개 ※ 6월 민주 항쟁 당시 계엄 선포 X · 시위 중 경찰 최루탄에 맞아 연세대생 이한열 중상(사망) · 민주 헌법 쟁취 범국민 대회(6·10 국민 대회) 개최
결과	· 여당(민주 정의당) 대통령 후보 노태우의 6·29 선언(1987. 6) : 대통령 직선제 개헌 수용 선언 · 9차 개헌(1987. 10) : 5년 단임의 대통령 직선제

정답 ③ 한정판 141p, 기본서 868p

05 [2024. 국회직]

(가), (나)의 헌법 개정과 관련된 설명으로 옳은 것만을 〈보기〉에서 모두 고르면?

구분	개헌 연도	주요 내용
(가)	1962	대통령 직선제 시행, 헌법 개정 시 국회 의결을 거쳐 국민투표 실시, 헌법재판소 폐지
(나)	1987	직선제를 통한 5년 단임 대통령제 시행, 비상 조치권 및 국회해산권 폐지, 헌법재판소 부활

보기
ㄱ. (가)는 '발췌 개헌'이라고도 한다.
ㄴ. (가)에서는 국회를 단원제로 하였다.
ㄷ. (나)는 6월 민주 항쟁을 계기로 개정하였다.
ㄹ. (나) 개헌은 국가 재건 최고 회의에서 주도하였다.

① ㄱ, ㄴ
② ㄱ, ㄷ
③ ㄴ, ㄷ
④ ㄴ, ㄹ
⑤ ㄷ, ㄹ

06 [2021. 소방간부후보]

다음 결의문을 발표한 민주화 운동에 대한 설명으로 옳은 것은?

> 각계의 호헌 반대 민주 헌법 쟁취 주장을 전폭 지지하고 이를 실현하기 위한 국민적 행동을 조직 전개한다. 국민의 기본권을 철저히 억압하고 있는 현행 헌법과 유신 독재 국회와 국민대표 기구가 아닌 독재기관이 입법한 집시법, 언기법, 형법과 국가보안법의 독소 조항, 노동법 등 모든 악법의 민주적 개정과 무효화 범국민운동을 실천한다.

① 3·15 부정 선거에 항의하여 발생하였다.
② 3선 개헌안의 국회 통과가 배경이 되었다.
③ 야당 후보가 대통령에 당선되는 정권 교체로 이어졌다.
④ 관련 기록물이 유네스코 세계 기록 유산으로 등재되었다.
⑤ 5년 단임의 대통령 직선제로 헌법이 개정되는 결과를 가져왔다.

07 [2018. 국회직]

다음 선언이 발표된 당시의 정부 시절에 일어난 역사적 사건을 〈보기〉에서 모두 고르면?

- 여야 합의 하에 조속히 대통령 직선제 개헌을 하고 새 헌법에 의해 대통령 선거를 통해 평화적 정부 이양을 실현토록 해야 겠습니다.
- 직선제 개헌이라는 제도의 변경뿐만 아니라, 이의 민주적 실천을 위하여는 자유로운 출마와 공정한 경쟁이 보장되어 국민의 올바른 심판을 받을 수 있는 내용으로 대통령 선거법을 개정하여야 합니다.
- 우리 정치권은 물론 모든 분야에 있어서의 반목과 대결이 과감히 제거되어 국민적 화해와 대단결을 도모하여야 합니다. 그러한 의미에서 과거에 어떠하였든 간에 김대중씨도 사면·복권되어야 한다고 생각합니다.

〈보기〉
ㄱ. 금융실명제 실시
ㄴ. 아웅산 묘소 폭파 사건
ㄷ. 중·고생의 교복 자율화
ㄹ. 베트남 파병

① ㄱ, ㄴ   ② ㄱ, ㄷ   ③ ㄴ, ㄷ
④ ㄴ, ㄹ   ⑤ ㄷ, ㄹ

08 [2017. 법원직 9급]

다음 (가), (나) 운동에 대한 설명으로 가장 옳은 것은?

(가) 마산, 서울 기타 각지의 데모는 주권을 빼앗긴 국민의 울분을 대신하여 궐기한 학생들의 순수한 정의감의 발로이며 부정과 불의에 항거하는 민족 정기의 표현이다. …… 3·15 선거는 불법 선거이다. 공명 선거에 의하여 정·부통령 선거를 다시 실시하라.

(나) 국가의 미래요 소망인 꽃다운 젊은이를 야만적인 고문으로 죽여놓고 …… 현 정권에게 국민의 분노가 무엇인지를 분명히 보여 주고, 국민적 여망인 개헌을 일방적으로 파기한 4·13 호헌 조치를 철회시키기 위한 민주 장정을 시작한다.

① (가)는 유신 체제에 대한 저항이었다.
② (가)로 인해 신군부가 권력을 장악하게 되었다.
③ (나)는 대통령이 하야하는 계기가 되었다.
④ (가), (나)의 결과로 헌법이 개정되었다.

주제 168

02 | 민주주의의 시련과 발전
제6공화국(1988~)

Check 대표 기출 1

01 0963 [2020. 소방간부후보] 회독 ○○○

다음 담화문을 발표한 정부 시기에 있었던 사실로 옳은 것은?

> 저는 이 순간 엄숙한 마음으로 헌법 제76조 1항의 규정에 의거하여, 금융 실명 거래 및 비밀보장에 관한 대통령 긴급명령을 반포합니다. 아울러, 헌법 제47조 3항의 규정에 따라, 대통령의 긴급명령을 심의하기 위한 임시국회 소집을 요청하고자 합니다. 금융실명제에 대한 우리 국민의 합의와 개혁에 대한 강렬한 열망에 비추어 국회의원 여러분이 압도적인 지지로 승인해 주실 것을 믿어 의심치 않습니다.

① 중국과의 국교가 수립되었다.
② 남북 정상 회담이 개최되었다.
③ 통일 주체 국민 회의가 창설되었다.
④ 고위 공직자의 재산 등록이 의무화되었다.
⑤ 국가 보위 비상 대책 위원회가 조직되었다.

SOLUTION 난이도 상 중 하

출제자의 눈 정부별 시행 정책과 사건을 구분하는 문제들이 출제되는데 특히 김영삼 정부의 출제 비중이 높다. 변별력을 높이기 위해 단편적 사건들까지 순서대로 나열하는 문제도 지속적으로 출제되고 있다.

자료분석 자료는 1993년 8월 12일 김영삼 대통령의 금융 실명제 실시 관련 담화문이다. 1993년 8월 김영삼 정부는 대통령 긴급 명령으로 모든 금융 거래를 실제 거래자 이름으로 하는 금융 실명제를 전격적으로 도입하였다. 금융 실명제는 자금의 흐름을 한눈에 파악하여 세금을 정확하게 매기고, 불법 자금의 유통을 막아 금융 거래의 투명성을 기하는 것을 목적으로 하였다.

정답해설 ④ 김영삼 정부는 취임 초기 강력한 개혁 정책을 실시하여 국민의 높은 지지를 받았다. 공직자 윤리법을 개정하여 고위 공직자의 재산 등록을 의무화하고, 금융 실명제를 실시하여 탈세와 부정부패를 막고자 하였다.

오답피하기 ① 중국과의 국교 수립(1992)은 노태우 정부 시기에 이루어졌다. 노태우 정부는 동유럽 공산주의 국가 및 소련, 중국과 외교 관계를 수립하는 북방 정책을 추진하였다. 1989년에는 헝가리 및 폴란드, 1990년에는 소련, 1992년에는 중국과 수교하였다.
② 남북 정상 회담은 김대중 정부 시기인 2000년에 분단 이후 처음으로 개최되었다. 그 후 노무현 정부 때와 문재인 정부 때에도 남북 정상 회담이 개최되었다.
③ 통일 주체 국민 회의는 조국 통일의 정책에 관한 국민의 주권적 수임기관으로서 박정희 정부 시기인 1972년에 유신 헌법을 통해 설치하였다.
⑤ 국가 보위 비상 대책 위원회는 신군부가 5·18 광주 민주화 운동을 무력으로 진압하고 1980년 5월 31일 정치권력을 사유화하기 위해 설치한 임시 행정기구이다.

정답 ④ 한정판 142p, 기본서 870p

Check 대표 기출 2

02 0964 [2016. 사회복지직 9급] 회독 ○○○

다음 사실들을 시기 순으로 바르게 나열한 것은?

> ㉠ 서울 올림픽 개최
> ㉡ 한·일 월드컵대회 개최
> ㉢ 금융실명제 개시(開始)
> ㉣ 제3차 경제개발 5개년 계획 실시

① ㉠ → ㉣ → ㉡ → ㉢
② ㉡ → ㉢ → ㉣ → ㉠
③ ㉢ → ㉡ → ㉣ → ㉠
④ ㉣ → ㉠ → ㉢ → ㉡

SOLUTION 난이도 상 중 하

정답해설 ㉣ 1972년부터 1976년까지 전개된 박정희 정부의 제3차 경제 개발 5개년 계획은 중화학 공업과 전자 공업 육성에 중점을 두었다. 이에 따라 구미, 울산, 여수에 대규모 공업 단지가 조성되었다.
㉠ 1988년 노태우 정부 시기에 제24회 서울 올림픽 대회를 성공적으로 개최하였다. 이를 통해 동유럽의 공산 국가들 및 소련, 중국과 연이어 외교 관계를 수립하는 등 북방 외교를 추진하였다.
㉢ 1993년 김영삼 정부는 대통령 긴급 명령으로 모든 금융 거래를 실제 거래자 이름으로 하는 금융 실명제를 전격적으로 도입하였다. 금융 실명제는 자금의 흐름을 한눈에 파악하여 세금을 정확하게 매기고, 불법 자금의 유통을 막아 금융 거래의 투명성을 기하는 것을 목적으로 하였다.
㉡ 2002년 김대중 정부 시기에 FIFA 한일 월드컵 대회를 개최하였는데, 이 대회에서 우리나라는 4강에 진출하는 쾌거를 이루었다.

핵심개념 노태우 정부(1988~1993)

여소야대 정국	1988년 4월 국회의원 선거에서 야당이 다수 의석 차지 → 민주 정의당 소수파 여당으로 전락
서울 올림픽 개최(1988)	제24회 88 서울 올림픽 성공적 개최(1988. 9.)
북방 외교(정책) 추진	헝가리·폴란드와 수교(1989) → 소련과 수교(1990) → 중국과 수교(1992. 8.) → 베트남과 수교(1992. 12.)
3당 합당(1990)	• 여소야대 상황 타개 목적 • 민주 정의당(노태우) + 통일 민주당(김영삼) + 신민주 공화당(김종필) → 민주 자유당(민자당) 창당
지방 자치제 부분적 실시	1991년 지방 의회 선거가 실시되어 5·16 군사 정변 이후 중단되었던 지방 자치제 부분적 실시
국제 노동 기구(ILO) 가입(1991)	1991년 우리나라가 국제 노동 기구(ILO)의 가입국이 됨
통일 노력	남북한 유엔 동시 가입(1991. 9.) → 남북 기본 합의서 채택(1991. 12.) → 한반도 비핵화 공동 선언 채택(1992)

정답 ④ 한정판 142p, 기본서 869p

03 [2024. 서울시 9급 1차]

〈보기〉의 특별담화문을 발표한 대통령의 재임 시기에 있었던 사실로 가장 옳은 것은?

―보기―
"광역 및 기초 단체장과 의원을 뽑는 이번 선거를 계기로, 우리나라는 전면적인 지방자치를 실시하게 됩니다. …… 지방자치는 주민 개개인의 건설적 에너지가 지역 발전으로 수렴이 되고, 나아가서 국가발전으로 이바지하는 데 참뜻이 있습니다."

① 금융실명제를 실시하고, 하나회를 해체하였다.
② 여소야대 정국을 돌파하기 위하여 3당 합당을 하였다.
③ 평양에서 남북정상회담을 갖고 6·15 남북공동선언을 발표하였다.
④ 친일반민족행위 진상규명위원회를 조직하였다.

04 [2021. 국회직]

김영삼 정부 시기에 대한 설명으로 옳지 않은 것은?

① 공직자 윤리법을 개정하여 고위공직자 재산을 공개하였다.
② 탈세와 부정부패를 차단하기 위한 금융실명제를 실시하였다.
③ 지방자치단체장 선출을 포함한 지방자치제를 전면적으로 실시하였다.
④ 국민기초생활보장법을 제정하여 저소득층·장애인·노인 복지를 향상시켰다.
⑤ 전두환, 노태우 두 전직 대통령이 반란죄 및 내란죄로 수감되었다.

SOLUTION (03)

자료분석 〈보기〉는 김영삼 정부 시기인 1995년 발표된 특별 담화문의 일부이다. 김영삼 정부는 유보되었던 지방 자치 단체장 선거와 지방 자치제를 전면적으로 실시하였다.

정답해설 ① 1993년 8월 김영삼 정부는 대통령 긴급 명령으로 모든 금융 거래를 실제 거래자 이름으로 하는 금융 실명제를 전격적으로 도입하였다. 금융 실명제는 자금의 흐름을 한눈에 파악하여 세금을 정확하게 매기고, 불법 자금의 유통을 막아 금융 거래의 투명성을 기하는 것을 목적으로 하였다. 또한 김영삼 정부는 역사 바로 세우기 운동을 통해 하나회를 해체하고, '5·18 민주화 운동 등에 관한 특별법'을 제정하였으며, 전두환, 노태우 등 12·12 군사 반란 및 5·18 민주화 운동 진압 관련자를 처벌하였다.

오답피하기 ② 노태우 정부 시기인 1988년 총선 결과 집권당인 민주 정의당이 과반수를 확보하지 못하여 여소 야대의 정국이 형성되었다. 이에 노태우는 통일민주당의 김영삼과 신민주 공화당의 김종필을 끌어들여 3당이 합당하여 민주자유당(민자당)을 창당하였다.
③ 2000년 6월 김대중 대통령이 평양을 방문하여 북한의 김정일 국방 위원장과의 남북 정상 회담이 열렸고, 통일 문제와 남북 관계를 처리하는 기본 방침을 담은 6·15 남북 공동 선언이 발표되었다.
④ '친일 반민족 행위 진상 규명 위원회'는 노무현 정부 시기인 2005년 친일 반민족 행위의 진상을 규명하기 위해 설립한 위원회이다. 2009년 11월 『친일 반민족 행위 진상 규명 보고서』를 발간하여 1,006명의 친일 반민족 행위자를 공표한 후 해체되었다.

정답 ① 한정판 142p, 기본서 870p

SOLUTION (04)

정답해설 ① 김영삼 정부 시기에는 공직자 윤리법을 개정(1993)하여 고위 공직자 재산을 공개하도록 했다.
② 김영삼 정부 시기에는 탈세와 불법 자금 유통을 막기 위해 금융 실명제를 실시하였다(1993).
③ 김영삼 정부 시기에는 지방 자치 단체장 선거를 실시하여 전면적인 지방 자치 시대를 열었다(1995).
⑤ 김영삼 정부 시기에는 신군부의 뿌리인 하나회를 해체하여 군의 정치적 중립성을 확보하고, '역사 바로 세우기'를 진행하여 전두환, 노태우를 비롯한 12·12 사태 관련자와 5·18 민주화 운동 진압 관련자를 처벌하였다.

오답피하기 ④ 국민 기초 생활 보장법은 김대중 정부 시기인 1999년에 제정된 법으로, 저소득 국민에게 국가가 생계·교육·의료·주거·자활 등에 필요한 경비를 주어 최소한의 기초생활을 제도적으로 보장해 주는 것을 목적으로 하였다.

핵심개념 김영삼 정부(문민 정부, 1993~1998)

정책	· 금융 실명제 실시(1993) · 공직자 윤리법(1981) 개정(1993) → 고위 공무원 재산 등록 의무화(1993) · 부동산 실명제 도입(1995) · 지방 자치제 전면 실시(1995, 지방 자치 단체장 선거)
역사 바로 세우기 운동	· 총독부 건물 철거(1995) · 하나회 해체, 12·12 사태를 '쿠데타적 사건'으로 규정 · 5·18 민주화 운동 희생자들을 위한 추모식 거행 및 명예 회복 · 국민 학교를 초등학교로 개칭(1996)
경제	· 우루과이 라운드(UR) 타결(1993) → 이듬해 공식 합의·서명 · WTO(세계 무역 기구) 설립(1995) · OECD(경제 협력 개발 기구) 가입(1996) · 외환 위기 발생(1997) → 국제 통화 기금(IMF)에 지원 요청
기타	· 현행 대학 수학 능력 시험 제도 도입 · 상록수 부대 소말리아(1993. 7.) 파병, 앙골라(1995) 파병

정답 ④ 한정판 142p, 기본서 870p

주제 169

03 | 통일 정책과 평화 통일의 과제

남한의 통일 정책

Check 대표 기출 1

01 0967 [2017. 경찰 2차]   회독 ○○○

(가), (나)와 같이 통일과 관련된 내용을 합의한 정부에 대한 설명으로 가장 적절하지 않은 것은?

> (가) 1. 나라의 통일 문제를 우리 민족끼리 서로 힘을 합쳐 자주적으로 해결해 나가기로 하였다.
> 2. 나라의 통일을 위한 남측의 연합제 안과 북측의 낮은 단계의 연방제 안이 서로 공통성이 있다고 인정하고, 이 방향에서 통일을 지향해 나가기로 하였다.
> (나) 1. 남과 북은 서로 상대방의 체제를 인정하고 존중한다.
> … (중략) …
> 9. 남과 북은 상대방에 대하여 무력을 사용하지 않으며 상대방을 무력으로 침략하지 아니한다.

① (가) - 해방 이후 최초로 남북 정상 회담이 열렸다.
② (나) - 남북한이 UN에 동시 가입하였다.
③ (가) - 상록수 부대를 동티모르에 파병하였다.
④ (나) - 지방 자치 단체장 선거를 실시하였다.

Check 대표 기출 2

02 0968 [2022. 법원직 9급]   회독 ○○○

(가), (나) 사이 시기에 있었던 사실로 가장 옳은 것은?

> (가) 남과 북은 상대방에 대하여 무력을 사용하지 않으며 상대방을 무력으로 침략하지 아니한다. …… 민족 전체의 복리 향상을 도모하기 위하여 자원의 공동개발, 민족 내부 교류로서의 물자교류, 합작투자 등 경제교류와 협력을 실시한다.
> (나) 남과 북은 나라의 통일을 위한 남측의 연합제 안과 북측의 낮은 단계의 연방제 안이 서로 공통성이 있다고 인정하고 앞으로 이 방향에서 통일을 지향시켜 나가기로 하였다.

① 남북조절위원회가 설치되었다.
② 금강산 관광 사업이 시작되었다.
③ 제2차 남북 정상 회담이 개최되었다.
④ 남북 이산가족 상봉이 최초로 이루어졌다.

SOLUTION 난이도 상 중 하

출제자의 눈 대한민국 정부 수립 과정과 함께 현대사에서 가장 출제 비중이 높은 파트이다. 정부별 통일 정책을 순서대로 나열하는 문제부터 합의문들의 세부 내용이나 각 정부 시기별 통일 정책을 묻는 문제까지 다양하게 출제되고 있다.

자료분석 (가)는 김대중 정부 시기인 2000년에 발표된 6·15 남북 공동 선언문(남측의 연합제안과 북측의 연방제안의 공통점 인정), (나)는 노태우 정부 시기인 1991년에 채택된 남북 기본합의서(남과 북은 서로의 체제를 인정하고 무력으로 침략하지 않는다.)의 일부 내용이다.

정답해설 ① 김대중 정부 시기인 2000년에는 분단 이후 최초로 남북 정상 회담이 열렸다.
② 노태우 정부 시기인 1991년 9월에는 남북한이 유엔에 동시 가입하였다.
③ 동티모르는 1999년 8월 주민투표에 의해 인도네시아로부터 독립했다. 그 과정에서 독립을 반대하는 친인도네시아계 민병대의 활동으로 치안이 불안해지자 유엔은 치안 유지를 위해 다국적군 파견을 결의하였다. 이에 김대중 정부 시기인 1999년에 상록수 부대가 파병되었다.

오답피하기 ④ 노태우 정부 때에는 1991년 지방 의회 의원 선거가 실시되어 5·16 군사 정변 이후 중단되었던 지방 자치제가 부분적으로 실시되었고, 김영삼 정부 때인 1995년에 지방 자치 단체장 선거를 실시하여 전면적인 지방 자치 시대를 열었다.

정답 ④ 한정판 144p, 기본서 880p

SOLUTION 난이도 상 중 하

자료분석 (가)는 상대방을 무력으로 침략하지 않는다는 상호 불가침의 내용이 포함된 1991년 남북 기본 합의서, (나)는 남한의 연합제안과 북한의 낮은 단계의 연방제의 공통점을 인정한 2000년 6·15 남북 공동 선언의 일부이다.

정답해설 ② 김대중 정부 시기인 1998년부터 금강산 관광이 시작되었다. 금강산 관광은 처음에는 배(해로 관광, 금강호)를 이용하였으나, 후에는 6·15 남북 공동 선언(2000)의 영향으로 육로 관광도 가능해졌다.

오답피하기 ① 남북 조절 위원회는 1972년 7·4 남북 공동 성명의 발표 이후 통일 문제를 협의하기 위해 설치되었다.
③ 제2차 남북 정상 회담은 노무현 정부 시기인 2007년에 이루어졌다.
④ 전두환 정부 시기인 1985년 남북 이산가족 고향 방문단 및 예술 공연단의 교환 방문이 서울과 평양에서 이루어졌다(최초의 남북 이산가족 상봉).

정답 ② 한정판 144p, 기본서 880p

03 [2025. 법원직]

다음 연설문을 발표한 정부의 통일 노력으로 가장 옳은 것은?

> 오늘은 이 땅에서 처음으로 민주적 정권교체가 실현되는 자랑스러운 날입니다. 또한 민주주의와 경제를 동시에 발전시키려는 정부가 마침내 탄생하는 역사적인 날이기도 합니다. …… 민주주의와 시장경제가 조화를 이루면서 함께 발전하게 되면 정경 유착이나 관치금융, 그리고 부정부패는 일어날 수 없습니다.

① 개성 공업 지구가 조성되었다.
② 7·4 남북 공동 성명을 합의하였다.
③ 6·15 남북 공동 선언이 채택되었다.
④ 남북한이 동시에 유엔에 가입하였다.

04 [2024. 서울시 9급 2차]

〈보기〉의 사건을 시간 순으로 나열할 때 세 번째에 해당하는 사건은?

― 보기 ―
ㄱ. 남북 기본 합의서 채택
ㄴ. 6·15 남북 공동 선언
ㄷ. 남북 동시 유엔 가입
ㄹ. 남북조절위원회 설치

① ㄱ
② ㄴ
③ ㄷ
④ ㄹ

05 [2022. 서울시 9급 1차]

〈보기 1〉의 선언문을 발표한 정부 시기에 있었던 사실을 〈보기 2〉에서 모두 고른 것은?

― 보기 1 ―

　남과 북은 … 쌍방 사이의 관계가 나라와 나라 사이의 관계가 아닌 통일을 지향하는 과정에서 잠정적으로 형성되는 특수 관계라는 것을 인정하고, …
제1조　남과 북은 서로 상대방의 체제를 인정하고 존중한다.
제4조　남과 북은 상대방을 파괴·전복하려는 일체 행위를 하지 아니한다.

― 보기 2 ―

ㄱ. 남북한 동시 유엔(UN) 가입
ㄴ. 서울올림픽 개최
ㄷ. 금융실명제 실시
ㄹ. 6·29 선언

① ㄱ, ㄴ　② ㄴ, ㄷ　③ ㄴ, ㄹ　④ ㄷ, ㄹ

SOLUTION

자료분석　자료는 노태우 정부 시기인 1991년 발표된 남북 기본 합의서의 내용이다. 남북 기본 합의서는 남북 관계를 나라와 나라 사이의 관계가 아닌 통일을 지향하는 과정에서 잠정적으로 형성되는 특수 관계로 규정하였다.

정답해설　ㄱ. 노태우 정부 시기인 1991년 남북이 유엔에 동시 가입하였다.
ㄴ. 노태우 정부 시기인 1988년 우리나라는 제24회 서울 올림픽 대회를 성공적으로 개최하였다. 이를 통해 동유럽의 공산 국가들 및 소련, 중국과 연이어 외교 관계를 수립하는 등 북방 외교를 추진하였다.

오답피하기　ㄷ. 금융실명제는 금융기관과 거래를 함에 있어 가명이나 차명이 아닌 본인의 실명으로 거래해야 하는 제도로 김영삼 정부 시기인 1993년에 실시되었다.
ㄹ. 6월 민주 항쟁이 일어나자 전두환 정부는 국민의 민주화 요구에 굴복하여 여당(민주 정의당) 대통령 후보인 노태우를 통해 대통령 직선제 개헌, 기본권 보장 등 8개 항의 6·29 민주화 선언을 발표하였다(1987).

정답 ①

06 [2020. 소방직]

(가) 시기에 있었던 사실로 옳은 것은?

┌──────────────────────┐
│ 7·4 남북공동성명을 발표하였다. │
└──────────────────────┘
　　　　　　　　⇩
┌──────────────────────┐
│　　　　　　(가)　　　　　　│
└──────────────────────┘
　　　　　　　　⇩
┌──────────────────────┐
│ 남북한이 유엔에 동시 가입하였다. │
└──────────────────────┘

① 금강산 해로 관광이 시작되었다.
② 6·15 남북 공동 선언이 발표되었다.
③ 최초로 이산가족 상봉을 위한 남북 적십자 회담이 열렸다.
④ 민족자존과 통일 번영을 위한 특별 선언(7·7선언)이 발표되었다.

SOLUTION

자료분석　7·4 남북 공동 성명 발표는 1972년 7월의 일로 박정희 정부 때의 일이다. 남한과 북한이 유엔에 동시 가입한 것은 1991년 9월의 일로 노태우 정부 때의 일이다.

정답해설　④ 민족자존과 통일 번영을 위한 특별 선언(7·7 선언)은 1988년 7월 7일 노태우 대통령이 발표한 선언으로 북한을 상호 신뢰·화해·협력을 바탕으로 공동 번영을 추구하는 민족 공동체 일원으로 인식하여, 남북 관계를 선의의 동반자 관계로 정착시켜 나간다는 것이다.

오답피하기　① 금강산 해로 관광은 1998년 김대중 정부 때 시작되었다.
② 2000년 6월 김대중 대통령이 평양을 방문하여 북한의 김정일 국방 위원장과의 남북 정상 회담이 열렸고, 통일 문제와 남북 관계를 처리하는 기본 방침을 담은 6·15 남북 공동 선언이 발표되었다.
③ 이산가족 상봉을 위한 남북 적십자 회담은 1971년 대한 적십자사 총재 최두선이 제의하고 이를 후 북한 적십자사가 이를 수락함으로써 성립되었다(남북 적십자 회담은 1971년 9월에 1차 예비 회담이 개최되었고, 1972년 8월에 1차 본회담이 개최되었다).

핵심개념　남북 적십자 회담 관련

2020년 국회직에서는 순서 배열 문제에 남북 적십자 회담과 7·4 남북 공동 성명의 순서를 쟁점화하여 출제하였다. 그런데 예비 회담 또는 본 회담을 따로 명시하지 않고 단순히 남북 적십자 1차 회담으로 제시하고 7·4 남북 공동 성명(1972. 7.)보다 후에 일어난 일로 출제하였다. 이것은 출제자의 세심한 배려가 아쉬운 문제라고 판단된다. 1차 본 회담(1972. 8.)으로 해석하면 7·4 남북 공동 성명보다 약 1개월 후에 일어난 일이지만 1차 예비 회담(1971. 9.)으로 해석하면 7·4 남북 공동 성명보다 이른 시기의 일이 되기 때문이다. 심지어 검정 교과서에서도 예비 회담과 본 회담을 구분하지 않고 1971년에 남북 적십자 회담이 개최되었다라고 서술하고 있다. 이는 예비 회담을 기준으로 서술된 것이다.

정답 ④

07 0973 [2017. 교행 9급]

다음의 남북 간 합의 이후에 나타난 사실로 옳은 것은?

> 쌍방 사이의 관계가 나라와 나라 사이의 관계가 아닌 통일을 지향하는 과정에서 잠정적으로 형성되는 특수 관계라는 것을 인정하고, 평화 통일을 성취하기 위한 공동의 노력을 경주할 것을 다짐하면서, 다음과 같이 합의하였다.
> 제1조 남과 북은 서로 상대방의 체제를 인정하고 존중한다.
> …(중략)…
> 제9조 남과 북은 상대방에 대하여 무력을 사용하지 않으며, 상대방을 무력으로 침략하지 아니한다.

① 남북 조절 위원회가 설치되었다.
② 이산가족의 고향 방문이 시작되었다.
③ 남북이 동시에 유엔 회원국이 되었다.
④ 한반도 비핵화 공동 선언이 채택되었다.

SOLUTION

자료분석 자료는 1991년 12월 노태우 정부 때 제5차 남북 고위급 회담에서 채택된 남북 기본 합의서의 일부 내용이다. 이 합의서에서는 남북 관계를 나라와 나라 사이의 관계가 아닌 통일을 지향하는 과정에서 잠정적으로 형성되는 특수 관계로 규정하고 있다.

정답해설 ④ 한반도 비핵화 공동 선언은 1992년에 채택되었다. 노태우 정부 때인 1992년 1월에는 남북한이 한반도 비핵화 공동 선언을 체결하여 한반도에서 핵무기의 시험과 생산, 보유를 금지하고 핵에너지는 오직 평화적 목적으로만 이용하기로 하였다.

오답피하기 ① 남북 조절 위원회는 7·4 남북 공동 성명의 합의 사항들을 추진하고 통일 문제를 해결할 목적으로 설립된 남북한 당국 간의 정치적 협의 기구로, 1972년 11월에 설치되었다.
② 남북 이산가족 고향 방문단 및 예술 공연단의 교환 방문은 전두환 정부 때인 1985년 9월에 처음 이루어졌다.
③ 남북한 유엔 동시 가입은 노태우 정부 때인 1991년 9월에 이루어졌다.

핵심개념 한반도 비핵화 공동 선언(1992)

> 1. 남과 북은 핵무기의 시험·제조·생산·접수·보유·저장·배치·사용을 하지 아니한다.
> 2. 남과 북은 핵에너지를 오직 평화적 목적에만 이용한다.
> 3. 남과 북은 핵 재처리 시설과 우라늄 농축 시설을 보유하지 아니한다.
> 4. 남과 북은 한반도의 비핵화를 검증하기 위하여 상대측이 선정하고 쌍방이 합의하는 대상들에 대하여 남북핵통제공동위원회가 규정하는 절차와 방법으로 사찰을 실시한다.
> 5. 남과 북은 이 공동 선언의 이행을 위하여 공동 선언이 발효된 후 1개월 동안 남북 핵 통제 공동 위원회를 구성·운영한다.

정답 ④ 한정판 144p, 기본서 880p

08 0974 [2016. 경찰 1차]

(가)가 발표된 시점과 (나)가 발표된 시점 사이에 있었던 사실로 가장 적절하지 않은 것은?

> (가) 첫째, 통일은 외세에 의존하거나 외세의 간섭을 받음이 없이 자주적으로 해결하여야 한다. 둘째, 통일은 서로 상대방을 반대하는 무력행사에 의거하지 않고 평화적인 방법으로 실현하여야 한다. 셋째, 사상과 이념, 제도의 차이를 초월하여 우선 하나의 민족으로서 민족적 대단결을 도모하여야 한다.
>
> (나) 제1조 남과 북은 서로 상대방의 체제를 인정하고 존중한다.
> 제4조 남과 북은 상대방을 파괴·전복하려는 일체 행위를 하지 아니한다.
> 제15조 남과 북은 민족 경제의 통일적이며 균형적인 발전과 민족 전체의 복리 향상을 도모하기 위하여 자원의 공동 개발, 민족 내부 교류로서의 물자 교류, 합작 투자 등 경제 교류와 협력을 실시한다.

① 6·23 평화 통일 외교 정책 선언이 발표되었다.
② 통일을 위한 남측의 연합제 안과 북측의 낮은 단계의 연방제 안의 공통성을 인정하는 선언을 발표하였다.
③ 남북한이 동시에 유엔에 가입하였다.
④ 분단 이후 최초로 남북한 이산가족의 상봉이 실현되었다.

SOLUTION

자료분석 (가)는 1972년 발표된 7·4 남북 공동 성명, (나)는 1991년 12월 채택된 남북 기본 합의서이다. 남북 기본 합의서는 남북한 정부 간에 최초의 공식 합의서로, 서로의 체제를 인정하고 상호 불가침에 합의하였다는 점에서 의의를 지닌다.

정답해설 ① 6·23 평화 통일 외교 정책 선언(6·23 선언)은 1973년 박정희 정부 때 발표되었다. 이 선언은 1973년 6월 박정희 대통령이 발표한 평화 통일 외교 정책에 관한 특별 성명으로 남북 유엔 동시 가입 제의와 호혜 평등의 원칙하에 모든 국가에 대한 문호 개방 등을 내용으로 한다.
③ 남북한 유엔 동시 가입은 1991년 9월 노태우 정부 때 이루어졌다.
④ 분단 이후 최초의 남북한 이산가족 상봉이 실현된 것은 1985년 전두환 정부 때의 일이다.

오답피하기 ② 남측의 연합제 안과 북측의 낮은 단계의 연방제 안의 공통성을 인정하는 6·15 남북 공동 선언은 2000년 김대중 정부 때 남북 정상 회담을 통해 발표되었다.

핵심개념 7·4 남북 공동 성명(1972. 7)

과정	남북한 정부 당국이 비밀 접촉을 거쳐 서울과 평양 동시 발표
내용	• 통일 3대 원칙 : 자주, 평화, 민족적 대단결 • 남북 조절 위원회 구성(1972. 11.) • 서울·평양 간 상설 직통 전화 가설
의의	남북한 당국이 최초로 통일과 관련하여 합의 발표한 공동 성명
한계	• 통일에 대한 국민적 합의 ✕ • 정부 당국자들 간의 비밀 회담만을 통해 성사 • 남북 독재 체제 강화에 이용 – 남한 : 유신 헌법(1972. 12.) – 북한 : 사회주의 헌법(1972. 12.)

정답 ② 한정판 144p, 기본서 878p

09 0975 [2014. 국가직 7급]

밑줄 친 '합의'에 대한 설명으로 옳은 것을 〈보기〉에서 모두 고르면?

> 쌍방 사이의 관계가 나라와 나라 사이의 관계가 아닌 통일을 지향하는 과정에서 잠정적으로 형성되는 특수 관계라는 것을 인정하고, 평화통일을 성취하기 위한 공동의 노력을 경주할 것을 다짐하면서, 다음과 같이 합의하였다.
> 제1조 남과 북은 서로 상대방의 체제를 인정하고 존중한다.

보기
㉠ 남북의 정상이 만나서 약속한 것이다.
㉡ 남북이 동시에 유엔에 가입하는 계기가 되었다.
㉢ 군사 당국자 간의 직통 전화를 가설하기로 하였다.
㉣ 남북 불가침을 위한 남북 군사 공동 위원회 설치를 명시하였다.

① ㉠, ㉡   ② ㉠, ㉣
③ ㉡, ㉢   ④ ㉢, ㉣

SOLUTION

자료분석 자료는 1991년 12월 노태우 정부 시기에 채택된 남북 기본 합의서(남북 사이의 화해와 불가침 및 교류 협력에 관한 합의서)이다. 남과 북 쌍방 사이의 관계를 '통일을 지향하는 과정에서 잠정적으로 형성되는 특수관계'로 규정한 내용을 통해 알 수 있다.

정답해설 ㉢ 남북 기본 합의서 13조에는 '남과 북은 우발적인 무력 충돌과 그 확대를 방지하기 위하여 쌍방 군사 당국자 사이에 직통 전화를 설치, 운영한다.'라고 규정하였다.
㉣ 남북 기본 합의서 12조에는 '남과 북은 불가침의 이행과 보장을 위하여 이 합의서 발효 후 3개월 안에 남북 군사 공동 위원회를 구성, 운영한다.'라고 명시하였다.

오답피하기 ㉠ 남북 기본 합의서는 남북 고위급 회담의 결과(정상 회담 X) 채택되었다. 남북 정상 회담 결과 합의된 문서는 김대중 정부 때의 6·15 남북 공동 선언(2000)과 노무현 정부 때의 10·4 남북 공동 선언(2007), 문재인 정부 때의 4·27 판문점 선언(2018) 등이다.
㉡ 1991년 9월 남북한 유엔 동시 가입 이후인 1991년 12월에 남북 기본 합의서가 채택되었다.

핵심개념 남북 기본 합의서 채택(1991. 12.)

정식 명칭	남북 사이의 화해와 불가침 및 교류·협력에 관한 합의서
내용	· 7·4 남북 공동 성명 재확인 · 상대방 무력 침략 X(상호 불가침) · 상대방의 체제 인정 및 존중 · 남과 북 쌍방 사이의 관계를 '통일을 지향하는 과정에서 잠정적으로 형성되는 특수관계'로 규정 · 판문점 남북 연락사무소 설치 · 군사 당국자 간 직통 전화 설치 · 남북 군사 공동 위원회 설치
의의	남북한 정부 간에 최초의 공식 합의서

핵심개념 노무현 정부의 통일 정책

남북 철도 연결 사업	경의선·동해선 연결 진행
금강산 육로 관광	금강산 육로 관광 본격화
개성 공단 관련	· 개성 공단 착공식(2003. 6.) · 개성 공단 입주(2004) · 개성 관광 실시(2007. 12.)
제2차 남북 정상 회담 (2007. 10.)	· 10·4 남북 공동 선언(2007, '남북 관계 발전과 평화 번영을 위한 선언) - 6·15 공동 선언의 고수, 내부 문제 불간섭 - 서해 공동 어로 수역 지정 - 항구적 평화 협력 구축 - 서해 평화 협력 특별 지대 설치

정답 ④

주제 170 — 04 | 경제 성장과 사회·문화의 변화
광복 이후 및 이승만 정부 시기의 경제

Check 대표 기출 1

01 0976 [2021. 국가직 9급] 회독 ○○○

이승만 정부의 경제 정책으로 옳지 않은 것은?

① 한·미 원조 협정을 체결하였다.
② 농지 개혁에 따른 지가증권을 발행하였다.
③ 제분, 제당, 면방직 등 삼백 산업을 적극 지원하였다.
④ 제1차 경제 개발 5개년 계획을 추진하였다.

SOLUTION 난이도 상 중 하

출제자의 눈 특히 이승만 정부 시기의 경제 상황을 묻는 문제가 빈출된다. 이승만 정부 시기의 경제 상황은 타 정부 시기의 경제 상황을 묻는 문제에서 오답 문항으로도 빈출되고 있다.

정답해설 ① 한미 원조 협정은 1948년 12월 한국의 경제적 위기를 극복하고 국력 부흥을 촉진하며 안정을 확보한다는 목적 아래 미국 정부가 한국 정부에게 제공할 재정적·기술적 원조와 관련된 원칙·기준 등을 명문화한 한미 정부 간의 협정이다.
② 이승만 정부는 농지 개혁을 실시하여 3정보를 상한으로 그 이상 지주가 소유한 농지는 국가가 유상 매입하고 지주에게 지가 증권을 발급하였다.
③ 이승만 정부 때인 1950년대에 미국의 원조는 주로 식료품, 의복, 의료품과 같은 생활 필수품과 면방직, 제당(설탕), 제분(밀가루)과 같은 소비재 산업의 원료에 집중되었고 이에 이승만 정부는 원조 물자를 가공하는 삼백 산업 등을 지원하여 소비재 산업이 발달하였다.

오답피하기 ④ 제1차 경제 개발 5개년 계획(1962~1966)은 박정희 군사 정부 시기인 1962년부터 추진되었다.

핵심개념 이승만 정부 시기의 경제

미국의 경제 원조 (1950년대)	• 특징 : 소비재 산업 원료에 집중(식량 및 생필품, 면화·설탕·밀가루 등) • 영향 - 전후 복구 사업에 큰 도움 - 삼백 산업[제분(밀가루), 제당(설탕), 면방직] 중심의 소비재 산업 발달 - 생산재 산업(제철, 철강 등) 부진 → 공업 부문 불균형 - 미국 잉여 농산물 대량 유입 → 국내 농산물 가격 폭락 → 농가 소득 감소, 밀·면화 생산 타격 - 1950년대 후반 : 원조 감소, 무상 원조가 유상 차관으로 전환 → 재정 부담↑, 경제 불황 초래
기타	• 농지 개혁법(1949. 6.), 귀속 재산 처리법(1949. 12.), 6·25 전쟁으로 물가 폭등 • 경제 개발 7개년 계획 수립 → 4·19 혁명으로 실행 x

정답 ④ 한정판 146p, 기본서 887p

Check 대표 기출 2

02 0977 [2020. 법원직 9급] 회독 ○○○

다음 법령이 반포되었을 당시의 경제적 상황으로 가장 옳은 것은?

> 제2조 본 법에서 귀속 재산이라 함은 … 대한민국 정부에 이양된 일체의 재산을 지칭한다. 단, 농경지는 따로 농지 개혁법에 의하여 처리한다.
> 제3조 귀속 재산은 본 법과 본 법의 규정에 의하여 발하는 명령이 정하는 바에 의하여 국용 또는 공유재산, 국영 또는 공영 기업체로 지정되는 것을 제외하고는 대한민국의 국민 또는 법인에게 매각한다.
> - 귀속재산 처리법 -

① 삼백 산업이 발달하였다.
② 금융 실명제가 실시되었다.
③ 수출 100억 달러를 달성하였다.
④ OECD 회원국으로 가입하였다.

SOLUTION 난이도 상 중 하

자료분석 자료는 이승만 정부 시기인 1949년 12월 제헌 국회에서 제정한 귀속 재산 처리법이다.

정답해설 ① 이승만 정부 시기에는 원조 물자를 가공하는 삼백 산업이 발달하였다. 삼백 산업은 제분(밀가루), 제당(설탕), 면방직 산업을 의미하는 것으로 소비재 산업이다.

오답피하기 ② 금융 실명제는 1993년 김영삼 정부 때부터 실시되었다.
③ 우리나라가 수출 100억 달러를 달성한 것은 1977년 유신 정부 때의 사실이다.
④ 우리나라가 OECD(경제협력개발기구)에 가입한 것은 1996년 김영삼 정부 때의 일이다.

핵심개념 귀속 재산 처리

> 귀속 재산이란 미군정이 적산(적의 재산)으로 접수한 일본인 소유의 재산을 말한다. 미군정이 관리하던 귀속 재산은 대한민국 정부 수립 이후 이승만 정부에 이관되었다. 이승만 정부는 1949년 귀속 재산 처리법을 만들어 대부분의 귀속 재산을 매각하였다. 다만 농지는 농지 개혁법에 따라 처리하였다. 귀속 재산의 불하 가격은 시가의 1/4~1/5 정도였고, 상환 기한은 최고 15년까지였다. 실제 가치보다 싼 가격과 장기 분할 상환은 큰 특권이었으며 이는 재벌이 형성되는 배경이 되기도 하였다. 귀속 재산 불하는 6·25 전쟁으로 중단되었다가 전후 재개되어 1958년에 완료되었다.

정답 ① 한정판 146p, 기본서 887p

03 0978 [2015. 법원직 9급]

다음 각 시기의 경제에 관한 서술로 가장 옳지 않은 것은?

1945	1962	1972	1980	1998
	(가)	(나)	(다)	(라)
해방	제1차 경제 개발 5개년 계획	유신 헌법	5·18 민주화 운동	김대중 정부 출범

① (가) 무상 몰수, 유상 분배 방식의 농지 개혁법이 실시되었다.
② (나) 미국으로부터 브라운 각서를 통한 경제 지원을 약속받았다.
③ (다) 중화학 공업화 정책을 추진했으며 수출액이 100억 달러를 넘어섰다.
④ (라) 자유 무역이 확대되는 가운데 외환 보유고 부족으로 위기를 맞았다.

SOLUTION

정답해설 ② 1966년 미국은 브라운 각서를 통해 베트남 추가 파병의 대가로 국군의 현대화를 위한 장비 제공, 경제 발전을 지원하기 위한 차관 제공, 한국 기업의 베트남 진출과 군수 물자 수출 협력 등을 약속하였다.
③ 1970년대 제3차, 4차 경제 개발 5개년 계획에서는 중화학 공업과 전자 공업을 육성에 중점으로 두었으며, 1977년에는 수출액이 100억 달러를 돌파하였다.
④ 1990년대에 김영삼 정부는 시장 개방 압력 속에 공기업 민영화, 금융업 규제 완화, 경제 협력 개발 기구(OECD)가입 등 신자유주의 정책을 펼쳤으나, 외형적 확대에만 치중했던 몇몇 대기업들이 연이어 도산하면서 외환위기를 맞이하였다. 김영삼 정부는 1997년 국제 통화 기금(IMF)에 도움을 요청하였고, 이에 따라 국제 통화 기금의 관리를 받게 되었다.

오답피하기 ① 농지 개혁이 실시된 시기는 (가) 시기가 맞지만 무상 몰수라는 표현이 틀렸다. 1949년 6월 농지 개혁법이 공포되고, 1950년 3월에는 일부 개정되어 시행에 들어갔다. 농지 개혁은 경자유전(耕者有田)의 원칙에 따라 유상 매수, 유상 분배의 자본주의적 방법으로 시행되었다.

핵심개념 브라운 각서(1966)

- 한국에 있는 대한민국 국군의 현대화 계획을 위하여 앞으로 수년 동안에 상당량의 장비를 제공한다.
- 베트남 주둔 한국군을 위한 물자와 용역은 가급적 한국에서 조달한다.
- 베트남에서 실시되는 각종 건설·구호 등 제반 사업에 한국인 업자를 참여시킨다.
- 대한민국의 경제 발전을 지원하기 위하여 추가 AID 차관을 제공한다.

정답 ① 한정판 146p, 기본서 887p

주제 171

04 | 경제 성장과 사회·문화의 변화

1960 ~ 1970년대의 경제

Check 대표 기출 1

01 0979 [2017. 지방직 9급 추가채용] 회독 ○○○

밑줄 친 '시기'에 있었던 사실에 대한 설명으로 옳은 것은?

> 제1차 경제 개발 5개년 계획을 시행할 무렵에 우리나라 정부는 국내에서 산업 개발 자금을 확보하려 하였다. 이에 통화 개혁을 실시했으나 목적을 달성하지 못했고, 결국 외국 차관을 들여왔다. 이러한 배경 속에서 섬유·가발 등의 수출 산업이 육성되었다. 제2차 경제 개발 5개년 계획이 적용된 때에는 화학, 철강 산업에 대한 투자도 이루어졌다. 이 두 차례의 경제 개발 계획이 시행된 시기에 수출 주도 성장전략이 자리를 잡았다.

① 경부 고속 국도가 건설되었다.
② 금융 실명제가 전격적으로 실시되었다.
③ 경제 협력 개발 기구(OECD)에 가입하였다.
④ 연간 수출 총액이 늘어나 100억 달러를 돌파하였다.

Check 대표 기출 2

02 0980 [2020. 소방간부후보] 회독 ○○○

밑줄 친 '지난해'에 볼 수 있는 모습으로 적절한 것은?

> 돌이켜보면, 지난해는 뜻깊은 한 해였습니다만, 한편으로는 고난과 시련이 중첩했던, 실로 다사다난한 한 해였습니다. … (중략) … 우리는 세계적 불황 속에서도 중화학 공업을 계속 건설해 냈고, 54억 불을 넘는 수출 실적을 거두었으며, 세계 대부분의 나라들이 정체 속에서 맴돌고 있으나 우리만은 8.3퍼센트의 경제 성장을 이룩하였습니다.

① 신한 공사에 의견서를 제출하는 농민
② 포항 종합 제철에서 작업하는 노동자
③ 서울에서 개최된 아시안 게임을 관람하는 학생
④ 제4차 경제 개발 5개년 계획의 운영 과정을 보고하는 관료
⑤ 한국의 경제 협력 개발 기구(OECD) 가입 사실을 보도하는 기자

SOLUTION 난이도 상 **중** 하

출제자의 눈 경제 파트는 시기별·정부별 정책과 경제 상황을 구분하는 문제가 단순 서술형 문제 및 통합형 문제로 빈출되고 있다. 특히 1~4차 경제 개발 계획 각각의 시행 시기는 물론 정부별 세부적 경제 이슈의 시기까지 알고 있어야 최근 고난도 문제에 대비할 수 있다.

자료분석 제1차 경제 개발 5개년 계획은 1962~1966년, 제2차 경제 개발 5개년 계획은 1967~1971년에 실시되었다. 따라서 이 문제는 1962년부터 1971년 사이에 일어난 사실을 찾아야 한다.

정답해설 ① 경부 고속 국도는 제2차 경제 개발 5개년 계획이 실시되고 있던 1970년에 개통되었다.

오답피하기 ② 금융 실명제는 1993년 김영삼 정부 때 금융 거래의 투명성을 확보하기 위해 금융 거래 시 실제 명의를 사용하도록 한 제도이다.
③ 우리나라는 김영삼 정부 때인 1996년에 29번째 회원국으로 OECD(경제 협력 개발 기구)에 가입하였다.
④ 우리나라가 수출 100억 달러를 최초로 달성한 것은 유신 정부 때인 1977년의 일이다.

정답 ① 한정판 146p, 기본서 889p

SOLUTION 난이도 **상** 중 하

자료분석 자료는 박정희 대통령의 1976년 신년사의 일부 내용으로, 밑줄 친 '지난 해'는 1975년이다. 세계적 불황[제1차 석유 파동(1973)의 여파] 속에서도 중화학 공업을 계속 건설했다는 점에서 1970년대 중화학 공업 육성 정책을 떠올릴 수 있고 54억 불을 넘는 수출 실적을 거두었다는 내용을 통해 수출 100억 달러를 달성한 1977년 전의 시기라는 것을 알 수 있다. 따라서 밑줄 친 '지난 해'가 1970년대 중반 무렵이라는 것을 추정해 낼 수 있다.

정답해설 ② 1973년에는 포항 종합 제철 공장이 준공되었다. 따라서 1975년 당시에는 포항 종합 제철에서 작업하는 노동자를 볼 수 있다.

오답피하기 ① 신한 공사는 일제의 귀속 재산을 관리한 회사로, 대한민국 정부 수립 이전인 1948년 3월에 해체되었다.
③ 서울 아시안 게임(제10회 서울 아시아 경기대회)은 전두환 정부 때인 1986년에 개최되었다.
④ 제4차 경제 개발 5개년 계획은 1977년부터 1981년까지 추진되었다.
⑤ 우리나라는 김영삼 정부 때인 1996년에 경제 협력 개발 기구(OECD)에 가입하였다.

심화개념 수출 현황

- 1964년 : 수출 1억 달러 달성
- 1971년 : 수출 10억 달러 달성
- 1977년 : 수출 100억 달러 달성
- 1995년 : 수출 1,000억 달러 달성

정답 ② 한정판 146p, 기본서 889p

03　0981　[2023. 국가직 9급]

밑줄 친 '나'가 집권하여 추진한 사실로 옳은 것은?

> 나는 우리 국민이 선천적으로 타고난 재질을 최대한으로 활용하여 다각적인 생산 활동을 더욱 활발하게 하고, …(중략)… 공산품 수출을 진흥시키는 데 가일층 노력할 것을 요망합니다. 끝으로 나는 오늘 제1회 수출의 날 기념식에 즈음하여 …(중략)… 이 뜻깊은 날이 자립경제를 앞당기는 또 하나의 계기가 될 것을 기원합니다.

① 대통령 직선제 개헌을 추진하였다.
② 3·1 민주 구국 선언을 발표하였다.
③ 반민족 행위 특별 조사 위원회를 구성하였다.
④ 베트남 파병에 필요한 조건을 명시한 브라운 각서를 체결하였다.

SOLUTION

자료분석 자료의 밑줄 친 '나'는 박정희이다. 박정희 정부 때인 1964년 8월 26일 국무회의는 수출 실적이 1억 달러가 되는 날을 '수출의 날'로 하기로 의결하였으며, 이 의결에 따라 그 해 11월 30일에 연간 수출 누계가 1억 달러에 이르자 당일을 '수출의 날'로 정하고 대통령 참석하에 성대한 기념식을 가졌다.

정답해설 ④ 1966년 박정희 정부 때 한국군의 베트남 추가 파병에 대한 미국 측의 보상 조치를 약속한 브라운 각서가 체결되었다.

오답피하기 ① 박정희 정부 시기에는 1969년 제6차 개헌(3선 개헌, 대통령의 3선 연임 허용)과 1972년 제7차 개헌[유신 헌법, 대통령 간선제(통일 주체 국민 회의 간선)]이 이루어졌다. 대통령 직선제 개헌은 제1차 개헌(발췌 개헌, 1952), 제5차 개헌(1962), 제9차 개헌(1987)에서 이루어졌다.
※ 박정희의 '집권' 시기를 5·16 군사 정변 이후가 아닌 대통령 재임 시기로 한정해서 출제한 것으로 보인다(박정희는 1963년 제5대 대통령에 선출되었다.).
② 박정희 유신 정부 시기인 1976년에는 재야인사들이 명동 성당에 모여 유신 체제를 비판하는 3·1 민주 구국 선언을 발표하였다.
③ 이승만 정부 시기 제헌 국회에서는 제헌 헌법에 근거하여 1948년 9월 '반민족 행위 처벌법'을 제정하였다. 이어서 같은 해 10월에는 국회의원 10명으로 구성된 '반민족 행위 특별 조사 위원회'(반민특위)를 설치하였다.

핵심개념　경제 개발 5개년 계획

기간(년)	• 제1차 : 1962~1966 • 제2차 : 1967~1971 • 제3차 : 1972~1976 • 제4차 : 1977~1981
특징	정부 주도, 수출 주도형 성장 전략
성과	• 고도 성장(한강의 기적) → 국민 소득 증가 • 신흥 공업국으로 부상 • 경부 고속 국도를 비롯한 도로·항만 등 사회 간접 시설 확충(전국 일일 생활권)
문제점	• 성장 위주, 분배 소홀(빈부 격차 심화) • 저임금·저곡가 정책 → 노동자·농민 희생 • 정경유착

핵심개념　박정희 정부 때의 경제

3공화국 (1960년대~)	• 1·2차 경제 개발 5개년 계획 추진(1962~1971) 　- 경공업 중심, 수출 산업 성장 　- 울산 정유 공장 건립(1964) 　- 경부 고속 국도 개통(1970) 　- 마산 수출 자유지역 선정(1970) • 베트남 특수 : 경제 급속 성장 • 새마을 운동 시작(1970) • 서독에 광부와 간호사 파견(1960년대~1970년대) : 실업 문제 해소와 외화 획득 목적 • 혼식·분식 장려(1960년대~1970년대) • 통일벼 도입(주곡 자급 정책, 1971)
4공화국 (유신 체제, 1970년대)	• 3·4차 경제 개발 5개년 계획 추진(1972~1981) 　- 중화학 공업 중심 　- 포항 종합 제철 공장 완공(1973) 　- 울산·거제 대규모 조선소 건립 　- 창원·구미 공업 단지 건설 　- 수출 100억 달러 달성(돌파)(1977) • 석유 파동 　- 1차(1973) → 중동 건설 사업 진출(오일 달러 획득)로 극복 　- 2차(1979) : 경제 불황 → 유신 체제 위협 요인으로 작용

정답 ④

주제 172

04 | 경제 성장과 사회·문화의 변화

1980년대 이후의 경제 모습 및 교육 정책의 변화

Check 대표 기출 1

01 0982 [2020. 국가직 9급] 회독 ○○○

다음은 우리나라 경제 성장 과정을 시간순으로 나열한 것이다. (가)에 들어갈 내용으로 옳은 것은?

```
수출액 100억 달러를 돌파하다.
         ⇩
제2차 석유파동으로 경제가 침체에 빠지다.
         ⇩
        (가)
         ⇩
경제 협력 개발 기구에 가입하다.
```

① 제3차 경제 개발 5개년 계획이 실시되다.
② 저금리, 저유가, 저달러의 3저 호황을 경험하다.
③ 베트남 파병을 시작하고 「브라운 각서」를 체결하다.
④ 일본과 대일 청구권 문제에 합의하고 「한일 기본 조약」을 체결하다.

SOLUTION 난이도 상 중 하

출제자의 눈 1980년대 이후의 경제는 전두환 정부 때의 3저 호황과 김영삼 정부 때의 외환위기 등이 출제 경향에서의 중심축이 된다. 각 정부별 경제 정책과 시기를 구분하는 것이 필수이다. 교육 정책은 각 시기별 교육 정책을 묻는 단순 서술형 문제가 주를 이루지만 국민 교육 헌장은 사료로 출제되거나 정확한 반포 연도를 물을 수 있어 자세한 내용까지 학습하는 것이 필요하다.

자료분석 수출액 100억 달러 돌파는 1977년 유신 정부 때, 제2차 석유 파동은 1979년(또는 1978년) 유신 정부 때, 경제 협력 개발 기구(OECD) 가입은 김영삼 정부 때인 1996년의 일이다.

정답해설 ② 전두환 정부 때인 1986년부터 저금리, 저유가, 저환율(저달러)의 이른바 3저 호황을 맞이하였다. 이 시기 한국 경제는 자동차, 반도체 등 기술 집약 산업이 성장하였고, 수출이 크게 늘어 무역 수지 흑자를 기록하는 등 지속적인 경제 성장을 이어 갔다.

오답피하기 ① 제3차 경제 개발 5개년 계획은 1972년부터 1976년까지 추진되었다.
③ 베트남 파병은 1964년부터 이루어졌고, 한국군의 베트남 추가 파병에 대한 미국 측의 보상 조치를 약속한 브라운 각서는 1966년에 체결되었다.
④ 한일 기본 조약(한일 협정)은 1965년 박정희 정부 때 체결되었다.

정답 ② 한정판 146p, 기본서 891p

Check 대표 기출 2

02 0983 [2017. 지방직 9급] 회독 ○○○

시대별 교육문화의 변화에 대한 설명으로 옳지 않은 것은?

① 미군정기 : 미국식 민주주의 교육과 6-3-3학제가 도입되었다.
② 1950년대 : 경제적 어려움 속에서도 초등학교 의무교육제가 시행되었다.
③ 1960년대 : 입시과열을 막기 위해 중학교 무시험 추첨제가 도입되었다.
④ 1970년대 : 국가주의 이념을 강조한 국민 교육 헌장이 제정되었다.

SOLUTION 난이도 상 중 하

정답해설 ① 미군정기에는 일제의 식민 교육을 대신하여 미국식 민주주의 이념과 교육 제도가 들어왔다. 민주 시민의 양성이 교육 목표로 중시되었으며, 미국 일부 지역에서 행해지고 있던 6-3-3 학제가 도입되었다.
② 우리나라는 이승만 정부 시기인 1950년부터 국민(초등)학교 의무 교육제가 시행되었다.
③ 높은 교육열로 인해 입시 경쟁, 사교육비 증가 등의 문제가 발생하자 1969년부터 중학교 무시험 진학 제도가 실시되었다.

오답피하기 ④ 국민 교육 헌장은 1968년에 제정되었다. 박정희 정부는 국민 교육 헌장을 선포하여 민중 중흥이 시대적 사명이라는 민족주의적, 국가주의적 교육 이정표를 제시하였다.

핵심개념 교육 제도의 변천

미군정기	미국식 민주주의 교육과 6-3-3 학제 도입
이승만 정부	• 우리의 맹세(1949) : 교과서에 수록(반공주의 강화) → 4·19 혁명을 계기로 폐지 • 학도 호국단 창설(학생 자치 훈련 단체, 1949) → 4·19 혁명 계기로 폐지 • 국민(초등)학교 의무교육제 시행(1950)
박정희 정부	• 국민 교육 헌장 반포(1968) • 중학교 무시험 진학 제도 도입(1969 → 전국 확대는 1971) • 교련 강화 정책 → 교련 반대 운동(시위)(1971) 전개 → 위수령 발동 • 고등학교 연합고사 및 고교 평준화 제도(1974) • 학도 호국단 부활(1975)
전두환 정부	• 신군부의 7·30 교육 개혁 조치(1980) → 과외 전면 금지, 본고사 폐지, 대학 졸업 정원제 • 중학교 의무 교육 처음 도입(1985) • 교육 개혁 심의회 설치(1985) • 학도 호국단 폐지(1986)
노태우 정부	「지방 교육 자치에 관한 법률」 제정(1991) → 본격적인 교육 자치제 실시
김영삼 정부	• 대학 수학 능력 시험 실시(1993) • 학교 운영 위원회 설치(1996)
김대중 정부	중학교 의무 교육 확대 실시

정답 ④ 한정판 147p, 기본서 897p

03 [2016. 교육행정직 9급]

밑줄 친 '정부'가 실시한 정책으로 옳은 것은?

> 친애하는 7천만 국내외 동포 여러분, 노태우 대통령을 비롯한 전직 대통령, 그리고 이 자리에 참석하신 내외 귀빈 여러분. 오늘 우리는 그렇게도 애타게 바라던 문민 민주주의의 시대를 열기 위하여 이 자리에 모였습니다. 오늘을 맞이하기 위하여 30년의 세월을 기다려야 했습니다. 마침내 국민에 의한, 국민의 정부를 이 땅에 세웠습니다. 오늘 탄생되는 정부는 민주주의에 대한 국민의 불타는 열망과 거룩한 희생으로 이루어졌습니다.
>
> – ○○○ 대통령 취임사 –

① 중국·소련과 국교를 맺었다.
② 남북 정상 회담을 개최하였다.
③ 7·4 남북 공동 성명을 발표하였다.
④ 경제 협력 개발 기구(OECD)에 가입하였다.

SOLUTION

자료분석 자료는 1993년 2월 25일 14대 대통령(김영삼) 취임사의 일부로, 밑줄 친 '정부'는 김영삼 정부에 해당한다. 문민 민주주의 시대라는 내용을 통해 이를 알 수 있다. 1992년 12월 실시된 14대 대통령 선거에서 민주 자유당의 김영삼이 당선되어 이듬해 2월 취임함으로써 5·16 군사 정변 후 처음으로 '문민정부'가 출범하게 되었다.

정답해설 ④ 김영삼 정부는 1996년 정책 협력을 통해 회원 각국의 경제·사회 발전을 공동으로 모색하고, 나아가 세계 경제 문제에 공동으로 대처하기 위한 국제기구인 경제 협력 개발 기구(OECD)에 가입하였다.

오답피하기 ① 노태우 정부는 동유럽 공산주의 국가 및 소련, 중국과 외교 관계를 수립하는 북방 정책을 추진하였다. 1989년에는 헝가리 및 폴란드, 1990년에는 소련, 1992년에는 중국과 수교하였다.
② 2000년 6월 김대중 대통령은 평양을 방문하여 남북 정상 회담을 통해 6·15 남북 공동 선언을 발표하였고, 김대중 정부의 통일 정책을 계승한 노무현 정부는 2007년 평양에서 열린 남북 정상 회담에서 '남북 관계 발전과 평화 번영을 위한 선언(10·4 남북 공동 선언)'을 채택하였으며, 이후 문재인 정부 때에도 남북 정상 회담이 개최되었다(2018).
③ 7·4 남북 공동 성명의 발표는 1972년 박정희 정부 때의 사실이다.

단어해석 ・문민정부: 문민정부에서 '문민'은 직업 군인이 아닌 일반 국민을 뜻하므로, '문민정부'는 군인 출신 정부에서 민간 정치인이 집권한 정부로의 전환을 의미한다.

핵심개념 김영삼 정부 때의 경제 이슈

- 금융 실명제 실시(1993)
- 우루과이라운드 타결(UR,1993) → 농산물, 섬유, 철강, 지적 재산권 개방
- 세계 무역 기구(WTO) 출범(1995, UR 협정 이행 감시)
- 천억 달러 수출 달성(1995)
- 경제 협력 개발 기구(OECD) 가입(1996)
- 국제 통화 기금(IMF) 구제 금융 요청(외환 위기, 1997)

정답 ④

주제 173

05 | 지역사·유네스코 유산

지역사

Check 대표 기출 1

01 0985 [2021. 지방직 9급] 회독 ○○○

(가) 지역에 대한 설명으로 옳은 것은?

> 나는 삼한(三韓) 산천의 음덕을 입어 대업을 이루었다. [(가)] 는/은 수덕(水德)이 순조로워 우리나라 지맥의 뿌리가 되니 대업을 만대에 전할 땅이다. 왕은 춘하추동 네 계절의 중간 달에 그곳에 가 100일 이상 머물러서 나라를 안녕케 하라.
> - 『고려사』 -

① 이곳에 대장도감을 설치하여 재조대장경을 만들었다.
② 지눌이 이곳에서 수선사 결사 운동을 펼쳤다.
③ 망이·망소이가 이곳에서 봉기하였다.
④ 몽골이 이곳에 동녕부를 두었다.

Check 대표 기출 2

02 0986 [2025. 국가직 9급] 회독 ○○○

밑줄 친 '이곳'에 대한 설명으로 옳은 것은?

> • 이곳의 고인돌 유적은 유네스코 세계문화유산에 등재되었다.
> • 고려 정부는 이곳으로 천도하여 몽골의 침략에 대항하였다.

① 장보고가 청해진을 설치하였다.
② 정묘호란으로 인조가 피신하였다.
③ 원나라가 탐라총관부를 두었다.
④ 영국군이 러시아를 견제한다는 구실로 주둔하였다.

SOLUTION 난이도 상 중 하

출제자의 눈 지역사는 평양, 강화도 등 일부 지역 중심으로 출제되었으나 최근에는 점점 그 영역을 넓히고 있어 공주를 비롯해 한능검에서 지역사 문제가 자주 출제되는 지역까지 학습해야 한다.

자료분석 자료는 고려 태조가 남긴 『훈요 10조』의 일부로, (가)에 해당하는 지역은 서경(평양)이다. 태조는 서경이 풍수지리상의 길지라는 이유를 들어 해마다 순수하여 100일을 머무르도록 당부했다.

정답해설 ④ 1269년(원종 10) 서북면병마사의 최탄 등이 임연을 친다는 구실로 난을 일으킨 뒤, 서경을 비롯한 북계의 54성과 자비령 이북 서해도의 6성을 들어 원(몽골)에 투항하였다. 이를 계기로 원(몽골)의 세조는 이듬해 자비령을 경계로 삼아 그 이북 지방은 모두 원나라의 소유로 한 뒤 서경에 동녕부를 설치하고 최탄으로 동녕부 총관을 삼았다.

오답피하기 ① 몽골 침략으로 소실된 초조대장경을 대신하여 고려 고종 때 강화도에 대장도감을 설치하고 16년(1236~1251) 만에 재조대장경을 완성하였다.
② 지눌은 무신 정권 시기 순천 송광사(수선사)를 중심으로 수선사 결사 운동을 전개했다.
③ 정중부 집권기인 1176년 공주 명학소에서 망이·망소이 형제가 신분 해방을 외치며 봉기하였다.

정답 ④ 한정판 149p, 기본서 910p

SOLUTION 난이도 상 중 하

자료분석 고인돌 유적이 위치해 있고, 고려 정부가 몽골 침략에 대비해 천도한 지역은 강화도이다. 최우는 몽골의 지나친 간섭과 조공 요구에 반발하여 장기 항전을 위해 1232년 강화도로 천도하였다.

정답해설 ② 인조는 1627년에 일어난 정묘호란 때는 강화도로 피난하였고, 병자호란(1636) 때는 소현세자와 함께 남한산성으로 들어가 항전하였다.

오답피하기 ① 청해진은 828년(흥덕왕 3) 장보고가 지금의 전라남도 완도에 설치한 해군기지이다.
③ 원은 삼별초의 항쟁을 진압한 뒤 제주도에 탐라총관부를 설치(1273)하고 일본 원정을 위해 목마장을 경영하였다.
④ 영국군이 러시아를 견제한다는 구실로 주둔한 곳은 거문도이다. 1885년 영국은 조·러 비밀 협약이 풍문으로 들려오자, 러시아의 남하에 대비한다는 구실로 거문도를 해밀턴 항이라 명명하고 약 2년 동안 불법으로 점령하였다(1885~1887).

정답 ② 한정판 149p, 기본서 910p

03 [2025. 국가직 9급]

밑줄 친 '이 지역'에 있는 문화유산은?

> 백제는 5세기 고구려의 공격으로 한강 유역을 상실하면서 수도가 함락되어 이 지역으로 도읍을 옮겼다.

① 몽촌토성
② 무령왕릉
③ 미륵사지 석탑
④ 용현리 마애여래삼존상

SOLUTION

자료분석 자료의 밑줄 친 '이 지역'은 공주(웅진)이다. 백제는 5세기 고구려 장수왕의 공격으로 개로왕이 전사하고 한강 유역을 상실하면서 수도가 함락되어 문주왕 때 웅진(공주)으로 도읍을 옮겼다(475).

정답해설 ② 무령왕릉은 1971년 공주 송산리 고분군의 배수로 공사 중에 우연히 발견되었다. 중국 남조의 영향을 받아 연꽃 등 우아하고 화려한 백제 특유의 무늬를 새긴 벽돌로 무덤 내부를 쌓았다.

오답피하기 ① 몽촌토성은 서울특별시 송파구 방이동에 위치한 백제의 왕성(王城)이다.
③ 백제의 익산 미륵사지 석탑은 익산에 위치해 있다. 익산 미륵사지 석탑은 목탑 양식을 계승한 현존 최고(最古)의 석탑이며, 목탑에서 석탑으로 넘어가는 과도기 양식으로 추정된다.
④ 백제의 서산 용현리 마애여래 삼존상(서산 마애 삼존불)은 충남 서산에 자리 잡고 있다.

핵심개념 백제 역사 유적지구

공주	• 공산성 • 송산리 고분군
부여	• 관북리 유적 • 부소산성 • 정림사지 • 능산리 고분군 • 나성
익산	• 왕궁리 유적 • 미륵사지

정답 ② 한정판 149p, 기본서 911p

04 [2024. 지역인재 9급]

(가) 지역에서 있었던 사실로 옳은 것은?

> • 고구려 장수왕은 국내성에서 (가) 으로/로 천도하였다.
> • 고려 태조 왕건은 (가) 을/를 서경으로 칭하고 북진 정책의 기지로 삼았다.
> • 신민회는 인재 양성을 위해 정주에 오산학교, (가) 에 대성학교를 설립하였다.

① 강화도 조약으로 개항되었다.
② 동학 농민군이 관군과 화약을 체결하였다.
③ 조만식 등의 주도로 물산 장려 운동이 시작되었다.
④ 백정에 대한 차별을 철폐하기 위해 조선 형평사가 창립되었다.

SOLUTION

자료분석 자료의 (가)에 해당하는 지역은 평양이다. 고구려 장수왕은 427년에 도읍을 국내성에서 평양으로 옮기고, 적극적 남하 정책을 추진하였다. 고려 태조는 평양을 서경으로 삼아 북진 정책의 전진 기지로 삼았다. 신민회는 인재 양성을 위해 정주에 오산 학교, 평양에 대성 학교를 설립하였다.

정답해설 ③ 1920년 조만식 등이 평양에서 조선 물산 장려회를 조직하여 물산 장려 운동을 시작하였고, 1923년 경성에서도 조선 물산 장려회가 만들어지는 등 물산 장려 운동은 전국적으로 퍼져 나갔다.

오답피하기 ① 1876년 강화도 조약이 체결되어 부산(1876), 원산(1880), 인천(1883)이 개항되었다.
② 외세의 개입을 우려한 동학 농민군은 정부와 전주 화약을 체결하고 스스로 해산하였다.
④ 1923년에 백정 출신들은 경남 진주에서 이학찬 등을 중심으로 조선 형평사를 창립하고 평등한 대우를 요구하는 형평 운동을 전개하였다.

핵심개념 평양(서경)의 역사

선사 시대	• 구석기 평양 만달리 동굴 : 인골 화석 발견 • 신석기 평양 남경 유적 : 탄화된 좁쌀 발견
삼국 시대	• 근초고왕의 평양성 공격 • 장수왕의 평양 천도 및 안학궁 건립(427) • 당의 안동도호부 설치(668)
고려 시대	• 서경 유수 조위총의 난(1174, 정중부 집권기) • 최광수의 난(1217, 최충헌 집권기) • 원의 동녕부 설치(1270)
조선 시대	• 조·명 연합군의 평양성 탈환(1593년, 임진왜란 때) • 조선 후기 유상의 근거지
근대	• 제너럴셔먼호 사건(1866) • 안창호의 대성 학교 설립(1908)
일제 강점기	• 물산장려운동 시작 • 강주룡의 을밀대 농성(1931)
현대	• 김구, 김규식의 남북 협상(1948) • 제1·2차 남북 정상 회담 개최(2000, 2007)

정답 ③ 한정판 149p, 기본서 910p

05 0989 [2023. 국가직 9급]

밑줄 친 '이곳'에 대한 설명으로 옳은 것은?

- 장수왕은 남진정책의 일환으로 수도를 이곳으로 천도하였다.
- 묘청은 이곳으로 수도를 옮길 것을 주장하였다.

① 쌍성총관부가 설치되었다.
② 망이·망소이가 반란을 일으켰다.
③ 제너럴 셔먼호 사건이 발생하였다.
④ 1923년 조선 형평사가 결성되었다.

06 0990 [2023. 지역인재 9급]

(가) 지역에서 있었던 사실로 옳은 것은?

- 고구려가 쳐들어와서 한성을 포위하였다. 개로왕이 성을 굳게 지키면서 문주를 신라에 보내 구원을 요청하였다. … (중략) … 고구려군은 물러갔으나 성이 파괴되고 개로왕이 죽으니 문주가 왕위에 올랐다. 10월에 문주왕이 도읍을 (가) (으)로 옮겼다.
- (가) 의 명학소민 망이와 망소이 등이 무리를 불러 모아 스스로 산행병마사라 칭하며 (가) 을/를 공격하여 함락시켰다.

① 김헌창이 반란을 일으켰다.
② 일본의 침략에 맞서 싸우던 신립이 패전하였다.
③ 조만식의 주도로 물산 장려 운동이 시작되었다.
④ 백정들에 대한 차별 철폐를 위한 조선형평사가 창립되었다.

SOLUTION (05)

자료분석 자료의 밑줄 친 '이곳'은 평양이다. 고구려 장수왕은 427년에 도읍을 국내성에서 평양으로 옮기고, 적극적으로 남하 정책을 추진하였다. 서경의 승려 묘청은 고려 인종 때 지덕쇠왕설(地德衰旺說)을 바탕으로, 지덕이 쇠한 개경을 버리고 지덕이 왕성한 서경으로 천도하자고 주장하였다.

정답해설 ③ 1866년 미국의 상선 제너럴셔먼호가 대동강으로 접근하여 평양 부근에서 통상을 요구하였다. 이들이 조선의 퇴거 요구에도 불응하며 약탈을 하고 인명을 살상하자 평안도 관찰사 박규수(박지원의 손자)와 평양 관민들이 제너럴셔먼호를 불태워 침몰시켰다. 이 사건은 1871년 신미양요가 일어나는 배경이 되었다.

오답피하기 ① 쌍성총관부는 몽골과의 전쟁이 진행되던 1258년(고종 45)에 조휘와 탁청이 고려의 지방관을 죽이고 몽골에 항복하면서 화주(영흥) 지역에 설치되었다. 서경에는 동녕부가 설치되었다.
② 정중부 집권기인 1176년 공주 명학소에서 망이·망소이 형제가 신분 해방을 외치며 봉기하였다.
④ 1923년 경남 진주에서 조선 형평사가 조직되어 백정에 대한 사회적 차별 철폐를 요구하는 형평 운동을 주도하였다.

정답 ③ 한정판 149p, 기본서 910p

SOLUTION (06)

자료분석 자료의 (가)에 해당하는 지역은 공주이다. 문주왕은 475년에 아버지 개로왕이 고구려 장수왕의 공격으로 한성을 함락당하고 전사하자, 웅진(공주)으로 도읍을 옮겼다. 망이·망소이의 난은 1176년 공주 명학소에서 일어났다.

정답해설 ① 822년(헌덕왕 14) 3월에 신라 웅주(지금의 공주) 도독 김헌창은 아버지 김주원이 왕위를 계승하지 못한 데 불만을 품고 국호를 '장안', 연호를 '경운'이라 하고 반란을 일으켰다.

오답피하기 ② 신립은 임진왜란 초기 충주 탄금대 전투에서 패전하였다(1592. 4.).
③ 1920년 평양에서 조만식 등의 주도로 물산 장려 운동이 시작되었고, 각 지역의 호응 속에 전국으로 확산되었다. 이 운동은 '내 살림 내 것으로', '조선 사람 조선 것' 등의 구호를 앞세우며 민족 산업의 보호와 육성을 위해 토산품 애용, 근검저축, 금주·단연 등을 주장하였다.
④ 조선 형평사는 1923년 경남 진주에서 이학찬 주도로 처음 조직되었다.

핵심개념 공주의 역사

선사	공주 석장리 유적(남한 최초로 발굴된 구석기 유적)
삼국 시대	• 백제의 웅진 천도(475, 문주왕) • 송산리 고분군(무령왕릉 등), 공산성 → 백제 역사 유적 지구
통일신라	웅천주 도독 김헌창의 난(822, 헌덕왕)
고려	공주 명학소 망이·망소이의 난(1176)
조선	이괄의 난(1624) 때 인조 피난
근대	동학 농민군의 우금치 전투(1894)

정답 ① 한정판 149p, 기본서 911p

07 [2023. 지방직 9급]

여름 휴가를 맞아 강화도로 답사 여행을 떠나고자 한다. 다음 중 유적(지)과 주제의 연결이 옳지 않은 것은?

유적(지)	주제
① 외규장각	동학 농민 운동
② 고려궁지	대몽 항쟁
③ 고인돌	청동기 문화
④ 광성보	신미양요

08 [2020. 국가직 9급]

밑줄 친 '이 지역'에 대한 설명으로 옳은 것은?

> 장수왕은 군사 3만을 거느리고 백제를 침공하여 왕도인 이 지역을 함락시켜, 개로왕을 살해하고 남녀 8천 명을 사로잡아 갔다.

① 망이, 망소이가 반란을 일으켰다.
② 고려 문종 대에 남경이 설치되었다.
③ 보조국사 지눌이 수선사 결사를 주도하였다.
④ 고려 태조가 북진 정책의 전진 기지로 삼았다.

SOLUTION (07)

정답해설 ② 강화 고려궁지는 고려가 몽골과의 전쟁에 대항하기 위해 1232년(고종 19) 강화도로 수도를 옮긴 후 이곳에 건립한 궁궐의 터이다. 인천시 강화군 강화읍 관청리에 있다. 1270년(원종 11)에 개경으로 환도할 때까지 39년 동안 궁궐터로 사용되었다. 궁궐의 이름은 모두 개경 궁궐의 이름을 따랐다.
③ 고인돌은 청동기 시대의 대표적 무덤 양식으로, 강화도의 탁자식 고인돌이 유명하다. 인천광역시 강화군 하점면 부근리, 삼거리, 고천리, 오상리, 교산리 등에 위치하고 있는 강화 고인돌은 주로 고려산 북쪽 산기슭에 127기가 하나하나 흩어져 있다.
④ 1871년 미군은 강화도에 상륙하여 초지진과 덕진진을 점령하고 광성보를 공격해 왔다(신미양요). 어재연 등이 이끄는 조선 수비대가 결사 항전을 하였지만, 미군은 우세한 전력으로 광성보를 함락하였다. 미국은 군사적 압박을 가하면 조선과의 통상 수교 교섭이 가능할 것으로 여겼으나 결국 실패하고 물러갔다.

오답피하기 ① 외규장각과 관련된 사건은 병인양요(1866)이다. 이곳은 규장각의 부속 도서관으로, 강화도에 설치되어 왕실 의궤를 비롯한 귀중 도서를 보관하고 있었다. 외규장각 도서는 병인양요 때 모두 불타 버린 것으로 전해졌으나, 1970년대에 박병선 박사가 프랑스 국립 도서관에서 일부를 발견하였다. 이후 대한민국 정부와 민간 단체의 반환 요구가 계속되었다. 그 결과 외규장각 도서 반환에 대한 합의가 2010년에 이루어져 약탈당한 지 145년만인 2011년에 임대 형식(5년마다 갱신)으로 우리나라에 돌아왔다. 동학 농민 운동은 외규장각과는 직접적인 관련이 없다.

정답 ① 한정판 149p, 기본서 910p

SOLUTION (08)

자료분석 자료의 밑줄 친 '이 지역'은 한성(한양)이다. 475년 장수왕은 병사 3만을 거느리고 백제를 침공하여 백제의 수도 한성을 점령한 후, 백제의 왕 개로왕을 죽이고 남녀 8천 명을 생포하여 돌아왔다.

정답해설 ② 고려는 3경(개경, 서경, 동경)을 두었으나 남경길지설이 대두되면서 문종 대 한양을 남경으로 삼았다.
※ 3경은 처음에는 개경, 서경(평양), 동경(경주)을 가리켰으나, 뒤에는 동경 대신에 남경(한양, 문종)으로 바뀌었다.

오답피하기 ① 고려 무신 집권기에 공주 명학소에서는 망이·망소이 형제가 신분 해방을 외치며 봉기하였다(1176).
③ 지눌은 순천 송광사에서 수선사 결사 운동을 전개하였다. 이는 승려 본연의 자세로 돌아가 독경과 선 수행, 노동에 고루 힘쓰자는 개혁 운동이다.
④ 고려 태조는 평양을 서경으로 삼아 북진 정책의 전진 기지로 삼았다.

정답 ② 한정판 149p, 기본서 910p

09 0993 [2020. 지방직 7급]

다음 지도 속 동그라미로 표시한 지역의 역사 문화를 홍보하기 위한 기획서를 작성하고자 한다. 이 기획서의 제목으로 옳지 않은 것은?

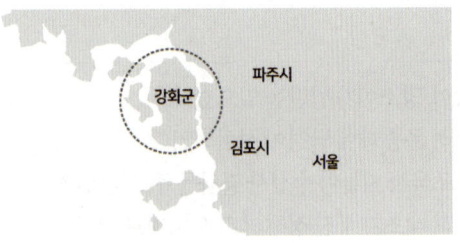

① 지눌, 이곳에서 꿈꾼 고려 불교의 개혁
② 병자호란, 그 쓰라린 패배의 현장
③ 철종, 국왕이 될 줄 몰랐던 시골 소년의 이야기
④ 의궤, 프랑스에서 다시 찾은 조선의 문화재

10 0994 [2018. 지방직 9급]

밑줄 친 '이곳'에서 일어난 일로 옳은 것은?

> 고려 정종 때 이곳으로 천도 계획을 세웠으나 실현되지 못했고, 문종 때 이곳 주위에 서경기 4도를 두었다.

① 이곳에서 현존 세계 최고의 직지심체요절이 간행되었다.
② 지눌이 이곳을 중심으로 수선사 결사 운동을 전개하였다.
③ 조위총이 정중부 등의 타도를 위해 이곳에서 반란을 일으켰다.
④ 강조가 군사를 이끌고 이곳으로 들어와 김치양 일파를 제거하였다.

주제 174 — 05 | 지역사·유네스코 유산

유네스코 유산 및 기타

Check 대표 기출 1

01 0995 [2021. 국가직 9급] 회독 ○○○

우리나라 세계유산과 세계기록유산에 대한 설명으로 옳은 것만을 모두 고르면?

> ㄱ. 공주 송산리 고분군에는 전축분인 6호분과 무령왕릉이 있다.
> ㄴ. 양산 통도사는 금강계단 불사리탑이 있는 삼보 사찰이다.
> ㄷ. 남한산성은 병자호란 때 인조가 피난했던 산성이다.
> ㄹ. 『승정원일기』는 역대 왕의 훌륭한 언행을 『실록』에서 뽑아 만든 사서이다.

① ㄱ, ㄴ
② ㄴ, ㄷ
③ ㄱ, ㄴ, ㄷ
④ ㄱ, ㄷ, ㄹ

Check 대표 기출 2

02 0996 [2025. 지방직 9급] 회독 ○○○

유네스코 세계문화유산으로 등재된 것만을 모두 고르면?

> ㄱ. 경복궁
> ㄴ. 남한산성
> ㄷ. 석촌동 고분군
> ㄹ. 가야 고분군

① ㄱ, ㄷ
② ㄱ, ㄹ
③ ㄴ, ㄷ
④ ㄴ, ㄹ

SOLUTION 난이도 상 중 하

출제자의 눈 유네스코 유산으로 지정된 것이 무엇인지를 묻는 단순 지식형 문제가 전형적이었으나 최근에는 본 문제처럼 변별력을 높이기 위해 구체적 내용을 묻는 문제들까지 등장하고 있다.

자료분석 보기 중 옳은 내용은 ㄱ, ㄴ, ㄷ이다. 공주 송산리 고분군(백제 역사 유적 지구에 해당)과 양산 통도사, 남한산성은 유네스코 세계 문화 유산으로 등재되어 있고, 『승정원일기』는 유네스코 세계 기록 유산으로 등재되어 있다. 이 유산들에 대한 설명으로 옳은 것만을 찾는 문제이다.

정답해설 ㄱ. 공주 송산리 고분군에 위치한 송산리 6호분과 무령왕릉은 벽돌로 지어진 전축분(벽돌무덤)으로, 중국 남조의 영향을 받았다.
ㄴ. 우리나라의 삼보 사찰은 통도사(불보)·해인사(법보)·송광사(승보)가 있다. 통도사는 자장이 중국 유학을 마치고 귀국한 뒤 창건한 절이다. 그는 불경과 불사리를 가지고 귀국하였는데, 진신사리를 봉안할 목적으로 이곳 통도사에 금강계단을 조성하였다. 해인사는 대장경을 봉안한 곳이라고 해서 법보사찰(法寶寺刹)이라고 하며 송광사는 큰스님들이 많이 배출되었다고 해서 승보사찰(僧寶寺刹)이라고 한다.
ㄷ. 병자호란(1636) 당시 인조는 청의 침입을 피해 남한산성으로 피신하였다.

오답피하기 ㄹ. 『국조보감』이 역대 왕의 훌륭한 언행을 『실록』에서 뽑아 만든 사서이다. 『승정원일기』는 왕명의 출납을 관장하던 승정원에서 매일매일 취급한 문서와 사건을 기록한 일기로 유네스코 세계 기록 유산으로 등재되어 있다.

정답 ③ 한정판 148p, 기본서 904p

SOLUTION 난이도 상 중 하

정답해설 ㄴ. 남한산성은 인조가 병자호란 때 청나라의 공격으로 피난한 곳으로 2014년 유네스코 총회에서 세계 문화유산으로 등재되었다.
ㄹ. 가야 고분군은 2023년 9월 유네스코 세계 문화유산으로 지정되었다. 가야 고분군은 경남 김해 대성동 고분군, 경북 고령 지산동 고분군, 전북 남원 유곡리와 두락리 고분군, 경남 함안 말이산 고분군, 경남 창녕 교동과 송현동 고분군, 경남 고성 송학동 고분군, 경남 합천 옥전 고분군으로 이루어진 7개의 고분군이다.

오답피하기 ㄱ. 경복궁은 조선 전기에 정궁으로 이용된 궁궐이다.
ㄷ. 백제는 한강 유역에 있던 초기 한성 시기에 계단식 돌무지무덤을 만들었으며, 현재 서울 석촌동에 일부가 남아 있다. 이것은 백제 건국의 주도 세력이 고구려와 같은 계통이라는 건국 이야기의 내용을 뒷받침한다.

정답 ④ 한정판 148p, 기본서 904p

03 0997 [2022. 국가직 9급]

우리나라 유네스코 세계유산에 대한 설명으로 옳지 않은 것은?

① 미륵사지에는 목탑 양식의 석탑이 있다.
② 정림사지에는 백제의 5층 석탑이 남아 있다.
③ 능산리 고분군에는 계단식 돌무지무덤이 있다.
④ 무령왕릉에는 무덤 주인공을 알려주는 지석이 있었다.

SOLUTION

정답해설 ① 익산 미륵사지 석탑은 목탑 양식을 계승한 현존 최고(最古)의 석탑(현재 서탑 일부만 남음, 2018년 복원)이며, 목탑에서 석탑으로 넘어가는 과도기 양식으로 추정된다. 탑이 건립된 시기는 무왕 때인 639년으로 밝혀졌다.
② 부여 정림사지 5층 석탑은 백제의 대표적인 석탑으로, 안정적이면서도 경쾌한 모습으로 유명하다. 석탑의 1층 탑신에는 백제 멸망 당시 당나라 장군인 소정방의 업적을 기리는 글이 새겨져 '평제탑(平濟塔)'이라 불렸던 역사가 있다.
④ 무령왕릉은 1971년 송산리 고분군 배수로 공사 중에 발견되었으며 무령왕과 왕비의 지석(매지권, 도교적 성격)이 발견되었다.

오답피하기 ③ 부여 능산리 고분군에는 규모가 작지만 세련된 굴식 돌방무덤들이 위치하고 있다. 계단식 돌무지무덤은 초기 한성 시기에 만들어졌으며 서울 석촌동에 일부가 남아 있다. 이것은 고구려의 영향을 받은 것으로, 백제 건국의 주도 세력이 고구려와 같은 계통이라는 건국 이야기의 내용을 뒷받침하고 있다.

핵심개념 유네스코 세계 문화 유산 및 자연 유산

해인사 장경판전	15세기 건축물(고려의 팔만대장경 보관)
종묘	조선 왕조 역대 왕과 왕비의 신주를 모신 사당
석굴암과 불국사	경덕왕 때 김대성이 창건 시작, 혜공왕 때 완공
창덕궁	조선 태종 때 지어진 궁궐, 임진왜란 때 법궁(정궁)인 경복궁이 소실되자 조선 후기 법궁으로 기능
수원 화성	• 정조 때 건설(정약용 설계, 채제공 감독) • 정약용이 만든 거중기가 축조시 사용됨
고창·화순·강화의 고인돌 유적	수백 기 이상의 고인돌 집중 분포
경주 역사 유적지구 (5개 지구)	• 남산지구 : 나정, 포석정, 배리 석불 입상 • 월성지구 : 첨성대, 계림, 임해전지(안압지) • 대릉원지구 : 천마총, 황남대총, 미추왕릉 • 황룡사지구(황룡사지, 분황사 석탑), 산성지구(명활산성 등)
조선 왕릉	44기 중 40기 등재
한국의 역사마을 : 하회와 양동	• 안동 하회마을 • 경주 양동마을
남한산성	병자호란 때 인조가 피난한 곳
백제 역사 유적지구	• 공주시, 부여군, 익산시 3개 지역에 분포된 8개 유적지
한국의 산사(7곳)	경남 양산 통도사, 경북 안동 봉정사, 충북 보은 법주사, 충남 공주 마곡사, 전남 순천 선암사, 전남 해남 대흥사, 경북 영주 부석사
한국의 서원(9곳)	소수서원(경북 영주), 도산서원(경북 안동), 병산서원(경북 안동), 옥산서원(경북 경주), 도동서원(대구 달성), 남계서원(경남 함양), 필암서원(전남 장성), 무성서원(전북 정읍), 돈암서원(충남 논산) → 2019년 등재
가야 고분군	김해 대성동 고분군, 고령 지산동 고분군을 포함한 총 7개 고분군
울산 반구천 암각화	울주 대곡리 반구대 암각화와 울주 천전리 명문과 암각화를 포함한 반구천 일원 3km 구간
세계 자연 유산	제주 화산섬과 용암 동굴, 한국의 갯벌

정답 ③ 한정판 148p, 기본서 904p

04 0998 [2017. 지방직 9급 추가채용]

조선시대 의궤에 대한 설명으로 옳지 않은 것은?

① 가례도감의궤는 임진왜란 이후부터 편찬되기 시작하였다.
② 조선왕조의궤는 유네스코 세계기록유산으로 등재되었다.
③ 정조 때 화성 행차 일정, 참가자 명단, 행차 그림 등을 수록한 의궤가 편찬되었다.
④ 가례도감의궤의 말미에 그려진 반차도에는 당시 왕실 혼례의 행렬 모습이 담겨 있다.

SOLUTION

정답해설 ②『조선왕조의궤』는 2007년 6월 유네스코 세계 기록 유산에 지정되었다.
③『원행을묘정리의궤』에 대한 설명이다. 1795년(정조 19) 정조가 어머니 혜경궁을 모시고 장헌세자의 무덤인 현륭원에 행차한 뒤 정리의궤청을 설치하여 편찬 간행하도록 하였다. 당시 정조는 화성에서 어머니의 회갑연을 열어 주민들에게 잔치를 열었는데 그 내용은 물론 행차에 사용된 배다리 건설, 화성에서 실시한 문무과 별시 등의 내용이 자세하게 기록되어 있다.
④ 조선시대 왕실의 혼례 행사를 기록한 『가례도감의궤』의 반차도는 가례 행사의 주요 장면을 채색 그림으로 표현한 것으로 당시 왕실 혼례 현장의 모습을 생생하게 전해주고 있다.

오답피하기 ① 조선 왕실의 가례를 위해 가례도감을 설치한 것은 1397년(태조 6)부터 나타나므로, 『가례도감의궤』도 조선 전기부터 작성된 것으로 보인다. 그러나 현재는 1627년(인조 5) 소현세자와 강빈의 가례에서부터 1906년(고종 33) 순종과 순정황후의 가례까지 총 20종의 의궤가 남아 있다.

심화개념 조선왕조의궤

- 유네스코 세계 기록 유산
- 왕실이나 국가의 큰 행사의 과정, 비용, 인원 등을 기록해 놓은 책
- 조선 초기부터 제작 but 현존하는 의궤는 모두 임진왜란 이후에 만들어진 것
- ※ 현존 최고(最古) 의궤 : 선조 때 작성된 의인왕후의 『빈전혼전도감의궤』와 『산릉도감의궤』

정답 ① 한정판 074p, 기본서 476p

05 [2017. 국가직 7급]

유네스코 '세계기록유산'에 등재된 것만을 모두 고른 것은?

- ㉠ 일성록
- ㉡ 난중일기
- ㉢ 비변사등록
- ㉣ 승정원일기
- ㉤ 한국의 유교책판

① ㉠, ㉡
② ㉠, ㉡, ㉣
③ ㉠, ㉡, ㉣, ㉤
④ ㉠, ㉡, ㉢, ㉣, ㉤

SOLUTION

정답해설
㉠ 일성록: 1760년(영조)~1910년까지 국왕의 동정과 국정을 기록한 일기로 2011년에 유네스코 세계 기록 유산으로 등재되었다.
㉡ 난중일기: 이순신이 임진왜란 때 진중에서 쓴 일기로 2013년에 유네스코 세계 기록 유산으로 등재되었다.
㉣ 승정원일기: 조선시대 국왕의 비서 기관인 승정원에서 왕명의 출납, 각종 행정 사무와 의례 등에 관해 기록한 일기로, 2001년에 유네스코 세계 기록 유산으로 등재되었다.
㉤ 한국의 유교책판: 조선시대 유학자들의 저작물을 간행하기 위해 판각한 책판으로 2015년에 유네스코 세계 기록 유산으로 등재되었다.

오답피하기
㉢ 비변사등록은 조선 시대 비변사의 활동에 대한 일기체 기록으로 유네스코 세계 기록 유산에 등재되지 않았다.

핵심개념 유네스코 세계 기록 유산

조선왕조실록	태조~철종까지 역사를 연월일 순서에 따라 편년체로 기록
훈민정음(해례본)	간송 미술관(간송 전형필이 세운 미술관) 보관
승정원일기	조선시대 국왕의 비서 기관인 승정원에서 왕명의 출납, 각종 행정 사무와 의례 등에 관해 기록한 일기
직지심체요절	백운화상 저술, 우왕 때 청주 흥덕사에서 금속활자로 인쇄
조선왕조의궤	왕실이나 국가 중요 행사시 훗날 참고토록 그림과 글로 남긴 문서
고려대장경판 및 제경판	팔만대장경(해인사 대장경판)과 5987판의 제경판
일성록	• 1760년(영조)~1910년까지 국왕의 동정과 국정을 기록한 일기 • 정조가 세손 시절부터 쓴 일기(존현각 일기)에서 유래 • 1783년(정조)부터 국가 공식 기록으로 전환~1910년까지 기록
동의보감	광해군 때 허준이 편찬
기타	• 5·18 광주 민주화운동 기록물 • 새마을운동 기록물 • 난중일기(이순신이 임진왜란 때 진중에서 쓴 일기) • 한국의 유교책판 • KBS 특별 생방송 '이산가족을 찾습니다' 기록물 • 국채보상운동 기록물 • 조선통신사에 관한 기록 • 조선 왕실 어보와 어책 • 동학 농민 혁명 기록물 • 4·19 혁명 기록물 • 제주 4·3 기록물 • 산림 녹화 기록물

정답 ③ 한정판 148p, 기본서 905p

06 [2013. 국가직 9급]

㉠~㉣에 대한 설명으로 옳지 않은 것은?

유네스코가 세계 문화 유산으로 등재한 우리나라의 문화 유산은 ㉠ 종묘, 해인사 장경판전, 불국사와 석굴암, 수원 화성, 창덕궁, 경주 역사 유적 지구, ㉡ 고창·화순·강화의 고인돌 유적, 안동 하회마을과 경주 양동마을, 조선 시대 왕릉 등이다. 또 훈민정음, ㉢ 조선왕조실록, 승정원일기, ㉣ 직지심체요절, 해인사 고려대장경판 및 제경판, 조선왕조의궤, 동의보감, 일성록, 5·18 민주화 운동 기록물 등이 유네스코의 세계 기록 유산으로 등재되어 있다.

① ㉠ - 조선 시대 왕과 왕비의 신주를 모셨다.
② ㉡ - 청동기시대의 돌무덤이다.
③ ㉢ - 태조에서 철종 때까지의 역사를 편년체로 기록하였다.
④ ㉣ - 병인양요 때 프랑스군에게 약탈당하였다.

SOLUTION

자료분석 자료는 유네스코 세계 문화 유산 및 세계 기록 유산에 등재되어 있는 우리 문화재에 대한 내용이다.

정답해설
① 종묘는 조선 왕조 역대 왕과 왕비의 신주를 모신 사당으로, 1995년 유네스코 세계 문화 유산에 등재되었다.
② 고인돌은 청동기 시대 지배층의 무덤으로, 2000년 고창·화순·강화 일대의 고인돌 유적이 유네스코 세계 문화 유산에 등재되었다.
③ 『조선왕조실록』은 조선 태조부터 철종에 이르는 25대 472년간의 역사가 기록된 편년체 역사서로, 1997년 유네스코 세계 기록 유산에 등재되었다.

오답피하기 ④ 병인양요(1866) 때 프랑스군에게 약탈당한 것은 외규장각 도서이다. 『직지심체요절』은 고종 때 프랑스 공사였던 꼴랭 드 쁠랑시가 수집해서 프랑스로 반출하였고, 현재 프랑스 국립 도서관에 소장되어 있다.

정답 ④ 한정판 148p, 기본서 904p

MEMO

MEMO

MEMO